DROIT
CONSTITUTIONNEL

MANUELS

Collection dirigée par Bernard AUDIT et Yves GAUDEMET

Ph. ARDANT : *Institutions politiques et droit constitutionnel*, 17e éd., 2005.
B. BASDEVANT et J. GAUDEMET : *Introduction historique au droit*, XIIIe-XXe siècles, 2e éd., 2003.
A. BATTEUR : *Droit des personnes et de la famille*, 2e éd., 2003.
J.-B. BLAISE : *Droit des affaires*, 3e éd., 2002.
M. BOUVIER, M.-Ch. ESCLASSAN et J.-P. LASSALE : *Finances publiques*, 7e éd., 2004.
B. BRACHET : *Le système fiscal français*, 7e éd., 1997.
Ph. BRAUD : *Sociologie politique*, 7e éd., 2004.
D. CARREAU et P. JUILLARD : *Droit international économique*, 4e éd., 1998.
J.-P. CHAUCHARD : *Droit de la Sécurité sociale*, 4e éd., 2005.
J.-Ph. COLSON : *Droit public économique*, 3e éd., 2001.
I. DAURIAC : *Régimes matrimoniaux*, 2004.
A. DECOCQ et G. DECOCQ : *Droit de la concurrence interne et communautaire*, 2e éd., 2004.
A. DECOCQ et G. DECOCQ : *Droit européen des affaires*, 2003.
E. DERIEUX : *Droit de la communication*, 4e éd., 2003.
E. DERIEUX : *Droit européen et international des médias*, 2003.
Y. GAUDEMET : *Droit administratif*, 18e éd., 2005.
O. GOHIN : *Institutions administratives*, 4e éd., 2002.
G. GOUBEAUX et P. VOIRIN : *Droit civil*, 2 vol., 30e éd., 2005, 23e éd., 2004.
F. HAMON et M. TROPER : *Droit constitutionnel*, 29e éd., 2005.
J.-J. ISRAEL : *Droit des libertés fondamentales*, 1998.
J.-C. JAVILLIER : *Droit du travail*, 7e éd., 2003.
P. JULIEN et N. FRICERO : *Droit judiciaire privé*, 2e éd., 2003.
P. JULIEN et G. TAORMINA : *Voies d'exécution et procédures de distribution*, 2000.
P. KINDER-GEST : *Droit anglais*, vol. 1 : *Institutions politiques et judiciaires*, 3e éd., 1997.
J. LAROCHE : *Politique internationale*, 2e éd., 2000.
D. LEGEAIS : *Sûretés et garanties du crédit*, 4e éd., 2004.
J. LEROY : *Droit pénal général*, 2003.
B. MATHIEU et M. VERPEAUX : *Contentieux constitutionnel des droits fondamentaux*, 2002.
J. MESTRE et M.-E. PANCRAZI : *Droit commercial*, 26e éd., 2003.
F. PÉROCHON et R. BONHOMME : *Entreprises en difficulté, instruments de crédit et de paiement*, 6e éd., 2003.
J.-F. RENUCCI : *Droit européen des droits de l'homme*, 3e éd., 2002.
L. RICHER : *Droit des contrats administratifs*, 4e éd., 2004.
J. RIDEAU : *Droit institutionnel de l'Union et des Communautés européennes*, 4e éd., 2002.
J.-J. ROCHE : *Relations internationales*, 3e éd., 2005.
P. RODIÈRE : *Droit social de l'Union européenne*, 2e éd., 2002.
J.-C. SOYER : *Droit pénal et procédure pénale*, 18e éd., 2004.
L. TROTABAS et P. ISOART : *Droit public (droit constitutionnel, droit administratif, finances publiques, droit administratif spécial)*, 24e éd., 1998.
D. VIDAL : *Droit des sociétés*, 4e éd., 2003.

DROIT
CONSTITUTIONNEL

Francis Hamon
Professeur émérite à la Faculté Jean Monnet
(Université de Paris XI)

Michel Troper
Professeur à l'Université de Paris X-Nanterre
Directeur du Centre de Théorie du Droit
Membre de l'Institut Universitaire de France

29e édition

L.G.D.J

31, rue Falguière, 75741 Paris Cedex 15
ISBN : 2.275.02615.0

Avertissement

Ce livre est la 29e édition du manuel de droit constitutionnel, dont les premières éditions jusqu'à la 20e ont été rédigées par Georges Burdeau. Ce livre était devenu un classique. Georges Burdeau nous avait fait l'honneur de nous demander de préparer la 21e édition et les suivantes.

Depuis la 21e édition, la science du droit constitutionnel et le droit constitutionnel lui-même ont connu une évolution considérable, dont il nous a fallu rendre compte et l'ouvrage a été profondément remanié. Néanmoins, si son contenu est aujourd'hui très sensiblement différent, nous avons toujours procédé dans un souci de fidélité à l'esprit dans lequel Georges Burdeau avait conçu ce manuel et qu'il exposait dans la préface de la 20e édition : construire une théorie susceptible de servir d'instrument pour l'analyse du droit constitutionnel positif.

Francis Hamon Michel Troper

Les auteurs remercient très chaleureusement ceux qui ont bien voulu leur apporter leur compétence et relire certains passages de ce livre, notamment John Bell pour le chapitre sur la Grande-Bretagne, Pasquale Pasquino pour l'Italie, Charles Baron pour les États-Unis, Patrice Picod pour l'Union européenne, ainsi que Guillaume Tusseau dont la rigueur nous a été infiniment précieuse pour la mise au point de cette édition.

Avant-propos

Les manuels de droit constitutionnel sont très nombreux et variés. Si les questions traitées sont les mêmes, les approches et les doctrines peuvent être profondément différentes.

Ces différences s'expliquent : en effet, ce que l'on appelle la science du droit constitutionnel n'est pas seulement une somme de connaissances. C'est aussi un ensemble de problèmes auxquels les réponses les plus diverses peuvent être apportées. La pertinence et la cohérence de ces réponses dépendent de la rigueur du raisonnement qui les justifie. Et il est au moins aussi important d'acquérir la maîtrise du raisonnement que de retenir les grands traits des systèmes constitutionnels.

L'un des moyens d'y parvenir est de confronter sur chaque question les thèses de plusieurs auteurs. Cette confrontation ne peut cependant être fructueuse que si l'on prend en compte tous les présupposés explicites ou implicites des raisonnements. Les plus importants tiennent au langage. Bien des différences doctrinales peuvent s'éclairer et bien des problèmes se dissiper, dès lors qu'on s'aperçoit qu'ils tiennent principalement aux usages linguistiques. La maîtrise du raisonnement suppose donc la maîtrise d'un langage et c'est pourquoi, dans la première partie du présent ouvrage, un soin particulier a été apporté à la définition des concepts fondamentaux.

Si le droit constitutionnel était formé, comme on l'imagine parfois, d'un petit nombre de principes fixes et établis, que l'on pourrait combiner de diverses manières et à partir desquels on pourrait déduire toutes les règles particulières, la difficulté résiderait avant tout dans l'exposé et la compréhension des principes, et il suffirait de partir de quelques définitions pour procéder ensuite de manière linéaire. Mais, il n'en va pas ainsi et le contenu des principes emprunte toujours aux règles qui sont censées en découler. Les étudiants doivent admettre que l'ordre des chapitres a quelque chose d'arbitraire et que la compréhension des premiers suppose parfois la connaissance des autres. On ne saurait donc trop conseiller de revenir sur les premiers chapitres après la lecture de l'ensemble.

Les étudiants devraient aussi s'efforcer de compléter l'étude du manuel par la lecture de certaines au moins des publications auxquelles il renvoie. Pour faciliter la recherche, nous avons choisi d'utiliser les conventions du *Chicago Manual of Style,* qui permettent de limiter le volume des références contenues dans le texte. Chacune de ces références est donnée selon le modèle suivant :

(Kelsen, 1962, p. 237).

On se reportera alors à la bibliographie, qui figure à la fin de chaque chapitre, pour y trouver les indications complètes ou, s'agissant d'ouvrages généraux, à la bibliographie qui figure en tête du livre.

KELSEN Hans (1962) *Théorie pure du droit,* Paris, Dalloz, trad. fr., Ch. Eisenmann.

Cela signifie, que pour effectuer une recherche bibliographique sur un sujet donné, il faut d'abord rechercher les références dans les parties du texte où ce sujet est traité.

Nous nous sommes cependant écartés de cette convention pour ce qui concerne le traité de science politique de G. Burdeau, auquel nous renvoyons à maintes reprises, sans mention de date, mais en indiquant le numéro du volume et ceux des paragraphes.

Plan

Bibliographie sommaire

Ouvrages généraux

1. Traités

BARTHÉLÉMY J. et DUEZ P. (1985), *Traité de droit constitutionnel*, 2e éd. [1933], Paris, Economica, Réédit., nouv. Rééd. 2004, Paris, Éditions Panthéon-Assas.

BURDEAU G., *Traité de science politique*, Paris, LGDJ.

T. I. — *Présentation de l'univers politique*, 1980, 3e éd., vol. 1, *Société politique et droit* ; vol. 2, *Le pouvoir politique*.

T. II. — *L'État*, 3e éd., 1980.

T. III. — *La dynamique politique*, 3e éd., vol. 1, *Les Forces politiques*, 1982 ; vol. 2, *La dialectique de l'ordre et du mouvement*, 1981.

T. IV. — *Le statut du pouvoir dans l'État*, 1984, 3e éd.

T. V. — *Les régimes politiques*, 1985, 3e éd.

T. VI. — *L'État libéral*, 1971, 2e éd., 2 vol.

T. VII. — *La démocratie gouvernante. Son assise philosophique et sociale*, 1972, 2e éd.

T. VIII. — *La démocratie et les contraintes du Nouvel âge*, 1974, 2e éd.

T. IX. — *Les façades institutionnelles de la démocratie gouvernante*, 1976, 2e éd.

T. X. — *La révolte des colonisés*, 1986, 3e éd.

CARRÉ DE MALBERG R. (1985), *Contribution à la théorie générale de l'État*, 2 vol., Paris, éd. du CNRS, 1921 ; nouv. éd. 1962 ; nouv. éd. 2003, Paris, Dalloz.

DUGUIT L. (1981), *Traité de droit constitutionnel*, 5 vol., Paris, Cujas, nouvelle édition.

ESMEIN A. (1914), *Éléments de droit constitutionnel français et comparé*, 6e éd. revue par J. Barthélemy, réédit., av.-prop. Dominique Chagnollaud, Paris, Éditions Panthéon-Assas, 2001.

ESMEIN A. (1928), *Traité de droit constitutionnel*, 2e éd., revue par H. Nézard, Paris, Sirey.

HAURIOU M. (1929), *Précis de droit constitutionnel*, Paris, Réédit. CNRS, 1975.

KELSEN H.,
— (1945), *Théorie générale du droit et de l'État*, Paris, LGDJ, trad. fr. 1997.
— (1962), *Théorie Pure du Droit*, Paris, LGDJ, réédit. 1999.

LAFERRIÈRE J. (1947), *Manuel de droit constitutionnel*, 2e éd., Paris, Domat-Monchrestien.

SCHMITT C. (1928), *Théorie de la Constitution*, Paris, PUF, trad. 1993, Préface d'Olivier Beaud.

VEDEL G. (1949), *Manuel élémentaire de droit constitutionnel*, Paris, Dalloz, réédit. 2002 présentée par Guy Carcassonne et Olivier Duhamel.

2. Manuels

ARDANT Ph. (2004), *Institutions politiques et Droit constitutionnel*, Paris, LGDJ, 16e éd.

BARANGER D. (2002), *Le droit constitutionnel*, Paris, PUF.

CHAGNOLLAUD D. (2004), *Droit constitutionnel contemporain*, Paris, Dalloz, 4e éd.

CHANTEBOUT B. (2004), *Droit constitutionnel et Science politique*, Paris, A. Colin, 21e éd.

COHENDET M.-A. (2003), *Droit constitutionnel*, Paris, Montchrestien, 2e éd.

CONSTANTINESCO V. et PIERRE-CAPS S. (2004), *Droit constitutionnel*, Paris, PUF.

FAVOREU L. (dir.) (2004), *Droit constitutionnel*, Paris, Dalloz, 7e éd.

GICQUEL J. (2004), *Droit constitutionnel et institutions politiques*, Paris, Montchrestien, 20e éd.

MASCLET J.-C. (1997), *Droit constitutionnel et institutions publiques*, Paris, Dalloz ; 2e éd.

MATHIEU B. et VERPEAUX M. (2004), *Droit constitutionnel*, Paris, PUF.

MOREAU J. (1995), *Théorie générale de l'État et droit constitutionnel*, Paris, Economica, 3e éd.

PACTET P., MÉLIN-SOUCRAMANIEN F. (2004), *Institutions politiques et droit constitutionnel*, Paris, A. Colin, 23e éd.

PORTELLI H. (2003), *Droit constitutionnel*, Paris, Dalloz, 5e éd.

ROUSSEAU D. et VIALA A. (2004), *Droit constitutionnel*, Paris, Montchrestien.

ROUVILLOIS F. (2005), *Droit constitutionnel. Fondements et pratiques*, Paris, Flammarion, 2e éd.

TURPIN D. (2003), *Droit constitutionnel*, Paris, PUF, 5e éd.

VERPEAUX M. (2004), *Droit constitutionnel et institutions politiques 2005. La méthodologie de chaque épreuve écrite, les annales corrigées des examens. 2004 : une année d'actualité commentée*, Paris, Dalloz.

ZOLLER E. (1999), *Droit constitutionnel*, Paris, PUF, 2e éd.

Histoire constitutionnelle

BODINEAU P. et VERPEAUX M. (2004), *Histoire constitutionnelle de la France*, Paris, PUF, 2e éd.

BRAUD P. et BURDEAU F. (1992), *Histoire des idées politiques depuis la Révolution*, Paris, Montchrestien, 2e éd.

CHAPSAL J. (1993), *La vie politique en France : de 1940 à 1958*, Paris, PUF, 3e éd.

CHEVALLIER J.-J. et CONAC G. (2001), *Histoire des institutions et des régimes politiques de la France de 1789 à nos jours*, Paris, Dalloz, 9e éd.

DESLANDRES M. (1932), *Histoire constitutionnelle de la France*, 3 vol., Paris, A. Colin : recueil Sirey.

DUHAMEL O. (1995), *Histoire constitutionnelle de la France*, Paris, Seuil.

DUVERGER M. (1998), *Les constitutions de la France*, Paris, PUF, 14e éd.

GUCHET Y. (1993), *Histoire constitutionnelle française*, Paris, A. Colin, 2e éd.

MORABITO M. (2004), *Histoire constitutionnelle de la France (1789-1958)*, Paris, Montchrestien, 8e éd.

REMOND R. (1986), *La vie politique en France (1789-1879)*, 2 vol., Paris, A. Colin.

SZRAMKIEWICZ R., BOUINEAU J. (1998), *Histoire des institutions, 1750-1914*, Paris, Litec, 4e éd.

VERPEAUX M. (2005), *Droit constitutionnel et institutions politiques*, Paris, Dalloz.

Recueil de textes

DUGUIT L., MONNIER H., BONNARD R. et BERLIA G. (1952), *Les constitutions et les principales lois politiques de la France depuis 1789*, Paris, Libr. gén. de droit, 7e éd.

DUVERGER M. (1996), *Constitutions et documents politiques*, Paris, PUF, 14e éd.

OBERDORFF H. et GREWE C. (1999), *Les constitutions des États de l'Union européenne*, Paris, La Documentation Française.

RIALS S. (2004), *Textes constitutionnels français*, coll. Que sais-je ?, Paris, PUF, 18e éd. mise à jour.

RIALS S. et BARANGER D. (2002), *Textes constitutionnels étrangers*, coll. Que sais-je ?, Paris, PUF, 10e éd. corrigée.

PACTET P. (1996), *Textes de droit constitutionnel*, Paris, LGDJ, 4e éd. mise à jour.

Droit constitutionnel comparé

DAVID R. et JAUFFRET-SPINOSI C. (2002), *Les grands systèmes de droit contemporains*, 11e éd., Paris, Dalloz.

DE VERGOTTINI G. (1999), *Diritto constituzionale comparato*, Padova, Cedam, 5e éd.

GREWE C. et RUIZ-FABRI H. (1995), *Droits constitutionnels européens*, Paris, PUF.

GUCHET Y. (1994), *Les systèmes politiques des pays de l'Union européenne*, Paris, A. Colin.

LAUVAUX P. (2004), *Les grandes démocraties contemporaines*, Paris, PUF, 3e éd. mise à jour.

MENY Y., SUREL Y. (2004), *Politique comparée*, Paris, Montchrestien, 7e éd.

QUERMONNE J.-L. (2000), *Les régimes politiques occidentaux*, Paris, Seuil, 4e éd.

Ouvrages de référence

ALLAND D. et RIALS S. (sous la dir.) (2003), *Dictionnaire de la culture juridique*, Paris, PUF.

ARNAUD A.-J. (sous la dir.) (1993), *Dictionnaire Encyclopédique de Théorie et de Sociologie du Droit*, Paris, LGDJ, 2e éd.

AVRIL P. et GICQUEL J. (2003), *Lexique de droit constitutionnel*, Paris, PUF.

DUHAMEL O. et MENY Y. (1992), (sous la dir.) *Dictionnaire constitutionnel*, Paris, PUF.

Revues

Cahiers du Conseil constitutionnel.
Pouvoirs.
Revue du Droit Public et de la Science Politique.
Revue Française de Droit Constitutionnel.
ICON. International Journal of Constitutional Law.

Sites internet

De très nombreux documents sont disponibles sur l'internet notamment toutes les constitutions françaises, ainsi que la jurisprudence, sur le site du Conseil constitutionnel : *www.conseil-constitutionnel.fr*

En vous rapportant à la page :
www.conseil-constitutionnel.fr/signets.htm vous trouverez les liens pour aller vers les sites des constitutions et des cours constitutionnelles étrangères, ainsi que la jurisprudence, des bibliographies et quelques textes doctrinaux.

Le Conseil Constitutionnel offre également un accès en ligne thématique avec par exemple un dossier sur la constitution du 4 octobre 1958 réalisée à l'occasion de son quarantième anniversaire :
http://www.conseil-constitutionnel.fr/dossier/quarante/

Les textes de nombreuses constitutions étrangères sont accessibles sur le site de l'IEP de LYON
http://iep.univ-lyon2.fr/constitution-etr.html

Un site américain présente des dossiers très complets sur les questions d'actualité du droit constitutionnel américain :
http//jurist.law.pitt.e-du/index.htm

Enfin de nombreux sites institutionnels offrent une information actualisée et pédagogique sur le fonctionnement des institutions :

Le site de la Présidence de la République : *http://www.elysee.fr*

Le site du Premier Ministre :
http://www.premier-ministre.gouv.fr

Le site de l'Assemblée Nationale : *http://www.assemblée-nat.fr*

Le site du Sénat : *http://www.senat.fr*

Le service public d'accès au droit Legifrance :
http://www.legifrance.gouv.fr

Il existe également un nombre important de sites privés relatifs au droit constitutionnel ou réservant une place importante à la matière :

http://www.droit.constit.org

http ://www.droit.constitutionnel.net

http://www.ledr oitpublic.com/droit_constitutionnel/sommaire.php

http://www.rajf.org

Le site de l'Association des cours constitutionnelles partageant l'usage du français : *http://www.accpuf.org*

Principales abréviations

AA VV	Auteurs divers
AJDA	Actualité Juridique Droit Administratif
C.	Constitution
CC	Conseil Constitutionnel
CCC	Cahiers du Conseil Constitutionnel
CNCCFP	Commission des Comptes et Campagne et des Financements Politiques
CE	Conseil d'État
CEDH	Convention Européenne des Droits de l'Homme
C. élect.	Code électoral
C. pén.	Code pénal
CSM	Conseil supérieur de la Magistrature
D.	Dalloz
Doc. Fran.	Documentation française
GA	Long, Weil et Braibant, *Les grands arrêts de la Jurisprudence Administrative*, 14e éd., Paris, Dalloz, 2003
GD	Favoreu et Philip, *Les grandes décisions du Conseil Constitutionnel*, Paris, Dalloz, 12e éd., 2003
JCP	Jurisclasseur Périodique - La Semaine Juridique
JO	Journal Officiel
L.	Loi
LO	Loi organique
NED	Notes et Études Documentaires
PA	Petites affiches
PFRLR	Principes fondamentaux reconnus par les lois de la République
PFSNP	Presses de la Fondation Nationale des Sciences Politiques
PUAM	Presses universitaires d'Aix-Marseille
PUF	Presses universitaires de France
R.	Règlement
RA	Revue administrative
RDP	Revue du Droit Public et de la Science Politique
RFDA	Revue Française de Droit administratif
RFDC	Revue Française de Droit constitutionnel
RFSP	Revue Française de Science politique
RJP	Revue Juridique et Politique
RPP	Revue Politique et Parlementaire

Rec.	Recueil des décisions du Conseil d'État ou des décisions du Conseil Constitutionnel
S.	Sirey
TCE	Traité sur la Communauté européenne
TUE	Traité sur l'Union européenne

Chapitre préliminaire
Le droit constitutionnel

Le terme « droit ». — Le terme « droit » est employé dans de très nombreux sens différents. On peut, en simplifiant, en distinguer trois. On dit souvent que les hommes ont des droits. Le droit dont on parle alors est une faculté d'accomplir certaines actions. Ainsi, lorsqu'on dit qu'un citoyen français a le droit de vote, on exprime l'idée que ce citoyen peut participer au choix des gouvernants et qu'il est interdit de l'en empêcher.

Dans un deuxième sens, par exemple dans les expressions « le droit français » ou « le droit civil », « le droit constitutionnel », on désigne par le mot droit un ensemble de normes.

Enfin, dans un troisième sens, le mot « droit » se rapporte à la science qui étudie ces normes, comme dans les expressions « la faculté de droit » ou « l'étudiant en droit ». Dans ces facultés, on n'étudie pas directement toutes les normes qui forment le droit d'un pays et qui sont bien trop nombreuses pour être connues. On n'en étudie que les principales et l'on s'initie surtout à la méthode qui permet de les comprendre et de découvrir celle qui est applicable à telle ou telle situation particulière.

Dans ce chapitre, on emploiera le mot « droit » dans le second et le troisième sens. Il apparaît en effet d'ores et déjà que le droit constitutionnel peut être conçu d'une part comme un ensemble de normes, une partie du droit en général, et d'autre part comme la discipline qui étudie cet ensemble.

Section 1
Le droit constitutionnel ensemble de normes

§ 1. Le droit comme système de normes

Propositions et normes. — D'une manière générale, on appelle « norme », la signification d'une phrase par laquelle on déclare que quelque chose *doit être*, par exemple qu'une certaine conduite doit avoir lieu. La norme s'oppose ainsi à la *proposition*, qui est la signification d'une phrase par laquelle on indique que quelque chose *est*. « Les hommes ne doivent pas mentir » exprime une norme. « Les hommes mentent » exprime une proposition. Cette opposition correspond à deux fonctions du langage humain : d'une part, on communique des informations en décrivant la réalité ; d'autre part, on tente d'influer sur le comportement d'autrui, de lui faire faire quelque chose. La première fonction est dite indicative ou descriptive ou encore assertive, la seconde prescriptive ou normative.

Les propositions peuvent être exprimées par des phrases dont le verbe est à l'indicatif, les normes par des phrases à l'impératif ou à l'aide d'un verbe tel que « devoir » ou « falloir ». Mais ce n'est pas toujours le cas et la forme linguistique d'une phrase n'est qu'un indice parmi d'autres de la fonction indicative ou prescriptive qu'elle remplit. Une phrase apparemment normative peut être en réalité indicative. Ainsi, la phrase « pour faire bouillir de l'eau, on doit la porter à 100 degrés » ne vise pas, malgré la présence du verbe devoir, à prescrire une conduite quelconque. On indique seulement que si l'on chauffe de l'eau jusqu'à 100, elle entrera en ébullition. On a donc seulement informé sur une réalité objective. De même, une phrase apparemment indicative peut-être en réalité prescriptive. Ainsi, la phrase « nous sommes dans une agglomération » adressée à un conducteur signifie évidemment qu'il doit réduire la vitesse de son véhicule.

C'est la raison pour laquelle on a souligné dans la définition de la norme qu'elle n'était pas une phrase, mais seulement la signification d'une phrase. La forme grammaticale d'une phrase ne permet donc pas à elle seule de dire qu'on est en présence d'une proposition ou d'une norme et, intuitivement, on s'aide toujours du contexte. C'est vrai de la morale ou du droit, souvent énoncés à l'indicatif et chacun comprend que « Tu ne tueras point » n'exprime pas une prédiction, mais un commandement.

Signification de cette distinction. — La distinction entre norme et proposition est importante pour plusieurs raisons :

a) Elle correspond à l'opposition entre des fonctions psychiques différentes. Les propositions sont énoncées pour exprimer une connaissance du monde, les normes pour exprimer une volonté.

b) Norme et proposition ont des propriétés différentes. La proposition est susceptible d'être vraie ou fausse, la norme non. On peut répondre « c'est faux » à « tous les hommes mentent », mais pas à « ne mentez pas ». On pourrait objecter qu'il suffirait, au lieu de « ne mentez pas », de dire « on ne doit pas mentir », pour qu'il soit possible de répondre « il est faux qu'on ne doit pas mentir ». Mais, si l'on répond ainsi, on ne conteste pas la description d'un fait que l'on connaîtrait mieux que son interlocuteur ; on se borne à opposer sa volonté à la sienne et à tenter de substituer à la norme « ne mentez pas », la norme « mentez quelquefois ».

Si la norme ne peut être ni vraie ni fausse, on dit cependant qu'elle est valide. Dire d'une norme qu'elle est valide, signifie qu'elle est en vigueur et qu'on doit se comporter conformément à ce qu'elle prescrit. Il faut remarquer que la validité n'est pas une propriété de la norme équivalant à la vérité de la proposition. Une proposition dépourvue de vérité reste néanmoins une proposition, tandis qu'une norme dépourvue de validité n'est pas une norme du tout (Kelsen 1979). D'autre part, une proposition qui serait réfutée une seule fois devrait être considérée comme fausse. Ainsi, la proposition « tous les cygnes sont blancs » est fausse dès lors qu'on rencontre un seul cygne d'une autre couleur. Au contraire, une norme reste valide, même si les comportements prescrits ne sont pas réalisés. On peut continuer à dire « les hommes ne doivent pas mentir », même s'il s'est avéré qu'ils mentent souvent.

Ces caractères servent d'indices pour reconnaître qu'on est en présence d'une norme. Si elle exprime une volonté, si elle ne peut être vraie ou fausse, si elle ne cesse pas d'être valide lorsqu'elle est violée, il s'agit d'une norme.

c) Enfin, il ne peut y avoir entre les normes et les propositions aucune relation logique. Cette impossibilité est connue sous le nom de loi de Hume. De ce que quelque chose est on ne peut déduire que quelque chose doit être. Par exemple si tous les hommes mentent, on ne peut en déduire que les hommes doivent mentir, ni d'ailleurs qu'ils ne doivent pas mentir. Symétriquement, s'il existe une norme selon laquelle il ne faut pas mentir, on ne peut en déduire que les hommes ne mentent pas.

La hiérarchie des normes. — N'importe quel ordre ou commandement n'est pas une norme. Un voleur qui ordonne « donne-moi l'argent », émet un commandement et non une norme. Ce commandement n'est pas juridiquement valide et il est permis de refuser d'obéir. Par contre, si le percepteur émet un ordre semblable, on est en présence d'une norme juridique et on doit lui obéir. Quelle est la différence entre ces deux commandements ? Elle ne réside pas dans le contenu, car le comportement prescrit est le même, donner de l'argent. Elle est dans la validité. Mais pourquoi dit-on que l'ordre du percepteur est valide et que l'ordre du voleur ne l'est pas ?

Le percepteur n'émet son commandement qu'en application d'une loi, qui lui ordonne de percevoir les impôts. Son commandement est une norme valide en raison de sa conformité à la loi. On dit qu'il trouve dans la loi le fondement de sa validité. La loi a été émise par le Parlement et elle est d'ailleurs elle-même une norme valide, parce qu'une autre norme, la constitution, habilite le Parlement à adopter des lois. Au-dessus de la constitution, il n'existe aucune norme. Si l'on considère que la constitution est malgré tout une norme et qu'elle est ainsi apte à fonder la validité de la loi, et indirectement celle du commandement du percepteur, c'est simplement qu'on présuppose qu'elle est valide. Ce présupposé s'appelle la *norme fondamentale*. Cette norme fondamentale n'existe pas. Elle n'est même pas véritablement une norme. C'est seulement le présupposé, faute duquel il serait impossible de traiter la constitution comme une norme et de faire la moindre différence entre l'ordre du percepteur et celui du voleur.

Il faut remarquer à ce propos que la validité dont il est question ici est la validité *formelle*. En revanche la norme fondamentale ne permet en aucune façon de justifier le fond des normes. Cette fonction revient à l'idéologie ou, selon la terminologie de Georges Burdeau, à l'idée de droit, c'est-à-dire à la représentation de l'ordre social désirable (voir *infra*).

On voit qu'une norme est valide en raison de sa conformité à une norme supérieure, qui est elle-même valide parce qu'elle est conforme à une norme encore supérieure. Autrement dit, une phrase quelconque n'a la signification d'une norme qu'en raison de son insertion dans une hiérarchie. Cette hiérarchie forme un système. Dire qu'il s'agit d'un système, c'est dire que l'ensemble n'est pas composé d'une juxtaposition ou d'une addition d'éléments. Ici les éléments n'ont la nature de norme qu'en raison de leur appartenance au système. C'est lui qui en fait des normes.

En définitive, on identifie une norme lorsqu'on constate qu'une certaine phrase acquiert une signification prescriptive du fait d'un système normatif. En même temps, on détermine l'espèce de norme dont il s'agit.

Il existe en effet des normes juridiques, morales, religieuses, sociales, etc. Si l'on examinait isolément une phrase comme par exemple, « il est interdit de consommer des boissons alcoolisées », il serait impossible de dire s'il s'agit d'une norme et, dans l'affirmative, s'il s'agit d'une norme juridique, morale ou religieuse. Par contre, on peut rechercher si cette phrase a été énoncée conformément à une norme supérieure, si par conséquent elle s'insère dans un système normatif. On découvrira alors qu'elle s'insère dans un système religieux, celui de l'Islam, dans le système juridique de tel ou tel État du Moyen-Orient, mais non dans le système juridique français. En France, il n'est pas obligatoire de se conformer à une telle norme ou, en d'autres termes, une telle norme juridique n'est pas valide ou encore *n'existe pas*.

On dispose à présent d'une définition simple de la norme juridique : c'est celle qui appartient au système juridique. Cependant, on n'a pas complètement résolu le problème de l'identification de la norme juridique, car si c'est celle qui appartient au système juridique, encore faut-il pouvoir définir le système juridique lui-même.

Le droit et les autres systèmes normatifs. — Il existe de nombreux systèmes normatifs : outre le droit, les diverses morales, les règles de la courtoisie, les codes d'honneur, les manières de table, etc. On peut tenter de distinguer le droit ou système juridique de tous les autres systèmes normatifs, en considérant qu'il possède deux séries de caractères spécifiques. Ces caractères seront appelés les *critères* de la distinction. On peut envisager des caractères matériels, tenant au contenu des prescriptions ou des caractères formels, tenant à la forme ou à la structure du système.

a) On considère quelquefois que le droit possède un *caractère matériel* spécifique : il ne se bornerait pas comme les autres à prescrire des comportements, mais il assortirait ces prescriptions de sanctions. Si le comportement prescrit n'a pas lieu, alors le droit prescrit qu'une sanction soit infligée. Au contraire, les autres systèmes normatifs ne comporteraient pas de sanctions.

Cependant, il existe de nombreuses normes juridiques qui ne comportent pas de sanctions, par exemple « si un étudiant subit avec succès les épreuves de l'examen, il recevra un diplôme » ou « le Parlement peut voter les lois ». Pour tenir compte de cette possible objection, les tenants de la thèse des caractères matériels ont élargi la notion de sanction. Dans un sens étroit, qui est aussi le sens courant, la sanction est un mal infligé à quelqu'un, au besoin par la contrainte. Dans un sens large, la notion comprend aussi les récompenses (au cas où la conduite prescrite a bien lieu). Dans le sens le plus large, on appellera sanction toute conséquence, bonne, mauvaise ou neutre, que le droit attache à la conduite prescrite ou permise. On dira par exemple, que si la constitution permet au parlement de voter la loi, alors la conduite permise est le vote et la sanction est la conséquence de ce vote, c'est-à-dire la circonstance qu'une loi a été adoptée.

Cette présentation n'est pourtant guère satisfaisante, car si l'on emploie le terme de sanction dans un sens aussi large, il faut dire que les autres systèmes normatifs comportent eux aussi des sanctions. Dans les systèmes religieux ou moraux, il s'agit de châtiments ou de récompenses dans l'au-delà ou encore de remords. Dans les systèmes de normes sociales, la sanction (au sens très large) est la signification que la société attache au comportement : si la norme permet aux parents d'élever les enfants et s'ils leur interdisent de se nourrir exclusivement de bonbons, il faudra appeler « sanction » le fait qu'une telle interdiction sera considérée non comme un mauvais traitement à enfant ou comme une atteinte aux libertés individuelles, mais comme un acte d'éducation. De ce point de vue, il n'y a donc guère de différence matérielle entre les systèmes normatifs.

b) Par contre, on peut estimer que le droit possède des caractères formels spécifiques. Le système juridique, comme tout système normatif, est hiérarchisé. Mais on peut concevoir deux types de hiérarchie : une hiérarchie statique et une hiérarchie dynamique. On peut raisonner sur un exemple simple : un tribunal émet une sentence, qui est une norme, « Dupont, le voleur, doit subir une peine de cinq ans de prison ». Naturellement, cette norme est validc parce qu'elle est conforme à une norme supérieure. Mais si l'on recherche la norme susceptible de fonder sa validité, on peut en trouver deux.

La première est la loi pénale, qui prescrit de punir tous les voleurs d'une peine de cinq ans de prison. La sentence énoncée par le tribunal est valide parce que son contenu est conforme à celui, plus général, de la loi et cette conformité pourrait être exprimée par un syllogisme très simple :

1) prémisse majeure : tous les voleurs doivent être punis de cinq ans de prison,

2) prémisse mineure : Dupont est un voleur,

3) conclusion : Dupont doit être puni de cinq ans de prison.

La relation entre les deux normes, la loi et la sentence, est donc seulement une relation entre deux contenus (dont l'un est général et l'autre particulier). Elle est dite statique. Le tribunal a dans ce cas un pouvoir très restreint, puisque la sentence est prédéterminée. Dès lors qu'il constate que Dupont est un voleur, il ne peut que le punir de cinq ans de prison.

La seconde norme qui peut fonder la validité de la sentence est « le tribunal est autorisé à prononcer des peines de prison ». Elle ne précise ni dans quels cas, ni la durée de la peine et se borne à conférer au tribunal un pouvoir, qu'il n'aurait pas autrement, d'émettre des sentences. Il n'y a ici aucune relation de contenu entre la norme supérieure et la sentence. On dit que la norme supérieure règle la production des normes inférieures et la relation est, pour cette raison, appelée « dynamique ».

Le système juridique est caractérisé par une double relation, statique et dynamique, tandis que les autres systèmes ne consistent qu'en relations statiques ou en relations dynamiques entre les normes. Dans la morale, par exemple, la norme « ne fais pas de tort à autrui » est valide, non pas parce qu'elle a été énoncée d'une certaine manière, mais parce qu'elle se déduit du contenu d'une norme plus générale « aime ton prochain comme toi-même ». Les deux normes sont valides en même temps. La morale est un système statique. À l'inverse, le système de pouvoir dans une bande de voleurs peut correspondre au schéma suivant : le chef suprême attribue un territoire à chaque chef de bande, qui à son tour affecte ses hommes à telle ou telle mission. L'ordre donné par le chef de bande n'est pas valide parce que son contenu correspondrait à celui d'une norme générale, c'est-à-dire parce qu'il se présenterait comme l'application d'un ordre plus général de son propre supérieur, mais seulement parce qu'il est habilité à donner des ordres dans son district. Ces ordres sont valides, quels que soient leurs contenus et seulement en raison de l'autorité dont ils émanent. Les ordres du chef suprême ont été émis avant ceux du chef local. Le système est dynamique.

Nous sommes à présent en mesure de distinguer le système juridique des autres systèmes normatifs et de le définir par ses caractères formels. Une telle définition est une définition *stipulative* et non une définition *réelle* ou *lexicale*. Une définition réelle est une définition qui porte sur une chose et qui la décrit sommairement telle qu'elle est réellement. Elle concerne l'essence de la chose. De bons auteurs estiment cependant qu'il n'y a pas d'essence du droit ou, s'il y en a une, qu'on ne peut l'atteindre. On ne pourra donc en donner une définition réelle. Mais une telle définition n'est pas vraiment nécessaire. Ce dont nous pouvons avoir besoin, c'est d'abord de connaître le sens du mot « droit », dans une langue donnée et dans un contexte donné. On recherchera alors une définition *lexicale*. La définition lexicale ne se confond pas avec une définition réelle, comme on peut le constater en ouvrant un dictionnaire, parce que pour un même mot, il y aura nécessairement plusieurs définitions lexicales, dès lors que ce mot a plusieurs sens, et qu'on peut parfaitement définir le sens dans lequel on emploie un mot dans une langue donnée, sans pour autant parler de la nature de la chose.

Nous pouvons aussi avoir besoin de choisir une définition qui ne corresponde ni à l'essence prétendue de la chose, ni à l'usage du mot dans une langue donnée. C'est notamment le cas, si l'on veut étudier un objet, dont les limites, si l'on s'en tenait à l'usage linguistique, seraient trop imprécises. Ainsi, un historien, qui voudrait étudier la royauté au Moyen Âge, ne pourrait évidemment trouver une définition réelle du Moyen Âge, qui est le nom que l'on donne au produit d'un découpage chronologique et qui n'a pas d'existence objective. Il ne pourrait pas non plus se contenter d'une définition lexicale, parce que l'on donne des dates très variées pour le début et la fin de cette période, et que, selon les définitions lexicales, notre historien devrait englober dans son étude le règne d'Isabelle la Catholique ou au contraire l'en exclure. Les conclusions auxquelles il aboutira dans l'un et l'autre cas seront naturellement très différentes. C'est la raison pour laquelle, on décide d'appeler « Moyen Âge », telle ou telle période que l'on va étudier. Une telle définition est dite *stipulative*, parce qu'elle est *stipulée* ou convenue au commencement de l'étude. Une définition stipulative n'est ni vraie, ni fausse. Elle résulte d'un choix et est seulement utile ou non. C'est en ce sens qu'on dit que les définitions sont libres.

Justement la définition formelle que l'on vient de donner du droit est une définition stipulative. On ne prétend pas révéler la nature véritable du droit, mais seulement se donner un instrument commode. Cette définition apparaît en effet commode et cela pour deux raisons principales : d'une part, elle permet d'éviter toutes les difficultés auxquelles on se heurte avec une définition matérielle fondée sur la sanction, lorsqu'on cherche à distinguer le droit, la morale et l'ordre de la bande de voleurs. D'autre part, elle conduit à définir un objet auquel on peut appliquer une méthode unique, la dogmatique juridique, qui sera examinée dans la section suivante.

Cette présentation reflète d'ailleurs l'idée que toute science constitue son objet. Le droit, comme les autres objets scientifiques, n'est pas une réalité qui serait objectivement définie et délimitée. C'est à la science qu'il appartient de découper les limites de son objet dans un monde qui apparaît chaotique et cet objet sera celui auquel elle peut appliquer sa méthode. C'est donc la méthode, qui est ici l'élément premier et déterminant. Or, précisément, la méthode de la science juridique, la dogmatique, consiste à utiliser les relations entre les normes, pour établir quelles sont les normes en vigueur. La seule définition du droit sur laquelle elle puisse se fonder est une définition formelle (1).

(1) Il existe une littérature immense sur la question de la définition du droit. Pour une première approche, voir la revue *Droits* 1989 et 1990 et le *Dictionnaire d'Éguilles*.

§ 2. Le droit constitutionnel comme sous-système

Il apparaît maintenant que le droit constitutionnel est une partie du système juridique, comme d'ailleurs le droit civil ou le droit pénal. Cependant, s'il fait l'objet d'une étude spécifique, distincte de celle des autres parties du système (qu'on appelle aussi branches du droit), c'est qu'il possède certaines caractéristiques spécifiques.

Comme pour le système juridique en général, on peut chercher à définir le droit constitutionnel par des caractères matériels ou par des caractères formels. Il s'agit toujours du droit relatif à la constitution, mais dans le premier cas, on dira que la constitution est un ensemble de normes caractérisées par leur objet, dans le second qu'elles sont définies par le niveau auquel elles se situent dans la hiérarchie de l'ordre juridique. Il ne faut pas croire qu'une définition serait supérieure à une autre. Une définition n'est pas une thèse relative à la véritable nature d'une chose, mais un outil intellectuel permettant de construire un raisonnement. Selon le contexte, on emploie donc tantôt une définition matérielle, tantôt une définition formelle.

A Définition matérielle

On peut concevoir plusieurs définitions matérielles.

1. Le droit constitutionnel, droit de l'État

C'est un fait que les constitutions ne sont apparues qu'avec l'État moderne. D'une part, on assiste au XVIIIe siècle au développement d'un mouvement idéologique puissant, le constitutionnalisme, qui concevait la liberté et le pouvoir comme antinomiques. Pour garantir la liberté, il fallait limiter le pouvoir au moyen de quelques règles d'organisation judicieusement combinées. On a appelé ces règles « constitution », terme synonyme à cette époque « d'organisation » ou de « structure », comme on le voit encore lorsqu'on dit aujourd'hui d'un homme qu'il a une constitution robuste. D'autre part, le pouvoir qu'il s'agit de limiter n'est pas n'importe quel pouvoir, ce n'est pas celui qui peut s'exercer dans la famille, dans l'armée ou dans l'Église, mais seulement le pouvoir politique le plus considérable, celui précisément qui s'est développé au XVIIe siècle, notamment en France, et qu'on appelle l'État.

Il est donc naturel qu'on considère que la constitution et le droit constitutionnel ont pour objet l'État et les limites de son pouvoir et qu'on cherche ainsi à les définir. La constitution (ou le droit constitutionnel), au sens matériel, est alors *l'ensemble des règles relatives à l'organisation de cet État*, c'est-à-dire à la désignation des hommes qui exercent ce pouvoir, à leurs compétences, à leurs rapports mutuels. Mais, si l'on raisonne ainsi, on a seulement déplacé le problème, car il faut définir l'État.

Il faut alors considérer qu'il existe un État dès lors que trois conditions sont remplies : qu'il y ait un territoire, une population, une puissance publique.

a) Le territoire

Encore que la question ait été discutée, on peut dire qu'il n'y a pas d'État sans territoire. Non pas que le territoire soit, comme on le croit parfois, un élément constitutif de l'État ; mais parce qu'il est une condition indispensable pour que l'autorité politique s'exerce efficacement.

Il est vrai que l'histoire nous offre l'exemple d'États reconnus comme tels, avant que leurs frontières soient totalement fixées — ce fut le cas de la Pologne à la suite de la guerre de 1914-1918 ; mais c'est là une situation exceptionnelle qui ne peut se réaliser que pour un État ancien en voie de reconstitution et qui, autrefois, s'était constitué sur une base territoriale.

L'idée d'enfermer une collectivité humaine dans des limites linéaires stables — les frontières — est relativement récente. Dans la Grèce antique, il n'y avait ni ligne douanière, ni ligne militaire ; à Rome, les *limes* de l'Empire étaient des espaces où s'exerçait la vigilance des légions. Ce n'est qu'au XVIe siècle que les travaux cartographiques, rendus possibles par le renouveau des études mathématiques et géographiques, font apparaître la notion moderne de frontière. Or, il n'est pas sans intérêt d'observer que c'est vers la même époque que se fait jour le concept d'État pour définir certaines formes du Pouvoir politique (Ancel, 1936, t. I ; Fèbvre, 1962, p. 11 et s. ; Alliès, 1980).

La nature du droit de l'État sur son territoire (Schoenborn, 1929 ; Scelle, 1948, p. 67 ; Rousseau, 1987, p. 224).

Cette question est évidemment l'effet d'une métaphore anthropomorphique : dans la mesure où l'État est considéré comme une personne, on considère qu'il *possède* un territoire et on s'interroge sur la nature de son droit sur ce territoire. Cette métaphore résulte de certaines ressemblances entre les normes du droit international relatives aux changements territoriaux et les normes du droit interne relatives à la propriété. Mais cette manière de poser la question conduit à des difficultés considérables :

on ne peut assimiler ce droit à la propriété parce que si l'État était le propriétaire du sol, son droit serait exclusif et les particuliers ne pourraient être propriétaires en même temps que lui. On ne peut pas davantage l'assimiler à la souveraineté, qui est considérée comme un droit sur des hommes et non sur les choses. On a alors cherché une troisième voie et considéré que ce droit devait être considéré comme un *droit réel institutionnel, réel* pour marquer qu'il porte directement sur le sol national, *institutionnel* pour indiquer que *son contenu est limité et déterminé par ce qu'exige le service de l'institution étatique*. Mais, on ne doit pas oublier qu'il ne s'agit que d'une manière commode de présenter les choses, d'une façon de parler : l'État produit des normes qui sont obligatoires sur une certaine portion d'espace à l'égard d'un certain ensemble d'hommes. Il n'est nul besoin de penser qu'il existerait dans la réalité un véritable lien, dont on rechercherait la nature, entre l'État et cet espace.

Il suffit alors de souligner que le territoire est un concept nécessaire pour définir l'État : c'est l'espace géographique sur lequel l'État exerce ses compétences, c'est-à-dire qu'il produit des règles régissant les hommes et les biens qui s'y trouvent.

Cela étant, il faut souligner que le territoire est un espace à trois dimensions : il comprend non seulement la surface terrestre, mais aussi la couche atmosphérique située au-dessus du sol ; il n'est pas seulement terrestre, mais s'étend également aux portions de la mer qui baigne les côtes (*mer territoriale*).

b) La population

En deuxième lieu, on ne peut parler d'État que lorsqu'un ensemble limité d'hommes est soumis à un ordre juridique déterminé à l'exclusion de tout autre. Cet ensemble d'hommes est appelé la population de l'État. Il est possible — et c'est le cas le plus fréquent — que les hommes qui font partie de cet ensemble ne possèdent aucune autre *caractéristique commune que d'être soumis à un certain ordre juridique*. Il peut exister entre eux des différences très importantes du point de vue linguistique, ethnique, religieux, économique, du point de vue aussi de leur sentiment d'appartenance à cette population ou d'allégeance à l'État. Ils n'en forment pas moins, du strict point de vue juridique, la population de l'État.

On peut cependant estimer que l'État ne peut fonctionner de façon satisfaisante que lorsque la population présente d'autres caractéristiques communes, notamment l'adhésion à des valeurs fondamentales et à l'État lui-même, la conscience d'appartenir à un même peuple et la volonté de préserver son unité. Le peuple structuré par un État ou par le désir d'en instituer un, est aussi appelé « nation ».

Il suit de là que la nation est quelquefois antérieure à l'État, comme il arrive précisément dans les revendications nationales, mais elle peut être aussi créée par l'État lui-même. C'est ce qui s'est produit en France sous l'ancienne monarchie.

Mais il peut également se produire — c'est même le cas le plus fréquent — qu'un État ait une population qui ne présente aucune homogénéité, ni linguistique, ni ethnique, ni culturelle et qu'il n'y ait aucun sentiment d'appartenance nationale. Il n'en est pas moins un État. Ce n'est donc pas l'existence d'une nation, mais seulement celle d'une population, qui est une condition de l'État.

c) La puissance

Enfin, pour qu'il existe un État, il ne suffit pas qu'il existe sur un territoire déterminé, une population soumise à un même ensemble de normes. On n'emploie pas habituellement le terme d'État pour parler des sociétés sans histoire, dites « primitives » ou en Europe occidentale de la société féodale ; il faut encore que cette population et ce territoire soient soumis à une forme spécifique de pouvoir politique. Cette troisième condition d'existence est généralement appelée la *puissance publique* ou encore *souveraineté.*

On confond parfois la question juridique de la spécificité de la puissance propre à l'État avec les questions sociologiques ou politiques du consentement et de la légitimité.

Il est vrai, d'un point de vue sociologique, que l'État ne peut exercer sa puissance par le simple usage de la force. Il a besoin pour l'exercer durablement du consentement des sujets ou du moins d'une partie d'entre eux.

Il est également vrai, qu'il a besoin d'une *légitimité*, c'est-à-dire d'un ensemble de raisons qui justifient aux yeux des sujets ou des gouvernants eux-mêmes l'attribution du pouvoir à ceux qui l'exercent et l'obligation de leur obéir. Max Weber a ainsi distingué trois types de légitimité, selon que le pouvoir est traditionnel (gouvernement du prince), charismatique (gouvernement du chef qualifié par son prestige) ou rationnel (gouvernement d'autorités agissant conformément au droit).

Mais d'un point de vue juridique, le consentement ou la légitimité ne peuvent être des éléments de définition de l'État, car il y a bien des États, auxquels le consentement des sujets fait défaut ou dont la légitimité est contestée, mais qui n'en sont pas moins des États.

On dit alors que ce qui caractérise l'État c'est qu'il exerce un pouvoir d'une « essence » particulière, un pouvoir supérieur à tous les autres, qu'on appelle *souverain*. Cependant, s'il s'agit de définir l'État par la souveraineté, on ne peut pas considérer cette suprématie comme une suprématie de fait, une suprématie réelle. Il peut se trouver en effet, dans certains pays, des institutions ou des groupes plus puissants en fait que l'État. La puissance dont il s'agit est donc une puissance qui n'est pas supérieure en fait, mais seulement en droit.

On constate ainsi que les trois éléments de la définition de l'État correspondent à des phénomènes qui ne sont ni naturels, ni même sociaux et culturels. Il peut y avoir des États auxquels ne correspond ni une population, ni un territoire homogènes et dont la puissance n'est pas réellement et matériellement supérieure. Ces trois éléments doivent donc être eux-mêmes définis juridiquement et seulement juridiquement. Mais une définition juridique de l'État — et par conséquent une définition matérielle du droit constitutionnel — donne lieu à de nouvelles difficultés.

2. Insuffisance de cette définition matérielle

Elle repose sur une définition de l'État. Or, celle-ci souffre d'une incertitude grave. La critique, très simple, en a été faite par Hans Kelsen. *Définir l'État par la réunion de trois conditions, c'est affirmer que dès lors qu'on constate que ces trois conditions sont réalisées, on constate du même coup qu'il existe un État. Mais, objecte Kelsen, il est impossible de faire cette constatation, car les trois conditions ne correspondent pas à des faits empiriques* que l'on pourrait rencontrer dans la nature. Comment savoir par exemple qu'il y a un peuple ? *Un peuple n'est pas un phénomène naturel.* C'est un groupe d'hommes, mais ils n'ont le plus souvent en commun ni la langue, ni la religion, ni l'appartenance ethnique, ni aucun autre caractère. Le seul lien qui les unit, c'est qu'ils sont tous soumis au même État. Mais on voit par là que si le peuple se définit par l'État, il devient impossible de définir l'État par le peuple. De même, le territoire n'existe pas « naturellement ». C'est seulement la portion d'espace sur laquelle l'État exerce son autorité. Quant à la puissance publique, ce n'est pas non plus n'importe quelle puissance politique, c'est celle de l'État. La définition classique de l'État présente donc un caractère tautologique : il y a un État lorsqu'il y a un peuple, un territoire et une puissance publique et il y a un peuple, un territoire et une puissance publique lorsqu'il y a un État (Kelsen, 1962, *spécialt.* p. 275-310).

D'autre part, le droit constitutionnel a connu depuis le XVIIIe siècle une évolution considérable. Il n'a plus seulement pour objet l'organisation de l'État et n'a plus seulement pour fin la limitation du pouvoir et la garantie de la liberté, mais concerne des domaines sans cesse plus variés et plus nombreux. Cette évolution s'explique aisément par la hiérarchie des normes (voir *supra*) : chaque norme trouve le fondement de sa validité dans une norme supérieure, à laquelle elle doit être conforme. Cela implique évidemment qu'elle ne peut la modifier. Appliquée aux rapports de la constitution et de la loi, cette idée signifie que la loi ne peut modifier la constitution. Elle est riche de conséquences pratiques, car lorsqu'on veut donner à une prescription une très grande valeur, lorsqu'on veut la mettre à l'abri de toute modification par la loi, on lui donne la forme constitutionnelle, on l'exprime par un texte constitutionnel et elle devient ainsi elle-même une norme constitutionnelle. Elle ne pourra alors être modifiée qu'à la suite d'une procédure spéciale, généralement plus difficile à mettre en œuvre. Depuis deux siècles, on a énoncé de la sorte des règles nombreuses, le plus souvent pour garantir des libertés fondamentales, mais aussi pour affirmer les principes essentiels régissant les matières les plus diverses, ce qui explique la longueur de plusieurs constitutions contemporaines. Ainsi, la constitution du Brésil de 1988 compte 250 articles, alors que celle des États-Unis, plus ancienne de deux siècles, n'en a que 6 — il est vrai qu'ils sont sensiblement plus longs. Mais il est impossible de donner une définition purement matérielle de la constitution, parce qu'il n'y a pas de matière qui soit constitutionnelle par nature et qu'il est impossible de faire une liste des matières qui seraient nécessairement régies par la constitution. Chacun a en mémoire un amendement à la constitution des États-Unis qui avait institué la prohibition de l'alcool, de sorte qu'il avait fallu un nouvel amendement pour en permettre à nouveau la vente et la consommation.

3. La constitution, système d'organes

Les hommes qui exercent le pouvoir politique n'exercent pas un pouvoir propre, mais une compétence. On dit qu'ils ont individuellement ou lorsqu'ils sont réunis en collèges la qualité d'organes de l'État, parce que leurs actes sont considérés comme ayant été accomplis par l'État et qu'ils sont attribués à l'État. On les appelle aussi des autorités ou des pouvoirs publics. Dans les États modernes, il existe toujours plusieurs de ces organes, de telle sorte que le Pouvoir est partagé entre eux. La constitution est alors l'organisation générale du pouvoir, qui résulte de la répartition des compétences entre les organes. C'est la norme qui règle la production des normes les plus élevées du système juridique, par exemple les lois, les traités ou les décisions par lesquelles les gouvernements exécutent les lois.

On emploie d'ailleurs le mot « constitution » dans un sens très large pour désigner toute forme d'organisation du pouvoir, même s'il ne s'agit pas du pouvoir de l'État. On peut parler ainsi de la constitution de l'Église ou des ordres monastiques ; dans certaines langues étrangères les statuts d'une association sont appelés « constitution » ; on parle aujourd'hui en ce sens de la « constitution » de l'Union européenne, bien qu'elle ne soit pas un État, parce qu'elle règle les compétences des organes de l'Union et le processus de production des normes européennes.

B Définition formelle

Mais, on peut donner aussi une définition formelle du droit constitutionnel : c'est un ensemble de normes dont la valeur est supérieure à celle de toutes les autres normes et qui constitue le fondement ultime de leur validité sans que les normes qu'il contient soient elles-mêmes fondées sur d'autres normes juridiques.

Ces éléments doivent eux-mêmes être explicités. Une norme A a une valeur supérieure à celle d'une autre norme B, lorsque, en cas de contradiction, il existe une procédure juridictionnelle pour annuler B ou pour en empêcher l'application. La constitution a ainsi une valeur supérieure à celle des lois lorsqu'il existe des procédures pour empêcher l'application des lois contraires à la constitution. Elle a aussi une valeur supérieure à celle des traités, des décrets, des contrats et de toutes les autres normes juridiques. Il en résulte qu'une constitution peut abroger ou modifier une loi, mais que l'inverse n'est pas vrai. Il en résulte aussi que la constitution ne peut elle-même être modifiée qu'au moyen d'une procédure spéciale, longue et plus difficile que celle qui permet de modifier les lois.

Une norme A est le fondement de la validité d'une norme B, lorsque A a donné à une certaine autorité le pouvoir de produire une norme B en suivant une certaine procédure et respectant certaines conditions et que, à la question de savoir si et pourquoi B est une norme obligatoire, on répond en disant que B est valide parce qu'elle a été produite selon les conditions prescrites par A. Ainsi, on sait en France qu'une loi est une norme obligatoire lorsqu'elle a été produite par le Parlement conformément à la constitution. La constitution est le fondement de validité de la loi. Elle est de même le fondement de validité des traités, des décrets et d'autres normes encore.

Elle est le fondement ultime de la validité de toutes les normes. La loi peut à son tour donner à d'autres autorités le pouvoir de produire des normes. Le fondement immédiat de la validité de ces normes sera dans la loi, mais comme la loi a elle-même son fondement dans la constitution, celle-ci est leur fondement ultime.

La constitution n'a pas elle-même de fondement, en ce sens qu'il n'y a pas de norme au-dessus de la constitution, qui ait autorisé sa production et qui permette de dire qu'il s'agit d'une norme obligatoire.

Certaines de ces normes sont énoncées dans un texte ou document que la science du droit constitutionnel appelle « constitution formelle », bien qu'il puisse porter des noms divers (« acte constitutionnel », « loi fondamentale », « charte », etc.). Cependant, dans plusieurs pays, la constitution formelle est appliquée et interprétée par les juges, de sorte que l'ensemble de ces interprétations, qui forment ce qu'on appelle la « jurisprudence », est aussi une partie du droit constitutionnel.

Le droit constitutionnel ne se définit plus matériellement par son objet, mais seulement par sa forme : il s'agit des normes qui occupent le sommet de la hiérarchie du système juridique, qui ne peuvent être modifiées par la loi, mais seulement au terme d'une procédure généralement plus lente et plus difficile à mettre en œuvre que la procédure législative et qui peuvent porter sur des objets très variés : l'organisation du pouvoir, les droits de l'Homme ou même une matière, qui ne concerne ni le pouvoir ni les droits de l'Homme, mais à laquelle on attache une grande importance symbolique, comme par exemple l'hymne national, les couleurs du drapeau, une devise ou encore la proclamation d'une croyance religieuse ou philosophique.

Il faut observer que la définition formelle qu'on vient d'esquisser peut être appliquée d'une manière plus ou moins stricte.

Dans un sens strict, on appellera « constitution » seulement les ensembles de normes qui présentent tous ces caractères. Seuls les États ont une constitution en ce sens. Le fait que leur constitution constitue le fondement ultime de toutes les autres normes, c'est-à-dire de leur droit national, qu'elle soit suprême, est appelé « souveraineté ». Mais certains États n'ont pas du tout de constitution au sens formel, bien qu'ils en aient une au sens matériel. C'est le cas de l'Angleterre, puisque non seulement il n'y a pas de document écrit appelé constitution, mais il n'y a pas de norme qui ait une valeur supérieure à celle des lois.

Mais on peut parler aussi de constitution formelle dans un sens large, lorsque certains seulement de ces caractères sont présents.

De même, l'État membre d'un État fédéral, par exemple la Californie aux États-Unis ou l'État de Rio de Janeiro au Brésil, ont des règles d'organisation et de fonctionnement du pouvoir politique analogues à celles d'un État unitaire comme la France. Ces règles forment un ensemble généralement — mais pas toujours — appelé « constitution ». Elles ont une valeur supérieure à celles de toutes les normes juridiques de l'État-membre et fondent leur validité, mais elles ne sont pas suprêmes, car la constitution de l'État fédéral a une valeur encore supérieure.

On s'est demandé si le traité établissant une constitution pour l'Europe, rejeté en France par le référendum du 29 mai 2005, créait non seulement une constitution matérielle — parce qu'elle met en place un système d'organes qui produisent des normes du niveau le plus élevé — mais également une véritable constitution formelle. La réponse doit être nuancée. Tout d'abord, cette constitution ne devait pas être adoptée par un pouvoir constituant (voir *infra*), mais par un traité — et ne pouvait être révisée que comme un traité, c'est-à-dire à l'unanimité des États. D'autre part, elle n'était pas la norme la plus élevée, bien qu'elle proclamât le principe de sa suprématie sur les droits nationaux, dans la mesure où elle n'était pas le fondement de validité des constitutions nationales. Il n'était d'ailleurs même pas certain qu'elle aurait toujours prévalu en cas de contradiction avec certains principes constitutionnels nationaux jugés essentiels.

Il ressort de tout ce qui précède que les définitions formelles et matérielles ne coïncident pas et que certains textes peuvent être appelés ou non constitution selon les cas. Une norme contenue dans un texte constitutionnel peut être constitutionnelle formellement, mais non pas matériellement. L'exemple le plus célèbre est celui d'une disposition de la constitution helvétique qui interdisait l'abattage des animaux selon le rite juif. On l'a insérée pour qu'elle ne puisse pas être modifiée par une loi ordinaire. À l'inverse, une norme relative à l'élection des députés, qui, comme en France, n'est pas contenue dans le texte constitutionnel, mais dans une loi, est constitutionnelle matériellement, mais non formellement, de sorte qu'elle est assez facilement modifiable.

Dans la science du droit constitutionnel, comme dans la science du droit en général, on privilégie le point de vue formel, parce que c'est celui qui est adopté par la pratique juridique. Ceux qui élaborent une constitution utilisent ce point de vue. Pour protéger certaines règles, notamment celles qui concernent des principes particulièrement importants, contre des atteintes et des modifications par la voie législative, ils lui donnent la forme constitutionnelle, par exemple en les inscrivant dans le texte de la constitution. Aujourd'hui un nombre de plus en plus grand de matières ont leur fondement dans le droit constitutionnel, dès lors qu'elles sont en partie régies par des normes formellement constitutionnelles et que leur suprématie est assurée grâce au contrôle d'une cour constitutionnelle.

C'est aussi le point de vue qu'adoptent les tribunaux, lorsqu'ils veulent déterminer si une norme possède ou non la nature constitutionnelle. Ils appellent en effet, constitutionnelle, toute norme qui ne peut être modifiée qu'au terme de la procédure de révision constitutionnelle.

Section 2
Le droit constitutionnel comme science

Dans un deuxième sens, l'expression « droit constitutionnel » désigne la discipline, la science, qui étudie l'ensemble de règles que l'on a appelées « droit constitutionnel » ou « constitution ». Sur la nature et les méthodes de cette science, il existe des conceptions très différentes, qui reflètent d'ailleurs les grandes oppositions relatives à la science du droit en général, celle du positivisme et du jusnaturalisme, celle de la science du droit ou dogmatique juridique et de la sociologie (Troper 2002).

§ 1. Jusnaturalisme et positivisme

A Le jusnaturalisme

Certains croient qu'il existe non pas un droit, mais deux. Le premier est celui dont on a traité jusqu'à présent, le droit en vigueur, appelé aussi « droit positif », parce qu'il est l'expression de la volonté de certains hommes et qu'il a été « posé » par eux. L'autre serait un droit qui ne serait pas produit par la volonté humaine, mais immanent à la nature (d'où son nom de droit naturel) ou produit par la volonté de Dieu. Le droit naturel existerait avant le droit positif et se situerait au-dessus de lui. Il devrait notamment déterminer quelle autorité politique est légitime, c'est-à-dire habilitée à produire du droit positif, et à quelles conditions ce droit est valide et obligatoire. Il servirait par conséquent de fondement de validité pour le droit positif. Quant au contenu de ce droit naturel (ce qu'il prescrit), c'est tout simplement la justice : les hommes doivent produire un droit positif qui réalise la justice.

Comme on peut s'y attendre, il existe de nombreuses variantes de cette doctrine. Les différences tiennent d'abord à la source du droit naturel, que les uns trouvent dans la volonté de Dieu, d'autres dans la nature des choses, d'autres encore dans la nature humaine ou dans la Raison. Elles tiennent aussi aux conceptions de la justice, qui varient considérablement : l'esclavage, qui dans nos sociétés, apparaît comme la plus grande des injustices, a été souvent considéré comme juste. Enfin, il y a des différences quant aux conséquences qu'on attache à une contradiction entre le droit naturel et le droit positif. Selon certains auteurs, qui invoquent le beau mythe d'Antigone, une norme du droit positif qui serait contraire au droit naturel, donc à la justice, ne serait pas obligatoire et il serait juste de lui désobéir. Il y aurait même un devoir de *désobéissance*. D'autres auteurs vont plus loin et estiment que le droit naturel fournit un critère d'identification du droit : *un droit positif contraire au droit naturel ne serait même pas du droit*. D'autres enfin sont plus modérés ; ils considèrent qu'un droit positif contraire au droit naturel reste du droit, et même qu'il faut lui obéir, mais que le droit naturel peut servir d'*instrument pour le juger* et pour suggérer des améliorations.

En tout cas, le juriste qui adhère à cette conception ne se contente pas de décrire le droit tel qu'il est. Il pense qu'il lui appartient aussi de parler du droit tel qu'il devrait être. Cette conception trouve naturellement à s'appliquer dans de nombreux domaines, mais tout particulièrement à l'égard du pouvoir politique. Quel est le pouvoir légitime ? Quelles sont les limites du pouvoir et quels sont les droits naturels de l'homme que ce pouvoir est tenu de respecter ? Ce sont là quelques-unes des questions traitées par les doctrines du droit naturel. S'agissant plus spécialement du droit constitutionnel, cette conception se manifesterait de la façon suivante : d'une part, une définition matérielle de ce droit ; il y aurait un droit constitutionnel par nature, qui aurait pour objet l'État ; d'autre part, on peut rattacher au jusnaturalisme l'idée qu'il existerait des formes juridiques pures, par exemple les régimes parlementaire ou présidentiel (voir *infra*, Première partie), dont les institutions concrètes devraient se rapprocher. Mais cette conception se manifeste surtout dans l'idéologie contemporaine des droits de l'homme, selon laquelle les gouvernants doivent respecter ces droits, inscrits dans la nature de l'Homme et qui s'imposeraient même lorsqu'ils ne sont pas expressément formulés dans le texte de la constitution.

B Le positivisme juridique

1. Le modèle des sciences empiriques

Le positivisme juridique se caractérise avant tout par la volonté de construire une science du droit sur le modèle des sciences de la nature. Ces sciences consistent dans une description du monde à l'aide de propositions vérifiables (voir *supra*). Les jugements de valeur ne sont pas susceptibles d'être vrais ou faux. Ils correspondent seulement aux émotions et aux goûts de ceux qui les expriment. Ils ne sont donc évidemment pas vérifiables et la science ne s'est développée qu'en y renonçant. Or, les thèses sur le droit naturel, sur ce qui est juste et injuste, ne sont que des jugements de valeur. Ils ne correspondent à aucune réalité objective, mais seulement à des opinions subjectives et relatives. Il suffit d'ailleurs d'examiner les doctrines du droit naturel pour constater que si toutes veulent soumettre le droit positif à une exigence de justice, elles diffèrent profondément sur le contenu de la notion de justice. Au contraire, une véritable science sera « pure » de tout jugement de valeur et se limitera à la description de son objet.

Il existe une objection classique au positivisme juridique : si l'on s'abstient de tout jugement de valeur, conformément à l'idéal de pureté, ne va-t-on pas accepter de considérer comme du droit, n'importe quel système juridique, fût-il celui de la plus atroce tyrannie ? Le système juridique nazi serait du droit, tout comme celui de la Suisse. Le positivisme aboutirait ainsi à légitimer n'importe quel système. À cette objection, les tenants du positivisme opposent deux arguments : d'une part, dire qu'un système est juridique, qu'il forme un droit, ne signifie pas qu'on le considère comme bon ou qu'on prescrive de lui obéir. Ce n'est une recommandation ni d'obéir, ni d'ailleurs de désobéir, mais seulement l'identification d'un objet pour la science du droit, la reconnaissance du fait qu'il appartient à une certaine classe d'objets. D'autre part, le positivisme n'interdit pas tout jugement de valeur, mais seulement celui qui serait énoncé au nom de la science. Une science peut seulement décrire le réel à l'aide de propositions et il est logiquement impossible de dériver des prescriptions. Celui qui énoncerait des jugements de valeur et qui prétendrait le faire en vertu de ses compétences scientifiques commettrait tout simplement une escroquerie intellectuelle. En revanche, il est parfaitement légitime de porter un jugement de valeur à partir d'un autre point de vue que celui de la science. On peut par exemple considérer du point de vue de la science du droit que le système nazi est un droit, qui peut être étudié et décrit en tant que tel, selon les méthodes des juristes, et en même temps, du point de vue moral, soutenir qu'il s'agit d'un droit abominable et qu'il faut s'efforcer de le détruire par tous les moyens. En pratique, de nombreux positivistes ont d'ailleurs eu cette double attitude.

2. L'objet de la science du droit est le droit

Le positivisme juridique se présente sous deux variantes : selon la première, il existe peut-être un droit naturel, mais il n'est pas connaissable par la science et celle-ci ne peut rien en dire. Selon la seconde, plus dure, les seuls objets existants sont des objets empiriques, c'est-à-dire accessibles aux sens et les doctrines du droit naturel servent seulement à leurs auteurs à présenter leurs opinions politiques sous une apparence d'objectivité. Il n'y a pas deux droits, mais un seul droit, qui est le droit positif. Quoi qu'il en soit, pour les uns comme pour les autres, une véritable science du droit doit se borner à décrire ce qu'elle peut connaître. Or, le droit positif est composé de normes qui sont la signification de certaines phrases (voir *supra*), par lesquelles certains individus expriment leur volonté ; il y a là, dans le fait qu'une volonté a été exprimée, une réalité empirique qui peut être connue et décrite par la science du droit.

3. Le contenu de la science du droit, les propositions de droit

Une véritable science du droit doit se composer de propositions. On les appelle des « propositions de droit ». Chacune de ces propositions décrit une norme. Elle est susceptible d'être vraie ou fausse. Elle est vraie si la norme décrite existe bien, fausse dans le cas contraire. Ainsi, la proposition « il existe en France une norme selon laquelle, si quelqu'un a commis un meurtre, il doit être condamné à mort » est fausse, car cette norme a été abrogée en France et n'existe plus.

La distinction entre normes et propositions de droit est importante, mais parfois délicate. Elle est importante, car elles ont des propriétés différentes. *Les normes sont un produit de la volonté, tandis que les propositions de droit sont un produit de la connaissance.* Les normes ne peuvent être ni vraies ni fausses, tandis que les propositions de droit, elles, sont susceptibles d'être vraies ou fausses. La distinction est cependant délicate, parce que, bien souvent, on énonce la proposition de droit non pas sous la forme complète qu'on vient d'indiquer « dans le système juridique du pays X, il existe une norme selon laquelle si quelqu'un a commis un meurtre, il doit être condamné à mort », mais sous une forme abrégée, qui reproduit purement et simplement le contenu de la norme. Un professeur de droit par exemple, qui n'énonce pas de norme, mais seulement des propositions de droit, ne fera pas précéder la description de chaque norme de la formule « dans le système juridique X, il existe une norme selon laquelle... » et dira tout simplement : « si quelqu'un a commis un meurtre, il doit être condamné à mort ». On comprend cependant qu'il s'agit non d'une norme mais d'une proposition, parce que la phrase n'émane pas d'une autorité juridiquement autorisée à poser des normes, mais d'un professeur et qu'elle est logiquement susceptible d'être fausse.

D'après l'exemple sur lequel on a raisonné, on pourrait croire que la science du droit se borne à reproduire purement et simplement les normes et qu'elle n'est par conséquent pas d'une grande utilité. Il ne faut pas oublier cependant que les normes ne sont pas des énoncés, qu'elles ne sont pas accessibles aux sens. La science du droit n'a affaire qu'à des énoncés, qui expriment des normes, mais pas aux normes elles-mêmes. Il lui appartient donc de découvrir quelles sont ces normes qu'expriment les énoncés, c'est-à-dire d'en dégager la signification et de la décrire à l'aide d'une proposition de droit (voir Troper 2002).

Cette description ne se limite d'ailleurs pas à une indication du contenu de la norme, de ce qu'elle prescrit. Il faut encore, pour la décrire complètement et l'expliquer, la comprendre à l'aide de l'ensemble des normes auquel elle appartient. Ce point s'éclairera si l'on raisonne plus spécialement sur la science du droit constitutionnel.

4. Le contenu de la science du droit constitutionnel

La science du droit constitutionnel est simplement une partie de la science du droit. Si son objet est spécifique — c'est la constitution — sa fonction est identique : elle énonce des propositions de droit. Elle est en présence de textes. Soit, par exemple, cette phrase bien connue : « la loi est l'expression de la volonté générale ». Il est évidemment possible, mais peu utile, d'énoncer la proposition de droit : « il existe une norme selon laquelle la loi est l'expression de la volonté générale ». Mais, on peut la comprendre et ainsi la décrire complètement dans le système auquel elle appartient. Cela peut s'entendre au moins de trois manières.

En premier lieu, du point de vue formel, cette norme se situe à un certain niveau de la hiérarchie de l'ordre juridique. Le texte qui l'exprime est l'article 6 de la Déclaration des droits de l'homme et du citoyen de 1789, à laquelle renvoie le préambule de la Constitution de 1958. Elle fait donc partie aujourd'hui de la constitution formelle, ce qui signifie qu'elle s'impose à tous et notamment au législateur.

En deuxième lieu, du point de vue matériel, on doit indiquer ce que signifie que « la loi est l'expression de la volonté générale ». Or, cette phrase ne peut se comprendre que par rapport à une conception d'ensemble du pouvoir politique, élaborée au XVIIIe siècle, mais qui inspire encore le droit français. Cette phrase, rédigée au mode indicatif, n'acquiert une signification prescriptive qu'à condition d'être éclairée par son contexte. Elle signifie alors que celui qui énonce la loi, n'a pas de droit propre à exercer le pouvoir législatif, que la volonté qu'il exprime n'est pas la sienne mais la volonté générale, qu'il n'est pas le souverain, mais seulement son représentant.

En troisième lieu, d'un point de vue matériel encore, il faut déterminer le contenu précis de la prescription. L'énoncé « la loi est l'expression de la volonté générale » peut bien signifier une prescription, mais cette prescription ne peut être considérée comme une norme qu'une fois établi quelle est la conduite qui doit avoir lieu. On se demandera par exemple si la formule de l'article 6 implique que tout ce que fait le détenteur du Pouvoir législatif doit être considéré comme l'expression de la volonté générale ou si certaines conditions doivent en outre être remplies. Bien entendu, la lecture, même attentive, de l'article 6 ne fournit pas la réponse à cette question. La science du droit constitutionnel ne peut donc la fournir seule, mais il lui appartient d'abord de poser cette question (*in abstracto*, en dehors de toute difficulté particulière, en l'absence de tout litige concret) et d'exposer les diverses solutions possibles, ensuite de décrire la solution apportée par le droit positif. Ainsi, dans le cas envisagé, sous la IIIe République, la solution était : « tout ce que fait le pouvoir législatif est l'expression de la volonté générale, c'est une loi » ; sous la Ve République, la solution, qui résulte de la jurisprudence du Conseil Constitutionnel est au contraire : *« ce qu'a adopté le pouvoir législatif n'est l'expression de la volonté générale qu'à condition de l'avoir été en conformité avec la constitution »*.

On constate ainsi qu'il existe un rapport étroit entre le texte en question et l'organisation générale du pouvoir. C'est parce que la constitution est un système d'organes que le contenu de l'article 6 de la Déclaration acquiert une signification particulière selon le système dans lequel on l'interprète, une signification différente sous la IIIe et sous la Ve République.

§ 2. Droit constitutionnel et science politique

La distinction reflète celle de la science du droit et de la sociologie. Ces deux disciplines ont été perçues tantôt comme une seule et même science, tantôt comme deux disciplines soit opposées soit complémentaires.

1. L'unité du droit constitutionnel et de la science politique

Jusqu'au début du XXe siècle, droit constitutionnel et science politique ne formaient qu'une seule et même discipline. Cette situation s'explique par deux facteurs principaux.

D'une part, la distinction d'inspiration positiviste entre le point de vue descriptif et le point de vue prescriptif n'était pas clairement établie et la science politique se donnait pour tâche de découvrir le meilleur système de gouvernement. Elle avait donc pour contenu un ensemble de prescriptions. C'est en ce sens que, par exemple les histoires de la science politique publiées au XIXe siècle portaient sur ce qu'on appellerait aujourd'hui philosophie ou théorie politique. Lorsque ces prescriptions étaient précises, elles pouvaient prendre l'apparence de règles constitutionnelles.

D'autre part, même dans une perspective plus proche de la conception positiviste, décrire l'organisation et le fonctionnement du Pouvoir, c'était décrire les règles effectivement appliquées, de même qu'on décrit et explique un jeu en en énonçant les règles.

2. La distinction du droit constitutionnel et de la science politique

Les deux disciplines se sont séparées, lorsque ces facteurs se sont affaiblis. D'un côté, on a admis qu'il fallait distinguer entre les règles dont on pouvait constater qu'elles sont en vigueur, qu'elles font partie du droit positif, et d'autre part celles dont on pouvait souhaiter l'introduction, qu'on pouvait préconiser, mais qu'on ne pouvait pas décrire. D'où une première distinction entre d'une part la théorie politique, prescriptive, et d'autre part, la science du droit et la sociologie, descriptives. D'un autre côté, on pouvait constater facilement que le fonctionnement réel du pouvoir politique ne peut se comprendre comme le résultat d'une simple application de règles de droit et qu'il y a des situations, de plus en plus nombreuses au XIXe siècle, où celui que le droit désigne comme le principal détenteur du Pouvoir, le monarque, n'est plus en mesure de l'exercer que partiellement ou plus du tout. Il faut alors chercher d'abord à décrire la répartition réelle du pouvoir, puis à l'expliquer et on ne peut naturellement le faire qu'en mettant en évidence les rapports sociaux. Il se constitue donc, à côté d'une discipline proprement juridique, le droit constitutionnel qui étudie les règles, une discipline sociologique, la science politique attachée à décrire la réalité.

Cette dualité a entraîné en France, au lendemain de la seconde guerre mondiale, une rivalité et un déclin de la science du droit constitutionnel, qui apparaissait définitivement inapte à décrire le réel et se trouvait donc cantonnée dans ses tâches traditionnelles : décrire les normes en vigueur et en éclairer les fondements à l'aide des grandes doctrines. À vrai dire, la description des règles constitutionnelles n'ajoutait que peu d'éléments nouveaux à la simple lecture des textes de constitution et, d'un autre côté, les grandes doctrines de l'époque révolutionnaire et leur rapport avec les règles du droit positif avaient été dans l'ensemble très bien et très complètement présentés par les juristes des générations précédentes comme Esmein ou Carré de Malberg.

On a donc admis à cette époque que, puisque la science du droit constitutionnel ne donnait pas accès à une connaissance de la politique, il fallait compléter l'exposé des règles par la description du fonctionnement réel. C'est ainsi que les programmes des études de droit ont été modifiés pour faire figurer dans le titre des cours, à côté de l'expression « droit constitutionnel », celle de « science politique » ou d'« institutions politiques ».

Cette modification n'était cependant qu'un maquillage superficiel. Aussi, à quelques remarquables exceptions près, les ouvrages de droit constitutionnel postérieurs à la Seconde Guerre mondiale en France, se présentaient-ils comme des ouvrages pédagogiques, utiles, mais sans grande originalité, tandis que les plus brillants parmi les juristes de droit public se dirigeaient soit vers le droit administratif, soit vers la science politique.

3. Le renouveau du droit constitutionnel

Ce déclin paraît aujourd'hui définitivement enrayé, en raison de deux séries de facteurs, qui tiennent les uns à l'influence de la science politique, les autres aux transformations de fond du droit constitutionnel.

En premier lieu, la science du droit constitutionnel a commencé de modifier sa méthodologie en empruntant à la science politique deux instruments, qu'elle avait d'ailleurs elle-même importés d'autres disciplines et qui s'étaient révélés particulièrement efficaces : l'analyse stratégique et l'analyse systémique. La première consiste à expliquer les actions des autorités publiques en les concevant comme des conduites organisées en vue d'un certain but, en fonction des conduites réelles ou probables des autres autorités. On a, par exemple, construit des modèles théoriques, pour rendre compte des comportements des pouvoirs publics constitutionnels sous la Ve République, dans différentes hypothèses de concordance ou, au contraire, de divergence entre la majorité parlementaire et la majorité présidentielle. L'analyse systémique, elle, envisage le pouvoir comme un ensemble d'interactions entre des éléments, qui ne sont pas invariables, mais qui prennent leur signification et se modifient en fonction de ces interactions. On ne peut donc se borner à raisonner comme si le droit constitutionnel positif consistait dans une série de règles, logiquement déduites de quelques principes fondamentaux. Ces principes se modifient en fonction des systèmes constitutionnels dans lesquels ils se trouvent insérés et en raison de leurs rapports avec les autres éléments de ces systèmes.

Mais le renouveau de la science du droit constitutionnel résulte aussi en grande partie des transformations qui affectent le fond du droit constitutionnel. Il s'agit principalement du prodigieux développement de la justice constitutionnelle (voir *infra*, Première Partie, Chapitre 1 ; Quatrième Partie, Chapitre 4). Dans de nombreux pays ont été créées des cours constitutionnelles. Elles ont produit des jurisprudences d'une grande portée et d'une grande complexité. Ces cours sont en effet amenées notamment à contrôler la validité des lois dans les matières les plus diverses et à examiner si elles sont conformes aux principes contenus dans la constitution. Il faut donc admettre d'abord que toutes les branches du droit, le droit civil, le droit pénal, le droit du travail ou le droit commercial, ont leurs bases dans la constitution, ensuite que ce sont les cours constitutionnelles, chargées d'en interpréter le texte, qui contribuent à déterminer ces bases. La science du droit constitutionnel retrouve alors un rôle essentiel : décrire et commenter cette jurisprudence.

Aujourd'hui, on aperçoit dans la science du droit constitutionnel française deux orientations principales. La première étudie un objet traditionnel, les institutions, mais en intégrant les méthodes nouvelles. La seconde applique la méthode juridique classique, la dogmatique, à un objet nouveau, la justice constitutionnelle.

4. Les rapports du droit constitutionnel et de la science politique aujourd'hui

Ces rapports sont différents pour les deux orientations qu'on vient d'indiquer : la science institutionnelle est incontestablement plus proche de la science politique. Il y a non seulement une influence méthodologique, mais aussi des objets en partie communs. L'exemple le plus célèbre est celui des partis politiques : ils sont mentionnés dans plusieurs constitutions modernes et on les considère parfois comme des organes de l'État, de sorte que la science du droit constitutionnel peut désormais les faire figurer parmi les éléments des systèmes constitutionnels et étudier leurs relations avec les autres composantes : les autorités et leurs compétences. De son côté, la science politique, qui cherche à comprendre les systèmes de partis, c'est-à-dire leur nombre, leurs relations mutuelles, leurs structures, fait une place importante à un élément proprement juridique, le mode de scrutin.

Les relations entre la science politique et la seconde orientation de la science du droit constitutionnel, celle qui étudie la justice constitutionnelle, sont moins étroites, pour des raisons évidentes : s'il s'agit de comprendre le sens et la portée d'une jurisprudence, cela ne peut se faire par une méthode empruntée à la sociologie, mais seulement au moyen de cette science propre aux juristes, la dogmatique.

Il faut noter cependant un intérêt nouveau de la science politique, non certes pour le droit constitutionnel lui-même, mais pour la science du droit constitutionnel et les juristes, désormais appréhendés comme acteurs du jeu politique (Gaxie 1989 ; Poirmeur et Rosenberg 1989).

Bibliographie

ALLIES P. (1980), *L'invention du territoire*, Grenoble, PU de Grenoble.

ANCEL J. (1936), *Les frontières*, Recueil des cours de l'Académie de droit international, t. I.

BASTID P. (*alii.*) (1967), « L'idée de légitimité », *Annales de philosophie politique*, Paris, PUF.

CHEVALLIER J. (1996), *Institutions politiques*, Paris, LGDJ.

Deux numéros spéciaux (10 et 11) de la revue *Droits*, « Définir le Droit », 1989 et 1990.

FAVOREU L. (1988), *La politique saisie par le droit*, Paris, Economica.

FEBVRE L. (1962), « Frontière, le mot et la notion » in *Pour une histoire à part entière*, Paris, SEVPEN.

GAXIE D. (1989), « Jeux croisés », in CURAPP (éd.), *Les usages sociaux du droit*, Paris, PUF, p. 209 et s.

GRZEGORCZYK Chr., TROPER M., MICHAUT Fr. (dir.) (1992), *Le positivisme juridique*, Paris, LGDJ.

GUIGOU J.-L. (1999), « Le principe d'intégration-subsidiarité : solution au dilemme territorial français ? », *Pouvoirs* n° 88, p. 123.

KELSEN H.

(1945), *Théorie générale du droit et de l'État*, Paris, LGDJ, réédition 1997.

(1979), *Théorie générale des normes*, trad. fse, Paris, PUF, 1996.

KORINMAN M., RENAL M. (1978), « Les idéologies du territoire », in F. CHATELET, *Histoire des idéologies*, t. IV, Paris, Hachette.

LOISELLE M. (2000), *Le concept d'État de droit dans la doctrine juridique française*, thèse Paris II, sous la direction de J. Chevallier.

PIERRÉ-CAPS S. (1990), *Nation et peuple dans les constitutions modernes*, Nancy, PU de Nancy, Préface de F. Borella.

POIRMEUR Y. et ROSENBERG D. (1989), « La doctrine constitutionnelle et le constitutionnalisme français », dans CURAPP (éd.), *Les usages sociaux du droit*, Paris, PUF, p. 209 et s. ; p. 230 et s.

ROUSSEAU Ch. (1987), *Droit international public*, Paris, Dalloz, 11e éd.

SCELLE G. (1948), *Manuel de droit international public*, Paris, Domat-Montchrestien.

SCHOENBORN W. (1929), *Nature juridique du territoire*, Académie de droit international, Recueil des cours, t. XXX.

TROPER M.,
(1994), *Pour une théorie juridique de l'État*, Paris, PUF.
(2001), *Le droit, la théorie du droit, l'État*, Paris, PUF.
(2002), *La philosophie du droit*, Paris, PUF, « Que Sais-je ? »

WEBER M. (1998-2003), *Économie et Société*, trad. fr. 1971, 2 vol., Paris, Press Pocket.

Première partie
Théorie générale de l'État

Qu'est-ce que la théorie générale de l'État ? — Les institutions ne sont pas de simples assemblages, mais des systèmes. Il y a entre les deux notions d'assemblage et de système de grandes différences. Pour réaliser un assemblage, comme par exemple en mécanique, on choisit et on monte dans un certain ordre des pièces fabriquées à l'avance. Au contraire, un système présente au moins cette propriété que c'est lui qui non seulement donne leur rôle aux éléments, mais encore les modifie.

C'est pourquoi il n'est pas possible d'exposer une théorie générale de l'État, qui aurait pour objet l'étude séparée de quelques éléments invariables (la souveraineté, la représentation, la séparation des pouvoirs, etc.), et qui précéderait l'étude des différents régimes politiques, laissée à la science du droit constitutionnel. Une telle démarche reposerait sur l'idée que chaque type de régime n'est qu'un montage différent de ces mêmes éléments. Mais, ce serait méconnaître que les éléments ne sont en réalité jamais les mêmes.

La théorie générale de l'État n'est donc pas l'analyse des éléments invariables de tout système politique.

En réalité, ce qu'on expose d'habitude sous cette rubrique n'est pas une « théorie générale de l'État ». Une théorie générale est un ensemble coordonné de propositions que l'on tient pour vraies et qui ont non un objet particulier, non pas tel ou tel État, mais tous les États existants ou même tous les États possibles. Or, la théorie générale de l'État ou bien n'est pas une théorie, ou bien elle n'est pas générale et elle ne porte pas réellement sur l'État. Ce qu'elle contient d'ordinaire peut en effet être regroupé sous deux rubriques.

On y trouve d'abord non pas des propositions, mais des prescriptions très générales, appelées « principes ». Ainsi « les pouvoirs doivent être séparés » ou « pour que la loi soit l'expression de la volonté générale, il faut qu'elle soit adoptée par les représentants du souverain ». Certes, ces prescriptions, à la différence des commandements, se présentent parfois non pas comme l'expression de la volonté de leurs auteurs, mais comme l'indication de moyens propres à réaliser une certaine fin. La séparation des pouvoirs serait un moyen de préserver la liberté, le contrôle de constitutionnalité un moyen d'assurer la suprématie de la constitution. Il s'agirait donc non de véritables prescriptions, mais de lois scientifiques. Pourtant, il faut constater que le rapport entre moyens et fins est ici très vague. Ces « lois » ne peuvent être admises que si l'on précise le sens que l'on donne aux expressions par lesquelles on désigne les fins *(liberté)* ou les moyens *(séparation des pouvoirs).* Selon le sens qu'on donne à ces mots, les moyens permettent ou non de réaliser les fins considérées, de sorte que la théorie générale de l'État porte en réalité non sur l'État, mais sur la langue.

On trouve aussi dans la théorie générale de l'État de véritables propositions. Il s'agit ici non de l'énoncé de principes, mais d'affirmations que ces principes existent dans tel ou tel système constitutionnel, c'est-à-dire qu'ils y sont respectés. Cet énoncé forme bien une théorie, mais celle-ci n'a rien de général.

Ainsi, lorsque la théorie générale de l'État traite de la séparation des pouvoirs, elle n'énonce pas, en dépit des apparences, une théorie selon laquelle les pouvoirs seraient séparés dans tous les systèmes constitutionnels ou même dans quelques-uns de ces systèmes. Elle se borne à affirmer que certains systèmes ont été construits conformément à une prescription générale nommée « le principe de la séparation des pouvoirs ». Mais il lui faut alors examiner ce qui est ainsi prescrit concrètement et constater que le contenu des prescriptions est très variable selon les constitutions. Aussi, de l'affirmation que les pouvoirs sont séparés dans tel ou tel système constitutionnel, on ne peut rien inférer sur le nombre des autorités, leurs rapports mutuels ou leurs compétences. La théorie classique en conclut qu'il y a diverses interprétations du principe, ce qui veut dire qu'aucune théorie générale n'est possible.

Il est cependant impossible de comprendre et de décrire les règles du droit constitutionnel positif sans le secours de cette théorie générale de l'État. Ceux qui élaborent une constitution et adoptent les règles constitutionnelles positives, doivent justifier leurs choix. Ils ne peuvent le faire exclusivement par des considérations techniques, parce qu'il n'existe pas de technologie constitutionnelle. Ils doivent donc donner des justifications à l'aide de principes, variables selon les pays et les époques, même s'ils portent le même nom. On peut donc comprendre la *théorie générale de l'État* à la fois comme l'inventaire, dans les différents contextes où ils se posent, des problèmes constitutionnels pratiques, des manières dont ils se posent, des types de solutions qui leur sont apportées et des principes par lesquels on les justifie.

Chapitre 1
La constitution

Section 1
Les sources du droit constitutionnel

Position du problème. — On ne peut affirmer l'existence d'une règle et justifier cette assertion qu'en indiquant où cette règle peut être trouvée, comment elle a été produite ou découverte et exprimée. Dire, par exemple, que le Président de la République française est élu au suffrage universel, c'est dire qu'il existe une règle, introduite dans la constitution, par la révision de 1962. On a indiqué la « source » de la règle.

Il faut souligner que, si l'on distingue la constitution matérielle et la constitution formelle (voir *supra*, Chapitre préliminaire), la question des sources part de la constitution matérielle pour déboucher sur une réponse formelle : on connaît l'existence d'une règle ayant pour objet l'organisation du pouvoir et l'on cherche à en connaître l'origine ou « source formelle ».

Le terme de « sources » a évidemment son origine dans une métaphore, qui se comprend elle-même, à la lumière d'une théorie du droit implicite. Une source est le point où l'eau sort des profondeurs de la terre, et émerge à la lumière. Parler de sources du droit, c'est donc présupposer que, comme l'eau, le droit existait avant d'apparaître aux hommes, et que ceux qui paraissent produire des règles ne font que les découvrir et les exprimer, mais ne les créent pas. Les doctrines d'inspiration jusnaturaliste ou sociologique, lorsqu'elles examinent les sources du droit, posent donc en réalité deux questions différentes : la première porte sur l'origine de la règle, avant qu'elle ne soit exprimée ; c'est la question des sources matérielles. La seconde porte sur l'expression elle-même ; c'est la question des sources formelles. Selon cette conception, la question des sources formelles est moins importante. Il ne s'agit que de technique. Les réponses à la première question, celle des sources matérielles, sont très diverses. Il peut s'agir du droit naturel, de l'Histoire ou de la conscience collective.

On comprend que la question des sources ne porte pas en réalité seulement sur l'origine des règles, mais que, au-delà, il s'agit bien souvent de leur fondement ou de leur légitimité. Affirmer que telle règle du droit positif, exprimée dans la loi (la source formelle) a pour source matérielle le droit naturel, c'est parler de son origine, dire que le législateur s'est inspiré d'une doctrine du droit naturel, mais c'est dire aussi que la règle positive est conforme au droit naturel et qu'il faut lui obéir.

Une telle position est inacceptable du point de vue d'une *théorie positiviste, qui considère quant à elle qu'il n'y a de droit que « posé »* (voir *supra*, Chapitre préliminaire). Le droit contenu dans les sources matérielles n'est donc pas du droit. Il ne deviendra du droit qu'après avoir été « posé », c'est-à-dire exprimé par une autorité compétente. De ce point de vue, il n'y a que des sources formelles. Il faut ajouter deux remarques : tout d'abord, la question du fondement du caractère obligatoire des règles de droit n'est pas une question juridique, mais une question morale. La science du droit se borne à identifier et à décrire les règles ; elle ne prescrit pas qu'on leur obéisse et ne recherche donc pas le fondement d'une prescription qu'elle ne formule pas. D'autre part, il est vrai que la question des sources ne porte pas toujours sur le fondement de l'obligation. Pour la sociologie du droit, il peut s'agir seulement d'identifier les représentations de la règle désirable, dont le législateur a pu s'inspirer. Une telle question présente un intérêt scientifique évident. Cependant, elle ne peut être traitée par la science du droit, car elle ne porte pas réellement sur des normes, mais sur des faits psycho-sociaux. Elle relève donc seulement d'une discipline ayant ces faits pour objet et usant d'une méthodologie différente, la sociologie juridique.

Une théorie positiviste ne s'intéresse, par conséquent, qu'aux sources formelles, c'est-à-dire aux techniques par lesquelles sont produites les normes juridiques. On dit qu'une norme a été posée lorsqu'un certain fait (par exemple un acte de volonté) a été institué par une norme supérieure comme ayant la signification d'une prescription. Il existe donc autant de sources qu'il y a de faits institués de cette manière. Il est cependant possible de les regrouper en types et ce sont ces types que la théorie positiviste appellera « sources formelles ». On peut d'ailleurs les regrouper de deux manières différentes. On peut d'abord considérer que toute norme est posée conformément à une norme supérieure et qu'elle-même autorise la création d'une norme inférieure, ce qui conduit à distinguer les sources selon le niveau auquel elles se situent dans la hiérarchie de l'ordre juridique. On énumérera alors la constitution, la loi, l'acte du pouvoir exécutif. On peut aussi les classer selon que le fait institué comme signification d'une norme est un acte de volonté ou un autre type de fait, par exemple une coutume.

On comprend alors toute l'importance de la question des sources : c'est par les sources qu'on peut identifier une branche du droit. Le droit constitutionnel est une partie du système juridique, un sous-système. On le distingue des autres branches parce qu'il possède un ensemble de sources spécifiques. On parle alors d'autonomie du droit constitutionnel. Cette autonomie provient avant tout du niveau auquel se situent les sources, notamment dans la constitution formelle, mais elle résulte aussi du rôle différent qu'y jouent la loi, la coutume ou la jurisprudence.

On traitera successivement de la hiérarchie des sources et du type de faits producteurs de droit.

§ 1. La hiérarchie des sources de la constitution matérielle

A La constitution formelle

C'est l'ensemble des règles, quel que soit leur objet, qui sont énoncées dans la forme constitutionnelle : elles sont en général contenues dans un document spécial, mais surtout, elles ont une valeur supérieure à celle de toutes les autres normes positives et ne peuvent être modifiées que conformément à une procédure spéciale, plus difficile à mettre en œuvre que celle qui permet de modifier une autre norme, par exemple une loi ordinaire. Cette qualité de la constitution formelle est appelée « rigidité ». On étudiera donc la *rigidité* de la constitution formelle *avant* d'en examiner le contenu.

1. La rigidité constitutionnelle

a) La justification de la rigidité : la séparation du pouvoir constituant et des pouvoirs constitués

L'auteur de la constitution, est appelé « pouvoir constituant ». Les procédures d'adoption et de mise en vigueur sont très variables. Le texte peut être adopté par une assemblée, qui prend le nom d'assemblée constituante ou de « convention », ou par un gouvernement. Il peut être seulement préparé par une assemblée ou un gouvernement, puis soumis au référendum. Quoi qu'il en soit, le pouvoir constituant est celui ou ceux, dont le consentement a permis l'entrée en vigueur du texte.

Cette constitution a toujours pour objet — et pour contenu minimum — d'instituer des autorités ou organes ou encore « pouvoirs constitués » et de répartir entre eux des compétences. C'est cette répartition que l'on appelle *séparation des pouvoirs*. Or, il est clair que si l'une de ces autorités pouvait modifier la constitution, elle accroîtrait ses propres compétences au détriment des autres et détruirait ainsi l'ensemble des équilibres que le pouvoir constituant a cherché à établir. La séparation des pouvoirs ne peut donc être préservée que si les pouvoirs constitués ne disposent pas du pouvoir constituant, c'est-à-dire si la constitution est « rigide ».

Au contraire, *la constitution serait « souple » si elle pouvait être facilement modifiée par l'un des pouvoirs constitués*, par exemple par le pouvoir législatif, au terme de la procédure législative ordinaire. C'est précisément le cas à chaque fois qu'il n'y a pas de constitution formelle, ou bien parce que la constitution est coutumière, comme en Grande-Bretagne ou bien parce qu'elle est pour l'essentiel exprimée dans des lois ordinaires, comme en Israël.

b) L'expression de la rigidité : la distinction du pouvoir constituant originaire et du pouvoir constituant dérivé

La rigidité ne signifie pas que la constitution ne pourra pas être modifiée ou révisée, mais qu'elle ne pourra l'être que selon certaines formes, qu'elle a elle-même organisées et par les organes qu'elle a institués à cet effet. On appelle *« pouvoir constituant dérivé »* le pouvoir des organes compétents pour modifier la constitution, par opposition au *« pouvoir constituant originaire »*, celui des organes qui ont adopté la constitution. En pratique, on emploie aussi ces expressions pour désigner non seulement le pouvoir de ces organes, mais les organes eux-mêmes.

Le principe de la séparation du pouvoir constituant et des pouvoirs constitués interdit de confier entièrement le pouvoir constituant dérivé à l'un des pouvoirs constitués, mais non de leur attribuer un rôle dans la procédure de révision constitutionnelle. Ainsi, le Parlement peut intervenir dans cette procédure de plusieurs manières : pour élaborer une proposition de révision, pour la discuter et l'adopter, pourvu qu'il ne le fasse pas selon la procédure législative ordinaire ou qu'il ne statue pas dans la même formation.

Le pouvoir constituant dérivé est ainsi enfermé dans des limites, qui touchent à la forme de la révision, mais aussi quelquefois au fond.

Les limites ou conditions de forme peuvent tenir aux délais dans lesquels la procédure peut être entamée, aux circonstances dans lesquelles elle peut avoir lieu ou à la procédure.

C'est ainsi qu'il est possible qu'une constitution interdise toute révision pendant un certain délai suivant son entrée en vigueur. Elle ne pourra intervenir que lorsque quelques années d'expérience en auront montré les défauts. Ainsi, la constitution de 1791 interdisait toute révision pendant les dix premières années de son application (voir *infra*, Troisième Partie).

En deuxième lieu, la constitution peut interdire toute révision dans certaines circonstances, par exemple lorsqu'une partie du territoire national est occupée par une puissance étrangère ou en temps de guerre ou en période de crise.

En troisième lieu, elle peut organiser une procédure de révision contraignante. On peut ainsi distinguer l'adoption d'un vœu de révision et la révision proprement dite, ces deux opérations étant confiées à deux organes différents. On peut généralement attribuer un rôle dans la révision soit à certains des pouvoirs constitués, mais statuant au terme d'une procédure spéciale, soit à un organe spécialement institué à cet effet, par exemple une assemblée de révision. Dans ce dernier cas, cet organe pourra ou bien exercer seulement le pouvoir de révision ou bien assurer aussi des fonctions normalement exercées par le Parlement. La constitution peut encore exiger, comme en France, que les projets soient adoptés à des majorités qualifiées (plus importantes que la majorité simple) ou qu'ils soient ratifiés par référendum ou encore par un certain nombre d'États dans un État fédéral, comme c'est le cas aux États-Unis. On peut naturellement combiner toutes ces limitations de différentes manières.

Les limites de fond consistent dans l'interdiction de modifier la constitution sur certains points. En France, par exemple, il est interdit de modifier la forme républicaine du régime (art. 89 al. 5 de la Constitution de 1958). Mais on peut interdire aussi de porter atteinte au caractère socialiste de l'économie, au caractère fédéral de l'État ou à certains droits fondamentaux, comme le fait la Loi fondamentale allemande pour ses vingt premiers articles (voir *infra*).

Ces conditions ne sont pas également contraignantes. Les conditions de fond ne limitent pas véritablement le pouvoir dérivé, parce qu'il est toujours possible de réviser dans un premier temps les dispositions de la constitution, qui fixent ces limites, pour, dans un second temps, opérer la révision désirée. En France, on pourrait par exemple réviser la constitution pour supprimer l'interdiction de porter atteinte à la forme républicaine et la réviser une seconde fois pour instituer une monarchie. Ces conditions sont donc avant tout des limites morales.

Les conditions de forme, elles, ne peuvent être tournées aussi facilement, car il faudrait, pour les modifier, si on les juge trop sévères, réviser la constitution dans les formes prévues. Une telle révision n'est pourtant pas impossible.

On peut d'abord interpréter et appliquer des dispositions jugées habituellement étrangères à la révision. Ainsi, en France, le général De Gaulle a appliqué à la révision, non pas l'article 89 de la constitution, mais l'article 11, dont tous estimaient jusqu'alors qu'il ne pouvait être employé que pour soumettre au référendum un projet de loi ordinaire (voir *infra*, Quatrième Partie).

Il faut aussi mentionner la doctrine de la supra-constitutionnalité, qui trouve son origine chez C. Schmitt. Elle suppose l'existence de deux niveaux de règles constitutionnelles : celui des lois constitutionnelles et celui de la constitution proprement dite. Les lois constitutionnelles contiennent des règles techniques relatives à l'organisation des pouvoirs publics, à leurs compétences ou à leurs relations mutuelles. Elles peuvent être modifiées conformément à la procédure prévue pour la révision. En revanche, la constitution proprement dite (appelée quelquefois « constitution matérielle », dans un sens de cette expression très différent de celui que nous employons dans ce volume) comprend les principes politiques fondamentaux de l'État. Les partisans de cette doctrine soutiennent que le pouvoir constituant dérivé, parce qu'il est institué par la constitution, n'est en réalité qu'un pouvoir constitué. Il n'aurait donc qu'une compétence limitée : il ne pourrait modifier que les « lois constitutionnelles », mais non la constitution elle-même (Beaud, 1993).

Dans sa variante moderne, la doctrine de la supra-constitutionnalité conduit à accorder au juge constitutionnel le pouvoir d'annuler les lois de révision constitutionnelle qui toucheraient à certains principes fondamentaux. On estime, par exemple, que si la constitution interdit de porter atteinte à la forme républicaine, elle interdit implicitement d'enfreindre certains principes liés à cette forme républicaine, comme le caractère démocratique ou l'État de droit (Troper, 1994a). Cette doctrine inspire certains aspects de la jurisprudence des cours constitutionnelles en Allemagne et en Italie.

En revanche, la constitution proprement dite est, selon cette doctrine, l'expression de la volonté du souverain lui-même, qui, par définition, ne saurait être soumis à aucune forme.

Il faut encore ajouter un point capital : la constitution formelle, comme tout texte juridique, ne se transforme pas seulement par la révision constitutionnelle. Elle subit une évolution, qui peut être considérable, en raison des conditions dans lesquelles elle est appliquée, c'est-à-dire interprétée (voir *infra*, Section 2).

2. Fonction de la constitution

La fonction de la constitution est complexe et d'ailleurs variable. Toutes les constitutions n'ont pas les mêmes fonctions. Parmi celles qu'elle peut remplir, il faut distinguer des fonctions juridiques et politiques.

Du point de vue juridique, la fonction de la constitution peut être triple : En premier lieu, elle est le *fondement de la validité de l'ordre juridique tout entier*. C'est parce qu'elle a été adoptée conformément à la constitution qu'une loi peut être considérée comme une norme juridique, qu'elle est donc obligatoire et qu'elle peut elle-même servir de fondement à d'autres normes. La constitution est donc le fondement ultime de chacune des normes qui font partie du système juridique.

En deuxième lieu, la *constitution détermine les modalités de désignation des gouvernants et leur attribue des compétences*, c'est-à-dire qu'elle définit les cas dans lesquels les volontés des individus sont détachées de leur auteur pour être imputées à l'État. Ces individus sont alors appelés les organes de l'État. Ce qu'ils veulent, ce qu'ils font, c'est l'État qui est censé le vouloir et le faire.

En troisième lieu, la constitution énonce des principes, par exemple ceux qui sont relatifs à la souveraineté, la représentation ou la séparation des pouvoirs, qui justifient les règles positives qu'elle contient par ailleurs et qui permettront de justifier ultérieurement des interprétations particulières du texte.

Du point de vue politique, la fonction de la constitution est également complexe.

1) Tout d'abord, la constitution organise la transmission et l'exercice du pouvoir. Les constitutions modernes s'efforcent d'organiser le pouvoir — ou prétendent le faire — de telle manière qu'il ne puisse être exercé dans l'intérêt personnel des gouvernants, mais seulement en vue d'un intérêt général, qui peut d'ailleurs être conçu de plusieurs manières. Historiquement, les premières constitutions ont été rédigées au XVIIIe siècle, non pour assurer l'intérêt du peuple, au sens que lui donnera plus tard Abraham Lincoln, qui définissait la démocratie comme « le gouvernement du peuple, par le peuple, et pour le peuple », mais pour protéger la liberté. On appelle donc « constitutionnalisme » l'idéologie qui entend organiser le pouvoir pour préserver la liberté, notamment par la séparation des pouvoirs et la représentation. Le constitutionnalisme soulève deux problèmes difficiles. Le premier est un problème technique : quel est le type d'organisation qui permettra d'atteindre effectivement le but

recherché ? Le second problème est théorique : si l'idéal libéral implique que le pouvoir soit partagé entre plusieurs, comment cet idéal est-il conciliable avec la théorie démocratique, qui entend, elle, reconnaître au peuple un pouvoir sans partage ?

2) En deuxième lieu, la constitution est le fondement de la légitimité des gouvernants. Ceux-ci peuvent justifier leur pouvoir et leurs décisions par le fait qu'ils ont été désignés conformément à la constitution et qu'ils exercent des compétences qui leur ont été attribuées par la loi fondamentale.

3) Ceux qui rédigent les constitutions appartiennent à des forces politiques qui se réclament de conceptions différentes de la liberté, des droits fondamentaux à préserver ou de la démocratie. Ils cherchent aussi à défendre des intérêts idéologiques ou matériels. La constitution a dès lors pour fonction de traduire les compromis entre ces forces politiques et de préserver l'équilibre qui a été ainsi obtenu.

4) Enfin, elle est un élément d'intégration nationale et de production de la citoyenneté. Bien souvent, les citoyens d'un même État n'ont en commun ni l'appartenance ethnique, ni la langue, ni la religion, ni les valeurs, mais seulement le fait d'être soumis à la même constitution et ainsi de jouir des mêmes garanties et des mêmes droits fondamentaux. Parfois, le patriotisme ne se définit que comme l'amour de la constitution.

3. Contenu de la constitution formelle. La question des préambules et Déclarations des Droits

a) Déclarations des Droits et constitution matérielle

La constitution formelle a pour contenu principal la constitution (au sens matériel), c'est-à-dire l'organisation et le fonctionnement des pouvoirs publics et la répartition des compétences entre eux.

On sait qu'elle peut cependant avoir aussi des contenus très différents, au moins en apparence. On y trouve par exemple des dispositions sur la couleur du drapeau ou l'hymne national. Les raisons qui conduisent à introduire dans la constitution des dispositions de ce genre sont simples : elles tiennent principalement à la rigidité de la constitution. Adopter ces règles en forme constitutionnelle, c'est empêcher qu'elles soient facilement modifiées. Dans certains pays, les citoyens ont le droit d'initiative en matière constitutionnelle, mais non en matière législative. Ils tournent alors cette incapacité en proposant, sous forme d'amendements à la constitution, des mesures qui, ailleurs, relèveraient de la loi ordinaire.

Certains auteurs en ont conclu, à tort, que ces mesures ne sont pas matériellement constitutionnelles et, parmi elles, on mentionne parfois les Préambules et les Déclarations des Droits.

Il s'agit de dispositions, regroupées dans un texte placé en tête de certaines constitutions. Si la Déclaration des Droits de l'Homme et du Citoyen de 1789 n'est pas la première — la première est celle du Massachusetts du 15 juin 1780 — c'est incontestablement celle qui a eu le plus grand retentissement. Comme l'indique son titre, ce texte n'a pas été conçu par l'Assemblée nationale, qui l'a adopté, comme un ensemble de droits accordés aux citoyens par un acte de volonté politique, mais comme des droits, que tous les hommes possèdent par nature et qu'il suffit de reconnaître et de déclarer. Il s'agissait, selon la conception dominante à cette époque, de droits et de libertés individuels.

À ces droits individuels, se sont ajoutés par la suite, des droits de l'Homme dits de la seconde génération, dont l'objet est économique et social et qui peuvent être des droits collectifs. Une troisième génération est d'ailleurs en cours de gestation (droit à l'environnement, droit au développement, etc.) et les droits nouveaux se couvrent du prestige des anciens.

Dans ces conditions, peut-on dire que ces textes ne sont pas matériellement constitutionnels ? Une telle affirmation peut en réalité revêtir trois significations différentes :

Cela peut signifier d'abord que les Déclarations des Droits n'ont aucune valeur obligatoire et constituent seulement l'énoncé d'une idéologie ou d'un programme politique. Dans ce cas, en effet il ne s'agit pas de l'organisation et des compétences des pouvoirs publics et le contenu des Déclarations est étranger à la constitution matérielle.

Cependant, il est possible que ces textes aient bien une valeur obligatoire, mais qu'on présuppose une conception étroite de la constitution matérielle, qui comprendrait les règles relatives aux organes, à leurs compétences et aux procédures qu'ils doivent suivre, mais non les règles qui leur enjoignent de prendre des mesures ayant tel ou tel contenu. Ainsi les Déclarations des Droits ne seraient pas constitutionnelles, bien qu'elles assignent des buts aux pouvoirs publics (les pouvoirs constitués). Rien ne justifie une conception aussi étroite et en réalité les compétences des pouvoirs publics ne peuvent être définies sans référence au contenu et aux limites de leur action. On ne peut dire que le Parlement aura le droit de faire des lois sans dire au moins implicitement en quoi consiste ce droit, ce que sont les lois et le cas échéant, sur quelles matières elles doivent porter ou quelles limites le législateur devra respecter.

En troisième lieu, il est également possible que, alors même qu'ils ont une valeur juridique, ces textes soient cependant conçus avant tout comme accordant aux citoyens ou, plus généralement, aux sujets, des droits qu'ils peuvent faire valoir dans certains cas sans l'intermédiaire des pouvoirs publics constitutionnels et contre eux. On peut alors penser que les Déclarations ne font pas partie de la constitution matérielle parce qu'elles ne concernent pas les pouvoirs publics. Mais, c'est oublier que les droits ne peuvent être compris que comme l'autre face des obligations et que l'on peut dire indifféremment que le citoyen a des droits contre les pouvoirs publics ou que les pouvoirs publics ont des obligations envers lui. Énoncer des droits, c'est donc aussi énoncer les obligations des pouvoirs publics, ce qui relève bien de la constitution matérielle.

Ainsi, dès lors que les Déclarations des Droits présentent un caractère obligatoire, elles font partie non seulement de la constitution matérielle, mais aussi de la constitution formelle et l'étude de leur contenu relève bien de la science du droit constitutionnel.

b) Valeur juridique des Déclarations

Pendant très longtemps, la question de la valeur juridique des déclarations a été controversée. Il convient cependant de préciser l'objet de cette controverse, quelque peu obscurcie par l'ambiguïté de l'expression « valeur juridique ». Le débat peut apparaître plus clair si l'on comprend que cette question en recouvre en réalité deux, qu'il faut soigneusement distinguer : les déclarations sont-elles juridiquement obligatoires ? Si oui, pour qui sont-elles obligatoires ?

1° Les déclarations sont-elles juridiquement obligatoires ? Lorsqu'on s'interroge sur la valeur juridique d'une règle, on se demande d'abord si cette règle est juridique ou si elle appartient à un autre système de normes que le droit. On peut penser par exemple qu'une règle constitutionnelle est obligatoire, mais qu'elle n'est que politiquement ou moralement obligatoire. Ainsi, les conventions de la constitution en Grande-Bretagne ou au Canada sont considérées comme politiquement obligatoires (voir *infra*). La question de la valeur juridique des Déclarations porte donc sur leur caractère *juridiquement* obligatoire. Une règle juridiquement obligatoire est une règle dont la violation peut être sanctionnée d'une manière ou d'une autre, par une peine, mais aussi par l'annulation d'une autre règle non conforme à la première.

2° Pour qui les déclarations sont-elles obligatoires ? La valeur juridique, comme toute valeur d'ailleurs, est toujours relative : une règle ne présente pas nécessairement un caractère universellement obligatoire : elle présente une valeur juridique à l'égard de certaines autorités mais non à l'égard d'autres. Si l'on se représente, comme il est commode de le faire, le système juridique comme un ensemble de normes hiérarchisées, alors parler de la valeur juridique relative d'une règle, c'est parler du niveau auquel elle se situe dans cette hiérarchie. Aussi, dira-t-on que les déclarations ont une valeur juridique supérieure à celle des actes qui peuvent être annulés pour avoir violé l'une de leurs dispositions et qu'elles ont une valeur juridique égale à celle des actes par lesquels on peut les modifier elles-mêmes.

On comprend dans ces conditions que la question ne peut recevoir que des réponses variables selon le pays et le moment considérés. En France par exemple, sous la IIIe et la IVe République, la violation de la Déclaration des droits pouvait être sanctionnée lorsqu'elle était commise par un acte administratif, mais non pas lorsqu'elle l'était par une loi. On pouvait donc penser que sa valeur juridique était égale à celle des lois et supérieure à celle des actes administratifs. Sous la Ve République et plus particulièrement depuis 1971, la violation par la loi est également sanctionnée (voir *infra*, Quatrième Partie, Chapitre 4). On en conclut généralement que la valeur juridique de la déclaration est désormais supérieure à celle de la loi et égale à celle de la constitution.

B Les lois organiques

Par l'expression loi organique, on peut désigner deux types de textes différents par leur place dans la hiérarchie des normes. Il peut d'abord s'agir de *lois ordinaires*, dont le contenu est matériellement constitutionnel, parce qu'elles sont relatives à l'organisation et au fonctionnement des pouvoirs publics. Elles peuvent être prises par le législateur spontanément ou bien sur invitation du constituant. L'emploi de l'expression *loi organique* résulte simplement de la pratique et n'a pas de conséquences juridiques. Comme il s'agit de lois ordinaires, elles seront étudiées plus loin (au paragraphe D).

Il peut s'agir aussi de *lois qui se placent à un échelon intermédiaire entre la constitution et la loi ordinaire*. C'est dans ce deuxième sens que l'expression est surtout employée en France aujourd'hui. Ces lois présentent trois caractères :

— elles sont, comme les précédentes, matériellement constitutionnelles ;

— c'est la constitution qui, faute de pouvoir énoncer des règles aussi détaillées qu'il serait nécessaire, prévoit ces lois organiques pour compléter et préciser le texte. La constitution de 1958 le fait dans plusieurs domaines importants, par exemple pour l'organisation et le fonctionnement du Conseil constitutionnel ou de la Haute Cour de justice ;

— elles sont adoptées ou modifiées selon une procédure particulière, sensiblement plus contraignante que la procédure législative ordinaire. *En France*, par exemple, le trait le plus marquant de cette procédure est l'*examen par le Conseil constitutionnel de la conformité à la constitution de tout projet ou proposition de loi organique*, c'est-à-dire sans qu'il ait été nécessaire de le saisir. Il s'agit évidemment d'empêcher que la loi organique, sous prétexte de compléter la constitution, n'en remette en cause les principes.

C Les règlements des assemblées

Domaine du règlement. — Les règlements des assemblées parlementaires complètent la constitution pour tout ce qui concerne l'organisation interne des assemblées et le travail parlementaire, par exemple pour le détail de la procédure législative, le rôle des commissions, celui du bureau ou l'ordre de parole. Il s'agit de questions très importantes (1). Elles sont matériellement constitutionnelles et, comme d'ailleurs celles qui font l'objet de lois organiques, plusieurs d'entre elles pourraient être aussi bien adoptées en forme constitutionnelle, c'est-à-dire traitées dans la constitution formelle, ou, au contraire, dans une loi ordinaire. Ainsi, la constitution de la Ve République contient des règles relatives au vote personnel ou à l'établissement de l'ordre du jour qui, dans d'autres régimes, par exemple la IIIe République, relevaient du règlement des assemblées. C'est donc la constitution qui détermine l'étendue du domaine régi par le règlement. Si elle s'abstient d'entrer dans les détails et laisse au règlement un domaine très étendu, cela entraîne une conséquence technique (une plus grande souplesse, parce que le règlement est plus facile à modifier que la constitution), et une conséquence politique (une plus large autonomie des assemblées, si celles-ci jouent un rôle important dans l'élaboration du règlement).

Sous la IIIe République, dotée d'une constitution très brève (voir *infra*, Troisième Partie), l'importance du règlement était considérable. Il comportait par exemple des règles aussi fondamentales que celles relatives à la vérification des pouvoirs ou à l'interpellation du gouvernement (c'est-à-dire à la mise en jeu de sa responsabilité), au point qu'on a pu écrire du règlement qu'« il a plus d'influence que la constitution elle-même sur la marche des affaires publiques » (Pierre, 1902, p. 490).

---

(1) Ces règlements ne doivent évidemment pas être confondus avec ceux qui ont pour objet de préciser et de compléter les lois et qui émanent du pouvoir exécutif.

Mais même si la constitution contient effectivement des règles relatives à un grand nombre des matières qu'il serait concevable d'abandonner au règlement, elle ne peut pourtant pas aller très loin dans le détail. Un règlement est donc nécessaire en tout état de cause.

Adoption du règlement. — Plusieurs systèmes sont concevables, selon le degré d'autonomie que la constitution entend laisser aux assemblées.

Le système qui leur laisse la plus grande autonomie est naturellement celui qui leur donne compétence pour adopter leur règlement. Tel était le système de la IIIe République, où chaque assemblée élaborait son propre règlement et pouvait le modifier à tout moment.

Le second système est celui dans lequel c'est le pouvoir exécutif qui a le pouvoir d'adopter le ou les règlements des assemblées. Tel était le cas sous le Consulat et l'Empire.

Un système intermédiaire consiste à permettre aux assemblées d'adopter leurs règlements respectifs, mais, sous le contrôle du juge pour éviter qu'elles ne portent atteinte aux principes constitutionnels. C'est la solution de la Ve République (voir *infra*, Quatrième Partie).

D Les lois ordinaires

Il s'agit de lois, que l'on appelait sous la IIIe République lois organiques et qui sont relatives à l'organisation et au fonctionnement des pouvoirs publics. La plus importante concernait le mode de scrutin. La IVe et la Ve République ont conservé cette matière à la loi ordinaire. L'avantage est évidemment qu'il est possible de modifier rapidement la loi électorale, sans avoir à réviser la constitution. Le risque tient à ce que les majorités parlementaires successives peuvent être tentées de modifier la règle du jeu pour accroître leurs chances de se maintenir au pouvoir.

§ 2. Les types de faits producteurs de droit

Définition. — L'expression de « faits producteurs de droit » est trompeuse, car, en réalité, de ce que quelque chose est, on ne peut conclure que quelque chose doit être, de sorte qu'un fait ne peut jamais produire du droit (voir *supra*, Chapitre préliminaire). Ce qu'on désigne par cette expression, c'est simplement un fait institué par une norme supérieure, comme la condition qu'une norme nouvelle soit produite. Ainsi, on dit que le vote du Parlement a produit une loi, mais il ne s'agit là que d'un raccourci. En réalité, le vote d'une assemblée est un simple fait d'où il ne saurait résulter qu'on doive se conformer à ce vote. Il y a bien des réunions d'hommes capables d'émettre des votes. Nul ne prétend qu'on doive obéir aux produits de tous ces votes. Si l'on doit s'y soumettre, s'il y a une règle, c'est que la constitution *habilite* le Parlement à adopter des lois. En d'autres termes, la constitution définit le produit des votes émis par le parlement comme une loi valable. La formule fréquente dans les textes constitutionnels et qui figure par exemple dans la constitution française actuelle, *« la loi est votée par le Parlement »*, est celle par laquelle la constitution accorde à un fait, le vote, la signification qu'une norme a été produite. Examiner les sources du droit constitutionnel du point de vue de ces faits, c'est donc rechercher quels sont les faits ayant la signification qu'une norme constitutionnelle a été produite.

On peut en distinguer trois types : le premier est évidemment l'expression de la volonté d'un organe compétent. Il n'est pas nécessaire d'en traiter ici à nouveau, puisque ce type de fait est celui qui a produit les règles matériellement constitutionnelles étudiées plus haut, la constitution formelle, la loi organique, etc. Les deux autres types de faits susceptibles d'avoir la signification de norme sont la coutume et l'interprétation.

A La coutume constitutionnelle

1. Définition

En droit constitutionnel, comme dans les autres branches du droit, on parle de coutume lorsque deux conditions sont réunies :

1° lorsqu'une pratique a été répétée pendant une assez longue durée,

2° lorsque existe le sentiment que cette pratique est obligatoire. C'est *l'opinio juris*.

Ces conditions sont parfois appelées improprement les éléments de la coutume et on les désigne alors par des termes couplés : le premier et le second élément sont qualifiés respectivement de matériel et de psychologique, d'objectif et de subjectif (2).

Cela dit, il existe sur la question de la coutume d'importants débats. On aura remarqué le caractère extrêmement vague des mots utilisés

(2) On trouvera une critique des définitions par éléments dans Troper 1994a, p. 127 et s.

pour définir les conditions de la coutume et les auteurs s'opposent sur le point de savoir par exemple combien de fois une pratique doit être répétée pour qu'on soit en présence d'une coutume ou sur quelle durée — suffit-il d'une fois ou faut-il transposer au droit constitutionnel l'adage populaire selon lequel « une fois n'est pas coutume » — ou encore sur les personnes qui doivent avoir le sentiment du caractère obligatoire — les hommes politiques ou les professeurs de droit ?

2. Position du problème

En réalité, ces débats, qui portent seulement sur l'identification d'une coutume, sont l'expression de difficultés théoriques considérables.

La première tient à la position qu'occupe la constitution au sommet de la hiérarchie des normes. Un fait ne peut produire du droit, que s'il est institué par une norme supérieure comme condition suffisante de l'édiction d'une norme nouvelle. On peut donc facilement comprendre l'existence de la coutume en droit civil ou commercial, parce que, dans ces branches, une loi peut avoir le contenu suivant : « si une pratique a été répétée pendant une certaine durée et s'il existe un sentiment que cette pratique est obligatoire, alors on doit s'y conformer ». Dans ce cas, la coutume est instituée comme source du droit par la loi. On pourrait donc concevoir de la même manière une coutume instituée comme source du droit par la constitution, mais cette coutume serait subordonnée à la constitution. Il ne s'agirait pas d'une règle formellement constitutionnelle. Une telle règle ne pourrait être créée par voie de coutume, que s'il existait une norme au-dessus de la constitution. Or, une telle règle n'existe pas.

La seconde difficulté est liée au rôle de la volonté dans le droit. S'il est vrai qu'il n'y a de droit que positif, c'est-à-dire posé par un acte de volonté, comment expliquer qu'une règle apparaisse sans avoir jamais été voulue ? Là encore, le problème peut être plus facilement résolu en droit civil ou en droit commercial, parce qu'on peut admettre d'abord, comme on vient de le voir, que c'est la loi qui institue la coutume comme fait producteur de droit, et que, par conséquent, la règle coutumière naît de la volonté du législateur. Une autre explication prend en compte le rôle du juge : la coutume n'est obligatoire que si un juge constate son existence et indique le contenu de la règle. Mais il ne s'agit d'une constatation qu'en apparence. En réalité, le juge doit nécessairement interpréter les faits constitutifs d'une coutume et concilier la règle avec d'autres règles, écrites celles-là. Or, l'ensemble de ces opérations est une fonction de la volonté (voir *infra*, l'interprétation). Cependant, ni l'un, ni l'autre de ces raisonnements n'est transposable à la coutume constitutionnelle, car il n'y a ni volonté supra-constitutionnelle, ni juge capable de constater l'existence et le contenu d'une coutume constitutionnelle.

La troisième difficulté tient à la nécessité de concilier une norme coutumière avec les normes écrites en vigueur. On vise ici le cas où la pratique répétée serait contraire à une norme écrite. Cette pratique serait donc simplement une violation du droit et on comprend mal comment elle pourrait être alors créatrice de droit. Là encore, les solutions admises pour le droit civil ou le droit commercial paraissent impossibles à transposer. On peut considérer dans ces branches du droit que si la loi autorise la création de droit par voie de coutume, elle le fait sous cette réserve implicite que la coutume ne soit pas directement contraire à une loi en vigueur. On dit alors que la coutume existe non pas *contra legem*, mais seulement *praeter legem*, à côté de la loi et pour la compléter. Cependant, la création d'une norme constitutionnelle par voie de coutume n'est pas autorisée de la même façon par une norme supra-constitutionnelle, qui prévoirait des coutumes *praeter constitutionem*. De même, pour considérer qu'une coutume est *praeter legem*, il faut admettre qu'il y avait des lacunes dans la loi et qu'il est possible et nécessaire de la compléter. La loi, lorsqu'elle autorise la création coutumière du droit, admet elle-même un tel présupposé. Mais il n'est pas possible de l'admettre en droit constitutionnel, toujours pour la même raison : il n'y a pas de norme supra-constitutionnelle. Aussi tout comportement est-il nécessairement ou bien conforme ou bien contraire à la constitution. S'il est interdit par une norme constitutionnelle écrite, il ne saurait être créateur de droit, mais s'il n'est pas contraire à une telle norme, s'il n'est pas expressément interdit, alors il faut bien admettre qu'il est permis et, dans ce cas, il ne saurait donner naissance à une règle coutumière parce que, par définition, ce qui est simplement permis n'est pas obligatoire. Il n'y a donc pas de place pour une coutume *praeter constitutionem*.

3. Les contraintes constitutionnelles

(Troper, Champeil-Desplats, Grzegorczyk 2005). — Tout paraît donc conduire à la conclusion qu'il n'y a pas de place en droit constitutionnel pour une source coutumière et de nombreux auteurs concluent en effet en ce sens. Pourtant, il faut bien se rendre à l'évidence qu'il existe des pratiques répétées, qui ne sont pas prévues par la constitution et qui sont ressenties comme obligatoires. Certaines de ces pratiques apparaissent même comme *contra constitutionem*. En voici deux exemples. Le premier est tiré du droit constitutionnel britannique. En Grande-Bretagne, lorsque la majorité de la Chambre des communes a exprimé sa défiance au cabinet, le Premier ministre remet sa démission à la Reine. Il n'existe pas de norme écrite qui lui en fasse obligation. On pourrait donc penser que, puisque cette conduite n'est pas expressément prescrite, ni d'ailleurs interdite, il a le droit de le faire, comme de s'en abstenir. Cependant, depuis plus de deux siècles, lorsque ces circonstances se produisent, le Premier ministre présente toujours sa démission et il existe un sentiment universellement répandu qu'il s'agit pour lui non pas d'une simple faculté mais d'une réelle obligation (Baranger, 1999).

Le second exemple appartient à l'histoire constitutionnelle française : les lois constitutionnelles de 1875 accordaient au Président de la République le droit de dissoudre la Chambre des députés, avec le consentement du Sénat. Le Président n'a effectivement utilisé ce droit qu'une fois, en 1877. Après cette date, il n'a même pas sollicité l'avis conforme du Sénat et n'a donc jamais prononcé la dissolution de la Chambre. Aux yeux de nombreux auteurs de cette époque, en raison des circonstances malheureuses dans lesquelles avait été prononcée la dissolution de 1877, il aurait été désormais interdit au Président de dissoudre et d'ailleurs l'absence de dissolution effective constituerait à la fois la pratique répétée et le signe d'une croyance dans l'existence d'une règle. Il s'agirait d'une espèce particulière de coutume, une coutume négative ou désuétude, celle qui ne donne pas naissance à une règle nouvelle, mais fait disparaître une règle ancienne. Ici la coutume aurait fait disparaître la norme écrite selon laquelle *« Le Président a le droit de prononcer la dissolution »* et lui aurait substitué une norme nouvelle contraire selon laquelle *« Le Président n'a pas le droit de prononcer la dissolution »* (voir *infra*, Troisième Partie).

Un exemple semblable pourrait être tiré de l'application de l'article 11 de la constitution française de 1958, qui a été utilisé à deux reprises pour une révision constitutionnelle, de telle sorte que plusieurs auteurs éminents — et François Mitterrand lorsqu'il était Président de la République — estiment que cette pratique, autrefois jugée *contra constitutionem*, a pourtant donné naissance à une coutume (voir *infra*, Quatrième Partie). Pour rendre compte de ces phénomènes, il faut soigneusement distinguer deux problèmes : un problème causal, celui de l'émergence de ces pratiques, un problème juridique, celui de leur caractère obligatoire.

Pour ce qui concerne le premier problème, on observe que la plupart de ces pratiques apparaissent dans un contexte particulier : il existe une norme constitutionnelle autorisant une conduite donnée, ce qui signifie qu'il est également permis de s'en abstenir. Mais les acteurs du jeu constitutionnel n'utilisent pas également ces deux possibilités : ou bien ils usent fréquemment de cette permission ou bien ils s'abstiennent d'en user sur une assez longue période. On dit alors qu'à la norme ancienne, qui était une norme d'habilitation, s'est substituée une norme nouvelle et que cette conduite qui était permise est devenue, dans le premier cas « obligatoire », dans le second « interdite ». Ainsi, le Premier ministre britannique, qui avait le droit de démissionner aurait désormais l'obligation de le faire, le Président de la IIIe République, qui avait le droit de dissoudre, se voit interdire de le faire. Mais pourquoi et comment ces acteurs ont-ils été amenés à adopter telle conduite plutôt qu'une autre ? Vraisemblablement parce qu'ils ne pouvaient faire autrement : les premières démissions du Premier ministre britannique, au XVIIIe siècle, ont été présentées pour échapper à une mise en accusation (voir *infra*, Chapitre 2, Section 2). Le Président de la IIIe République ne s'est jamais trouvé dans une situation politique telle qu'il puisse espérer remporter des élections législatives, de sorte qu'il n'aurait probablement jamais dissous la Chambre, même s'il n'avait pas eu besoin de l'accord du Sénat. Ainsi peuvent s'expliquer leurs conduites.

On remarquera cependant que l'on n'a expliqué que des faits et non l'apparition d'une règle. On peut dire qu'il existe une *contrainte*, mais pas d'obligation. C'est que, comme on l'a vu, une règle est un *sollen*, un devoir-être, qui ne peut être « causé », mais seulement « posé ». La conclusion est alors, tout simplement, qu'il n'y a pas de règle aussi longtemps que n'est pas intervenu un acte de volonté, dont le contenu est qu'il faut se conformer à la pratique antérieure. Si un tel acte n'intervient pas, cette pratique n'est pas obligatoire, ce qui veut dire qu'une pratique contraire ne pourrait pas être sanctionnée. La prétendue coutume dure tant que dure la contrainte. Mais si celle-ci disparaît, alors peut naître une pratique différente.

C'est d'ailleurs ce qui se produit parfois effectivement. L'exemple le plus célèbre concerne le droit constitutionnel américain (voir *infra*, Deuxième Partie, Chapitre 2). Le mandat du Président y est de quatre ans. Dans sa rédaction de 1787, la constitution ne limitait pas le nombre des mandats qu'un même homme pouvait exercer. Cependant, le premier Président, George Washington, après avoir accompli deux mandats, avait renoncé à en briguer un troisième et il fut imité en cela par tous ses successeurs. On était donc en présence d'une pratique répétée, assortie du sentiment du caractère obligatoire et de nombreux commentateurs estimaient qu'il existait une norme constitutionnelle coutumière, qui avait abrogé et remplacé la norme écrite : il aurait été interdit de briguer plus de deux mandats. Cela n'empêcha nullement Franklin D. Roosevelt d'en briguer avec succès un troisième et même un quatrième. Pour introduire une norme constitutionnelle ayant le contenu de la prétendue coutume, il fallut réviser la constitution.

Un autre exemple est emprunté à la IVe République française (voir *infra*, Troisième Partie). On prétendait, alors que la coutume qui avait abrogé le droit de dissolution sous la IIIe République, persistait malgré l'entrée en vigueur d'une nouvelle constitution, de sorte que le Président du Conseil, qui disposait désormais de ce pouvoir, ne pourrait l'exercer effectivement. Cela n'a nullement empêché la dissolution de 1955.

B L'interprétation

Nécessité de l'interprétation. — Avant d'appliquer un texte juridique, quel qu'il soit, il faut en déterminer la signification. La signification d'un texte juridique, en effet, c'est ce que ce texte ordonne ou permet, c'est la norme qu'il exprime. En d'autres termes, selon le sens qu'on lui attribue, le texte ordonne tel comportement ou tel autre. *On appelle interprétation, l'opération par laquelle on attribue une signification à un texte* (Troper 1994a, p. 293 s.).

On a affirmé parfois que l'interprétation n'est nécessaire que lorsque le texte est obscur et que, par contre, elle est superflue lorsque le texte est clair, ce que l'on exprime par l'adage latin *in claris cessat intepretatio*. Cette thèse aboutit en réalité à un paradoxe, car pour pouvoir affirmer que le texte est clair et qu'il n'y a pas lieu de l'interpréter, il faut savoir quelle est sa signification, c'est-à-dire qu'il faut l'avoir interprété.

La nécessité d'interpréter le texte tient à trois facteurs principaux. Le premier est son *indétermination*, c'est-à-dire le fait d'être porteur de plusieurs sens. Cette indétermination est elle-même liée aux propriétés du langage naturel, dans lequel s'est exprimé le constituant, comme le législateur d'ailleurs. Il est nécessairement vague et ambigu. L'ambiguïté est cette propriété d'un mot de désigner plusieurs objets possibles : dans le langage courant le mot « hommes » désigne ou bien les êtres humains ou bien seulement les adultes de sexe masculin. De même, l'expression « organisation des pouvoirs publics », contenue dans l'article 11 de la constitution française de 1958 désigne ou bien l'organisation des autorités déjà instituées par la constitution ou bien la constitution elle-même. D'un autre côté, une expression peut très bien être non pas ambiguë, parce qu'on sait au moins approximativement ce que veulent dire les mots qu'elle contient, mais *vague* parce qu'on ne sait pas très exactement si elle s'applique à un objet concret. Ainsi, chacun sait ce que veut dire *chauve*, mais on ne sait pas si tel homme, qui a encore quelques cheveux, peut être qualifié de *chauve*. Le langage juridique contient de très nombreuses expressions vagues, particulièrement celui des Déclarations des droits. Ainsi, la Déclaration des droits de l'homme de 1789 dispose dans son article 17 que nul ne peut être privé de sa propriété que lorsque la nécessité publique l'exige « et sous la condition d'une juste et préalable indemnité ». On comprendra ce que signifie ces mots, mais quelle est l'indemnité qui devra être considérée comme « juste » ? C'est évidemment affaire d'appréciation.

Il faut souligner que cette indétermination est parfois involontaire, mais qu'elle est le plus souvent tout à fait délibérée. Faute de pouvoir prévoir toutes les situations qui se présenteront, l'auteur d'un texte est amené à employer des mots susceptibles d'en recouvrir une grande variété. La flexibilité d'une constitution est à ce prix. Ainsi, le célèbre article 16 de la constitution française de 1958 prescrit au Président de la République « lorsque les institutions de la République... sont menacées d'une manière grave et immédiate... de prendre des mesures exigées par les circonstances » ; nul ne peut dire évidemment ce que le constituant entendait par « grave et immédiate » et par « mesures exigées par les circonstances ». Il ne le savait pas lui-même. Il pouvait certes penser à certaines situations, mais s'il les avait décrites avec précision et s'il avait indiqué les mesures à prendre, il pouvait craindre des événements imprévus, qui n'auraient pas permis au Président de prendre les mesures appropriées. En restant dans le vague, il lui permet de faire face à une très grande variété de situations imprévisibles avec une gamme de pouvoirs très étendue.

Le second facteur tient à la nature de la signification elle-même. On peut croire que la signification d'un texte est ce que son auteur a voulu exprimer et qu'on pourrait retrouver. La signification d'un texte serait donc l'intention de son auteur. Mais un texte juridique n'a pas un seul auteur, mais plusieurs. À supposer que parmi les constituants, certains aient eu une idée précise — malgré le caractère vague et ambigu des mots qu'ils ont employés —, à supposer qu'il soit possible de connaître cette intention d'une manière certaine, il est évidemment impossible que tous aient eu la même. Une constitution est adoptée par un très grand nombre de personnes. Le projet est préparé par des groupes et souvent discuté dans des assemblées ou soumis au référendum. Parmi les personnes qui l'adoptent, certaines ne l'ont pas lu et toutes celles qui l'ont lu ne l'ont pas compris de la même manière. Retrouver l'intention d'un constituant peut être un intéressant exercice de psychologie historique, mais il n'y a aucune raison de tenir compte de cette intention plus que de n'importe quelle autre.

Le troisième facteur tient à l'évolution des conceptions politiques et sociales. La Déclaration des droits de l'homme, qui fait partie du droit constitutionnel français actuel, est vieille de plus de deux siècles. Nous pourrions, au terme d'une analyse historique, parvenir à connaître la ou les signification(s) que les auteurs de la Déclaration accordaient à ses principales dispositions. Nous découvririons alors que la plupart des termes qu'ils ont employés signifiaient pour eux bien autre chose que ce qu'ils peuvent représenter pour nous.

Ainsi, lorsqu'ils proclamaient le principe d'égalité, ce principe n'impliquait pas à leurs yeux l'égalité des hommes et des femmes, ni le droit de vote pour tous les hommes. Si, par conséquent, nous considérions que le sens de la Déclaration, c'est celui que leur attribuaient ses auteurs, nous devrions nécessairement admettre qu'une loi, qui priverait les femmes de certains droits ou qui réserverait le droit de vote aux plus riches serait conforme au principe d'égalité. Non seulement une telle solution serait politiquement et moralement intolérable pour la plupart de nos contemporains, mais elle serait difficile à fonder rationnellement. Dire que nous sommes soumis à la Déclaration des droits, signifierait en effet que nous sommes soumis à l'intention, c'est-à-dire à la volonté de ses auteurs. Mais comment justifier que nous soyons encore soumis à la volonté d'hommes morts depuis si longtemps ? Si l'on veut éviter cette conséquence absurde, force est d'admettre que le texte possède une signification indépendante de celle que lui attribuaient ses auteurs. Cette signification est celle que nous pouvons lui attribuer aujourd'hui, compte tenu de l'évolution politique et sociale.

Nature de l'interprétation. — Deux conceptions s'opposent. Selon la première, l'interprétation est un acte de connaissance, selon la seconde, un acte de volonté.

La première conception est la plus répandue. Elle repose sur l'idée que le texte possède un sens et un seul. Si ce sens est clair, il n'est pas nécessaire d'interpréter, mais s'il est caché, alors il faut le retrouver et, pour cela, appliquer certaines méthodes, que la science du droit a élaborées et qu'elle est capable d'enseigner.

Cette thèse n'est pas acceptable pour plusieurs raisons. D'abord, comme on l'a vu, il est impossible d'affirmer qu'un texte possède un sens clair, sans l'avoir au préalable interprété. D'autre part, à supposer que les auteurs d'un texte aient eu une intention claire et unique, il n'est pas possible de réduire le sens du texte à cette intention. En troisième lieu, si chaque texte avait un sens unique, alors l'interprétation serait susceptible d'être vraie ou fausse et l'on devrait disposer de procédés de vérification. Or, affirmer qu'une interprétation est vraie, c'est affirmer qu'elle a énoncé le sens véritable du texte. Mais, pour savoir qu'il s'agit bien du sens véritable, il faut avoir soi-même procédé à une interprétation et cette seconde interprétation ne pourra être tenue pour vraie qu'au terme d'une troisième et ainsi de suite.

La quatrième raison, la plus forte, fonde la conception opposée, dite « *réaliste* ». Elle tient à la portée de l'interprétation lorsqu'elle émane de certaines autorités, auxquelles l'ordre juridique attribue le pouvoir d'interpréter. L'interprétation émanant de ces autorités est dite *authentique* c'est-à-dire que le texte est présumé n'avoir pour signification que celle qui lui a été ainsi attribuée et cela quel que soit le contenu de l'interprétation, même si elle contredit tout ce qu'on croit savoir du texte. L'interprétation authentique se distingue de l'interprétation *scientifique* ou *de doctrine*, celle qui émane de personnes privées, même techniquement qualifiées, comme des avocats ou des professeurs de droit. L'interprétation scientifique ne produit aucun effet juridique et n'est que l'expression d'opinions, qui d'ailleurs peuvent être divergentes et le sont fréquemment. Au contraire, l'interprétation authentique n'est pas l'expression d'une opinion parmi d'autres. C'est le produit d'une décision, par laquelle un débat est tranché. Elle s'incorpore au texte, en ce sens que celui-ci ne peut désormais être compris qu'à la lumière de l'interprétation authentique. Celle-ci est un acte de volonté, car l'interprète peut donner au texte le sens qu'il veut lui donner. Cette théorie est appelée *réaliste* parce qu'elle décrit non pas la manière dont le droit fonctionnerait, s'il fonctionnait de manière idéale, mais celle dont il fonctionne réellement. Elle a des conséquences très importantes.

Conséquences de la théorie réaliste de l'interprétation. — Tout d'abord, l'interprétation ne peut être vraie ou fausse, mais seulement valide ou non valide. Sa validité ne dépend en rien des méthodes employées, mais seulement des conditions dans lesquelles elle a été émise. Il est possible qu'une norme supérieure confie expressément à une autorité le pouvoir d'interpréter. C'est le cas, par exemple, de la loi qui remet à la Cour de cassation le pouvoir de décider en assemblée plénière. Mais le plus souvent, ce pouvoir est attribué de manière implicite, dès lors qu'on n'institue aucun contrôle sur l'interprétation donnée par une autorité. Ainsi, les décisions par lesquelles un juge constitutionnel interprète la constitution ne sont susceptibles d'aucun contrôle et sont donc des interprétations authentiques.

Mais les autorités juridictionnelles ne sont pas les seules à disposer de ce pouvoir. Les interprétations émanant d'organes dont les décisions ne sont soumises à aucun contrôle sont elles aussi authentiques. Ainsi, pour reprendre un exemple qui a déjà été envisagé, sous la Ve République, c'est le Président de la République qui, lorsqu'il s'agit d'appliquer l'article 16, apprécie si les institutions sont menacées d'une manière « grave et immédiate » et qui décide du sens qu'il convient de donner à ces mots. Il est d'ailleurs fréquent, en droit constitutionnel, que l'interprétation soit donnée de manière collective par plusieurs autorités. C'est ce qui peut se produire dans l'exemple envisagé. Le Président de la République peut être accusé par le Parlement de « haute trahison ». Ce crime n'est pas défini par la constitution, de sorte que le Parlement doit interpréter les mots « haute trahison » avant d'accuser le Président. Il lui est donc possible de considérer qu'une interprétation abusive par le Président des termes de l'article 16 constitue précisément ce crime. Le Président a, de son côté, nécessairement conscience de cette possibilité. À supposer qu'il soit tenté de donner une interprétation très large de ces termes, dans le but de se saisir des pouvoirs que lui donne l'article 16, il doit tenir compte de l'attitude possible du Parlement. Aussi l'interprétation définitive n'est-elle que la résultante de toutes les interprétations que différentes autorités sont susceptibles de donner.

La conséquence la plus importante de l'interprétation, telle que la décrit la théorie réaliste, est que l'interprète détient un pouvoir de même niveau que celui de l'autorité dont il interprète les textes. L'interprète de la loi détient un pouvoir législatif et l'interprète de la constitution un pouvoir constituant. En effet, s'il peut déterminer librement le sens du texte, alors c'est lui qui détermine ce que ce texte prescrit. En d'autres termes, si la norme est la signification d'un texte, alors celui qui détermine la signification, énonce la norme. La norme constitutionnelle n'est pas le texte écrit de la constitution, mais ce texte tel qu'il est interprété par toutes les autorités qui en sont les interprètes authentiques. Ceux-ci n'appliquent pas réellement des normes constitutionnelles. Ils ne sont pas tenus par elles. Ils les créent.

On peut être tenté d'objecter qu'ils appliquent au moins une espèce de normes : celles qui leur donnent le pouvoir d'interpréter. Mais, au nombre des textes qu'ils interprètent, figurent en réalité aussi ceux qui déterminent leurs compétences, de sorte qu'ils sont en mesure de déterminer leurs propres compétences (Tusseau, 2004, p. 440 et s.). L'exemple le plus célèbre est fourni par la Cour Suprême des États-Unis. La constitution de 1787 ne lui conférait pas expressément le pouvoir de contrôler la constitutionnalité des lois. C'est par une interprétation, à laquelle elle s'est livrée en 1803, à propos de l'affaire *Marbury v. Madison*, qu'elle a interprété la constitution pour décider qu'elle comportait une norme instituant un contrôle de constitutionnalité (voir *infra*, Deuxième Partie, Chapitre 2). Le Conseil constitutionnel français a d'ailleurs procédé de la même manière en 1971, lorsqu'il s'est considéré compétent pour contrôler la constitutionnalité des lois au fond par rapport au préambule de la constitution, alors que les rédacteurs de la constitution avaient refusé d'inscrire ce pouvoir dans le texte (voir *infra*, Quatrième Partie, Chapitre 4).

Cela ne signifie pas cependant que les interprètes soient réellement en mesure de bouleverser la constitution à tout moment : d'une part, ils ne sont pas isolés et doivent, comme on l'a vu, tenir compte les uns des autres ; d'autre part, l'idéologie à laquelle adhèrent ces interprètes les conduit à exercer leur pouvoir avec modération. Selon cette idéologie, le détenteur du pouvoir doit disposer d'une légitimité ; il faut, en d'autres termes qu'il existe une justification politique et morale à l'exercice d'un pouvoir. La justification généralement acceptée dans les systèmes politiques modernes réside dans une délégation, expresse ou tacite, de la nation ou du peuple souverains. Toutes les autorités capables d'interpréter ne peuvent se prévaloir d'une telle délégation et la plupart s'efforcent en conséquence d'exercer leurs compétences de bonne foi, c'est-à-dire de telle manière que leurs décisions soient acceptables par une partie au moins de leurs destinataires. Enfin, certains de ces interprètes sont placés dans une situation particulière. Ce sont les juridictions.

Une modalité particulière de l'interprétation, la jurisprudence. — La jurisprudence est l'ensemble des règles qui résultent de l'activité des juridictions. L'un des procédés par lesquels elles produisent ces règles est naturellement l'interprétation. Cependant, les juridictions se trouvent dans une situation sensiblement différente de celle des autres interprètes. En effet, leurs interprétations sont écrites et, souvent, justifiées. Il en résulte des contraintes importantes. Pour différentes raisons — notamment parce que l'efficacité de la jurisprudence en dépend — les interprétations doivent être cohérentes : elles ne doivent pas se contredire et elles doivent être justifiées dc la même façon, c'est-à-dire par l'invocation de procédés d'interprétation constants.

Section 2
Le contrôle de la suprématie de la constitution
Le contrôle de la constitutionnalité des lois

La suprématie des lois constitutionnelles serait un vain mot si elles pouvaient être impunément violées par les organes de l'État. Comme on l'a vu à propos des déclarations des droits, on peut affirmer qu'une norme possède une valeur juridique supérieure à celle d'une autre norme si et seulement si l'édiction d'une seconde norme contraire à la première *peut être sanctionnée*. La sanction la plus fréquente et la plus facile à mettre en œuvre dans les systèmes juridiques modernes est l'*annulation de la nouvelle norme*.

La constitution peut être violée par des normes de niveaux très différents émises par le pouvoir exécutif (l'administration), les tribunaux et naturellement aussi par les particuliers. L'émission de ces normes peut donc faire l'objet d'un contrôle et être sanctionnée, mais cette question relève de l'étude des autres branches du droit, notamment du droit administratif et du droit civil. Pour ce qui concerne le droit constitutionnel, la question porte principalement sur les sanctions de l'édiction de lois contraires à la constitution. C'est celle du *contrôle de la constitutionnalité des lois*.

Le principe d'un tel contrôle fait aujourd'hui l'objet d'une quasi unanimité parmi les juristes et les hommes politiques des États libéraux, qui y voient un élément essentiel de l'État de droit (3).

§ 1. Légitimité du contrôle de constitutionnalité

On ne peut échapper à la question de la légitimité du contrôle de la constitutionnalité des lois en raison d'un dilemme très simple : d'une part, s'il n'existe aucun contrôle, cela signifie que le législateur peut violer la constitution et que celle-ci n'est ni supérieure aux lois, ni même obligatoire.

Mais d'autre part, dans un système politique démocratique, les lois sont faites par le peuple souverain ou, en son nom, par ses représentants. L'institution d'un tel contrôle, confié à une autorité, qui n'est pas le peuple, signifie alors que cette autorité contrôle la volonté du peuple et donc que le système n'est pas véritablement démocratique.

Tout constituant devrait donc choisir et renoncer ou bien à la suprématie de la constitution ou bien à la démocratie.

On a cependant tenté d'échapper à ce dilemme et d'affirmer la légitimité du contrôle de constitutionnalité dans un système démocratique. Ces tentatives se heurtent à une série de critiques.

---

(3) Voir *infra*, les développements consacrés à l'État de droit ; une opinion hostile au contrôle de constitutionnalité a été exprimée en France par R. DE LACHARRIÈRE (1980).

1. Thèse de la légitimité du contrôle dans un système démocratique

Toutes les tentatives pour échapper au dilemme impliquent un travail sur les deux notions de contrôle de constitutionnalité et de démocratie pour montrer qu'elles ne sont pas antinomiques.

1° Pour ce qui concerne la démocratie, on peut soutenir qu'elle ne se résume pas au pouvoir de la majorité du Parlement. Partant de là, on peut ou bien adopter une définition plus restrictive de la démocratie ou bien une définition plus large, qui toutes deux légitimeront le contrôle de constitutionnalité.

Selon la conception la plus restrictive, la démocratie est le pouvoir du peuple lui-même ; la seule démocratie est la démocratie directe et les systèmes politiques que nous connaissons ne sont pas démocratiques. Dans le meilleur des cas, le peuple élit les gouvernants, mais ne gouverne pas lui-même et contrôler la volonté des gouvernants n'est donc pas contrôler la volonté du peuple.

Selon la conception large, on admet que la démocratie représentative est une forme de démocratie, mais elle ne se réduit pas au seul pouvoir de la majorité, qui ne serait que le pouvoir de la force. Elle consiste aussi dans les garanties de la minorité, qui ne doit pas être opprimée par la majorité et qui doit disposer des libertés lui permettant d'espérer devenir un jour majorité. Le contrôle de constitutionnalité est ainsi l'instrument de la protection de la minorité.

2° Pour ce qui concerne le contrôle, on fait valoir d'abord que toute loi n'est pas forcément l'expression de la volonté du peuple ou de la volonté générale. C'est en effet la constitution qui détermine les compétences du législateur et qui l'habilite à faire des lois dans certaines matières, conformément à certaines procédures, en lui prescrivant d'observer certains principes. Lorsque le législateur a respecté l'ensemble des conditions fixées par la constitution, alors, mais alors seulement, il a exprimé la volonté générale. Si, par contre, ces prescriptions n'ont pas été observées, on n'est pas en présence de la volonté générale, mais de la volonté particulière du législateur et le contrôleur peut parfaitement annuler la loi, sans s'opposer à la volonté du peuple.

On avance aussi que le contrôle a une portée essentiellement procédurale. L'organe de contrôle ne se prononce pas sur le fond de la loi, sur les mesures qu'elle contient, sur leur opportunité. Ce sont là des questions politiques, qui ne relèvent que du législateur. Il se borne quant à lui, à indiquer que la constitution ne permet pas d'adopter les mesures litigieuses dans la forme législative. Si on veut les adopter, il faut le faire dans la forme constitutionnelle, c'est-à-dire en révisant la constitution. C'est pourquoi les décisions du juge constitutionnel peuvent toujours être réformées au moyen d'une révision de la constitution. Cette possibilité révélerait bien le caractère démocratique du contrôle de constitutionnalité, parce qu'il manifeste la subordination du juge constitutionnel au pouvoir constituant, qui représente le souverain. Mais, cette justification du contrôle s'effondre si l'on admet l'idée, conformément à la doctrine de la supra-constitutionnalité, que certaines dispositions constitutionnelles échappent au pouvoir constituant dérivé et que les cours constitutionnelles peuvent contrôler la conformité des lois de révision à des principes supra-constitutionnels (voir *supra*).

2. La théorie réaliste de l'interprétation

Ces arguments se heurtent à une objection sérieuse : ils sont tous fondés sur le présupposé implicite que la violation de la constitution est un fait objectif qui peut être *constaté* par un juge. L'annulation de la loi inconstitutionnelle ne serait que la conséquence de cette constatation. Mais on peut penser que la violation de la constitution n'est pas comparable à un fait objectif. Pour affirmer qu'une violation a été commise, il faut en effet au préalable déterminer ce que prescrit exactement la constitution (voir *supra*).

Mais en réalité, le texte de la constitution est vague et ambigu. Il doit nécessairement faire l'objet d'une *interprétation* juridique. Il faut déterminer son sens. Mais, comme on l'a vu, ce sens n'est pas inclus dans le texte, l'interprétation est non une constatation, mais une véritable décision. On a pu dire que, *lorsque une loi est interprétée, le véritable législateur n'est pas celui qui à l'origine a fait la loi ; le véritable législateur, c'est l'interprète. Il en va de même pour la constitution.* Par conséquent instituer un contrôle de la constitutionnalité d'une loi adoptée par le peuple ou ses représentants, c'est la soumettre à la volonté du contrôleur.

Selon cette thèse, le contrôle de constitutionnalité n'est donc conciliable avec aucune forme de démocratie. Il s'agit en réalité d'un mode de gouvernement différent, le *gouvernement des juges*.

3. Les théories modernes de l'interprétation

C'est pourquoi les auteurs contemporains, désireux de justifier l'existence du contrôle de constitutionnalité et, d'une manière plus générale, le rôle du juge dans les systèmes juridiques modernes, doivent tenter de montrer que ce rôle n'est pas politique. Ces auteurs ne prétendent pas que le texte constitutionnel renfermerait une signification unique ; ils admettent qu'il doit être interprété, mais ils contestent la théorie réaliste de l'interprétation et soutiennent que l'interprétation ne dépend pas de la volonté souveraine du juge.

Il existe plusieurs variantes de cette position : pour les uns, à la différence de la décision du législateur ou du constituant, l'interprétation donnée par le juge doit être justifiée au moyen d'un raisonnement spécifique. La forme de ce raisonnement détermine dans une large mesure le contenu de l'interprétation, c'est-à-dire le sens qui sera donné au texte. On ne peut donc pas dire que le contrôle de constitutionnalité est un frein au pouvoir politique du législateur.

Pour d'autres, le rôle du juge constitutionnel doit être apprécié en tenant compte de la situation de fait dans laquelle il se trouve. Il peut souhaiter déclarer qu'une loi, dont le contenu lui déplaît, est contraire à la constitution et décider de l'annuler, mais il lui faut tenir compte de nombreux facteurs : le législateur frustré pourrait faire adopter la même mesure en forme constitutionnelle en faisant réviser la constitution ; il pourrait exercer des pressions sur les personnes des juges ou faire augmenter le nombre des membres de l'organe de contrôle de manière à faire basculer la majorité en son sein. Certains des membres peuvent songer à préparer des décisions futures et chercher à se concilier certains de leurs collègues, etc. (Murphy, 1962 ; Meunier, 1994).

Pour d'autres encore, le juge exerce une fonction foncièrement différente de celle du législateur, mais qui doit être comparée à celle du critique littéraire. Comme lui, il doit donner une interprétation du texte, qui n'exprime pas ses propres préférences, mais qui présente au moins deux caractères : d'une part elle doit faire apparaître le texte à interpréter sous son meilleur jour ; d'autre part, elle doit être compatible avec le plus grand nombre de données possibles de l'ordre juridique en question (Dworkin, 1986).

§ 2. Les formes du contrôle de constitutionnalité

Partout où il est institué, le contrôle de constitutionnalité peut être décrit par des propriétés que l'on définit à partir de plusieurs distinctions et classifications : il peut être effectué par un organe politique ou un organe juridictionnel ; un système de contrôle de constitutionnalité peut être décentralisé ou centralisé, par voie d'action ou par voie d'exception, *a priori* ou *a posteriori*.

A Organe politique ou organe juridictionnel

La première distinction est la plus fréquemment employée, bien qu'elle soit la moins claire, ou peut-être justement à cause de cela. On peut en effet opposer les deux types d'organes par la manière dont ils sont composés, l'organe juridictionnel étant composé de juristes professionnels et l'organe politique de non-juristes. Mais, des juristes professionnels peuvent évidemment avoir des attaches politiques et même partisanes. La manière dont sont nommés les membres de l'autorité de contrôle n'est pas non plus un critère satisfaisant parce que même des juges professionnels peuvent être choisis — et sont d'ailleurs souvent choisis en fait, en Italie ou en Allemagne par exemple — par des autorités politiques (Parlement ou Président) pour des raisons politiques. On se tourne alors vers des critères tirés de la procédure et l'on admet qu'une autorité est juridictionnelle si elle statue au terme d'une procédure, qui ressemble par quelques traits à celle suivie en général devant les tribunaux. Mais il faut observer d'abord qu'on invoque parfois le caractère juridictionnel d'une autorité, comme c'est d'ailleurs le cas en France, non pas *après* avoir observé la procédure suivie, mais pour soutenir que, puisque l'autorité est juridictionnelle, la procédure devrait être modifiée et rapprochée de la procédure juridictionnelle habituelle. Enfin, on affirme qu'une autorité est politique lorsqu'elle fonde ses décisions sur des préférences politiques et qu'elle est juridictionnelle si elle les fonde exclusivement sur des motifs de droit. Mais, il n'existe aucun critère sûr qui permette de distinguer le motif de droit du motif politique.

Il est donc compréhensible que la Cour Suprême des États-Unis, la Cour constitutionnelle italienne ou le Conseil constitutionnel français aient pu recevoir l'une ou l'autre qualification. Pour une institution donnée dans un pays donné, la question de son caractère politique ou juridictionnel ne peut donc être tranchée et il semble qu'en réalité on ait tendance à appeler « politique » une autorité dont on désapprouve les décisions. Les autres classifications présentent plus de rigueur.

B Système décentralisé et système centralisé

Dans un système décentralisé, aux États-Unis par exemple, le contrôle de constitutionnalité est considéré comme un prolongement normal de la fonction du juge et tous les tribunaux peuvent l'exercer. Ils peuvent — et même doivent — refuser d'appliquer une loi inconstitutionnelle et peuvent examiner eux-mêmes, à la demande des parties, si elle est conforme ou contraire à la constitution. Le terme « décentralisé » est d'ailleurs quelque peu trompeur, car il y a tout de même centralisation au niveau de la Cour Suprême.

À ce système s'oppose celui qui est dit « centralisé », où le contrôle de constitutionnalité est réservé à une juridiction spécialement créée à cet effet. C'est celui qui inspire le modèle européen, notamment réalisé en Allemagne, en Italie, en France et en Espagne. Les membres de cette juridiction sont choisis principalement par des autorités politiques, mais, sauf en France, ils doivent posséder une qualification juridique.

Il y a deux raisons aux choix de ce système en Europe :

a) dans la plupart des pays européens, il y a pluralité des ordres de juridiction et non pas unité comme dans les pays anglo-saxons, de sorte que, si les tribunaux ordinaires pouvaient interpréter la constitution, il y aurait plusieurs jurisprudences constitutionnelles divergentes ;

b) les juges dans les pays de tradition romano-germanique ne jouissent pas du même prestige que dans les pays anglo-saxons et n'ont jamais voulu assumer la responsabilité de censurer l'œuvre du législateur, censé exprimer la volonté souveraine de la nation.

Cela étant, dans plusieurs pays européens, les tribunaux ordinaires s'ils ne peuvent examiner eux-mêmes la conformité à la constitution des lois qu'ils sont chargés d'appliquer, peuvent néanmoins saisir la cour constitutionnelle si, à l'occasion d'un litige dont ils sont saisis, se pose une question de constitutionnalité.

C Contrôle *a priori* et contrôle *a posteriori*

Le contrôle *a priori* est celui qui est exercé avant l'entrée en application de la loi, parfois même, comme en France, avant qu'elle ne soit promulguée. Après l'adoption de la loi par le Parlement, le contrôle ne s'exerce pas automatiquement, mais certaines autorités ont le pouvoir, si elles estiment que la loi est contraire à la constitution, de saisir l'organe de contrôle. Bien entendu, selon que ce pouvoir, le *droit de saisine*, est accordé plus ou moins largement, le contrôle s'exercera plus ou moins intensément.

Le contrôle *a posteriori* est celui qui est exercé après que la loi est entrée en application.

Le contrôle *a priori* présente l'avantage de la sécurité juridique parce que tous les problèmes contentieux auront déjà été réglés lorsque la loi entrera en application. Les citoyens savent qu'elle ne peut plus être écartée et connaissent par conséquent leurs droits et leurs obligations.

Il présente cependant, du point de vue de l'efficacité du contrôle et des conditions dans lesquelles il s'exerce, un double inconvénient :

1° Le juge est amené à se prononcer à un moment où les passions politiques qu'a soulevées la loi ne sont pas encore calmées, parce qu'elle vient d'être votée, de sorte que lorsque le juge censure la loi, il est facilement accusé d'hostilité politique à l'égard de la majorité politique qui a voté la loi. C'est ce qui s'est produit en France à plusieurs reprises, par exemple lorsque le Conseil constitutionnel a été critiqué par la gauche, lorsqu'elle était majoritaire avant 1986, puis par la droite durant la cohabitation de 1986 à 1988.

2° Le juge se prononce au moment où l'on ne connaît pas encore toutes les virtualités de la loi, virtualités qui ne seront révélées que dans l'application.

Au contraire, comme le contrôle *a posteriori* intervient à l'occasion de difficultés soulevées par l'application de la loi, il permet au juge d'envisager des hypothèses que le législateur n'avait pas aperçues.

D Contrôle par voie d'action et contrôle par voie d'exception

Dans le *contrôle par voie d'action*, on attaque la loi (on exerce une action) en demandant à la juridiction constitutionnelle d'en empêcher la promulgation ou de l'annuler. Cette action n'est pas exercée à l'occasion d'un procès. C'est pourquoi on l'appelle aussi contrôle à titre principal. Il faut noter que le contrôle par voie d'action peut être exercé *a priori* comme en France ou *a posteriori* comme en Allemagne.

Le *contrôle par voie d'exception* est celui qui existe aux États-Unis, mais aussi dans les pays d'Europe, comme l'Allemagne, l'Italie, l'Espagne, où est instituée une juridiction constitutionnelle spéciale. Dans ce cas cependant, le tribunal saisi du litige principal ne statue pas lui-même sur l'exception. Il sursoit à statuer jusqu'à ce que la juridiction constitutionnelle ait tranché la question de la constitutionnalité de la loi. Cette question est appelée pour cette raison *question préjudicielle*. Le contrôle par voie d'exception ne peut s'exercer qu'*a posteriori*.

E Contrôle concret et contrôle abstrait

Le juge peut exercer son contrôle soit dans l'abstrait, sans envisager une application concrète, soit à propos d'un cas concret. Ainsi, le Conseil constitutionnel français est saisi d'une loi qui vient d'être adoptée par le Parlement et n'a pas encore été promulguée. Le juge ne peut donc connaître de difficultés qui n'apparaîtront que dans l'application et il doit se borner à confronter la loi et la constitution. Au contraire, un juge américain n'examine une loi qu'à l'occasion d'un litige concret de sorte que la même loi qui pourrait apparaître contraire à la constitution dans un cas, apparaîtra conforme dans un autre. Prenons l'hypothèse d'une loi qui réprimerait les atteintes à la circulation sur la voie publique. Des militants hostiles à l'avortement se groupent devant une clinique en brandissant des pancartes et en insultant les femmes qui y pénètrent. D'autres ne se contentent pas de pancartes et de cris, mais empêchent physiquement les femmes de passer. La loi serait jugée contraire à la constitution si on tentait de l'appliquer dans le premier cas parce qu'elle porterait atteinte à la liberté d'expression mais conforme dans le second.

Cette distinction ne se confond pas entièrement, comme on pourrait le croire, avec celle du contrôle *a priori* et du contrôle *a posteriori,* parce que certaines cours constitutionnelles comme les cours italienne, allemande ou espagnole, peuvent exercer un contrôle abstrait après avoir été saisies *a posteriori* et par voie d'action par certaines autorités politiques et dans un certain délai après la promulgation de la loi.

On prête à la distinction une double portée technique et idéologique. Sur le premier point, on a parfois soutenu que le contrôle concret, puisqu'il s'exerce à l'occasion d'un litige particulier, ne saurait aboutir qu'à une décision valable pour les parties, c'est-à-dire bénéficiant seulement de l'autorité relative de la chose jugée, tandis que le contrôle abstrait, puisqu'il consiste dans un examen général de la loi, conduit quant à lui à une décision valable pour tous les cas possibles *erga omnes* et bénéficie ainsi de l'autorité absolue de la chose jugée. Mais en réalité, les systèmes constitutionnels qui adoptent le contrôle concret peuvent très bien prévoir que les décisions produisent malgré tout des effets *erga omnes* (Hamon & Wiener 1999).

Mais on utilise surtout la distinction dans le débat sur la légitimité du contrôle de constitutionnalité. On fait notamment valoir que seul le contrôle concret est de nature juridictionnelle, parce que la fonction juridictionnelle consiste précisément dans l'application d'une règle générale à un cas concret, tandis que la décision dans l'abstrait relèverait davantage du législateur et serait plus politique. Limiter le juge à un contrôle concret serait donc une garantie contre le gouvernement des juges.

En réalité, l'opposition est loin d'être aussi nette qu'on le voudrait. D'abord, parce que certaines cours constitutionnelles exercent tantôt un contrôle abstrait, tantôt un contrôle concret. D'autre part, certaines de ces cours, même lorsqu'elles ont été saisies par un tribunal ordinaire d'une question de constitutionnalité soulevée à l'occasion d'un litige concret, ne tranchent pas, contrairement à la Cour Suprême américaine, le litige lui-même, mais seulement la question de constitutionnalité, et renvoient au tribunal pour la décision au fond. En troisième lieu, le juge qui exerce un contrôle abstrait s'efforce naturellement d'imaginer les cas concrets auxquels la loi pourrait s'appliquer et d'adapter sa décision à ces cas. C'est ainsi qu'il adresse des directives d'interprétation aux administrations et aux juges ordinaires. À l'inverse, il est impossible à un tribunal quel qu'il soit de confronter une règle à un cas concret, sans envisager la classe des cas à laquelle appartient celui qu'ils ont à examiner. Ainsi, lorsque un tribunal américain décide que la loi d'un État a porté atteinte aux droits constitutionnels de M. ou Mme X quand elle sanctionne le fait de brûler publiquement un drapeau, il se prononce non seulement sur le cas de M. ou de Mme X, mais sur l'acte de brûler un drapeau, quels qu'en soient les auteurs ou les circonstances et il se fonde sur une réflexion générale et abstraite sur le point de savoir si ce type d'acte peut être considéré comme une forme d'expression politique et dans ce cas sur les limites qu'il faut ou non fixer à la liberté d'expression. Le contrôle concret est seulement exercé à l'occasion d'un cas concret, mais il a toujours en réalité un caractère général et donc abstrait, par son fondement et sa portée.

Il ne faut pas se méprendre sur la portée et la valeur de ces distinctions. Les critères ne sont pas assez précis, les catégories ne s'opposent pas toujours très nettement et, en tout état de cause, elles ne reflètent pas des réalités objectives. Ce sont seulement des instruments intellectuels qu'on peut employer en les croisant pour caractériser les différents systèmes de contrôle. C'est ainsi qu'on décrira le système américain comme décentralisé, *a posteriori*, par voie d'exception ou le système français comme centralisé, *a priori*, par voie d'action.

Bibliographie

BARANGER D. (1999), *Parlementarisme des origines. Essai sur les conditions de formation d'un exécutif responsable en Angleterre (des années 1740 au début de l'âge victorien)*, Paris, PUF.

BASTID P. (1985), *L'idée de constitution*, Paris, Economica.

BEAUD O.

(1993), « La souveraineté de l'État, le pouvoir constituant et le traité de Maastricht », *RFDA*, p. 1045 et s.

(1994), *La puissance de l'État*, Paris, PUF.

BRONDEL S., FOULQUIER N., HEUSCHLING L. (dir.) (2001), *Gouvernement des juges et démocratie*, Paris, Publications de la Sorbonne.

BURDEAU G. (1956), « Une survivance : La notion de constitution », *Mélanges Mestre*, Paris, Sirey, p. 53 et s.

CAPITANT R.

(1929), « La coutume constitutionnelle », *Gazette du palais*, 21 décembre 1929, rééd. *RDP* 1979, p. 959-970, rééd. in CAPITANT R.(2004), *Écrits d'entre-deux-guerres (1928-1940)*, O. Beaud (éd.), Paris, Éditions Panthéon-Assas, p. 283-295.

(1934), « Le droit constitutionnel non écrit », in *Mélanges Gény*, Vol. III, p. 1-8.

CAPPELLETTI M. (1990), *Le pouvoir des juges*, trad. René David, Préface Louis Favoreu, Paris, Economica.

CHEVALLIER J. (1970), « La coutume et le droit constitutionnel français », *RDP*, p. 1375 et s.

CONSEIL CONSTITUTIONNEL (1989), *La Déclaration des droits de l'Homme et du Citoyen et la jurisprudence*, Paris, PUF.

Revue *Droits* :

(1986), n° 3, « La coutume ».

(1988), n° 8, « La Déclaration de 1789 ».

DWORKIN R.,

(1985-1986), Revue *Droit et Société*, n° 1-2.

(1995), *Prendre les droits au sérieux*, trad. fse, Paris, PUF.

EISENMANN C. (1928), *La justice constitutionnelle et la Haute Cour constitutionnelle d'Autriche*, PUAM-Economica, nouv. éd., 1986.

FAVOREU L.,

(sous la dir.) (1982), *Cours constitutionnelles européennes et droits fondamentaux*, Paris, Economica.

(1996), *Les cours constitutionnelles*, 3e éd., Que sais-je ?, PUF.

FAVOREU L., JOLOWICZ A. (1986), *Le contrôle juridictionnel des lois. Effectivité et légitimité,* Colloque d'Uppsala, Paris, Economica.

FRIEDRICH K. (1958), *La démocratie constitutionnelle*, Paris, PUF.

FROMONT M. (1996), *La justice constitutionnelle dans le monde*, Paris, Dalloz.

GREWE C., JOUANJAN O., MAULIN E., WACHSMANN P. (2005), *La notion de « justice constitutionnelle »*, Paris, Dalloz.

HAMON L. (1987), *Les juges de la loi*, Paris, Economica.

HAMON F., WIENER C.,

(1994), *Le contrôle de constitutionnalité en France et à l'étranger*, Paris, La Documentation Française.

(1999), *La loi sous surveillance*, Paris, Odile Jacob.
(2001), *La justice constitutionnelle*, Paris, La documentation française.

KLEIN C. (1996), *Théorie et pratique du pouvoir constituant. Critique des discours sur le pouvoir constituant*, Paris, PUF.

DE LACHARRIÈRE R. (1980), « Opinion dissidente », *Pouvoirs*, n° 13.

LÉVY D. (1975), « De l'idée de coutume constitutionnelle », in *Mélanges Charles Eisenmann*, Paris, Cujas, p. 133-151.

MEUNIER J. (1994), *Le pouvoir du Conseil constitutionnel*, Paris, LGDJ.

MURPHY W. (1962), *Judicial Strategy*, Chicago, University of Chicago Press.

PIERRE E. (1902), *Traité de droit politique électoral et parlementaire*, 2 vol., Paris, Éd. Loysel, réédition 1989.

RENOUX Th. (1999-4), « Le pouvoir judiciaire en France et Europe continentale : approche comparative », *RDP*, p. 965.

RIALS S.
(1979), « Réflexions sur la notion de coutume constitutionnelle », *Revue administrative*, p. 265 et s.
(1988), *La déclaration des droits de l'homme et du citoyen*, Paris, Hachette.

SCHMITT C. (1928), *Théorie de la Constitution*, trad. fçse, Paris, PUF, Préface d'Olivier Beaud, 1993.

ROUSSEAU D. (1996), *La justice constitutionnelle en Europe*, 2e éd., Paris, Montchrestien.

TROPER M.,
(1994a), *Pour une théorie juridique de l'État*, Paris, PUF.
(1994b), « À propos de la superconstitutionnalité », in Journées de la Société de Législation comparée, vol. XV, Paris, *Revue de Législation comparée*, p. 337 et s.

TROPER M., CHAMPEIL-DESPLATS V., GRZEGORZYK Chr. (dir.) (2005) *Théorie des contraintes juridiques*, Paris, LGDJ, Bruxelles, Bruylant.

TUSSEAU G. (2004), *Les normes d'habilitation*, Th. Paris X.

VEDEL G. (1987), « Le Conseil constitutionnel, gardien du droit positif ou défenseur de la transcendance des droits de l'homme », *Pouvoirs*, n° 45, p. 149 et s.

WEBER M. (1998-2003), *Économie et Société*, trad. fçse 1971, 2 vol., Paris, Press Pocket.

Chapitre 2
Le pouvoir

À la différence de la science politique, la science moderne du droit constitutionnel n'étudie pas le phénomène du pouvoir sous toutes ses formes et dans toutes les sociétés, mais seulement celui qui s'exerce dans la forme juridique et que l'on appelle *État*.

On examinera dans ce chapitre, le cadre dans lequel agit ce pouvoir, les formes sous lesquelles il se manifeste et les techniques par lesquelles il s'exerce.

Section 1
Le cadre : l'État

Définition. — La forme étatique se caractérise par quelques traits essentiels :

Le pouvoir est exercé dans la forme juridique, c'est-à-dire, non pas au moyen de commandements isolés, mais de règles qui sont créées et appliquées selon des procédures régulières et relativement stables, de telle manière que chaque commandement individuellement adressé à un sujet apparaît toujours comme l'application d'une règle générale antérieure.

Le pouvoir est censé avoir pour titulaire non pas les hommes qui l'exercent en fait, mais un être distinct, à qui les actes sont attribués. Cet être est appelé *État*. L'État ne peut vouloir et agir par lui-même. Aussi y a-t-il nécessairement des hommes pour vouloir et agir, mais on présume que leurs actes sont ceux de l'État. On use fréquemment à leur endroit d'une métaphore : ils sont des *organes* de l'État. De même qu'on dit qu'un homme parle lorsque des sons articulés sortent de sa bouche, de même, on dit que l'État veut lorsque certains hommes, qui sont ses organes, expriment une volonté.

Cet ensemble est le plus souvent considéré comme une *personne juridique* ou *morale*, un être analogue à une personne physique. Il possède donc un patrimoine, des droits et des obligations, des intérêts mêmes, distincts de ceux de ses organes, distincts de ceux des sujets.

L'État est aussi distinct de la société, appelée *société civile*. Il exerce son *pouvoir sur elle* et remplit à son égard un certain nombre de fonctions. Ces fonctions peuvent naturellement être perçues comme des fonctions sociales : l'État rend la justice, assure la direction de l'économie du pays, l'éducation de la jeunesse, la défense du territoire, etc. Mais ces fonctions sont exercées dans une forme juridique : l'État émet des règles, qui ont pour objet ces différentes activités. Autrement dit, *l'État apparaît comme « producteur de droit »*.

Cette production donne lieu à deux types de problèmes :

— si l'État est producteur de droit, peut-on concevoir qu'il soit lui-même soumis au droit ?

— le pouvoir de l'État s'exerce à l'égard d'un groupe d'hommes, plus ou moins important, qu'on appelle, si on les envisage individuellement, les *sujets*, et, si on les considère collectivement, le « peuple de l'État ». Il s'exerce aussi sur une certaine portion d'espace géographique, le *territoire de l'État*.

§ 1. L'État et le droit

Le problème des rapports entre l'État et le droit est un problème qui relève non pas tant de la théorie juridique, que de la philosophie politique (Ferry, 1999). Il a donné lieu à une doctrine aujourd'hui très répandue et qui forme même le fond de l'idéologie dominante dans les systèmes politiques libéraux, l'État de droit. Avant d'aborder ce problème, il convient de considérer qu'il ne peut y avoir de rapports entre l'État et le droit — quels que ce soient ces rapports, que l'on conçoive l'État comme subordonné au droit ou au contraire comme seul producteur de droit — que s'il s'agit bien de deux entités distinctes. Il existe bien plusieurs théories qui concluent en ce sens. Mais elles sont contestées par d'autres, selon lesquelles l'État et le droit ne sont qu'un seul et même phénomène désigné par deux termes différents. Ce n'est qu'après avoir examiné les unes et les autres que l'on pourra traiter du problème de l'État de droit.

Le dualisme de l'État et du droit. — Lorsqu'on aborde ce problème, on présuppose le plus souvent que l'État et le droit sont deux entités distinctes. Deux solutions sont alors concevables : la première est la position *jusnaturaliste* qui consiste, on l'a vu, à admettre qu'au-dessus du droit positif, c'est-à-dire *posé* par l'État, il y a un droit naturel, qui s'impose à lui (1) (voir *supra*, Chapitre préliminaire). L'État doit donc être soumis au droit et il faut instituer des mécanismes qui garantissent cette soumission.

Au contraire, selon la conception positiviste, il n'y a pas d'autre droit que celui qui a été posé par l'État, qui est l'expression de la volonté de l'État. L'État ne peut donc jamais être soumis au droit, parce qu'il serait alors simplement soumis à sa propre volonté. On peut seulement, dans cette perspective, concevoir une *autolimitation* de l'État.

À ce point, les adhérents respectifs aux deux positions échangent des arguments tenant à la signification politique des deux doctrines. Aux yeux des jusnaturalistes, le positivisme ne serait qu'une forme d'idolâtrie de l'État et, partant, une simple justification de l'autoritarisme, voire du totalitarisme. Puisqu'il affirme que l'État est le seul producteur du droit et qu'il ne peut lui être soumis, ne conduit-il pas en effet à recommander l'obéissance à n'importe quel ordre, aussi despotique soit-il, puisque dès lors qu'il émane de l'État, il est « le droit » ? Cette accusation a été formulée avec une vigueur toute particulière après la Seconde Guerre mondiale et les positivistes ont été considérés par certains de leurs adversaires comme des alliés objectifs, sinon comme des complices des nazis.

Les positivistes répliquent qu'il y a une grande différence entre une définition du droit et une justification de son contenu ou une incitation à la soumission. Les commandements émis par l'État sont en effet du droit, conformément à la seule définition possible du droit. Mais *le positivisme est une attitude scientifique et non morale ou politique* et cette qualification n'est pas un jugement moral : on peut les nommer « droit » sans pour autant prêcher l'obéissance. Ce sont les jusnaturalistes qui confondent à tort le point de vue scientifique et le point de vue moral et qui en réalité propagent une idéologie : comme il est impossible de prouver l'existence d'un droit naturel ou de connaître ce qu'il prescrit, ce que les jusnaturalistes appellent « droit naturel » n'est que l'expression de leurs propres préférences subjectives. S'ils affirment que l'État doit être soumis au droit naturel, cela ne signifie donc qu'une chose : que l'État doit être soumis aux valeurs auxquelles adhèrent personnellement les auteurs. Autrement dit, aux yeux des positivistes, le jusnaturalisme

(1) *Cf. supra* le chapitre préliminaire.

n'exprime que la prétention de certains auteurs à superviser la direction de l'État.

Ces deux conceptions sont irréconciliables et l'adhésion des auteurs à l'une ou l'autre permet de comprendre un grand nombre de débats théoriques en droit. C'est ainsi que si certains auteurs ont recherché une solution au problème des rapports de l'État et du droit, c'est nécessairement soit à partir d'un point de vue jusnaturaliste, soit à partir du point de vue positiviste.

L'unité de l'État et du droit. — Selon la doctrine de Hans Kelsen connue sous le nom de Théorie Pure du Droit, le problème des rapports de l'État et du droit n'est qu'un faux problème (Kelsen, 1962, p. 275-310). Il présuppose en effet que l'État et le droit sont deux entités distinctes, alors qu'en réalité il s'agit d'une seule et même chose désignée par deux noms différents. L'une des démonstrations de cette unité repose sur la définition traditionnelle de l'État. On a vu que, selon Kelsen, les trois éléments qui doivent servir à définir l'État, *le peuple, le territoire et la puissance publique*, ne peuvent être définis que par l'État lui-même. Mais cela signifie qu'ils ne peuvent être définis que par le droit : la population, en effet, est l'ensemble des hommes, soumis aux normes appartenant à un certain ordre juridique ; le territoire est l'espace sur lequel ces normes sont applicables ; la puissance publique est celle qui s'exerce à l'aide de ces normes. *Définir l'État, c'est bien définir le droit*.

Il en découle évidemment que la question des rapports de l'État et du droit ne se pose plus. S'il ne s'agit que d'un seul et même phénomène, l'un ne peut être soumis à l'autre.

L'État de droit. — Au nombre des idéologies contemporaines relatives aux rapports de l'État et du droit figure la doctrine dite de l'État de droit (Chevalier, 2003). Elle s'est développée à partir des travaux des juristes allemands du XIXe siècle. Cette doctrine, aujourd'hui très répandue, — au point que le Secrétaire Général du Parti Communiste de l'Union soviétique avait proclamé sa volonté d'instaurer un « État socialiste de droit » (voir *Le Monde* du 28 mai 1988) — comporte en réalité plusieurs idées différentes.

En premier lieu, elle admet que l'État agit exclusivement dans la forme juridique, ce qui ne signifie pas « conformément au droit », mais « au moyen du droit ». Cette forme se caractérise, on l'a vu, par la subordination des normes les unes aux autres (voir *supra*, Chapitre préliminaire).

Elle apparaît comme une protection contre le risque d'arbitraire, puisque les organes inférieurs de l'État ne peuvent jamais agir autrement que pour appliquer une norme plus générale et antérieure, donc connue des sujets. Aussi, le premier principe protecteur de la doctrine de l'État de droit est-il le *principe de légalité*.

Mais ce premier principe ne protège évidemment pas contre des lois qui seraient elles-mêmes oppressives. La doctrine de l'État de droit est donc à la recherche d'un second principe. À ce point, se manifestent certaines divergences. Les uns voudraient imaginer des procédures législatives complexes, reposant sur l'équilibre des pouvoirs, et propres à empêcher, par le simple jeu des oppositions d'intérêts, l'adoption de lois tyranniques. D'autres mettent leur confiance dans le fonctionnement de la démocratie. D'autres encore, aujourd'hui les plus nombreux, voient la solution dans la soumission de la loi à des principes supérieurs, c'est-à-dire pratiquement dans le contrôle de la constitutionnalité des lois (voir *supra*, Partie 1, Chapitre 1).

Cela dit, il existe au sein de ce dernier groupe une tension permanente entre deux conceptions possibles, très différentes et incompatibles entre elles (Vedel, 1988). Selon la première, les principes supralégislatifs sont ceux qui ont été inscrits dans la constitution par le constituant originaire ; ce sont des principes du droit positif. Il en résulte que puisque ces principes ont été posés dans la constitution, ils peuvent être modifiés selon la procédure prévue pour la révision constitutionnelle. L'institution du contrôle de constitutionnalité peut donc trouver dans cette conception sa justification, car l'annulation d'une loi pour inconstitutionnalité signifie alors non pas que le juge constitutionnel s'est opposé à la volonté des représentants du peuple, mais simplement qu'il a indiqué que cette loi ne pouvait être adoptée que moyennant la modification des principes constitutionnels. Le juge s'est donc borné en quelque sorte à indiquer la procédure à suivre. Mais, il est clair que, selon cette conception, si le législateur se trouve limité, l'État dans sa totalité ne l'est pas, puisque d'une part le juge dispose d'une grande marge de pouvoir discrétionnaire pour décider si les principes ont été ou non violés et que d'autre part l'État peut, même si c'est seulement au terme d'une procédure plus ou moins difficile à mettre en œuvre, modifier les principes auxquels il est censé être soumis.

Selon la seconde conception, les principes supralégislatifs ne sont pas simplement des principes du droit positif. Ce sont des principes du droit naturel. Certes, ils ont pu faire l'objet d'une proclamation dans les préambules des constitutions ou dans des déclarations des droits, mais ils ne tirent pas leur force et leur valeur de l'édiction de ces textes. Ceux-ci ne sont, comme leur nom l'indique le plus souvent, que des « déclarations ». Ils ne font que constater de manière solennelle des droits qui leur préexistent et que les hommes possèdent par nature. Cette conception comporte deux implications très importantes : tout d'abord, même s'il n'y avait aucune déclaration des droits ou si les principes n'étaient pas mentionnés dans le préambule de la constitution, ils s'imposeraient malgré tout à l'État, notamment au législateur ; d'autre part, même s'ils font l'objet d'une déclaration, ce que le juge applique lorsqu'il contrôle la conformité de la loi aux principes, ce n'est pas le texte de la déclaration, par lequel il n'est pas lié, mais les principes du droit naturel, qu'il a pour mission de découvrir par des méthodes appropriées.

Les partisans de la deuxième conception peuvent donc faire valoir que c'est la seule dans laquelle l'État soit véritablement soumis à un droit supérieur, mais ils se heurtent évidemment à l'objection des positivistes qui soutiennent que la justesse d'une conception ne se mesure pas à la force des justifications qu'elle fonde. Encore faut-il qu'elle repose sur des idées vraies et que l'on prouve, ce qui est impossible, que les principes du droit naturel existent réellement.

§ 2. L'État et l'espace, les formes d'organisation de l'État

Il importe d'abord d'éviter une confusion courante entre la forme d'organisation de l'État et la forme de son gouvernement. La forme de gouvernement est déterminée par le nombre des titulaires du pouvoir et la manière dont ils sont désignés. La forme d'organisation de l'État est la forme de l'ordre juridique de l'État, l'espace de validité territoriale de ses normes et la manière dont elles sont posées. Dans un ordre juridique, sauf s'il s'agit de l'ordre juridique d'un État minuscule, toutes les normes n'ont pas la même sphère de validité territoriale. Certaines sont valables et s'imposent sur tout le territoire national, d'autres seulement sur une portion de ce territoire. En France par exemple, les lois s'imposent sur l'ensemble du territoire, mais certaines décisions ne s'imposent que sur le territoire du département ou sur celui de la commune. Par convention et pour faciliter l'exposé, on appellera les premières « normes nationales » et les secondes « normes locales ». La question de la forme d'organisation de l'État concerne d'abord la répartition des matières entre celles qui sont régies par les normes nationales et celles qui le sont par les normes locales ainsi que la manière dont sont posées ces dernières normes.

La distinction entre la forme d'organisation de l'État et la forme de son gouvernement permet de comprendre — encore que la forme de l'État influe dans une certaine mesure sur celle de son gouvernement — que des États dont la forme d'organisation est semblable soient régis par des procédés gouvernementaux différents et — à l'inverse — que des États dont la forme de gouvernement ou le régime politique est semblable présentent des formes d'organisation différentes. Ainsi, avant juillet 1940, la France et l'Italie étaient deux États unitaires (même forme d'organisation), mais la première était une démocratie représentative et l'autre une dictature fasciste (deux formes de gouvernement différentes). Naguère, l'Union soviétique et la Pologne étaient deux États socialistes, mais le premier était un État fédéral et le second un État unitaire.

On vient d'opposer ainsi deux formes d'organisation : l'État unitaire et l'État composé.

§ 3. L'État unitaire

C'est celui dans lequel les normes locales ne peuvent être créées qu'en application de normes nationales préalables. On dit qu'elles sont « conditionnées ». Il n'y a donc qu'un seul centre de pouvoir et c'est en définitive la même autorité nationale, qui établit directement les normes nationales et indirectement les normes locales.

Ainsi, en France, les lois sont nationales et les normes locales ne peuvent être créées que si une loi nationale détermine les matières dans lesquelles elles peuvent intervenir. C'est aussi la loi qui institue l'autorité locale compétente, lui fixe des objectifs et des limites, détermine des procédures et organise un contrôle sur le contenu des décisions, de telle manière qu'on peut penser que dans un tel État, les normes locales ne sont jamais que la concrétisation, compte tenu des situations locales, des normes nationales.

Il existe cependant des différences considérables entre les États unitaires : les uns sont dits centralisés, les autres décentralisés. Dans les États unitaires du premier type, toutes les normes sont prises par des autorités nationales, dites aussi *centrales*. Dans les États unitaires décentralisés, les normes locales sont prises par ceux-là mêmes qui leur seront soumis ou par des personnes qu'ils ont élues. C'est pourquoi l'on parle dans ce cas d'*autonomie*.

On ne doit pas confondre la décentralisation et la *déconcentration* : dans un État déconcentré, les normes locales sont prises, par délégation, par des agents nommés par les autorités centrales. Ces agents font partie d'une hiérarchie et sont soumis au contrôle de leurs supérieurs, de sorte que les sujets ne participent en rien à la création des normes. La déconcentration est donc non une forme de décentralisation, mais une forme de centralisation.

On comprend alors que la décentralisation soit liée à l'idée démocratique. En effet, la population d'un État n'est pas homogène sur le territoire du point de vue ethnique, linguistique, religieux ou simplement politique. Il arrive fréquemment qu'un groupe soit minoritaire à l'échelon national, mais majoritaire dans certaines régions. Dans un État centralisé, ce groupe serait toujours soumis à des normes qu'il n'a pas voulues et qui lui sont imposées par la majorité. Dans un système décentralisé, au contraire, il est soumis à des normes qu'il a lui-même adoptées directement ou indirectement par des autorités élues (Mény, 1974 ; Moreau, Darcy, 1984).

Centralisation et décentralisation sont des *types-idéaux*, c'est-à-dire des catégories construites par les juristes. Dans la réalité on ne rencontre jamais ces types à l'état pur, mais des situations intermédiaires plus proches de l'un ou de l'autre. La décentralisation est d'autant plus poussée que les normes locales portent sur des matières plus importantes, que dans ces matières les normes nationales laissent une plus grande marge de liberté aux autorités locales et que le contrôle exercé par les autorités nationales est moins strict.

Le degré le plus élevé de décentralisation est celui de l'*État régional*, dans lequel les sujets des normes locales, regroupés en régions relativement vastes, doivent leur autonomie non à la loi, mais à la constitution nationale elle-même et cela de deux manières : d'une part, elle leur attribue une liste de matières, que la loi nationale ne peut modifier ; d'autre part, dans certains cas, comme celui de l'Espagne, la constitution peut aller jusqu'à permettre aux régions de déterminer elles-mêmes, dans certaines limites, l'organisation et le mode de fonctionnement des autorités régionales. On n'est alors plus très éloigné de l'État fédéral.

§ 4. L'État composé

Les États composés sont de structures différentes selon la rigidité du lien qui unit leurs parties composantes. On va ainsi de la confédération d'États à l'État fédéral (Le Fur, 1896).

La confédération d'États. — Plusieurs États peuvent se grouper par un traité international et constituer une communauté organisée, dite « confédération d'États ». Les États parties au traité sont les États membres de la confédération. Le traité constitutif de la confédération peut instituer un organe central compétent pour exercer un certain nombre de fonctions énumérées de façon limitative dans le traité. En général, cet organe n'est pas composé de députés élus, mais de représentants des États, nommés par leurs gouvernements respectifs. La plupart des décisions se prennent à l'unanimité, mais certaines peuvent être prises à la majorité, si elles ne portent pas sur des questions jugées essentielles. Aussi, la souveraineté n'appartient-elle pas à la confédération, qui n'est pas elle-même un État, mais continue de résider dans les États-membres (Kelsen, 1945).

L'Histoire montre plusieurs exemples de confédérations, Confédération américaine, Confédération helvétique, Confédération de l'Allemagne du Nord. Il s'agissait principalement pour les États membres d'exercer en commun des compétences diplomatiques et militaires. Mais aucune Confédération n'a subsisté très longtemps : ou bien elles se sont dissoutes ou bien les liens entre les États membres se sont renforcés et la Confédération s'est transformée en un État fédéral, comme dans le cas américain, voire en un État unitaire, comme aux Pays-Bas. Cette forme d'organisation n'appartient cependant pas entièrement au passé. Elle a connu un certain renouveau à l'époque contemporaine, d'abord avec les tentatives pour réaliser la décolonisation sans rompre complètement les liens entre l'ancienne puissance coloniale et les États qui accédaient à l'indépendance, puis avec les entreprises d'intégration économique, notamment avec les Communautés européennes.

L'État fédéral. — (Mouskhéli, 1931 ; Héraud, 1968 ; Rials, 1986). Il présente un tout autre caractère. Dans ce cas, la communauté qui a été instituée est un véritable État et cela à deux points de vue. D'abord, au sens du droit international, c'est même le seul État qui subsiste. Lui seul, à l'exclusion des États membres, peut normalement entretenir des relations internationales. Ensuite, au sens du droit interne, l'État fédéral se dote d'une constitution et exerce les trois fonctions de tout État, les fonctions législative, exécutive et juridictionnelle. Quant aux États membres, ils possèdent également une constitution et exercent eux aussi les trois fonctions.

Il est commode d'analyser l'État fédéral comme une combinaison de deux principes :

a) le principe de participation : les États membres participent à la formation des décisions de l'État fédéral. Il y a notamment dans tous les États fédéraux une seconde Chambre où siègent des représentants des États membres ;

b) le principe d'autonomie : les États membres établissent leur propre constitution, adoptent leurs propres lois, les exécutent, désignent leurs gouvernants, disposent d'un appareil judiciaire.

Cependant, il ne faut pas croire que les structures des États membres et celles de l'État fédéral forment deux étages superposés, mais nettement séparés. Il n'en est rien : non seulement, sur le plan organique la constitution fédérale organise, comme on l'a vu, la participation des États membres à la formation des normes fédérales, mais l'autonomie elle-même n'existe qu'en vertu des normes fédérales. En réalité, l'ordonnancement juridique d'ensemble est hiérarchisé :

1° C'est la constitution de l'État fédéral qui détermine les compétences des organes fédéraux, notamment de l'organe législatif et donc *a contrario* celles des États membres. La constitution fédérale énumère les matières qui relèvent de la compétence fédérale ; toutes celles qui ne figurent pas dans la liste relèvent des États membres. Il faut souligner que, au nombre des pouvoirs que se donne l'État fédéral, figure celui de lever des impôts. Il ne dépend donc pas des versements des États membres. Bien au contraire, ce sont souvent ceux-ci qui reçoivent des subventions de l'État fédéral.

Les États membres reçoivent donc leurs compétences d'une norme fédérale, comme les autorités locales dans un État unitaire les reçoivent d'une norme nationale. Les conflits de compétences inévitables sont tranchés par une juridiction fédérale. Même s'ils sont tranchés, ce qui est d'ailleurs assez rare, en faveur des États membres, ceux-ci auront tout de même reçu leurs pouvoirs d'un organe fédéral.

2° L'État membre n'a donc pas comme l'État fédéral le pouvoir de déterminer les matières de sa propre compétence, ce qu'on appelle parfois la « compétence de la compétence ». Il n'est pas *souverain*. Les auteurs qui font de la souveraineté le caractère distinctif de l'État en concluent par conséquent que l'État membre n'est pas un véritable État (Rials, 1986).

3° Il est vrai que les États membres peuvent se doter d'une constitution, mais la constitution fédérale peut fixer des limites à son pouvoir constituant et lui interdire par exemple certains types de dispositions. Les États américains ne pourraient pas décider d'adopter la forme monarchique ou réviser la constitution pour rétablir l'esclavage.

4° Les lois des États membres doivent être conformes non seulement à leurs propres constitutions, mais également à la constitution de l'État fédéral. Ainsi, le contrôle de constitutionnalité exercé par la Cour Suprême des États-Unis porte avant tout sur les lois des États. Ainsi, c'est parce que des lois des États interdisaient l'avortement que la Cour Suprême a été saisie et a déclaré que ces lois étaient contraires à la constitution fédérale.

Dans ces conditions, il n'est pas injustifié de soutenir qu'il n'y a entre l'État unitaire décentralisé et l'État fédéral qu'une différence de degré et non de nature. Cela ne signifie pas que cette différence soit négligeable. Elle présente évidemment une grande signification politique, car il est clair qu'une région qui dispose simplement d'un pouvoir administratif autonome n'est pas aussi libre que l'État membre qui peut, même si c'est en vertu de la constitution fédérale, légiférer sur le droit des personnes ou la politique scolaire. C'est bien pourquoi, le fédéralisme se présente souvent comme une solution possible aux problèmes des États multinationaux. Mais du point de vue spécifiquement juridique, il faut bien constater que dans le cas de l'État fédéral comme de l'État unitaire décentralisé, les normes locales sont émises par des autorités autonomes conformément à des normes centrales (Kelsen, 1945, p. 316).

Le cas de l'Union européenne. — (Beaud, 1998 ; Leben, 1991). L'Union européenne ne peut être classée ni dans la catégorie des confédérations, ni dans celle des États fédéraux (voir *infra*, Deuxième Partie, Chapitre 4).

Sans doute présente-t-elle certains traits de l'État fédéral : éventail de pouvoirs très larges dans les domaines d'une importance capitale, existence d'organes « supranationaux », d'un Parlement européen élu au suffrage universel direct, application directe des normes communautaires sur les territoire des États, jurisprudence de la Cour de Justice des Communautés européennes, qui affirme la primauté de l'ordre juridique européen sur les droits nationaux.

Il lui manque cependant pour être un État fédéral un caractère essentiel : elle n'est pas un État du tout. Le fondement de ses pouvoirs réside, malgré l'emploi de l'expression « constitution de l'Union européenne », non dans une constitution formelle au sens strict (voir *supra*, Chapitre 1), mais dans des traités internationaux, qu'elle ne peut modifier et qui ne peuvent être révisés que par les États qui les ont ratifiés. Elle n'est pas souveraine, dans la mesure où elle n'a pas de compétence pour déterminer sa propre compétence, ni celle des États et où elle ne peut exercer que les pouvoirs qui lui sont transférés par les États.

Ceux-ci restent souverains. Ils ne tiennent pas leurs pouvoirs de l'Union, mais de leur propre souveraineté et c'est en vertu de leur pouvoir souverain qu'ils ont pu transférer des compétences à l'Union et qu'ils pourraient les reprendre en dénonçant les traités. D'ailleurs, en pratique, toute la logistique de l'action politique, y compris les moyens administratifs et la force publique, reste entre leurs mains.

Néanmoins, l'Union ne correspond qu'imparfaitement à la définition d'une confédération. Sans doute est-elle, comme une confédération, fondée sur des traités et ne dispose-t-elle que des compétences qui lui ont été conférées, sans doute, les États restent-ils souverains du point de vue du droit international, mais ils ont consenti des limitations de compétences si importantes qu'elles étaient incompatibles avec les dispositions de leurs constitutions qui affirmaient le principe de la souveraineté nationale. C'est ainsi que le Conseil constitutionnel a affirmé à plusieurs reprises que les traités portaient atteinte aux « conditions essentielles d'exercice de la souveraineté nationale », notamment à propos des traités de Maastricht et d'Amsterdam (voir *infra*, Quatrième Partie). Dans ces conditions, ils ne pouvaient être ratifiés qu'après révision de la constitution. Cela signifie qu'une fois cette révision intervenue, les conditions essentielles d'exercice de la souveraineté nationale ont bien été modifiées.

Cependant, ce sont seulement les conditions d'exercice de la souveraineté qui ont été modifiées, mais la souveraineté elle-même n'a pas été atteinte et aucun nouveau souverain n'est apparu. Il faut donc considérer que l'Union est encore une organisation internationale, même si ses pouvoirs vont bien au-delà de ceux des autres organisations internationales.

Section 2
Les formes d'organisation du pouvoir

Si, dans toutes les sociétés humaines, il existe des phénomènes de pouvoir, le pouvoir n'est pourtant pas toujours organisé par une constitution. C'est pourquoi il est nécessaire de distinguer deux notions : la forme de pouvoir ou de gouvernement, d'un côté, le régime politique, de l'autre. La première notion est plus générale : puisque toutes les sociétés sont gouvernées, on peut distinguer des types de pouvoir que la théorie politique appelle traditionnellement « formes de gouvernement ».

D'autre part, lorsque le pouvoir est organisé selon des règles juridiques, c'est-à-dire lorsqu'il y a une constitution matérielle, on parle de « régimes politiques ». Toutes les sociétés modernes sont ainsi organisées aujourd'hui. Ces règles ont pour objet la répartition des compétences et l'on peut classer les régimes selon la répartition des compétences qu'ils réalisent.

On examinera donc successivement les formes de gouvernement, le principe moderne, selon lequel les compétences doivent être réparties, et les modes de répartition, c'est-à-dire les régimes politiques.

§ 1. Les formes de Gouvernement

Il existe une classification simple, employée avec quelques variantes depuis l'Antiquité jusqu'au XVIIIe siècle, mais qui ne l'est plus guère aujourd'hui.

A La classification ancienne

Les trois formes de gouvernement. — Cette classification est généralement présentée non pas dans un but de pure connaissance, un but *théorique*, mais dans un but *pratique*, pour tenter de prouver la supériorité de l'une des formes de gouvernement (2) sur les autres.

De ce point de vue, décrire la forme de gouvernement, c'est indiquer qui est le détenteur du pouvoir et l'on distingue ainsi, la monarchie, l'oligarchie et la démocratie. La distinction la plus fréquente est fondée sur le nombre de ceux qui gouvernent, un seul, tous ou quelques-uns. Elle est présentée de manière semblable de l'antiquité au XVIIIe siècle (3). On appelle ainsi *monarchie* le gouvernement d'un seul, *démocratie* le gouvernement de tous et *oligarchie* le gouvernement de quelques-uns. Mais il est aussi possible d'employer un critère qualitatif et d'appeler monarchie non pas tout gouvernement dans lequel un seul gouverne, mais celui où le gouvernement appartient à un homme désigné par l'hérédité ou qui l'exerce d'une certaine manière, oligarchie, le gouvernement des nobles ou celui des meilleurs, auquel cas on le nomme aristocratie, et démocratie, celui du peuple.

Chacune de ces formes de gouvernement peut être préconisée pour les avantages spécifiques qu'on lui prête ou décriée en raison de ses inconvénients. Les arguments sont très variables, mais ils peuvent prendre la forme suivante : si le pouvoir appartient à un seul, la décision peut être plus rapide et l'exécution plus efficace. Mais il est aussi possible que le monarque n'agisse que pour satisfaire ses caprices. Dans l'aristocratie, le pouvoir sera bien exercé, puisqu'il le sera, par définition par les meilleurs. Cependant, on ne peut exclure que les gouvernants agissent exclusivement en vue de leurs intérêts égoïstes, qui ne coïncident pas avec l'intérêt général. Dans la démocratie, ceux qui composent le

(2) Le mot « gouvernement » est employé ici dans le sens très large de « gouvernement des hommes », de pouvoir politique, et non pas, évidemment dans celui, que lui donnera ROUSSEAU, de « pouvoir exécutif ».

(3) On peut comparer par exemple PLATON (*Politique*, 291 d), ARISTOTE (*Politique*, 1279 a) et J.-J. ROUSSEAU, *Contrat social*, Livre III, chap. 3.

peuple refuseront les décisions qui briseraient l'égalité ou porteraient atteinte à la liberté. Par contre, on peut craindre la longueur des débats et l'inefficacité ou les dissensions et les guerres civiles.

C'est la raison pour laquelle de nombreux auteurs, de Polybe (201-120 av. J.-C.) à Montesquieu, préconisent un gouvernement mixte, qui n'aurait aucun des inconvénients des formes simples, mais réunirait les avantages de chacune.

Un gouvernement mixte serait un gouvernement dans lequel le pouvoir, notamment le pouvoir législatif, serait partagé ou, mieux, exercé en commun par un roi, le peuple et les meilleurs. Au XVIIIe siècle, cette forme mixte peut être réalisée par la *balance des pouvoirs* (voir *infra*, Section 2, § 2). À l'époque contemporaine, tous les gouvernements se présentent comme démocratiques et la forme mixte n'est jamais revendiquée. Cependant, certains auteurs analysent les systèmes dans lesquels existent des cours constitutionnelles comme des avatars du gouvernement mixte. Dans la mesure en effet où les cours ont le pouvoir d'annuler des lois, elles participent avec les parlements au pouvoir législatif. Par conséquent, ou bien l'on continue de soutenir que le système est démocratique et il faut dire que les cours, bien que leurs membres ne soient pas élus, représentent le peuple souverain, ou bien l'on admet que le gouvernement est mixte parce que le pouvoir législatif est exercé en commun par les représentants du peuple et par ceux que l'on a pris l'habitude d'appeler des sages, c'est-à-dire par un élément aristocratique, au sens originel de ce terme, qui désigne une élite fondée sur la compétence.

Défauts de cette classification. — Il est certain que cette distinction n'est plus guère utilisée aujourd'hui. Il y a à cela plusieurs raisons. La principale est que dans les États d'une certaine dimension physique, il est impossible de rencontrer la monarchie ou la démocratie. Il est en effet matériellement impossible qu'un seul exerce la totalité du pouvoir, comme il est impossible que le pouvoir soit véritablement exercé par le peuple tout entier. Si l'on persistait à employer la distinction classique, il faudrait considérer que tous les gouvernements existant dans la réalité sont au mieux des aristocraties, au pire des oligarchies.

Dans ces conditions, il faut se résoudre ou bien à subdiviser la classe des oligarchies et à constituer des sous-classes, ou bien à considérer qu'un gouvernement exercé par quelques-uns peut néanmoins être une monarchie, une aristocratie ou une démocratie. La première solution se heurte à une difficulté considérable : trouver des critères satisfaisants pour distinguer des sous-classes d'oligarchies. La seconde est plus facile à mettre en œuvre ; il suffit de décider que la monarchie n'est pas le gouvernement d'un seul, mais celui dans lequel tous les gouvernants dérivent leurs pouvoirs d'un homme ou que la démocratie n'est pas toujours le gouvernement du peuple, mais aussi celui dans lequel les gouvernants dérivent leurs pouvoirs du peuple. On sera alors conduit à distinguer deux formes de démocratie : la démocratie directe dans laquelle le peuple exerce lui-même le pouvoir et la démocratie indirecte ou représentative, dans laquelle ceux qui détiennent le pouvoir l'exercent au nom du peuple et sont, au moins pour une partie d'entre eux, élus par lui. Dans la démocratie représentative, dit-on, les gouvernants sont les représentants du peuple et la volonté qu'ils expriment n'est pas la leur propre, mais celle du peuple ou encore ce qu'il est convenu d'appeler la « volonté générale ».

Cette conception a cependant fait l'objet de vives critiques. La plus radicale a été formulée par J.-J. Rousseau. Elle est fondée sur l'impossibilité de représenter la volonté. Je peux dire en effet : « ce que cet homme veut aujourd'hui, je le veux aussi. En exprimant sa volonté, il exprimera donc en même temps la mienne ». Mais je ne peux pas dire : « ce que cet homme voudra demain, je le voudrai aussi », parce que j'ignore au moment où je parle ce que nous voudrons demain l'un et l'autre (4). La volonté qu'il exprimera demain ne sera donc pas la mienne. « *La volonté ne se représente point : elle est la même, ou elle est autre ; il n'y a point de milieu* » (5).

Aussi, la représentation n'est-elle qu'une fiction, car, à supposer que le peuple possède une volonté, il n'y a aucun moyen de s'assurer que c'est bien elle qui est exprimée par les représentants. On ne peut pas comparer la volonté des représentants à celle du peuple, parce qu'on ne peut connaître la seconde indépendamment de la première. La volonté des représentants est présumée ou censée être celle du peuple. Mais, la réalité est que la volonté exprimée par les représentants est bien la leur et que, par conséquent, la démocratie représentative n'est pas une espèce de démocratie, mais une espèce d'aristocratie (Gaxie, 2000).

Il faut observer en outre que, en parlant de démocratie représentative, on a, chemin faisant, abandonné la conception initiale de la « forme de gouvernement » : une forme de gouvernement n'est plus définie par le nombre ou le genre des détenteurs du pouvoir, mais par la manière dont ils sont nommés ou simplement par le type de justification donnée au système d'attribution du pouvoir. La nouvelle classification remplit ainsi, une fonction non pas scientifique, mais idéologique : elle ne sert

---

(4) *Du contrat social* (1re version), Livre I, chapitre 4, dans l'édition de la Pléiade des Œuvres complètes, tome III, p. 295.

(5) *Du contrat social*, Livre III, chap. 15, « Des députés ou représentants ».

pas la connaissance, mais joue un rôle politique. Elle veut faire accepter la démocratie représentative en la faisant passer pour une forme de démocratie.

B Les classifications contemporaines

Autocratie et démocratie. — La classification la plus achevée est celle de Hans Kelsen (Kelsen, 1945, p. 283 et s.). Elle est aujourd'hui largement employée (6). Kelsen souligne qu'elle découle d'une opposition faite par la théorie du droit entre deux types de rapports entre les hommes : ou bien les normes sont produites par ceux-là mêmes qui y sont soumis — c'est l'*autonomie* — ou bien elles sont produites par d'autres, quel que soit leur nombre — c'est l'*hétéronomie*. Sur le plan constitutionnel, les normes dont il est question sont principalement les lois, ce qui conduit à distinguer la démocratie et l'autocratie. Il y a donc deux formes de gouvernement et non plus trois. Cette distinction prend pour critère la liberté. Un homme est libre, s'il fait ce qu'il veut, s'il se soumet à sa propre volonté. Il est donc libre s'il est soumis seulement à des lois qu'il a contribué à faire. La démocratie est ainsi un système de liberté parce que les lois sont faites par tous ceux qui leur sont soumis. À l'opposé, dans le système de l'autocratie, les lois sont faites par d'autres et il n'y a pas de coïncidence entre la volonté de ceux qui font les lois et celle de celui qui doit lui obéir.

Démocratie et autocratie ne sont que des *types-idéaux*, c'est-à-dire des systèmes que l'on ne rencontre jamais tout à fait dans la réalité. Ce sont des constructions intellectuelles, mais on peut s'en servir pour décrire la réalité, parce que les gouvernements réels se rapprochent plus ou moins de l'un ou de l'autre type. On peut alors parler de démocratie représentative, comme d'une forme intermédiaire entre l'autonomie et l'hétéronomie. Elle présente des traits communs avec les deux types-idéaux. Avec l'hétéronomie d'abord : d'une part, il existe rarement une unanimité totale, mais, sur presque toutes les questions, une majorité et une minorité, si bien que pour la minorité, les lois sont nécessairement hétéronomes ; d'autre part, les lois sont faites non par les sujets, mais par leurs représentants et l'on a vu que la représentation est une fiction. D'un autre côté, il existe certains traits communs avec la démocratie, notamment dans la mesure où ceux qui émettent les normes sont élus et tiennent compte de la volonté réelle des électeurs, qui sont aussi les sujets.

(6) La classification proposée par Georges BURDEAU dans les précédentes éditions de ce manuel en est très proche.

Totalitarisme et libéralisme. — Il s'agit ici non plus d'opposer les formes de gouvernement en prenant pour critère la manière dont les normes, spécialement législatives, sont produites, mais, en étendue et en profondeur, les matières que régissent ces normes. Les systèmes libéraux sont ceux dans lesquels ces normes ne portent que sur certaines matières et dans ces matières seulement sur les principes fondamentaux laissant le reste à l'autonomie des personnes privées. Ces systèmes préservent donc la liberté de ces personnes. La liberté dont il est ici question est d'une part l'ensemble des libertés appelé « libertés publiques » ou « droits de l'homme », d'autre part la liberté économique.

Dans les systèmes totalitaires, au contraire, il existe un très grand nombre de normes, produites par le pouvoir politique et qui régissent tous les domaines de la vie, de sorte que la marge laissée à l'autonomie, c'est-à-dire à la liberté des individus est très faible.

De nombreux auteurs opposent l'État et la société civile. L'État est, dans ce contexte, l'ensemble des institutions productrices de normes hétéronomes de niveau élevé. C'est l'État *stricto sensu*. Quant à la société civile, c'est l'ensemble des hommes, envisagé de manière distincte de l'État. Le libéralisme est alors le système qui maintient la distinction de l'État et de la société civile, tandis que dans le système totalitaire, l'État envahit complètement la sphère de la société civile.

La distinction du totalitarisme et du libéralisme ne coïncide pas avec celle de la démocratie et de l'autocratie. On ne doit pas confondre démocratie et libéralisme, ni société totalitaire et autocratie. On peut en effet concevoir un système à la fois démocratique et totalitaire, dans lequel la loi, adoptée par le peuple, limite les libertés individuelles. Cependant, un tel système ne se rencontre guère dans la réalité, quoique l'on ait parfois analysé de cette manière le système soviétique. En revanche, on peut non seulement concevoir, mais aussi découvrir dans le monde réel un système autocratique et libéral, dans lequel les lois sont adoptées de façon hétéronome, mais préservent les libertés individuelles. Ce système correspondait à l'idéal politique de certains philosophes des Lumières, partisans du « despotisme éclairé ».

Gouvernement pluraliste et gouvernement moniste. — Dans certaines formes de gouvernement, la compétition pour l'exercice du pouvoir est permise et même organisée. On parle alors de gouvernements « pluralistes ». Dans d'autres cas, cette compétition est interdite. Il s'agit de gouvernements « monistes » ou « monocratiques ».

Les gouvernements pluralistes, appelés aussi « ouverts », sont des systèmes dans lesquels plusieurs hommes ou plusieurs groupes d'hommes participent à la compétition pour le pouvoir de façon légitime, c'est-à-dire non pas clandestinement et par la force, mais ouvertement. Ceux qui l'emportent ne détiendront le pouvoir que pour un temps, au terme duquel la compétition reprendra. Dans l'intervalle, ils n'éliminent pas leurs rivaux, qui jouissent de certains droits, notamment pour leur permettre d'engager à nouveau la lutte politique.

Ce système ne se confond pas avec la démocratie. Certes, plusieurs démocraties représentatives modernes sont pluralistes, mais certains gouvernements, qui se présentent aussi comme des démocraties ne sont pas pluralistes. Il ne se confond pas non plus avec le libéralisme, comme le montre encore une fois l'exemple du despotisme éclairé.

À l'inverse, le gouvernement moniste ou « pouvoir clos » est un système dans lequel aucune compétition pour le pouvoir n'est juridiquement permise. Dans les États modernes, le type le plus répandu du pouvoir clos, mais il est loin d'être le seul, est réalisé grâce au parti unique. Le pouvoir clos n'est pas nécessairement totalitaire, ni autoritaire, quoiqu'il le soit fréquemment.

Concentration ou partage du pouvoir. — On peut encore opposer les systèmes dans lesquels le pouvoir est concentré entre les mains d'un homme ou d'un groupe et celui dans lequel il est partagé, divisé ou séparé — tous ces termes sont équivalents — entre plusieurs, qui peuvent s'opposer les uns aux autres.

Là encore, on est en présence d'une classification qui ne coïncide pas avec les autres, mais peut se combiner avec elles. Ainsi, on constate d'abord que, dans chacune des trois formes de gouvernement selon la classification ancienne, le pouvoir était concentré entre les mains du roi dans la monarchie, dans les meilleurs dans l'aristocratie et dans le peuple dans la démocratie. C'est seulement dans le gouvernement mixte que le pouvoir est partagé.

Il en va de même, avec l'opposition autocratie-démocratie, car le pouvoir est concentré dans ces deux formes de gouvernement. La distinction du totalitarisme et du libéralisme ne coïncide pas non plus avec l'opposition concentration-partage du pouvoir. Certes, le partage du pouvoir est souvent justifié de manière instrumentale et présenté comme un moyen de garantir et de préserver les libertés. Mais il n'y a là aucun rapport nécessaire et, comme on l'a vu avec l'exemple du despotisme éclairé, il est possible qu'un pouvoir concentré entre les mains d'un seul soit exercé de manière libérale, tandis qu'on peut concevoir qu'un pouvoir totalitaire soit partagé entre plusieurs groupes.

On constate ainsi qu'on peut, en combinant les classifications, définir un régime concret. On peut dire par exemple que dans le système nazi, le pouvoir était concentré, autoritaire et totalitaire, que dans le monde occidental d'aujourd'hui il s'affirme tantôt comme partagé et libéral, tantôt comme démocratique et libéral, tandis que le gouvernement des États socialistes se donnait comme démocratique, concentré et antilibéral.

La dernière distinction est cependant la plus importante du point de vue du droit constitutionnel, car c'est la seule qui prenne pour critère les compétences normatives des organes de l'État. Elle est enseignée dans la science du droit constitutionnel sous le nom de principe de la séparation des pouvoirs.

§ 2. Le principe de la séparation des pouvoirs

« *La séparation des pouvoirs* » est avant tout un principe de technique constitutionnelle destinée à éviter le despotisme et à garantir la liberté. Tous les auteurs hostiles au despotisme en préconisent donc l'application, mais tous cependant ne le conçoivent pas de la même manière et l'on peut en distinguer deux interprétations très différentes, au point qu'on doit considérer qu'il s'agit en réalité de deux principes et même de deux doctrines radicalement différentes. On exposera d'abord celle qui a été professée par les juristes modernes, depuis la deuxième moitié du XIXe siècle et qu'on appellera par commodité, parce qu'elle est acceptée par un très grand nombre d'auteurs, la doctrine traditionnelle, puis les critiques qui peuvent être formulées contre cette thèse et enfin la doctrine du XVIIIe siècle, qui a marqué les constitutions de l'époque révolutionnaire.

A La doctrine traditionnelle

Selon cette doctrine, le principe est lui-même composé de deux règles distinctes, la règle de la spécialisation et la règle de l'indépendance, dont la combinaison doit procurer le résultat souhaité, la liberté.

1. La règle de la spécialisation

L'État exerce ou doit exercer trois activités : il fait la loi, il l'exécute et il tranche les litiges. Il a donc trois *fonctions*, législative, exécutive et juridictionnelle. Selon une variante de cette doctrine, ces fonctions sont au nombre de deux seulement, la fonction exécutive étant subdivisée elle-même en une fonction administrative et une fonction juridictionnelle. Quoi qu'il en soit, il y aura trois autorités ou organes de l'État (ou seulement deux si l'on n'admet que deux fonctions) et chacun d'eux sera spécialisé dans l'exercice de l'une des fonctions. Cette spécialisation signifie que chacune des autorités devra exercer une fonction, mais qu'elle ne devra en exercer qu'une seule, mais l'exercer tout entière. En revanche, elle ne devra se mêler d'aucune manière des autres fonctions.

Dans une version forte de la doctrine, on considère que chaque autorité ou organe est investi d'un pouvoir spécifique, nécessaire à l'exercice de sa fonction et on le désignera par le nom de ce pouvoir. Il y aura donc un pouvoir législatif, un pouvoir exécutif, un pouvoir judiciaire.

2. La règle de l'indépendance

Mais, les pouvoirs ne resteraient pas longtemps spécialisés si l'un d'eux pouvait exercer des pressions sur le titulaire de l'autre. Si par exemple, le pouvoir exécutif pouvait nommer et révoquer à sa guise les titulaires du pouvoir législatif, c'est lui qui exercerait indirectement ce pouvoir et il n'y aurait plus de spécialisation. Il faut donc que les autorités ou organes soient mutuellement indépendants, ce qui signifie en pratique que les individus qui composent chacune de ces autorités ne doivent pas être nommés par les autres organes et surtout qu'ils ne doivent pas être discrétionnairement révocables par eux. Cela interdit donc notamment la responsabilité ministérielle et la dissolution. On rattache parfois à cette règle l'interdiction de contacts physiques entre les organes — ainsi, l'interdiction pour un membre de l'Exécutif de prendre la parole dans les assemblées — et l'indépendance financière — aucune autorité ne devant attendre ses crédits de la bonne volonté d'une autre —, et même une prescription de sécurité militaire, chaque autorité devant disposer d'une garde armée distincte pour se prémunir contre les tentatives violentes des autres.

3. Le résultat attendu

Le résultat, attendu de la combinaison des deux règles est que, selon une formule reprise de Montesquieu par la plupart des auteurs, « le pouvoir arrête le pouvoir » : une tentative de l'une des autorités pour devenir despotique se heurterait immédiatement à l'opposition d'une autre autorité. Le pouvoir législatif et le pouvoir exécutif se feront mutuellement équilibre de sorte que la liberté des sujets sera préservée.

B Les critiques à la doctrine traditionnelle

La doctrine traditionnelle s'est d'abord heurtée à des critiques diverses et d'ailleurs incompatibles entre elles, liées à la théorie de la souveraineté : la séparation des pouvoirs ainsi entendue est contraire au principe fondamental de l'indivisibilité de la souveraineté. Par conséquent ou bien l'unité de la souveraineté se reconstitue nécessairement au profit de l'un ou l'autre des pouvoirs et le but est manqué, ou bien les tentatives pour briser la souveraineté n'aboutissent qu'à la détruire et comme il n'y a pas d'État sans souveraineté, c'est l'anarchie.

D'autres donnent à leurs objections une apparence plus instrumentale et soutiennent ou bien que les conflits se résoudront par des coups d'État ou bien que les oppositions entre les pouvoirs aboutiront à paralyser l'État. On verra cependant que cette dernière objection ne peut être retenue, compte tenu de la critique décisive de Raymond Carré de Malberg.

La démonstration de Carré de Malberg est d'une grande simplicité : tout d'abord, comment des pouvoirs spécialisés et indépendants et pour ainsi dire sans aucun contact les uns avec les autres, pourraient-ils s'arrêter l'un l'autre et se faire équilibre ? Un tel équilibre serait déjà difficilement concevable si les fonctions qu'ils exercent étaient équivalentes. Mais elles ne le sont pas et il est même tout simplement absurde de prétendre que l'activité qui consiste à faire les lois pourrait être équivalente à celle qui consiste à les exécuter. En réalité, l'exécution est bien évidemment, par définition même, subordonnée à la législation. Mais alors si les fonctions sont ainsi hiérarchisées et les organes spécialisés, il s'ensuit naturellement que celui qui exerce la fonction la plus élevée est supérieur aux autres. Selon la formule de Carré de Malberg, la hiérarchie des organes suit la hiérarchie des fonctions et jamais un pouvoir subordonné ne pourra arrêter un pouvoir supérieur (Carré de Malberg, 1922, t. II, p. 109-142).

À ces critiques, il importe d'en ajouter deux autres : en premier lieu, la séparation des pouvoirs que décrit la doctrine traditionnelle est généralement imputée à Montesquieu, quoique certains auteurs en cherchent les germes chez des auteurs antérieurs, Locke ou Bolingbroke. Or, comme l'a montré Charles Eisenmann de manière irréfutable, le système préconisé par Montesquieu est en réalité entièrement différent et même radicalement opposé à celui de la séparation des pouvoirs (Eisenmann, 1933 ; Troper, 1980).

Il reste cependant que l'on trouve dans le texte de nombreuses constitutions ou des déclarations des droits, des références à la « séparation des pouvoirs ». La plus célèbre et la plus importante est celle de l'article 16 de la Déclaration des droits de l'homme de 1789 : « Toute société dans laquelle la garantie des droits n'est pas assurée ni la séparation des pouvoirs déterminée n'a point de constitution. » Comment comprendre dans ces conditions, qu'un principe aussi absurde ait pu trouver une consécration aussi solennelle ? Comment peut-on concevoir qu'un principe, étranger à Montesquieu, ait été brusquement inventé et érigé au niveau d'un dogme de politique constitutionnelle ?

Deux sortes d'explications peuvent alors être avancées : selon la première, les hommes de la Révolution française auraient mal lu l'*Esprit des Lois* ; alors que Montesquieu entendait le principe d'une manière souple, les révolutionnaires en auraient, par esprit de système, donné une interprétation rigide.

Selon la seconde explication, envisagée sous l'angle historique la séparation des pouvoirs dont il est question dans la Déclaration des droits de l'homme de 1789 n'a aucun rapport avec la séparation des pouvoirs de la doctrine traditionnelle. Les termes sont les mêmes, mais il s'agit d'une doctrine différente. L'expression a tout simplement, depuis cette époque, changé de sens.

C La séparation des pouvoirs au XVIIIe siècle

En réalité, ce qu'on entend par séparation des pouvoirs au XVIIIe siècle — et cela d'une manière unanime — c'est un principe entièrement négatif. Lorsqu'on recommande la séparation des pouvoirs, on n'indique pas de quelle manière les fonctions doivent être réparties, mais seulement de quelle manière elles ne doivent pas l'être.

Les auteurs du XVIIIe siècle partent d'une distinction des fonctions et formulent ensuite le principe dans des termes analogues.

1. La distinction des fonctions législative et exécutive

Elle est ancienne, en tout cas antérieure à Montesquieu, car on la trouve formulée dans des termes semblables chez Locke. Elle découle en réalité d'une métaphore anthropomorphique : de même qu'on distingue chez l'homme la tête et les bras ou la volonté et l'action, de même on distingue dans l'État le pouvoir législatif, qui est la volonté et le pouvoir exécutif, qui est l'action. Parfois, l'on distingue une troisième fonction, la fonction juridictionnelle, qu'on appelle aussi parfois « judiciaire » et qu'on présente comme une espèce de fonction exécutive ; c'est l'exécution des lois dans le but de trancher des litiges.

C'est cette distinction que formule à peu près Montesquieu lorsqu'il écrit : « *Il y a dans chaque État trois sortes de pouvoirs : la puissance législative, la puissance exécutrice des choses qui dépendent du droit des gens et la puissance des choses qui dépendent du droit civil. Par la première, le prince ou le magistrat fait des lois pour un temps ou pour toujours et corrige ou abroge celles qui sont faites. Par la seconde, il fait la paix ou la guerre, envoie ou reçoit des ambassades, établit la sûreté, prévient les invasions. Par la troisième, il punit les crimes ou juge les différends des particuliers. On appellera cette dernière la puissance de juger et l'autre simplement la puissance exécutrice de l'État* » (*Esprit des Lois*, Livre XI, chap. 6).

Mais c'est Rousseau qui la présente de la manière la plus claire « *Toute action libre a deux causes qui concourent à la produire, l'une morale, savoir la volonté qui détermine l'acte, l'autre physique savoir la puissance qui l'exécute. Quand je marche vers un objet, il faut premièrement que j'y veuille aller ; en second lieu que mes pieds m'y portent. Qu'un paralytique veuille courir ; qu'un homme agile ne le veuille pas ; tous deux resteront en place. Le corps politique a les mêmes mobiles, on y distingue de même la force et la volonté, celle-ci sous le nom de puissance législative, l'autre sous le nom de puissance exécutive. Rien ne s'y fait ou ne doit s'y faire sans leur concours* » (*Contrat social*, Livre III, chap. 1).

Cette distinction implique clairement la reconnaissance d'une hiérarchie entre les deux fonctions puisque l'exécution est évidemment subordonnée à la création.

2. Le contenu du principe de la séparation des pouvoirs : la règle négative ou l'interdiction du cumul

Il est extrêmement simple : il ne faut pas remettre tous les pouvoirs à un même individu ou un même groupe d'individus. C'est ce principe qu'énonce Montesquieu : « *Lorsque dans la même personne ou le même corps de magistrature, la puissance législative est réunie à la puissance exécutrice, il n'y a point de liberté, parce qu'on peut craindre que le même monarque ou le même sénat ne fasse des lois tyranniques pour les exécuter tyranniquement.* »

Montesquieu ne l'avait d'ailleurs ni inventé ni découvert. On le trouve déjà chez Locke : « *Ce serait provoquer une tentation trop forte pour la fragilité humaine, sujette à l'ambition que de confier à ceux-là même qui ont déjà le pouvoir de faire les lois, celui de les faire exécuter.* »

Il est d'ailleurs frappant de constater que Rousseau, souvent considéré aujourd'hui comme un adversaire de Montesquieu et de la séparation des pouvoirs, énonce une formule semblable : *« il n'est pas bon que celui qui fait les lois les exécute, ni que le corps du peuple détourne son attention des vues générales pour les donner aux objets particuliers ».*

C'est donc une doctrine unanimement acceptée au XVIIIe siècle et il faut en souligner trois aspects :

En premier lieu, le principe est seulement négatif : il ne faut pas donner tous les pouvoirs à un seul, parce qu'il en abuserait. Il faut éviter à tout prix le cumul, qui serait le despotisme même. Autrement dit, il faut absolument que les pouvoirs soient répartis — ou, dans la langue du XVIIIe siècle, « séparés » ou « divisés » ou encore « distribués » — entre plusieurs autorités. Peu importe de quelle manière ils seront séparés — cela sera l'objet d'un autre principe — pourvu qu'ils le soient.

En deuxième lieu, le principe ne se confond nullement avec la règle de la spécialisation. Certes, s'il y a deux autorités spécialisées l'une dans la fonction législative et l'autre dans la fonction exécutive, l'interdiction du cumul sera respectée, mais elle le sera également si l'on adopte un autre mode de répartition, si par exemple on donne à une autorité une partie d'une fonction et une partie d'une autre. La spécialisation est donc l'une des manières dont on peut satisfaire au principe, l'un des procédés possibles de répartition des fonctions, mais seulement l'un d'eux.

En troisième lieu, il n'est évidemment question ici ni d'indépendance, ni d'équilibre, mais dès lors que les pouvoirs sont répartis entre plusieurs, quelle que soit la manière dont ils le sont, le despotisme est impossible, ne serait-ce que parce que celui qui exécute ne peut pas modifier la loi au gré de ses caprices. Il ne peut qu'exécuter une loi antérieure. Celui qui lui obéit n'obéit en définitive qu'à la loi, ce qui est la définition de la liberté.

Séparation des pouvoirs et classification des régimes politiques. — On peut utiliser le principe de la séparation des pouvoirs pour classer les régimes politiques. On peut d'abord opposer ceux dans lesquels le pouvoir est tout entier concentré entre les mains d'un homme ou d'un groupe d'hommes et ceux dans lesquels il existe une séparation des pouvoirs. Les difficultés commencent lorsqu'il s'agit de distinguer parmi les régimes de séparation des pouvoirs.

1) La doctrine moderne, on l'a vu, comprend la séparation des Pouvoirs comme un système dans lequel des organes spécialisés et indépendants se font équilibre. Elle oppose alors les systèmes dans lesquels le principe est appliqué de manière rigide et ceux qui admettent quelques

assouplissements ou quelques exceptions. Dans la première catégorie, elle place la constitution américaine de 1787, les constitutions françaises de 1791 et de l'an III et quelquefois celle de 1848, dans la seconde catégorie, toutes les autres.

Cette classification présente plusieurs inconvénients. Tout d'abord, elle est fondée sur une conception discutable de la séparation des pouvoirs, puisqu'il est impossible de réaliser un équilibre entre un pouvoir législatif et un pouvoir exécutif spécialisés. En deuxième lieu, elle laisse en dehors de la classification les systèmes qui rejettent le principe de la séparation des pouvoirs ainsi entendu, par exemple le système soviétique, tel qu'il existait jusqu'à la Perestroïka (voir *infra*, Deuxième Partie, Chapitre 3), ou qui reposaient sur une toute autre conception de ce principe, comme la constitution française de 1793 (voir *infra*, Troisième Partie, Chapitre 1). En troisième lieu, elle rend impossible tout classement rigoureux parce que la séparation rigide n'est réalisée en pratique dans aucun régime politique, de sorte que tous les systèmes lui apportent nécessairement des exceptions et peuvent ainsi être indifféremment placés dans l'une ou l'autre catégorie. On le voit bien à propos du régime américain, considéré tantôt comme un système de séparation souple dans les manuels de droit américain, tantôt comme un système de séparation rigide des pouvoirs, dans les manuels français.

2) Au XVIIIe siècle, comme ce principe était compris uniquement de manière négative — il se borne à indiquer de quelle manière les fonctions ne doivent pas être attribuées — on comprenait qu'il devait être complété par un principe positif. S'il existait un accord très général sur le principe négatif, deux procédés positifs de répartition des compétences avaient chacun leurs partisans.

Le premier et le plus simple consistait à spécialiser les autorités, l'une dans la fonction législative, l'autre dans la fonction exécutive. Il devait en résulter, en raison de la hiérarchie des fonctions, une subordination de l'autorité exécutive au pouvoir législatif. Ce système est préconisé par les démocrates, parce que le pouvoir législatif devait, dans leur esprit, être le peuple lui-même ou ses représentants. C'est donc celui qui est exposé par Rousseau et ses successeurs. Dans le vocabulaire du XVIIIe, il est parfois appelé d'un terme, qui aujourd'hui a une signification radicalement différente, celui de « séparation absolue des pouvoirs ».

Le second système, appelé *balance des pouvoirs* est plus complexe : ses partisans reprochent au procédé de la spécialisation d'être instable. En effet, soutiennent-ils, le pouvoir législatif exercera une prédominance si forte sur l'autorité exécutive, qu'il sera en mesure de concentrer entre ses mains l'exercice des deux fonctions, c'est-à-dire de devenir despotique. Ce système ne pourrait se maintenir que par la vertu des gouvernants. Mais, si l'on connaît les hommes et leurs passions, on ne peut raisonnablement compter qu'ils seront durablement vertueux. Il faut donc, estiment-ils, construire un système stable, un système si bien construit qu'il ne puisse être détruit, quelles que soient les passions des hommes. Mieux, ce système doit être fondé non sur la vertu, mais sur les vices.

La solution est inspirée de la constitution anglaise, une constitution anglaise idéalisée, telle que, à la suite de Montesquieu, la décrivent de très nombreux auteurs. Elle consiste à réaliser un équilibre, non pas entre un pouvoir législatif et un pouvoir exécutif, ce qui est évidemment impossible, mais entre plusieurs autorités, qui participent toutes à la fonction législative. Ces autorités sont donc des organes législatifs partiels. Dans la constitution anglaise, ces trois autorités sont une Chambre élue, la Chambre des communes, une Chambre nobiliaire, et, grâce à un droit de veto, le roi, qui exerce par ailleurs, mais seul, la fonction exécutive.

Dans ce système, il n'y a pas de spécialisation, puisque le roi exerce une fonction entièrement et participe à l'exercice d'une autre, mais le principe de la séparation des pouvoirs est préservé, puisque aucune autorité n'exerce tous les pouvoirs. L'équilibre se maintiendra entre les trois organes législatifs, dont les intérêts politiques et économiques sont opposés. Il sera par exemple impossible aux deux Chambres d'usurper le pouvoir exécutif, parce que si elles proposent une loi en ce sens, le roi, titulaire d'un pouvoir exécutif qu'il voudra défendre, s'y opposera immanquablement.

On peut donc classer les constitutions de la fin du XVIIIe siècle et du début du XIXe siècle selon qu'elles réalisent une spécialisation ou une balance des pouvoirs. Dans la première catégorie, on ne trouvera d'ailleurs guère que la constitution de 1793, dans la seconde la constitution américaine de 1787, la constitution française de 1791, les chartes, la constitution belge de 1830 et de nombreuses autres. La constitution française de l'an III, qui a entendu réaliser un équilibre, mais entre les Chambres seulement, appartient à un type intermédiaire (voir *infra*, Troisième Partie).

Cette classification n'est cependant pas utilisable pour les régimes modernes, notamment parce que ceux-ci, lorsqu'ils entendent réaliser un équilibre, ne prétendent plus le faire par le partage du pouvoir législatif, mais par des techniques d'action réciproques, que la classification du XVIIIe siècle ne prenait pas en compte. Il faut donc envisager les classifications modernes.

Les formes modernes de séparation des pouvoirs. — On utilise aussi aujourd'hui l'expression « séparation des pouvoirs » dans d'autres sens multiples et à vrai dire pas toujours très rigoureux.

Il s'agit d'abord d'un sens très large, proche du principe négatif, par lequel on désigne une répartition des compétences jugée protectrice de certaines libertés. Ainsi, on appelle quelquefois séparation verticale des pouvoirs une organisation fédérale ou fortement décentralisée de l'État. Cette séparation est dite « verticale » parce que les compétences sont réparties entre un État central ou fédéral et les collectivités qui en sont les composantes. L'expression est cependant trompeuse si elle conduit à désigner la séparation traditionnelle des pouvoirs législatif et exécutif comme une séparation « horizontale », c'est-à-dire entre pouvoirs égaux. Mais, employée seule, elle indique bien que les pouvoirs peuvent être législatifs, exécutifs, juridictionnels, voire constituants, aussi bien au niveau des collectivités composantes qu'au niveau fédéral, et néanmoins distincts et hiérarchisés. La garantie des libertés n'est pas attendue ici d'un équilibre entre organes, mais simplement de ce que les décisions seront en principe adoptées de la manière la plus efficace possible et par l'autorité la plus proche de ceux qui leur seront soumis.

Mais si l'on reste attaché à la distinction traditionnelle des fonctions législative, exécutive et juridictionnelle on peut parler de séparation des pouvoirs, au sens large toujours, pour désigner non la combinaison de la spécialisation et de l'indépendance, mais la seule spécialisation ou la seule indépendance. Il s'agit d'un usage à des fins pratiques ou à des fins théoriques lorsqu'il s'agit de justifier ou critiquer certaines pratiques. C'est ainsi que « séparation des pouvoirs » peut signifier soit la seule spécialisation — séparation fonctionnelle — soit la seule indépendance — séparation organique. Certains disent par exemple que la subordination du parquet au pouvoir exécutif est conforme à la séparation fonctionnelle des pouvoirs, parce que les activités du parquet relèvent de la fonction exécutive, d'autres qu'elle est contraire à ce principe parce qu'elles relèvent plutôt de la fonction juridictionnelle. Certains invoquent le principe de séparation organique pour soutenir que les autorités exécutives doivent être mises au moins temporairement à l'abri des poursuites judiciaires sous peine de perdre leur indépendance. On peut d'ailleurs utiliser le principe de séparation fonctionnelle pour soutenir le contraire, en affirmant que les autorités juridictionnelles doivent exercer pleinement leur fonction.

C'est encore dans ce sens qu'on parle en France de séparation des pouvoirs pour désigner la répartition des compétences entre les deux ordres de juridictions administratives et judiciaires.

On emploie « séparation des pouvoirs » au sens large à des fins théoriques dans la classification habituelle des régimes politiques, lorsqu'on définit le régime présidentiel comme un régime de séparation rigide des pouvoirs : la séparation y est considérée comme rigide, bien que les autorités ne soient pas spécialisées, mais parce qu'elles sont mutuellement indépendantes. De même, le régime parlementaire est appelé « séparation souple des pouvoirs », bien que les autorités ne soient pas indépendantes, mais parce qu'elles sont plus ou moins spécialisées.

De même, on parle aussi de séparation des pouvoirs dans les États modernes où certaines compétences qui étaient exercées jusque là par le pouvoir exécutif sont confiées par la loi à des autorités qui restent administratives mais sont organiquement indépendantes du gouvernement. Il s'agit dans ce cas d'une séparation de plusieurs pouvoirs exécutifs (voir *infra*, Les autorités administratives indépendantes). Mais il peut arriver que ce soit la constitution qui institue des autorités indépendantes du gouvernement, mais aussi du Parlement, pour leur attribuer des fonctions diverses mais qui n'entrent pas facilement dans les cadres habituels. Dans certains États, la banque centrale est instituée par la constitution pour garantir qu'elle décidera de la politique monétaire indépendamment du pouvoir politique. Plusieurs pays d'Amérique latine connaissent une institution chargée de l'organisation des élections et qui peut être composée de magistrats mais aussi parfois de représentants désignés par les partis politiques.

§ 3. Les régimes politiques

La classification des régimes politiques ne doit pas être confondue avec la distinction des formes de gouvernement. Certes, il arrive que l'on reproche à la théorie classique des formes de gouvernement d'employer des critères juridiques et que l'on estime souhaitable d'intégrer dans les schémas d'autres éléments qui ne sont pas proprement constitutionnels, mais sociaux et politiques. Dans ce cas, on parle de « régimes politiques » pour désigner des formes politiques, définies par ces éléments politiques. *Régimes politiques* est alors synonyme de *formes de gouvernement*, conçues selon telle ou telles des classifications contemporaines (7) (voir *supra*, Section 1 ; Badie et Hermet, 1990). Lorsqu'on emploie l'expression en ce sens, on classe les régimes politiques selon des critères tirés de la structure sociale, du rapport de l'État et de la société, des conceptions relatives au rôle de l'État ou encore du degré de développement économique (8). Tel est par exemple le cas de la

(7) Cf. *supra* p. 85 et s. Pour une présentation moderne, cf. BADIE et HERMET, 1990.

(8) Ainsi, la distinction des systèmes occidentaux, des systèmes socialistes et des systèmes du tiers monde.

distinction des systèmes occidentaux, des systèmes socialistes et des systèmes du tiers monde.

Toutefois, on a coutume, dans la langue du droit constitutionnel, de parler de *régimes politiques* principalement pour désigner des sous-classes au sein de la catégorie des gouvernements dans lesquels le pouvoir est partagé (voir *supra*, § 1). Une telle distinction est nécessaire, car le pouvoir peut naturellement être partagé de plusieurs manières. On peut concevoir, comme pour tout partage, qu'il soit égal ou inégal. Si on le veut égal, on peut tenter de réaliser cette égalité par plusieurs moyens. Si on le veut inégal, on peut vouloir accorder la suprématie à telle autorité ou au contraire à telle autre. Mais il faut encore envisager les conséquences que le partage peut avoir sur le fonctionnement réel du pouvoir.

On peut encore considérer la question sous l'angle du constitutionnalisme, qui vise à limiter le pouvoir par l'établissement d'une constitution. Or, une constitution n'est pas autre chose, comme on l'a vu, qu'une certaine répartition des compétences. Les constitutions, toutes les constitutions, doivent donc pouvoir être classées selon le type de répartition du pouvoir qu'elles réalisent. C'est pourquoi toutes les classifications juridiques prennent pour critère différentes interprétations du principe de la séparation des pouvoirs et les classifications des régimes politiques portent en réalité sur les constitutions. On exposera la classification la plus usuelle avant d'en entreprendre la critique.

A Exposé de la classification traditionnelle

Elle fait l'objet de présentations très variées, qu'il serait évidemment fastidieux d'exposer dans le détail, mais on peut considérer qu'il s'agit d'abord et avant tout d'une classification dualiste. On distingue en premier lieu les constitutions selon qu'elles visent à réaliser un équilibre des pouvoirs ou à accorder la prééminence à l'un d'eux, puis on opère des distinctions à l'intérieur de chacune de ces classes.

1. La prééminence d'un organe

On évitera une confusion terminologique fréquente consistant à désigner les constitutions qui accordent la prééminence à l'un des organes qu'elles instituent, comme des régimes de « confusion des pouvoirs ». Il existe bien des systèmes politiques dans lesquels tous les pouvoirs sont confondus entre les mains d'un seul homme ou d'un seul organe, mais on ne doit évidemment pas prétendre classer ces régimes selon un critère tiré de la séparation des pouvoirs. Ces systèmes correspondent à la définition que Montesquieu donnait du « despotisme » (9) (voir *supra*, § 2) et, selon la classification traditionnelle des formes de gouvernement, ce sont ou bien des monarchies ou bien des aristocraties. On suppose ici, au contraire, qu'il y a bien une séparation des pouvoirs, c'est-à-dire une constitution matérielle. Il n'y a donc pas confusion des pouvoirs, mais seulement prééminence donnée à l'un des organes. Il peut s'agir soit d'une assemblée, soit d'un collège restreint.

a) Prééminence d'une assemblée

Ce système est appelé tantôt « gouvernement conventionnel » tantôt gouvernement ou « régime d'assemblée » (Bastid, 1956 ; Le Pillouër, 2004). Il comprend en réalité au moins trois types très divers.

Il s'agit d'abord du régime effectivement pratiqué en France par la Convention nationale de 1792 à 1795 et c'est de lui que dérive l'expression « gouvernement conventionnel » (voir *infra*, Troisième Partie, Chapitre 1). C'est pourquoi, d'ailleurs, cette expression est inadéquate. Le régime pratiqué à ce moment est en effet atypique, car c'est le seul régime d'assemblée où a été réalisée une réelle « confusion des pouvoirs ». D'où la tendance, erronée comme on l'a vu, à considérer que le régime d'assemblée est toujours un régime de confusion des pouvoirs.

La concentration très réelle des pouvoirs durant cette période était justifiée de deux manières. D'une part, la Convention était une assemblée constituante et dans le vide institutionnel, les pouvoirs qui n'avaient pas encore été répartis, étaient encore entre ses mains et devaient bien être exercés (Le Pillouër, 2005). D'autre part, la France était dans une situation de péril extrême et l'on ne pouvait espérer y faire face que par des moyens exceptionnels. La Convention a donc estimé qu'il lui fallait exercer la dictature au sens romain du mot.

On place parfois encore dans la catégorie des régimes d'assemblée celui qui était prévu par la constitution française de 1793, adoptée par la Convention nationale. Si l'on entend par là que cette constitution instituait une confusion des pouvoirs, c'est une erreur, car le constituant de 1793 proclamait son attachement à la séparation des pouvoirs et réalisait effectivement cette séparation (Troper, 1980). Si, par contre, « régime d'assemblée » signifie simplement prééminence d'une assemblée sur les autres organes, alors la qualification est correcte.

---

(9) Cf. *supra* au § 2.

Il y a un troisième régime que les auteurs placent ou non dans cette catégorie, selon les critères qu'ils emploient. C'est celui de la Suisse. Si l'on s'en tient à la lettre de la constitution, on peut constater à la fois que l'Assemblée fédérale est l'organe prépondérant, notamment parce que c'est elle qui désigne et contrôle le Conseil fédéral, et que pourtant celui-ci est indépendant. Selon que l'on s'attache à l'un ou l'autre trait, on dira ou bien que la constitution suisse organise un régime d'assemblée ou bien qu'elle réalise une variété de séparation des pouvoirs qu'on appelle le régime « directorial » (Lauvaux, 1998). Si, c'est la pratique qu'on examine, alors on peut estimer que la constitution helvétique n'appartient pas du tout à cette catégorie et que c'est en réalité le Conseil fédéral qui est l'organe prépondérant, ce qui conduirait à le classer ou bien dans les systèmes de séparation des pouvoirs et même de séparation rigide ou bien dans la catégorie suivante, celle des systèmes avec prééminence du gouvernement.

On appelle parfois régimes d'assemblée les systèmes parlementaires, conçus comme des systèmes d'équilibres, mais dans lesquels une assemblée exerce en pratique une très grande prépondérance, comme par exemple la IIIe ou la IVe République (voir *infra*, Troisième Partie, Chapitres 4 et 6).

Enfin, on devrait en bonne logique, trouver dans cette catégorie les régimes des pays socialistes, dont les constitutions rejetaient le principe « bourgeois » de la séparation des pouvoirs et accordaient en effet la prééminence aux assemblées. Pourtant, la plupart des auteurs répugnent à ce classement, parce que le siège réel du pouvoir ne se trouvait évidemment jamais dans ces assemblées, si bien que certains estiment qu'il s'agit d'un cas de prééminence du gouvernement.

b) Prééminence du gouvernement

Comme dans le cas précédent, la doctrine place dans une même classe toutes sortes de régimes dans lesquels le gouvernement ou, plus souvent, le chef de l'État (roi ou président) dispose des pouvoirs les plus importants. Cette prédominance peut résulter de facteurs très divers : les textes constitutionnels, le système des partis, la tradition ou la force militaire et on comprend que cette catégorie est profondément hétérogène. Ainsi, on y trouve selon les auteurs, différents régimes fascistes, les dictatures militaires, les régimes de parti unique, les monarchies traditionnelles ou simplement des systèmes, comme celui de la Ve République française, dans lesquels on constate que le Président est la figure centrale (voir *infra*, Quatrième Partie).

Cette diversité est la source de quelques confusions sur les noms qu'on donne à ces régimes : « prépondérance de l'exécutif » ou de

« l'organe gouvernemental » ou « présidentialisme ». Le premier ne convient pas parce que, justement la prépondérance de ces organes n'est possible qu'à la condition qu'ils ne soient pas des organes d'exécution, le second, parce que si l'organe prépondérant est un président, il ne fait pas nécessairement partie du gouvernement, qui, dans plusieurs constitutions, est considéré comme un organe distinct, le troisième parce que l'organe prépondérant n'est pas toujours un président et que ce terme peut faire croire que ces régimes sont nécessairement des déformations du régime présidentiel.

2. Équilibre des organes : les modalités de la séparation des pouvoirs

Les constitutionnalistes français admettent que l'équilibre peut être réalisé selon deux modalités différentes, le régime parlementaire et le régime présidentiel, quelquefois caractérisés le premier comme une séparation souple ou collaboration des pouvoirs, l'autre comme une séparation rigide.

a) Le régime parlementaire

1) Structure du régime parlementaire

C'est la doctrine, qui au XIXe siècle, a construit un modèle du régime parlementaire. Dans la version la plus courante, on y trouve trois organes, un Parlement (composé d'une ou de deux assemblées), un chef d'État, un gouvernement ou cabinet. Ces organes sont spécialisés : le Parlement exercera la fonction législative, tandis que la fonction exécutive sera attribuée selon les cas, soit à l'ensemble chef d'État-cabinet, soit au cabinet seul. Ce qui caractérise le régime parlementaire, c'est la manière dont sont organisés les rapports entre ces organes, qui disposent de moyens d'action réciproques : le Parlement, ou au moins l'une des assemblées parlementaires, peut contraindre le cabinet à la démission — c'est la responsabilité politique — ; le Parlement, ou plus souvent l'une des Chambres du Parlement, peut être dissoute par le chef de l'État ou le cabinet.

On constate cependant une divergence doctrinale : certains auteurs estiment que le seul critère véritablement déterminant est la responsabilité politique du gouvernement. Ils y voient un trait essentiel, de sorte qu'un régime qui comprendrait la responsabilité politique, mais non le droit de dissolution devrait malgré tout être considéré, selon eux, comme parlementaire. Ils définissent donc le régime parlementaire comme celui dans lequel les ministres sont politiquement responsables.

D'autres auteurs soutiennent au contraire que le régime parlementaire véritable résulte de la combinaison des deux critères : il faut que la responsabilité politique et le droit de dissolution soient tous deux présents. Dans le cas, soutiennent-ils, où l'exécutif ne dispose pas du droit de dissolution, il est à la merci du pouvoir législatif, qui devient l'organe dominant et on est en présence non d'un régime parlementaire, mais d'un régime d'assemblée.

2) Technique du régime parlementaire, la responsabilité politique du cabinet. Définition

Dans le langage du droit, la responsabilité au sens large est l'obligation de supporter les conséquences de certains actes. S'agissant des ministres, on distingue aujourd'hui trois formes de responsabilité : pénale, civile et politique. Il faut souligner un point capital : la distinction ne tient pas à la nature des actes qui donnent lieu à responsabilité ou au but dans lequel elle peut être engagée, car, s'agissant de ministres, les actes et le but sont toujours politiques. Cette distinction s'attache seulement à la procédure employée et au type de sanction qui peut être imposé.

La responsabilité pénale est celle qui est engagée au moyen d'une procédure semblable à celle qui est en vigueur dans les juridictions criminelles. Elle comporte notamment la distinction d'une phase d'accusation et d'une phase de jugement et la possibilité donnée à l'accusé de présenter sa défense. Elle donne lieu à une sanction, qui est une sanction pénale, c'est-à-dire une peine.

La responsabilité civile est celle qui est engagée, le plus souvent devant les juridictions civiles ordinaires, selon la procédure civile ordinaire et qui donne lieu à une sanction civile, la condamnation à verser une indemnité.

La responsabilité politique est celle qui est engagée selon une procédure purement politique, c'est-à-dire qu'elle donne lieu à un simple vote par une assemblée. La sanction est alors elle-même politique, c'est l'obligation de démissionner. La responsabilité politique s'analyse donc comme le pouvoir, dont dispose une assemblée, de forcer un ministre à démissionner ou en d'autres termes, comme un pouvoir de révocation. Elle peut être soit individuelle, si elle s'exerce contre un ou des ministres, mais pas contre l'ensemble du gouvernement, ou collective — c'est le cas le plus fréquent — lorsque les ministres sont solidaires et qu'un vote hostile de l'assemblée entraîne l'obligation pour le chef du gouvernement de présenter la démission de la totalité de l'équipe.

Mise en jeu de la responsabilité. — La responsabilité peut être mise en jeu ou engagée, soit à l'initiative d'un parlementaire, soit à l'initiative du cabinet.

Dans le premier cas, un ou plusieurs parlementaires proposent à leurs collègues le vote d'un texte, que l'on désigne de façon variable, par exemple « motion de censure » ou de « défiance ». Si ce texte est adopté, le gouvernement a l'obligation de présenter sa démission. On dit qu'il a été « renversé ».

La responsabilité peut aussi être mise en jeu à l'initiative du cabinet, lorsque celui-ci soumet un texte, un projet de loi par exemple, au vote d'une assemblée et menace de démissionner, si ce texte n'est pas adopté. On appelle cette technique « question de confiance », parce que le gouvernement demande à l'Assemblée de lui manifester sa confiance en adoptant un texte, qu'il juge indispensable à la poursuite de sa politique. La question de confiance est employée comme un moyen de pression, lorsque le cabinet estime que le texte qu'il dépose ne serait pas adopté spontanément. Si la menace échoue, c'est-à-dire si l'assemblée rejette le texte, alors le gouvernement doit considérer qu'elle lui a manifesté sa défiance. Il est tenu de démissionner.

Certaines constitutions, notamment depuis la Première Guerre mondiale, ont tenté d'éviter les conséquences qu'entraînerait pour la stabilité du gouvernement, la mise en jeu trop facile et trop fréquente de la responsabilité. On a ainsi fixé des conditions au dépôt, à la discussion ou au vote d'une motion de censure. On exige que le texte soit proposé par un nombre minimum de parlementaires, qu'un certain délai sépare le dépôt et la discussion ou encore on fixe des modalités particulières pour le vote, dans le souci d'éviter qu'une motion de censure ne soit adoptée trop facilement. De même, on peut soumettre le rejet de la confiance à certaines conditions, par exemple qu'une majorité *qualifiée* (une majorité plus importante que la majorité simple) se prononce contre le gouvernement. Le régime parlementaire aménagé par ces constitutions est appelé *« parlementarisme rationalisé »*.

La dissolution est la décision par laquelle il est mis fin aux pouvoirs d'une assemblée avant l'expiration du mandat de ses membres (Albertini, 1978 ; Lauvaux, 1983).

Le droit de dissolution appartient, selon les cas, au chef de l'État ou au gouvernement. Elle s'applique soit à une Chambre seulement, c'est le cas le plus fréquent, soit à deux (comme en Italie). Les théories du régime parlementaire attribuent à la dissolution plusieurs fonctions très différentes et d'ailleurs partiellement conciliables. Elle peut être conçue d'abord comme un moyen pour le chef d'État de se débarrasser d'une Chambre hostile, dans l'espoir que les élections apporteront une nouvelle majorité. En deuxième lieu, elle peut être comprise comme un moyen symétrique de la responsabilité politique du cabinet, permettant de faire équilibre à une Chambre, notamment la Chambre basse. En troisième lieu, on considère parfois que le régime parlementaire donne lieu à des conflits entre la Chambre et le cabinet ou entre la Chambre et le chef de l'État. Dans les deux cas, ce conflit se traduit par la mise en jeu de la responsabilité du cabinet et la dissolution est le moyen de provoquer l'arbitrage du corps électoral, qui pourra, soit renouveler la majorité hostile, soit au contraire remplacer cette majorité hostile par une autre qui soutiendra le gouvernement. En quatrième lieu, une assemblée peut être divisée en groupes nombreux, aux vues totalement inconciliables, au point qu'il paraît impossible d'y former une majorité, susceptible de *soutenir* le gouvernement, c'est-à-dire de voter les textes dont il a besoin. Une telle assemblée est dite *ingouvernable* et la dissolution peut paraître comme le moyen d'opérer une redistribution des cartes, dans l'espoir que les élections créeront les conditions pour que se forme une majorité. En cinquième lieu, on peut estimer que la menace de la dissolution est de nature à dissuader les parlementaires de rejeter la confiance au gouvernement, parce qu'ils peuvent toujours craindre de ne pas retrouver leur siège aux élections législatives.

La constitution peut soumettre la dissolution à certaines conditions. Selon la fonction qu'on lui attribue, on peut la rendre plus difficile ou au contraire plus facile, voire la rendre automatique, autoriser l'exercice du droit de dissolution dans certaines circonstances seulement, fixer des délais dans lesquels doivent se dérouler les élections, déterminer les modalités d'exercice du pouvoir exécutif lorsque la dissolution a été prononcée, etc.

3) *Naissance du régime parlementaire*

On a déjà souligné que cette catégorie a été construite par la doctrine, qui s'est fondée sur un petit nombre d'exemples historiques, principalement sur l'Angleterre et sur la France de la monarchie constitutionnelle. Dans les deux cas, le régime ne résulte pas de l'application d'une constitution, mais d'une transformation des institutions, théorisée ensuite. L'élément essentiel a été, en France comme en Angleterre, la naissance de la responsabilité politique, qui s'est cependant accomplie selon deux modalités différentes.

En Angleterre, elle résulte de la transformation de la responsabilité pénale. On l'a vu, la responsabilité des ministres a toujours été politique, mais elle s'exerçait selon une procédure pénale : les ministres pouvaient être accusés par la Chambre des communes et étaient alors jugés par la Chambre des lords. Cependant, comme les crimes pour lesquels les ministres pouvaient être accusés et jugés n'étaient définis par aucun texte et que les peines applicables ne l'étaient pas davantage, les Chambres disposaient d'un pouvoir totalement discrétionnaire et pouvaient faire condamner les ministres à n'importe quelle peine, pour n'importe quel acte qu'elles décidaient de considérer comme un crime, par exemple pour une politique jugée mauvaise. Il est compréhensible qu'à partir du milieu du XVIIIe siècle, la simple menace d'exercer l'accusation suffit à entraîner la démission des ministres et à la fin du siècle, il n'est même plus nécessaire d'exprimer cette menace et il suffit d'un vote de défiance. La responsabilité politique est née (Baranger, 1999). La France a connu une évolution semblable, au cours du premier semestre de 1792 (voir *infra*, Troisième Partie, Chapitre 1).

Cependant, c'est un processus différent qui s'est accompli sous la monarchie parlementaire française. La voie anglaise n'était pas praticable parce que les ministres ne pouvaient être accusés par la Chambre des représentants députés que « pour fait de trahison ou de concussion » et surtout par ce que la Charte prévoyait que « des lois particulières spécifieront cette nature de délits et détermineront la poursuite ». Ces lois n'ayant jamais été votées, la majorité de la Chambre a rapidement découvert un autre moyen, encore plus simple, pour contraindre les ministres à la démission : le « refus de concours », c'est-à-dire le refus de voter les lois et spécialement la loi de finances, le budget. Placés devant la menace d'un refus de concours, les ministres ne pouvaient évidemment demeurer en fonction (voir *infra*, Troisième Partie, Chapitre 2).

4) Le fonctionnement du régime parlementaire

La doctrine du droit constitutionnel a coutume de distinguer deux modes de fonctionnement du régime parlementaire, qu'elle présente d'ailleurs quelquefois comme variantes du parlementarisme, le parlementarisme dualiste et le parlementarisme moniste.

Le parlementarisme dualiste est défini comme un système dans lequel le gouvernement est responsable devant deux autorités, la où les chambres d'une part, le chef de l'État d'autre part. L'exemple le plus important en est la monarchie de Juillet en France. Le roi tenait de la Charte le droit de le révoquer et la Chambre avait le même pouvoir grâce à la menace du refus de concours. Le ministère ne pouvait donc rester en fonction que tant qu'il conservait la confiance et du roi et de la Chambre. La conséquence la plus importante est que la nomination du ministère et le contenu de sa politique ne pouvaient être que le résultat de compromis entre les deux autorités dont dépendait le ministère et qui se faisaient ainsi équilibre.

Ce système est évidemment instable. Si l'opposition est trop forte entre le roi et la Chambre, le compromis ne peut être réalisé et le ministère tombe. La dissolution ne permet pas toujours de mettre fin au conflit, car si les électeurs renvoient la même majorité, le roi doit ou prendre le risque du recours à la force, comme Charles X en 1830, ou céder. Mais s'il cède, c'est-à-dire s'il accepte de nommer et de garder un ministère dont il désapprouve la politique, celui-ci ne dépend plus que de la Chambre et l'on est passé au système moniste.

Le parlementarisme moniste est un système dans lequel le gouvernement ne dépend plus que d'une seule autorité, la Chambre, qui peut le révoquer à tout moment et qui donc en détermine la composition et la politique. En pratique, cela signifie que cette composition et cette politique reflètent celles de la majorité. Pourtant ce système n'entraîne pas nécessairement la prédominance de la Chambre. On peut en trouver deux variantes, qui dépendent du système des partis.

Dans la première variante, il existe au sein de l'assemblée des partis nombreux, de telle sorte que la constitution et le maintien du gouvernement dépendent toujours de la stabilité d'une coalition. La composition du gouvernement et le contenu de sa politique sera le résultat de compromis entre les partis membres de la coalition. Il y a prédominance de la Chambre, ou plutôt des partis. C'est la situation française sous les IIIe et IVe Républiques (voir *infra*, Troisième Partie, Chapitres 4 et 6). C'est celle de l'Italie aujourd'hui, qu'on appelle parfois une « partitocratie ».

Dans la seconde variante du parlementarisme moniste, il existe un parti majoritaire homogène, stable et discipliné à la Chambre, de sorte que le gouvernement est formé de l'équipe dirigeante de ce parti. C'est alors le cabinet qui exerce la prédominance, car c'est lui qui exerce le pouvoir sur la majorité. Il est sûr de demeurer en fonction et de pouvoir faire adopter ses projets de lois. C'est, en gros, la situation de l'Angleterre depuis le milieu du XIXe siècle.

b) Le régime présidentiel

Le régime présidentiel est décrit par la doctrine principalement — on pourrait presque dire exclusivement — à partir de l'exemple des États-Unis et par opposition au régime parlementaire.

1) Structure du régime présidentiel

Aux États-Unis (voir *infra*, Deuxième Partie, Chapitre 2), la fonction législative est exercée par un Congrès, composé de deux assemblées, la Chambre des représentants et le Sénat, la fonction exécutive par un président. Le président n'est pas choisi par le Congrès, mais élu au suffrage universel. Il nomme des ministres avec le consentement du Sénat et les révoque librement. Il ne peut dissoudre les Chambres. Celles-ci ne peuvent révoquer ni le Président, ni les ministres. Ainsi, pense-t-on, contrairement à ce qui peut se produire dans un régime parlementaire, chacune de ces autorités exerce-t-elle sa fonction en toute indépendance, mais elle n'exerce que cette fonction.

Du point de vue de la répartition du pouvoir, on considère généralement que, dans un tel système, l'organe le plus important est le Président, mais que le Congrès n'est pas pour autant abaissé et qu'il peut exercer l'intégralité de son pouvoir législatif. C'est pourquoi, il est fréquent qu'on réclame, dans d'autres pays que les États-Unis, en France par exemple, l'instauration d'un régime présidentiel, tantôt lorsqu'on souhaite accroître le rôle du chef de l'État, tantôt au contraire, lorsqu'on veut restaurer les prérogatives d'un parlement, considéré comme trop affaibli.

2) *Variations doctrinales sur le modèle présidentiel*

À partir de la notion de *régime présidentiel*, ainsi construite à partir de l'exemple américain et qu'on ne voit guère réalisée ailleurs, on dérive parfois deux autres notions : le régime présidentialiste et le régime semi-présidentiel.

La première catégorie regroupe un très grand nombre de régimes, en réalité très variés, situés pour la plupart dans le tiers monde, plus ou moins inspirés du système américain mais dans lesquels le Président dispose en droit ou en fait de pouvoirs plus importants encore qu'aux États-Unis (Moulin, 1978).

Les régimes semi-présidentiels sont ceux dans lesquels le Président est élu au suffrage universel, mais où il existe aussi un ministère responsable, comme dans les régimes parlementaires (Duverger, 1986).

3) *Le critère du régime présidentiel*

Lorsqu'ils cherchent non plus seulement à décrire à grand trait le régime américain, mais à l'ériger en type, les auteurs doivent indiquer le caractère significatif qui leur permet d'abord d'identifier ce régime et ensuite d'en comprendre le fonctionnement.

Nombreux sont ceux qui le caractérisent par la séparation rigide des pouvoirs. En réalité, les deux règles impliquées par le principe de la séparation des pouvoirs, tel qu'il est présenté par la doctrine traditionnelle, c'est-à-dire la spécialisation et l'indépendance, ne sont pas également respectées. À vrai dire, il y a même dans le système américain de très nombreuses et de très importantes exceptions au principe de la spécialisation. C'est ainsi que le Président, titulaire du pouvoir exécutif, participe de façon déterminante à la fonction législative par un droit de veto partiel et que, de son côté, le Congrès participe à la fonction exécutive de plusieurs manières : par le vote du budget, grâce au rôle des commissions. En outre, le Sénat doit approuver les traités à la majorité des deux tiers et la nomination des ministres et des hauts fonctionnaires à la majorité simple.

En revanche, l'indépendance est assurée de manière rigoureuse : les deux groupes d'organes, exécutifs et législatifs, sont désignés séparément (le Président, comme le Congrès, est élu par le peuple, selon un système très proche du suffrage universel direct) ; ils ne disposent pas des moyens d'action mutuels caractéristiques du régime parlementaire : le Président et ses ministres ne sont pas politiquement responsables : le Président ne peut dissoudre le Congrès, ni même une seule de ses Chambres.

Ainsi, chaque organe paraît disposer d'une autonomie considérable dans l'exercice de sa fonction. L'exécutif parce qu'il est à l'abri de la révocation par les Chambres, les Chambres, car le président dispose de peu de moyens pour influer sur le débat législatif. L'expression « séparation des pouvoirs » ne convient donc pas très bien pour caractériser le régime, parce qu'on n'y trouve que l'une des règles impliquées par le principe.

Il paraît alors plus simple de parler seulement d'indépendance ou, comme le font certains auteurs, d'« isolement » des pouvoirs. À vrai dire, ces expressions ne sont guère plus satisfaisantes et cela pour deux raisons.

La première est que, malgré l'absence de responsabilité et de dissolution, l'indépendance est loin d'être garantie. Si en effet, l'indépendance est la faculté d'exercer une fonction, sans aucune ingérence de la part d'une autre autorité, il faut constater que ces ingérences sont constantes : les Chambres disposent de moyens multiples, constitutionnels et non constitutionnels (par exemple financiers), pour influer sur la politique du Président ; le Président peut lui aussi influer sur les débats législatifs par des moyens constitutionnels (la menace du veto) ou non constitutionnels (le prestige qu'il retire de son élection par la nation tout entière, son rôle dans l'un des grands partis, les aides diverses dont il peut faire bénéficier la circonscription électorale de tel ou tel membre du Congrès, etc.) Ainsi, il est certainement faux de dire que chacun des organes est maître d'exercer ses compétences comme il l'entend. Bien au contraire, il doit constamment tenir compte des autres et c'est d'ailleurs bien ce qu'ont voulu les constituants américains et qu'on exprime par la formule des « checks and balances » : les pouvoirs ne sont pas « indépendants » :

chacun peut arrêter ou freiner l'action de l'autre (check) et lui faire équilibre (balances).

La seconde raison est que, dans la réalité, si le Président ne peut pas, en effet, dissoudre les Chambres, en revanche, les Chambres peuvent fort bien, même en l'absence de responsabilité politique, forcer le Président ou ses ministres à la démission. Elles peuvent en effet, en cas de désaccord politique majeur, ou bien mettre en jeu leur responsabilité pénale (ou seulement menacer de le faire) ou bien refuser le vote du budget (le refus de concours). Le premier de ces moyens a été utilisé aux États-Unis contre le Président Nixon en 1974. Grâce au second, le régime « présidentiel » chilien a fonctionné au XIXe siècle comme un régime parlementaire (Moulin, 1978, p. 330 et s.).

En définitive, la manière la plus sûre de caractériser le régime présidentiel est donc de se référer au mode d'élection du Président et à l'absence de responsabilité politique. Cela ne met cependant pas l'opposition des régimes parlementaire et présidentiel à l'abri de toute critique.

B Critique

Classification et classement. — La distinction du régime parlementaire et du régime présidentiel est la plus fréquemment employée — ces expressions font d'ailleurs partie du vocabulaire constitutionnel courant — et c'est à elle que l'on fait référence lorsqu'on s'interroge sur la *nature* d'un régime politique, comme on le fait à propos de la Ve République. Elle présente pourtant de très graves défauts (Eisenmann, 1968 ; Moulin, 1978).

On doit distinguer soigneusement deux opérations intellectuelles : la classification et le classement. La classification consiste à déterminer abstraitement des catégories ou *classes* en indiquant une caractéristique ou qualité que présenteront tous les objets rangés dans cette classe. Tout objet, une constitution par exemple, présente de nombreuses qualités : elle peut être écrite, comporter un nombre impair d'articles, avoir été rédigée avant 1991, mentionner la couleur du drapeau, instituer un roi, etc. Classer les constitutions, c'est avant tout choisir l'une de ces qualités, de telle manière qu'on puisse placer dans une classe toutes celles qui présentent une certaine qualité et dans une autre toutes celles qui ne la présentent pas ou, ce qui revient au même, présentent la qualité opposée. Cette qualité, qui sert à constituer les classes, est le « critère » de la classification. Le classement est seulement l'affectation d'un objet à une classe.

Cette distinction est importante : un mauvais classement n'affecte pas la qualité d'une classification. Ainsi, il est possible qu'on ait faussement considéré un régime comme parlementaire, alors qu'il ignore la responsabilité politique. Il n'en résulte évidemment pas que l'opposition des régimes parlementaire et présidentiel soit mauvaise. On ne peut donc pas critiquer une classification, sous prétexte que certains classements seraient mauvais. Il faut l'examiner en elle-même. En revanche, une classification est mauvaise, si elle empêche un classement rationnel, soit parce qu'il serait impossible de classer tous les objets, soit parce que certains objets appartiendraient aux deux classes à la fois.

Valeur logique de la classification. — Une classification peut présenter des défauts logiques et des défauts scientifiques. Les défauts logiques tiennent d'abord aux critères. Il est d'abord possible que les deux classes soient constituées à l'aide de critères qui ne s'opposent pas. Tel serait le cas par exemple, si l'on classait les villes en « villes de plus de 100 000 habitants » et « villes situées au bord de la mer », parce que d'une part certaines villes ne pourraient pas être classées (celles qui ont moins de 100 000 habitants et qui ne sont pas situées au bord de la mer), tandis que d'autres satisfont aux deux critères et appartiennent donc aux deux classes (celles qui ont plus de 100 000 habitants, et sont situées au bord de la mer). Dans l'une de ses versions la classification des régimes politiques présente ce défaut : si le régime parlementaire est celui dans lequel existe la responsabilité politique et le régime présidentiel celui dans lequel le président est élu au suffrage universel, certains régimes, qui ne comportent ni l'un, ni l'autre élément, comme certains systèmes du tiers monde, ne peuvent être classées nulle part, tandis que d'autres, comme la Ve République, appartiennent aux deux catégories.

Dans d'autres cas encore, on aboutirait à un classement bizarre. Ainsi, en Israël, pendant une courte période et jusqu'à la réforme de 2001, c'était le Premier ministre et non le Président de la République qui était élu au suffrage universel direct, tout en demeurant politiquement responsable devant l'assemblée (Klein, 1997). En appliquant strictement le critère de la responsabilité, il faudrait ranger ce système parmi les régimes parlementaires purs, alors que l'introduction de ce mode de désignation du Premier ministre avait précisément pour but d'éloigner les institutions politiques du fonctionnement habituel du modèle parlementaire.

De même, dans une autre version, le critère est la séparation des pouvoirs. Mais on sait que ce principe comporte deux règles, la spécialisation et l'indépendance de telle manière que le régime parlementaire est celui dans lequel la règle de la spécialisation est respectée, mais non celle de l'indépendance (parce que les organes sont mutuellement dépendants), tandis que le régime présidentiel est celui dans lequel la règle de l'indépendance est appliquée, mais non celle de la spécialisation. Les deux critères ne s'opposent pas et il y a des régimes qui comportent spécialisation et indépendance et d'autres qui ne comportent ni l'un ni l'autre.

Il est également possible que le critère de la classification soit trop vague et qu'il soit difficile de reconnaître qu'il est présent dans un objet. Dans sa version la plus répandue, le critère est tiré de la responsabilité politique. Toutefois, celle-ci n'est guère facile à identifier : on peut certes dire que c'est le pouvoir d'une Chambre de provoquer la démission du cabinet, mais on sait que, dans certaines conditions politiques, elles peuvent toujours l'acquérir, même s'il n'est pas inscrit dans la constitution, comme par exemple en France sous les Chartes. Il n'y a donc pas de régime représentatif, qui ne soit susceptible de devenir parlementaire. Ainsi, au Chili, où la constitution imitait au XIXe siècle celle des États-Unis et où le régime était dit « présidentiel », les ministres sont devenus politiquement responsables. Dira-t-on alors que, si l'exercice de ce pouvoir n'est pas effectif, le régime n'est que potentiellement parlementaire ? Mais, il y a bien des systèmes, dans lesquels, ce droit n'est pas contesté, mais où il n'est jamais utilisé, parce que le cabinet y dispose toujours d'une majorité et la Grande-Bretagne, à ce compte, n'est pas un régime parlementaire. On a même soutenu sérieusement qu'il s'agissait « en réalité » d'un régime présidentiel (Marx, 1969).

Valeur scientifique de la classification. — Cela étant, il ne suffit pas qu'une classification présente des qualités logiques. Encore faut-il que le critère choisi soit significatif, c'est-à-dire que sa présence soit une indication scientifiquement intéressante. Une classification des constitutions, selon qu'elles comportent un nombre pair ou impair d'articles, serait logiquement irréprochable. Elle ne présenterait pourtant aucun intérêt.

Pour présenter un intérêt scientifique, une classification doit faire progresser la connaissance, en permettant de révéler quelque phénomène caché. Ceci est possible si les objets qui sont rangés dans une même classe, parce qu'ils possèdent un même caractère apparent (le critère), possèdent également un autre caractère, celui-là plus difficile à percevoir, mais toujours associé au premier et dont on pourra ainsi déceler la présence, dès lors que l'on aura constaté celle du critère de la classification. C'est de cette manière que procède par exemple la médecine, lorsqu'elle classe les maladies par ensemble de symptômes, parce qu'elle présuppose qu'à cet ensemble de symptômes correspond une même cause et qu'il sera dès lors possible d'ordonner un traitement. Le classement permet une économie intellectuelle, parce qu'il permet de connaître immédiatement — ou tout au moins de soupçonner — la cause.

Cependant, pour ce qui concerne les régimes politiques, le classement d'un régime donné dans l'une ou l'autre des deux classes parlementaire et présidentielle ne peut apporter aucune connaissance nouvelle, parce qu'il n'existe aucun lien entre le caractère apparent, qui conduit au classement et un autre caractère caché. On aurait pu imaginer qu'au critère de la classification, le droit pour l'assemblée de renverser le gouvernement, corresponde un certain mode de fonctionnement (le gouvernement y serait effectivement renversé de temps à autre) ou encore l'assemblée serait l'organe politiquement prédominant. Une analyse juridique très simple fournirait ainsi une information politique complexe. Mais, en réalité, un tel lien n'existe pas et ne peut pas exister, car le droit n'est jamais la « cause » d'un comportement politique, ni la politique un « symptôme » du droit. Une règle juridique peut être appliquée ou non et s'il s'agit d'une règle d'habilitation, comme c'est le cas le plus fréquent en droit constitutionnel, l'habilitation peut être employée ou non, de sorte que la connaissance de la règle ne peut pas informer sur les conduites qui auront lieu réellement. Ainsi, on a beau savoir qu'il existe une responsabilité politique, on ne peut en tirer aucune conclusion sur la manière dont le régime fonctionnera.

En vérité, la classification n'est pas réellement utilisée dans un but scientifique, mais dans un but normatif. Lorsqu'on préconise une réforme constitutionnelle, dans un régime qui ne ressemble ni tout à fait au régime parlementaire, ni au régime présidentiel, il peut être avantageux de soutenir qu'il ne fonctionnera correctement que s'il obéit à la logique d'un régime pur. On lit ainsi en France, de temps à autre, des déclarations d'hommes politiques, qui soutiennent que le régime français devrait devenir un « vrai » régime présidentiel ou, plus rarement, un « vrai » régime parlementaire. Ce qu'ils préconisent en réalité, c'est dans le premier cas simplement qu'on supprime la responsabilité politique et la dissolution, dans le second, qu'on revienne sur l'élection du Président de la République au suffrage universel et ils cherchent à justifier ces propositions par référence à la classification. Mais les « vrais » régimes sont seulement ceux que la doctrine a imaginés et il n'existe aucune raison valable de rendre les régimes réels conformes à des constructions doctrinales.

Il faut donc conclure que la classification proposée par la majorité de la doctrine ne présente ni valeur logique, ni intérêt scientifique.

Pour des définitions lexicales. — On ne peut néanmoins éviter une constatation. Quels que soient les défauts scientifiques et logiques de la classification, les expressions *régime parlementaire* et *régime présidentiel* font effectivement partie du vocabulaire habituel des juristes, comme de celui des hommes politiques. C'est que, comme il arrive souvent dans le langage du droit, la fonction de ces mots n'est pas seulement de désigner des classes opposées de systèmes politiques, ni même des objets facilement identifiables. Le langage de la science du droit, comme celui du droit lui-même et comme le langage ordinaire, se satisfait parfaitement de termes vagues. Ceux qui connaissent ce langage connaissent le sens de ces termes, c'est-à-dire que, même s'ils ne peuvent en donner une définition précise ou les opposer à d'autres, ils savent quand et comment il convient de les employer dans la plupart des cas. Ces termes ne peuvent faire l'objet d'une définition réelle, mais seulement d'une définition lexicale, par laquelle on indique dans quel sens on les emploie habituellement.

Il en est précisément ainsi des expressions en cause. Lorsqu'on dit d'un pays, qu'il connaît un système parlementaire, on ne prétend pas tout révéler sur la réalité politique de ce pays, mais chacun comprend qu'il existe là-bas une forme quelconque de responsabilité politique du ministère. Cette indication ne renseigne pas sur le siège réel du pouvoir, ni sur le fonctionnement effectif du système, mais seulement sur l'existence d'une règle. De même, dire qu'on va introduire le régime parlementaire, c'est dire qu'on va introduire une règle selon laquelle le cabinet est tenu de démissionner à la demande des Chambres.

Dire qu'un régime est présidentiel, c'est dire qu'il existe un chef d'État élu au suffrage universel, qu'il n'est pas politiquement responsable et qu'il ne peut dissoudre les Chambres. Là encore, même si l'on n'a pas ainsi communiqué d'information sur le fonctionnement effectif du système, ni écarté toute possibilité pour la Chambre de provoquer par un moyen quelconque la démission du président ou des ministres, on a signifié l'existence de deux ou trois règles simples.

Il sera évidemment impossible de classer tous les régimes dans l'une ou l'autre classe, puisqu'elles ne s'opposent pas. On ne sait même pas, lorsqu'un régime est dit parlementaire, si l'on a décrit une structure ou un mode de fonctionnement, une règle proprement juridique ou le résultat d'un rapport de forces. Il sera même quelquefois difficile de dire si un régime donné est ou n'est pas parlementaire, parce qu'on ne saura pas avec certitude si le gouvernement y est politiquement responsable. Ces définitions ne découlent donc pas d'une classification logiquement ou scientifiquement satisfaisante. Néanmoins, ces termes sont effectivement employés et ils sont utiles, comme des instruments permettant une communication rudimentaire.

Section 3
Les techniques d'exercice du pouvoir

L'État n'est pas un être physique, mais une entité abstraite. C'est le nom que l'on donne à cette entité à laquelle sont imputés les actes de certains hommes, les gouvernants.

Cette imputation est nécessaire. C'est elle qui permet de distinguer dans la masse des actes qu'accomplissent ces hommes, ceux qu'ils font dans leur propre intérêt, pour satisfaire leurs besoins personnels et dont ils doivent supporter les conséquences financières et ceux qu'ils font, au moins en principe, dans l'intérêt commun. L'imputation a donc des conséquences patrimoniales.

Ce qui la justifie, c'est précisément que les gouvernants agissent ou sont réputés agir pour le compte de la collectivité. On dit alors qu'ils remplissent les fonctions de l'État.

Deux questions doivent donc être examinées : quelles sont ces fonctions ? Comment ces hommes sont-ils désignés ?

Sous-section 1
Les fonctions de l'État

Définition (Eisenmann, 1964). — L'expression *fonctions de l'État*, comme le terme État, est le produit d'une construction intellectuelle. Dans la réalité, on peut observer seulement des actes particuliers, en très grand nombre, accomplis par les gouvernants pour le compte de l'État. Mais, il est souvent nécessaire, notamment lorsqu'il s'agit pour un constituant d'attribuer des compétences, de raisonner non pas sur tel ou tel acte particulier, mais sur des classes d'actes.

La théorie des fonctions est donc le produit d'une classification des actes. Les fonctions ne sont rien d'autre que des classes d'actes. On pourrait nommer ces classes *activités* plutôt que *fonctions*, mais ce dernier terme permet de souligner que l'accomplissement des actes est nécessaire au bon fonctionnement de l'ensemble du système.

Cela dit, il y a deux manières de concevoir les activités ou fonctions de l'État, c'est-à-dire deux manières de classer les actes. On peut d'abord les classer selon leurs fins. Ils sont en effet accomplis pour le compte de l'État, parce que celui-ci remplit un ensemble de missions à l'égard de la société civile : la nature et l'étendue de ces missions sont naturellement variables selon les époques et les idéologies. Tous les États ont au moins certaines attributions : conduire des relations internationales, défendre le territoire, rendre la justice, battre monnaie, assurer le maintien de l'ordre. Mais les États modernes accomplissent aussi d'autres tâches : assurer un certain nombre de services publics (éducation, transports, santé), diriger l'économie, redistribuer les revenus.

Mais on peut aussi considérer ces actes, non plus du point de vue politico-social, mais exclusivement du point de vue juridique. Quelles que soient les fins poursuivies, ces actes sont en effet toujours des actes juridiques, c'est-à-dire des actes créateurs de normes. Or, on classe les normes non pas selon leurs fins ou leurs objets (les matières sur lesquelles elles portent), mais selon d'autres critères : soit leur valeur, c'est-à-dire leur place dans la hiérarchie, soit leur degré de généralité. C'est de ce point de vue, exclusivement juridique, qu'on se placera ici.

La controverse sur le nombre des fonctions. — Les classifications les plus simples sont dualistes : elles opposent deux fonctions. La première, la fonction législative, consiste à faire des lois, la seconde, la fonction exécutive, à les exécuter. Naturellement, l'idée que l'on se fait de l'une et de l'autre varie considérablement, mais on se déclare impuissant à en concevoir une troisième.

Toutefois, la classification la plus courante distingue trois fonctions : à côté des fonctions législative et exécutive, on en distingue une troisième, qu'on nomme *juridictionnelle*, parce qu'elle consiste à rendre la justice, à dire le droit applicable à une affaire en litige (du latin *jurisdictio*), donc à juger des procès, ou *judiciaire*, parce qu'elle est le plus souvent assurée par des juges (du latin *judex*).

La fortune de la classification trialiste s'explique non par sa valeur logique ou scientifique, mais par sa portée idéologique. Du point de vue logique, en effet, elle présente un défaut très grave : si l'on prend pour critère de la distinction le fait de poser des règles ou de les appliquer, on ne peut concevoir que deux fonctions et non pas trois. La troisième ne pourra donc consister que dans l'application des lois au procès. Elle n'est donc qu'une variété de la fonction exécutive.

Cependant, la classification des fonctions sert à justifier une certaine répartition des compétences. C'est ainsi qu'on peut craindre les implications de la théorie dualiste. Si l'on admettait par exemple que chaque fonction doit être exercée par un groupe d'organes spécialisés, la théorie dualiste semble conduire à placer la fonction judiciaire sous l'autorité des autorités exécutives. Pour garantir une justice indépendante, on cherche donc à établir qu'elle relève d'une troisième fonction, radicalement distincte de la fonction exécutive.

Les théories dualistes ne peuvent éviter de soumettre les juges aux titulaires de la fonction exécutive qu'en distinguant d'abord deux fonctions, législative et exécutive, puis, au sein de la fonction exécutive, une exécution contentieuse (l'application de la loi à la solution des procès) et une exécution non contentieuse ou fonction administrative (en l'absence de procès).

La plupart des constitutions modernes adoptent donc, avec des conséquences pratiques semblables, soit la théorie trialiste, soit la théorie dualiste complétée par la distinction de l'exécution contentieuse et de l'exécution non contentieuse. Le choix de l'une ou de l'autre n'entraîne guère qu'une différence de vocabulaire : pour désigner les juges, la théorie trialiste parlera de pouvoir judiciaire, la théorie dualiste d'*autorité judiciaire*.

Toutes, cependant, répartissent les compétences de telle manière que les procès soient tranchés par des agents distincts de ceux qui assurent l'exécution non contentieuse des lois, et de manière relativement autonome. Pour des raisons d'exposition et malgré ses défauts, on adoptera donc ici la présentation trialiste.

§ 1. La fonction législative

1. Définition

La fonction législative consiste évidemment dans la confection des lois, mais le contenu de cette fonction dépend de la conception que l'on se fait de la loi. À cet égard, il faut opposer deux conceptions ou définitions de la loi.

La loi peut d'abord faire l'objet d'une définition matérielle : on appellera *loi* toute norme dont le contenu présente certains caractères : par exemple d'être général (c'est-à-dire de s'adresser non à des individus nommément désignés, mais à des catégories d'individus), d'être abstraite (c'est-à-dire prescrire des types de conduites, dans un nombre indéterminé de circonstances de temps et de lieu, et non une conduite déterminée) ou de porter sur certaines matières.

Elle peut aussi faire l'objet d'une définition formelle : on appellera *loi* toute norme qui a été posée dans une certaine forme, c'est-à-dire par un certain organe, le Parlement par exemple, au terme d'une procédure particulière. La définition formelle est aussi quelquefois appelée *organique*.

Comme pour la constitution, ces deux conceptions sont profondément différentes : une norme émanant du parlement, mais non générale, sera considérée comme une loi selon la conception formelle, mais non selon la conception matérielle. À l'inverse, une norme générale émanant du gouvernement sera une loi selon la conception matérielle, mais non selon la conception formelle.

Or, les enjeux peuvent être très importants. Ils touchent d'abord à la compétence des organes. Ainsi, il est fréquent que la constitution attribue le pouvoir de faire des lois à un parlement et le pouvoir de les exécuter à un gouvernement. Ces dispositions ne permettent pas à elles seules de connaître l'étendue des compétences de ces deux organes. Le parlement aura-t-il le droit d'émettre des normes individuelles ? le gouvernement des normes générales ? La réponse à ces deux questions est affirmative si l'on adopte une définition formelle. Elle est négative dans le cas contraire.

Ils touchent aussi à ce qu'on appelle le *régime juridique* des actes, c'est-à-dire l'ensemble des règles qui leur sont applicables, par exemple pour les modifier ou pour les annuler. Il est fréquent que les lois bénéficient d'un régime juridique spécial, beaucoup plus favorable que celui auquel sont soumis d'autres actes. En France, par exemple, il est interdit aux juges de s'immiscer dans la fonction législative (10), de sorte qu'il n'est pas possible de leur demander l'annulation d'une loi. Il est donc important de savoir quels sont les actes qui bénéficient de cette immunité : si la définition est matérielle, ce sont toutes les normes générales ou toutes celles qui portent sur certaines matières ; si elle est formelle, uniquement les normes émanant du parlement.

Il faut souligner que ce n'est pas à la théorie constitutionnelle ou à la science du droit constitutionnel qu'il appartient de choisir entre les deux conceptions. Elles doivent se borner à décrire la conception choisie par le droit positif. Les solutions sont naturellement variables. On se contentera de noter qu'en droit positif français, la conception de la loi est formelle : tous les actes adoptés par le Parlement conformément à la procédure législative sont des lois, qu'ils soient ou non généraux, qu'ils soient ou non abstraits, et quelles que soient les matières sur lesquelles ils portent. Il en résulte qu'ils ne peuvent être modifiés que par une autre loi et qu'ils ne peuvent être annulés par un tribunal. Cette

(10) Loi des 16-24 août 1790, art. 10 : « Les tribunaux ne pourront prendre directement ou indirectement aucune part à l'exercice du pouvoir législatif, ni empêcher ou suspendre l'exécution des décrets du corps législatif, sanctionnés par le Roi, à peine de forfaiture. »

conception était en vigueur sous la IIIe République, où elle traduisait la suprématie du parlement.

Il faut affirmer, même s'il faut apporter quelques nuances à cette affirmation, que la Ve République se rattache elle aussi à la conception formelle (voir *infra*, Quatrième Partie). Si le Parlement n'y jouit pas en fait de la même suprématie, c'est en raison des conditions d'exercice de la fonction législative.

2. L'organe de la fonction législative

Qu'est-ce qu'un organe législatif ? — L'exercice de la fonction législative ou *pouvoir législatif* peut être attribué par la constitution à une très grande variété d'organes. Il n'est pas toujours facile de déterminer quels sont ces organes, car il arrive fréquemment que la constitution ne les désigne pas tous expressément.

Le cas le plus simple, mais non le plus fréquent, est naturellement celui où la constitution institue un organe législatif unique ou *simple*. C'est celui des constitutions françaises de 1793, 1848 et 1946. En raison de la suprématie de la fonction législative, cet organe domine naturellement tous les autres.

Mais il est fréquent que le pouvoir législatif soit confié à une pluralité d'organes, qui concourent à la production de la loi en consentant à son édiction. On les nomme alors collectivement *organe législatif complexe* et individuellement *organe législatif partiel*. Un *organe législatif partiel* est donc un homme ou un groupe d'hommes, dont le consentement est nécessaire à l'édiction de la loi et dont l'opposition l'empêche. Par contre, on ne doit pas considérer comme *organe législatif partiel* ceux qui participent à la formation de la loi, sans que leur consentement soit véritablement nécessaire, comme par exemple les experts, qui apportent le concours d'une compétence seulement technique ou encore les autorités qui sont consultées, mais dont l'avis n'est pas obligatoire et qui, par conséquent, ne peuvent pas empêcher l'adoption d'une loi. Ce qui conduit à instituer un organe législatif complexe, c'est naturellement la crainte de la suprématie d'un organe unique.

On peut distinguer plusieurs types d'organes législatifs partiels.

a) Les assemblées parlementaires

Une assemblée parlementaire est une assemblée composée de membres élus ou non, qui est une composante d'une autorité plus large, le Parlement. Le Parlement peut bien entendu exercer d'autres fonctions que la fonction législative, par exemple le contrôle du gouvernement. Une assemblée est organe législatif partiel dans deux cas : ou bien si le Parlement comporte deux (ou plusieurs) assemblées ; ou bien si d'autres organes, par exemple le pouvoir exécutif, participent aussi de façon décisionnelle à la confection des lois.

Le premier cas est celui du bicaméralisme ou *bicamérisme*. L'une des assemblées ou *Chambres* au moins est élue au suffrage universel direct. La seconde Chambre, appelée quelquefois *Chambre haute*, peut elle-même être de plusieurs types.

Il peut s'agir d'abord, dans une monarchie constitutionnelle, d'une Chambre aristocratique, dont les membres sont héréditaires ou nommés par le roi. Ainsi, la Chambre des lords en Angleterre ou la Chambre des Pairs de la Restauration, en France. On en trouve de nombreux exemples dans les constitutions du XIXe siècle, mais dans les États modernes, leur rôle a considérablement décliné.

Il peut s'agir encore, dans un État fédéral, d'une Chambre représentant les États membres (voir *supra*).

En troisième lieu, la Chambre haute peut être, elle aussi, élue, mais selon des modalités différentes de celles employées pour la Chambre basse, de telle manière qu'elle soit plus conservatrice dans sa composition : le suffrage peut être restreint ou indirect ou organisé sur d'autres bases territoriales ou encore subordonné à des conditions d'éligibilité différentes.

On rencontre encore des secondes Chambres à caractère économique, dont les membres sont choisis dans les organisations professionnelles.

Les secondes Chambres ne sont des organes partiels que si elles peuvent réellement s'opposer à la formation de la loi. C'est loin d'être toujours le cas. Il est évident que les Chambres hautes aristocratiques par exemple ont perdu leur pouvoir. On parle dans ces situations de bicaméralisme *imparfait* ou *inégalitaire*.

Néanmoins, l'absence de pouvoir législatif ne signifie pas nécessairement l'absence de tout rôle politique : d'une part, ces Chambres peuvent quelquefois non pas s'opposer, mais retarder l'adoption définitive d'une loi. Ce pouvoir peut dissuader le législateur principal de donner à la loi un contenu trop radical, s'il veut que la loi entre en vigueur rapidement. D'autre part, et surtout, une seconde Chambre, même sans grands pouvoirs, peut contribuer par ses débats à améliorer le contenu de la loi. C'est dans cette amélioration que l'on trouve aujourd'hui la meilleure justification à l'existence d'une Chambre haute, que l'on appelle alors *Chambre de réflexion*.

b) Le peuple

Lorsque le peuple se gouverne directement lui-même, on parle de démocratie directe. Les citoyens se réunissent sur une place publique ou dans un champ et statuent sur les affaires publiques.

Ce procédé de gouvernement, qui était celui des cités grecques de l'Antiquité, n'est plus aujourd'hui qu'une curiosité historique et n'existe que dans quelques cantons suisses (Glaris, Unterwalden, Appenzell), où chaque année les citoyens de ces États minuscules se réunissent en *Landsgemeinde* pour voter les lois, désigner des fonctionnaires et nommer les députés aux assemblées fédérales. Encore la démocratie directe est-elle dans ce cas très limitée, car elle ne s'exerce que dans la limite des compétences du canton, tandis que les affaires les plus importantes relèvent aujourd'hui de l'État fédéral (appelé improprement, pour des raisons historiques, « confédération helvétique »).

Le gouvernement semi-direct (Quermonne, 1985 ; Hamon, 1995). — Mais si l'expérience du gouvernement direct pur ne se conçoit plus, l'expérience constitutionnelle démontre la vitalité des institutions du gouvernement semi-direct, qui combine l'idée représentative et la démocratie pure. La nation institue des représentants, il y a donc des assemblées, mais sur les questions les plus importantes, et notamment en matière législative, le peuple se réserve le pouvoir de décision. Les procédés par lesquels il l'exerce sont le veto, l'initiative et le référendum.

1° *Le veto.* — Il permet une intervention très atténuée du peuple dans l'élaboration de la loi. Celle-ci est l'œuvre d'une assemblée, mais elle ne pourra entrer en application que si, à l'expiration d'un certain délai, le peuple n'a pas demandé qu'elle soit soumise à son vote. Au cas où la votation populaire aurait lieu et aboutirait à un rejet de la loi, celle-ci devra être considérée comme n'ayant jamais existé.

2° *L'initiative.* — Elle offre au peuple la possibilité d'obtenir des lois qui lui paraissent opportunes, alors même que le parlement y serait opposé. Elle contraint le parlement à légiférer, car si un certain nombre de citoyens le demandent, un projet de loi déterminé sera soumis à l'assemblée qui devra l'examiner et émettre un vote à son sujet.

Par l'initiative, les citoyens peuvent se borner à demander à l'assemblée de faire une loi sur telle question, sans préciser davantage. Mais ils peuvent aussi présenter un projet complètement rédigé ; on dit alors qu'il y a *initiative formulée*. Si l'assemblée l'accepte, la loi devient parfaite, sauf possibilité d'un référendum ; si elle la rejette ou la modifie, la constitution peut décider que le projet sera soumis à la votation populaire.

La constitution peut même aller plus loin et prévoir qu'un référendum devra obligatoirement être organisé dès lors qu'un certain nombre de citoyens le demande. Ce type de référendum est appelé *référendum d'initiative populaire*.

Le *référendum abrogatif*, comme celui que connaît l'Italie, en constitue une variété : dans ce système, un certain nombre de citoyens peut demander l'organisation d'un référendum non pour adopter une loi nouvelle, mais pour abroger une loi existante.

On aboutit ainsi à une application à peu près parfaite de l'idée démocratique, puisque la loi pourra être faite ou défaite sans aucune intervention des assemblées représentatives.

Diverses modalités de l'initiative sont en vigueur en Suisse. L'initiative populaire est admise dans le canton, non seulement pour la révision de la constitution, mais aussi pour les lois ordinaires. C'est alors l'assemblée qui est saisie. Dans la Confédération, elle n'est applicable qu'en matière constitutionnelle, mais on tourne l'interdiction de l'initiative en matière de législation ordinaire en lui donnant la forme d'un amendement à la constitution. Si l'initiative est formulée, le projet est soumis directement à l'acceptation du peuple, l'assemblée n'ayant que la possibilité de proposer un contre-projet parallèlement à celui qui émane de l'initiative populaire.

L'initiative populaire existe aussi aux États-Unis en matière constitutionnelle, non pour la législation de l'Union, mais pour celles des États particuliers. Elle fut aussi adoptée, après la guerre de 1914-1918, par un certain nombre d'États européens, notamment par la constitution de Weimar.

3° *L'acceptation* (voir Denquin, 1976). — Dans les anciennes Diètes des Confédérations germaniques et helvétique, les représentants des États confédérés ne statuaient qu'*ad referendum*, c'est-à-dire sous réserve de la confirmation de leur décision par leur gouvernement. Aujourd'hui, le sens du terme s'est élargi : il y a référendum chaque fois qu'un acte est soumis à l'acceptation populaire.

Son emploi normal est en matière législative. Il peut intervenir avant ou après le vote de la loi. Avant, l'assemblée consulte le peuple sur le principe de la loi pour le mettre en œuvre au cas où il serait accepté. Mais c'est lorsqu'il est postérieur à l'adoption du texte par les représentants que le référendum est le plus énergique, puisque la valeur juridique de la loi sera subordonnée à son acceptation par le peuple. Les pouvoirs de l'Assemblée se bornent à l'émission d'une proposition, et la condition d'un vote populaire ne suspend pas seulement la mise en application de la loi comme dans l'hypothèse du veto ; elle paralyse la formation même de la loi.

Bien entendu, la mise en œuvre du référendum est susceptible de modalités diverses. La constitution peut le rendre *obligatoire* ; c'est ainsi qu'en Suisse une modification à la constitution n'est définitive que si le peuple l'a approuvée. Elle peut aussi le rendre *facultatif*, en ce sens que c'est l'Assemblée représentative qui décidera s'il y a lieu à consultation populaire. D'autre part, le champ d'action de cette procédure sera plus ou moins étendu selon que son déclenchement sera plus ou moins facilité ; soit que l'initiative de provoquer la votation du peuple soit réservée au Parlement, soit qu'elle appartienne au peuple, soit enfin que la constitution s'en remette à un organe spécial, le chef de l'État, par exemple, comme le fit la constitution allemande de 1919. Dans ce cas, il y a ce que l'on appelle *référendum d'arbitrage*, puisque le chef de l'État soumet le différend qui l'oppose à l'assemblée à l'arbitrage du peuple (Carré de Malberg, 1931a).

Applications du référendum. — Jusqu'à la constitution actuelle, la France n'a connu que théoriquement le référendum en matière de législation ordinaire, car la constitution du 24 juin 1793 qui le prévoyait ne fut jamais appliquée.

La constitution de 1958 introduit très modestement le référendum en matière de *lois ordinaires* car il n'est possible que pour les textes portant sur l'organisation des pouvoirs publics (art. 11) (voir *infra*, Quatrième Partie, Chapitre 3).

La décision de consulter le peuple est prise par le Président de la République sur la proposition du gouvernement ou des deux assemblées.

À l'étranger, le référendum est largement utilisé, même pour les lois ordinaires. Naturellement, il existe en Suisse qui est le pays d'élection — si l'on peut dire — du gouvernement semi-direct. Aucune disposition constitutionnelle, fédérale ou cantonale ne peut entrer en vigueur si elle n'a pas été ratifiée par le peuple. En ce qui concerne les lois ordinaires, le référendum, qui n'était appliqué d'abord qu'à la législation cantonale, a été étendu aux lois fédérales depuis la constitution de 1874. Mais il s'agit en général d'un référendum purement facultatif. La fréquence des consultations populaires aboutit à une mobilisation permanente des citoyens. Toutefois leur ardeur civique est modérée si l'on en juge par le fort pourcentage des abstentions lors des votations.

Le référendum existe aussi en Suède et en Norvège, mais à titre consultatif. Cependant ce caractère n'empêche pas que le Parlement se considère comme lié par la décision populaire. On l'a bien vu en Norvège où le refus opposé par le peuple à l'adhésion à la Communauté européenne a été sanctionné par la non-signature du Traité et a entraîné la démission du gouvernement. Au Danemark, depuis la réforme de 1953, un tiers des membres du Parlement peut exiger qu'une loi déjà adoptée fasse l'objet d'un référendum. Celui-ci apparaît ainsi comme l'ultime recours ouvert à la minorité. En Autriche, le référendum est obligatoire pour les lois constitutionnelles ; pour les lois ordinaires, il doit être demandé par le Parlement.

Aux États-Unis, le référendum s'est développé comme un instrument destiné à limiter l'omnipotence des assemblées, mais il n'existe que dans le cadre des États particuliers où il est obligatoire pour certaines lois. Enfin, après la guerre de 1914, les constitutions des États nouveaux ou renouvelés (Allemagne, Autriche, Tchécoslovaquie, États baltes, Grèce, Espagne...) lui ont fait une large place dans leurs institutions. En dépit de la vaste expérience qui en est ainsi fournie, il est difficile de porter sur le référendum un jugement général ; la valeur de ses résultats dépend essentiellement du degré de maturité politique du peuple dont il provoque l'intervention. Il est significatif qu'en Angleterre, pays du régime représentatif pur, le gouvernement ait décidé de recourir au référendum pour que le peuple décide du maintien de la Grande-Bretagne dans le Marché commun. Il est vrai qu'alors le référendum est intervenu à propos d'une question sur laquelle la division de l'opinion ne correspondait pas au clivage entre les partis. La consultation du 6 juin 1975 témoignait ainsi des limites du principe représentatif.

Il semble pourtant qu'aujourd'hui l'engouement dont furent l'objet les institutions de la démocratie directe après la Première Guerre mondiale est sensiblement réduit. Sans doute, on trouve encore des textes qui prévoient la votation populaire, mais leur nombre a diminué. C'est ainsi, par exemple, que dans la Charte de Bonn, l'initiative et le référendum ont disparu. Le fait est d'autant plus significatif que leur place était considérable dans la République de Weimar. En Italie, en revanche, la constitution de 1948 (art. 75) a introduit le référendum (Ryngaert, 1982). En URSS il a été utilisé pour la première fois en 1991.

c) Le pouvoir exécutif

L'organe chargé de la fonction exécutive peut être en même temps organe législatif partiel, si son consentement est indispensable à la formation de la loi. Cette hypothèse peut se réaliser de deux manières.

Le cas le plus connu est celui du droit de veto. Une règle constitutionnelle permet au chef de l'exécutif de s'opposer à l'adoption d'une loi. Techniquement, ce pouvoir prend la forme suivante : le texte de la loi, adopté par une ou plusieurs assemblées parlementaires, est transmis au chef de l'exécutif, qui doit donner son consentement — on dit aussi « accorder *sa sanction* ». Il peut refuser ce consentement, auquel cas, on dit qu'il a opposé son veto. Ce veto peut être *absolu*, s'il ne peut être surmonté. C'était le cas dans la constitution anglaise du XVIIIe siècle ou dans la Charte de 1814. Il est *relatif* ou *partiel*, s'il peut être surmonté par la ou les Chambres à une majorité qualifiée, comme aux États-Unis.

Il est *suspensif*, si la loi peut entrer en vigueur malgré l'opposition du chef de l'exécutif, après l'écoulement d'un certain délai, comme dans la constitution française de 1791.

Lorsque le pouvoir exécutif ne dispose pas d'un droit de veto, mais de l'initiative des lois, c'est-à-dire du droit de déposer des projets de loi, doit-il être considéré comme organe législatif partiel ? Il faut distinguer deux cas.

S'il s'agit d'un droit d'initiative partagé, c'est-à-dire si d'autres que lui, par exemple les membres du Parlement, ont également l'initiative, alors une loi peut être faite sans le consentement du pouvoir exécutif. S'il ne la propose pas, un député le fera et rien n'empêchera le Parlement d'adopter la proposition. L'exécutif n'est donc pas organe législatif partiel.

Il en va tout autrement lorsqu'il dispose du monopole de l'initiative. Tel était le cas sous la Charte de 1814 : seul le roi pouvait déposer un projet de loi. Non seulement les députés ne pouvaient pas déposer de proposition, mais ils ne disposaient même pas du droit d'amendement, c'est-à-dire du droit de proposer des modifications au projet émanant du roi. Dans ce cas, aucune loi ne pouvait entrer en vigueur sans la volonté du roi.

On trouve sous la Ve République une situation comparable. Députés et Sénateurs ont bien l'initiative des lois et peuvent déposer des propositions. Cependant, le gouvernement bénéficie d'une priorité pour l'inscription à l'ordre du jour de ses projets et des propositions acceptées par lui, ce qui signifie qu'il peut empêcher que soient inscrites, discutées et votées les propositions dont il désapprouve le contenu. Députés et sénateurs n'exercent leur droit d'initiative que par le dépôt d'amendements, mais comme ceux-ci ne doivent pas être dépourvus de tout lien avec le projet en discussion, le gouvernement dispose bien d'un monopole de l'initiative. Il est organe législatif partiel.

d) Le juge constitutionnel

Lorsqu'il existe un juge constitutionnel, il doit être lui aussi considéré comme un organe législatif partiel. Même s'il n'est pas guidé par des considérations d'opportunité, comme les assemblées parlementaires, il dispose néanmoins d'un pouvoir d'interprétation qui lui permet de contribuer à déterminer le contenu des règles législatives et cela de deux manières différentes :

En premier lieu, il peut interpréter la constitution de telle manière qu'une loi apparaisse conforme ou contraire et il est ainsi en mesure de s'opposer à son application. Ce pouvoir d'interprétation résulte du caractère vague et ambigu de nombreuses dispositions du texte constitutionnel, notamment des préambules et déclarations des droits. En tout état de cause, il existe souvent des contradictions ou des conflits entre les droits et liberté garantis par les déclarations, de telle sorte que la loi ne sera jugée conforme à la constitution que si elle a assuré entre ces droits un juste équilibre. Mais le juge dispose d'une marge d'appréciation considérable dans la réponse à la question de savoir si la loi qu'il contrôle a ou non réalisé un juste équilibre.

À ces arguments, on objecte parfois que le juge constitutionnel ne se saisit pas lui-même et qu'il n'est pas saisi de toutes les lois. Cette objection n'est pas déterminante : dans les motifs de ses décisions, le juge donne des interprétations générales de la constitution, dont on peut déduire des prévisions de ses attitudes futures. Ces motifs font ainsi figure de directives générales, dont le gouvernement, lorsqu'il prépare un projet de loi, ou les assemblées parlementaires, lorsqu'elles débattent, doivent nécessairement tenir compte. Dans certains cas, le juge constitutionnel va, dans les motifs d'une décision, jusqu'à dicter les grandes lignes d'une législation future, qui sera seule considérée comme conforme à la constitution. Les autres organes législatifs sont contraints de décider selon ces directives et le juge constitutionnel aura ainsi pesé sur le contenu de la loi, même s'il n'en a jamais été saisi.

D'autre part, les cours constitutionnelles doivent aussi interpréter la loi qui leur a été soumise. Elles peuvent alors décider qu'elles ne sont conformes à la constitution, qu'à la condition de recevoir telle signification, mais qu'elles lui serait contraire avec une signification différente. Dès lors que la loi est appliquée conformément aux directives d'interprétation donnée par le juge, c'est lui qui a indirectement déterminé le contenu des obligations qu'elle prescrit.

Dans certains cas, le juge va jusqu'à modifier ou compléter le texte de la loi, c'est-à-dire à reconnaître ouvertement qu'il contribue à l'exercice du pouvoir législatif. Ainsi, la cour constitutionnelle d'Afrique du Sud, suivant d'ailleurs la Cour Suprême du Canada, a décidé à l'unanimité de compléter une loi qui accordait certains droits aux conjoints en ajoutant les mots « ou partenaires du même sexe dans une relation permanente ». Elle a justifié cette décision par l'idée qu'il n'y avait aucune différence entre le fait de supprimer des termes d'une disposition législative ou d'en ajouter (11).

Il arrive que l'opposition d'une cour à une politique législative conduise à une crise politique grave. C'est ce qui s'est par exemple produit aux États-Unis à l'époque du New Deal (voir *infra*). Selon les

(11) Déc. CCT du 2 déc. 1999, trad. in *Cahiers du Conseil constitutionnel*, nº 9/2000, p. 66, avec le commentaire de Didier Ribes, « Le juge constitutionnel peut-il se faire législateur ? », même revue, p. 84.

systèmes constitutionnels, il peut être plus ou moins difficile de surmonter ces crises. Dans certains cas, on peut envisager de réviser la constitution soit pour changer le statut de la cour, soit tout simplement pour modifier le texte et rendre ainsi conforme une loi d'abord jugée contraire. Cette solution a cependant ses limites. La procédure de révision peut, comme aux États-Unis, être très lourde de sorte qu'il est presque impossible d'aboutir. Mais même si elle est rapide, la cour peut envisager d'examiner la validité de la révision constitutionnelle elle-même. Celle-ci pourrait avoir été faite en violation de la procédure de révision ou porter atteinte à des principes considérés comme supérieurs à la constitution elle-même. Plusieurs cours, comme celle de l'Allemagne ou de l'Italie ont ainsi affirmé leur compétence pour procéder au contrôle de constitutionnalité des lois constitutionnelles. Seule, semble-t-il, la cour suprême de l'Inde a franchi le pas et effectivement affirmé l'inconstitutionnalité d'une loi de révision (Troper, 1994b). Dans d'autres cas, comme en Roumanie, la constitution reconnaît que la cour dispose d'un véritable pouvoir législatif et que celui-ci doit pouvoir être surmonté comme un veto partiel. Elle prévoit donc que le parlement peut adopter à nouveau le même texte avec une majorité renforcée.

3. L'exercice de la fonction législative

a) L'organisation du travail législatif

La fonction législative est d'une importance extrême, non seulement du point de vue juridique — la loi se situe au sommet de la hiérarchie des normes — mais aussi du point de vue politique : en raison du développement considérable du rôle de l'État, les lois sont de plus en plus nombreuses et complexes. Dans la plupart des États modernes, on constate une évolution très profonde des conditions d'exercice de la fonction législative.

Même lorsque cette fonction est confiée à plusieurs organes, il y a toujours parmi eux au moins une assemblée parlementaire élue. Dans certains cas, les assemblées parlementaires se voyaient même confier la totalité du pouvoir législatif. Tous les constituants sans exception ont été conscients des risques que pouvait présenter un pouvoir aussi important. Robespierre lui-même déclarait qu'il redoutait autant la tyrannie de six cents despotes que celle du roi. Aux yeux des constituants du XVIIIe siècle, le risque le plus évident est que les assemblées peuvent employer la force et l'autorité de la loi pour décider de questions relevant de la fonction exécutive ou de la fonction juridictionnelle. Dès lors qu'il n'y a pas de contrôle de constitutionnalité, rien n'empêcherait le législateur de faire des lois particulières pour accorder des privilèges ou imposer des mesures plus sévères, de soustraire certaines personnes à l'action de la justice, de trancher des procès, etc. Ce cumul des fonctions, serait la négation de la séparation des pouvoirs et correspondrait très exactement au despotisme, tel qu'il est défini au XVIIIe siècle. D'autre part, ces assemblées seraient très probablement soumises aux pressions populaires, déchirées par les factions, livrées aux démagogues et finalement réduites à l'anarchie et à l'impuissance.

Pour pallier ces risques, les constituants ont employé quelques procédés simples : limiter la durée du mandat, le nombre des mandats parlementaires qu'un même homme est en droit de briguer successivement, renouveler les assemblées par fractions (par exemple un tiers tous les deux ans, comme pour le Sénat américain), interdire le cumul du mandat parlementaire avec d'autres fonctions, mais surtout enfermer l'exercice de la fonction législative dans des procédures contraignantes. Il ne s'agit pas seulement d'ailleurs d'éviter le danger du cumul des fonctions, mais aussi d'améliorer la qualité du travail législatif. On estime notamment qu'il faut éviter qu'une loi ne soit adoptée sous l'empire des passions et qu'il faut organiser le débat de telle manière que l'échange des arguments permette d'apercevoir les solutions les meilleures.

Les assemblées comportent donc des *commissions*, groupes de parlementaires chargés de préparer l'examen des projets ou des propositions de loi. Selon les systèmes constitutionnels, ces commissions peuvent être spécialisées (comme en France) ou non spécialisées (comme en Angleterre). Elles peuvent être aussi permanentes ou *ad hoc*, c'est à dire constituées seulement pour l'examen d'un projet et dissoutes ensuite.

Les projets ou propositions sont le plus souvent envoyés à une commission, puis font l'objet d'une ou de plusieurs délibérations (ou *lectures*) en séance plénière.

b) Les difficultés

Il arrive fréquemment dans les États modernes que les parlements éprouvent quelques difficultés à assurer la fonction législative. Cela tient à de multiples facteurs, la technicité croissante des projets, la longueur et la lourdeur excessive des procédures alors qu'il est nécessaire d'agir rapidement, les réticences des parlementaires à adopter des mesures utiles, mais impopulaires, les divisions politiques et l'absence de majorité, qui font de chaque décision le résultat de compromis laborieusement négociés.

À ces difficultés, il existe quelques remèdes. Le plus fréquent est aujourd'hui le développement de l'initiative de l'exécutif. On estime que dans la plupart des systèmes représentatifs modernes, une proportion très importante (jusqu'à 90 %) des lois sont issues de projets déposés par le gouvernement. Il en est ainsi même aux États-Unis, où pourtant le Président n'a pas l'initiative des lois. Il lui suffit d'inspirer un membre du Congrès. Ce phénomène s'explique aisément : le pouvoir exécutif est en mesure, parce qu'il dispose de l'administration, de connaître les besoins de législation et de faire préparer des projets ; d'un autre côté, il peut aussi agir par divers moyens auprès des parlementaires pour rassembler des majorités qui les voteront.

Un autre type de procédé, très répandu lui aussi, consiste à accroître les compétences de l'organe exécutif. Ceci correspond à deux sortes de techniques. Le Parlement peut en premier lieu se limiter à énoncer dans la loi des principes ou des règles très générales et laisser au gouvernement le soin de les préciser et de les compléter par d'autres règles d'un degré de généralité moins élevé. Ces règles, émanant du gouvernement, portent, en droit français, le nom de *règlements*. Il peut de même s'abstenir d'édicter des lois dans certains domaines ou matières, qui seront réservées au règlement. Ainsi, en France, la loi du 17 août 1948 dressait une liste de matières réglementaires. Si l'on veut éviter que le Parlement ne reprenne par une loi, le domaine qu'il a concédé au gouvernement par une loi antérieure, cette liste de matières peut être établie non dans la forme d'une loi, mais dans la constitution formelle. C'est la solution de la constitution française de 1958 : l'article 34 énumère les matières réservées au législateur ; aux termes de l'article 37, toutes les autres matières sont réservées au pouvoir réglementaire.

En deuxième lieu, le Parlement peut autoriser le gouvernement à prendre des règlements dans des matières réservées à la loi. Ces règlements, qui portaient sous la IIIe République le nom de *décrets-lois* et que la constitution de 1958 nomme *ordonnances*, pourront, le cas échéant, modifier une loi intervenue antérieurement dans le même domaine et seront soumis au Parlement pour ratification. La ratification a pour effet de transformer ces textes en lois et de les faire bénéficier du régime juridique de la loi : ils ne pourront être contestés devant un tribunal et ne pourront être modifiés que par une loi nouvelle. Il y a là une simple application du principe selon lequel la loi fait l'objet d'une définition formelle : est loi un texte adopté par l'organe que la constitution désigne comme l'organe législatif et seulement un tel texte.

Cette dernière technique est parfois appelée une *délégation législative*. L'expression est pourtant erronée parce que l'exécutif ne reçoit pas le pouvoir de faire des lois. Les actes qu'il prend sont des actes d'exécution, des actes formellement réglementaires et par conséquent soumis au régime juridique du règlement.

Cependant, les remèdes ne passent pas seulement par l'accroissement du rôle de l'exécutif. Il est également possible de les rechercher dans une amélioration des méthodes de travail du Parlement lui-même. Il est d'abord possible de le doter de moyens accrus, notamment en personnel, pour le mettre en mesure de préparer plus facilement les textes. On peut également songer à modifier et alléger la procédure, au moins pour certains types de lois. L'exemple le plus frappant est celui de la constitution italienne, qui permet de confier le pouvoir législatif aux commissions parlementaires.

§ 2. La fonction exécutive

A Le contenu de la fonction exécutive

L'idée que l'on se fait de la fonction exécutive a considérablement varié au cours des temps. On est passé d'une conception très stricte à une conception si large que le terme *exécutif* paraît désormais à beaucoup tout à fait inadapté.

1. La fonction exécutive *stricto sensu*

Au début de la Révolution française, la fonction exécutive était conçue comme une fonction d'exécution stricte des lois. La tâche des autorités exécutives consistait seulement à faire les actes matériels et à donner les ordres nécessaires pour que la loi soit exécutée. La fonction comprenait donc la direction de l'administration, mais aucun pouvoir réglementaire. Les normes générales ne pouvaient être émises que par le législateur et en forme de loi. Il en découlait que cette fonction n'était pas une fonction politique et que ceux qui l'exerçaient ne pouvaient prendre aucune part à la détermination d'une politique. Bien plus, toute tentative pour exercer un rôle politique apparaissait, selon cette conception, comme une tentative pour sortir de la stricte exécution de la loi, donc comme un empiétement sur la fonction législative et un crime contre la constitution.

2. La fonction exécutive *lato sensu*

Cette conception ne pouvait prévaloir longtemps et cela pour trois raisons :

La première est que le législateur est, comme on l'a vu, dans l'impossibilité matérielle de produire toutes les règles nécessaires. Si, dans les premiers temps de la Révolution, on est allé jusqu'à déterminer par la loi le style des uniformes militaires et la forme de leurs boutons, il est évident qu'il s'agit là de détails dont le soin ne peut pas être durablement confié à des assemblées. Dès la constitution de l'an III, les organes exécutifs ont donc reçu un pouvoir réglementaire (voir *infra*, Troisième Partie, Chapitre 1).

La seconde raison est que l'organe ou les organes exécutifs, aussi appelés « gouvernements » (12), sont chargés de la conduite des relations internationales. Il y a là une contradiction certaine avec l'idée qu'ils n'exercent qu'une fonction subordonnée. Cette activité ne peut évidemment être comprise comme l'exécution des lois et elle ne peut pourtant pas être retirée au gouvernement parce qu'elle exige le secret dans la conception et la rapidité dans l'action et qu'elle ne pourrait donc être exercée par une assemblée nombreuse. Il devient donc impossible de considérer la fonction exécutive comme subalterne et étrangère à la politique.

La troisième raison est que les organes exécutifs se sont également vus confier, à partir de l'an VIII, l'initiative des lois et quelquefois le monopole de l'initiative. Ce qui justifiait cette compétence était que l'exécutif disposait de l'administration et qu'il pouvait grâce à elle reconnaître les difficultés d'application des lois en vigueur, les besoins de législation nouvelle et préparer des projets dans de bonnes conditions techniques. Mais les exécutifs se serviront de ce pouvoir d'initiative, d'abord pour présenter des projets de lois tendant à accroître le pouvoir réglementaire, ensuite pour qu'il y ait entre ces projets une cohérence minimum et qu'il y ait de même une cohérence entre la législation et les règlements, c'est-à-dire pour qu'ils apparaissent ensemble comme la mise en œuvre d'une politique.

À ce stade la fonction exécutive comprend donc l'exécution matérielle et la direction de l'administration, la conduite des relations internationales, le pouvoir réglementaire et l'initiative des lois. Mais à ces compétences que les gouvernements tiennent de la constitution, s'ajoute nécessairement un rôle politique au point que l'on parle alors parfois de fonction gouvernementale.

---

(12) Ce terme ne dénote par lui-même aucun pouvoir réel. C'est celui que Rousseau emploie pour désigner l'organe d'une fonction exécutive étroitement subordonnée.

3. La fonction exécutive *latissimo sensu*, la fonction gouvernementale

Dans la conception précédente, la fonction exécutive reste subordonnée : le gouvernement peut faire des règlements, mais seulement pour appliquer des lois. Il peut élaborer une politique, qui se traduira par le dépôt de projets de lois, mais il faudra bien que les lois soient votées.

Pourtant, le gouvernement dispose rapidement, dès le début du XIXe siècle, d'un ensemble de moyens pour tenter de faire adopter ces projets. Certains sont juridiques et découlent de la constitution : le droit d'entrée et de parole dans les Chambres, la pression sur les députés par la question de confiance, la menace de dissolution ; dans les constitutions modernes, certaines interventions dans la procédure législative. Mais d'autres moyens, extrêmement variés, ne sont pas prévus par la constitution : ils sont pourtant employés par tout gouvernement quel qu'il soit et on peut les désigner globalement comme la direction de la majorité parlementaire.

Lorsqu'on parle encore de « fonction exécutive », c'est alors dans un sens tout différent. Il ne s'agit évidemment pas d'exécution des lois, mais de l'ensemble des activités exercées par l'organe chargé par la constitution de la fonction exécutive. En d'autres termes, on est passé d'une conception matérielle (étroite ou large) à une conception très large, qui est formelle. Comme l'organe chargé de la fonction exécutive est souvent appelé « gouvernement », on désigne également cette fonction comme la fonction gouvernementale.

La volonté du gouvernement de concevoir et mettre en œuvre une politique se manifeste dès le Consulat, mais c'est la constitution de 1958 qui la consacre pour la première fois dans son article 20 comme une véritable prérogative du gouvernement : il « détermine et conduit la politique de la nation ».

C'est dans ce contexte qu'on peut comprendre la théorie de la séparation des pouvoirs, dans la présentation qu'en faisait la doctrine traditionnelle. Lorsqu'on distingue la fonction législative pour l'opposer à la fonction exécutive. Dans l'un de ses premiers sens, celle-ci est évidemment subordonnée et il est impossible de concevoir un équilibre entre deux organes spécialisés. Par contre, si on compare les pouvoirs de deux organes chargés, l'un de la fonction législative, l'autre de la fonction exécutive dans ce troisième sens, ceux du gouvernement sont loin d'être inférieurs à ceux de l'organe législatif et l'idée d'un équilibre entre eux reprend un sens.

Certains auteurs — et en tout premier lieu Georges Burdeau — sont allés encore plus loin : ils ont conçu la fonction gouvernementale comme celle par laquelle s'exerce la totalité de la puissance de l'État. Elle englobe alors la fonction législative. Mais cette conception *« ne conduit nullement... à la concentration de la totalité de l'autorité gouvernementale entre les mains d'un organe unique. Il est au contraire indispensable que plusieurs organes soient associés à la tâche gouvernementale, de telle sorte qu'à côté du titulaire du pouvoir de décision, veille une autorité chargée du contrôle »* (Burdeau, 1945).

On peut alors substituer à la classification des fonctions une autre classification : au sein de la fonction gouvernementale, on trouve une fonction de décision et une fonction de contrôle. Certains des rédacteurs de la constitution de 1958 se sont d'ailleurs inspirés de cette classification en distinguant non pas la fonction législative et la fonction exécutive, mais la fonction gouvernementale (la fonction de décision de Burdeau) et la fonction de délibération et de contrôle, confiée au Parlement (J.-L. Quermonne, 1982).

B Les organes de la fonction exécutive

Dans un système juridique moderne, tout ce qui n'est ni la constitution, ni la loi, est un acte d'exécution et, à prendre l'expression à la lettre, tous les organes autres que le Parlement sont des organes de la fonction exécutive. Cependant, on réserve en pratique l'expression et celle de *pouvoir exécutif* aux organes suprêmes de cette fonction. Cet usage est justifié par le fait que l'exécution est assurée pour l'essentiel sous l'autorité et le contrôle de ces organes suprêmes.

1. Les organes suprêmes

Le pouvoir exécutif peut revêtir de nombreuses formes qu'on peut classer de plusieurs manières.

a) Exécutif moniste et exécutif dualiste

On appelle *dualiste* un pouvoir exécutif comportant deux organes, un chef d'État et des ministres, *moniste* un exécutif comportant un organe unique. La plupart des constitutions françaises ont institué un pouvoir exécutif dualiste. L'exécutif américain est moniste.

À l'origine, le dualisme avait une fonction précise : lorsque le chef d'État était un roi et qu'il était organe partiel de la fonction législative, son indépendance devait être garantie. Il devait donc être *irresponsable* et *inviolable*. L'*inviolabilité* est l'interdiction de l'arrêter, l'*irresponsabilité* d'exercer contre lui des poursuites. Mais, il fallait aussi éviter que le roi ne s'abrite derrière l'irresponsabilité, que lui valait sa participation au pouvoir législatif, pour violer la loi sous couleur de l'exécuter. La solution fut trouvée dans l'institution des ministres. Les actes accomplis par le roi dans la fonction exécutive doivent être contresignés par les ministres, qui en sont pénalement responsables (voir *supra*, au Chapitre 1, la classification des régimes politiques). Ainsi, les ministres refuseront-ils de contresigner un ordre illégal, pour éviter d'encourir de lourdes peines. Le dualisme garantit à la fois l'irresponsabilité du roi et une bonne exécution des lois. On comprend que le dualisme a facilité l'avènement du régime parlementaire.

Dans les systèmes modernes, le dualisme a d'autres fonctions : d'une part, il permet, grâce à la permanence du chef de l'État, d'assurer, malgré les changements de ministère, la continuité au moins symbolique du pouvoir ; d'autre part, il conduit à une répartition des tâches : tantôt, le chef d'État assure une fonction de représentation tandis que le gouvernement détient la réalité du pouvoir ; tantôt, le chef d'État détermine les grandes orientations pour laisser au gouvernement la gestion quotidienne.

Le système de l'exécutif moniste se rencontre dans le système présidentiel. Cependant, dire que l'exécutif est moniste ne signifie pas qu'il n'y a pas de ministres — même la monarchie absolue connaissait l'institution des ministres — mais qu'ils sont étroitement soumis au chef de l'exécutif, qui les nomme, leur donne des instructions et peut les révoquer. Comme il n'est pas irresponsable, ses actes n'ont pas à être contresignés et les ministres n'acquièrent aucun pouvoir autonome.

b) Individu ou collège

La qualité d'organe peut être attribuée à un individu ou un groupe d'individus, un collège. Ainsi, dans le cas d'un exécutif dualiste, le chef de l'État peut être soit un individu (roi ou président), soit un collège. Ainsi, le Directoire, dans la constitution de l'an III ou le Praesidium du Soviet Suprême dans les constitutions soviétiques anciennes, étaient des chefs d'États collégiaux. Les ministres ne sont pas toujours un organe collégial. Dans certains systèmes, par exemple dans la constitution française de 1793, ils ne « forment point un conseil », de sorte qu'ils doivent être considérés seulement comme une série d'organes individuels.

c) Statuts

1) Désignation

Plusieurs procédés de désignation sont concevables : outre le tirage au sort, qui n'est plus employé, l'hérédité, l'élection, la nomination, la cooptation. L'hérédité ne concerne que les chefs d'État. Les autres systèmes sont employés aussi bien pour les chefs d'État que pour les ministres. Chacun de ces procédés comporte de nombreuses variétés. On sait par exemple qu'un chef d'État peut être élu au suffrage universel ou par un collège restreint, que ce collège peut être le Parlement, comme en France sous les IIIe et IVe Républiques ou un collège qui n'a pas d'autre fonction que d'élire le Président, comme au début de la Ve République. La durée de son mandat peut être plus ou moins longue. Il peut être autorisé à exercer un nombre illimité de mandats comme en France ou limité comme aux États-Unis. Quand l'exécutif est dualiste, le chef du gouvernement, qui peut porter des titres divers, Premier ministre, Président du Conseil, Chancelier, etc., peut être désigné de plusieurs manières, par exemple par le chef de l'État, par une ou deux assemblées ou encore par accord entre le chef de l'État et les assemblées. Il peut même, comme en Israël pendant une courte période, être élu au suffrage universel (Klein, 1997). Tous ces procédés sont en outre combinables de différentes manières. Par exemple, le chef de l'État peut nommer des ministres, mais leur nomination doit être confirmée par le Parlement ou une Chambre du Parlement ou encore, une assemblée élit le chef de l'État, mais il doit être choisi sur une liste de personnes élues.

2) *Fin des fonctions*

Les textes constitutionnels ne précisent pas toujours la manière dont les fonctions prennent fin. Dans certains cas, comme la mort du titulaire, l'arrivée au terme du mandat ou encore la démission, une règle explicite n'est pas nécessaire. Dans d'autres, l'absence d'une telle règle peut créer des difficultés considérables. Ainsi, l'empêchement (qu'il ne faut pas confondre avec *l'impeachment*, le mot anglais qui signifie *accusation* dans le contexte constitutionnel, c'est-à-dire le pouvoir d'une Chambre de traduire certaines personnes devant une cour spéciale). L'empêchement est une situation dans laquelle un membre de l'exécutif se trouve dans l'impossibilité d'exercer ses fonctions, soit pour des raisons de santé physique (il est dans le coma) ou mentale (il a perdu l'usage de ses facultés), soit parce que le pays est en guerre ou en crise et que cette personnalité est maintenue éloignée de l'appareil du pouvoir. Cependant, on ne peut éviter des situations où l'empêchement serait utilisé comme un moyen détourné pour réaliser une révolution de palais (13).

---

(13) En Tunisie, le président Bourguiba, a été ainsi démis de ses fonctions en raison de l'état de sénilité que, à tort ou à raison, on lui prêtait et alors qu'il refusait de démissionner.

Certaines constitutions comportent des règles spécifiques, d'une part pour constater l'empêchement, d'autre part pour déterminer les modalités de remplacement de l'individu ainsi empêché.

L'organe compétent pour constater l'empêchement est souvent une autorité de type juridictionnel. Il s'agit en effet d'éviter qu'un concurrent politique ne feigne de constater l'empêchement d'un chef d'État, qui est en réalité parfaitement en mesure d'exercer ses fonctions. Une autorité juridictionnelle peut être réputée neutre et objective. Mais, elle ne peut généralement procéder à cette constatation de son propre mouvement et elle doit être saisie. Ainsi en France, c'est le Conseil constitutionnel, saisi par le gouvernement, qui constate l'empêchement.

Quant au remplacement, les constitutions peuvent distinguer l'empêchement temporaire ou définitif. Dans les deux cas, le remplacement est en général assuré dans les systèmes présidentiels par le Vice-Président, dans les systèmes parlementaires par le président de l'une ou l'autre Chambre. Mais dans le cas d'un empêchement définitif, deux solutions sont possibles : ou bien l'autorité chargée de remplacer le chef d'État exerce ses fonctions jusqu'à l'expiration de la durée normale du mandat — c'est la solution américaine — ; ou bien de nouvelles élections doivent être organisées, comme en France ou en Italie.

3) La responsabilité

• *Les chefs d'État*

– L'absence de responsabilité politique

Dans la plupart des systèmes constitutionnels modernes, le chef d'État n'est pas politiquement responsable. En d'autres termes, il n'est pas tenu de démissionner à la demande d'une majorité parlementaire. Ceci s'explique par des raisons historiques : dans les premières constitutions du XVIIIe et du XIXe siècles, le chef de l'État, monarque ou président, exerçait fréquemment une double fonction : d'une part, il participait à la fonction législative et à ce titre il devait rester indépendant pour pouvoir faire contrepoids à la Chambre ou aux Chambres ; d'autre part, il exerçait la fonction exécutive, qui était entendue très strictement et qui n'impliquait pas la conduite d'une politique. Il ne pouvait donc être question de sanctionner une divergence de politiques, dès lors que le chef de l'État n'était pas censé en conduire, ni même en proposer une. On pouvait seulement craindre qu'il s'écarte de la stricte exécution des lois et c'est la raison pour laquelle ses actes d'exécution devaient être contresignés par un ministre, qui était responsable, mais pénalement.

Cette responsabilité ne visait pas à empêcher des divergences politiques, mais à punir ce qui ne pouvait être qu'un crime. Aujourd'hui, ces raisons ont en partie disparu puisque le pouvoir exécutif est un véritable pouvoir et l'irresponsabilité du chef d'État a d'autres justifications, d'ailleurs variées.

Dans les régimes parlementaires, il existe un cabinet, distinct du chef de l'État, qui dispose de la réalité du pouvoir exécutif et qui, lui, est responsable. Le chef de l'État est donc irresponsable parce qu'il n'a pas de pouvoir.

Dans les régimes présidentiels, où le président dispose de la réalité du pouvoir exécutif, on entend au contraire lui permettre de l'exercer en toute indépendance et éviter que ce pouvoir ne soit exercé indirectement par une majorité parlementaire. C'est précisément ce qui pourrait se produire si cette majorité pouvait destituer le président dès lors qu'il conduit une politique qu'elle désapprouve.

Mais, il existe aussi des systèmes, de plus en plus nombreux, dans lesquels, comme en France, le gouvernement est responsable et où le chef de l'État peut être amené à exercer lui aussi un pouvoir considérable, voire à déterminer les grandes orientations politiques, mais demeure néanmoins irresponsable. Face à de tels systèmes, plusieurs attitudes intellectuelles sont possibles.

On peut d'abord estimer que ces systèmes sont pour l'essentiel des systèmes parlementaires : le Président de la République ne peut rien sans le gouvernement, si bien qu'à travers lui, la majorité parlementaire a les moyens d'infléchir la politique du pouvoir exécutif.

Cependant, dans certains cas, la majorité parlementaire accorde au gouvernement — et donc indirectement au Président — un soutien constant. Le gouvernement a alors une triple fonction politique : il applique les grandes orientations de la politique définie par le Président ; il assure la direction de la majorité parlementaire ; enfin, il joue le rôle d'un fusible. Si le Président se trouve dans l'incapacité de réaliser le programme sur lequel il a été élu ou s'il risque de devenir impopulaire, il peut changer l'équipe gouvernementale. Le système que l'on vient de décrire est celui que connaît la France dans les périodes de concordance des majorités. Il a été reproduit dans plusieurs des anciennes républiques socialistes, où l'on pouvait craindre qu'un président élu au suffrage universel et politiquement irresponsable ne se heurte soit à une majorité hostile qui le paralyserait, soit à une opinion publique, qui n'aurait d'autre recours que la force.

Mais certains auteurs soutiennent que, si ce type de dualisme s'explique par des raisons historiques (on a voulu un régime parlementaire), il ne se justifie plus : le chef de l'État devrait donc être considéré comme politiquement responsable, même si la constitution n'organise pas cette responsabilité. En Italie, une partie de la doctrine estime qu'il pèse sur le Président de la République une responsabilité « diffuse ». En France, des idées semblables ont été exposées par René Capitant. Selon lui, dans un système démocratique, il n'est pas acceptable qu'un homme dispose de pouvoirs importants et qu'il ne soit pas tenu de rendre compte au peuple de l'usage qu'il en fait. C'est pourquoi certains votes importants doivent jouer pour le chef de l'État le rôle d'une mise en jeu de sa responsabilité politique devant les électeurs. C'est ainsi que le général De Gaulle, notamment à l'occasion d'un référendum, avertissait le corps électoral qu'il se retirerait s'il était désavoué, ce qu'il fit en 1969 (voir *infra*, Quatrième Partie).

La thèse de la responsabilité diffuse, comme celle de Capitant, pour séduisante qu'elle soit sur le plan de la théorie démocratique, est cependant juridiquement inacceptable. La double obligation du Président de la République, de mettre son mandat en jeu à l'occasion d'un vote important et de se retirer en cas d'échec, n'est jamais qu'une obligation politique ou morale et nullement une obligation juridique et l'on ne peut dire qu'un Président qui se comporte autrement viole la constitution. Au demeurant, l'exemple du général De Gaulle n'a été imité par aucun de ses successeurs.

Le chef de l'État est donc bien irresponsable. Mais il y a en réalité à cette irresponsabilité politique un tempérament important : la responsabilité pénale n'est pas aussi différente de la responsabilité politique qu'il y paraît.

– *La responsabilité pénale*

On a vu que, dans les constitutions monarchiques, le chef de l'État n'est pas pénalement responsable, que cette irresponsabilité est la garantie de son indépendance en tant qu'autorité législative partielle et qu'elle a conduit au dualisme de l'exécutif. Le dualisme une fois institué, l'irresponsabilité se justifie encore dans ces régimes bien que le roi ait perdu son droit de veto : un roi qui serait pénalement condamné ne saurait rester en fonction et si toute condamnation le forçait à renoncer au trône, on perdrait le principal bénéfice de la monarchie : l'application mécanique d'une règle immuable de succession.

Mais cette justification disparaît dans les régimes républicains, que l'exécutif soit moniste ou dualiste, le président est toujours pénalement responsable. On n'envisagera pas ici la responsabilité pénale qui pèse sur les gouvernants du point de vue du droit international. Du point de vue du droit constitutionnel, la responsabilité peut prendre des formes diverses.

– Du point de vue de la procédure : le privilège de juridiction

La responsabilité pénale se définit avant tout par la procédure : alors que la responsabilité politique est mise en œuvre par un simple vote d'une assemblée politique, la responsabilité pénale implique deux phases et donc deux décisions distinctes qui doivent être prises par deux autorités différentes : l'accusation et le jugement. On peut alors distinguer deux types de procédures pénales.

Dans le premier type, l'accusation et le jugement sont prononcés par des assemblées politiques. C'est le cas par exemple aux États-Unis, où la Chambre des représentants vote l'accusation, *l'impeachment*, et défère le Président au Sénat qui le juge. De même en France, le Président de la République est accusé par les deux assemblées et jugé par la Haute Cour, composée de parlementaires.

Dans d'autres cas, on craint que les Chambres n'exercent les pouvoirs d'accusation et de jugement d'une manière politique et on remet au moins le jugement à des autorités de type juridictionnel, une Cour Suprême ou une cour constitutionnelle. C'est le cas en Italie, en Autriche ou au Portugal. On concevrait mal en revanche que l'accusation puisse être exercée par une autorité judiciaire dans les conditions du droit commun parce que le chef de l'État serait à la merci de l'autorité qui met en mouvement l'action publique, voire des particuliers lorsque ceux-ci ont le droit de déclencher les poursuites.

– Du point de vue des infractions

Ce ne sont pas toujours tous les actes du chef de l'État qui sont susceptibles de donner lieu à ces poursuites pénales, mais seulement les crimes les plus graves. Le président allemand ne peut être mis en accusation que « pour violation délibérée de la Loi fondamentale ou d'une autre loi fédérale », le président américain seulement pour « trahison, concussion ou autres crimes et délits », le Président de la République française et le Président de la République italienne pour les actes accomplis dans l'exercice de ses fonctions et en cas de « haute trahison ». Ces dispositions donnent lieu à deux sortes de difficultés.

En premier lieu les expressions « autres crimes et délits », « violation délibérée », « haute trahison », sont susceptibles d'être interprétées de diverses façons et peuvent, selon l'interprétation retenue, conduire ou non à une mise en jugement du chef de l'État. Il faut souligner par exemple que le crime de haute trahison n'est pas défini par le Code pénal français, de sorte que n'importe quel acte accompli dans l'exercice des fonctions et jugé suffisamment grave pourrait être qualifié de « haute trahison ». De la même manière, on s'est demandé en 1998, à propos du président Clinton, si le simple fait pour le président de mentir dans le cadre d'une procédure civile purement privée pouvait être considéré comme un de ces « autres crimes et délits », propres à justifier une accusation ou si l'infraction devait être, comme la trahison ou la concussion, de nature à porter atteinte à la constitution des États-Unis (Zoller, 1999). On voit que le choix de l'une ou l'autre interprétation est inévitablement politique ou même partisan. Dans le cas du président Clinton, par exemple, c'est avant tout parce que les républicains occupaient la majorité des sièges à la Chambre des représentants, qu'il a pu être accusé et parce qu'ils ne disposaient pas des trois cinquièmes des voix au Sénat qu'il a été acquitté. La responsabilité pénale est donc nécessairement politique. Toutefois, dans certains systèmes constitutionnels, on a prévu des procédures pour tenter d'éviter qu'un simple désaccord politique puisse trop facilement donner lieu à la mise en œuvre de la responsabilité. Ainsi, en France une loi organique a prévu qu'un président, mis en accusation par les Chambres, ne pouvait être renvoyé devant la Haute Cour qu'après qu'une commission d'instruction, composée de magistrats, s'est prononcée sur les charges retenues contre lui. La Russie connaît un système analogue.

La seconde difficulté concerne les actes qui ne relèvent pas de l'exercice des fonctions, c'est-à-dire ceux qui sont de nature purement privée, un crime passionnel, une fraude fiscale ou une simple violation du Code de la route ou ceux qui, de nature publique ou privée, sont antérieurs à l'entrée en fonction. Trois solutions sont théoriquement possibles. La première est fondée sur le principe d'égalité : le chef de l'État doit sans doute être protégé dans l'exercice de ses fonctions et en cette qualité, mais seulement en cette qualité. Pour le reste, il ne doit jouir d'aucun privilège, qui le mettrait au dessus des lois. Il devrait donc être possible de le poursuivre comme n'importe quel sujet ou citoyen devant les juridictions ordinaires.

Selon la thèse opposée, le chef de l'État ne pourrait exercer librement ses fonctions, s'il pouvait être facilement poursuivi et s'il devait constamment se défendre contre des accusations visant des actes de la vie privée ou antérieurs à son mandat. Sa position particulière justifie donc qu'on apporte une exception temporaire au principe d'égalité. Il ne sera donc responsable que de certains actes particulièrement graves accomplis dans l'exercice des fonctions. Les autres actes relevant de ses fonctions, mais qui ne présentent pas un degré de gravité suffisant, ne donnent lieu à aucune responsabilité. Quant aux actes privés et aux actes antérieurs au début du mandat, ils peuvent donner lieu à poursuite, mais seulement après la fin du mandat.

La troisième thèse est intermédiaire : l'acte privé ou antérieur au mandat, mais dont on n'a connaissance qu'au cours de celui-ci, pourrait être d'une gravité extrême et il serait évidemment choquant qu'un grand criminel ne puisse être poursuivi avant la fin de son mandat. Il ne doit donc bénéficier d'aucune irresponsabilité. Mais comme la décision de le poursuivre et de le condamner pour ces crimes privés ou anciens présente un caractère politique, on ne peut laisser s'exercer la compétence des juridictions de droit commun et on fait bénéficier le chef de l'État d'une immunité de juridiction. Cette troisième thèse conduit donc à distinguer pour ces actes entre l'irresponsabilité, qui est refusée, et l'immunité de juridiction, qui est accordée. Telle est précisément la solution américaine et celle qu'a retenue en France le Conseil constitutionnel dans une décision du 22 janvier 1999 (98-408 DC, *Traité portant statut de la Cour pénale internationale*).

• *Les ministres*

La question de la responsabilité politique a déjà été envisagée dans le chapitre précédent et les développements qui suivent ne porteront que sur la responsabilité dite pénale. Les problèmes sont analogues mais non identiques à ceux qui se posent à propos du chef de l'État et analogues mais non identiques dans les régimes parlementaires et dans les régimes présidentiels.

La responsabilité pénale des ministres est leur raison d'être. Aussi, à la différence du chef de l'État, ne sont-ils jamais pénalement irresponsables. Mais, comme pour le chef de l'État, la question est de savoir si, pour les actes liés à leurs fonctions, ils doivent être soumis à une responsabilité de droit commun ou à un régime particulier. On conçoit trois solutions, qui ont chacune leurs partisans.

a) Ils sont soumis à un régime particulier. C'est le cas en France. Avant la réforme de 1993, ils relevaient de la Haute Cour de justice, comme le Président de la République. Depuis 1993, c'est la Cour de justice de la République qui est compétente pour les juger, mais il s'agit encore d'une juridiction spéciale. C'est cette juridiction qui, en 1999, a jugé les anciens ministres dans l'affaire du sang contaminé. C'est aussi le système américain. La principale justification est que seule une juridiction spéciale, composée au moins en partie d'hommes politiques, est à même de prononcer un jugement, nécessairement politique. La principale critique adressée à cette solution, est précisément liée à cette justification : une juridiction composée d'hommes politiques peut prêter le flanc au soupçon de partialité.

b) Ils sont soumis à une responsabilité de droit commun devant les tribunaux ordinaires (Duhamel et Vedel, 1999). C'est le cas par exemple de l'Italie. La justification de cette solution réside dans le principe d'égalité et dans la neutralité des juges ordinaires. Le risque, comme pour le chef de l'État, est l'incapacité technique des juges ordinaires pour apprécier les conditions desquelles les ministres exercent leurs pouvoirs et la tentation des autorités judiciaires de mêler au déclenchement des poursuites ou au jugement des préférences politiques, alors qu'ils n'ont pas la qualité de représentants du souverain.

c) Pour les actes relatifs à leurs fonctions, ils sont soumis exclusivement à une responsabilité politique. Cette solution est préconisée par certains juristes, notamment parce que les critères du droit pénal apparaissent inadéquats, quand il s'agit d'apprécier les actes éminemment politiques, liés au fonctionnement de l'État (Beaud, 1999). Mais cette solution est manifestement inadaptée aux systèmes dans lesquels la responsabilité politique des ministres n'existe pas et, là où elle existe, au cas des anciens ministres.

Pour les actes extérieurs aux fonctions, dans la plupart des systèmes, les ministres sont soumis à une responsabilité de droit commun.

2. Les organes subordonnés

Le chef de l'État et les ministres ne peuvent exercer leurs attributions et notamment exécuter les lois qu'au moyen d'une administration, composée de fonctionnaires qu'ils nomment et qu'ils dirigent. En pratique, les fonctionnaires sont amenés à prendre un très grand nombre de décisions et disposent dans le cas des hauts fonctionnaires d'un pouvoir d'appréciation important. Mais ce qui confère au pouvoir exécutif son unité, c'est que ces fonctionnaires sont insérés dans une hiérarchie et qu'ils ne doivent user de leurs pouvoirs que conformément aux instructions qu'ils reçoivent.

La soumission de cette administration est l'élément décisif qui permet de désigner le chef d'État et les ministres comme « le pouvoir exécutif ».

Les ministres sont d'ailleurs eux-mêmes un élément de cette hiérarchie. Ils sont en effet le plus souvent placés à la tête d'une administration spécialisée, un département ministériel et, à ce titre, ils doivent appliquer les décisions prises par le pouvoir exécutif suprême en donnant les ordres nécessaires aux fonctionnaires placés sous leur autorité. D'un autre côté, ils sont aussi parfois membres de ce pouvoir exécutif suprême lorsqu'ils ont le droit de se réunir en conseil et de prendre des décisions collectivement. On parle alors de *dédoublement fonctionnel* pour marquer que le ministre est à la fois membre du gouvernement et chef de service et qu'en tant que chef de service, il doit appliquer les décisions prises par le gouvernement collectivement, auxquelles il a participé.

Il y a néanmoins des cas où l'exécution des lois échappe au pouvoir exécutif suprême. On parle dans ce cas de démembrement du pouvoir exécutif.

3. Le démembrement du pouvoir exécutif

Cette expression est à vrai dire inadéquate, parce qu'elle laisse entendre que le pouvoir exécutif aurait été dans un premier temps parfaitement unifié, pour être ensuite divisé. En réalité, il est fréquent que le constituant ou le législateur souhaite faire assurer l'exécution des lois par des autorités indépendantes du pouvoir exécutif suprême, soit par méfiance envers lui, soit simplement parce qu'on estime nécessaire de préserver dans certains domaines une marge d'autonomie. Ceci correspond à deux cas, la décentralisation territoriale, la création d'autorités administratives indépendantes.

a) La décentralisation territoriale

C'est un procédé d'organisation administrative (voir *supra*, Section 1). L'exécution des lois par la production de normes locales est confiée non à des fonctionnaires dépendant du pouvoir exécutif suprême, mais à des autorités élues par les habitants des circonscriptions qu'elles administrent. La décentralisation apparaît ainsi comme une forme d'auto-administration.

Les décisions de ces autorités doivent en tout état de cause être conformes à la loi. Cette conformité est assurée soit par les tribunaux, soit par le gouvernement, soit par une combinaison des deux procédés. Mais, même lorsqu'elle est assurée par le gouvernement, celui-ci ne peut adresser des instructions aux autorités décentralisées, comme il le fait envers ses fonctionnaires.

b) Les autorités administratives indépendantes

(voir Colliard et Timsit, 1988 ; Gentot, 1994 ; Collet, 2003) ; Conseil d'État, 2001)

Dans les systèmes politiques modernes, il y a, on l'a vu, un nombre croissant de domaines dans lesquels la loi ne peut tout régler et doit se borner à énoncer des principes, de telle manière que les sujets soient soumis ou bien à des règlements ou bien à des décisions prises au cas par cas. Dans l'État traditionnel, ces règlements et ces décisions étaient adoptés par le pouvoir exécutif. Il est apparu que cette solution pouvait présenter des inconvénients dans certains cas, soit qu'on soupçonnât le pouvoir exécutif de manquer de l'impartialité nécessaire, dans des matières qui touchent à des libertés fondamentales, soit que le pouvoir exécutif pût craindre, par lâcheté, de prendre des décisions difficiles, soit encore que, par souci corporatiste, certaines professions aient réclamé et obtenu le pouvoir de se gérer elles-mêmes, soit enfin que les ministères n'aient pas l'expertise technique suffisante pour s'occuper de certains domaines d'activité.

On a donc créé, dans plusieurs pays, des autorités dites *autorités administratives indépendantes*, assez différentes les unes des autres, mais qui présentent un caractère commun important : elle ne sont pas soumises à la hiérarchie administrative et ne reçoivent pas d'instructions du gouvernement. Elles sont composées de manière à garantir à la fois la neutralité et l'impartialité, la compétence technique, la protection des intérêts des destinataires des décisions. C'est pourquoi elles comprennent souvent des magistrats, des membres des professions intéressées, des représentants des usagers, des personnalités choisies en raison de leurs compétences ou de leur valeur morale. Les techniques de désignation sont variées : élection par les membres d'une profession ou d'un corps de magistrats, cooptation, nomination par des autorités politiques ou combinaison de ces procédés.

§ 3. La fonction juridictionnelle

(Boucobza, 2005).

La fonction juridictionnelle consiste à résoudre les litiges. L'exercice de la fonction juridictionnelle soulève de très graves problèmes pratiques et politiques que l'on tente parfois de résoudre à partir de discussions théoriques. On demande ainsi si la justice constitue ou non un troisième *pouvoir* pour tenter de déduire de la réponse à cette question des conséquences pour l'indépendance des juges ou l'autorité de la jurisprudence.

À cette question, il n'est pas possible d'apporter de réponse, parce qu'il n'existe pas d'*essence* de la justice ou de la fonction juridictionnelle. On peut seulement examiner quelles conceptions de la justice ont servi à justifier tel ou tel type de solution pratique et quelle est l'étendue du pouvoir dont disposent en fait les autorités judiciaires du fait de ces solutions.

A Différentes conceptions de la fonction juridictionnelle

1. Le jugement-syllogisme

Tout d'abord, on peut considérer que la fonction juridictionnelle consiste à trancher des litiges, en appliquant une règle générale législative à un cas particulier. Le jugement apparaît alors comme le produit d'un syllogisme dit « pratique », parce que tourné vers l'action, à la différence du syllogisme « théorique », qui fonde la connaissance. Le syllogisme théorique conduit à partir d'une prémisse majeure, « tous les hommes sont mortels » et une prémisse mineure « Socrate est un homme », à la conclusion certaine « Socrate est mortel ». Les prémisses comme la conclusion sont des propositions. Si les prémisses sont vraies, la conclusion est nécessairement vraie. Le syllogisme pratique présente une structure identique :

— *prémisse majeure :* « tous les voleurs doivent être punis de cinq ans de prison » ;

— *prémisse mineure :* « Dupont est un voleur » ;

— *conclusion :* « Dupont doit être puni de cinq ans de prison ».

La seule différence est qu'ici la prémisse majeure et la conclusion ne sont pas des propositions, mais des prescriptions (voir *supra*, Chapitre préliminaire).

C'est la conception adoptée par la Révolution Française. Elle est encore largement dominante, parce qu'elle est parfaitement compatible avec le principe démocratique : il n'y a pas d'autre pouvoir que celui de la loi.

Il en découle que la fonction juridictionnelle n'est qu'une partie de la fonction exécutive : elle consiste, en effet dans l'application de la loi. Mais, il n'en résulte pas que la fonction juridictionnelle doive être exercée par le pouvoir exécutif, ni d'ailleurs par le pouvoir législatif. Bien au contraire, les fonctions doivent être séparées. Si elles ne l'étaient pas, le risque serait que le jugement ne soit pas la stricte exécution de la loi, mais l'expression des caprices du législateur ou de l'exécutif. On considère par conséquent que s'il n'y a que deux fonctions, la fonction exécutive se subdivise en *fonction exécutive proprement dite* ou *fonction administrative* et *fonction exécutive contentieuse* ou *fonction juridictionnelle*, chacune d'elles étant exercée non pas par un *pouvoir*, mais par une *autorité*. Ce vocabulaire n'a pas disparu et la constitution de 1958 emploie l'expression *autorité judiciaire*.

Il est clair que, selon cette conception, la fonction juridictionnelle n'est pas la mise en œuvre d'un véritable pouvoir, car la prémisse majeure se trouve dans la loi, tandis que la prémisse mineure décrit un fait objectif. Le rôle du juge consiste donc seulement à déduire une conclusion et l'on peut alors dire, que, la puissance de juger est, selon une formule célèbre de Montesquieu, « en quelque sorte nulle ».

Il en résulte plusieurs conséquences.

La première est que les juges doivent être indépendants. En particulier, ils ne doivent pas être révocables, ni par le pouvoir législatif, ni par le pouvoir exécutif. Dans certains systèmes, on ajoute des exigences supplémentaires : ils ne doivent pas tenir leur nomination de l'un ou de l'autre, ce qui signifie en pratique qu'ils doivent être ou bien élus ou bien cooptés ; de même leurs carrières ne doivent pas dépendre des autres pouvoirs.

La seconde conséquence est que, à l'inverse, les juges ne doivent pas exercer d'autres fonctions que la fonction juridictionnelle. Ceci pose un problème délicat, celui de l'interprétation.

2. Le juge créateur

La théorie du syllogisme judiciaire repose entièrement sur l'idée que la prémisse majeure est pour le juge un donné, qu'il n'a aucun pouvoir de décision sur cette prémisse. Mais dans la réalité, il existe de nombreuses situations où le juge peut trouver plusieurs textes applicables à un même litige et conduisant à des solutions différentes et d'autres situations où il ne trouve aucun texte. Il est également possible et fréquent que le texte applicable soit porteur de plusieurs significations. Dans tous ces cas, il devient nécessaire de faire des choix et il n'est plus vrai de dire que les juges ne disposent d'aucun pouvoir. On est conduit, bien au contraire, à souligner que juger, c'est exercer un véritable pouvoir de création du droit.

Cette conception, qui s'est répandue à partir de la fin du XIXe siècle, implique elle aussi un certain nombre de conséquences : la fonction juridictionnelle n'est plus perçue comme une variété d'exécution, puisqu'elle ne consiste plus, en effet, dans l'exécution des lois. C'est une troisième fonction et l'on revendique au profit de ceux qui l'exercent le titre de « pouvoir judiciaire ». Elle doit être exercée par un pouvoir neutre : des juges professionnels indépendants. Ce troisième pouvoir peut servir de contrepoids aux deux autres : il peut contrôler les actes du pouvoir exécutif et même ceux du pouvoir législatif.

B Les solutions

Les solutions adoptées dans les différents systèmes constitutionnels sont extrêmement variables et s'inspirent de l'une ou l'autre conception avec une rigueur variable. On peut, pour simplifier, considérer que la Révolution française a appliqué rigoureusement la conception du jugement-syllogisme et que les solutions adoptées postérieurement en France ou, dans d'autres pays, empruntent aux deux modèles.

1. Les solutions françaises de l'époque révolutionnaire

Elles se caractérisent par la volonté de spécialiser le juge dans la production de syllogismes. Il importe donc que les prémisses soient pour lui un donné sur lequel il n'aura aucune prise. Pour la prémisse mineure, qui décrit un fait, la solution est simple : ce n'est pas le juge, mais un jury qui l'établira. Quant à la prémisse majeure, la règle générale à appliquer, il ne peut s'agir que d'une loi, c'est-à-dire d'un acte adopté par le Parlement. Il faut donc faire en sorte que le juge n'ait aucune prise sur la loi. Ceci implique deux interdictions.

La première concerne les arrêts de règlements. Il s'agissait de décisions des Parlements de l'Ancien Régime, qui ne tranchaient pas un litige précis, mais contenaient l'énonciation d'une règle générale et abstraite. L'interdiction de ces arrêts, qui constituaient une immixtion dans l'exercice du pouvoir législatif, est formulée dans la loi des 16-24 août 1790, puis à nouveau dans l'article 5 du Code civil. Elle est donc toujours en vigueur.

La seconde porte sur l'interprétation. Sur ce point, on se trouve devant un dilemme : d'une part, on estime que l'interprétation des lois permet de leur accorder à volonté telle ou telle signification et n'est en définitive, comme les arrêts de règlements, qu'une usurpation du pouvoir législatif. C'est pourquoi on refuse l'idée que la jurisprudence puisse être une source du droit. Mais d'autre part, si le juge ne peut jamais interpréter, comme la loi peut être obscure, certains litiges ne pourront jamais être résolus. La solution, ingénieuse mais difficilement praticable, consista à distinguer deux types d'interprétation. En premier lieu, il faut interdire rigoureusement aux juges, toute interprétation par voie de dispositions générales et abstraites, qui équivaudraient à des arrêts de règlement. Mais, en second lieu, il faut leur permettre et même les obliger à interpréter la loi, lorsque cette interprétation est nécessaire pour résoudre un litige concret (interprétation dite *in concreto*). Cette obligation est formulée expressément à l'article 4 du Code civil.

La difficulté provient de l'existence d'une multiplicité de tribunaux, qui peut faire craindre qu'une loi ne soit interprétée dans un sens à Bordeaux et dans un autre sens à Lille. Si l'on organise une hiérarchie de juridictions, dans le but d'assurer par le jeu des appels une unité d'interprétation, on verra se former une *jurisprudence*, c'est-à-dire un ensemble de règles générales émanant des juges, précisément ce qu'on voulait éviter. C'est pourquoi, les révolutionnaires imaginent le référé législatif : on crée un tribunal de cassation, établi auprès du corps législatif qui cassera les décisions reposant sur une fausse interprétation de la loi et prononcera une interprétation *in concreto* correcte. Mais, en cas de désaccords répétés entre le tribunal de cassation et les cours d'appel de renvoi, *on présumera* qu'une interprétation générale, dite *in abstracto*, devient nécessaire et, comme il s'agit là d'un acte de législation, c'est le pouvoir législatif lui-même qui rendra cette interprétation (Hufteau, 1965).

En pratique, cette solution n'a pas donné les résultats escomptés. D'une part les juges, terrifiés, spécialement pendant la période révolutionnaire, par l'interdiction d'interpréter *in abstracto*, s'abstiennent d'interpréter, même *in concreto*, ce qui aboutit à de véritables dénis de justice. D'autre part, la procédure qui doit permettre au législateur d'interpréter la loi est si lourde qu'elle n'aboutit jamais. Aussi, le référé législatif sera-t-il définitivement aboli en 1837. C'est désormais la Cour de cassation, qui donnera de la loi une interprétation qui s'impose à tous. On consacre ainsi l'avènement de la jurisprudence comme source du droit.

2. Les solutions contemporaines. La théorie du pouvoir judiciaire

Dès lors que la jurisprudence est une source de droit et que les juges ne sont plus considérés exclusivement comme une autorité d'application de la loi, on parle parfois comme un troisième pouvoir, le pouvoir judiciaire. Cependant, si l'on donne à l'expression une signification non seulement fonctionnelle, mais organique, on ne peut parler d'un véritable pouvoir judiciaire qu'à un certain nombre de conditions, qui sont rarement remplies.

Notons d'abord qu'il n'est pas nécessaire de s'arrêter aux termes employés par le texte constitutionnel. Il arrive en effet qu'un chapitre soit intitulé « pouvoir judiciaire », comme dans la constitution française de 1791, alors que les juges ne disposent pas d'un véritable pouvoir et sont même maintenus dans une situation subordonnée ou au contraire lorsqu'ils sont investis de compétences très réelles tout en étant désignés comme une simple « autorité judiciaire ».

C'est donc l'organisation des tribunaux et l'étendue de leurs attributions qui doit être examinée. En réalité, il est utile de distinguer deux sens très différents de l'expression « pouvoir judiciaire ».

Au sens large, l'expression désigne simplement l'indépendance et spécialement l'inamovibilité des juges, qui peuvent exercer la fonction juridictionnelle à l'abri de toute influence du pouvoir législatif ou du pouvoir exécutif. L'essentiel est qu'ils ne puissent être révoqués par les autres pouvoirs. Mais il peut exister des variations considérables dans les procédés de recrutement, de nomination, d'avancement ou dans l'exercice du pouvoir disciplinaire sur les juges. Dans les pays de *Common Law*, les juges sont désignés selon des procédés divers, élection ou nomination ; ils sont choisis parmi les juristes déjà expérimentés, avocats ou professeurs de droit, mais ils ne forment pas un corps unique au sein duquel ils feraient carrière. Si l'on parle néanmoins d'un pouvoir judiciaire, c'est en raison de leur indépendance. Dans les pays de l'Europe continentale, l'indépendance est organisée différemment : il existe des corps de magistrats, recrutés par concours, comme les autres fonctionnaires. Leur carrière se déroule au sein de ces corps et leur avancement est réglé par un conseil de la magistrature, composé au moins en partie de représentants élus des magistrats. C'est ce conseil qui exerce également le pouvoir disciplinaire.

Il faut signaler le problème particulier du parquet. On appelle ainsi l'ensemble des magistrats qui exercent notamment les poursuites en matière pénale. Ils revendiquent parfois, comme en France (14), un statut analogue à celui des juges du siège et notamment les mêmes garanties d'indépendance. Ce statut ne leur est généralement reconnu que lorsque, comme en Italie, la loi ne leur confère pas le pouvoir discrétionnaire d'exercer ou non les poursuites.

Au sens étroit, qui est aussi le sens fort, on parle de pouvoir judiciaire quand on le conçoit comme un contre-pouvoir. Ceci implique d'une part que, pour que les tribunaux soient en mesure de faire contrepoids au pouvoir législatif, ils puissent contrôler la constitutionnalité des lois

---

(14) Voir *infra*.

et d'autre part que la carrière des magistrats ne dépende en rien du pouvoir exécutif, qui ne doit pouvoir ni les promouvoir, ni les sanctionner, ni *a fortiori* les révoquer. Ces deux propositions peuvent d'ailleurs faire l'objet d'une interprétation radicale, la première pour signifier que le contrôle de constitutionnalité ne doit pas être exercé par une cour constitutionnelle spécialisée, comme c'est en général le cas en Europe, mais par les tribunaux ordinaires, sous l'autorité d'une cour suprême, la seconde de telle manière que ce ne sont pas seulement les juges, mais aussi les autorités de poursuite, les procureurs, qui devraient être considérés comme faisant partie du pouvoir judiciaire et bénéficier d'une totale indépendance.

Cependant, cette idée d'un pouvoir judiciaire au sens fort est difficilement compatible avec les théories démocratiques proclamées par toutes les constitutions contemporaines. Dans une démocratie, en effet, si le pouvoir législatif est exercé par les représentants du peuple souverain, on conçoit mal qu'il puisse exister un contre-pouvoir dans la personne de juges non élus.

§ 4. Les pouvoirs de crise

(Saint Bonnet, 2001).

Il peut se produire des événements auxquels les pouvoirs constitués sont incapables de faire face, soit parce qu'ils sont matériellement paralysés par ces événements eux-mêmes, soit tout simplement parce que la lenteur des procédures, le respect des droits et libertés fondamentaux ou la division des compétences les en empêchent. Qu'il s'agisse de guerres étrangères ou intérieures ou de catastrophes naturelles, on comprend que le respect de la constitution rende difficile, voire impossible de faire face à ces situations. Il peut même arriver que la crise menace la constitution elle-même. On peut alors estimer qu'il faut pouvoir agir et décider rapidement en dehors des formes constitutionnelles, c'est-à-dire en concentrant pour un temps tous les pouvoirs dans les mains d'un seul. C'est pourquoi, on a pu écrire que les périodes de crise nécessitaient un souverain et par voie de conséquence qu'elles fournissaient un véritable test permettant de déceler celui qui, dans l'État, est véritablement le souverain : c'est celui qui « décide de la situation exceptionnelle » (Schmitt, 1988). D'un point de vue juridique, deux cas peuvent se présenter : la constitution ne contient aucune règle relative aux circonstances exceptionnelles ou elle a au contraire cherché à aménager les pouvoirs permettant d'y faire face.

Si le texte constitutionnel ne comporte aucune disposition pour temps de crise, le législateur peut, en cas de besoin, prendre lui-même les mesures appropriées ou conférer des pouvoirs exceptionnels à une autorité distincte, l'exécutif, une partie de l'exécutif, l'armée. Ces pouvoirs exceptionnels excéderont ceux qui sont normalement exercés par ces autorités et même le pouvoir attribué par la constitution au législateur, s'ils comprennent par exemple des compétences judiciaires. On justifie cependant cette violation de la constitution par un principe non écrit, *« salus populi suprema lex »*, le salut du peuple — ou de la république ou de la constitution — est la loi suprême. En d'autres termes, il serait permis de suspendre — pour un temps — la constitution, si c'est le seul moyen de sauver la constitution.

Une telle solution comporte deux difficultés principales : la première est liée au statut du principe « salus populi... », qui n'est évidemment pas une norme juridique positive. Puisque le transfert des pouvoirs exceptionnels est, par hypothèse, dépourvu de base légale, le principe *salus populi...* peut facilement être invoqué non seulement par l'organe législatif, mais par n'importe quelle autre autorité, par exemple par l'armée. D'autre part, il n'y a aucune mesure objective de la nécessité de recourir à ce transfert de compétences et on peut concevoir sans trop de peine qu'une autorité quelconque prenne prétexte d'un péril imaginaire pour justifier l'usurpation du pouvoir.

La seconde difficulté concerne les constitutions qui s'efforcent de prévoir et régler ce type de situations. Les constituants se trouvent pris entre deux objectifs contradictoires : ou bien elles tentent de fixer des limites aux pouvoirs de crise de crainte d'un usage arbitraire, mais elles risquent de prescrire des règles qui, le moment venu, se révéleront inadéquates. Ou bien, elles privilégient l'efficacité, avec le risque inverse d'un usage arbitraire. Cela dit, les techniques et les règles sont extrêmement variées et peuvent être classées selon plusieurs axes, relativement à ce qu'elles prévoient pour la mise en œuvre des pouvoirs de crise, la détermination du bénéficiaire et les pouvoirs qui lui seront conférés.

1. La mise en œuvre

La constitution peut s'abstenir de définir les circonstances qui justifient la mise en œuvre de ces pouvoirs, parce qu'on estime que ces circonstances sont par nature imprévisibles et qu'une définition trop stricte empêcherait d'y faire face ou obligerait à une violation du droit.

Elle peut aussi tenter une telle définition. Les circonstances visées sont alors soit externes au système constitutionnel (guerre extérieure, insurrection, catastrophe naturelles (15)), soit internes au système, c'est-à-dire une paralysie du système constitutionnel lui-même, soit, comme en France, avec l'article 16, une combinaison de ces deux phénomènes.

Qu'une définition figure ou non dans le texte constitutionnel, celui-ci doit désigner l'autorité compétente pour constater officiellement que les circonstances qui justifient la mise en œuvre des pouvoirs se trouvent réalisées. Cette autorité peut être, comme en France, celle-là même qui exercera les pouvoirs exceptionnels, avec le risque évident d'un usage abusif. Mais il peut s'agir aussi d'une autorité différente, le Parlement ou une juridiction, avec ici un double risque : connivence avec le bénéficiaire des pouvoirs de crise ou au contraire rivalité avec ce bénéficiaire et impossibilité de jamais les mettre en œuvre.

2. Détermination du bénéficiaire

Il peut s'agir d'une autorité spécialement créée pour exercer ces pouvoirs pendant la période de crise (cas de la dictature romaine) ou d'une autorité instituée, par exemple l'armée ou l'un des pouvoirs publics constitutionnels, le plus souvent le chef de l'État.

3. Les pouvoirs conférés à cette autorité, qui peuvent être définis

— Par leur objet (assurer par tous moyens la conduite de la guerre ou le maintien de l'ordre ou simplement, comme en France, prendre les mesures exigées par les circonstances) ou par la nature des normes que leur détenteur est habilité à édicter : des normes de niveau législatif avec ou sans possibilité de déroger à la constitution, notamment pour limiter l'exercice des droits et libertés, des normes administratives ou même juridictionnelles, par dérogation aux compétences normales.

— Leurs modalités d'exercice : tous les pouvoirs peuvent être concentrés entre les mains d'un seul, pour être exercés sans aucune formalité, mais la constitution peut aussi exiger le respect de certaines procédures

(15) Les constitutions nouvelles de l'Europe de l'Est ajoutent les catastrophes écologiques, du type Tchernobyl.

notamment l'obligation de consulter certains organismes, voire de recueillir leur consentement.

— Le délai pendant lequel ils peuvent être exercés. Ce délai peut être fixé par la constitution elle-même. Il peut aussi être à la discrétion du bénéficiaire lui-même ou d'un tiers, soit l'autorité compétente pour mettre en vigueur ces pouvoirs exceptionnels, soit une autre.

— Le sort et les compétences des autres autorités. La mise en vigueur des pouvoirs de crise peut être liée à une suspension totale de la constitution, ce qui interdit aux autres pouvoirs publics constitutionnels de se réunir ou, au contraire, à une convocation immédiate de ces pouvoirs publics. Dans le deuxième cas, ils peuvent ou bien contrôler et sanctionner le contenu des décisions qui auront été prises ou la personne de leur auteur ou bien poursuivre leurs activités ordinaires ou bien encore exercer ces deux fonctions simultanément, contrôler et poursuivre leurs activités.

Sous-section 2
La désignation des gouvernants : Le scrutin

Lorsque le peuple est appelé à exprimer sa souveraineté par l'entremise de représentants, le procédé le plus couramment utilisé pour la désignation de ceux-ci est l'élection. Plusieurs questions se posent.

D'abord celle des conditions requises pour participer à cette élection. Qui peut exercer le droit vote (ou droit de suffrage) ?

Ensuite, l'élection elle-même est susceptible de modalités très différentes qui ne sont pas sans influence sur les résultats et, par conséquent, sur la portée du suffrage émis par les citoyens. L'étude de ces modalités conduit à distinguer différents modes de scrutin.

Enfin, le choix d'un mode de scrutin pose toujours des problèmes délicats et l'expérience montre qu'il peut être influencé par les intérêts des partis au pouvoir.

§ 1. Le droit de suffrage

En ce qui concerne l'attribution et l'exercice de ce droit, tous les pays ont connu depuis le XIXe siècle une évolution qui va dans le même sens et que l'on peut résumer en deux mots : universalité et égalité.

Universalité. — Primitivement réservé à un petit nombre de privilégiés, le suffrage n'est plus subordonné aujourd'hui à des conditions de revenu, d'instruction ou de sexe mais seulement à des conditions d'âge et de nationalité. Dans la plupart des pays, l'âge de la majorité électorale est aujourd'hui de dix-huit ans. Et tous les ressortissants nationaux sont électeurs lorsqu'ils atteignent cet âge minimum, sauf s'ils se trouvent dans un cas d'incapacité morale ou intellectuelle constaté par une décision de justice. C'est en ce sens que l'on peut parler de suffrage universel. Dans certains États, toutefois, les nationaux ne sont électeurs que dans la mesure où ils résident dans le pays. En France, au contraire, la condition de résidence n'est pas exigée. Pour les élections à l'Assemblée nationale, les français résidant à l'étranger sont rattachés à une circonscription territoriale. Pour les élections au Sénat, ils ont leurs propres représentants.

Il convient de noter que le suffrage universel n'a été vraiment réalisé qu'à une date relativement récente. En France, il a fallu attendre 1945 pour que les femmes puissent voter. Aux États-Unis c'est seulement en 1964 que fut adopté le XXIVe amendement interdisant les taxes électorales (*poll taxes*) qui permettaient d'écarter du corps électoral, dans certains États, environ 15 % de la population (essentiellement les afro-américains).

Et aujourd'hui encore, sans cesser d'être universel, le suffrage peut être *indirect*, c'est-à-dire qu'au lieu d'être désigné par l'électeur lui-même, les représentants le sont par des personnalités elles-mêmes élues au suffrage universel. Ce suffrage indirect ou à deux degrés est, par exemple, celui qui est actuellement utilisé en France pour l'élection des sénateurs.

Égalité. — La démocratie n'implique pas seulement l'universalité du suffrage. Il faut également que la voix de chaque électeur pèse exactement le même poids, quels que soient son niveau d'instruction, son état civil, sa profession ou sa situation de fortune. Il n'en a pas toujours été ainsi. Certains pays ont connu autrefois l'institution du vote plural : en Belgique, par exemple, sous le régime de la Constitution de 1831, un célibataire sans fortune et sans diplôme n'avait qu'une voix, alors qu'un homme marié, propriétaire foncier et titulaire d'un diplôme universitaire pouvait disposer de quatre voix ; au Royaume-Uni, le vote plural a subsisté jusqu'en 1950. Mais il a aujourd'hui complètement disparu. En théorie tout au moins, le principe « un homme, une voix » a partout triomphé. En pratique, il subsiste parfois encore des inégalités, mais elles ne sont plus liées à des distinctions sociales : elles résultent soit du découpage des circonscriptions, soit de la représentation de certaines collectivités territoriales.

Si deux circonscriptions élisent le même nombre de représentants, alors que leur population d'électeurs est différente, la voix d'un électeur de la circonscription la moins peuplée pèse évidemment plus lourd. Pour éviter de telles inégalités, il ne suffit pas que le découpage ait été effectué à l'origine de façon égalitaire ; il faut encore qu'il puisse être révisé périodiquement pour tenir compte des évolutions démographiques. Ceci suppose, d'une part, l'organisation de recensements de la population à des intervalles relativement rapprochés et, d'autre part, une surveillance exercée par un organisme indépendant (juge constitutionnel par exemple) pour s'assurer que le découpage est effectivement modifié en tenant compte des résultats de ces recensements.

Mais on estime parfois que ce ne sont pas seulement les hommes, mais les territoires eux-mêmes qui doivent être représentés. C'est particulièrement net dans les États fédéraux, où l'on considère que les États membres ont des intérêts propres et qu'ils doivent être représentés de façon non directement proportionnelle à leur population. Dans certains cas, aux États-Unis par exemple, tous les États élisent le même nombre de sénateurs à la Chambre haute, quelle que soit leur population, alors même que celle-ci peut varier de moins d'un million, comme en Alaska, à plus de trente millions, comme en Californie. Mais même dans les États unitaires comme la France, les collectivités territoriales peu peuplées bénéficient à la seconde Chambre d'une surreprésentation.

On peut aussi calculer le nombre de représentants auquel aura droit une circonscription en fonction d'autres critères que ceux tirés du nombre des électeurs. Ainsi, aux États-Unis, dans les années qui ont suivi la mise en place de la constitution, chaque État pouvait envoyer à la Chambre des représentants un nombre d'élus calculé sur la base du nombre des électeurs augmenté des 2/3 du nombre des esclaves.

§ 2. Les différents modes de scrutin

La *summa divisio* des modes de scrutin est fondée sur l'opposition des systèmes majoritaires et des systèmes proportionnels. Mais de nombreux pays ont adopté un système mixte, qui combine, selon des modalités variables, des éléments majoritaires et proportionnels.

A Les systèmes majoritaires

1. Généralités sur les scrutins majoritaires

Le propre des *scrutins majoritaires* c'est que, dans chaque circonscription, le ou les sièges sont attribués en bloc aux candidats ou à la liste arrivé en tête ; en d'autres termes, les tendances minoritaires ne sont pas représentées et les voix qui se sont portées sur elles sont perdues.

Le scrutin majoritaire peut se pratiquer dans le cadre de grandes circonscriptions où l'électeur doit choisir une liste de candidats. C'était le cas en France sous la seconde République, où les députés étaient élus dans le cadre départemental (16). Mais, aujourd'hui, en ce qui concerne tout au moins les élections législatives, les pays restés fidèles au scrutin majoritaire le pratiquent plutôt dans le cadre de petites circonscriptions où un seul siège est à pourvoir. Ce cadre présente un double avantage : d'une part, les rapports entre les candidats et les électeurs sont plus personnalisés ; d'autre part, plus les circonscriptions sont nombreuses, plus il y a de chances que la majorité ne soit pas la même partout, ce qui atténue quelque peu l'effet monolithique du principe majoritaire.

Les trois formes de scrutin majoritaire les plus répandues sont : le scrutin uninominal à un seul tour de type britannique ; le scrutin majoritaire uninominal à deux tours de type français ; et enfin le vote alternatif que l'on peut désigner sous le nom de système australien car c'est surtout dans ce pays qu'il est pratiqué.

2. Le scrutin majoritaire uninominal à un seul tour (système britannique)

C'est le plus simple de tous les modes de scrutin : un seul siège est à pourvoir dans chaque circonscription, l'élection se joue en un seul tour, et le candidat qui a recueilli le plus de voix est élu, sans qu'il ait à satisfaire à la condition d'un pourcentage minimum par rapport

---

(16) En France, le scrutin majoritaire de listes est encore utilisé pour les élections municipales dans les communes de moins de 3 500 habitants mais les listes ne sont pas bloquées ce qui permet aux électeurs d'écarter un nom et de le remplacer par un autre.

aux suffrages exprimés ou aux électeurs inscrits. Ce système, que les auteurs anciens désignaient généralement sous le nom de scrutin à la pluralité des voix, est traditionnel au Royaume-Uni. Pour les Anglo-Saxons, c'est une institution tellement fondamentale qu'ils lui ont donné un nom spécial : le *« First-Past-The-Post »* (FPTP) (17). Sous sa forme pure, le FPTP n'est pas pratiqué en Europe continentale, mais il est assez répandu dans le monde anglo-saxon et dans les pays du Commonwealth. On l'utilise notamment au Canada, aux États-Unis et en Inde. C'est donc le mode de scrutin en vigueur dans les deux démocraties les plus peuplées du monde.

Il exerce une influence importante sur la vie politique en incitant l'électeur à « voter utile », c'est-à-dire à donner son suffrage au candidat qui, sans répondre exactement à ses vœux, en est cependant le plus proche. Comme il n'a qu'un coup à jouer, l'électeur l'utilise pour éliminer le candidat dont il ne veut pas. Conscientes de cette attitude psychologique, les différentes forces politiques se regroupent de telle sorte que la compétition électorale s'apparente à un combat entre deux camps. Le FPTP conduit donc, sinon toujours au bipartisme, comme en Grande-Bretagne et aux États-Unis, du moins à une bipolarisation assez nette de la vie politique : en Inde, par exemple, en dépit de l'immensité du pays, de sa diversité ethnique et religieuse, les principales forces politiques se sont regroupées en deux grandes coalitions, dirigées, l'une par un parti laïque, le parti du congrès, au pouvoir depuis les élections de 2004, et l'autre par un parti traditionaliste de tendance hindouiste, le Bharatiya Janata Party (BJP).

Cette structuration bipolaire se combine généralement avec la surreprésentation du parti vainqueur car dans toutes les circonscriptions où son candidat arrive en tête, les voix recueillies par les autres candidats sont perdues (18). Cette surreprésentation permet au parti vainqueur d'obtenir

(17) Cette dénomination a été vraisemblablement inspirée par une comparaison entre l'élection d'un député et la course à pied : de même que le gagnant de la course est celui qui franchit le premier le poteau d'arrivée, parce qu'il a couru plus vite que n'importe lequel de ses concurrents, de même le vainqueur de l'élection est celui qui a recueilli plus de suffrages que n'importe quel autre candidat.

(18) On a tenté de formaliser cet effet de surreprésentation au moyen d'une relation mathématique connue sous le nom de loi du cube : en supposant que les voix du parti majoritaire et celles du parti minoritaire soient dans un rapport de 5/4, les sièges qu'ils obtiendront seront dans un rapport de (5/4) à la puissance 3, c'est-à-dire dans cet exemple 124/62, ce qui est évidemment très favorable au parti majoritaire. Bien entendu, cette relation n'exprime qu'une tendance générale qui n'est pas toujours vérifiée, même d'une manière approximative, par les résultats d'une élection déterminée.

plus de la moitié des sièges alors qu'il obtient moins de la moitié des voix au plan national.

Le FPTP présente de notables avantages : en votant pour un député, les électeurs choisissent également un Premier ministre et une équipe gouvernementale ; il existe une majorité nette au sein du Parlement, de sorte que la stabilité gouvernementale est pratiquement garantie pendant toute la durée de la législature ; enfin, comme il suffit généralement d'un faible déplacement de voix pour provoquer un renversement de majorité, l'alternance est toujours possible, ce qui permet aux électeurs de sanctionner une équipe qui les a déçus.

Mais le scrutin de type britannique suscite également de nombreuses critiques : en premier lieu, on lui reproche de simplifier abusivement et de figer le paysage politique car les tiers partis et les nouveaux courants sont généralement tenus à l'écart du Parlement ; en second lieu, ce qui est paradoxal pour un système majoritaire, le gouvernement ne représente souvent qu'une minorité de l'électorat car, grâce à l'effet amplificateur du mode de scrutin, un parti ou une coalition peut obtenir assez facilement la majorité absolue des sièges avec moins de 50 % (19), parfois même moins de 40 % des voix ; enfin, dans les circonscriptions durablement acquises à l'un ou l'autre des deux blocs, la voix des électeurs flottants est pratiquement neutralisée, car elle ne peut avoir aucune influence sur la répartition des sièges.

C'est pourquoi, dans certains au moins des pays où il est traditionnellement utilisé, le scrutin de type britannique est aujourd'hui contesté par une fraction importante de l'opinion. La Nouvelle-Zélande y a renoncé en 1993 à la suite d'un référendum. Et même en Grande Bretagne, avant les élections de 1997, la contestation était suffisamment importante pour que Tony Blair, en tant que chef de l'opposition, ait promis, s'il gagnait les élections, de nommer une commission indépendante chargée de faire un rapport sur la réforme du mode de scrutin. Dans son rapport remis en 1998, cette commission a proposé le remplacement du système en vigueur par un système mixte, combinant le scrutin majoritaire et la représentation proportionnelle.

3. Le scrutin majoritaire uninominal à deux tours (système français)

La différence avec le système précédent tient au fait que le premier tour n'est pas nécessairement décisif : il ne l'est que si l'un des candidats

(19) Le parti vainqueur est presque toujours celui qui a obtenu la majorité relative des voix. Mais exceptionnellement, il peut arriver qu'il ait un peu moins de voix que le principal parti de l'opposition, lorsque les voix de ce dernier sont concentrées dans un petit nombre de circonscriptions. Ainsi, en 1951, au

parvient à rassembler sur son nom la majorité absolue des suffrages exprimés ainsi qu'une proportion minimum des électeurs inscrits (25 % selon la loi française actuellement en vigueur). Dans le cas contraire, un second tour est organisé une semaine plus tard et, comme dans le système britannique, le siège est alors attribué au candidat qui recueille le plus grand nombre de voix, même s'il ne s'agit que d'une majorité relative.

Ce système, que l'on désigne parfois sous le nom de « scrutin d'arrondissement », est presque aussi traditionnel en France que l'est le FPTP dans les pays anglo-saxons. Il était déjà en vigueur durant la première moitié du XIXe siècle, sous la Restauration et la Monarchie de Juillet ; la Seconde République lui à préféré le scrutin de listes départemental mais l'une des premières initiatives de Louis Napoléon Bonaparte, après son coup d'État du 2 décembre 1851, fut de le rétablir ; la Troisième République ne l'a écarté que durant de brèves périodes, de 1885 à 1889 et de 1919 à 1927 ; la Quatrième République avait choisi le scrutin proportionnel de listes mais dès 1958, lors de l'avènement de la Cinquième République, on est revenu au scrutin d'arrondissement. Cependant, en 1985, durant le premier septennat de F. Mitterrand, la proportionnelle de listes fut de nouveau adoptée, conformément à ce qui avait été prévu dans le programme commun de l'union de la gauche ; mais dès l'année suivante, à la suite de l'alternance, J. Chirac étant Premier ministre, on rétablit le scrutin d'arrondissement, parce qu'il paraissait s'accorder mieux avec la logique majoritaire du régime. Sans être une constante de la vie politique française, le scrutin d'arrondissement semble donc correspondre à une tendance profonde, que l'on n'est jamais parvenu à écarter durablement.

Sa longévité est probablement due au fait que c'est un scrutin très personnalisé, comme tous les scrutins uninominaux, mais politiquement moins réducteur que le système britannique car, le premier tour n'étant généralement pas décisif, de nombreux candidats peuvent y tenter leur chance. Il tend également à structurer la vie politique selon une configuration binaire, mais de façon beaucoup moins nette que le FPTP. Sous la Troisième République, le scrutin d'arrondissement a été utilisé dans douze élections sur quinze, mais on ne peut pas dire qu'il ait exercé une influence bipolarisatrice car il y avait beaucoup de formations politiques et les frontières entre la majorité et l'opposition n'étaient généralement ni très nettes ni très stables. En revanche, sous la Cinquième République, le scrutin d'arrondissement a probablement contribué à la

---

Royaume-Uni, les conservateurs ont obtenu 321 sièges avec 48 % des voix et les travaillistes seulement 295 avec 48,8 % des voix.

bipolarisation de la vie politique mais son influence s'est combinée avec d'autres facteurs allant dans le même sens, notamment le droit de dissolution et l'élection présidentielle au suffrage universel direct selon un système de scrutin majoritaire à deux tours obligeant les électeurs à choisir entre deux candidats seulement au second tour.

4. Le vote alternatif (système australien)

Il s'agit d'un scrutin uninominal à un tour, comme le scrutin de type britannique ; mais au lieu de sélectionner un seul candidat, l'électeur doit les classer tous (ou en classer au moins deux) selon l'ordre de ses préférences. Le principe est le suivant : si un candidat obtient la majorité absolue des voix (c'est-à-dire des préférences de premier rang), il est élu. Dans le cas contraire, le candidat qui a obtenu le moins de voix est éliminé, et les secondes préférences de ses électeurs sont reportées sur les candidats restant en lice. Si, à la suite de ce report, un candidat obtient la majorité absolue des voix, il est élu. Dans le cas contraire, l'opération peut être recommencée jusqu'à ce qu'une majorité absolue se dégage.

Du point de vue de la technique électorale, c'est un scrutin majoritaire parce que l'on n'aboutit pas à un partage des sièges : le candidat élu est celui qui totalise le plus grand nombre de préférences, tous les autres étant éliminés. Mais il est tout de même un peu proportionnaliste dans son esprit dans la mesure où l'électeur est appelé à voter successivement pour plusieurs candidats.

Comparé au scrutin de type britannique, le vote alternatif présente deux avantages : en premier lieu, l'électeur est plus libre de ses choix car la contrainte de « voter utile » est beaucoup moins forte. Il peut, par exemple, voter, en première position, pour un candidat très proche de ses idées, même si celui-ci n'a pas beaucoup de chances, et, en deuxième position seulement, pour le candidat le plus susceptible de barrer la route à celui dont il ne veut pas. En second lieu, la légitimité des élus est renforcée car la majorité absolue des préférences reflète nécessairement un consensus assez large. Mais, dans l'ensemble, les partis politiques ne sont pas très favorables à ce mode de scrutin auquel ils reprochent d'empêcher les électeurs de s'identifier à un parti déterminé, en les invitant à classer des candidats appartenant à différents partis.

Le vote alternatif est utilisé pour l'élection de la Chambre basse du parlement fédéral australien ; en Europe, il n'est utilisé que pour l'élection du Président de la République d'Irlande, qui est choisi directement par le peuple, comme en France.

Les pays européens autres que la France ou le Royaume-Uni ont préféré adopter des scrutins proportionnels ou des scrutins mixtes.

B Les systèmes proportionnels

1. Généralités sur les scrutins proportionnels

Le propre de ces scrutins, c'est qu'ils tendent à répartir les sièges proportionnellement au nombre de suffrages obtenus par les candidats ou les listes correspondant aux différentes tendances de l'opinion. La composition du Parlement reproduit donc assez exactement l'état des forces politiques dans le pays. C'est pourquoi la proportionnelle est souvent associée à l'idée de justice ou de légitimité, alors que les défenseurs du scrutin majoritaire ont plutôt tendance à mettre en avant des arguments d'efficacité.

La proportionnelle risque de rendre plus difficile la formation d'un gouvernement appuyé sur une majorité stable. Mais l'importance de ce risque est fonction du contexte politique. L'expérience montre que la proportionnelle fonctionne généralement mal dans les pays où l'on trouve des partis extrémistes puissants et de bords opposés, parce que ces partis ne peuvent pas s'allier entre eux et refusent le plus souvent de s'allier avec les partis du centre : l'assise de la majorité gouvernementale est donc assez restreinte. Ainsi la proportionnelle a-t-elle contribué à provoquer la chute de la République de Weimar en Allemagne (1919-1933), et celle de la IVe République en France (1946-1958).

Au contraire, lorsqu'il n'y a pas de partis extrémistes puissants, la proportionnelle ne génère pas nécessairement l'instabilité car les principaux partis représentés au sein de l'assemblée peuvent s'entendre pour gouverner ensemble ; dans ce cas, il arrive même qu'on aboutisse à une stabilité plus grande que dans les pays à scrutin majoritaire, parce que la formule gouvernementale repose sur une entente tellement large qu'il n'y a plus d'alternance possible. En Suisse, par exemple, depuis 1959, le gouvernement est toujours composé selon une même formule, qui associe les quatre principaux partis représentés au Parlement, et que l'on qualifie de « magique », parce qu'elle garantit une parfaite stabilité.

Les effets politiques de la représentation proportionnelle dépendent également, dans une certaine mesure, des modalités selon lesquelles elle est mise en œuvre.

2. La mise en œuvre de la représentation proportionnelle

Le choix de la circonscription de base. — Il existe un petit nombre de pays (Israël, les Pays-Bas, la Pologne, et le Luxembourg notamment) qui, pour les élections législatives, mettent en œuvre la représentation proportionnelle dans le cadre d'une circonscription nationale unique (20). Ce procédé est parfois désigné sous le nom de « représentation proportionnelle intégrale » car le choix d'un tel cadre géographique permet d'attribuer à chaque liste un nombre de sièges correspondant presque exactement à la proportion de suffrages qu'elle a recueillie, en limitant au strict minimum les pertes dues à des restes non utilisées (21). Mais, sauf peut-être dans les pays de très petites dimensions, comme le Luxembourg, il comporte des risques sérieux : d'une part, dans la mesure où l'on se rapproche beaucoup de la représentation proportionnelle intégrale, les partis n'ont pas besoin de se regrouper pour obtenir des sièges, ce qui favorise la fragmentation politique des assemblées parlementaires et peut rendre très aléatoire la constitution d'une majorité cohérente et stable. Il est néanmoins possible de limiter cette tendance à la fragmentation en fixant un seuil minimum en dessous duquel aucune liste ne se verra attribuer des sièges (5 % des suffrages exprimés par exemple). D'autre part, l'ensemble des représentants étant désigné par l'ensemble des électeurs, les relations entre les premiers et les seconds sont dépersonnalisées, ce qui peut accentuer dans l'opinion une tendance à l'antiparlementarisme et au rejet de la classe politique.

C'est pourquoi, dans la plupart des pays qui l'ont adoptée, la proportionnelle est mise en œuvre dans le cadre de circonscriptions multiples qui correspondent généralement à l'une des grandes divisions administratives du territoire national. En France par exemple, quand elle s'appliquait aux élections législatives, la proportionnelle était un scrutin départemental et c'est encore vrai aujourd'hui pour les élections sénatoriales. Quant à l'élection des représentants de la France au Parlement européen, depuis la réforme du 12 avril 2003, elle a lieu à la représentation proportionnelle mais dans le cadre de huit circonscriptions interrégionales.

La répartition des sièges entre les listes. — Selon la démarche la plus courante, on détermine d'abord un quotient électoral, qui est égal

(20) Plusieurs pays utilisent la représentation proportionnelle dans le cadre d'une circonscription nationale unique pour l'élection de leurs représentants au Parlement européen. C'était notamment, jusqu'en 2003, le cas de la France.

(21) En fait, la représentation proportionnelle intégrale est une limite idéale que l'on ne parvient jamais à atteindre mais dont la circonscription nationale unique permet de se rapprocher sensiblement.

au nombre des suffrages exprimés divisé par le nombre des sièges à pourvoir. S'il n'y a pas une circonscription nationale unique, ce quotient doit normalement être calculé séparément pour chaque circonscription (22). On attribue à chaque liste autant de sièges que le nombre de voix qu'elle a obtenu comprend de fois le quotient électoral. Comme il n'arrive pratiquement jamais que le nombre de suffrages recueilli par chaque liste soit un multiple exact du quotient électoral, cette première opération ne permet pas de répartir la totalité des sièges.

Admettons par exemple qu'il y ait 5 sièges à pourvoir et 100 000 suffrages exprimés. Le quotient est : 100 000 : 5 = 20 000. La liste A avec 36 000 voix aura un député, la liste B avec 28 000 voix en aura un autre, mais les listes C (19 000 voix), D (10 000 voix), E (7 000 voix) n'en auront aucun. Il y a 36 000 suffrages inutilisés et il reste trois sièges à pourvoir.

Les sièges non encore attribués seront répartis en fonction des restes, mais différents procédés sont possibles. Les deux plus connus sont *le plus fort reste*, qui avantage les petits partis, et *la plus forte moyenne*, qui avantage plutôt les grands.

Le premier consiste à attribuer les sièges en suspens aux listes qui ont le plus grand nombre de suffrages inutilisés. En reprenant notre exemple, les trois mandats restants iront respectivement aux listes A (36 000 – 20 000 = 16 000 suffrages restants), C (19 000) et D (10 000). Pour un scrutin qui se veut proportionnel, le résultat n'est pas très juste puisque la liste B avec 28 000 voix aura obtenu un siège, comme la liste D avec 10 000 suffrages.

C'est pour corriger cette injustice qu'on a imaginé le procédé de la *plus forte moyenne*. Chacun des sièges restants est attribué à la liste pour laquelle la division du nombre de suffrages qu'elle a recueillis par le nombre des sièges attribués *plus un* donne le plus fort quotient.

Reprenons l'exemple précédent. Le calcul à la plus forte moyenne donne les chiffres suivants :

Liste A, 36 000 : 2 (1 siège pourvu + 1 fictivement ajouté) = 18 000 ; liste B, 28 000 : 2 (1 siège pourvu + 1 ajouté) = 14 000 ; liste C, 19 000 : 1 (1 siège fictivement ajouté) = 19 000 ; liste D, 10 000 : 1 = 10 000 ; liste E, 7 000 : 1 = 7 000. La liste C ayant le plus grand reste se verra attribuer un des sièges restants et on recommencera l'opération pour les deux autres sièges en divisant cette fois les suffrages de

(22) Toutefois, même dans ce cas, on peut calculer un quotient national unique qui est égal à la totalité des suffrages exprimés sur le territoire national divisé par le nombre de sièges à pourvoir. Ensuite, les sièges sont attribués en deux temps : dans le cadre de chaque circonscription dans le premier temps ; au plan national après regroupement des restes dans le second.

la liste C par 2 puisqu'elle vient d'obtenir un siège. C'est la liste A qui obtiendra un siège supplémentaire. Le dernier ira à la liste B qui, compte tenu des deux répartitions précédentes, aura la moyenne la plus élevée.

Une méthode connue sous le nom de système d'Hondt, du nom du mathématicien belge qui l'a inventée, permet de calculer directement les résultats de la répartition à la plus forte moyenne, sans être obligé de déterminer préalablement le quotient électoral.

On divise successivement par 1, 2, 3, 4, 5... le nombre de voix obtenues par chaque liste et on range les quotients dans leur ordre d'importance jusqu'à concurrence d'un nombre total de quotients égal au nombre de sièges à pourvoir. Le dernier quotient (le plus faible) s'appelle le chiffre répartiteur et sert de diviseur électoral. Chaque liste reçoit autant de sièges que le nombre de ses voix contient de fois le diviseur. En appliquant cette méthode à l'exemple précédent, on constate que le chiffre répartiteur est 14 000. Il en résulte que les listes A et B auront chacune 2 sièges, la liste C 1 siège.

La répartition des sièges à l'intérieur des listes. — En France, et dans la plupart des autres pays européens, la proportionnelle est mise en œuvre selon le système des « listes bloquées », ce qui signifie que l'électeur ne peut modifier ni la composition des listes (panachage), ni l'ordre de présentation des candidats (vote préférentiel). Les sièges attribués à une liste sont donc toujours répartis en suivant l'ordre de présentation des candidats, ce qui renforce l'autorité des états-majors des partis politiques, dans la mesure où cet ordre est généralement imposé par eux, ou du moins fixé avec leur accord. Au contraire, le « vote préférentiel » permet à l'électeur de choisir individuellement ses représentants parmi les candidats figurant sur une liste. C'est sans doute en Finlande que le principe du vote préférentiel est appliqué de la manière la plus systématique : l'électeur vote pour une liste présentée par un parti mais l'ordre des candidats qui y figurent reste indéterminé jusqu'à l'issue du scrutin. En même temps qu'il choisit une liste, l'électeur sélectionne le candidat auquel il accorde sa préférence, en marquant son nom d'une croix. La répartition des sièges s'effectue en deux temps : dans un premier temps, on calcule le nombre de sièges revenant à chaque liste selon la méthode habituelle ; dans un second temps, on détermine pour chaque liste les candidats auxquels ces sièges seront attribués en fonction du nombre de préférences qu'ils ont recueillies. Un candidat ne peut donc jamais être sûr d'être élu du seul fait qu'il figure sur la liste d'un parti. Il faut encore qu'il soit relativement populaire auprès des électeurs de sa circonscription.

Pour personnaliser encore davantage les relations entre les électeurs et leurs représentants, certains pays se sont dotés de systèmes très perfectionnés permettant de dissocier au moins partiellement la représentation proportionnelle du scrutin de liste.

3. Quelques formes particulières de représentation proportionnelle personnalisée

Le système du double vote. — Ce système, adopté en Allemagne après la Seconde Guerre mondiale, repose sur la combinaison de deux modes de désignation.

D'une part, chacun des 16 Länder est divisé en un certain nombre de circonscriptions de base. La moitié des membres du Bundestag (c'est-à-dire actuellement 299) sont élus dans le cadre de ces petites circonscriptions au scrutin majoritaire uninominal à un seul tour, comme en Grande Bretagne. On dit qu'ils détiennent un « mandat direct » parce que les électeurs les ont individuellement choisis.

Mais, d'autre part, chaque Land considéré dans son ensemble constitue une grande circonscription plurinominale et la seconde moitié des membres du Bundestag est élue à ce niveau, sur des listes bloquées. On dit qu'ils détiennent un « mandat de liste ».

Tout électeur dispose de deux voix.

Les premières voix sont des bulletins pour un candidat. Elles sont comptabilisées dans le cadre de la circonscription de base dans laquelle l'électeur est inscrit et servent à désigner l'élu direct de cette circonscription. Les secondes sont des bulletins pour un parti. Elles sont comptabilisées au niveau du Land et servent à désigner les élus de liste. Les deux voix sont dissociables, c'est-à-dire qu'un électeur est entièrement libre de voter avec sa seconde voix pour un parti autre que celui du candidat auquel il a donné sa première voix.

Au niveau du Land, on calcule à la représentation proportionnelle le nombre total de mandats auquel a droit chaque parti en fonction du nombre des secondes voix qu'il a recueillies. Mais pour avoir droit à des mandats de listes, il faut avoir obtenu au moins 5 % des secondes voix (ou trois sièges directs dans le Land). Pour l'attribution des mandats de liste, on déduit le nombre des mandats directs déjà obtenus par le parti. Par exemple, s'il y a 40 sièges au total à pourvoir dans un Land et si le parti A obtient 25 % des secondes voix et 4 sièges directs dans les petites circonscriptions, il aura droit à 10 sièges et le nombre des sièges de liste qui lui seront attribués sera égal à (10 – 4) = 6 ; le parti B qui a obtenu également 25 % des secondes voix mais seulement 2 sièges directs, aura droit à 8 sièges de liste etc. En d'autres termes, plus un parti obtient de « mandats directs », moins il aura de « mandats de liste » (23).

Il y a donc dans ce système une proportionnalité globale car le nombre total des mandats obtenus par un parti (mandats directs plus mandats de liste) doit être proportionnel au nombre de secondes voix que ce parti a recueillies. Il s'agit donc bien d'un système proportionnel et non d'un système mixte comme on le dit parfois. Mais malgré cette proportionnalité, le nombre des partis représentés au Bundestag n'est jamais très élevé (on en compte actuellement 5) et une coalition de deux partis suffit presque toujours à constituer une majorité (les sociaux démocrates et les verts depuis les élections du 22 septembre 2002). Cela s'explique non seulement par l'existence du seuil de 5 %, qui élimine les plus petits partis, mais aussi probablement par l'effet psychologique du double vote qui suscite, chez l'électeur, une sorte de réflexe majoritaire : en effet, bien que les deux voix soient théoriquement indépendantes, on constate que, dans plus de 85 % des cas, l'électeur vote de la même manière au niveau de la circonscription de base et au niveau du Land. Un parti qui est majoritaire par rapport aux premières voix a donc de bonnes chances de l'être également par rapport aux secondes voix.

En résumé, le système allemand est une forme de représentation proportionnelle très perfectionnée car, d'une part, il maintient un lien personnel direct entre les électeurs et une moitié de leurs représentants et, d'autre part, il limite l'éparpillement des forces politiques. Plusieurs pays d'Europe centrale ou orientale l'ont adopté lorsqu'ils sont passés du communisme au pluralisme politique. C'est notamment le cas de la Fédération de Russie (24).

Dans ce système, la personnalisation est tout de même limitée puisqu'une moitié des représentants sont élus sur des listes bloquées, contrôlées par les états-majors des partis. Au contraire, avec le vote unique transférable, tous les représentants sont individuellement désignés par les électeurs.

---

(23) Il arrive qu'un parti obtienne dans un Land un nombre de mandats directs supérieur au nombre total de mandats auxquels il a droit d'après ses secondes voix. Dans ce cas, le parti n'obtient aucun mandat de liste mais il garde tous ses mandats directs. Dans l'exemple ci-dessus, si un parti a obtenu 12 mandats directs, alors qu'il n'avait droit qu'à 10 mandats au total selon le décompte des secondes voix, les deux sièges supplémentaires lui restent acquis. Dans le Bundestag élu en 2002, on compte 5 sièges supplémentaires (4 pour les sociaux-démocrates et un pour les chrétiens démocrates) ce qui porte le nombre total des sièges à 603.

(24) La principale différence avec le système allemand réside dans le fait que les listes sont établies au niveau national et non au niveau des Länder.

Le système du vote unique transférable. — Parfois désigné sous le nom de système de Hare, d'après le nom de son inventeur, il est utilisé en République d'Irlande pour l'élection du Dail (première Chambre). À l'origine, il avait été imposé par les Britanniques pour garantir la représentation des minorités protestantes mais il semble que les Irlandais y aient pris goût car, à deux reprises, en 1959 puis en 1968, ils se sont prononcés par référendum pour le maintien de ce mode de scrutin.

Le vote unique transférable présente la particularité d'être un scrutin proportionnel sans listes. Il y a plusieurs sièges à pourvoir dans chaque circonscription mais les candidats doivent se présenter individuellement même si certains d'entre eux appartiennent à un même parti. Contrairement à ce qui se passe dans le système allemand, chaque électeur n'a qu'une voix. Mais cette voix est transférable si son candidat préféré a plus de voix qu'il n'en faut pour être élu ou s'il est éliminé. Pour permettre ce transfert, l'électeur classe les candidats sur son bulletin selon l'ordre de ses préférences.

Pour être élu, un candidat doit obtenir un quota de voix qui se calcule en divisant le nombre de bulletins valables par le nombre de sièges à pourvoir augmenté de 1 (25), et en en ajoutant une unité. Ce calcul, déconcertant en apparence, revêt une signification toute simple : le quota correspond au plus petit nombre entier suffisamment grand pour qu'il ne puisse pas être atteint par plus de candidats qu'il n'y a de sièges à pourvoir. Par exemple, s'il y 3 sièges à pourvoir et 8 000 suffrages exprimés, le quota sera égal à : $8\,000/(3 + 1) + 1 = 2001$ car il est mathématiquement impossible que plus de 3 candidats atteignent ce nombre.

Bien que la répartition des sièges nécessite des calculs relativement longs et compliqués, dans le détail desquels on n'entrera pas (voir sur ce point Cotteret et Emeri, 1999), la démarche générale est relativement simple : primo, quand un candidat a obtenu un nombre de voix supérieur au quota, il est déclaré élu et, s'il reste des sièges à pourvoir, le surplus de ses voix est réparti entre les candidats restant en lice en fonction des secondes préférences indiquées par ses électeurs ; secundo, quand aucun candidat n'a obtenu un nombre de voix au moins égal au quota, alors qu'il y a encore un ou plusieurs sièges à pourvoir, celui qui a obtenu le nombre de voix le plus faible est éliminé et ses voix sont réparties entre les candidats restant en piste en fonction des secondes préférences indiquées par ses électeurs.

Le vote unique transférable personnalise au maximum les rapports entre les électeurs et les élus mais, précisément pour cette raison, il

---

(25) Si la division ne tombe pas juste, on arrondit au nombre entier immédiatement inférieur.

peut avoir un effet destructurant sur les partis politiques, dans la mesure où la concurrence entre candidats appartenant à un même parti est arbitrée par les électeurs. Du fait de cette concurrence, les campagnes électorales sont généralement dominées par la politique locale plus que par la politique nationale, car c'est sur ce terrain qu'il faut se placer pour séduire les électeurs. C'est pourquoi l'on reproche parfois à ce mode de scrutin de ne pas mettre suffisamment en valeur les grandes options de politique intérieure ou extérieure.

Dans tous les systèmes qui viennent d'être étudiés, la proportionnalité que l'on cherche à réaliser porte sur la totalité des sièges à pourvoir : c'est ce qui les distingue des systèmes mixtes.

C Les systèmes mixtes

Ce sont des systèmes où la représentation proportionnelle s'applique seulement à une fraction des sièges, les autres étant attribués au scrutin majoritaire. L'objectif poursuivi est de dégager une majorité stable tout en permettant à chacune des grandes tendances de l'opinion d'obtenir une représentation au moins symbolique. Les modalités de la combinaison sont très variables.

Parfois, on distingue deux contingents de sièges, avec des candidatures distinctes, et des votes séparés. Par exemple en Italie, selon le système en vigueur depuis 1993, qui concerne aussi bien l'Assemblée nationale que le Sénat, 75 % des sièges sont attribués au scrutin majoritaire uninominal à un tour, et 25 % à la représentation proportionnelle. De même qu'en Allemagne, chaque électeur dispose de deux voix. Mais la seconde voix a moins de poids qu'en Allemagne car elle ne sert qu'à répartir les sièges du second contingent et non à réaliser une proportionnalité globale.

Parfois, au contraire, il n'y a pas de candidatures distinctes ni de votes séparés mais la liste arrivée en tête bénéficie d'un bonus qui lui confère un avantage décisif par rapport à ses concurrentes. En France, par exemple, pour les élections régionales, ainsi que pour les élections municipales dans les communes de 3 500 habitants ou plus, la liste arrivée en tête au second tour se voit attribuer 50 % des sièges, et les sièges restants sont répartis à la représentation proportionnelle entre toutes les listes.

§ 3. Le choix d'un mode de scrutin

D'après quels critères choisit-on un mode de scrutin ? Quelle est l'autorité compétente pour effectuer ce choix ? Et quelles sont les tendances générales concernant l'évolution des modes de scrutins ?

A Les critères du choix

La difficulté tient au fait que ces critères sont multiples et conduisent parfois à des solutions opposées.

Si l'on privilégie *la représentativité* (c'est-à-dire si l'on souhaite que les principales familles politiques soient représentées selon leur importance au sein du corps électoral), on choisira la représentation proportionnelle, et même si possible la représentation proportionnelle intégrale (voir *supra*).

Si l'on met plutôt l'accent sur la *gouvernabilité* (c'est-à-dire sur l'existence d'une majorité cohérente et stable apte à soutenir une équipe gouvernementale pendant toute la durée d'une législature) on aura au contraire intérêt à choisir le scrutin majoritaire ou un scrutin mixte.

Pour que le système soit *réactif*, c'est-à-dire pour que le basculement de quelques centiles de voix suffise à provoquer un changement de majorité, le scrutin majoritaire est également préférable, dans la mesure où il amplifie les effets des mouvements d'opinion (voir *supra*).

Enfin, le renforcement des liens de *proximité* entre les élus et les électeurs s'accommode mal des scrutins proportionnels avec listes bloquées. Il suppose soit le scrutin majoritaire uninominal, soit une forme personnalisée de représentation proportionnelle (voir *supra*).

Du fait même de la diversité de ces critères il est rare que le mode de scrutin en vigueur bénéficie d'une approbation générale. Sa réforme donne souvent lieu à des négociations difficiles entre les partis qui cherchent à constituer ensemble une alliance électorale. C'est pourquoi il est important de savoir quelle est l'autorité compétente pour le modifier.

B L'autorité compétente

Cette autorité dépend de la manière dont le mode de scrutin s'insère dans la hiérarchie des normes. À cet égard, la situation varie beaucoup selon les pays et l'on peut distinguer trois cas :

1) Le choix du mode de scrutin relève du domaine de la loi ordinaire.

C'est notamment le cas de la France, de l'Allemagne, de l'Italie, de la Grèce et du Royaume-Uni. Pour ce dernier pays, qui n'a pas de constitution écrite, on voit mal comment il pourrait en être autrement. Pour les autres, le silence de la Constitution sur ce point peut sembler paradoxal, car le mode de scrutin est l'un des éléments qui influent le plus profondément sur le fonctionnement du système politique.

2) Le principe directeur du mode de scrutin est fixé par la constitution mais ses modalités relèvent de la loi ordinaire.

C'est le cas de beaucoup de pays européens, notamment : l'Espagne, le Portugal, la Belgique, les Pays-Bas, le Danemark, l'Autriche, la Pologne et la République tchèque. Dans ces pays, le principe retenu est celui de la représentation proportionnelle, considérée comme une garantie des droits des minorités. Il faudrait donc une révision constitutionnelle pour revenir au scrutin majoritaire.

3) Non seulement le principe directeur mais aussi les principales modalités du système électoral sont fixées par la constitution. Deux pays de l'Union européenne se trouvent dans ce cas : l'Irlande (vote unique transférable) et le Luxembourg (proportionnelle de liste selon le système du plus petit quotient électoral). Le mode de scrutin est donc encore mieux protégé que dans l'hypothèse précédente et l'expérience montre qu'il peut être extrêmement difficile de le modifier. C'est ainsi qu'en Irlande, deux tentatives de remplacement du vote unique transférable par le scrutin uninominal à un tour de type britannique ont échoué, en dépit du soutien du gouvernement et de la majorité parlementaire, parce que ce remplacement supposait une révision constitutionnelle qui ne pouvait être adoptée que par référendum.

La question de la constitutionnalisation du mode de scrutin est importante car la majorité parlementaire a naturellement tendance à privilégier le système qui lui est le plus favorable, comme le montrent les exemples de la France et du Royaume-Uni.

En France, il est arrivé que la majorité parlementaire manipule le système électoral pour tenter d'éviter une défaite électorale cuisante : en 1951, par exemple, fut introduit le système des apparentements qui limitait la représentation proportionnelle pour favoriser les partis du centre, menacés d'être mis en minorité par la double poussée de la gauche communiste et de la droite gaulliste (voir *infra*) ; inversement, en 1985, à la veille d'élections qui risquaient d'être triomphales pour l'opposition, la représentation proportionnelle fut substituée au scrutin majoritaire (voir *supra* et *infra*). Pour éviter de telles manipulations, il a parfois été proposé de constitutionnaliser le mode de scrutin (26).

---

(26) Cette constitutionnalisation paraît difficilement réalisable en raison des particularités du contexte français et européen. D'un côté, on ne souhaite pas constitutionnaliser la représentation proportionnelle, car cela risquerait de remettre en cause le parlementarisme majoritaire qui est à la base des institutions de la Ve République. Mais d'un autre côté, on hésite à constitutionnaliser le principe majoritaire, car cela irait à contre-courant de la tendance dominante en Europe, favorable à la consolidation de la représentation proportionnelle en tant que garantie des droits des minorités. À défaut de constitutionnalisation, une disposition législative non insérée dans le Code électoral (art. 7 de la loi du 11 déc. 1990) prévoit qu'il ne peut être procédé à aucun découpage des circonscriptions électorales dans l'année précédant l'échéance normale de renouvellement des assemblées concernées. Bien qu'elle ne vise pas directement le mode de scrutin,

Au Royaume-Uni, la réforme du mode de scrutin est fréquemment mise à l'étude mais sa mise en œuvre est toujours renvoyée à plus tard. L'explication de ce paradoxe tient au fait que les partis qui souhaitent vraiment la réforme sont précisément ceux que le système en vigueur empêche d'accéder au pouvoir. Ce dernier, c'est-à-dire le scrutin uninominal à un tour, favorise une alternance entre les deux principaux partis, travailliste et conservateur. Aucun des deux n'a donc intérêt à le changer. Parfois cependant, afin d'élargir son audience, le parti qui se trouve dans l'opposition s'engage à réexaminer la question de la réforme électorale lorsqu'il reviendra au pouvoir. Mais rien ne l'oblige à tenir ses engagements.

Il est intéressant de noter que, dans les pays où existe un référendum d'initiative populaire, cette procédure est parfois utilisée pour faire aboutir une réforme électorale non souhaitée par la majorité parlementaire. Par exemple, en Suisse, au début du siècle, c'est à la suite d'une initiative populaire que la proportionnelle a été substituée au scrutin majoritaire. En Italie, en 1993, c'est également à la suite d'un référendum abrogatif d'initiative populaire que le système électoral a été profondément réformé mais en sens inverse, c'est-à-dire pour limiter la représentation proportionnelle (Hamon, 1997b).

C Les tendances générales

Les démocraties représentatives les plus anciennes ont toutes commencé par utiliser, sous une forme ou sous une autre, le scrutin majoritaire. Cela tient probablement au fait que, au XIXe siècle, les partis politiques n'étaient pas encore très développés et la représentation était alors conçue dans un esprit essentiellement individualiste : on choisissait un représentant, non pas en fonction d'une étiquette, mais plutôt en raison de sa notoriété, des qualités qu'on lui prêtait. Au siècle suivant, les partis se sont multipliés et structurés et la représentation a pris un caractère plus idéologique : désormais, on votait moins pour des personnes que pour des programmes. Les partis devenant les principaux acteurs de la vie politique, il paraissait logique qu'au moins les plus importants d'entre eux fussent représentés au Parlement. On a donc assisté à un glissement général vers la représentation proportionnelle, sauf dans les pays anglo-saxons où les contraintes du scrutin majoritaire étaient mieux acceptées parce qu'il existait une forte tradition de bipartisme.

---

on estime généralement que cette disposition exclut qu'il puisse être modifié pendant la dernière année d'une législature.

Cependant, même en dehors des pays anglo-saxons, la proportionnelle ne s'est pas installée partout durablement. En France, depuis l'expérience malheureuse de la IVe République, elle est généralement associée à l'idée d'instabilité gouvernementale, et le scrutin majoritaire apparaît à beaucoup comme l'un des éléments essentiels du régime de la Ve République, bien qu'il ne soit pas inscrit dans la Constitution. De même, en Italie, au début des années 1990, on a assisté à un rejet massif de la représentation proportionnelle, à laquelle on reprochait de provoquer l'instabilité gouvernementale tout en permettant à quelques partis politiques de se maintenir indéfiniment au pouvoir.

Dans les nouvelles démocraties d'Europe centrale ou orientales, issues de l'implosion du Communisme, le scrutin majoritaire inspirait la méfiance, parce qu'il évoquait trop le monolithisme des régimes précédents et parce qu'il ne garantissait pas la représentation des minorités ethniques. Elles ont donc toutes adopté des systèmes de représentation proportionnelle dont les modalités étaient souvent très favorables aux petits partis. En Pologne, par exemple, dans la Diète élue sous le régime de la loi électorale de 1991, il y avait 29 partis représentés et il était donc très difficile de trouver une majorité parlementaire cohérente et stable. Et c'est pourquoi, déjà, dans certains de ces pays, sans remettre en cause le principe de la représentation proportionnelle, on a introduit des seuils qui tendent à limiter le nombre des partis représentés. D'après la loi polonaise de 1993, par exemple, les listes qui obtiennent moins de 5 % des voix ne sont pas représentées.

Section 4
Les justifications du pouvoir

La répartition des compétences que l'on vient d'examiner se fonde d'abord sur des raisons politiques et techniques. On s'efforce d'attribuer la totalité ou une parcelle du pouvoir à tel ou tel groupe. On adopte ou on rejette telle ou telle règle, parce qu'on estime qu'elle contribuera à un fonctionnement efficace. Autrement dit, les constitutions sont confectionnées selon un raisonnement principalement instrumental. Un tel raisonnement est cependant insuffisant si l'on souhaite non seulement organiser le pouvoir, mais aussi le rendre acceptable et il faut encore montrer que l'organisation que l'on adopte n'est pas seulement efficace, mais aussi qu'elle est juste.

Naturellement, la justification ne peut être convaincante que si les solutions adoptées apparaissent comme déduites de quelques principes incontestables. C'est pourquoi, ces principes sont le plus souvent présentés au début des textes constitutionnels, avant l'énoncé des règles qui sont réputées découler d'eux. Mais, on ne doit pas oublier qu'ils ont en réalité été non pas découverts comme des évidences, mais forgés *a posteriori*. C'est d'ailleurs ce qui explique que les mêmes principes (par exemple celui de la souveraineté nationale ou de la souveraineté populaire) puissent présenter des significations très différentes selon les constitutions dans lesquelles ils s'insèrent et les règles qu'ils ont pour fonction de justifier.

À la question fondamentale « Comment peut-on fonder le droit de certains hommes à gouverner les autres ? », qu'en termes sociologiques, on appelle aussi la question de la *légitimité*, il n'existe en réalité qu'un très petit nombre de réponses possibles. On peut soutenir que ceux qui gouvernent ont le droit de commander parce qu'ils sont d'une autre nature que les autres hommes, par exemple parce qu'ils sont divins. Ou bien on peut affirmer qu'ils sont des hommes comme les autres, mais qu'ils ont été choisis par une autorité incontestée, Dieu, le peuple ou la nation, qui a délégué un pouvoir dont elle est le véritable titulaire et commandé qu'on obéisse à ces gouvernants. En leur obéissant, c'est donc à cette autorité qu'on obéira. Le premier type de justification est très fréquent dans les sociétés anciennes, le second dans les sociétés modernes. Il se rencontre d'ailleurs sous plusieurs variantes, car chacune de ces théories doit répondre à deux questions : la première porte sur la nature du lien entre l'autorité titulaire du pouvoir et les gouvernants ; l'autre sur la nature de cette autorité elle-même.

À la première question, les monarchies traditionnelles apportaient une réponse simple : Dieu était la source du pouvoir et il désignait un homme ou une famille pour l'exercer comme il l'entendait. Le pouvoir était légitimé seulement par le mode de désignation de ceux qui l'exerçaient. Il ne l'était pas dans son contenu. Le constitutionnalisme apporte une réponse différente : la légitimité ne vient pas de la manière dont les gouvernants ont été désignés, mais de ce qu'ils sont censés exprimer une volonté, qui n'est pas la leur. Autrement dit, quelle que soit la manière dont ils ont été choisis, chacune de leur décision est justifiée parce qu'elle n'est pas leur décision, mais celle du titulaire véritable du pouvoir qu'ils *représentent*.

La seconde question porte sur la nature de ce titulaire véritable, qu'on appelle le *souverain*.

§ 1. La représentation

A La théorie de la représentation

1. La notion de représentation

Dans le langage ordinaire, on parle de représentation lorsqu'un objet possède quelques caractères principaux semblables à ceux d'un autre objet, de telle manière qu'on puisse reconnaître cette ressemblance et identifier le premier comme une image du second. On dit qu'il rend présent ce second objet, qu'il le *re-présente*. Ainsi d'une image picturale par rapport à un objet physique ou d'acteurs qui jouent une pièce de théâtre. Ce qui caractérise cette représentation, c'est qu'on peut à tout moment comparer la représentation à l'objet représenté — ou à l'idée qu'on s'en fait — et juger si la représentation est fidèle ou exacte.

Le droit se sert de cette métaphore pour illustrer et désigner un rapport entre deux personnes (27). Ainsi, on admet en droit privé qu'une personne en représente une autre, lorsqu'elle peut vouloir et agir à sa place et en son nom. Elle est le *représentant*, l'autre est le *représenté*... La représentation peut résulter ici soit de la volonté du représenté, qui confie un *mandat* au représentant, soit de la loi, comme par exemple dans le cas de la représentation des mineurs.

Il est donc compréhensible que les gouvernants se servent eux aussi de cette construction et justifient le pouvoir qu'ils exercent en se présentant comme des représentants de son titulaire véritable, le souverain, qui peut être le peuple, la nation ou tout autre entité. Ce type de justification, qui n'est nullement lié à la démocratie représentative est aujourd'hui universellement répandu et employé, y compris dans les plus horribles des dictatures. Hitler lui-même se présentait comme le représentant de l'esprit du peuple allemand.

Toutes les doctrines de la représentation obéissent au schéma suivant : il existe un souverain, distinct des gouvernants, mais qui ne peut exercer lui-même son pouvoir, sa souveraineté. Il ne peut pas non plus la transférer à un autre, parce qu'il cesserait d'être souverain — c'est en ce sens qu'on dit que la souveraineté est *inaliénable* —. On établit donc une distinction entre l'*essence* ou *principe* de la souveraineté et son *exercice*. L'essence de la souveraineté demeure dans le souverain, la

(27) Cf. MIAILLE, art. « Représentation » in *Dictionnaire d'Éguilles*.

nation ou le peuple, et son exercice peut être délégué à des représentants. C'est ce que proclament de nombreux textes et notamment l'article 3 de la Déclaration des Droits de l'Homme de 1789 : « Le *principe* de toute souveraineté réside *essentiellement* dans la nation ». Formule reprise et développée aux articles 1er et 2e du titre III de la Constitution de 1791 (28), et qui a inspiré la plupart des Constitutions françaises postérieures, y compris celle de 1958.

On constate cependant que la théorie de la représentation telle qu'elle fonctionne en droit privé, soulève quelques difficultés et ne peut être intégralement transposée au droit public.

2. Difficultés de la théorie de la représentation

Elles tiennent à l'impossibilité de *représenter* la volonté. Jean-Jacques Rousseau a parfaitement mis en évidence cette impossibilité selon un schéma simple, déjà exposé (29) (voir *supra*, Section 2, § 1).

On a souligné aussi le paradoxe de la représentation. Si le représentant exprime une volonté qui coïncide exactement avec celle du représenté, alors cette volonté n'est pas *représentée*, mais seulement exprimée par le canal d'un autre homme. Mais si le représentant exprime une volonté qui ne coïncide pas avec celle du représenté, comment peut-on encore dire qu'il le représente (Pitkin ds. Pennock-Chapman, 1968, p. 38 et s.) ?

Une autre source de perplexité tient à la difficulté de transposer cette théorie au droit public.

3. Spécificité de la théorie de la représentation en droit public

La première et la plus importante particularité de la représentation en droit public est qu'il n'y a pas ici, comme en droit privé, deux personnes. Il n'y a de représentation que s'il existe une personne représentable, ayant une volonté à laquelle le représentant doit se conformer et à qui il devra rendre des comptes. Or, ici, d'un côté, le représentant, c'est-à-dire celui qui exerce la souveraineté, l'autorité législative, n'est

(28) « Art. 1er : La Souveraineté est une, indivisible, inaliénable et imprescriptible. Elle appartient à la nation ; aucune section du peuple, ni aucun individu, ne peut s'en attribuer l'exercice.

Art. 2. : La nation, de qui seule émanent tous les Pouvoirs, ne peut les exercer que par délégation. La constitution française est représentative : les représentants sont le Corps législatif et le Roi. »

(29) Cf. *supra*, p. 87.

pas une personne, puisqu'elle est composée d'individus qui changent à intervalles plus ou moins réguliers et que ce n'est pas à elle, mais à l'État que ses actes sont imputés. D'un autre côté, le représenté, le souverain, n'est pas non plus une personne, puisqu'il n'a pas d'autre volonté que celle qu'expriment les représentants. On peut même affirmer que le représenté, le peuple ou la nation n'existe qu'à partir du moment où une volonté est exprimée en son nom, c'est-à-dire à partir du moment où il est représenté. Le représenté ne crée pas le représentant. C'est lui, au contraire, qui est *constitué* par la représentation (Carré de Malberg, 1922, spécialt. t. II, p. 227 et s. ; Jaume, 1986).

4. Théorie de la souveraineté et théorie de l'organe

C'est pourquoi un courant doctrinal important, représenté en France par Raymond Carré de Malberg, estime qu'il ne s'agit pas d'une véritable représentation. On fait valoir notamment qu'il s'agit avant tout de rendre compte d'un phénomène politique : la volonté exprimée par certains hommes n'est pas censée être la leur propre, mais celle du souverain. Or, pour toutes les raisons qu'on vient d'exposer, on ne rend pas bien compte de ce phénomène à l'aide de la théorie de la représentation. On en rendrait beaucoup mieux compte à l'aide d'une théorie de l'organe : il y a un être, le souverain ou l'État, qui, comme un homme, veut et agit par ses organes. De même que les paroles qui sortent de la bouche d'un homme sont imputées à cet homme, de même les actes émanant du gouvernement ou du Parlement sont imputées à l'État. Pas plus qu'on ne prétend qu'une bouche représente un homme, on ne doit dire que le Parlement représente le souverain. Il est son organe. Le souverain ne peut avoir d'autre volonté que celle que son organe exprime et l'on peut même dire qu'il n'existe qu'autant qu'il possède des organes.

Cette doctrine est incontestablement plus cohérente qu'une théorie de la représentation maladroitement importée telle quelle du droit privé. Cependant, il faut souligner quelques points importants.

La théorie de la représentation est précisément différente en droit public et n'est pas la transposition pure et simple du droit privé. Bien au contraire, dans la mesure où elle affirme que le souverain ne peut s'exprimer que par ses représentants, elle est identique, sauf dans les mots, à la théorie qui affirme que le Parlement n'est pas le représentant, mais l'organe du souverain. Dès lors que le mot « représentant » est employé dans un sens spécifique, équivalent à celui d'« organe », il n'y a aucun intérêt à substituer un mot à un autre.

Il y aurait même quelques inconvénients à le faire. La théorie de la représentation en effet ne remplit pas tout à fait la même fonction politique que celle de l'organe. Celle-ci admet que tous ceux dont les actes sont rapportés à l'État sont ses organes, le Parlement, mais aussi le gouvernement ou les fonctionnaires. Au contraire, selon la théorie de la représentation, le représentant c'est seulement celui qui peut *exercer la souveraineté*, c'est-à-dire exprimer la volonté du souverain ; c'est le législateur. Les autres autorités, elles, ne sont pas des représentants. La théorie de la représentation permet ainsi de souligner la hiérarchie des fonctions et de légitimer seulement l'exercice de la fonction législative.

En troisième lieu, la théorie qui est efficace, celle dont on se sert effectivement dans les systèmes politiques modernes pour justifier la répartition des compétences, c'est la théorie de la représentation. Cela n'a rien d'étonnant. Dire que le Parlement est un organe ne justifie son pouvoir que si l'être, dont on affirme qu'il est organe, possède un pouvoir incontesté. Or, dire qu'il est organe de l'État, n'est en rien une justification, parce qu'il reste encore à justifier qu'on doit obéir à l'État. Au contraire, la théorie de la représentation renvoie à un être, la nation ou le peuple, dont l'autorité est admise comme une évidence.

Enfin, la théorie de la représentation ne sert pas seulement à justifier le pouvoir du législateur ; elle sert aussi à justifier un certain nombre de règles spécifiques relatives au mandat.

B Le mandat représentatif

Le mandat est le rapport entre le représentant et le représenté. On dit que le représentant a reçu et exerce un mandat.

1. L'objet du mandat

L'objet du mandat, ce qui est transféré au représentant, est l'exercice de la souveraineté. Il ne s'agit donc pas de toutes les fonctions juridiques de l'État, mais seulement de la fonction législative. C'est en effet la loi qui, aux termes de l'article 6 de la Déclaration des Droits de l'Homme, est « l'expression de la volonté générale », c'est-à-dire de la volonté du souverain. Il s'ensuit deux conséquences importantes.

En premier lieu, selon cette théorie, seules les autorités législatives sont des représentants et non les autorités exécutives ou judiciaires. En effet, si la fonction consiste dans l'exécution de la volonté du souverain, celui qui l'exerce ne peut pas être le souverain lui-même ou son représentant. Il trouve sa légitimité précisément dans le fait qu'il exécute la volonté générale. Mais en revanche, toutes les autorités législatives doivent être des représentants. C'est pourquoi la Constitution française de 1791 déclarait que « les représentants sont le corps législatif et le Roi » (30). Il faut souligner que le Roi, n'est pas représentant en sa qualité de chef d'État ou de chef du pouvoir exécutif, mais seulement parce qu'il participe par son veto à l'exercice du pouvoir législatif (voir *infra*, Troisième Partie, Chapitre 1).

En second lieu, comme le montre clairement le cas du Roi en 1791, la qualité de représentant est tout à fait indépendante du mode de désignation. Elle n'est notamment pas liée à l'élection. Selon cette théorie, sont représentants tous ceux dont le consentement est nécessaire à la formation de la loi, tous ceux qui ont une part au pouvoir législatif. Ainsi, les Chambres du Parlement, quelle que soit la manière dont elles sont désignées, le pouvoir exécutif s'il dispose soit du monopole de l'initiative soit d'un droit de veto, et, selon certaines théories, un organe de contrôle de la constitutionnalité des lois.

2. Les caractères du mandat

Ils découlent de ce qui précède.

a) Caractère collectif du mandat

En effet, il n'est pas exercé par une personne individualisée, mais par une autorité. Dans le cas d'une Assemblée par exemple, ce n'est pas réellement le député qui est un représentant, mais l'Assemblée toute entière. Il pourrait difficilement en être autrement, car un député peut se trouver dans la minorité. S'il était représentant, il faudrait alors comprendre pourquoi il cesse dans ce cas d'exprimer la volonté générale. Au contraire, si c'est l'Assemblée qui est représentant, chacun des députés qui la composent exprime sa volonté propre ou l'idée qu'il se fait de la volonté générale et celle-ci résulte seulement du processus législatif.

Aussi, lorsqu'on dit, comme on le fait parfois, que le député est représentant, ce mot revêt un autre sens : il signifie en raccourci que le député est membre d'une Assemblée qui a elle-même la qualité de représentant.

Si le député, considéré individuellement, n'est pas le représentant du souverain, il ne peut évidemment l'être de sa circonscription ou de ceux

(30) Titre III, art. 2.

qui ont voté pour lui. Ceux-ci l'ont désigné, mais n'ont pu lui confier l'exercice de la souveraineté, qui ne leur appartenait pas, puisqu'il n'appartenait qu'au souverain. Cette idée est exprimée dans la Constitution de 1791 : « Les représentants nommés dans les départements ne seront pas représentants d'un département particulier, mais de la nation entière », disposition que l'on retrouve dans un très grand nombre d'autres constitutions (31).

On en a parfois tiré la conséquence que le sort des députés ne doit pas être affecté par celui de la circonscription dans laquelle ils ont été élus. Ainsi, lorsqu'en 1871, la France céda à l'Allemagne les départements d'Alsace et de Lorraine, les députés de ces départements furent considérés comme demeurant en fonction et ne quittèrent l'Assemblée qu'après avoir démissionné de leur propre initiative.

Toutefois, en 1962, lorsque l'Algérie devint indépendante, on adopta une solution différente : il fut mit fin par une disposition législative au mandat de parlementaires français élus dans les départements algériens. Cette solution a été fort critiquée et considérée par une grande partie de la doctrine comme une atteinte au principe. Elle peut pourtant être justifiée très simplement au regard de la théorie de la représentation. Le titulaire de la souveraineté en confie l'exercice à des représentants. La désignation des représentants, c'est-à-dire des autorités législatives, résulte de la constitution. Cependant, le mode de désignation des individus qui composeront ces autorités, s'il peut résulter aussi de la constitution peut aussi provenir d'autres sources. Dans la pratique, il résulte souvent de la loi, puisque, en France par exemple, c'est une loi qui détermine le mode de scrutin. En effet, le souverain n'a pas d'autre volonté que celle qu'exprime le législateur. L'acte par lequel il confie un mandat représentatif est l'expression de la volonté générale. C'est une loi. Une loi a ainsi parfaitement pu décider dans un sens en 1871 et en sens inverse en 1962.

b) Prohibition du mandat impératif

Le mandat impératif serait un mandat, analogue au mandat de droit privé, qui serait confié par les électeurs aux élus et qui aurait pour conséquence que ceux-ci auraient l'obligation de se conformer aux instructions reçues, qu'ils devraient rendre des comptes et qu'ils seraient responsables envers leurs électeurs. Le mandat impératif a été formellement prohibé par la plupart des constitutions françaises et implicitement

(31) Constitution de 1791, titre III, chap. 1, sect. 3, art. 7 ; Constitution de l'an III, art. 52 ; Constitution de 1848, art. 34.

par toutes. Cette prohibition s'explique aisément et découle de ce que le député n'est pas le représentant de sa circonscription, mais, conjointement avec ses collègues, celui de la nation ou du peuple tout entiers.

Politiquement, elle se justifie aussi de plusieurs manières : la plus grande compétence des élus, les avantages d'une décision à laquelle on est parvenue au terme d'une délibération, la liberté des élus vis-à-vis des groupes et des partis. C'est ce qu'exprimait de manière lumineuse Condorcet à la Convention : « Mandataire du peuple, je ferai ce que je croirai le plus conforme à ses intérêts. Il m'a envoyé pour exposer mes idées, non les siennes ; l'indépendance absolue de mes opinions est le premier de mes devoirs envers lui ».

Le député est ainsi irresponsable. Il n'a de compte à rendre à personne et n'est tenu par aucune obligation vis-à-vis de ses électeurs. Les promesses électorales elles-mêmes sont dépourvues de toute valeur juridique. Il en résulte par voie de conséquence, la nullité de la *démission en blanc* que les candidats aux élections remettent parfois à des comités électoraux ou à leurs partis, pour que ceux-ci l'adressent au président de l'Assemblée au cas où ils estimeraient que le mandat a été violé. Saisi de telles lettres, les présidents des Assemblées n'en ont jamais tenu compte.

Au contraire, les démocraties du type marxiste, qui dénonçaient la mystification incluse dans le concept de souveraineté nationale, écartaient également le mandat représentatif. L'article 4 de l'ancienne Constitution tchécoslovaque disposait ainsi : « Le peuple souverain cxerce les pouvoirs de l'État au moyen des corps de représentants qui sont élus par le peuple, contrôlés par le peuple et responsables devant le peuple ».

C Signification moderne du gouvernement représentatif

1. Gouvernement représentatif et démocratie

La théorie classique des formes de gouvernement distinguait la monarchie, l'aristocratie et la démocratie (voir *supra*). La théorie de la représentation permet de justifier n'importe laquelle de ces trois formes, car on peut parfaitement admettre que le peuple souverain exerce lui-même la souveraineté, auquel cas, le gouvernement sera démocratique ou bien qu'il délègue cet exercice à un roi ou aux meilleurs. On voit que la démocratie n'est réalisée que dans le premier cas et que, selon cette conception, le système représentatif moderne n'est pas une démocratie, mais une aristocratie, puisque la puissance suprême y est déléguée à un Parlement. Il est d'ailleurs remarquable que ni la constitution américaine de 1787, ni la constitution française de 1791 ne se soient présentées comme des constitutions démocratiques. Comme il aurait été embarrassant de les désigner comme des constitutions aristocratiques, la première se donnait comme une constitution *républicaine* et la seconde tantôt comme *mixte*, tantôt, de façon d'ailleurs tautologique, comme *représentative*.

Cependant, l'évolution des systèmes politiques a conduit à reconsidérer ce schéma, en raison de deux phénomènes majeurs, d'ailleurs étroitement liés : l'avènement du suffrage universel et la concentration du pouvoir législatif dans la ou les Chambres élues, au détriment du chef de l'État et des Chambres héréditaires. Depuis la fin du XIXe siècle, dans la plupart des États, la loi a pour auteur principal et quelquefois exclusif une ou deux Chambres issues directement ou indirectement du suffrage universel. Dans ces conditions, la théorie de la représentation a conduit à justifier le pouvoir des parlements en cherchant à le rattacher non plus à l'aristocratie ou au gouvernement mixte, mais à la démocratie.

La thèse aujourd'hui dominante est donc que la démocratie comporte deux variétés : la démocratie directe et la démocratie représentative. La démocratie directe est le système dans lequel le peuple exerce lui-même la souveraineté. Certains estiment qu'il présente des inconvénients, tenant au risque de démagogie ou à l'incompétence du peuple. Il est de toute manière impraticable dans les grands États modernes. Aussi, le peuple délègue-t-il l'exercice de la souveraineté à des hommes qu'il choisit pour le représenter. Le régime représentatif est donc bien une variété de démocratie, dès lors qu'il est associé à l'élection au suffrage universel.

Cette thèse se réclame de Montesquieu. « Le grand avantage des représentants, écrit-il, c'est qu'ils sont capables de discuter les affaires. Le peuple n'y est point du tout propre ; ce qui forme un des grands inconvénients de la démocratie... Il y avait un grand vice dans la plupart des anciennes républiques : c'est que le peuple avait droit d'y prendre des résolutions actives, et qui demandent quelque exécution, chose dont il est entièrement incapable. Il ne doit entrer dans le gouvernement que pour choisir ses représentants, ce qui est très à sa portée. Car, s'il y a peu de gens qui connaissent le degré précis de la capacité des hommes, chacun est pourtant capable de savoir, en général, si celui qu'il choisit est plus éclairé que la plupart des autres » (32).

---

(32) *De l'esprit des lois*, Livre XI, chap. 6.

Elle est vivement critiquée par de nombreux auteurs qui se situent dans la postérité de Jean-Jacques Rousseau. Leur argumentation est simple : dans la démocratie représentative, le peuple se borne à choisir des représentants, mais, il leur remet l'exercice de la souveraineté. Une fois le choix fait, c'est la volonté des représentants qui fait la loi et non la volonté du peuple. « Toute loi que le Peuple en personne n'a pas ratifiée, écrit Rousseau, est nulle ; ce n'est point une loi. Le peuple d'Angleterre pense être libre ; il se trompe fort, il ne l'est que durant l'élection des membres du Parlement ; sitôt qu'ils sont élus, il est esclave, il n'est rien. Dans les courts moments de sa liberté, l'usage qu'il en fait mérite bien qu'il la perde » (33). Il n'y a donc qu'une fiction de démocratie.

L'une et l'autre conception négligent pourtant un élément essentiel : les électeurs ne choisissent plus aujourd'hui les députés après avoir porté un simple jugement sur les capacités respectives des candidats. L'élection n'est pas une modalité d'examen professionnel et le choix ne se fonde pas sur des compétences techniques, mais sur des orientations politiques. Les candidats se présentent avec un programme ou, tout au moins, sous l'égide d'un parti. Ce que les électeurs choisissent, c'est donc moins des hommes qu'une politique (Birnbaum, Hamon, Troper, 1977).

À cette influence du corps électoral à travers le choix des programmes, s'ajoute celle qui peut s'exercer dans l'intervalle entre deux élections par les contacts que l'élu peut entretenir avec les électeurs ou par les sondages d'opinion. Même investis d'un mandat représentatif, mais soumis à réélection, les députés et les partis, sont donc en réalité soumis à un contrôle diffus, mais permanent.

2. La qualité de représentant

La théorie de la représentation a eu pour fonction exclusive, à l'origine, c'est-à-dire, sous la Révolution, de justifier *a posteriori* l'exercice du pouvoir législatif. C'est la raison pour laquelle la qualité de représentant était entièrement indépendante du mode de désignation. Le débat fondateur sur ce point a eu lieu le 10 août 1791. Il a opposé Barnave à Robespierre et Roederer. Ceux-ci soutenaient que seul le corps législatif élu pouvait être qualifié de représentant. Barnave, au contraire, défendait la thèse que le représentant était celui qui contribuait à exprimer la volonté générale, ce qui était le cas du roi en raison de son droit de

(33) *Du contrat social*, Livre III, chap. 15, « Des députés ou représentants ».

veto. Le fait que le débat a eu lieu en 1791 montre qu'on ne cherchait pas, à partir des principes, à déduire des règles de répartition des compétences.

C'est la thèse de Barnave qui l'a emporté et s'est imposée, non seulement pour la constitution de 1791, mais aussi dans la suite de l'histoire constitutionnelle française. C'est ainsi que, le droit public de la IIIe République a reconnu la qualité de représentant au seul parlement, non pas parce qu'il était élu, mais parce qu'il était la seule autorité législative.

Cependant plusieurs facteurs ont contribué à modifier les données du problème. Le premier est ce double caractère du parlement, à la fois pouvoir législatif et élu. Le second est le nouveau rôle joué par le principe, une fois qu'il a été admis. Il sert à justifier chaque loi, qui apparaît en effet, comme l'expression de la volonté générale. Mais il peut servir désormais aussi à justifier que l'on ait attribué le pouvoir législatif à tel organe plutôt qu'à tel autre. En 1791 on pouvait dire : « si un organe est législatif, alors il est représentant ». On veut désormais pouvoir dire : « il est représentant, donc il doit être législateur ». Mais, pour pouvoir jouer ce nouveau rôle, le principe doit évidemment être modifié. Il faut naturellement disposer d'un critère autre que la participation au pouvoir législatif pour affirmer la qualité de représentant. Cet autre critère sera l'élection. Et cela d'autant plus naturellement que la théorie de la représentation doit se combiner avec le principe démocratique : il faut que celui qui est élu par le peuple, soit son représentant et qu'il exerce la plus haute fonction. Le troisième facteur est le nouveau rôle joué par le pouvoir exécutif (34) (voir *supra*, Section 3). Dès lors qu'il n'est plus cantonné dans la stricte exécution des lois, mais qu'il contribue de façon déterminante aux orientations politiques majeures et qu'il est, lui aussi, élu du peuple, il peut trouver dans cette élection la justification de ses décisions. C'est pourquoi, il revendique lui aussi la qualité de représentant, comme on peut le voir en France très clairement sous la Ve République.

Les États-Unis ont connu une évolution analogue. Alors que les auteurs de la constitution avaient considéré que c'était le Congrès qui était le représentant légitime, le président Jackson, soutenait au XIXe siècle qu'il était lui aussi le représentant du peuple, qui lui avait confié un mandat pour mener une certaine politique. Plus tard, Wilson ira encore plus loin et prétendra que le Président est non seulement un représentant, mais qu'il est un meilleur représentant que le Congrès, parce qu'il représente non pas une série de circonscriptions, mais le peuple tout entier (Dahl, 1990).

---

(34) Cf. *supra*, p. 133 et s.

§ 2. La souveraineté

La notion de souveraineté. — Dans le système représentatif, les gouvernants exercent une souveraineté, dont ils ne sont pas les titulaires. Il faut donc déterminer qui est le titulaire véritable et en quoi consiste cette mystérieuse puissance. Il existe à ce sujet un débat très ancien et rendu confus par l'imprécision du vocabulaire.

Il faut, pour le clarifier, distinguer quatre significations des mots *souveraineté* et *souverain*.

En premier lieu, la souveraineté est un caractère de l'État, qui est supérieur à toute autre entité interne (une église par exemple) et n'est soumis à aucune entité extérieure (un autre État). On parle quelquefois en ce sens de souveraineté internationale et l'on considère qu'il s'agit d'une qualité essentielle de l'État en ce sens qu'une entité, qui ne possède pas cette souveraineté n'est pas un véritable État. Ainsi, l'État membre d'un État composé (voir *supra*, Section 1).

En deuxième lieu, c'est le caractère, la puissance d'un organe, qui, étant situé au sommet d'une hiérarchie, n'est soumis à aucun contrôle et dont la volonté est productrice de droit. On parle ainsi de la souveraineté du Parlement et l'on dit de la même manière que la Cour de cassation est une Cour souveraine.

On comprend que la souveraineté dans ces deux premiers sens soit *indivisible*, car si la souveraineté est la qualité de celui qui est suprême, un seul peut avoir cette qualité. Si l'on voulait créer deux entités suprêmes, aucune ne le serait.

En troisième lieu, la souveraineté est l'ensemble des pouvoirs que cet être peut exercer. On peut d'ailleurs l'entendre de deux façons. On dit d'abord que la souveraineté comprend par exemple le droit de battre monnaie, celui de faire des lois ou de rendre la justice. Tous les pouvoirs qui sont compris dans la souveraineté en ce sens sont parfois appelés des *attributs* de la souveraineté et l'on parle alors de puissance d'État. Cette souveraineté, contrairement à la précédente, n'est nullement indivisible et l'on peut fort bien répartir les attributs entre plusieurs autorités.

Mais il est clair que ces attributs ne se situent pas tous sur le même plan. L'un d'eux implique l'exercice d'une puissance supérieure, qui permet à son titulaire de dominer les autres. C'est évidemment le pouvoir de faire des lois. Si les décisions de justice ne sont que l'application de la loi, la souveraineté consiste non dans l'exercice de la fonction juridictionnelle, mais dans celui de la fonction législative. La souveraineté peut donc être entendue seulement comme puissance législative. Il faut alors considérer qu'elle est bien indivisible, car si deux autorités étaient simultanément investies du pouvoir législatif aucune ne serait souveraine. En revanche, on peut parfaitement confier ce pouvoir à deux ou plusieurs autorités *de manière indivisible*, c'est-à-dire pour qu'elles l'exercent conjointement. C'est le cas par exemple, lorsqu'on confie le pouvoir législatif à un Parlement bicaméral ou lorsqu'on accorde au pouvoir exécutif un droit de veto.

En quatrième lieu, la souveraineté est la qualité de l'être, réel ou fictif, au nom de qui est exercé le pouvoir de l'organe souverain dans la deuxième acception. C'est en ce sens que l'ont dit que seul la nation ou le peuple est souverain.

La confusion est due en partie aux particularités de la langue française. L'allemand par exemple possède des mots différents pour désigner les différentes espèces de souveraineté. Elle provient aussi de ce que, sous la monarchie absolue, le roi était souverain dans tous les sens du mot. Il se confondait avec l'État et était donc souverain sur le plan international (« le roi est empereur en son royaume »). Il était souverain en tant qu'autorité, qui commandait à toutes les autres à l'intérieur. Il disposait de la totalité de la puissance d'État et la loi, notamment, procédait de sa seule volonté. Enfin, il n'était le représentant de personne, car il ne tenait son pouvoir que de Dieu. On pouvait dire que la souveraineté lui appartenait toute entière.

C'est seulement à partir de la Révolution que ces différents sens se sont dissociés. Ainsi, sous la IIIe République, à la question : « qui est souverain ? », on pouvait également répondre : « la France, le Parlement, la Cour de cassation, la loi, la nation », toutes ces réponses étant non seulement justes, mais aussi parfaitement compatibles.

Dans le processus de justification, c'est principalement de la souveraineté dans le quatrième sens qu'il s'agit. Puisque le législateur n'est qu'un représentant, qu'il ne fait qu'exercer la souveraineté (dans le troisième sens), à qui appartient réellement cette souveraineté ? Puisque l'exercice de la souveraineté a été délégué à des représentants, à qui appartient son essence ?

Sur ce point, on oppose traditionnellement deux doctrines, la souveraineté nationale et la souveraineté populaire.

A L'opposition traditionnelle de la souveraineté nationale et de la souveraineté populaire

1. La souveraineté populaire

Selon cette tradition, la doctrine de la souveraineté populaire enseignerait que la souveraineté appartient au peuple, conçu comme l'ensemble des hommes vivant sur un territoire donné. Ce peuple serait donc un être réel. Il peut donc exercer lui-même sa souveraineté. La doctrine de la souveraineté populaire serait donc compatible avec la démocratie directe. Cependant au cas où il apparaîtrait que cette démocratie directe est peu praticable, le peuple pourrait déléguer l'exercice de la souveraineté.

Mais comme le peuple est un être réel, il est parfaitement capable d'avoir et d'exprimer une volonté distincte de celles des gouvernants. Tous ceux qui composent le peuple peuvent et ont le droit de choisir ces gouvernants et de contrôler leurs actions. Aussi, la doctrine de la souveraineté populaire implique-t-elle trois conséquences :

— le principe de l'électorat-droit, c'est-à-dire le suffrage universel,

— des éléments de démocratie directe, c'est-à-dire l'institution du référendum,

— le mandat impératif.

2. La souveraineté nationale

Au contraire, la doctrine de la souveraineté nationale postulerait que le titulaire de la souveraineté est la *nation*, c'est-à-dire une entité tout-à-fait abstraite, qui n'est pas composée seulement des hommes vivant sur le territoire à un moment donné, mais qu'on définit en prenant en compte la continuité des générations ou un intérêt général qui transcenderait les intérêts particuliers. Comme il s'agit d'une entité abstraite, elle ne pourrait évidemment pas exercer la souveraineté. La démocratie directe est impossible. Elle ne peut vouloir que par ses représentants. Elle ne peut d'ailleurs même pas les choisir, puisqu'elle n'a pas pour éléments des hommes réels. Elle est donc contrainte de confier ce soin à certains hommes. Le suffrage n'est pas un droit, mais une fonction confiée par la nation. Elle ne doit pas d'ailleurs être confiée à tous, mais à ceux qui sont capables de l'exercer et il se peut que seuls en soient capables certains, notamment parmi ceux qui, possédant des biens ou exerçant une profession ou payant des impôts, ont un intérêt à défendre. Une fois élus, les représentants, qui ne représentent par leurs électeurs mais cette nation abstraite, ne peuvent évidemment être soumis à aucun contrôle.

La souveraineté nationale entraînerait donc des conséquences symétriquement inverses de celles que l'on suppose à la souveraineté populaire :
— refus de la démocratie directe ou semi-directe,
— théorie de l'électorat-fonction et possibilité du suffrage restreint,
— prohibition du mandat impératif.

Ainsi, les constituants procéderaient toujours à un choix fondamental entre les deux doctrines de la souveraineté. Ce choix présenterait d'ailleurs un caractère idéologique marqué : la doctrine de la souveraineté populaire serait démocratique et progressiste, la doctrine de la souveraineté nationale conservatrice. On pourrait donc classer les constitutions selon qu'elles se rattachent à l'une ou l'autre doctrine : souveraineté nationale en 1791, populaire en 1793, nationale à nouveau en l'an III, etc. À l'Assemblée constituante de 1946, les deux doctrines auraient eu leurs partisans, de sorte qu'il aurait fallu réaliser un compromis, en énonçant que : « la souveraineté nationale appartient au peuple ». Cette formule, reproduite à l'article 3 de la constitution de 1958, entraînerait ainsi certaines des conséquences de la souveraineté nationale et certaines des conséquences de la souveraineté populaire.

B Critique

L'opposition traditionnelle souffre de faiblesses graves. On se limitera ici aux deux principales : elle est incapable de rendre compte de la réalité historique ; elle repose sur un présupposé inacceptable.

1. Critique historique

En apparence le schéma fonctionne relativement bien lorsqu'il s'agit de rendre compte de la constitution de 1791, qui proclame bien que la souveraineté appartient à la nation et comporte toutes les règles que la doctrine rattache à ce principe : le système représentatif, le suffrage restreint et le mandat représentatif. On ne peut pourtant pas en conclure, comme on le fait trop rapidement, que les règles *découlent* du principe. Il peut s'agir soit d'une justification *a posteriori*, soit d'une simple coïncidence. Il est d'ailleurs remarquable que d'autres constitutions, qui comportent les mêmes règles, par exemple la Charte de 1814, ne se réfèrent pourtant pas au principe de la souveraineté nationale.

La constitution de 1973 proclame que « la souveraineté réside dans le peuple » (35). On s'attend donc à y trouver le suffrage universel, le référendum et le mandat impératif. Or, si les deux premières règles y sont bien, encore que le référendum qu'elle institue soit en réalité impraticable, il existe au moins deux dispositions, qui, d'après la théorie traditionnelle, se rattachent plutôt au principe de la souveraineté nationale : « aucune portion du peuple ne peut exercer la puissance du peuple tout entier » (36) et « chaque député appartient à la nation entière » (37). Ces textes ont une double signification : d'une part, il s'agit d'une prohibition du mandat impératif ; d'autre part, il en ressort que les mots *peuple* et *nation* sont, selon cette constitution, rigoureusement synonymes.

L'absence de tout lien entre souveraineté populaire et les trois institutions qu'on lui rattache habituellement est encore démontrée par l'examen de la constitution de l'an III. Le principe de la souveraineté populaire est proclamé dans les mêmes termes qu'en 1793 : « la souveraineté réside essentiellement dans l'universalité des citoyens » (38). On y trouve pourtant toutes les conséquences que l'on rattache habituellement non à la souveraineté populaire, mais à la souveraineté nationale : le suffrage restreint et indirect (39), le refus de la démocratie directe ou semi-directe, le refus du mandat impératif (40).

La proclamation de la souveraineté nationale ou de la souveraineté populaire ne présente donc pas la signification que lui accorde la doctrine traditionnelle. Celle-ci ne la lui prête que parce qu'elle conçoit le processus constituant comme une déduction logique.

2. Le présupposé implicite : la conception dogmatique des constitutions

L'opposition traditionnelle n'a de sens que s'il existe un lien logique tel que l'acceptation des principes entraîne nécessairement celles de toutes les conséquences, de sorte que les constituants commenceraient par poser l'un ou l'autre des deux principes pour en déduire les conséquences. Cette idée n'est nullement démontrée et plusieurs considérations incitent à penser le contraire.

(35) Déclaration des Droits de l'Homme et du Citoyen, art. 25.
(36) *Ibid.*, art. 26.
(37) Constitution, art. 29.
(38) Déclaration des Droits et des Devoirs de l'Homme et du Citoyen, art. 17.
(39) Titres II, III et IV.
(40) Déclaration des Droits de l'Homme et du Citoyen, art. 18 ; Constitution, art. 52.

On a vu, en premier lieu, qu'il peut arriver qu'on rédige d'abord les dispositions énonçant des règles concrètes et ensuite seulement les principes et qu'on peut rencontrer l'un des deux principes avec les règles qui sont la conséquence de l'autre.

En second lieu, on ne pourrait établir un lien logique qu'à la condition d'accorder aux mots la même signification. Or ces significations sont variables. Ainsi, « peuple » et « nation » peuvent bien avoir deux significations différentes dans la langue politique et constitutionnelle du XXe siècle et avoir été synonymes en 1793.

En troisième lieu, quand bien même il y aurait dans l'esprit des constituants d'une époque donnée un lien entre souveraineté nationale et refus du référendum ou du mandat impératif, il ne s'agirait pas d'un lien logique, mais purement contingent, de sorte que la proclamation de la souveraineté n'a pas la même signification à une autre époque. Il est également possible que le constituant lui accorde une certaine signification et que, au cours du processus d'application, les interprètes de la constitution lui en accordent une différente.

En quatrième lieu, l'opposition traditionnelle néglige l'usage rhétorique que les constituants peuvent faire de formules comme *souveraineté nationale* ou *souveraineté populaire*. Il est possible et il arrive fréquemment qu'on les proclame sans autre souci que d'obtenir une adhésion populaire, mais sans aucune intention d'en tirer la moindre conséquence.

Il faut par conséquent examiner ces questions d'un point de vue strictement historique et donner de ces formules une interprétation non pas sémantique, mais systémique. Il faut en d'autres termes non pas chercher à comprendre la constitution à partir des principes, mais les principes à partir de la constitution.

C Détermination du titulaire de la souveraineté

On se bornera à quatre constitutions.

1. La constitution de 1791

Il faut observer la chronologie. Jusqu'en 1791, les deux termes *peuple* et *nation* sont employés l'un pour l'autre. Le choix du système représentatif ne découle donc pas de la préférence pour le mot de nation, mais, comme on l'a vu, de la formule de la Déclaration des Droits de l'Homme de 1789 : « Le *principe* de toute souveraineté réside *essentiellement* dans la nation ». La distinction du peuple et de la nation résulte de la nécessité de justifier l'attribution du pouvoir législatif au corps législatif et au roi. En effet, on peut justifier par la souveraineté populaire n'importe quelle forme simple de gouvernement, puisqu'il est parfaitement concevable que le peuple souverain ou bien exerce la souveraineté lui-même ou bien en délègue l'exercice à un roi ou à un corps de nobles. En revanche, il est impossible de justifier ainsi un gouvernement mixte, car on ne peut pas concevoir que l'exercice de la souveraineté soit à la fois délégué et conservé. On ne pourrait pas dire par exemple que le système est une démocratie, parce qu'on ne pourrait pas expliquer que le roi participe par son veto à l'exercice de la souveraineté et l'on ne pourrait pas dire davantage que l'exercice a été délégué à un roi, parce qu'on ne pourrait pas expliquer pourquoi il y a, dans ce cas, aussi un élément de démocratie.

On imagine donc d'appeler le souverain non pas *peuple*, mais *nation*. L'invention de ce concept présente plusieurs avantages : on peut concevoir la nation comme une entité abstraite, composée de deux éléments : le peuple et le roi. Puisqu'elle est abstraite, elle ne peut évidemment pas exercer la souveraineté, mais doit la déléguer à des représentants. Comme le souverain est composite, le pouvoir législatif le sera aussi et comportera deux éléments, correspondant à ceux de la nation : il y aura un roi et un corps législatif. Cependant, chacun représentera non l'élément correspondant, mais la nation toute entière.

2. La constitution de 1793

La monarchie a été abolie en 1792 (voir *infra*, Troisième Partie, Chapitre 1). La nation ne comprend donc plus qu'un seul élément, le peuple, de sorte que les deux termes peuvent redevenir synonymes. On substitue donc l'expression de souveraineté populaire à celle de souveraineté nationale dans la Déclaration des Droits, mais sans abandonner pour autant le mot *nation*, qui figure dans le texte de la constitution.

Il faut souligner que le peuple dont il est question désormais n'est pas, comme le prétend la doctrine classique, un être réel, existant dans le monde, indépendamment de la représentation. Il s'agit, comme pour la nation, d'une notion construite par le droit. Il pourrait d'ailleurs difficilement en être autrement, car il ne s'agit pas d'un fait naturel. C'est donc la constitution qui définit le peuple souverain comme l'universalité des citoyens français (41) et qui doit ensuite définir le citoyen français (42). C'est la constitution encore qui détermine les compétences de ce peuple, la manière dont il procède à l'élection ou dont il participe

(41) Art. 7.
(42) C'est l'objet du titre II.

à l'exercice du pouvoir législatif. Comme on l'a vu, le mandat impératif est prohibé. Les électeurs exercent donc une fonction, exactement de la même manière que dans la prétendue doctrine de la souveraineté nationale.

Quant à l'idée que le peuple exercerait directement la souveraineté, elle n'est que partiellement exacte, puisque la constitution n'organise un système de vote populaire que pour certaines lois, mais surtout elle ne découle pas du principe de la souveraineté populaire, mais plutôt de la manière dont il est formulé : « la souveraineté réside dans le peuple ». Ce n'est plus seulement en effet le *principe* de la souveraineté, comme en 1789, mais la souveraineté elle-même, qui réside dans le peuple. Celui-ci peut donc l'exercer directement au moins partiellement, dans les limites fixées par la constitution, comme il peut l'exercer par représentation.

3. La constitution de l'an III

L'examen de la constitution de l'an III confirme cette analyse. Il est clair que les constituants reviennent sur le suffrage universel direct et le référendum. Mais cela n'implique nullement, comme on le croit parfois, qu'on rétablisse le principe de la souveraineté nationale. On a vu, au contraire, que le principe de la souveraineté populaire est maintenu. Il n'est pas nécessaire d'employer à nouveau le concept de nation, puisque la monarchie n'a pas été restaurée.

Pour donner une justification adéquate aux règles concrètes énoncées dans la constitution, il suffit de recourir à deux techniques : en premier lieu, définir autrement les citoyens ; si le peuple est l'universalité des citoyens, comme en 1793, il suffit que la catégorie des citoyens soit définie de manière restrictive, pour que par exemple le suffrage restreint apparaisse justifié par la souveraineté populaire. En deuxième lieu, surtout, rétablir dans la formulation du principe l'adverbe *essentiellement*, qui figurait déjà, on l'a vu, en 89, mais qu'on avait abandonné en 1793 : « la souveraineté réside *essentiellement* dans l'universalité des citoyens ».

4. La constitution de 1958

La mystérieuse formule de l'article 3, « La souveraineté nationale appartient au peuple » doit être interprétée de la même manière. On en donne habituellement l'interprétation suivante :

En premier lieu, cette formule est reprise mot pour mot de l'article 3 de la constitution de 1946. À l'Assemblée constituante, une controverse avait opposé Coste-Floret, partisan de la souveraineté populaire et Paul Bastid, tenant de la souveraineté nationale. Le texte de l'article 3 résultait donc simplement d'un compromis entre les deux conceptions.

En deuxième lieu, le compromis signifierait que la constitution consacrerait certaines des conséquences découlant de la souveraineté nationale et d'autres découlant de la souveraineté populaire. L'article 3 de 1958 poursuit, en effet « ... appartient au peuple, *qui l'exerce par ses représentants et par la voie du référendum* ».

Cette interprétation n'est pourtant guère satisfaisante. Le compromis de 1946 n'a pu avoir cette signification à l'époque. En effet, l'Assemblée constituante débattait après qu'un premier projet avait été rejeté par le peuple français. Or, ce premier projet qui proclamait le principe de la souveraineté populaire n'en tirait nullement les conséquences prescrites par la doctrine et ne comportait notamment ni mandat impératif, ni référendum (43). Le compromis ne pouvait donc signifier qu'on allait faire une place à l'une et l'autre de ces institutions et d'ailleurs la constitution de 1946 ne prévoyait le référendum que pour la révision. Il en résulte qu'on pouvait parfaitement utiliser la formule du compromis sans en faire découler aucune autre conséquence que celles qui découlent en principe de la seule souveraineté nationale.

Il faut même aller plus loin : en 1946, comme plus tard en 1958, on pouvait utiliser l'une des deux formules pures, sans renoncer à aucune des règles que l'on souhaitait inscrire dans la constitution. On pouvait par exemple proclamer la souveraineté populaire et avoir toutes les conséquences habituellement attachées à la souveraineté nationale. C'est ce que faisait par exemple le premier projet de 1946, qui ajoutait immédiatement après la proclamation de la souveraineté populaire que « la loi est l'expression de la volonté *nationale*... Cette volonté s'exprime par les représentants élus du peuple ». On pouvait, à l'inverse, proclamer la souveraineté nationale et décider que la nation confiait l'exercice de la souveraineté non seulement à des représentants, mais aussi au corps électoral pour qu'il approuve certains projets de loi par référendum.

En d'autres termes, s'il est vrai que le compromis de 1946 était apte à justifier le droit positif de 1958, il pouvait également justifier des règles très différentes et les règles adoptées en 1946 ou en 1958 auraient été tout aussi bien justifiées par d'autres formules.

La rédaction précise de l'article 3 retrouve une utilité, lorsqu'on cherche à fonder sur elle, non pas une autre disposition de la constitution, mais certains comportements ou certaines interprétations données par

(43) Il revenait d'ailleurs aux formules de 1789 et de l'an III et en particulier à l'usage de l'adverbe *essentiellement* : « Le principe de toute souveraineté réside essentiellement dans le peuple » (art. 2).

les pouvoirs publics. On n'en prendra qu'un exemple : pour justifier l'utilisation de l'article 11 en matière de révision constitutionnelle, où elle n'était pas expressément prévue, le général De Gaulle et ses partisans firent valoir en 1962 que l'article 3 consacrait à la fois l'expression indirecte et l'expression directe de la souveraineté ou la démocratie représentative et la démocratie directe. Comme la seconde doit l'emporter sur la première, l'article 3 devrait conduire à une interprétation large de l'article 11 (44) (voir *infra* ; Capitant, 1982, spécial. p. 422-429).

Bibliographie

ALBERTINI P. (1978), *Le droit de dissolution et les systèmes constitutionnels français*, Paris, PUF.

AUBERT J.-F. (1985), *Exposé des institutions politiques de la Suisse à partir de quelques affaires controversées*, Lausanne, Payot, 2e éd.

BACOT G. (2001), *Carré de Malberg et l'origine de la distinction entre souveraineté du peuple et souveraineté nationale*, Paris, éd. du CNRS.

BADIE B. et HERMET G. (2001), *La Politique comparée*, Paris, Armand Colin.

BAECHLER J. (1976), *Qu'est-ce que l'idéologie ?*, Paris, Gallimard.

BARANGER D. (1999), *Parlementarisme des origines. Essai sur les conditions de formation d'un exécutif responsable en Angleterre (des années 1740 au début de l'âge victorien)*, Paris, PUF.

BASTID P. (1956), *Le gouvernement d'Assemblée*, Paris, Cujas.

BEAUD O.,

(1998), « Fédéralisme et souveraineté : notes pour une théorie constitutionnelle de la fédération », *RDP*, p. 83.

(1999), *Le sang contaminé. Essai critique sur la criminalisation de la responsabilité des gouvernants*, Paris, PUF.

BIRNBAUM P., HAMON F., TROPER M. (1978), *Réinventer le Parlement*, Paris, Flammarion.

BOUCOBZA I. (2005), *La fonction juridictionnelle*, Paris, Dalloz.

BOWIE R., FRIEDRICH C.-J. (1960-1962), *Études sur le fédéralisme*, 2 vol., Paris, LGDJ.

BRUNET P. (2004), *Vouloir pour la nation. Le concept de représentation dans la théorie de l'État*, Bruxelles, Bruylant, Paris, LGDJ.

(44) Cf. *infra*.

BURDEAU G.,
(1937), « La règle de Droit et le Pouvoir », *Archives de philosophie du droit*, n° 2.
(1945), « Remarques sur la classification des fonctions étatiques », *RDP*, p. 202-228.
(1964), « Le pouvoir », *Encyclopédie Française*, t. X, L'État, p. 113 et s.

CALVEZ J.-Y. (1986), *La pensée de K. Marx*, Paris, Seuil.

CAPITANT R. (1982), *Droits constitutionnels*, éd. préparée par J.-P. Morelou, Paris, Éd. du CNRS.

CARRÉ DE MALBERG R.,
(1922), *Contribution à la Théorie générale de l'État*, Paris, 2 vol., CNRS, réédition 1985, rééd. 2003, Paris, Dalloz.
(1931a), « Réflexions théoriques sur la combinaison du référendum avec le parlementarisme », *RDP*, p. 225.
(1931b), *La loi, expression de la volonté générale*, Paris, Economica, réédition 1984, Préface de Georges Burdeau.

CENTRE D'ÉTUDES DU FÉDÉRALISME (1994), *Le fédéralisme : approches politique, économique et juridique*, Bruxelles, De Boeck.

CHATELET F., PISIER-KOUCHNER E., VINCENT J.-M. (1975), *Les marxistes et la politique*, Paris, PUF.

CHEVALLIER J. (2003), *L'État de droit*, Paris, Montchrestien, 4e éd.

COLLET M. (2003), *Le contrôle juridictionnel des actes des autorités administratives indépendantes*, Paris, LGDJ.

COLLIARD C.-A. et TIMSIT G. (1988), *Les autorités administratives indépendantes*, Paris, PUF.

CONSEIL d'ÉTAT (2001), *Rapport public 2001. Les autorités administratives indépendantes*, Paris, La Documentation Française.

COLLIARD J.-C. (1978), *Les régimes parlementaires contemporains*, Paris, Presses de la Fondation des Sciences Politiques.

COTTERET J.-M., ÉMERI C. (1999), *Les systèmes électoraux*, Paris, PUF, 7e éd.

DAHL R. A. (1990), « Myth of the Presidential Mandate », in *Political Science Quarterly*, vol. 105, n° 3.

DENQUIN J.-M. (1976), *Référendum et plébiscite*, Paris, PUF.

DUGUIT L. (1921-1929), *Traité de droit constitutionnel*, Paris, 5 vol. réédit. 1972, CNRS.

DUHAMEL O., VEDEL G. (1999), « Le pénal et le politique », *Le Monde*, 3 mars 1999.

DUPRAT G. (dir.) (1980), *Analyse de l'Idéologie*, Paris, éditions Galilée.

DUVERGER M. (dir.) (1986), *Les régimes semi-présidentiels*, Paris, PUF.

EISENMANN Ch.,

(1933), « L'Esprit des Lois et la séparation des pouvoirs », *Mélanges Carré de Malberg*, Paris, Librairie recueil Sirey, p. 190 et s., rééd. in EISENMANN Ch. (2002), *Écrits de théorie du droit, de droit constitutionnel et d'idées politiques*, Paris, Panthéon-Assas.

(1948), *Centralisation et décentralisation. Esquisse d'une théorie générale*, Paris, LGDJ.

(1964), « Les fonctions de l'État », in *Encyclopédie Française*, t. X, *l'État*, Paris, Société nouvelle de l'Encyclopédie française, p. 113 et s.

(1968), « Essai d'une classification théorique des formes politiques », *Politique*, p. 8 et s.

FABIUS L. (1999), « Pour une nouvelle donne institutionnelle », *Pouvoirs* n° 87, p. 147.

FAVRE P. (1976), *La décision de majorité*, Paris, Presses de la Fondation Nationale des Sciences Politiques.

FERRY L. (1999), *Philosophie politique*, vol. 1, Paris, PUF, 4e éd.

GAXIE D. (2000), *La démocratie représentative*, Paris, Montchrestien, 3e éd.

GENTOT M. (1994), *Les autorités administratives indépendantes*, 2e éd., Paris, Montchrestien.

GOGUEL F., DUVERGER M. (1950), *L'influence des systèmes électoraux sur la vie politique*, Paris, Armand Colin.

GREWE C., RUIZ-FABRI H. (1995), *Droits constitutionnels européens*, Paris, PUF.

HAMON F.,

(1995), *Le référendum : Étude comparative*, Paris, LGDJ.

(1997a), *Le référendum*, Paris, La Documentation Française.

(1997b), « Le choix d'un système électoral par la voie référendaire », *RFDC*, p. 33 et s.

(2001), « Les formes d'État : Essai de typologie », *RPP*, janv.-fév. p. 28 et s.

HAMON F. & PASSELECQ O. (dir.) (2001), *Le référendum en Europe, Bilan et Perspectives*, Paris, L'Harmattan.

HAMON L. (1990), « L'État de droit et son essence », *RFDC*, n° 4, p. 699.

HÉRAUD E. (1968), *Les principes du fédéralisme et la fédération européenne*, Presses d'Europe, Cahier n° 6.

HEUSCHLING L. (2002), *État de droit, Rechtstaat, Rule of Law*, Paris, Dalloz.

HUFTEAU Y.-L. (1965), *Le référé législatif et les pouvoirs du juge dans le silence de la loi*, Paris, PUF.

INSTITUT INTERNATIONAL DE PHILOSOPHIE POLITIQUE (1967), « L'idée de légitimité », *Annales de philosophie politique*, nº 7, Paris, PUF.

JAUME L. (1986), *Hobbes et l'État représentatif moderne*, Paris, PUF.

JELLINEK G. (1911), *L'État moderne et son droit*, Paris., V. Giard et E. Brière.

KELSEN H. (1962), *Théorie pure du droit*, Paris, LGDJ, réédition 1999.

KLEIN C.,
(1997), *La Démocratie d'Israël*, Paris, Seuil.
(1999), *Israël, un État en quête d'identité*, Casterman.

LAUVAUX P.,
(1983), *La dissolution des assemblées parlementaires*, Paris, Economica.
(2004), *Les grandes démocraties contemporaines*, Paris, PUF, 3e éd. mise à jour.

LEBEN C. (1991), « De la nature juridique des communautés européennes », *Droits* nº 14, p. 61.

LECLERCQ C. (1997), *L'État fédéral*, Paris, Dalloz.

LE FUR L. (1896), *État fédéral et confédération d'États*, Paris, Marchal & Billard, rééd. 2000, Paris, Éditions Panthéon-Assas.

LE PILLOUER A.
(2004), « La notion de régime d'assemblée et les origines de la classification des régimes politiques », in *RFDC*, p. 305 et s.
(2005), *Les pouvoirs non constituants des assemblées constituantes. Essai sur le pouvoir instituant*, Paris, Dalloz.

MANIN B. (1996), *Principes du gouvernement représentatif*, Paris, Flammarion.

MANNHEIM K. (1956), *Idéologie et utopie*, trad. fr., Paris, éditions Rivière et Co.

MARX F. (1969), « L'Angleterre vit-elle sous un régime présidentiel ? », *RDP*, p. 5 et s.

MÉNY Y.
(1974), *Centralisation et décentralisation dans le débat politique français*, LGDJ.
(2004), *Politique comparée*, Paris, Montchrestien, 7e éd.

MOREAU J., DARCY G. (éd.) (1984), *La libre administration des collectivités locales. Réflexion sur la décentralisation*, Paris, Economica.

MOULIN R. (1978), *Le présidentialisme et la classification des régimes politiques*, Paris, LGDJ.

MOUSKHELY M. (1931), *La théorie juridique de l'État fédéral*, Paris, A. Pedone.

PASSELECQ O. (1995), *Modes de scrutin et systèmes électoraux*, Paris, La Documentation Française.

PENNOCK R. et CHAPMAN J. (éd.) (1968), *Representation*, New York, Atherton Press.

PIERRÉ-CAPS S.,
(1990), *Nation et peuples dans les Constitutions modernes*, Nancy, PU de Nancy, Préface de F. Borella.
(1997), *L'État multinational et l'Europe*, Nancy, PU de Nancy.

QUERMONNE J.-L.,
(1982), « La notion de pouvoir d'État », *Itinéraires, Études en l'honneur de Léo Hamon*, Paris, Economica, p. 549-562.
(1985), « Le référendum, Essai de typologie prospective », *RDP*, p. 577 et s.
(2000), Les régimes politiques occidentaux, Paris, Seuil, 4e éd.

Revue *Droits* (1987), « La représentation », n° 6.

Revue Politique et Parlementaire (1998), « La maison de l'Europe a 40 ans », hors série n° 1, supplément au n° 997.

Revue *Pouvoirs* (1999), « La démocratie majoritaire », n° 85.

RIALS S. (1986), *Destin du Fédéralisme*, Paris, LGDJ.

RIBES D. (2000), « Le juge constitutionnel peut-il se faire législateur ? », *Cahiers du Conseil constitutionnel*, n° 9, p. 84.

SAINT-BONNET F. (2001), *L'état d'exception*, Paris, PUF.

SCHMITT C.
(1928), *Théorie de la Constitution*, trad. fr. 1993, Paris, PUF, Préface d'Olivier Beaud.
(1988), *Théologie politique*, trad. fr. Paris, Gallimard.

SCOFFONI G., KLEIN C. (1998), « Chronique de Droit constitutionnel étranger : Israël », *RFDC* n° 34, p. 354.

STANKIEWICZ W. J. (éd.) (1969), *In Defense of Sovereignty*, New York-London, Oxford University Press.

TROPER M.,
(1973), *La séparation des pouvoirs et l'histoire constitutionnelle française*, Paris, LGDJ, nlle édition 1989.
(1994a), *Pour une théorie juridique de l'État*, Paris, PUF.

(1994b), « À propos de la superconstitutionnalité », in *Journées de la Société de Législation comparée*, vol. XV, Paris, Société de Législation comparée, p. 337, repr. in.
TROPER M.
(2001), *La théorie du droit, le droit, l'État*, Paris, PUF, p. 195 s.
(1995), « La liberté d'interprétation du juge constitutionnel », dans P. AMSELEK (dir.) *Interprétation et droit*, Bruxelles, Bruylant et PU d'Aix-Marseille, p. 235 s.

VEDEL G. (1988), « Le Conseil constitutionnel, gardien du droit positif ou défenseur de la transcendance des droits de l'Homme », *Pouvoirs*, n° 45, p. 149 et s.

ZOLLER E. (1999), *De Nixon à Clinton : malentendus transatlantiques*, Paris, PUF.

Deuxième partie
Les régimes politiques contemporains

Pendant longtemps, l'étude des principaux régimes politiques contemporains a pu se faire dans le cadre d'une classification dualiste : d'un côté, les régimes de *« pouvoir ouvert »* que l'on désigne parfois aussi sous le nom de *« régimes pluralistes occidentaux »* — où les partis politiques se créent et exercent leur activité librement et où le choix des gouvernants dépend du résultat d'*élections compétitives*. De l'autre, les *régimes de « pouvoir clos »* — souvent qualifiés de *« monocratiques »* ou totalitaires — où un *parti unique*, dirige l'économie, contrôle étroitement l'ensemble de la vie sociale, et où les élections, dont les résultats sont connus à l'avance, ne servent en fait qu'à légitimer la domination politique. Certains de ces régimes totalitaires se réclamaient du marxisme-léninisme, d'autres appartenaient à différentes variantes de fascisme.

L'opposition de ces deux types de régimes était extrêmement nette non seulement du point de vue de la pratique politique mais aussi du point de vue de l'idéologie et de la doctrine constitutionnelle. D'après les conceptions pluralistes, le pouvoir étatique est perçu à la fois comme un moyen indispensable à la régulation de la société et en même temps comme une menace pour les libertés, de sorte qu'il est nécessaire de le limiter et de le contrôler. Au contraire, *dans les systèmes totalitaires, le pouvoir, celui de l'État, du parti, ou du chef, était vu non comme un moyen, mais comme une fin.*

Mais cette classification dualiste ne correspond plus aujourd'hui à la réalité. Certes, on peut toujours distinguer des régimes qui sont authentiquement pluralistes et d'autres qui le sont moins, ou même pas du tout. Mais, depuis quelques années, de nombreux régimes de *« pouvoir clos »* soit ont complètement cessé d'appartenir à cette catégorie, soit ont fait d'importantes concessions au pluralisme. Sans doute, de nombreux pays connaissent-ils des régimes autoritaires, mais la constitution n'y joue qu'un rôle secondaire, de sorte que son étude ne présente qu'un intérêt limité. On n'envisagera donc ici que les régimes pluralistes, parmi lesquels on peut distinguer les types suivants :

Les régimes de type parlementaire, au sens que l'on a donné à ce terme dans la première partie (chapitre 1).

Le régime des États-Unis, qui est à peu près unique en son genre, et à partir duquel a été élaboré l'archétype du régime présidentiel, mérite évidemment une étude particulière (chapitre 2).

Les pays de l'Europe de l'Est, ne forment une véritable classe qu'en raison d'une histoire commune. Après avoir été soumis jusqu'en 1989 à des régimes totalitaires et traversé une phase de transition, ils ont adopté des institutions démocratiques inspirées de celles des pays de l'Europe occidentale (chapitre 3).

Enfin, l'Union européenne, bien qu'elle ne soit pas un État, constitue une forme politique originale, que la science du droit constitutionnel peut et doit prendre pour objet (chapitre 4).

Chapitre 1
Les régimes parlementaires

Les régimes que l'on a regroupés dans ce chapitre présentent deux caractères communs : d'une part le gouvernement est responsable devant le Parlement ; d'autre part, le chef de l'État peut être un monarque héréditaire ou un Président de la République, mais, en tout état de cause, il n'est pas élu au suffrage universel. Il en résulte que la composition de l'équipe gouvernementale est toujours déterminée indirectement par les résultats des élections législatives. Mais le mode de fonctionnement des régimes parlementaires varie selon l'état des forces politiques et selon les règles inscrites dans la constitution.

Section 1
Le régime britannique

Le système britannique présente pour la science du droit constitutionnel un triple intérêt. Tout d'abord c'est le plus ancien, si l'on considère l'âge de certaines de ses sources écrites ou la forme extérieure des autorités politiques, qui n'a guère changé depuis le XVIIIe siècle. Au-delà de ce phénomène de l'ancienneté et de la permanence des institutions et des rites, qui suscite parfois à lui seul l'émerveillement des témoins, il faut noter que cette stabilité n'a nullement été un obstacle à des transformations très profondes. C'est même l'évolution subie par le système qui explique que la Grande-Bretagne ait pu, à différentes époques, servir de modèle ou de source d'inspiration pour des constitutions fort différentes : la constitution américaine de 1787 ou la charte française de 1814.

D'autre part, c'est à partir du système anglais qu'a été élaboré le modèle du régime parlementaire, que l'on a l'habitude d'opposer aujourd'hui au régime présidentiel. Mais le système anglais auquel on se réfère était celui qui fonctionnait au XIXe siècle, tandis que le système contemporain est fort différent.

Enfin, l'Angleterre est souvent citée comme l'un des rares exemples d'un pays dans lequel il n'y a pas de constitution formelle. Bien entendu, cela ne signifie pas qu'il n'y a pas de constitution du tout — il y a une constitution matérielle — ni même qu'il n'y a pas de règles constitutionnelles écrites, mais seulement que les règles ne sont pas renfermées dans un document unique et surtout qu'elles n'ont pas de valeur supra-législative, de sorte qu'elles peuvent, en principe, être facilement modifiées par une loi ordinaire.

Les origines. — Le système politique britannique trouve ses origines au Moyen Âge. Par la Grande Charte de 1215, Jean sans Terre concédait un certain nombre de droits et de privilèges et posait le principe essentiel qu'aucun impôt ne pouvait être levé sans le consentement du Grand Conseil, où siégeaient les vassaux du roi. C'est ce Grand Conseil, qui au XIXe prend le nom de Parlement, qui se séparera en deux Chambres, l'une dans laquelle délibèrent les barons et les représentants de l'Église, l'autre composée de délégués des Communes. En échange de leur consentement le roi fut rapidement amené à sanctionner, c'est-à-dire à accepter les lois nouvelles que les Chambres lui proposaient. Néanmoins le Parlement n'était réuni que lorsque le roi avait besoin de ressources nouvelles et celui-ci conservait par ailleurs le pouvoir d'imposer seul des lois nouvelles ou de suspendre les lois existantes (prérogative royale).

C'est ce pouvoir qui disparaît, au terme des guerres civiles du XVIIe siècle : le *Bill of Rights* de 1688 consacre le principe de l'annualité du vote de l'impôt et supprime l'essentiel de la prérogative royale. Désormais, les Chambres devront siéger chaque année et les lois ne peuvent être adoptées qu'après avoir été votées par les Chambres et sanctionnées par le roi, qui ne peut ni les faire seul, ni en suspendre l'exécution. On appelle alors Parlement l'organe complexe formé du roi et des deux Chambres et c'est ce Parlement — et non plus le roi — qui est le souverain. Aussi, ce système est-il considéré comme un gouvernement mixte, puisque le pouvoir essentiel, le pouvoir législatif, y est exercé conjointement par un roi, l'aristocratie (la Chambre des lords) et le peuple (la Chambre des communes). Quant au pouvoir exécutif, il continuait d'être exercé par le roi avec ses ministres. C'est ce système mixte, qui est dit aussi de balance des pouvoirs, parce que les trois pouvoirs législatifs partiels se font équilibre, chacun pouvant arrêter les lois voulues par les deux autres. On sait que c'est à partir de ce modèle qu'a été élaborée la doctrine appelée « séparation des pouvoirs », qui signifiait alors non pas que les autorités doivent être spécialisées et indépendantes, mais simplement qu'une seule et même autorité ne peut exercer seule tous les pouvoirs. Et c'est aussi en raison des conditions dans lesquelles il a fonctionné au XVIIIe siècle que s'est établi le régime parlementaire.

L'établissement du régime parlementaire. — Dans le système mixte, seul le pouvoir législatif est exercé collectivement par les trois éléments du Parlement, le pouvoir exécutif, lui, continuant d'être exercé par le roi. Cependant, l'attribution du pouvoir législatif au Parlement aurait été évidemment vidée de son sens, si le roi avait pu s'affranchir, dans l'exercice du pouvoir exécutif, de l'obéissance à la loi. On ne pouvait pourtant pas le contrôler en raison de son irresponsabilité, exprimée par le principe « le roi ne peut mal faire ». Les Chambres ont alors remis en vigueur une procédure ancienne, celle de *l'impeachment*. Elle consistait dans un acte d'accusation voté par la Chambre des communes pour une conduite des ministres, qu'elle estimait criminelle. Les ministres étaient alors jugés par la Chambre des lords. Comme ni les crimes des ministres, ni les peines dont ils étaient passibles n'étaient définis, les ministres pouvaient facilement être accusés et condamnés pour n'importe quelle conduite du roi à laquelle ils avaient pu collaborer, notamment, mais pas exclusivement, en contresignant ses actes.

Il en est rapidement résulté que les ministres, qui encouraient la responsabilité, n'acceptaient de contresigner que les actes qu'ils approuvaient. Le roi peut bien alors tenter de changer de ministre, mais celui-ci sera dans la même situation, de sorte que le pouvoir du roi est passé entre les mains des ministres. Cette évolution a été facilitée et accélérée par l'arrivée sur le trône de la dynastie des princes de Hanovre en 1715 : le premier de ces princes ne connaît pas assez la langue anglaise pour participer efficacement aux réunions du cabinet, tandis qu'un autre est faible d'esprit. Aussi, la procédure d'accusation est-elle entamée non seulement dans des cas où un crime au sens ordinaire du mot a été commis, mais également lorsque la majorité de la Chambre des Communes entend s'opposer à la politique menée par les ministres. Dès lors qu'elle peut facilement aboutir, ceux-ci ont intérêt à démissionner dès qu'une menace d'accusation pèse sur eux. La première démission de ce type est celle de Walpole en 1742. Mais il ne s'agit que d'une démission individuelle. Le processus est parachevé en 1782, lorsque Lord North démissionne avec l'ensemble de son cabinet en l'absence même de toute menace d'*impeachment*. On considère que cette date marque la naissance du système parlementaire, puisque d'une part la responsabilité est désormais réellement politique, non seulement parce qu'elle est mise en jeu pour des raisons politiques — c'est presque toujours le cas — mais parce que la procédure et la sanction sont politiques et que d'autre part cette responsabilité est collective et qu'ainsi c'est la politique de l'ensemble du cabinet qui est sanctionnée.

Enfin, comme le cabinet peut être contraint à tout moment par la Chambre des communes d'abandonner le pouvoir, il ne peut durer qu'en rassemblant une majorité qui le soutiendra. Le leadership exercé par le Premier ministre repose d'abord principalement sur la corruption. Celle-ci est facilitée par un système électoral archaïque permettant toutes les manipulations : suffrage restreint — moins de 5 % de la population —, conditions d'éligibilité restrictives, découpage irréaliste des circonscriptions, candidatures officielles.

Les fortes pressions en faveur d'une réforme aboutissent en 1832 à l'extension du corps électoral. Cette réforme a une portée considérable : un corps électoral élargi n'est pas aussi aisément manipulable et seuls des candidats organisés en partis ont des chances de l'emporter. La fin du XIXe siècle voit donc le développement de partis politiques structurés et disciplinés. Lorsque l'un de ces partis est majoritaire à la Chambre des communes, le cabinet est entièrement composé de ses dirigeants et bénéficie d'un soutien permanent.

Les sources. — Comme la Grande-Bretagne ne connaît pas de constitution formelle, il est nécessaire d'identifier au moins les types de sources du droit constitutionnel.

1. La souveraineté du Parlement et de la loi

Il existe d'abord des sources écrites. Il peut s'agir de quelques documents fondamentaux, comme la Grande Charte de 1215, la Pétition des Droits de Charles Ier (1628) ; le *Habeas corpus Act* (1679) ; le *Bill of Rights* (Bill des droits) (1688), l'Acte d'établissement (1701) ou de lois relatives à telle ou telle institution particulière ; ainsi les *Parliament Acts* de 1911, 1949 et 1999, qui restreignent les pouvoirs de la Chambre des lords. À ces textes s'ajoutent désormais la loi par laquelle la Grande-Bretagne a adhéré à l'Europe, le *European Community Act* de 1972 et par conséquent le traité de Rome, l'Acte Unique européen et le traité de Maastricht. Jusqu'au XVIIIe siècle, on considérait que les textes fondamentaux et la coutume ancienne s'imposaient au roi et aux Chambres. Mais cette idée fut abandonnée lorsqu'on dut constater que le Parlement — c'est-à-dire les deux Chambres et le roi — pouvait adopter n'importe quelle loi et qu'il était dès lors souverain. Il n'y a donc pas de norme supérieure à la loi et chacune de ces règles peut être à tout moment modifiée par une loi ordinaire. On dit souvent que ce que fait la Reine en son Parlement, c'est le droit, en d'autres termes qu'il n'y a pas de limite à ce que peut faire le Parlement. Dès lors, il ne saurait être question pour les tribunaux de refuser l'application d'une loi sous prétexte qu'elle serait invalide. Ce principe a été quelquefois contesté, mais n'a pas été réellement atteint même par les développements les plus récents.

Le Human Rights Act de 1998. — Il existe un mouvement favorable à l'adoption d'un Bill of Rights, c'est-à-dire d'une Déclaration des droits sur le modèle de celles qui accompagnent les constitutions écrites, qui serait une codification des droits et libertés, dotée d'une valeur supra-législative, susceptible par conséquent de servir de fondement à un contrôle de constitutionnalité des lois. Ce mouvement est toutefois minoritaire et un tel Bill of Rights serait incompatible avec le principe de la souveraineté du Parlement. C'est pourquoi, seul a été adopté, en 1998, un *Human Rights Act*, qui rend la Convention européenne des droits de l'homme directement applicable. Elle n'a pas de valeur supérieure à celle des lois, mais les ministres qui déposent un projet à la Chambre des communes, doivent faire une déclaration sur leur compatibilité avec la Convention. D'autre part, les tribunaux, qui à cause de la souveraineté du Parlement ne peuvent annuler les lois, doivent, en cas de conflit entre la loi et la Convention, comme pour les règles européennes selon la jurisprudence *Factortame* (voir *infra*), donner aux lois une interprétation telle qu'elles deviennent conformes à la Convention et à la jurisprudence de la Cour Européenne des droits de l'homme. S'ils constatent qu'une loi est malgré tout incompatible avec la convention, ils doivent déclarer cette incompatibilité. En revanche, à la différence de ce qui résulte de la jurisprudence *Factortame*, le juge ne peut cependant pas écarter la loi parlementaire dans le cas en litige. C'est le ministre compétent qui pourra amender la loi pour mettre fin à l'incompatibilité, sans d'ailleurs revenir sur le cas particulier.

Il s'agit donc d'un contrôle très différent du contrôle de constitutionnalité pratiqué dans les autres pays européens : le texte de référence est une convention internationale ; les tribunaux doivent se conformer à la jurisprudence d'une cour internationale ; enfin, la décision d'incompatibilité a pour effet de transférer au ministre un véritable pouvoir législatif ; enfin, les tribunaux n'ont pas le pouvoir de priver une loi parlementaire de sa validité. En raison de ce dernier trait, on estime généralement que le principe de la souveraineté du Parlement reste théoriquement intact (Elliott, 1999).

La construction de l'Europe. — Les développements du droit européen ne sont pas non plus de nature à porter réellement atteinte à la souveraineté du Parlement. S'il est vrai que certaines normes européennes sont d'application directe sur le territoire des États membres et que les ressortissants britanniques ont une action devant la Cour européenne des droits de l'Homme, cela ne signifie nullement que le droit européen serait doté d'une valeur supérieure à celle des lois. C'est que si, dans certains pays comme la France, le droit international a une autorité supérieure à celle des lois, la Grande-Bretagne, elle, connaît, un système dualiste : le droit international ne fait partie du droit national qu'en vertu d'une loi adoptée par le Parlement. On peut donc considérer qu'un traité l'emporte sur une loi antérieure, mais seulement parce qu'en ratifiant le traité, le Parlement a manifesté sa volonté de modifier cette loi antérieure. La question est plus complexe en cas de contradiction entre un traité et une loi postérieure au traité. Jusqu'à une date récente, on considérait qu'en adoptant une loi contraire à un traité, le Parlement violait sans doute une norme internationale, mais non pas une norme interne. Il peut être condamné par une cour internationale, mais la loi qu'il aura votée n'en sera pas moins en vigueur et ne pourra pas être écartée par un tribunal britannique s'il apparaît clairement que le Parlement a entendu déroger à un traité. Toutefois, la Chambre des lords, statuant comme juridiction suprême, a récemment décidé, à propos d'une loi contraire aux traités européens, que si la volonté du Parlement de déroger aux traités n'était pas explicite, les traités devaient l'emporter (1). Cette jurisprudence laisse donc intact, au moins sur le plan formel, le dogme de la souveraineté du Parlement, parce que celui-ci peut toujours explicitement déclarer qu'il entend, par la loi nouvelle, déroger à la règle internationale.

2. Les conventions de la constitution

Il existe aussi des règles non écrites, parmi lesquelles on fait une distinction fondamentale entre les coutumes au sens strict et les conventions de la constitution. Dans les deux cas, il s'agit de pratiques répétées assorties du sentiment du caractère obligatoire. La différence réside dans le fait qu'une coutume peut être constatée et sanctionnée par les tribunaux, tandis qu'une convention ne peut pas l'être.

(1) *R.v. Secretary of State for Transport, ex. parte Factortame (n° 1) [1990] 2.AC 85 ; R.v. Secretary of State for Transport, ex. parte Factortame* (n° 2) [1991] 1.AC 603 et *R.v. Secretary of State for Employment, ex parte Equal Opportunities Commission* [1994] 2 WLR, 409.

Les conventions de la constitution posent un problème théorique difficile, au regard des conceptions dominantes sur la juridicité. On estime en général qu'une règle juridique est une règle dont la violation est sanctionnée. Il faudrait donc en conclure que les conventions de la constitution ne sont pas de véritables règles de droit. Or, elles jouent un rôle majeur. L'obligation pour un Premier ministre, s'il a fait l'objet d'une motion de défiance explicite de la Chambre des communes ou si la motion de confiance qu'il a présentée a été rejetée, de présenter sa démission ou de solliciter du roi la dissolution de la Chambre, l'obligation pour le monarque d'accorder sa sanction aux lois votées par les Chambres, sans pouvoir désormais leur opposer un veto, l'obligation du monarque encore de nommer au poste de premier ministre le leader du parti majoritaire ou de dissoudre la Chambre des communes à la demande du Premier ministre, toutes ces règles sont seulement des conventions.

Pour expliquer qu'elles sont fidèlement observées, on peut d'abord soutenir que, si elles ne sont pas directement sanctionnées, elles le sont indirectement. On ne peut pas poursuivre le Premier ministre qui ne démissionnerait pas, mais le Parlement ne voterait pas la loi de finances, de sorte que les impôts ne pourraient pas être légalement perçus, ni les dépenses effectuées. À cette thèse, on peut faire deux objections. En premier lieu, elle ne rend pas compte des conventions qui ne peuvent être sanctionnées indirectement, par exemple l'obligation de la Reine de consentir aux lois. D'un autre côté, la sanction indirecte n'est pas juridique, mais politique de sorte qu'il faudrait considérer les conventions non pas comme de véritables règles juridiques, mais comme de simples règles politiques, qui ne sont pas obligatoires, mais qu'on conserve soit par crainte des conséquences politiques, soit simplement par souci de *fair play* (Marshall, 1987).

Mais on peut aussi estimer que, même si cette explication du comportement des hommes politiques est juste, il n'en résulte pas qu'on doive considérer les conventions comme essentiellement différentes des autres règles constitutionnelles, même écrites. Tout d'abord, en effet, il ne faut pas confondre une explication de la soumission à une règle avec une thèse sur le caractère obligatoire ou le caractère juridique de cette règle ; l'existence de la sanction, peut expliquer un phénomène psychologique, que les hommes se conforment à la règle ; elle n'explique pas qu'ils *doivent* s'y conformer. Par conséquent si les conventions ne comportent pas de sanctions, on ne saurait aussi en déduire qu'elles ne sont pas obligatoires. D'autre part, il y a bien des règles, dont on ne conteste jamais le caractère juridiquement obligatoires, qui sont dépourvues de sanction, et qui sont obéies pour les mêmes raisons et de la même façon que les conventions de la constitution : c'est notamment le cas de la constitution formelle lorsqu'il n'existe pas de contrôle de constitutionnalité. Pour elle, comme pour les conventions de la constitution, il faut dire qu'elle est une règle juridique dans la mesure où elle est interprétée comme une règle juridique.

§ 1. Les organes

A Le Parlement

On a vu que dans son sens traditionnel le mot Parlement désigne l'organe complexe de la fonction législative, c'est-à-dire l'ensemble des trois autorités dont le consentement est nécessaire à l'adoption des lois : les deux Chambres et le roi. Néanmoins, dans la mesure où le monarque a perdu son droit de veto, on appelle couramment *Parlement* dans un sens restreint l'ensemble formé par les deux Chambres.

1. La Chambre des communes

L'élection de la Chambre des communes. — Depuis 2005, la Chambre des communes compte 646 membres élus en principe pour 5 ans. En réalité, la Chambre arrive rarement au terme de son mandat, car elle est généralement dissoute durant la dernière année de la législature.

La loi électorale a une importance considérable. On a vu comment le système s'est transformé à partir de la réforme de 1832, grâce à l'élargissement progressif du corps électoral. Le suffrage universel masculin ne fut établi qu'en 1918, mais le suffrage féminin dès 1928. Cependant, la règle dont la portée est la plus grande est celle qui fixe le mode de scrutin. Il s'agit du scrutin majoritaire à un seul tour. Dans chaque circonscription, il n'y a qu'un candidat à élire et celui qui obtient le plus grand nombre de voix est proclamé élu. Ce système, extrêmement brutal, est un facteur de concentration des partis, car il incite les électeurs à voter utile et à ne pas disperser leurs voix sur des candidats dont les chances sont faibles (voir *supra*, Première Partie, Chapitre 2, Section 3, Sous-section 2). Les candidats, de leur côté, sont fortement dissuadés de quitter leur parti ou même d'enfreindre la discipline, parce que leurs chances seraient infimes s'ils allaient seuls à la bataille. D'un autre côté, le système entraîne une forte distorsion de la représentation, puisque les élections sont gagnées par les formations qui ont obtenu le plus de voix dans le plus grand nombre de circonscriptions, même si dans chacune de ces circonscriptions l'avance est faible. Ainsi, y a-t-il une sur-représentation du parti majoritaire. En 2005, par exemple, le parti travailliste a pu obtenir 55 % des sièges avec 35 % des suffrages, alors que les conservateurs n'obtenaient que 30 % avec 32,3 % des suffrages. On observe aussi que 1 % des suffrages a rapporté aux travaillistes 10 sièges, mais seulement 6 aux conservateurs. Il est même possible d'obtenir la majorité des sièges avec une minorité de voix, comme cela s'est produit en 1951 quand les conservateurs obtinrent 321 sièges avec 48 % des voix, tandis que les travaillistes n'en eurent que 295 avec 48,8 % des voix. Le même phénomène se produisit en 1974 au profit des travaillistes cette fois.

En raison de la concentration des partis politiques, le mode de scrutin a des effets importants sur la vie politique : tout d'abord, il y aura presque toujours, au lendemain des élections un parti majoritaire à la Chambre des communes et les électeurs savent que le leader de ce parti sera nommé Premier ministre. On a donc pu dire que tout se passait comme si le Premier ministre était élu au suffrage universel (Marx, 1969). D'autre part, le cabinet ainsi nommé jouit normalement d'une grande stabilité, car il ne peut être renversé que par son propre parti, c'est-à-dire par une révolution de palais. Enfin, dès lors que l'avance relative du parti majoritaire sur le principal parti d'opposition est faible, il suffit d'un léger déplacement de voix pour provoquer l'alternance au pouvoir. Les deux grands partis sont incités à courtiser les électeurs dits *flottants*, c'est-à-dire ceux qui sont susceptibles de voter tantôt pour l'un tantôt pour l'autre, car ce sont eux qui feront la différence. Aussi, tous deux ont-ils tendance à présenter des programmes politiques de nature à séduire ces électeurs, donc des programmes qui ne s'opposent pas de façon radicale.

Naturellement, les partis autres que les conservateurs et les travaillistes, qui souffrent du système majoritaire, réclament l'établissement d'une dose de représentation proportionnelle. C'était notamment le cas du parti libéral après qu'il ait été devancé par les travaillistes. C'est le cas aujourd'hui du parti libéral-démocrate. Bien que cette demande soit évidemment contraire aux intérêts des deux grands partis, qui sont les bénéficiaires du scrutin majoritaire, le parti travailliste a dû, pour obtenir aux élections de 97 les suffrages d'électeurs proches du parti libéral-démocrate, promettre, s'il arrivait au pouvoir, de mettre à l'étude une modification du mode de scrutin, qui pourrait éventuellement être soumise au référendum.

Néanmoins, depuis les élections cette réforme a cessé d'être prioritaire et il s'est contenté d'instituer la représentation proportionnelle pour les élections au Parlement européen.

À vrai dire, nul ne peut prévoir les effets qu'aura la législation relative à l'Irlande du nord, l'Écosse et le Pays de Galles sur le système des partis. Bien que les élections régionales de mai 1999 n'aient pas été très favorables aux partis nationalistes écossais et gallois, il n'est pas impossible qu'à long terme, ces partis se renforcent non seulement au plan régional, mais aussi au plan national, de telle manière qu'aucun des deux grands partis n'aurait plus la majorité. Par ailleurs, il n'est pas possible de discerner tous les effets que pourraient avoir, y compris sur les grands partis nationaux, l'introduction dans le scrutin régional d'une dose de représentation proportionnelle.

La dévolution. — Les travaillistes, au pouvoir depuis 1997, ont entrepris une série de réformes constitutionnelles d'une très grande portée, les plus importantes depuis le début du siècle.

Les principales de ces réformes concernent l'Écosse et le pays de Galles et font de la Grande-Bretagne un État quasi-fédéral. La procédure par laquelle elles ont été adoptées mérite d'être décrite. Le gouvernement a soumis un projet au référendum, mais seuls étaient admis à voter les électeurs écossais et gallois. Un français pourrait s'étonner que l'ensemble des électeurs britanniques aient été privés du droit de consentir à cette restriction de leur souveraineté. Mais le Souverain en Grande-Bretagne n'est pas le corps électoral, ni même le peuple britannique, c'est le Parlement. D'ailleurs, les électeurs écossais et gallois ne pouvaient pas non plus formellement adopter un texte par référendum et il a fallu une loi, votée par le Parlement en 1998, le *Scotland Act*.

On examinera ici seulement la loi sur l'Écosse, dite de dévolution. Elle institue un Parlement écossais, qui s'est réuni pour la première fois le 1er juillet 1999. La plupart des députés sont élus dans des circonscriptions de dimensions réduites, au scrutin uninominal à un seul tour, traditionnel en Grande-Bretagne, mais les autres sont désignés, dans des circonscriptions plus vastes, à la représentation proportionnelle. Comme en Allemagne pour l'élection du Bundestag, chaque électeur dispose de deux voix pour participer à l'élection des deux catégories de députés.

Le Parlement écossais vote des lois, auxquelles la reine peut, en principe, opposer son veto, comme à celles adoptées par le Parlement britannique de Westminster. Ce pouvoir législatif peut s'exercer seulement dans des matières énumérées dans le *Scotland Act* et ne peut empiéter sur les compétences du Parlement britannique. Ces lois doivent être conformes à la Convention européenne des droits de l'homme et au droit communautaire. Le Conseil privé examine leur conformité aux lois de Westminster.

Il y aura un pouvoir exécutif écossais, avec à sa tête un Premier ministre (*First Minister* pour le distinguer du *Prime Minister* britannique), nommé par le Parlement écossais et responsable devant lui. Il est chargé d'exécuter les lois écossaises et aussi d'appliquer en Écosse les lois britanniques.

On peut penser que le pouvoir des institutions écossaises est limité, notamment en raison de l'insistance sur la souveraineté du Parlement de Westminster, qui en principe peut à tout moment reprendre certaines, voire toutes, les matières déléguées à l'Écosse. Cependant, cette réforme est en réalité d'une très grande portée. En premier lieu, il est probable qu'en pratique, le Parlement de Londres s'abstiendra de légiférer pour les affaires d'Écosse et, comme il n'y aura plus au sein du cabinet britannique de ministre chargé de ces affaires, il s'abstiendra également d'exercer en ces matières sa fonction de contrôle. Tout se passera donc comme si le pouvoir législatif était divisé, comme dans un système fédéral, entre deux Parlements celui de Londres et celui d'Édimbourg. D'autre part, comme dans un système fédéral encore, les conflits de compétence sont tranchés par une juridiction, le conseil privé, qui interprétera le *Scotland Act*.

Cependant, malgré ces traits qui le rapprochent d'un système fédéral, le système de relations entre la Grande-Bretagne et l'Écosse s'en distingue encore par plusieurs traits. Tout d'abord, s'il y a un Parlement séparé pour l'Écosse, il n'y en a pas pour l'Angleterre. Le Parlement de Westminster joue donc un double rôle. Il légifère pour l'Angleterre et pour l'ensemble de la Grande-Bretagne. Par ailleurs, le conseil privé contrôle les lois du Parlement écossais, mais non celles du Parlement britannique. On pourrait objecter qu'on connaît des formes de fédéralisme inégalitaire, mais il reste une différence essentielle : la répartition des compétences et l'existence de l'entité écossaise ne résultent pas d'une constitution, mais d'une loi, modifiable à tout moment par le Parlement anglais.

L'organisation de la Chambre des communes. — La Chambre choisit son président ; le speaker, qui demeure en fonction pendant toute la durée de la législature. Ce personnage jouit d'un prestige considérable, qui tient d'abord à sa neutralité et à son impartialité. S'il est souvent — mais pas toujours — élu au sein du parti majoritaire, l'opposition s'abstient en général de présenter dans sa circonscription un candidat contre lui et il est réélu à son poste, même en cas de changement de majorité. Mais son prestige tient aussi naturellement à ses pouvoirs : il désigne les présidents des commissions, assure notamment la police des débats et peut prendre des sanctions contre les députés.

À la différence des commissions permanentes du Parlement français ou du Congrès américain, celles de la Chambre des communes ne sont pas spécialisées. Elles ont d'ailleurs un rôle plus faible. Elles sont désignées par des lettres de l'alphabet et c'est le speaker qui répartit entre elles les affaires.

À la Chambre des communes, les députés sont très fortement encadrés par leurs partis respectifs. Au sein de chaque parti, certains députés, les *whips*, sont chargés de transmettre les consignes de vote et d'assurer la discipline. Comme les députés doivent leur élection au parti et qu'ils en attendent l'investiture pour les élections suivantes, ils sont contraints de se plier à ces consignes. Il en résulte une conséquence importante : sauf crise interne au sein du parti majoritaire, les textes déposés par le cabinet seront nécessairement adoptés.

2. La Chambre des Lords

Elle constitue incontestablement une survivance d'une époque disparue, et cependant, si sa suppression fut parfois envisagée, elle n'en subsiste pas moins, mais a été profondément réformée.

Jusqu'au *House of Lords Act* de 1999, il y avait trois catégories de Lords ou pairs : les pairs héréditaires, au nombre de 758 au 1er novembre 1999, les pairs à vie (542) et 26 pairs spirituels, évêques de l'Église anglicane.

C'est la Reine qui nomme les Lords et elle pouvait à son gré nommer des pairs héréditaires ou à vie. Au XXe siècle, les nominations étaient faites à titre honorifique pour récompenser des hommes politiques et des réussites professionnelles éclatantes ; il s'agissait quasi exclusivement de nominations à vie jusqu'à ce que, sous l'influence de Mme Thatcher, on revienne à des nominations à titre héréditaire. Ce pouvoir de la Reine est en effet depuis longtemps, comme tous les autres, entre les mains du Premier ministre. Il présente une importance politique considérable, car la Reine peut nommer les Lords en nombre illimité, ce qui signifie qu'elle peut en modifier la majorité à son gré et qu'elle dispose ainsi sur la Chambre d'un moyen de pression irrésistible. C'est ce qui a permis de contraindre la Chambre des lords à voter les lois qui restreignaient son pouvoir ou modifiaient sa composition.

La Chambre des lords a été profondément modifiée par le *House of Lords Act* de 1999, qui constitue la première étape d'une réforme plus globale annoncée par le gouvernement travailliste. Elle consiste principalement dans la suppression des pairs héréditaires. Les titulaires ont donc perdu leurs sièges, à l'exception de 92 d'entre eux, sélectionnés à la suite d'une élection et devenus pairs à vie. La Chambre comptait donc au mois de mars 2000 670 membres.

Les travaillistes ont annoncé leur intention de procéder ultérieurement à une réforme du système de désignation des pairs à vie et à l'institution d'une catégorie de pairs élus. L'objectif serait d'en faire une seconde Chambre moderne, dans laquelle il y aurait à la fois des membres élus et des Lords à vie. Son rôle serait d'être une Chambre de réflexion et de contribuer à la qualité de la législation. La procédure législative ne serait donc pas bouleversée.

La Chambre des lords exerce deux types de pouvoir. En premier lieu, elle intervient dans l'adoption des lois. Jusqu'en 1911, elle disposait d'un pouvoir identique à celui des Communes, mais à la suite du *Parliament Act*, adopté cette année-là, elle ne conservait qu'un droit de veto suspensif de deux ans (mais un mois seulement en matière financière). En 1949, un nouveau texte vint encore réduire les pouvoirs de la Chambre haute, et cela avec effet rétroactif, afin qu'elle ne puisse s'opposer au projet de nationalisation des aciéries déjà déposé par le gouvernement travailliste. La durée du veto n'est plus que d'une année. D'autre part, elle est aussi la juridiction suprême en Grande-Bretagne, celle qui tranche les litiges en dernier ressort et établit la jurisprudence. Lorsque la Chambre des Lords doit statuer comme juridiction, seule siège une catégorie particulière de pairs à vie, les Law Lords, qui sont en fait des magistrats. Le gouvernement travailliste a entrepris une réforme du système judiciaire, qui rapprochera dans une certaine mesure le comité judiciaire de la Chambre des lords des cours suprêmes américaine ou canadienne. Il était difficile de justifier au regard de la séparation des pouvoirs le fait que le pouvoir judiciaire suprême soit entre les mains d'une commission de la Chambre haute. Les Law Lords seraient donc désormais séparés de la Chambre des lords. Ils perdraient leur titre de pairs et siégeraient dans un bâtiment séparé. Ils seraient désormais nommés non plus par la Reine, c'est-à-dire en fait par le Premier ministre, mais pourraient l'être par une commission judiciaire, indépendante du pouvoir exécutif. La nouvelle Chambre des lords présenterait ainsi certaines ressemblances avec la Cour Suprême des États-Unis, mais il ne saurait être question, en raison du principe fondamental de la souveraineté du Parlement, de lui donner le pouvoir de contrôler la constitutionnalité des lois.

Le maintien d'une seconde Chambre nobiliaire s'explique et se justifie de plusieurs façons, par l'attachement aux traditions, mais aussi par la très bonne qualité technique des débats. Il ne s'agit en tout cas ni de sauvegarder des privilèges de classe, ni de réaliser un équilibre des pouvoirs, salutaire pour la liberté politique. Le centre des conflits et des équilibres politiques n'est plus dans la rivalité entre deux assemblées, mais dans les relations de la majorité et de l'opposition et surtout dans les relations au sein même de la majorité. Mais, la Chambre des lords conserve aux yeux de nombreux observateurs sa raison d'être. Sans disposer d'un véritable pouvoir législatif, elle joue un rôle précieux dans la procédure législative, d'une part parce que son pouvoir de retarder l'adoption d'une loi n'est pas négligeable et qu'il arrive même que certains projets retardés en fin de session ne soient pas représentés à la session suivante et soient ainsi enterrés, d'autre part parce que la proportion de plus en plus grande des pairs à vie, choisis parmi les personnalités les plus compétentes du pays, confère aux débats une très grande qualité technique, conduit à des amendements et permet ainsi d'améliorer le contenu de nombreux projets de lois.

B La Couronne

L'Angleterre est une monarchie où la dévolution de la couronne se fait selon les règles d'hérédité du droit commun. Les femmes viennent à leur rang selon leur degré de parenté avec le monarque précédent. Élizabeth II est aujourd'hui Reine régnante (Queen regnant) parce qu'elle a accédé directement à la couronne. L'épouse du Roi n'est que Reine consort.

En dépit d'une réduction continue au cours de l'histoire, les pouvoirs théoriques de la couronne demeurent considérables. Ils constituent la « prérogative » royale. En font partie le droit de nomination à un grand nombre d'emplois, le droit de décerner la pairie, des titres et des décorations, le droit de convoquer, proroger ou dissoudre la Chambre des communes, le droit de guerre et de paix, le droit de traiter, etc.

Toutefois, outre que le Parlement peut restreindre l'étendue de la prérogative, les compétences qu'elle comporte n'appartiennent que nominalement au Roi. Leur exercice est le fait soit du cabinet, soit du Premier ministre.

Ce n'est donc pas à raison de son autorité juridique que la Couronne est une pièce importante du système politique britannique. Jusqu'à ces dernières années, la Reine et la famille royale symbolisaient à la fois la grandeur de l'Empire britannique et les vertus de la famille anglaise. D'un autre côté, la Reine était tenue informée de toutes les décisions du cabinet et pouvait exercer une certaine influence personnelle. Enfin, l'Église d'Angleterre n'est pas séparée de l'État — c'est ce qui justifie la présence des évêques à la Chambre des lords — et la Reine en est le chef.

Aujourd'hui, cependant, la monarchie n'est plus indiscutée. La crise présente deux aspects. Le premier est financier. Les fastes de la Couronne reviennent fort cher. D'autre part, la Reine possède une énorme fortune privée, l'une des plus grandes du monde, et une fraction de l'opinion a été choquée d'apprendre que non seulement elle était exempte d'impôts, mais que tous les membres de la famille royale recevaient des pensions publiques (la « liste civile »). Le second aspect tient aux mœurs de la famille royale.

Dans les années d'après-guerre, elle jouait un rôle symbolique important et offrait l'image d'une famille idéale. Or une série d'incidents a entaché et continue d'entacher cette image, sans que le divorce du Prince de Galles et de la Princesse, au mois d'août 1996, puis son remariage en 2005 suffisent à y mettre fin.

Ces difficultés ne sont pas constitutionnellement insurmontables. La Reine a décidé de payer volontairement des impôts et elle a par ailleurs mis en place un comité chargé de réfléchir à l'avenir de la monarchie. Parmi les solutions envisagées, la suppression de la liste civile votée par le Parlement. La Reine tirerait ses revenus des propriétés royales. Enfin, les liens privilégiés avec l'Église anglicane cesseraient. Néanmoins, puisque le comportement de la famille royale n'est plus exemplaire, certains se prennent à songer que la fonction de symboliser l'unité de la Grande-Bretagne pourrait être remplie autrement.

Le monarque est assisté d'un *Conseil privé* composé de tous ses conseillers. Originairement, son influence était considérable, mais depuis que le cabinet qui en est issu a pris l'autorité que lui vaut la confiance parlementaire, son rôle a diminué. Il est surtout l'organe à travers lequel le gouvernement doit faire passer certaines de ses décisions, notamment la convocation ou la dissolution de la Chambre, et l'exercice du pouvoir réglementaire. En la forme, les règlements anglais sont des *Orders in Council*, c'est-à-dire des ordonnances prises en Conseil privé. Comme les principaux ministres y siègent, son rôle est d'entériner les mesures adoptées par le cabinet. Le Conseil privé joue aussi le rôle d'une cour constitutionnelle pour certains pays du Commonwealth et il sera appelé à examiner la validité des lois du Parlement écossais (voir *supra*).

C Le cabinet (Charlot, 1998)

L'apparition du cabinet fut liée au développement du régime parlementaire. Avant la Révolution de 1688, le Roi choisissait parmi les *Privy Councillors* ceux qui feraient partie d'un cercle plus restreint : *Inner Circle*. Investi de la confiance du monarque, il était maître de les désigner et de les renvoyer. Ce n'est qu'à partir du ministère Walpole (1721-1742) que la nécessité pour les membres de ce Conseil restreint de jouir de la confiance des Communes, le détacha de la libre fantaisie du souverain pour en faire un cabinet au sens parlementaire du terme. D'abord instrument du Roi, puis instrument du Parlement, le cabinet acheva ses métamorphoses sous sa forme actuelle d'organisme du parti majoritaire.

Le cabinet dispose de pouvoirs considérables ; non seulement il exerce le pouvoir exécutif proprement dit et une partie des compétences relevant de la prérogative royale, mais en outre il détient le pouvoir considérable de produire une « législation déléguée ». Comme dans beaucoup d'autres pays, le Parlement éprouve des difficultés à prendre toutes les lois nécessaires et cela pour les mêmes raisons : technicité des matières, lenteurs de la procédure, encombrement de l'ordre du jour. Il vote alors une loi d'habilitation, par laquelle il autorise le gouvernement à prendre des règlements. Ceux-ci feront l'objet d'une ratification expresse ou tacite, mais pourront, même après cette ratification, être modifiés sans nouvelle habilitation.

La composition du ministère est extrêmement complexe à raison de la survivance de pratiques anciennes. Il comprend le Premier ministre, les ministres, les secrétaires d'État. Les ministres appartiennent à différentes catégories. Il y a les ministres proprement dits qui sont à la tête d'un ministère, et d'autres personnalités auxquelles leurs fonctions tantôt simplement honorifiques (par exemple Lord du Sceau privé), tantôt effectives (Lord Chancelier, Lord président du Conseil privé) valent de faire partie du ministère. Quant aux secrétaires d'État (Foreign secretary, Home secretary, etc.), ce sont des personnalités qui sont à la tête d'un département ancien qui a conservé son nom *d'office*. Entre eux et les ministres proprement dits, il n'y a donc d'autre différence que celle qui tient à la plus ou moins grande ancienneté de la création du département.

Ces secrétaires d'État, ministres pleins, encore qu'innomés, ne doivent pas être confondus avec les parliamentary *secretaries* qui assistent les chefs des grands départements ministériels. Ce sont des sous-ministres investis des compétences que leur délègue le ministre auquel ils sont attachés. Leur titre provient de ce que leur fonction comprend la liaison entre le département auquel ils appartiennent et le Parlement.

La complexité de l'organigramme a encore été accrue par l'apparition, à partir de 1941, de *ministres d'État* qui ne sont pas, comme souvent en France, des ministres sans portefeuille, mais des ministres chargés de suivre une certaine catégorie de problèmes ou de coordonner l'action de divers départements.

À l'exception du Premier ministre, théoriquement choisi par la Reine, et des ministres ès qualité, tous les ministres et secrétaires d'État sont désignés par le Premier ministre. L'usage exige que les ministres appartiennent au Parlement (la proportion entre ceux qui appartiennent à la Chambre des communes et ceux qui font partie de la Chambre des lords est laissée à la discrétion du Premier ministre sous réserve de respecter le *Ministers of the Crown Act* de 1937 qui prévoit que le cabinet doit comprendre au moins trois pairs en plus du Chancelier qui est obligatoirement un Lord). Il y eut des exceptions à l'origine parlementaire des ministres, mais elles ont constitué une gêne pour le cabinet. En effet, les ministres n'ayant accès qu'à la Chambre dont ils font partie, un ministre non parlementaire est un poids mort pour le gouvernement puisqu'il ne peut assurer cette liaison. La liberté de choix du Premier ministre est évidemment limitée par le principe de la confiance nécessaire de la Chambre, mais elle l'est aussi par la coutume qui laisse peu de chance d'accéder au ministère à une personnalité qui ne se serait pas d'abord imposée aux Communes.

Le resserrement de l'autorité gouvernementale. — Le ministère est un organisme beaucoup trop lourd (plus de cent membres) pour s'adapter aux exigences de l'exercice de l'autorité politique. Aussi, traditionnellement, le cabinet ne comprend pas tous les ministres, mais ceux-là seulement que le Premier ministre a désignés pour en faire partie. Naturellement, certains d'entre eux y ont leur place marquée à raison de l'importance de leurs fonctions (Lord Chancelier, c'est-à-dire ministre de la Justice ; Chancelier de l'Échiquier, c'est-à-dire ministre du Trésor ; secrétaire d'État aux Affaires étrangères), les autres y sont appelés selon la conjoncture. L'organisation des travaux du cabinet est récente : avant la guerre de 1914, il n'existait ni secrétaire permanent, ni Agenda (ordre du jour). Aujourd'hui, la procédure a été rationalisée, mais la coutume a été maintenue selon laquelle la discussion doit être poursuivie jusqu'à l'accord unanime. D'après I. Jennings, le procédé du vote ne serait plus utilisé depuis 1880.

Le cabinet lui-même s'est avéré trop peu maniable. Dès la Première Guerre mondiale, Lloyd George réserva la tâche de fixer la politique du gouvernement à un cabinet de guerre ne comprenant que cinq membres. Le système fut remis en vigueur par sir Winston Churchill en 1940. Depuis lors, un cabinet intérieur *(Inner cabinet)* a joué un rôle discret mais décisif dans l'établissement des plans du gouvernement travailliste de Attlee (1943-1951). Enfin la pratique des Comités du cabinet, comités interministériels consacrés à l'étude d'un certain ordre de questions, par exemple la mise au point des projets de loi, est devenue une institution régulière. Il s'y ajoute, pour éviter la dispersion des efforts, l'action des ministres spécialement chargés de la coordination et qui sont de véritables super-ministres.

Les comités interministériels sont plus fortement structurés qu'en France. Ils siègent sous la présidence du Premier ministre ou, à son défaut, d'un ministre qu'il désigne en le choisissant généralement parmi les ministres sans portefeuille, ce qui lui laisse plus de loisirs pour s'occuper des problèmes à l'ordre du jour que n'en disposent ses collègues chargés d'un département. Certains comités, tels ceux de défense, des affaires économiques et des affaires administratives, sont permanents. Ce sont les *standing committees*.

De ce resserrement de l'autorité gouvernementale certains auteurs anglais déduisent l'effacement du cabinet comme véritable autorité gouvernementale. Il ne serait qu'une instance d'appel, la réalité du pouvoir appartenant au Premier ministre gouvernant avec l'aide des *Juniors Ministers* et de l'administration.

Le Premier ministre. — Aujourd'hui, le Premier ministre est le leader du parti majoritaire. Cette situation politique conditionne son statut juridique. Bien que choisi théoriquement par la Reine, il est imposé par la conjoncture politique ; pratiquement, il est indirectement désigné par les électeurs, puisqu'il est le chef du parti qui a triomphé lors de la compétition électorale. Il est théoriquement, au regard de ses collègues du ministère, *primus inter pares* ; en fait, son titre de leader du parti lui assure la maîtrise du cabinet. Il est juridiquement responsable devant la Chambre des communes, mais pratiquement il y a peu de chance pour qu'il soit renversé, aussi longtemps qu'il n'aura pas été désavoué par son propre parti. Ceci n'est d'ailleurs pas impossible, si les membres de son parti craignent que leur leader ne les conduise à une défaite électorale. C'est d'ailleurs ce qui s'est effectivement produit lorsque Margaret Thatcher fut contrainte à la démission en 1990 par le groupe parlementaire conservateur. Cependant, même le fait de perdre momentanément le soutien de son parti n'entraîne pas automatiquement l'obligation de démissionner. Il est arrivé en effet, comme cela a été le cas pour Tony Blair pendant la guerre d'Irak, que le Premier ministre conserve la majorité à la Chambre, grâce au renfort de certains membres de l'opposition conservatrice, qui compensaient la défection d'une partie de la majorité travailliste. Il peut même être mis en minorité sur une question particulière sans être tenu de démissionner, si ce vote ne signifie pas qu'il a perdu la confiance de la majorité.

Toutefois, s'il ne risque presque rien sur le plan parlementaire, il a tout à redouter de la future consultation électorale. L'échec de son parti aux élections risque de lui valoir la perte de son titre de leader, comme ce fut le cas pour E. Heath à la suite de la défaite électorale des conservateurs en 1974. Il faut donc, pour le Premier ministre, gouverner, mais faire en sorte que son parti soit victorieux aux prochaines élections.

Cette tâche implique des pouvoirs si considérables que certains auteurs anglais n'hésitent pas à qualifier le Premier ministre de « monarque élu » (Benemy, 1965). Cette thèse a été cependant contestée par d'autres.

Faisant état de l'expérience du gouvernement Wilson, ils ont démenti la prééminence du Premier ministre et affirmé l'autorité collégiale du cabinet. Mais, au moins depuis le règne de Margaret Thatcher, on assiste à nouveau à une très forte concentration des pouvoirs entre les mains du Premier Ministre. Cela tient non seulement à la personnalité du chef de gouvernement, mais aussi à sa prééminence au sein du parti majoritaire et aux contraintes de l'exercice du pouvoir dans un État moderne.

On considère qu'il n'y aujourd'hui en réalité que très peu de limites au pouvoir du Premier ministre. Il n'en existe pas hors du cabinet, car la majorité le soutient sans défaillance, tandis que l'opposition ne dispose d'aucun pouvoir réel. Il n'y en a pas davantage au sein du cabinet. Les décisions les plus importantes sont préparées par des commissions *ad hoc* nommées par le Premier ministre et quelques ministres importants. Certains auteurs estiment que l'idée d'un gouvernement de cabinet n'est qu'une illusion. En réalité les ministres n'ont qu'un rôle très réduit dans la détermination de la politique du cabinet et agissent surtout dans leurs départements respectifs, où en revanche, ils paraissent jouir d'une autonomie importante (Weir S. et Beetham D., 1998).

Il en résulte que le rôle réel du Parlement dans l'examen de la législation est très faible et que les projets du gouvernement sont adoptés sans difficulté et sans un examen très minutieux. Les ministres disposent d'ailleurs d'un pouvoir réglementaire très important.

§ 2. Le fonctionnement du système

A Rapports juridiques entre organes : la façade parlementaire

Si l'on faisait abstraction du bipartisme, et si l'on se bornait à analyser les rapports entre organes à partir de leurs prérogatives et de leurs moyens d'action mutuels, il faudrait considérer que la Grande-Bretagne vit sous un régime parlementaire.

On trouve en effet en Angleterre tous les caractères que l'on attribue généralement au régime parlementaire. Il s'agit en premier lieu de la spécialisation des organes — certains disaient même de la séparation des pouvoirs — puisque les Chambres exercent la fonction législative et le cabinet la fonction exécutive. Il s'agit d'autre part de moyens d'action mutuels. D'un côté, le cabinet est politiquement responsable devant la Chambre des communes qui a la faculté de le renverser. De l'autre côté, le Roi peut dissoudre la Chambre à la demande du Premier ministre.

L'ensemble de ces prérogatives pouvait faire l'objet de deux analyses différentes.

On pouvait d'abord interpréter le régime parlementaire comme un système d'équilibre entre le pouvoir législatif et le pouvoir exécutif, qui disposent avec la responsabilité et la dissolution de moyens d'action symétriques. Ainsi, en cas de conflit, la Chambre renverse le cabinet qui riposte en faisant prononcer la dissolution par le Roi. Variante de cette interprétation : un conflit, qui se produit lorsque le cabinet est renversé, doit être soumis à l'arbitrage du corps électoral. Selon cette variante, la dissolution n'est pas comprise comme une arme entre les mains du Premier ministre, mais comme un mode de saisine de l'arbitre. Si, dans la première variante, le système parlementaire est un système d'équilibre, dans la seconde, c'est un système démocratique, puisque le peuple tranche en dernier ressort.

Selon une autre interprétation, le système parlementaire ne se caractérise pas par l'équilibre, mais tout simplement par la suprématie du Parlement. On peut alors considérer que, comme d'ailleurs en France sous la IIIe République, le Parlement, c'est-à-dire en fait la Chambre des communes réunit entre ses mains la totalité du pouvoir. Elle dispose en effet seule du pouvoir législatif, puisque la Reine et la Chambre des lords ne sont plus en mesure de participer réellement à son exercice. D'autre part, elle exerce le pouvoir exécutif à travers le cabinet qui n'est que l'émanation de la majorité. Toute tentative du cabinet pour faire une autre politique que celle de la Chambre, ne serait pas un conflit entre deux pouvoirs, mais une rébellion du subordonné contre le supérieur. Dans ce cas, la Chambre des communes renverse le cabinet, qui est remplacé par un autre. Telle était d'ailleurs la pratique au XIXe siècle. Dans cette perspective, le droit de dissolution n'apparaissait certainement pas comme une arme symétrique de la responsabilité, mais seulement comme un moyen pour le subordonné de se donner un nouveau maître. Naturellement, un tel système ne fonctionne que si les membres de la Chambre des communes restent indépendants des partis politiques. Qu'ils suivent avec discipline les directives de leur parti, qu'il existe un parti majoritaire, et tout change. Or, précisément, la réalité est aujourd'hui fort différente de ce qu'elle était au XIXe siècle, en raison d'un phénomène d'une importance capitale, le bipartisme.

B Le rôle du système de partis : le bipartisme

Les origines du bipartisme. — Elles sont très anciennes. La première moitié du XVIIIe voit l'affrontement des *whigs* et *tories*, partisans et adversaires de la dynastie des Hanovre. Il ne s'agit toutefois pas de partis au sens moderne, mais de groupes parlementaires sans structure ni discipline. Mais, au début du XIXe, des clubs se forment pour organiser la propagande en faveur d'une réforme électorale. Lorsque celle-ci aura lieu en 1832, ces clubs seront utilisés pour les campagnes électorales des députés et ils seront liés aux deux groupes de députés, conservateurs (les anciens *tories*) et libéraux (les anciens *whigs*). Conservateurs et libéraux, qui ont à leur tête de fortes personnalités, Disraeli et Gladstone, alterneront au pouvoir pendant la deuxième moitié du XIXe siècle.

Le développement de la classe ouvrière et l'élargissement du suffrage contribuent à produire un changement politique majeur. Les nouveaux électeurs ouvriers, commencèrent par voter pour les libéraux, mais comme ceux-ci ne pouvaient se résoudre à adopter une politique favorable aux travailleurs, les syndicats finirent par fonder un nouveau parti, le parti travailliste. Celui-ci présentait l'originalité d'être un parti indirect : puisqu'il était fondé par les syndicats, leurs adhérents devenaient indirectement adhérents du parti. Le nouveau parti devint donc d'emblée une organisation très puissante de 900 000 membres. Le caractère indirect était encore marqué par le fait que c'était le congrès des syndicats (le Trade Union Congress), qui était — et qui est d'ailleurs encore — l'organe dirigeant du parti et que le leader et les candidats au parlement sont choisis par un collège électoral dans lequel les syndicats ont 40 % des voix.

Le développement rapide du nouveau parti travailliste, joint aux divisions du parti libéral et surtout au scrutin majoritaire à un seul tour, aboutira après 1922 au remplacement de l'affrontement Conservateurs-Libéraux par un nouvel affrontement Conservateurs-Travaillistes.

Au-delà de l'opposition idéologique, les deux partis ont quelques caractères communs importants, ils sont fortement centralisés, le pouvoir y est concentré dans quelques cercles assez restreints et le leader, soumis chaque année à réélection, y joue un rôle prépondérant.

Depuis quelques années, le bipartisme paraît menacé par le parti libéral démocrate et des partis nationalistes écossais et gallois.

Les conséquences du bipartisme. — Le bipartisme bouleverse les rapports entre organes. On a déjà signalé l'une des conséquences du bipartisme : les électeurs savent que l'un des partis sera majoritaire après les élections et que le leader de ce parti deviendra Premier ministre. Ils votent donc indirectement pour choisir le Premier ministre. Mais le bipartisme affecte en outre le fonctionnement du système parlementaire tout entier.

Tout d'abord, puisque le Premier ministre est le leader de la majorité, il y a peu de chances pour qu'il soit renversé. Même s'il arrive qu'il soit mis en minorité sur un projet de loi particulier, par exemple par suite de désaccords au sein de la majorité, il n'est pas contraint de démissionner et il ne le fera que si le vote met en cause sa politique générale. Il se maintient donc jusqu'à la fin de la législature, sauf dans le cas, très rare, où des dissidents du parti majoritaire se joignent à l'opposition, comme cela s'est produit au mois de mars 1979.

En deuxième lieu, le cabinet, qui est formé des dirigeants du parti, dispose d'une autorité suffisante sur ses membres, pour obtenir que la majorité adopte les projets qu'il soumet aux Communes. Près de 90 % des lois sont d'ailleurs d'origine gouvernementale. Tout se passe donc comme si le cabinet disposait non seulement du pouvoir exécutif, mais aussi du pouvoir législatif. On est donc très loin du schéma du régime parlementaire : il n'y a ni prédominance du Parlement sur le cabinet, ni même équilibre entre les pouvoirs, mais bel et bien suprématie de fait du cabinet sur le Parlement. Il n'y a pas davantage de séparation fonctionnelle des pouvoirs, mais au contraire concentration d'un pouvoir énorme entre les mains du cabinet et spécialement entre celles du Premier ministre.

En troisième lieu, la dissolution ne peut remplir toutes les fonctions que lui attribue la théorie classique du régime parlementaire et notamment celle de provoquer l'arbitrage du corps électoral en cas de conflit entre les pouvoirs, puisque le bipartisme empêche normalement que de tels conflits se produisent. En revanche, il est arrivé que la menace de dissolution dissuade les députés de mettre en minorité le gouvernement.

Certains auteurs avaient cru découvrir une nouvelle fonction de la dissolution : elle serait un substitut au référendum. En effet, disait-on, puisque le référendum n'existe pas en Grande-Bretagne, la dissolution permet de consulter le peuple sur une question importante. En votant pour tel parti, il approuve la position que celui-ci a adoptée et rejette la position du parti opposé. Cette thèse, qui se heurtait à une série de critiques, paraît aujourd'hui abandonnée : la raison principale est que le Parlement étant souverain, il peut parfaitement organiser un référendum consultatif et il l'a d'ailleurs fait en 1975 à propos de la renégociation de l'adhésion de la Grande-Bretagne à la Communauté Économique Européenne, puis de nouveau en 1998 en Écosse et au pays de Galles sur la dévolution des pouvoirs. Il s'apprêtait à le faire en 2005 à propos de la ratification du traité constitutionnel européen, mais le processus a été interrompu après l'échec des référendums français et néerlandais.

Mais pour l'essentiel, la dissolution est seulement un moyen de provoquer les élections et d'en fixer la date au moment que les sondages révèlent comme le plus favorable à la majorité sortante. C'est la Reine qui prononce la dissolution, mais une convention de la constitution veut qu'elle accède toujours à la demande du Premier ministre.

Concentration du pouvoir, démocratie et liberté. — Pour le constitutionnalisme classique, la concentration du pouvoir entre les mains d'un seul homme ou d'un seul groupe est la définition même du despotisme : celui qui peut faire la loi et l'exécuter peut en effet changer la loi au moment de l'exécution et au gré de ses caprices. Pourtant, bien que cette concentration soit incontestablement réalisée en Grande-Bretagne, il faut constater que le pouvoir n'y est pas despotique.

Cela s'explique assez bien. Que le pouvoir soit concentré ne signifie pas en effet que le groupe qui le détient soit homogène. Ce groupe, c'est la majorité parlementaire, qui comprend le Premier ministre, le cabinet, les députés de base. Si c'est incontestablement le Premier ministre et le cabinet qui exercent le pouvoir, ils sont contrôlés, non certes par l'opposition, mais par leur propre parti. L'intérêt du parti est de rester majoritaire. Qu'il sente que l'opinion penche vers l'opposition, que la politique menée par le Premier ministre le mène à la défaite électorale et il s'efforcera par tous les moyens de l'infléchir. S'il ne parvient pas à changer la politique du Premier ministre, il ne lui reste qu'à changer de leader, c'est-à-dire de Premier ministre, comme Mme Thatcher en a fait la cruelle expérience en 1990.

§ 3. Le parlementarisme dans le Commonwealth britannique

Cependant, au fur et à mesure que les liens se distendent d'avec l'Angleterre, ces pays s'orientent vers des formules plus originales.

Le cas le plus typique est celui de *l'Inde*. Sa constitution proclamée le 27 janvier 1950 est sans aucun doute, au point de vue formel, une constitution parlementaire. Elle institue un président de la République élu par le Parlement fédéral et les assemblées des États ; un gouvernement dont les membres sont désignés par le président de la République et qui est collectivement responsable devant le Parlement ; enfin un Parlement qui, à raison du caractère fédéral de l'Inde, comporte deux chambres : la Chambre du peuple, élue selon le système anglais au scrutin majoritaire à un tour, et le Conseil des États dont les membres sont élus par les assemblées locales. Mais seule la Chambre du peuple peut renverser le gouvernement. À la différence de la Grande-Bretagne, l'Inde connaît le contrôle de constitutionnalité des lois avec une Cour Suprême très active.

Au Canada, en Australie et en Nouvelle-Zélande, le régime est beaucoup plus proche de celui de l'Angleterre. Le *Canada* est un État fédéral. Le Parlement comprend donc deux Chambres : la Chambre des communes et le Sénat. Toutefois, l'égalité des États, les *Provinces*, n'est pas assurée dans ce Sénat : le Québec et l'Ontario ont droit à plus de sénateurs que les autres provinces. D'autre part, le Sénat n'est pas une Assemblée démocratique, car ses membres ne sont pas élus mais nommés par le Gouverneur général. Cela explique qu'en fait l'influence de cette Chambre conservatrice soit moindre que celle des Communes.

Jusqu'en 1982, la constitution canadienne, qui datait de 1867, n'était qu'une loi du Parlement britannique et ne pouvait être modifiée que par lui. À cette date, le Parlement de Westminster a adopté le *Constitution Act*, qui donne au Canada le pouvoir d'amender sa constitution, ce qu'on a appelé le *rapatriement*. L'une des premières manifestations de cette souveraineté constitutionnelle a été l'adoption, le 17 avril 1982, d'une Charte des droits et libertés, dotée d'une valeur supérieure à celle des lois et qui permet, différence capitale avec le droit anglais, un contrôle de constitutionnalité. Le système canadien comporte toutefois un trait par lequel il se distingue des autres formes de contrôle de constitutionnalité et se rapproche du droit anglais : le Parlement reste souverain et peut, de même que la législature d'une province, déroger expressément à certains articles de la Charte (article 33).

La place du Canada dans la communauté britannique est symbolisée par la Reine d'Angleterre, qui est toujours formellement le chef de l'État. Elle est représentée par un Gouverneur général, qui est nommé en fait par le Premier ministre du Canada. Le cabinet canadien est la réplique du cabinet anglais : il est responsable. Le Premier ministre est désigné par le gouverneur qui se borne à investir le chef du parti majoritaire : actuellement, le parti libéral. L'une des ressemblances du régime canadien avec le régime anglais, tenait à l'existence de deux grands partis : les conservateurs et les libéraux. Mais, depuis les élections de 1993, le parti conservateur est très affaibli : les libéraux disposent de la majorité absolue des sièges à la Chambre des communes et aucun des autres partis n'est en mesure de le supplanter. En outre, l'influence des partis diffère selon qu'on la considère sur le plan fédéral ou sur celui des États membres, appelés « provinces ».

Le Canada est, depuis quelques années, confronté à de graves problèmes constitutionnels concernant l'autonomie des provinces. C'est surtout le Québec, le seul pays francophone dans ce continent anglophone, qui demande une modification de la constitution et dont une partie de la population souhaiterait même obtenir l'indépendance pure et simple (Woehrling, 1994). La population québécoise, consultée par référendum à deux reprises en 1980 et 1995, a repoussé l'indépendance à une courte majorité. Les indépendantistes n'ont cependant pas renoncé et un nouveau référendum est envisagé. Mais la question s'est posée de savoir si, au cas où le résultat serait cette fois différent, le Québec pourrait décider unilatéralement de faire sécession. Il arrive qu'une constitution fédérale accorde au États membres le droit de se séparer. Tel était le cas de la constitution soviétique. Mais la constitution canadienne est muette sur ce point. Le gouvernement fédéral a donc soumis la question à la Cour Suprême. Celle-ci a répondu par la négative (2) (Gély, 1999). Elle a estimé que, puisque la constitution n'accordait pas le droit de sécession, le référendum ne pouvait avoir par lui-même aucun effet juridique. La sécession serait alors l'équivalent d'une modification unilatérale de la constitution par le seul peuple québécois, alors que la révision ne peut être le fait que des représentants du peuple canadien tout entier. Néanmoins, au cas où le peuple québécois exprimerait clairement par référendum sa volonté de sécession, il en résulterait pour les autres provinces et pour le gouvernement fédéral une obligation d'engager des négociations. Ceci n'empêche évidemment pas, comme la cour l'a reconnu, une sécession *de facto*, c'est-à-dire une sécession purement unilatérale, contraire à la constitution, mais qui bénéficierait de la reconnaissance de la plupart des autres États.

Dans le cadre général du parlementarisme, l'*Australie* se distingue à un triple point de vue. D'abord, l'égalité des pouvoirs entre les deux Chambres. Le Sénat élu au suffrage universel par les États a les mêmes prérogatives que la Chambre des représentants. Il en résulte qu'en cas de conflit avec elle, il peut être dissout comme elle. Les institutions australiennes font une assez large place au référendum, qui est obligatoire pour toute révision de la constitution fédérale. Enfin, les élections à la Chambre des représentants ont lieu selon un système original, celui du vote préférentiel. Il consiste en ceci que chaque circonscription n'élit qu'un député, et que les électeurs peuvent présenter plusieurs candidats en les rangeant sur leur bulletin de vote selon un ordre de préférence. Au dépouillement, le candidat qui a été « préféré » à la majorité absolue est élu ; s'il n'y a pas de majorité absolue, on élimine le candidat qui a eu le moins de voix et les suffrages qui le « préféraient » sont ajoutés à ceux des candidats qui restent en lice. On recommence l'opération jusqu'à ce qu'un candidat obtienne la majorité absolue.

---

(2) *Renvoi relatif à la sécession du Québec* [1998] 2 RCS 217.

Le Gouverneur général, représentant de la Reine, préside un Conseil exécutif, dont les ministres sont membres, mais ceux-ci se réunissent hors de la présence du Gouverneur général, sous la présidence du Premier ministre ; cet organe prend le nom de cabinet. Il n'a aucune compétence officielle, mais détermine en réalité le contenu des décisions adoptées par le Conseil exécutif.

Bien qu'elle soit encore formellement une monarchie constitutionnelle, l'Australie a rompu la plupart des liens qui l'unissaient encore à la monarchie britannique. Depuis 1986, comme pour le Canada, les Australia Acts ont supprimé les pouvoirs résiduels du gouvernement britannique sur l'Australie. C'est ainsi que les procès ne sont plus déférés en appel au Conseil privé. Un fort mouvement poussait d'ailleurs à l'établissement de la République. Cependant, le projet de réforme constitutionnelle, qui fut soumis au référendum en novembre 1999 et qui portait aussi nécessairement sur une formalisation des règles du parlementarisme, fut repoussé à une faible majorité. Selon la plupart des commentateurs, le projet a d'ailleurs échoué non pas en raison d'un attachement à la monarchie, mais parce qu'il prévoyait l'élection du Président de la République par le Parlement et non au suffrage universel direct.

C'est l'Afrique du Sud qui s'est éloignée le plus du modèle britannique. Elle ne reconnaissait plus l'autorité de la Reine depuis que la politique d'Apartheid avait été condamnée par les institutions du Commonwealth et elle était devenue une république. Cette république est aujourd'hui fédérale, bien que le mot « fédéral » ne figure pas dans le texte de la nouvelle constitution, adoptée en 1996 après la fin de l'Apartheid. Le régime est du type parlementaire, mais il présente quelques caractéristiques originales avec notamment un exécutif dualiste, composé d'un Président élu par l'Assemblée nationale, la Chambre basse, et d'un cabinet. Le cabinet, qui comprend un Premier ministre, le *Deputy President*, et des ministres, est choisi par le Président parmi les membres de l'Assemblée. L'innovation est que le cabinet et le Président sont tous deux responsables devant l'Assemblée nationale.

Section 2
Quelques formes continentales du régime parlementaire

Il n'est pas possible d'analyser, même sommairement, les différentes formes gouvernementales des États européens. Toutefois, étant donné que tous se réclament du régime parlementaire et en appliquent en effet, dans leurs très grandes lignes, les principes, nous voudrions rapidement attirer l'attention sur les divers visages possibles du parlementarisme.

§ 1. Le régime parlementaire en Allemagne

Les conditions sociologiques et psychologiques du parlementarisme sont difficilement remplaçables par une armature juridique. C'est ce qu'ont tenté cependant les membres du comité qui ont élaboré la loi fondamentale pour la République fédérale d'Allemagne du 8 mai 1949.

Très différente dans son esprit de la constitution de Weimar, la Charte de 1949 s'en rapproche par la minutie et la subtilité de ses dispositions. Le souvenir de l'étranglement sournois de la République de Weimar — Hitler ne s'est-il pas servi de ses institutions pour l'abattre ? — joint à la conscience de la responsabilité du texte de 1919 dans l'instauration d'un climat politique qu'il fut impuissant à assainir ont incité les constituants à porter leur effort sur la stabilité et l'efficacité du pouvoir.

On retrouve, en 1949, les mêmes organes qu'en 1919 : un Parlement, un Président de la République, un cabinet dirigé par un Chancelier, mais leur structure interne et leurs relations sont conçues différemment.

Le Fédéralisme. — Il est conçu en Allemagne comme une forme de séparation des pouvoirs et donc une garantie pour les libertés. Après l'effondrement de la tyrannie nazie, qui avait réalisé un État unitaire centralisé à l'extrême, l'Allemagne d'après-guerre est revenue au fédéralisme, dont le principe est proclamé dans le nom même de l'État et auquel il est interdit de porter atteinte, même par un amendement constitutionnel. Chaque Land possède sa propre organisation constitutionnelle, avec un Parlement, généralement monocaméral, un exécutif élu par le Parlement et un contrôle de constitutionnalité interne au Land.

Conformément au principe de participation lié au fédéralisme, les Länder constituent une partie de l'État fédéral : les quinze Länder sont représentés au sein de la Deuxième Chambre, le Bundesrat. Le nombre de représentants varie selon l'importance de la population des Länder, mais pas de façon strictement proportionnelle. Ces représentants ne sont pas élus au suffrage universel, mais sont des membres des gouvernements des Länder.

La répartition des compétences entre la fédération (le *Bund*) et les *Länder* s'opère selon des règles complexes. La constitution distingue trois groupes de matières ; celles qui relèvent de la compétence du Bund

(Affaires étrangères, Défense, etc.) ; celles qui relèvent de compétences concurrentes, c'est-à-dire dans lesquelles le Bund comme les Länder peuvent intervenir ; enfin les matières qui ne figurent sur aucune des deux premières listes et qui relèvent de la compétence exclusive des Länder.

Ce système implique deux conséquences : d'une part, sur le plan institutionnel, une Cour constitutionnelle est indispensable pour régler les inévitables conflits de compétence entre le Bund et les Länder ; d'autre part, sur le plan politique, une coordination est nécessaire entre les deux niveaux, en particulier lorsqu'il s'agit de matières pour lesquelles les compétences sont concurrentes. Dans la mesure où il arrive fréquemment que des partis politiques différents soient au pouvoir aux deux niveaux, la répartition des matières doit inciter à la recherche du compromis. En fait, on a constaté pendant quelques années, comme dans d'autres systèmes fédéraux, une évolution dans le sens d'un accroissement des pouvoirs de la fédération. Mais, parallèlement, on assiste à une vive revendication par les Länder d'une plus grande autonomie. Il s'agit principalement d'une réaction contre l'extension des compétences communautaires dans des domaines qui relèvent, en vertu de la constitution, de leur compétence propre. Or, l'État fédéral a contracté des obligations internationales et il ne peut les exécuter parce qu'elles relèvent des compétences des Länder. Ceux-ci ont donc obtenu une modification de la constitution fédérale. Désormais, aux termes de l'article 23, lorsque le gouvernement fédéral participe à la formation d'actes législatifs communautaires qui peuvent affecter les intérêts des Länder, il doit tenir compte de la prise de position du Bundesrat qui les représente et il ne peut évidemment pas porter atteinte à leurs droits par un acte communautaire. C'est sur cette base que, dans un arrêt du 22 mars 1995 sur le projet « Télévision sans frontières », la Cour constitutionnelle a jugé que, en votant au Conseil européen en faveur de la directive, le gouvernement fédéral avait violé les droits des Länder (Marcou, 1995). D'ailleurs, si la législation communautaire porte sur une matière qui relève de la compétence exclusive des Länder, l'Allemagne n'est pas représentée au Conseil par le gouvernement fédéral, mais par un représentant des Länder nommé par le Bundesrat.

Le Parlement (Grosser, 1978, p. 222 et s.). — Il comporte les deux Chambres impliquées par le fédéralisme : le *Bundestag* (Diète) qui représente le peuple entier de la fédération et le *Bundesrat* qui représente les États. Les élections au Bundestag ont lieu selon un mode de scrutin, qui, en combinant la représentation proportionnelle et le système majoritaire, favorise les grands partis (voir *supra*).

Le Bundesrat a l'initiative des lois conjointement avec le Bundestag et le gouvernement fédéral, mais il ne dispose, en principe, que d'un veto suspensif contre les textes votés par l'autre Chambre. Ce veto ne revêt un caractère absolu que si l'existence des Länder est mise en cause, si la loi en question restreint les droits fondamentaux des citoyens ou enfin si elle concerne les partis ou le régime électoral. Mais ce qui est plus important encore, c'est que le Conseil fédéral (Bundesrat) est le garant de l'ordre démocratique. En effet, dans les cas où le gouvernement est autorisé par la constitution à se passer de l'assentiment de la Chambre populaire, il ne peut agir sans l'accord du Bundesrat. Il y a là un cas curieux d'utilisation du fédéralisme à l'effet de maintenir l'équilibre parlementaire entre l'exécutif et le Parlement.

Le Bundesrat présente l'originalité d'une Seconde Chambre qui, loin d'avoir vu ses pouvoirs affectés par le déclin général du bicaméralisme, les a au contraire, renforcés. Son rôle en tant que garant de l'ordre démocratique n'est pas étranger à cette évolution.

La Cour constitutionnelle (Fromont, 1984). — Le contrôle de la constitutionnalité est assuré par une Cour constitutionnelle fédérale, instituée par l'article 92 de la constitution et organisé par une loi du 12 mars 1951. Ses membres, au nombre de 16 sont choisis pour 12 ans, parmi des personnalités qualifiées par leurs compétences juridiques, moitié par le Bundestag, moitié par le Bundesrat, à la majorité des 2/3. Ce système implique en fait que les désignations ne peuvent se faire que par accord entre les deux grands partis et que les juges sont liés à ces partis.

La Cour est divisée en deux Chambres dont les attributions sont différentes.

Les pouvoirs de la Cour sont considérables et elle est beaucoup plus qu'un juge de la constitutionnalité au sens strict : elle est un gardien du régime et un régulateur de l'équilibre politique entre les organes de l'État et les forces politiques du pays. Elle examine d'abord les litiges relatifs au fonctionnement des pouvoirs publics : elle tranche les conflits de compétences entre les Länder ou entre le Bund et les Länder ; elle peut être saisie de conflits entre des organes fédéraux (par exemple d'une décision de dissoudre le Bundestag).

En second lieu, elle assure le contrôle de la constitutionnalité des lois et actes infra-législatifs. Le contrôle, qui est exercé *a posteriori*, a été conçu de façon très extensive. La Cour peut être saisie *in abstracto*, en dehors de tout litige, sur demande du gouvernement fédéral, d'un Land ou d'un tiers du Bundestag, mais aussi *in concreto* sur renvoi par un tribunal ou encore par un particulier, sur exception d'inconstitutionnalité, en cas de violation d'un droit fondamental.

En troisième lieu, la Cour assure une espèce de police de la moralité politique : elle peut prononcer à la demande du gouvernement la déchéance des droits fondamentaux des individus coupables d'activités contraires aux principes du régime et interdire un parti politique présentant un danger pour la démocratie (voir *infra*).

La cour occupe dans la vie juridique et politique allemande une place considérable. Cela tient d'abord à l'étendue de ses compétences, qui lui permettent d'examiner toutes les lois importantes et d'intervenir dans tous les domaines et surtout à la manière dont elle les exerce. En pratique, elle ne se contente pas de décider qu'une loi est contraire ou conforme à la constitution, mais elle indique les conditions auxquelles cette loi doit satisfaire pour être jugée conforme. Elle descend alors jusqu'aux détails, ce qui fait d'elle un quasi-législateur. C'est ainsi que, dans une décision du 28 mai 1993, à propos de l'interruption volontaire de grossesse, elle est allée jusqu'à préciser le nombre de jours qui doivent s'écouler après que la femme enceinte ait consulté des experts médicaux jusqu'au jour de l'intervention et elle a exigé que les conversations échangées durant ces consultations fassent l'objet d'un compte-rendu écrit (Fromont, 1995).

En Allemagne, comme ailleurs, une loi déclarée contraire à la constitution pourrait être adoptée à nouveau par un amendement à la constitution. Néanmoins, certaines dispositions de la loi fondamentale, qui concernent les principes essentiels de l'État de droit, ne peuvent être modifiées, même aux termes de la procédure de révision. La cour peut par conséquent rattacher un grand nombre de règles jurisprudentielles à des dispositions intangibles, plutôt qu'à des dispositions modifiables pour éviter que ses décisions soient tournées par une révision constitutionnelle. Ainsi, à propos de l'avortement, elle rattache la protection du fœtus non plus à l'article 2, al. 1 (qui protège le droit à la vie et à l'intégrité physique), mais à l'article 1er qui proclame le principe de la dignité de la personne humaine et qui, lui, est intangible.

L'importance de la cour provient aussi de son rôle de gardien de la souveraineté allemande vis-à-vis des institutions communautaires et notamment vis-à-vis de la Cour du Luxembourg. Elle a notamment décidé dès 1974 que le droit communautaire dérivé ne pouvait s'appliquer en Allemagne que s'il n'était pas en contradiction avec les droits fondamentaux garantis par constitution allemande (Fromont, 1995) (3).

---

(3) Décision dite *So lange* (aussi longtemps que...) du 29 mai 1974.

Le Président de la République (Arnold, 1995). — Il est élu pour cinq ans par l'Assemblée fédérale qui se compose des députés du Bundestag et d'un nombre égal de membres élus au scrutin proportionnel par les Diètes des Länder. Ainsi la présidence est dépouillée du caractère plébiscitaire que lui attribuait la constitution de Weimar en faisant du Président du Reich l'élu du peuple.

D'ailleurs la Charte de 1949 n'accorde au chef de l'État qu'un rôle extrêmement effacé. Non seulement elle le prive des prérogatives dont disposait son prédécesseur, notamment du droit de soumettre au référendum des lois votées par le Parlement, mais encore elle réduit quasiment à rien les pouvoirs auxquels il pourrait prétendre dans le cadre du parlementarisme traditionnel. Il n'a pas l'initiative des lois, son rôle normal dans la formation du cabinet est effacé, il ne dispose du droit de dissolution que dans des conditions dont il appartient à la Diète de permettre la réalisation.

Pourtant si, à première vue, les constituants de Bonn ne semblent pas avoir réédité l'imprudence de ceux du Weimar qui avaient cédé au souci d'établir une présidence forte, ils n'ont pu éviter d'entrouvrir une porte à l'aventure en instituant « l'état de nécessité » (voir *infra*). Seul, le Président ne peut rien, mais avec la complicité du Chancelier, il pourrait légalement supprimer le parlementarisme et la démocratie avec lui.

Le Chancelier. — La cadence rapide avec laquelle se sont succédés les ministères de la République de Weimar a incité celle de Bonn à mettre l'accent sur la stabilité gouvernementale.

Au début de chaque législature le Chancelier fédéral est élu par la Diète sur la proposition du Président de la République. Si le candidat proposé n'est pas élu, la Diète peut en élire un autre à la majorité absolue ; si elle n'y parvient pas, le président peut, soit nommer le candidat qui a obtenu la majorité simple, soit prononcer la dissolution de la Diète. Celle-ci est donc pénalisée si elle n'arrive pas à dégager en son sein une majorité solide. Elle est pénalisée également si sa majorité n'est pas cohérente. Ici c'est l'hypothèse de la responsabilité ministérielle qu'il faut envisager.

Forts de l'expérience antérieure qui montrait que les gouvernements étaient renversés par une coalition des extrêmes, nationalistes et communistes, c'est-à-dire par une majorité négative, les constituants ont imaginé un système qui peut se résumer dans la formule : on ne peut renverser un gouvernement qu'en le remplaçant.

Si la Diète veut prendre l'initiative d'exprimer sa méfiance au Chancelier, elle ne peut le faire qu'en lui élisant un successeur à la majorité absolue (art. 67).

Ce mécanisme ingénieux dit « motion de censure constructive » a été imité dans plus constitutions d'Europe centrale et orientale. Il ne faut cependant pas en exagérer les vertus. La stabilité politique allemande tient davantage à l'homogénéité de l'opinion et à la discipline du personnel politique qu'à un artifice de procédure.

D'autre part, le système n'est pas aussi efficace qu'on pourrait l'imaginer. Le mécanisme de la motion de censure constructive, n'a fonctionné qu'une seule fois, lorsque le Chancelier Helmut Schmidt a été remplacé par M. Helmut Kohl en 1982, alors que d'autres Chanceliers ont pu être renversés par des procédés informels. Et il est facile d'imaginer qu'un Chancelier peut être contraint de démissionner ou bien par une pression interne de son propre parti ou bien par rupture de la coalition qui le soutenait, comme il est arrivé à Ludwig Erhard en 1966. Il n'est pas non plus sans danger et on peut concevoir une situation où le Chancelier se maintiendrait au pouvoir sans être soutenu par une majorité, mais avec l'appui du président, simplement parce qu'il n'existe pas contre lui une majorité assez cohérente pour lui élire un successeur.

Si c'est le Chancelier qui propose une motion de confiance et si la Chambre la lui refuse à la majorité absolue, le président peut, sur sa proposition, dissoudre le Bundestag dans un délai de trois semaines (article 68). Mais si, entre temps, le Bundestag se ressaisit et élit un successeur au Chancelier, la dissolution n'est plus possible.

Le chancelier ne dispose donc pas du droit de dissolution, à la différence du Premier ministre anglais ou du Président de la République française, et il ne peut donc pas en principe se débarrasser d'une assemblée hostile ou ingouvernable, ni déterminer de façon volontaire et unilatérale la date des élections. Là encore le constituant de 1949 a voulu éviter le retour des pratiques de la République de Weimar, dont les dissolutions à répétition avaient largement contribué au climat d'instabilité politique, qui avaient favorisé l'arrivée des nazis au pouvoir.

Cependant, dans ce cas aussi, il est possible de jouer avec la constitution. Le chancelier, désireux de dissoudre alors qu'il dispose encore d'une majorité à la Chambre, peut par exemple proposer une motion de confiance et demander à son propre parti de voter contre lui. Le président pourra alors dissoudre le Bundestag. C'est ce qu'a fait Kohl en 1982 et c'est ce qu'a fait en 2005 le chancelier Gerhard Schröder, qui, à la suite d'un désastre électoral aux élections dans les Länder souhaite provoquer des élections anticipées.

Il n'est pourtant pas absolument certain que la manœuvre réussisse. L'opposition peut saisir la cour constitutionnelle et soutenir que l'article 68 a pour fonction de remédier à une situation dans laquelle un chancelier est dans l'incapacité de gouverner parce qu'il ne dispose pas d'une majorité. Or, s'il réussit à obtenir des parlementaires de son propre parti qu'ils lui refusent la confiance, n'est ce pas la preuve qu'il dispose bien d'une majorité ?

L'état de nécessité. — Le danger est d'ailleurs accru par les facultés que la Charte de Bonn accorde à l'exécutif en période de crise. Selon une technique qui a fait, des constituants allemands, des maîtres en matière d'horlogerie constitutionnelle, l'article 81 comporte un savant assemblage d'hypothèses, de conditions, de délais et de réserves susceptible de légaliser par avance, la destruction du régime démocratique qu'en toute bonne foi on voulait protéger contre ses propres errements.

L'hypothèse, c'est celle où, bien que la question de confiance posée par le Chancelier n'ait pas obtenu la majorité absolue, le président n'a cependant pas prononcé la dissolution de la Diète. Si celle-ci rejette un projet de loi dont le gouvernement a déclaré l'urgence, le président peut, à la requête du Chancelier et avec l'assentiment du Conseil fédéral, proclamer l'état d'urgence législative. L'effet de cette déclaration sera de donner au texte litigieux valeur de loi, en dépit de son rejet par le Bundestag.

Sans doute la constitution prévoit-elle que la déclaration de l'état de nécessité ne peut produire effet que pendant six mois, qu'elle ne peut pas être renouvelée, qu'elle n'autorise pas à abroger ou à suspendre l'application de la constitution, que la Diète peut y mettre fin en élisant un nouveau Chancelier ; mais l'article 81 pourrait ouvrir la porte à un pouvoir autoritaire. Il suffirait que les divisions de la Diète rendent impossible aussi bien le vote d'une motion de censure constructive permettant de remplacer le Chancelier que l'adoption d'un projet de loi déclaré urgent. Le Président pourrait alors gouverner avec un gouvernement minoritaire. Ce qui rend cette hypothèse peu probable — elle ne s'est d'ailleurs jamais réalisée — c'est le mode de désignation du Président, qui n'est pas un élu du suffrage universel, mais un homme du Parlement, et surtout le système des partis allemands.

Le système des partis. — Comme partout, le fonctionnement du système dépend dans une très large mesure du système des partis. Celui-ci est lui-même déterminé par des facteurs socio-politiques, mais aussi par les règles de la constitution matérielle. Au nombre de ces règles figurent évidemment celles qui sont relatives au mode de scrutin et l'on a vu qu'elles favorisent les grands partis.

La loi fondamentale allemande a été l'une des premières constitutions à contenir des dispositions relatives aux partis. La constitution française de 1946 ne les mentionnait même pas, mais la loi fondamentale établit les fondements de leur statut : elle énonce les principes de base d'un statut et invite le législateur à adopter des mesures plus détaillées. La place faite aux partis s'explique évidemment par l'histoire particulière de l'Allemagne. Il s'agissait de garantir — après douze années de dictature du parti nazi — les conditions de fonctionnement d'une démocratie pluraliste, qui suppose la liberté de création des partis, mais aussi la possibilité de limiter ou d'interdire ceux qui, en raison de leur but ou du comportement de leurs adhérents, pourraient constituer une menace pour l'État de droit libéral et démocratique. C'est à la cour constitutionnelle qu'il appartient de prononcer la dissolution d'un parti à la demande du Bundestag ou du gouvernement fédéral. C'est là un pouvoir énorme, dont la Cour a usé à deux reprises en prononçant successivement l'inconstitutionnalité d'un parti néo-nazi en 1952 et celle du parti communiste en 1956. Ces règles forment un véritable statut, qui a inspiré la législation de nombreux pays, notamment les pays de l'Europe centrale et orientale et la Turquie.

Comme dans de nombreux pays, les partis politiques sont traités d'abord comme des associations, dont les spécificités justifient certaines exceptions au régime général des associations.

Ils sont définis comme des associations « qui coopèrent à la formation de la volonté politique du peuple ». C'est la raison pour laquelle, si leur formation est libre, ils doivent respecter les principes démocratiques. Mais c'est aussi pourquoi la loi leur accorde un financement public, dont le montant dépend du nombre des membres, de celui des suffrages obtenus, et des contributions reçues. Il représente actuellement environ 30 % de leur budget.

Avant la réunification, en partie à cause du mode de scrutin, mais aussi de la situation politique allemande depuis la guerre, il y avait quatre partis principaux : à côté des deux grands, le parti social-démocrate (SPD) et le parti chrétien-démocrate (CDU-CSU) existaient deux petits partis, les libéraux et les verts, de sorte que le Chancelier appartenant à l'un des grands partis devait être soutenu par une coalition. Deux grandes combinaisons étaient possibles : ou bien une coalition des deux grands partis (la grande coalition) ou bien l'alliance de l'un des grands partis avec le parti libéral, qui jouait ainsi le rôle de parti charnière, susceptible de s'allier tantôt avec l'un, tantôt avec l'autre (petite coalition). Depuis 1982, le Chancelier Kohl bénéficiait du soutien d'une coalition de son propre parti, le CDU, avec le parti libéral. Cette alliance avait été renouvelée en 1987, compte tenu du résultat des élections.

À la suite de la réunification, de nouvelles élections ont eu lieu le 2 décembre 1990. Les résultats de ce scrutin étaient attendus avec beaucoup d'intérêt car il s'agissait des premières élections libres organisées dans l'ensemble de l'Allemagne depuis 1932. Mais, bien qu'il y ait eu douze millions d'électeurs de plus, le système de partis n'a pas été bouleversé et la coalition CDU-CSU-FDP, à laquelle on attribuait le mérite de la réunification, a bénéficié d'une majorité renforcée (près de 55 % des voix et 398 sièges). Le Chancelier Kohl, qui est le grand vainqueur de ces élections, a donc été reconduit dans ses fonctions. Avec 33 % des suffrages et 239 sièges, le SPD est affaibli mais il reste la principale force d'opposition. Le parti communiste, qui avait été déclaré inconstitutionnel en 1956 a fait sa réapparition sous le nom de Parti du socialisme démocratique (PDS).

Les élections de 1998 ont représenté un événement historique. La coalition dirigée par le chancelier Kohl s'est effondrée et a été remplacée par une coalition formée des sociaux-démocrates et des verts, dirigée par Gerhard Schröder. Pour la première fois dans l'histoire de l'Allemagne de l'après-guerre, un gouvernement abandonnait le pouvoir, non pas en raison de la rupture de la coalition, mais à la suite des élections législatives.

Constitution et réunification (Kimmel, 1990, Guérard, 1990). — En 1990, par suite de la détente internationale et de l'effondrement du régime communiste en RDA, pour la première fois depuis 1945, les circonstances étaient favorables à la réunification de l'Allemagne. Pour parvenir à cette fin, il y avait, selon la loi fondamentale, deux voies possibles : celle de l'article 23, qui permettait aux parties de l'Allemagne non encore comprises dans la RFA d'adhérer à celle-ci ; celle de l'article 146 qui prévoit que la « loi fondamentale devient caduque le jour de l'entrée en vigueur d'une constitution adoptée par le peuple allemand en pleine liberté de décision ».

La procédure de l'article 23 avait été utilisée en 1957 pour l'adhésion de la Sarre et c'est encore elle qui fût retenue en 1990 après quelques hésitations, car c'était la plus rapide et la plus sûre. En effet, elle ne nécessitait qu'un simple acte d'adhésion alors que l'article 146 supposait, comme préalable à la réunification, l'élection d'une Assemblée constituante et l'adoption (éventuellement par référendum) d'une nouvelle Constitution. Les modalités de la réunification furent réglées par plusieurs traités conclus entre les deux États allemands. Après avoir reconstitué les cinq Länder qui avaient été supprimés en 1953, le Parlement de la RDA *(Volkskammer)* vota globalement leur adhésion à la RFA. Ces cinq Länder sont donc venus s'ajouter aux dix de la RFA, et l'unité allemande a été proclamée le 2 octobre 1990.

Quant à la loi fondamentale, elle reste en vigueur mais elle a subi quelques modifications conformément aux stipulations des traités d'unification. L'article 23 a été abrogé, afin de marquer que l'union était achevée et que l'Allemagne avait définitivement renoncé aux territoires situés à l'Est de la ligne Oder-Neisse. D'autre part, il est prévu que jusqu'en 1995 la législation applicable sur le territoire de l'ancienne RDA pourra déroger sur certains points à la loi fondamentale.

§ 2. Le régime parlementaire en Italie

Les institutions italiennes, telles que les a établies la constitution du 1er janvier 1948, sont en la forme extrêmement fidèles au type parlementaire classique, susceptible, selon la configuration des partis politiques de fonctionner de manière soit moniste, soit dualiste dans les périodes de crise et d'impuissance des partis. La démocratie italienne n'est cependant pas exclusivement représentative : la Constitution institue en effet l'initiative populaire et le référendum (Pizzorusso, 2001 ; De Vergottini, 2004 ; Ricci, 2000 ; Cassese, 2001).

Un bicaméralisme authentique. — Par rapport à la plupart des constitutions postérieures à la seconde guerre mondiale, la constitution italienne se caractérise par un bicaméralisme égalitaire (voir *supra*). Ceci s'explique par la situation politique au moment de l'élaboration de la constitution. Après la chute du régime fasciste, le pays était profondément divisé et un parti communiste puissant pouvait présenter un danger pour la démocratie. Les partis de la droite et du centre, dominés par la démocratie chrétienne, cherchaient à éviter qu'une majorité électorale confisque le pouvoir et donc à imaginer des institutions capables de limiter le risque. L'une de ces institutions était la cour constitutionnelle, l'autre était le bicaméralisme qui permettrait d'affaiblir en les divisant les forces issues des élections. En outre, le Sénat, recruté sur une base régionale, pouvait contribuer à la satisfaction des aspirations à l'autonomie.

Ce sont les mêmes raisons qui ont poussé à instituer pour l'élection des parlementaires des deux Chambres un scrutin proportionnel intégral. Ce système a produit ses effets habituels : un émiettement des partis politiques, la nécessité de former des coalitions parlementaires et l'instabilité gouvernementale.

Les nombreux inconvénients qui en résultaient ont conduit à tenter, à défaut de réformes globales, d'introduire au moins une dose de scrutin majoritaire. Depuis la réforme de 1993 (voir *infra*), un quart seulement des sièges dans chacune des deux assemblées est encore attribué à la représentation proportionnelle. En 1999 et 2000, de nouvelles tentatives pour supprimer la partie proportionnelle du scrutin ont échoué (voir *infra*).

Les deux assemblées ont des pouvoirs identiques. L'une et l'autre peuvent mettre en cause la responsabilité du cabinet et l'obliger à démissionner. Mais elles courent aussi des risques analogues : toutes deux peuvent être dissoutes.

Les Chambres sont investies du pouvoir législatif. Cependant, l'exercice de ce pouvoir présente certaines particularités. En premier lieu, aux termes de l'article 71 de la Constitution, « le peuple exerce l'initiative des lois, au moyen d'une proposition présentée par cinquante mille électeurs et constituant un projet rédigé en articles » ce qui n'est en fait qu'un droit de pétition. D'autre part, les régions, dont l'autonomie est très poussée, disposent dans certaines matières d'un pouvoir législatif concurrent de celui de l'État ; en troisième lieu, une partie du pouvoir législatif peut être exercé par les commissions parlementaires ou encore par référendum.

Le pouvoir législatif des commissions parlementaires. — Instruits par l'expérience, de la lourdeur et de la lenteur de la procédure législative traditionnelle, les constituants italiens ont adopté une disposition qui dépossède partiellement le Parlement de ses prérogatives législatives. En effet l'article 72 de la constitution dispose que les Chambres peuvent confier aux commissions non seulement l'examen d'un projet, mais encore l'adoption définitive d'un texte législatif.

Jusqu'à l'adoption définitive du texte par la commission, celle-ci peut être dessaisie à la demande d'un cinquième de ses membres, du gouvernement ou d'un sixième des députés. Le projet doit alors être discuté par la Chambre elle-même. Malgré cette possibilité de dessaisissement, le procédé de la commission légiférante a été abondamment utilisé. Comme il est exclu pour certaines matières importantes (questions constitutionnelles ou électorales, ratification des traités, budget, dispositions fiscales), il permet à la Chambre d'être soulagée de l'élaboration des règles techniques. Celles-ci sont adoptées après une discussion entre les spécialistes et le ministre intéressé qui participe aux travaux de la commission.

Le référendum abrogatif. — L'article 75 prévoit que 500 000 électeurs ou cinq conseils régionaux peuvent demander l'organisation d'un référendum pour décider l'abrogation d'une loi, sauf dans certaines matières, notamment, pour des raisons bien compréhensibles, en matière fiscale.

Lorsque les signatures ont été recueillies, l'organisation du référendum est obligatoire. Toutefois, l'article 75 prévoyait qu'une loi déterminerait la procédure applicable. Or, les partis politiques ont été pendant de longues années hostiles à la démocratie semi-directe et la loi n'a vu le jour qu'en 1970, lorsque la Démocratie chrétienne a voulu permettre un référendum destiné à abroger la loi qui venait d'autoriser le divorce.

La procédure qu'organise la loi du 25 mai 1970 est assez complexe. Elle permet de déclarer irrecevables certaines demandes, mais n'a pas empêché l'organisation assez fréquente de consultations puisque depuis 1974, plus de cinquante référendums ont eu lieu. Si les neuf premiers n'ont pas abouti, en revanche, les partisans du « oui » l'ont très nettement emporté à la plupart des référendums suivants, et notamment à ceux concernant la limitation du développement, de l'énergie nucléaire (1987), la suppression du financement public des partis et la réforme électorale (1993). Pour que la loi visée par le référendum soit abrogée, il faut non seulement que la majorité des votants se soit prononcée en ce sens, mais aussi que le taux de participation ait été au moins égal à 50 %. Sinon, la votation est déclarée nulle et non avenue, ce qui s'est produit plusieurs fois et récemment encore, en 2005, à propos d'un référendum visant à abroger une loi limitant la procréation assistée.

Pendant une première période, le référendum a eu en Italie au moins trois conséquences politiques importantes : elle a permis aux citoyens de participer à de grands débats de société sur des questions comme le divorce, l'avortement, l'échelle mobile des salaires, le nucléaire, et a contribué au développement du parti radical, qui a été à l'origine de plusieurs propositions. Elle a d'autre part contribué au renforcement des pouvoirs de la Cour constitutionnelle, compétente pour admettre ou rejeter les requêtes, au regard des dispositions de l'article 75 de la constitution (Mény, 1991). Enfin, dans la mesure où l'initiative est prise en dehors des partis, il a permis à plusieurs reprises aux citoyens d'exprimer leur mécontentement à l'égard du système politique en général et du système des partis en particulier. Devant l'impossibilité pratique d'obtenir une révision de la constitution, le référendum apparaît comme le seul moyen de provoquer une réforme. Ainsi, l'un des dix référendums organisés au printemps 1993 a permis une modification partielle, mais importante, de la loi électorale relative au Sénat. En abrogeant quelques articles de la loi en vigueur relative au Sénat (en particulier celui qui était relatif au quorum de 65 % en deçà duquel le mode de scrutin est la représentation proportionnelle), on a introduit pour l'élection de trois quarts des sénateurs l'élection au scrutin majoritaire uninominal, ce qui a obligé le Parlement à adopter une nouvelle loi électorale, non seulement pour le Sénat mais également pour la Chambre des députés (voir *infra*).

On constate néanmoins une désaffection récente pour cette institution. À plusieurs reprises des référendums trop nombreux — 37 entre 1987 et 1997 — ont pu franchir le barrage de l'examen par la cour constitutionnelle. Ils ont porté simultanément sur un grand nombre de questions diverses et parfois très techniques, de sorte que, à plusieurs reprises, le quorum n'a pas été atteint. Les forces politiques sont désormais plus prudentes dans la mise en œuvre du référendum.

Le Président de la République et le gouvernement (Escarras, 1990). — Le Président de la République jouit, selon la lettre de la constitution, d'une situation qui paraît privilégiée si on la compare à celle de son homologue français de la IVe République. D'abord il est élu — pour un mandat de sept ans, conformément à l'ancienne tradition parlementaire française — non par le Parlement seul, mais par un collège qui comprend outre les membres des deux Chambres, trois délégués par région, ce qui fait soixante délégués non parlementaires. L'élection a lieu au scrutin secret, à la majorité des deux tiers pour les trois premiers tours, à la majorité absolue ensuite. Ce mode de désignation souligne, en pratique, la division des forces politiques italiennes. En 1964, M. Saragat a été élu au vingt-et-unième tour de scrutin, en 1971 il en a fallu vingt-trois pour élire M. Leone. Le 8 juillet 1978, M. Sandro Pertini fut élu au seizième tour. Ce résultat ne fut d'ailleurs atteint que parce que son bénéficiaire, quoique socialiste d'origine, n'était marqué par aucun engagement politique. Pourtant, en 1985, l'élection du Président Cossiga, fut acquise dès le premier tour et presque à l'unanimité.

Quant aux compétences présidentielles, elles sont importantes. Il nomme le président du Conseil, c'est-à-dire le chef du gouvernement, mais celui-ci doit obtenir et conserver la confiance des deux Chambres et tous les actes du Président doivent être contresignés par lui. Le Président de la République convoque les Chambres et dispose du pouvoir discrétionnaire de les dissoudre ensemble ou séparément. Il est autorisé à demander aux Chambres une seconde délibération et à leur adresser des messages. Il dispose du pouvoir réglementaire et de toutes les attributions traditionnelles d'un chef d'État parlementaire (nomination des fonctionnaires, prérogatives diplomatiques pour accréditer les ambassadeurs et ratifier les traités, grâce, etc.). Conformément à la tradition parlementaire, il est irresponsable.

En réalité, comme souvent dans les régimes parlementaires, si le Président du Conseil dispose d'une majorité parlementaire, c'est lui qui exerce les pouvoirs du Président de la République. Mais celui-ci retrouve un rôle important dans les périodes difficiles. Lorsqu'il n'existe pas une majorité claire, c'est au Président qu'il appartient de rechercher une coalition possible et un homme pour la diriger. Il est alors en mesure de peser sur le contenu de la politique déterminée par ce ministère. On parle alors de cabinet présidentiel. De même, après qu'un gouvernement ait été renversé, le Président peut dissoudre, mais il peut aussi refuser de le faire s'il estime que de nouvelles élections ne permettront pas de dégager une majorité plus claire. C'est ce qui s'est produit en 1995, après la chute du premier gouvernement Berlusconi, quand le Président Scalfaro préféra nommer un gouvernement de techniciens dirigé par Dini.

La Cour constitutionnelle (Zagrebelsky, 1977 ; Escaras, 1988). — La Cour constitutionnelle était prévue par la constitution, mais n'a été mise en place que huit ans plus tard, notamment parce qu'on ne parvenait pas à en désigner les membres. Ceux-ci sont au nombre de 15, nommés pour 9 ans selon une procédure assez complexe : un tiers est nommé par le Parlement en séance commune (à la majorité des deux tiers aux deux premiers tours de scrutin et des trois cinquièmes aux tours suivants), un tiers par le Président de la République, un tiers par les magistratures suprêmes (Cour de cassation, Conseil d'État, Cour des comptes).

Ils peuvent être choisis pour leurs compétences, parmi les membres des professions juridiques (magistrats, avocats et professeurs de droit des universités), mais il est clair qu'en pratique, compte tenu du mode de désignation, les critères du choix sont loin d'être indépendants de toute préoccupation politique. Son président est élu par la Cour parmi ses membres pour une durée de trois ans.

La Cour dispose d'attributions très importantes en matière de contrôle de constitutionnalité des lois. Elle exerce un contrôle de constitutionnalité *a priori* sur les lois régionales et un contrôle *a posteriori* sur les lois de l'État et des régions. La Cour est saisie par voie d'exception par les tribunaux. Elle est aussi chargée, comme dans un État fédéral, de trancher les conflits de compétences entre organes de l'État et entre l'État et les régions et elle peut statuer en matière pénale pour juger les accusations portées contre le Président de la République et les ministres. Ces compétences ont donné à la Cour un rôle de tout premier plan, nettement politique.

Les régions. — Chaque région est gouvernée par un conseil régional, un exécutif et son Président. Les régions jouissent d'une autonomie considérable. En premier lieu, elles déterminent librement leurs propres statuts, disposent de l'autonomie financière et du pouvoir législatif dans de nombreux domaines. C'est par ces traits qu'elles ressemblent aux

États membres d'un État fédéral (Groppit, 2000, p. 481 ; Hamon, 2001, p. 28). Depuis la modification de 2001, la constitution détermine trois catégories de matières. Les premières sont énumérées de manière limitative et relèvent de la compétence exclusive de l'État, c'est-à-dire de la loi nationale. Les secondes, énumérées elles aussi, relèvent de la compétence commune de l'État et des régions. Dans ces matières, la compétence législative appartient aux régions, pourvu qu'elles se conforment aux principes fondamentaux déterminés par la loi nationale. Quant à la troisième catégorie, elle ne fait l'objet d'aucune liste, mais toutes les matières qui ne figurent pas sur la première ou la seconde liste relèvent de la compétence des régions, qui est ainsi une compétence de droit commun. Les lois régionales sont de véritables lois et non des actes administratifs en ce sens qu'elles ne peuvent être contestées, même par l'État, que devant la Cour constitutionnelle.

Il serait cependant exagéré de parler de fédéralisme. Bien que les régions disposent de compétences très étendues, la constitution continue de proclamer le principe d'unité et d'indivisibilité de la République, leurs statuts sont subordonnés à la constitution et elles ne participent ni au gouvernement de l'État ni à la formation des lois, ni à la révision constitutionnelle, puisqu'il n'existe pas de seconde Chambre fédérale (Elie, 2002).

La crise du système politique italien. — L'Italie traverse depuis quelques années une crise profonde, qui affecte à la fois les institutions politiques et les partis. Les deux éléments sont d'ailleurs liés.

C'était et c'est encore un caractère essentiel de la vie politique italienne que de se dérouler en dehors du cadre constitutionnel. Tout se décidait au sein des états-majors partisans, la formation du gouvernement, sa composition et sa chute, aussi bien que la nomination des fonctionnaires ou l'organisation des entreprises nationales. Or, le pluralisme des partis se compliquait du fait de la diversité des tendances qui s'affrontaient au sein de chaque formation. Fusions et scissions se succédaient chez les socialistes. Quant à la Démocratie chrétienne, elle était une fédération de clans et de factions. Les gouvernements devaient s'appuyer sur des coalitions, dont la démocratie chrétienne constituait l'élément principal et permanent, mais qui associaient le parti socialiste et trois partis plus petits. Cette formule était connue sous le nom de « pentopartismo ». Le système souffrait de très graves défauts, qui l'ont discrédité aux yeux d'une vaste majorité de l'opinion publique. Le premier était l'instabilité ministérielle. Certaines des composantes se retiraient parfois de la coalition pour tenter une autre combinaison. Aussi la durée de vie moyenne des gouvernements était très courte. Entre 1945 et 1991, l'Italie a ainsi connu cinquante gouvernements. Il existait d'autre part une corruption très étendue.

Deux facteurs principaux ont alors, depuis 1993, directement contribué à une transformation profonde du système politique. Le premier est l'opération « mains propres ». Les procureurs de la République ont déclenché des poursuites judiciaires, pour des affaires de corruption ou de collusion avec la mafia, contre un très grand nombre de dirigeants d'entreprises, de fonctionnaires et des élus appartenant à tous les partis politiques. Plus de 10 % des parlementaires ont ainsi été poursuivis, dont deux anciens Présidents du Conseil, Bettino Craxi et Giulio Andreotti. Ces événements ont ainsi achevé de discréditer les élites politiques. Le second facteur est la réforme électorale, adoptée à la suite du référendum du 18 avril 1993, qui avait abrogé la loi électorale relative au Sénat. Le Parlement devait dans ces conditions adopter une nouvelle loi. Celle-ci modifiait profondément le mode de scrutin, qui est désormais le scrutin majoritaire à un tour pour les trois quarts des sièges dans les deux Chambres. Les sièges restants sont attribués à la proportionnelle.

Le discrédit jeté sur les partis politiques et le nouveau système électoral ont entraîné une recomposition politique si profonde que certains vont jusqu'à dire que l'Italie vit aujourd'hui sous une IIe République. La domination de la Démocratie chrétienne a cessé et les forces s'organisent désormais en deux groupes principaux, à droite la « maison des libertés », qui comprend le mouvement Forza Italia de Silvio Berlusconi et le parti post-fasciste, Alliance Nationale ; à gauche, l'Olivier avec le parti populaire et le parti démocrate-socialiste issu de la transformation de l'ancien parti communiste. Le nouveau système a même subi l'épreuve de l'alternance. Lors des élections législatives de 1994 une coalition de droite avait remporté un succès relatif, mais la rupture de cette coalition avait fini par rendre nécessaire la dissolution du Parlement. Les élections qui suivirent ont donné une très nette victoire à l'Olivier, puis celles de 2001 ont vu le triomphe de la droite (4).

Néanmoins, le sentiment persiste qu'une réforme constitutionnelle est nécessaire, car la constitution actuelle ne garantit pas la stabilité et l'efficacité du gouvernement. Bien que l'influence des petits partis ait été réduite à la suite des élections du printemps 2001, surtout à droite, ils pourraient menacer l'homogénéité des coalitions. Deux thèses s'opposent. Certains souhaitent ce qu'ils appellent le présidentialisme, c'est-à-dire un système vaguement inspiré de la constitution française de la

(4) MENY Y., « Le 13 mai de Silvio Berlusconi », *Le Monde*, 17 mai 2001.

Ve République en faisant élire au suffrage universel soit le Président de la République, soit le Président du Conseil, celui-ci demeurant cependant politiquement responsable. D'autres voudraient simplement adopter certains mécanismes du parlementarisme rationalisé, rendant plus difficile la mise en cause de la responsabilité du gouvernement, en s'inspirant notamment du modèle allemand.

Une première tentative de réforme, celle de la commission bicamérale, a échoué en 1998. La commission, composée de députés et de sénateurs, devait préparer un projet, en dérogation aux dispositions prévues pour la révision. Celui auquel elle a abouti, un système à la française avec élection directe du Président de la République, dont les compétences n'étaient pas bien définies, a cependant échoué. Une autre voie a alors été tentée : un référendum analogue à celui de 1993, qui visait à abroger les dispositions électorales réservant 25 % des sièges de l'assemblée à la représentation proportionnelle et à faire élire sur ces 25 % les meilleurs perdants du scrutin majoritaire. Ce référendum, organisé le 18 avril 1998, a échoué lui aussi, faute d'une participation suffisante et en réalité à cause de l'opposition des petits partis, qui avaient tout à craindre du scrutin majoritaire. Cependant, les élections de 2001 n'ont pas empêché que s'accentue le mouvement de bipolarisation. D'une part, les partis qui n'appartenaient pas à l'une des deux grandes coalitions ont perdu l'essentiel de leur influence et d'autre part, au sein de la coalition de droite, le mouvement « Forza Italia » domine incontestablement dans les deux assemblées, de sorte que son leader, Silvio Berlusconi, a longtemps été en mesure d'exercer une influence considérable sur la majorité parlementaire et de concentrer entre ses mains un pouvoir considérable. C'est ainsi, alors qu'il faisait lui-même l'objet d'un procès pour corruption, qu'il a pu faire adopter par le Parlement une loi qui suspend pendant toute la durée de leurs fonctions les procès (mais aussi la prescription) contre les plus hauts responsables politiques.

Son pouvoir n'a donc comme limite que l'attitude des autres partis de la coalition. Mais cette limite est importante. Au printemps 2005, à la suite d'une défaite de la coalition aux élections régionales, la défection de deux partis du centre a contraint Berlusconi à la démission. Il a pu former un nouveau gouvernement, mais son pouvoir est désormais plus fragile.

C'est dans ce contexte qu'a été introduit, sous la pression de la Ligue du Nord, un parti populiste, favorable à un très fort accroissement du pouvoir des régions, un nouveau projet de réforme constitutionnelle. D'une part, le caractère fédéral de l'Italie serait nettement accentué, par la transformation du Sénat en un « Sénat fédéral de la République » de compétences exclusives — on emploie le terme de « dévolution », comme pour la réforme britannique qui a accordé l'autonomie à l'Écosse. D'autre part, les pouvoirs du Président de la République seraient réduits, tandis que le président du conseil, élu au suffrage universel direct prendrait le titre de Premier ministre et verrait les siens accrus. On espère également renforcer sa stabilité par l'introduction de la « motion de défiance constructive » à l'allemande. Enfin, la Cour constitutionnelle serait modifiée dans sa composition et pourrait désormais être saisie directement par les régions.

Ce projet doit néanmoins être soumis au référendum, mais après les élections législatives de 2006. Il fait l'objet de critiques très vives de la part de l'opposition et s'il a été adopté par le Sénat, il doit encore être approuvé par référendum.

§ 3. Le régime parlementaire en Espagne

Parmi les grands États de l'Europe occidentale, l'Espagne est celui qui a accédé le plus récemment à la démocratie. C'est seulement en 1975 que la dictature franquiste, installée depuis plus de trente-cinq ans, a pris fin, avec la disparition du général Franco, mort dans son lit après une longue agonie. Par son acceptation du pluralisme politique et de la souveraineté populaire, le roi Juan Carlos, que le général Franco avait désigné comme son successeur, a facilité la transition vers un régime démocratique. Cette transition s'est accomplie en moins de trois ans, par des voies entièrement légales. Élaborée par le gouvernement, mais ratifiée par l'Assemblée législative et approuvée par référendum, la Constitution du 29 décembre 1978 établit un régime parlementaire, dont les mécanismes s'inspirent sur certains points de modèles étrangers (notamment allemand, italien et français), mais qui n'en présente pas moins des traits originaux.

Forme de l'État. — Selon l'article premier de la constitution « la forme politique de l'État espagnol est la monarchie parlementaire ». Le roi incarne la communauté nationale, mais il doit être nettement séparé du gouvernement, qui a seule qualité pour définir et conduire une politique, en accord avec le Parlement (Cortes generales). Il « arbitre et tempère le fonctionnement régulier des institutions » mais les pouvoirs que la constitution lui attribue (promulgation des lois, dissolution du Parlement, convocation du référendum, nomination des ministres et des membres du tribunal constitutionnel, etc.) ne peuvent être exercés qu'avec le contreseing du Président du gouvernement, ou éventuellement avec celui du président du Congrès des députés (en ce qui concerne d'une part la proposition et la nomination du Président du gouvernement et, d'autre part, la dissolution consécutive à une crise ministérielle prolongée). En fait, ces pouvoirs correspondent presque toujours à des *compétences liées* ou, en d'autres termes, à des compétences qu'il est obligé d'exercer et qui ne lui laissent aucune faculté d'appréciation. Il s'agit donc d'un régime parlementaire moniste, où la fonction de chef de l'État est héréditaire.

Structures de l'État. — Quant aux structures de l'État, elles se caractérisent par la volonté de rompre avec la conception unitaire et centralisatrice du régime franquiste, sans aller jusqu'à un véritable fédéralisme. La constitution repose « sur l'unité indissoluble de la nation espagnole », mais elle garantit le « droit à l'autonomie des nationalités et régions qui en font partie » (Art. 2). Une communauté autonome est constituée de plusieurs provinces, généralement limitrophes, qui ont demandé à se regrouper en raison des liens historiques, culturels, linguistiques ou économiques qui les unissent. Les principales matières relevant de la compétence autonomique sont énumérées par la constitution mais le statut de chaque communauté, qui revêt la forme d'une loi nationale, peut en compléter la liste. Dans le cadre des règles fixées par la constitution, les communautés déterminent l'organisation de leurs institutions d'auto-gouvernement ce qui signifie qu'elles ont, dans une certaine mesure, *la compétence de la compétence*.

D'autre part, les communautés autonomes sont représentées au sein de la Chambre haute du Parlement national, le Sénat. Mais ce dernier ne représente pas uniquement les communautés autonomes (voir *infra*) et ce n'est donc pas une seconde Chambre de type fédéral comme le Sénat américain ou le Bundesrat allemand.

Régime représentatif et démocratie directe. — Le peuple espagnol, « dont émanent tous les pouvoirs de l'État » (Art. 1), est représenté par les *Cortes generales* (Parlement), qui sont composées de deux Chambres :

— Le *Congrès des députés* représente directement la population.

L'élection a lieu au scrutin de liste avec représentation proportionnelle, dans le cadre de chaque province. Les sièges, dont le nombre peut varier entre un minimum de trois cents et un maximum de quatre cents, sont répartis proportionnellement à la population, après attribution à chaque province d'une représentation initiale minima.

— Le *Sénat* est la Chambre de représentation territoriale. Chaque province dispose du même nombre de sièges (quatre), quelle que soit l'importance de sa population. En outre, chaque communauté autonome désigne un sénateur, plus un pour chaque tranche de 1 million d'habitants.

À l'exception des sénateurs représentant les communautés autonomes, qui sont désignés par les organes de ces communautés, tous les membres des *Cortes generales* sont élus au suffrage universel direct pour quatre ans. Mais le Congrès des députés, de même que le Sénat, peut être dissous avant le terme de ce mandat.

Le bicamérisme espagnol est *inégalitaire* : D'une part, c'est le Congrès des députés qui investit le gouvernement et qui peut seul mettre en jeu sa responsabilité. D'autre part, en cas de désaccord entre les deux Chambres sur le vote d'un texte, le Congrès des députés peut avoir le dernier mot, sauf en matière constitutionnelle, où l'accord du Sénat est indispensable.

Les *Cortes generales* exercent la « puissance législative de l'État » (Art. 66) mais elles peuvent accorder une habilitation au gouvernement dans des matières déterminées (Art. 82). En outre, de même qu'en Italie, chaque Chambre peut déléguer à ses Commissions législatives permanentes la faculté d'approuver des projets ou propositions de loi (Art. 75).

Bien que la constitution soit principalement fondée sur le principe représentatif, elle prévoit la possibilité d'un référendum dans deux cas :

a) Le *référendum consultatif*. Il est convoqué par le Roi sur proposition du président du gouvernement, préalablement autorisée par le Congrès des députés (Art. 92). Son résultat ne constitue qu'une simple indication pour le Parlement, qui reste maître de la décision, juridiquement tout au moins. En 1986, Felipe Gonzales y a eu recours pour faire approuver le maintien de son pays dans l'OTAN.

b) Le *référendum constituant de ratification*. Toute révision de la constitution doit être approuvée par les *Cortes generales*. Elle sera soumise à un référendum de ratification, si la demande en a été faite par un dixième des membres de l'une quelconque des deux Chambres (Art. 167). Il suffit donc de l'opposition d'une faible minorité parlementaire pour que le peuple soit amené à se prononcer.

Enfin, l'article 72 de la Constitution prévoit non pas le référendum d'initiative populaire, mais l'initiative populaire des lois, qui est une sorte de droit de pétition amélioré. Le principe en a été posé par la constitution, qui précise que 500 000 signatures au minimum devront être exigées et que certaines matières (impôts, droit de grâce, etc.) sont exclues du domaine de l'initiative.

Stabilité gouvernementale et parlementarisme majoritaire. — Le processus de formation du gouvernement présente une ressemblance avec celui qu'avait mis en place, dans sa version initiale, l'article 45 de la constitution française de 1946. Le Roi propose un candidat à la présidence du gouvernement. Ce candidat se présente devant le Congrès des députés, et le Roi ne peut le nommer que s'il a obtenu l'investiture par un vote à la majorité absolue des membres du Congrès. Les autres membres du gouvernement sont nommés et révoqués par le Roi, sur proposition de son président.

Les relations du gouvernement et des Cortes sont aménagées selon les techniques du parlementarisme rationalisé. C'est ainsi que l'on retrouve, à l'article 112, le système allemand dit de la « défiance constructive » : Pour être recevable, une motion de censure dirigée contre le gouvernement doit en même temps présenter un candidat à la présidence du gouvernement. Si elle est adoptée, le candidat est réputé investi de la confiance de la Chambre, et le Roi le nomme président (Art. 114).

Les *Cortes generales*, le Sénat ou le Congrès des députés peuvent être dissous par le Roi, sur la proposition du Président du gouvernement. Aucune proposition de dissolution ne peut être présentée lorsqu'une motion de censure est en cours. Mais, en cas de crise ministérielle prolongée, si dans un délai de deux mois à compter du premier vote d'investiture, aucun candidat n'a obtenu la confiance du Congrès, la dissolution est automatique.

Mais, de même qu'en Allemagne, les techniques du parlementarisme rationalisé n'ont que rarement eu l'occasion de jouer, car, au moins au jusqu'à présent, le gouvernement a toujours pu s'appuyer sur une majorité parlementaire. Il s'agissait dans un premier temps d'une majorité homogène et disciplinée, d'abord constituée par l'Union du Centre démocratique (UCD) puis par le parti socialiste espagnol (PSOE). Après les élections de 93, comme le PSOE ne disposait plus de la majorité absolue des sièges, son leader, Felipe Gonzales a dû former une coalition avec les partis nationalistes basques et catalans. Cette solution, qui tend évidemment à renforcer les Communautés autonomes, s'est reproduite après la nouvelle alternance qui a suivi les élections de 1996. Le leader du parti conservateur, José Maria Aznar, qui n'avait remporté qu'une victoire relative, a dû lui aussi rechercher l'alliance des nationalistes catalans et c'est aussi le cas du socialiste José Luis Zapatero, qui lui a succédé après les élections de 2004.

Le Tribunal constitutionnel (Bon, Moderne et Rodriguez, 1984). — Le contrôle de constitutionnalité est confié à un Tribunal constitutionnel, institué par l'article 192 de la constitution, et qui comprend douze membres nommés par le Roi : quatre sur proposition du Congrès des députés à la majorité des 3/5 de ses membres ; quatre sur proposition du Sénat à la même majorité ; deux sur proposition du gouvernement ; deux sur proposition du Conseil général du Pouvoir judiciaire (dont les fonctions sont comparables à celles que remplit en France le Conseil supérieur de la magistrature).

Les conditions de qualification exigées sont, comme en Allemagne et en Italie, assez strictes : seuls peuvent être désignés les magistrats du siège et du parquet, les professeurs d'université, les fonctionnaires publics et avocats, tous étant des juristes de compétence reconnue et ayant au moins quinze ans d'exercice professionnel.

Le contrôle s'exerce toujours *a posteriori*, sauf pour les conventions internationales, mais il est très complet car la diversité des modes de saisine permet au tribunal constitutionnel de connaître potentiellement de tous les actes des pouvoirs publics, et non pas seulement des lois.

La saisine par les autorités politiques est largement ouverte. Les lois, qu'elles émanent de l'État ou d'une communauté autonome, peuvent être déférées au tribunal par le Président du gouvernement, par 50 députés ou 50 sénateurs, par les organes exécutifs des communautés autonomes ou par le *défenseur du peuple*, qui est une sorte d'*ombudsman* élu par le Parlement. Ce recours, ne peut être exercé que dans les trois mois suivant la publication de la loi.

De même qu'en Allemagne et en Italie, le tribunal peut également être saisi par renvoi d'une juridiction ordinaire lorsque la question de la constitutionnalité d'une loi se pose incidemment au cours d'un procès. C'est la procédure dite de l'exception. Elle n'est enfermée dans aucune condition de délai et permet donc au tribunal d'examiner (ou de réexaminer) une loi promulguée depuis des années.

Enfin, le recours d'*amparo*, qui présente des analogies avec le recours constitutionnel allemand, permet à une personne physique ou morale de saisir directement le tribunal, à condition qu'elle invoque un intérêt légitime. Il peut être dirigé contre un acte administratif, ou même contre une décision juridictionnelle, mais il ne peut pas viser directement une loi. Cependant, dans le cadre de cette procédure, le tribunal peut soulever lui-même la question de l'inconstitutionnalité d'une loi s'il estime que le grief reproché à l'acte attaqué trouve son origine dans la loi (question d'*auto-constitutionnalité*).

Le tribunal constitutionnel siège normalement en formation plénière. Toutefois, pour examiner les recours d'*amparo*, qui sont extrêmement nombreux, il se divise en deux Chambres et seules les questions d'*auto-constitutionnalité*, où une loi est en cause, sont renvoyées à la formation plénière.

Il convient de noter que, à la différence des autres cours constitutionnelles européennes, le tribunal espagnol n'a pas à connaître du contentieux des élections législatives, car ce contentieux relève de la compétence des juridictions ordinaires.

Bibliographie

Sur la Grande-Bretagne

AVRIL P. (1997), *Les conventions de la Constitution*, Paris, PUF.

BAGEHOT W. (1867), *The English Constitution*, Cambridge University Press, rééd. 2001.

BARANGER D. (1999), « Le gouvernement par la législation. Responsabilité politique et transformation de la fonction législative dans le parlementarisme britannique des origines », *RDP*, p. 1625.

BARANGER D. (1999), *Parlementarisme des origines : essai sur les conditions de formation d'un exécutif responsable en Angleterre (des années 1740 au début de l'âge victorien)*, préface de S. Rials, Paris, PUF.

BARBÉ V. (2005), « Le *Human Rights Act 1998* et la souveraineté parlementaire », *RFDC*, p. 117 et s.

BEATSON J. (2001), « Le Royaume-Uni et la Nouvelle Déclaration des Droits », *RFDC*, n° 48, p. 687.

BELL J. (2000), « La révolution constitutionnelle au Royaume-Uni », *RDP*, n° 1, p. 413.

BENEMY F.-W.-G. (1965), *The Elected Monarch. The Development of the Power of the Prime Minister*, Londres, Harvey.

BLACKBURN R. (éd.) (1992), *Constitutional Studies. Contemporary Issues and Controversies*, Londres, Mansell.

BOGDANOR V. (1995), *The Monarchy and the Constitution*, Oxford, Clarendon Press.

CHARLOT M.
(1996), « La monarchie et l'opinion publique en Grande-Bretagne », dans *Pouvoirs*, n° 78, p. 73 s.
(1998), *Le pouvoir politique en Grande-Bretagne*, Paris, PUF, 2e éd. mise à jour.

DICEY A.-V. (1959), *Introduction to the Study of the Law of the Constitution*, Londres, ed. Macmillan Education, 10e éd.

DOOKHY P., DOOKHY R. (1999), « Le développement du contentieux de la loi en Angleterre », *RFDA*, p. 159.

DUBOURG-LAVROFF S.
(1993), « Pour une constitutionnalisation des droits et libertés en Grande-Bretagne », *RFDC*, n° 15, p. 479.
(2000), « Le nouveau parlement écossais », *RFDC*, 43, p. 583.

DUTHEIL DE LA ROCHÈRE (1979), *Le Royaume-Uni*, Paris, LGDJ.

ELLIOT M. (1999), « The Demise of Parliamentary Sovereignty », *Law Quaterly Review*, vol. 115, p. 119.

FOLEY M. (2000), *The British Presidency*, Manchester, Manchester University Press, 2e éd.

GORDON WALKER P. (1972), *The Cabinet*, London, Collins.

GOUGH J.-W. (1992), *L'idée de loi fondamentale dans l'histoire constitutionnelle anglaise*, Paris, PUF (1re éd. anglaise : 1955).

JENNINGS I. (1971), *The British Constitution*, Cambridge, Cambridge UP, 5e éd.

JOURNES Cl. (1994), *L'État britannique*, Paris, Publisud, 2e éd. mise à jour.

JUDGE D. (1993), *The Parliamentary State*, Londres, Sage.

KEIR D. L. (1975), *The Constitutionnal History of Modern Britain since 1485*, Londres, Black, nouvelle édition.

KINDER-GEST P.
(1997), *Droit anglais*, 3e éd., vol. 1, *Institutions politiques et judiciaires*, Paris, LGDJ.
(1999), *Les institutions britanniques*, 2e éd., Paris, PUF.

LEROY-FORGEOT F. (1998), « Culture britannique et culture européenne : éléments d'une évolution politico-juridique », *Droit et société* n° 40, p. 613.

MABILEAU A., MERLE M. (1979), *Les partis politiques britanniques*, Paris, PUF, 4e éd.

MARSHALL G. (1987), *Constitutional Conventions*, Oxford, Clarendon Press, réédition.

MARX F.,
(1969), « L'Angleterre vit-elle sous un régime présidentiel ? » *RDP*, p. 5 et s.
(1991), *L'Angleterre de 1945 à nos jours*, Paris, A. Colin.

MATHIOT A. (1974), *Le régime politique britannique*, Paris, Hachette.

PACTET P. (1971), *Les institutions politiques de la Grande-Bretagne*.

SCOFFONI G., BELL J., WALKER C. (1999), chronique « Droit constitutionnel étranger : Royaume-Uni », *RFDC*, n° 36, p. 847.

University of Cambridge (1998), *Center for public Law, Constitutional reform in the UK*, Oxford, Hart publishing co.

WEIR S., BEETHAM D. (1998), *Political Power and Democratic Control in Britain*, London, Routledge.

Sur les pays du Commonwealth

ZINES L. (1991), *Constitutional Change in the Commonwealth*, Cambridge UP.

Sur l'Afrique du Sud

BOURGI A. (2002), « L'évolution du constitutionnalisme en Afrique : du formalisme à l'effectivité », *RFDC*, n° 52.

Cahiers du Conseil constitutionnel (1er mars-30 septembre 2000), Dossier « La Cour constitutionnelle sud-africaine », n° 9.

DREYFUS F. (1996), « Les droits économiques et sociaux dans quelques constitutions récentes », in *Mélanges Braibant*, Paris, Dalloz, p. 169 s.

GERVAIS-LAMBONY P. (1998), *La nouvelle Afrique du Sud*, Paris, La Documentation Française.

LENOIR N. (1996), « Le nouvel ordre constitutionnel d'Afrique du Sud », *Cahiers du Conseil Constitutionnel*, n° 1, p. 37 s.

LOBBAN M. (1997), « Un accord négocié : le processus constitutionnel en Afrique du Sud depuis 1991 », *RDP*, p. 71.

SARKIN J. (2000), « L'écriture de la Constitution sud-africaine de 1996 : approche formelle et matérielle », *RFDC*, p. 747 et s.

SCOFFONI G., PHILIPPE X. (1998), « Droit constitutionnel étranger : République d'Afrique du Sud », *RFDC*, n° 34, p. 345.

Sur l'Australie

FLAUSS J.-F. (1988), « L'Australia Act », *RDP*, p. 119.

HAWKER G. N. (1979), *Politics and Policy in Australia*, St. Lucia (Queensland, Australie), University of Queensland Press.

O'BRIEN P. K. (1980), *Constitutional Conflict in Australia*, Londres, Institute for the Study of Conflict.

SCOFFONI G., DETMOLD M., KIRK L. (1999), « Droit constitutionnel étranger : Australie », *RFDC*, n° 36, p. 811.

SMITH R. (1997) (éd.), *Politics in Australia*, Sydney, Allen & Morwin, 3e éd.

Sur l'Inde

HIDAYATULLAH M. (1986), *Constitutional Law of India*, Liverpool, Lucas Publications.

ZINS M. J. (1999), *Inde : un destin démocratique*, Paris, La Documentation Française.

Sur le Canada

BOUCHARD L. (1998), « Interview : "la différence québécoise ?" », *Revue Politique et Parlementaire*, n° 997, p. 103.

BRUN H., TREMBLAY G. (1997), *Droit constitutionnel*, 3e éd., Cowansville (Québec), Les Éditions Yvon Blais.

GELY M.-L. (1999), « La Cour Suprême du Canada, arbitre confirmé de l'évolution du fédéralisme : la décision du 20 août 1998 relative au droit de sécession unilatérale du Québec », *RDP*, n° 6, p. 1645.

SCOFFONI G., WOEHRLING J. (1999), « Chronique de Droit constitutionnel étranger : Canada », *RFDC*, n° 36, p. 820.

TREMBLAY A. (1995), *La réforme de la Constitution au Canada*, Montréal (Québec), Thémis.

TREMBLAY M., PELLETIER R., PELLETIER M.R. (dir.) (2000), *Le parlementarisme canadien*, 2e éd., Québec, Les Presses de l'Université Laval.

WOEHRLING J. (1992), « La constitution canadienne, Le Québec et le Canada anglais », *RFDC*, p. 195.

WOEHRLING J. et MORIN J. Y. (1994), *Les constitutions du Canada et du Québec, du régime français à nos jours*, Montréal (Québec), Thémis.

Sur l'Allemagne

ARNOLD R. (1995), « L'élection et les compétences du Président fédéral allemand », *RDP*, p. 303 s.

AUTEXIER C. (1997), *Introduction au droit public allemand*, Paris, PUF.

BÉGUIN J.-Cl. (1982), *Le contrôle de la constitutionnalité des lois en République fédérale d'Allemagne*, Paris, Economica.

BÖCKENFÖRDE E.-W. (2000), *Le droit, l'État et la constitution démocratique. Essais de théorie juridique, politique et constitutionnelle*, trad. fse. O. Jouanjan, Paris, LGDJ.

Cahiers du Conseil constitutionnel (1er mars 2003-30 septembre 2003), Dossier : « La Cour fédérale d'Allemagne », n° 15.

CAPITANT D. (2001), *Les effets juridiques des droits fondamentaux en Allemagne*, Paris, LGDJ.

EISENMANN Ch. (1950), *Bonn et Weimar*, Paris, La Documentation Française.

FROMONT M.,
(1984), « République fédérale d'Allemagne, l'État de droit », *RDP*, p. 215 et s.
(1991), « Les techniques juridiques utilisées pour l'unification de l'Allemagne », *RFDC*, n° 88, 1991, p. 579 et s.
(1995), « République fédérale d'Allemagne : la jurisprudence constitutionnelle en 1992 et 1993 », *RDP*, p. 323 et s.

FROMONT M. (dir.) (2000), *Les cinquante ans de la République Fédérale d'Allemagne*, Paris, Publications de la Sorbonne.

FROMONT M., RIEG A. (1977-1991), *Introduction au droit allemand*, 3 vol., Paris, Cujas.

GOUGEON J. P. (1998), « Allemagne : le tournant des élections fédérales », *Revue Politique et Parlementaire*, n° 997, p. 112.

GREWE C. (1986), *Le système politique ouest-allemand*, Paris, PUF.

GUERARD F. (1990), *L'unification de l'Allemagne*, Paris, La Documentation Française.

HUCKS E. (1987), *The Democratic Tradition ; Four German Constitutions*, New York.

JOUANJAN O. (1992), *Le principe d'égalité devant la loi en droit allemand*, Paris, Economica.

KIMMEL A.,
(1990), « Aspects constitutionnels de la réunification allemande », *Pouvoirs*, n° 57, p. 143.
(1999), « Les élections au Bundestag du 27 septembre 1998 : la fin d'une époque », *Pouvoirs*, n° 88, p. 1395.

LAUVAUX P., ZILLER J. (1985), « Trente-cinq ans de parlementarisme rationalisé en République fédérale d'Allemagne », *RDP*, p. 1023 et s.

LE DIVELLEC A. (1999), *Le parlementarisme allemand*, thèse Paris II.

MARCOU G., « L'évolution récente du fédéralisme allemand sous l'influence de l'intégration européenne et de l'unification », *RDP*, 1995, p. 883 et s.

Revue *Pouvoirs*, (1993), « L'Allemagne », Paris, PUF.

Sur l'Italie

BAUDREZ M., DI MANNO T., ELIE M.-P. (2002), *La réforme constitutionnelle en Italie : commentaires sur le projet de la commission bicamérale pour les réformes constitutionnelles*, Centre de droit et de politique comparés Jean-Claude Escarras (La Garde, Var), Paris, Economica, PUAM.

BAUDREZ M. (1994), *Les actes législatifs du gouvernement en Italie. Contribution à l'étude de la loi en droit constitutionnel italien*, Paris, Economica.

BIBES G.,
(1974), *Le système politique italien*, Paris, PUF.
(1979), « Le système des partis italiens », *RFSP*, p. 255 s.

BRIQUET J. L. (1997), *Italie, les changements politiques des années 90*, La Documentation Française.

CACIAGLI M. (1993), « Italie 1993 : vers la Seconde République ? », *RFSP*, p. 229.

CAHIN G. (2001), « L'évolution de la République italienne », *RFDC*, n° 48.

CASSESE S. (dir.) (2001), *Portrait de l'Italie actuelle*, Paris, La Documentation Française.

DE VERGOTTINI G. (2004), *Diritto costituzionale*, Padova, CEDAM, 4e éd.

ELIE M.-P. (2002), « L'Italie, un État fédéral ? À propos des lois constitutionnelles n° 1 du 22 novembre 1999 et n° 3 du 18 octobre 2001 » *RFDC*, n° 52.

ESCARAS J.-C.,
(1988), *La justice constitutionnelle en Italie*, Cahiers du CDPC, Université de Toulon, 2 vol.
(1990), « Aggiornamenti des institutions italiennes », *RFDC*, n° 3.

GROPPIT (2000), « Le régionalisme italien aujourd'hui : un État régional à tendance municipale ? », *RFDC*, 43, p. 481.

HAMON F. (2001), « Les formes d'État : essai de typologie », *Revue Politique et Parlementaire*, n° 1009-1010, p. 28.

MANZELLA A. (1999), « La fin de la transition », *Pouvoirs* n° 86, p. 163.

PALADIN L. (1991), *Diritto costituzionale*, Padova, CEDAM.

PASQUINO P.
(1998), « L'Italie vers la démocratie majoritaire », *Pouvoirs* n° 85, Avril 98, p. 63-73.
(1998), « L'origine du contrôle de constitutionnalité en Italie. Les débats de l'Assemblée constituante (1946-47) », *Cahiers du Conseil Constitutionnel*, 6.

PIZZORUSSO A.
(1984), *Lezioni di diritto costituzionale*, Roma.

(2001), in Hamon F. & Passelecq O. (dir.), *Le référendum en Europe*, Paris, L'Harmattan.

RICCI R. (2000), « Le référendum abrogatif d'initiative populaire en Italie. L'apport de la cour constitutionnelle à la théorie du droit », *RDP*, n° 1, p. 437.

ZAGREBELSKY G.,
(1977), *La Giustizia costituzionale*, Bologna.
(1999), *Le droit en douceur*, Paris, Economica.

Sur l'Espagne

BON P. (1991), « La constitutionnalisation du droit espagnol », *RFDC*, n° 5, p. 35.

BON P., MODERNE F., RODRIGUEZ Y. (1984), *La justice constitutionnelle en Espagne*, Paris, Economica.

COUFFIGNAL G. (1993), *Le régime politique de l'Espagne*, Paris, Montchrestien.

HERMET G. (1992), *L'Espagne au XXe siècle*, Paris, PUF.

KOURLIANDSKY J. J. (1997), *Espagne, le deuxième alternance démocratique*, Paris, La Documentation Française.

LAVROFF D. G. (1985), *Le régime politique espagnol*, Que sais-je ?, Paris, PUF.

MODERNE F., BON P. (1981), *Les autonomies régionales dans la Constitution espagnole*, préf. E. Garcia de Enterria, Paris, Economica.

PEREZ-DIAZ V. (1996), *La démocratie espagnole, vingt ans après*, Paris, Éd. Complexe.

VILANOVA P.,
(1995), « Espagne : la fin d'une étape », *Pouvoirs*, n° 75, 1995, p. 149 s.
(1999), « Stabilité gouvernementale et complexité territoriale », *Pouvoirs*, n° 89, p. 161.

Sur les Pays scandinaves

ELDER, THOMAS A. M., ANTER D. (1982), *The Consensual Democraties : The Government and Politics of the Scandinavian States*, Oxford.

MER J. (1997), *La Norvège entre tradition et ouverture*, Paris, La Documentation Française.

MODEEN T. (2004), *Droit du Nord. Notes sur le droit public finlandais et scandinave : origine, développement, état actuel*, préf. R. Drago, Paris, Société de législation comparée.

Sur la Belgique

DELPERÉE F.

(1994) (dir.), *La Belgique fédérale*, Bruxelles, Bruylant.

(2000), *Le droit constitutionnel de la Belgique*, Paris, Bruxelles, LGDJ, Bruylant.

(2001), « Belgique. La nouvelle vague fédéraliste », *RFDC*, n° 48, p. 675.

DELPÉRÉE Fr., RENDERS D. (2005), *Code constitutionnel*, Bruxelles, Bruylant.

Revue *Pouvoirs* (1990), « La Belgique », n° 54.

Chapitre 2
Le système constitutionnel des États-Unis

L'importance et l'intérêt du système constitutionnel américain ne proviennent pas seulement de l'énorme puissance économique, militaire et politique des États-Unis, ni même du fait que la constitution de 1787 est la plus ancienne constitution écrite en vigueur dans le monde, mais aussi et surtout des caractères principaux de cette constitution.

Il faut souligner d'abord que la constitution n'a pas été conçue comme une constitution démocratique, mais que ses auteurs, les *Founding Fathers*, se sont inspirés du modèle anglais, tel qu'on pouvait l'analyser au XVIIIe siècle. C'étaient de fervents lecteurs de Locke, Montesquieu et de Blackstone (voir *Le Fédéraliste* par Hamilton, Madison et Jay), qui se défiaient de la toute puissance du législatif et qui ont donc cherché à organiser un système de balance des pouvoirs. Ils ont donc adapté le modèle anglais, dans lequel le pouvoir législatif était exercé conjointement par deux Chambres et un roi, à un État républicain, dans lequel il n'y aurait ni roi, ni aristocratie. En Grande-Bretagne, ce système s'est transformé en régime parlementaire et, d'ailleurs, bien qu'elle ne fût pas perceptible, cette évolution était largement entamée à l'époque où l'on rédigeait la constitution américaine (Baranger, 1999). Une transformation semblable s'est produite dans la plupart des pays, qui ont cherché à reproduire la structure de la constitution anglaise. C'est le cas de la France au cours de l'année 1792, puis à nouveau après 1815. C'est aussi celui de la Belgique et des pays scandinaves. Or, pour de nombreuses raisons, qui tiennent notamment, mais pas exclusivement, au fédéralisme et au mode d'élection du Président, les États-Unis n'ont pas connu cette évolution, mais une transformation différente.

Le résultat est que, pour rendre compte du système constitutionnel américain, la doctrine a inventé une catégorie nouvelle, le régime présidentiel (voir *supra*, Première Partie, Chapitre 2). À vrai dire, le système américain est le seul membre de cette classe, de sorte que lorsqu'on veut analyser le système présidentiel, c'est le système constitutionnel des États-Unis que l'on décrit.

De ce point de vue, la doctrine européenne, notamment française, estime généralement que la constitution américaine réalise une séparation rigide des pouvoirs, puisque le Président ne peut dissoudre les Chambres et que les ministres ne sont pas politiquement responsables. Il est remarquable cependant que cette séparation ne signifie ni que les organes soient spécialisés, ni qu'ils soient dépourvus de moyens d'influence réciproques. Les auteurs américains considèrent donc quant à eux que la séparation des pouvoirs n'est nullement rigide et ils caractérisent leur constitution comme un système de collaboration des pouvoirs et d'équilibres multiples (*checks and balances*).

C'est aux États-Unis aussi qu'est apparu le contrôle de constitutionnalité des lois et c'est là qu'il a connu son plus grand développement.

Enfin, contrairement à ce qui s'est produit dans la plupart des autres démocraties représentatives, la répartition des compétences et les rapports entre organes ne sont pas profondément affectés par le système des partis. En effet, les partis américains diffèrent de ceux des pays d'Europe en ce qu'ils ne sont pas les instruments d'une idéologie, ni même d'un programme gouvernemental précis. Entre démocrates et républicains les différences d'orientation politique étaient le plus souvent minces et fluctuantes. Le rôle des partis consistait principalement à sélectionner les gouvernants lors des élections. Depuis quelques années, notamment depuis la première élection de George W. Bush, l'opposition idéologique est beaucoup plus marquée entre les républicains en majorité conservateurs (défenseurs des valeurs traditionnelles et de la libre entreprise) et les démocrates pour la plupart libéraux (ce qui signifie dans le contexte américain qu'ils sont plus soucieux de garantir les libertés publiques, mais aussi les droits sociaux).

Section 1
Les organes

La structure originale de la constitution et la répartition des compétences découlent de la volonté de mettre des limites aux pouvoirs de chaque organe.

§ 1. Le Congrès

(Longuet, 1989, Toinet, 1996). — Le Congrès a été conçu à l'origine comme l'organe le plus important. Ce n'est que progressivement que le rôle du Président s'est accru. Mais, même aujourd'hui, la force du Président provient surtout de son aptitude à obtenir la collaboration et l'appui du Congrès. Celui-ci comprend deux Chambres : la Chambre des représentants et le Sénat.

A Organisation

Le Congrès est un parlement bicaméral. Le bicaméralisme s'explique d'une part par la volonté d'éviter la domination et la concentration du pouvoir qui se produirait dans une assemblée unique, d'autre part par le souci des États de conserver à la fois une autonomie importante et une influence dans les décisions fédérales.

La Chambre des représentants compte 435 membres. Les représentants sont élus au scrutin majoritaire à un seul tour dans le cadre des États, chaque État obtenant un nombre de représentants proportionnel à sa population. Conformément au principe adopté au XVIIIe siècle, par méfiance envers les assemblées représentatives, le mandat est très court, deux ans, de sorte que les représentants soient soumis à un contrôle fréquent. En réalité, le contrôle des électeurs sur les élus n'apparaît pas très sévère : aux élections de novembre 2004 neuf représentants seulement ont été exclus. Ce phénomène est dû en grande partie à un savant découpage des circonscriptions. Aussi, de nombreux auteurs estiment-ils que la courte durée du mandat présente plus d'inconvénients que d'avantages et notamment que, aussitôt élus, les représentants doivent songer à leur réélection et sont en campagne permanente.

Le Sénat, lui, représente les États sur une base égalitaire. Chaque État élit donc deux sénateurs. Il en résulte évidemment une grande inégalité de représentation, puisque les États les moins peuplés — et quelquefois les plus conservateurs — ont un poids égal à ceux des États les plus peuplés. Le Sénat est donc composé de 100 sénateurs, élus pour six ans par le peuple des États (jusqu'en 1913, ils étaient désignés par la législature de leur État). Il est renouvelable par tiers tous les deux ans, de sorte que l'élection d'un tiers des sénateurs a lieu en même temps que celle des représentants.

La présidence du Sénat est assurée par le Vice-Président des États-Unis, mais il s'agit surtout d'une attribution honorifique. Il ne vote pas sauf en cas de partage des voix et n'a que peu de pouvoirs.

Les élections pour les deux Chambres, mais cela vaut en réalité pour toutes les élections américaines, sont affectées dans une mesure considérable par le coût de plus en plus élevé des campagnes électorales. Ce coût est souvent considéré comme une atteinte au caractère démocratique du système. Il arrive en effet que certains candidats doivent se retirer faute de moyens, tandis que d'autres sont avantagés parce qu'ils possèdent de grosses fortunes personnelles. L'inégalité des chances entre les candidats n'est pas seulement entre riches et pauvres, mais entre conservateurs et libéraux, car les entreprises et les particuliers qui sont en mesure d'apporter une aide financière aux candidats favorisent ceux qui, une fois élus, défendront leurs intérêts. Le système pousse également les élus à préparer leurs prochaines campagnes et à se conformer aux attentes de leurs financiers.

C'est la raison pour laquelle, aux États-Unis comme dans d'autres pays, mais beaucoup plus lentement et de façon beaucoup plus modeste, se développe un mouvement pour moraliser le financement des campagnes. Une loi de 1971, plusieurs fois amendée, limite le montant des contributions que les candidats peuvent recevoir des particuliers et des entreprises. Cette loi rencontre néanmoins deux limites. En premier lieu, la Cour Suprême, sur le fondement de la liberté d'expression, a estimé que la loi ne pouvait limiter le montant des dépenses, de sorte qu'un candidat qui engageait sa propre fortune peut dépenser sans rencontrer aucun plafond. D'autre part, la loi ne limite que les contributions aux candidats, mais non les dons aux organisations et aux partis — c'est le *soft money* — et n'interdit pas à un particulier ou un groupe de faire des dépenses pour s'exprimer en faveur d'une cause et désigner le candidat qui la défendra. Cependant, sous le choc de l'affaire Enron, le Congrès a adopté, en mars 2002, une loi historique sur le financement des campagnes électorales. Le nouveau texte interdit notamment le *soft money* et la Cour Suprême a déclaré en 2003 que cette interdiction n'était pas contraire à la constitution (Fatin-Rouge Stefanini & Mastor, 2004).

Dans les deux Chambres, les commissions jouent un rôle particulièrement important. Il s'agit de commissions permanentes et spécialisées, mais les Chambres désignent fréquemment des commissions d'enquête pour une question particulière. Au sein de chacune d'elles, le parti majoritaire dispose de la majorité des sièges et de la présidence. Les commissions peuvent convoquer, éventuellement *sub poena*, c'est-à-dire sous peine de sanctions, toute personne qu'elles désirent entendre, simple particulier ou membre de l'exécutif. Lorsqu'elles sont saisies d'un projet de loi, elles peuvent l'écarter purement et simplement. La Chambre entière ne peut alors s'en saisir que par un vote exprès et, en pratique, elle le fait rarement. De nombreux projets ne dépassent d'ailleurs pas le stade de l'examen en commission. Elles peuvent aussi amender le projet et leurs recommandations sont fréquemment suivies.

Une institution remarquable est celle du « filibuster ». Ce mot, qui vient du français « flibuste » désigne une pratique ancienne. Le règlement du Sénat ne prévoit pas de limite au débat, qui peut donc se poursuivre tant qu'il y a des orateurs, à moins que les sénateurs ne décident de passer au vote à la majorité des 3/5, difficile à atteindre. Aussi, les membres de la minorité gardent-ils la parole très longtemps et parviennent-ils à retarder et quelquefois à bloquer l'adoption d'une décision. Le filibuster a été utilisé en 2004 et 2005 par les sénateurs démocrates pour empêcher la nomination de nouveaux juges fédéraux conservateurs. Toutefois, l'actuelle majorité républicaine menace de supprimer cette institution en modifiant le règlement du Sénat pour qu'on puisse décider à la majorité absolue de passer au vote.

B Compétences

Bien que le Congrès soit désigné comme « le pouvoir législatif », il exerce des compétences qui relèvent en réalité de toutes les fonctions de l'État.

Dans l'ordre législatif, c'est au Congrès que la constitution accorde l'essentiel du pouvoir. Tout d'abord, ses membres seuls ont l'initiative des lois. En principe, le Président ne peut déposer de projet, mais en pratique, il lui est facile de faire proposer un texte par l'intermédiaire d'un représentant ou d'un sénateur. Les projets doivent être adoptés en termes identiques par les deux Chambres. En cas de désaccord, une commission mixte est convoquée, mais si cette commission échoue à élaborer un texte commun ou si ce texte commun n'est pas adopté par les deux Chambres, il est considéré comme rejeté. S'il est adopté, il est transmis au Président qui dispose d'un droit de veto partiel (voir *infra*).

En matière budgétaire, la procédure est différente : comme en Angleterre, l'initiative appartient seulement à la Chambre des représentants. Mais en pratique, le projet est préparé par la présidence.

Le Congrès a aussi des pouvoirs importants dans l'ordre exécutif. Outre les pouvoirs dont disposent en fait les commissions des deux Chambres, le Sénat est investi par la constitution du droit de donner son consentement *(advice and consent)* à deux types de décisions du Président. Il s'agit d'abord des nominations de certains hauts fonctionnaires fédéraux, notamment des ministres, ambassadeurs, juges. Ce pouvoir est bien réel et il est exercé dans le souci de s'assurer de la politique qui sera menée par les personnalités nommées. Elles sont publiquement auditionnées par une commission sénatoriale, souvent très longuement et il arrive que le Sénat oppose un refus, auquel le Président ne peut passer outre. Il existe de nombreux exemples de tels refus, depuis celui de 1795, lorsque le Sénat refusa la nomination par Washington du Président de la Cour Suprême, parce que celui-ci avait manifesté son opposition à un traité avec l'Angleterre, jusqu'à celui de 1987, quand il a refusé à deux reprises d'approuver la nomination par le Président Reagan de juges à la Cour Suprême, considérés comme trop conservateurs.

Il s'agit d'autre part des traités internationaux conclus par le Président, qui doivent être approuvés à la majorité des deux tiers. Là encore, c'est un pouvoir considérable, dont le Sénat use réellement. Il a ainsi rejeté en 1919 le traité de Versailles conclu par le Président Wilson, de sorte que les États-Unis n'ont pu faire partie de la Société des Nations, et de même en 2000 le traité sur l'interdiction des essais nucléaires.

Cependant, les Présidents ont tenté non sans succès de contourner l'obstacle du Sénat en concluant non pas des traités, mais des accords en forme simplifiée *(executive agreements)*, par lesquels ils peuvent engager les États-Unis par leur seule signature. Au début, ces accords ne portaient que sur des matières secondaires, mais cette pratique a été reconnue en 1937 conforme à la constitution par la Cour Suprême et la proportion des traités et des *executive agreements* s'est inversée, si bien que les seconds sont aujourd'hui beaucoup plus fréquents et portent sur des questions de plus en plus importantes, malgré quelques tentatives du Sénat d'exercer un certain contrôle sur les *executive agreements*. Pour éviter le reproche de négliger le Congrès, une autre technique est employée, les « congressional-executive agreements ». Au lieu de soumettre les traités au seul Sénat, le Président fait approuver les accords par les deux Chambres à la majorité simple. Il n'y a alors aucune différence avec les traités. Ils ont la même force, c'est-à-dire qu'ils prévalent sur les lois des États et, s'ils ont été incorporés au droit américain, sur les lois fédérales. Ils portent sur les matières les plus importantes. Ainsi, les traités créant l'ALENA et l'OMC ont été approuvés de cette manière. Cette procédure est parfois justifiée par son caractère démocratique. On fait valoir que la procédure de l'autorisation de ratifier donnée par le Sénat donne trop de pouvoir à une minorité. Cependant la doctrine est divisée sur sa conformité à la constitution. Certains la jugent inconstitutionnelle, tandis que pour d'autres, c'est la constitution qui a changé, avec l'accord exprès ou implicite des tribunaux, sans que son texte ait été modifié (Ackerman, 1998 ; Hamon & Wiener, 2001).

C'est encore au Congrès que la constitution attribue le pouvoir constitutionnel de déclarer la guerre. Cependant, là encore, le Président s'est efforcé d'agir seul et il y a souvent réussi. C'est ainsi qu'il a envoyé des troupes ou pris des décisions politiques équivalant au déclenchement d'une guerre ou à un ultimatum, sans même consulter le Congrès. À vrai dire, s'il a utilisé les forces armées plus de 200 fois, il n'a demandé au Congrès une déclaration de guerre que 5 fois. C'est par exemple sans l'accord formel du Congrès qu'ont été déclenchées la guerre de Corée en 1950, celle d'Indochine en 1964, la guerre du Golfe en 1990 ou encore celle du Kosovo en 1999. Dans certains cas même, pour l'envoi de troupes au sol au Kosovo ou les frappes aériennes sur la Serbie en 1999, ces opérations, qu'on a pris grand soin de ne pas appeler des guerres, mais un « usage limité de la force », ont été lancées malgré un refus explicite de l'une ou l'autre des Chambres de les approuver. Ceci s'explique d'ailleurs non seulement par la volonté du Président d'éviter l'obligation d'obtenir du Congrès une déclaration de guerre, mais également par les conditions de la guerre moderne : d'une part, sur le plan juridique, la guerre est interdite par la Charte des Nations Unies ; d'autre part il arrive que les opérations militaires ne soient pas dirigées contre un État (c'était le cas au Vietnam) ; enfin il est souvent nécessaire de préserver jusqu'au dernier moment un secret que les délibérations sur la déclaration de guerre ne permettraient pas de garder. Une loi du 7 novembre 1973 relative aux pouvoirs de guerre du Président oblige celui-ci à consulter si possible le Congrès quarante-huit heures à l'avance avant d'envoyer des forces armées à l'étranger et en tout cas à faire un rapport au Congrès. Celui-ci peut alors ordonner le retrait des forces par une résolution conjointe à laquelle le Président ne peut opposer son veto. Si, dans un délai de soixante jours, le Congrès n'a pas adopté une résolution autorisant la poursuite des opérations, le Président est en principe tenu d'y mettre fin (Hamon, 1977). Cette loi peut parfois constituer un frein efficace : si le Président Reagan a pu ordonner une intervention militaire à la Grenade, il n'a pu envoyer de troupes au secours de la *Contra*, les ennemis du régime sandiniste du Nicaragua. Cependant, comme ses décisions en ce domaine peuvent se présenter comme l'application de résolutions des Nations Unies, qui n'échappent d'ailleurs pas à son influence, le Président peut parfois se passer de l'assentiment du Congrès, comme dans le cas de la guerre du Golfe en 1991. C'est sur le fondement de cette loi que le Congrès a, trois jours après l'attaque du 11 septembre 2001, autorisé le Président à employer la force contre tous les États et toutes les organisations qui, selon son jugement, ont organisé ou aidé cette attaque et qu'ont été lancées les opérations militaires en Afghanistan et en Irak.

Le Congrès exerce encore en matière exécutive un pouvoir indirect considérable, qui lui vient de son pouvoir législatif et financier. C'est lui qui tient les cordons de la bourse et se trouve ainsi en mesure de bloquer les mesures politiques qu'il désapprouve. Ainsi, le Président Reagan, en dehors même de toute perspective d'intervention militaire directe, n'a pu soutenir la *Contra* comme il le souhaitait, en raison du refus du Congrès de lui donner les moyens financiers qu'il réclamait.

Le Congrès a même tenté de s'arroger un droit de veto, dit « veto législatif » sur certains actes du Président : il l'autorisait par une loi à prendre des mesures réglementaires, que l'une ou l'autre des Chambres pouvait paralyser. Cependant, dans une décision *Chadha* du 23 juin 1983, la Cour Suprême a jugé cette pratique inconstitutionnelle (Rouban, 1984).

Enfin, le Congrès a des fonctions d'ordre juridictionnel, inspirées du modèle anglais. La Chambre des Représentants peut voter la mise en accusation de toute personne, y compris du Président *(impeachment)* et elle n'est pas tenue par une définition légale des crimes. Les personnes ainsi accusées sont alors jugées par le Sénat qui, à la majorité des deux tiers, peut prononcer la destitution. Là encore, il s'agit d'une prérogative d'une très grande portée. En 1868, le Président Andrew Johnson avait été ainsi accusé et n'avait échappé à la destitution que parce qu'il manqua une voix pour que la majorité des deux tiers fût atteinte au Sénat. Si la procédure avait abouti, le régime aurait pu se transformer en régime parlementaire (Michaut, 1977). En 1974, la Chambre des représentants était sur le point de voter l'accusation contre le Président Nixon, compromis dans l'affaire du *Watergate*. Le Président préféra prendre les devants et démissionner.

Les deux précédents Johnson et Nixon révèlent le caractère ambigu de la responsabilité dite pénale. Sans doute, est-elle pénale par la procédure, mais par d'autres aspects, elle est éminemment politique. Elle l'est d'abord par la sanction encourue, qui ne peut être que la destitution. Elle l'est surtout par le but poursuivi et le contexte dans lequel elle est mise en jeu. Dans les deux cas, les poursuites n'ont été engagées et l'impeachment n'aurait pu être adopté que parce qu'il existait entre le Président et la majorité du Congrès un désaccord politique d'une gravité extrême.

Cette analyse est confirmée par le cas du président Clinton. L'affaire du *Watergate* avait révélé de graves défauts dans le mode de déclenchement des poursuites contre des membres du pouvoir exécutif. Les procureurs fédéraux sont en effet placés dans la dépendance du ministre de la Justice, c'est-à-dire du pouvoir exécutif lui-même et il existe évidemment un risque que les poursuites soient freinées. Le Congrès a donc adopté une loi instituant pour ce type d'affaires un procureur spécial, totalement indépendant et doté de très vastes pouvoirs.

Cette loi a toutefois contribué à aggraver les conséquences qui résultent du caractère discrétionnaire du pouvoir d'*impeachment* de la Chambre des représentants.

Le président Clinton avait été mêlé à une affaire relative à des spéculations immobilières alors qu'il était gouverneur de l'Arkansas (affaire *Whitewater*). Le procureur spécial nommé pour examiner l'opportunité de poursuites dans cette affaire était un ennemi politique du président. Son enquête n'avait pas abouti, mais le président avait commis un autre délit : dans le cadre d'un procès civil intenté contre lui pour harcèlement sexuel (affaire Paula Jones), il avait nié sous serment avoir eu une liaison avec une jeune stagiaire de la Maison Blanche, Monica Lewinski. C'est pour ce mensonge, que le procureur spécial demanda en 1998 à la Chambre des représentants de voter l'*impeachment*. La Chambre devait donc interpréter l'article 2, section 4 de la constitution qui prévoit l'*impeachment* en cas de « trahison, corruption et autres crimes et délits ». Elle devait notamment déterminer si le mensonge commis dans le cadre d'un procès civil, pour une affaire relevant de la vie privée, pouvait constituer un crime justifiant l'*impeachment*. La majorité de la Chambre était composée de républicains conservateurs, profondément hostiles au président Clinton, et vota l'*impeachment*. Pour la deuxième fois dans l'histoire des États-Unis, un président était donc traduit devant le Sénat. Faute d'une majorité des deux tiers, le président Clinton fut néanmoins acquitté (Zoller, 1999). Cette affaire a révélé les défauts de la loi sur le procureur spécial, dont les pouvoirs étaient excessifs. Comme elle n'avait été adoptée que pour une durée limitée, elle n'a pas été renouvelée à l'expiration de cette durée.

Enfin, le Congrès joue un rôle essentiel dans la procédure de révision constitutionnelle. L'initiative lui appartient concurremment avec les États : les « amendements », c'est-à-dire les lois de révision, peuvent être proposés soit par les deux tiers des membres de chacune des deux Chambres, soit par les deux tiers des États. Dans cette dernière hypothèse, qui ne s'est jamais produite, le Congrès doit convoquer une convention, qui proposera à son tour les amendements. Lorsque cette première étape a été franchie, les amendements proposés soit par le Congrès, soit par la convention, doivent être ratifiés par les trois quarts des États. Le Congrès peut d'ailleurs décider que les États ratifieront ou bien par leurs législatures, ou bien par des conventions spécialement réunies à cet effet dans le cadre des États. On voit qu'il s'agit d'une procédure lourde, qui donne en pratique au Congrès un rôle déterminant. Elle n'a donc été utilisée que rarement, puisqu'il n'y a en tout que vingt-sept amendements.

Encore les dix premiers, qui forment le *Bill of Rights*, ont-ils été adoptés dès 1791. Il faut noter malgré tout que la constitution ne fixe aucun délai entre le début et la fin de cette procédure. Le vingt-septième amendement, qui porte il est vrai sur une question mineure, avait été proposé par Madison en 1789, et n'a été adopté par le Michigan qu'en

1992. Le Michigan était le 38e État à voter ce texte, de sorte que la majorité des trois quarts était enfin atteinte après plus de deux siècles. Pour éviter une attente longue et incertaine, le Congrès indique désormais dans le texte même de l'amendement un délai au terme duquel les États doivent avoir ratifié. Un amendement relatif à l'égalité des sexes, adopté en 1970 a finalement échoué faute d'avoir été ratifié par les trois quarts des États dans le délai prescrit.

§ 2. Le Président

(Toinet, 1996). Le Président est sans contexte l'autorité la plus visible et si ce n'est pas lui qui est investi des compétences les plus importantes, il exerce pourtant une influence déterminante.

L'élection du Président. — Le Président des États-Unis est élu au terme d'une procédure longue et complexe, que l'on peut décomposer en trois phases.

La première opération concerne la désignation des candidats. Elle se caractérise par le rôle considérable consenti aux partis, qui apparaissent ainsi comme de véritables organes de l'État. Un tel rôle n'est évidemment possible qu'en raison de l'absence de base idéologique des partis américains. Dans chaque État, les partis choisissent leurs délégués à la Convention nationale du parti, qui désignera son candidat officiel à la présidence et son candidat à la vice-présidence. Tantôt ce choix est fait par les comités locaux du parti, tantôt il a lieu dans des *primaires* réunissant les électeurs du parti. C'est la législature de chaque État qui détermine le mode de désignation des délégués aux conventions de parti. Le Minnesota a été le premier, en 1899, à organiser des primaires. Mais aujourd'hui la plupart le font (une quarantaine en 1992) et leur nombre s'accroît sans cesse. Il existe d'ailleurs plusieurs types de primaires. Les principaux sont d'une part les primaires fermées, auxquelles ne participent que les citoyens qui ont déclaré leur affiliation au parti qui les organise ; d'autre part, les primaires ouvertes, dans lesquelles les électeurs ne déclarent pas d'affiliation et ne choisissent que dans l'isoloir de désigner les délégués d'un parti plutôt que d'un autre. Les élections primaires ont une importance considérable parce que les délégués ont un mandat impératif pour se prononcer à la convention nationale en faveur de telle ou telle personnalité. Les candidats à la candidature doivent donc faire dès ce moment, une campagne intensive.

La convention nationale du parti n'est cependant pas toujours une simple formalité : ceux des délégués qui ont été désignés par les comités de parti, n'ont pas de mandat impératif et il se peut qu'aucune candidature ne se dégage clairement du résultat des primaires. Dans les négociations qui s'engagent alors, le choix du candidat à la vice-présidence peut représenter un enjeu important. Pour obtenir le soutien de certaines délégations d'États, le candidat à la présidence pourra accepter sur son « ticket » un candidat à la vice-présidence, dont les idées ou le style sont différents des siens.

La seconde phase est celle de l'élection par le peuple américain, qui a lieu le mardi qui suit le premier lundi de novembre. En droit, il ne s'agit pas d'une élection au suffrage direct, car les citoyens n'élisent pas le Président, mais des électeurs présidentiels, qui, à leur tour, éliront le Président. Dans chaque État, ils désignent un nombre d'électeurs présidentiels égal au nombre total de sénateurs et de représentants de l'État. Cependant, en pratique, tout se passe souvent comme s'il s'agissait d'une élection directe, car les électeurs présidentiels sont munis d'un mandat impératif, de sorte que l'on connaît le nom du nouveau Président au lendemain de l'élection de novembre.

Enfin, la troisième phase, qui se déroule au mois de décembre, n'a plus qu'un caractère formel : les électeurs présidentiels élisent le Président. Celui-ci n'entrera donc en fonction qu'après, c'est-à-dire le deuxième lundi de janvier. Il faut cependant noter le risque de déformation qui résulte du système de désignation des électeurs présidentiels : il est possible qu'un candidat obtienne au total moins de voix que son adversaire, mais qu'il remporte la victoire, éventuellement de justesse, dans les grands États qui désignent la majorité des électeurs présidentiels. Le risque est d'autant plus grand que, dans presque tous les États, les grands électeurs sont élus au scrutin majoritaire de liste, de sorte qu'une seule voix de majorité suffit pour assurer à un candidat la totalité des grands électeurs de l'État. Le cas s'est produit trois fois, en 1876, 1888 et de nouveau en 2000 (voir Lauvaux, 1998).

Ce système s'explique par des raisons historiques. Les rédacteurs de la constitution n'entendaient pas établir une démocratie et, dans leur esprit, le Président ne devait pas être élu par le peuple, mais par un Collège électoral formé d'une élite de citoyens, aptes à faire des choix éclairés. La seule question était de déterminer le mode de désignation de ce Collège. Certains voulaient qu'il soit lui-même élu par le peuple, d'autres qu'il soit désigné par le Congrès ou par les législatures des États. On parvint finalement à un compromis. D'une part chaque État enverrait au Collège électoral un nombre d'électeurs égal au total de ses élus au Congrès, ce qui avantage les petits États, puisqu'ils disposent de deux sénateurs tout comme les grands, et ce qui avantageait les États du sud car le nombre des membres envoyés par chaque État à la Chambre des représentants était calculé en fonction du nombre des habitants mais en prenant en compte les trois cinquièmes des esclaves. D'autre part la législature de chaque État déciderait elle-même du mode de désignation de ses représentants au Collège électoral. Elle pouvait ainsi décider de les désigner elle-même, de les faire élire par le peuple ou même de les tirer au sort. En pratique, dans tous les États, les législatures ont fini par choisir le système de l'élection populaire et les membres du Collège électoral ont perdu leur liberté de choix et doivent voter pour le candidat envers qui ils s'étaient engagés au cours de la campagne électorale dans le cadre de l'État. Mais sur le plan strictement juridique, les membres du Collège électoral pourraient en théorie parfaitement retrouver leur liberté de vote et les législatures pourraient décider d'élire elles-mêmes leurs représentants à ce Collège.

L'élection difficile de Georges W. Bush en 2000 a attiré l'attention sur les inconvénients nombreux du système. Le premier provient du caractère indirect de l'élection : comme on l'a vu, un candidat peut perdre les élections bien qu'il ait obtenu un plus grand nombre de suffrages populaires, parce que son adversaire a obtenu une majorité même faible dans un nombre d'État suffisant pour lui donner une majorité au sein du Collège électoral. C'est ce qui s'est produit en 2000 lorsque Al Gore a été battu bien qu'il ait obtenu plus de voix que Georges Bush. Le second inconvénient provient du pouvoir des législatures des États de déterminer le mode de désignation des membres du collège électoral. Elles le font souvent d'une manière qui n'est ni complète, ni uniforme, de sorte que les règles de comptage peuvent varier à l'intérieur d'un même État. Ainsi, au cours de l'élection de 2000, Bush l'avait emporté dans l'État de Floride par une marge très faible de moins de mille voix et dans des conditions qui pouvaient donner à penser que les suffrages avaient été mal comptabilisés.

C'est finalement la Cour Suprême qui fut amenée à trancher et qui décida à une majorité de cinq contre quatre de laisser la victoire à Bush. Il a pu paraître étrange que, dans un pays démocratique, le vainqueur de l'élection soit désigné par une majorité de juges, d'autant que la majorité conservatrice de la Cour Suprême semble avoir été déterminée par des considérations politiques. Elle avait en effet un intérêt à la victoire de Bush, car Gore aurait très vraisemblablement désigné des juges libéraux, ce qui à terme aurait pu remettre en cause son existence même en tant que majorité (Hamon & Wiener, 2001).

La réélection de George W. Bush en 2004 n'a pas donné lieu aux mêmes contestations, mais elle a montré que le problème demeure, car il ne l'a emporté que grâce à sa victoire dans un seul État.

Aussi, certains juristes souhaitent que la constitution soit révisée de manière à permettre l'élection du Président au suffrage universel direct, selon un système uniforme sur l'ensemble du territoire. Mais la constitution américaine est d'une rigidité extrême et les chances d'une telle révision paraissent faibles (voir *supra*).

Les pouvoirs du Président. — Les compétences du Président relèvent des trois grandes fonctions juridiques. En premier lieu, dans l'ordre législatif, l'absence de droit d'initiative, on l'a vu, n'est guère gênante, puisque le Président doit tout d'abord proposer périodiquement au Congrès, c'est-à-dire en annexe à son message annuel sur l'état de l'Union, « telles mesures qu'il estimera nécessaires et opportunes » et qu'il peut toujours préparer des projets, qui seront présentés par un membre du Congrès. En pratique, d'ailleurs, aux États-Unis, comme dans les autres pays, la très grande majorité des lois, ont en fait été adoptées à l'initiative de l'exécutif. Mais le pouvoir le plus important est évidemment le droit de veto. Certes, ce veto peut être surmonté par un vote à la majorité des deux tiers dans chacune des deux Chambres, mais il est très difficile de réunir une telle majorité. Peu utilisé au début, ce pouvoir l'a été de plus en plus à partir de la seconde moitié du XIXe siècle. On peut mesurer son importance aujourd'hui à la fréquence de l'usage qui est en fait. Ainsi Truman, en deux mandats, l'a employé 180 fois et son veto n'a été renversé que 12 fois. Mais, en réalité, ce pouvoir est encore plus important qu'il n'y paraît, car la simple menace suffit au Président pour exercer sur la législation une influence décisive et obtenir du Congrès des amendements substantiels aux textes en discussion. Le président George W. Bush ne s'est ainsi jamais opposé à une loi au cours de son premier mandat, mais à plus de quarante reprises, il a menacé de le faire.

Une loi de 1996, adoptée par le Congrès en 1996, permettait même au Président d'opposer son veto non plus à une loi en bloc, mais à l'une de ses dispositions seulement. C'était le *line item veto*. Il s'agissait, dans le but de limiter le déficit budgétaire, de donner au Président les moyens de lutter contre des dispositions particulières insérées dans une loi plus générale sous la pression des *lobbies* et tendant notamment à accorder des subventions ou des allégements fiscaux. Comme pour le veto global, la majorité des 2/3 était nécessaire pour surmonter le *line item veto*. Mais la Cour Suprême, par une décision du 26 juin 1998, a considéré que cette loi était contraire à la constitution. Elle avait en effet pour objet de modifier les modalités d'exercice du pouvoir législatif, et un tel pouvoir n'aurait pu par conséquent être accordé au Président qu'au moyen d'un amendement à la constitution.

En deuxième lieu, le Président exerce la fonction exécutive. Cela signifie qu'il dispose du pouvoir réglementaire et qu'il est le chef de l'administration, donc qu'il nomme, avec le consentement du Sénat (voir *supra*), les fonctionnaires fédéraux, qu'il peut d'ailleurs les révoquer, cette fois sans l'accord du Sénat. Cependant, en 1995 a été adoptée une loi, qui permet au Congrès, conformément au principe de la hiérarchie des normes, d'examiner et d'abroger les règlements fédéraux.

En tant que chef de l'administration, le président met en œuvre en période de crise des pouvoirs très étendus, qui lui permettent de restreindre les droits fondamentaux. C'est ainsi qu'après les attentats du 11 septembre, il a obtenu du Congrès une loi dite « Patriot Act » qui permet une surveillance étroite, en dérogation aux règles habituelles, des personnes soupçonnées de participer à des activités terroristes. Ces pouvoirs doivent normalement expirer à la fin de l'année 2005, mais ils seront probablement renouvelés.

D'autre part, il dispose de pouvoirs qu'on range sous la rubrique « pouvoir exécutif », bien que de toute évidence, il ne s'agisse pas d'exécution des lois : le Président est le chef de l'armée ; il conduit les relations internationales. Or, la guerre civile à la fin du XIXe siècle, puis l'accroissement du rôle des États-Unis dans le monde ont contribué au développement considérable des pouvoirs du Président. C'est à ce titre qu'il a pris la plupart des décisions qui ont engagé profondément les États-Unis, du lancement de la bombe atomique à la guerre en Irak (voir *supra*). C'est en tant que commandant en chef de l'armée que le président Bush a pris le 13 novembre 2001 une décision par laquelle il instituait un état d'urgence et se donnait le pouvoir d'arrêter et de garder en détention pendant une durée illimitée toute personne liée aux organisations terroristes, par dérogation aux règles habituelles de procédure, puis de les déférer non pas aux juridictions de droit commun, mais à des commissions militaires. Plusieurs centaines de prisonniers ont été ainsi internés à Cuba dans la base militaire de Guantanamo.

Sans doute, ses pouvoirs pourraient-ils être limités par le Congrès, mais cette limite disparaît s'il existe une majorité de représentants et de sénateurs disposée à appuyer sa politique, comme c'est le cas depuis le 11 septembre 2001.

En troisième lieu, le Président dispose de quelques prérogatives d'ordre juridictionnel. Comme la plupart des chefs d'État, il a le droit de grâce pour les crimes et délits fédéraux. On a à plusieurs reprises tenté d'amender la constitution pour permettre au Congrès d'annuler une grâce, notamment après celle accordée par le Président Ford à son prédécesseur Nixon, qui avait démissionné pour éviter l'*impeachment* (voir *supra*). Le débat sur le droit de grâce a été relancé lorsque Clinton en a usé dans les derniers moments de son mandat d'une manière telle qu'on a pu le soupçonner d'avoir voulu favoriser des criminels, parce qu'ils avaient pu contribuer au financement de la campagne électorale de son épouse, le sénateur Hillary Rodham Clinton.

Mais surtout, grâce à son pouvoir de nommer les juges fédéraux et notamment les juges à la Cour Suprême, il exerce une influence décisive sur l'évolution de la jurisprudence. L'usage qu'il fera de ce pouvoir est même devenu un enjeu décisif de l'élection présidentielle. Comme on l'a vu, la décision de la majorité conservatrice de la Cour Suprême en décembre 2000 de donner la victoire à George W. Bush a ainsi pu être interprétée comme la volonté de ces juges de demeurer majoritaires.

Le Statut du Président et l'organisation de la présidence. — Le Président et le Vice-Président sont élus pour quatre ans. À l'origine, la constitution ne limitait pas le nombre des mandats, mais depuis le premier Président, Washington, l'habitude s'était établie que les Présidents ne briguent pas un troisième mandat et certains estimaient même qu'une véritable coutume constitutionnelle s'était créée. Cependant, F.D. Roosevelt se présenta une troisième fois, puis une quatrième, et fut réélu. Pour établir une véritable norme juridique, il fallut donc réviser la constitution. Ce fut l'objet du XXIIe amendement, adopté en 1951. Désormais, nul ne peut exercer plus de deux mandats.

On sait qu'en même temps que le Président, les Américains élisent un Vice-Président, appelé à succéder au Président, en cas de destitution, de mort ou de démission. En dehors de cette hypothèse, le Vice-Président n'a guère de pouvoirs. Sans doute préside-t-il le Sénat, mais il s'agit, on l'a vu, pour l'essentiel d'un rôle symbolique. Pour le reste, il n'exerce que les fonctions que le Président veut bien lui confier. Il peut d'ailleurs s'agir d'un rôle politique important. Ainsi, le Président George W. Bush délègue de nombreuses tâches à son Vice-Président, Dick Cheney. Mais, si le Président vient à mourir ou à démissionner, le Vice-Président devient Président à part entière. Le XXIIe amendement limite le nombre des mandats qu'il peut lui-même exercer. On distingue deux cas : Si le Vice-Président a occupé les fonctions du Président mort ou démissionnaire pendant moins de deux ans, il peut se présenter deux fois, comme s'il n'avait jamais été Président. Par contre, s'il les a occupées pendant plus de deux ans, tout se passe comme s'il avait exercé entièrement le mandat de son prédécesseur et il ne peut se présenter qu'une fois.

En 1967, le XXVe amendement a réglé le cas de la vacance de la vice-présidence : c'est au Président qu'il appartient de nommer un nouveau Vice-Président avec l'accord du Congrès. En 1973, le Vice-Président Agnew ayant démissionné à la suite d'un scandale, Richard Nixon a nommé Gerald Ford, qui a d'ailleurs succédé à Nixon lui-même, lorsque celui-ci démissionna au moment de l'affaire du *Watergate*.

Les instruments de l'action présidentielle. — L'étendue considérable des fonctions du Président postule l'existence d'agences gouvernementales nombreuses et diversifiées. L'ensemble constitue ce que l'on appelle l'Administration. Sous le couvert de l'autorité plus ou moins lointaine du Président, l'Administration est devenue, aux États-Unis, un quatrième pouvoir peut être plus fort, quoique moins visible que les trois autres (Burdeau, t. VIII, n°s 235 et s.).

1° Le *cabinet* du Président n'est pas mentionné dans la constitution, mais son existence remonte aux premières années d'application de celle-ci. C'est en effet Washington qui institua un conseil de ses secrétaires. Ces secrétaires sont des ministres librement choisis par le Président (car normalement le Sénat entérine les nominations) et révocables par lui. Le cabinet, qui comprend une quinzaine de personnes, n'est pas un organe collégial et n'a pas d'autorité propre. Le Président peut le consulter ou non et n'est pas tenu de suivre son avis. Juridiquement, il n'y a qu'une autorité : le Président. Les secrétaires d'État n'ont pas accès au Congrès, sauf s'ils y sont convoqués et ils ne peuvent être obligés par lui à démissionner.

2° Le *Bureau* du Président a été institué en 1939 ; il comprend les personnalités qui constituent le *Brain Trust* du chef de l'État. Au sein de cet *Executive office*, la division des tâches a conduit à instituer différents organismes. Les principaux sont : L'*Office of Management and Budget*, qui est chargé de la préparation et de l'exécution du budget fédéral, et qui emploie plus de 600 personnes ; le *Council of Economic Advisers*, cerveau économique de la Maison-Blanche ; Le *National Security Council*, créé en 1947, qui coordonne la politique intérieure, étrangère et militaire en vue de la sécurité de l'Union ; la *Central Intelligence Agency* (CIA), également créée en 1947, qui contrôle le dispositif de renseignement.

De façon plus informelle, le Président est également assisté de diverses personnalités qui constituent en quelque sorte son cabinet particulier, son état-major personnel, avec les services afférents, employés et secrétaires. Cet ensemble forme le *White House Office*. Une dizaine de personnes, avec le titre de *counsels*, de *consultants* ou d'*assistants*, y jouent un rôle dont l'importance est à la mesure de la confiance que leur fait le Président, mais qui peut être considérable. Kissinger a ainsi pu exercer en 1973 une influence déterminante sur les négociations de paix au Viet-Nam, alors qu'il n'était pas encore secrétaire d'État, mais simple conseiller du Président.

3° Enfin, comme tous les services ne sont pas placés sous l'autorité d'un membre du cabinet, il existe une soixantaine d'organismes qui constituent en fait de véritables ministères. Sous le nom d'*Office*, de *Board* ou de *Committee*, ils relèvent directement du Président, mais jouissent en pratique d'une large indépendance.

§ 3. La Cour Suprême

A Composition de la Cour Suprême

Elle comprend neuf membres nommés par le Président avec l'accord du Sénat, qui, on l'a vu, n'est pas automatique. C'est même sur la nomination des juges que le contrôle du Sénat s'exerce avec la plus grande vigilance, parce que, de toutes les personnalités nommées par le Président, ce sont incontestablement celles qui exerceront le plus grand pouvoir. La procédure de confirmation par le Sénat d'un nouveau juge est souvent l'occasion d'un grand débat national sur le rôle de la Cour et sur le contenu de sa politique jurisprudentielle. C'est notamment le cas, lorsque le nouveau venu pourrait renverser la majorité et qu'une question importante doit être tranchée. Le droit à l'avortement a été ainsi l'occasion de discussions dont la vivacité s'est récemment accentuée au moment de la nomination de nouveaux juges.

Parmi les membres, le Président désigne le président de la Cour, le *Chief Justice*, qui exerce une influence considérable sur cette institution, aussi bien en raison de ses prérogatives dans le cours de la procédure que du prestige attaché à la fonction. On désigne ainsi une période dans l'histoire de la Cour par le nom de son président : la Marshall Court, la Warren Court.

Par ses choix, le Président américain s'efforce bien entendu d'orienter la politique de la Cour conformément à ses propres options. C'est même l'un de ses pouvoirs les plus importants et donc l'un des enjeux de l'élection présidentielle. Mais il doit aussi tenir compte d'autres facteurs, sous peine de se heurter au refus du Sénat. Bien entendu, il doit s'assurer par des consultations nombreuses que les personnalités pressenties sont des juristes de premier plan, mais il doit aussi faire en sorte que la composition de la Cour reflète quelques traits essentiels de la société américaine. C'est ainsi que, depuis quelques décennies, il y a presque toujours un juge pour chacun des principaux groupes : les noirs, les juifs ou les femmes. Mais, le Président peut, bien entendu, chercher une personnalité capable de représenter l'un de ces groupes, tout en partageant ses propres vues politiques. C'est ainsi qu'en 1991, pour remplacer un juge noir libéral, le Président Bush a choisi un autre juge noir et profondément conservateur, que le Sénat s'est résigné à accepter.

Le choix est d'autant plus important que les juges sont nommés à vie. Il n'y a en effet pas de retraite obligatoire et ils ne peuvent être révoqués qu'au moyen de la procédure d'*impeachment*, ce qui ne se produit guère. Ils sont ainsi totalement indépendants et il est arrivé qu'ils aient à la Cour un comportement différent de celui qu'on attendait. Ceci s'explique en partie par la collégialité, les règles de procédure et l'idéologie dont sont imprégnés les juges. Elles constituent pour eux des contraintes (Troper, Champeil-Desplats, Grzegorczyk, 2005) qui contribuent à déterminer le contenu de leurs décisions et peuvent même les amener à infléchir sensiblement leurs opinions. Mais il reste que les décisions les plus importantes traduisent des choix politiques et sont adoptées à la majorité. C'est ainsi qu'en 2000-2001, 33 % avaient été prises par une majorité conservatrice de 5 contre 4. Le président George W. Bush s'efforcera vraisemblablement de renforcer cette majorité et, compte tenu de l'absence de limitation du mandat des juges, cette politique continuera de produire des effets bien après qu'il ait lui-même quitté la présidence. La démission en juin 2005 de Mme O'Connor, qui, en s'alliant tantôt aux conservateurs tantôt aux libéraux, faisait basculer les majorités, va lui donner une première occasion de renforcer et de stabiliser une majorité conservatrice. Mais on peut prévoir que les sénateurs démocrates, à défaut de pouvoir l'empêcher de nommer un conservateur, tenteront de le contraindre à nommer au moins un conservateur modéré.

B Compétences de la Cour Suprême

Développement du contrôle. — L'institution de la Cour est liée au fédéralisme. Chacun des États a en effet son propre système judiciaire, mais il fallait encore des tribunaux pour trancher certains litiges, qui échappent à la compétence des juridictions d'États, par exemple les litiges entre États ou ceux auxquels les États-Unis, c'est-à-dire le gouvernement fédéral, sont partie. La constitution de 1787 a donc institué une Cour Suprême et des tribunaux fédéraux.

Elle ne leur confiait cependant pas explicitement le contrôle de constitutionnalité. C'est la Cour Suprême elle-même, qui en 1803, dans une décision *Marbury v. Madison*, a donné de la constitution une interprétation, d'où il résultait que ce contrôle pouvait être exercé non seulement par elle-même, mais par tout juge. L'argument du *Chief Justice* Marshall était simple : s'il n'était pas possible de contrôler la constitutionnalité des lois, celles-ci pourraient impunément violer et refaire la constitution, qui serait ainsi privée de toute valeur supérieure à celle des lois. Pendant quelques décennies après 1803, la Cour, pour éviter de heurter de front le Congrès, a fait un usage très modéré de son nouveau pouvoir vis-à-vis des lois fédérales et c'est surtout la conformité à la constitution des lois des États qui a été contrôlée par la Cour. Mais, depuis le début du XXe siècle, elle joue un rôle de plus en plus en plus actif. Le contrôle qu'elle exerce aussi bien sur le droit des États, dont elle vérifie la conformité à la constitution fédérale, que sur les lois du Congrès, lui a permis d'exercer une influence déterminante sur la production du droit américain.

Forme et nature du contrôle. — Il s'agit d'un contrôle exercé principalement par voie d'exception et d'un contrôle décentralisé (voir *supra*, Première Partie, Chapitre 1). La Cour Suprême n'est pas le seul tribunal compétent pour l'exercer. Chaque juge peut trancher une question de constitutionnalité soulevée par l'une des parties à l'occasion d'un procès quelconque. Si la loi applicable, soit une loi fédérale, soit une loi de l'État, apparaît contraire à la constitution fédérale, elle doit en effet être écartée. La décision du juge sur cette question, dite « exception d'inconstitutionnalité » peut naturellement être déférée en appel à la juridiction supérieure. En dernier ressort, c'est la Cour Suprême des États-Unis qui sera amenée à trancher.

En principe, la décision n'a qu'un effet relatif entre les parties. Autrement dit, la loi jugée inconstitutionnelle n'est pas annulée, mais seulement déclarée inapplicable. Cependant, les tribunaux américains, comme les anglais, sont liés par les précédents. Un autre juge, saisi d'une affaire semblable, serait donc tenu de trancher de la même manière. Tout se passe donc comme si la loi était annulée. Il existe aussi un pouvoir d'injonction, qui permet à la Cour d'ordonner à des fonctionnaires d'accomplir un acte en dépit d'une loi considérée comme inconstitutionnelle. C'est par ce moyen que la Cour a, à partir de 1954, obligé les autorités à supprimer la ségrégation raciale dans les transports et l'enseignement publics.

Il est clair que le pouvoir de la Cour n'est pas un simple pouvoir juridictionnel, si l'on entend par là le pouvoir d'appliquer des règles générales préexistantes à des litiges particuliers. En effet, les décisions de la Cour sur des cas particuliers sont immédiatement généralisées, non seulement par la règle du précédent, mais aussi par suite de plusieurs autres facteurs très importants.

Le premier est évidemment la nécessité d'interpréter les dispositions de la constitution avant de les appliquer et la grande latitude d'interprétation qui s'offre à la Cour (voir *supra*, Première Partie, Chapitre 1). Les dispositions de la constitution, notamment celles qui concernent le fond du droit et qui sont contenues dans les amendements, sont très générales, ce qui signifie qu'elles sont susceptibles de plusieurs interprétations et qu'il n'y a pas de matière à laquelle l'une ou l'autre ne soit susceptible d'être appliquée. Selon que ces dispositions seront interprétées de telle ou telle manière, les lois seront déclarées conformes ou contraires à la constitution. La Cour peut donc intervenir et formuler les règles qui régiront la vie du pays dans les domaines les plus importants. Ainsi par exemple, le XIVe amendement de 1868, qui proclame que chacun a droit à l'égale protection des lois et qui avait auparavant été considéré compatible avec la ségrégation raciale, a permis à la Cour de supprimer celle-ci dans les années 1950. C'est sur le fondement du droit au respect de la vie privée *(privacy)*, qui ne figure pas dans le texte de la constitution, mais a été hérité du droit anglais, que la Cour a déclaré contraires à la constitution les lois des États qui interdisaient la contraception, puis celles qui punissaient l'avortement. C'est donc elle qui a autorisé ces pratiques, jouant ainsi un rôle analogue à celui que jouent les parlements dans d'autres pays, comme la France ou l'Espagne, quand ils légifèrent sur ces questions.

Il existe d'ailleurs à ce sujet une très vive controverse dans la doctrine juridique américaine et même au sein de la Cour Suprême. Certains font valoir qu'en interprétant très largement et dans un sens libéral la constitution de 1787, la Cour lui donne un sens différent de celui qu'elle avait à l'origine et que voulaient lui donner ses rédacteurs. Il est certain, disent-ils, que les auteurs de cette constitution n'avaient pas la même conception de l'égalité ou de la liberté. Ils ajoutent que, dans un système démocratique, les règles sur la déségrégation ou l'avortement devraient être prises par les élus du peuple et non par un petit nombre de juges nommés. À ces arguments, les partisans d'une interprétation plus libérale opposent que les opinions des constituants de 1787 importent peu, qu'ils n'avaient ni le pouvoir, ni d'ailleurs l'intention, de lier les générations futures et qu'ils ont produit une œuvre qui évolue. La constitution est considérée comme vivante (Severino, 2003). Sa signification n'est pas figée, mais dépend du contexte social et politique dans lequel elle s'applique. Elle doit donc être interprétée compte tenu des nécessités de notre époque. Quant au principe démocratique, il est respecté, car la Cour ne fait qu'exprimer, grâce à une forme spécifique de délibération, la volonté latente du peuple américain, qui ne correspond pas toujours à l'opinion publique du moment, mais qui est la volonté générale. Cette controverse a une portée incontestablement politique. Le premier courant est conservateur, le second libéral. On comprend dans ces conditions toute la portée des nominations à la Cour.

Le pouvoir de la Cour est encore renforcé par l'effet de plusieurs règles de procédure. C'est ainsi que le style des décisions a une très grande importance. Les décisions des tribunaux américains et spécialement celles de la Cour Suprême sont fort longues (plusieurs dizaines de pages) et très argumentées. De plus, elles sont prises à la majorité. Le texte même de la décision est écrit par l'un des juges qui ont contribué à la faire adopter. Mais un autre juge de la majorité peut avoir voté pour des raisons différentes de celles du rédacteur. Il pourra les faire connaître dans une opinion dite *concurrente.* De leur coté, les juges de la minorité ont la faculté de justifier leur attitude dans une *opinion dissidente.* Toutes sont publiées en même temps que la décision elle-même et contribuent à nourrir un débat juridique et politique dans le milieu des juristes et dans le pays en général. Ainsi, la Cour contribue-t-elle à la formation de la culture juridique dominante. Mais on peut remarquer que, dans les premières années d'existence de la Cour, le *Chief Justice* Marshall a imposé pendant une vingtaine d'années un style de décision ne comportant ni opinion concurrente ni opinion dissidente. Cette unanimité apparente visait à renforcer l'autorité de ses décisions.

D'autre part, la Cour a le pouvoir de filtrer les requêtes et de décider quelles sont les questions sur lesquelles elle statuera. Elle est saisie chaque année de plusieurs milliers de demandes portant sur les matières les plus diverses, mais n'en examine qu'un petit nombre, de l'ordre de la centaine. Tout se passe donc comme si la Cour Suprême pouvait se saisir elle-même des cas sur lesquels elle entend exercer un pouvoir normateur.

Le fédéralisme lui-même permet à la Cour d'exercer un pouvoir à la fois important et peu visible. Une grande partie de ses décisions porte sur les lois des États, de sorte que les questions posées se présentent comme relatives à la compétence des États, même s'il s'agit de questions de fond. Ainsi, lorsque la Cour affirme que la loi d'un État instituant la peine de mort est conforme à la constitution, cette décision n'équivaut ni en droit, ni en fait, à établir la peine de mort. Elle signifie seulement qu'un État peut établir la peine de mort sans violer la constitution, mais il n'y est évidemment pas tenu. En apparence, la Cour n'a pas légiféré, mais seulement défini la compétence des États. En réalité, bien entendu, le résultat est le même, comme on le voit lorsque la Cour décide par exemple que les États n'ont pas compétence pour interdire l'usage des contraceptifs.

Enfin, si la cour peut se contenter de déclarer que la loi est conforme ou contraire à la constitution, elle peut aussi ordonner des mesures qu'elle estime nécessaires à la mise en œuvre des principes constitutionnels. Le « busing » constitue un bon exemple de telles pratiques. La cour ayant décidé que la ségrégation raciale dans les écoles était contraire à la constitution, les écoles publiques durent accepter l'inscription de tous les enfants, sans distinction de race. Il s'en fallait de beaucoup cependant pour que la déségrégation fût réelle. Dans la réalité, en effet, les enfants étaient inscrits dans les écoles de leur quartier et il existait des quartiers dont la population était entièrement noire et d'autres dont la population était entièrement blanche. La Cour a donc décidé que les enfants devraient être transportés par autobus de telle manière que les écoles soient effectivement intégrées.

Le gouvernement des juges ? — On est tenté, devant de tels pouvoirs, de considérer que ces juges ne se bornent pas à exercer une compétence juridictionnelle, mais qu'ils gouvernent. L'expression de « gouvernement des juges » n'a pas été inventée par la doctrine américaine, mais par un auteur français (Lambert, 1921). Cependant, elle traduit bien le sentiment de nombreux auteurs et acteurs de la vie politique américaine en présence du nombre et de l'importance des matières régies aux États-Unis par la jurisprudence de la Cour. À vrai dire, le phénomène prend plus de relief, lorsque la politique jurisprudentielle de la Cour va à l'encontre soit de l'opinion publique, soit de la politique menée par l'une des autres autorités fédérales.

C'est ainsi que la formule est apparue particulièrement pertinente au moment du New Deal, lorsque la Cour a tenté de faire échec à la politique législative du Président Roosevelt, en décidant que la législation sociale protectrice était contraire à la constitution. La résistance de la Cour n'a pu être brisée que par la menace d'une révision de la constitution ou d'une augmentation du nombre des juges, qui pourrait faire l'objet d'une loi ordinaire.

Il en va tout autrement lorsque la Cour ne mène pas une politique autonome, mais que ses décisions traduisent une politique, qui ne peut être menée par d'autres moyens, comme par exemple pour la lutte contre la ségrégation raciale ou la libéralisation de l'avortement, mais qui correspond aux tendances profondes de l'opinion, c'est-à-dire à la volonté générale.

On constate depuis quelques années un infléchissement de la politique de la Cour. Depuis les années 50, elle était profondément engagée dans la protection et la garantie des libertés et des droits individuels. Ce libéralisme se manifestait dans de nombreux domaines : le droit pénal, la protection de la vie privée (droit à la contraception et à l'avortement), la liberté d'expression, la lutte contre les discriminations. Il se traduisait non seulement par l'interdiction de mesures attentatoires aux libertés, mais aussi, comme on l'a vu avec l'exemple du *busing*, par la prescription de mesures propres à garantir l'exercice effectif des droits *(affirmative action)*. En même temps, comme cette politique jurisprudentielle reposait sur une interprétation de la constitution fédérale, elle signifiait nécessairement un affaiblissement de l'autonomie des États.

Dès le début des années 70, la Cour avait renoncé à sa jurisprudence libérale sur la peine de mort. Cette tendance conservatrice s'est accentuée à la suite des nominations opérées par Reagan et Bush. C'est ainsi qu'elle reconnaît beaucoup plus souvent que par le passé la compétence des États pour régir des matières, considérées auparavant comme régies par la constitution fédérale, et qu'elle interprète de façon plus restrictive que par le passé la disposition constitutionnelle qui donne au Congrès le pouvoir de régler le commerce entre les États (voir *infra* et Rosenfeld, 1999). Certaines décisions à caractère libéral dans des domaines tels que la liberté sexuelle ou les discriminations positives ont cependant été rendues, mais à une très faible majorité, tandis que la tendance conservatrice présente dans le domaine économique et sociale, se renforcera vraisemblablement lors des prochaines nominations.

Section 2
Les rapports politiques

§ 1. Le fédéralisme

Contrairement à ce que l'on constate dans certains autres pays, le fédéralisme américain est une réalité et, malgré une évolution incontestablement centralisatrice, une grande partie des décisions politiques importantes sont prises dans le cadre des États.

Cela s'explique par l'histoire : l'État fédéral américain a été construit par l'agrégation d'États, qui venaient de proclamer leur indépendance et n'entendaient pas y renoncer, mais au contraire cherchaient dans l'union le moyen de la préserver. C'est pourquoi, la constitution n'a conféré aux organes fédéraux qu'une compétence d'attribution, et ne leur a donné que des pouvoirs qui ne pouvaient être exercés aussi efficacement dans le cadre plus restreint des États : les relations extérieures et la guerre, la monnaie, le commerce international ou interétatique. Le Xe amendement adopté en 1791 précisait même que tous les pouvoirs qui ne leur étaient pas expressément délégués étaient réservés aux États, qui conservaient ainsi une compétence de droit commun. C'est aussi pour cette raison que les sénateurs étaient désignés à l'origine, non par les citoyens, mais par les législatures des États, que chaque État disposait de deux sénateurs et que le Sénat était en mesure de s'opposer à n'importe quel aspect de la politique fédérale, qu'elle prenne la forme de lois ou de décisions du Président.

Cependant, les pouvoirs fédéraux ont connu un accroissement spectaculaire. Le premier facteur de cet accroissement a été, à partir de la guerre de Sécession, la nécessité de donner aux organes fédéraux des moyens juridiques de faire face aux situations de crise, de plus en plus fréquentes à mesure que se développait l'influence des États-Unis dans le monde. En même temps, la nécessité d'équiper et d'entretenir une armée immense leur donnait des moyens d'intervention économique. De même, c'est l'État fédéral qui avait la responsabilité de la conquête et de l'administration des nouveaux territoires de l'Ouest. D'autre part, la constitution elle-même recelait une possibilité d'interprétation extensive : elle conférait aux organes fédéraux certaines compétences, qui permettaient d'en exercer d'autres. Ainsi, le pouvoir de battre monnaie conduit à déterminer une politique économique et monétaire. De même, le pouvoir de réglementer le commerce entre les États, la « commerce clause », a pu être interprété de façon extensive comme impliquant celui de réglementer la production des marchandises faisant l'objet de ce commerce et ainsi de légiférer en matière sociale voire de légiférer sur des activités purement locales et même non commerciales mais qui peuvent avoir un effet sur le commerce entre les États (*Wickard v. Filburn* (1942)). Cependant, la Cour Suprême apprécie en réalité l'étendue du pouvoir fédéral selon l'usage qu'en fait le Congrès. C'est ainsi qu'une loi fédérale, qui limitait le port d'armes à proximité des écoles, a été considérée comme excédant les limites de cette disposition et, par conséquent, contraire à la constitution (*United States v. Lopez* (1995)). En revanche alors qu'une loi de l'État de Californie autorisait la possession et l'usage thérapeutique purement privé de la marijuana par des personnes atteintes de maladies graves, la Cour a décidé, sur le fondement de la clause du commerce, que cette pratique devait demeurer régie par la loi fédérale qui, quant à elle, l'interdit (*Gonzales v. Raich* (2005)).

Enfin, le pouvoir du Congrès de collecter des impôts signifie qu'il dispose d'énormes ressources financières, qu'il peut en partie redistribuer sous forme de subventions, mais à condition que les États et les autres collectivités qui en bénéficieront se conforment à certains principes politiques.

Le droit constitutionnel des États. — Chacun des cinquante États a sa propre constitution. Certaines sont très anciennes. Celle du Massachusetts par exemple, antérieure à la constitution fédérale, est aujourd'hui la plus ancienne des constitutions écrites en vigueur dans le monde. Elle a d'ailleurs en partie inspiré les *Founding Fathers*. L'autonomie constitutionnelle des États n'a d'ailleurs pas conduit à une très grande diversité, parce que chaque constitution d'État doit respecter la constitution fédérale et aussi en raison de la très grande homogénéité politique et culturelle du peuple américain. On trouve ainsi dans tous les États un parlement bicaméral (sauf dans le Nebraska) et un gouverneur, disposant de pouvoirs semblables à ceux du Président fédéral. Leurs rapports sont aussi du même type : le gouverneur ne peut dissoudre les Chambres et il ne peut être renversé par elles. Une caractéristique commune à de nombreux États est le développement d'éléments de démocratie semi-directe : mandat impératif, référendum, élection des juges et de très nombreux fonctionnaires. La vie politique à l'échelon de l'État et à l'échelon local est ainsi extrêmement riche et animée. Une institution très originale est le *recall*. Elle permet, si un nombre déterminé de signature a été requis, de forcer le pouvoir à organiser un référendum ayant pour objet de révoquer un homme politique ou un juge. C'est ainsi qu'en 2003 le gouverneur de Californie a pu être révoqué, de sorte que l'acteur Arnold Schwarzenegger a pu lui succéder.

§ 2. Les rapports entre organes

Il est clair que l'expression de « séparation des pouvoirs », que l'on emploie pour caractériser le système constitutionnel américain, est tout à fait inadéquate si l'on désigne par là un système dans lequel les autorités sont à la fois spécialisées et indépendantes (voir *supra*, Première Partie, Chapitre 2). Les autorités fédérales américaines ne sont en effet ni spécialisées, ni indépendantes. Elles ne sont pas spécialisées, puisque elles participent toutes aux trois grandes fonctions de l'État, le Président à la fonction législative, le Congrès à la fonction exécutive et la Cour Suprême à la fonction législative. Elles ne sont pas non plus indépendantes, car si la constitution n'organise ni dissolution, ni responsabilité politique, il est clair que chacune dispose vis-à-vis des autres des moyens d'actions puissants (Moulin, 1978). Ceux-ci résultent d'abord du fait qu'elles ne sont pas spécialisées : le Président peut influencer le Congrès par le veto, le Sénat peut agir sur le Président par son pouvoir de confirmation. Mais, en outre, différents moyens peuvent être employés en cas de crise grave. Le Congrès peut faire pression sur la Cour Suprême, parce que la constitution ne détermine pas le nombre des juges, si bien qu'il peut menacer de l'accroître pour influer sur la jurisprudence. Il peut aussi, comme il l'a fait pour Richard Nixon, contraindre le Président à démissionner en le menaçant d'*impeachment*. Sans doute, il y faut une crise majeure, mais qu'une telle crise survienne, et le Congrès trouve les moyens de l'emporter. Ce qui est remarquable n'est pas qu'une crise se produise, mais qu'elle soit aussi rare.

La principale explication se trouve dans le système de partis américains, qui sont profondément différents des partis européens. Ils ne connaissent ni structure forte, ni véritable programme, ni surtout de discipline, mais sont surtout des machines électorales. Les élus sont donc principalement des personnalités fortes, qui se déterminent au cas par cas en fonction de leurs convictions ou de leurs intérêts propres, de sorte que les majorités au Congrès sont fluides. Un Président républicain peut fort bien gouverner si le Congrès est en majorité démocrate et il est alors peu probable qu'il se forme un groupe assez homogène et déterminé pour se heurter durablement au Président au point de désirer le destituer. On comprend alors que le système constitutionnel américain soit difficilement transposable et que toutes les tentatives qui ont été faites pour s'en inspirer ont conduit à des modes de fonctionnements entièrement différents, soit que le Congrès domine le Président, comme dans le Chili du XIXe siècle, soit, solution plus fréquente, que le Président use de pressions diverses, notamment militaires, pour obtenir des pouvoirs spéciaux.

L'équilibre constitutionnel américain résulte donc non d'une séparation rigide des pouvoirs, mais, au contraire, de l'absence d'une telle séparation. Cependant, l'équilibre signifie qu'aucun organe ne saurait durablement dominer les autres, mais aussi que, selon les époques, tel ou tel d'entre eux paraît prééminent. L'expression *« système présidentiel »* désigne alors le système tel qu'il fonctionne lorsque la conjoncture politique donne cette prééminence au Président, tandis qu'à d'autres époques, ou à d'autres points de vue, on peut parler avec autant de pertinence de *gouvernement des juges* ou de *gouvernement congressionnel*. Sans doute, a-t-on pu noter récemment une plus grande cohésion idéologique, notamment parmi les républicains. Elle a pu rendre plus difficiles les relations d'une majorité républicaine au Congrès avec un Président démocrate. Néanmoins, cette situation ne ressemble en rien à la cohabitation à la française (voir *infra*, Quatrième Partie) et le Président dispose d'assez de moyens pour imposer des compromis, tandis que la majorité du Congrès n'est ni assez homogène, ni assez déterminée pour tenter de le destituer.

Bibliographie

ACKERMAN B. (1998), *Au nom du peuple*, Paris, Calman-Lévy.

AGRESTO J. (1984), *The Supreme Court and Constitutional Democracy*, Ithaca, Cornell University Press.

BARANGER D. (1999), *Parlementarisme des origines. Essai sur les conditions de formation d'un exécutif responsable en Angleterre (des années 1740 au début de l'âge victorien)*, Paris, PUF.

Cahiers du Conseil Constitutionnel (1998), « La Cour Suprême des États-Unis », n° 5.

COHEN-TANUGI L. (1992), *Le droit sans l'État*, Paris, PUF, 4e éd.

Colloque de 1993, « Les droits de l'homme : une expérience franco-américaine », *Revue Tocqueville*, vol. XIV, n° 1, 1993.

DEYSINE A. (1998), *La justice aux États-Unis*, Paris, PUF, Que sais-je ?

DWORKIN R. (2001), « A Badly Flawed Election », *The New York Review of Books*, vol. XLVIII, number 1, january 11, p. et s.

FATIN-ROUGE STEFANINI & MASTOR W. (2004), « La Cour Suprême américaine et la réforme du financement des campagnes électorales aux États-Unis », *RFDC*.

HAMILTON A., JAY J., MADISON J. (1988), *Le fédéraliste*, Paris, Economica, nouvelle éd.

HAMON F. (1977), « La loi sur les pouvoirs de guerre du Président des États-Unis et du Congrès », in *Mélanges Burdeau*, Paris, LGDJ, p. 561.

HAMON F. & WIENER C. (2001), *La justice constitutionnelle — France, États-Unis*, Paris, La Documentation Française.

HAY P. (2002), *Law of the United States*, Paris, Dalloz.

HEFFER J. (1990), *Les États-Unis de Truman à Bush*, Paris, A. Colin.

KASPI A. (1973), *La vie politique aux États-Unis*, Paris, A. Colin.

LACORNE D.

(1991), *L'invention de la République ; Le modèle américain*, Paris, Hachette.

(1997), *La crise de l'identité américaine. Du melting pot au multiculturalisme*, Paris, Fayard.

LAMBERT E. (1921), *Le gouvernement des juges et la lutte contre la législation sociale aux États-Unis*, Paris, M. Giard & Cie, rééd. Dalloz 2005, préf. F. Moderne.

LASSALE J.-P. (2001), *Les institutions des États-Unis*, Paris, La Documentation française.

LONGUET C.-E. (1989), *Le Congrès des États-Unis*, Paris, PUF.

MANIN B. (1994), « Frontières, Freins et contrepoids ; la séparation des pouvoirs dans le débat constitutionnel américain de 1787 », *RFSP*, vol. 44.

MANSFIELD H. (1987), « The Modern Doctrine of Executive Power », *Presidential Studies Quarterly*, vol. 17, p. 237.

MCCLOSKEY R. G. (1965), *La Cour Suprême des États-Unis*, Paris, Seghers.

MICHAUT F.

(1977), *L'équilibre et le changement des systèmes politiques. Sur deux crises significatives de la fin du XIXe siècle*, Paris, PUF.

(2002), *La procédure de destitution sur impeachment aux États-Unis*, Paris, L'Harmattan.

MOULIN R. (1978), *Le présidentialisme et la classification des regimes politiques*, Paris, LGDJ.

PENNOCK R., CHAPAN J. (1959), *Constitutionalism*, New York, New York University Press.

Revue *Pouvoirs* (1991), *« La Cour Suprême des États Unis »*, n° 59.

RIALS S. (1984), « Régime congressionnel ou régime présidentiel ? Les leçons de l'histoire américaine », *Pouvoirs* n° 29, p. 35.

ROSENFELD M. (2000), « Les décisions constitutionnelles de la Cour Suprême américaine pour la session 1998-1999 : redéfinir les limites du fédéralisme au détriment des droits individuels », *RDP*, pp. 1329-1342.

SCOFFONI G.,

(1993), « Le Congrès des États-Unis en cause des interprétations constitutionnelles de la Cour Suprême. Sur la conciliation entre justice constitutionnelle et théorie démocratique », *RFDC*, n° 16, p. 675.

(1999), « Chronique : Droit constitutionnel étranger : États-Unis », *RFDC*, n° 36, p. 828.

Chronique régulière sur les USA dans la *RFDC*.

SEURIN J.-L. (dir.) (1986), *La présidence en France et aux États-Unis*, Paris, Economica.

SEVERINO C. (2003), *La doctrine du droit vivant*, Paris, Economica, Aix-en-Provence, PUAM.

TOINET M.-F.,
(1973), *Le système politique des États-Unis*, Paris, PUF, nouvelle éd. 1990.
(1996), *La présidence américaine*, Paris, Montchrestien, 2e éd.

TRIBE L. (1985), *God Save this Honorable Court. How the Choice of Supreme Court Justices Shapes our History*, New York, Random House (puis Mentor books, 1986).

TROPER M., CHAMPEIL-DESPLATS V., GRZEGORCZYK Chr. (2005), *Théorie des contraintes juridiques*, Bruxelles, Bruylant, Paris, LGDJ.

TUNC A. et S. (1954), *Le système constitutionnel des États-Unis d'Amérique*, 2 vol., Paris, Domat.

WOOD G. (1991), *La création de la République américaine*, trad. fr., Paris, Belin.

ZOLLER E.,
(1994), « Splendeurs et misères du constitutionnalisme. Les enseignements de l'expérience américaine », *RDP*, p. 158.
(1999) *De Nixon à Clinton. Malentendus juridiques transatlantiques*, Paris, PUF.
(2000), *Grands arrêts de la Cour Suprême des États-Unis*, Paris, PUF.
(2001), *Le droit des États-Unis*, Paris, PUF.
(2003), Marbury v. Madison :*1803-2003. Un dialogue franco-américain. A French-American Dialogue*, Paris, Dalloz.

ZORGBIBE C. (1998), États-Unis : « Impeachment et élection », *Revue Politique et Parlementaire* n° 996, p. 185.

Chapitre 3
Les États de l'Europe centrale et orientale

Un régime inspiré des doctrines marxistes-léninistes a dominé l'Europe centrale et orientale jusqu'à la fin des années 1980. Il s'était établi en Russie par la Révolution d'octobre et a été étendu après la fin de la seconde guerre mondiale dans les pays proches de l'ancienne Russie tsariste, qui avait pris le nom d'Union des Républiques socialistes soviétiques. À bien des égards, le régime soviétique apparaissait comme l'antithèse des régimes pluralistes occidentaux, notamment en ce qu'il était une monocratie partisane. Dès 1917, le pouvoir avait été confisqué par un parti unique, le parti communiste de l'Union soviétique (PCUS), l'absence d'opposition légale excluant toute possibilité d'alternance. Il s'agissait, si l'on veut, d'une monocratie « populaire », le PCUS étant censé représenter les couches les plus laborieuses de la population, mais d'une monocratie tout de même (Burdeau, tome IX). Et le régime soviétique pouvait même être qualifié de totalitaire car le PCUS ne se contentait pas de gérer la société, il se proposait de la remodeler entièrement selon les exigences d'une doctrine, le marxisme-léninisme.

Après la Seconde Guerre mondiale, des régimes fortement inspirés de ce modèle ont été installés dans un certain nombre de pays, tantôt sous la pression des forces armées soviétiques (Pologne, Tchécoslovaquie, Allemagne de l'Est, Hongrie, Roumanie, Bulgarie) et tantôt à la suite d'une révolution autochtone (Yougoslavie, Albanie, Chine, Corée du Nord, Viêt-nam, Cuba). En 1985, on comptait une quinzaine de régimes communistes, qui regroupaient environ 40 % de la population mondiale. Mais, en moins de cinq ans, de 1986 à 1990, le paysage politique a été profondément bouleversé.

Aujourd'hui, le régime socialiste s'est effondré dans toute l'Europe. Il ne s'agit pas de simples changements constitutionnels, mais de bouleversements révolutionnaires qui affectent l'économie, le système de valeurs, les conceptions du monde, bref l'ensemble du système social. Pour ce qui concerne le strict plan du droit constitutionnel, il faut noter que nous sommes aujourd'hui en présence d'un phénomène sans précédent. La nouveauté tient à deux caractères : le premier est quantitatif : jamais auparavant un aussi grand nombre d'États n'avaient entrepris en même temps de se doter d'une constitution. Le changement affecte en effet non seulement les États anciennement communistes, mais aussi de nouveaux États issus du démembrement de l'Union soviétique. Le second caractère tient à la portée de cette entreprise : le processus constituant n'a pas eu seulement pour objet d'organiser le pouvoir politique conformément aux conceptions de la démocratie libérale, mais de réformer toute la société et notamment de permettre le passage d'une économie socialiste à l'économie de marché. Cette transformation a été si profonde que plusieurs de ces États ont déjà pu adhérer à l'Union européenne. On peut prendre la mesure de l'ampleur de ces mutations en examinant d'abord le régime socialiste, tel qu'il a fonctionné jusqu'en 1985, puis la situation actuelle des États de l'Europe centrale et orientale.

Section 1
Le régime socialiste

Ce régime s'est implanté et a fonctionné avec des variantes d'abord en Russie, devenue Union des Républiques Socialistes Soviétiques (URSS), puis dans les États tombés sous l'influence de l'URSS après la seconde guerre mondiale.

§ 1. L'URSS

Les fondements idéologiques. — Selon la philosophie marxiste-léniniste, l'État est un appareil de contrainte au service de la classe dominante. Son existence est liée à la division de la société en classes. Il doit dépérir avec la disparition des classes consécutive à la révolution, mais ce dépérissement ne peut être immédiat et il faut prévoir une période de transition pendant laquelle le prolétariat victorieux doit se défendre contre ses ennemis en instaurant sa dictature révolutionnaire. En fait, la période de transition a été prolongée pour une durée indéterminée.

L'organisation constitutionnelle. — Des origines à 1977, on compte quatre constitutions soviétiques. La première adoptée en 1918 ne concernait que la République de Russie. Les suivantes qui datent respectivement de 1924, 1936 et 1977 concernent l'ensemble des Républiques regroupées au sein de l'URSS, qui était, du moins en théorie, un État de type fédéral.

Ces changements de constitution ne correspondaient pas, comme c'est généralement le cas en Occident, à des changements de régime politique. On peut résumer en trois points les grandes lignes de l'organisation constitutionnelle :

1° La constitution rappelle que le système économique est fondé sur la propriété socialiste des moyens de production et définit les formes de cette propriété : propriété d'État, propriété coopérative, propriété des syndicats et des autres organisations sociales. Il n'y a pas d'économie privée, ni de marché.

2° Les droits fondamentaux reconnus aux citoyens s'analysent surtout comme la possibilité d'obtenir de l'État et de la société certains avantages concrets : droit au travail, au repos, à la protection de la santé, à la pension vieillesse, etc. Ils sont présentés comme indissociables des obligations tendant à maintenir ou à renforcer le régime socialiste.

3° À chaque niveau (national, républicain, local) l'organe principal du pouvoir est le soviet, terme que l'on pourrait traduire par « Conseil » mais qui, à la suite des événements de 1905 et 1917, avait acquis une connotation révolutionnaire. Les membres des soviets sont élus au suffrage universel direct.

Le pouvoir est fondé sur la répudiation du principe de la séparation des pouvoirs, réputé refléter dans les sociétés capitalistes la division de la société en classes ou destiné à protéger des libertés purement formelles et sur le principe opposé de l'unité du pouvoir d'État. La structure des autorités n'est donc pas le reflet d'une spécialisation.

L'organe supérieur du pouvoir d'État de l'URSS est le Soviet Suprême. Il comprend deux Chambres, le soviet de l'Union et le soviet des Nationalités qui sont composées d'un nombre égal de députés (750). Le soviet de l'Union représente la population soviétique dans sa globalité. Le soviet des Nationalités représente les républiques fédérées ainsi que les entités territoriales de niveau inférieur (républiques autonomes, régions autonomes, districts autonomes). Le soviet de l'Union et le soviet des Nationalités ont des pouvoirs égaux. Ils peuvent siéger en séance commune ou en séances séparées.

Le Soviet Suprême peut connaître de toutes les questions relevant de la compétence de l'Union. En outre, il désigne les autres organes supérieurs du pouvoir d'État, qui sont responsables devant lui et qu'il peut donc, en principe, révoquer à tout moment. Ces organes sont les suivants :

— Le Praesidium du Soviet Suprême, qui comprend une trentaine de membres et qui exerce collectivement les prérogatives d'un chef d'État.

— Le Conseil des Ministres de l'URSS qui comprend plus d'une centaine de membres. C'est le gouvernement du pays. Il assure notamment la direction de l'économie nationale.

En théorie, les pouvoirs du Soviet Suprême étaient plus importants que ne le sont les pouvoirs du parlement dans une démocratie bourgeoise, car ils n'étaient pas limités par la règle de la séparation des pouvoirs. En fait, son rôle était presque purement formel. Il ne siégeait que quelques jours par an et déléguait l'essentiel de ses attributions au Praesidium ou au Conseil des Ministres. Et le véritable centre du pouvoir politique se situait dans le parti communiste de l'Union soviétique (PCUS), et non dans un organe électif.

La monocratie partisane. — Selon Lénine, le fondateur du régime soviétique, les ouvriers ne pouvaient avoir spontanément la conscience révolutionnaire. Celle-ci ne leur viendrait que s'ils étaient encadrés, orientés et contrôlés par un parti d'avant-garde, dirigé par des révolutionnaires professionnels et n'admettant dans ses rangs que l'élite du prolétariat. C'est donc le parti communiste, devenu parti unique, qui a exercé la totalité du pouvoir jusqu'en 1990.

Fort de 19 millions de membres et employant un grand nombre de permanents, régissait toute la société soviétique. Il sélectionnait tous les candidats aux élections organisées selon le principe des listes uniques. Il choisissait les personnes promues à tous les postes de responsabilité des administrations et des entreprises. Enfin, il contrôlait de l'intérieur toutes les organisations sociales depuis les mouvements de jeunesse *(Komsomols)* jusqu'aux syndicats professionnels. Ainsi même les citoyens non membres du parti se trouvaient en leur qualité d'écolier, de travailleur ou de joueur d'échecs, encadrés et pris en charge par le parti.

L'organisation du parti est pyramidale. Le Congrès est théoriquement l'organe suprême et doit définir la politique du parti. Mais, comme le Soviet suprême, ce n'est pas un organe permanent. Aussi élit-il en son sein un Comité central composé de 200 à 300 membres qui dirige le parti entre deux congrès. Le Comité central ne siège lui-même en formation plénière qu'une dizaine de jours par an et désigne à son tour des organes restreints qui sont chargés d'exécuter le travail courant et auxquels il délègue une partie de ses attributions. Il s'agit d'une part du bureau politique *(Politburo)*, composé de 10 à 25 membres et, d'autre part, du secrétariat qui comprend un secrétaire général et plusieurs adjoints. Ce sont en fait ces deux organes, qui dirigent le parti et l'État. Le Secrétaire Général est donc le véritable chef du gouvernement soviétique, même s'il n'a aucune fonction dans l'État. C'est ce poste qu'ont occupé Staline, Khrouchtchev, Brejnev ou Gorbatchev et qui confère à son titulaire un pouvoir absolu.

Le secrétaire général peut être démis par le Comité central, mais comme c'est lui qui en contrôle la composition, un tel événement ne peut se produire que par suite d'une révolution de palais, comme en 1964.

Le fonctionnement interne du parti était régi par le principe du « centralisme démocratique ». La démocratie était théoriquement garantie par l'élection de tous les organismes dirigeants du parti, de la base au sommet, et par l'obligation pour ces organismes de rendre compte périodiquement de leur activité devant les instances qui les avaient élus. Mais le centralisme impliquait une discipline rigoureuse, la subordination de la minorité à la majorité et l'obligation stricte pour les organismes inférieurs d'appliquer les décisions des organismes supérieurs. Ce système aboutissait en fait à vider de leur substance le fédéralisme, car les dirigeants des républiques étaient tenus de respecter la ligne du parti, même pour des questions qui, d'après la constitution, eussent dû relever de la compétence propre de ces républiques. D'autre part, le centralisme interdisant aux militants de se regrouper par courants ou tendances, les élections à l'intérieur du parti ne donnaient jamais lieu à une compétition entre plusieurs équipes, de sorte que les candidats proposés ou soutenus par les instances supérieures étaient presque automatiquement élus ou réélus. La composition des organes dirigeants du parti (Comité central, *Politburo*, Secrétariat Général) ne se renouvelait donc que très lentement. D'où une tendance à l'immobilisme et à la gérontocratie. De 1922 à 1982, le poste de Secrétaire Général du PCUS n'avait été occupé que par quatre titulaires : Staline (1922-1953), Malenkov (1953), Khrouchtchev (1953-1964), Brejnev (1964-1982).

Pourtant en 1985, le Comité central choisit pour lui succéder le benjamin de l'équipe dirigeante, Mikhaïl Gorbatchev, âgé seulement de 54 ans, qui allait précipiter l'évolution et l'effondrement du régime.

§ 2. Les démocraties populaires

Deux traits principaux caractérisent les pays socialistes de l'Europe centrale et orientale appelés « démocraties populaires ». Tout d'abord, partout, sauf en Yougoslavie, qui s'était libérée seule de l'oppression nazie, le passage au nouveau régime a été imposé par la présence de l'armée soviétique.

D'autre part, plusieurs d'entre eux avaient connu entre les deux guerres des régimes de type parlementaire et il subsistait des structures économiques capitalistes ainsi qu'une classe moyenne et une petite paysannerie. Dans certains cas, les Églises conservaient une très grande influence.

On a donc maintenu plus ou moins longtemps et à des degrés divers certaines formes des régimes bourgeois. Ainsi, le parti communiste n'est pas devenu partout parti unique, mais a souvent constitué des coalitions de partis qui étaient réputées détenir le pouvoir. Bien entendu, il dominait entièrement ces coalitions, mais trouvait là un moyen de neutraliser certaines forces sociales, bourgeoises ou paysannes, plutôt que d'avoir à les éliminer brutalement. Pour le reste, la structure générale du pouvoir était semblable à celui de l'URSS.

La politique menée par ces régimes était elle aussi semblable à celle du « grand frère », bien que la terreur policière ait été moins forte, qu'on ait laissé subsister certaines formes de propriété privée et que le niveau de développement économique ait été plus élevé qu'en URSS.

Pourtant, ces régimes étaient mal acceptés et n'ont pu être maintenus que par la force. Ce sont eux qui se sont effondrés les premiers entraînant la chute de l'ensemble du système soviétique, lui-même profondément miné de l'intérieur.

§ 3. Les signes de dysfonctionnement

Le totalitarisme. — Ce terme désigne un système politique dans lequel le pouvoir est non seulement concentré entre les mains d'un petit nombre d'hommes et exercé de manière autoritaire, mais dans lequel il agit dans tous les domaines de la vie. Le marxisme était en effet présenté non comme une idéologie, mais comme une science. L'opposition politique était donc nécessairement fondée sur l'erreur et ne pouvait être tolérée, mais seulement corrigée ou combattue. Si cette erreur avait pour effet de freiner le dépérissement de l'État et du droit et l'apparition de l'Homme nouveau, elle se révélait simplement criminelle et devait être traitée comme elle.

En pratique la suspicion permanente et la terreur n'ont pas empêché le développement des idées démocratiques. Celles-ci se sont exprimées de plusieurs manières. L'Union soviétique et plusieurs démocraties populaires avaient signé les accords d'Helsinki, qui consacraient un certain nombre de libertés *formelles*. C'est au nom de ces accords que les dissidents soviétiques ou tchèques ont revendiqué, quelquefois avec succès, l'exercice de ces libertés. Le droit se révélait non pas une simple superstructure, mais un levier efficace. En Pologne, c'est l'action d'un syndicat illégal, *Solidarnosc*, appuyé par une Église catholique très puissante, qui contribua à propager les idées démocratiques.

L'impérialisme russe. — Là encore, l'idéologie servait de masque. Après la Révolution, le nouveau pouvoir, pour résoudre les problèmes posés par la multiplicité des peuples soumis à l'empire du tsar, avait eu recours à une solution fédérale d'apparence très radicale. Chacune des républiques se voyait reconnaître le droit de se doter d'une constitution et des organes habituels d'un État. Elles se voyaient reconnaître la compétence internationale et même le droit à la sécession. En pratique, on l'a vu, le parti communiste était en mesure de contrôler l'ensemble des organes des républiques aussi bien que ceux de l'Union, de sorte que le système était en réalité centralisé et que les républiques n'étaient que des échelons d'exécution. Leurs compétences internationales étaient ainsi au service de la politique du PCUS et lorsque l'Ukraine et la Biélorussie se virent attribuer chacune un siège à l'ONU, cela signifiait seulement que l'URSS disposait de trois voix au lieu d'une.

Le fédéralisme, qui devait permettre le développement des cultures nationales, servait en fait le PCUS et en réalité les Russes qui dominaient le parti.

L'impérialisme russe se manifestait aussi en dehors même de l'Union soviétique, dans les démocraties populaires, où existaient des bases militaires importantes et où, conformément à la doctrine officielle, dite doctrine Brejnev, l'URSS se réservait le droit d'intervenir par la force, si elle estimait que le socialisme était menacé.

Ces pratiques n'ont cependant fait disparaître ni le sentiment religieux, ni le nationalisme. L'affaiblissement du pouvoir central sera pour tous les nationalismes l'occasion de s'exprimer avec une vigueur considérable.

Les difficultés économiques. — Mais ce sont surtout les terribles difficultés économiques qui ont entraîné la chute de ces régimes. En raison de l'étatisation du système de production et de distribution, comme du poids énorme des dépenses militaires, ces pays ne parvenaient pas à sortir d'une situation de pénurie, d'autant plus insupportable que le développement moderne des communications ne permettait plus de cacher à la population le niveau de vie auquel étaient parvenus les habitants des pays occidentaux.

Au milieu des années 1980, il y avait ainsi de multiples sources d'opposition ou de résistance, parfois ouverte mais plus souvent larvée de la part des libéraux, des nationalistes, des religieux et simplement de tous ceux qui aspiraient à une vie meilleure. Le principal moteur du changement semble avoir été l'impossibilité économique et financière de poursuivre la course aux armements imposée par la guerre froide, dont le coût devenait trop élevé. Les dirigeants ont donc entrepris une politique de détente à l'extérieur et de développement économique à l'intérieur, mais ces objectifs impliquaient au minimum une libéralisation politique et, au-delà, de profondes réformes de structure.

Section 2
Les transformations depuis 1985 : de la perestroïka à l'éclatement de l'URSS

§ 1. La perestroïka

Perestroïka (restructuration). — Tel est le terme qu'a choisi Mikhaïl Gorbatchev, élu Secrétaire Général du PCUS le 17 mars 1985, pour résumer l'esprit général des grandes réformes qu'il souhaitait promouvoir. À l'origine, il ne s'agissait nullement de renoncer au socialisme, ni même de modifier profondément le système politique. L'objectif de la Perestroïka était d'améliorer le fonctionnement de l'économie soviétique en s'attaquant à toutes les rigidités bureaucratiques qui en avaient jusqu'alors freiné le développement. Ainsi, M. Gorbatchev préconisait-il une planification plus souple, la vérité des prix, la participation des travailleurs à la gestion des entreprises, la modulation des rémunérations en fonction des résultats obtenus et l'établissement de liens directs entre fabricants et consommateurs. Tirant la leçon de l'échec de ses prédécesseurs, M. Gorbatchev s'était convaincu que le succès de la restructuration était subordonné à deux conditions d'ordre plus général. Primo, le respect de la loi (État de droit), qui garantirait aux agents économiques le minimum de stabilité et de sécurité juridique dont ils avaient besoin pour développer leurs initiatives. Secundo, le règne de la *Glasnost* (transparence) qui permettrait à chacun de dénoncer publiquement les privilèges et les pratiques bureaucratiques dont la persistance pouvait être un facteur de blocage.

Bien qu'elle eut au départ un objectif essentiellement économique, la Perestroïka conduisait donc indirectement à poser le problème de la réforme gouvernementale et celui de la liberté d'expression.

§ 2. Les transformations politiques et constitutionnelles de l'URSS

À partir de 1988, plusieurs lois sont venues modifier en profondeur le système politique et constitutionnel soviétique et celui des républiques.

Tout d'abord, une loi du 1er décembre 1988 ouvrait la possibilité d'une pluralité de candidatures pour l'élection des membres du Parlement. En pratique cependant, la majorité des élus aux élections qui ont suivi appartenaient encore au parti communiste.

D'autre part, la constitution soviétique de 1977, la dernière en date, était profondément modifiée. Une loi du 1er décembre 1988 créait un Congrès des députés du peuple.

Une autre loi de 1990 instituait un Président de l'Union soviétique, doté de pouvoirs très importants. Il devait être élu pour la première fois par le Congrès des députés du peuple, et par la suite au suffrage universel. Le 15 mars 1990, M. Gorbatchev fut ainsi élu par le Congrès. La source de son pouvoir se trouvait désormais dans le Parlement et donc indirectement dans le peuple, et non plus dans le parti, de sorte que ce changement dans le mode de désignation concrétisait la fin du rôle exclusif du Parti communiste.

Cependant, le pouvoir ne devait pas s'exercer sans de très graves difficultés et tensions. Tensions en raison d'une opposition très vive au sein du Soviet Suprême entre les réformateurs et les conservateurs (on désignait ainsi les communistes, hostiles aux réformes). Gorbatchev hésitant à s'appuyer sur l'un ou l'autre camp pour réaliser des réformes, cherchait à obtenir le vote de lois de pleins pouvoirs, qu'il ne parvenait pas à employer après les avoir obtenus, faute d'une maîtrise réelle de l'administration et de l'armée. Tensions d'autre part entre le pouvoir central et les républiques. Au cours de l'année 1991, elles proclament leur souveraineté et trois d'entre elles, les républiques baltes, sur le fondement de la constitution soviétique, qui, on l'a vu, leur reconnaissait ce droit, font sécession et se proclament indépendantes.

Tensions aussi entre Gorbatchev et Boris Eltsine, le Président de la plus importante des républiques, la Russie. Eltsine avait été effectivement élu au suffrage universel dans une élection ouverte et transparente et sa popularité était beaucoup plus forte que celle de Gorbatchev.

C'est dans ces conditions qu'intervint la tentative de coup d'État du 18 août 1991, qui visait à empêcher à la fois la désagrégation de l'Union soviétique et l'abandon du socialisme. L'échec du coup d'État eut pour effet d'accélérer le processus : Gorbatchev n'était plus Président que d'un État fantôme. Il démissionnera le 25 décembre 1991.

Le 1er décembre, l'Ukraine, la plus grande des républiques soviétiques après la Russie, proclamait son indépendance, puis c'était le tour de la Biélorussie. L'Union soviétique avait cessé d'exister. La démission de Gorbatchev signifiait non seulement un changement à la tête du gouvernement, mais bel et bien la fin de l'Union. Boris Eltsine prenait le pouvoir, mais en Russie seulement. Aussi, le jour de la démission de Gorbatchev, le drapeau rouge avec la faucille et le marteau était-il remplacé par le drapeau blanc bleu rouge, qui avait été celui de la Russie tsariste.

Section 3
La situation actuelle

La fin du communisme et l'apparition de nouveaux États ont conduit à des bouleversements constitutionnels. Toutes les constitutions anciennes ont été modifiées ou remplacées par de nouvelles. Les textes actuels ne présentent pas toujours une très grande originalité par rapport aux constitutions de l'Europe occidentale, mais ils témoignent d'une croyance profonde dans les vertus de l'État de droit et forment un vaste catalogue des institutions les plus diverses (Sajo, 1999).

§ 1. La situation actuelle de la Russie

Après la fin de l'Union soviétique, la Russie a traversé une longue période de transition, dont on ne peut affirmer qu'elle est achevée. Cette période s'est caractérisée par une vive tension entre le Président Eltsine et le Congrès des députés. Entre 1991 et 1993, la Russie vivait encore sous l'empire d'une constitution, adoptée en 1978 et calquée, comme il était de règle sous l'ancien régime, sur la constitution soviétique de 1977. Faute d'un accord entre les forces politiques pour adopter une nouvelle constitution établissant un système politique libéral, la constitution de 1978 avait été maintenue en vigueur, moyennant un très grand nombre d'amendements. Cependant, les députés élus au printemps 1991, selon l'ancien système destiné à préserver l'influence du parti communiste, étaient encore issus dans leur grande majorité des anciens cadres dirigeants. L'affrontement avec le Président, élu au suffrage universel était inévitable et prit parfois un tour dramatique.

Sur le plan constitutionnel, il se traduisit par la préparation de projets rivaux, dont l'objet principal était d'accroître les prérogatives de leur auteur. Finalement une nouvelle constitution, fortement marquée par l'influence de Boris Eltsine, fut adoptée par référendum le 12 décembre 1993 (1).

1. Le fédéralisme

La Russie reste un État fédéral. Comme en Allemagne, la constitution donne la liste des compétences fédérales et celle des compétences conjointes des composantes de la fédération, les « sujets de la fédération », qui ont des statuts divers, républiques, régions ou districts. Les sujets, au nombre de 89, tous égaux entre eux, n'ont en propre qu'une compétence résiduelle assez réduite : seules les matières qui ne figurent pas dans les deux premières listes relèvent de leur compétence. En réalité, bien que la Russie soit un État multi-ethnique, le texte constitutionnel assure la prééminence de la langue et de la culture russe au sein de la Fédération.

2. Le Président

Le pouvoir exécutif présente une structure dualiste caractéristique de la plupart des systèmes représentatifs européens. La figure centrale est

(1) On trouvera le texte de la constitution russe dans la *RFDC*, 1994, p. 195, trad. de Patrice GÉLARD et Michel LESAGE.

celle du Président, inspirée à la fois par celle du Président de la Ve République française et par celle du Président américain, ce qui lui permet de cumuler des pouvoirs gigantesques.

Le Président de la Fédération est élu pour 4 ans au suffrage universel direct et rééligible une seule fois. Il est doté d'une administration très importante, comprenant près de 2 000 collaborateurs. Le Président n'est responsable qu'en cas de haute trahison ou de crime grave. Mais la procédure est longue et complexe : l'accusation est votée par la Douma à la majorité des deux tiers ; la qualification de l'infraction doit être confirmée par la Cour Suprême ; la Cour constitutionnelle doit vérifier le respect de la procédure et ce n'est qu'alors que le Conseil de la Fédération peut prononcer la destitution, à la majorité des deux tiers également.

Ses pouvoirs sont considérables, beaucoup plus importants que ceux de n'importe lequel de ses homologues occidentaux. Il s'agit d'abord de pouvoirs de nomination : il nomme le Président du gouvernement (équivalent du Premier ministre) et, sur proposition de celui-ci, les ministres et les plus hauts fonctionnaires. Il peut d'ailleurs mettre fin à tout moment aux fonctions du gouvernement. Il peut même décider de refuser provisoirement la décision par laquelle la Douma d'État a exprimé à la majorité sa défiance au gouvernement.

Il dirige et contrôle l'activité du gouvernement. Président et gouvernement préparent et adoptent les projets de lois qui seront soumis au Parlement, mais le Président dispose d'un pouvoir réglementaire immense. Il peut prendre des décrets dans toutes les matières, même sans base législative. Ces décrets s'imposent comme des lois jusqu'à la mise en vigueur de lois parlementaires. C'est ainsi que le Président Eltsine a pris en juin 94 un décret « sur les mesures immédiates pour la protection de la population contre le banditisme ». Ce pouvoir est d'autant plus important qu'il dispose d'un droit de veto, qui peut être surmonté à la majorité des deux tiers de chacune des Chambres. Il est donc en mesure de paralyser l'activité législative et de tirer argument de cette paralysie pour gouverner par décrets.

Il a également l'initiative des lois et peut encore soumettre un projet au référendum.

3. Le gouvernement

Le gouvernement est clairement subordonné au Président. Ce dernier, comme on l'a vu, nomme le « Président du gouvernement » c'est-à-dire le Premier ministre, mais celui-ci doit obtenir la confiance des Chambres. Il peut aussi le révoquer. L'ensemble de ses activités, comme celles du gouvernement dans son ensemble, s'exerce sous l'autorité du Président, qui apparaît comme un véritable supérieur hiérarchique. C'est ainsi que le Président du Gouvernement est chargé d'exécuter non seulement les lois mais aussi les décrets du Président. Celui-ci peut d'ailleurs modifier ses décisions.

Le Président du Gouvernement est par ailleurs également responsable devant la Douma d'État. Cependant, là encore, la responsabilité devant le Président prime : Si la Douma a exprimé sa défiance à la majorité absolue, le Président peut soit déclarer que « le gouvernement est démissionnaire », soit le maintenir au pouvoir. C'est seulement si la Douma exprime à nouveau sa défiance dans un délai de trois mois que le Président doit exercer un nouveau choix : déclarer le gouvernement démissionnaire ou prononcer la dissolution.

4. Le Parlement

Le Parlement est beaucoup plus faible que la plupart des Parlements occidentaux. Il présente la structure habituelle d'un parlement fédéral et comporte deux Chambres, la Douma d'État (Chambre des députés) et le Conseil de la Fédération. Prises collectivement, les deux Chambres prennent le nom d'Assemblée fédérale.

La Douma comprend 450 députés élus pour quatre ans sur la base de la population, pour moitié à la représentation proportionnelle et pour moitié au scrutin uninominal, tandis que le Conseil de la Fédération est composé de deux représentants de chaque sujet de la Fédération.

Les deux Chambres n'ont pas rigoureusement le même rôle, ni le même pouvoir. Elles n'ont pas le même rôle, car certaines décisions du Président doivent être approuvées par le Conseil et d'autres par la Douma et que le contrôle du gouvernement revient exclusivement à la Douma. Surtout, elles n'ont pas le même pouvoir législatif. Ce pouvoir est d'ailleurs très diminué.

Tout d'abord, le droit d'initiative est très largement répandu, puisqu'il peut être exercé non seulement par les parlementaires et le gouvernement, mais aussi par le Président et même par la cour constitutionnelle et la cour suprême. Les lois doivent être adoptées par les deux Chambres à la majorité absolue, mais la Douma dispose d'une certaine prééminence puisqu'elle peut adopter à la majorité des deux tiers les lois rejetées par le Conseil (c'est-à-dire celles qui n'ont pas obtenue au Conseil la majorité absolue). Il est clair que toutes les conditions sont réunies pour que le pouvoir législatif soit fréquemment paralysé, non seulement par le veto du Président, mais par les difficultés de la procédure : si, en raison de la multiplicité des partis et des divisions internes, on ne parvient pas à réunir la majorité absolue au Conseil, il est naturellement peu probable qu'on parviendra à rassembler à la Douma une majorité des deux tiers, ce qui signifie qu'il n'y aura pas de loi du tout et que le Président pourra légiférer par décrets.

5. La Cour constitutionnelle

Une Cour constitutionnelle avait été créée en 1991. Elle s'était arrogée des pouvoirs considérables, bien plus importants que ceux des cours occidentales et prétendait arbitrer l'ensemble de la vie politique russe. La constitution tout en lui maintenant une compétence étendue lui donne un statut qui vise à la limiter quelque peu.

La Cour constitutionnelle est composée de 19 juges (au lieu de 15), élus pour 12 ans (et non plus à vie) par le Conseil de la Fédération sur proposition du Président. Ils ne sont pas rééligibles.

Elle examine la conformité à la constitution fédérale de tous les actes juridiques des organes fédéraux ou des organes des sujets de la Fédération et règle les conflits de compétence entre ces organes. Elle peut être saisie d'une part par les autorités fédérales suprêmes (Président, Douma, Cour Suprême, pouvoirs législatifs et pouvoirs exécutifs des sujets de la Fédération, un cinquième des députés ou des membres du Conseil de la Fédération) et d'autre part directement par les citoyens selon des modalités inspirées du système allemand.

Il faut souligner qu'il sera particulièrement malaisé de surmonter par les moyens habituels, c'est-à-dire en adoptant une loi de révision constitutionnelle, une décision de la Cour, à cause de l'extrême rigidité de la constitution.

6. Le fonctionnement des institutions

La vie politique est affectée par l'extrême instabilité du système des partis en Russie. La dislocation des structures politiques, administratives et économiques a laissé le pays dans un profond chaos. L'appareil économique soviétique était entièrement entre les mains de l'État. L'introduction de l'économie de marché s'est traduite par la privatisation des grandes entreprises, le plus souvent au profit des membres de l'ancien groupe dirigeant et l'abandon de toute direction de l'économie. Le capitalisme sauvage a permis la naissance de fortunes colossales, entraîné une corruption généralisée et provoqué l'extrême misère du plus grand nombre. À cela s'ajoutent les conditions pour se porter candidat aux élections : une caution de 1 000 fois le salaire minimum pour une candidature individuelle, 200 000 signatures ou 25 000 fois le salaire minimum pour une liste. De sorte que seuls peuvent participer des organisations anciennes comme le parti communiste ou celles qui obtiennent le soutien de grands groupes industriels également propriétaires des médias ou celui du pouvoir en place. Il en résulte une très grande volatilité des partis. Pour les élections à la Douma, il y avait en lice en 1993 13 partis, 43 en 1995 et 26 en 1999 et de plus ces partis n'étaient pas les mêmes. Ainsi, les trois cinquièmes des sièges attribués à la Douma à la représentation proportionnelle ont été remportés en 1999 par des partis qui n'avaient pas participé aux élections précédentes. Les deux principaux partis aujourd'hui sont les communistes et l'Unité, suscité par Vladimir Poutine, alors qu'il était Premier ministre.

Il en est résulté dans un premier temps, sous la présidence de Boris Eltsine, une tension permanente entre la Douma et le Président. Même si celle-ci était divisée et ne disposait pas de compétences assez fortes pour exercer le pouvoir, elle était malgré tout en mesure de gêner considérablement l'action du Président. Or, le gouvernement devait obtenir la confiance de la Douma après sa nomination par le Président et plusieurs partis pouvaient se réunir pour refuser cette confiance ou encore rendre difficile l'adoption des lois. Une évolution vers un régime parlementaire aurait été possible s'il y avait eu à la Douma une majorité cohérente hostile au Président et certains partis, notamment les communistes et les libéraux, en ont certainement éprouvé la tentation, mais les coalitions ont toujours été éphémères.

Cette situation a conduit à un mode de gouvernement autoritaire. D'une part, le Président fait un très large usage de ses pouvoirs et les principales mesures sont prises par décret présidentiel, les *oukases*, plutôt que dans la forme de lois parlementaires. Cette concentration du pouvoir incite les acteurs politiques et économiques à tenter d'exercer une influence en agissant par divers moyens sur l'entourage du Président. En raison de ce mode de gouvernement, le Président Eltsine était souvent appelé « le tsar ». D'autre part, le Premier ministre, qui n'est pas le chef d'une majorité à la Douma, est entièrement subordonné au Président. Celui-ci le démet facilement, soit parce qu'il s'est heurté à l'hostilité de la Douma, soit parce qu'il constitue un fusible utile lorsqu'il est lui-même devenu impopulaire, soit encore parce que le Premier ministre devient populaire et peut apparaître comme un rival possible. Mais, il peut aussi utiliser le poste du Premier ministre pour se créer un dauphin, comme l'a fait Boris Eltsine avec Vladimir Poutine en 1999.

Cependant, en dépit de ses pouvoirs considérables le Président éprouve beaucoup de difficultés à contrôler une administration profondément désorganisée, qui ne parvient même pas à faire rentrer les impôts. Cette faiblesse du pouvoir central a favorisé au plan national les tentations de coups d'État et sur le plan local le développement de forces centrifuges, appuyés sur des nationalismes anti-russes. Les gouverneurs sont souvent parvenus à acquérir la maîtrise des richesses économiques et à conserver l'essentiel des ressources fiscales. Les tentations séparatistes existent chez de nombreux « sujets ». Aussi certains estiment-ils que la Fédération de Russie pourrait évoluer vers une confédération.

L'arrivée au pouvoir de Vladimir Poutine est porteuse de changements importants. Nommé Premier ministre en 1999 par le Président Eltsine, alors qu'il était presque inconnu, Poutine a aussitôt utilisé les moyens que lui donnait sa fonction, ainsi que la tension créée par la guerre en Tchétchénie pour fonder un nouveau parti politique, l'Unité. Celui-ci obtint la seconde place aux élections législatives organisées en décembre de la même année, puis fit promptement alliance à la Douma avec le parti communiste. La voie était alors libre pour Poutine, qui pouvait persuader Eltsine d'annoncer sa démission, justifiée d'ailleurs par des raisons de santé très réelles, faisant ainsi de Poutine le Président par intérim, une fonction qu'il cumulait avec celle de Premier ministre. L'un des premiers gestes du nouveau président fut de signer un décret qui accordait à Eltsine une immunité totale contre toutes poursuites.

Grâce à son poste et à son nouveau parti, Poutine était en mesure de faire campagne dans les meilleures conditions et il remporta effectivement une victoire confortable lors de l'élection présidentielle du mois de mars 2000.

Depuis mars 2000, le nouveau Président s'efforce de recréer un État fort en prolongeant et en accentuant le caractère autoritaire du mode de gouvernement de Boris Eltsine. Symboliquement, il a fait voter une décision sur l'hymne national, qui sera, quoique avec des paroles nouvelles, l'ancien hymne soviétique. Sur le plan juridique, il a d'abord cherché à rétablir l'autorité du pouvoir central sur les régions, le « système vertical de l'autorité ». Dès le mois de mai, il a créé par décret un nouvel échelon administratif. La Russie est divisée en sept districts fédéraux, administrés par un représentant personnel du Président. D'autre part, les gouverneurs des régions, qui se comportaient fréquemment en potentats peuvent désormais, sous certaines conditions, être démis par le Président. Ils perdent une partie de leurs pouvoirs fiscaux. Le pouvoir central a d'ailleurs fortement pesé sur les élections pour le renouvellement de plusieurs d'entre eux. Plusieurs des nouveaux gouverneurs sont d'ailleurs des militaires. D'un autre côté, Poutine cherche à briser aussi bien le pouvoir des nouveaux oligarques, notamment en lançant des enquêtes pour corruption, que l'influence persistante du parti communiste. Il a également tenté de mettre la main sur les médias et il y a réussi dans une large mesure. Cette mainmise a une signification ambiguë et remplit une double fonction : elle est à la fois un moyen de lutte contre les oligarques qui possèdent certains de ces médias et une limitation pure et simple de la liberté de la presse. Certains de ces oligarches ont été poursuivis et emprisonnés. D'autres ont été contraints à l'exil. Parallèlement, Poutine poursuit une répression très dure de l'insurrection tchétchène.

§ 2. La situation dans les anciennes démocraties populaires et les Républiques de l'ex-URSS

Si tous ces États se trouvent dans des situations politiques très différentes, les questions constitutionnelles se posent dans des termes comparables.

Il faut souligner avant tout que, en dépit de son caractère révolutionnaire, au sens propre du mot, la transition s'est faite sans violence, au moins dans un premier temps, sauf en Roumanie. On a pu ainsi parler en Tchécoslovaquie de « révolution de velours ». Le caractère révolutionnaire de la transition provient de ce qu'elle affecte le système économique en même temps que le système politique, mais aussi de ce que, dans la conscience des acteurs, les deux processus sont étroitement interdépendants : le passage d'une économie socialiste à une économie de marché et le passage à la démocratie libérale et à l'État de droit. Cela dit, si cette interdépendance est constamment soulignée, la nature de la relation n'est pas toujours clairement perceptible. Tantôt, on estime que le passage à l'économie de marché n'est possible que s'il existe un minimum de liberté et de sécurité juridique. L'État de droit est alors vu comme le moyen de parvenir à l'économie de marché et à la prospérité économique. Tantôt au contraire, on souligne que la démocratie présuppose un système de valeurs, qui sont précisément celles qui fondent l'économie de marché, la liberté, notamment celle d'entreprendre, et la propriété. C'est alors l'économie de marché qui est un instrument de la démocratie. Mais, il est clair que la conception de la démocratie à laquelle on se réfère, dérive elle-même d'une théorie du marché. Ce n'est pas le système dans lequel le peuple gouverne, mais celui dans lequel la rencontre des intérêts produit une décision optimum.

Un second trait caractéristique est l'importance que l'on attache aux Déclarations des droits de l'Homme. Cela s'explique en partie par le souci de réaliser l'État de droit, qui doit présenter des caractéristiques inverses de celles du régime totalitaire : séparation des pouvoirs, non rétroactivité des lois, existence d'un pouvoir judiciaire indépendant et d'un contrôle de constitutionnalité des lois. Or, une Déclaration des droits proclame ces divers principes et forme la norme de référence, par rapport à laquelle les autorités juridictionnelles peuvent contrôler l'action des pouvoirs publics. Mais, l'écriture de ces Déclarations ne va pas sans difficultés. Les anciennes constitutions socialistes proclamaient elles aussi des droits et des libertés, dont on affirmait d'ailleurs, qu'il s'agissait de libertés réelles. Elles pouvaient être d'autant plus généreuses qu'elles n'instituaient aucun mécanisme pour garantir ces droits et libertés. Les rédacteurs des nouvelles constitutions se trouvent ainsi confrontés à un dilemme : s'ils consacrent les mêmes droits et libertés que les anciennes, il sera difficile de les garantir. Que peut signifier le droit au travail, à un logement, à un environnement sain, dans des économies ruinées ? Et s'ils ne les consacrent pas, ils risquent de paraître moins favorables aux libertés que les anciens régimes socialistes.

Le troisième trait est la désorganisation économique, la décomposition sociale, la dégradation profonde des conditions de vie. Il en est résulté au début une fragmentation extrême du système des partis. Il n'était pas rare qu'une centaine de formations s'affrontent dans les élections législatives. Parmi elles, les anciens partis communistes qui ont réapparu dans plusieurs pays, parfois sous des noms et avec une idéologie différentes, mais avec le même personnel et qui sont même dans certains cas parvenus au pouvoir. Dans ces conditions, les parlements profondément divisés n'étaient pas en mesure de légiférer normalement. Pourtant, la situation économique et politique s'améliore peu à peu.

Un quatrième trait est l'importance des problèmes de nationalités. Les frontières nationales de ces pays n'englobent que rarement des populations homogènes. Elles sont le produit d'une histoire très complexe. En Europe centrale, le découpage de l'Autriche-Hongrie après la Première Guerre mondiale avait abouti à la création d'États, sur le territoire desquels subsistaient d'importantes minorités nationales, différentes par la langue, la religion ou simplement le sentiment d'appartenance. La politique menée avec persistance en Union soviétique consistait à déplacer et brasser les populations, de telle sorte qu'un groupe national soit toujours réparti sur le territoire de plusieurs républiques et que chacune comprenne une très importante minorité russe. La Seconde Guerre mondiale avait, une nouvelle fois, provoqué d'importants transferts de population. Il en est résulté plusieurs conséquences tragiques : l'éclatement de certains États fédéraux, comme l'URSS, la Yougoslavie, la Tchécoslovaquie, les guerres civiles et les affrontements entre nationalités différentes (en Russie même, en Estonie, en Géorgie ou en Ukraine) ou les tensions et les guerres entre nouveaux États (Bosnie-Serbie-Croatie, Azerbaïdjan-Arménie).

Il résulte de tout cela que le processus d'adoption de la constitution a été lent et difficile. Certains pays, comme la Pologne ont longtemps vécu sous une constitution provisoire. Si la plupart sont finalement parvenus à adopter un texte, il n'est pas certain que celui-ci sera toujours effectivement appliqué.

Les constitutions font appel à des techniques constitutionnelles variées et complexes, le plus souvent empruntées, non sans éclectisme, à diverses traditions occidentales. Quelques traits se retrouvent fréquemment. L'un des plus frappants est le dualisme de l'exécutif à la française, c'est-à-dire avec un Président élu au suffrage universel et un Premier ministre responsable devant le Parlement. Comme en France, il peut arriver que le président doive cohabiter avec une majorité qu'il ne domine pas, mais les effets d'une pareille situation varient selon les pays. Dans certains cas, comme en Bulgarie, le président n'exerce plus que des pouvoirs limités et les partis ne présentent d'ailleurs pas à l'élection présidentielle la candidature de leurs leaders, qu'ils destinent plutôt à des fonctions de Premier ministre. Mais, dans d'autres cas, comme en Russie ou, à un moindre degré en Pologne, les prérogatives constitutionnelles du Président, par exemple un droit de veto difficile à surmonter, lui permettent d'exercer une influence réelle. Si l'institution présidentielle est souvent inspirée par la constitution de la Ve République, les mécanismes de mise en jeu de la responsabilité ministérielle empruntent souvent à l'Allemagne et comportent des techniques complexes destinées à limiter les risques d'instabilité gouvernementale, notamment la motion de censure constructive. Les pouvoirs des parlements ont souvent été limités grâce à des procédés classiques : limitation du domaine législatif, veto présidentiel, importance du pouvoir réglementaire.

Enfin, il faut souligner l'importance du contrôle de constitutionnalité, qui s'exerce sur une très grande variété d'actes et combine parfois les caractères de plusieurs systèmes : contrôle centralisé et décentralisé, *a priori* et *a posteriori*. Dans certains cas, le contrôle s'exerce même sur les lois constitutionnelles. Ce trait confère aux cours une importance capitale et s'explique aisément par l'adhésion enthousiaste à l'idéologie de l'État de droit. Il a parfois suscité une certaine crainte devant des pouvoirs, d'autant plus importants qu'ils s'exercent par référence à des déclarations des droits extrêmement longues, et qui risquaient de devenir excessifs. D'où des mécanismes permettant de surmonter les décisions de la Cour, soit par le référendum, soit, comme en Roumanie, par une majorité qualifiée du Parlement (Lime, 1994). L'intérêt de ces mécanismes est qu'ils révèlent l'ambiguïté profonde du contrôle de constitutionnalité. D'un côté, on le présente comme le moyen d'assurer la suprématie du droit sur la politique, ce qui implique que la décision de la cour représente la vérité du droit et n'est pas elle-même empreinte de caractère politique, autrement dit que le juge constitutionnel n'est pas un contre-pouvoir. De l'autre, les mécanismes compensateurs sont analogues à ceux qui sont prévus pour empêcher l'exercice abusif de compétences, dont la nature de contre-pouvoir est clairement reconnue, comme c'est le cas par exemple pour le veto du président américain (Bidegaray et Emeri, 1994, p. 325 et s.).

La Pologne fournit un bon exemple de ces situations constitutionnelles. Elle vivait depuis l'effondrement du régime socialiste sous l'empire d'une constitution provisoire, notamment parce que l'adoption d'un texte définitif était rendue difficile par l'opposition de la très puissante Église catholique à une constitution qui ne contiendrait pas une prohibition absolue de l'avortement. Finalement, la constitution a été adoptée par référendum, malgré cette opposition, et promulguée le 2 avril 1997.

Le texte reprend d'ailleurs pour l'essentiel l'économie de la constitution provisoire.

Le pouvoir exécutif est dualiste. Le Président nomme le Premier ministre selon une procédure complexe inspirée du système allemand. Ce gouvernement doit obtenir une majorité à la Chambre. Si, par suite des divisions de la Diète, il n'y parvient pas dans un certain délai et si la Diète de son côté ne peut élire un gouvernement, le Président peut soit dissoudre la Diète, soit nommer un gouvernement qui n'a pas besoin de l'investiture de la Diète pendant six mois. À l'expiration de ce délai et sauf entente sur un nouveau gouvernement, la diète est automatiquement dissoute.

Le gouvernement est responsable selon deux systèmes : le système allemand de la motion de censure constructive et le système traditionnel de la motion de censure sans élection d'un successeur, qui ouvre au Président le droit de dissoudre le Parlement.

En tout état de cause, l'idéologie actuellement en vogue dans ces pays, selon laquelle le constitutionnalisme serait le moteur des transformations, paraît démentie par les faits : une réforme constitutionnelle ne peut pas provoquer à elle seule le changement des comportements et des mentalités qu'exige le passage à la démocratie et à l'économie de marché. Les révolutions américaine et française n'étaient pas les moteurs, mais l'expression et la formalisation de ces changements. On constate que les pays où les institutions démocratiques sont aujourd'hui le mieux implantées sont ceux qui avaient une tradition de gouvernement parlementaire antérieure à l'établissement du système socialiste, notamment la Pologne, les Républiques tchèque et slovaque, la Hongrie et les pays baltes.

Bibliographie

BARRY F., LESAGE M. (1991), *URSS, la dislocation du pouvoir*, Paris, La Documentation Française.

BARTOLE S. (1993), *Riforme costituzionale nell'Europa Centro-Orientale*, Bologna, Il Mulino.

BENOIT-ROHMER F. (1999), *Les minorités, quels droits ?*, Strasbourg, éditions du Conseil de l'Europe.

BENOIT-ROHMER Fl. (1993), « La représentation des minorités dans les Parlements d'Europe centrale et orientale », *RFDC*, n° 15, p. 499.

BIDEGARAY C., EMERI C. (1994), « Du pouvoir d'empêcher : véto ou contre-pouvoir », *RDP*, p. 325.

Cahiers du Conseil constitutionnel (1996), Entretien avec le président de la Cour constitutionnelle de la Fédération de Russie, Vladimir Toumanov, n° 1.

CARRÈRE D'ENCAUSSE H. (1994), *Victorieuse Russie*, Paris, Fayard.

CONSTANTINESCU M. et MURARU I. (1998), « Les influences françaises dans le processus d'élaboration de la Constitution de la Roumanie », *RFDC* n° 34, p. 377.

CROSNIER M.-A., *Russie 1992 : le saut dans l'inconnu*, Paris, La Documentation Française.

East European Constitutional Review.

ELSTER J., OFFE C. & PREUSS U. K. (1998), *Institutional Design in Post-communist Societies : Rebuilding the Ship at Sea*, Cambridge University Press.

FRAISSEIX P. (1994), « La constitution russe du 12 décembre 1993 : vers un nouvel état de droit ? », *RDP*, p. 1793.

GELARD P., Chroniques sur l'actualité constitutionnelle en Russie, dans les États de la CEI et de l'Europe de l'est. La situation dans les autres États anciennement communistes, *RFDC*.

GOUAUD C. (1993), « La cour constitutionnelle de la République de Hongrie », *RDP*, p. 1243.

HABERLE P. (1992), « Constitutional Developments in Eastern Europe from the Point of View of Jurisprudence and Constitutional Theory », *Law and State*, vol. 46, p. 64.

JULIEN-LAFERRIÈRE F. (1993), « La constitution roumaine du 8 décembre 1991 », *RDP*, p. 1217.

KRUK M. (1997), « Le système de gouvernement dans la constitution de la République de Pologne du 2 avril 1997 », *Droit Polonais Contemporain*, p. 25 s.

LENOIR N., AMELLER M. (1997), « La Cour Constitutionnelle de la Croatie », *Cahiers du Conseil Constitutionnel*, n° 4.

LESAGE M.
(1987), *Le système politique soviétique*, Paris, PUF.
(1994), « La constitution russe du 12 décembre 1993 et les six premiers mois du système politique », *RDP*, p. 1735.
(1995), *Constitutions de l'Europe Centrale et Orientale et Balte*, Paris, La Documentation Française.

LIEBICH A. (1997), *Les minorités nationales en Europe centrale et orientale*, Genève, éditions Georg.

LIEBICH A., RESLER A. (1993), *L'Europe centrale et ses minorités : vers une solution européenne ?*, Paris, PUF.

LIME, B. (1994), « Le système constitutionnel roumain », *RDP*, p. 353.

LINZ J.-J. & STEPAN A. (1996), *Problems of Democratic transformation and consolidation : Southern Europe, South America, Post-Communist Europe*, Baltimore, The John Hopkins Press.

MASSIAS J.-P. (dir.) (2000), « Chronique constitutionnelle des États d'Europe de l'Est (1989-1998) », *RDP*, n° 5.

MILACIC S. (dir.) (1998), *La démocratie constitutionnelle en Europe centrale et orientale. Bilans et perspectives.* Colloque international Bordeaux 28-30 nov. 1996, Bruxelles, Bruylant.

PIERRÉ-CAPS S.,
(1994), « Le principe de l'autonomie personnelle et de l'aménagement constitutionnel du pluralisme national », *RDP*, p. 401.
(1995), *La multination. L'avenir des minorités en Europe centrale et orientale*, Paris, Odile Jacob.
(1998), « Réflexions de droit constitutionnel démotique », in MILACIC S. (la dir.), *La démocratie constitutionnelle en Europe centrale et orientale. Bilans et perspectives.* Colloque international Bordeaux 28-30 nov. 1996, Bruxelles, Bruylant, p. 252 et s.

RACZ A., HORVATH E., HARMATHY A. (1998), « Les fondements constitutionnels du nouveau droit hongrois », *Revue internationale de droit comparé*, n° 1.

REINHARDT J. (1992), *Boris Eltsine ; le réveil russe*, Paris, Stock.

SAJO A. (1999), *Limiting Government : An Introduction to Constitutionalism*, Budapest, Central European University Press.

SCHREIBER T., LHOMEL E., (1999), *L'Europe centrale, orientale et balte*, Paris, La Documentation Française.

SCHWARZ H. (1999) « Eastern Europe's Constitutional Courts », in SCHEDLER A., DIAMOND L., & PLATTNER M. (ed.), *The Self-Restraining State : Power and Accountabilty in New Democracies*, Lynne Rienner.

VERDUSSEN M. (ed.) (1997), *La justice constitutionnelle en Europe centrale*, Paris-Bruxelles, LGDJ-Bruylant.

WOJTYCZEK K. (1994), « Un régime parlementaire rationnalisé : la Pologne », *RDP*, p. 379.

Chapitre 4
L'Union européenne

Si on le définit par son objet, il ne faut pas considérer que le droit constitutionnel est seulement le droit de l'État. Selon une définition matérielle, le droit constitutionnel, c'est l'ensemble des normes relatives à l'organisation et au fonctionnement du pouvoir ou à la production d'autres normes. À cet égard, l'Union européenne avait une constitution bien avant qu'on songeât à donner ce nom aux dispositions du traité signé à Rome le 29 octobre 2004, mais rejeté par le référendum du 29 mai 2005 en France et celui du 1er juin aux Pays-Bas.

Cependant, si l'on tente d'aller au delà de cette définition, il en va autrement et l'application du terme de « constitution » conduit à certaines ambiguïtés théoriques liées avant tout à la nature des rapports que l'Union peut entretenir avec les États. C'est en grande partie en raison de ces ambiguïtés que le conseil européen, représentant alors quinze États, a décidé lors de sa réunion de Laeken en Belgique au mois de décembre 2001, de convoquer une Convention chargée de réfléchir aux possibles réformes du fonctionnement de l'Union européenne (UE), dans la perspective de son élargissement.

L'emploi du terme même de « convention » montre bien la volonté de produire une règle qui présenterait des analogies avec les constitutions étatiques. Il désignait en effet au XVIIIe siècle une autorité chargée d'élaborer une constitution, comme la convention de Philadelphie, qui élabora en 1787 la constitution des États-Unis ou la Convention nationale, qui élabora en France la constitution de 1793, puis celle de 1795. Le 10 juillet 2003, cette Convention, présidée par l'ancien Président de la République française, Valéry Giscard d'Estaing, a achevé ses travaux et remis à la présidence italienne de l'UE, le 18 juillet un projet de Traité établissant une Constitution pour l'Europe. Ce texte fut légèrement modifié par les chefs d'État ou de gouvernement des États membres (devenus entre-temps vingt-cinq) et la version finale du traité fut signée 29 octobre 2004, à Rome.

Ce texte ne parvenait pas à dissiper les ambiguïtés mentionnées plus haut, qui, si elles n'expliquent pas à elles seules le rejet du traité dans certains des États membres, y ont au moins contribué.

En raison de ce rejet et tant qu'un nouveau traité constitutionnel n'est pas adopté, l'Union européenne reste régie par les traités antérieurs, notamment celui de Nice du 26 février 2001, entré en vigueur le 1er février 2003.

Il faut donc examiner les principales dispositions de ces traités, avant de rappeler brièvement quelques unes des caractéristiques du projet de traité constitutionnel avorté en 2005.

Section 1
Les institutions européennes

§ 1. Les institutions actuelles

Les institutions actuelles résultent de la volonté de mettre fin aux guerres qui ont ravagé l'Europe pendant des siècles, spécialement pendant la première moitié du XXe. Au lendemain de la seconde guerre mondiale l'idée est née — surtout chez les chrétiens démocrates, qui étaient au pouvoir dans les années 50 dans plusieurs pays de l'Europe occidentale — qu'on n'y parviendrait qu'en créant entre les États une solidarité objective par la formation de communautés économiques. Cette création a été réalisée au moyen d'une série de traités. Par le premier fut instituée en 1950, entre six États (l'Allemagne, la France, l'Italie et les trois pays du Bénélux, la Belgique, les Pays-Bas et le Luxembourg), une Communauté Européenne du Charbon et de l'Acier (CECA). Puis, en 1957 furent créées la Communauté Européenne de l'Énergie Atomique (Euratom) et la Communauté Économique Européenne (CEE).

Ces traités furent modifiés au fil des années de manière à renforcer la coopération et à réaliser selon une formule plusieurs fois répétée « une union sans cesse plus étroite », c'est-à-dire le transfert à l'Union de compétences toujours plus nombreuses, y compris dans des matières non économiques, et la transformation des procédures pour permettre l'adoption dans plusieurs domaines de décisions non plus à l'unanimité des États mais à la majorité qualifiée. Les principaux de ces traités sont le traité de Maastricht sur l'Union européenne de 1992, le traité d'Amsterdam de 1997 et le traité de Nice adopté en 2001, mais entré en vigueur en 2003. En même temps, le nombre des États membres est passé de 6 à 12, puis à 15 et à 25, avec notamment l'adhésion de plusieurs États anciennement communistes d'Europe centrale et orientale. Des négociations sont en cours avec la Bulgarie et la Roumanie. D'autres en sont à un stade initial, en particulier avec la Turquie.

Les institutions principales sont au nombre de cinq : le Conseil européen, le Conseil de l'Union européenne, le Parlement, la Commission et la Cour de Justice.

1. Le Conseil européen

Le Conseil européen réunit au moins deux fois par an les chefs d'État ou de gouvernement des États membres ainsi que le président de la Commission. Il joue un rôle décisif d'impulsion et de coordination, mais les décisions, qui se prennent par consensus, doivent ensuite être formalisées par les autres autorités.

2. Le Conseil de l'Union européenne

Il est composé de vingt-cinq membres, un par État, car ce sont les États qui sont représentés au sein du Conseil. Ces membres sont le plus souvent des ministres représentant les États, mais ils ne sont pas permanents. Selon la nature des affaires, les États sont représentés par tel ou tel ministre et pour les affaires générales par les ministres des Affaires Étrangères.

Le conseil est présidé à tour de rôle par chaque État pour une durée de six mois. Cette présidence tournante pose problème, car d'une part cette durée est bien courte pour permettre une action efficace et d'autre part, le principe d'égalité entre les États conduit chacun, la France ou l'Allemagne, comme le Luxembourg, à attendre douze ans et demi qu'arrive son tour de présider. Or, ces deux aspects sont contradictoires : pour accélérer la rotation, il faudrait raccourcir la durée, mais cela réduirait aussi l'efficacité. C'était l'une des justifications de l'institution, dans le traité constitutionnel, d'un président de l'Union

Les pouvoirs du Conseil sont considérables, mais variables selon les matières. Malgré la présence de ministres, son rôle s'apparente d'avantage à celui d'une Chambre parlementaire qu'à celui d'un conseil des ministres. On l'a d'ailleurs parfois comparé à la Chambre haute d'un Parlement fédéral, comme le Bundesrat allemand. Il est d'abord un organe législatif partiel. Il ne statue en effet que sur proposition de la Commission et partage son pouvoir avec le Parlement selon la procédure dite de co-décision. Il faut souligner que le rôle législatif du Conseil de l'Union a une portée sur la répartition des compétences dans l'ordre constitutionnel interne des États. En effet, les règles adoptées par le Conseil prévalent sur les lois des États. Les pouvoirs exécutifs nationaux (notamment ceux des grands États) peuvent donc exercer le pouvoir législatif au lieu et place de leurs parlements et même en se soustrayant à tout contrôle en faisant adopter par le Conseil, dans la limite des compétences de l'Union, des règles qui s'imposeront dans l'ordre interne.

Le Conseil est également chargé de la coordination des politiques économiques des États membres et émet des recommandations.

Les règles relatives aux modalités de vote au sein du Conseil sont complexes. Selon l'importance des matières, le vote a lieu à la majorité simple (sur un petit nombre de matières les moins importantes), la majorité qualifiée ou l'unanimité, dans les domaines d'une importance considérable, comme celui de la politique extérieure et de la sécurité commune, qui touchent à la souveraineté des États. Pour le calcul de la majorité qualifiée, chaque État se voit doté d'un nombre de voix calculé selon la taille de sa population, mais non de manière directement proportionnelle de sorte que les petits États sont en réalité surreprésentés. Les quatre plus grands États, l'Allemagne, la France, l'Italie et le Royaume-Uni, ont chacun 29 voix, l'Espagne et la Pologne 27 et ainsi de suite jusqu'à l'État le moins peuplé, qui est Malte et qui se voit doté de 3 voix. Le total des voix est de 321 et la majorité qualifiée est de 232, soit 72,3 % des voix, mais il faut que cette majorité représente 62 % de la population de l'Union.

Là encore, on a tenté de réaliser un compromis difficile entre plusieurs objectifs : celui d'assurer une plus grande efficacité et d'éviter les blocages, qui devrait conduire à des procédures de décision à la majorité ; celui de préserver la souveraineté des États, ce qui impliquerait la règle de l'unanimité ; celui d'empêcher que deux ou trois grands États soient en mesure, en faisant bloc, de déterminer à eux seuls la politique de l'Union et inversement qu'une coalition de petits États ne représentant qu'une faible proportion de la population de l'Union soit en mesure d'imposer une décision. Aussi, les traités contiennent-ils une liste de matières jugées essentielles, pour lesquelles les décisions doivent être prises à l'unanimité (73 articles) et ceux pour lesquelles la majorité qualifiée suffit (une trentaine).

À la suite d'une crise grave survenue en 1965 à propos de la politique agricole commune, les États réalisèrent en 1966 le compromis de Luxembourg et il fut admis que, même lorsque les traités prévoient une décision à la majorité, un État dont les intérêts fondamentaux seraient menacés pourrait exiger que l'on continue de négocier « pendant un délai raisonnable ». Au delà du délai raisonnable, la France estimait qu'il fallait continuer la négociation jusqu'à l'obtention d'un accord unanime, alors que pour ses cinq partenaires de l'époque, la règle de la majorité qualifiée devait s'appliquer. Ce compromis n'a d'ailleurs pas été incorporé dans les traités et sa valeur est donc plus politique que juridique.

3. Le Parlement européen

Le Parlement européen est composé de 732 députés, élus pour cinq ans au suffrage universel direct, selon des modalités déterminées non par les traités, mais par les législations nationales. Le nombre des sièges attribués à chaque État est fixé par les traités en relation avec sa population, mais, comme pour le Conseil la répartition n'est pas directement proportionnelle et les petits États sont surreprésentés. L'Allemagne a ainsi 99 députés, le Luxembourg 6, tandis que la France, l'Italie et le Royaume-Uni en ont 78 chacun et Malte 5. L'importance de la population représentée en moyenne par un député varie ainsi de 1 à 10 selon les États.

Le rôle du Parlement est double. Il partage avec le Conseil le pouvoir législatif et le pouvoir budgétaire. Il statue en principe à la majorité simple. Par ailleurs, il exerce un contrôle sur la Commission et le Conseil.

Son pouvoir législatif est beaucoup plus faible que celui des parlements nationaux, d'une part parce que ses membres n'ont pas le droit d'initiative, d'autre part parce qu'il ne statue que sur des textes proposés par la Commission et adoptés par le Conseil. Dans certains domaines, dans lesquels s'applique la procédure dite « de coopération », l'opposition du Parlement peut être surmontée par le Conseil à l'unanimité. Dans d'autres, où s'applique la procédure de « co-décision », le Parlement peut empêcher définitivement l'adoption de la proposition.

En matière budgétaire, ses prérogatives sont également réduites, notamment en raison de l'impossibilité de l'Union de lever l'impôt. Il peut donc seulement modifier la répartition de certaines dépenses et rejeter en bloc le budget, ce qu'il a déjà fait à deux reprises.

Ses pouvoirs de contrôle sont en revanche relativement importants, notamment à l'égard de la Commission. D'une part, il est associé à la nomination du président de la Commission qu'il doit approuver à la majorité et d'autre part, il peut adopter une motion de censure contre les membres de la Commission à la majorité des deux tiers, ce qui a pour effet de les obliger à une démission collective. On a ainsi l'amorce d'un gouvernement parlementaire, bien que la composition de la Commission ne corresponde pas à celle de la majorité du Parlement. Ces pouvoirs sont très réels. En 1999, à la suite d'accusations de fraude et de corruption, une motion de censure fut présentée. Elle fut rejetée le 14 janvier 1999, mais la Commission dut accepter la création d'un comité d'experts indépendants chargé d'examiner ces accusations. Le rapport des experts publié deux mois plus tard fut si critique que les membres de la Commission furent contraints de démissionner collectivement.

Il peut aussi créer des commissions d'enquête et former des recours devant la Cour de justice des Communautés européennes.

À part le fait qu'il siège dans deux lieux différents, Strasbourg et Bruxelles, les méthodes de travail au sein du Parlement européen ressemblent à celles qui sont en usage dans les Parlements nationaux. Il existe des commissions permanentes et des groupes politiques, qui réunissent des membres de mêmes sensibilités, mais élus dans des pays différents, comme les Verts, le Parti socialiste ou le Parti populaire européen (qui regroupe des démocrates-chrétiens et des conservateurs).

Le Parlement européen se trouve au centre d'une difficulté considérable au regard des principes de la démocratie représentative dont se réclament les États. D'un côté en effet, on pourrait penser qu'elle implique des pouvoirs étendus pour le Parlement, qui est la seule institution européenne dont les membres sont élus au suffrage universel. C'est pourquoi certains déplorent ce qu'il est convenu d'appeler le « déficit démocratique » de l'Europe. Mais par ailleurs, tout accroissement de ces pouvoirs serait peu conciliable avec la théorie démocratique dans la mesure où la représentation des populations est très inégale au sein du Parlement (les petits États sont fortement surreprésentés) et où cet accroissement se ferait au détriment des Parlements nationaux.

4. La Commission

La Commission est une institution profondément originale. Autrefois les États les plus peuplés disposaient chacun de deux commissaires. Depuis le traité de Nice, la Commission comprend 25 membres, un par État. Ils sont nommés pour un mandat de cinq ans au terme d'une procédure complexe. Le Conseil, réuni au niveau des chefs d'États ou de gouvernements, choisit le président de la Commission à la majorité qualifiée. Cette désignation doit être approuvée par le Parlement européen — c'est actuellement M. Baroso. Puis, les États membres proposent les noms de leurs candidats. Le président négocie alors avec le Conseil, qui adopte la liste des commissaires à la majorité qualifiée. Dans un troisième temps, cette liste est soumise pour approbation au Parlement européen et les membres sont nommés par le Conseil, toujours à la majorité qualifiée.

Dans les faits, les commissaires sont presque toujours des personnalités ayant exercé des fonctions politiques importantes dans leurs pays.

La Commission dispose elle aussi de pouvoirs très importants, comparables à ceux d'un gouvernement. Il s'agit en premier lieu d'un pouvoir d'initiative, puisque c'est elle qui dispose en règle générale du droit exclusif de proposer les textes législatifs au Parlement et au Conseil. D'autre part, elle assure l'exécution des décisions, tout particulièrement dans certaines matière économique (concurrence, agriculture, développement technologique — elle dispose pour cela d'une administration — et contrôle l'exécution par les États de la politique communautaire. Elle est appelée la « gardienne des traités ». Si elle estime qu'un État n'a pas appliqué une règle européenne et a ainsi enfreint les traités, elle peut, après une mise en demeure, saisir la Cour de justice, qui peut constater le manquement de l'État. En cas d'inexécution de l'arrêt de manquement entraînant une nouvelle procédure, la Cour peut infliger des sanctions à l'État en infraction. Enfin, c'est elle qui représente l'Union dans les relations internationales et négocie en son nom les accords internationaux, notamment en matière économique.

5. La Cour de justice

La Cour de justice des Communautés européennes, qui siège à Luxembourg, a joué un rôle considérable dans le développement du droit européen. Elle est composée de vingt cinq juges (un par État), nommés pour 6 ans — mais le mandat est renouvelable — par les gouvernements des États. C'est la Cour qui élit son président. En raison de l'accroissement considérable du nombre des affaires, il a fallu créer un tribunal de première instance, dont les décisions peuvent faire l'objet d'un pourvoi devant la Cour. Elle est saisie de tous les litiges nés de l'application du traité, soit par les institutions de l'Union, soit par les États. Les particuliers peuvent, dans certains cas, saisir le tribunal de première instance. Sa jurisprudence a tendu à renforcer considérablement le rôle de l'Union européenne. Elle a notamment affirmé la prééminence du droit communautaire sur les droits nationaux et utilisé une technique semblable à celle qui dérive de la théorie des compétences implicites de la cour suprême américaine pour accroître les pouvoirs de l'Union.

Les autorités européennes produisent des normes en grande quantité, qui sont de plusieurs types. Les principales sont les règlements et les directives.

Les règlements sont des prescriptions générales, obligatoires pour tous : les États, les institutions européennes elles-mêmes, les particuliers. Elles sont directement applicables sur le territoire des États, sans que ceux-ci aient à les transposer dans leurs ordres juridiques respectifs.

Les directives déterminent des objectifs et laissent aux États une certaine marge d'appréciation dans le choix des moyens pour les réaliser, y compris dans le choix de la forme juridique utilisée. Il leur faudra notamment faire adopter par les autorités nationales des lois ou le cas échéant des règlements destinés à « transposer » les directives. L'application des directives est une obligation et les États doivent d'ailleurs communiquer à la commission les mesures adoptées.

Ces normes générales s'apparentent donc à des lois.

§ 2. Quelques problèmes constitutionnels liés à la construction européenne

La plupart des problèmes constitutionnels et d'ailleurs les problèmes politiques rencontrés par la construction européenne remontent au début de l'Union, mais ils sont devenus plus aigus au fur et à mesure que s'accroissaient les compétences et le nombre des États membres et naissent souvent d'aspirations contradictoires.

Certains voudraient accroître l'efficacité, le degré d'intégration, les compétences ou le caractère démocratique des procédures de décisions au sein de l'Union, mais cette ambition se heurte à la volonté de préserver les intérêts nationaux essentiels et la souveraineté, donc la maîtrise des politiques par les instances démocratiques des États.

1. Le fédéralisme

Aujourd'hui l'Union européenne n'est pas un système fédéral et doit être considérée comme une confédération, quoiqu'elle présente évidemment un degré d'intégration et dispose d'une somme de compétences beaucoup plus importante que toutes les autres confédérations de l'Histoire (voir *supra,* Première Partie) (1).

---

(1) LEBEN Charles, Fédération d'États-Nations ou État fédéral ?, ds. JOERGES C., MENY Y., WEILER J. (ed.) 2000.

Certains souhaitent cependant renforcer cette intégration et faire évoluer l'Union vers un système fédéral. D'autres entendent au contraire préserver les souverainetés nationales.

À vrai dire, on peut considérer que certains caractères du fédéralisme sont d'ores et déjà présents : la répartition des compétences entre l'Union et les États, l'application directe du droit communautaire sur le territoire des États, l'existence d'organes propres qui ne sont pas l'émanation des États et ne les représentent pas, comme le Parlement européen, l'existence d'organes qui, comme le Conseil européen sont formés de représentants des États et leur permettent de participer à la formation des décisions collectives ou encore le monopole de l'interprétation des traités à l'Union plutôt qu'aux États grâce à la juridiction obligatoire de la Cour, alors que dans les autres organisations internationales le recours au juge est généralement facultatif. L'Union est même capable de négocier des conventions internationales comme le ferait un État et rien ne s'oppose à ce qu'elle se dote d'une armée.

Pourtant elle se distingue de l'État fédéral par deux traits que l'on peut en réalité ramener à un seul.

En premier lieu, les compétences de l'Union lui ont été attribuées par un traité et non par une constitution et ses compétences sont limitées à celles qui sont énumérées dans les traités. Sans doute, les compétences accordées à un État fédéral paraissent-elles limitées elles aussi à celles qui sont énumérées dans la constitution, mais l'État fédéral est maître de modifier sa constitution et d'accroître ses compétences. La procédure pour le faire peut être plus ou moins difficile à mettre en œuvre, mais un seul État membre ne pourrait s'opposer à la révision. C'est pour désigner cette capacité de déterminer ses propres compétences que les juristes allemands du XIXe siècle avaient créé le terme de « Kompetenz-Kompetenz », la compétence de la compétence, qui est l'une des marques de la souveraineté. Au contraire, les traités européens ne pourraient être modifiés que conformément aux règles de révision des traités, c'est-à-dire par la volonté unanime des parties.

D'autre part, dans un État fédéral, le droit fédéral l'emporte sur le droit des États. Dans l'Union européenne, il est impossible de répondre simplement à la question de savoir si le droit européen prévaut sur les droits nationaux. Il faut distinguer le point de vue du droit européen et celui du droit national. Du point de vue du droit européen, tel qu'il est exprimé par exemple par la Cour de justice, c'est le droit européen qui prévaut sur toutes les normes nationales. Au contraire, du point de vue des droits nationaux, au moins dans certains États comme la France, c'est le droit constitutionnel national qui l'emporte. Il ne faut cependant comprendre cette différence ni comme l'opposition de deux théories dont l'une serait vraie et l'autre fausse ou comme une simple rivalité de deux droits qui s'affrontent jusqu'à ce que l'un d'eux parvienne à triompher de l'autre. Il s'agit en réalité de deux logiques opposées, dont chacune est parfaitement cohérente et qui donnent d'ailleurs au terme de « prévalence » des sens différents.

Du point de vue de la Cour de justice, la prévalence signifie que les États sont soumis en raison des traités à des obligations et qu'ils ne peuvent s'y soustraire en invoquant une norme nationale, même une norme constitutionnelle.

Du point de vue du droit national, la prévalence signifie d'abord que si les traités l'emportent sur des normes nationales, c'est parce qu'une norme nationale l'ordonne — en général cette norme est une norme constitutionnelle, comme les articles 55 et 88-1 de la constitution française (voir *infra*). Dans la plupart des États, le droit constitutionnel national organise la primauté du droit européen sur les normes de niveau législatif, mais non sur le droit constitutionnel lui-même. Les juges nationaux peuvent donc affirmer la suprématie de la constitution sur le droit européen. La cour suprême du Danemark a ainsi décidé que toute décision d'une organisation internationale — elle visait naturellement l'Union européenne — qui serait contraire à la constitution danoise serait inapplicable. Ils peuvent aussi considérer au terme d'une interprétation portant sur le statut des énoncés qu'une norme, initialement émise en forme législative, a en réalité une valeur constitutionnelle.

D'autre part, comme l'État est libre de modifier sa constitution à sa guise, il peut abroger la norme qui accorde la primauté au droit communautaire. Ainsi, même si la constitution va au delà de l'article 55 de la constitution française et si elle prescrit que le droit européen prévaut sur ses propres dispositions, rien ne peut lui interdire de revenir sur cette prescription. Le pouvoir constituant national peut donc toujours adopter un nouveau texte affirmant la primauté de la constitution.

La dualité des points de vue implique qu'un même acte peut être considéré comme licite du point de vue du droit national et illicite du point de vue du droit européen. Un État peut ainsi être condamné par la Cour de justice pour manquement à une obligation au regard des traités, mais il n'existe aucun moyen d'annuler un acte qui aurait été jugé conforme au droit interne par les juridictions nationales.

2. La démocratie

Dans le cadre européen, c'est le Parlement qu'on présente comme l'instance démocratique, puisqu'il est élu au suffrage universel direct. Cette présentation est toutefois contestée par plusieurs arguments pratiques et théoriques. On fait valoir tout d'abord que les compétences de ce Parlement sont encore limitées, que ses membres sont certes élus, mais que l'élection se déroule dans le cadre national et sur des enjeux qui sont nationaux. Elle a surtout valeur de test pour mesurer l'état des forces politiques sur le plan strictement national. On ajoute que tout renforcement des pouvoirs de l'Union se fait au détriment des instances démocratiques nationales et cela de deux manières. D'une part, les parlements nationaux voient échapper de nombreux domaines à la compétence de la loi. D'autre part, les lois européennes sont principalement adoptées par le Conseil de l'Union européenne, c'est-à-dire par des personnalités qui représentent non les pouvoirs législatifs nationaux, mais les exécutifs. L'intégration européenne est donc un moyen pour les exécutifs des différents États de s'arroger une part de plus en plus importante du pouvoir législatif national.

Sur un plan plus théorique, on observe surtout qu'il n'y a pas de démocratie sans un *« demos »*, en d'autres termes que si la démocratie est définie comme le pouvoir du peuple, il ne peut y avoir de démocratie européenne tant qu'il n'y a pas de peuple européen. Mais d'autres objectent que le peuple ne préexiste pas à la constitution. Dans les États, en France par exemple, c'est l'État qui historiquement a forgé l'unité du peuple. Il n'est même pas nécessaire que le peuple présente une homogénéité ethnique, religieuse, linguistique ou même que ceux qui le composent aient conscience de former un peuple, car il se définit seulement juridiquement comme l'ensemble des individus soumis à un même ordre juridique. En ce sens, il y aurait donc d'ores et déjà un peuple européen.

À vrai dire, les deux définitions du peuple ne se situent pas sur le même plan, car la seconde est seulement juridique et n'a aucune conséquence quant à la possibilité pour une démocratie de fonctionner réellement.

C'est en raison de ces ambiguïtés, mais aussi de la très grande complexité des mécanismes, du nombre et de l'enchevêtrement des traités, de la difficulté de parvenir à des décisions à l'unanimité et de la conscience que toutes ces difficultés seraient considérablement aggravées par l'accroissement du nombre des États membres, qu'a été confiée à la Convention la tâche de préparer un nouveau traité, qui serait l'équivalent d'une constitution de l'Union européenne.

Section 2
Le projet de constitution élaboré par la Convention

La convention était composée d'une centaine de personnes, la plupart représentant les chefs d'État ou de gouvernement et les parlements des États membres, ainsi que les chefs d'État ou de gouvernement et les parlements des pays candidats à l'adhésion, les autres représentant le Parlement européen et la Commission européenne. Elle était présidée et animée par l'ancien Président de la République française Valéry Giscard d'Estaing.

La convention a déposé son projet au mois de juin 2003. La rencontre d'aspirations profondément différentes a conduit à des compromis et si certaines solutions pratiques ont été trouvées en vue d'une simplification dans l'organisation et le fonctionnement des institutions, elles n'ont pas permis de dissiper les difficultés et les ambiguïtés théoriques.

En réalité, le traité constitutionnel présente un double caractère. D'une part, il réalisait effectivement une consolidation et une rationalisation de dispositions complexes et éparses dans plusieurs traités. C'est ainsi qu'il apportait une clarification des procédures et de la répartition des compétences. Mais d'autre part, il comportait des dispositions innovantes à la fois par rapport aux traités antérieurs et par rapport à celles que l'on trouve dans la plupart des constitutions des démocraties libérales. L'une de ces innovations réside dans l'insertion de la charte des droits fondamentaux, qui devient la partie II du traité. Cette charte avait été adoptée antérieurement, mais son insertion dans le traité lui donne une valeur obligatoire qu'elle n'avait pas jusque là.

Par ailleurs, de nombreux commentateurs ont été frappés par la présence d'une troisième partie, intitulée « les politiques et le fonctionnement de l'Union », qui, sans doute, reprend pour l'essentiel des dispositions des traités antérieurs, mais dont la présence, si elle se comprend dans un traité qui crée une organisation internationale, est étrange dans une « constitution », dans la mesure où une constitution est censée instituer des autorités qui adopteront des politiques et non pas déterminer ces politiques à l'avance.

Ce projet de traité a été soumis par le président de la convention à une conférence intergouvernementale, signé par les différents États, après quelques modifications mineures et devait être ratifié conformément aux procédures prévues par les constitutions nationales. Certains États ont soumis le projet à leur parlement, d'autres au référendum, soit parce que la constitution le leur imposait, soit parce que les gouvernants ont estimé que cette procédure était justifiée par l'importance de la décision et le fait que le traité était difficilement amendable (un traité ne peut être révisé qu'à l'unanimité). Lorsque le référendum était prévu, il pouvait selon le cas être obligatoire ou simplement consultatif (comme en Grande-Bretagne), c'est-à-dire que le traité aurait pu en principe être ratifié même dans l'hypothèse d'un vote négatif.

La ratification a été autorisée dans plusieurs États (une douzaine), mais après le rejet du projet en France et aux Pays-Bas, d'autres États, notamment l'Angleterre ont suspendu le processus.

§ 1. Les institutions

1. Le Parlement européen

Le Parlement européen est élu au suffrage universel direct et composé au maximum de 736 députés élus dans le cadre des États de façon dégressivement proportionnelle à leur population, c'est-à-dire que les grands États ont proportionnellement moins de députés que les petits. Il est à noter que, comme pour le Parlement actuel, le mode de scrutin est déterminé par les États et qu'il peut donc varier d'un État à l'autre.

2. Le Conseil européen

Le Conseil européen semble avoir été conçu comme l'équivalent du chef de l'État dans un régime parlementaire dualiste. Il n'a que très peu d'attributions propres et est chargé de donner les grandes orientations. Il est composé des chefs d'États ou de gouvernement (selon que les constitutions nationales attribuent un rôle important à l'un ou à l'autre). Il élit, mais pas nécessairement en son sein un président du conseil européen, qui n'a pas d'attributions propres, mais dont on pense qu'il jouerait le rôle du chef d'État d'un régime parlementaire, c'est-à-dire qu'il préside le conseil, organise et prépare son travail et représente l'Union sur le plan extérieur.

Le conseil comprend également un Ministre des Affaires Étrangères de l'Union.

Dans la plupart des cas, le Conseil européen, qui se réunit en principe une fois par trimestre, ne vote que sur certains types de questions, mais prend ses décisions par consensus. Lorsqu'il vote, c'est à la majorité qualifiée, selon une technique qui vise à protéger les intérêts des grands États contre une coalition des petits. La majorité qualifiée se définit comme étant égale à au moins 55 % des membres du Conseil, comprenant au moins quinze d'entre eux et représentant au moins 65 % de la population.

3. Le Conseil des ministres

Le Conseil des ministres est composé d'un représentant par État ayant rang de ministre. Il partage avec le Parlement européen le pouvoir législatif et budgétaire.

À la différence de la plupart des conseils des ministres des États membres, le conseil des ministres de l'Union européenne décide par vote et dans les cas les plus nombreux, le vote doit intervenir à la majorité qualifiée, au sens précisé *supra*.

4. La Commission européenne

La Commission européenne est le véritable équivalent dans l'Union européenne d'un gouvernement dans le cadre national. Comme les gouvernements nationaux, elle est chargée de l'exécution du droit européen. Mais ses pouvoirs sont par certains aspects plus et par d'autres moins importants. D'une part, en effet, elle dispose non seulement de l'initiative des lois, mais même dans la plupart des cas d'un monopole de l'initiative, ce qui signifie qu'elle doit être considérée comme coauteur de la loi, puisqu'une loi ne peut être adoptée si elle ne l'a pas proposée. Mais d'autre part, elle ne dispose pas comme les gouvernements nationaux d'une administration chargée d'exécuter les lois, de sorte que l'exécution incombe en réalité principalement aux États.

La grande difficulté qu'a dû affronter la Convention chargée de préparer la constitution de l'Union européenne tenait à la structure et à la composition de la commission avec le souci de préserver autant que possible l'égalité des États et donc d'assurer une représentation de chacun d'eux, mais sans pour autant mettre les grands à la merci d'une coalition des petits ni créer le risque de blocages. Dans l'Union à 15, chaque État pouvait désigner un commissaire, mais avec l'élargissement à 25 et plus, le nombre des commissaires pourrait être ramené, au terme du premier mandat de la Commission, au deux tiers de ses membres. Le président de la Commission est élu par le Parlement sur proposition du Conseil européen et la Commission est collectivement responsable devant le Parlement.

Le rôle du Président de la Commission et ses rapports avec le Président du Conseil européen, comme d'ailleurs le principe même de la dualité, ont donné lieu à certains des débats les plus difficiles au sein de la convention et aux critiques les plus vives à l'extérieur.

§ 2. Les compétences

Il importe de distinguer les compétences de l'Union envisagées par rapport à celles des États et les compétences respectives des différentes autorités de l'Union européenne.

S'agissant des premières, le traité constitutionnel s'efforce de rationaliser la répartition des compétences à la manière des constitutions fédérales au moyen de deux listes. La première contient les compétences dites exclusives, c'est-à-dire celles qui, dès lors qu'elles ont été attribuées à l'Union ne peuvent plus être exercées par les États. La seconde concerne les compétences partagées avec les États. Dans ces domaines l'Union n'intervient que dans la mesure où, en vertu du principe de subsidiarité, elle est mieux à même que les États d'atteindre les objectifs d'une action donnée. Les États ne peuvent intervenir dans ces domaines que si l'Union n'a pas exercé sa compétence ou a cessé de l'exercer.

Quant aux compétences respectives des différentes autorités de l'Union européenne, elles concernent la production des normes européennes. Ces autorités produisent des normes de types et de forces divers, correspondant sur le plan national aux lois et aux règlements d'application.

Le projet de traité constitutionnel, sans apporter de bouleversement, simplifiait la présentation et la terminologie des normes posées par les autorités de l'Union. La convention s'efforçait en même temps, sur ce point, comme sur d'autres, de rapprocher cette terminologie de celle des constitutions nationales.

Les actuels règlements devenaient des « lois » et les directives des « lois cadres ».

Le projet distinguait des règlements délégués et des règlements d'exécution. Les premiers sont produits par la Commission sur le fondement d'une habilitation énoncée dans une loi ou une loi-cadre et sous contrôle du Parlement et du Conseil. Les règlements délégués sont destinés à compléter ou même modifier certains éléments non essentiels de la loi. Les règlements d'exécution sont également produits par la Commission. Comme pour les règlements délégués, la Commission doit recevoir sa compétence de la loi, mais sa marge de pouvoir discrétionnaire est beaucoup plus faible, puisqu'elle ne peut ni compléter ni modifier la loi, les organes législatifs n'exercent pas de contrôle sur ces actes.

Ainsi, sauf quelques aménagements pratiques qui devaient probablement permettre de résoudre les principales difficultés liées à l'entrée des nouveaux États, le projet de constitution n'apporte pas d'innovation radicale et ne dissipe pas les ambiguïtés de la construction européenne.

§ 3. Le maintien des ambiguïtés

La constitution proclame le principe de la démocratie représentative, mais elle n'institue pas de nouvelles procédures — sauf un droit de pétition, dont la Commission apprécie souverainement les suites législatives qu'il convient d'y donner — et n'énonce aucun principe nouveau susceptible de justifier les pouvoirs de l'Union au regard de la théorie démocratique.

La convention n'a d'ailleurs pas résolu, ni même clairement posé, les problèmes résultant de l'incompatibilité de la construction européenne avec les grands principes du constitutionnalisme classique. Ainsi, les règles établies par les autorités de l'Union reçoivent le nom de lois. Les lois sont toujours l'expression d'une volonté, mais on n'indique pas quel est le sujet de cette volonté. Il ne peut évidemment pas s'agir de celle des individus, membres du Conseil ou du Parlement qui participent à son adoption, pas plus que les lois nationales ne peuvent être considérées comme l'expression des volontés personnelles et subjectives des parlementaires. Et l'on ne peut prétendre comme on le fait pour les parlementaires que ces individus expriment la volonté d'un être, qu'ils représentent, parce que le projet de constitution ne se réfère pas à un peuple ou une nation européennes.

Elle ne résout pas davantage les difficultés liées à la nature juridique de l'Union et à la tension entre fédéralistes et antifédéralistes.

On note par exemple que l'article I-11 dispose que « la délimitation des compétences de l'Union est régie par le principe d'attribution ».

C'est dire que l'Union européenne ne reçoit pas la capacité de déterminer sa propre compétence.

D'autre part, malgré l'insistance sur le mot de « constitution », il s'agit toujours d'un traité, qui ne peut être modifié par les organes de l'Union européenne, mais seulement par les États membres, conformément aux règles de révision des traités, c'est-à-dire à l'unanimité des États.

Sans doute a-t-on tenté d'aller un plus loin dans la voie de l'intégration en s'inspirant de certains principes du fédéralisme et en proclamant par exemple à l'article I-6 que « La Constitution et le droit adopté par les institutions de l'Union, dans l'exercice des compétences qui sont attribuées à celles-ci, priment le droit des États membres ». Cependant ce principe n'est pas nouveau et n'est que la formalisation de la jurisprudence de la Cour de justice.

Aussi, n'est-il pas susceptible d'entraîner du point de vue du droit interne une suprématie du droit européen sur le droit constitutionnel des États. Il reste donc toujours possible à des autorités nationales, comme elles l'ont parfois fait dans le passé, de soutenir que la souveraineté n'a pas disparu et qu'elle peut toujours s'exercer au moins en forme constitutionnelle. C'est ce qu'a par exemple suggéré le Conseil constitutionnel français dans sa décision de novembre 2004.

En définitive, une suprématie réelle ne pourrait être réalisée que si les États admettaient que les normes du droit européen prévalent également sur leurs constitutions, si la Cour de justice pouvait priver de validité une norme constitutionnelle contraire au droit européen et si c'était l'Union qui déterminait les compétences des États — et non l'inverse — par une norme qu'elle serait en mesure de modifier à la majorité, sans qu'un État puisse s'y opposer, c'est-à-dire si l'Union européenne se transformait en un véritable État fédéral, ce qui semble relever d'un horizon éloigné.

Bibliographie

(2005), *Annuaire de droit européen,* Bruxelles, Bruylant.

BEAUD O., LECHEVALIER A., PERNICE I. (dir.) (2004), *L'Europe en voie de constitution : pour un bilan critique des travaux de la Convention. Colloque interdisciplinaire franco-allemand*, Bruxelles, Bruylant.

BLUMANN C. et DUBOUIS L. (2004), *Droit institutionnel de l'Union européenne*, Paris, Litec.

Cahiers du Conseil constitutionnel n° 9, mars à septembre 2000.

Cahiers du Conseil constitutionnel n° 18, 2005.

CARTOU L., CLERGERIE J.-L., GRUBER A., RAMBAUD P. (2004), *L'Union européenne*, 5e éd., Paris, Dalloz.

Cités n° 13 (février 2003), *Les constitutions possibles de l'Europe*, Figures politiques de l'Europe unie.

CRAIG P. (June 2001), « Constitutions, Constitutionalism and the European Union », in *European Law Journal*, vol. 7, n° 2, pp. 125.

DEHOUSSE R. (dir.) (2002), *Une constitution pour l'Europe ?*, Paris, Presses de Sciences Po.

DE PONCINS E. (2005), *La constitution européenne en vingt-cinq clefs*, Paris, Éditions Lignes de Repères.

DE SCHUTTER O., NIHOUL P. (coord.) (2004), *Une constitution pour l'Europe. Réflexions sur les transformations du droit de l'Union européenne*, Bruxelles, Larcier.

FERRY J.-M., THIBAUD P. (1992), *Discussion sur l'Europe*, Préface de Pierre Rosanvallon, Paris, Calmann-Lévy.

HAENEL H. (2000-2001), *Une Constitution pour l'Union européenne ?* Rapport d'information 363 — Délégation du Sénat pour l'Union européenne.

JOERGES C., MENY Y., WEILER J. (éd.) (2000), *What Kind of Constitution for What Kind of Polity ?* Responses to Joschka Fischer, Florence, European University Institute.

MACCORMICK, N. (1999), *Questioning Sovereignty* (Law, State, and Nation in the European Commonwealth) — Law, State, and Practical Reason, oxford, Oxford University Press.

MAGNETTE P. (éd.) (2002), *La constitution de l'Europe*, 2e éd., Bruxelles, Éditions de l'Université de Bruxelles.

MANIN Ph. (2004), *Droit constitutionnel de l'Union européenne*, Paris, Pedone.

Revue *Pouvoirs* (2003), « Les nouveaux États de l'Union », n° 106.

QUERMONNE, J.-L.
(2001), *L'Europe en quête de légitimité*, Paris, Presses de Sciences Po.
(2002), *Le système politique de l'Union européenne*, Paris, Montchrestien, 5e éd.

RDP (2003), « Forum sur la Constitution européenne », p. 1253 et s.

RIDEAU J. (2002), *Droit institutionnel de l'Union et des Communautés européennes*, Paris, LGDJ, 4e éd.

VERGES J. (2002), *Réflexions sur le constitutionnalisme de l'Union européenne*, ds. GRAF. VITZTHUM W. & PENA M. (dir.), *L'identité de l'Europe*, Aix-en-Provence, PU d'Aix Marseille, pp. 181.

ZILLER J. (2003), *La nouvelle Constitution européenne*, Paris, La Découverte.

Troisième partie
Aperçu sommaire d'histoire constitutionnelle de la France

La connaissance de l'Histoire constitutionnelle française est indispensable non seulement pour la compréhension du régime actuel, mais parce que la France a connu des constitutions très diverses et offre ainsi un véritable laboratoire à la science du droit constitutionnel. On peut grâce à elle, élaborer des typologies, comprendre la formation des concepts essentiels du droit constitutionnel, analyser les relations entre les discours sur le droit positif et le droit positif lui-même, comprendre les contraintes qui s'exercent sur la production ou l'interprétation des normes constitutionnelles et les mécanismes de la transformation des systèmes. Assurément il n'est pas possible ici d'étudier dans le détail chacune des constitutions qui se sont succédées en France, mais on peut du moins retracer les grandes lignes de cette évolution (Chevallier et Conac, 2001 ; Morabito, 2004).

Instabilité constitutionnelle et continuité de l'évolution politique. — De 1789 à 1958 la France a connu quinze constitutions écrites, et même ce chiffre est-il inférieur au nombre réel des régimes qui se sont succédés car certaines périodes de l'histoire furent vécues en dehors de toute constitution (Comité de salut public en 1793, Gouvernements provisoires de 1848 et de 1870, régime de Vichy) et en outre les constitutions en vigueur furent parfois modifiées si profondément que cette transformation fut à l'origine d'un système politique différent de celui que prévoyait la constitution initiale (par exemple transformation de la constitution de 1852 à partir de 1860).

Malgré cette instabilité, cette histoire présente d'incontestables éléments de continuité. En effet, si les régimes ont changé, souvent les hommes sont restés en place ; ainsi on retrouve sous l'Empire des conventionnels qui ont survécu à la Terreur ; de même l'Assemblée nationale de 1871 comprenait des personnalités marquantes de la monarchie de Juillet. Ensuite certaines institutions sont demeurées en place malgré le renversement des régimes politiques. Tel fut le cas notamment du Conseil d'État et des grandes administrations. Enfin, on constate que, des constitutions différentes ont adopté des règles semblables. Ces similitudes s'expliquent assez bien par le fait que ces règles étaient dérivées de principes généraux d'une grande stabilité. Il est remarquable que le grand ouvrage de Carré de Malberg, sa contribution à la Théorie générale de l'État, porte comme sous titre « spécialement d'après les données fournies par le droit constitutionnel français ». Il décrit en effet des principes formés sous la Révolution française et qui, bien que les textes qui les énoncent, ne fussent plus en vigueur à l'époque où écrivait Carré de Malberg (sous la IIIe République) constituaient cependant le fondement de validité des normes positives. Ces principes faisaient donc encore partie du droit positif.

Il est parfaitement vain de chercher à dégager un « sens de l'histoire constitutionnelle ». À moins de partager une foi dans un mouvement qui conduirait nécessairement vers la démocratie ou vers toute autre forme de régime qui constituerait le terme d'une évolution programmée, il faut se borner à observer et à décrire le mouvement réel des systèmes constitutionnels.

Chapitre 1
Les constitutions de la Révolution et de l'Empire

Cette période reproduit, en les enfermant dans un laps de temps très court, toutes les vicissitudes de l'idée démocratique. Elle s'installe d'abord sous une forme modérée, puis prétend s'appliquer intégralement, pour amener l'inévitable réaction que marque le césarisme (Rémond, 1986).

Section 1
L'œuvre de l'Assemblée nationale constituante

Pressé par les difficultés financières, Louis XVI convoqua les États généraux qui se réunirent à Versailles, le 5 mai 1789. Ils n'avaient plus siégé depuis 1614 ; leur réunion était donc une innovation, d'autant plus que le régime des élections arrêté par lettre royale du 24 janvier 1789 avait doublé le chiffre des représentants du tiers état.

Les électeurs arrivèrent chargés d'un mandat inclus dans les cahiers qu'avaient rédigés leurs commettants. Des cahiers se dégageaient quelques directives très nettes : d'une part, maintien de la monarchie, d'autre part, établissement de l'égalité entre les citoyens, enfin, rédaction d'une constitution susceptible de ramener, sur de nouvelles bases, l'ordre dans le Royaume. Ainsi, tandis que le roi croyait avoir convoqué une assemblée consultative, les électeurs entendaient qu'elle devînt une assemblée constituante. C'est à ce vœu que les États déférèrent le 17 juin, en se déclarant Assemblée nationale, titre qui devint une réalité lorsque, le 27 juin, la noblesse et le clergé décidèrent de rejoindre le tiers état.

C'est cette assemblée qui adopta la constitution du 3 septembre 1791, constitution qui comprend deux documents : la Déclaration des droits de l'homme et du citoyen, votée dès le 26 août 1789, et la constitution proprement dite.

§ 1. La Déclaration des droits de l'homme et du citoyen de 1789-1791

C'est un préambule à la constitution, dans lequel ses auteurs ont entendu exposer les principes de philosophie politique sur lesquels leur œuvre sera fondée. Mais, dans leur esprit, il ne s'agit pas d'établir seulement les droits des citoyens français, mais les droits de l'homme en soi. Et c'est ce qui fait la portée universelle de la Déclaration.

Les sources. — La Déclaration des droits se rattache au mouvement philosophique du XVIIIe siècle. Mais ce mouvement lui-même n'est qu'un aboutissement dans lequel s'épanouit la doctrine individualiste dégagée du christianisme par les théologiens du Moyen-Âge et qui, à travers les doctrines religieuses de la Réforme, puis par l'entremise des libertins du XVIIe siècle, est parvenue à se cristalliser, plus ou moins déformée et enrichie, dans un certain nombre de principes que les philosophes politiques du XVIIIe siècle reçurent comme des axiomes. À cet édifice doctrinal, il n'est pas un système qui n'ait apporté sa pierre et il serait vain de rechercher ce qui revient à chacun. Toutefois, on peut relever le rôle capital que joue l'idée que l'homme est titulaire de droits inhérents à sa personne et, par conséquent, antérieurs et supérieurs à l'État. Cette idée, c'est celle qu'illustrèrent les représentants de l'école du droit de la nature et des gens : Grotius, *De jure belli ac pacis* (1625), Puffendorf, *De jure naturae et gentium* (1670), Wolff, *Droit de la nature traité suivant la méthode scientifique* (1740), Vattel, *Droit des Gens ou principes de la loi naturelle* (1758). Cette croyance, Rousseau, après Locke, la rattache au contrat social qu'il fait admettre comme le point de départ de toute réflexion politique. À Rousseau également les auteurs de la Déclaration empruntent la définition de la loi, expression de la volonté générale, mais Rousseau lui-même procédait de la philosophie antérieure, de même que Montesquieu, dont la Déclaration adopte la règle négative de la séparation des pouvoirs, ne faisait que systématiser les institutions anglaises et les vues de Locke.

On voit qu'en réalité la Déclaration est davantage l'expression d'un état d'esprit que la consécration d'une thèse particulière. C'est pourquoi, sans minimiser l'influence que purent avoir les déclarations placées quelques années plus tôt en tête des constitutions des États particuliers de l'Union américaine, on doit comprendre que, ce précédent n'eût-il pas existé, notre Déclaration eût cependant été rédigée. Jamais on n'eut conscience d'une façon aussi claire de la naissance d'un monde nouveau ; la Déclaration en était le programme nécessaire.

Dans la mesure où ils ne prévoyaient pas d'instituer un contrôle de la constitutionnalité des lois, les auteurs de la Déclaration ne lui accordaient aucune valeur juridique particulière. Le texte avait principalement pour but, comme l'indique son Préambule, de servir de guide au législateur et de standard pour évaluer l'action des gouvernants. Mais, en raison de son contenu et de sa portée philosophique et politique, la Déclaration a acquis peu à peu une grande autorité et dans de nombreux pays — et en France même récemment — une force juridique supérieure à celle des lois. Au XXe siècle, la juridiction administrative en France a commencé de contrôler la conformité des actes administratifs non seulement aux lois elles-mêmes, mais aussi à des « principes généraux du droit », dont plusieurs étaient tirés de la Déclaration. Puis, elle a exercé ce contrôle par rapport à certaines dispositions de la Déclaration elle-même. Enfin, depuis 1971, le Conseil constitutionnel considère qu'une loi contraire au Préambule de la constitution, qui renvoie à la Déclaration des droits de l'homme de 1789, est contraire à la constitution et ne peut être promulguée. La Déclaration fait donc désormais partie du « bloc de constitutionnalité » et possède la même valeur que la constitution elle-même (voir *infra*, Quatrième Partie).

Le contenu. — Son texte très bref (17 articles), mais d'une densité de pensée et d'une plénitude de style inégalées, se réfère à deux ordres d'idées :

1° Il énonce les règles que doivent respecter les institutions politiques : la souveraineté nationale (art. 3 et 6), la séparation des pouvoirs (art. 16), le consentement à l'impôt (art. 14) ;

2° Il affirme et définit les droits que l'homme tient de sa nature même et qui, comme tels, échappent à l'emprise du pouvoir politique. C'est la partie de la Déclaration qui a eu le plus d'influence, car c'est en elle que se trouve exposée la philosophie politique révolutionnaire.

Ces droits sont énumérés dans les articles 1 et 2 : « Les hommes naissent libres et égaux en droit. » « Le but de toute association politique est la conservation des droits naturels et imprescriptibles de l'homme.

Ces droits naturels sont la liberté, la propriété, la sûreté, la résistance à l'oppression. »

Des définitions que la Déclaration donne de ces divers droits, se dégage la conception individualiste de la société. Tout est prévu pour assurer la coexistence des hommes avec le maximum d'indépendance pour chacun et pour limiter les prérogatives de l'État. Mais rien n'annonce la collaboration nécessaire de tous les membres du groupe social en vue d'une fin qui les dépasse. On ne relève aucune disposition sociale dans l'exposé de cette philosophie politique. Elle établit seulement un statut négatif de l'individu.

§ 2. La constitution du 3 septembre 1791

L'organisation politique imaginée par les constituants de 1791 est la mise en œuvre d'un certain nombre de principes qui, depuis cette époque, ont pu être considérés comme les principes traditionnels de notre droit public, alors même que la pratique leur infligeait de voyantes entorses.

Souveraineté nationale mise en œuvre par la représentation, séparation des pouvoirs, suprématie de la constitution, telles sont les lignes directrices de la constitution de 1791. Nous les connaissons déjà dans leur portée générale (voir *supra*, Première Partie, Chapitre 2) ; il s'agit ici de voir comment notre première constitution écrite les a interprétées (Godechot, 1998 ; Duclos, 1932 ; Troper, 1980 ; Bacot, 1985).

A Souveraineté nationale et gouvernement représentatif

La souveraineté appartient à la nation qui constitue une personne juridique distincte des individus qui la composent. Cela signifie que l'expression de la souveraineté ne pourra être obtenue par l'addition d'un certain nombre de volontés individuelles, mais par l'émission d'une volonté valant comme celle de la nation tout entière.

Cette souveraineté présente un triple caractère :

— elle est unique, c'est-à-dire qu'elle ne connaît aucun partage et s'exerce sur toutes les personnes qui se trouvent sur le territoire ;

— elle est indivisible, c'est-à-dire que personne ne peut prétendre l'exprimer en vertu d'un titre personnel. Elle ne peut être exercée que par délégation et alors chaque organe l'exprime dans sa totalité. C'est la condamnation du fédéralisme ;

— elle est inaliénable et imprescriptible, c'est-à-dire que le souverain ne peut se dépouiller de son titre et que, par conséquent, chaque fois qu'il délègue l'exercice de sa puissance, cette délégation est essentiellement précaire et révocable.

Mais, comme il est dit dans la Déclaration des droits de l'homme, c'est seulement le *principe* ou l'*essence* de la souveraineté qui appartient à la nation, ce qui signifie qu'elle ne peut l'exercer et qu'elle doit nécessairement en déléguer l'exercice à des représentants. Exercer la souveraineté, c'est exercer la fonction suprême, c'est-à-dire la fonction législative. Conformément à cette conception, les organes détenteurs du pouvoir législatif, ceux qui expriment la volonté de la nation ou volonté générale, sont donc des représentants. Concrètement, ces organes seront au nombre de deux : un corps législatif élu et le roi, qui participe par son droit de veto suspensif à la fonction législative. La constitution l'indique très clairement : « les représentants sont le corps législatif et le roi » (Titre III, article 3).

Il faut donc souligner deux points :

1° La qualité de représentants n'est pas liée à l'élection. Le corps législatif est élu, mais le roi ne l'est évidemment pas. Cette qualité est exclusivement attachée au pouvoir d'exprimer la volonté générale, c'est-à-dire à l'exercice, même partiel, du pouvoir législatif.

2° Corrélativement, le roi n'est pas représentant en tant que titulaire du pouvoir exécutif, car ce pouvoir, qui n'est conçu que comme un pouvoir de simple exécution, un pouvoir « commis », selon le vocabulaire de l'époque, ne peut être considéré comme l'exercice de la souveraineté. Il est représentant parce qu'il est co-législateur.

Le corps législatif. — C'est l'un des représentants de la volonté législative de la nation. Du principe de la souveraineté nationale qui présida à son organisation, il tient trois caractères.

a) Le corps législatif est d'abord composé d'une *Chambre unique* : l'Assemblée nationale législative.

Le monocamérisme s'explique avant tout par le refus, qui découle de l'abolition des privilèges au cours de la nuit du 4 août 1789, de conserver un statut de la noblesse en France. La deuxième Chambre nobiliaire, inspirée de la Chambre des lords anglaise, que proposaient les monarchiens aurait en effet permis à la noblesse d'empêcher l'adoption des lois tendant à supprimer ses privilèges.

b) L'assemblée est permanente, comme la nation dont elle formule la volonté. Elle fixe elle-même la date et la durée de ses sessions. Le roi ne peut la dissoudre.

c) La durée de la législature est courte (2 ans) parce qu'on craint que les membres ne soient tentés d'employer la suprématie de la fonction législative pour s'emparer aussi de la fonction exécutive et devenir despotique.

Pour écarter les politiciens de profession, la constitution décida que les députés ne pourraient être réélus qu'après l'intervalle d'une législature. Déjà l'Assemblée constituante avait refusé à ses membres l'accès à l'assemblée qui devait lui succéder ; ce décret, inspiré par un scrupule honorable, entrava la marche de la Révolution en écartant du pouvoir les plus expérimentés (Aulard, 1882, p. 310).

Le système électoral. — Il est commandé par l'idée qui forme la substance du principe de la souveraineté nationale : la souveraineté réside dans la nation entière et non dans chaque citoyen individuellement. L'individu n'a donc aucun titre personnel à participer à l'opération électorale. C'est pourquoi, bien qu'elle ait trouvé des défenseurs à l'assemblée, la théorie de *l'électorat-droit* fut écartée au profit de la conception de *l'électorat-fonction*. Celle-ci fut définie par Barnave, lorsqu'il déclarait : « La qualité d'électeur n'est qu'une fonction publique à laquelle personne n'a droit et que la société dispense ainsi que le lui prescrit son intérêt. La fonction d'électeur n'est pas un droit. »

Cette idée a un intérêt pratique considérable puisqu'elle permet d'écarter le suffrage universel (auquel conduit nécessairement la conception de l'électorat-droit) et justifie la conformité d'un suffrage restreint avec le principe de la souveraineté nationale.

Appartenant en grande partie à la bourgeoisie moyenne, l'assemblée constituante avait toutes les raisons de se rallier à la thèse de Barnave qui écartait la masse populaire de la direction des affaires publiques. Elle imagina donc un système électoral qui refusait le droit de vote à une foule d'individus qui n'avaient ni l'éducation, ni la préparation politique nécessaires. Ce système repose sur la distinction entre les citoyens actifs et passifs et sur le suffrage à deux degrés.

1° Tous les nationaux français de naissance ou par naturalisation ont la qualité de citoyens. Mais il y a deux catégories de citoyens : *les citoyens passifs*, qui jouissent de tous les droits et libertés énumérées dans la Déclaration, mais ne participent pas à la vie politique, car ils n'ont pas le droit de vote, et les *citoyens actifs*, auxquels ce droit est réservé.

Les conditions requises pour être citoyen actif (Titre III, ch. I, sect. II, art. 2) portent essentiellement sur l'obligation de payer une contribution directe au moins égale à la valeur locale de trois journées de travail. Sur 24 000 000 d'habitants, cette disposition permettait à 4 300 000 d'entre eux d'être électeurs. Le chiffre minime de la contribution exigée ne créait pas un privilège au profit des riches, mais permettait seulement d'établir le suffrage des contribuables dans lequel on voyait une garantie de l'indépendance et de la capacité de l'électeur.

2° L'atteinte au principe démocratique résultait bien plutôt de l'établissement du *suffrage à deux degrés.*

Dans chaque canton, les citoyens actifs formaient l'assemblée primaire qui nommait les électeurs du second degré. Or, pour pouvoir être choisi comme électeur du second degré, il fallait satisfaire à des conditions de fortune qui réduisaient considérablement le nombre de ceux qui pouvaient se porter candidats. Dans les villes, il fallait être propriétaire ou usufruitier d'un bien évalué, au rôle des contributions directes, à un revenu égal à la valeur de 150 à 200 journées de travail ou locataire d'une habitation évaluée à un revenu de 150 à 200 journées de travail. Dans les campagnes, pouvaient se porter candidats les propriétaires ou usufruitiers d'un bien évalué à un revenu de 150 journées de travail, et les fermiers d'un domaine évalué à un revenu égal à 400 journées de travail.

Or, comme le revenu fiscal était sensiblement inférieur au revenu réel, le nombre des électeurs du second degré était peu élevé (43 000). Toutefois, aucune condition pécuniaire n'était mise à l'éligibilité ; par conséquent, un citoyen pouvait être élu à l'assemblée, alors qu'il n'aurait pu être électeur.

B Le fondement de la constitution : la séparation des pouvoirs

1. La thèse traditionnelle

On affirme parfois que la constitution de 1791 repose sur la séparation rigide des pouvoirs. Cette interprétation est erronée, comme on peut le constater en considérant aussi bien les compétences des organes, d'où il ressort qu'on n'a pas voulu les spécialiser, que leurs statuts, d'où il ressort qu'on n'a pas voulu les rendre indépendants.

La fonction législative est exercée par deux organes, le corps législatif et le roi, qui y participe par son droit de veto suspensif. On ne saurait soutenir que le droit de veto se rattache plutôt au pouvoir exécutif, car si le roi dispose du pouvoir exécutif, ce pouvoir, on l'a vu, est commis et ce n'est pas en cette qualité qu'il peut s'opposer aux textes de lois. Que le roi soit législateur, c'est ce qui ressort très clairement de la procédure : le texte adopté par le corps législatif porte le nom de *décret*.

Il est transmis au roi, qui doit l'accepter en lui accordant sa *sanction* — le veto n'est pas autre chose que le refus de la sanction — ; ce n'est qu'après la sanction du roi, que le texte prend le nom de *loi*, ce qui signifie bien que la loi est produite par l'accord des deux représentants de la nation.

Plusieurs compétences qu'on rattache ordinairement à la fonction exécutive sont exercées en commun par le corps législatif et le roi, notamment la conclusion des traités internationaux. Quant à l'exécution des lois elle-même, elle est confiée au roi seul, mais il ne peut l'exercer qu'avec le concours de ministres qu'il nomme et révoque, mais qui ne sont cependant pas indépendants du corps législatif.

Pour ce qui concerne les statuts, il est certain que la constitution n'accorde pas au roi le droit de dissoudre le corps législatif, ni au corps législatif celui de renverser les ministres, mais la procédure pénale de mise en jeu de la responsabilité des ministres, qui pouvait être déclenchée à la discrétion de l'assemblée, selon le modèle anglais de l'*impeachment*, mettait les ministres dans une dépendance complète, ce que démontrera amplement l'expérience de 1792 (voir *infra*).

2. Le principe de la séparation des pouvoirs en 1791

En réalité, la répartition des compétences et le statut des organes s'expliquent non par le principe de la séparation des pouvoirs tel que l'entendait la doctrine traditionnelle (voir *supra*), mais par deux principes différents et complémentaires :

a) un principe négatif : il ne faut pas que les compétences soient toutes attribuées à une même autorité, ce qui signifierait le despotisme. Il faut au contraire qu'elles soient réparties ou séparées entre plusieurs, peu importe de quelle manière, pourvu qu'elles le soient. Comme une constitution n'est pas autre chose qu'une répartition des compétences entre organes, on a ici avec la séparation des pouvoirs la définition même d'une constitution, comme l'indique clairement l'article 16 de la Déclaration des droits de l'homme : « Toute société dans laquelle la garantie des droits n'est pas assurée ni la séparation des pouvoirs déterminée n'a point de constitution ». Cet article est ordinairement interprété conformément à la théorie traditionnelle de la séparation des pouvoirs. Il semble indiquer alors que les constituants de 1789-1791 étaient des partisans si ardents de la spécialisation et de l'indépendance des organes, qu'ils considéraient que, faute de ces deux règles, un pays n'avait pas de constitution digne de ce nom. Cette interprétation — qui exige d'ailleurs qu'on complète l'énoncé de l'article 16 par l'expression, considérée comme implicite, « digne de ce nom » — est erronée : si « séparation des pouvoirs » signifie répartition des compétences, alors en effet l'article 16 doit être compris à la lettre ; il ne fait qu'énoncer une vérité d'évidence ou une définition de la constitution.

b) mais ce principe négatif est insuffisant ; il doit être complété par un autre, qui prescrive de quelle manière il faut répartir les compétences. À cet égard deux conceptions s'opposent à la fin du XVIIIe siècle.

1° Selon la première, la plus simple, il suffit de spécialiser les organes, l'un dans la fonction législative, l'autre dans la fonction exécutive. Comme les fonctions sont hiérarchisées, il est clair que l'organe législatif sera prépondérant. Dans la mesure où la fonction législative est exercée par le peuple lui-même, cette conception a la faveur des démocrates. C'est notamment celle de Jean-Jacques Rousseau et ce sera celle des conventionnels en 1793 (voir *infra*).

Ses adversaires font valoir qu'un tel système présente des risques considérables. Il est à craindre que l'organe législatif, notamment s'il ne se confond pas avec le peuple lui-même et s'il est composé de représentants, n'emploie la suprématie de la fonction législative pour s'emparer aussi de la fonction exécutive. Il réunirait alors entre ses mains les deux fonctions et serait despotique. Autrement dit, le système de la spécialisation est autodestructeur.

2° Le second système, appelé « balance des pouvoirs » est présenté par ses partisans comme autorégulateur. Les compétences y sont réparties de telle sorte qu'aucune autorité ne soit jamais en mesure de cumuler l'exercice de toutes les fonctions. Pour cela, il importe d'éviter la spécialisation et de donner à l'organe exécutif une participation à la fonction législative, de manière à obtenir un équilibre entre les organes, une *balance des pouvoirs*. Ainsi, dans la constitution anglaise qui sert de modèle à Montesquieu, Delolme, Blackstone et au début de la Révolution aux monarchiens, comme Mounier ou Lally-Tollendal, le pouvoir législatif est-il exercé par le Parlement. Le Parlement est un organe complexe formé de la Chambre des communes, de la Chambre des lords et du Roi. Aucune loi ne peut entrer en vigueur sans le consentement de chacun de ces organes partiels. Le pouvoir exécutif est par ailleurs exercé par le roi seul.

Il n'y a pas de spécialisation, puisque le roi est à la fois organe de la fonction exécutive et organe partiel de la fonction législative. Aucun organe n'est en mesure de cumuler la totalité des pouvoirs. Si, par exemple la Chambre des communes était tentée de s'emparer du pouvoir exécutif, elle se heurterait au veto du roi. Celui-ci de son côté n'aurait aucun moyen d'acquérir la totalité du pouvoir législatif. Un véritable équilibre des pouvoirs est ainsi réalisé, mais il ne s'agit pas bien évidemment d'un équilibre entre pouvoir législatif et pouvoir exécutif — ce serait impossible en raison de la hiérarchie des normes — mais *entre les divers pouvoirs législatifs*.

De cet équilibre, ses partisans attendent au moins deux avantages : d'une part la séparation des pouvoirs (entendue comme principe négatif) sera préservée et la constitution sera littéralement inviolable ; d'autre part la législation sera modérée : comme le consentement de trois organes est nécessaire pour qu'une loi soit faite, il n'y aura que peu de lois — conformément à l'idéal des physiocrates — l'État n'interviendra donc que très peu dans la vie économique, chaque loi sera le résultat d'un compromis et si certains organes représentent des minorités, par exemple la noblesse, les intérêts de ces minorités seront protégés.

À la Constituante, les monarchiens ne parviendront pas à imposer le principe de la balance des pouvoirs dans sa forme anglaise. Un premier projet, qui prévoyait deux Chambres et un droit de veto absolu au profit du roi, fut repoussé. Mais le texte qui fut adopté conservait l'économie générale du système, car s'il y avait une Chambre unique, le roi était doté d'un droit de veto suspensif.

Les décrets votés par le Corps législatif étaient présentés au roi. Si celui-ci les acceptait, ils devenaient lois. Mais dans les deux mois de leur présentation, le roi pouvait aussi refuser son consentement. Alors le texte ne pouvait pas lui être soumis à nouveau par la même législature. Mais si les deux législatures suivantes reprenaient le projet, le *veto* du roi cessait de produire effet. Il était donc valable au maximum pour six ans.

C Le problème du pouvoir exécutif

1. Position du problème en 1790

Ce problème, que Rousseau comparait à celui de la quadrature du cercle, était pour les constituants spécialement difficile. Il leur fallait en effet poursuivre deux objectifs contradictoires.

1° Le roi, en raison de son pouvoir législatif, était un représentant. En tant qu'organe partiel de la législation, il devait être pleinement indépendant de l'autre organe partiel, le corps législatif. C'est cette nécessité de rendre les deux organes mutuellement indépendants qui expliquait que le roi n'avait pas le droit de dissoudre l'assemblée et que sa personne était inviolable et irresponsable et qui expliquait aussi bien d'autres éléments de son statut, qui devaient le rendre financièrement et même physiquement indépendant ; financièrement car le montant de ses crédits, la liste civile, était fixé pour toute la durée du règne, sans qu'il soit possible à l'Assemblée de le diminuer lors du vote du budget pour faire pression sur lui ; physiquement, car il disposait pour sa protection, comme d'ailleurs le corps législatif, d'une garde armée distincte.

2° Mais d'autre part, en sa qualité de détenteur du pouvoir exécutif, le roi devait rester subordonné à la loi. On concevait à cette époque la fonction exécutive de la manière la plus étroite : l'exécution consistait seulement dans l'application matérielle des lois et dans la direction de l'administration pour assurer cette application. Elle excluait donc totalement le pouvoir réglementaire, car la production de règles était le monopole de la loi.

Il fallait donc assurer la conformité de l'exécution à la loi, ce qu'on appelait la *rectitude* de l'exécution, mais la difficulté était d'organiser le contrôle de cette conformité et l'on paraissait condamné à naviguer entre deux écueils :

a) ou bien le contrôle était confié au corps législatif et l'on rendait le roi responsable des refus d'exécution ou de la mauvaise exécution des lois, mais le risque était évidemment que la responsabilité s'étende à son pouvoir législatif, qu'on le poursuive par exemple sous prétexte de mauvaise exécution, mais en réalité pour l'intimider et l'empêcher d'exercer son droit de veto. Cela signifierait alors que le corps législatif exercerait seul le pouvoir législatif et cumulerait bientôt les deux fonctions.

b) ou bien on n'organisait aucun contrôle et le roi pourrait agir selon sa propre volonté, ce qui équivaudrait pour lui à cumuler les deux fonctions législative et exécutive, au mépris à nouveau du principe de la séparation des pouvoirs.

2. La solution de la Constituante

Pour échapper à ce dilemme, l'Assemblée constituante s'inspire du système anglais :

1) Le roi reste inviolable et irresponsable.

2) Il y aura des ministres, au nombre de six, nommés librement par le roi, sauf parmi les membres du corps législatif et révocables par lui.

3) Tous les actes du roi devront être contresignés par un ministre.

4) Ces ministres seront responsables. Cette responsabilité s'exercera selon une procédure pénale inspirée de l'Angleterre : le Corps législatif peut les accuser, par le vote d'un simple décret, des « délits par eux commis contre la sûreté nationale et la constitution... ». Ils seront alors jugés par une Haute Cour nationale. Les délits contre la constitution

ne font l'objet d'aucune définition, mais il est clair que constitue notamment un tel délit le fait d'avoir contresigné un acte illégal du roi.

L'Assemblée pense avoir ainsi réussi à conserver au roi l'indépendance à laquelle il a droit en tant qu'organe législatif partiel, tout en maintenant la subordination de la fonction exécutive. Le roi en effet ne pourra accomplir seul des actes d'exécution et les ministres refuseront de contresigner des actes illégaux pour éviter d'en supporter la responsabilité.

En réalité, peu de mois après la mise en application de la constitution, cette procédure pénale sera employée, comme d'ailleurs en Angleterre, pour sanctionner les divergences politiques entre l'assemblée, dominée par les girondins et les ministres feuillants. Au mois de mars 1792, le décret d'accusation fut voté contre le ministre des Affaires étrangères, Delessart, pour avoir « négligé l'intérêt national ». Delessart fut arrêté et les autres ministres résilièrent leurs fonctions. Ainsi, la responsabilité devenait politique et le régime évoluait vers le régime parlementaire.

D La suprématie de la constitution

L'assemblée constituante adopte le système des constitutions rigides. La distinction formelle entre les lois ordinaires et les lois constitutionnelles s'exprime dans le fait que, pour les modifications à apporter à ces dernières, l'intervention d'un organe spécial est prévu. Il faut remarquer que la constitution, bien qu'ayant déclaré que la nation a le droit imprescriptible de changer sa constitution, n'en confie pas moins ce soin à une assemblée spéciale, dont la compétence a pour effet de paralyser la liberté de la nation. On sait du reste (voir *supra*) de quelles précautions la constitution entourait la révision.

L'assemblée nationale constituante se sépara le 30 septembre 1791 ; l'assemblée législative qui lui succéda ne vécut pas longtemps sous le régime de la constitution de 1791. En effet, les conflits avec la royauté s'étant aggravés, elle décida de faire élire par le peuple une Convention nationale chargée de préparer une nouvelle constitution. De fait, la constitution de 1791 avait vécu : le 10 août 1792, l'assemblée prononça la suspension du roi. Pratiquement, le régime de la dictature de l'assemblée commence.

Section 2
Les constitutions de la Convention

La constitution de 1791 établissait un régime où la prédominance était assurée aux classes bourgeoises. La Convention prétendra, elle, réaliser la démocratie. Cette prétention résulte de son origine même. C'est en effet la première assemblée française élue au suffrage universel. L'assemblée législative avait modifié le système électoral de 1791, en supprimant la distinction entre citoyens actifs et passifs. Le suffrage à deux degrés était maintenu, mais uniquement sur la base de l'âge : tous les citoyens de vingt et un ans vivant de leur travail ou de leur revenu et n'étant pas en état de domesticité faisaient partie des assemblées primaires. La seule condition pour pouvoir être électeur du second degré était d'être âgé de vingt cinq ans. Le droit de suffrage reposant sur la fortune est donc supprimé ; mais le vote étant public, la liberté du suffrage n'est pas parfaitement assurée.

Le 21 septembre 1792, la Convention décrète que la royauté est abolie et, quatre jours plus tard, proclame la République. Une ère nouvelle commence, que marque l'ouverture du calendrier républicain (1er vendémiaire an I de la République, correspondant au 21 septembre 1792) ; en même temps, la Convention entreprend la confection d'une constitution qui, cette fois, devra être adoptée par le peuple. Un premier projet d'inspiration girondine ne survit pas à la défaite de ses auteurs. Jugé trop modéré, la Convention l'écarte et confie la préparation d'un nouveau projet au Comité de salut public. Le 10 juin Hérault de Séchelles présente son rapport qui, adopté par la Convention, devient la constitution montagnarde du 24 juin 1793.

La Déclaration des droits de l'homme et du citoyen de 1793. — Comme celle de 1791, la constitution de 1793 est précédée d'une déclaration des droits qui se caractérise par l'accentuation de son esprit démocratique. Plus encore que la liberté, c'est l'égalité qui est mise en avant. D'où l'affirmation que « chaque citoyen a un droit égal à concourir à la formation de la loi et à la nomination de ses mandataires ».

La déclaration de 1793 sanctionne plus énergiquement que celle de 1791 les droits qu'elle proclame. En 1791, on admettait la résistance à l'oppression ; en 1793, on légitime le droit à l'insurrection (art. 35).

Enfin, tandis qu'en 1791 la déclaration avait une portée essentiellement négative, du fait que l'énumération des libertés constituait une limite à l'action de l'État, les hommes de la Convention entendent faire œuvre positive. Ils reconnaissent aux individus le droit d'exiger certaines prestations de la part de l'État : droit au travail, à l'assistance, à l'instruction (art. 21, 22). En ce sens, la Déclaration de 1793 présente un caractère social qui n'est pas dans celle, profondément individualiste, de 1791.

§ 1. La constitution de 1793

En s'en tenant aux lignes générales, on peut dire qu'elle est une constitution selon Rousseau (Boudon, 2002). Elle procède, en effet, de l'idée que la souveraineté est fractionnée entre les individus, et en fait immédiatement application au système électoral par l'établissement du *suffrage universel* direct. En outre, le rôle des citoyens ne se borne pas à une très large participation électorale ; ils sont également appelés à prendre directement des décisions.

La constitution organise, au moins en apparence, un gouvernement semi-direct. Mais la différence avec le système de 1791 réside avant tout dans le principe de répartition des compétences : alors que la constitution précédente se fondait sur le principe de la balance des pouvoirs, celle-ci met en œuvre le principe de la spécialisation.

1° *Le pouvoir législatif* est exercé par une assemblée unique, élue au suffrage universel, pour un an, de manière que le peuple ne soit pas lié trop longtemps par son vote. Mais ce pouvoir, l'assemblée ne l'exerce pas en toute liberté. L'article 53 prévoit, en effet, que le Corps législatif *propose* les lois et *rend* les décrets. Les décrets, c'est-à-dire les textes portant sur les matières les moins importantes d'administration courante, sont définitifs dès leur vote par le Corps législatif. Au contraire, pour être définitives, les lois (actes tranchant des questions importantes) doivent être acceptées par le peuple. À cet effet, le projet voté par l'assemblée était envoyé aux assemblées primaires. Si dans les quarante jours suivants, dans la moitié des départements plus un, un dixième des assemblées primaires de chacun d'eux n'avait pas protesté, le projet devenait loi. Dans le cas contraire, toutes les assemblées primaires étaient convoquées et c'est aux citoyens qu'il appartenait de décider si le projet devait rester lettre morte ou devenir loi.

Cet emprunt aux institutions de la démocratie directe était encore plus large en matière constitutionnelle, puisque le peuple disposait du droit d'initiative.

2° *Le pouvoir exécutif.* — L'intention des constituants de 1793 d'établir une démocratie véritable se traduit en second lieu par la dépendance dans laquelle ils tiennent l'exécutif. À vrai dire, ils ne le conçoivent pas comme un véritable pouvoir, c'est un agent de l'assemblée.

D'abord, il est collégial (24 membres), on le divise pour l'affaiblir. Ensuite, il est élu, non par le peuple, ce qui pourrait lui donner trop de prestige, mais par le Corps législatif sur une liste de 85 candidats désignés à raison de un par l'assemblée électorale de chaque département. Enfin, il n'a aucun moyen d'action sur l'assemblée, puisqu'il n'a ni initiative des lois, ni *veto*, ni possibilité de dissoudre la représentation nationale.

Soumise à l'acceptation du peuple, la constitution de 1793 fut acceptée par 1 800 000 voix contre 11 000, sur 6 000 000 d'électeurs. Elle n'entra cependant pas en vigueur, car, en présence du double péril intérieur (insurrection de la Vendée et des grandes villes) et extérieur (envahissement du territoire), la Convention en ajourna l'application et décida (10 octobre 1793) d'être elle-même « le centre unique de l'action et du gouvernement ». Ainsi s'établit le gouvernement révolutionnaire de la dictature de la Convention, caractérisé par le règne du Comité de salut public.

Certains auteurs ont soutenu qu'avec lui la France avait fait sa première expérience de régime parlementaire (Mirkine-Guetzévitch, 1936). C'est une thèse difficilement soutenable, car, si le parlementarisme est lié à la responsabilité du gouvernement devant l'Assemblée, il suppose un climat de discussion et un respect de l'opposition dont le moins qu'on puisse dire est que la Convention n'en a guère été imprégnée (Villers, 1951).

Après la chute de Robespierre (27 juillet 1794), la question de la mise en vigueur de la constitution de 1793 se posa. L'évolution des esprits la fit écarter et la Convention reprit son œuvre constituante, mais, cette fois, dans un sens beaucoup plus modéré. Il en résulta la constitution du 5 fructidor an III (22 août 1795).

§ 2. La constitution du 5 fructidor an III

Son inspiration réactionnaire se révèle dès l'abord dans la Déclaration qui la précède. Elle reprend en termes beaucoup moins agressifs l'énumération des droits qui avaient déjà été proclamés, en écartant toutefois l'égalité politique et la résistance à l'oppression. Mais surtout elle y joint une *Déclaration des devoirs* beaucoup moins intéressante par les préceptes assez vagues qu'elle contient que par l'intention dont elle témoigne d'affirmer la primauté de l'ordre. La démocratie entendue de façon absolue a permis, sinon provoqué, la terreur : on limitera donc la démocratie (Lefèbvre, 1971).

L'organisation des pouvoirs. — Elle se caractérise par une restriction sensible de la part accordée au peuple dans la direction des affaires publiques. Sans doute, on maintient le principe que chaque citoyen a le droit de concourir lui-même ou par représentant à la formation de la loi (art. 20), mais le titre de citoyen n'est accordé qu'à ceux qui paient une contribution. Donc, retour au *suffrage du contribuable.* En outre, la constitution de l'an III rétablit le suffrage indirect à deux degrés et ne laisse subsister le référendum populaire qu'en matière constitutionnelle.

Enfin, pour ce qui concerne la répartition des compétences, la constitution tente de réaliser un compromis entre le principe de la balance des pouvoirs, qui inspirait la constitution de 1791 et celui de la spécialisation, sur lequel était fondée la constitution de 1793 : Sieyès, dont l'influence était grande, avait résumé ainsi la nécessité d'un compromis : « en fait de gouvernement, et plus généralement en fait de constitution politique, unité toute seule est despotisme, division toute seule est anarchie ; division avec unité donne la garantie sociale sans laquelle toute liberté n'est que précaire ». L'unité, c'était la spécialisation et elle menait, selon Sieyès, au despotisme de l'autorité législative. La division, c'était la balance des pouvoirs, qui conduisait à l'anarchie, parce qu'elle faisait naître des conflits entre les autorités législatives.

Pour combiner les deux formules, il fallait donc spécialiser les autorités et notamment interdire à l'autorité exécutive de participer à la législation, mais en même temps organiser une division, une balance des pouvoirs au sein de l'organe législatif spécialisé.

1° *Le Pouvoir législatif.* — L'innovation capitale est donc l'établissement du bicaméralisme, institué comme un moyen d'assurer la modération de la représentation nationale. Il ne s'agit pas en effet de créer une seconde Chambre aristocratique, mais seulement de diviser l'organe législatif. Les deux assemblées : le Conseil des Cinq-Cents et le Conseil des Anciens, ont donc la même origine élective, elles sont élues également pour trois ans et renouvelables dans les mêmes conditions, par tiers tous les ans.

La seule différence entre elles tient aux conditions d'éligibilité : trente ans pour les Cinq-Cents, quarante ans pour les Anciens, avec, en outre, pour ceux-ci la nécessité d'être mariés ou veufs, condition tenue comme un gage de modération.

À l'assemblée jeune était réservée l'initiative des lois, tandis qu'aux Anciens il appartenait d'approuver ou de rejeter en bloc les résolutions du Conseil des Cinq-Cents. En matière constitutionnelle, les innovations étant à redouter, la règle était renversée : l'initiative devait émaner des Anciens, l'adoption des Cinq-Cents.

2° *Le Pouvoir exécutif.* — Il recouvre une autorité véritable. Il a encore la forme collégiale, mais, au lieu des 24 membres prévus par la constitution de 1793, il n'en comporte que cinq. Ce *Directoire* est élu par les Anciens sur une liste préparée par les Cinq-Cents. Mais les Directeurs ne sont pas révocables par le Corps législatif. Il peut seulement les mettre en accusation devant la Haute Cour de Justice, dans des cas énumérés par la constitution et qui visent uniquement la responsabilité pénale.

Quant aux attributions de l'exécutif, elles sont telles qu'elles lui permettent de remplir effectivement sa fonction. En effet, pour la première fois en France, il reçoit le pouvoir réglementaire, c'est-à-dire la possibilité de poursuivre l'exécution des lois par des règlements (appelés proclamations) appropriés (Verpeaux 1991). En outre, le Directoire pourvoit à la sûreté intérieure et extérieure de l'État, dispose de la force armée, entretient les relations diplomatiques, négocie les traités qui doivent être ratifiés par le Corps législatif. Dans l'accomplissement de sa tâche, il est assisté de ministres qui sont simplement ses agents d'exécution.

3° *Les rapports entre les pouvoirs.* — Selon la doctrine traditionnelle, la constitution réaliserait une séparation rigide des pouvoirs, au point que les conflits entre le pouvoir exécutif et le pouvoir législatif ne trouvent pas de solution institutionnelle et que le système conduit aux coups d'État (Meynier, 1927-1928).

Cette thèse ne résiste pas à l'examen. Il est exact que les autorités sont spécialisées, exact aussi que les conseils ne peuvent révoquer les directeurs et les ministres et qu'ils ne peuvent être dissous, exact encore que la constitution interdit tout contact direct entre les organes, mais il n'en résulte aucun équilibre entre les pouvoirs législatif et exécutif. Bien au contraire, la spécialisation entraîne naturellement la subordination du pouvoir exécutif et aucun véritable conflit institutionnel n'est possible entre eux.

Sans doute, le Directoire peut-il refuser d'exécuter les lois qui lui déplaisent ou tenter d'imposer aux Conseils une politique législative, mais il s'agit là simplement d'une rébellion du subordonné contre l'autorité supérieure et non pas d'un conflit entre deux pouvoirs égaux. La constitution prévoit d'ailleurs dans ce cas la mise en jeu de la responsabilité pénale des directeurs pour « manœuvres pour renverser la constitution » (articles 115 et 158). La procédure est alors inspirée de celle qu'avait organisée la constitution de 1791 pour les ministres : l'accusation est votée par les conseils et les accusés sont jugés par la haute cour de justice.

Au cours des quatre années d'application de la constitution de l'an III, à plusieurs reprises se sont produits des événements graves, que l'on appelle traditionnellement des coups d'État. Mais ces événements ne sont aucunement imputables à la prétendue séparation rigide des pouvoirs. Il s'agissait ou bien d'une manifestation de la suprématie des Conseils sur le Directoire, ou bien d'une rébellion du Directoire contre l'autorité supérieure des Conseils. Dans ce dernier cas, le Directoire devait nécessairement employer la force, c'est-à-dire faire appel à l'armée. Le dernier coup d'État, celui du 18 brumaire an VIII, qui amène Bonaparte au pouvoir, n'en est qu'une variété. La seule différence est que cette fois un général n'intervient pas pour prêter main forte au Directoire, mais pour son propre compte.

Sous le régime du Consulat provisoire (11 novembre au 13 décembre 1799), une commission composée de membres des deux Conseils, mais où prévalait l'influence de Sieyès, prépara un projet de constitution qui, accepté par le peuple, devint la constitution du 22 frimaire an VIII.

Section 3
Le Consulat et l'Empire

Le régime du Consulat et de l'Empire se caractérise par la dictature d'un militaire, qui se réclame d'une légitimité populaire. Son établissement est dû à la personnalité d'un chef, Napoléon Bonaparte, qui, par son prestige, a pu obtenir du peuple qu'il se dessaisisse en sa faveur d'une souveraineté qui lui était nominalement attribuée.

§ 1. La constitution du 22 frimaire an VIII

Elle est une constitution faite par Bonaparte à la mesure de ses propres ambitions (Bourdon, 1942). À ce titre, il convient, avant d'examiner l'organisation des pouvoirs, de rappeler quels procédés permirent aux constituants de confisquer, au profit du César, la démocratie. Cette confiscation revêt deux formes : l'aménagement du suffrage et le plébiscite.

1° *L'organisation du suffrage.* — Bonaparte applique le principe énoncé par Sieyès : « La confiance doit venir d'en bas et le pouvoir d'en haut. » Dans la constitution de l'an VIII, le suffrage universel est rétabli et la condition de citoyen est accordée à tout homme âgé de 21 ans, établi depuis un an sur le territoire de la République. Seulement, si tout le monde est électeur, les électeurs n'élisent personne. En effet, le peuple ne nomme pas des députés, il présente seulement des listes de candidats.

Les citoyens de chaque arrondissement communal désignent un dixième d'entre eux pour former les listes de confiance communales, sur lesquelles sont pris les fonctionnaires de l'arrondissement, notamment les maires. À leur tour, les membres des listes communales choisissent un dixième d'entre eux, qui forment la liste départementale, pépinière des fonctionnaires du département. Enfin les listes départementales donnent naissance, selon la même procédure, à la liste nationale, sur laquelle seront désignés les titulaires de fonctions publiques nationales. C'est le système de la pyramide, né du cerveau dogmatique de Sieyès.

Or, comme les fonctionnaires nationaux sont nommés soit par le Premier consul (membres du Conseil d'État et fonctionnaires administratifs), soit par le Sénat (membres du Corps législatif, du Tribunat et du Tribunal de cassation) et qu'enfin le Sénat se recrute lui-même par cooptation, les citoyens électeurs ont voté... sans élire.

2° *Le plébiscite.* — Pourtant la constitution de l'an VIII accorde bien au peuple un droit de décision effectif. C'est le *plébiscite*.

Son article 95 dispose en effet que « la présente constitution sera offerte de suite à l'acceptation du peuple français ». Ainsi s'introduisait dans nos institutions un mode de consultation populaire qui est le signe typique du césarisme. Le peuple est appelé à voter à propos, non d'une institution, mais d'un homme : il lui faut choisir entre un régime et l'absence de gouvernement, c'est-à-dire entre un ordre et l'anarchie. Par le plébiscite, les électeurs donnent leur confiance, mais ne participent pas à la direction des affaires publiques.

Le pouvoir exécutif. — Il est confié à trois Consuls nommés pour dix ans et indéfiniment rééligibles que la constitution désigne elle-même : Bonaparte, Cambacérès et Lebrun. Seulement cette collégialité n'est qu'une apparence, car en réalité le rôle du Premier consul est prépondérant. Il y a une série d'attributions qu'il exerce seul, notamment la promulgation des lois, la nomination et la révocation des membres du Conseil d'État, des ministres et des fonctionnaires. D'autre part, en ce qui concerne les autres prérogatives de l'exécutif, les trois Consuls ne forment pas un collège statuant à la majorité, car le deuxième et le troisième Consuls n'ont qu'une voix consultative. En fait c'est donc la totalité de la compétence de l'exécutif qui appartient à Bonaparte, et elle est fort étendue.

Le gouvernement a le droit exclusif d'initiative législative ; il a le pouvoir réglementaire ; il veille à la sûreté intérieure et extérieure de l'État et dispose à cet effet de la force armée ; il conduit les relations diplomatiques et conclut les traités sans que la ratification des assemblées soit nécessaire, sauf pour les traités de paix, d'alliance et de commerce ; il peut même, en cas de conspiration contre la sûreté de l'État, retenir les individus pendant dix jours avant de les déférer aux tribunaux.

Pour assurer l'exécution de cette tâche énorme, le Premier consul est assisté de ministres et surtout d'un organe dont, sous l'impulsion de Bonaparte, la fécondité fut extrême : le *Conseil d'État* (art. 52) chargé de rédiger les projets de lois et les règlements d'administration publique.

Le pouvoir législatif. — Il est assuré par deux assemblées :

a) *Le Tribunat*, composé de cent membres renouvelables par cinquième tous les ans. C'est à peine si, à son propos, on peut parler d'un véritable organe législatif, car il ne peut exprimer, quant aux lois à faire, qu'un vœu qui n'oblige aucune autorité à le prendre en considération.

b) *Le Corps législatif*, trois cents membres renouvelables également par cinquième tous les ans. C'est à lui qu'il appartient d'adopter ou de rejeter les projets de lois du gouvernement. Ils sont discutés devant lui par trois commissaires du gouvernement, pris dans le Conseil d'État et trois membres du Tribunat. Mais le Corps législatif est un muet qui décide, tandis que le Tribunat délibère et ne décide point. C'est qu'il est conçu, conformément à une idée de Sieyès, par analogie avec un juge, qui tranche après avoir entendu en silence les représentants des parties : ici, le peuple d'une part (les tribuns), le pouvoir exécutif d'autre part (le Conseil d'État).

Le Sénat. — La constitution ne le mentionne pas sous le titre qu'elle consacre au pouvoir législatif. Et en effet il n'est pas une assemblée législative proprement dite. Il est, d'une part, le *grand électeur* du régime puisque c'est lui qui choisit les consuls (pour l'avenir seulement), les membres du Corps législatif, du Tribunat, les juges de cassation et ses propres membres par cooptation. Le Sénat est d'autre part le *conservateur* de la constitution. Nous savons (voir *supra*) avec quelle docilité à l'égard de Bonaparte, il s'est acquitté de sa mission.

§ 2. Les modifications de la constitution de l'an VIII

Ce Sénat, qui devait protéger l'intégrité de la constitution, estima que le meilleur moyen de la conserver était de l'adapter à l'évolution des conditions politiques. La première adaptation fut acquise par le sénatus-consulte du 14 thermidor an X qui, entérinant l'acceptation du corps électoral auquel la question avait été posée, proclame Napoléon Bonaparte consul à vie.

Le sénatus-consulte du 16 thermidor an X. — Il a pour objet de mettre la constitution de l'an VIII en accord avec la situation nouvelle. Les réformes qu'il apporte visent le système électoral, les pouvoirs du premier Consul et la situation des assemblées.

1° *Modification du système électoral.* — Prenant prétexte de ce que les citoyens s'étaient désintéressés des listes de confiance, on les supprime et on leur substitue un système d'assemblées électorales. D'abord l'assemblée de canton formée de tous les citoyens domiciliés dans le canton ; elle présente deux candidats pour le poste de juge de paix et pour chaque poste de conseiller municipal : c'est le Premier consul qui choisit le titulaire. Ensuite les collèges électoraux d'arrondissement élus par les assemblées de canton ; là encore, leurs prérogatives se bornent à un droit de présentation pour le recrutement du Tribunat et du Corps législatif. Enfin les collèges électoraux de département nommés par les assemblées de canton parmi les contribuables les plus imposés. Ils présentent le candidat pour former les listes où seront choisis les membres du Conseil général, du Corps législatif et du Sénat.

Il n'y a toujours pas d'élection (sauf en ce qui concerne les conseillers municipaux des communes de moins de 5 000 habitants) mais simplement présentation.

2° *Extension des pouvoirs du Premier consul.* — Le renforcement de l'autorité de Bonaparte se manifeste notamment par le fait qu'il présente — pratiquement impose — la nomination des deux autres Consuls au Sénat. Il désigne également son successeur. D'autre part ses attributions sont élargies, car il peut désormais ratifier les traités de paix et d'alliance.

3° *Situation des assemblées.* — Le Sénat reçoit la récompense de sa docilité. Ses pouvoirs s'accroissent dans la mesure où il est un instrument aux mains de Bonaparte. Il peut déclarer certains départements hors de la constitution, suspendre le fonctionnement du jury criminel, dissoudre le Corps législatif et le Tribunat. En outre, il reçoit le pouvoir constituant en matière coloniale et pour tout ce qui n'a pas été prévu par la constitution.

Investi d'aussi larges pouvoirs, le Sénat était placé dans la dépendance du gouvernement. Au lieu de coopter ses membres entre trois candidats présentés par le Premier consul, le Tribunat et le Corps législatif, comme le voulait la constitution de l'an VIII, il les choisit désormais entre trois candidats, tous désignés par le Premier consul. Le Sénat n'est plus une assemblée indépendante, c'est l'auxiliaire du gouvernement.

Quant au Tribunat, on le punit de ses velléités d'opposition en réduisant ses membres à cinquante.

Le sénatus-consulte organique du 28 floréal an XII. — Rendu par le Sénat le 18 mai 1804, c'est celui par lequel le gouvernement de la République est confié à un Empereur. L'hérédité de la dignité impériale est instituée dans la descendance de Napoléon et de ses frères. Accepté par le plébiscite, le changement de régime est organisé par le sénatus-consulte de floréal qui a pour objet d'adapter la constitution de l'an VIII à l'Empire.

En réalité, c'est d'une constitution nouvelle qu'il s'agit : les apparences mêmes de la démocratie, sauvegardées en l'an VIII, disparaissent. Le Tribunat ne peut plus discuter qu'en sections et non en assemblée (il sera d'ailleurs supprimé en 1807), quant au Corps législatif on lui rend le droit de parole, mais on ne le réunit plus. Il n'y a que le Sénat dont la situation se renforce encore, ce qui ne fait qu'accentuer son caractère d'organe du gouvernement. C'est lui qui permet à toute la législation par décret de l'Empire d'être juridiquement valable puisqu'il ne l'annule pas.

L'Acte additionnel aux constitutions de l'Empire (22 avril 1815). — Après l'échec de la première Restauration, Napoléon revenu de l'île d'Elbe se présenta comme le restaurateur des libertés révolutionnaires que les Bourbons prétendaient annihiler. Mais, comme en fait la Charte de 1814 (voir *infra*) était beaucoup plus libérale que les constitutions impériales, l'Empereur ne pouvait faire retour en arrière. C'est pourquoi, quoique officiellement addendum aux constitutions de l'Empire, l'Acte de 1815 établit un régime nouveau. Sans doute les organes de l'exécutif — Empereur, ministres et Conseil d'État — conservaient-ils leur situation antérieure, mais un pouvoir législatif véritable était institué sous forme de deux Chambres : la Chambre des pairs dont les membres sont nommés par l'Empereur, le titre est héréditaire ; une Chambre des représentants, élue cette fois par un véritable suffrage populaire et où, du fait que certains députés devaient appartenir à des professions déterminées, se forme un embryon de représentation des intérêts.

D'autre part, les rapports entre l'exécutif et le législatif sont aménagés de telle sorte que l'application de l'Acte additionnel eût pu donner naissance au régime parlementaire. En effet, les ministres peuvent être pris dans les Chambres, et sont responsables des actes du gouvernement qu'ils doivent contresigner.

Ainsi, l'Acte additionnel reproduisait-il la structure générale de la Charte, c'est-à-dire celle de la constitution d'Angleterre et de la balance des pouvoirs (Rials, 1986).

Ratifié par le plébiscite, l'Acte additionnel entre en vigueur le 1er juin 1815, mais le 18 juin c'est Waterloo et le 22 juin, Napoléon abdique. Le césarisme disparaît avec l'homme qui en était l'âme (Radiguet, 1911).

Bibliographie

AULARD A. (1926), *Histoire politique de la Révolution française : origines et développements*, Paris, A. Colin, 6e éd., réédition 1989.

ASSOCIATION FRANÇAISE DES CONSTITUTIONNALISTES (1990), *La continuité constitutionnelle en France de 1789 à 1989. Journées d'études des 16-17 mars 1989*, Paris, Economica, Aix-en-Provence, PUAM.

BACOT G. (1985), *Carré de Malberg et l'origine de la distinction souveraineté du peuple-souveraineté nationale*, Thèse, Paris, éd. CNRS.

BART J., CLERE J.-J., COURVOISIER Cl., VERPEAUX M. (éd.),
(1993), 1791 *la première constitution française*, Actes du colloque de Dijon, 26 et 27 sept. 1991, Paris, Economica.
(1997), *La constitution du 24 juin 1793, L'utopie dans le droit public français ?*, Actes du colloque de Dijon des 16 et 17 septembre 1993, Dijon, EUD.
(1998), *La constitution de l'an III ou l'ordre républicain, Actes* du colloque de Dijon des 3 et 4 octobre 1996, Dijon, EUD.

BERTAUD J.-P. (1989), *Le Consulat et l'Empire, 1799-1815*, Paris, A. Colin.

BOUDON J. (2002), *Les Jacobins. Une traduction idéologique et institutionnelle des principes de Jean-Jacques Rousseau 1789-1794*, Th. Paris II.

BOURDON J. (1942), *La constitution de l'an VIII*, Thèse, Paris.

BRUNET P. (2004), *Vouloir pour la nation. Le concept de représentation dans la théorie de l'État*, Bruxelles, Bruylant, Paris, LGDJ.

CHEVALLIER J.-J. et CONAC G. (2001), *Histoire des institutions et des régimes politiques de la France de 1789 à nos jours*, Paris, Dalloz, 9e éd.

CONAC G., DEBÈNE M., TEBOUL G. (dir.) (1993), *La Déclaration des droits de l'homme et du citoyen*, Paris, Economica.

Droits (1993), « La Révolution française et le droit ».

DUCLOS P. (1932), *La notion de constitution dans l'œuvre de l'Assemblée constituante de 1789*, Thèse, Paris.

DUPUY R., MORABITO M. (éd.) (1996), *1795 : Pour une République sans Révolution*, Rennes, PU de Rennes.

FURET F. (dir.) (1989), *L'héritage de la Révolution française*, Paris, Hachette.

FURET F., HALEVY R. (1996), *La monarchie républicaine. La constitution de 1791*, Paris, Fayard.

GODECHOT J. (1998), *Les institutions de la France sous la Révolution et l'Empire*, Paris, PUF, 5e éd.

LAHMER M. (2001), *La constitution américaine dans le débat français : 1795-1848*, Paris, L'Harmattan.

LEFEBVRE G. (1971), *Le Directoire*, Paris, Armand Colin.

LE PILLOUER A.

(2004), « La notion de "régime d'assemblée" et les origines de la classification des régimes politiques », in *RFDC*, p. 305 et s.

(2005), *Les pouvoirs non constituants des assemblées constituantes. Essai sur le pouvoir instituant*, Paris, Dalloz.

MARTUCCI R. (1995), *Constitution et Révolution aux États-Unis d'Amérique et en Europe (1776-1815)*, Macerata, Laboratorio di Storia Costituzionale.

MEYNIER A. (1927-1928), *Les coups d'État du Directoire*, 3 vol., Paris, PUF.

MIRKINE-GUETZÉVITCH B. (1936), *Le parlementarisme sous la Convention*.

MORABITO M. (2004), *Histoire constitutionnelle et politique de la France*, Paris, Montchrestien (8e éd.).

PASSELECQ O. (1995), « Actualité de la constitution de l'an III », *RFDC*, nº 23, p. 484/502.

PETOT J. (1970), *Les grandes étapes du régime républicain français*, Paris, Cujas.

Revue *Pouvoirs* (1989), nº 50, « 1789-1989. Histoire constitutionnelle ».

Publications de la Faculté de droit de Poitiers (1996), *Les déclarations de l'an I*, Colloque Poitiers, 2 et 3 déc. 1993, Paris, PUF.

RADIGUET L. (1911), *L'Acte additionnel aux constitutions de l'Empire*, Thèse, Caen.

RÉMOND R. (1986), *La vie politique en France, 1789-1879*, 2 vol, Paris, Armand Colin.

RIALS S.,

(1986), « La question constitutionnelle en 1814-1815, Dispersion des légitimités et convergence des techniques », *Annales d'Histoire des Facultés de Droit*, n° 3, pp. 167-198.

(1989), *La Déclaration des droits de l'homme et du citoyen*, Paris, Hachette.

SUEUR Ph. (1993), *Histoire du droit public français. XVe-XVIIIe siècle*, 2e éd., 2 t., Paris, PUF.

TACKETT T. (1997), *Par la volonté du peuple. Comment les députés de 1789 sont devenus révolutionnaires*, trad. fse, Paris, Albin Michel.

TROPER M. (1980), *La séparation des pouvoirs et l'histoire constitutionnelle française*, Paris, LGDJ. 2e édit.

TULARD J. (dir.) (1999), *Dictionnaire Napoléon*, nouv. éd., Paris, Fayard.

VERPEAUX M.

(1991), *La naissance du pouvoir réglementaire (1789-1799)*, Paris, PUF.

(1998), *Textes constitutionnels révolutionnaires français*, Paris, PUF.

VILLERS R. (1951), « La Convention pratiqua-t-elle le gouvernement parlementaire ? », *RDP*, p. 375.

Chapitre 2
La monarchie parlementaire

La période de la démocratie bourgeoise va de 1814 à 1848. Elle comprend deux phases, d'abord la Restauration avec la monarchie légitime, puis le gouvernement de juillet avec l'avènement de la branche cadette d'Orléans. Politiquement, elle se caractérise par le règne de la classe riche puis simplement aisée de la population ; constitutionnellement, par l'introduction en France du régime parlementaire.

Section 1
La Charte du 4 juin 1814

§ 1. Caractères généraux

La Restauration eut à concilier le retour au principe de légitimité royale de l'Ancien Régime avec les réformes sociales acquises par la Révolution et sur lesquelles il eût été impolitique de revenir. Cette conciliation fut réalisée d'une part, par le mode d'établissement de la Charte, d'autre part, par les droits qu'elle reconnaissait au peuple (Bastid, 1954).

1° *La Charte de 1814 est une constitution octroyée.* — Lors de la première Restauration, après avoir prononcé la déchéance de Napoléon, le Sénat, par la constitution du 6 avril 1814, déclarait que le peuple français appelait librement au trône, Louis-Stanislas-Xavier de France, qui serait proclamé roi lorsqu'il aurait accepté la constitution. Mais Louis XVIII refusa de renoncer au principe de légitimité royale. Par la déclaration de Saint-Ouen (2 mai 1814) il manifestait la volonté de faire lui-même la constitution, tout en exposant les principes sur lesquels elle reposerait, notamment la sauvegarde des libertés essentielles et l'irrévocabilité des ventes de biens nationaux.

La Charte — dont le nom même marque l'intention de rompre avec la tradition révolutionnaire — est donc concédée par le roi à ses sujets. Il limite, par elle, volontairement, un pouvoir qu'il tient de son appartenance à la dynastie royale et non de la souveraineté nationale (Bagge, 1952).

2° *Reconnaissance des droits individuels.* — C'est la contrepartie de l'octroi, la concession faite à l'esprit nouveau. Les articles 1 à 12 énumèrent les libertés (physique, de la presse, religieuse), consacrent l'égalité des Français, garantissent le droit de propriété. Mais ces droits ne sont plus des droits naturels ; ils sont, eux aussi, une concession du souverain. Il appartient donc à celui-ci de les réglementer, d'en étendre ou d'en limiter l'exercice.

Le gouvernement de la Restauration n'a pas manqué de profiter de cette faculté : il a rétabli la noblesse qui ne se concilie pas avec l'égalité sociale ; il a fait du catholicisme la religion d'État, ce qui restreint la liberté religieuse ; il a réglementé la presse de telle façon que la liberté d'opinion devint parfois illusoire.

3° *L'électorat.* — Il n'était pas question d'établir le suffrage universel considéré par les libéraux eux-mêmes comme un procédé grossier. Guizot déclarait, en 1821, que le droit de suffrage n'est pas inhérent à la qualité d'homme, mais dépend de la capacité des individus. On considérait donc l'électorat comme une fonction sociale. « La Charte, disait Royer-Collard, institue des fonctionnaires dont la fonction consiste à nommer les députés » ; il allait même jusqu'à soutenir que la Chambre ne représente pas des opinions, mais des intérêts. La fortune apparaissait alors comme le gage certain de l'aptitude intellectuelle et de la maturité d'esprit exigée des électeurs, d'autant qu'elle garantissait en même temps l'opinion conservatrice de ses détenteurs. On adopta donc le *suffrage censitaire.*

Le droit de suffrage dépend d'une condition d'âge (30 ans) et d'une condition de cens (payer 300 F de contributions directes), ce qui, compte tenu de la valeur de la monnaie à l'époque, représentait une fortune considérable. Le chiffre des électeurs n'a jamais atteint 100 000 pour toute la France, ce qui donne à peine un électeur pour 300 habitants.

Pour l'éligibilité, les conditions étaient encore renforcées : il fallait être âgé de 40 ans et payer 1 000 F de contributions. Cette condition réduisit à 20 000 le nombre des éligibles.

La prime à la fortune en matière électorale fut encore accrue par la loi du 29 juin 1820, dite loi du *double vote*. Dans chaque département, elle établissait deux collèges électoraux : des collèges d'arrondissement et un collège de département. Ce dernier comprenait le quart des électeurs les plus imposés du département, qui votaient deux fois : une fois dans les collèges d'arrondissement, qui élisaient les trois cinquièmes de la Chambre, une fois dans les collèges départementaux auxquels il appartenait de pourvoir les deux cinquièmes des sièges restants.

Enfin, un dernier trait caractérise la conception que l'on se fit du droit de suffrage à cette époque : afin de réduire le nombre des électeurs sans modifier la Charte, on se livra à des dégrèvements d'impôts directs, quitte d'ailleurs à compenser cette perte pour le Trésor par l'augmentation des impôts indirects. Si bien qu'on assista à ce spectacle unique : le parti libéral protestant contre l'allégement des impôts.

§ 2. Les pouvoirs publics

La Charte s'inspire des institutions anglaises qui avaient su combiner la monarchie avec le régime représentatif, associer le Roi et le Parlement.

1° *Le Roi.* — À lui seul, dit l'article 13, appartient le pouvoir exécutif. C'est donc l'organe prépondérant. Non seulement, il a toutes les prérogatives de l'exécutif : pouvoir réglementaire, droit de déclarer la guerre et de conclure les traités sans ratification, mais encore il participe dans une très large mesure à l'exercice du pouvoir législatif.

D'abord c'est à lui seul qu'appartient *l'initiative législative* ; les Chambres ne peuvent que le « supplier » de proposer un projet. Ensuite, il a la *sanction* de la loi, c'est-à-dire que celle-ci ne devient valable que par son acceptation, qu'il peut refuser indéfiniment.

2° *Le Parlement.* — Il se compose, à l'imitation du Parlement anglais, de deux assemblées :

a) La *Chambre des pairs*, dont les membres sont nommés par le roi, à vie ou à titre héréditaire, sans que d'ailleurs cette inamovibilité confère à l'assemblée une véritable indépendance car, le nombre des pairs étant illimité, le roi peut toujours changer la majorité.

Cette Chambre haute traduit le caractère aristocratique du régime. Ses attributions sont égales à celles de la Chambre des députés, sauf que cette dernière doit être d'abord saisie des lois d'impôts ;

b) La *Chambre des députés*, élue par les citoyens payant 300 F de contributions directes. Ce n'est donc pas une véritable assemblée démocratique, puisqu'elle est sans contact avec la masse populaire. Et cependant, procédant d'élections véritables, elle donne au régime une allure beaucoup plus libérale que celle qu'il avait sous l'Empire.

La Chambre n'est pas indépendante du roi ; elle n'est pas permanente et doit attendre de lui sa convocation. Il peut, en outre, la dissoudre, à condition d'en convoquer une nouvelle dans les trois mois.

Quant aux attributions de la Chambre des députés, elles se ramenaient essentiellement au vote des lois et de l'impôt.

§ 3. La pratique politique introduit le régime parlementaire

La Charte était muette quant aux relations entre l'exécutif et le Parlement. Or, sur ce point, la pratique politique suivie pendant la Restauration est d'un intérêt qui dépasse celui de la Charte elle-même. Par son fonctionnement, le régime introduisit, pour la première fois en France, le parlementarisme (Barthélemy, 1904).

La pièce maîtresse du régime parlementaire, c'est la responsabilité politique des ministres (voir *supra*) : elle permet de résoudre les divergences de vues qui s'élèvent entre l'exécutif et le Parlement, par le changement de ministère. Or, cette responsabilité dont la Charte ne parlait pas, c'est la pratique qui va la faire entrer dans les mœurs. L'influence des institutions anglaises que l'on avait connues pendant l'émigration, l'action de certains publicistes (Benjamin Constant, Chateaubriand, De Vitrolles) amenèrent les esprits à considérer que les règles du parlementarisme, si elles n'étaient pas incluses dans la Charte, étaient du moins indispensables à son application. Et ce qui facilitait l'évolution, c'est que le roi Louis XVIII n'était pas hostile au régime parlementaire.

Il s'agissait pour les Chambres, d'exercer un contrôle sur le gouvernement. Elles y parvinrent par différents moyens :

a) L'*Adresse* qui était votée par la Chambre, en réponse au discours du Trône, par lequel le roi ouvrait la session. Le parlement l'utilisa pour suppléer au droit d'interpellation qu'il ne possédait pas. À partir de 1821, l'Adresse donna à la Chambre la possibilité de faire connaître au roi son sentiment sur la conduite du ministère.

b) Les *rapports sur les pétitions.* Des pétitions pouvaient être adressées par les citoyens à l'une ou l'autre assemblée. À leur occasion, la Chambre des députés discutait les faits qui les provoquaient. La discussion se terminait par un ordre du jour qui fournissait l'occasion de faire savoir au ministre visé si son attitude était approuvée ou critiquée.

c) La *discussion du budget* offrait un dernier moyen de passer au crible l'attitude du gouvernement, surtout à partir du moment où le principe de la spécialité budgétaire (1817) permit au Parlement de contrôler le fonctionnement de chaque département ministériel.

La Chambre disposait ainsi d'un moyen de pression irrésistible : elle pouvait refuser son concours a roi jusqu'à la démission des ministres ou leur révocation. En d'autres termes, elle pouvait refuser le vote du budget. En fait, devant la simple menace d'un refus de concours, le ministre qui n'avait pas l'approbation du Parlement ou bien se retirait spontanément ou bien était renvoyé par le roi.

Charles X tenta bien de couper court aux conséquences de cette officieuse responsabilité politique des ministres, mais la Révolution de 1830 ne lui laissa pas le temps d'effacer la tradition parlementaire qui commençait à s'établir. Elle devait être renforcée encore par la monarchie de juillet.

Section 2
La Charte du 4 août 1830

Dans sa forme extérieure, elle n'est qu'une nouvelle édition corrigée de la Charte de 1814. Mais son esprit est profondément différent. Pour l'obtenir, le peuple a fait une révolution dont elle porte l'empreinte.

Et d'abord ce n'est pas une Charte octroyée. Elle a été votée par les Chambres et Louis-Philippe a dû l'accepter et lui jurer fidélité avant de recevoir le titre de roi. Par ailleurs, si elle maintient la monarchie, il ne s'agit plus d'une monarchie de droit divin, mais d'une monarchie contractuelle, c'est-à-dire fondée sur un *Pacte* entre le roi et les représentants de la nation. En s'instituant roi des Français, Louis-Philippe accepte de se considérer comme appelé au trône par eux, c'est-à-dire que l'idée de souveraineté nationale reparaît.

Mais elle reparaît avec un éclat bien atténué, car la bourgeoisie entend profiter de la révolution que le peuple a faite. Elle ne dégagera donc de l'idée de souveraineté nationale que les conséquences compatibles avec l'accession et le maintien au pouvoir d'une classe moyenne aisée.

Cette intention apparaît dans l'aménagement du *régime électoral*. La Charte se borne à abaisser l'âge de l'électorat à 25 ans, et celui de l'éligibilité à 30 ans. Mais la loi électorale du 19 avril 1831 réalisa une réforme beaucoup plus importante. Elle ramena le chiffre du cens électoral de 300 à 200 F, et celui de l'éligibilité de 1 000 à 500 F. De ce fait, le nombre des électeurs se trouva doublé, d'autant que le cens était abaissé à 10 F pour les membres et correspondants de l'Institut, ainsi que pour les officiers retraités. Enfin, en supprimant la dualité des collèges électoraux, la loi mettait fin à l'intolérable pratique du double vote.

Néanmoins, la réforme électorale, si elle permettait à la bourgeoisie moyenne d'accéder à la direction des affaires publiques, n'assurait guère son indépendance à l'égard du gouvernement. En effet, la Chambre était élue au scrutin d'arrondissement et l'étroitesse du collège électoral, offrait de grandes facilités aux pressions officielles.

Quant à l'*organisation des pouvoirs publics*, elle reste en gros ce qu'elle était sous la Charte de 1814. Toutefois diverses modifications de détail tendent à transformer le caractère des organes. C'est ainsi que le roi ne peut nommer que des pairs à vie et en les choisissant dans certaines catégories (députés, ambassadeurs, membres de l'Institut, hauts magistrats, industriels, banquiers, payant une contribution très élevée). Ainsi la Chambre des pairs n'était plus la représentation d'une aristocratie de naissance ou de fortune, mais une assemblée de notabilités nationales.

D'autre part, les attributions des assemblées s'accroissent. Elles reçoivent, en concurrence avec le roi, l'initiative législative. En matière financière, leur compétence s'étend du fait du développement du principe de la spécialité budgétaire qui, en exigeant le vote par chapitres, permet à la Chambre d'exercer un contrôle minutieux sur l'administration.

Inversement, les pouvoirs du roi diminuent. Comme la révolution de 1830 avait été provoquée par une interprétation extensive donnée par le roi à son pouvoir réglementaire, la Charte de 1830 précise que le roi fera des ordonnances, mais « sans jamais pouvoir suspendre les lois elles-mêmes, ni dispenser de leur exécution ». Quant à la sanction, si le roi la conserve, il s'abstient d'en user.

La pratique à laquelle donna lieu la Charte de 1830 est plus intéressante que le texte lui-même. Elle confirme et accentue le mouvement vers l'établissement du parlementarisme. La formule de Thiers, selon laquelle le roi règne et ne gouverne pas, traduit exactement l'atmosphère du régime. Les Chambres exercent leur contrôle sur l'exécutif, par le moyen de l'interpellation ; la responsabilité politique des ministres devant les Chambres devient effective, car un gouvernement qui n'a plus la confiance de la Chambre des députés doit se retirer.

En bref, le parlementarisme a trouvé dans le cadre de la Charte de 1830 son véritable climat. Les institutions sont plus libérales que démocratiques. Le personnel politique, par son origine, est particulièrement qualifié pour les discussions d'assemblées ; les intérêts en cause, et notamment le prodigieux développement de l'industrie et du commerce, sont tels qu'ils ne peuvent être mieux servis que par la représentation d'une bourgeoisie moyenne qui donne aux assemblées politiques une allure de conseil d'administration. À ceux qui se plaignent du peu de place faite à l'action des classes populaires, Guizot pouvait répondre : « Enrichissez-vous ». L'accès à la vie politique était le couronnement de la fortune.

La réforme ne satisfit pas tout le monde. Pour vouloir continuer, comme le disait Lamartine au banquet de Mâcon, à s'entourer d'une aristocratie électorale, la royauté fut balayée en 1848.

Bibliographie

BAGGE D. (1952), *Les idées politiques en France sous la Restauration*, Paris, PUF.

BARTHÉLÉMY J. (1904), *Le régime parlementaire en France sous Louis XVIII et Charles X*, nouvelle édition 1977, Genève, Megariotis Reprints.

BASTID P. (1954), *Les institutions politiques de la monarchie parlementaire (1814-1848)*, Paris, Sirey.

LAQUIÈZE A. (2002), *Les origines du régime parlementaire en France (1814-1848)*, Paris, PUF.

RIALS S. (1987), « Essai sur le concept de monarchie limitée (autour de la Charte de 1814) », in *Révolution et contre-révolution au XIXe siècle*, Paris, DUC Albatros, p. 88 s.

ROSANVALLON P. (1994), *La monarchie impossible. Les chartes de 1814 et de 1830*, Paris, Fayard.

Chapitre 3
L'avènement du suffrage universel

Cette période de notre histoire constitutionnelle est apparemment très bigarrée. De 1848 à 1875, divers régimes se succèdent : un gouvernement conventionnel, une dictature, le césarisme, l'Empire libéral, puis, après la défaite de 1871, de nouveau le gouvernement d'assemblée. Pourtant derrière ces institutions, un fait maintient l'unité politique. C'est l'adoption du suffrage universel.

Section 1
La Constitution du 4 novembre 1848

Préparation. — Après la chute de la monarchie, sanctionnée par la proclamation de la République par le Gouvernement provisoire, les électeurs furent convoqués pour l'élection d'une assemblée constituante (Ponteil, 1948). Le décret du 5 mars 1848 qui prescrivait cette convocation est d'une importance capitale dans notre histoire constitutionnelle. En effet, il adoptait le suffrage universel — qui n'avait fonctionné que pour l'élection de la Convention en 1792 (voir *supra*, Chapitre 1) — et dans des conditions particulièrement démocratiques, puisque l'âge électoral était abaissé à 21 ans et l'éligibilité à 25 ans.

Dès sa réunion, l'Assemblée nationale constituante confirma la proclamation de la République. Elle nomma une commission exécutive de cinq membres qui, après les troubles de juin, fut remplacée par Cavaignac. Quand l'élaboration de la Constitution fut achevée, on ne jugea pas utile de la soumettre à l'acceptation populaire, car elle était l'œuvre d'une assemblée spécialement élue (Cohen, 1935).

Caractère démocratique de la Constitution de 1848. — La Constitution de 1848 ne comporte pas de déclaration des droits. Son préambule teinté de cette religiosité humanitaire qui caractérise « l'esprit de 48 » décrit de façon imprécise la tâche du régime « dans la voie du progrès et de la civilisation ». Puis les articles 2 et 4 définissent les bases de la république démocratique où l'on retrouve la liberté et l'égalité, et surtout la fraternité qui doit servir de moteur à la législation sociale qu'inaugure le nouveau régime. Cette tendance est confirmée par le chapitre II relatif aux droits des citoyens garantis par la Constitution. On y relève, en effet, à côté des libertés traditionnelles depuis 1789, l'affirmation d'un rôle actif de l'État en matière d'instruction, d'assistance, de répartition du travail entre les individus. Ainsi le caractère démocratique de la Constitution se pimente d'un socialisme encore bien atténué (Bastid, 1945).

L'organisation des pouvoirs. — Elle repose sur le principe de la spécialisation.

1° *Le pouvoir législatif.* — Il est exercé par une assemblée législative unique, nombreuse (750 membres), élue au scrutin départemental pour trois ans. Sont électeurs, sans condition de cens, tous les citoyens de 21 ans et jouissant de leurs droits civils et politiques. L'éligibilité ne comporte aucune condition plus sévère, sauf l'âge exigé de 25 ans.

C'est l'avènement des masses à la vie politique, mais leur rôle se borne à l'élection. La Constitution de 1848 établit un régime représentatif pur qui ne fait aucune part à l'initiative populaire ni au référendum (Deschamps, 1908).

2° *Le pouvoir exécutif.* — Rejetant l'amendement Grévy qui tendait à l'effacement de l'exécutif en lui donnant pour chef, non un chef de l'État, mais un Président du Conseil des ministres à la merci de l'assemblée, les constituants instituèrent un exécutif fort, en la personne du Président de la République.

Il est élu directement par le peuple pour quatre ans. C'est cette origine populaire, beaucoup plus que ses attributions — au demeurant fort larges — qui donne au chef de l'État un rôle important. D'autre part, en faisant peser sur lui la responsabilité des actes du Gouvernement, la Constitution, bien loin de l'affaiblir, renforçait son autorité politique.

C'est une expérience constante, en effet, que la responsabilité incite à l'action celui qui en est investi. Sous l'aiguillon de la responsabilité, Louis-Napoléon Bonaparte, qui avait été élu à ces fonctions, devait en appeler au jugement du peuple, et, par là, être tenté par le plébiscite.

Le Président ne disposait ni du droit de sanctionner les lois, ni de celui de dissoudre l'assemblée. De son côté, celle-ci ne pouvait pas révoquer le Président. Sans doute, les ministres pouvaient être choisis dans la Chambre, mais la responsabilité du chef de l'État et la division de la majorité rendaient difficile la mise en jeu de la responsabilité ministérielle.

Le coup d'État du 2 décembre 1851. — Son origine directe fut l'interdiction de la réélection du Président avant l'expiration d'un délai de quatre ans, et l'impossibilité où se trouvait Louis-Napoléon Bonaparte de réunir à l'Assemblée la majorité des trois quarts requise pour l'adoption d'un vœu de révision. Mais, indirectement, le coup d'État fut facilité par l'appui que le prince-Président savait trouver dans le peuple irrité par la loi électorale du 31 mai 1850, qui restreignait dans des proportions considérables le nombre des électeurs en exigeant une condition de domicile (3 ans dans la même commune), à laquelle ne pouvait satisfaire la masse des ouvriers nomades.

Aussi, dans la proclamation du 2 décembre, le Président affirmait-il que le suffrage universel était rétabli. Le césarisme renaissait.

« Ces hommes que nous avons exclus, disait Thiers, sont-ce les pauvres ? Non, ce sont les vagabonds... Ces hommes qui méritent le titre, l'un des plus flétris de l'histoire, entendez-vous, le titre de multitude... Les amis de la vraie liberté redoutent la multitude, la vile multitude qui a perdu toutes les républiques » (Guillemin, 1952).

Section 2
La démocratie impériale

Cette période comprend deux phases. Avant le 2 décembre 1852, la République subsiste nominalement ; après cette date, c'est le Second Empire.

§ 1. La Constitution du 14 janvier 1852

Une majorité écrasante approuva le coup d'État. Fort des résultats du plébiscite qu'il avait provoqué, le prince Louis-Napoléon gouverna de manière dictatoriale jusqu'au 29 mars 1852, date d'entrée en vigueur de la nouvelle Constitution.

Caractères généraux. — La Constitution de 1852 s'inspire officiellement de celle de l'an VIII. Comme elle, elle associe la souveraineté populaire et le pouvoir personnel d'un homme.

Démocratique, le régime de 1852 l'est en ce sens qu'il « reconnaît, confirme et garantit les grands principes proclamés en 1789, et qui sont à la base du droit public de la France » (art. Ier) ; il l'est ensuite en ce qu'il maintient le suffrage universel ; il l'est enfin en ce qu'il reconnaît au peuple le pouvoir constituant : les modifications à la Constitution devront être acceptées par le peuple.

Mais c'est une *démocratie césarienne*, c'est-à-dire que le peuple ne peut se prononcer que dans la mesure où le chef de l'État l'interroge (Prélot, 1953). Le plébiscite asservit la souveraineté nationale aux volontés du chef. Sans doute, à la différence de ce qui se passait en l'an VIII, les citoyens élisent vraiment leurs représentants, mais, en réalité, l'organisation de l'élection minimisait considérablement la portée du suffrage universel.

a) par le *scrutin uninominal* qui, ayant pour base des circonscriptions étroites, favorise la pression administrative ;

b) par le *découpage des circonscriptions* qui appartenait à l'exécutif et lui permettait de noyer les centres d'opposition dans une circonscription favorable ;

c) par la *candidature officielle* qui permettait aux préfets de soutenir ouvertement le candidat du gouvernement ;

d) par la *police de l'opération électorale* (réunion, impression, affichage, colportage) qui multipliait les obstacles autour du candidat de l'opposition et favorisait les partisans du gouvernement ;

e) enfin, par le *serment* de fidélité à la Constitution exigé des candidats.

L'efficacité de ces moyens est prouvée par leurs résultats : en 1857, sur 257 députés sortants, le gouvernement en recommanda 250 qui furent tous élus.

L'organisation des pouvoirs publics. — Comme en l'an VIII, elle est marquée par la place éminente accordée à l'exécutif.

1° *Le Président de la République.* — C'est Louis-Napoléon nommé, par la Constitution elle-même, pour dix ans. Ses successeurs devaient être élus par la nation. Il possède dans leur plénitude les attributions de l'exécutif dont il est le chef, et il les exerce dans une indépendance totale à l'égard du Corps législatif. En effet, en précisant que les ministres ne dépendent que du chef de l'État, qu'ils ne peuvent ni être pris dans le Corps législatif ni même y pénétrer, qu'ils ne peuvent être mis en accusation que par le Sénat, la Constitution exclut non seulement pour le présent le régime parlementaire, mais jusqu'à la possibilité de l'introduire par la pratique.

Quant à la responsabilité du Président, elle n'est pour lui qu'un gage d'autorité, car les textes ne prévoient aucun moyen pratique de la mettre en œuvre.

2° *Le Corps législatif.* — C'est l'assemblée unique titulaire du pouvoir législatif, élue pour six ans au suffrage universel, direct et secret. Elle ne jouit pas de l'indépendance nécessaire à l'exercice de sa fonction :

a) elle n'a pas l'initiative des lois. Ses amendements aux projets gouvernementaux doivent être acceptés par l'exécutif pour pouvoir être discutés ;

b) les lois ne deviennent définitives qu'après avoir été sanctionnées par le Président ;

c) c'est le Président qui convoque, ajourne, proroge les sessions. Il peut dissoudre le Corps législatif. Et celui-ci est même dépourvu de ses prérogatives normales en ce qui concerne la tenue des séances, puisqu'il tient de l'exécutif son bureau et son règlement.

3° *Le Sénat.* — Sa création était annoncée par la proclamation du 2 décembre 1851 qui voyait en lui « une seconde assemblée formée de toutes les illustrations du pays, pouvoir pondérateur, gardien du pacte fondamental et des libertés publiques ».

Il est composé de 150 membres, les uns de droit (cardinaux, amiraux, maréchaux), les autres nommés à vie par le Président de la République.

Son rôle s'apparente à celui du Sénat conservateur de l'an VIII (voir *supra*, Chapitre 1). Il est d'abord le gardien de la constitution et, à cet effet, les lois doivent d'office lui être soumises. Il exerce ensuite le pouvoir constituant par des décisions qui seront soumises à l'acceptation du peuple. Enfin, en cas de dissolution du Corps législatif, il prend les mesures nécessaires à la marche du gouvernement, sur proposition de l'exécutif.

§ 2. L'Empire

En rétablissant la dignité impériale au profit du Prince Président, le sénatus-consulte du 7 novembre 1852 ne fit que consacrer une situation qu'établissaient les institutions de 1852. Il n'y eut rien à retoucher au régime antérieur pour le mettre en accord avec le nouveau titre du chef de l'État. Quelques réformes seulement furent apportées, qui renforcèrent encore la situation de l'Empereur et aggravèrent l'effacement du Corps législatif.

À partir de 1857, cependant, l'opposition formée par le groupe des Cinq (dont Jules Favre et Emile Ollivier) commence à engager le régime dans une voie nouvelle. À l'Empire autoritaire se substitue *l'Empire libéral*. Cette évolution se concrétise, dans la vie politique, à un double point de vue :

1° *Orientation vers le parlementarisme.* — Pour que le Corps législatif pût exercer un contrôle sur le Gouvernement, il fallait qu'il puisse le saisir en la personne des ministres. On créa donc des ministres sans portefeuille (remplacés en 1863 par un seul ministre d'État) qui purent pénétrer dans la Chambre et y défendre la politique du Gouvernement. Le Corps législatif privé du droit de renverser le Gouvernement obtenait ainsi les moyens de critiquer et de faire connaître ses vues.

Et ces moyens allèrent en s'élargissant. Ce furent d'abord l'Adresse, en réponse au discours du trône (1860), puis le vote du budget par chapitres (1861), l'interpellation qui, en 1864, remplaça le vote de l'Adresse, enfin, en 1866, le droit d'amendement qui donnait lieu à délibération, même si l'amendement n'était pas accepté par l'exécutif. Et, pour que cette évolution vers le parlementarisme mît bien en lumière son caractère de gouvernement d'opinion, le sénatus-consulte du 2 février 1861 décida que les débats du Corps législatif seraient publiés au *Journal Officiel* (Berton, 1902).

2° *Transformation du rôle du Sénat.* — Pour contrebalancer l'extension des prérogatives du Corps législatif, le Sénat devint une véritable assemblée législative capable, le cas échéant, de retarder l'adoption d'une loi votée par le Corps législatif (sénatus-consulte du 14 mars 1867). À partir de 1869, le Sénat eut même la faculté de retourner à la Chambre un projet qui en émanait, en indiquant les modifications qui lui paraissaient désirables (Perceau, 1909).

§ 3. La Constitution du 21 mai 1870

Elle confirme l'évolution vers l'Empire libéral. Il est vrai que le sénatus-consulte de 1870, adopté par le plébiscite, ne remplaçait pas la Constitution de 1852, ni les sénatus-consultes postérieurs, et se bornait à en modifier certaines dispositions. Mais l'esprit du régime était cependant intégralement changé du fait du rétablissement du régime parlementaire.

C'est ce qui résultait de l'article 19, aux termes duquel les ministres délibèrent en Conseil et sont responsables. La Constitution ne disait pas devant qui, mais il était évident que c'était devant le Corps législatif, puisque l'article 13 de la Constitution de 1852, qui parlait de leur responsabilité devant le chef de l'État, était abrogé.

Par ailleurs, le Sénat devenait une véritable seconde Chambre ayant, en matière législative, les mêmes attributions que le Corps législatif. Il ne continuait à en différer que par son mode de recrutement.

Le renversement de l'Empire, à la suite du désastre de Sedan, n'a pas permis à la Constitution de 1870 de faire ses preuves. L'expérience eût été intéressante du point de vue constitutionnel, car elle aurait montré ce que donnait cette forme de régime inédite qui consistait à associer le parlementarisme au pouvoir personnel d'un chef de l'État responsable.

Bibliographie

AGULHON M. (2002), *1848 ou l'apprentissage de la République (1848-1852)*, Paris, Seuil.

BASTID P.
(1945), *Doctrines et institutions politiques de la Seconde République*, Paris, Hachette.
(1948), *L'avènement du suffrage universel*, Paris, PUF.

BERTON J. (1900), *L'évolution constitutionnelle du Second Empire*, Thèse, Paris, Alcan.

COHEN J. (1935), *La préparation de la Constitution de 1848*, Thèse, Paris.

GODECHOT J. (1971), *Les révolutions de 1848*, Paris, A. Colin.

GUILLEMIN H. (1951), *Le coup du 2 décembre,* Paris, Gallimard.

LUCHAIRE F. (1998), *Naissance d'une Constitution*, Paris, Fayard.

PERCEAU (1909), *Le Sénat sous le Second Empire*, Thèse, Paris.

PONTEIL F. (1966), *1848*, Paris, A. Colin, 4e éd.

PLESSIS A. (1979), *De la fête impériale au mur des fédérés (1852-1871)*, Paris, Seuil.

PRELOT M. (1953), « La signification constitutionnelle du Second Empire », *RFSP*, p. 31.

SÉGUIN P. (1992), *Louis-Napoléon le Grand*, Paris, Grasset.

TULARD J. (dir.) (1995), *Dictionnaire du Second Empire*, Paris, Fayard.

VIGIER P. (1996), *La Seconde République*, Paris, PUF, 7e éd.

NANDIN-PATRIAT F. (coord.) (2000), *Constitution du 4 novembre 1848 : l'ambition d'une république démocratique*, Colloque de Dijon, 10-11 décembre 1999, Dijon, EUD.

Chapitre 4
La IIIe République

L'abrogation des lois de 1875. — Les lois constitutionnelles de 1875 ont été expressément abrogées par le référendum du 21 octobre 1945. Antérieurement à cette décision de la volonté populaire, on s'était demandé si elles étaient encore en vigueur. La question ne présente plus aujourd'hui qu'un intérêt rétrospectif. Il suffira de rappeler que le gouvernement de Vichy n'avait pas abrogé dans leur ensemble les institutions de 1875 ; l'eût-il fait que cet acte eût été sans valeur, puisqu'il tombait sous le coup de l'ordonnance du 9 août 1944 relative au rétablissement de la légalité républicaine. Toutefois, en raison des circonstances particulières dans lesquelles s'était constitué le gouvernement d'Alger et qui faisaient de lui un gouvernement de fait, la Constitution de 1875 devait être considérée comme suspendue dans son application.

La votation populaire du 21 octobre 1945 a eu pour effet de régulariser l'entrée dans l'histoire des lois constitutionnelles de 1875. Puisqu'il entendait faire revivre la légalité républicaine, le gouvernement provisoire ne pouvait prendre seul la responsabilité d'abroger les textes qui en étaient la dernière expression constitutionnelle.

Bien que la constitution de 1875 appartienne désormais à l'histoire, il est essentiel d'en connaître le mécanisme. D'une part, son influence a été considérable dans les débats qui se déroulèrent aux Assemblées constituantes de 1945 et 1946 (voir *infra*, Chapitre 5). Soit que l'on ait entendu s'en inspirer, soit qu'on les ait invoqués pour y voir un précédent indigne d'être imité, les textes des lois de 1875 et la pratique à laquelle elles donnèrent lieu n'ont pas cessé de dominer la discussion. Et c'est sans doute pour s'en être trop sensiblement écarté que le projet de constitution préparé par la Constituante a été rejeté par le peuple lors du référendum du 5 mai 1946.

D'autre part, c'est pendant l'application de la constitution de 1875 que s'est acclimatée en France une certaine manière de pratiquer le parlementarisme qui, aggravée sous la IVe République, a conduit les institutions à l'impuissance dont notre actuelle Constitution prétend les guérir. Ainsi le texte constitutionnel adopté par le référendum du 28 septembre 1958 ne s'expliquerait pas si l'on ignorait les erreurs ou les insuffisances auxquelles il s'efforce de remédier, et dont l'origine remonte aux conditions d'application des lois de 1875.

Section 1
L'élaboration des lois de 1875

Le 4 septembre 1870, à la nouvelle de la capitulation de l'Empereur, la foule parisienne se rend aux Tuileries, au Corps législatif, à l'Hôtel de Ville. De ce mouvement de rue sort un gouvernement de fait : le Gouvernement de la Défense nationale, dont les personnalités marquantes sont Gambetta et les trois Jules : Ferry, Simon, et Favre. Il n'a reçu aucun mandat régulier, aussi convoque-t-il les électeurs d'abord pour le 16 octobre, puis l'invasion ayant rendu les élections impossibles, pour le 8 février 1871. Les électeurs devaient se prononcer sur la question de savoir si la guerre pouvait être continuée ou à quelles conditions la paix devait être signée. Cette question était posée pour satisfaire aux conditions de la convention d'armistice franco-allemande, mais il est évident que l'Assemblée qui serait élue aurait également à se prononcer sur les institutions à donner à la France.

L'Assemblée nationale se réunit à Bordeaux le 12 février, puis se transporta à Versailles le 20 mars 1871. Avec elle commençait une nouvelle période de l'histoire constitutionnelle de la France, qui se caractérise par le gouvernement des assemblées. Gouvernement de l'Assemblée nationale elle-même jusqu'au vote des lois constitutionnelles de 1875 ; puis à dater de celles-ci, gouvernement effectif du Parlement, sous couvert d'un parlementarisme infléchi dans le sens de la prépondérance des assemblées (Hanotaux, 1925 ; Gouault, 1954).

§ 1. Le gouvernement de l'Assemblée nationale

L'Assemblée avait une double tâche : d'abord gouverner le pays en attendant qu'il ait une constitution définitive, ensuite préparer celle-ci.

La manière dont elle gouverna elle-même est instructive, car on peut y voir une préfiguration de ce que seraient les institutions définitives de la France.

Le climat de l'Assemblée nationale. — 1° La réaction du pays devant la défaite fut conservatrice. Or, les monarchistes étaient partisans de la paix, alors que les républicains poussaient à la résistance. L'assemblée fut donc monarchiste, parce que le peuple de la province voulait la paix. Le premier caractère de cette assemblée fut donc d'avoir été élue sur une question de politique étrangère et non sur un programme constituant.

2° Son second caractère est l'absence d'entente des monarchistes quant à la personne du roi éventuel. Le prétendant des légitimistes était le comte de Chambord, petit-fils de Charles X, alors que le candidat des orléanistes était le comte de Paris, petit-fils de Louis-Philippe. En face de cette droite divisée, la gauche ne l'était pas moins : *a)* gauche conservatrice (centre gauche : Thiers, Dufaure, Casimir-Perier...) républicaine sans conviction, ralliée à l'idée d'une constitution d'attente d'inspiration libérale ; *b)* gauche proprement dite (Simon, Grévy, Favre, Ferry) ; *c)* extrême-gauche ou union républicaine (Gambetta, Challemel-Lacour, Brisson...) républicaine par conviction ; *d)* enfin, une montagne socialiste dont les membres se dispersèrent lors de la Commune.

Les fidèles de l'Empire ne constituaient qu'un groupe infime, celui de l'appel au peuple.

3° Ainsi divisée, l'Assemblée n'est pas pressée de faire une constitution, d'autant que les monarchistes, qui avaient la majorité, espéraient que leurs divergences s'effaceraient à la mort du comte de Chambord, qui n'avait pas d'enfant. Cet esprit « attentiste » se traduisit par le *Pacte de Bordeaux* (17 février 1871). L'Assemblée acceptait la trêve entre les partis. Un essai royal de gouvernement républicain serait tenté, étant entendu qu'il ne préjugeait aucunement de la forme définitive du régime. Le troisième caractère de l'Assemblée nationale est donc son peu d'empressement à faire une constitution.

A Le principat de M. Thiers

L'Assemblée ne songea pas à imiter l'exemple de la Convention en exerçant elle-même le pouvoir exécutif. La tâche énorme devant laquelle elle se trouvait ne pouvait être accomplie que par un homme et non par une foule de 738 députés. Il s'agissait de négocier et de conclure la paix, de libérer le territoire, de ranimer la confiance du pays dans ses propres destinées et dans le gouvernement qui les prenait en charge. Un homme s'imposait pour accomplir cette œuvre : c'était M. Thiers.

1° *La résolution du 17 février 1871.* — « M. Thiers est nommé chef du pouvoir exécutif de la République française. Il exercera ses fonctions sous l'autorité de l'Assemblée nationale, avec le concours des ministres qu'il aura choisis et qu'il présidera. »

À l'entendre dans son acception constitutionnelle, cette formule pourrait laisser croire à l'établissement d'un gouvernement conventionnel. En effet, M. Thiers était placé « sous l'autorité » de l'Assemblée ; il bénéficiait d'une délégation de pouvoir à laquelle elle pourrait mettre fin quand il lui plairait.

En réalité, la personnalité de M. Thiers suffit à donner au régime une physionomie très différente. Son autorité personnelle, son attitude antérieure (il avait été hostile à la guerre de 1870), sa compétence (il avait été plusieurs fois ministre sous Louis-Philippe), son prestige dans le pays (il a été élu par 27 départements), son éloquence enfin qui le désignaient pour le poste où il vient d'être appelé font aussi de lui le maître de l'Assemblée ; si bien qu'il n'a qu'à jouer de sa responsabilité en menaçant de démissionner pour que les députés acceptent ses vues.

2° *La loi du 31 août 1871 (constitution Rivet).* — Elle a pour objet de diminuer l'influence de Thiers sur l'Assemblée. C'est qu'en effet, il n'est plus indispensable : la libération du territoire commence, la Commune est réprimée. On le récompense en lui décernant le titre de Président de la République (sans que cette formule implique aucune décision définitive quant à la forme du régime), mais en même temps on s'efforce de limiter son ascendant.

À cet effet, la loi spécifie qu'il demeure « sous l'autorité » de l'Assemblée et ajoute qu'il est responsable devant elle. En outre, elle accentue l'importance des ministres, en les déclarant également responsables devant elle. En somme, l'intention de l'auteur de la loi était de conduire M. Thiers vers la fonction moins agissante de chef d'un État parlementaire. La personnalité de Thiers s'y opposait : on lui conservait sa qualité de député car on ne pouvait lui interdire de séduire l'Assemblée.

3° *La loi du 13 mars 1873 (constitution de Broglie).* — La constitution Rivet n'ayant pas produit le résultat escompté, l'Assemblée tenta à nouveau de réduire au silence l'encombrante personnalité du chef qu'elle s'était donné.

Les dispositions essentielles de cette loi consistent à empêcher M. Thiers de peser sur les délibérations de l'Assemblée. Désormais, lorsqu'il voudra participer à un débat, il en informera l'Assemblée par un message. La séance est alors suspendue et renvoyée à une date ultérieure pour l'audition du Président. Lorsque celui-ci pouvait enfin se faire entendre, il ne pouvait que prononcer un monologue, car la séance était immédiatement levée après son discours.

Ce cérémonial que Thiers qualifiait de chinois n'était pas fait pour lui plaire puisqu'il le privait d'une influence directe qu'il n'exerçait vraiment que dans les débats. Aussi ne fit-il rien pour se concilier les bonnes grâces de l'Assemblée. Le 19 mai, il la rappelle à l'ordre en l'invitant à faire une constitution républicaine, la seule possible. Interpellé le 24 mai, par le duc de Broglie, il est mis en minorité et démissionne.

B Le gouvernement de Mac-Mahon

Dans la nuit du même jour, l'Assemblée élit Président de la République le maréchal de Mac-Mahon. Extérieurement, rien n'était modifié dans les institutions, mais le changement d'homme est d'une importance considérable. En effet, Mac-Mahon n'est pas un homme politique : il n'est pas orateur et il n'y a pas à redouter qu'il tente d'influencer l'Assemblée ; il laisse plus de liberté à ses ministres, de telle sorte que leur responsabilité se dégage de celle du Président de la République. L'aménagement du pouvoir exécutif conçu en considération de la personne de Thiers n'avait plus de raison d'être (notamment la responsabilité du Président) avec Mac-Mahon.

La loi sur le Septennat (20 nov. 1873). — Les espérances royalistes ont été déçues par l'intransigeance du comte de Chambord qui refuse le drapeau tricolore (août 1873) ; il faut donc attendre que cet obstiné disparaisse pour avoir un roi. Jusque-là, on se résignera à une république provisoire. Son organisation est l'objet de la loi du 20 novembre 1873.

Elle confie le pouvoir exécutif au maréchal de Mac-Mahon pour une durée de sept ans. Tous les partis se donnaient ainsi un délai pour faire aboutir le régime de leur choix ; et cependant, sans qu'ils s'en doutent, l'avenir était déjà engagé. En effet l'Assemblée nationale ne s'était pas réservé la faculté de révoquer le Président, donc il était irresponsable et gouvernait par l'intermédiaire de ministres responsables devant l'Assemblée. C'était introduire le régime parlementaire que les lois constitutionnelles de 1875 n'auraient qu'à conserver.

La loi du 20 novembre 1873 disposait en outre qu'une commission de trente membres serait nommée pour l'examen des lois constitutionnelles. On semblait donc vouloir aborder sérieusement l'œuvre constituante.

§ 2. Les lois constitutionnelles de 1875

Les débats de la commission des Trente furent très académiques. Le gouvernement et la majorité de la commission elle-même pensaient qu'il s'agissait seulement d'organiser plus complètement le septennat du Maréchal et non d'arrêter une solution définitive. Aussi lorsque Perier déposa, le 15 juin 1874, une proposition aux termes de laquelle « le gouvernement de la République française se compose de deux Chambres et d'un Président de la République, chef du pouvoir exécutif », l'Assemblée la repoussa comme prématurée.

Le vote des lois constitutionnelles put être acquis par la lassitude de l'Assemblée et grâce à un accord tacite sur le caractère provisoire des textes que l'on adoptait.

Le 21 janvier 1875, le projet de la commission vint en discussion. Son article 1er portait que « le pouvoir législatif s'exerce par deux assemblées, la Chambre des députés et le Sénat ». Son rapporteur précisait d'ailleurs qu'il s'agissait seulement d'organiser des pouvoirs temporaires. Mais lorsque, le 30 janvier 1875, le projet vint en seconde lecture, A. Wallon proposa un amendement d'après lequel « le Président de la République est élu à la majorité absolue des suffrages, par le Sénat et la Chambre des députés réunis en Assemblée nationale. Il est nommé pour sept ans ».

Cet amendement fut voté une première fois, grâce à ce que l'on a appelé la « conjonction des centres » : le centre droit acceptant le principe de la République en échange de l'engagement pris par le centre gauche d'admettre la révision totale qui permettait, le cas échéant, le rétablissement de la monarchie par des procédés légaux.

En première lecture l'amendement Wallon fut adopté par 353 voix contre 352, une voix de majorité, et en seconde lecture, le 3 février, par 413 voix contre 248. Du fait même, le projet de la commission des Trente disparaissait car le vote signifiait que l'Assemblée écartait l'idée d'aménager le septennat personnel du Maréchal, et instituait un régime durable. Finalement l'ensemble du projet, entièrement corrigé par une série d'amendements dont beaucoup eurent pour auteur Wallon, « père de la République », fut voté le 25 février.

La loi du 25 février 1875, relative à l'organisation des pouvoirs publics, est donc la première des lois constitutionnelles de 1875.

La loi du 24 février 1875, relative à l'organisation du Sénat, est la seconde. L'antériorité de la date s'explique par le fait que l'Assemblée avait décidé de subordonner son acceptation de la République à l'institution d'une seconde Chambre conservatrice. La loi sur le Sénat fut donc votée avant celle relative aux pouvoirs publics, mais ne fut promulguée qu'après elle.

Ces deux premières lois ne contenaient que l'essentiel quant à l'organisation de l'exécutif et du législatif. Pour que la Constitution fût complète, il fallait encore que fussent précisés les rapports existant entre les deux pouvoirs. Ce fut l'objet de la *loi du 16 juillet 1875* sur les rapports des pouvoirs publics.

Ces trois lois forment, à elles seules, la Constitution de 1875. Par la suite, l'Assemblée nationale vota la loi organique du 2 août 1875 sur l'élection des sénateurs et la loi organique du 30 novembre 1875 sur l'élection des députés. L'épithète organique ne vise en rien la nature de ces lois qui sont des lois ordinaires, elle fait seulement ressortir leur importance pour le fonctionnement de la Constitution (voir *supra*, Première Partie, Chapitre 1).

Une fois que les deux Chambres furent constituées, l'Assemblée nationale leur remit ses pouvoirs, marquant ainsi l'entrée en vigueur de la Constitution de 1875 (8 mars 1875).

Les caractères de la Constitution de 1875. — Ils résultent des conditions dans lesquelles elle a été faite. C'est « l'œuvre de monarchistes résignés, acceptée avec tristesse par les républicains » (Joseph Barthélemy).

1º Elle est *brève*. Elle contient trente-quatre articles dont vingt-sept seulement ont un caractère proprement constitutionnel. Elle se limite au strict indispensable, ce qui a pour effet de laisser une large place à la pratique constitutionnelle. C'est ainsi que la majeure partie des règles relatives au fonctionnement des institutions n'avait, dans le régime de 1875, qu'un fondement d'ordre coutumier : le parlementarisme lui-même s'est greffé sur la seule affirmation de la responsabilité des ministres devant les Chambres.

2º Elle n'est pas *dogmatique*. Transaction entre la république et la monarchie, la Constitution de 1875 ne contient aucun principe général de philosophie politique. On avait eu assez de mal à s'entendre sur l'essentiel pour ne pas compliquer la tâche en cherchant un impossible accord sur ce que l'on considérait comme la vérité politique.

a) Pas de déclarations des droits, ni même, dans le corps de la Constitution, de dispositions générales quant aux libertés, à la situation des citoyens, etc. Ce silence permettra d'affirmer que les principes de 1789 sont, par ces lois, implicitement maintenus.

b) Large esprit de transaction qui se manifeste par la coexistence, dans la même Constitution, d'institutions jugées jusque-là incompatibles les unes avec les autres. Par exemple, la combinaison du parlementarisme avec la République, la remise au Président du droit de dissolution considéré comme une prérogative royale, l'adoption du bicaméralisme, alors que la Chambre unique est une tradition républicaine.

c) Absence d'esprit d'intolérance. Les institutions républicaines adoptées par les monarchistes sont ouvertes à tous : on n'exige des serviteurs du régime aucun serment de fidélité.

3° Tous ces caractères expliquent l'exceptionnelle durée de la constitution de 1875. Elle a été l'armature constitutionnelle de la France pendant près de soixante-cinq ans. Elle a résisté aux crises internes les plus violentes (Panama, boulangisme, affaires Dreyfus et Stavisky), aux crises de politique étrangère les plus graves (Fachoda, guerre de 1914-1918). Cette résistance, elle la dut moins à la perfection de son contenu qu'à sa souplesse : le même régime constitutionnel put s'adapter à des programmes politiques les plus divers qui vont de l'ordre moral de Mac-Mahon aux expériences de Léon Blum.

Les modifications de la constitution de 1875. — Elles ont été rares et peu importantes. À quoi bon réviser un texte si accommodant ?

1° Une première révision eut pour objet de modifier le siège des pouvoirs publics. La loi constitutionnelle du 21 juin 1879 abroge l'article 9 de la loi constitutionnelle du 25 février 1875 fixant à Versailles le siège des pouvoirs publics. La loi ordinaire du 22 juillet 1879 le fixa à Paris.

2° La loi constitutionnelle du 14 août 1884 comporte la plus sérieuse des modifications qui aient été apportées à la constitution de 1875. Elle vise essentiellement :

a) l'affirmation de la forme républicaine du gouvernement. En affirmant que celle-ci ne peut faire l'objet d'une proposition de révision, les républicains entendent marquer le progrès réalisé depuis 1875.

b) la transformation du Sénat. Son caractère d'assemblée conservatrice est atteint par la suppression des sénateurs inamovibles et par la modification du collège électoral.

3° *La loi constitutionnelle du 6 août 1926* crée la Caisse autonome d'amortissement de la dette publique. Ce fut un geste destiné à symboliser la volonté du pays de remettre de l'ordre dans ses finances.

Section 2
L'organisation des pouvoirs publics

§ 1. Le Parlement

La loi constitutionnelle du 25 février, art. 1er, dispose que « le pouvoir législatif s'exerce par deux assemblées, la Chambre des députés et le Sénat ». L'adoption du principe des deux Chambres avait été la condition impérative mise par les monarchistes au vote des lois constitutionnelles (voir *supra*). Il en est résulté un bicaméralisme effectif divisant le Parlement en deux assemblées ayant sensiblement, sinon toujours la même autorité, du moins les mêmes pouvoirs.

A La Chambre des députés

Mode de recrutement. — La loi constitutionnelle du 25 février 1875, posait seulement le principe du suffrage universel. Quant aux conditions dans lesquelles étaient accordés la jouissance et l'exercice de l'électorat, ce sont celles qui sont encore en vigueur, avec cette double réserve que le droit de suffrage était réservé au sexe masculin et que les militaires en activité de service étaient privés de l'exercice du droit de vote. Ils étaient d'ailleurs inscrits sur les listes électorales car ils conservaient la jouissance du droit, mais ils ne pouvaient l'exercer qu'une fois redevenus civils.

Le vote était personnel, facultatif et égal.

Quant au *mode de scrutin*, après une alternance qui fit succéder le scrutin uninominal au scrutin de liste et réciproquement, la législation électorale s'était arrêtée au système du scrutin uninominal. Aux termes des lois des 21 juillet 1927 et 20 mai 1936, les députés étaient élus au scrutin uninominal dans des circonscriptions constituées par l'arrondissement ou une subdivision de celui-ci. D'après le tableau des circonscriptions annexé à la loi du 20 mai 1936, le nombre des circonscriptions et par conséquent des députés était, pour la dernière législature de la IIIe République, de 617.

La durée du mandat législatif pour les députés a été fixée à quatre ans par la loi organique du 30 novembre 1875 (art. 17). Ce chiffre constitue une solution moyenne entre la tendance démocratique qui est en faveur du mandat court qui laisse le député dans la dépendance de la volonté populaire et l'expérience politique qui prouve qu'un bon exercice des fonctions n'est possible qu'avec un mandat assez long.

La Constitution de 1875, en instituant la dissolution, avait prévu une abréviation exceptionnelle du mandat, mais la dissolution était pratiquement abolie comme incompatible avec l'évolution de nos institutions parlementaires.

Contrairement au Sénat, la Chambre se renouvelle intégralement (L. 30 novembre 1875, art. 15, 2°) mais ce principe n'exclut pas les élections partielles qui, en cas de vacance du siège par décès, démission ou autrement, doivent avoir lieu dans le délai de trois mois à partir du jour où la vacance s'est produite (L. 21 juillet 1927, art. 6). Toutefois il n'y a pas lieu à élection si la vacance survient dans les six mois qui précèdent le renouvellement de la Chambre.

B Le Sénat

Le Sénat de la loi du 24 février 1875. — Nous avons vu que l'institution d'un Sénat était, pour les monarchistes de l'Assemblée nationale, une des conditions d'acceptation de la constitution. Aussi n'y a-t-il pas lieu de s'étonner qu'ils aient entendu en faire une assemblée susceptible de freiner la Chambre issue directement du suffrage universel. Toute l'organisation du Sénat s'inspire de cette pensée.

D'abord le Sénat est une assemblée peu nombreuse (300 membres en 1875, 314 depuis la loi du 17 octobre 1919) de façon à échapper aux emportements qui menacent les assemblées plus peuplées ; c'était en outre, une assemblée âgée car l'éligibilité au Sénat est fixée à 40 ans, au lieu de 25 pour la Chambre. Or, l'âge est par lui-même un gage de pondération et bénéficie de l'apport de l'expérience généralement peu favorable aux emballements. Ensuite une partie des sénateurs échappait à l'emprise de l'élection car soixante-quinze sénateurs étaient *inamovibles*, nommés à vie. Les premiers inamovibles furent désignés par l'Assemblée nationale avant sa séparation. Leurs successeurs devaient être recrutés par le Sénat lui-même, par cooptation.

Quant aux sénateurs élus, la Constitution prenait toute précaution pour que leur origine ne vînt pas altérer le caractère qu'elle entendait donner à la haute assemblée. Ils étaient élus pour neuf ans, ce qui relâchait leur dépendance à l'égard du corps électoral ; le Sénat se renouvelait par tiers tous les trois ans, ce qui évitait les changements brusques de majorité et les décisions d'intérêt électoral qui accompagnent souvent les derniers temps des législatures ; enfin et surtout le Sénat était élu au suffrage à plusieurs degrés et par un corps électoral peu nombreux et savamment constitué.

C'est dans la composition de ce corps électoral qu'apparaît le mieux l'intention des constituants de 1875. Le collège électoral comprenait, dans chaque département qui formait circonscription électorale : les députés, les conseillers généraux, les conseillers d'arrondissement et les délégués sénatoriaux, élus par les conseils municipaux. L'élection avait donc lieu au *suffrage universel indirect* puisque les électeurs étaient eux-mêmes des élus.

Le caractère marquant de ce système résidait en ceci que toute commune, quel que fût le nombre de ses habitants, n'élisait qu'*un seul* délégué sénatorial. Tout le pouvoir électoral appartenait donc aux petites communes qui représentaient dans le pays l'élément le plus conservateur. Le Sénat méritait ainsi le titre de Grand Conseil des communes françaises que lui décerna Gambetta.

Encore que fortement atténué, ce caractère marquera le Conseil de la République de la constitution de 1946 et le Sénat actuel (voir *infra*, Chapitre 6 et Quatrième Partie).

Le Sénat depuis la réforme de 1884. — Lorsque la République fut solidement implantée, il apparut que l'institution conservatrice de 1875 devait être, sinon supprimée (une proposition en ce sens n'aboutit pas), du moins transformée. L'opération fut réalisée en deux temps. D'abord la loi constitutionnelle du 14 août 1884, article 3, déconstitutionnalisa les articles 1 à 8 de la loi constitutionnelle du 24 février 1875 relatifs à l'organisation du Sénat. Puis ces articles n'ayant plus le caractère constitutionnel furent modifiés par la loi ordinaire du 9 décembre 1884. Cette loi transforma sensiblement le caractère du Sénat.

a) Les inamovibles sont supprimés pour satisfaire à l'exigence démocratique qui ne peut s'accommoder des représentants à vie, donc irresponsables. Toutefois les inamovibles restèrent en place jusqu'à leur mort, puis leurs sièges furent attribués aux départements les moins favorisés par leur représentation sénatoriale.

b) Le principe du *délégué unique est supprimé.* La loi de 1884 fait varier le nombre des délégués avec l'importance du conseil municipal qui varie elle-même avec l'importance de la commune. Seulement, s'il y a variation, il n'y a pas proportionnalité ni entre le nombre des délégués et le chiffre du conseil municipal, ni entre celui-ci et l'importance de la commune. En fait le législateur de 1875 a procédé de telle sorte que les communes rurales ont cessé d'être privilégiées et que, au lieu de rétablir une égalité absolue entre les communes, le privilège est passé aux gros bourgs, aux chefs-lieux de cantons qui, à l'époque de la réforme, formaient les fiefs électoraux de la majorité parlementaire.

En dépit de la réforme de 1884, le Sénat est resté une assemblée dont l'esprit est différent de celui de la Chambre, d'une part à raison des règles de 1875 qui sont demeurées en vigueur (âge, durée, mode de renouvellement), d'autre part à cause des singularités de son collège électoral.

L'égalité de principe entre la Chambre des députés et le Sénat. — Elle s'explique par les raisons mêmes qui avaient conduit à l'institution du Sénat. Elle se traduit notamment en ce que le Sénat a les mêmes pouvoirs que la Chambre en matière législative, aussi bien constitutionnelle qu'ordinaire (L. 24 février 1875, art. 8) ; il a le même droit d'initiative et d'amendement. L'égalité lui avait toutefois été contestée en ce qui concerne le contrôle gouvernemental ; ses adversaires prétendaient qu'il n'avait pas le droit de renverser le gouvernement. Cette thèse n'a pas prévalu et en fait le Sénat a plusieurs fois contraint des ministères à se retirer après les avoir mis en minorité.

La seule *exception* au principe de l'égalité des Chambres existe en matière financière. La loi du 24 février 1875 dit en effet que « les lois de finances doivent être, en premier lieu, présentées à la Chambre des députés et votées par elle ». Cette priorité de la Chambre vise toutes les lois ayant pour objet principal les finances (impôts, douanes, emprunts, lois monétaires, crédits supplémentaires, règlements d'excrcice clos) ; elle consiste essentiellement dans une priorité chronologique d'après laquelle le Sénat ne pouvait connaître d'un projet qu'après que la Chambre en avait été saisie et l'avait adopté. Même ainsi l'inégalité était sensible entre les deux assemblées car le Sénat, saisi du projet de budget peu de temps avant l'ouverture de l'année financière, se trouvait dans l'obligation de l'examiner rapidement s'il ne voulait pas retarder l'entrée en vigueur du budget ce qui, impliquant recours aux douzièmes provisoires, était une mesure grave.

§ 2. Le pouvoir exécutif

La dualité des organes de l'exécutif. — Conformément au principe traditionnel du parlementarisme (voir *supra*, Première Partie, Chapitre 2), les lois de 1875 établissent la dualité des organes de l'exécutif : Président de la République et cabinet ministériel. Cependant les considérations théoriques n'ont pas été toutes déterminantes. Si les constituants ont admis cette solution, c'est en raison des facilités que la fonction de chef de l'État offrait à une restauration monarchique. En outre, le système parlementaire des Chartes était un précédent dont l'influence fut certaine : on instituait une monarchie constitutionnelle sans monarque.

A Le Président de la République

Le Président de la République est l'élément stable de l'exécutif ; sa fonction ne fut pas à proprement parler créée par la loi constitutionnelle, puisque celle-ci ne fit que consolider une situation déjà existante depuis la loi du 31 août 1871, dite constitution Rivet (Dansette, 1981 ; voir *supra*).

L'organisation de la fonction présidentielle. — D'après l'article 2 de la loi constitutionnelle du 25 février 1875, le Président de la République est élu à la majorité absolue par le Sénat et la Chambre des députés réunis en Assemblée nationale. Défavorablement impressionnés par le précédent de 1848 qui enseignait qu'un chef d'État élu par le peuple est presque fatalement conduit à détruire les institutions républicaines, les constituants de 1875 n'entendirent pas permettre le renouvellement de cette expérience. Ils préférèrent un mode de désignation, qui, s'il favorise un certain effacement du chef de l'État, a du moins, outre l'avantage de la rapidité, celui d'éviter que les suffrages populaires portent à la magistrature suprême un homme tenté d'abuser du prestige que lui valent et sa situation et son élection.

Il n'existe aucune condition d'éligibilité spéciale pour la présidence de la République ; il suffit d'être électeur. En fait, furent toujours élus des hommes exerçant de hautes fonctions politiques (Président du Conseil, Président du Sénat ou de la Chambre). Seuls les membres des familles ayant régné sur la France étaient inéligibles.

Quant au vote lui-même, il se caractérise par deux règles dont l'objet est d'affranchir le Président de toute sujétion vis-à-vis des partis et même de l'Assemblée : d'une part, le vote a lieu au scrutin secret, la discipline des partis n'a pas à jouer ; d'autre part, l'élection a lieu à la majorité absolue, ce qui donne nécessairement un nombre respectable de voix à l'élu et assied son autorité.

Le Président de la République est élu pour sept ans ; ce chiffre, qui est un des plus élevés que connaisse l'histoire constitutionnelle, correspond à l'espérance de vie que l'on prêtait au Comte de Chambord. Le Président de la République est toujours rééligible, mais en fait deux Présidents seulement ont bénéficié de cette faculté : Grévy et Lebrun.

Condition du Président de la République. — Les constituants de 1875 ont doré le trône où, éventuellement, viendrait s'asseoir un monarque. Ils n'ont donc refusé au Président aucun des prestiges auxquels est liée la dignité extérieure. Ils l'ont doté d'un traitement qui, pour ne pas atteindre le chiffre de certaines dotations royales, est cependant honorable ; ils ont protégé de façon spéciale sa personne contre le délit d'offense ; ils l'ont institué grand maître de l'Ordre de la Légion d'honneur. Mais ils n'ont pas oublié qu'ils faisaient de lui un chef d'État parlementaire : ils lui ont accordé l'*irresponsabilité*.

Il ne peut être poursuivi que pour crime de haute trahison, ce qui implique que tous ses actes doivent être contresignés par un ministre.

La fonction du Président. — L'Assemblée nationale ne lui avait pas marchandé les attributions. La liste en est impressionnante (LL. constit. 25 février 1875, art. 3 et 5, 16 juillet 1875, art. 2, 6, 7 et 8) : droit de convoquer et d'ajourner les Chambres, de leur adresser des messages, de dissoudre la Chambre des députés ; initiative des lois, pouvoir réglementaire, droit d'exiger une nouvelle délibération, commandement de la force armée ; représentation de la France à l'intérieur et à l'extérieur ; envoi et réception des ambassadeurs, négociation et ratification des traités, droit de grâce.

Pourquoi cette énumération prit-elle très vite l'aspect d'une curiosité historique ? Parce qu'il ne suffit pas de donner des pouvoirs à un organe, il faut encore qu'il soit en situation de les exercer. Or, au lieu de profiter de leur irresponsabilité pour tenter d'agir, les Présidents de la IIIe République préférèrent jouer le jeu parlementaire en ne conservant que l'apparence du pouvoir pour en laisser la réalité au gouvernement. Ce n'est pas à dire que tous acceptèrent de gaieté de cœur l'éloignement où ils étaient tenus à l'égard de toute véritable activité politique. Mais les conditions mêmes dans lesquelles leurs prédécesseurs avaient tenté d'user des prérogatives que leur reconnaissait la Constitution en rendaient désormais l'emploi impossible. En usant inopportunément de la dissolution, Mac-Mahon affaiblit la Présidence, le scandale des décorations au temps de Grévy la discrédite et l'essai de résistance de Millerand en 1924 ne fait, par son échec, qu'illustrer la faiblesse profonde de l'institution.

Est-ce à dire que, vidée de tout contenu, la fonction présidentielle ne s'imposait plus ? Ce serait exagéré. Jusqu'à l'établissement du régime parlementaire, le chef de l'État était, dans l'acception totale du terme, le chef de l'exécutif, comme il était, dans tous les domaines de l'activité étatique, l'agent d'exercice de la puissance suprême. Lorsque s'introduisit le parlementarisme, la notion de pouvoir exécutif se détacha progressivement de celle de chef de l'État et cela parce qu'il était nécessaire de constituer un organe exécutif responsable devant le Parlement. Alors le chef de l'État demeure bien le titulaire des principaux droits de l'exécutif, mais il ne les exerce plus lui-même ; par l'intermédiaire du contreseing les ministres les mettent en œuvre. Cependant, le régime parlementaire implique l'existence d'une autorité stable, qui interviendra le cas échéant entre le cabinet et l'Assemblée pour atténuer un antagonisme où l'intérêt de l'État risque d'être perdu de vue. Il exige aussi que l'unité de direction soit assurée malgré la succession des ministères. Il impose enfin une figure permanente pour incarner l'État dans ses rapports avec l'étranger. Pour assurer cette coordination, cette continuité et cette permanence, l'existence d'un chef de l'État est indispensable.

Certes, en raison de l'impossibilité d'user du droit de dissolution, une impossibilité parfois abusivement appelée « désuétude » (voir *supra*, Première Partie, Chapitre 1), le Président de la République n'était plus à même de jouer utilement le rôle d'agent régulateur des rapports entre les pouvoirs publics, mais du moins, il lui restait deux autres prérogatives essentielles par lesquelles il pouvait encore exercer une action considérable ; la nomination du chef du gouvernement et la présidence du Conseil des ministres.

Assurément dans le *choix du Président du Conseil*, il n'est pas absolument libre puisqu'il ne saurait imposer au Parlement une personnalité qui ne partage pas l'opinion de la majorité. Mais s'il doit tenir compte de la composition des Chambres, la multiplicité des partis lui laisse la latitude de choisir, parmi les Présidents du Conseil « possibles », l'homme qui lui paraît le plus qualifié.

Quant au droit de participer aux réunions du ministère en les présidant, c'est grâce à lui que le Président de la République peut exercer l'action la plus féconde. La longue durée de son mandat lui assure la connaissance d'affaires dont les ministères successifs ont à s'occuper ; il peut ainsi assurer la continuité dans les délibérations gouvernementales. Sans doute il n'a que voix délibérative, mais son expérience et le prestige que lui valent ses fonctions antérieures sont de nature à donner du poids à ses avis. Il suffit de songer au rôle joué par un monarque parlementaire comme Édouard VII ou Louis-Philippe, par un Président comme Poincaré pour concevoir tout ce que peut un chef d'État quand bien même la pratique ne lui accorde aucun pouvoir effectif de décision. Sa fonction se présente plus comme un rôle qu'il doit jouer que comme un ensemble de pouvoirs, au sens juridique du mot, exercés par lui. La seule véritable autorité qui appartienne en propre au Président de la République, c'est une autorité morale, un pouvoir de persuasion et d'influence qui valent ce que valent la valeur personnelle et l'ascendant de celui qui est appelé à en user.

B Les ministres

Les ministres dont la réunion constitue le cabinet assument le gouvernement. Ils forment l'élément mobile et agissant du pouvoir exécutif.

Les ministres sont nommés et révoqués par le Président de la République, mais en fait celui-ci choisit seulement le Président du Conseil qui soumet à sa signature les autres membres du cabinet. D'ailleurs la nomination des ministres n'échappe pas à la règle du contreseing, ce qui provoque cette situation paradoxale du Président du Conseil sortant contresignant la nomination de son successeur qui a peut-être contribué à le renverser. Quant au pouvoir de révocation, il n'a pratiquement pas à être exercé puisque les ministres démissionnent lorsqu'ils sont mis en minorité devant les Chambres.

Le nombre des ministres n'avait pas été fixé par la Constitution qui entendait laisser l'exécutif libre d'organiser à son gré le ministère sous la seule condition d'obtenir des Chambres les crédits nécessaires.

Cependant, le ministère comprend obligatoirement un Président du Conseil qui est son chef et des ministres dotés d'un portefeuille ; il comporte parfois des ministres sans portefeuille et des sous-secrétaires d'État.

Le Président du Conseil est une création de la pratique constitutionnelle, car la Constitution ne le mentionne pas. Mais sa raison d'être n'est pas moins évidente : le collège ministériel a besoin d'un chef qui assure la coordination des services de chaque département de même qu'il a besoin d'une tête qui le représente devant l'opinion et le Parlement. Aussi bien l'existence d'un Président du Conseil est traditionnelle dans le régime parlementaire où elle est le corollaire de l'irresponsabilité du chef de l'État.

En droit, le Président du Conseil ne jouit d'aucune prééminence parmi les autres ministres ; on dit qu'il est *primus inter pares*, mais en réalité il est supérieur à ses collègues du seul fait de son rôle. D'abord il est leur chef en ce sens qu'une fois définie la politique gouvernementale, c'est à lui qu'il incombe d'en faire respecter la ligne par les divers services ministériels ; ensuite il est le chef de la majorité parlementaire, ou du moins de la coalition de partis qui donne naissance à la majorité. À ce titre, il lui appartient de diriger cette majorité, de décider jusqu'où il faut la suivre et, le cas échéant, d'agir sur elle pour l'amener à prendre conscience des difficultés gouvernementales.

En droit, tous les ministres sont égaux sauf une prééminence traditionnelle du garde des Sceaux qui est généralement vice-Président du Conseil.

Mais en fait, une hiérarchie s'établit entre eux, fondée sur l'inégale importance des divers portefeuilles.

Le Conseil des ministres. — Le régime parlementaire comporte traditionnellement une autorité collective : le Conseil des ministres. La Constitution de 1875 reconnaît l'existence de cette institution en lui accordant certaines attributions propres, par exemple la nomination des conseillers d'État.

Tous les ministres font partie du Conseil des ministres, mais en principe les sous-secrétaires d'État n'y sont pas admis. Lorsque les séances ont lieu sous la présidence du Président de la République, il y a Conseil des ministres proprement dit, mais il y a aussi des délibérations hors de la présence du chef de l'État, ce sont les Conseils de cabinet. Les délibérations sont toujours secrètes et il n'est pas tenu de procès-verbal. Cette règle est sans doute utile pour sauvegarder l'homogénéité ministérielle puisque les décisions seront censées avoir été prises d'un commun accord entre tous les ministres, mais elle présente l'inconvénient de ne laisser aux gouvernements successifs aucun motif des décisions prises. La Constitution de 1946 l'a abrogée.

Le rôle du Conseil des ministres est essentiellement politique. C'est lui qui détermine avec le Président du Conseil le programme politique du gouvernement, examine et résout les problèmes de politique générale et coordonne l'activité des ministres.

Section 3
Le fonctionnement des pouvoirs publics

La collaboration des pouvoirs. — Selon la conception classique du régime parlementaire, les grandes fonctions étatiques sont assumées conjointement par le Parlement et le gouvernement. Aussi, la Constitution de 1875 associe-t-elle les deux organes à l'exercice de toutes les fonctions essentielles :

— en matière législative le gouvernement et le Parlement ont l'un et l'autre l'initiative, le Parlement vote et l'exécutif promulgue et fait exécuter la loi (pouvoir réglementaire) ;

— il en va de même en matière financière car le budget obéit sensiblement aux mêmes règles que les lois ordinaires ;

— dans le domaine de la politique générale, le Parlement contrôle le gouvernement, mais celui-ci participe aux débats et les dirige ;

— en matière diplomatique l'exécutif négocie les traités, mais il ne peut ratifier les plus importants d'entre eux sans l'autorisation du Parlement ;

— il n'est pas jusqu'aux mesures de clémence qui ne soient, quant à leur exercice, partagées entre les deux organes : le Président de la République confère la grâce et le Parlement accorde l'amnistie.

Comme nous ne saurions entrer dans l'examen de chacune des fonctions énumérées ci-dessus, nous retiendrons seulement la législation puis nous envisagerons les rapports entre les pouvoirs publics, c'est-à-dire le jeu du régime parlementaire dans le cadre de la Constitution de 1875.

§ 1. La législation

La Constitution de 1875 ne fait aucune distinction quant au contenu des lois. La définition de la loi est *formelle* : est loi tout acte voté par le Parlement, quel que soit son objet.

L'initiative des lois appartient concurremment au Président de la République et aux membres du Parlement. En fait, ce sont les ministres — qui juridiquement n'ont pas l'initiative — qui exercent la prérogative du Président en soumettant à sa signature un décret qui les charge de déposer *le projet.* Quant aux initiatives parlementaires, elles portent le nom de *propositions.* Sauf en matière financière où la Chambre des députés jouit d'un droit de priorité, les projets peuvent saisir indifféremment l'une ou l'autre Chambre. Les sénateurs ont le même droit d'initiative que les députés. L'amendement qui est une sorte d'initiative partielle puisqu'il tend à introduire des additions ou des modifications au projet primitif, suit les mêmes règles que l'initiative.

Le projet ou la proposition sont nécessairement examinés par la commission compétente et c'est sur le rapport de celle-ci que s'engage le débat.

Le vote. — Comme chaque Chambre doit voter le texte pour que celui-ci devienne loi, une transmission est nécessaire. Pour les projets elle est faite par le gouvernement : pour les propositions c'est le Président de la Chambre qui a voté la première qui l'assure.

La promulgation. — Toute loi doit être promulguée et le Président de la République doit se soumettre à cette règle dans le délai d'un mois à dater de l'adoption définitive du texte par le Parlement. Les Chambres peuvent même réduire ce délai à trois jours en décidant l'urgence de la promulgation (L. constit. 16 juillet 1875, art. 7). Toutefois le même texte prévoit que, dans le délai prévu pour la promulgation, le Président de la République peut demander par un message aux Chambres de procéder à une nouvelle délibération de la loi. Les Chambres doivent déférer au désir du Président.

La promulgation rend la loi parfaite et lui donne sa date, mais pour que le texte soit obligatoire, il faut qu'il soit connu. La publication est l'acte matériel par lequel la loi est portée à la connaissance des citoyens : elle consiste dans l'insertion au *Journal officiel.* Cependant il est rare que la loi puisse être exécutée telle qu'elle a été publiée ; généralement elle a besoin d'être précisée par des mesures qui fixent le détail de son exécution. C'est précisément l'objet des règlements.

Les règlements. — Le Président de la République a le pouvoir de faire des règlements pour l'application des lois. Ce pouvoir trouve sa source soit dans la Constitution elle-même (L. constit. 25 février 1875, art. 3), soit dans la loi qui invite le chef de l'État à réglementer les conditions de son application. Au fond, le règlement a la même nature que la loi puisque, comme elle, il porte une règle générale, mais, étant donné la définition formelle de la loi qui s'impose d'après la Constitution, il n'y a donc pas à proprement parler un domaine réglementaire : le Président de la République peut prendre des règlements sur toutes matières dès lors qu'il s'en tient à la position subordonnée d'une mise à exécution d'une loi préexistante.

En réalité ce n'est pas le Président de la République qui exerce le pouvoir réglementaire ; il se borne à signer les actes qui lui sont présentés par les ministres. Ces règlements s'appellent les décrets réglementaires.

Les décrets-lois. — Les décrets-lois forment une catégorie particulière de règlements, qui se caractérisent par une extension tout à fait remarquable du pouvoir dont dispose le gouvernement. Cette pratique est née et s'est développée lorsqu'il est apparu que la procédure parlementaire normale était trop lourde pour permettre de prendre en forme législative les mesures qui s'avéraient nécessaires. Tel était notamment le cas lorsque ces mesures étaient urgentes ou qu'elles risquaient de rendre leur auteur impopulaire. Elle est apparue pendant la première guerre mondiale et a été employée à maintes reprises ensuite, spécialement en matière économique à partir de 1926 et de plus en plus fréquemment dans les dernières années de la IIIe République. La procédure comportait trois phases :

1) Le Parlement votait une loi d'habilitation, par laquelle il autorisait le gouvernement à prendre pendant une certaine période des décrets-lois dans une matière donnée. Ces règlements pouvaient modifier des lois. À l'expiration de la période fixée, le gouvernement devait soumettre les décrets-lois à la ratification du Parlement. La loi d'habilitation était nécessaire pour deux raisons tenant au caractère initial et à la suprématie de la loi. En premier lieu, le gouvernement ne disposait que du pouvoir exécutif, c'est-à-dire qu'il n'existait aucun domaine relevant par nature de la compétence du pouvoir réglementaire. Toute mesure nouvelle ne pouvait être adoptée qu'en forme de loi ; le gouvernement ne pouvait prendre un règlement que pour l'exécution d'une loi et seulement à l'invitation du législateur lui-même ou, parfois, en cas de carence du législateur. D'autre part, le règlement se situait dans la hiérarchie des normes à un degré inférieur à celui de la loi et il ne pouvait jamais abroger ou modifier une loi. Un règlement contraire à une loi aurait été annulé par le Conseil d'État, saisi d'un recours pour excès de pouvoir. Ainsi, en 1926, la loi d'habilitation autorisait le gouvernement à prendre des mesures pour réaliser des économies budgétaires, notamment en procédant à des suppressions d'emplois ou de services, ce qui ne pouvait évidemment pas être réalisé par décret.

2) Le gouvernement adoptait les décrets-lois. Ces décrets-lois, conformément à la définition formelle et organique des actes juridiques, bien qu'ils modifient des lois antérieures, n'étaient pas des lois. Ils n'avaient pas valeur législative, mais seulement réglementaire et étaient soumis au régime juridique des règlements, qui sont des actes administratifs. Ils étaient donc susceptibles d'être attaqués par la voie du recours pour excès de pouvoir et pouvaient être modifiés par d'autres règlements. Ils avaient cependant un domaine et une portée très vastes. En 1926, le gouvernement avait été jusqu'à réorganiser les tribunaux et supprimer les secrétaires-généraux de préfecture.

3) À l'expiration du délai, le gouvernement devait déposer un projet de loi de ratification. Mais plusieurs cas pouvaient se produire (Barthélemy et Duez, 1933, p. 780) :

a) Le gouvernement déposait effectivement ce projet, qui était adopté par le Parlement. Dans ce cas, conformément au critère formel et organique, les décrets-lois devenaient des lois et étaient soumis au régime juridique de la loi : ils ne pouvaient plus être modifiés que par des lois, et ne pouvaient plus être contestés devant une juridiction.

b) Le gouvernement déposait effectivement le projet, mais le Parlement refusait de l'adopter. Les décrets-lois étaient alors abrogés. C'est d'ailleurs ce qui s'est produit en 1926. Les tribunaux créés par décrets-lois furent supprimés et les secrétaires-généraux de préfecture rétablis.

c) Le Parlement ne délibérait pas sur le projet de loi de ratification, qui n'était donc ni adopté, ni repoussé. Dans ce cas, les décrets-lois restaient en vigueur, mais conservaient la nature et le régime juridique des règlements. Ils pouvaient être modifiés par d'autres règlements et leur validité pouvait être contestée devant une juridiction.

La régularité constitutionnelle de la législation par décret a été discutée. On y a vu une atteinte à la séparation des pouvoirs, puisque le pouvoir législatif était exercé par le gouvernement. On a également affirmé qu'était violé le principe selon lequel les compétences ne peuvent être déléguées, mais doivent être exercées par l'organe auquel elles ont été attribuées. Ces arguments ne sont cependant pas fondés. Le mécanisme des décrets-lois pouvait être jugé contraire aux principes politiques de la démocratie représentative. Il n'en était pas pour autant inconstitutionnel.

Il faut observer avant tout que les lois constitutionnelles de 1875 ne contiennent aucune disposition interdisant les délégations de compétence et qu'un tel principe existait certes dans le droit administratif, mais nullement dans le droit constitutionnel français de cette époque. Mais il faut souligner surtout que les lois d'habilitation ne transféraient nullement au gouvernement le pouvoir législatif. Ce qui caractérise en effet le pouvoir législatif, c'est la capacité d'édicter des actes qui auront la nature de loi et seront soumis au régime juridique de la loi, ce qui n'est nullement le cas des décrets-lois, qui sont des décrets réglementaires et sont soumis au régime juridique des règlements, tant qu'ils n'ont pas été formellement ratifiés. C'est seulement la ratification, c'est-à-dire l'intervention du Parlement, qui les transforme en loi. Ce que réalise la loi d'habilitation, c'est une extension du domaine dans lequel peut intervenir le pouvoir réglementaire.

Le gouvernement reste donc bien dans son rôle de pouvoir exécutif. Il ne fait qu'exécuter la loi d'habilitation. Il est vrai que cette subordination n'est que formelle et que si le domaine délégué est large, l'exécutif est libre, pendant le délai prévu et en se conformant aux conditions fixées par le législateur, de prendre les mesures de son choix. Mais la hiérarchie des normes n'est jamais qu'une hiérarchie formelle. La différence de degrés entre les actes ne tient pas à leur importance politique, mais uniquement à leur force juridique.

§ 2. Le jeu du régime parlementaire dans le cadre de la Constitution de 1875

Régime d'équilibre entre les pouvoirs sous le contrôle de l'opinion, le parlementarisme implique que le gouvernement et le Parlement peuvent agir réciproquement l'un sur l'autre. Sans doute les lois de 1875 ne parlaient-elles pas expressément du régime parlementaire, mais en instituant entre les organes cette interdépendance qu'il suppose, elles facilitaient son introduction. Celle-ci fut, en outre, favorisée, par les préférences et l'éducation du personnel politique des premières années de la IIIe République.

A L'action de l'exécutif sur le Parlement

Issu de la majorité parlementaire, le cabinet doit conserver avec elle des rapports qui lui permettent d'obtenir son appui en l'éclairant sur ses intentions et en l'associant aux difficultés de la tâche gouvernementale. Le Parlement contrôle, mais, pour le faire à bon escient, il est nécessaire que le gouvernement l'ait tenu au courant de ses buts et de ses intentions. À cet effet, les ministres ont le droit d'entrer dans les Chambres, et ils ont le droit d'y prendre la parole.

Normalement, les ministres sont soit députés, soit sénateurs, ils ont accès indifféremment à l'une et l'autre assemblée ; mais même s'ils n'appartiennent pas au personnel parlementaire, ils peuvent entrer dans les Chambres. C'est là une différence capitale avec ce qui se passe dans le régime présidentiel, aux États-Unis, où les membres du cabinet, ministres du Président, ne peuvent ni être pris dans le Congrès, ni y entrer.

Quant au droit pour les ministres d'être entendus par les Chambres, il est capital, car c'est lui qui leur permet de diriger les débats, c'est-à-dire d'appeler la discussion sur un point, de l'orienter, de défendre une thèse, d'en critiquer une autre et d'indiquer la solution qui leur semble s'imposer. C'est par leur présence à l'assemblée que les ministres tout à la fois écoutent et conduisent l'opinion publique telle qu'elle se dégage de l'attitude de la représentation nationale. Ce droit est si important qu'il est prévu par la Constitution que les ministres « doivent être entendus quand ils le demandent » (L. constit. 16 juillet 1875, art. 6) et qu'il n'y a pas de débat lorsqu'ils ne sont pas au banc du gouvernement.

L'action du gouvernement se fait également sentir par son droit *d'initiative* qui l'associe étroitement au travail législatif. Nous savons aussi que la Constitution avait même prévu, au profit de l'exécutif, un droit de veto relatif qui n'a jamais été utilisé. Enfin la Constitution donne à l'exécutif un pouvoir direct sur le Parlement lui-même en l'autorisant à convoquer les sessions extraordinaires, à prononcer la clôture de la session ordinaire, à la suspendre et surtout à prononcer la dissolution.

La *dissolution* est une pièce essentielle du mécanisme parlementaire, puisqu'elle arrache le ministère à la tutelle absolue des Chambres. Elle est la contrepartie de la responsabilité ministérielle. Telle est, disait-on, la signification qu'elle revêt dans la pratique constitutionnelle anglaise qui passait pour traduire un parlementarisme authentique, et telle elle fut inscrite dans l'article 5 de la loi constitutionnelle du 25 février 1875 : « Le Président de la République peut, sur l'avis conforme du Sénat, dissoudre la Chambre des députés avant l'expiration légale de son mandat. En ce cas, les collèges électoraux sont convoqués pour de nouvelles élections dans le délai de trois mois ».

Cette exigence de l'avis conforme du Sénat était contraire à l'avis de la commission qui fit valoir contre elle des arguments qui demeurent encore valables : d'une part, les débats au Sénat sur l'attitude politique de la Chambre ne sont ni convenables ni dignes des institutions représentatives ; d'autre part, la position du Sénat serait impossible au cas où la majorité de la Chambre serait réélue car, forte de ce succès, elle pourrait se présenter comme incarnant seule la volonté nationale. Pourtant c'est à la demande du maréchal de Mac-Mahon que fut introduite la condition de l'avis conforme du Sénat, car il craignait que le Chef de l'État n'osât point prendre seul la responsabilité d'un acte aussi grave (Albertini, 1978 ; Lauvaux, 1983).

Le droit de dissolution ne fut utilisé qu'une fois par Mac-Mahon, au cours de la crise du 16 mai 1877 ; mais il aboutit à un échec : sur les 363 députés de la majorité, 327 furent réélus. Le chef de l'État avait usé de la dissolution pour imposer à la Chambre un ministère dont elle ne voulait point. Cette manœuvre réactionnaire aggravée d'une défaite a contribué à discréditer l'institution pour toute la durée de la IIIe République.

B L'action du Parlement sur l'exécutif

À côté de l'élaboration des lois, le rôle essentiel du Parlement dans le régime parlementaire est de surveiller l'activité du gouvernement, de lui faire connaître les vœux de l'opinion et éventuellement de le contraindre à les respecter. À cet effet, les assemblées disposent d'une série de moyens de contrôle, l'enquête, l'interpellation, et d'une sanction : la mise en cause de la responsabilité ministérielle. Aucune de ces procédures, toutefois, n'est réglée par la Constitution, elles font l'objet soit de dispositions du règlement de l'assemblée, soit de lois spéciales.

Les moyens du contrôle parlementaire. — Le Parlement peut d'abord utiliser son pouvoir d'*enquête*. À cette fin, il défère une activité ou un fait à une commission parlementaire qui prend le nom de commission d'enquête.

La *question* est un procédé de contrôle par lequel un parlementaire demande au gouvernement ou à un ministre déterminé une explication ou un éclaircissement sur un point particulier relevant de la compétence de l'exécutif. La question peut être orale ou écrite ; elle ne donne lieu ni à un débat ni à un vote.

L'*interpellation* est l'instrument essentiel du contrôle parlementaire. Elle est apparue en France sous la monarchie de juillet (voir *supra*, Chapitre 2) où elle servit d'abord au gouvernement à s'assurer de sa majorité. Au fond, elle n'est pas différente de la question car, comme elle, c'est une procédure par laquelle un parlementaire demande au gouvernement d'expliquer sa conduite. Seulement, dans sa forme et dans ses résultats, elle est beaucoup plus importante que la question.

D'abord, le gouvernement est obligé de répondre. C'est la Chambre qui fixe la date de l'interpellation ; elle dispose ainsi du moyen d'éviter les interpellations oiseuses. Ensuite, l'interpellation donne lieu à un débat auquel tous les parlementaires peuvent participer, l'interpellateur lui-même ne bénéficie que du droit de parler plus longtemps que les députés qui interviennent seulement dans les discussions. Enfin, l'interpellation se termine par un vote par lequel l'assemblée précise son attitude à l'égard du gouvernement.

La résolution par laquelle la Chambre prend position à propos du débat qui s'est déroulé devant elle s'appelle *l'ordre du jour*, ce qui est une formule elliptique pour dire qu'elle passe à l'ordre du jour, c'est-à-dire aux autres questions inscrites à son programme de travail. L'ordre du jour peut être pur et simple, la Chambre n'approuve ni ne blâme, elle n'exprime aucune opinion. Il peut être aussi motivé, soit qu'il exprime la confiance, soit qu'il affirme la méfiance de l'Assemblée à l'égard du gouvernement. Naturellement celui-ci prend position à l'égard de la motion de l'ordre du jour et, si la Chambre repousse l'ordre du jour qu'il accepte ou vote celui qu'il rejette, il doit démissionner. Les ministres, membres des Chambres, conservent cette qualité et, à ce titre, votent sur l'ordre du jour dans la Chambre à laquelle ils appartiennent, c'est-à-dire qu'ils statuent sur leur propre sort.

Le débat sur l'ordre du jour se complique très fréquemment d'un incident : il y a généralement plusieurs ordres du jour, la discussion s'engage alors sur le point de savoir lequel sera voté le premier. C'est la *question de la priorité*. Le gouvernement peut poser la question de confiance à propos de la priorité et être renversé sans que le débat se soit engagé au fond.

La responsabilité ministérielle. — L'obligation de se retirer à la suite d'un vote de méfiance est, pour le ministère, la sanction du contrôle parlementaire. Elle constitue l'expression de la responsabilité politique des ministres.

Les ministres sont tenus par trois sortes de responsabilité : la responsabilité *pénale* qui atteint les ministres dans leur personne ou leurs biens pour infraction à la loi pénale ; la responsabilité *civile* qui les oblige à réparer les dommages qu'ils ont causés soit à des particuliers, soit à l'État ; enfin la responsabilité *politique*, ainsi nommée parce qu'elle joue, abstraction faite de toute faute du gouvernement, pour simple désaccord avec le Parlement.

« Les ministres sont solidairement responsables devant les Chambres de la politique générale du gouvernement, et individuellement de leurs actes personnels » (L. const. 25 février 1875, art. 6). Ce texte pose le principe de la *solidarité ministérielle*. Cette solidarité se justifie par le fait que tous les ministres sont censés unis par un programme politique commun ; elle suppose donc l'*homogénéité ministérielle* et parfois même elle la crée, car le sentiment d'une responsabilité solidaire rapproche les ministres, que leur diversité d'origine politique pourrait séparer.

La responsabilité peut être mise en jeu selon deux techniques différentes :

1° La première, la *motion de censure* est à l'initiative de la Chambre : il s'agit d'un texte par lequel, sur proposition de certains de ses membres, la Chambre déclare qu'elle « *censure* » le gouvernement. Si ce texte est adopté par la majorité de la Chambre, le gouvernement a l'obligation de présenter sa démission.

2° La seconde, la *question de confiance*, est à l'initiative du gouvernement lui-même. Celui-ci peut estimer qu'un projet de loi est d'une importance capitale et qu'il lui serait impossible de réaliser son programme si ce projet n'était pas adopté. S'il n'est pas certain de disposer d'une majorité à la Chambre pour voter le texte, il peut tenter de faire pression sur elle en assortissant le dépôt du projet d'une menace de démission en cas de rejet. Le gouvernement exprime cette menace en indiquant que la Chambre doit lui manifester sa confiance en adoptant le texte ou que le rejet du texte serait interprété comme une marque de défiance, dont il devrait tirer les conséquences. Sous la IIIe République, la question de confiance ne requiert aucune forme particulière. Si le gouvernement — en pratique, il s'agit du Président du conseil — menace ainsi de démissionner, c'est dans l'espoir que certains parlementaires reculeront devant la perspective d'une crise ministérielle, par exemple parce que leur parti est représenté au sein du gouvernement et qu'une crise signifierait peut-être la perte du pouvoir. On dit qu'il « engage sa responsabilité sur le texte » ou qu'il « pose la question de confiance ». Le vote ne porte pas directement sur la question de confiance, mais seulement sur le texte. Mais, bien entendu, si le projet n'est pas adopté, cela signifie que la confiance a été refusée et que le gouvernement est tenu de démissionner, comme il s'y était d'ailleurs engagé.

§ 3. Les déformations du régime parlementaire par la pratique politique

Déformation des institutions. — On a beaucoup vanté la souplesse de la Constitution de 1875 et, en effet, elle a su s'adapter aux graves crises intérieures qui ont agité le régime et elle lui a permis de surmonter de redoutables périls extérieurs. Mais, en matière constitutionnelle comme en toutes choses, l'élasticité a ses limites : ce point critique fut atteint lorsque les institutions de 1875 durent se prêter à l'action d'une classe pour laquelle elles n'avaient pas été faites. Les lois de 1875 ont été imaginées par une élite qui pensait s'en réserver l'usage. Or, le suffrage universel, en provoquant l'avènement au pouvoir des couches populaires, a créé une classe dirigeante qui n'était pas faite pour le maniement de ce mécanisme délicat et quasiment aristocratique qu'étaient les institutions de 1875. Dès 1880 on put constater une rupture d'équilibre entre la mentalité politique de la majorité nationale et les institutions.

1° *Les déviations par rapport au modèle classique du régime parlementaire.* — Selon le modèle classique, le régime parlementaire se caractérise par un équilibre et une collaboration des pouvoirs. Si l'une ou l'autre des assemblées renverse le cabinet, le Chef de l'État demande, grâce à son droit de dissolution, au corps électoral d'arbitrer le conflit. Mais en réalité, la IIIe République s'orientait d'une manière de plus en plus accentuée vers une domination des assemblées. L'égalité des pouvoirs n'existait pas, une prépondérance absolue appartenait au Parlement. Alors que celui-ci était pourvu de toutes les armes capables de lui assurer la subordination du gouvernement, l'exécutif au contraire, était dépourvu de moyens d'action sur les Chambres.

a) Par *l'infériorité de la situation du chef de l'État*, le cabinet ne trouvait aucun appui dans la résistance qu'il eût été tenté d'opposer au Parlement. Nommé par les Chambres, le Président de la République ne pouvait les égaler en prestige, il lui était impossible de soutenir efficacement le ministère.

b) Par *l'impossibilité du droit de dissolution*, l'exécutif, n'avait aucun moyen à opposer à la mise en jeu de la responsabilité ministérielle. En cas de conflit avec les assemblées, le gouvernement devait ou s'en aller ou se soumettre ; il lui était impossible de faire prévaloir ses vues. L'habitude s'établit ainsi de considérer le cabinet comme un agent du Parlement nommé en fait et révocable par lui.

c) Par *la multiplication des partis*, cette dépendance était encore accrue, car le cabinet ne pouvait jamais disposer d'une majorité stable, car il n'était soutenu que par des coalitions, dont il devait sans cesse sauver la cohésion par des concessions aux exigences de leurs membres. Ce phénomène était particulièrement apparent dans les dernières années de la IIIe République, lorsque les ministres furent officiellement considérés comme les représentants de leur parti au sein du gouvernement. En 1936, Léon Blum se déclarait, devant la Fédération socialiste de la Seine, le « délégué » de son parti au gouvernement.

2° *L'absence d'autorité.* — Une assemblée peut bien empêcher un ministère de gouverner, elle ne peut gouverner elle-même. Si bien que l'autorité gouvernementale ne se trouvait nulle part, sauf peut-être dans les puissances de fait extérieures aux mécanismes constitutionnels.

Selon l'interprétation qui avait fini par prévaloir dans les assemblées, le gouvernement est réactionnaire par nature, il doit donc être tenu en suspicion. Au lieu d'un régime de collaboration entre l'exécutif et le Parlement on aboutissait à une lutte sournoise entre le gouvernement et ses successeurs éventuels.

a) Le gouvernement était dans l'incapacité d'assurer un rôle d'impulsion et de direction. La majorité dictait un programme. Perdant l'initiative, le gouvernement perdait l'autorité.

b) Dépourvu d'autorité, le gouvernement ne pouvait s'imposer à un Parlement soucieux de conduire au pouvoir de nouvelles équipes riches de nouvelles promesses. D'où l'instabilité ministérielle qui rendait impossible toute continuité politique.

c) Le régime était un mangeur d'hommes car, dans sa crainte des personnalités, il ne leur laissait pas le temps de faire leurs preuves. Si bien que sans cesse revenaient au pouvoir les mêmes personnalités de plus en plus habiles aux manœuvres de couloirs, mais de plus en plus sceptiques quant à l'efficacité de leur action (Tardieu, 1936 ; Soulier, 1938).

3° *L'absence de responsabilité.* — Ne pouvant accomplir aucune politique suivie, de quelle responsabilité pouvaient se sentir tenus les ministres ? La sanction de la responsabilité politique était un abandon provisoire du pouvoir. En réalité, les gouvernants n'étaient pas inquiétés pour les conséquences fâcheuses de leurs actes.

Cette absence de responsabilité gouvernementale se propageait à travers tous les échelons de la hiérarchie administrative, aboutissant ainsi très vite au désintéressement à l'égard de l'intérêt public. Le député songe à satisfaire sa clientèle électorale qui réclame la satisfaction de ses intérêts égoïstes. D'où l'abus de l'apostille et de la recommandation, la constitution, au sein des services publics, de groupements de fonctionnaires tenant en échec les directives gouvernementales.

Cette pratique conduisait à un faussement de tout le système représentatif. À la prohibition théorique du mandat impératif se substituait en fait la subordination de l'élu à l'électeur. La nation entière, dont la philosophie révolutionnaire voulait assurer la représentation, était réduite au silence quant à la défense de ses intérêts vitaux.

4° *L'impuissance du Parlement à légiférer efficacement.* — Privé de la direction d'un exécutif stable, soumis à la dictature de majorités changeantes et souvent improvisées, le Parlement se trouve dans l'impossibilité d'accomplir correctement sa fonction législative. L'absence de plan d'ensemble, la lenteur de la procédure sans cesse entravée par des manœuvres politiques, la soumission aux pouvoirs de fait aboutissant à une législation de classe, la multiplicité de textes d'où découle leur impuissance, tels sont les traits caractéristiques de l'œuvre législative des assemblées dans les années qui précédèrent la guerre en 1939.

Les tentatives de redressement. — À la suite de toute une série de crises (crise financière en 1926, politique en 1934, sociale en 1936, internationale à partir de 1938), la nécessité d'un changement dans les mœurs politiques était admise par tout le monde. À partir de 1934, notamment, il n'était question que de la réforme de l'État (Gicquel et Sfez 1965). Rien de sérieux cependant ne fut essayé, parce que l'entente n'existait ni sur l'esprit de la réforme, ni sur les moyens d'aboutir.

Cependant, sur le plan des faits, un changement des méthodes politiques s'imposait pour rendre au gouvernement l'autorité et la continuité indispensables à la sauvegarde des intérêts nationaux. On eut alors recours, de façon quasiment permanente, à des formules dont on attendait un soulagement momentané.

Le système des coalitions de partis (Goguel, 1987 ; Mayeur, 1997). — Ce procédé repose sur une union des partis de manière à composer une majorité plus solide et plus durable. L'union réalisée au moment des élections doit se perpétuer au Parlement. Le type de ces coalitions (bloc, cartel, union nationale) fut le Front populaire réalisé par les partis de gauche sur un programme minimum unique. Par l'entente préalable des groupes, les votes concertés, la discipline qui renforce l'autorité des chefs, ce procédé tendait à permettre la réalisation d'un plan politique cohérent. Mais, en fait, ses inconvénients dépassent de beaucoup ses avantages :

a) les coalitions divisent le pays en deux classes hostiles, sapent l'unité nationale et déplacent le centre de gravité politique qui passe des institutions à l'opposition dans la rue ;

b) elles sont plus négatives que faites pour une action constructive. Instrument de lutte électorale, elles sont peu aptes au gouvernement ;

c) elles sont éphémères et ne résistent pas aux difficultés de gouvernement. Le gouvernement doit faire appel à l'esprit de sacrifice des gouvernés et c'est là une cause de dissociation des coalitions. Toutes les législatures inaugurées sous le signe d'un bloc ou d'un front quelconque se sont terminées sous l'égide d'une majorité différente.

La législation par décrets-lois. — (voir *supra*). Officiellement, la procédure des décrets-lois se recommandait de la nécessité de renforcer l'exécutif. Au lieu de légiférer lui-même, le Parlement autorisait le gouvernement à prendre, par voie de décrets, pendant une certaine période, toutes les mesures requises par la situation. En fait, ce procédé n'apportait qu'un remède éphémère à des difficultés de plus en plus graves, et était une preuve évidente de la déliquescence des institutions parlementaires.

D'une part, il faisait ressortir l'impuissance des règles du parlementarisme dans les conditions de la vie politique moderne. La spécialisation, qui remet au Parlement la législation, à l'exécutif le gouvernement, est impraticable, étant donné le rôle que les conceptions politiques actuelles reconnaissent à l'État. On ne peut gouverner sans légiférer, car la loi elle-même est un procédé du gouvernement. L'action gouvernementale devient donc impossible si l'exécutif est obligé d'attendre du bon vouloir de l'assemblée des lois nécessaires à sa politique (Dubief, 1985).

D'autre part, la procédure des décrets-lois met en évidence l'incapacité des Chambres, leur indiscipline à l'égard de l'autorité gouvernementale, leur docilité envers les pouvoirs de fait. Si elle se reconnaissent elles-mêmes impropres à la tâche qui leur est confiée, quel crédit pourront-elles avoir auprès de l'opinion ?

Enfin, en remettant ses pouvoirs à l'exécutif, le Parlement ne s'effaçait que provisoirement, lorsque la gravité des mesures à prendre l'incitait à dégager sa responsabilité. Mais, dès que la situation était rétablie, les Chambres entendaient retrouver toutes leurs prérogatives et compromettaient à nouveau le redressement réalisé (Lacharrière, 1939).

Ainsi se trouvait justifié le jugement prononcé en juin 1942 par le général De Gaulle dans une déclaration remise aux organisations de résistance : « Un régime moral, social, politique, économique a abdiqué dans la défaite, après s'être lui-même paralysé dans la licence ».

Bibliographie

ALBERTINI P. (1978), *Le droit de dissolution et les systèmes constitutionnels français*, Paris, PUF.

AZÉMA J.-P., WINOCK M. (1991), *La IIIe République : 1870-1940*, Paris, Hachette.

BARTHÉLÉMY J. & DUEZ P. (1933), *Traité de droit constitutionnel*, Préface de F. GOGUEL, Paris, Economica, 2e éd., 1985, rééd. Paris, Éditions Panthéon-Assas, 2004.

BONNEFOUS E. (1986), *Histoire politique de la IIIe République*, 6 vol., Paris, PUF.

BURDEAU F. (1996), *La Troisième République*, Paris, Montchrestien.

CARRÉ DE MALBERG R.

(1933), *Confrontation de la théorie de la formation du droit par degrés avec les idées et les institutions consacrées par le droit positif français relativement à sa formation*, Paris, Sirey.

(1931), *La loi, expression de la volonté générale*, Paris, Sirey, rééd. Paris, Economica, 1984.

(1985), *Contribution à la théorie générale de l'État*, 2 vol., Paris, éd. du CNRS, 1921 ; nouv. éd. 1962 ; nouv. éd. 2003, Paris, Dalloz.

CHASTENET J. (1964-1974), *Histoire de la IIIe République*, 7 vol., Paris, Hachette.

DANSETTE A. (1981), *Histoire des Présidents de la République*, Nouvelle édition augmentée de deux chapitres par Edmond Pognon, Paris, Plon.

DUBIEF H. (1985), *Le déclin de la IIIe République*, 1929-1939, Paris, Seuil.

GICQUEL J., SFEZ L. (1965), *Problèmes de la réforme de l'État en France depuis 1934*, Paris, PUF.

GOGUEL F. (1987), *La politique des partis sous la IIIe République*, Paris, Seuil, 5e éd.

GOUAULT J. (1954), *Comment la France est devenue républicaine*, Paris, Armand Colin.

HANOTAUX G. (1925-1926), *Histoire de la fondation de la IIIe République*, Paris, Plon.

DE LACHARRIÈRE (1939), « Le système des décrets-lois et le régime parlementaire », *Revue d'histoire politique et constitutionnelle*, p. 122.

LAUVAUX P. (1983), *La dissolution des assemblées parlementaires*, Paris, Economica.

LÉVÊQUE P. (1994), *Histoire des forces politiques en France*, t. 2 1880-1940, Paris, A. Colin.

MAYEUR J.-M. (1997), *La vie politique sous la IIIe République*, Paris, Seuil.

MIGNON M. (1938), *La pratique des décrets-lois devant la doctrine et la jurisprudence*, Paris, Dalloz.

NICOLET Cl. (1982), *L'idée républicaine en France (1789-1924). Essai d'histoire critique*, Paris, Gallimard.

PETOT J. (1970), *Les grandes étapes du régime républicain français (1870-1969)*, Paris, Cujas.

PINON S. (2003), *Les réformistes constitutionnels des années trente aux origines de la Ve République*, Paris, LGDJ.

REMOND R. (2002), *La République souveraine : la vie politique en France : 1878-1939*, Paris, Fayard.

SOULIER A. (1939), *L'instabilité ministérielle sous la IIIe République*, Paris, Sirey.

TARDIEU A. (1937), *La Révolution à refaire*, 2 vol., Paris, Flammarion.

Chapitre 5
Les institutions politiques françaises de 1940 à 1946

La France partagée. — Pendant quatre années, qui furent parmi les plus sombres de son histoire, la France ne vécut pas sous un gouvernement constitutionnel. On oppose souvent à ce propos gouvernement *légal* et gouvernement *légitime*, pour affirmer que le gouvernement de Vichy était légal, mais non légitime parce qu'il ne bénéficiait pas de l'adhésion de l'opinion, tandis que le gouvernement de la France Libre aurait été quant à lui, légitime, mais non légal, parce que s'il ne tirait pas sa compétence d'une norme juridique positive, il était soutenu par l'opinion. Cette opposition, parfaitement valide du point de vue de la théorie ou de la morale politiques, est cependant peu pertinente au regard de la théorie constitutionnelle. Si la légitimité dépend du soutien de l'opinion, ce soutien est à la fois fort difficile à mesurer et sujet à fluctuations constantes. Les tenants de la distinction entendent en réalité par *légitimité* la qualité d'un gouvernement dont l'action leur paraît conforme à l'intérêt du pays, au sens de l'Histoire ou à la justice.

Aussi, du point de vue du droit constitutionnel, est-il préférable de considérer seulement les problèmes juridiques relatifs à la forme du pouvoir au cours de cette période troublée.

Section 1
Le gouvernement de « l'État français »

Si l'on s'en tient à la seule considération des textes, les institutions de la République, telles qu'elles étaient fixées par les lois de 1875, ne cessèrent d'être en vigueur qu'au 11 juillet 1940, date des premiers actes constitutionnels édictés par le maréchal Pétain. Mais, en réalité, le changement de régime remonte à la nuit du 16 au 17 juin 1940, c'est-à-dire au moment où, prenant acte de la défaite des armées françaises, le maréchal Pétain constitua un gouvernement dans le cadre de la légalité existante sans doute, mais avec l'intention d'en faire l'instrument d'une « révolution nationale » qui abrogerait la Constitution en vigueur. C'est dans cet esprit que fut convoquée l'Assemblée nationale dont on attendait une délégation du pouvoir constituant qui permettrait l'édification du nouveau régime (Berl, 1968).

§ 1. L'acte dit « loi constitutionnelle » du 10 juillet 1940

Telle qu'elle était définie par l'article 8 de la loi constitutionnelle du 25 février 1875, la procédure de révision de la Constitution comportait d'abord deux résolutions concordantes prises dans chacune des Chambres à la majorité absolue des voix, soit spontanément, soit sur la demande du Président de la République, et déclarant qu'il y a lieu de réviser les lois constitutionnelles. Une fois prises ces résolutions, les Chambres se réunissaient en Assemblée nationale et procédaient à la révision. Les décisions devaient être prises à la majorité absolue des membres composant l'Assemblée.

La réunion de l'Assemblée nationale. — En application de ces règles, une résolution relative à la convocation de l'Assemblée nationale fut votée le 9 juillet 1940, au Sénat par 229 voix contre 1 sur 230 votants, à la Chambre des députés par 395 voix contre 3 sur 398 votants : la condition de majorité absolue était donc satisfaite. L'Assemblée nationale se réunit le lendemain à Vichy.

Le projet gouvernemental disposait que l'Assemblée nationale donnait tous pouvoirs au gouvernement, sous la signature et l'autorité du maréchal Pétain, Président du Conseil, à l'effet de promulguer la nouvelle Constitution de l'État français. Cette Constitution devait être ratifiée par les assemblées qu'elle aurait créées.

La mise aux voix du projet donna les résultats suivants : votants : 649 ; majorité absolue : 325 ; pour : 569 voix ; contre : 80. Il y eut 18 abstentions.

Portée de la loi constitutionnelle du 10 juillet 1940. — L'article unique de la loi est ainsi conçu : « L'Assemblée nationale donne tous pouvoirs au gouvernement de la République, sous l'autorité et la signature du maréchal Pétain, à l'effet de promulguer par un ou plusieurs actes, une nouvelle constitution de l'État français. Cette constitution devra garantir les droits du travail, de la famille et de la patrie. Elle sera ratifiée par la nation et appliquée par les assemblées qu'elle aura créées. »

En adoptant ce texte, l'Assemblée n'a pas fait une constitution, elle a transféré au gouvernement le pouvoir constituant. Pouvait-elle juridiquement agir ainsi ?

On l'a contesté en faisant valoir la règle selon laquelle une autorité constituée ne saurait déléguer à une autre la compétence qu'elle tient de la constitution (voir *supra*). Ce principe est une des conséquences nécessaires de la suprématie des lois constitutionnelles, mais il n'est pas certain qu'il s'applique à l'autorité constituante elle-même. Celle-ci est en effet maîtresse de la constitution, elle peut parfaitement la modifier en ce qui touche la procédure de révision. Or, le fait de remettre le pouvoir constituant au gouvernement, revenait, de la part de l'Assemblée, à modifier les règles valables quant aux modifications constitutionnelles. De même qu'elle aurait pu régulièrement changer les règles en vigueur quant à l'exercice du pouvoir législatif, de même l'Assemblée nationale pouvait réformer celles relatives à l'exercice du pouvoir constituant. Admettre le contraire, c'est adopter une distinction très répandue à l'époque révolutionnaire, entre le pouvoir de révision, pouvoir limité que peut exercer un organe constitué, et le pouvoir constituant qui n'appartient qu'au peuple statuant souverainement dans les formes qu'il juge opportunes. Or, cette distinction aboutit pratiquement à ne voir la manifestation du pouvoir constituant que dans l'établissement révolutionnaire, c'est-à-dire en dehors de toute forme préétablie, des constitutions. C'est précisément ce que l'on voulait éviter en juillet 1940.

L'attitude adoptée en 1940 n'est d'ailleurs pas restée unique dans notre histoire constitutionnelle. C'est elle qui fut reprise en juin 1958 lorsque le Parlement a modifié la procédure de révision prévue par l'article 90 de la constitution de 1946 pour transférer le pouvoir constituant au général De Gaulle (voir *infra*, Quatrième Partie, Chapitre 1). Certes la situation politique était différente, mais juridiquement l'opération réalisée est identique à celle qui fut accomplie en 1940.

Il n'y a donc pas eu à proprement parler une délégation du pouvoir constituant, mais institution d'un organe constituant nouveau : le maréchal Pétain, auquel a été attribué un pouvoir qui jusqu'alors appartenait à l'Assemblée nationale et dont elle s'est définitivement dépouillée aussi bien en jouissance qu'en exercice. Juridiquement, la loi constitutionnelle du 10 juillet 1940 est donc correcte. Mais c'est parce qu'on a considéré par la suite qu'elle était malgré tout illégitime, notamment parce qu'elle avait été adoptée sous la pression des circonstances, que l'article 89 al. 4 de la constitution de 1958 interdit d'engager ou de poursuivre une procédure de révision constitutionnelle lorsqu'il est porté atteinte à l'intégrité du territoire (voir *infra*, Quatrième Partie, Chapitre 1).

§ 2. L'organisation constitutionnelle du gouvernement de Vichy

Le gouvernement de Vichy n'eut qu'une assise constitutionnelle rudimentaire ; il reposait sur une série d'actes constitutionnels très brefs édictés par le maréchal Pétain, et dont les principaux sont les actes n°s 1 et 2 du 11 juillet 1940 relatifs à la personnalité et aux fonctions du chef de l'État, l'acte n° 7, du 27 janvier 1941, posant le principe de la responsabilité des secrétaires d'État et hauts fonctionnaires devant le chef de l'État, les actes 11 (18 avril 1942), 12 et 12 *bis* qui instituent un chef de gouvernement et déterminent ses fonctions.

Au point de vue de l'évolution constitutionnelle, deux périodes doivent être distinguées : la première qui va jusqu'au 18 avril 1942 se caractérise par l'exercice de tous les pouvoirs étatiques par le seul chef de l'État, le maréchal Pétain ; l'autre qui prend naissance par le retour au pouvoir de Laval dans les fonctions de chef du gouvernement (acte constitutionnel n° 11, 18 avril 1942) repose apparemment sur un dualisme gouvernemental avec répartition des compétences entre le chef de l'État et le chef du gouvernement, mais est marquée en fait par la dictature de ce dernier.

L'acte constitutionnel n° 2 disposait que le chef de l'État français a la plénitude du pouvoir gouvernemental. Il faut entendre par là qu'il exerçait seul et effectivement la totalité des fonctions étatiques, à la différence du Président de la République de 1875 qui, s'il disposait également d'attributions très larges, ne pouvait les exercer lui-même. Cette plénitude du pouvoir gouvernemental était concrétisée par la liste des pouvoirs accordés au chef de l'État. D'une part, il disposait des prérogatives habituellement considérées comme propres à l'exécutif (nomination des ministres et des fonctionnaires, pouvoir réglementaire, promulgation, négociation des traités) ; d'autre part, il exerçait le pouvoir législatif. Enfin, à cette liste de compétences qui lui appartenait en tant que chef de l'État, il faut ajouter le pouvoir constituant dont le Maréchal était personnellement titulaire.

Ainsi aucune séparation des pouvoirs n'atténuait la puissance du chef de l'État ; le gouvernement dont il nommait et révoquait librement les membres n'était qu'un agent d'exécution de ses volontés. Responsables devant lui, les ministres devaient être considérés davantage comme de hauts fonctionnaires administratifs que comme des personnalités politiques (Bonnard, 1942).

À partir du moment où fut institué un chef du gouvernement, le 18 avril 1942, la situation du chef de l'État fut considérablement diminuée. En effet, l'acte constitutionnel n° 11 décidait que le chef du gouvernement assure la direction effective de la politique du pays, ce qui impliquait qu'il lui appartenait d'exercer toutes les attributions du chef de l'État inhérentes à la fonction gouvernementale. En outre l'acte n° 12 lui accordait, concurremment avec le chef de l'État, le pouvoir législatif. De ce fait, la fonction du chef de l'État était ramenée à un rôle de patronage du chef du gouvernement qu'il nommait et dont, à ce titre, il devait être considéré comme partageant les vues politiques.

Cette concentration du pouvoir en la personne d'un homme par où se traduisait nettement un retour au pouvoir individualisé (voir *supra*) n'était qu'apparemment et très légèrement atténuée par le rôle imparti à quelques organes secondaires chargés de préparer les décisions gouvernementales. Il faut d'abord mentionner le *Conseil national* institué par l'acte dit loi du 22 janvier 1941, modifiée par celle du 19 février 1943. Officiellement créé pour établir un contact entre l'opinion et le gouvernement, il n'était en réalité qu'un instrument de celui-ci car il ne jouissait d'aucune autonomie : ses membres étaient nommés par décret, l'ouverture et la durée de la session étaient fixées par le gouvernement qui était également maître de la composition de son bureau. Aussi bien le Conseil national n'avait aucun pouvoir propre de décision, il ne pouvait que donner les avis qui lui étaient demandés par le gouvernement sans que celui-ci soit tenu de les suivre. Le Conseil national n'a fonctionné qu'en commission : il ne fut jamais réuni en séance plénière.

À cette organisation constitutionnelle rudimentaire et où aucune place n'était faite à une représentation quelconque de la volonté nationale, il faut joindre toutefois les visées plus ambitieuses mais très partiellement atteintes, vers le corporatisme.

À ses débuts, lorsqu'il semblait que le régime avait une philosophie sociale et politique propre, il apparut que celle-ci devait être d'inspiration corporative. À cet effet on tenta d'organiser les professions, de les doter d'ordres et de conseils de discipline. L'acte dit Charte du Travail du 4 octobre 1941 et la loi du 2 décembre 1940 sur l'organisation de l'agriculture jetèrent la vie industrielle et paysanne dans une expérience corporative qui n'eut pas de suite. La résistance de l'opinion à des mesures trop manifestement imposées et bientôt détournées de leur but strictement national n'autorisa que l'établissement d'un corporatisme de façade qui ne parvint pas à voiler la structure intégralement autoritaire du régime (Aron, 1954).

Section 2
L'organisation de la continuité républicaine dans la France libre

Le 18 juin 1940, au lendemain du jour où le maréchal Pétain avait demandé l'armistice, le général De Gaulle, dans un appel radiodiffusé de Londres, invitait les Français à le rejoindre pour continuer la lutte. Dès ce premier message, il refusait de reconnaître toute légitimité au gouvernement de Vichy : « Des gouvernants de rencontre ont pu capituler, cédant à la panique, oubliant l'honneur, livrant le pays à la servitude. » Pour mener ce combat, il sera très vite nécessaire, surtout quand les ralliements se multiplieront, de doter la France Libre d'institutions représentatives. L'évolution de ces institutions ne sera pas sans incidences pour l'avenir.

Le Conseil de défense de l'Empire, créé le 27 octobre 1940, est un organisme consultatif. Les décisions sont prises par le général De Gaulle sous le nom d'*ordonnances*, ayant tantôt valeur de loi, tantôt valeur de décret.

Le Comité national français. — L'importance croissante des territoires de l'Empire ainsi que des forces armées françaises qui se rangeaient autour du mouvement de la France libre, incitèrent le général De Gaulle à étoffer son gouvernement. Ce fut l'objet d'une ordonnance du 24 septembre 1941 qui pose les principes suivants :

Institution d'un Comité national français sous la présidence du général De Gaulle et composé de Commissaires nommés par lui.

Exercice du *pouvoir législatif* par le Comité. Les ordonnances délibérées en Comité national sont signées et promulguées par le général De Gaulle et contresignées par un ou plusieurs des Commissaires. Il est prévu qu'elles seront, dès que possible, soumises à la ratification de la représentation nationale.

Quant au *pouvoir réglementaire*, il est exercé par décrets rendus par le chef des Français libres, sur la proposition de l'un ou de plusieurs des Commissaires et contresignés par eux.

Les traités et conventions internationales qui, aux termes de l'article 8 de la loi constitutionnelle du 16 juillet 1875, devaient être soumis à l'approbation des Chambres, entrent en vigueur dès leur ratification par ordonnances.

Le Comité Français de Libération Nationale. — Après le débarquement allié en Afrique du Nord, des pourparlers entre De Gaulle et son rival le général Giraud, donnèrent naissance le 3 juin 1943 au Comité Français de Libération Nationale (CFLN).

Les deux généraux constataient qu'en raison de l'occupation du territoire par l'ennemi, l'exercice de la souveraineté du peuple français était suspendu. Le CFLN devait exercer provisoirement cette souveraineté au fur et à mesure que des portions du territoire français seraient libérées et y rétablir les libertés fondamentales, puis la remettre au Gouvernement Provisoire, dès que celui-ci pourrait être constitué.

Le CFLN avait au début deux Présidents, les généraux De Gaulle et Giraud, puis un seul après le retrait du général Giraud. Il exerçait, avec le concours d'une Assemblée consultative provisoire, le pouvoir législatif et le pouvoir réglementaire.

Cette organisation fut maintenue dans ses grandes lignes jusqu'au 2 novembre 1945, avec seulement un changement de dénomination du CFLN, qui devint Gouvernement Provisoire de la République Française quelques jours avant le débarquement de Normandie, le 3 juin 1944.

Section 3
Les gouvernements provisoires et la préparation de la Constitution de 1946

Les étapes du provisoire. — À la Libération, il eût été possible de remettre purement et simplement en vigueur les lois constitutionnelles de 1875. Le gouvernement ne l'a pas jugé opportun et les citoyens lui ont donné raison lors du référendum du 21 octobre 1945 (voir *infra*). De ce fait, le pays se trouvait voué au régime du provisoire jusqu'à l'adoption des institutions définitives.

Mais, dans le provisoire lui-même, il y a des degrés et des natures différentes. Il faut donc distinguer car, en une très courte période, la France a connu deux sortes de gouvernements provisoires :

1° Le premier, dont le règne va du 3 juin 1944 au 2 novembre 1945, est un gouvernement de fait, qui n'est que la transposition du gouvernement d'Alger sur le plan d'une souveraineté s'appliquant à l'ensemble des territoires français ;

2° Le second est un gouvernement légal, dont le fondement juridique est la loi constitutionnelle du 2 novembre 1945, adoptée par le peuple français le 21 octobre 1945.

Ce gouvernement a été institué pour durer jusqu'à ce que la constitution définitive ait été acceptée par votation populaire. Aussi fut-il automatiquement reconduit lorsque, le projet de la première Assemblée constituante ayant été repoussé par le référendum du 5 mai 1946, une nouvelle Assemblée fut élue le 2 juin 1946. Trois gouvernements provisoires ont assumé successivement la charge du pouvoir selon les règles prévues par la loi constitutionnelle du 2 novembre 1945 : le gouvernement De Gaulle (jusqu'au 23 janvier 1946), le gouvernement Gouin (jusqu'au 26 juin 1946), le gouvernement Bidault (jusqu'au 28 novembre 1946) (Chapsal, 1979).

§ 1. Le premier gouvernement provisoire

L'article 1er de l'ordonnance du 21 avril 1944 portant organisation des pouvoirs publics après la Libération disposait que : « Le peuple français décidera souverainement de ses futures institutions. À cet effet, une Assemblée nationale constituante sera convoquée dès que les circonstances permettront de procéder à des élections régulières... »

Le gouvernement d'Alger restait donc, après s'être transporté en France, un gouvernement provisoire. Ce gouvernement avait deux tâches essentielles : permettre à la France de prendre sa part à la victoire sur l'Allemagne nazie et le Japon ; rétablir la légalité républicaine. À cet égard, il fallait affirmer que, quelle que soit la forme du régime qui serait adopté, il s'agirait en tout cas d'une république, et proclamer la nullité de toutes les lois prises par Vichy au mépris des droits de l'homme et des libertés fondamentales.

Le premier gouvernement provisoire de la République française n'était, sous ce titre que lui a donné l'ordonnance du 3 juin 1944, pas autre chose que l'ancien Comité Français de la Libération Nationale.

Cette origine du gouvernement dans un organisme qui fut primitivement révolutionnaire explique les particularités de sa composition et de ses pouvoirs ainsi que le caractère provisoire qu'il n'a cessé de se reconnaître.

Le Comité Français de Libération Nationale était animé beaucoup plus par la volonté de concentrer toutes les forces françaises libres sur l'organisation de la résistance à l'envahisseur que par le souci de s'aligner sur les formes constitutionnelles traditionnelles. D'autre part, l'impossibilité d'organiser des élections empêchait de répartir les compétences entre le comité et une assemblée comme on l'aurait fait dans un régime parlementaire.

Tous ces facteurs militaient en faveur d'un gouvernement investi de la plénitude de la puissance étatique et fortement hiérarchisé par la subordination de ses membres au chef autour duquel ils s'étaient groupés. Malgré cette concentration réelle du pouvoir, les institutions provisoires présentaient une structure dualiste, comprenant un gouvernement et une assemblée consultative, ce qui permit un fonctionnement susceptible de préfigurer celui d'un système parlementaire.

Le gouvernement. — Le gouvernement comprend un chef, le général De Gaulle, Président du gouvernement provisoire de la République, et des ministres qu'il nomme et révoque librement. Le gouvernement provisoire dispose à la fois du pouvoir législatif, qu'il exerce par ordonnances, et du pouvoir exécutif.

L'Assemblée consultative provisoire. — Elle était organisée, en vertu d'une ordonnance du 11 octobre 1944. Elle était composée des représentants de la Résistance. Bien que les compétences de cette assemblée fussent très faibles — elle pouvait seulement émettre des avis, qui ne liaient pas le gouvernement — elle se comporta très vite comme une assemblée parlementaire, d'où des tensions avec le gouvernement provisoire, qui expliquent en partie la méfiance du général De Gaulle envers les assemblées.

§ 2. Le régime provisoire de la loi constitutionnelle du 2 novembre 1945

Conformément aux déclarations qu'il avait maintes fois répétées, le général De Gaulle s'employa, dès la libération du territoire, à assurer au peuple français la possibilité de statuer sur le régime et les institutions du pays. Toutefois, comme il apparut que l'on ne pouvait remettre purement et simplement en fonction l'organe constituant prévu par les lois de 1875, le peuple fut d'abord appelé à dire par qui il entendait que fût faite la future constitution. En même temps, il eut à décider de l'organisation des pouvoirs publics pendant la période durant laquelle serait élaborée la constitution.

C'est à cette double tâche que correspondaient les deux questions soumises à la votation populaire par le référendum du 21 octobre 1945 :

1° Voulez-vous que l'Assemblée élue à ce jour soit constituante ?

2° Approuvez-vous que les pouvoirs publics soient, jusqu'à la mise en vigueur de la nouvelle constituante, organisés conformément aux dispositions du projet de loi ci-joint ?

Le « non » à la première question n'était préconisé que par de rares nostalgiques de la IIIe République, le « oui » l'était par le général De Gaulle et par tous les partis de la Résistance, SFIO, MRP, UDSR, PC. Le oui obtint 96 % des suffrages.

Quant à la deuxième question, les attitudes étaient partagées : alors que le PC, invoquant la tradition révolutionnaire française, souhaitait que les pouvoirs de l'assemblée constituante soient illimités, comme l'avaient été ceux de la Convention nationale (voir *supra*, Chapitre 1), et préconisaient par conséquent le « non » à la seconde question, De Gaulle, la SFIO et le MRP, qui craignaient l'influence du PC au sein de cette assemblée, étaient partisans du « oui ». Même si ce fut de manière moins éclatante qu'à la première question, le « oui » l'emporta nettement avec les 2/3 des suffrages.

Portée du référendum du 21 octobre 1945. — La première des deux questions à laquelle les citoyens étaient invités à répondre le 21 octobre portait sur la détermination de l'organe constituant. Le gouvernement leur demandait en effet s'ils voulaient que l'assemblée élue ce jour-là soit constituante. C'est dire qu'il les laissait libres de décider s'il y avait lieu de faire immédiatement une constitution et, dans l'affirmative, que les institutions de 1875 étaient caduques.

En répondant « oui » à la question posée par le gouvernement, les électeurs ont décidé que les institutions de la IIIe République avaient cessé d'être valables, puisqu'ils ont admis qu'un organe nouveau, totalement étranger à la procédure de révision constitutionnelle prévue par la loi constitutionnelle du 25 février 1875, serait chargé d'élaborer la nouvelle constitution française. Telle est la portée essentielle du vote du 21 octobre 1945 : il a fixé le sort de la IIIe République.

Étendue du pouvoir constituant de l'Assemblée. — Le référendum du 21 octobre 1945 ayant donné un résultat favorable au projet de loi constitutionnelle proposé par le gouvernement, les pouvoirs de l'Assemblée s'en sont trouvés limités non seulement en ce qui concerne l'organisation du régime provisoire, mais même en matière constitutionnelle.

Sur ce dernier point, la loi sur l'organisation des pouvoirs publics pendant la période préconstitutionnelle apportait deux limitations au pouvoir constituant de l'Assemblée :

a) D'une part, une limitation dans le temps, car l'article 6 de la loi dispose que les pouvoirs de l'Assemblée expireront le jour de la mise en application de la nouvelle constitution, et, au plus tard, sept mois après la première réunion de l'Assemblée.

Au-delà de ce délai, ses pouvoirs expiraient et elle devait être remplacée par une nouvelle Assemblée constituante élue dans les mêmes formes que la précédente et jouissant des mêmes pouvoirs (art. 7). Ce qui fut fait le 2 juin 1946, après que le peuple eut, par le référendum du 5 mai, repoussé le premier projet de constitution préparé par l'Assemblée constituante (voir *infra*).

b) D'autre part, aux termes de l'article 3 de la loi constitutionnelle, la constitution adoptée par l'Assemblée devrait être soumise à l'approbation du corps électoral des citoyens français, par voie de référendum, dans le mois qui suivrait son adoption par l'Assemblée.

Ainsi, même en matière constitutionnelle, l'Assemblée constituante n'était pas souveraine. Son rôle se bornait à préparer une constitution qui ne pourrait entrer en vigueur que si elle était ratifiée par une votation populaire. Il y avait là une innovation considérable.

Dans le passé, les assemblées constituantes étaient pleinement compétentes non seulement pour élaborer, mais aussi pour adopter la constitution. Elles pouvaient évidemment soumettre au référendum le texte constitutionnel et certaines l'ont fait. Cependant, il ne s'agissait pas d'une obligation qui leur était imposée lors de leur élection, mais de la manifestation d'une volonté politique de rallier l'opinion. En droit, la constitution était parfaite dès son adoption. Au contraire, et pour la première fois dans l'histoire constitutionnelle française, une assemblée constituante n'était pas investie de la totalité du pouvoir constituant. Elle pouvait seulement préparer un projet, qui ne pourrait être adopté que par référendum, de sorte qu'en droit elle ne soit considérée que comme le co-auteur de la constitution.

L'organisation des pouvoirs publics (Nguyen Quoc Dinh, 1946). — Le projet gouvernemental qui, ratifié par le vote populaire du 21 octobre 1945, est devenu la loi constitutionnelle du 2 novembre 1945, fut conçu pour paralyser l'intention des partis d'extrême gauche de faire de l'Assemblée constituante une assemblée souveraine comme l'avait été la Convention nationale de 1793. Il s'agissait donc d'empêcher le gouvernement conventionnel, jugé dangereux pour la démocratie, même si ce système n'était établi que provisoirement, jusqu'à la mise en place d'une constitution. La crainte du gouvernement conventionnel n'était pas seulement liée aux souvenirs de la Terreur, mais aussi à la puissance des mouvements issus de la Résistance et aux risques de prise du pouvoir par la force ou de guerre civile, comme dans l'Europe de l'Est et les Balkans.

La loi approuvée par le référendum du 21 octobre distinguait donc entre une assemblée et un gouvernement qui, contrairement à l'exécutif dans le système conventionnel, n'émanait pas de l'assemblée.

L'assemblée comprenait 588 députés, élus pour la première fois au suffrage véritablement universel, puisqu'une ordonnance du 21 avril 1944 avait accordé le droit de vote aux femmes, à la représentation proportionnelle. Le choix de la représentation proportionnelle s'explique notamment par la crainte du général De Gaulle que le scrutin majoritaire n'amène 250 députés communistes à l'assemblée.

De fait, les trois principaux partis de la Résistance, le PC, la SFIO et le MRP obtiennent tous trois des chiffres voisins de 25 % des voix et entre 135 et 148 sièges. Tant qu'ils resteront unis, ils domineront les assemblées successives jusqu'au début de la guerre froide en 1947.

Les pouvoirs de cette assemblée étaient non seulement plus étroits que ceux des assemblées constituantes traditionnelles, ils étaient même plus limités que ceux du Parlement de la IIIe République. En effet, si elle exerçait le pouvoir législatif, le gouvernement disposait d'un droit de veto partiel, qui ne pouvait être surmonté que par un nouveau vote à la majorité absolue des membres de l'assemblée. De même, elle élisait le Président du gouvernement provisoire, et pouvait contrôler l'activité gouvernementale, mais seulement conformément à certaines règles de procédure visant à assurer la stabilité gouvernementale. Ce régime provisoire apparaît ainsi comme la première forme de rationalisation du régime parlementaire en France. Il préfigure les règles énoncées dans la Constitution de 1946.

C'est ainsi que le gouvernement n'est tenu de démissionner que dans un seul cas : lorsque une motion de censure est adoptée, deux jours après son dépôt, à la majorité absolue des membres de l'assemblée. En pratique cependant, le régime fonctionna comme un régime parlementaire classique et le général De Gaulle engagea sa responsabilité en dehors des formes prévues.

§ 3. Le projet de constitution du 19 avril 1946

La première Assemblée constituante, élue le 21 octobre 1945, élabora un projet de constitution qu'elle adopta, dans sa séance du 19 avril 1946, par 309 voix contre 249. Le peuple français rejeta ce projet par le référendum du 5 mai 1946. Quoique n'ayant jamais été appliquée, la constitution du 19 avril 1946 mérite cependant davantage qu'une simple mention historique. En effet, son texte a servi de point de départ aux travaux de la seconde constituante et il était légitime qu'il en soit ainsi étant donné l'importance de la minorité (47 % des suffrages) qui s'était prononcée en sa faveur. D'autre part, les députés qui préparèrent la constitution de 1946 furent en grande partie les mêmes que ceux qui avaient élaboré le projet du 19 avril 1946 ; leurs conceptions n'avaient pas changé, ils en atténuèrent seulement l'intransigeance pour les accorder au vote populaire du 5 mai, si bien qu'on peut dire que la Constitution du 27 octobre 1946 n'est qu'une édition revue et corrigée — améliorée, disaient ses partisans — de celle du 19 avril. Encore qu'il ne faille pas exagérer cette filiation jusqu'à dénier toute originalité à la Constitution du 27 octobre, les observations précédentes montrent l'intérêt qui s'attache à l'examen du projet du 19 avril.

La Déclaration des droits. — Renouant avec la tradition révolutionnaire, le projet du 19 avril comporte une Déclaration des droits de l'homme et du citoyen. Pour convaincre l'Assemblée de l'opportunité d'une Déclaration nouvelle, deux arguments furent décisifs : d'une part, la nécessité, après l'asservissement dont la personne humaine venait d'être si dangereusement menacée, de proclamer la fidélité du peuple français aux principes qui ont fait sa grandeur, d'autre part l'obligation de tenir compte de l'évolution sociale qui s'est produite depuis 1789 et qui exige une adaptation des thèmes traditionnels à la réalité nouvelle.

Cette double préoccupation explique toute l'économie de la Déclaration. Elle affirme expressément son adhésion à la doctrine de la Révolution, mais, instruite à la fois par les périls que l'idéologie totalitaire peut faire courir à la liberté humaine et par les transformations économiques et sociales qui ont marqué l'avènement de l'ère industrielle, elle tend à préciser, développer et assouplir l'esprit de 1789 pour le mettre à la mesure du monde moderne. La conciliation des principes libéraux et individualistes de 1789 avec l'interventionnisme et le socialisme, qui sont les courants dominants de l'époque contemporaine, devait nécessairement aboutir — en raison de sa difficulté même — à une synthèse imparfaite. L'équivoque qui en résulta fut sans doute une des causes du rejet de la Constitution par le peuple.

Outre les droits et garanties fondamentales, parfois exprimées sous une forme plus radicale que celle de 1789, la Déclaration énonçait pour la première fois en France les exigences d'une démocratie sociale. Elle proclamait un certain nombre de droits et de principes nouveaux, qu'on appellera plus tard « droits de la deuxième génération ».

La démocratie sociale. — Ses exigences étaient, pour la première fois en France, introduites parmi les principes constitutionnels. Outre l'affirmation que tout être humain possède à l'égard de la société des droits qui garantissent son plein développement physique, intellectuel et moral (art. 22), outre les principes protecteurs de la santé physique (art. 24, 27) du repos et des loisirs (art. 29), outre la reconnaissance du droit à l'assistance au cas où l'individu se trouve dans l'incapacité de travailler (art. 33), les dispositions essentielles du projet avaient trait aux conditions économiques du travail et au droit de propriété.

a) « Tout homme a le devoir de travailler et le droit d'obtenir un emploi » (art. 26). Les modalités d'application d'un tel principe impliquaient une réorganisation totale de la société et avaient, pour le législateur à venir, une valeur de programme qui justifiait les réformes les plus audacieuses. La durée et les conditions de travail devaient être compatibles avec la santé, la dignité et la vie familiale du travailleur (art. 27) (art. 28). Enfin il était spécifié que tout travailleur avait le droit de participer par l'intermédiaire de ses délégués à la détermination collective des conditions de travail ainsi qu'à la gestion des entreprises (art. 31). Là encore, la signification du principe énoncé était fonction des applications qu'en ferait le législateur, mais il reste que celui-ci était constitutionnellement habilité à aller très loin dans le sens d'une socialisation des entreprises.

b) Quant au droit de propriété, sa définition a donné lieu à des débats acharnés. La Déclaration le considérait comme « le droit inviolable d'user, de jouir et de disposer des biens garantis à chacun par la loi » (art. 35). C'est la dernière partie de la définition qui a motivé les oppositions et, de fait, quelque parti qu'on prît sur la valeur du droit de propriété, il était clair que le texte du projet du 19 avril revenait à laisser la consistance de ce droit à la discrétion du législateur. D'autre part, après avoir rappelé le principe classique que nul ne saurait être privé de sa propriété si ce n'est pour cause d'utilité publique et sous condition d'une juste indemnité, la Déclaration prévoyait une double réserve : l'une visait les abus du droit de propriété exercé contrairement à l'utilité sociale, l'autre les nationalisations. L'art. 36 disposait en effet que « tout bien, toute entreprise dont l'exploitation a ou acquiert les caractères d'un service public national ou d'un monopole de fait doit devenir la propriété de la collectivité ».

§ 4. Le régime politique

L'organisation des pouvoirs publics. — Dans la forme, le projet de Constitution du 19 avril 1946 respecte la division des pouvoirs.

Le *pouvoir législatif* appartient à une assemblée unique, l'*Assemblée nationale* élue pour cinq ans au suffrage universel de tous les nationaux et ressortissants français des deux sexes et jouissant de leurs droits civils et politiques. L'âge de l'électorat est fixé à vingt ans (art. 47, 49). La représentation des territoires d'outre-mer est assurée (art. 48). L'éligibilité est abaissée à vingt-trois ans.

La Constitution insiste sur le fait que l'Assemblée seule exerce la souveraineté nationale et que, seule, elle a le droit de légiférer (art. 66).

Le *pouvoir exécutif* comprend deux organes : le Conseil des ministres et le Président de la République.

La Constitution consacre l'institution, qui ne résultait jusque-là que de la pratique, du *Président du Conseil*. Il est élu au début de chaque législature par l'Assemblée nationale, au scrutin public et à la majorité absolue des députés (art. 76). Ce n'est qu'après cette élection que le Président du Conseil et les ministres qu'il a choisis sont nommés par décret du Président de la République (art. 77). Le rôle de celui-ci n'est donc que de pure forme. Dès sa constitution, le cabinet soumet sa structure, sa composition et son programme à l'Assemblée qui lui accorde ou lui refuse sa confiance (art. 79).

Le *Président de la République* est élu pour sept ans par l'Assemblée nationale au scrutin public à la majorité des deux tiers des députés composant l'Assemblée.

Il est irresponsable (sauf en cas de haute trahison) et par conséquent irrévocable. À l'exception du droit de grâce, du droit de demander une seconde délibération des lois et du droit de dissolution, ses attributions sont sensiblement les mêmes que celles qui lui appartenaient nominalement sous le régime de la Constitution de 1875. En réalité, la nécessité du contreseing en fait une des prérogatives du Conseil des ministres.

Les rapports des pouvoirs publics (Berlia, 1946). — On a considéré quelquefois que cette Constitution aurait conduit, si elle avait été appliquée, à l'instauration d'un régime conventionnel. Cette opinion répandue à l'époque par les partisans d'un exécutif fort, au premier rang desquels figurait le général De Gaulle, contribua fortement au rejet du projet. Elle ne résiste pas cependant à l'analyse du texte.

En réalité, le projet instituait un régime dont le fonctionnement aurait été très semblable à celui de la IIIe ou de la IVe République, le bicaméralisme en moins. À certains égards, certaines dispositions du texte préfigurent les dispositions correspondantes de la Constitution du 27 octobre. Le régime que l'on avait cherché à établir était en réalité un régime parlementaire moniste : s'il accordait incontestablement une place prééminente à l'Assemblée, il maintenait pourtant une claire distinction des organes et des fonctions.

Le projet reprenait notamment les mécanismes de rationalisation du régime parlementaire visant à assurer une plus grande stabilité du gouvernement. C'est ainsi que les articles 1 et 82, relatifs à la responsabilité, visaient d'abord à en empêcher une mise en jeu trop fréquente : seul le Président du Conseil pouvait poser la question de confiance, et il ne pouvait le faire qu'après délibération du conseil des ministres. Le vote ne pouvait intervenir qu'après un délai d'un jour franc. De même, une motion de censure ne pouvait être votée que deux jours francs après avoir été déposée. D'autre part, dans les deux cas, le vote avait lieu au scrutin public. Enfin, le gouvernement n'était tenu de démissionner que si la confiance était rejetée ou la motion de censure adoptée à la majorité absolue des députés.

La volonté de construire un régime parlementaire moniste et de limiter cependant le risque d'instabilité ministérielle a également inspiré le choix des mécanismes de la dissolution. Dans un régime dualiste, elle est présentée tantôt comme une arme symétrique de la responsabilité, tantôt comme un moyen de provoquer, en cas de conflit entre le pouvoir législatif et le gouvernement, l'arbitrage du corps électoral. Dans un régime parlementaire moniste, il ne peut évidemment être question d'une telle fonction de la dissolution, parce que rien ne saurait justifier que le chef de l'État ou le gouvernement s'oppose à la représentation nationale.

Si la dissolution est malgré tout utile dans un régime parlementaire moniste, c'est seulement pour limiter l'instabilité ministérielle. Lorsqu'il apparaît qu'une assemblée est ingouvernable parce que, en raison de sa composition à un moment donné, aucune majorité stable ne peut s'y former et soutenir un gouvernement, il devient nécessaire de procéder à de nouvelles élections. C'est pourquoi l'assemblée elle-même peut décider de se dissoudre, par un vote à la majorité des deux-tiers (article 83). Néanmoins, si, pour des raisons faciles à imaginer, les députés hésitent ou échouent à tirer les conséquences de leurs divisions, la dissolution peut être décidée par le conseil des ministres. Mais, comme il s'agit seulement de remédier à l'instabilité ministérielle, cette décision ne peut être prise que lorsque la preuve est faite que l'assemblée est réellement ingouvernable : aucune dissolution ne peut donc intervenir dans la première moitié de la législature, car on n'a pas encore pu expérimenter toutes les combinaisons politiques possibles ; d'autres part, elle ne peut être prononcée que si deux crises ministérielles se sont produites au cours de la session. Selon la Constitution de 1946, qui reprendra l'esprit de ce mécanisme, les conditions seront plus restrictives encore.

Quoi qu'il en soit, la campagne menée par les adversaires de ce projet, notamment le général De Gaulle, qui avait quitté le gouvernement au mois de janvier 1946, la crainte suscitée par le parti communiste, conduisit, pour la première fois dans l'histoire constitutionnelle française, au rejet du projet par le référendum du 5 mai 1946. Le « non » l'emportait avec 53 % des voix. En chiffres absolus, le « non » obtenait 10 584 359 voix contre 9 454 034 « oui ». La Constitution de 1946, qui sera approuvée par le référendum d'octobre, ralliera en fait, en raison d'un taux d'abstention élevé, moins de votes favorables que le premier projet.

Bibliographie

AGULHON M., 1999, *La République*, Tome II, Nouveaux drames et nouveaux espoirs, 1932 à nos jours, Paris, Le Grand livre du mois.

ARON R. (1954), *Histoire de Vichy*, éd. Monaco, A. Sauret, réédit. 1974.

AZÉMA J.-P. (1979), *De Munich à la Libération, 1938-1944*, Paris, Éd. du Seuil.

AZEMA J.-P., WIEVIORKA O., (2000), *Vichy, 1940-1944*, Paris, Perrin.

BARUCH M.-O. (1996), *Le régime de Vichy*, Paris, la Découverte.

BERL E. (1968), *La fin de la IIIe République*, Paris, Gallimard.

BONNARD R. (1942), *Les actes constitutionnels de 1940*, Paris, LGDJ

BOUGRAB J. (2002), *Aux origines de la constitution de la IVe République*, Paris, Dalloz.

CHAPSAL J. (1979), *La vie politique en France depuis 1940*, Paris, PUF, 5e éd.

CREMIEUX-BRILHAC J.-L. (1996), *La France libre : de l'appel du 18 juin à la Libération*, Paris, Gallimard.

DREYFUS F.-G. (1990), *Histoire de Vichy*, Paris, le Grand livre du mois.

LAMBERT P.-P., LE MAREC G. (2002), *Organisations, mouvements et unités de l'État français* : Vichy, 1940-1944, Paris : le Grand livre du mois.

MAYEUR J.-M., BEDARIDA F., PROST A. (1999), *De la IIIe à la IVe République : 1875-1947*, Paris : Nouvelle Librairie de France (2e éd.).

MICHEL H.

(1972), *Histoire de la France libre*, Paris, PUF, 3e éd.

(1986), *Pétain et le régime de Vichy*, Paris, PUF, 3e éd. corr.

(1987), *Histoire de la Résistance en France, 1940-1944*, Paris PUF 10e éd.

MURACCIOLE J.-F. (1996), *Histoire de la France libre*, Paris, PUF

PAXTON R.-O. (1999), *La France de Vichy : 1940-1944*, Paris, Éd. Du Seuil.

Chapitre 6
La IVe République

Son adoption. — La constitution du 27 octobre 1946 a été adoptée par l'Assemblée nationale constituante le 29 septembre 1946 par 440 voix contre 106 sur 546. Le 13 octobre 1946, cette constitution était adoptée par le référendum, mais sans enthousiasme : il y eut 3 millions d'abstentionnistes de plus que lors de la votation du 5 mai : 9 263 416 « oui », 8 143 931 « non », 6 147 537 abstentions. Ce qui veut dire que 35 % des inscrits ont accepté la constitution, 34 % l'ont repoussée et 31 % se sont abstenus. Si l'on calcule d'après le nombre des votants 53 % étaient pour, 47 % contre. André Siegfried pouvait donc prévoir que, les communistes étant douteux et les partisans du général De Gaulle ayant voté contre la constitution, « le nouveau régime allait connaître la même impossibilité que l'ancien de s'appuyer soit sur toute la gauche, soit sur toute la droite » (Siegfried, 1956, p. 149).

Parmi les opposants, cinq députés seront Présidents du Conseil (Bourgès-Maunoury, J. Laniel, A. Marie, R. Mayer, A. Pinay) et l'un d'eux, R. Coty, sera même Président de la République.

Ultérieurement, une loi du 6 janvier 1950 (*JO*, 7 janv.) est venue codifier certains textes relatifs aux pouvoirs publics. Quoique dépourvue de toute valeur constitutionnelle, elle présente par son objet un intérêt particulier quant à l'aménagement des institutions.

La révision de 1954. — Durant presque tout le temps où elle fut en vigueur, la constitution de 1946 fut sous le coup d'une procédure de révision. Une seule a abouti : celle qui donna naissance à la loi constitutionnelle du 7 décembre 1954. Cette révision a modifié le texte de 1946 sur plusieurs points :

— en ce qui concerne la formation du gouvernement, la révision provoque, en fait, un retour au système qui était en vigueur sous la IIIe République ;

— la situation du Conseil de la République est renforcée et, par là, on revient à un bicaméralisme plus authentique ;

— la dissolution n'est plus subordonnée à des conditions qui rendaient son exercice improbable ;

— le régime des sessions est rétabli.

Ces réformes furent sans doute heureuses. Elles n'étaient pas assez profondes, et c'est pour n'avoir pas trouvé dans l'organe constituant, c'est-à-dire le Parlement, l'autorité capable de les imposer que la constitution fut emportée lors des événements de mai 1958 (Fauvet, 1971 ; Elgey, 1993b ; Vignes, 1958).

Section 1
Notions générales

§ 1. Caractères de la constitution de 1946

La constitution du 27 octobre se présente sous la forme d'un texte comprenant deux parties : la première, le Préambule, expose la philosophie politique et sociale du régime ; la seconde, comprenant 106 articles, divisés en douze titres, est consacrée aux institutions de la République.

Quant au fond, la constitution offre un certain nombre de caractères, dont la réunion accuse son originalité au regard des nombreuses constitutions qui l'ont précédée :

a) C'est d'abord une œuvre de *compromis*. La constitution du 19 avril 1946 ayant été repoussée par la votation populaire, la Constituante tenta de mettre sur pied un projet susceptible de rallier une majorité à la fois à l'Assemblée et dans le pays. L'entreprise était difficile car les groupes ayant voté le projet du 19 avril repoussé par le référendum, comptaient à l'Assemblée élue le 2 juin 1946, 282 députés, tandis que ceux qui étaient en accord avec le résultat du référendum en comptaient 286. La majorité absolue étant de 292, il en résulta que les votes importants ne purent être acquis que grâce aux bulletins des « amis du manifeste algérien » élus par le collège des non-citoyens et à ceux des cinq députés non inscrits. Des transactions durent intervenir, telles que la constitution fut bien l'œuvre de cette formation politique qui a caractérisé le règne de la constituante : le tripartisme (sur les travaux de la Commission de constitution, voir CR analytique des Séances de la Commission, 1946).

b) Quoique édifiée sur des transactions, la constitution n'est pas exempte d'*esprit systématique*. Ses différentes dispositions forment un ensemble cohérent auquel les lois de 1875 ne nous avaient pas habitués. Les rapports des pouvoirs publics entre eux sont réglés avec une minutie qui exclut le jeu de la pratique constitutionnelle.

c) Pour la première fois dans notre histoire politique, la Constitution englobe à la fois les institutions de la France métropolitaine et celles des peuples d'outre-mer qui forment avec elle l'*Union française*. Elle contient l'amorce d'une organisation fédérale.

d) Elle institue un régime politique dont le caractère *démocratique* est le plus accentué que nous ayons connu, tout en demeurant fidèle au principe représentatif et en excluant la démocratie directe.

e) Elle constitutionnalise certaines règles de l'organisation administrative relatives à l'existence et à l'administration des collectivités locales. L'article 87 précise en effet que les collectivités territoriales s'administrent librement par des conseils élus au suffrage universel, dont les décisions sont exécutées par leur maire ou leur président. C'est introduire le principe de la substitution du président du conseil général au préfet dans la gestion des affaires départementales. Ces promesses de décentralisation n'ont reçu aucune suite sous la IVe République.

§ 2. La philosophie politique et sociale du régime

Elle est exposée de façon concise dans le Préambule et dans le titre I de la constitution qui a trait à la souveraineté.

Le Préambule. — Contrairement au projet du 19 avril 1946, la Constitution du 27 octobre ne comporte pas de Déclaration des droits, mais seulement un *Préambule* (Rivero et Vedel, 1947 ; Pelloux, 1947). Ses auteurs ont estimé, en effet, que nul texte ne saurait égaler en intensité et en prestige celui de la déclaration des droits par excellence : celle de 1789-1791.

Cette différence de forme a conduit certains auteurs à soutenir que le Préambule n'avait qu'une valeur morale et philosophique, tandis que la Déclaration des droits de l'homme possédait une valeur juridique. Ce débat était de toute manière purement académique sous la IVe République, puisqu'il n'existait aucun contrôle de la constitutionnalité des lois ni par rapport à la Déclaration, ni par rapport au Préambule. Il a pu être repris — et tranché — sous la Ve République, puisque le

Préambule de la constitution de 1958, qui fait partie depuis la décision du Conseil constitutionnel de 1971 du bloc de constitutionnalité, se réfère aussi bien à la Déclaration des droits de 1789 qu'au Préambule de 1946. Celui-ci possède donc aujourd'hui incontestablement une valeur juridique (voir *infra*, Quatrième Partie, Chapitre 4).

Le Préambule fixe l'attitude du régime à l'égard des grands problèmes sociaux, politiques et internationaux. Cette attitude peut être sommairement définie ainsi :

1° *Confirmation des droits et libertés* de l'homme et du citoyen, tels que les a consacrés la Déclaration de 1789. Tout être humain possède des droits inaliénables et sacrés. Le patrimoine de la Révolution dans l'ordre philosophique demeure donc intact.

2° *Adjonction* aux thèses révolutionnaires de certains principes dont la reconnaissance est rendue nécessaire par l'évolution sociale et économique :

a) La *démocratie sociale* est sensiblement renforcée par l'affirmation de l'égalité des sexes, la suspension de toute distinction entre les individus fondée sur la race ou la religion, ce qui implique l'accession à la vie politique des peuples des territoires d'outre-mer ; par la reconnaissance du droit au travail ou, en cas d'incapacité de travailler, à des moyens convenables d'existence ; par la prise en charge par la nation du soin d'assurer à l'individu et à sa famille les conditions nécessaires à leur développement ; par la garantie donnée aux faibles, enfants, mères de famille, vieux travailleurs, que leur santé, leur sécurité matérielle, leur repos et leurs loisirs seront protégés.

Toutes ces affirmations ont une valeur de programme qui oblige moralement le législateur à les sanctionner par des mesures concrètes. Mais cette obligation ne lie pas le Parlement puisque le Préambule de la constitution est expressément exclu de la compétence du Comité constitutionnel (voir *infra*).

Le Préambule met encore à la charge de l'État l'instruction, la formation professionnelle et la culture de l'enfant et de l'adulte.

b) La *démocratie économique* obtient pour la première fois sa consécration constitutionnelle. Elle consiste à aménager dans la direction de la vie économique et la gestion des entreprises une participation et un contrôle du personnel. Le Préambule déclare expressément que « tout travailleur participe par l'intermédiaire de ses délégués, à la détermination collective des conditions de travail, ainsi qu'à la gestion des entreprises ». Le droit syndical et le droit de grève sont consacrés.

Le droit de propriété n'est plus mentionné qu'implicitement par référence à la Déclaration de 1789 qui le garantit, mais il est expressément limité par l'affirmation de la légitimité des nationalisations : « Tout bien, toute entreprise dont l'exploitation a ou acquiert les caractères d'un service public national ou d'un monopole de fait, doit devenir la propriété de la collectivité ».

3° Sur le plan de la philosophie politique, la constitution affirme son attachement au *principe démocratique* : « La France est une République indivisible, laïque, démocratique et sociale..., son principe est : gouvernement du peuple, pour le peuple et par le peuple..., la souveraineté nationale appartient au peuple français » (art. 1er, 2, 3). Toutefois, malgré la vigueur de cet esprit démocratique, les institutions restent dans la tradition de la démocratie représentative et ne font aucune place à la démocratie directe, sauf accessoirement en matière constitutionnelle.

4° Le Préambule fixe la position de la République à l'égard des *peuples d'outre-mer* qui vivent sous son drapeau. Elle répudie les méthodes d'un colonialisme périmé pour s'orienter vers la coopération librement consentie : « Fidèle à sa mission traditionnelle, la France entend conduire les peuples dont elle a pris la charge à la liberté de s'administrer eux-mêmes et de gérer démocratiquement leurs propres affaires..., elle garantit à tous l'égal accès aux fonctions publiques et l'exercice individuel ou collectif des droits et libertés proclamés ou confirmés » par le Préambule.

5° Enfin, l'attitude de la France en présence des *problèmes internationaux* est fixée conformément aux trois règles inséparables de l'existence d'une communauté internationale : soumission aux normes du droit public international, acceptation, sous réserve de réciprocité, des limitations de souveraineté nécessaires à l'organisation et à la défense de la paix, enfin engagement de n'entreprendre aucune guerre de conquête ou d'agression contre la liberté d'aucun peuple. Cette dernière formule consacre la valeur positive du Pacte de renonciation à la guerre du 27 août 1928, qui a servi au tribunal de Nuremberg pour affirmer le caractère criminel de la guerre d'agression.

La constitution elle-même confirme cette position en posant le principe de la supériorité du traité par rapport à la loi (art. 28) (Niboyet, 1946 ; Donnedieu de Vabres, 1948).

§ 3. La forme de l'État : l'Union française

Jusqu'en 1940, la France était un État unitaire exerçant sa souveraineté sur les colonies et, dans les limites des accords intervenus, sur des pays de protectorat. Le terme *Empire français* qui s'était accrédité permettait de mettre l'accent sur la solidarité qui unissait toutes les parties de l'Empire, mais ne modifiait en rien la réalité juridique qui demeurait, comme elle l'avait toujours été, la coexistence d'une métropole et d'un empire colonial.

Il était apparu depuis longtemps que cette formule ne correspondait plus aux nécessités de l'heure, mais il a fallu le drame de l'occupation, l'effort déployé dans la lutte par les territoires d'outre-mer pour qu'on s'occupe de lui en substituer une autre. C'est dans une déclaration gouvernementale du 24 mars 1945 qu'apparaît pour la première fois le terme d'*Union française*, mais dès 1943, à la Conférence de Brazzaville, l'organisation nouvelle était envisagée.

Le principe de l'organisation nouvelle, c'est donc la substitution de l'association à la subordination qui est l'essence du système colonial.

« Tous les nationaux français et les ressortissants de l'Union française ont la qualité de citoyen de l'Union française qui leur assure la jouissance des droits et libertés garantis par le Préambule de la présente constitution » (art. 81).

Quant à la structure juridique que revêtira cette association, il était trop tôt pour la définir. On s'orientait vers un abandon des méthodes unitaires et centralisatrices impliquant prédominance de la métropole, pour envisager des solutions décentralisatrices allant jusqu'au *fédéralisme* (Lampué, 1948).

En aucun cas cependant la faculté de sécession n'est ouverte et le principe est posé du pouvoir de direction appartenant au gouvernement de la République. L'article 62 de la constitution dispose en effet que c'est lui qui assume la coordination des moyens de défense de l'Union et la direction de la politique propre à assurer cette défense.

L'Union française est formée, d'après la constitution, d'une part de la République française, qui comprend la France métropolitaine, les départements et territoires d'outre-mer, d'autre part des territoires et États associés (art. 60). Quant à la situation juridique de ces États associés, elle n'est pas précisée. La constitution se borne à dire qu'elle résulte, pour chacun d'eux, de l'acte qui définit ses rapports avec la France (art. 61).

Organisation. — Le statut de l'Union française n'est dans le texte constitutionnel qu'un cadre général qu'il devait appartenir au législateur de remplir. La constitution énonce seulement les principes directeurs de l'organisation et établit les organes chargés de gérer les intérêts de l'Union. Ces organes sont la Présidence, le Haut Conseil et l'Assemblée (art. 63 à 72).

1° *La présidence* de l'Union française appartient au Président de la République. C'est lui qui en représente les intérêts permanents ; il préside le Haut Conseil de l'Union.

2° Le *Haut Conseil* a pour fonction d'assister le Gouvernement dans la conduite générale de l'Union. De façon plus précise, cette tâche implique l'aménagement et la coordination des moyens de défense de l'Union. Le Haut Conseil est composé d'une délégation du Gouvernement français et de la représentation que chacun des États associés a la faculté de désigner auprès du Président de l'Union (voir L. 24 avril 1949, *JO* 26 avril).

3° L'*Assemblée* de l'Union française est composée pour moitié de membres représentant la France métropolitaine et, pour moitié, de membres représentant les départements et territoires d'outre-mer et les États associés.

L'Assemblée de l'Union est un organe d'information et de consultation, elle n'a pas *de pouvoir de décision.*

Régime des départements et territoires d'outre-mer. — La constitution ne pouvait, sans porter atteinte aux principes dont elle se réclame, s'occuper du régime interne des États associés. C'est à ces États qu'il appartient de le fixer librement. Pour les départements et territoires d'outre-mer qui demeurent sous la souveraineté française, la constitution établit quelques directives qui tendent à concilier la responsabilité de la métropole avec la liberté des populations extra-métropolitaines.

a) Le *pouvoir législatif* appartient au Parlement français auquel les départements et territoires d'outre-mer élisent des représentants. En principe, le régime législatif des départements d'outre-mer est le même que celui des départements métropolitains (art. 73). Quant aux territoires d'outre-mer, la loi française ne s'y applique d'office qu'en ce qui concerne la législation criminelle, le régime des libertés et l'organisation politique et administrative. En toute autre matière, elle n'est applicable que si elle en a expressément décidé ainsi ou si un décret, pris après avis de l'Assemblée de l'Union, a étendu son application (art. 72).

Toutefois des dispositions particulières à chaque territoire pourront être édictées par le Président de la République en Conseil des ministres, après consultation de l'Assemblée de l'Union. Cette disposition est une survivance du sénatus-consulte du 3 mai 1854 faisant du chef de l'État le législateur colonial.

b) Les territoires d'outre-mer sont dotés d'un statut particulier fixé par la loi. Mais, quel que soit ce statut, il doit obligatoirement comporter une *assemblée élue* (art. 74, 77), à laquelle se superpose, pour les groupes de territoires, une Assemblée élue par les assemblées territoriales et chargée de la gestion des intérêts communs (art. 78).

c) Le gouvernement est représenté dans chaque territoire ou groupe de territoires par un représentant qui est le chef de l'administration et qui est responsable devant le gouvernement.

Section 2
L'organisation des pouvoirs publics

La constitution de 1946 instituait, dans leur forme parlementaire, les deux pouvoirs traditionnels : le législatif appartenant à un Parlement bicaméral, et l'exécutif avec sa dualité d'organes : le Président de la République et le cabinet ministériel.

§ 1. Le Parlement

Aux termes de l'article 5 de la constitution du 27 octobre 1946, « le Parlement se compose de l'Assemblée nationale et du Conseil de la République ». Avant d'examiner séparément la structure de chacune de ces deux assemblées, il est nécessaire d'envisager le principe même de leur dualité.

A Les deux Chambres

S'il était nécessaire de prouver la continuité de certaines données constitutionnelles dans la vie française, on en trouverait une illustration éclatante dans l'intérêt qu'a toujours suscité la question de savoir si l'on doit établir une ou deux assemblées (voir *supra*, Chapitre 1). En 1875 l'institution d'un Sénat a été une condition du vote des lois constitutionnelles (voir *supra*, Chapitre 4) ; en 1946 l'absence de seconde chambre a été un des motifs de rejet du projet de constitution du 19 avril (voir *supra*, Chapitre 5), son établissement une des bases du compromis qui a permis à l'Assemblée constituante de mettre sur pied la constitution que le peuple a adoptée.

Inégalité initiale des deux assemblées. — À la seconde Constituante, le principe de la dualité des Chambres ne fut pas discuté. Mais les adversaires de ce système s'employèrent à en diminuer la portée en exigeant une réduction du rôle du Conseil de la République qui devait être la seconde assemblée. Les arguments traditionnels furent invoqués de part et d'autre : le meilleur moyen d'éviter le gouvernement d'assemblée, disaient les uns, c'est d'abord de contre-balancer la puissance du Parlement en le divisant ; à quoi les autres répondaient en invoquant le péril dont serait menacée la représentation nationale si les adversaires de la République pouvaient s'y introduire sous le couvert d'une assemblée nommée par un collège restreint et égale à l'assemblée élue au suffrage universel. L'ombre du Sénat de 1875 ne cessa de dominer le débat soit qu'on voulût le faire revivre sous un autre nom, soit qu'on entendit abolir à jamais l'obstacle que, selon certains, il offrirait au progrès démocratique.

Finalement une transaction fut acceptée sur la base suivante : la deuxième assemblée, le Conseil de la République, sera constituée pour être une « Chambre de réflexion » destinée à coopérer avec l'Assemblée nationale en s'attachant à améliorer l'œuvre de celle-ci, mais elle ne pourra pas devenir une Chambre d'opposition, un instrument de lutte éventuel contre l'Assemblée issue du suffrage universel ; elle ne pourra pas servir une orientation politique qui ferait d'elle, selon l'expression de P. Ramadier, « une Chambre de résistance » (voir *JO*, séance du 11 septembre 1946, p. 3646-3649).

Pratiquement le compromis s'analyse en ce que, d'une part le Conseil de la République, ayant une origine (élection au suffrage indirect par les collectivités locales) différente de l'Assemblée nationale, ne sera pas une simple doublure de celle-ci, d'autre part ses pouvoirs sont bien moindres que ceux de l'Assemblée, notamment en ce qu'il ne vote pas les lois et ne peut renverser un ministère.

L'évolution du Conseil de la République. — Étant donné le statut donné par la constitution de 1946 au Conseil de la République, on pouvait se demander si le bicaméralisme qu'elle établissait n'était pas superficiel. Puisque l'article 3 réservait à l'Assemblée nationale le monopole de l'expression de la souveraineté nationale, n'était-il pas à prévoir que la volonté de l'Assemblée serait seule décisive et que le Conseil ne serait toléré que dans le rôle effacé d'organe consultatif ?

Ce n'est pourtant pas en ce sens que l'évolution s'est produite. En dépit d'un mode de recrutement qui le tient à l'écart des grands courants idéologiques — et peut-être à cause de cela — le Conseil de la République est parvenu à reconquérir une place qui lui avait été contestée et que la réforme constitutionnelle de 1954 est venue consacrer.

Parmi les causes de cette évolution, on peut retenir d'abord l'attitude de l'Assemblée nationale elle-même à l'égard de l'autre Chambre. À partir du moment (juillet 1947) où le parti communiste passa à l'opposition, la nouvelle majorité fut beaucoup moins hostile au Conseil. Il y a lieu aussi de tenir compte du sérieux et de l'assiduité avec lesquels l'assemblée du Luxembourg s'adonne à sa tâche. Ses avis, s'ils ne sont pas toujours suivis, ne peuvent pas ne pas être entendus. Mais surtout, le Conseil de la République a permis l'extériorisation d'un grand tournant de la vie politique française.

Les élections sénatoriales de 1948 ont en effet marqué la fin de l'époque que l'on pourrait appeler l'époque de la Libération et que caractérisait une volonté de rupture avec l'ordre politique et social ancien. Avec la victoire du RPF et du RGR, les modérés de tous bords reprennent pied sur la scène politique. Du même coup le Conseil de la République fait figure d'assemblée neuve, plus représentative de l'opinion que l'Assemblée nationale élue, en 1946, dans un climat politique désormais périmé. Lorsqu'en 1951 celle-ci sera à son tour renouvelée, le rétablissement du Conseil sera trop amorcé pour qu'un retour en arrière soit possible.

Déjà il avait remporté en matière législative des succès marqués (Bruyas, 1949). Puis, par la réforme de son règlement intérieur, il tendit à se rapprocher de l'Assemblée nationale ; il chercha même, sans y réussir, à instituer dans son sein des débats législatifs que la constitution lui interdisait. Du moins rétablit-il, pour ses membres, l'ancien titre de sénateur. Profitant, en outre, de ce que certains chefs de gouvernement se réclamaient de sa confiance (par exemple A. Marie, en août 1948), il essaya de reconquérir indirectement le droit d'interpellation. Cette prétention fut censurée par le Président de la République, gardien de la constitution. Mais l'attitude du Conseil montrait qu'il se sentait assez fort pour ne pas se laisser oublier. La loi constitutionnelle du 7 décembre 1954 vint consacrer la vitalité d'une institution qu'on aurait pu croire condamnée dès sa naissance : sans retrouver tous les pouvoirs du Sénat de la IIIe République, le Conseil de la République recevait les moyens de jouer un rôle efficace en matière législative (voir *infra*).

B L'Assemblée nationale

Composition. — L'Assemblée nationale était élue pour cinq ans ; elle se renouvelle intégralement. Elle comprenait 627 sièges.

Le régime électoral. — Le mode d'élection introduit en 1945 fut, dans les dernières années de la législature, fortement critiqué par les partis du centre qui lui reprochaient de faire le jeu des partis extrêmes. Aussi, après des débats assez confus mais très âpres, la loi du 5 octobre 1946 fut-elle modifiée de manière à mettre en place un système mixte. Le mode de scrutin n'était d'ailleurs pas uniforme sur l'ensemble du territoire.

a) Dans les six circonscriptions du département de la Seine et les deux circonscriptions de Seine-et-Oise, les élections continuent à avoir lieu à la représentation proportionnelle avec possibilité de panacher les listes et vote préférentiel.

Ce maintien de la représentation proportionnelle s'explique par des considérations d'opportunité politique. Dans les départements de la Seine et de Seine-et-Oise, les partis extrêmes (RPF et communiste) ont une clientèle très nombreuse. Les auteurs de la loi ont redouté que le résultat du scrutin majoritaire y fût l'élimination de la représentation des autres partis. On a donc soustrait Paris et sa banlieue à l'application d'un système dont on attendait, dans le reste de la France, qu'il favorise les partis de la coalition gouvernementale (Soulier, 1951).

b) Dans le reste de la France métropolitaine, les députés à l'Assemblée nationale étaient élus au scrutin de liste départemental selon un système complexe qui combinait le principe majoritaire et la représentation proportionnelle.

L'apparentement. — L'originalité la plus marquante — et la plus discutée aussi — du système électoral introduit par la loi du 9 mai 1951 était l'apparentement des listes. L'apparentement est l'acte par lequel les candidats de plusieurs listes déclarent accepter d'être considérés comme formant une seule et même liste pour l'attribution des sièges qui n'auraient pas été pourvus par le jeu de la majorité absolue.

L'apparentement n'est possible qu'entre des listes de partis ou de groupements *nationaux* ou bien entre des listes composées de candidats qui, eux-mêmes, sont patronnés par des partis ou groupements nationaux. Le caractère national, auquel est ainsi subordonnée la possibilité d'apparentement, ne peut être reconnu qu'aux partis ou groupements qui présentent un ou plusieurs candidats dans trente départements au moins, et sous la même étiquette (L. 5 oct. 1946, art. 6, mod. L. 9 mai 1951, art. 1).

L'attribution des sièges. — En dehors des circonscriptions où joue la RP, le mode d'attribution des sièges varie selon le nombre des suffrages obtenus par les listes.

a) Si une liste a obtenu la majorité absolue, elle est élue tout entière. C'est l'application intégrale du principe majoritaire.

b) Dans l'hypothèse où aucune liste isolée n'a obtenu la majorité absolue, si un groupement de listes apparentées totalise plus de 50 % des suffrages exprimés, tous les sièges lui sont attribués. La répartition de ceux-ci entre les listes apparentées s'effectue suivant la règle de la plus forte moyenne.

c) Enfin, dans le cas où aucune liste isolée ni aucun groupement de listes n'a obtenu la majorité absolue, les listes apparentées sont considérées comme une seule et même liste et les sièges sont répartis entre elle et les autres suivant la règle de la plus forte moyenne. Une fois ce premier partage réalisé, il y a lieu à répartition, entre les listes apparentées, des sièges revenant à leur groupement. Là encore l'opération a lieu selon la représentation proportionnelle en appliquant la règle de la plus forte moyenne. Toutefois, pour éviter une conséquence trop choquante du système qu'elle imagine, la loi dispose qu'aucun siège ne pourra être attribué aux listes qui n'auraient pas obtenu 5 % des suffrages exprimés.

Attributions de l'Assemblée nationale. — a) Elles sont d'abord d'ordre *législatif.* L'Assemblée nationale a l'initiative des lois, elle les vote et ne peut déléguer ce droit (art. 13).

b) En *matière financière*, elle examine et vote le budget, ses membres ont l'initiative des dépenses mais ne peuvent en user lors de la discussion du budget (art. 16, 17).

c) L'Assemblée nationale *contrôle l'activité gouvernementale* d'une part en participant à l'élection du Président de la République, d'autre part en donnant ou refusant sa confiance au Président du Conseil désigné par le Président de la République, enfin en mettant en œuvre la responsabilité ministérielle.

d) En matière diplomatique les *traités* ne peuvent être ratifiés que lorsque la ratification a été autorisée par l'Assemblée nationale en forme de loi (art. 27).

e) Enfin en *matière judiciaire* l'Assemblée nationale accorde l'amnistie (art. 19) et élit, au début de chaque législature, les membres de la Haute Cour de justice (art. 58).

C Le Conseil de la République

Composition. — Selon la constitution de 1946 le Conseil de la République ne peut comprendre moins de 250 ni plus de 320 membres. Tel que son recrutement était aménagé par la loi du 23 septembre 1948, il atteignait son effectif maximum.

La Constitution prévoit que le Conseil de la République est élu au suffrage universel indirect par les collectivités communales et départementales. Cette règle limitait les possibilités du législateur ordinaire dans l'aménagement du régime électoral applicable au Conseil de la République.

Le mode d'élection du Conseil de la République. — Le régime électoral organisé pour l'élection du premier Conseil de la République atteignait à un degré de complication inédit dans notre législation électorale. Aussi bien la loi du 27 octobre 1946 reconnaissait-elle son imperfection en précisant, dans son article terminal, qu'elle ne jouerait que pour l'élection du premier Conseil de la République. Une nouvelle loi électorale était donc nécessaire. Ce fut celle du 23 septembre 1948.

Son caractère essentiel est de rapprocher, par son origine, le Conseil de la République de ce qu'était le Sénat de la IIIe République : un représentant des collectivités locales.

Le mode de scrutin adopté varie selon qu'il s'agit des représentants des départements ou des autres catégories de sénateurs.

1° Pour l'élection des sénateurs représentant les *départements métropolitains* et ceux d'outre-mer qui leur sont assimilés (Guadeloupe, Guyane, Martinique, Réunion), le collège électoral est partout le même, mais la manière dont il désigne les sénateurs varie selon le nombre de sièges à pourvoir.

a) Le *collège électoral* est un collège départemental composé des députés, des conseillers généraux et des délégués des conseils municipaux. Toutes ces personnalités étant elles-mêmes élues, l'élection des sénateurs a donc bien lieu au suffrage universel, encore qu'il soit à deux degrés.

Le *nombre des délégués* des conseils municipaux variait avec l'importance de la commune calculée d'après le nombre des membres de son conseil municipal. Or, comme le chiffre des conseillers municipaux croît moins vite que celui de la population (L. 5 avr. 1884, art. 10, mod. L. 6 sept. 1947, art. 1er), le système adopté revient à favoriser les petites et moyennes communes, jusqu'à 10 000 habitants.

Quant à l'élection des *délégués*, elle obéit à des règles compliquées (L. 28 sept. 1948, art. 8 et s., D. 24 sept. 1948) dont l'essentiel s'analysait en ceci que l'élection a lieu au scrutin majoritaire à trois tours lorsqu'il y a moins de 15 délégués à élire, et à la représentation proportionnelle, sans panachage ni vote préférentiel, avec utilisation des plus forts restes lorsqu'il y a plus de 15 délégués à élire.

b) L'*élection des sénateurs* a lieu à la proportionnelle ou au scrutin majoritaire selon le nombre de sièges à pourvoir.

2° Pour les autres sénateurs, le collège électoral et le mode de scrutin varient selon la circonscription qu'ils représentent. Sans entrer dans le détail, il suffira d'observer :

a) que, généralement, le collège électoral était composé de personnalités appartenant aux assemblées locales ;

b) qu'exceptionnellement, l'Assemblée nationale s'était réservé le droit d'élire les sénateurs représentants les Français du Maroc, de l'Indochine et ceux résidant à l'étranger.

Attributions. — La modestie primitive du rôle imparti au Conseil de la République se traduisait par l'étroitesse de ses attributions. Celles-ci se définissaient surtout négativement : il ne votait pas la loi, mais se bornait à examiner pour avis les projets ou propositions votés en première lecture par l'Assemblée nationale ; il ne contrôlait pas l'activité gouvernementale et ne pouvait renverser un ministère. Aussi ce n'était pour lui qu'une mince consolation que de se voir officiellement qualifié de membre du Parlement.

La révision constitutionnelle du 7 décembre 1954 a d'abord restitué au Conseil de la République la plénitude de l'initiative législative en mettant fin à l'infériorité vexatoire où le texte de 1946 plaçait les sénatcurs en leur interdisant de débattre immédiatement leurs propres propositions.

D'autre part, la loi constitutionnelle de 1954 retirait à l'Assemblée nationale le monopole que lui conférait l'article 14 de la constitution d'être saisie des projets de loi gouvernementaux. À l'exception de ceux qui portent autorisation de ratifier les traités et des projets budgétaires, le gouvernement peut les déposer indifféremment sur le bureau de l'Assemblée ou sur celui du Conseil.

Enfin, et c'est sur ce point que la révision a renforcé le mieux la situation du Conseil de la République, la *navette* est rétablie entre les deux Chambres. Ce qui signifie que, du moins pendant un certain délai, un texte ne pourra devenir loi sans le consentement du Conseil.

La loi constitutionnelle de 1954 n'a naturellement pas touché à la seule compétence qui, originairement, permettait au Conseil d'exercer un véritable pouvoir, celle de participer, avec l'Assemblée nationale, à l'élection du Président de la République (art. 29). Mais, même à cette occasion, la constitution n'omettait pas d'affaiblir son prestige. Tandis que l'Assemblée nationale de 1875 avait pour bureau le bureau du Sénat, la constitution prévoyait que, lorsque les deux Chambres se réunissent pour l'élection du Président de la République, leur bureau est celui de l'Assemblée nationale (art. 11). Ce n'est qu'un détail, mais combien significatif !

La subordination du Conseil de la République se traduit encore en ceci qu'en tout ce qui concerne sa réunion : sessions, vacances, convocations, sa situation dépendait des décisions prises par l'Assemblée nationale ou son bureau.

D Le Comité constitutionnel

La constitution organise un semblant de contrôle de constitutionnalité par l'intermédiaire d'un Comité constitutionnel. Pour éviter de présenter ce contrôle comme un obstacle à l'expression de la volonté générale, le Comité ne doit pas examiner si les lois sont contraires à la constitution, mais si elles « supposent une révision de la constitution ». Le constituant se rattachait ainsi à la justification procédurale du contrôle (voir *supra*, Partie 1, Chapitre 1).

Saisi par une demande émanant conjointement du Président de la République et du Président du Conseil de la République, le Comité doit s'efforcer de provoquer un accord entre l'Assemblée nationale et le Conseil de la République. S'il n'y parvient pas et que la loi en litige lui paraît impliquer une révision de la constitution, il la renvoie à l'Assemblée nationale pour nouvelle délibération. Si alors le Parlement maintient son premier vote, la loi ne pourra être promulguée avant que la constitution ait été révisée. Ainsi l'harmonie entre la loi et la constitution sera bien obtenue, mais par une modification, non de la loi, mais de la constitution (art. 93). Il est en outre expressément précisé que la confrontation de la loi avec le Préambule est exclue de la compétence du Comité. C'est là évidemment une restriction considérable à l'utilité du contrôle puisque tous les droits dont les individus peuvent se réclamer — et qui risquent d'être violés par la loi — sont inscrits dans le Préambule et non dans le texte de la constitution. Si bien que le Comité constitutionnel pouvait, au mieux, garantir le respect des procédures constitutionnelles, mais non pas les droits individuels. (Sur le fonctionnement du comité constitutionnel, voir Soulier, 1949). En pratique, il ne s'est prononcé qu'une fois, sur une question d'ailleurs relativement secondaire.

§ 2. Le pouvoir exécutif

La constitution ne mentionne pas le pouvoir exécutif, ce qui la dispense d'en donner une définition. Elle s'occupe seulement des deux organes qui le composent ; le Président de la République et le Conseil des ministres.

A Le Président de la République

Mode d'élection. — Le Président de la République est élu par le Parlement, pour sept ans (art. 29). L'élection a lieu à Versailles, dans les locaux du Congrès (L. 6 janv. 1950, art. 3). Le Président devant obtenir la majorité absolue des suffrages exprimés, on procédera à autant de tours que cela est nécessaire pour aboutir à ce résultat.

Le texte initial de la constitution ne spécifiait pas si le Président devait être élu au scrutin secret ou au scrutin public. Mais les trois grands partis (communiste, socialiste et MRP) avaient conclu un accord officieux d'après lequel le Congrès se ralliera à la « tradition républicaine », c'est-à-dire, au vote secret. La loi organique du 8 décembre 1953 a rendu obligatoire ce mode de scrutin.

L'élection doit avoir lieu trente jours au plus et quinze jours au moins avant l'expiration des pouvoirs du Président en fonction (art. 39). Il n'est rééligible qu'une fois (art. 29). Si l'élection devait avoir lieu dans une période où l'Assemblée nationale est dissoute, les pouvoirs du Président en fonction seraient prorogés jusqu'à l'élection de son successeur qui doit intervenir dans les dix jours de l'élection de la nouvelle Assemblée (art. 40). En cas d'empêchement constaté par un vote du Parlement ou dc vacance par décès, démission ou toute autre cause, c'est le Président de l'Assemblée nationale qui assure l'intérim des fonctions de Président de la République (art. 41).

Condition du Président de la République. — Il existe deux conceptions du rôle du Président de la République, déclarait P. Cot à l'Assemblée constituante (séance du 12 septembre 1946, *JO*, p. 3696). « Pour les uns, le Président de la République est le chef de l'État ; c'est un homme qui peut et doit jouer un rôle personnel dans la marche des affaires publiques et qui peut s'opposer, le cas échéant tout au moins, à la volonté de l'Assemblée nationale ; pour les autres, au contraire, le Président de la République — c'est la tradition républicaine — est simplement le premier magistrat de la République. Dans ce cas il doit être au-dessus des partis, son élection doit provenir de la souveraineté nationale et il ne doit pas pouvoir entrer en conflit avec cette représentation nationale ».

C'est à cette seconde conception que s'est rattachée la constitution du 27 octobre mais en atténuant plus encore l'autorité du Président que cela ne ressort de la thèse exposée par P. Cot. Des trois prérogatives essentielles du chef d'État parlementaire du style classique : irresponsabilité, droit de dissolution et nomination du Président du Conseil, la constitution n'en laisse qu'une seule au Président qu'elle institue, et encore, en le privant des autres elle ôte toute signification à celle qu'elle lui conserve : l'irresponsabilité.

En effet, en consacrant *l'irresponsabilité politique* du Président (il n'est responsable que pour haute trahison et dans ce cas il est mis en accusation par l'Assemblée nationale et renvoyé devant la Haute Cour de Justice, art. 42) la constitution semble se référer aux principes du parlementarisme, mais en fait cette irresponsabilité devient illusoire puisque le Président, faute de pouvoirs, ne peut commettre d'erreur.

La réalité politique n'est toutefois pas tout entière enfermée dans les textes et, si l'on considère la pratique, il faut reconnaître que la première présidence de la IVe République a été exercée de telle sorte que son titulaire fut autre chose que ce « maître de cérémonies jovial ou triste, suivant le tempérament » qu'il fut sous la IIIe République. Maintes fois, de façon discrète, mais efficace, le Président a eu l'occasion de jouer réellement son rôle d'arbitre et de gardien de la constitution (Berlia, 1948). On se souvient aussi que, dans son message du 29 mai 1958, le Président menaça de se retirer si l'Assemblée nationale ne permettait pas de faire jouer la procédure d'investiture au profit du général De Gaulle (voir *infra*, Quatrième Partie, Chapitre 1).

Attributions du Président. — Sous réserve d'obtenir le contreseing du Président du Conseil et d'un ministre, les attributions du Président restent nombreuses quoique de second plan. Il nomme en Conseil des ministres un certain nombre de hauts fonctionnaires, notamment les conseillers d'État, les préfets, les officiers généraux et les ambassadeurs (art. 30) ; il est tenu informé des négociations internationales et signe et ratifie les traités (art. 31) ; il préside le Conseil des ministres et conserve les procès-verbaux de ses séances (art. 32) ; il préside le Conseil supérieur et le Comité de la Défense nationale et prend le titre de chef des armées (art. 33) ; la disposition de la force armée que lui attribuait la constitution de 1875 a été remise au Président du Conseil qui est responsable de la sécurité et de la défense de l'Union française. Le Président de la République préside le Conseil de la magistrature (art. 34), promulgue les lois (art. 36) et peut communiquer avec le Parlement par des messages qu'il adresse à l'Assemblée nationale. Enfin, dans le délai de dix jours fixé pour la promulgation, il peut, par un message motivé, demander aux deux Chambres une nouvelle délibération de la loi et la constitution précise qu'il doit être fait droit à sa demande.

Ce droit de demander une *seconde délibération* a fait l'objet d'un long débat à la Constituante (voir séance du 12 septembre 1946, *JO*,

p. 3700). Ses adversaires ont fait valoir qu'il s'analysait en un droit de veto, survivance du pouvoir royal, incompatible avec le principe parlementaire de l'irresponsabilité du chef de l'État et qu'au surplus puisqu'il s'agit de contraindre les représentants du peuple à un travail de réflexion, ce droit ferait double emploi avec le rôle imparti au Conseil de la République. À l'encontre de cette thèse, l'Assemblée constituante a suivi le rapporteur général qui lui demandait de voir, dans la possibilité d'une seconde délibération, non un veto éventuel, mais un acte qui permet au Président de la République d'exercer son rôle d'arbitre entre les partis en même temps qu'il assure la collaboration nécessaire entre la fonction législative et la fonction exécutive. Les seuls cas dans lesquels le Président a utilisé son droit de demander une seconde délibération furent motivés par le souci de permettre au Parlement de corriger un défaut technique de rédaction. Le chef de l'État se récusa, au contraire, lorsqu'il fut sollicité d'user de sa prérogative dans un sens politique. En revanche, Vincent Auriol a porté au maximum l'utilisation de sa magistrature d'influence. Il est intervenu dans les crises ministérielles, allant jusqu'à refuser la démission de Présidents du Conseil mis en minorité constitutionnelle (ministères R. Schuman en 1948, Pleven en 1950, Queuille en 1951), et à faire pression sur certains partis pour les amener à reconsidérer leur attitude.

B Le Conseil des ministres

Le Président du Conseil. — La procédure initiale de nomination (Arné, 1962). — La constitution avait imaginé pour sa nomination une procédure assez compliquée qui ne s'explique qu'à titre de compromis entre les partisans de la nomination par le Président de la République et ceux qui voulaient maintenir le système du projet du 19 avril 1946, c'est-à-dire l'élection par l'Assemblée nationale.

Aux termes de l'article 45, c'est le Président de la République qui, au début de chaque législature et après les consultations d'usage, désigne le Président du Conseil. Mais celui-ci ne peut être nommé que lorsqu'il a été investi de la confiance de l'Assemblée à laquelle il a préalablement soumis le programme et la politique du cabinet qu'il se propose de constituer. L'Assemblée donne son investiture au scrutin public et à la majorité absolue de ses membres.

a) Le pouvoir de désignation du Président de la République qui, sous les lois de 1875, n'était limité qu'en fait par l'obligation de tenir compte des vœux de la majorité parlementaire, se trouvait limité en droit. Le Président pourra toujours désigner qui il entend, mais il ne pourra *nommer* que la personnalité qui a obtenu l'investiture de l'Assemblée.

Son rôle se borne en quelque sorte à l'exercice d'un droit de présentation. En pratique, compte tenu du multipartisme et des divisions de l'assemblée, un Président habile pouvait, comme autrefois sans la IIIe République ou plus tard en Italie, rechercher l'homme le plus à même de former une coalition. Il pouvait aussi parfois gêner ou retarder les tentatives de certaines personnalités pour constituer un gouvernement.

b) La formation du cabinet est une procédure à trois temps : il y a d'abord désignation d'un Président du Conseil par le Président de la République, puis investiture du chef du gouvernement par l'Assemblée, à la suite des négociations menées entre les groupes, sur le programme qu'il aura présenté ; enfin formation du gouvernement.

c) Ce système met en vedette la situation du Président du Conseil en ce qu'il le place nettement au-dessus du gouvernement. Sur ce point l'intention des constituants n'est pas équivoque. Après avoir reproché à la constitution de 1875 d'avoir ignoré le Président du Conseil, le Président de la commission de constitution déclarait : « Nous essayons, nous, d'organiser, parce que cela est apparu absolument nécessaire pour le bon fonctionnement de la démocratie, une présidence du Conseil et, en dehors du gouvernement même, nous voulons d'abord un Président du Conseil désigné et choisi par l'Assemblée et responsable devant elle ».

La procédure de 1954. — Le système d'investiture imaginé par les constituants n'a pas produit en fait tous les résultats heureux qu'ils en attendaient (Fabre, 1951). Il n'a pas diminué le nombre des crises ministérielles mais, en revanche, il a été la cause de la lenteur de leur dénouement. Aussi la question du mode de désignation du Président du Conseil et des membres du cabinet fut un des objets de la révision constitutionnelle opérée par la loi du 7 décembre 1954.

La procédure de désignation du Président du Conseil est inchangée. Il est, selon la terminologie qui s'est fait recevoir depuis 1946, « pressenti » par le Président de la République, puis « désigné » lorsqu'il a donné à celui-ci son acceptation de constituer un cabinet.

Ce qui est nouveau c'est, d'une part, la procédure d'investiture par l'Assemblée, d'autre part les conditions de majorité.

1. — Aux termes de l'article 8 de la loi constitutionnelle du 7 décembre 1954, modifiant l'article 45 de la constitution, le Président désigné choisit les membres de son cabinet, en fait connaître la liste à l'Assemblée nationale et se présente devant elle pour lui demander d'investir le gouvernement par un vote de confiance.

C'est donc un retour à la pratique de la IIIe République, avec cette différence toutefois que le Président et les membres du ministère ne sont pas *nommés* par le Président de la République avant, mais après le vote de l'Assemblée. L'effet de la réforme est de priver le Président du Conseil du prestige formel que lui valait sa présentation solitaire devant les députés.

2. — La majorité requise pour que le nouveau ministère soit considéré comme ayant obtenu la confiance de l'Assemblée est la *majorité simple*. L'exigence de la majorité absolue, que l'on appelait la majorité constitutionnelle a disparu et avec elle, l'espoir que nourrissaient les constituants de 1946 d'assurer ainsi au gouvernement une assise stable et durable. L'expérience a prouvé l'impuissance des textes à assurer la stabilité du pouvoir.

Toutefois l'exigence de la majorité absolue des députés pour renverser un cabinet en fonction était maintenue par le nouvel article 49.

Effacement de la prééminence du Président du Conseil. — La constitution couronnait l'évolution commencée sous la IIIe République par la loi du 8 novembre 1934, qui reconnut l'existence « d'un ministre chargé de la présidence du Conseil » et le dota de services administratifs propres, et celle du 11 juillet 1938 sur l'organisation de la nation en temps de guerre qui renforça sensiblement l'autorité du Président du Conseil. La formule qui le qualifiait de *primus inter pares* n'était plus exacte. Son mode de désignation faisait de lui le véritable chef des ministres et non plus leur égal.

Mais, à partir de la révision de 1954, le Président du Conseil a été ramené à son statut antérieur. Son autorité n'est plus fondée sur sa situation juridique ; elle ne peut être qu'un effet de son prestige personnel.

Attributions. — Différentes dispositions de la constitution confirment la supériorité initiale du Président du Conseil : d'abord lui seul peut poser la *question de confiance* après délibération en Conseil des ministres (art. 49). Ensuite il reçoit des attributions qui, naguère, appartenaient nominalement au Président de la République : il a l'initiative des lois, il nomme à tous les emplois civils et militaires, sauf ceux dont la constitution réserve la nomination au Président de la République ; il assure la direction des forces armées et surtout il est chargé de pourvoir à l'exécution des lois (art. 47).

Cette attribution du pouvoir réglementaire au Président du Conseil, bien qu'elle ne fasse que régulariser en droit ce qui se passait en fait, accroît l'autorité du chef du gouvernement en ce que son pouvoir de coordination de l'activité ministérielle se trouve consolidé par son droit de viser les règlements préparés par les divers ministères.

Cette coordination s'exerce tant sur le plan civil que dans le domaine de la défense nationale. À cette fin, les services de la Présidence du Conseil ont été considérablement accrus par rapport à ce qu'ils étaient sous la IIIe République.

Étant donné l'énormité de la tâche du Président du Conseil, il peut déléguer ses pouvoirs à un ministre (art. 54).

Les ministres. — Choisis par le Président du Conseil, ils sont nommés par le Président de la République, après que l'équipe ministérielle a obtenu la confiance de l'Assemblée nationale.

Les ministres, qui ne sont pas obligatoirement des parlementaires, ont accès aux deux Chambres et à leurs commissions. Ils doivent être entendus quand ils le demandent. Ils peuvent se faire assister dans les discussions devant les Chambres par des commissaires désignés par décret (art. 53).

Unité et responsabilité du cabinet. — Le cabinet comprend des membres qualifiés de titres différents : ministres, ministres sans portefeuille ou ministres d'État, secrétaires et sous-secrétaires d'État. La situation de ces derniers est assez flottante ; en principe, elle se caractérise par le fait que les secrétaires ou sous-secrétaires d'État n'assistent pas au conseil des ministres, mais seulement aux conseils de cabinet et uniquement pour les affaires de leur ressort. Il ne s'agit d'ailleurs pas là d'une règle absolue.

En dépit de cette variété de membres, le cabinet constitue un organisme doué de l'unité tant juridique que politique. La solidarité ministérielle est l'illustration de cette unité. Elle se traduit par une présomption de concordance de vues au sein du gouvernement en vertu de laquelle les ministres sont tenus d'adopter une attitude commune dans leur vote aux Assemblées.

Dans les gouvernements de coalition, l'unité de vues est évidemment plus difficile à réaliser. Elle dépend en grande partie de l'habileté et de l'autorité du Président du Conseil. De ce fait, la solidarité ministérielle est pour celui-ci un instrument de prépondérance. Mais en un autre sens elle affaiblit sa situation, car si des dissentiments persistants se manifestent au sein du cabinet, le Président est entraîné dans la démission collective.

Les ministres sont en effet collectivement responsables devant l'Assemblée nationale de la politique générale du cabinet, et individuellement de leurs actes personnels (art. 48). En outre, ils sont pénalement responsables des crimes et délits commis dans l'exercice de leurs fonctions (art. 56). À ce titre, ils peuvent être mis en accusation par l'Assemblée nationale et renvoyés devant la Haute Cour de justice.

Le Président de la République préside le Conseil des ministres (art. 32), mais, quoique la constitution ne mentionne pas cette hypothèse, il peut y avoir hors de sa présence des réunions de cabinet.

L'innovation importante réalisée par l'actuelle constitution consiste en ce qu'un procès-verbal des séances sera établi et conservé par le Président de la République.

Section 3
Le fonctionnement des pouvoirs publics

Mesure du parlementarisme dans la constitution de 1946. — Si l'on s'en tient, pour caractériser la forme parlementaire d'un système gouvernemental, à sa structure externe en négligeant les conditions de fond historiques, psychologiques et sociales, on peut dire que le régime établi par la constitution de 1946 appartenait à la catégorie du parlementarisme. Au double point de vue de la participation des différents organes à l'exercice des fonctions étatiques et de l'importance de cette participation, les formules constitutionnelles respectaient les règles du régime parlementaire, mais il serait excessif d'assurer qu'elles en adoptaient également l'esprit.

Elles paraissaient conformes à la représentation traditionnelle du régime parlementaire comme système de collaboration des pouvoirs. Gouvernement et Parlement étaient associés en matière législative, puisque l'un et l'autre avaient l'initiative et que le Parlement votait les lois, tandis que l'exécutif les promulguait et les faisait exécuter grâce à son pouvoir réglementaire. Ils étaient associés également en matière financière : le gouvernement prépare et présente le budget, l'Assemblée nationale le vote. Ils étaient associés enfin en matière gouvernementale, puisque le cabinet investi de la confiance de l'Assemblée nationale gouvernait sous le contrôle de celle-ci.

La constitution prévoyait également les deux mécanismes qui théoriquement doivent permettre de maintenir l'influence mutuelle des pouvoirs : la responsabilité ministérielle et la dissolution. En fait cependant, tant à cause de certaines maladresses des textes que du climat politique, les institutions ne fonctionnaient pas dans le sens de la collaboration des pouvoirs mais dans celui de leur rivalité. De cette rivalité est née l'impuissance qui a ruiné le régime (Priouret, 1959 ; Fauvet, 1971 ; Siegfried, 1958 ; Williams, 1971).

§ 1. La législation

L'impuissance parlementaire et la délégation du pouvoir législatif (Barale, 1964). — L'initiative des lois appartenait communément au Président du Conseil des ministres, aux membres du Parlement (l'initiative pleine avait été rendue aux sénateurs par la loi constitutionnelle du 7 décembre 1954) et aux membres de l'Assemblée de l'Union française à condition que leur proposition concerne les territoires d'outre-mer.

Pour empêcher le retour à la pratique des décrets-lois, courante dans les dernières années de la IIIe République (voir *supra*, Chapitre 4), les constituants avaient établi, dans l'article 13, que *seule l'Assemblée nationale vote la loi et qu'elle ne peut déléguer ce droit*. Or, loin d'avoir disparu, les raisons de fait qui militent en faveur de la législation par décret étaient devenues plus impératives. D'une part l'absence de majorité parlementaire cohérente rendait impossible l'adoption d'une législation constructive ; d'autre part les parlementaires répugnaient toujours à voter des lois impopulaires (en matière fiscale notamment) ; enfin, la complexité et la minutie des réglementations exigées par les tendances politico-sociales contemporaines faisaient ressortir l'inadaptation des Parlements à une pareille tâche.

1. — La loi du 17 août 1948 a imaginé une technique différente de celle qui était suivie sous la IIIe République. Au lieu de permettre l'entrée en vigueur immédiate des décrets pris en vertu de la loi d'habilitation, la loi de 1948 dispose qu'ils sont déposés sur le bureau de l'Assemblée et n'entrent en vigueur qu'à l'expiration d'un délai accordé à celle-ci pour les examiner. Peu importe d'ailleurs qu'elle ait ou non utilisé ce droit de contrôle. C'est ce que l'on a appelé le procédé de la *loi cadre*. Le qualificatif est d'ailleurs usurpé car une loi cadre est celle qui indique à l'autorité réglementaire les principes généraux qu'elle devra observer, ce qui ne fut nullement le cas de la loi de 1948.

Il restait cependant que le jeu du délai ne changeait rien au fait essentiel : la possibilité pour le gouvernement de modifier la législation en vigueur. Aussi, pour légaliser cette faculté, la loi a-t-elle imaginé que le Parlement est compétent pour opérer une délimitation des domaines de la loi et du règlement. Si, a-t-on dit, le Parlement autorise le gouvernement à intervenir en certaines matières, ces matières sont par le fait même *délégalisées*, les lois qui les réglementaient n'ont plus que la valeur de décret et sont par conséquent modifiables par décret. Bien plus, cette délégalisation n'a plus une durée temporaire, limitée au délai durant lequel le gouvernement est autorisé à rendre ses décrets ; elle dure aussi longtemps que le Parlement en prenant une loi à son sujet n'a pas « relégalisé » la matière en question.

2. — Peu rassuré par cette argumentation et cependant pressé par la nécessité de légiférer, le gouvernement demanda l'avis du Conseil d'État. De cet avis, rendu le 6 février 1953 (*RDP*, 1953, p. 171 et s.), il résulte : *a)* que les décrets-lois du type IIIe République sont interdits ; *b)* que cela n'empêche pas le Parlement d'étendre la compétence réglementaire en y incluant certaines matières antérieurement législatives ; *c)* que certaines questions ne peuvent faire l'objet de ce transfert de compétence ; *d)* enfin qu'en tout état de cause l'autorisation donnée au gouvernement doit être précise et délimitée.

L'effet de cette absolution préventive fut le retour par la loi du 11 juillet 1953 et du 14 août 1954 à une procédure qui n'est, au fond, pas différente de celle des décrets-lois : autorisation de modifier la loi, délai limité imposé au gouvernement, entrée en vigueur immédiate des décrets, ratification ultérieure par le Parlement. Deux différences cependant doivent être signalées parce qu'elles innovaient par rapport à la pratique suivie sous la IIIe République : d'une part la loi d'habilitation ne vaut que pour le gouvernement qui l'a sollicitée, tandis que, sous la IIIe, la loi d'habilitation spécifiait ou non le nom du ministère habilité ; d'autre part les décrets-lois ne peuvent entrer en vigueur sans avoir recueilli l'avis conforme de certains organismes (de la commission des finances de l'Assemblée nationale, pour la loi de 1954).

Intérêt actuel de la pratique suivie sous la IVe République. — Les développements qui précèdent n'ont pas qu'un intérêt rétrospectif. Il est indispensable de connaître les difficultés auxquelles s'est heurtée la IVe République et son incapacité à les surmonter pour comprendre la solution qui a été adoptée par la constitution actuelle. L'impasse où s'était finalement trouvé le régime antérieur explique le contenu de l'article 38 de la constitution de 1958 (voir *infra*, Quatrième Partie, Chapitre 3).

Le Conseil économique (Loi 27 octobre 1946, 20 août 1947 et 20 mars 1951). — À une époque, entre les deux guerres, où les idées de représentation professionnelle et de Parlement économique étaient en faveur, les conseils économiques avaient connu une certaine fortune. Le modèle en fut celui institué en Allemagne par la constitution de Weimar. En France, il en fut également créé un par le décret du 16 janvier 1925 ; élargi en 1936, il fut rendu permanent pendant la durée des hostilités.

La constitution de 1946 a repris l'idée dans son article 25 avec l'intention de faire de ce Conseil, dont les pouvoirs demeurent d'ailleurs consultatifs, l'organe des fonctions économiques et des grandes catégories sociales : travail, capital, artisanat, familles... De là l'extrême complexité de sa composition.

En général, les membres sont élus ou désignés pour trois ans par les syndicats, groupements ou associations qu'ils représentent.

§ 2. Les rapports entre les pouvoirs publics

Multiplicité des contacts entre le Gouvernement et le Parlement. — Selon la conception classique, le régime parlementaire assure l'équilibre des pouvoirs en leur donnant la possibilité d'agir réciproquement l'un sur l'autre. Prisonniers de cette conception, les constituants de 1946 avaient cherché à assurer la collaboration par un certain nombre de procédés traditionnels :

Les ministres ont droit d'accès aux Chambres et à leurs commissions ; ils doivent être entendus quand ils le demandent (art. 53). Le Président de la République peut communiquer avec le Parlement par des messages adressés à l'Assemblée nationale (art. 37). Inversement, le Parlement peut demander aux ministres de venir lui fournir des explications ; les députés et les membres du Conseil de la République peuvent, selon la procédure traditionnelle, leur poser des questions.

Nous ne retiendrons ici que les deux principales institutions qui permettaient à chacun des deux organes de peser sur l'attitude de l'autre : la responsabilité ministérielle et la dissolution.

La responsabilité ministérielle. — Elle pouvait être mise en œuvre soit par la question de confiance, soit par la motion de censure.

1° *La question de confiance* ne pouvait être posée que par le Président du Conseil et après délibération du cabinet (art. 49). Le vote ne pouvait intervenir qu'un jour franc après qu'elle ait été posée devant l'Assemblée.

Cette procédure a incontestablement pour effet de retarder la marche des débats et on n'a pas manqué de lui reprocher la lenteur qu'elle introduit dans les délibérations, lenteur telle qu'elle est de nature à paralyser le gouvernement dans l'exercice de son droit de poser la question de confiance (voir séance du 5 septembre 1946, *JO*, p. 3555).

Or, tel est bien le but visé par la constitution, si l'on en croit le rapporteur général qui, en reconnaissant qu'il sera difficile de poser la question de confiance, puisque dans un certain nombre de cas le Conseil des ministres devra se réunir, délibérer, puis suspendre les débats pendant près de quarante-huit heures, déclarait : « Cela prouve précisément l'excellence des dispositions de l'article 35 (devenu l'article 49 définitif), car le but proposé c'est, en vérité, d'empêcher le Gouvernement de poser la question de confiance. Si la commission accumule les obstacles sur la route du gouvernement qui désire la poser, c'est précisément pour le faire reculer ».

Ainsi, on a entendu empêcher le gouvernement de peser sur les décisions de l'Assemblée en posant la question de confiance, qui place les députés dans l'alternative suivante : ou bien céder au gouvernement, tout en désapprouvant son action, ou bien le renverser, mais en ouvrant une crise ministérielle, dont les conséquences sont toujours graves (Colliard, 1948).

On comprend parfaitement que l'Assemblée constituante, se souvenant de ces ministres qui posaient à tout propos la question de confiance, ait cherché à rendre impossible ce chantage, mais il reste que la solution adoptée s'écarte de l'orthodoxie parlementaire favorable à la liberté gouvernementale.

En contrepartie, on espérait que le gouvernement gagnerait en stabilité, puisque les possibilités de crise ministérielle seraient moins fréquentes et que, d'autre part, le même article 49 précise que la confiance ne peut être refusée au cabinet qu'à la *majorité absolue* des députés de l'Assemblée.

2° Avec la *motion de censure*, l'Assemblée prenait l'initiative de mettre en cause la responsabilité gouvernementale. Toujours dans l'intention de ne pas compromettre la stabilité du cabinet, des précautions étaient prises pour éviter les votes intempestifs (art. 50) :

a) le vote ne peut intervenir qu'un jour franc après le dépôt de la motion de censure :

b) il a lieu au scrutin public ;

c) la motion de censure ne peut être adoptée qu'à la majorité absolue des députés à l'Assemblée.

Le vote d'une motion de censure entraîne la démission collective du cabinet.

Mais que se passera-t-il si un vote, sur une motion de censure ou sur la question de confiance, n'est acquis qu'à la *majorité simple* ? Le silence de la constitution sur ce point fut fort heureusement éclairci par une déclaration du rapporteur général : « La confiance n'ayant pas été refusée au cabinet dans les termes de l'article 49, la démission du Gouvernement ne sera pas obligatoire. Il appartiendra au gouvernement d'apprécier s'il estime que le rejet du texte en question s'oppose à la continuité du pouvoir ou si, au contraire, jouissant encore de la confiance de l'Assemblée, il peut continuer à gouverner ».

Cette précision est capitale, car elle confirme la liberté du gouvernement sur le point même où, à l'Assemblée constituante, elle avait été contestée.

La fréquence des crises ministérielles. — Les précautions prises par la constitution de 1946 pour empêcher que la mise en cause de la responsabilité du gouvernement ne provoque trop aisément son renversement n'ont pas produit le résultat que l'on en escomptait. Les crises ministérielles se sont multipliées à une cadence qui a fini par indisposer l'opinion.

Seulement, ce n'est pas la procédure des articles 49 et 50 qui doit être incriminée. Rares ont été les ministères ouvertement renversés par un vote hostile. Dans la plupart des cas c'est leur désagrégation interne qui provoquait la crise. Faute de pouvoir gouverner, le gouvernement démissionnait. L'origine du mal était ainsi, non dans une règle de procédure, mais dans l'absence d'une majorité cohérente au Parlement. Et c'est pourquoi on peut être sceptique sur l'efficacité des réformes constitutionnelles qui furent proposées dans les derniers mois du régime (1). Il ne suffit pas de rendre le gouvernement plus ou moins inamovible — et c'est à quoi tendaient les procédures imaginées pour paralyser le vote de méfiance — encore faut-il qu'il puisse gouverner. Si le Parlement n'y consent pas, aucun subterfuge procédural ne pourra suppléer l'absence d'adhésion profonde à son programme.

Aussi bien la multiplicité des crises ministérielles sous la IVe République ne signifiait pas que le contrôle parlementaire avait été efficace.

Les gouvernements tombaient et se succédaient sans que, pour autant, leur subordination à la volonté populaire soit mieux assurée. Il était impossible, en général, de discerner dans la cause de leur chute une influence quelconque de l'opinion publique à leur endroit. Seuls les états-majors partisans étaient à même de connaître les raisons pour lesquelles tel groupe parlementaire, après avoir voté l'investiture votait la censure. C'est qu'en réalité ces raisons ne concernaient que les politiciens de carrière.

---

(1) Voir le projet de loi constit. déposé par le gouvernement Gaillard, le 16 janvier 1958.

Avec de telles mœurs, le renversement d'un cabinet ne signifie nullement que le contrôle parlementaire a été exercé. En réalité, la Chambre ne discute plus ; elle absout, ratifie ou condamne mais son attitude sans nuance exclut l'idée d'un examen approfondi des décisions sur lesquelles elle est appelée à se prononcer. Lors du scrutin sur la question de confiance ou sur une motion de censure, ce qui est en cause ce n'est pas la mesure qui en fait officiellement l'objet, c'est de savoir si la majorité maintiendra ou non la délégation qu'elle a consentie au gouvernement au moment de son investiture. Le thème du débat n'est qu'un prétexte ; dans la plupart des cas le gouvernement tombera sur les intentions qu'on lui prête plutôt que sur ce qu'il a fait.

Ainsi la responsabilité ministérielle change de sens. Une responsabilité suit un acte dont elle est la sanction. Or, la pratique française avait institué une sorte de responsabilité préventive. Pour l'Assemblée, c'est un moyen de commandement, non un instrument de contrôle. Elle cherche un ministère auquel elle déléguera le pouvoir d'accomplir sa volonté. Mais comme cette volonté n'est faite que de velléités dispersées ou de programmes de partis inconciliables entre eux, le gouvernement qui subit avec succès l'épreuve du vote n'en retire aucune directive précise. Il ne bénéficie que d'un sursis. On aboutit ainsi à un régime d'autorité sporadique : dans un délai limité, le ministère agit pratiquement sans contrôle, puis les groupes s'inquiètent, le gouvernement tombe ou se dissocie par l'intérieur, mais sans pouvoir léguer à son successeur une carrière moins décevante. La responsabilité ainsi comprise interdit au gouvernement d'aller au-delà du premier chapitre. Tout est toujours à recommencer (Colliard, 1948 ; Merle, 1951, p. 390).

La dissolution. — Une utilisation fréquente du droit de dissolution eût, peut-être, remédié à l'état de choses qui vient d'être décrit. Mais, sous la IVe République, la dissolution ne s'est pas relevée du discrédit qui la frappait sous la IIIe. Son exercice ne fut d'ailleurs pas facilité par les constituants de 1946. La procédure instituée par l'article 51 pour la dissolution est la suivante : si, au cours d'une même période de dix-huit mois, deux crises ministérielles surviennent dans les conditions prévues aux articles 49 et 50, la dissolution de l'Assemblée nationale pourra être décidée en Conseil des ministres, après avis du Président de l'Assemblée. C'est le Président de la République qui prononce, par décret, la dissolution, conformément à la décision du Conseil des ministres.

Une première observation s'impose : c'est que le droit de dissolution échappe au Président de la République. Il se trouve, de ce fait, empêché de jouer ce rôle d'arbitrage entre le cabinet et l'Assemblée que le parlementarisme classique considérait comme une de ses raisons d'être.

Le droit de dissolution est accordé à la partie active de l'exécutif, c'est-à-dire au Conseil des ministres. Seulement, il n'y a pas simplement transfert du droit, il y a aussi limitation de ses conditions d'exercice. Ces limitations sont au nombre de trois :

a) afin de laisser aux rapports entre l'exécutif et le Parlement le temps d'un « rodage » indispensable, la constitution interdit l'usage du droit de dissolution pendant les dix-huit premiers mois de la législature ;

b) pour que la dissolution soit possible, il faut, en second lieu, que deux crises ministérielles soient intervenues dans une même période de dix-huit mois. On estime qu'alors le rapprochement des crises justifie la dissolution ;

c) enfin, le gouvernement ne peut décider la dissolution que si les crises ministérielles qui la légitiment se sont produites dans les conditions prévues par les articles 49 et 50, c'est-à-dire à la suite d'un vote de défiance ou d'une motion de censure.

C'est la limitation la plus grave à l'exercice du droit de dissolution, car elle risque, en fait, de la paralyser. En effet, si la dissolution ne peut intervenir que dans le cas d'une crise ministérielle ouverte par le jeu des articles 49 et 50, il dépend de l'Assemblée de la rendre possible ou non. Il lui suffira de ne pas voter expressément une motion de censure pour que le gouvernement ne puisse la dissoudre. Or, comme il y a de multiples hypothèses où une crise ministérielle se produit en dehors d'une défiance manifestement exprimée par les députés, le gouvernement risque de se trouver désarmé. Du point de vue théorique, on aboutit à ceci que le droit de dissolution qui, originairement, était un instrument au profit de l'exécutif, se trouve paradoxalement remis à la discrétion de l'Assemblée.

Afin d'éviter que le gouvernement qui a décidé la dissolution puisse peser sur les élections de la nouvelle assemblée, la constitution avait pris une précaution qui paraît sage si l'on se rappelle l'attitude du gouvernement Broglie-Fortou pendant la campagne électorale qui suivit le 16 mai 1877. L'article 52 disposait que le cabinet reste en fonction pour expédier les affaires courantes, mais que le Président du Conseil et le ministre de l'Intérieur doivent s'effacer. Le premier est remplacé par le Président de l'Assemblée nationale, le second est nommé par le nouveau Président du Conseil, en accord avec le bureau de l'Assemblée. Enfin, il est adjoint au gouvernement, comme ministres d'État, des représentants des groupes qui ne faisaient pas partie du ministère.

Ce luxe de précautions suffirait à lui seul à prouver que la Constituante n'était pas très profondément convaincue du caractère démocratique de la dissolution.

La révision constitutionnelle du 7 décembre 1954 a sensiblement atténué ces précautions : le cabinet reste en fonction après la dissolution, sauf si elle est intervenue après un vote de censure. Dans ce cas, c'est le Président de l'Assemblée nationale qui devient à la fois Président du Conseil et ministre de l'Intérieur.

La dissolution de l'Assemblée nationale ne fut prononcée qu'une seule fois, en décembre 1955, par le Président E. Faure. Il s'agissait, en fait non de faire arbitrer par les électeurs un conflit entre le gouvernement et l'Assemblée, mais de provoquer des élections selon le système électoral de 1951 avant que la majorité parlementaire ait pu modifier le mode de scrutin (Blamont, 1956 ; Berlia, 1956).

Bibliographie

AA.VV (1997), *Le Discours d'Épinal*. « Rebâtir la République », colloque Épinal 27-28 sept. 1996, Paris, PUAM-Economica.

ARNÉ S. (1962), *Le Président du Conseil des ministres sous la IVe République*, Paris, LGDJ.

AVRIL P., VINCENT G. (1988), *La IVe République*, Paris, Fayard.

BARALE J. (1964), *La constitution de la IVe République à l'épreuve de la guerre*, Paris, LGDJ.

BERLIA G.,
(1946), « Le projet de Constitution française du 19 avril 1946 », *RDP*, p. 209.
(1948), « La présidence de la République, magistrature morale du régime », *RDP*, p. 50.
(1956), « La dissolution et le régime des pouvoirs publics », *RDP*, p. 130.

BLAMONT E. (1956), « La dissolution de l'Assemblée nationale de décembre 1955 », *RDP*, p. 105.

BOUGRAB J. (2002), *Aux origines de la constitution de la IVe République*, Paris, Dalloz.

BRUYAS J. (1949), « Évolution du Conseil de la République », *RDP*, p. 541.

CAUCHY P. (2004), *La IVe République*, Paris, PUF.

CHAPSAL J. (1979), *La vie politique en France depuis 1940*, Paris, PUF, 5e éd.

COLLIARD C. A. (1948), « La pratique de la question de confiance sous la IVe République », *RDP*, p. 220 et s.

DONNEDIEU DE VABRES (1948), « La Constitution de 1946 et le droit international », *RDP*, p. 220 et s.

DUHAMEL E. (2000), *Histoire politique de la IVe République*, Paris, La Découverte, Repères.

DUHAMEL O., ARDANT P. (1996), *La quatrième République*, Paris, Seuil.

DUJARDIN P. (1979), *Mille neuf cent quarante-six, le droit mis en scène : propositions pour une analyse matérialiste du droit*, Grenoble, PU de Grenoble.

ELGEY G.,
(1992-1997), *La République des tourmentes : 1954-1959*, 2 t., Paris, Fayard.
(1993a), *La République des contradictions : 1951-1954*, éd. revue et augmentée, Paris, Fayard.
(1993b), *La République des illusions* : 1945-1951, Paris, Fayard.

FABRE H. (1951), « Un échec constitutionnel : l'investiture du Président du Conseil », *RDP*.

FAUVET J. (1971), *La IVe République*, Paris, Livre de poche.

GENEVOIS B. (1998), « Les limites d'ordre juridique à l'intervention du pouvoir constituant », *RFDA*, p. 909.

JULLIARD J. (1981), *La IVe République : 1947-1958*, Paris, Livre de poche.

LAMPUÉ P. (1947), *L'Union française d'après la constitution*, Paris, LGDJ.

MERLE M. (1951), « L'instabilité ministérielle », *RDP*, p. 390 et s.

NGUYEN QUOC DINH (1946), « La loi constitutionnelle du 2 novembre 1945 portant organisation provisoire des pouvoirs publics », *RDP*, p. 63.

NIBOYET J.-P. (1946), « La constitution et certaines dispositions du droit international », *Dalloz*, Chron. XXIII.

PRIOURET R. (1959), *La République des députés*, Paris, Grasset.

Revue *Pouvoirs* (1999), « La quatrième République », n° 76.

RIOUX J.-P.,
(1998), *La France de la IVe République. 1. L'ardeur et la nécessité*, Paris, Seuil.
(1998), *La France de la IVe République. 2. L'expansion et l'impuissance*, Paris, Seuil.

RIVERO J., VEDEL G. (1947), « Les problèmes économiques et sociaux et la constitution du 27 octobre 1946 », *Droit social* (mai).

SIEGFRIED A.,
(1956), *De la IIIe à la IVe République*, Paris, Grasset.
(1958), *De la IVe à la Ve République*, Paris, Grasset.

SOULIER A. (1951), « L'élaboration de la loi du 9 mai 1951 », *RTD*, p. 841.

VIGNES D. (1958), « La révision constitutionnelle française de 1954 », *Jahrbuch des Offentlichen Rechts*, vol. 7.

WILLIAMS Ph. (1971), *La vie politique sous la IVe République*, Paris, Armand Colin.

Quatrième partie

Les institutions de la Ve République

Chapitre 1
Le cadre

Section 1
Origines et caractères généraux de la Ve République

Sous-section 1
Le problème de la réforme constitutionnelle en 1958

La Constitution de la Ve République a été adoptée en 1958.

Cette nouvelle Constitution n'est évidemment pas tombée du ciel. Elle a constitué une réponse à certains problèmes que se posaient les citoyens et la classe politique à la fin du régime précédent. Quels étaient ces problèmes ? Quelles étaient les solutions envisagées ?

§ 1. Les maux

Dans les derniers temps de la IVe République, chacun a conscience que les institutions fonctionnent mal. Le signe le plus apparent de ce mauvais fonctionnement, c'est évidemment l'instabilité gouvernementale : en moins de douze ans, d'octobre 1946 à mai 1958, vingt et un gouvernements se sont succédé ; compte tenu du délai nécessaire à la résolution de chaque crise ministérielle, la durée moyenne d'un gouvernement était en fait inférieure à six mois.

Les causes de cette instabilité ayant déjà été étudiées au chapitre précédent, on se bornera ici à les rappeler très brièvement :

A L'absence d'une majorité parlementaire véritable

Cette absence tenait au système de partis politiques.

On comptait une bonne quinzaine de formations politiques représentées à l'Assemblée nationale et tout gouvernement était obligé de s'appuyer sur une coalition regroupant au moins quatre ou cinq de ces formations.

Aujourd'hui encore, sous la Ve République, les majorités parlementaires sont rarement homogènes car il n'a jamais existé en France un système bipartite de type britannique. Mais ce qui distinguait la situation d'alors de celle que nous connaissons aujourd'hui, c'est que les coalitions sur lesquelles s'appuyaient les gouvernements de la IVe République étaient essentiellement précaires ; ces coalitions n'étaient pas constituées autour d'un programme global qui leur aurait permis de se prolonger pendant toute la durée d'une législature ; elles se faisaient et se défaisaient en fonction des questions particulières qui dominaient provisoirement l'actualité politique.

Tout gouvernement se trouvait donc menacé à partir du moment où les problèmes qui avaient retenu l'attention au moment de son investiture passaient au second plan, car de nouveaux clivages se dessinaient alors en fonction d'autres problèmes.

B L'insuffisance des moyens juridiques de l'exécutif

D'un côté, le pouvoir réglementaire ne pouvait être exercé qu'en vertu d'une loi et le domaine du règlement pouvait à tout moment être repris par le législateur. D'un autre côté, la procédure de la question de confiance sur le vote d'un texte (art. 52) permettait au Parlement de rejeter ce texte de telle sorte que le gouvernement n'était pas juridiquement tenu de démissionner, mais se trouvait de fait dans l'impossibilité de rester au pouvoir.

Quant à la dissolution, elle ne pouvait être prononcée que sous certaines conditions, qui étaient rarement réunies (art. 51). Elle n'avait donc pratiquement pas de valeur dissuasive.

C La médiatisation des rapports entre le Gouvernement et l'opinion publique

La place qu'occupait le Parlement dans le système politique de la IVe République empêchait le Gouvernement d'entretenir une relation directe avec l'opinion publique. Cette médiatisation se manifestait de plusieurs manières :

En premier lieu, le Gouvernement n'était pas choisi par le peuple : les élections législatives ne permettaient pas aux électeurs de désigner un Premier ministre et une équipe, comme ils peuvent le faire par exemple en Grande-Bretagne grâce au bipartisme ; la formation du Gouvernement nécessitait toujours de longues négociations entre les groupes politiques et les résultats de ces négociations n'étaient généralement pas prévisibles.

En second lieu, une fois que le Gouvernement était en place, il n'avait pas la faculté de s'adresser directement au peuple pour expliquer sa politique ; l'usage parlementaire voulait que le chef du Gouvernement réservât ses déclarations (ou du moins les plus importantes) à l'Assemblée nationale. Il y eut cependant une exception : Pierre Mendès France (qui fut Président du conseil de juin 1954 à février 1955) prononçait chaque semaine à la radio une allocution par laquelle il s'adressait directement au pays pour expliquer sa politique. Mais cette pratique portait ombrage à l'Assemblée. Elle a contribué à provoquer la chute du Gouvernement Mendès France, et n'a pas été reprise par les personnalités qui lui ont succédé à la présidence du conseil.

Enfin, en cas de conflit avec l'Assemblée nationale, le Gouvernement ne pouvait généralement pas demander l'arbitrage des électeurs puisque les conditions permettant de prononcer la dissolution et de provoquer ainsi des élections anticipées n'étaient que rarement réunies. Même s'il avait une certaine popularité dans le pays, le Gouvernement ne pouvait donc pas en user pour faire pression sur l'Assemblée et pour empêcher la désagrégation de la coalition parlementaire qui le soutenait.

Telles étaient les principales causes de l'instabilité gouvernementale. Quelles en étaient maintenant les conséquences ?

L'inconvénient de l'instabilité gouvernementale, c'est que la politique du pays manque de continuité et que le long terme risque d'être sacrifié au court terme, car chaque gouvernement se consacre de façon prioritaire aux problèmes qui risquent de provoquer immédiatement sa chute. Vers la fin de la IVe République, on disait parfois que la France se trouvait dans la même situation qu'une entreprise qui ne pourrait pas avoir une véritable politique commerciale ou industrielle, parce que son Président-directeur général changerait tous les 6 mois...

Avec le recul, on s'aperçoit aujourd'hui que ces critiques étaient sans doute exagérées : malgré l'instabilité gouvernementale dont elle a souffert, la IVe République a réalisé une œuvre non négligeable : elle a relevé l'économie française, qui avait été détruite dans une large mesure par la guerre et a mis en place les communautés européennes. Cela peut s'expliquer par le fait que l'instabilité gouvernementale était en partie compensée par la stabilité des cadres de la haute administration, ainsi que par la permanence de certains hommes dans certaines fonctions ministérielles (Robert Schuman aux Affaires étrangères, par exemple).

Mais la IVᵉ République n'a pu résoudre le problème qui était à l'époque le plus brûlant : celui de la décolonisation. Et si elle n'a pas pu le résoudre, c'est en grande partie à cause de l'instabilité gouvernementale : les gouvernements n'avaient ni la durée ni surtout l'autorité nécessaire pour trancher dans le vif et affronter les groupes de pression.

§ 2. Les remèdes

Vers la fin de la IVᵉ République, presque tout le monde pensait que le régime avait besoin d'être assez sérieusement réformé, mais l'on avait du mal à s'entendre sur la nature du remède à appliquer. On pouvait envisager trois types de solutions : une réforme électorale permettant d'agir sur le système de partis ; la rationalisation du parlementarisme destinée à renfoncer la position du Gouvernement vis-à-vis du Parlement ; le changement du mode de désignation du Président de la République de façon à transformer la signification politique de l'exécutif.

A La réforme électorale

Sous la IVᵉ République, même après la réforme de 1951, l'Assemblée nationale était élue principalement à la représentation proportionnelle. Or, l'on sait qu'un tel mode de scrutin a généralement pour effet de rendre plus difficile la constitution d'une majorité parlementaire. C'est pourquoi, certains hommes politiques (notamment le gaulliste Michel Debré) préconisaient l'adoption du scrutin majoritaire en espérant que cette réforme entraînerait une réduction du nombre des partis et qu'elle aboutirait même peut-être un jour à la formation d'un système bi-partisan, comme en Grande-Bretagne.

Le mode d'élection des députés étant fixé par une loi ordinaire, une telle réforme n'impliquait aucune révision de la Constitution. Mais elle était politiquement difficile à réaliser, en raison des incidences qu'elle pouvait avoir sur la situation de nombreux parlementaires. De plus, rien ne garantissait qu'elle produirait les effets escomptés : en effet, le scrutin majoritaire à deux tours, qui était demeuré en vigueur durant la majeure partie de la IIIᵉ République, n'avait pas suffi à empêcher l'instabilité gouvernementale.

B La rationalisation du parlementarisme

Rationaliser le parlementarisme, c'est introduire dans la Constitution des dispositifs qui renforcent la position du Gouvernement vis-à-vis du Parlement, et qui peuvent pallier l'absence d'une véritable majorité parlementaire. En 1946, lors de l'élaboration de la Constitution de la IVe République, il avait déjà été beaucoup question de parlementarisme rationalisé mais les constituants ne s'étaient que très timidement engagés dans cette voie, la plupart d'entre eux demeurant attachés à l'idée de souveraineté parlementaire.

Toutefois, quelques années plus tard, les constituants de certains pays étrangers s'étaient montrés à cet égard beaucoup plus audacieux. Ainsi la loi fondamentale allemande (1949) n'autorise-t-elle le Bundestag à renverser le Chancelier fédéral qu'à la condition qu'il lui désigne en même temps un successeur (système de la motion de censure « constructive ») (1).

Sans aller tout à fait aussi loin, les projets de révision déposés par les derniers gouvernements de la IVe République tendaient à limiter les facteurs d'instabilité en rendant la dissolution plus facile, et en perfectionnant le mécanisme de la question de confiance sur le vote d'un texte : celui-ci serait considéré comme automatiquement adopté, à moins que l'Assemblée nationale décide de renverser le Gouvernement par un vote à la majorité absolue de ses membres.

C Le changement du mode de désignation du Président de la République

Sous la IVe République, l'exécutif n'avait aucune assise indépendante du Parlement. Le Président de la République était élu par les deux Chambres réunies en congrès. Quant au Président du conseil, il était désigné par le Président de la République mais il devait ensuite être investi par l'Assemblée nationale.

Dès le 16 juin 1946, dans son fameux discours de Bayeux, le général De Gaulle avait condamné un tel système. Pour lui, le Président de la République était le garant de l'intérêt national. Il devait donc se situer au-dessus des luttes partisanes. Or, en raison de son mode d'élection, le Parlement se trouve toujours sous l'emprise des partis politiques. Selon le général De Gaulle, il fallait que le chef de l'État fût élu *« par*

---

(1) Voir *supra*, Deuxième Partie, Chapitre 1, « Le régime parlementaire en Allemagne ».

un collège électoral qui englobe le Parlement, mais beaucoup plus large et composé de manière à faire de lui le Président de l'Union française en même temps que celui de la République... ». Il choisirait les membres du gouvernement qui, tout en étant responsables devant le Parlement, n'auraient plus besoin d'être investis par celui-ci, car c'est du chef de l'État « *que doit procéder le pouvoir exécutif* ». Il disposerait librement du droit de dissolution, ce qui lui permettrait « *de servir d'arbitre au-dessus des contingences politiques, soit normalement par le conseil, soit, dans les moments de grave confusion, en invitant le pays à faire connaître, par des élections, sa décision souveraine* ».

Cette idée de donner à l'exécutif une assise indépendante du Parlement et de confier au chef de l'État des pouvoirs importants était alors tout à fait étrangère à la tradition républicaine française. On aurait pu à la rigueur réformer la loi électorale et rationaliser le parlementarisme sans vraiment sortir du cadre de la IVᵉ République. Mais lorsque l'on envisageait de retirer au Parlement la désignation du chef de l'État pour la confier au peuple (ou même simplement à un collège électoral élargi), on réveillait de vieilles craintes. Il y avait bien eu un précédent sous la IIᵉ République entre 1848 et 1851 mais, précisément, cette expérience avait mal tourné : le premier Président de la République élu au suffrage universel direct, Louis-Napoléon Bonaparte, avait tiré parti de l'autorité et du prestige que lui conférait son mode de désignation, pour faire un coup d'État, renverser la République et restaurer l'Empire ! Seuls les gaullistes demandaient donc une réforme du mode de désignation du Président de la Républiquc ct ils n'étaient d'ailleurs même pas unanimes sur ce point. Quant aux autres partis, ils y étaient franchement hostiles.

Dans des circonstances normales, la réforme constitutionnelle n'aurait eu sans doute qu'un objet limité : on se serait probablement contenté d'introduire quelques nouvelles techniques de rationalisation du parlementarisme, comme les gouvernements de F. Gaillard et P. Pflimlin ont d'ailleurs tenté de le faire *in extremis*. Mais, en raison de la guerre d'Algérie, la IVᵉ République traversait une crise extrêmement grave et les événements de l'année 1958 allaient permettre au général De Gaulle de réaliser par des voies constitutionnelles un changement complet de régime, qui combinait les trois grands thèmes de réforme ci-dessus évoqués.

Sous-section 2
Préparation et adoption de la Constitution

§ 1. Le retour au pouvoir du général De Gaulle

Le général De Gaulle, qui avait quitté le pouvoir en janvier 1946, y est revenu douze ans plus tard, en mai 1958, dans des circonstances politiques très agitées, mais dans des conditions parfaitement régulières.

Au printemps 1958, la situation politique en France était extrêmement tendue. La IVe République se débattait avec les problèmes de la décolonisation : la guerre d'Algérie, qui avait éclaté en 1954 quelques mois seulement après la fin de la guerre d'Indochine durait déjà depuis plus de trois ans et aucune solution n'était en vue. Le 15 avril 1958, le gouvernement de Félix Gaillard fut renversé par l'Assemblée nationale. L'extrême gauche et la droite lui avaient toutes deux refusé la confiance, pour des raisons d'ailleurs différentes, voire contradictoires : l'extrême gauche lui reprochait de ne pas négocier avec la rébellion algérienne alors que la droite le soupçonnait de vouloir négocier avec cette même rébellion.

La crise ministérielle se prolongea plusieurs semaines. Diverses personnalités, pressenties par le Président de la République pour occuper la fonction de Président du conseil, se récusèrent, car elles ne pensaient pas pouvoir obtenir l'investiture de l'Assemblée nationale. Enfin, le 8 mai, Pierre Pflimlin, l'un des dirigeants du Mouvement républicain populaire (MRP), parti de centre-droit et de sensibilité démocrate-chrétienne, accepta d'entamer le processus de formation d'un nouveau gouvernement.

Mais les Français d'Algérie et l'armée se méfiaient de P. Pflimlin : on savait qu'il n'était pas un partisan convaincu de l'Algérie française, et on lui prêtait, à tort ou à raison, des velléités de négociation avec les indépendantistes algériens. Le 13 mai, c'est-à-dire le jour même où P. Pflimlin devait se présenter devant l'Assemblée nationale avec son gouvernement, un soulèvement éclata à Alger ; les bâtiments officiels furent investis, les militaires fraternisèrent avec les civils. À la fin de la journée, un comité de salut public composé de personnalités civiles et militaires était constitué à Alger. Le Président de ce comité, le général Massu, adressa au Président de la République un télégramme comminatoire exigeant « la création à Paris d'un gouvernement de salut public seul capable de conserver l'Algérie partie intégrante de la métropole ». Ce télégramme suscita de graves inquiétudes dans la métropole : une partie de l'armée s'étant dressée contre le pouvoir civil, on pouvait redouter un coup d'État militaire. Dans un réflexe de défense républicaine, l'Assemblée nationale surmonta ses divisions et vota assez largement l'investiture au gouvernement de P. Pflimlin.

Mais il apparut très vite que l'on se trouvait dans une impasse : d'une part, le gouvernement Pflimlin ne parvenait pas à rétablir son autorité sur l'Algérie et certains départements de la métropole risquaient même de lui échapper ; d'autre part, le comité de salut public qui siégeait à Alger hésitait à organiser une expédition militaire sur Paris et à déclencher une guerre civile.

Le retour au pouvoir du général De Gaulle apparut alors aux yeux de la grande majorité de la classe politique et de l'opinion, comme la seule solution. Le Général jouissait encore d'un grand prestige : il avait incarné la France Libre pendant la guerre ; il avait rétabli la légalité républicaine en 1944. Les gaullistes de conviction n'étaient cependant pas très nombreux, ni à l'Assemblée nationale, ni au sein du comité de salut public d'Alger ; mais la solution gaulliste apparaissait aux deux camps comme un moindre mal dans la mesure où elle permettait au moins d'éviter la guerre civile et de rétablir l'ordre. Et comme le général De Gaulle avait pris soin de ne jamais annoncer publiquement ses intentions sur l'Algérie, il n'était rejeté ni par les partisans de l'Algérie française, ni par ceux de la négociation avec le FLN : chacun des deux camps plaçait ses espoirs en lui.

Le Président du conseil, P. Pflimlin, accepta de s'effacer et démissionna le 28 mai. Aussitôt, le Président de la République chargea le général De Gaulle de former un Gouvernement et adressa au Parlement un message pour tenter de convaincre les députés encore réticents. Ce message présentait un caractère très inhabituel : les usages de la IVe République interdisaient normalement au chef de l'État de faire pression sur l'Assemblée nationale pour obtenir un vote d'investiture. Mais R. Coty avait estimé que les circonstances étaient elles-mêmes très inhabituelles et que, pour éviter des troubles graves, il lui fallait sortir de sa réserve.

Le général De Gaulle constitua alors une équipe gouvernementale comprenant à la fois des gaullistes de longue date, comme Michel Debré et des personnalités représentant les principaux partis de gouvernement de la IVe République, comme Pierre Pflimlin (MRP) ou Guy Mollet (SFIO). Le 1er juin, il se présenta devant l'Assemblée nationale et obtint l'investiture à une forte majorité (329 voix contre 224). La droite avait voté pour, le MRP également, les socialistes et les radicaux s'étaient partagés ; seul le groupe communiste avait voté massivement contre.

Cependant, si le général De Gaulle avait accepté de revenir au pouvoir, ce n'était pas pour gouverner dans le cadre des institutions de la

IVe République, mais pour les changer et il entendait bien avoir les mains libres pour le faire. C'est pourquoi, aussitôt après avoir obtenu l'investiture, entre le 1er et le 3 juin 1958, il fit adopter trois textes par le Parlement :

1) Une résolution par laquelle les assemblées se mettaient en congé et renonçaient à siéger jusqu'à la fin de la session ordinaire.

2) Une loi de pleins pouvoirs qui devait permettre au Gouvernement de prendre des mesures par ordonnances pendant toute la période où le Parlement ne siégerait plus.

3) Une loi constitutionnelle qui modifiait la procédure de révision de la Constitution de 1946.

C'est sur le fondement de cette loi qu'allait être adoptée la nouvelle Constitution.

§ 2. La loi constitutionnelle du 3 juin 1958

Bien que le général De Gaulle fut revenu au pouvoir avec la volonté de changer les institutions, la Constitution de 1946 demeurait en vigueur. Le changement aurait donc dû s'accomplir selon les formes prévues par l'article 90 de la Constitution de 1946. Selon cette disposition, le projet de révision devait obligatoirement être adopté par le Parlement. Cela ne faisait évidemment pas l'affaire des gaullistes, qui souhaitaient rééquilibrer les institutions au profit de l'exécutif et qui savaient que le Parlement accepterait difficilement de renoncer aux prérogatives dont il avait joui sous le régime précédent.

Pour réaliser ses projets tout en restant dans la légalité constitutionnelle, le général De Gaulle n'avait qu'une solution : commencer par réviser la procédure de révision afin de permettre au gouvernement de préparer lui même un projet et de le faire adopter directement par le peuple sans le soumettre préalablement au Parlement. Une telle démarche pouvait néanmoins faire problème tant d'un point de vue technique que d'un point de vue politique.

Un problème de technique constitutionnelle. — D'après la procédure de l'article 90, la révision de la Constitution nécessitait un temps relativement long. Dans une première étape, il fallait adopter une résolution précisant l'objet de la révision, c'est-à-dire les articles qui étaient visés ; puis on devait laisser s'écouler un délai minimum de trois mois ; ensuite la résolution précisant l'objet de la révision était soumise à une deuxième lecture et c'est seulement après cette deuxième lecture que le Parlement pouvait enfin discuter et adopter la loi de révision.

Fort heureusement, une résolution visant l'article 90 avait déjà été adoptée en 1955, trois ans auparavant ; cette résolution n'avait pas abouti ; elle n'avait jamais été soumise à une seconde lecture ; on l'avait complètement oubliée, mais elle était toujours valable ; la révision demandée par le général De Gaulle pouvait donc être greffée sur cette résolution ancienne, qui était demeurée en suspens. C'est pourquoi elle put être adoptée en trois jours, entre le 1er et le 3 juin 1958, au lieu des trois mois qui eussent été nécessaires.

Un problème de légitimité politique. — Une modification aussi précipitée de la procédure de révision pouvait évoquer un précédent fâcheux. En juillet 1940, tout de suite après la défaite des armées françaises devant les armées allemandes, le Parlement réuni à Bordeaux avait donné tous pouvoirs au Gouvernement dirigé par le Maréchal Pétain *« à l'effet de promulguer par un ou plusieurs actes une nouvelle Constitution »*. Cette délégation par l'Assemblée nationale de son pouvoir constituant avait été vivement critiquée, notamment par le général De Gaulle lui-même. On avait soutenu qu'un Parlement n'avait pas le droit de disposer ainsi des compétences que lui conférait la Constitution, qu'il devait les exercer lui même et que le principe démocratique interdisait de s'en remettre à un homme providentiel.

Cependant, en dépit de certaines analogies, la démarche adoptée par le général De Gaulle en 1958 ne justifie pas les mêmes critiques. Entre la loi constitutionnelle du 10 juillet 1940 et celle du 3 juin 1958, il existe en effet une différence importante : la première constituait presque un blanc-seing ; elle ne comportait que des conditions très vagues et en pratique le Maréchal Pétain pouvait disposer du pouvoir constituant comme il l'entendait. Au contraire, la seconde subordonne la délégation du pouvoir constituant à des conditions très précises garantissant le respect d'un minimum de légitimité démocratique.

Il s'agit, d'une part, de conditions de forme et, d'autre part, de conditions de fond :

Les conditions de forme. — La loi du 3 juin 1958 précise que *« la Constitution sera révisée par le gouvernement investi le 1er juin 1958 »*. C'est donc d'une délégation *intuitu personae* qu'il s'agit : si pour une raison quelconque le gouvernement De Gaulle avait été amené à se retirer, son successeur n'aurait pas automatiquement bénéficié de la même compétence.

L'avant-projet élaboré par le gouvernement devait d'abord être soumis pour avis à un organe spécial, le Comité consultatif constitutionnel. C'est par l'entremise de ce Comité que les assemblées expirantes espéraient faire entendre leur voix. Aussi ont-elles pris soin d'assurer à leurs représentants une place prépondérante : les deux tiers au moins des membres du Comité consultatif devaient être désignés par les commissions compétentes de l'Assemblée nationale et du Conseil de la République. Quant au dernier tiers, il devait être constitué de personnalités qualifiées choisies par le gouvernement.

Une fois préparé dans les conditions qui viennent d'être dites, le projet devait être présenté pour avis au Conseil d'État, puis arrêté en Conseil des ministres et enfin soumis à un référendum de décision.

Les conditions de fond. — Le projet devait respecter cinq principes :

a) *Seul le suffrage universel est la source du pouvoir. C'est du suffrage universel ou des instances élues par lui que dérivent le pouvoir législatif et le pouvoir exécutif.*

Il ne s'agissait pas uniquement d'un hommage rendu au principe de la légitimité démocratique. En précisant que le pouvoir législatif *« dérive du suffrage universel ou des instances élues par lui »*, le Parlement avait sans doute voulu écarter l'idée d'une seconde Chambre où siégeraient des représentants (non élus) des organisations économiques, sociales et culturelles. Une telle idée avait été en effet présenté par le général De Gaulle dès 1946, dans le discours de Bayeux. Elle allait être évoquée brièvement en 1958 au cours des travaux préparatoires (Pflimlin, 1991, p. 148), pour resurgir onze ans plus tard en 1969, à l'occasion du dernier référendum lancé par le général De Gaulle (2).

b) *Le pouvoir exécutif et le pouvoir législatif doivent être effectivement séparés de façon que le gouvernement et le Parlement assument chacun pour sa part et sous sa responsabilité la plénitude de ses attributions.*

Pour le général De Gaulle, la notion de séparation des pouvoirs devait être comprise dans un sens organique : le gouvernement ne doit pas procéder du Parlement mais du chef de l'État ; il doit y avoir incompatibilité entre les fonctions parlementaires et ministérielles.

c) *Le gouvernement doit être responsable devant le Parlement.*

Cette condition excluait évidemment l'adoption d'un régime présidentiel à l'américaine.

d) *L'autorité judiciaire doit demeurer indépendante pour être à même d'assurer le respect des libertés essentielles telles qu'elles sont définies*

(2) Voir *infra*, Chapitre 2, Section 3.

par le préambule de la Constitution de 1946 et par la Déclaration des droits de l'homme à laquelle elle se réfère.

Cette condition manifestait la volonté de garantir le maintien des libertés essentielles.

e) *La Constitution doit permettre d'organiser les rapports de la République avec les peuples qui lui sont associés.*

Il s'agissait des peuples d'outre-mer, notamment ceux d'Afrique noire et de Madagascar qui, en 1958, étaient déjà en voie de décolonisation mais n'avaient pas encore acquis leur indépendance.

Telles étaient les conditions posées par la loi du 3 juin 1958. L'élaboration du projet a commencé immédiatement après son adoption.

§ 3. L'élaboration du projet

Le texte définitif du projet de Constitution fut arrêté en Conseil des ministres le 3 septembre 1958, c'est-à-dire exactement trois mois après le vote de la loi constitutionnelle du 3 juin 1958. On peut distinguer trois étapes principales dans son élaboration : 1) la préparation d'un avant-projet ; 2) l'examen de cet avant-projet par le Comité consultatif ; 3) la mise au point du projet définitif.

A La préparation de l'avant-projet (début juin-29 juillet)

Deux organes participèrent à l'élaboration de l'avant-projet, un organe technique, le comité d'experts, et un organe politique, le comité interministériel.

Le comité d'experts travaillait sous la direction du garde des Sceaux, Michel Debré, qui était depuis la Libération l'un des principaux conseillers du général De Gaulle pour les questions constitutionnelles. Ce comité comprenait en outre des juristes professionnels, appartenant pour la plupart au Conseil d'État. Il n'avait aucun pouvoir propre de décision et les textes élaborés par lui, qui comportaient souvent d'ailleurs des versions alternatives, étaient ensuite soumis à l'appréciation de l'organe politique, le comité interministériel.

Ce comité interministériel comprenait : le général De Gaulle, Président du Conseil ; M. Debré, garde des Sceaux et Président du comité des experts ; plusieurs ministres d'État issus du personnel politique de la IVe République, notamment Guy Mollet (SFIO) et Pierre Pflimlin (MRP), qui avaient été tous deux Présidents du Conseil, et qui représentaient des forces politiques encore très influentes avec lesquelles le général De Gaulle était obligé de compter. Chacun des membres du comité interministériel avait un représentant au sein du comité d'experts. La composition du comité interministériel n'était donc pas politiquement tout à fait homogène et si l'on en juge par les travaux préparatoires aujourd'hui publiés, la mise au point de l'avant projet a donné lieu à des négociations assez serrées. Guy Mollet et Pierre Pflimlin avaient fini par accepter comme un moindre mal le retour au pouvoir du général De Gaulle, mais ils demeuraient attachés à certaines traditions du régime parlementaire tel qu'on l'avait pratiqué sous la IIIe et la IVe Républiques. C'est pourquoi leurs idées sur la réforme constitutionnelle ne s'accordaient pas toujours avec celles des gaullistes.

Les principaux points litigieux étaient, semble-t-il, les suivants : le rôle du Président de la République ; l'usage du référendum ; le statut des membres du gouvernement.

1. Le rôle du Président de la République

D'après les premières versions élaborées par le comité d'experts, il était prévu que le Président de la République *« définit l'orientation de la politique intérieure et extérieure du pays... »*. Le Président de la République devait donc être non seulement le chef de l'État mais aussi un chef de l'exécutif au sens plein du terme, un leader politique de la Nation comme le Président des États-Unis, et le gouvernement n'aurait pour rôle que de l'assister.

Pour G. Mollet et P. Pflimlin, ce n'était pas le Président de la République qui devait être le leader politique de la Nation, mais le Premier ministre, responsable devant le Parlement. Il leur a été donné satisfaction sur ce point, en apparence tout au moins : d'après le texte finalement adopté par le Comité interministériel, c'est en effet le gouvernement *« qui détermine et conduit la politique de la Nation »*. Quant au Président de la République, son rôle est défini en termes plus vagues (voir art. 5 C).

2. Le référendum

Dans les premières versions élaborées par le comité d'experts, il était prévu que le Président de la République pouvait soumettre au référendum *« tout projet de loi que le Parlement aurait refusé d'adopter ou toute question fondamentale pour la vie de la Nation »*.

Le Président de la République aurait donc toujours eu la possibilité de court-circuiter le Parlement en s'adressant directement au peuple.

L'influence et le prestige du Parlement risquaient évidemment d'en souffrir. Là encore, les ministres issus du personnel politique de la IVe République protestèrent et obtinrent des concessions importantes. Dans le texte finalement adopté par le Comité interministériel, le recours du Président de la République au référendum demeure possible mais il est subordonné à des conditions beaucoup plus restrictives (voir l'art. 11 C).

3. Le statut des membres du Gouvernement

Les gaullistes souhaitaient une séparation très stricte entre les fonctions gouvernementales et les fonctions parlementaires, de manière à renforcer la solidarité ministérielle et la stabilité du gouvernement. Aussi les premières propositions du comité d'experts prévoyaient-elles non seulement qu'il y aurait incompatibilité entre les fonctions ministérielles et parlementaires mais aussi qu'un ministre ne pourrait même pas exercer un mandat local, et qu'il serait inéligible au Parlement pendant un certain délai lorsqu'il cesserait de faire partie du gouvernement. C'était tout à fait contraire à la tradition parlementaire française qui, comme la tradition britannique, favorisait l'interpénétration du personnel gouvernemental et du personnel parlementaire. Sur ce denier point, G. Mollet et P. Pflimlin n'obtinrent que des concessions limitées. Le Comité interministériel atténua la rigueur des incompatibilités, mais conserva le principe.

Les deux anciens Présidents du Conseil de la IVe République contribuèrent également aux aspects novateurs de l'avant-projet et présentèrent notamment des propositions tendant à rationaliser les rapports du Parlement et du Gouvernement. C'est ainsi que la procédure de la question de confiance sur le vote d'un texte, telle qu'elle est aménagée par l'article 49 al. 3 de la Constitution, trouve son origine dans une proposition de P. Pflimlin.

L'avant-projet préparé par le comité d'experts et le comité interministériel fut adopté en Conseil de cabinet le 29 juillet 1958 et transmis dès le lendemain au Comité consultatif.

B L'intervention du Comité consultatif constitutionnel (1er-14 août)

Le Comité consultatif (organisé par un décret du 11 juillet 1958) comprenait 39 membres dont les deux tiers avaient été désignés par les commissions compétentes de l'Assemblée nationale et du Conseil de la République. C'était donc une sorte de Parlement en réduction. Toutes les grandes formations politiques y étaient représentées, à l'exception du Parti communiste. Sa présidence était assurée par Paul Reynaud, qui avait été, en 1940, l'avant-dernier Président du Conseil de la IIIe République.

Des représentants du Gouvernement, et parfois le Président du Conseil lui-même, assistaient à la plupart des réunions du Comité consultatif pour répondre aux questions concernant l'avant-projet. Ainsi le général De Gaulle fut-il amené à préciser, en réponse à une question posée par Paul Reynaud que le Premier ministre, nommé par le Président de la République, ne pourrait pas être révoqué par celui-ci (*Documents pour servir à l'histoire de l'élaboration de la Constitution* (1988), Vol. II, p. 300, compte rendu de la séance du 8 août 1958).

Le Comité consultatif constitutionnel se sépara le 14 août 1958 après avoir adopté, par 30 voix contre 7, un avis adressé au Président du Conseil, le général De Gaulle. Les principaux points de cet avis étaient les suivants :

1) Le Comité exprimait son accord sur les grandes lignes de l'avant-projet ;

2) Il prenait acte de certaines assurances qui lui avaient été données, notamment en ce qui concerne l'absence de responsabilité du Gouvernement devant le Président de la République et l'esprit dans lequel serait utilisé le référendum (qui ne doit pas devenir un moyen d'opposer le Peuple au Parlement) ;

3) Il proposait de définir plus strictement les conditions de mise en œuvre des pouvoirs que le Président de la République pourrait exercer dans certaines circonstances exceptionnelles (art. 16) ;

4) Il se prononçait contre l'incompatibilité entre les fonctions parlementaires et ministérielles, contestée par certains membres du comité interministériel ;

5) Enfin, en ce qui concerne non plus les institutions françaises elles-mêmes mais l'organisation qui devait regrouper la France et ses anciennes colonies, il proposait d'utiliser le mot Communauté de préférence au mot Fédération qui figurait dans l'avant-projet, afin de ne pas trancher immédiatement le problème de la nature de cette organisation.

C La mise au point du texte définitif (15 août-3 septembre)

D'après la loi du 3 juin 1958, le gouvernement n'était aucunement lié par l'avis du Comité consultatif. Néanmoins, presque tous les amendements proposés par celui-ci furent retenus, sauf lorsqu'ils allaient à l'encontre d'un principe que le général De Gaulle tenait pour essentiel. C'est ainsi que l'incompatibilité entre les fonctions parlementaires et ministérielles fut maintenue.

Avant de fixer définitivement le texte du projet, il fallait encore recueillir l'avis du Conseil d'État. Le garde des Sceaux, Michel Debré, présenta lui-même le projet dans un discours prononcé le 27 août 1958 devant l'Assemblée générale du Conseil d'État.

Le Conseil d'État, qui n'est pas une assemblée politique mais un grand corps composé de juristes professionnels, a surtout tenté d'améliorer certains aspects techniques du projet, notamment ceux qui concernent la répartition des compétences entre le pouvoir législatif et le pouvoir réglementaire. Il ne disposa cependant que d'un délai très court pour procéder à l'examen de ce projet et le texte définitif de la Constitution fut adopté en Conseil des ministres le 3 septembre 1958. Quant au référendum constituant, la date en avait été fixée au 28 septembre.

§ 4. Le référendum constituant du 28 septembre 1958

Le référendum du 28 septembre. — Le référendum devait avoir lieu le même jour dans tous les territoires qui se trouvaient encore, à cette époque, sous la souveraineté française (départements métropolitains, départements d'outre-mer ou territoires d'outre-mer).

Formellement, la question posée était partout la même. Dans les territoires d'outre-mer, cependant, la réponse allait revêtir une signification particulière : il s'agissait moins de voter pour ou contre la nouvelle Constitution que de choisir entre l'adhésion à la Communauté créée par le titre XIII de la Constitution (3) et l'accession immédiate à l'indépendance. Cette alternative n'était pas expressément formulée dans le texte de la Constitution, mais, dans son discours du 4 septembre 1958, le général De Gaulle avait clairement indiqué qu'en répondant « non » un territoire d'outre-mer pourrait rompre tout lien avec la France.

Dans la métropole, l'issue du scrutin ne faisait guère de doute car le front des « oui » était extrêmement large : il s'étendait de l'extrême droite (partisans de l'Algérie française) au centre gauche (radicaux,

(3) Cette communauté, qui regroupait la France et la plupart de ses anciennes Colonies, a cessé de fonctionner dès 1961, tous les États membres ayant accédé à l'indépendance. Mais le titre XIII de la Constitution ne fut formellement abrogé qu'en 1995.

SFIO). Ce consensus était déjà un succès pour le général De Gaulle qui avait cherché à rassembler les français au-delà des clivages partisans. Parmi les grandes formations politiques, seul le Parti communiste faisait campagne pour le non. Toutefois, plusieurs personnalités de la gauche non communiste (dont Pierre Mendès France et François Mitterrand) s'étaient également prononcées contre le projet.

Mais les résultats du référendum furent encore plus favorables au projet que le rapport des forces politiques ne le laissait prévoir. En métropole, les « non » ne représentent que 20,8 % des suffrages exprimés, alors qu'aux élections législatives de 1956, le Parti communiste avait obtenu à lui seul un chiffre nettement plus élevé (25,7 %). Ces résultats s'expliquent sans doute moins par un jugement positif sur le contenu du projet — que bien peu d'électeurs s'étaient donné la peine de lire ! — que par une désaffection générale envers le régime ancien et par le sentiment que le général De Gaulle était seul en mesure de résoudre les problèmes liés à la guerre d'Algérie.

Quant aux populations d'outre-mer, elles ont voté « oui » de façon encore plus massive, sauf en Guinée où les partisans de l'indépendance immédiate l'ont emporté.

La mise en place des institutions. — La Constitution fût promulguée le 4 octobre 1958. D'après l'article 91, les nouvelles institutions devaient être mises en place dans un délai de 4 mois. Jusqu'à l'expiration de ce délai, le Gouvernement était autorisé par l'article 92 à prendre, par ordonnances ayant force de loi, diverses mesures de nature législative, et notamment celles qui étaient nécessaires à la mise en place des institutions.

La nouvelle Assemblée nationale fut élue au scrutin majoritaire uninominal à 2 tours les 23 et 30 novembre. Quant au Sénat, il fut provisoirement formé par les membres de l'ancien Conseil de la République, et sa constitution définitive fut reportée au printemps suivant.

Élu à la présidence de la République dès le premier tour, le 21 décembre 1958, le général De Gaulle désigna Michel Debré comme Premier ministre.

Sous-section 3
La Constitution et son application

§ 1. La nature des institutions

La toute première analyse des institutions de la Ve République a été faite par l'un des pères fondateurs du nouveau régime, Michel Debré, dans son discours au Conseil d'État, le 27 août 1958. Pour M. Debré, la nature du nouveau régime ne faisait aucun doute : il s'agissait d'un régime parlementaire. *« Le gouvernement a voulu rénover le régime parlementaire. Je serais même tenté de dire qu'il veut l'établir car pour de nombreuses raisons la République n'a jamais réussi à l'instaurer »* affirmait-il.

Si l'on considère le texte originel de la Constitution, en faisant abstraction de la manière dont il a été appliqué et des modifications qui y ont été apportées par la suite, le jugement porté par M. Debré n'est pas inexact et l'on retrouve effectivement dans ce texte les principaux traits caractéristiques d'un régime parlementaire.

Un seul pouvoir est issu du suffrage universel direct : c'est l'Assemblée nationale. Il existe par contre deux pouvoirs issus du suffrage indirect, le Président de la République et le Sénat, élus par des collèges distincts, mais semblables, au sein desquels prédominent les représentants des conseils municipaux.

L'exécutif est bicéphale et comprend un chef de l'État, le Président de la République, et un chef du gouvernement, le Premier ministre. Le Président de la République nomme le Premier ministre. Sur proposition de ce dernier, il nomme également les autres membres du Gouvernement, qui est responsable devant l'Assemblée nationale. Celle-ci a donc la faculté de renverser le Gouvernement, mais elle peut être dissoute par le Président de la République.

Le Président de la République, quant à lui, n'est pas politiquement responsable devant le Parlement. Sauf exceptions limitativement énumérées, ses actes doivent être contresignés par le Premier ministre, afin que lesdits actes ne puissent pas être soustraits au contrôle parlementaire.

Les critères auxquels on reconnaît habituellement un régime parlementaire sont donc bien réunis : exécutif bicéphale, responsabilité du gouvernement devant le Parlement, droit de dissolution, règle du contreseing (voir *supra*, Première Partie, Chapitre 2).

Toutefois, comme le relevait d'ailleurs M. Debré lui-même dans son discours du 27 août 1958, il s'agit d'un régime parlementaire de type nouveau par rapport à la tradition française car, pour éviter le retour de l'instabilité gouvernementale, on a retiré au Parlement une partie importante des prérogatives dont il disposait sous les IIIe et IVe Républiques : il n'élit plus le Président de la République ; il est soumis au contrôle du Conseil constitutionnel ; il peut encore renverser le Gouvernement mais il ne peut le faire qu'en suivant certaines procédures conçues de manière à ne pas rendre la chose trop facile. Il s'agit donc en fait de ce qu'il est convenu d'appeler un régime parlementaire rationalisé, rééquilibré au profit de l'exécutif. Mais c'est tout de même encore un régime parlementaire.

Depuis la révision d'octobre 1962, la Constitution française s'écarte davantage encore du schéma classique, car il y a désormais deux pouvoirs issus du suffrage universel direct : l'Assemblée nationale (comme c'était déjà le cas auparavant), et le Président de la République.

Depuis cette réforme, le système français ne peut plus être considéré comme un régime parlementaire de type classique. Le propre d'un régime parlementaire de type classique, comme celui de la Grande-Bretagne ou de l'Allemagne, est que la volonté du peuple ne peut juridiquement se manifester qu'à travers l'élection des membres du Parlement. La majorité parlementaire, issue des élections législatives, est donc la seule force politique qui compte vraiment. C'est d'elle que dépend le choix du Premier ministre, la composition du gouvernement et le programme qu'il est chargé d'appliquer.

En France, depuis 1962, il y a deux majorités qui comptent politiquement, parce qu'elles sont toutes deux l'expression d'une légitimité démocratique : la majorité parlementaire et la majorité Présidentielle. Le fonctionnement du régime dépend de l'interaction de ces deux majorités. C'est pourquoi, bien que la Constitution française puisse toujours être considérée comme « parlementaire » selon certains critères juridiques (le Gouvernement étant toujours responsable devant l'Assemblée nationale), la dynamique politique du système est différente.

À la suite de la réforme de 1962, on s'est même demandé si la logique de cette réforme n'allait pas conduire la France à rompre totalement avec le modèle parlementaire britannique pour adopter le modèle Présidentiel américain, qui repose également sur la confrontation de deux pouvoirs issus du suffrage universel, le Président et le Congrès. Un tel changement aurait notamment impliqué la suppression de la responsabilité politique du gouvernement devant le Parlement, du droit de dissolution, et du poste de Premier ministre, l'institution d'un poste de vice-président de la République, et la transformation du Conseil constitutionnel en une Cour suprême (Vedel, 1964).

Cependant, la majorité des hommes politiques et des constitutionnalistes français a estimé que le modèle américain ne pouvait fonctionner qu'à la condition qu'il n'existe pas de partis rigides et disciplinés, de sorte qu'un tel système ne pouvait convenir à la France, où les clivages politiques sont beaucoup plus profonds. Par exemple, en période de cohabitation, il n'est pas certain qu'un Président de gauche parviendrait à travailler avec une majorité parlementaire de droite (ou l'inverse), s'il n'y avait pas entre eux le tampon du gouvernement.

Il convient toutefois de noter que la réforme du quinquennat, adoptée par référendum le 24 septembre 2000, a fait rebondir le débat sur l'évolution du régime français. Certains commentateurs estiment que, du fait du raccourcissement de la durée de son mandat, le Président ne pourra plus situer son action dans le long terme et qu'il deviendra de plus en plus difficile de distinguer sa fonction de celle d'un Premier ministre. D'où l'idée qu'un jour peut-être il paraîtra plus logique et plus simple de réunir les deux fonctions sur une même tête, comme dans le régime présidentiel américain. Cette analyse repose pourtant sur le présupposé que la cohabitation sera désormais exclue ou tout au moins rendue peu probable. Or, un tel résultat n'est nullement certain et, avec le système de partis que connaît la France, le face à face d'un Président et d'une Assemblée nationale de couleurs différentes, sans l'intermédiaire d'un Premier ministre responsable et sans droit de dissolution, n'irait pas sans difficultés graves.

Le système français conserve donc des éléments de parlementarisme qui le distinguent nettement du système américain et ce mélange ne l'empêche pas de fonctionner.

Il convient d'ailleurs de noter que la Constitution française n'est pas unique en son genre. On trouve en effet en Europe d'autres pays dont les institutions ne peuvent être rattachées ni au modèle parlementaire classique ni au modèle Présidentiel américain car, comme la Constitution française, elles juxtaposent un Président de la République élu au suffrage universel direct et un gouvernement responsable devant le Parlement. C'est par exemple le cas de l'Autriche, de la Finlande, de l'Irlande, du Portugal, de la Russie, de la Pologne et de la Roumanie.

Si l'on voulait absolument coller une étiquette sur les institutions françaises, on pourrait les qualifier de « semi-présidentielles », selon une terminologie de Maurice Duverger. Toutefois, une telle étiquette ne nous renseignerait guère sur la manière dont fonctionnent nos institutions. On constate en effet que, parmi les régimes relevant de cette catégorie, la répartition des rôles n'est pas partout identique : tantôt, comme au Portugal, le Président de la République, bien qu'élu au suffrage universel direct, ne joue qu'un rôle effacé, car les personnalités politiques de premier plan préfèrent se réserver pour le poste de Premier ministre. Tantôt au contraire, comme en Russie, c'est le Président de la Fédération, qui détient l'essentiel du pouvoir.

En France même, où les attributions respectives du chef de l'État et du Premier ministre sont assez mal définies par les textes, le rôle effectif du Président dépend de sa personnalité et surtout de la conjoncture politique. C'est du moins ce qui ressort des pratiques suivies depuis 1958.

§ 2. Les institutions et la conjoncture politique

Pour la commodité de l'étude, nous distinguerons, dans l'histoire politique de la Ve République, trois grandes périodes :

A. La période fondatrice (1959-1969)
B. La période de la continuité relative (1969-1981)
C. La période des alternances (depuis 1981)

A La période fondatrice

C'est la période durant laquelle le principal fondateur de la Ve République, le général De Gaulle, a exercé les fonctions de Président de la République. Pendant ces dix années, le général De Gaulle a évidemment marqué les institutions de son empreinte, et c'est en ce sens que l'on peut parler de « période fondatrice ».

Sa pratique constitutionnelle se caractérise par trois traits principaux : l'effacement politique du Parlement, l'affirmation de la prépondérance Présidentielle et l'établissement d'une relation directe entre le Président et le peuple.

1. L'effacement politique du Parlement

Cet effacement n'était pas une fatalité inscrite dans la Constitution. Si celle ci avait rogné les prérogatives du Parlement, elle lui avait néanmoins laissé des pouvoirs importants. Il a tenu d'abord au fait que les députés gaullistes élus en novembre 1958 sous le sigle de l'Union pour la nouvelle République (UNR) ne s'étaient pas dotés d'un programme propre. L'essentiel de leur programme consistait dans le soutien apporté au général De Gaulle (4). Sous la première législature (novembre 1958-novembre 1962) l'UNR ne détenait pas encore la majorité absolue à l'Assemblée nationale, mais elle constituait déjà le groupe le plus important. Dans un premier temps, d'ailleurs, la plupart des autres formations politiques se montrèrent également très dociles, non pas nécessairement parce qu'elles approuvaient la politique du général De Gaulle, mais parce qu'elles attendaient le règlement de l'affaire algérienne.

Celui-ci eut enfin lieu au printemps de 1962 avec les *accords d'Évian* qui reconnaissaient l'indépendance de l'Algérie. Quelques mois plus tard, le général De Gaulle annonça un référendum sur l'élection du Président de la République au suffrage universel direct. Il s'agissait

(4) C'est pourquoi le journal satirique *Le Canard enchaîné* les désignait généralement à l'époque sous le nom de « godillots ». Ce terme est encore parfois utilisé pour caractériser des parlementaires jugés trop dociles vis-à-vis de l'exécutif.

d'une réforme qui, pour des raisons à la fois politiques et juridiques (5), déplaisait profondément aux partis traditionnels. C'est pourquoi l'Assemblée nationale, pour cette fois, se rebella et, en signe de protestation, adopta le 2 octobre 1962, une motion de censure dirigée contre le gouvernement de G. Pompidou (6).

Conformément à la Constitution et à la théorie du régime parlementaire, le général De Gaulle décida alors de dissoudre l'Assemblée nationale. Les élections consécutives à cette dissolution furent encore plus favorables à ses partisans que ne l'avaient été les précédentes. L'UNR et ses alliés, les Républicains indépendants de Valéry Giscard d'Estaing, remportèrent la majorité absolue des sièges. L'effacement politique du Parlement était donc confirmé par l'élection d'une majorité parlementaire dévouée au Président.

2. L'affirmation de la prépondérance Présidentielle

Cette prépondérance se manifesta en premier lieu par la subordination du Gouvernement envers le Président de la République. D'après le texte de la Constitution, le Président de la République nomme le Premier ministre et les autres membres du gouvernement mais il ne peut pas de sa propre initiative mettre fin à leurs fonctions. En août 1958, devant le *Comité consultatif*, le général De Gaulle avait même donné des assurances sur ce point (voir *supra*). Mais en pratique, comme la majorité parlementaire, ainsi qu'on vient de le voir, n'avait pas d'existence politique propre, le Premier ministre ne pouvait évidemment pas s'appuyer sur elle pour résister au Président. Il suffisait donc que le général De Gaulle manifestât la volonté de changer de gouvernement pour que le Premier ministre se considérât comme tenu de lui remettre sa démission. C'est ce qui se produisit en avril 1962, lorsque le gouvernement Pompidou succéda au gouvernement Debré.

---

(5) Les raisons politiques ont déjà été exposées dans la section première du présent chapitre : il s'agit de la tradition républicaine française antérieure à 1958. Quant aux raisons juridiques, elles avaient trait à la procédure utilisée : bien que le projet comportât une modification de la Constitution, le général De Gaulle avait préféré la procédure de l'article 11 à celle de l'article 89, ce qui lui permettait de court-circuiter le Parlement (voir *infra*, sous-section 4).

(6) La Constitution ne permettait pas à l'Assemblée nationale de s'en prendre directement au Président de la république qui, aux termes de l'article 68, est « irresponsable sauf cas de haute trahison ». Mais, formellement, le référendum litigieux avait été « proposé » au Président de la République par le gouvernement, dans les conditions prévues à l'article 11. Le Premier ministre était donc pleinement solidaire de la décision prise par le général De Gaulle.

L'ascendant présidentiel se manifestait en second lieu par le fait que le chef de l'État se voyait reconnaître un « domaine réservé » qui comprenait les affaires étrangères, la défense nationale et la politique algérienne. L'expression « domaine réservé » (qui n'avait d'ailleurs aucune base constitutionnelle), a été utilisée par J. Chaban-Delmas, Président de l'Assemblée nationale, en vue de fixer les limites du contrôle parlementaire. Au cours d'une conférence de presse tenue le 31 janvier 1964, le général De Gaulle est allé jusqu'à affirmer que le Président était seul *« à détenir et à déléguer l'autorité de l'État »*.

Tout en affirmant sa prépondérance au sein des institutions, le général De Gaulle cherchait à maintenir une relation directe entre le Président et le peuple.

3. La relation directe entre le Président et le peuple

La réforme d'octobre 1962 établissait déjà une relation directe entre le Président et le peuple puisque le premier était désormais élu par le second. Mais cette relation était entretenue et développée de plusieurs manières.

En premier lieu, le général De Gaulle a fait un grand usage des médias audiovisuels, et spécialement de la télévision, qui s'est popularisée au cours des années 1960 : les initiatives spectaculaires de politique intérieure ou de politique étrangère n'étaient plus annoncées par le Premier ministre à la tribune de l'Assemblée nationale, comme il était d'usage sous les régimes précédents, mais par le Président de la République lui-même, dans des allocutions ou des conférences de presse.

En second lieu, le général De Gaulle utilisa largement la faculté que lui offrait l'article 11 de la Constitution d'organiser des consultations populaires directes. Sous sa présidence, de 1959 à 1969, il y eut quatre référendums, c'est-à-dire un tous les deux ans et demi en moyenne, et autant que d'élections législatives. Mais le référendum, tel qu'il était pratiqué par le général De Gaulle, ne constituait pas seulement un moyen de régler une question particulière. C'était une sorte de question de confiance populaire. Formellement, le référendum portait toujours sur un objet déterminé mais le général De Gaulle annonçait à chaque fois que les résultats revêtiraient pour lui une signification politique globale : si les oui l'emportaient, il se considérerait comme confirmé dans son mandat ; dans le cas contraire, il estimerait qu'il avait été désavoué et il en tirerait les conséquences.

Cet usage du référendum a suscité de vives protestations dans les milieux de l'opposition parlementaire. On a dit qu'il ne s'agissait pas véritablement de référendums mais de « plébiscites » comme il y en avait eu sous le Premier et le Second Empire.

Mais, aux yeux du général De Gaulle, le Président de la République était réellement responsable devant le peuple, bien que cela ne fut pas formellement prévu par la Constitution. Dès lors que sa politique avait été nettement désavouée par les résultats d'un scrutin national, il se considérait comme tenu de démissionner même si son mandat n'était pas juridiquement en jeu. C'est pourquoi, le 27 avril 1969, dès qu'il apprit que les résultats de son quatrième référendum étaient négatifs, il annonça qu'il cesserait ses fonctions le lendemain même. Ainsi s'achevait la période « fondatrice ».

B La période de la continuité relative (1969-1981)

À la suite de la démission du général De Gaulle, des élections Présidentielles furent organisées ; elles aboutirent à la victoire de Georges Pompidou, qui avait été Premier ministre de 1962 à 1968. Les Français, après avoir voté « non » au dernier référendum du général De Gaulle, choisirent tout de même pour le remplacer un candidat qui incarnait la continuité du gaullisme. Georges Pompidou ne termina pas son mandat ; il mourut en 1974, un peu moins de cinq ans après être entré à l'Élysée ; son successeur fut Valéry Giscard d'Estaing qui n'avait jamais été Premier ministre, mais qui avait été plusieurs fois ministre des Finances depuis les débuts de la Ve République.

À la différence de Georges Pompidou, Valéry Giscard d'Estaing n'était pas un gaulliste. Il appartenait au parti des Républicains indépendants (RI), qui bien qu'associé au parti gaulliste au sein de la majorité Présidentielle, se définissait comme plus libéral, moins nationaliste et plus favorable à la construction européenne. D'ailleurs Valéry Giscard d'Estaing avait parfois pris nettement ses distances vis-à-vis du gaullisme, notamment lors du référendum de 1969, dont l'échec avait provoqué le départ du général De Gaulle. Mais il incarnait tout de même l'une des principales composantes de la majorité de droite qui avait soutenu De Gaulle, puis Pompidou. On ne peut donc pas parler d'alternance durant cette période.

En ce qui concerne la pratique constitutionnelle, il y a une continuité certaine par rapport à la période fondatrice, mais l'on relève aussi quelques changements. La continuité se manifestait surtout dans les rapports entre le Président de la République et le gouvernement. En juillet 1972, le Premier ministre, Jacques Chaban-Delmas, démissionna à la demande de Pompidou, alors même qu'il avait obtenu quelques semaines auparavant un vote de confiance massif de l'Assemblée nationale. En août 1976, Jacques Chirac, Premier ministre de V. Giscard d'Estaing, prit lui-même l'initiative de se retirer, à la suite d'un désaccord avec le Président de la République.

Mais cette continuité n'était que relative. Les changements peuvent être regroupés autour de trois idées : l'abandon de la pratique plébiscitaire ; le développement de contre-pouvoirs qui tendent à limiter la prépondérance Présidentielle ; le changement d'attitude de la majorité parlementaire.

1. L'abandon de la pratique plébiscitaire

Durant cette seconde période, il n'y eut qu'un seul référendum : celui qu'organisa en 1972 G. Pompidou, à propos de la ratification du traité prévoyant l'adhésion de la Grande-Bretagne, de l'Irlande et du Danemark à la Communauté européenne. Encore ne s'agissait-il pas d'un référendum-question de confiance comme ceux de la période précédente : G. Pompidou évita en effet de personnaliser la consultation ; il ne demandait pas aux électeurs d'approuver sa politique globale en votant « oui » au référendum et il ne mettait pas son mandat en jeu. Le résultat fut un demi-échec : si les « oui » l'emportèrent largement sur les non, la participation fut relativement faible.

À la suite de cette consultation, il apparut que le référendum était d'un usage difficile : ou bien on lui donne une connotation plébiscitaire, ce qui heurte certaines sensibilités politiques et risque de provoquer finalement une réaction de rejet, comme le général De Gaulle en avait fait l'expérience en 1969 ; ou bien, l'on s'abstient de personnaliser le référendum ; mais alors la consultation ne fait pas recette parce qu'on ne parvient généralement pas à trouver un sujet qui intéresse suffisamment la grande masse des électeurs.

C'est pourquoi, après cette consultation de 1972, le référendum va disparaître pour longtemps de la vie politique française : il faudra attendre 1988 pour qu'il soit à nouveau utilisé. Et comme la durée du mandat Présidentiel était longue (7 ans), à partir du moment où le Président ne soumettait plus sa popularité à l'épreuve du référendum, son autorité s'usait plus vite. La désuétude du référendum constituait donc un changement important par rapport à la période précédente.

2. Le développement de certains contre-pouvoirs

Il s'agit en premier lieu d'un contre-pouvoir politique : l'opposition qui était faible et divisée durant la période précédente, commença à se regrouper et à s'organiser ; en 1972, les trois principaux partis de gauche (voir *infra*) signèrent un programme commun de gouvernement ; aux Présidentielles de 1974, le candidat de la gauche, François Mitterrand, fit presque jeu égal avec le candidat de la droite ; l'alternance apparaissait donc possible. À ce contre-pouvoir politique vint s'ajouter un contre-pouvoir institutionnel : en 1974, la Constitution fut révisée pour permettre à soixante députés ou soixante sénateurs de saisir le Conseil constitutionnel ; l'opposition, même lorsqu'elle était très minoritaire, pouvait donc désormais contester devant un juge les lois que le Président de la République et le Gouvernement avaient fait voter par le Parlement.

3. Le changement d'attitude de la majorité parlementaire

La majorité parlementaire continuait de soutenir le Président de la République mais prenait plus de distance par rapport à lui qu'elle n'avait pu le faire durant la période gaulliste. Ce fut particulièrement net entre 1974 et 1981, durant le septennat de Valéry Giscard d'Estaing. Celui-ci appartenait en effet à l'une des composantes minoritaires de la majorité parlementaire, et n'avait donc pas sur le principal parti de la majorité l'autorité d'un leader. C'est pourquoi, tout en respectant une certaine discipline de vote, la majorité parlementaire ne s'interdisait pas la critique.

Ce changement d'attitude fut d'ailleurs l'une des raisons de l'échec de V. Giscard d'Estaing face à François Mitterrand, au deuxième tour des élections Présidentielles de 1981. Le parti gaulliste, dirigé par J. Chirac, espérait conserver la majorité parlementaire en cas de victoire du candidat de l'opposition. Il refusa donc de se mobiliser pour assurer la réélection du président sortant, auquel il n'accordait son soutien que du bout des lèvres.

C La période des alternances (depuis 1981)

Durant les 22 premières années de la Vᵉ République, malgré certains renouvellements du personnel politique, il n'y avait jamais eu à proprement parler d'alternance. C'était toujours en effet la même majorité qui contrôlait les trois grands centres du pouvoir : l'Élysée (siège de la présidence de la République), l'Hôtel Matignon (siège du chef du gouvernement) et le Palais Bourbon (siège de l'Assemblée nationale).

De 1981 à 2002, au contraire, les alternances politiques vont se succéder à un rythme assez rapide.

Première alternance en 1981, de la droite vers la gauche : en effet, les deux majorités, la majorité Présidentielle et la majorité parlementaire basculent vers la gauche en l'espace de quelques semaines ; F. Mitterrand est élu Président de la République le 10 mai ; il dissout immédiatement l'Assemblée nationale et les élections qui suivent donnent au Parti socialiste, qui le soutient, la majorité absolue des sièges.

Deuxième alternance en 1986 : en raison des résultats médiocres de sa politique économique, la gauche est devenue impopulaire et malgré une percée importante de l'extrême droite (rendue possible par l'adoption de la représentation proportionnelle), la droite parlementaire remporte d'une courte tête les élections législatives. F. Mitterrand reste en fonctions mais doit désigner un Premier ministre de droite, Jacques Chirac, et c'est ainsi que s'ouvre la première période dite de « cohabitation ».

Troisième alternance en mars 1988 : François Mitterrand arrive au terme normal de son premier mandat ; de 1986 à 1988, il a su mettre à profit le recul que lui offrait la cohabitation pour regagner une popularité ; il se représente, il est élu face à J. Chirac ; il dissout encore une fois l'Assemblée nationale. De même qu'en 1981 le Parti socialiste remporte les élections législatives dans la foulée de la victoire présidentielle mais il ne dispose à l'Assemblée nationale que d'une majorité relative. Dans le contexte politique de l'époque, celle-ci est toutefois suffisante pour assurer la stabilité du Gouvernement.

Quatrième alternance en 1993 : l'Union pour la France (UPF), qui regroupe les formations de la droite parlementaire, gagne largement les élections de mars 1993 ; François Mitterrand reste à l'Élysée comme en 1986 ; il nomme comme Premier ministre E. Balladur ; s'ouvre alors une seconde période de cohabitation qui s'est achevée en mai 1995, avec l'élection de J. Chirac à la Présidence de la République.

Cinquième alternance en juin 1997 : le Président de la République a dissous l'Assemblée nationale en avril 1997, un peu moins d'un an avant le terme normal de la législature, en espérant que l'opposition sera prise à l'improviste ; mais l'impopularité du Premier ministre, Alain Juppé, et le maintien des candidats du Front national au second tour dans un grand nombre de circonscriptions, provoquent la défaite de la majorité. La « gauche plurielle », qui regroupe le Parti socialiste, le Parti communiste, les verts, le mouvement des citoyens et les radicaux de gauche, remporte les législatives. Lionel Jospin est nommé Premier ministre. S'ouvre ainsi une troisième cohabitation qui ne s'achèvera qu'en 2002, au terme de la législature.

Sixième alternance en juin 2002 : dans la foulée de la réélection de J. Chirac à la présidence de la République, l'Union pour la Majorité présidentielle (UMP), qui regroupe la presque totalité des forces de la droite parlementaire, remporte la majorité absolue des sièges à l'Assemblée nationale.

Durant toute cette période, la majorité Présidentielle est demeurée relativement stable (elle n'a changée que deux fois, en 1981 et en 1995) alors que la majorité parlementaire l'était beaucoup moins. Cette dissociation des deux majorités a mis en lumière la capacité qu'a la Constitution de 1958 de s'adapter à des situations politiques très différentes. On dit parfois qu'il s'agit d'une Constitution à géométrie variable.

Pendant les cinq premières années, où ces deux majorités concordaient, de 1981 à 1986, la pratique constitutionnelle de François Mitterrand s'inscrivit dans le droit fil de celle de ses prédécesseurs. La prépondérance présidentielle s'affirmait plus nettement que jamais. Le candidat François Mitterrand s'était fait élire sur un programme long et détaillé, qui ne comportait pas moins de 110 propositions. Pour tenir les engagements contenus dans ce programme, il fallait évidemment qu'il se montrât assez directif envers le gouvernement et le Parlement. Et c'est bien dans l'ensemble ce qu'il fit. Tout comme ses prédécesseurs, François Mitterrand mit en application le principe de la responsabilité du gouvernement devant le chef de l'État. En 1984, estimant qu'il était temps de changer de politique économique, il renvoya le gouvernement de Pierre Mauroy et chargea l'un de ses proches, Laurent Fabius, de former un nouveau gouvernement, moins à gauche que le précédent.

À la suite des élections de mars 1986, il se trouva confronté à une situation entièrement nouvelle : non seulement la majorité parlementaire ne concordait plus avec la majorité Présidentielle, mais surtout la première trouvait son origine dans une votation plus récente et traduisait donc mieux l'état du sentiment populaire.

En présence de cette situation, François Mitterrand aurait pu démissionner (c'est probablement ce qu'aurait fait le général De Gaulle). Il décida au contraire de demeurer à son poste mais, de la situation nouvelle, il tira deux conséquences :

La première, c'était que la composition du gouvernement devait être conforme à l'orientation de la nouvelle majorité parlementaire. Il désigna donc comme Premier ministre le principal leader de la majorité parlementaire, Jacques Chirac. Tout autre aurait en effet été immédiatement renversé.

La seconde, c'était que la cohabitation des deux majorités nécessitait une certaine redistribution des rôles entre le Président de la République et le Premier ministre. Dans le message qu'il adressa au Parlement le 8 avril 1986, François Mitterrand annonçait clairement cette redistribution :

« Les circonstances qui ont accompagné la naissance de la Vᵉ République, la réforme de 1962 sur l'élection du chef de l'État au suffrage universel et une durable identité de vues entre la majorité parlementaire et le Président de la République ont créé et développé des usages qui, au-delà des textes, ont accru le rôle de ce dernier dans les affaires publiques. La novation qui vient de se produire requiert de part et d'autre une pratique nouvelle ».

Dans ce même message du 8 avril 1986, à la question de savoir comment allaient fonctionner les pouvoirs dans le cadre de la cohabitation, François Mitterrand apportait la réponse suivante : *« la Constitution, rien que la Constitution, toute la Constitution ».*

En d'autres termes, pour déterminer la nouvelle répartition des rôles entre le Président de la République et le Premier ministre, il fallait se référer non pas aux usages des périodes antérieures, mais au texte même de la Constitution. Or, sauf dans des circonstances tout à fait exceptionnelles (voir *infra*, Chapitre 2, section 1), ce sont le Parlement et le gouvernement qui détiennent l'essentiel des compétences normatives (initiative et vote de la loi, pouvoir réglementaire). Le Président, quant à lui, ne dispose même pas d'un droit de veto en matière législative, à la différence de son homologue américain (voir *supra*). Ainsi que l'avait d'ailleurs rappelé Valéry Giscard d'Estaing dans son discours de Verdun-sur-le-Doubs (27 janvier 1978), la Constitution ne lui donne donc pas les moyens juridiques d'empêcher le gouvernement et la majorité parlementaire de mettre en œuvre leur programme.

En période de cohabitation, le fonctionnement des pouvoirs publics se rapproche donc de ce qu'il serait dans un régime parlementaire de type classique, comme le régime britannique ou allemand. On en trouve en effet les éléments essentiels : un Premier ministre qui s'appuie sur la majorité parlementaire et qui est le véritable leader politique du pays (Jacques Chirac, de mars 1986 à mai 1988 ; Édouard Balladur de mars 1993 à mai 1995 ; Lionel Jospin, de juin 1997 à mai 2002) ; un Parlement qui légifère dans le cadre du programme arrêté par ce Premier ministre ; enfin un Président de la République qui incarne la continuité de l'État, mais ne détermine plus les principales orientations de la politique nationale.

Toutefois, même en période de cohabitation, le Président de la République n'est pas réduit à un rôle de figurant et dispose encore de certains atouts qui lui permettent de conserver un poids politique non négligeable.

En premier lieu, la Constitution donne au Président de la République des attributions qui le mettent en mesure de faire pression sur le Gouvernement et le Parlement, au moins dans certaines circonstances. Il préside le Conseil des ministres. Les décrets et les ordonnances délibérés en Conseil des ministres requièrent sa signature. Il est seul à pouvoir convoquer une session extraordinaire du Parlement. Il est seul à pouvoir faire en sorte qu'une révision constitutionnelle soit adoptée par la voie du congrès. Le Premier ministre est donc obligé de négocier avec le Président pour toutes sortes de choses : pour la nomination des très hauts fonctionnaires, pour le recours aux ordonnances qui permettent de légiférer plus rapidement, ou pour l'adoption d'une réforme constitutionnelle sans référendum.

En second lieu, bien que la théorie du « domaine réservé » soit aujourd'hui abandonnée, car elle n'avait pas de bases constitutionnelles, tout le monde admet que, en matière de défense nationale et de relations extérieures, le Président de la République, a une responsabilité spéciale (voir l'art. 5 C, voir *infra*). Il en résulte que, dans ces deux domaines, en période de cohabitation, les décisions importantes doivent être prises avec son accord ou même parfois sur son initiative, quand bien même elles ne nécessiteraient pas formellement sa signature.

En troisième lieu, en période de cohabitation, le Président dispose toujours d'une arme redoutable : celle de la parole. Il peut à tout moment s'adresser au pays en prononçant une allocution à la télévision ou en organisant une conférence de presse. Et comme il reste tout de même un élu du suffrage universel, il peut s'exprimer franchement et librement ; ni la Constitution ni les usages ne l'obligent à respecter la réserve que s'imposaient ses prédécesseurs de la IIIᵉ ou de la IVᵉ République, et que s'impose aujourd'hui encore la Reine d'Angleterre ou le Président de la République allemande. Il peut donc critiquer, exploiter les erreurs du Gouvernement ou les difficultés de l'heure, en essayant de retourner l'opinion publique à son profit. D'une cohabitation à l'autre, les thèmes se renouvellent mais la tactique Présidentielle est toujours la même : il s'agit de braquer un projecteur sur les aspects de la politique gouvernementale qui suscitent le plus de mécontentements. F. Mitterrand critiquait surtout la politique sociale de la droite ; alors que J. Chirac attaquait de préférence la gauche plurielle sur le terrain de la politique économique ou de la politique de sécurité. Mais, dans un cas comme dans l'autre, l'objectif poursuivi était de compenser une perte de pouvoir politique par un gain de popularité.

Enfin, « last but not least », le Président peut toujours, dans les conditions fixées par l'article 8 C, dissoudre l'Assemblée nationale s'il estime que les forces qui le soutiennent sont assez homogènes et susceptibles de remporter les élections.

Les trois premières cohabitations de la Ve République se ressemblent à bien des égards. Chacune a néanmoins sa spécificité, qui tient à des circonstances particulières.

La première (mars 1986-mai 1988) s'est déroulée dans un climat assez conflictuel. Il y avait à cela deux raisons : en premier lieu, le chef de l'État, F. Mitterrand, et son Premier ministre, J. Chirac, étaient rivaux car ils avaient tous deux l'intention d'être candidats à la prochaine élection présidentielle ; en second lieu, une telle situation ne s'étant encore jamais présentée, on ne savait pas très bien quels devaient être les rôles respectifs des deux responsables de l'exécutif, et chacun s'acharnait donc à défendre ses prérogatives.

La seconde (mars 1993-mars 1995) s'est déroulée dans un climat plus paisible, d'une part parce que F. Mitterrand n'était plus candidat à sa propre succession et, d'autre part, parce que l'on pouvait se référer aux usages établis durant la cohabitation précédente.

La troisième cohabitation est intervenue en début de mandat présidentiel (deux ans après l'élection de J. Chirac). Elle apparaissait donc comme une situation relativement stable, alors que les précédentes, qui s'étaient produites deux ans avant le terme du septennat, faisaient figure d'épisode transitoire. De plus, elle avait eu pour origine une dissolution décidée par le Président de la République. Ce dernier avait donc été plus nettement désavoué que ne l'avait été son prédécesseur en 1986 et 1988. En effet F. Mitterrand avait simplement dû se plier au rythme des échéances électorales imposé par la différence de durée entre le mandat présidentiel et celui des députés. En dépit de ce handicap, la cohabitation a profité à J. Chirac, comme elle avait profité à F. Mitterrand, c'est-à-dire que le Premier Ministre s'est usé, alors que le Président est parvenu à regagner partiellement sa popularité. De même qu'en 1988, les deux têtes de l'exécutif étaient candidates l'une contre l'autre en 2002. La troisième cohabitation s'est donc achevée dans une atmosphère très conflictuelle qui rappelait un peu celle de la première.

Durant ces dernières années, on a beaucoup débattu des avantages et des inconvénients de la cohabitation. Au moins jusqu'en 2000, les sondages la faisaient apparaître comme plutôt populaire, sans doute parce que l'opinion y voyait à tort ou à raison un moyen d'assurer un partage du pouvoir entre la droite et la gauche (7). Mais, aux yeux d'une grande partie de la classe politique, elle présente aussi de graves inconvénients.

On assure en premier lieu qu'elle ne serait pas vraiment conforme à l'esprit des institutions de la Ve République : si le Président de la République est élu au suffrage universel direct, comme c'est le cas depuis la réforme d'octobre 1962, ce n'est pas pour qu'il inaugure les chrysanthèmes ou pour qu'il plane dans des hauteurs élyséennes, mais pour qu'il soit le leader de la Nation. Or, en période de cohabitation, il ne l'est plus, au moins pour ce qui concerne la politique intérieure.

En second lieu, dans les conférences internationales au sommet, le pays est représentée par deux personnes qui pourraient défendre des positions différentes. Il y aurait donc un risque de fragilisation de la position internationale de la France.

En troisième lieu, lorsque la cohabitation dure longtemps, le Premier ministre et le Président de la République risqueraient tous deux d'en souffrir car, comme ils ont été associés au sein de l'exécutif, ni l'un ni l'autre ne pourrait plus apparaître comme le candidat du changement. Cette désaffection s'étend aux tendances politiques qu'ils incarnent, c'est-à-dire en général celles du centre gauche et du centre droit. La cohabitation aboutirait ainsi à fausser le jeu de l'alternance en offrant aux extrêmes « des bains de jouvence artificiels par lesquels se propage, avec une apparence de vraisemblance, la critique indifférenciée des pouvoirs politiques en place ». (Schrameck, 2001, p. 126) (8).

La réforme du quinquennat, qui a été adoptée en septembre 2000 avec l'appui de la plupart des forces politiques, a été présentée par ses promoteurs comme une tentative pour sauver l'esprit des institutions en évitant le renouvellement trop fréquent des cohabitations. Toutes les cohabitations que l'on avait connues jusqu'alors étaient liées à un déca-

(7) Voir par exemple le sondage de la SOFRES publié dans le *Figaro Magazine* du 30 avril 1999.

(8) Quelques mois après la publication du livre d'Olivier Schrameck, les résultats du premier tour de l'élection présidentielle ont confirmé sur ce point son diagnostic : les deux cohabitants, Jacques Chirac et Lionel Jospin, n'ont rassemblé à eux deux que 36 % des suffrages exprimés, alors que les extrémistes de droite et de gauche en ont recueilli plus de 30 %.

lage de plus d'une année entre la date de l'élection législative et celle de l'élection présidentielle. On a pensé que si ces deux élections avaient lieu à quelques semaines seulement d'intervalle, et si les deux mandats avaient la même durée, cinq ans, il n'y aurait plus à l'avenir de décalage, et donc moins de risque de divergence des majorités. Ce mécanisme a bien fonctionné en 2002 : le très large succès de l'UMP (dont les initiales signifiaient alors Union pour une Majorité Présidentielle) s'explique sans doute au moins en partie par le fait que certains électeurs ne souhaitaient pas une quatrième cohabitation.

La réforme du quinquennat ne permet toutefois pas d'éliminer toute éventualité de cohabitation.

D'une part, même si les deux élections ont lieu simultanément, rien ne permet d'affirmer que la majorité parlementaire et la majorité présidentielle seront toujours concordantes. Aux États-Unis, par exemple, en novembre 1996, les électeurs on renouvelé un président démocrate, Bill Clinton, tout en envoyant à la Chambre des représentants une majorité républicaine. Il n'est pas impossible que l'on assiste un jour en France à un phénomène analogue.

D'autre part, un décalage peut toujours se reproduire si l'un des deux mandats prend fin avant l'échéance normale, c'est-à-dire en cas de dissolution de l'Assemblée nationale ou en cas de vacance de la présidence de la République pour cause de décès, de démission ou d'empêchement.

Il faudra donc attendre quelques années pour savoir si la réforme du quinquennat a ouvert une nouvelle période dans l'histoire de la cinquième République.

En dépit de tous les changements intervenus depuis 1958, les institutions françaises reposent toujours sur deux principes fondamentaux : l'indivisibilité de la République et la souveraineté nationale.

§ 3. Les principes d'indivisibilité de la République et de souveraineté nationale

D'après l'article 1er de la Constitution, la France est une République *« indivisible »* qui *« assure l'égalité de tous les citoyens devant la loi sans distinction d'origine, de race ou de religion »*. Selon le Conseil constitutionnel, cette indivisibilité emporte plusieurs conséquences : en premier lieu, le peuple est lui-même indivisible ; la simple mention dans une loi du « peuple corse, composante du peuple français », est donc contraire à la Constitution car celle-ci ne connaît que le peuple français, composé de tous les citoyens français, sans distinction d'origine, de race ou de religion (9) ; en second lieu, la Constitution interdit la reconnaissance de *« droits collectifs à quelque groupe que ce soit, défini par une communauté d'origine, de culture, de langue ou de croyance »*, et c'est pour cette raison que la France a refusé de ratifier la *Charte européenne des langues régionales ou minoritaires* (10).

Enfin, l'indivisibilité de la République impliquait l'unité du pouvoir législatif, à la différence de ce qui se produit dans les États fédéraux où chacune des collectivités composantes a son propre Parlement, compétent dans certaines matières. Elle interdit donc en principe tout transfert de compétences législatives vers le bas, c'est-à-dire au profit des collectivités composantes de la République.

D'après l'article 3 de la Constitution : *« La souveraineté nationale appartient au peuple qui l'exerce par ses représentants ou par la voie du référendum »*. Cette disposition est généralement interprétée — notamment par le Conseil constitutionnel — comme interdisant toute aliénation ou transfert de la souveraineté vers le haut, c'est-à-dire au profit d'organisations internationales.

Mais ces principes sont aujourd'hui partiellement remis en cause par l'évolution des relations de la République avec ses collectivités composantes, d'une part, avec l'Union européenne, d'autre part.

A La République et ses collectivités composantes

Les relations entre la République et ses collectivités composantes sont régies par les titres XII et XIII de la Constitution.

Par ordre d'autonomie croissante, on distingue :

---

(9) Déc. n° 91-290 DC du 9 mai 1991 (*Rec.* p. 50).

(10) Déc. n° 99-412 DC du 15 juin 1999. La Charte européenne des langues régionales ou minoritaires avait été soumise au Conseil constitutionnel par le Président de la République en application de l'article 54 de la Constitution. Le problème de compatibilité avec la Constitution française provient du fait que cette charte reconnaît le droit de pratiquer une langue régionale ou minoritaire non seulement dans la vie privée mais aussi dans la vie publique, alors que, aux termes du premier alinéa de l'article 2 de la Constitution : « La langue de la République est le français ».

1) Les collectivités situées dans la Métropole qui comprend l'Hexagone et la Corse. Elles sont régies par les articles 72 à 72-2 du Titre XII.

2) Les collectivités ultramarines régies par les articles 72-3 à 74-1 du titre XII.

3) La Nouvelle-Calédonie régie par le titre XIII de la Constitution.

1. Les collectivités territoriales métropolitaines

Il s'agit principalement des communes, des départements et des régions. Mais la loi peut créer d'autres types de collectivités territoriales, comme elle l'a fait pour la Corse.

Avant la réforme du 28 mars 2003 relative à l'organisation décentralisée de la République, l'article 72 C se bornait à indiquer que ces collectivités « s'administrent librement par des conseils élus et dans les conditions prévues par la loi ». Il ajoutait que « le délégué du Gouvernement dans ces collectivités (c'est-à-dire généralement le préfet) a la charge des intérêts nationaux, du contrôle administratif et du respect des lois ».

De cette rédaction, on pouvait déduire que l'autonomie des collectivités territoriales était strictement limitée au domaine administratif et qu'elles ne pouvaient donc bénéficier d'aucun transfert de pouvoir législatif. Le Conseil constitutionnel l'avait d'ailleurs rappelé dans une importante décision du 17 janvier 2002 dans laquelle il s'était opposé à tout transfert d'une compétence législative à l'Assemblée de Corse, fût-ce même à titre provisoire et expérimental (11).

En premier lieu, la réforme de mars 2003 a complété la notion de « *libre administration* » en précisant que les collectivités territoriales « *disposent d'un pouvoir réglementaire pour l'exercice de leurs compétences* ». Cependant, il ne s'agit pas là d'une véritable innovation car en réalité ce pouvoir a toujours existé. Le meilleur exemple en est le pouvoir de police du maire qui s'exerce dans l'intérêt de la tranquillité, de la sécurité et de la salubrité publique.

En second lieu, cette réforme élargit les compétences des collectivités territoriales en les étendant à certaines matières du domaine législatif.

Pour définir ces compétences, le nouvel article 72 al. 2 se réfère au principe de « subsidiarité » qui est en usage dans l'Union européenne et dans certains États fédéraux comme l'Allemagne : « *Les collectivités*

(11) La loi soumise au Conseil prévoyait que le Parlement pouvait autoriser l'Assemblée de Corse à procéder à des expérimentations comportant, le cas échéant, des dérogations aux règles législatives en vigueur, en vue de l'adoption ultérieure par le Parlement de dispositions législatives appropriées.

territoriales ont vocation à prendre les décisions pour l'ensemble des compétences qui peuvent le mieux être mises en œuvre à leur échelon ».

À première vue, cette formulation peut sembler un peu vague : le « mieux ou le moins bien » est une notion plus politique que juridique car elle comporte nécessairement une part importante d'appréciation subjective. Cela signifie que c'est au législateur qu'il appartiendra d'apprécier, notamment en tenant compte des résultats des expérimentations, les compétences qui peuvent le mieux être mises en œuvre à l'échelon des collectivités territoriales.

D'après le 4e al. de l'article 72 C, dans les conditions prévues par une loi organique (LO no 2003-704 du 1er août 2003), les collectivités territoriales ou leurs groupements peuvent, lorsque, selon le cas, la loi ou le règlement l'a prévu, déroger, à titre expérimental aux dispositions législatives et réglementaires qui régissent l'exercice de leurs compétences. Ce pouvoir d'expérimentation est cependant assez strictement encadré. La dérogation ne peut être autorisée que pour un objet et une durée limitée. Elle ne doit jamais aboutir à remettre en cause les conditions essentielles d'exercice d'une liberté publique ou d'un droit constitutionnellement garanti.

La reconnaissance explicite d'un pouvoir d'expérimentation en matière législative entraîne la caducité de la jurisprudence du Conseil constitutionnel citée plus haut. On pourra désormais faire pour n'importe quelle collectivité territoriale ce que l'on n'a pas pu faire pour la Corse en 2002. Par l'effet combiné de la subsidiarité et de l'expérimentation, le système de répartition des compétences entre l'État et les collectivités territoriales devient évolutif et l'on pourrait s'acheminer progressivement vers un régionalisme, où certaines collectivités territoriales disposeraient d'un véritable pouvoir législatif, comme c'est déjà le cas dans la plupart des États voisins de la France.

Il convient de noter que le pouvoir d'expérimentation normative n'est pas réservé aux collectivités territoriales. D'après l'article 37-1 nouveau, la loi et le règlement peuvent également comporter, pour un objet et une durée limitée, des dispositions à caractère expérimental. Il est donc désormais possible de faire une loi ou un règlement dont l'application se limite à une ou plusieurs collectivités territoriales, la Bretagne ou la Corse par exemple. De telles expérimentations étaient jusqu'à présent jugées contraires à la Constitution dans la mesure où elles risquaient de porter atteinte au principe d'égalité. Il est vraisemblable que ces dispositions à caractère expérimental seront généralement prises à la demande des collectivités territoriales concernées, dans le cas où la réforme envisagée n'entrerait pas dans le cadre de l'article 72 C, par exemple parce qu'elle met en cause les conditions d'exercice d'une liberté publique ou d'un droit constitutionnellement garanti.

L'expérimentation au plan national et l'expérimentation au plan local poursuivent donc en fait le même objectif : il s'agit d'interpréter le principe d'indivisibilité de la République de manière à ce qu'il ne fasse pas obstacle à une meilleure adaptation des normes législatives ou réglementaires aux circonstances locales.

La réforme relative à l'organisation décentralisée de la République ne se borne pas à élargir les compétences des collectivités territoriales. Elle traite également du mode d'exercice de ces compétences et des moyens financiers permettant de les mettre en œuvre.

Avant la réforme, le mode d'exercice des compétences ne pouvait être que représentatif, au moins à l'échelon des départements et des régions. L'article 72-1 C rompt avec cette tradition en introduisant, dans le fonctionnement des institutions territoriales, quelques éléments de démocratie directe (droit de pétition, possibilité d'un référendum décisionnel à l'initiative de la collectivité sur une question relevant de sa compétence, possibilité d'un référendum sur le statut ou les limites de la collectivité à l'initiative du législateur) (12).

Depuis longtemps, les collectivités territoriales se plaignaient de ne pas disposer de ressources propres suffisantes pour remplir leurs missions. L'article 72-2 C leur accorde quelques garanties à cet égard. Il est précisé que les recettes fiscales et les autres ressources propres représentent, pour chaque catégorie de collectivités « une part déterminante de l'ensemble de leurs ressources ». Tout transfert de compétences entre l'État et les collectivités territoriales doit s'accompagner de l'attribution de ressources équivalentes à celles qui étaient consacrées à leur exercice. Toute création ou extension de compétences ayant pour conséquence d'augmenter les dépenses des collectivités territoriales doit être accompagnée de ressources déterminées par la loi.

Les collectivités territoriales ne disposent cependant pas d'une pleine autonomie financière car le législateur conserve la maîtrise du système fiscal. Lui seul peut créer de nouveaux impôts. Toutefois, la loi peut autoriser les collectivités territoriales à fixer elles-mêmes l'assiette et le taux de certains des impôts destinées à alimenter leurs ressources.

2. Les collectivités territoriales d'outre-mer

Elles ont des statuts très divers, mais l'on peut distinguer deux grandes catégories.

a) Les départements ou régions d'outre-mer (DROM) régis par l'article 73 C (Blériot, 2005).

---

(12) La loi du 10 juin 2003 organisant une consultation des électeurs de Corse sur la modification de l'organisation institutionnelle de l'île a constitué la première application de cette dernière réforme.

Entrent dans cette catégorie la Guyane, la Martinique, la Guadeloupe et la Réunion. Ces collectivités relèvent en principe du droit commun applicable aux départements ou régions métropolitains, mais sous réserve de deux particularités.

La première est traditionnelle : les lois et règlements nationaux, qui sont applicables de plein droit peuvent néanmoins faire l'objet *« d'adaptations tenant aux caractéristiques et contraintes particulières de ces collectivités »* (art. 73 al. 1er C). Dans les matières où s'exercent les compétences de la collectivité, la loi peut l'habiliter à procéder elle-même aux adaptations. Il s'agit donc d'un pourvoir d'auto-adaptation du droit métropolitain. Mais ce pouvoir est strictement limité : il ne peut aboutir qu'à des modifications ou des précisions marginales qui ne doivent pas dénaturer l'esprit général des lois et règlements. Il s'exerce sous le contrôle du juge administratif qui vérifie notamment les raisons invoquées pour justifier les adaptations.

La seconde particularité consiste, depuis la révision du 28 mars 2003, en une sorte de pouvoir normatif autonome. Par dérogation au principe selon lequel les lois et règlements nationaux sont applicables de plein droit, pour tenir compte de leur spécificité, ces collectivités (13) peuvent être habilités par la loi à fixer elles-mêmes les règles applicables sur leur territoire, dans un nombre limité de matières pouvant relever du domaine de la loi (art. 73 al. 3 C). Elles peuvent alors créer leurs propres règles, au lieu de se borner à adapter celles fixées par les autorités nationales. Mais ce pouvoir normatif est assez strictement limité. Certaines matières, considérées comme particulièrement importantes, en sont expressément exclues par le 4e al. de l'article 73 C : nationalité, droits civiques, garanties des libertés publiques, etc. Il s'exerce également sous le contrôle du juge administratif.

Pour les adaptations, comme pour le pouvoir normatif autonome, l'habilitation est accordée à la demande de la collectivité concernée, dans les conditions et sous les réserves prévues par une loi organique. Elle ne peut intervenir lorsque sont en cause les conditions essentielles d'exercice d'une liberté publique ou d'un droit constitutionnellement garanti (art. 73 al. 6 C).

b) Les autres collectivités d'outre-mer régies par l'article 74 C. (Clinchamps, 2005).

---

(13) À l'exception de La Réunion qui, à la demande d'un sénateur réunionnais, a été expressément exclue de ce dispositif (art. 73 alinéa 5 C).

Entrent dans cette catégorie la Polynésie française, les Iles Wallis-et-Futuna, Mayotte et Saint-Pierre-et-Miquelon. Ces collectivités ont chacune un statut propre, fixé par une loi organique, qui tient compte de leurs « intérêts propres » au sein de la République. Ce statut peut donc être très différent de celui des collectivités territoriales métropolitaines.

Les compétences normatives de ces collectivités sont plus ou moins étendues selon le cas mais, dans l'ensemble, beaucoup plus larges que celles des DROM. Elles peuvent en user pour prendre des mesures de discrimination positive (14) en faveur de leur population, en matière d'accès à l'emploi, de droit d'établissement et de protection du patrimoine foncier, à condition que ces mesures soient « justifiées par les nécessités locales ». Aucune autre collectivité territoriale française ne dispose d'un tel pouvoir, à l'exception de la Nouvelle-Calédonie (voir *infra*).

La loi organique du 27 février 2004 relative à la Polynésie française va particulièrement loin dans le sens de l'autonomie. Cette collectivité se voit reconnaître un pouvoir normatif de droit commun pouvant s'exercer dans toutes les matières non dévolues à l'État. Dans les matières relevant de sa compétence, son assemblée territoriale peut adopter des actes dénommés « lois du pays », qui sont soumis au contrôle du Conseil d'État. Elle dispose même d'une certaine compétence internationale qui lui permet d'établir des représentations dans tout État reconnu par la France.

Les changements de régime intéressant tout ou partie d'une collectivité d'outre-mer sont décidés par une loi organique. Mais ils ne peuvent intervenir qu'avec le consentement des populations intéressées, ce qui suppose l'organisation d'un référendum dont l'initiative doit être prise par le Président de la République, selon une procédure très voisine de celle prévue par l'article 11 C (art. 72-4 C).

Le principe de l'indivisibilité de la République n'exclut pas la possibilité pour une collectivité territoriale d'outre-mer de faire sécession et d'accéder ainsi à la pleine souveraineté (15). Mais tant qu'il demeure

(14) Sur la notion de discrimination positive, voir *infra* section 2.

(15) Aux termes du dernier alinéa de l'article 53 C : « Nulle cession, nul échange, nulle adjonction de territoire n'est valable sans le consentement des populations intéressées ». Prises à la lettre, ces dispositions n'envisagent, semble-t-il, que l'hypothèse d'une cession ou d'un échange de territoire entre deux États préexistants. Mais en vertu d'une interprétation large, connue sous le nom de « doctrine Capitant » (du nom du juriste qui l'a présentée pour la première fois en 1966 devant l'Assemblée nationale), on admet qu'elles sont également applicables dans l'hypothèse où un territoire ferait sécession pour devenir indépen-

au sein de la République, l'autonomie dont il dispose est nécessairement limitée.

D'une part, même s'il dispose d'un pouvoir normatif étendu, ce pouvoir est toujours à la merci du législateur national, ordinaire ou organique, qui peut retirer ou restreindre les habilitations qu'il a accordées.

D'autre part, même lorsqu'ils portent sur des matières législatives, les actes adoptés par l'assemblée de ce territoire sont assimilés à de simples actes administratifs, relevant de la juridiction du Conseil d'État et non de celle du Conseil constitutionnel.

Le recours à une solution souple de type fédéraliste n'est possible que moyennant une révision de la Constitution, comme le montre l'exemple de la Nouvelle-Calédonie.

3. Le cas particulier de la Nouvelle-Calédonie

Après l'adoption de la Constitution de 1958, la Nouvelle-Calédonie a conservé le statut de territoire d'outre-mer dont elle bénéficiait depuis 1946. Mais à partir du début des années quatre-vingt, un conflit marqué par des incidents souvent meurtriers a opposé les indépendantistes principalement d'origine autochtone, regroupés autour du FLNKS (Front de libération nationale Kanak et socialiste) aux anti-indépendantistes, en majorité d'origine européenne, regroupés autour du RPCR (Rassemblement pour la Calédonie dans la République). En 1988, les deux partis et le gouvernement français concluent les accords de Matignon qui firent l'objet d'un référendum national organisé dans le cadre de l'article 11 de la Constitution (loi référendaire du 9 novembre 1988). L'article 2 de cette loi prévoyait un scrutin d'autodétermination qui devait intervenir dix ans plus tard, entre le 1er mars et le 31 décembre 1998. Mais, par l'accord de Nouméa du 5 mai 1998, les partenaires locaux ont voulu retarder l'échéance du scrutin d'autodétermination, qui n'aurait laissé le choix qu'entre le *statu quo* et l'indépendance immédiate, en demandant que, durant une assez longue période transitoire, le territoire soit doté

dant. La sécession doit d'abord être approuvée par les populations locales (référendum d'autodétermination). Elle doit ensuite être autorisée par une loi votée par le Parlement de la République. C'est cette procédure qui a permis l'accession à l'indépendance : des départements de l'Algérie et du Sahara en 1962, des départements d'outre-mer de la Côte française des Somalis en 1967, d'une partie de l'archipel des Comores en 1974 et du territoire des Afars et des Issas en 1977.

d'une autonomie beaucoup plus large que celle dont il avait bénéficié jusqu'alors.

Cette autonomie ne pouvait pas être réalisée dans le cadre des articles 72 à 74 de la Constitution. C'est pourquoi les dispositions transitoires relatives à la Nouvelle-Calédonie ont fait l'objet d'un titre spécial, inséré dans la Constitution par la loi de révision du 20 juillet 1998 (16). Le statut de la Nouvelle-Calédonie a été fixé par une loi organique du 19 mars 1999, prise en application de ce titre.

La Nouvelle-Calédonie a désormais son propre Parlement, le Congrès, qui peut adopter des « lois du pays » dans un certain nombre de matières qui relèvent normalement de la compétence du Parlement national. La différence avec le statut des autres collectivités d'outre-mer réside moins dans l'étendue des compétences législatives transférées que dans le fait qu'elles le sont à titre définitif, c'est-à-dire que le Parlement national ne peut plus retirer ou restreindre l'habilitation, la répartition étant déterminée non plus par la loi ordinaire ou organique, comme c'est le cas pour les autres collectivités territoriales, mais par la Constitution elle-même. Les éventuels conflits de compétence sont arbitrés par le Conseil constitutionnel, qui est juge aussi bien des lois nationales que des « lois du pays » de la Nouvelle-Calédonie. Et de même que les collectivités relevant de l'article 74 C, la Nouvelle-Calédonie peut prendre des mesures de discriminations positives en faveur de sa population.

Dans ses rapports avec la Nouvelle-Calédonie, la République française apparaît donc désormais à certains égards (17) comme un État de type fédéral, alors qu'elle était traditionnellement unitaire et qu'elle le demeure en principe, sous réserve de cette exception. Cette situation est en principe transitoire mais elle devrait normalement se prolonger pendant un certain temps, le référendum d'autodétermination ne devant intervenir qu'au cours du mandat du Congrès qui commencera en 2014. La Nouvelle-Calédonie restera-t-elle un cas isolé ou bien son évolution va-t-elle servir de modèle à ceux qui, dans les autres territoires d'outre-mer ou même dans certaines régions de la métropole, réclament davantage d'autonomie ? Seul l'avenir le dira. On constate néanmoins que,

---

(16) Ce titre spécial, qui porte le numéro XIII et comporte deux articles (76 et 77), a pris la place de celui qui était consacré à la Communauté franco-africaine de 1958 et qui avait été formellement abrogé par la loi constitutionnelle du 4 août 1995.

(17) À certains égards seulement, car si la Nouvelle-Calédonie jouit pour ses affaires internes d'une autonomie du même ordre que celle d'un État membre d'une fédération, rien de spécifique n'est prévu quant à la participation de ce territoire au gouvernement central.

d'ores et déjà, la réforme du 28 mars 2003 a renforcé l'autonomie de l'ensemble des collectivités d'outre-mer en s'inspirant de certains aspects du statut de la Nouvelle-Calédonie.

Les transferts de compétence au profit des collectivités composantes de la République demeurent dans l'ensemble limités. Il en va différemment de ceux qui ont été consentis au profit d'organisations de type supranational.

B La République et l'Union européenne

En tant qu'entité politique, l'Union européenne a déjà été présentée (voir *supra*, Deuxième Partie, Chapitre 4).

On l'abordera ici sous un angle purement national : dans quelle mesure les transferts de compétences qu'elle implique sont-ils compatibles avec la Constitution française ? Et de quelle manière les citoyens français sont-ils représentés en son sein ?

1. La construction européenne face à la Constitution française

Une antinomie persistante. — Dans la vie politique française, peu de sujets ont suscité autant de passions contradictoires que la construction européenne.

D'un côté, l'union politique des principales nations de l'Europe correspond à une profonde aspiration humaniste et pacifiste, dont Victor Hugo, parmi beaucoup d'autres, s'est fait l'écho (18).

D'un autre côté, depuis la Révolution, de façon implicite ou explicite, les institutions françaises ont toujours été fondées sur le principe de la souveraineté nationale qui paraît difficilement compatible avec l'idée d'une autorité supranationale, fût-elle européenne.

Les conséquences de cette situation sont paradoxales. Les initiatives les plus ambitieuses, en matière de construction européenne, sont souvent d'origine française, mais les résistances que suscitent ces initiatives au

(18) « Nous aurons ces grands États-Unis d'Europe, qui couronneront le vieux monde comme les États-Unis d'Amérique couronnent le nouveau », in *Lettre aux membres du congrès de la paix*, 29 septembre 1872.

sein même de l'opinion française sont tellement fortes qu'elles peuvent aboutir à en provoquer l'échec (19).

L'antinomie entre l'internationalisme pacifiste et le nationalisme souverainiste est inscrite au cœur même du bloc de constitutionnalité. Aux termes de l'alinéa 15 du Préambule de 1946 : « Sous réserve de réciprocité, la France consent aux limitations de souveraineté nécessaires à l'organisation et à la défense de la paix ». Mais, d'après l'article 3 de la Constitution de la IVe République, repris presque mot pour mot par l'actuelle Constitution, « La souveraineté nationale appartient au peuple français », ce qui semble indiquer que cette souveraineté est juridiquement « indisponible », c'est-à-dire insusceptible d'être substantiellement réduite par voie d'accords internationaux.

Le traité du Marché commun, ou traité sur la Communauté économique européenne (CEE), qui fut présenté au Parlement français en 1957, avait déjà une forte composante supranationale car il prévoyait la mise en place de nouvelles institutions, chargées d'élaborer les normes nécessaires à l'organisation du marché commun. Il se heurta à une vive opposition, notamment de la part des groupes communiste et gaulliste, qui contestaient sa conformité à la Constitution. Mais à l'époque, du fait de l'absence de juge constitutionnel, la solution d'un problème de ce genre ne pouvait résulter que du rapport des forces politiques. Le Traité CEE fut ratifié grâce à l'appui des socialistes, des démocrates chrétiens et du centre, droit qui étaient déjà à l'époque les principaux soutiens de l'intégration européenne.

Revenu au pouvoir en 1958, le général De Gaulle ne remit pas en cause le Marché commun, dont il savait que la France tirerait profit pour son développement économique. Mais en 1965, il tenta de s'opposer à la mise en application de la règle de la majorité qualifiée pour la prise des décisions au sein du Conseil des ministres de la Communauté. Bien que prévue par le traité, cette règle lui paraissait en effet dangereuse pour la souveraineté nationale, seule l'exigence de l'unanimité pouvant garantir qu'un État ne serait jamais mis en minorité sur une question touchant à ses intérêts essentiels. La crise qui en résulta fut finalement

(19) Tel a été par exemple le cas du traité connu sous le nom de Communauté européenne de défense (CED) : bien que voulu en principe par la France, et rédigé par ses diplomates, ce traité fut finalement abandonné à la suite d'un vote de l'Assemblée nationale française, le 30 août 1954. Voir Zorgbibe (2005) p. 28 et s. Cinquante ans plus tard, le traité instituant une Constitution pour l'Europe risque de connaître un sort analogue.

résolue grâce à un accord ambigu, connu sous le nom de « compromis de Luxembourg » (20).

Par la suite, cependant, non seulement la France a accepté la règle de la majorité qualifiée mais elle a contribué à en étendre le champ d'application en participant à la négociation des grands traités qui allaient marquer les étapes suivantes de la construction européenne, ceux de Maastricht et d'Amsterdam notamment. Cette évolution de l'attitude française s'explique non seulement par la personnalité des successeurs du général De Gaulle (moins intransigeants que lui sur le chapitre de la souveraineté nationale) mais aussi probablement par une certaine convergence entre les progrès de la construction européenne et les intérêts économiques et diplomatiques de la France. Sur le plan économique, les agriculteurs français ont été les principaux bénéficiaires de la politique agricole commune (PAC), dont le financement absorbait la majeure partie des ressources du budget communautaire. Sur le plan diplomatique, le leadership européen, que la France partageait avec l'Allemagne, augmentait son poids sur la scène internationale. Les réticences au sein de l'opinion française demeuraient cependant très fortes, comme l'ont montré les résultats du référendum de septembre 1992 sur la ratification du traité de Maastricht, où le « oui » ne l'a emporté qu'à une faible majorité (environ 51 %).

Depuis quelques années, d'ailleurs, la convergence entre la construction européenne et les intérêts français paraît moins évidente. Sur le plan diplomatique, la France a de plus en plus de mal à imposer son leadership. La réunification de l'Allemagne a accru le poids de celle-ci sur la scène européenne et mondiale. Et de nombreux États membres, surtout parmi les nouveaux adhérents, ont plutôt tendance à suivre le leadership américain, comme l'a montré leur ralliement à la guerre d'Irak, déclenchée par le président Georges W. Bush en 2003. Sur le plan économique, l'adhésion à l'Union de nombreux pays dont le développement économique a été entravé par le communisme nécessite une nouvelle affectation des ressources et l'abandon progressif de la politique agricole commune. La contribution de la France au budget de l'Union risque donc de s'alourdir et de n'être plus que partiellement compensée par les subventions dont elle bénéficie. Et, contrairement à ce que l'on avait espéré, la mise en place d'une monnaie commune à onze États membres, prévue par le traité de Maastricht, n'a pas permis de relancer l'activité économique ni de réduire le chômage.

(20) Voir *supra* Deuxième Partie, Chapitre 4 et Zorgbibe (2005), p. 46-48.

C'est sans doute ce qui explique que, le 29 mai 2005, les Français aient rejeté, à une majorité de 54,8 %, le traité instituant une Constitution pour l'Europe, malgré le soutien que les principaux partis de gouvernement et la presque totalité des media avaient apporté à ce traité.

Depuis le début des années soixante-dix, avec le développement de la jurisprudence du Conseil constitutionnel, la question des rapports entre la souveraineté nationale et la construction européenne se pose également en termes juridiques.

La jurisprudence du Conseil constitutionnel. — Les rédacteurs de la Constitution de 1958 voulaient éviter qu'une majorité parlementaire puisse facilement ratifier un traité susceptible de porter atteinte à la souveraineté nationale, comme cela s'était produit en 1957 à propos de la Communauté économique européenne. Aussi ont-ils prévu que lorsque le Conseil constitutionnel a déclaré qu'un engagement international comporte une clause contraire à la Constitution, l'autorisation de ratifier ou d'approuver cet engagement ne peut intervenir qu'après révision de la Constitution (art. 54 C). La saisine du Conseil, qui est facultative, était à l'origine réservée au Président de la République, au Premier ministre, ainsi qu'aux présidents des assemblées parlementaires (21). Mais lorsqu'un engagement international est controversé, il serait politiquement difficile au chef de l'État de ne pas le soumettre au Conseil constitutionnel. À l'exception de l'acte unique européen (1986) et du traité de Nice (2004), le Conseil a donc été amené à se prononcer sur tous les engagements marquant les grandes étapes de la construction européenne.

Dans une décision de 1976, le Conseil établit une première distinction entre, d'une part, les *limitations de souveraineté*, qu'il considère comme conformes à la Constitution sous réserve de réciprocité, et dans la mesure où elles sont nécessaires à l'organisation et à la défense de la paix et, d'autre part, *les transferts de souveraineté* à une organisation internationale qui, en toute hypothèse, seraient contraires à la Constitution (22). Mais cette distinction ne répondait pas à la question de savoir si tout transfert de compétence à une organisation internationale devait être considéré comme un « transfert de souveraineté ». Aussi allait-elle être abandonnée par la suite.

(21) Depuis la révision constitutionnelle du 25 juin 1992, elle est également ouverte aux parlementaires. Sur cette procédure, voir *infra*, Chapitre 4.

(22) Déc. n° 76-61 DC du 30 décembre 1976, rendue à propos de l'élection de l'Assemblée des communautés (aujourd'hui Parlement européen) au suffrage universel direct.

Dans sa décision du 9 avril 1992, relative au traité de Maastricht, pour la première fois le Conseil constitutionnel a constaté qu'un engagement international comportait des clauses contraires à la Constitution, en explicitant les critères jurisprudentiels qu'il utilise aujourd'hui encore.

D'une part, il admet que les transferts de compétence à une organisation internationale ne sont pas en eux-mêmes contraires à la Constitution car « le respect de la souveraineté nationale ne fait pas obstacle à ce que (...) la France puisse conclure, sous réserve de réciprocité, des engagements internationaux en vue de participer à la création ou au développement d'une organisation internationale permanente (...) investie de pouvoirs de décision par l'effet de transferts de compétences consentis par les États membres ».

Mais, d'autre part, il fixe des limites à ces transferts car « au cas où des engagements internationaux souscrits à cette fin contiennent une clause contraire à la Constitution ou portent atteinte aux conditions essentielles d'exercice de la souveraineté nationale, l'autorisation de les ratifier appelle une révision constitutionnelle ».

Ce ne sont donc pas seulement les stipulations formellement contraires à un article de la Constitution qui peuvent appeler une révision mais également celles qui touchent à un domaine où, selon le Conseil, sont en cause les conditions essentielles d'exercice de la souveraineté nationale : font notamment partie de ces domaines la politique monétaire, la politique de change, ainsi que la politique des visas (mesures relatives à l'entrée et à la circulation des personnes).

Mais pour qu'une révision de la Constitution soit nécessaire, il faut encore qu'en raison des modalités d'exercice des compétences transférées, la France s'expose au risque de se voir imposer une décision par ses partenaires. Aussi longtemps que les décisions ne peuvent être prises par le Conseil des ministres européen qu'à l'unanimité, et à l'initiative de ses membres, ce risque n'existe pas car le représentant de la France peut toujours s'opposer à l'adoption d'une décision. Il n'y a donc pas d'atteinte aux conditions essentielles d'exercice de la souveraineté nationale (23). L'atteinte est donc constituée à partir du moment où le Conseil

(23) Sur ce point, la jurisprudence du Conseil constitutionnel peut prêter à contestation car, même lorsque les décisions sont prises à l'unanimité, le Parlement français est dessaisi de sa compétence et il y a donc bien atteinte à la souveraineté nationale telle qu'elle est définie à l'article 3 C.

des ministres prend ses décisions à la majorité, et à l'initiative de la Commission (24).

Mais à mesure que la construction européenne progresse, le domaine des décisions prises à la majorité ne cesse de s'étendre. Des atteintes à la souveraineté nationale sont donc inévitables. Face à cette situation, les États membres n'ont pas tous adopté la même attitude. Certains ont choisi de plonger en quelque sorte dans l'Europe comme un baigneur courageux plonge dans l'eau froide, c'est-à-dire qu'ils ont modifié une fois pour toutes leur Constitution en acceptant en bloc et par avance tous les transferts de compétence rendus nécessaires par la construction européenne (25). La France, au contraire, préfère y entre à petits pas, à la manière d'un baigneur frileux, c'est-à-dire en ne renonçant à sa souveraineté que dans la mesure strictement nécessaire pour franchir une étape déterminée. Ainsi le nouveau titre inséré dans la Constitution en 1992 pour permettre la ratification du traité de Maastricht précisait-il que la France ne consentait qu'aux transferts de compétence prévus par ce traité (art. 88-2 C).

Cette méthode des petits pas ménage la susceptibilité des milieux les plus réticents envers la supranationalité, mais elle oblige à réviser une nouvelle fois la Constitution à chaque étape importante de la construction européenne, relançant ainsi les polémiques (26).

Selon les termes de l'article 54 C, le Conseil constitutionnel ne se prononce que sur les conditions de la ratification des traités opérant des transferts de compétences. À la différence de la Cour constitutionnelle allemande (27), il ne lui a jamais été demandé d'envisager les conséquen-

---

(24) Décision du 31 décembre 1997 relative au traité d'Amsterdam (considérant 24).

(25) Par exemple, l'article 23 de la Constitution allemande autorise la Fédération à transférer à l'Union européenne des droits de souveraineté, en précisant toutefois que la loi opérant de tels transferts doit être approuvée par le Bundesrat.

(26) Sur cette méthode et sur la structure du titre XV de la Constitution, voir *infra*, « le cas particulier des normes d'origine communautaire », dans le chapitre 3.

(27) À la veille de la ratification du traité de Maastricht, la Cour allemande a été saisie d'un recours contre ce traité par un citoyen qui s'estimait lésé dans son droit à la démocratie, dans la mesure où les transferts de compétence envisagés aboutissaient à restreindre considérablement la compétence du parlement national et, par voie de conséquence, la capacité d'influence des électeurs allemands. Voir Hamon et Wiener 1999, p. 237.

ces de ces transferts et notamment le « déficit démocratique » qui peut en résulter.

Ce déficit est néanmoins préoccupant.

Telle qu'on la conçoit en France depuis la Révolution, la démocratie peut se définir comme un régime où les citoyens participent à l'exercice de la souveraineté par l'intermédiaire de leurs représentants élus, c'est-à-dire du Parlement et accessoirement par voie de référendum. Or les transferts de compétence liés à la construction européenne réduisent inévitablement l'espace de décision des parlements nationaux. En 1992, déjà, on considérait que la moitié environ des règles nouvelles introduites chaque année dans le corpus juridique français l'étaient à la suite d'une initiative prise au niveau communautaire (Conseil d'État, 1993, p. 16). Il subsiste tout de même encore aujourd'hui un noyau dur de compétences nationales qui comprend notamment la majeure partie du droit civil et du droit pénal, l'éducation, les rapports entre l'État et les églises, ainsi que l'organisation des services publics (sous réserve de l'obligation de respecter les principes de libre circulation des marchandises et des services). Mais ce noyau n'est pas nécessairement intangible car les transferts de compétence appellent sans cesse de nouveau transferts : par exemple la monnaie commune appelle une harmonisation des politiques économiques et budgétaires, la suppression des contrôles aux frontières appelle unc coordination des politiques de sécurité.

À s'en tenir aux institutions nationales, force est donc de constater que la démocratie risque de régresser. De quels moyens dispose-t-on pour lutter contre cette régression ? La réponse dépend au moins en partie de la manière dont les citoyens français sont représentés au sein de l'Union.

2. La représentation des citoyens français au sein de l'Union

En tant qu'État membre, la République française est représentée au sein de l'Union par ses autorités exécutives, Président de la République et Gouvernement.

Le Président de la République (éventuellement accompagné du Premier ministre, surtout en période de cohabitation) siège au Conseil européen.

Au Conseil des ministres, souvent désigné sous le nom de Conseil, qui exerce le pouvoir législatif conjointement avec la Commission et le Parlement européen, le Gouvernement délègue l'un de ses membres, choisi en fonction des questions figurant à l'ordre du jour.

Enfin, comme ses homologues étrangers, l'exécutif français désigne un commissaire (sur 25) et un juge à la Cour de justice des communautés européennes (sur 25).

Les règles concernant cette représentation des États membres résultent directement des traités. On se bornera donc à renvoyer sur ce point à la présentation de l'Union européenne (voir *supra*).

Mais à côté de la représentation des États, il y a place pour une représentation des citoyens (28), dont les modalités sont variables car elles dépendent en partie de décisions prises au niveau national. C'est grâce à cette représentation que l'on peut espérer réduire le déficit démocratique. Elle se réalise à la fois par l'intermédiaire du Parlement national et par l'élection de députés au Parlement européen.

La représentation des citoyens par leur Parlement national. — Depuis que le Parlement européen est élu au suffrage direct (1979), les parlements nationaux ne sont plus représentés au sein des organes de l'Union (29). Mais dans la plupart des États membres, ils participent d'une manière indirecte, et selon des modalités variables, à l'élaboration de la législation européenne.

En Allemagne, pour les questions relevant, d'après la Constitution allemande, de la compétence des Länder, le gouvernement fédéral ne peut pas défendre en Conseil des ministres européen une position qui n'aurait pas été approuvée par le Bundesrat. Parfois même, il doit céder la place à des représentants désignés par le Bundesrat.

---

(28) On soutient parfois que les citoyens sont également représentés par le Conseil des ministres ou le Conseil européen, les membres de ces deux organes étant soit élus, comme le Président de la République française, soit responsables devant leur Parlement national. Cette thèse paraît difficilement défendable car les constitutions nationales elles-mêmes ne donnent pas à ces autorités la qualité de représentant (voir la théorie de la représentation, *supra*, Première Partie).

(29) Cependant, le protocole 1 du traité établissant une constitution pour l'Europe prévoit qu'une conférence des organes parlementaires spécialisés dans les affaires de l'Union peut soumettre des « contributions » à l'attention du Parlement européen, du Conseil ou de la Commission.

Au Danemark, les positions à défendre sont arrêtées d'un commun accord entre le gouvernement et le Folketing (parlement).

En France, d'après l'article 88-4 C, chacune des deux assemblées est tenue informée des projets d'actes communautaires et peut adopter des résolutions exprimant un avis à leur sujet (voir *infra* Chapitre 2, section 4). Mais ces résolutions ne lient pas le gouvernement.

Mais plus encore que d'être associé à l'élaboration de la législation communautaire, certains parlements nationaux souhaiteraient être en mesure d'en contrôler l'expansion. On sait que, d'après le principe dit de subsidiarité, dans les domaines qui ne relèvent pas de sa compétence exclusive, l'Union ne doit intervenir que si et dans la mesure où les objectifs de l'action envisagée ne peuvent pas être réalisés de manière suffisante par les États membres. Il a été proposé de créer une instance de recours, composée de représentants des parlements nationaux, qui exercerait une sorte contrôle *a priori* en examinant les exceptions de subsidiarité soulevées contre des projets d'acte communautaire (30).

Sans aller aussi loin, le projet de traité constitutionnel a prévu diverses procédures permettant aux parlements nationaux de s'élever contre une atteinte au principe de subsidiarité (voir *infra* Chapitre 3, section 1). Par exemple, si un projet d'acte européen est jugé contraire au principe de subsidiarité par un tiers au moins des parlements nationaux, ce projet doit être réexaminé par l'organe qui en est l'auteur (la commission dans le cas le plus fréquent). Mais ce réexamen n'implique nullement l'abandon du projet, le dernier mot, en matière de subsidiarité, étant toujours réservé à la Cour de justice (31).

La représentation des citoyens par le Parlement européen. — Depuis 1979, le Parlement européen est élu par les citoyens au suffrage universel direct. Le traité fixe le nombre de sièges attribués à chaque pays mais les modalités de l'élection varient selon les législations nationales.

Ainsi qu'on l'a déjà signalé, le mode actuel de répartition des sièges favorise les citoyens des États les moins peuplés. Depuis l'élargissement

(30) Voir les propositions faites par la Délégation pour l'Union européenne de l'Assemblée nationale, in *Quelles réformes pour l'Europe de demain ?*, rapport d'information nº 1939, 1995, p. 197 s.

(31) Voir sur ce point le protocole 2 sur l'application des principes de subsidiarité et de proportionnalité.

de 15 à 25 États, qui a pris effet en 2004, la France dispose de 78 sièges pour ses 63 millions d'habitants. Un député allemand ou français représente environ 800 000 personnes, un député estonien 200 000, un député maltais moins de 80 000. De tels écarts sont d'autant plus surprenants que le Parlement européen est censé représenter les citoyens, et non les États. Ils ne seraient pas tolérés s'il s'agissait de la Chambre basse d'un État national, qui a également vocation à représenter les citoyens. Loin de corriger ces inégalités, le traité établissant une constitution pour l'Europe les systématise en stipulant que la représentation des citoyens de chaque État membre est assurée de façon dégressivement proportionnelle, ce qui signifie que plus la population est importante, plus le nombre de citoyens représentés par un député est élevé.

Jusqu'en 2004, les représentants de la France étaient élus dans le cadre d'une circonscription nationale unique. Les sièges étaient répartis entre les listes ayant obtenu au moins 5 % des suffrages exprimés selon le système de la représentation proportionnelle à la plus forte moyenne, sans possibilité de panachage. Élus sur des listes nationales, les députés européens étaient donc dépourvus d'attaches locales. De plus, leur mode d'élection aboutissait à une représentation très fragmentée car de petits partis, parfois extrémistes, parfois un peu folkloriques, parvenaient à grignoter quelques sièges en additionnant leurs voix sur l'ensemble du territoire. Rendant plus difficile l'adoption d'une stratégie commune, cette dispersion avait pour effet de diminuer le poids de la France au Parlement européen.

Afin de rapprocher les élus de leurs électeurs, la loi du 11 avril 2003 a remplacé la circonscription nationale unique par huit circonscriptions dont chacune (à l'exception de l'Ile-de-France) comprend au moins deux régions ou territoires d'outre-mer. Ce nouveau système, qui s'est appliqué pour la première fois lors de l'élection du 13 juin 2004, a entraîné l'élimination d'un certain nombre de petits partis (trotskystes, écologistes dissidents, souverainistes de droite, etc.). Le Parti socialiste, qui profitait à la fois de l'impopularité du Gouvernement et d'une moindre dispersion des voix de gauche, a été le principal bénéficiaire de la réforme.

Le Parlement européen parviendra-t-il à compenser le « déficit démocratique » provoqué par les transferts de compétences ? Rien n'est moins sûr car ses pouvoirs sont proportionnellement moins importants que ceux des parlements nationaux (voir *supra*). Force est d'ailleurs de constater que les citoyens européens ne lui accordent qu'une attention limitée, comme le montrent les taux très élevés d'abstentions dans la plupart des états membres lors du scrutin de juin 2004 (57 % en France, 61 % au Royaume-Uni, près de 80 % en Pologne).

Sous-section 4
La révision de la Constitution

On a déjà signalé que la Constitution de 1958 avait fait l'objet de plusieurs révisions dont certaines ont marqué un tournant important dans l'histoire du régime. Mais il est intéressant de savoir comment la Constitution peut être modifiée, car c'est une question fortement controversée et dont la solution revêt une grande importance du point de vue de l'équilibre des pouvoirs.

Le titre XVI de la Constitution s'intitule : « De la révision » (32).

Il comprend un article unique, l'article 89, qui détermine la procédure normalement applicable en matière de révision constitutionnelle.

Néanmoins, l'expérience prouve que la révision peut aussi se dérouler en dehors du cadre de l'article 89.

§ 1. La révision dans le cadre de l'article 89

A L'initiative

L'initiative de la révision appartient concurremment au Président de la République sur proposition du Premier ministre et aux membres du Parlement. Mais, dans un cas comme dans l'autre, des limitations sont prévues.

B Les limitations du pouvoir de révision

Certaines limitations ont trait aux circonstances. Aux termes de l'article 89 al. 4 : *« Aucune procédure ne peut être engagée ni poursuivie*

(32) Il s'agissait à l'origine du titre XIV. Mais la numérotation a été modifiée à deux reprises car les lois constitutionnelles du 25 juin 1992 et du 27 juillet 1993 ont chacune inséré un nouveau titre dans la Constitution.

lorsqu'il est porté atteinte à l'intégrité du territoire ». Il s'agit d'éviter que les institutions puissent être modifiées sous la pression d'une armée d'occupation, comme en juillet 1940. Par ailleurs, il ne peut être fait application de l'article 89 durant la vacance de la Présidence de la République ou durant la période qui s'écoule entre la déclaration du caractère définitif de l'empêchement du Président de la République et l'élection de son successeur (art. 7, dernier al. C).

Mais l'article 89 prévoit également une limitation portant sur l'objet même de la révision. Aux termes de l'alinéa 5 : « *La forme républicaine du Gouvernement ne peut faire l'objet d'aucune révision* »... Compte tenu de la faiblesse actuelle du courant monarchiste, cette limitation ne semble pas très contraignante, du moins si l'on admet que la forme républicaine du Gouvernement suppose seulement que la fonction de chef de l'État n'est pas exercée par un monarque héréditaire.

Étant donné le peu d'importance des limitations expressément prévues par le texte de la Constitution, on admet généralement en France que le pouvoir constituant est souverain, c'est-à-dire qu'une loi de révision peut pratiquement tout faire pourvu qu'elle soit adoptée dans les formes prévues par l'article 89. Dans sa décision 312 DC du 2 septembre 1992, parfois désignée sous le nom de « Maastricht 2 » (33), le Conseil constitutionnel a d'ailleurs lui-même employé cette expression en rappelant néanmoins que cette souveraineté doit s'entendre sous réserve des limitations prévues par les articles 7, 16 et 89 (considérant 19). À première vue, ce principe de souveraineté du pouvoir constituant semble correspondre aux exigences de la démocratie. Le peuple n'a-t-il pas le droit inaltérable « de revoir, de réformer et de changer sa Constitution », comme l'affirmait déjà l'article 28 de la Déclaration des droits de l'homme et du citoyen du 24 juin 1793 ?

Le problème de la souveraineté ou de la limitation du pouvoir constituant est cependant moins simple qu'il ne parait. D'une part, lorsque

(33) Le traité de Maastricht a donné lieu à trois décisions du Conseil constitutionnel.

La première (Maastricht I, 12 avril 1992), intervenue sur saisine du Président de la République dans le cadre de l'article 54 C, portait sur la question de savoir si le traité de Maastricht contenait des clauses contraires à la Constitution. C'est à la suite de cette décision que la Constitution a été révisée par la loi du 25 juin 1992.

La deuxième (Maastricht II, 2 septembre 1992), intervenue sur saisine de 60 sénateurs dans le cadre de l'article 54 C, portait sur la question de savoir si la révision du 25 juin 1992 avait fait disparaître tous les obstacles constitutionnels à la ratification du traité. Le Conseil constitutionnel a répondu affirmativement.

Enfin la dernière (Maastricht III, 20 septembre 1992), intervenue sur saisine de 60 députés dans le cadre de l'article 61, al. 2 C, était dirigée contre la loi autorisant la ratification du traité. Cette loi ayant été adoptée par référendum, le Conseil constitutionnel s'est déclaré incompétent. Voir *infra*, chapitre 3.

la procédure de l'article 89 se termine par un vote du congrès et non par un référendum (voir *infra*), la Constitution est en fait révisée par les assemblées représentatives sans l'intervention directe du peuple. Dans ce cas au moins, une limitation quant au fond du pouvoir de révision pourrait donc être considérée comme démocratiquement légitime : elle se justifierait par l'idée que le congrès est un pouvoir constituant de moindre valeur, les révisions les plus importantes devant être laissées à la décision du souverain lui même, c'est-à-dire du peuple statuant par voie de référendum. D'autre part, on admet généralement qu'une démocratie cesse d'exister à partir du moment où certains droits fondamentaux et certaines libertés essentielles ne sont plus respectés. Si cela est vrai, à quoi servirait-il d'interdire le rétablissement de la monarchie (comme le fait l'article 89.4) sans interdire en même temps la remise en cause des grands principes sur lesquels repose le régime républicain (liberté d'association, liberté de la presse et tous ceux qu'on rattache en général à l'État de droit) ? C'est pourquoi certains auteurs estiment que l'expression « forme républicaine du Gouvernement » devrait être entendue dans un sens large : elle exclurait non seulement le remplacement du Président de la République par un monarque héréditaire, mais aussi l'abrogation des « principes fondamentaux reconnus par les lois de la République », auxquels se réfère le Préambule de 1946 qui fait lui-même partie du « bloc de constitutionnalité ».

C'est un raisonnement semblable qui a conduit les cours constitutionnelles allemande, italienne et autrichienne à limiter la souveraineté du pouvoir constituant en déclarant que certains principes avaient une valeur supraconstitutionnelle (voir *supra*, Première Partie, Chapitre 1) et devaient donc être protégés contre toute tentative de révision. En France, où la tradition républicaine a longtemps reposé sur le principe de la souveraineté parlementaire, le contrôle de constitutionnalité des lois a mis longtemps à s'imposer et aujourd'hui même il n'est pas toujours parfaitement toléré. Il le serait sans doute encore moins si le juge constitutionnel prétendait exercer un contrôle sur l'exercice du pouvoir constituant.

C'est probablement pour cette raison que le Conseil constitutionnel s'est déclaré incompétent pour contrôler les lois de révision constitutionnelles adoptées dans le cadre de l'article 89 même lorsqu'elles n'ont pas été soumises au référendum (déc. n° 2003-469 DC du 26 mars 2003).

C La procédure

La révision constitutionnelle doit d'abord être votée en termes identiques par les deux assemblées. Mais l'étape finale de la procédure dépend, d'une part, de l'autorité qui a pris l'initiative de la révision et, d'autre part, d'une option ouverte au Président de la République.

Si l'initiative de la révision a été prise par le Parlement *(proposition)*, une fois que chacune des deux Chambres a adopté le texte dans les mêmes termes, il doit obligatoirement être soumis au référendum. S'il s'agit d'un *projet*, donc une initiative de l'exécutif, le Président de la République peut décider de ne pas faire intervenir directement le peuple et soumettre le projet de révision au Parlement convoqué en Congrès, c'est-à-dire statuant les deux Chambres réunies. Dans ce cas une majorité spéciale est requise, car le projet ne deviendra loi constitutionnelle que s'il a réuni en sa faveur la majorité des trois cinquièmes des suffrages exprimés (art. 89 al. 3).

Certains projets, qui avaient passé la première étape, n'ont cependant été soumis ni au référendum ni au congrès. Tel est notamment le cas du projet de G. Pompidou réduisant à 5 ans la durée du mandat Présidentiel (projet du 6 septembre 1973) et de celui de V. Giscard d'Estaing modifiant le régime de l'incompatibilité entre les fonctions parlementaires et ministérielles (projet du 27 septembre 1974). Ils avaient été adoptés par l'Assemblée nationale et le Sénat, mais à des majorités trop faibles pour que l'on pût espérer aboutir par la voie du Congrès. Dans les deux cas, le Président, estimant qu'un référendum sur la réforme envisagée n'aurait pas été opportun, a donc préféré arrêter la procédure. Mais l'on admet généralement que cette procédure est seulement suspendue, le passage à la seconde étape pouvant intervenir même après un intervalle de plusieurs années.

Au cas où une proposition (et non plus un projet) de révision franchirait le cap de l'adoption en termes identiques par l'Assemblée nationale et le Sénat (ce qui ne s'est encore jamais produit), il serait difficile d'admettre que l'étape suivante (c'est-à-dire le référendum) puisse être différée. Il serait en effet choquant que l'exécutif puisse retarder indéfiniment l'aboutissement d'une procédure de révision dont le Parlement a pris l'initiative. Dans ce cas, le Président de la République (ou éventuellement le Premier ministre) devrait donc se considérer comme tenu d'organiser immédiatement un référendum sur la proposition, même si ce référendum lui paraissait inopportun.

D La pratique

Dix-sept révisions constitutionnelles ont déjà été menées à bien dans le cadre de l'article 89.

1) La loi constitutionnelle du 30 décembre 1963, qui a modifié l'article 28, n'avait aucune portée politique. Il s'agissait seulement d'apporter

de légères modifications aux dates des deux sessions ordinaires annuelles du Parlement.

2) La loi constitutionnelle du 29 octobre 1974, qui a modifié l'article 61 al. 2, a marqué un tournant important dans l'histoire du régime. En ouvrant la saisine du Conseil constitutionnel à de simples parlementaires, elle a donné un essor considérable au contrôle de constitutionnalité.

3) La loi constitutionnelle du 18 juin 1976, qui a ajouté plusieurs alinéas à l'article 7, répondait à des préoccupations très précises. Elle a fixé les règles applicables au cas où une élection Présidentielle serait perturbée par le décès ou l'empêchement d'un candidat.

4) La loi constitutionnelle du 25 juin 1992 a apporté à la Constitution les modifications nécessaires pour permettre la ratification du traité sur l'Union européenne, plus connu sous le nom de traité de Maastricht. Un titre nouveau a été inséré dans la Constitution : Il s'agit du titre XV, qui est intitulé « Des Communautés européennes et de l'Union européenne ». En outre, divers articles de la Constitution (2, 54, 74) ont été modifiés.

5) La loi constitutionnelle du 27 juillet 1993 a trait au fonctionnement de la justice : il s'agissait d'une part, de renforcer les garanties d'indépendance des magistrats en modifiant la composition et le rôle du Conseil supérieur de la magistrature et, d'autre part, de faciliter la mise en jeu de la responsabilité pénale des membres du Gouvernement.

6) La loi constitutionnelle du 25 novembre 1993, qui a inséré dans la Constitution un article 53-1, a trait aux accords internationaux en matière de droit d'asile : il s'agissait d'éviter que les autorités françaises soient obligées de réexaminer systématiquement les demandes d'asile politique déjà examinées et rejetées par les autorités d'un autre État membre de la CE. Cette révision est intéressante moins par son objet que par le contexte juridico-politique : pour la première fois, la Constitution a été révisée pour faire échec à la jurisprudence du Conseil constitutionnel, c'est-à-dire pour permettre au Parlement d'adopter une loi que le Conseil constitutionnel avait déclarée non conforme à la Constitution.

7) La loi constitutionnelle du 4 août 1995 porte à la fois sur l'élargissement du champ du référendum (art. 11) et sur le fonctionnement des assemblées parlementaires : institution d'une session ordinaire unique (art. 48) ; ordre du jour des séances (art. 48) ; régime de l'inviolabilité parlementaire (art. 28).

8) La loi constitutionnelle du 22 février 1996 a étendu les compétences du Parlement qui, en plus de la loi de finances relative au budget de l'État, doit désormais voter chaque année une « loi de financement de la sécurité sociale ».

9) La loi constitutionnelle du 20 juillet 1998 a introduit un nouveau titre intitulé « Dispositions transitoires relatives à la Nouvelle-Calédonie » (voir *supra*).

10) La loi constitutionnelle du 25 janvier 1999 a modifié les articles 88-2 et 88-4 pour permettre la ratification du traité d'Amsterdam.

11) et 12) Le 8 juillet 1999, deux lois constitutionnelles ont été simultanément promulguées.

— La première (n° 99-568) a inséré dans la Constitution un nouvel article 53-2 pour permettre la ratification du traité sur la Cour pénale internationale.

— La seconde (n° 99-569) a modifié les articles 3 et 4 C pour permettre au législateur de favoriser « l'égal accès des femmes et des hommes aux mandats électoraux et fonctions électives ».

13) La loi de révision du 2 octobre 2000 a réduit la durée du mandat présidentiel de sept à cinq ans.

14) La loi constitutionnelle du 25 mars 2003 a modifié l'article 88-2 pour permettre au législateur de fixer « les règles relatives au mandat d'arrêt européen en application des actes pris sur le fondement du traité sur l'Union européenne ». Il s'agit de faciliter l'arrestation de personnes se trouvant sur le territoire français et qui sont poursuivies dans un autre pays de l'Union parce qu'on les soupçonne d'avoir commis certaines infractions particulièrement graves (actes de terrorisme, etc.).

15) La loi constitutionnelle du 28 mars 2003, dite « loi sur l'organisation décentralisée de la République », a modifié de nombreux articles de la Constitution (voir *supra*).

16) et 17) Le 1er mars 2005, deux lois constitutionnelles ont été promulguées.

— La première (2005-204) contenait plusieurs modifications en relation avec le projet de ratification du traité établissant une Constitution pour l'Europe.

— La seconde (2005-205) a modifié, pour la première fois, le Préambule de la Constitution, en ajoutant « la Charte de l'environnement » à la liste des textes adossés à ce Préambule.

Il convient de noter que, en ce qui concerne la seconde étape de la procédure, le Président de la République a toujours choisi la voie du congrès, sauf pour la réforme du quinquennat. Le référendum du 24 septembre 2000 est jusqu'à présent le seul qui ait été organisé dans le cadre de l'article 89. Pourtant, certains auteurs ont soutenu, notamment en 1992 (à propos du traité de Maastricht) et en 1998 (à propos du traité d'Amsterdam), que s'agissant d'une révision qui n'était pas une simple modification, mais une véritable transformation touchant à l'essence même de la Constitution, l'intervention du peuple était obligatoire politiquement et même juridiquement (Beaud, 1993). Mais à cet argument tiré de l'esprit de la Constitution, il est facile d'opposer le texte même de l'article 89, qui ne prévoit aucune restriction en ce qui concerne les modifications susceptibles d'être apportées à la loi fondamentale par la voie du congrès, plus rapide et surtout politiquement moins périlleuse que celle du référendum. En définitive, quel que soit l'objet de la révision, le choix entre les deux voies relève donc de l'appréciation totalement discrétionnaire du Président de la République.

Il arrive d'ailleurs que le Président n'ait pas à faire ce choix car, en cas de désaccord entre les deux assemblées, le projet de révision est bloqué dès la première étape. C'est ce qui s'est produit par exemple en 1984, à propos de l'élargissement du domaine du référendum et en 1991, à propos de l'exception d'inconstitutionnalité. L'article 89 en effet ne permet pas au Gouvernement de donner le dernier mot à l'Assemblée nationale, comme il peut le faire dans la procédure législative ordinaire. En matière de révision constitutionnelle, le Sénat dispose donc d'un pouvoir de veto qui serait incontournable si la procédure de l'article 89 était réellement exclusive. Peut-être l'est elle en théorie. Mais elle ne l'est pas toujours en pratique comme le montrent les précédents de 1962 et 1969.

§ 2. La révision en dehors du cadre de l'article 89

Du fait qu'il constitue l'intégralité du titre XVI, l'article 89 devrait être considéré comme la seule procédure de révision juridiquement correcte, sous réserve des exceptions éventuellement prévues par la Constitution.

Or, la Constitution n'a prévu de dérogation à l'article 89 que dans un seul cas : lorsqu'il s'agit de modifier les dispositions concernant le fonctionnement des institutions de la Communauté franco-africaine établie par le titre XII. C'est alors une procédure spéciale définie par l'article 85 qui s'applique. Cette procédure n'a été utilisée qu'une seule fois, pour l'adoption de la loi constitutionnelle du 4 juin 1960, qui a permis aux États membres de la Communauté de devenir indépendants « sans cesser de ce fait d'appartenir à la Communauté ». Mais elle n'a plus aujourd'hui qu'un intérêt historique, les institutions de la Communauté ayant depuis longtemps cessé de fonctionner et même d'exister.

Une dérogation beaucoup plus importante a été introduite par la pratique en 1962, lorsque le général De Gaulle a voulu modifier l'article 7 de la Constitution pour instituer l'élection du Président de la République au suffrage universel direct. Le Sénat étant hostile à cette réforme, celle-ci n'avait aucune chance d'aboutir dans le cadre de l'article 89. Pour contourner cet obstacle, le général De Gaulle a soumis directement le projet de révision au référendum en invoquant non pas l'article 89 mais l'article 11, ce qui permettait de court-circuiter le Parlement. Cette initiative a déclenché une controverse constitutionnelle dont les échos n'ont pas cessé de se faire entendre, et dont on résumera les principaux arguments.

1° Selon le général De Gaulle et son premier ministre de l'époque, G. Pompidou, l'article 11 de la Constitution, qui autorise le Président de la République sur proposition du gouvernement ou des assemblées *« à soumettre au référendum tout projet de loi portant sur l'organisation des pouvoirs publics »*, serait applicable à un projet de révision constitutionnelle.

Leurs adversaires objectaient que cet argument reviendrait à soutenir l'existence de deux procédures parallèles de révision : celle de l'article 89 et celle de l'article 11. S'il en était ainsi, les constituants, disait-on, auraient fait preuve d'un grand désordre, car l'article 89 est inclus dans un titre spécial intitulé « De la révision ». Or, ou bien ce titre n'a pas de sens, ou bien toutes les règles relatives à la révision s'y trouvent réunies.

2° À cette objection, on a cru pouvoir répondre en s'appuyant sur les mots « organisation des pouvoirs publics », utilisés par l'article 11. Et pour prouver qu'une loi portant sur l'organisation des pouvoirs publics ne saurait être qu'une loi constitutionnelle, le gouvernement invoquait la loi du 25 février 1875, loi constitutionnelle de la IIIe République, qui s'intitulait en effet « loi relative à l'organisation des pouvoirs publics ».

Mais on pouvait faire valoir que les textes sur les pouvoirs publics ne doivent pas obligatoirement être adoptés en forme constitutionnelle et qu'ils peuvent l'être également, au gré du constituant, en forme législative. Le constituant de 1875 avait pu adopter la forme constitutionnelle et le constituant de 1958 la forme législative. Un projet de loi sur l'organisation des pouvoirs publics signifiait donc sous la Ve République, à la différence de la IIIe République, un projet de loi ordinaire.

3° Les partisans du référendum soutenaient encore que, le peuple étant souverain, il ne peut être lié par aucune procédure préétablie. Leurs adversaires répondaient que le peuple n'est pleinement souverain que lorsqu'il exerce le pouvoir constituant originaire, mais que, ayant adopté la Constitution de 1958, il acceptait d'exercer sa souveraineté seulement dans les formes prévues par le texte.

Le général De Gaulle ayant néanmoins soumis son projet au référendum, la loi constitutionnelle fut adoptée par les électeurs. Le Conseil constitutionnel saisi par le Président du Sénat de la loi référendaire, parut se rallier à la thèse de la souveraineté illimitée. Il se déclara incompétent au motif que cette loi constituait « l'expression directe de la souveraineté nationale » (CC déc. nº 62-20 du 6 nov. 1962, *Rec.* p. 27).

La loi constitutionnelle du 6 novembre 1962 relative à l'élection du Président de la République au suffrage universel direct a donc été adoptée en application de l'article 11, et non de l'article 89.

C'est en se fondant de nouveau sur l'article 11 qu'en 1969, le général De Gaulle soumit au référendum un projet de révision constitutionnelle visant l'organisation régionale et la transformation du Sénat. Ce projet fut rejeté par le peuple. Mais du fait qu'il existait un précédent, la question de la constitutionnalité se présentait désormais autrement.

Selon certains auteurs, le succès du référendum de 1962 avait donné naissance à une coutume constitutionnelle validant pour l'avenir le recours à l'article 11, à supposer que ce recours ait été initialement incorrect (voir l'opinion du Pr. Vedel, *Le Monde*, 22 déc. 1968). Cet argument n'a pas convaincu l'ensemble de la doctrine. On a fait observer d'une part, que la coutume ne peut aller *contra legem* et, d'autre part, que l'initiative prise par le général De Gaulle en 1962 n'avait pas bénéficié de l'adhésion générale sans laquelle une coutume ne saurait s'établir (voir l'opinion du Pr Prelot, *Le Monde*, 15 mars 1969).

Ainsi, la controverse paraît donc indécidable pour ce qui concerne les référendums de 1962 et 1969. Cependant, le Président Mitterrand a repris à son compte l'argument de la coutume et considéré qu'il existe désormais deux voies (34).

La révision de la Constitution par la voie de l'article 11 est donc toujours possible. L'essor qu'a pris le contrôle de constitutionnalité depuis vingt ans n'y ferait pas obstacle, car, à en juger par sa décision Maastricht III du 20 septembre 1992, le Conseil constitutionnel se refuse toujours à censurer les lois d'origine référendaire (35). Mais il ne faut

(34) « L'usage établi et approuvé par le peuple peut désormais être considéré comme l'une des voies de la révision, concurremment avec l'article 89. Mais l'article 11 doit être utilisé avec précaution, à propos de textes peu nombreux et simples dans leur rédaction. Sinon, il serait préférable que la consultation des Français fut éclairée par un large débat parlementaire » a-t-il déclaré (déclaration à O. Duhamel, voir *Pouvoirs*, nº 45, 1988, p. 131 s.).

(35) Certaines décisions rendues par le Conseil constitutionnel en 2005, dans le cadre de la campagne du référendum sur le traité établissant une Constitution pour l'Europe, laissent néanmoins supposer que cette position est susceptible d'évolution. Un contrôle préalable au scrutin pourrait éventuellement être exercé dans le cadre de l'article 60 C aux termes duquel le conseil constitutionnel « veille

pas exagérer les avantages que présente le recours à l'article 11 pour le Président de la République : Cette procédure lui permettrait sans doute de passer outre à une éventuelle opposition du Sénat, mais elle l'exposerait au risque d'être personnellement désavoué par le peuple, comme ce fut le cas pour le général De Gaulle en 1969.

C'est sans doute la raison pour laquelle jusqu'à présent ses successeurs ont toujours préféré présenter leurs projets de révision dans le cadre de l'article 89, même si cela leur a parfois valu des déboires parlementaires.

Quant au Comité consultatif pour la révision de la Constitution (voir *infra*), il a proposé un assouplissement de l'article 89 qui pourrait constituer une alternative à l'article 11 : Le Président de la République pourrait faire adopter par référendum un projet de révision de la Constitution approuvé par l'une ou l'autre assemblée à la majorité des 3/5 des suffrages exprimés. Il ne serait donc plus nécessaire de recourir à l'article 11 pour modifier la Constitution sans l'accord du Sénat. Mais jusqu'à présent cette proposition n'a pas été retenue.

§ 3. L'état actuel du problème de la révision

La question des formes de la révision constitutionnelle ne suscite plus aujourd'hui les passions, comme c'était le cas du temps du général De Gaulle. Par contre, certains des problèmes de fond demeurent d'actualité.

Comparativement à d'autres périodes de l'histoire française, les révisions sont en moyenne assez fréquentes sous la Ve République : on en compte déjà dix-neuf depuis 1958, en incluant celles qui n'ont pas été adoptées selon la procédure de l'article 89. Et le rythme s'est nettement accéléré au cours de la période la plus récente puisqu'il y a eu en moyenne une révision par an depuis 1992.

Ainsi qu'on l'a déjà noté, cette accélération s'explique en partie par les transferts de compétences liés à la construction européenne ou à d'autres engagements internationaux, comme le traité sur la Cour pénale internationale. Il est vrai que les traités européens initiaux prévoyaient déjà d'importants transferts de compétences et que cependant leur ratification n'avait nécessité aucune révision constitutionnelle. Mais à l'époque (c'est-à-dire sous la IVe République), il n'y avait pas de juge constitu-

---

à la régularité des opérations de référendum » (voir *infra*, section 2 du présent chapitre).

tionnel, et le législateur pouvait donc interpréter la Constitution à sa guise. La situation est aujourd'hui différente, en raison de l'existence du Conseil constitutionnel et du rôle qu'on lui reconnaît : bien qu'en théorie son intervention soit facultative, les responsables de l'exécutif (Président de la République et Premier ministre) sont pratiquement obligés de lui soumettre, dans le cadre de l'article 54 C, tous les traités susceptibles d'avoir des incidences sur les institutions. Au demeurant, s'ils ne le faisaient pas, le traité lui même (art. 54 C), ou à défaut la loi autorisant sa ratification (art. 61 C) pourrait être déférée au Conseil constitutionnel par des parlementaires de l'opposition.

La construction européenne n'étant pas achevée, d'autres révisions sont sans doute à prévoir, dans le prolongement de celles qui ont été réalisées en 1992 (traité de Maastricht), 1999 (traité d'Amsterdam) et 2005 (traité établissant une constitution pour l'Europe).

Il peut aussi s'avérer nécessaire de réviser la Constitution pour surmonter une décision d'inconstitutionnalité concernant une loi ordinaire, comme l'a fait la loi constitutionnelle du 25 novembre 1993 à propos du droit d'asile et celle du 8 juillet 1999 à propos des quotas par sexe sur les listes de candidats aux élections. Contrairement aux apparences, une telle révision n'est pas de nature à mettre en cause la légitimité du Conseil constitutionnel (36).

La technique adoptée pour la rédaction de quelques unes des lois de révision récentes contribue à expliquer leur fréquence : plutôt que de modifier des principes fondamentaux, on se contente le plus souvent de leur apporter des exceptions ponctuelles. Cette technique présente un triple avantage : d'une part la révision est effectuée à minima sans que l'atteinte aux principes soit clairement visible ; d'autre part la rédaction du projet est simple ; enfin, elle permet de surmonter facilement la jurisprudence du Conseil constitutionnel. L'accélération du rythme des révisions peut également s'expliquer par la longévité de la Constitution de la Ve République, dont on a célébré en 1998 le quarantième anniversaire alors que, exception faite de la IIIe République, aucun des régimes qui se sont succédé en France depuis la Révolution de 1789 n'avait franchi le cap des vingt ans. À l'expérience, certaines dispositions du texte originel se sont révélées mal adaptées, d'autant plus que le contexte politique est aujourd'hui très différent de ce qu'il était en 1958.

C'est pour remédier à certaines de ces inadaptations que le quatrième Président de la Ve République, François Mitterrand, a créé en décembre 1992 un « Comité consultatif pour la révision de la Constitution »,

---

(36) Voir *supra*, Première Partie, *La légitimité du contrôle de constitutionnalité*.

composé en majeure partie d'universitaires et de hauts magistrats, et dont la présidence était confié au doyen Vedel. Les instructions données par le chef de l'État à ce comité assignaient à ses travaux un triple objectif : assurer un meilleur équilibre des pouvoirs, renforcer les droits des citoyens en leur permettant d'accéder au Conseil constitutionnel et en élargissant le domaine du référendum, améliorer les garanties de l'indépendance des magistrats judiciaires.

Il s'agissait d'une démarche relativement nouvelle. C'était en effet la première fois dans l'histoire constitutionnelle française que l'élaboration d'un projet de révision de la Constitution était confiée par décret à des personnalités choisies en raison de leurs compétences et qui, à une exception près, n'étaient titulaires d'aucun mandat politique : autrement dit, à des sages.

Sur certains points, le rapport de ce Comité, rendu public le 15 février 1993, s'est inspiré de projets antérieurs (exception d'inconstitutionnalité, extension du champ du référendum aux garanties fondamentales des libertés publiques). Mais il contenait également des propositions nouvelles, dont certaines sont à l'origine de quelques-unes des réformes réalisées depuis sa publication. On les signalera à l'occasion.

Jusqu'en 2000, malgré les nombreuses modifications apportées à la Constitution, son architecture générale était restée à peu près ce qu'elle était depuis la réforme d'octobre 1962 relative à l'élection du Président de la République au suffrage universel direct. Pourtant, durant les années suivant immédiatement cette réforme, des projets ambitieux, qui tendaient à rééquilibrer les pouvoirs en s'inspirant plus ou moins du modèle présidentiel américain, avaient connu un certain succès, principalement (mais pas exclusivement) dans les milieux de l'opposition. Ils prévoyaient notamment la réduction de la durée du mandat présidentiel, la suppression du poste de Premier ministre, et une plus grande indépendance du Parlement à l'égard de l'exécutif, ce qui impliquait la suppression (ou la limitation) du droit de dissolution. Mais le ralliement de la gauche aux institutions de la Ve République, et son accession au pouvoir en 1981 ont ensuite rejeté ces projets dans l'oubli : l'alternance aidant, les grandes lignes du système établi en 1962 paraissaient faire l'objet d'un consensus général.

Mais depuis quelques années, ce système, qui reposait sur l'idée d'un leadership national exercé par le chef de l'État, et qui impliquait la concordance des deux majorités, parlementaire et présidentielle, était remis en cause par la fréquence et la durée des cohabitations. Ainsi qu'on l'a déjà noté, l'objectif de la réforme du quinquennat, adoptée par le référendum du 24 septembre 2000, est de le rétablir en supprimant le décalage entre les différentes échéances électorales, considéré comme la cause principale des cohabitations. On peut toutefois se demander si, à certains égards, la concomitance entre l'élection présidentielle et l'élection législative n'est pas contraire à la conception gaulliste, selon laquelle la désignation du chef de l'État ne doit pas être mêlée à des luttes partisanes.

Durant les débats qui ont précédé l'adoption du quinquennat, il avait été proposé que cette réforme soit accompagnée d'un ensemble de mesures destinées à harmoniser le fonctionnement du système politique, par exemple une réduction de la durée du mandat des sénateurs (37), ou une redéfinition des rôles respectifs du Président de la République et du Premier ministre. Mais, d'une part, aucune de ces mesures ne rencontrait un assentiment général et, d'autre part, c'est seulement à l'expérience que l'on connaîtra les conséquences de la réforme. C'est pourquoi l'on a finalement opté pour la formule du « quinquennat sec », c'est-à-dire la réduction de la durée du mandat présidentiel sans aucune mesure d'accompagnement.

Bibliographie

AA. VV. (1991), *Le Discours de Bayeux hier et aujourd'hui. Colloque de Bayeux, 15 juin 1990*, Paris, Economica, Aix-en-Provence, PUAM.

AURIOL V. (1970), *Mon septennat (1947-1954). Notes de journal*, Paris, Gallimard.

AVRIL P.,
(1994), *La Ve République, Histoire politique et constitutionnelle*, Paris, PUF, 2e éd.
(1998), « Violations et conventions de la Constitution », in *France Forum*, n° 322, p. 217.

BEAUD O. (1993), « La souveraineté de l'État, le pouvoir constituant et le traité de Maastricht », *RFDA*, p. 1045 et s.

BERLIA G. (1962), « Le problème de la constitutionnalité du référendum du 28 octobre 1962 », *RDP*, p. 936.

BIGAUT C. (2000), *Le réformisme constitutionnel en France (1789-2000)*, Paris, LGDJ.

BLÉRIOT L. (2005), « Les départements et régions d'outre-mer : un statut à la carte », in *Pouvoirs*, n° 113, p. 57-69.

(37) Cette mesure ne nécessitait pas une réforme constitutionnelle car, d'après l'article 25 C, la durée des pouvoirs de chaque assemblée est fixée par une loi organique. Elle a été réalisée par la loi organique du 30 juillet 2003, qui a réduit le mandat des sénateurs de 9 à 6 ans. (voir *infra*, Chapitre 2, section 3).

BREDIN J.-D. (1974), *La République de M. Pompidou*, Paris, Fayard.

CAMBY J.-P., (2003), « Supra-constitutionnalité : la fin d'un mythe », in *RDP*, p. 671-688.

CANÉDO M. (2003), « L'histoire d'une double occasion manquée », *RDP*, p. 767 et s.

CHAGNOLLAUD D. et QUERMONNE J.-L. (1996), *Le gouvernement de la France sous la Ve République*, Paris, Fayard.

CHALTIEL F. (2000), *La souveraineté de l'État et l'Union européenne, l'exemple français : recherches sur la souveraineté de l'État membre*, Paris, LGDJ.

CHANTEBOUT B. (1992), *La Constitution française, propos pour un débat*, Paris, Dalloz.

CHAPSAL J. (1993), *La vie politique sous la Ve République*, 2 tomes, Paris, PUF, 6e éd.

CHEVALLIER J.-J., CARCASSONNE G., DUHAMEL O. (2004), *La Ve République (1958-2004). Histoire des institutions et des régimes politiques de la France*, Paris, A. Colin.

CLINCHAMPS N. (2005), « Les collectivités d'outre-mer et la Nouvelle-Calédonie : le fédéralisme en question », in *Pouvoirs* n° 113, p. 73-94.

COLLIARD C. A.
(1978), *Les régimes parlementaires européens*, Presses de la FNSP.
Comité consultatif pour la révision de la Constitution, présidé par le doyen G. VEDEL (1993), *Propositions pour une révision de la Constitution*, Paris, La Documentation Française.

CONSEIL D'ÉTAT (1993), *Rapport public*, Paris, La Documentation française.

DAUPS Th. (1998), *Les institutions de la Ve République*, Rennes, Presses universitaires de Rennes.

DE LACHARRIÈRE R. (1983), *La Ve, quelle République ?* Paris, PUF.

DE LA GORCE P.-M., MOSCHETTO B. (2004), *La Ve République*, Paris, PUF.

DEBRÉ J.-L.,
(1974), *Les idées constitutionnelles du général De Gaulle*, Paris, LGDJ.
(1975), *La Constitution de 1958*, Paris, PUF.

DEBRÉ M. (1958), *Refaire une Démocratie, un Pouvoir, un État*, Paris, Plon.

DENQUIN J.-M. (1988), *La genèse de la Ve République*, Paris, PUF.

Documents pour servir à l'histoire de l'élaboration de la Constitution de 1958, Paris, La Documentation française, vol. 1 (1987), vol. 2 (1988) et vol. 3 (1991).

DEBBASCH (dir.) (2004), *Ve République. Textes, jurisprudence, pratique*, 4e éd., Paris, Dalloz.

DONEGANI J. M., SADOUN M. (1999), *La cinquième République, naissance et mort*, Paris, Gallimard.

DUHAMEL O.
(1993), *La gauche et la Ve République*, Paris, PUF.
(1987), « Remarques sur la notion de régime semi-Présidentiel », *Mélanges Duverger*, Paris, PUF, p. 581 et s.
(1988), « Sur les institutions, entretien avec F. Mitterrand », *Pouvoirs*, no 45, p. 131 et s.
(2003), *Le pouvoir politique en France, la Ve République*, Paris, Seuil, 5e éd.

DUHAMEL O., PARODI J.-L., (éd.) (1988), *La Constitution de la Ve République*, Paris, Presses de la FNSP, 2e éd.

DUVERGER M.
(1978), *Échec au Roi*, Paris, Albin Michel.
(1986), *Les régimes semi-Présidentiels*, Paris, PUF.
(1996), *Le système politique français*, Paris, PUF, 21e éd.

ELGEY G., COLOMBANI J. M. (1999), *La Cinquième ou la République des phratries*, Paris, Fayard.

FABERON J. Y. (1999), « Nouvelle Calédonie et Constitution : la révision constitutionnelle du 20 juillet 1998 », *RDP*, p. 113.

FAVOREU L. (1998), *Justice constitutionnelle. Belgique, Espagne, Italie, Allemagne*, Paris, La Documentation Française.

FAVOREU L., MAUS D. et PARODI J.-L., (éd.) (1992), *L'écriture de la Constitution* de 1958, Paris, Economica.

FAVOREU L., VEDEL G. (1993), « Souveraineté et supra-constitutionnalité », *Pouvoirs* no 67, p. 71-99.

FRANÇOIS B. (1996), *Naissance d'une constitution : la cinquième République, 1958-1962*, Paris, Presses de la Fondation nationale des sciences politiques.

GAUDEMET Y., GOHIN O. (2004), *La République décentralisée*, Paris, Panthéon-Assas.

GENEVOIS B. (1998), « Les limites juridiques à l'intervention du pouvoir constituant », *RFDA* no 5, p. 909.

GEORGEL J.
(1990a), *Contradictions de la Ve République, Anti-manuel de droit public*, Paris, PUF.
(1990b), *La Ve République : une démonarchie*, Paris, LGDJ.

GESLOT Chr. (2003), « La loi constitutionnelle relative à l'organisation décentralisée de la République devant le Conseil constitutionnel », *RDP*, p. 795 et s.

GOGUEL F. (1987), « De la conformité du référendum du 28 octobre 1962 à la Constitution », *Mélanges Duverger*, Paris, PUF, p. 115.

GOHIN O. (1999), « Chronique de législation : l'évolution institutionnelle de la Nouvelle-Calédonie », *AJDA*, p. 500.

GONDOUIN G. (2001), « Le Conseil constitutionnel et la révision de la Constitution », *RDP*, p. 489 et s.

GOUAUD C. (2001), *La cohabitation, fin de la République*, Paris, F.-X. de Guibert.

HAQUET A. (2004), *Le concept de souveraineté en droit constitutionnel français*, Paris, PUF.

HAMON F. (1975), « Regards nouveaux sur les origines de la Ve République », *RDP*, p. 415 et s.

HAMON F. et ROUSSEAU D. (1992), *Les Institutions en question*, Paris, L'Harmattan.

HAYWARD J., HALL P. et MACHIN H. (1992), *L'évolution de la vie politique française*, Paris, PUF.

L'HÔTE V. (2004), « La "forme républicaine du Gouvernement" à l'épreuve de la révision constitutionnelle de mars 2003 », *RDP*, p. 111 et s.

LAMPUÉ P. (1962), « Le mode d'élection du Président de la République et la procédure de l'article 11 », *RDP*, p. 931.

LAVROFF D.-G. (1999), *Le droit constitutionnel de la Ve République*, Paris, Dalloz, 3e éd.

LE POURHIET A.-M. (dir.) (1999), *Droit constitutionnel local : égalité et liberté locale dans la Constitution. Actes du colloque international de Fort-de-France, 18, 19 et 20 décembre 1997, Faculté de droit et d'économie de Martinique*, Paris, Economica, Aix-en-Provence, PUAM.

LUCHAIRE F.
(1998), « Le Traité d'Amsterdam et la Constitution », *RDP*, p. 331.
(2000 a), « La souveraineté », *RFDC*, 43, p. 451.
(2000 b) *Le statut constitutionnel de la Nouvelle-Calédonie*, Paris, Economica.

(2004), « Le Conseil constitutionnel et l'alternance politique », *RFDC*, p. 9 et s.

LUCHAIRE F., CONAC G. (1987), *La Constitution de la République française*, Paris, Economica, 2e éd.

LUCHAIRE F., LUCHAIRE Y. (2003), *Décentralisation et Constitution. Commentaire de la loi constitutionnelle relative à l'organisation décentralisée de la République*, Paris, Economica.

MAGNON X. (2004), « Quelques maux à propos des lois de révision constitutionnelle : limites, contrôle, efficacité, caractère opératoire et existence », *RFDC*, p. 595 et s.

MAILLARD DESGRÉES DU LO D. (2003), « Le pouvoir constituant dérivé reste souverain », *RDP*, p. 725 et s.

MARCOVICI E. (2005), *La gauche et la VIe République*, Paris, L'Harmattan.

MASSOT J. (1997), *Alternance et cohabitation sous la cinquième République*, préface G. Vedel, Paris, La Documentation Française.

MATHIEU B., VERPEAUX M. (2003), « 1962-1992-2002 : pour une périodicisation institutionnelle », *RFDC*, p. 33 et s.

MATHIEU B., RIALS S., VERPEAUX M. (2005), *Textes constitutionnels de la Ve République*, Paris, PUF.

MAUS D.
(1990), *Institutions politiques françaises*, Paris, Masson.
(1998), *Les grands textes de la pratique institutionnelle de la Ve République*, Paris, La Documentation française.

MAUS D., PASSELECQ O. (dir.)
(1997), « Témoignages sur l'écriture de la Constitution de 1958 », *Les Cahiers constitutionnels de Paris I*, Paris, La Documentation française.
(1998), « Le traité d'Amsterdam face aux constitutions nationales », *Les Cahiers constitutionnels de Paris I*, Paris, La Documentation française.

MEINDL Th. (2003), « Le Conseil constitutionnel aurait pu se reconnaître compétent », *RDP*, p. 741 et s.

MÉNY Y. (1999), *Le système politique français*, Paris, Montchrestien, 4e éd.

MOLLET G. (1973), *Quinze ans après, la Constitution de 1958*, Paris, Albin Michel.

PACTET P. (2000), *Les institutions françaises*, Paris, Que sais-je ?, PUF, 9e éd.

PARODI J.-L. (1972), *Les rapports entre le législatif et l'exécutif sous la Ve République* (1958-1962), Paris, Presses de la fondation nationale des sciences politiques.

PASSELECQ O. (1993), « La philosophie du rapport Vedel », *RFDC*, n° 14.

PETOT J. (1982), « Les débuts de la Ve bis », *RDP*, p. 1503 et s.

PFLIMLIN P. (1991), *Mémoires d'un européen, de la IVe à la Ve République*, Paris, Fayard.

PIERRE-CAPS S. (1998), « Les révisions de la Constitution de la cinquième République : temps, conflits et stratégies », *RDP*, p. 409.

PINON S. (2003), *Les réformistes constitutionnels des années trente aux origines de la Ve République*, Paris, LGDJ.

POMPIDOU G. (1984), *Le nœud gordien*, Paris, Flammarion.

QUERMONNE J.-L. (2003), *L'alternance au pouvoir*, Paris, Montchrestien.

REINHARD P. (1998), *Chronique d'un naufrage programmé, la fin de la Ve République*, Paris, Albin Michel.

Revue *Pouvoirs*
(1989), « La Ve République. 30 ans », n° 49.
(2001), « La nouvelle Ve République », n° 99.

Revue du droit public
(1998) « Les 40 ans de la Ve République », numéro spécial, LGDJ.
(2002), « La VIe République », numéro spécial, LGDJ
(2003), Forum : La France est une République indivisible... son organisation est décentralisée !, p. 111 et s.

Revue française de droit administratif
(2003), n° 4, (2004), n° 1, et 6, Dossier : L'organisation décentralisée de la République.
(2002), n° 3 et 4, Dossier : Le nouveau statut de la Corse.

Revue française de science politique (1959), *Naissance de la Cinquième République : analyse de la Constitution*, préf. M. Debré, intro. N. Wahl, Paris, Presses de la Fondation nationale des sciences politiques, 1990.

SEILER D.-L. (2000), *Les partis politiques*, Paris, A. Colin.

SCHRAMECK O. (2001), *Matignon, Rive gauche : 1997-2001*, Seuil.

SUR S.
(1987), *La vie politique en France sous la Ve République*, Paris, Montchrestien, 3e éd.
(1991), *Le système politique de la Ve République*, Paris, PUF.

TROPER M.
(2000), « La théorie constitutionnelle et le droit constitutionnel positif », *Cahiers du Conseil constitutionnel*, nº 9, mars-septembre, p. 93 et s.
(dir.) (2000), « Souveraineté de l'État et hiérarchie des normes dans la jurisprudence constitutionnelle », *Les cahiers du Conseil constitutionnel*, nº 9, mars-septembre.

VEDEL G. (1964), « Vers le régime Présidentiel », *RFSP*.

VERPEAUX M. (dir.) (1er octobre 2001 — 28 février 2002), « Le droit constitutionnel des collectivités territoriales », *Cahiers du Conseil constitutionnel*, nº 12.

WAHL N. (1959), « Aux origines de la nouvelle constitution », *RFSP*, p. 167.

ZORGBIBE C. (2005), *Histoire de l'Union européenne*, Paris, Albin-Michel.

Section 2
Le suffrage et l'encadrement partisan

Sous-section 1
Le corps électoral

Le corps électoral peut se définir comme l'ensemble des personnes qui bénéficient juridiquement du droit de vote, c'est-à-dire du droit de participer aux élections à la fois au plan national et au plan local. Dans une démocratie, le corps électoral peut être considéré comme le premier des pouvoirs car tous les autres dérivent de lui soit directement, soit indirectement.

A La composition du corps électoral

Jusqu'en 1848, le corps électoral a été défini d'une manière assez restrictive. Pour en faire partie, il fallait remplir non seulement des conditions de nationalité, d'âge et de sexe mais aussi de fortune ou de revenus. C'était le système du *suffrage censitaire :* le droit de vote était réservé aux personnes qui payaient le cens, c'est-à-dire un impôt d'un montant minimum (voir *supra*, Troisième Partie).

À la suite de la révolution de février 1848, l'un des premiers gestes du gouvernement provisoire fut de poser le principe du *suffrage universel* masculin. Le droit de vote était toujours subordonné à des conditions de nationalité, d'âge et même de sexe. Mais nul ne pouvait plus être exclu du corps électoral pour des raisons tenant à sa situation de fortune ou même à son niveau d'instruction, car de tels critères aboutissent inévitablement à des discriminations au détriment des couches sociales les moins favorisées.

Mais il fallut attendre l'ordonnance du 21 avril 1944 « portant organisation des pouvoirs publics en France après la Libération » pour que les femmes deviennent enfin électrices et éligibles.

Aujourd'hui, les conditions exigées pour faire partie du corps électoral sont limitativement énumérés par l'article 3 al. 4, de la Constitution : *« Sont électeurs, dans les conditions déterminées par la loi, tous les nationaux français majeurs des deux sexes jouissant de leurs droits civils et politiques ».*

Il ne subsiste donc plus que trois conditions : nationalité, âge, jouissance des droits civils et politiques.

1. La nationalité

Dans sa décision du 9 avril 1992, relative au traité de l'UE, le Conseil constitutionnel a donné à cette condition un sens fort et une portée large.

Un sens fort : la condition de nationalité est strictement obligatoire et comme elle a valeur constitutionnelle, une loi ordinaire ou même une loi organique ne pourrait pas, sauf dérogation prévue par la Constitution elle-même, accorder le droit de vote à des étrangers.

Une portée large : la condition de nationalité vaut non seulement pour les votations politiques nationales (élections législatives ou présidentielles, référendums) mais aussi pour les élections locales (municipales, cantonales ou régionales). Cela n'était pas *a priori* évident car l'article 3 de la Constitution traite des conditions d'exercice de la souveraineté nationale : on pouvait donc penser que les conditions posées par cet article ne concernaient que l'élection des organes dépositaires d'une fraction de la souveraineté nationale, c'est-à-dire le Parlement et le Président de la République, mais non les assemblées locales. Mais le Parlement comprend le Sénat, qui représente les collectivités territoriales de la République, et dont le collège électoral est essentiellement composé d'élus locaux. Par conséquent, à partir du moment où des étrangers pourraient voter aux élections locales, ils participeraient indirectement à l'élection des sénateurs et comme les sénateurs, en tant que membres du Parlement, sont eux-mêmes dépositaires d'une fraction de la souveraineté nationale, le Conseil constitutionnel en déduit que l'article 3 serait violé.

On sait que l'un des objectifs du traité de l'Union européenne était de créer une citoyenneté européenne. En vertu de cette citoyenneté, il est prévu que *« tout citoyen de l'Union résidant dans un État membre dont il n'est pas le ressortissant a le droit de vote et d'éligibilité aux élections municipales dans l'État membre où il réside, dans les mêmes conditions que les ressortissants de cet État »*. C'était donc l'un des points à propos desquels la ratification du traité supposait une révision préalable de la Constitution.

La question a été réglée par la loi de révision du 25 juin 1992 qui a inséré un nouveau titre dans la Constitution (art. 88-1 à 88-4). L'article 88-3 écarte l'exigence de nationalité pour les étrangers résidant en France, à condition qu'ils soient ressortissants de l'un des pays membres de l'Union européenne. Cette dérogation ne vaut que pour les élections municipales et les référendums organisés par une commune en application dc l'article 72-1 C. Les citoyens de l'Union résidant en France pourront être non seulement électeurs mais aussi éligibles. Néanmoins s'ils sont membres d'un conseil municipal, leur capacité est doublement limitée : d'une part, ils ne peuvent pas exercer les fonctions de maire ou d'adjoint ; d'autre part, ils ne peuvent pas participer à la désignation des grands électeurs sénatoriaux ni bien entendu remplir eux mêmes cette fonction. Ainsi qu'il était prévu, les conditions d'application des principes posés par l'article 88-3 ont été déterminées par une loi organique votée dans les mêmes termes par les deux assemblées (38).

Le traité de l'Union européenne prévoit également que tout citoyen de l'Union résidant dans l'un quelconque des États membres bénéficie dans cet État du droit de vote et d'éligibilité en ce qui concerne les élections au Parlement européen. Mais, dans sa décision précitée du 9 avril 1992, le Conseil constitutionnel a estimé que, sur ce point, le traité n'était pas contraire à la Constitution : en effet, le Parlement européen « n'appartient pas à l'ordre institutionnel de la République

(38) Loi nº 98-404 du 25 mai 1998 (*JO* 26-5-1998, p. 7975).

française » et son élection ne met donc pas en jeu l'exercice de la souveraineté nationale.

2. L'âge

La seconde condition exigée pour faire partie du corps électoral est d'avoir atteint l'âge de la majorité. Celui-ci est fixé non par la Constitution mais par la loi. Traditionnellement en France, il était de vingt et un ans. Mais depuis la loi du 5 juillet 1974, il est fixé à dix-huit ans, comme d'ailleurs dans la plupart des pays étrangers.

3. La jouissance des droits civils et politiques

Les deux conditions ci-dessus énumérées sont en règle générale suffisantes pour faire partie du corps électoral : les nationaux français de plus de dix-huit ans ont la capacité électorale. Toutefois, dans certains cas, une personne peut être privée du droit de vote parce qu'elle a perdu momentanément ou définitivement la jouissance de ses droits civils ou politiques. On dit alors que cette personne est frappée d'incapacité électorale.

Les cas d'incapacité électorale sont énumérés par les articles L. 5 à L. 7 du Code électoral. L'incapacité ne peut résulter que d'une décision rendue par un tribunal judiciaire, c'est-à-dire par une autorité qui présente des garanties d'impartialité politique. Il s'agit tantôt d'une incapacité intellectuelle, tantôt d'une incapacité morale.

L'incapacité intellectuelle. — D'après l'article L. 5 du Code électoral, les majeurs sous tutelle ne peuvent pas être inscrits sur les listes électorales. La mise sous tutelle, qui ne peut être prononcée que par le tribunal civil, est destinée à protéger contre leur propre imprudence les biens des aliénés ou des faibles d'esprit. Mais en pratique cette mesure n'est usitée que dans les classes aisées, de sorte que la plupart des faibles d'esprit échappent à l'incapacité électorale.

Selon la jurisprudence du Conseil constitutionnel, la mise sous tutelle d'un élu entraîne de plein droit la déchéance de son mandat (CC D'Attilio, 23 déc 2004).

L'incapacité morale. — L'incapacité morale est la situation d'une personne qui, à la suite d'une condamnation pénale, a été privée de ses droits civiques, civils et de famille. Cette peine est prévue par l'article 131-26 C. Pén. qui précise qu'elle porte notamment sur le droit de vote et l'éligibilité. C'est généralement une peine complémentaire, c'est-à-dire qu'elle vient s'ajouter à une peine de prison ou d'amende prononcée à titre principal. Mais il y a incertitude sur le point de savoir si elle est attachée de plein droit à certaines peines prononcées à titre principal, c'est-à-dire si elle intervient automatiquement ou si au contraire elle est toujours laissée à l'appréciation du juge.

D'un côté, d'après l'article 132-21 Code Pénal : « L'interdiction des droits civiques, civils et de famille (...) ne peut, nonobstant toute disposition contraire résulter de plein droit d'une condamnation pénale ». Il semble donc que, à la différence de la dégradation civique prévue par l'ancien Code pénal, l'interdiction des droits civiques prévue par le nouveau code ne puisse jamais être automatique : quelle que soit l'infraction commise, et quelle que soit la peine prononcée à titre principal, le tribunal peut en apprécier l'opportunité.

Mais d'un autre côté, en vue d'intensifier la lutte contre la corruption, la loi du 19 janvier 1995 a prévu que les personnes condamnées à raison de certaines infractions énumérées à l'article L 7 Code électoral (corruption active ou passive, trafic d'influence, prise illégale d'intérêts, etc.) seraient radiées des listes électorales pour une durée de 5 ans à compter de la date à laquelle la condamnation est devenue définitive. Dans ce cas, il semble que la privation du droit de vote et de l'éligibilité résulte automatiquement dc la condamnation et le juge n'a donc aucun pouvoir d'appréciation (39).

Comment ces dispositions apparemment contradictoires peuvent-elles se concilier ? Sur ce point, la jurisprudence paraît hésitante, comme l'a montré le procès d'Alain Juppé, ancien Premier ministre, qui était poursuivi pour « prise illégale d'intérêt » dans l'affaire dite des « emplois fictifs » à la Mairie de Paris.

En première instance, le Tribunal correctionnel de Nanterre avait condamné Alain Juppé à une peine de 18 mois d'emprisonnement avec sursis pour prise illégale d'intérêts au motif que, en sa qualité d'adjoint au maire chargé des finances, il avait perpétué une pratique illicite

---

(39) Voir CC déc. 2000-2581 du 30 mars 2000. Dans cette affaire, le Conseil a refusé de faire application de la privation automatique des droits civiques à Henri Emmanuelli, ancien trésorier du parti socialiste, mais seulement en vertu du principe de la non-rétroactivité des lois pénales plus dures, les faits pour lesquels Henri Emmanuelli avait été condamné étant antérieurs à 1995.

permettant à des permanents du RPR d'être salariés par la ville de Paris. Constatant que l'infraction entrait dans le champ d'application de l'article L 7 Code électoral, le tribunal en avait déduit que l'ancien Premier ministre serait rayé de la liste électorale pour une durée de 5 ans. Compte tenu des dispositions de l'article LO 130 Code électoral, qui prévoient qu'une personne temporairement rayée de la liste électorale est inéligible pendant une durée deux fois plus longue, cette condamnation empêchait Alain Juppé de briguer à nouveau un mandat électif avant l'expiration d'un délai de 10 ans.

Le Tribunal avait fait prévaloir l'article L 7 Code électoral sur l'article 132-21 C. Pén., pour des raisons essentiellement chronologiques, le texte le plus récent pouvant déroger, pour certaines infractions, au texte ancien (40).

Mais en deuxième instance, la Cour d'appel de Versailles a au contraire estimé que la généralité des termes figurant à l'article 132-21 Code Pénal — « nonobstant toutes dispositions contraires » — permettait d'écarter l'article L 7 Code électoral. En conséquence, elle a usé de son pouvoir d'appréciation pour fixer à un an seulement la durée de la peine complémentaire de radiation de la liste électorale infligée à Alain Juppé (41).

Plutôt que sur la chronologie des textes, la Cour d'appel s'est donc fondée, semble-t-il, sur la spécificité du droit pénal, qui veut que les textes défavorables aux accusés soient interprétés de manière restrictive. Elle a peut-être également été influencée par le fait qu'il existe un doute sur la conformité à la Constitution de l'article L 7 Code électoral (42).

---

(40) L'article L 7 C. élect. a été modifié en 1995, alors que le nouveau Code pénal a été adopté en 1992.

(41) CA Versailles, 1er décembre 2004 (*AJDA*, 2005, p. 435, avec la note de Jean-Yves Vincent).

(42) Ce doute provient de la jurisprudence du Conseil constitutionnel qui, dans sa décision 99-410 DC du 15 mars 1999, a jugé qu'une incapacité d'exercer une fonction publique élective applicable de plein droit à toute personne à l'égard de laquelle a été prononcée la faillite personnelle ou la liquidation judiciaire était contraire au principe de la nécessité des peines, posé par la Déclaration de 1789. Mais cet argument n'est pas entièrement convaincant car, d'une part, la loi du 19 janvier 1995, d'où est issu l'article L 7 C. élect., a été validée par le Conseil constitutionnel dans une décision 95-363 DC du 11 janvier 1995 et, d'autre part, à supposer même qu'il fût inconstitutionnel, cet article ne pourrait pas être écarté pour ce motif par un tribunal judiciaire, qui en principe n'a pas le pouvoir d'apprécier la conformité des lois à la Constitution (voir *infra*).

Bien que la décision prise par la Cour d'appel à l'égard d'Alain Juppé soit devenue définitive, la controverse n'est pas close. La question de l'inéligibilité comme peine automatique ne pourra être définitivement tranchée que par les juridictions souveraines (Conseil d'État, Cour de cassation et Conseil constitutionnel) qui, jusqu'à présent, n'ont pas eu l'occasion d'intervenir dans l'affaire Juppé (43). Mais cette occasion pourrait fort bien se présenter dans le cadre d'un procès intenté à une autre personnalité politique. Elle pourrait même se présenter de nouveau à propos d'Alain Juppé si, dans deux ans, un électeur contestait son inscription sur la liste électorale ou, éventuellement, son élection à l'Assemblée nationale.

La nationalité française, l'âge et la jouissance des droits civils et politiques sont des conditions à la fois nécessaires et suffisantes pour être électeur. Mais pour les personnes qui remplissent ces conditions, l'exercice du droit de vote est encore subordonné à l'accomplissement de certaines formalités.

B Les conditions d'exercice du droit de vote

Pour pouvoir voter, il faut être inscrit sur une liste électorale. Il existe en principe une liste électorale par commune. Les électeurs y sont recensés par ordre alphabétique. L'inscription sur une liste électorale n'est généralement pas automatique : il faut la demander quand on n'y figure pas encore et cela implique évidemment le choix d'une commune de rattachement. La commune de rattachement ne peut pas être choisie de manière totalement arbitraire. L'électeur doit avoir un lien avec la commune sur le territoire de laquelle il demande son inscription (voir art. L 11 C. élect. : commune du domicile ; commune où l'on a sa résidence depuis 6 mois au moins ; commune sur la liste électorale de laquelle le conjoint est inscrit, etc.).

La liste électorale présente trois caractères :

a) Elle est unique. La même liste sert à la fois pour les consultations nationales (législatives, présidentielles, référendums), pour les consultations locales (municipales, cantonales et régionales) et pour les consultations européennes (élection des représentants français au Parlement européen).

---

(43) Dans un arrêt du 3 février 2000 (*Mme Ferrari*, Cass. Civ (2e), *Gazette du Palais*, 14-16 mai 2000, p. 25), la Cour de cassation semble avoir pris position pour le caractère automatique de la peine d'inéligibilité.

On dit que l'unicité de la liste correspond à l'unité du corps électoral. Mais ce n'est plus tout à fait exact puisque, en vertu de certaines stipulations du traité de l'Union européenne, les étrangers ayant la citoyenneté de l'Union peuvent voter aux élections municipales ainsi qu'aux référendums organisés par une Commune en application de l'article 72-1 C.

b) Elle est permanente. Il doit toujours y avoir dans chaque commune une liste prête à l'utilisation même lorsque aucune élection ne se profile à l'horizon. En effet, une élection peut parfaitement survenir à l'improviste (par exemple en cas de dissolution de l'Assemblée nationale ou de décès du Président de la République).

c) Elle fait l'objet d'une révision annuelle, qui a généralement lieu entre le 1er septembre et le dernier jour de février, afin d'actualiser la liste en procédant à des radiations et à des inscriptions nouvelles.

C Les modalités de l'exercice du droit de vote

Ces modalités peuvent être résumées en quatre points : le vote est égal, secret, personnel et facultatif.

1. Le vote est égal

La voix de chaque électeur doit avoir théoriquement le même poids, quelle que soit sa situation personnelle et quelle que soit la commune sur la liste de laquelle il s'est fait inscrire.

En pratique, il arrive que le découpage des circonscriptions porte indirectement atteinte à l'égalité du vote, dans la mesure où le nombre des sièges à pourvoir ne serait pas proportionnel à celui des électeurs (voir *supra*). Mais, ainsi qu'on le verra, le Conseil constitutionnel a posé en 1986 des principes destinés à limiter la portée de ces atteintes.

2. Le vote est secret

Les opérations de vote sont organisées de telle manière qu'il est impossible de savoir comment a voté un électeur déterminé. Ainsi chaque électeur est-il tenu de passer par un isoloir avant de déposer son bulletin dans l'urne.

La règle du secret du vote n'a pas toujours existé. À l'époque de la Révolution, le vote était généralement public. Mais aujourd'hui on considère que le secret est indispensable pour garantir la liberté de l'électeur.

3. Le vote est personnel

En principe, nul ne peut céder ou déléguer son droit de vote.

Le vote par procuration est cependant autorisé dans certains cas limitativement énumérés par le Code électoral (art. L 71). Ces cas concernent notamment les personnes qui sont dans l'incapacité physique de se déplacer ainsi que celles qui, pour des raisons professionnelles, ne peuvent pas être présentes dans leur commune de rattachement le jour du vote. Depuis la loi du 6 juillet 1993, *« les électeurs qui ont quitté leur résidence habituelle pour prendre des vacances »* sont également autorisés à voter par procuration.

Le mandataire (c'est-à-dire le bénéficiaire de la procuration) doit jouir de ses droits électoraux et être inscrit dans la même commune que le mandant. Aucun mandataire ne peut recevoir plus de deux procurations pour le même scrutin (art. L 72 et L 73).

4. Le vote est facultatif

La participation électorale est conçue comme un devoir civique, mais non comme une obligation juridique ; en France, à la différence de certains pays étrangers comme la Belgique, le Danemark, l'Italie ou l'Australie, les abstentionnistes ne s'exposent à aucune sanction.

Comme les abstentions ont tendance à augmenter depuis quelques années, on envisage parfois d'instituer en France le vote obligatoire. Cela pourrait avoir un certain effet si des sanctions sévères étaient prévues en cas d'abstention et si elles étaient appliquées. Mais, rien ne garantit qu'une telle mesure aurait un effet réellement bénéfique sur la participation civique : les électeurs contraints de se rendre aux urnes pour éviter une sanction pénale ne se sentiraient pas nécessairement plus concernés par les affaires publiques.

On envisage aussi parfois d'autoriser le vote par internet ce qui, pense-t-on, relancerait la participation à la fois pour des raisons matérielles (les électeurs ne seraient plus obligés de se déplacer pour aller voter ou de donner procuration) et pour des raisons psychologiques (le vote électronique est associé, surtout chez les jeunes, à l'idée de la modernité). Chaque électeur disposerait d'un code secret lui permettant de voter à partir de n'importe quel terminal informatique. Mais le point faible d'un tel système est qu'il ne garantit pas le secret du vote aussi efficacement que le système actuel qui oblige l'électeur à passer par un isoloir pour sélectionner le bulletin qu'il déposera dans l'urne. Les électeurs, surtout s'ils sont âgés et peu versés dans l'informatique, deviendraient aisément manipulables par des militants qui leur proposeraient leur services gratuitement mais pas toujours de façon politiquement désintéressée.

D Le problème des « discriminations positives » en matière électorale

Le principe de l'égalité de tous les citoyens devant la loi interdit en principe au législateur d'établir des discriminations fondées sur le sexe, les opinions ou l'origine ethnique. Mais ce principe ne suffit pas toujours à garantir l'égalité réelle : on sait par exemple que, au moins jusqu'à une date récente, dans l'ensemble, les hommes détenaient beaucoup plus de mandats électifs que les femmes et que, du fait de leur origine ethnique, certaines personnes se heurtent à des difficultés particulières pour accéder à l'emploi. Le législateur peut-il lutter contre ces inégalités de fait en accordant des avantages spéciaux aux catégories considérées comme défavorisées, comme on le fait aux États-Unis en faveur de certaines minorités ethniques dans le cadre de la politique appelée « affirmative action » (Calvès, 1998 ; Hamon & Wiener, 2001) ? Ou bien la Constitution française interdit-elle toute forme de discrimination, quel qu'en soit le but et même s'il s'agit de créer des inégalités pour remédier à d'autres inégalités ?

Cette question ne peut être envisagée qu'en prenant la mesure du principe d'égalité. On l'analyse quelquefois en distinguant l'égalité devant la loi, c'est-à-dire l'obligation pour les tribunaux et l'administration d'appliquer la loi également à tous ceux qu'elle concerne et l'égalité dans la loi, qui se situe en amont et qui prescrit au législateur de faire des lois qui assurent à tous un traitement égal. C'est de ce second principe qu'il est question ici.

En réalité, il ne saurait être absolu et l'on ne pourrait d'ailleurs pas concevoir de lois universelles. On comprend que la loi ne peut exiger de tous le paiement de l'impôt, mais seulement de ceux qui ont les moyens de le payer ou que, si elle institue un service militaire, elle n'y soumette pas les handicapés. C'est ce que le Conseil constitutionnel traduit en disant que le législateur peut *« traiter différemment des personnes qui se trouvent dans des situations différentes »*. Cependant, si l'on prenait cette formule à la lettre, le principe d'égalité dans la loi serait privé de toute signification parce qu'on peut toujours découvrir entre deux personnes quelconques une différence quelconque. Le principe signifie donc que le législateur a le droit — et même le devoir — de prendre en compte certaines différences, donc de créer des catégories de citoyens et de faire pour ces catégories des lois différentes, mais qu'il lui est interdit en revanche de se fonder sur d'autres différences réelles ou supposées. Les différences qu'il est interdit de prendre en compte sont celles qui sont mentionnées à l'article 1er de la Constitution, c'est-à-dire celles qui tiennent à l'origine, la race ou la religion et — selon la jurisprudence du Conseil constitutionnel — le sexe. On a traditionnellement interprété cette interdiction comme portant aussi sur les discriminations positives. En d'autres termes, si le législateur peut prévoir des avantages pour les chômeurs, les handicapés ou pour certaines zones géographiques, il lui est interdit de prévoir des dispositions plus favorables pour des catégories de citoyens définies par leur origine, leur religion ou leur sexe et de faire porter ces avantages sur les droits politiques, les droits de citoyenneté proprement dits, comme le droit de vote ou l'éligibilité.

Mais le pouvoir constituant peut écarter ces conditions. Il l'a fait récemment à deux reprises, à propos du statut de certains territoires d'outre-mer, d'une part, à propos de l'accès des hommes et des femmes aux mandats et fonctions électives, d'autre part.

Sur le premier point, l'article 2 de la loi référendaire du 9 novembre 1988, qui a entériné les accords de Matignon (voir *supra*), dérogeait déjà aux principes constitutionnels en fixant des conditions restrictives pour la participation au scrutin d'autodétermination initialement prévu pour 1998 (44). Tout en reportant la date du scrutin, l'accord de Nouméa a maintenu ces conditions ; il a par ailleurs, élargi le champ des dérogations en prévoyant que, durant la période transitoire, les personnes « durablement établies en Nouvelle-Calédonie » pourraient seules participer à l'élection du Congrès et des assemblées de province, et que les « lois du pays » pourraient leur accorder une priorité pour l'accès à l'emploi. Or, le nouveau titre XIII de la Constitution, introduit par la loi de révision du 20 juillet 1998, se réfère expressément aux « orientations définies par l'accord de Nouméa » ; lorsqu'il a examiné la loi organique relative à la Nouvelle-Calédonie, le Conseil constitutionnel en a déduit que les dérogations au principe d'égalité avaient acquis valeur constitutionnelle *« dans la mesure strictement nécessaire à la mise en œuvre de l'accord »* ; et il a jugé que, compte tenu de ces dérogations, les discriminations positives prévues par cette loi en faveur des personnes « durablement installées » sur le territoire n'étaient pas contraires à la Constitution (45).

(44) Cette loi n'avait pas valeur constitutionnelle ; mais, en raison de son mode d'adoption, elle échappait au contrôle du Conseil constitutionnel.

(45) Déc. nº 99-410 DC du 15 mars 1999. Dans cette décision, le Conseil constitutionnel s'est cependant efforcé de minimiser les atteintes portées au principe d'égalité : il a considéré que toutes les personnes ayant fixé leur domicile en Nouvelle-Calédonie depuis au moins dix ans seraient considérées comme y étant « durablement établies », quelle que soit la date de leur installation, et par

Ainsi qu'on l'a déjà noté, l'article 74 C, issu de la révision du 28 mars 2003 a ouvert des possibilités analogues pour d'autres « collectivités d'outre-mer », (voir *supra* chapitre 1, section 1). Mais, en ce qui concerne les territoires métropolitains, au nombre desquels se trouve la Corse, ainsi que les DROM, l'attribution d'un statut de type néo-calédonien se heurterait non seulement à la Constitution française, toujours susceptible d'être révisée, mais aussi à des principes de droit communautaire, notamment celui de la libre circulation des travailleurs, qui interdit toute priorité à l'emploi en faveur des personnes « durablement établies ».

Sur le second point, il convient de rappeler que des mesures législatives tendant à favoriser la participation des femmes à la vie publique ont été envisagées dès le début des années quatre-vingt. Mais elles se sont heurtées à la jurisprudence du Conseil constitutionnel qui, dans une décision du 18 novembre 1982 (*Rec.* p. 66), a censuré d'office une disposition prévoyant que les listes de candidats aux élections municipales dans les villes ayant une population supérieure à 3 500 habitants ne pourraient compter plus de 75 % de personnes du même sexe : le Conseil estimait en effet que les principes posés par l'article 3 C (égalité et universalité du suffrage) s'opposaient *« à toute division par catégories des électeurs ou des éligibles »* et donc à la méthode des « quotas par sexes » que le législateur avait voulu mettre en œuvre.

Une loi de révision du 8 juillet 1999 a levé l'obstacle juridique qui s'opposait à la réforme en modifiant les articles 3 et 4 C : il est désormais prévu au premier que *« la loi favorise l'égal accès des femmes et des hommes aux mandats électoraux et fonctions électives »*. Et le second précise que les partis politiques *« contribuent à la mise en œuvre »* de ce principe (46).

---

conséquent même si celle-ci était postérieure à 1988. Or, il semble que les auteurs de l'accord de Nouméa entendaient figer la composition du corps électoral, en n'y incluant que les seules personnes établies sur le territoire à la date du référendum du 8 novembre 1998 ainsi que leurs descendants. Le projet de loi constitutionnelle relatif à la Polynésie et à la Nouvelle-Calédonie se réfère expressément à cette interprétation, ce qui devrait contraindre le Conseil constitutionnel à s'y rallier. Ce projet devait être définitivement adopté à la réunion du Congrès du Parlement prévue pour le 24 janvier 2000, en même temps qu'un autre projet relatif au statut des magistrats du parquet. Mais cette réunion ayant été reportée *sine die* (voir *infra*), l'interprétation « minimisatrice » du Conseil constitutionnel reste provisoirement en vigueur.

(46) Dans sa décision n° 2001-445 DC du 19 juin 2001, le Conseil constitutionnel a précisé la portée de ces dispositions en déclarant qu'elles ne s'appliquaient qu'aux élections à des mandats ou fonctions politiques et non aux élections à des mandats de représentation professionnelle, comme ceux des magistrats siégeant au Conseil supérieur de la magistrature.

L'adoption de la loi constitutionnelle du 8 juillet 1999 a été précédée au Parlement et dans l'opinion d'un vaste débat. Les adversaires de la réforme faisaient valoir qu'elle allait porter atteinte à plusieurs principes fondamentaux de la République, notamment l'universalité, c'est-à-dire à l'idée que le citoyen est appréhendé en tant que membre de la société, indépendamment de toute autre caractéristique, de sorte qu'aucune catégorie ne peut être représentée : ni les électeurs des diverses circonscriptions, ni les professions, ni le sexe, etc. D'un point de vue pratique, ils craignaient qu'elle n'incite d'autres catégories que les femmes à revendiquer une représentation séparée ou un quota ou encore que les mandats électoraux détenus par des femmes ne soient dévalorisés, dans la mesure où ils apparaîtraient moins comme le résultat d'une libre compétition que comme l'effet d'une contrainte légale.

Les partisans de la réforme se plaçaient eux aussi à un double point de vue pratique et théorique. D'un point de vue pratique, ils soutenaient que, en raison de la culture dominante, les femmes avaient des chances réduites de voir leurs candidatures aux élections politiques présentées et soutenues dans de bonnes conditions ; d'un point de vue théorique, qu'il n'y avait pas réellement atteinte aux principes, parce que le sexe n'était pas à leurs yeux une catégorie, mais une « dimension essentielle de l'humanité ». Selon cet argument, ce ne sont donc pas les femmes qui devraient être représentées par des femmes, mais tous les citoyens qui devraient être représentés dans leur universalité par des femmes aussi bien que par des hommes.

La loi n° 2000-493 du 6 juin 2000, prise en application des nouvelles dispositions constitutionnelles, vise toutes les élections politiques, locales ou nationales, qui ont lieu au scrutin de liste (47).

Dans tous les cas où l'élection a lieu au scrutin de liste, la composition de chaque liste doit obéir à deux règles :

En premier lieu, l'écart entre le nombre de candidats de chaque sexe ne peut être supérieur à un. C'est donc seulement lorsque le nombre total des candidats sur la liste est impair qu'il peut y avoir un écart.

En second lieu, l'alternance sur la liste entre les candidats de chaque sexe est réglementée afin d'éviter que les femmes soient reléguées en

(47) À l'exception des législatives (voir *infra*), les élections qui ont lieu au scrutin uninominal ne sont pas concernées par cette loi car il est difficile d'appliquer la parité lorsqu'il n'y a pas plus d'un candidat à élire dans chaque circonscription. Le scrutin uninominal est applicable : aux élections cantonales (conseils généraux des départements), aux élections sénatoriales dans les départements ayants droit à moins de quatre sièges de sénateurs et, bien entendu, à l'élection présidentielle.

fin de liste ce qui, dans un scrutin proportionnel, leur ôterait pratiquement toute chance d'être élues. Les modalités de cette réglementation varient selon les scrutins. Tantôt, comme pour les régionales et les européennes, chaque liste doit être composée alternativement d'un candidat de chaque sexe. Tantôt, comme pour les municipales, la loi exige seulement qu'il y ait un nombre égal de candidats de chaque sexe au sein de chaque groupe de six dans l'ordre de composition de la liste.

Ces dispositions sont entrées en application pour la première fois à l'occasion des élections municipales de mars 2001. Elles se sont révélées efficaces : dans les conseils municipaux élus au scrutin de liste, c'est-à-dire ceux des communes de 3 500 habitants et plus, la proportion de femmes est passée de moins de 25 % à plus de 47 %. Ce succès a été confirmé par les élections régionales de mars 2004 : avec une proportion de 47,6 % de femmes (contre seulement 27,5 % dans les assemblées précédentes), les conseils régionaux sont aujourd'hui les instances représentatives les plus féminisées de France.

En revanche, en ce qui concerne l'élection des députés, les résultats n'ont pas été conformes aux attentes. Comme cette élection a lieu au scrutin uninominal, il ne pouvait évidemment être question de quotas par liste. Aussi la loi du 6 juin 2000 a-t-elle mis en place un système plus souple, qui repose sur des incitations financières : les partis qui distribueraient leurs investitures sans tenir compte de la parité hommes/-femmes perdraient une partie des subventions auxquelles ils ont normalement droit (voir *infra*, *Le financement public des partis politiques*).

Le corps électoral est encadré par les partis politiques qui, d'après l'article 4 C, concourent à l'expression du suffrage.

Sous-section 2
L'encadrement partisan

§ 1. Le statut des partis politiques

En Europe et en Amérique du Nord, les partis politiques ont fait leur apparition lorsqu'on a commencé à organiser des élections concurrentielles, c'est-à-dire dès le début du XIXe siècle ou même parfois plus tôt. Leur rôle est devenu particulièrement important à partir du moment où le suffrage universel a été institué car en règle générale plus les électeurs sont nombreux, moins ils sont éduqués, et plus ils ont besoin d'être encadrés.

Pourtant, jusqu'à une époque relativement récente, même dans les régimes démocratiques et pluralistes, les partis politiques n'avaient guère qu'une existence de fait. Ils n'étaient pas illégaux. Mais ils ne bénéficiaient en tant que tels d'aucun statut particulier. Ni la Constitution, ni même la loi ne mentionnaient leur existence. En France, par exemple, d'un point de vue juridique, les partis politiques étaient considérés comme des associations ordinaires, au même titre qu'un groupement de parents d'élèves, de philatélistes ou de joueurs de boules.

Après la Seconde Guerre mondiale, dans certains pays, les constituants ont commencé à se préoccuper des partis politiques : l'expérience avait montré que si les partis sont indispensables dans une démocratie, ils peuvent également devenir dangereux, notamment lorsqu'ils poursuivent des buts antidémocratiques ou lorsqu'ils se mettent au service d'une puissance étrangère. C'est ainsi que l'article 21 de la Constitution allemande, adoptée en 1949, a fixé les grandes lignes d'un statut des partis politiques. La fondation des partis est libre mais, une fois qu'ils existent, on leur impose un certain nombre d'obligations : leur organisation interne doit répondre aux principes démocratiques ; ils doivent rendre compte publiquement de l'origine et de l'affectation de leur ressources ; il leur est interdit de poursuivre des objectifs contraires au maintien de l'ordre libéral et démocratique ; en cas de violation de cette dernière prescription, ils peuvent être dissous par jugement du Tribunal constitutionnel fédéral.

En France, il faudra attendre la Constitution de 1958 pour que mention soit faite des partis politiques. L'article 4 de cette Constitution leur est en effet consacré : *« Les partis et groupements politiques concourent à l'expression du suffrage. Ils se forment et exercent leur activité librement. Ils doivent respecter les principes de la souveraineté nationale et de la démocratie ».*

Il s'agit donc d'une simple reconnaissance de principe. L'article 4 ne fixe pas les grandes lignes d'un statut des partis politiques, comme l'article 21 de la Constitution allemande, et il ne charge même pas le législateur d'en établir un, tout au moins de façon expresse. D'après les travaux préparatoires de la Constitution, il semble que l'on avait un moment envisagé de mettre sur pied un système de contrôle inspiré du système allemand, avec l'idée que cela permettrait peut-être de mettre en difficulté ou même éventuellement de dissoudre le Parti communiste. Mais on y a finalement renoncé.

Tel qu'il est rédigé, l'article 4 ne changeait pratiquement rien à la situation antérieure. En trente ans, de 1958 à 1988, c'est à peine si le

Conseil constitutionnel s'y est référé deux ou trois fois (48), et il n'en a d'ailleurs tiré aucune conséquence importante.

Ce sont les problèmes posés par le financement de la vie politique qui ont finalement conduit le législateur français à adopter un statut des partis politiques. Sous la Ve République, les dépenses liées au financement de la vie politique ont considérablement augmenté pour plusieurs raisons.

En premier lieu, les grands scrutins nationaux sont devenus plus fréquents qu'ils ne l'étaient sous les régimes précédents. Avant 1958, la vie politique était rythmée par les élections législatives qui avaient lieu à intervalles réguliers (en principe tous les 5 ans), mais il n'y avait pas d'autres échéances importantes. Aujourd'hui non seulement les élections législatives sont devenues en moyenne plus fréquentes (la dissolution pouvant être plus facilement prononcée) mais d'autres types de consultations sont venues s'y ajouter : élections présidentielles ; élection des représentants de la France au Parlement européen ; élections régionales ; référendums, etc. Or, plus il y a d'échéances électorales, plus il y a de campagnes à financer.

En second lieu, le style de la vie politique a été profondément modifié par les techniques modernes de la communication. Les sondages d'opinion, les études de marketing électoral, les campagnes de publicité, les services des conseillers en communication, etc., ont pris de plus en plus d'importance. Autant de dépenses nouvelles qui pèsent lourdement sur les budgets des candidats et sur ceux des partis qui les soutiennent.

Pour faire face à ces dépenses, les ressources normales des partis, qui sont essentiellement constituées par les cotisations de leurs militants, étaient presque toujours insuffisantes. Ils ont donc cherché à exploiter financièrement les positions de pouvoir local qu'ils détenaient, et notamment les municipalités. Quand un parti politique contrôlait une municipalité importante, il pouvait en utilisant des moyens plus ou moins légaux, renflouer sa caisse électorale ; il s'agissait par exemple : de subventions accordées par la municipalité à une association contrôlée par le parti ; de fausses factures établies par un entrepreneur complaisant, qui se faisait payer le montant de ces factures par la municipalité et reversait ensuite une fraction de la somme entre les mains d'un responsable du parti ; ou encore d'un « bureau d'études » servant d'intermédiaire entre

(48) Voir notamment : déc. 59-2 DC, *Rec.* 1958-1959, p. 58 ; déc. 71-44 DC, *Rec.* p. 291.

la municipalité et ses fournisseurs, qui prélevait une dîme sur ces derniers et alimentait ainsi la caisse noire du parti, etc.

Au cours des années 1980, certaines de ces pratiques ont été étalées au grand jour à la suite d'enquêtes journalistiques ou judiciaires. Il en est résulté des scandales qui faisaient apparaître l'ensemble de la classe politique sous un jour défavorable et qui risquaient de ruiner la confiance en la démocratie.

C'est à la suite de ces scandales qu'un premier statut des partis politiques a été mis en place par une loi du 11 mars 1988. Ce statut a été profondément remanié par les lois du 15 janvier 1990, 29 janvier 1993 et 19 janvier 1995.

Il ne s'agit pas d'une législation dirigée contre les partis extrémistes, comme l'article 21 précité de la Constitution allemande, mais d'un statut essentiellement financier. Le législateur s'est donné pour objectif d'éliminer la corruption (qu'elle soit pratiquée dans l'intérêt du parti on dans un but d'enrichissement personnel), de réaliser une plus grande égalité entre les partis, de régulariser le financement de la vie politique et d'en assurer la transparence. Il ne s'est pas seulement préoccupé du financement de partis politiques. Il a également réglementé le financement des campagnes électorales et mis sur pied un système de surveillance du patrimoine personnel des titulaires de certains mandats électifs. On aura l'occasion de revenir sur ces différents aspects mais, dans le cadre du présent paragraphe, il ne sera question que de ce qui concerne directement les partis politiques.

Le contenu actuel du statut des partis politiques peut être résumé en quatre points : la liberté de création ; le droit à un financement public ; la réglementation stricte du financement d'origine privée ; l'obligation de rendre des comptes.

A La liberté de création des partis politiques

Les partis politiques bénéficient d'un statut un peu plus avantageux que le droit commun des associations fixé par la loi de 1901. Non seulement ils se créent librement, ce qui est aussi le cas des autres associations, mais ils ne sont assujettis à aucune formalité. La personnalité morale et le droit d'ester en justice leur sont reconnus même en l'absence de toute déclaration préalable. Ils peuvent acquérir des biens à titre gratuit alors que, sous le régime de la loi de 1901, cette faculté est réservée aux seules associations reconnues d'utilité publique. La loi ne définit même pas ce qu'est un parti politique car on a pensé qu'une telle définition aurait pu être interprétée comme une restriction à la liberté de création. Mais, à l'expérience, on s'est rendu compte que l'absence de définition faisait également problème car elle facilite le détournement des subventions publiques au bénéfice de groupements qui ne constituent pas vraiment des partis politiques, des sectes religieuses par exemple, et complique la tâche des autorités chargées de veiller au respect du statut (voir *infra*).

Bien que la création des partis soit entièrement libre, il leur faut néanmoins accomplir certaines formalités pour participer réellement à la vie politique. Ils ne peuvent en effet recueillir des fonds que par l'intermédiaire d'un mandataire nommément désigné par eux. Il peut s'agir soit d'une association de financement, soit d'une personne physique. Dans le premier cas, l'association de financement doit être agréée par la Commission nationale des comptes de campagne et des financements politiques (CNCCFP). Dans le second, aucun agrément n'est nécessaire, il suffit que le nom du mandataire ait été déclaré à la préfecture.

B Le droit à un financement public

Désormais, de manière tout à fait officielle, les partis politiques ont droit à une aide financière de l'État. En fonction de quels critères cette aide est-elle répartie ?

Selon le système originel mis en place par la loi de 1988, l'aide était exclusivement réservée aux partis ou formations politiques représentés au Parlement. C'était un critère assez sélectif car, en raison notamment des contraintes du scrutin majoritaire, il peut exister des partis qui, bien qu'étant représentatifs d'une fraction relativement importante de l'opinion, ne parviennent à décrocher aucun siège au Parlement.

C'est pourquoi la loi de 1990 a fixé un nouveau critère qui est entré en application à partir de 1993. Désormais, la dotation de l'État est divisée en deux fractions égales (49).

La première est destinée aux partis et groupements ayant présenté des candidats aux élections à l'Assemblée nationale, qu'ils y soient ou non représentés. Pour pouvoir en bénéficier, il suffit qu'une formation politique ait présenté des candidats dans au moins cinquante circonscriptions lors du plus récent renouvellement de l'Assemblée nationale. S'il s'agit d'une formation dont les candidats se présentaient exclusivement outre-mer, il n'est même pas nécessaire d'avoir atteint le chiffre de

(49) En pratique, cependant, la première partie est parfois inférieure à la seconde car elle peut être réduite en raison des pénalités encourues par les partis qui n'ont pas présenté suffisamment de femmes aux dernières élections législatives (voir *infra*).

cinquante circonscriptions. La répartition de cette première moitié de la dotation est effectuée proportionnellement au nombre de suffrages obtenus au premier tour des dernières élections à l'Assemblée nationale par chacun des partis ou groupements en cause.

D'après le projet adopté par le Parlement en 1990, seuls devaient être pris en considération pour la répartition des crédits de cette première fraction, dans chaque circonscription, *« les résultats égaux ou supérieurs à 5 % des suffrages exprimés »*. Mais le Conseil constitutionnel a estimé que le seuil avait été fixé trop haut, et qu'il risquait *« d'entraver l'expression de nouveaux courants d'idées et d'opinions »* (50). Ce seuil minimum a donc été purement et simplement supprimé (51). Et c'est pourquoi l'on observe depuis quelques années une tendance à l'inflation du nombre des candidats aux élections législatives : de 1988 à 2002, ce nombre a presque triplé, passant de 2 880 à 8 444. Les partis ont en effet intérêt à présenter le plus possible de candidats, même si ces candidats n'ont aucune chance d'être élus, car chaque voix recueillie rapporte 1,63 euros en dotation annuelle. De plus, la loi s'étant abstenu de définir les partis politiques, certains groupements sans finalité politique présentent des candidats dans un but exclusivement financier.

Pour réagir contre cette dérive, l'article 34 de la loi du 11 avril 2003 a prévu que, à partir du prochain renouvellement de l'Assemblée nationale, seuls les candidats ayant obtenu chacun au moins 1 % des suffrages exprimés pourront être pris en considération pour l'attribution de la première fraction de la dotation (52). Bien qu'il soit nettement moins élevé que celui qui avait été censuré par le Conseil constitutionnel en 1990, ce nouveau seuil devrait suffire à réduire environ de moitié le nombre des partis éligibles, en métropole tout au moins (53). Mais ce nouveau dispositif n'entrera en vigueur qu'après le prochain renouvellement de l'Assemblée nationale.

La loi précitée du 6 juin 2000 tendant à favoriser l'égal accès des hommes et des femmes aux mandats électoraux et fonctions électives prévoit que la dotation accordée au titre de cette première fraction

---

(50) Déc. nº 89-271 DC du 11 janvier 1990 (*Rec.* p. 21).

(51) C'est ainsi qu'un parti dénommé « Metz pour tous » qui avait présenté un candidat outre-mer en 1997 et qui n'avait obtenu en tout et pour tout que deux voix a reçu, pour 1999, une subvention de 21,80 francs ! (*JO* éd. Lois et décrets, 20 avril 1999, p. 5817).

(52) Pour les partis qui n'ont présenté de candidats que dans les collectivités d'outre-mer, la loi est un peu moins exigeante, le seuil de 1 % devant être atteint dans l'ensemble des circonscriptions, et non pas nécessairement dans chaque circonscription.

(53) En 2005, il y avait 51 partis éligibles aux subventions, 32 au titre de la métropole et 19 au titre de l'outre-mer.

sera automatiquement réduite pour les partis qui auraient attribué leurs investitures sans respecter la parité entre les deux sexes. Si l'écart entre le nombre de candidats de chaque sexe dépasse 2 % du nombre total des candidatures, la dotation est réduite « d'un pourcentage égal à la moitié de cet écart rapporté au nombre total de ces candidats » (54) : en supposant par exemple qu'un parti ait investi 58 candidats du sexe masculin et 42 candidats du sexe féminin, sa dotation sera réduite de 8 % ; dans le cas limite où un parti ne présenterait que des candidats du même sexe, il perdrait la moitié de cette dotation.

Entrées en application pour la première fois lors des élections législatives de juin 2002, ces dispositions ont abouti à un résultat décevant, la proportion de femmes à l'Assemblée nationale n'ayant pas augmenté de manière significative (de 10 à 12,5 %). Cet échec s'explique par deux raisons :

D'une part, la loi étant seulement incitative, les partis pouvaient se dispenser d'appliquer la parité des candidatures en renonçant à une partie de la première fraction de leur dotation. Pour les grands partis, cette renonciation ne représentait pas un gros sacrifice, car, étant pratiquement assurés d'avoir des élus, ils savaient pouvoir compter sur la seconde fraction. Ils ont donc présenté plus d'hommes que de femmes, non par antiféminisme systématique, mais parce que les sortants ou les militants les plus présents sur le terrain étaient généralement des hommes et qu'il eut été difficile de les écarter.

D'autre part, la loi ne tient compte que des candidats et non des élus. En réservant à des hommes ses circonscriptions les plus sûres, un parti ne pouvait donc encourir aucune sanction financière.

La seconde fraction, dont le montant est en principe égal à celui de la première, est réservée aux partis ou groupements politiques représentés au Parlement. Elle est répartie entre ces partis ou groupements, proportionnellement au nombre de députés et de sénateurs inscrits ou rattachés à chacun d'eux. Ce mode de répartition présente l'inconvénient de favoriser l'émiettement des groupements parlementaires qui ne sont pas fortement organisés et structurés. En effet, un parlementaire d'esprit individualiste peut constituer un groupement dont il est le seul membre et comme le Parlement, députés et sénateurs confondus, compte 908 membres, il aura droit à 1/908ᵉ de la dotation réservée aux formations représentées aux Parlement, c'est-à-dire, en 2005, 44 296 euros. Pour

(54) Art. 9-1 de la loi du 11 mars 1988 modifié par la loi du 6 juin 2000.

l'année 1993 par exemple, le nombre total des formations bénéficiaires d'une aide publique était de 81 et sur ces 81, on en comptait 27 qui n'avaient qu'un seul parlementaire rattaché !

Pour éviter un tel émiettement, la loi du 23 janvier 1993 a prévu que, à l'avenir, la seconde fraction de l'aide publique serait réservée aux partis ou groupements qui ont déjà bénéficié de la première, c'est-à-dire à ceux qui ont présenté des candidats dans au moins cinquante circonscriptions lors du plus récent renouvellement de l'Assemblée nationale ou qui ont présenté une ou plusieurs candidatures outre-mer. Mais malgré cette disposition, on comptait encore en 2005 vingt partis éligibles à la seconde fraction, dont plus de la moitié n'avaient pas plus d'un ou deux parlementaires rattachés.

Quant au montant global de l'aide publique, il est fixé chaque année par la loi de finances. Pour l'année 2005, il s'élevait à un plus de 73 millions d'euros (55).

C La limitation stricte du financement privé

En ce qui concerne le financement d'origine privée, il faut distinguer entre les personnes physiques et les personnes morales.

Le financement des partis politiques par des personnes physiques est autorisé ; il est même encouragé dans la mesure où les dons consentis à un parti politique peuvent donner lieu, dans certaines limites, à des déductions fiscales ; une personne physique peut donc contribuer au financement d'un parti, même si elle n'en est pas membre. Mais elle ne doit le faire que dans le respect d'un plafond établi par la loi : le total annuel des dons consentis par une personne physique à un même parti politique ne peut pas dépasser 7 500 euros.

Par contre, depuis la loi du 19 janvier 1995, il est interdit aux personnes morales, et notamment aux sociétés commerciales, de contribuer, directement ou indirectement, au financement des partis ou groupements politiques. Cette interdiction, qui a privé certains partis de ressources importantes (56), a été justifiée d'une part, par la nécessité de distendre les liens existant entre le monde des affaires et celui de la politique, afin de réduire les risques de corruption et, d'autre part, par la volonté de

(55) La première fraction, amputée en raison des pénalités infligées en application de la loi du 6 juin 2000, s'élevait en 2005 à 33 079 584 €. La seconde à 40 132 204 €.

(56) En 1993, les dons des personnes morales représentaient en moyenne 20 % du total des recettes des partis politiques (Source : CCFP, 1996, p. 9).

rendre les financements plus égalitaires, les partis de droite étant supposés bénéficier davantage des largesses des personnes morales que les partis de gauche (57). Elle ne comporte qu'une seule exception : un parti politique peut en financer un autre. Mais cette faculté n'est ouverte qu'aux partis français, toute contribution ou aide matérielle d'un État étranger ou d'une personne morale étrangère étant formellement interdite.

L'interdiction des dons des personnes morales a été au moins en partie compensée par un augmentation des subventions de l'État (voir *supra*), qui représentent aujourd'hui en moyenne les deux tiers des ressources des partis politiques, et dans certains cas bien davantage. Cette dépendance à l'égard des financements publics n'est pas sans dangers car moins les partis ont besoin de recruter des militants et de rechercher des soutiens privés, plus ils risquent de se couper de la société civile. Ils deviendraient donc très vulnérables si les aides publiques qui les font vivre étaient un jour supprimées ou brutalement réduites. Il est intéressant de noter qu'en Allemagne, depuis 1992, la Cour constitutionnelle a jugé nécessaire de plafonner le financement public afin de garantir un minimum d'indépendance des partis politiques à l'égard de l'État : le plafond est relatif, c'est-à-dire que, pour chaque parti, les aides publiques qu'il reçoit ne doivent pas dépasser le montant de ses ressources propres (Tolini, 2005).

Pour garantir le respect de cette réglementation, les partis qui recueillent des dons doivent désigner un mandataire financier qui peut être soit une personne physique, soit une association agréée. Tous les dons doivent être déposés par ce mandataire financier sur un compte bancaire ou postal unique, afin de faciliter le contrôle. Un état récapitulatif des dons doit être dressé chaque année.

D L'obligation de rendre des comptes

Pour assurer la transparence de leur financement, les partis qui bénéficient de l'aide publique ou qui acceptent des dons de personnes privées, doivent produire chaque année des comptes certifiés par deux experts comptables, qui retracent l'ensemble de leur recettes et de leurs dépenses.

(57) Cette supposition n'est que partiellement exacte : les statistiques antérieures à 1995 montrent que la proportion des ressources provenant des dons de personnes morales était au moins aussi importante dans le budget du parti socialiste que dans celui du parti gaulliste. En fait, il semble que les contributions des personnes morales dépendaient moins de l'idéologie du parti que de son influence politique tant au niveau national qu'au niveau local.

Ces comptes sont transmis à la « *Commission nationale des comptes de campagne et des financements politiques* » (58) (CNCCFP) qui, après les avoir examinés, en assure la publication au *Journal Officiel* sous une forme condensée. Si les comptes n'ont pas été produits en temps voulu, ou si leur examen a fait apparaître des irrégularités, le parti concerné risque de perdre son droit à l'aide publique pour l'année suivante, à la fois sous la forme des subventions directes de l'État et sous celle des exonérations fiscales dont bénéficient les donateurs. On voit que, dans l'esprit du législateur, la transparence financière est la contrepartie nécessaire de l'aide publique.

On peut néanmoins se demander si cette transparence financière suffira à mettre fin aux abus qui ont été si souvent dénoncés. Certes, les partis sont désormais obligés de rendre des comptes lorsqu'ils sont subventionnés par l'État ou même lorsqu'ils sollicitent ouvertement des dons. Mais on ne saurait affirmer pour autant que toute forme de financement occulte a disparu. Pourra-t-on empêcher, par exemple, un « bureau d'études » travaillant pour une municipalité dominée par un parti de financer indirectement ce parti sans que cela apparaisse dans les comptes, par exemple en payant directement certaines factures ou en exécutant lui-même certaines prestations ?

E Les pistes de réforme (Tolini, 2005)

Les lois de 1988, 1993 et 1995 ont eu le mérite d'introduire un minimum de transparence dans le financement des activités politiques qui était resté, jusqu'alors, presque totalement opaque. Mais il y a encore certainement des progrès à faire dans ce domaine.

Les lois précitées ont attribué aux partis politiques des droits et des obligations sans indiquer les critères auxquels on peut reconnaître ces institutions. D'après la jurisprudence du Conseil d'État et celle du Conseil

(58) Cette Commission comprend neuf membres qui sont nommés, pour 5 ans, par décret :

— trois membres ou membres honoraires du Conseil d'État, désignés sur proposition du vice-président du Conseil d'État, après avis du bureau ;

— trois membres ou membres honoraires de la Cour de cassation, désignés sur proposition du Premier président de la Cour de cassation après avis du bureau ;

— trois membres ou membres honoraires de la Cour des comptes, désignés selon la même procédure.

Comme son nom l'indique, cette commission est également chargée de surveiller le financement de certaines campagnes électorales (voir *infra*).

constitutionnel, peut se prévaloir de la qualité de parti politique toute organisation qui s'est soumise aux formalités prescrites par la loi en ce qui concerne la désignation d'un mandataire financier unique et la production annuelle de comptes certifiés (59). Cette définition purement formelle a manifestement donné lieu à des abus : il est en effet difficile de croire que les 231 partis recensés en 2004 par la CNCCFP ont tous la capacité ou même la volonté de jouer un rôle quelconque dans la vie politique française ! On trouverait certainement parmi eux des groupements sectaires qui poursuivent un but purement lucratif ou des organisations paravents crées pour contourner la prohibition du financement des partis et des candidats par les personnes morales. De telles dérives sont d'autant plus à craindre que, par souci de mieux garantir l'indépendance des partis politiques, le législateur n'a prévu aucun contrôle sur leurs dépenses, même lorsqu'ils bénéficient de subventions ou de déductions fiscales (60). Il paraît donc souhaitable que le législateur lui-même ou la jurisprudence complète la définition formelle des partis en faisant appel à des critères fonctionnels concernant les buts, les activités et le mode de fonctionnement de l'organisation, comme cela se fait déjà en Allemagne et au Canada.

Les fondations politiques posent également un problème au regard du statut. Ce ne sont pas des partis politiques car leur rôle consiste à enrichir le débat d'idées, à développer la formation civique et non à participer directement à la vie politique. Elles ne sont donc pas soumises aux obligations du statut et peuvent notamment être financées par des personnes morales. Il n'en est pas moins vrai que certaines de ses fondations se situent dans la mouvance d'un parti politique, comme c'est le cas notamment de la Fondation Jean Jaurès, liée au Parti socialiste, ou de la Fondation pour l'innovation politique, liée à l'UMP. Or, même si la fondation est en principe indépendante du parti, rien ne permet d'affirmer que les frontières entre les deux organisations sont totalement étanches. La fondation pourrait par exemple réaliser, avec le soutien financier de personnes morales, des études qui bénéficient en réalité au parti. Pour contrôler efficacement le financement des partis politiques, il pourrait donc s'avérer nécessaire d'encadrer les activités des fondations, qui sont restées jusqu'à présent totalement en dehors du dispositif.

Enfin, il n'est pas impossible que le financement des partis politiques nationaux évolue pour tenir compte des développements de la cons-

(59) CE Ass., 30 oct 1996, *Élections municipales de Fos-sur-Mer, Rec.*, p. 394 ; CC déc. 97-2535 du 19 mars 1998, AN Nord (12e circonscription).

(60) Le contrôle de la Cour des comptes est en effet expressément exclu par l'article 10 de la loi du 11 mars 1988.

truction européenne. Actuellement, le financement des partis politiques nationaux et celui des partis européens sont rigoureusement séparés. Il est interdit à un parti politique français d'accepter une aide d'un parti étranger, même si celui-ci est établi dans un autre État membre de l'Union européenne (61). De même, le règlement européen du 4 novembre 2003, qui prévoit l'attribution aux partis européens de subventions prélevées sur le budget général de l'Union, interdit toute utilisation de ces subsides pour le financement direct ou indirect des partis nationaux. Mais cette séparation pourrait-elle encore être maintenue si les partis européens devenaient un jour de véritables fédérations de partis nationaux ?

§ 2. L'évolution du système des partis

Vers la fin de la IVe République, l'utilisation de la représentation proportionnelle pour les élections législatives avait abouti à un système de partis multiples, relativement indépendants les uns des autres. On ne comptait pas moins d'une douzaine de groupes parlementaires à l'Assemblée nationale et cette mosaïque ne permettait pas de dégager une majorité stable pour soutenir un gouvernement. La Ve République a imposé une nouvelle logique institutionnelle, qui a profondément transformé le système de partis.

En ce qui concerne les élections législatives, dès 1958, la représentation proportionnelle a été remplacée par le scrutin majoritaire à deux tours (voir *infra*).

Cependant, l'adoption de ce mode de scrutin n'aurait pas suffi à elle seule à entraîner la réduction du nombre des partis. Il avait déjà été en vigueur pendant presque toute la durée de la IIIe République et cela n'avait pas empêché la multiplication des partis. Cette réduction a été en réalité facilitée par le rôle joué par le général De Gaulle dans les premières années de la Ve République et la nécessité dans laquelle se trouvaient les membres de la classe politique de se définir pour ou contre lui. La concentration des partis, qu'on a appelée « bipolarisation », a été évidemment accentuée par le mécanisme de l'élection présidentielle, qui ne laisse en présence que deux candidats au second tour. Presque tous les partis se prononcent en faveur de l'un ou de l'autre et les alliances qui se nouent en vue de cette élection se prolongent à l'occasion des campagnes pour les élections législatives.

(61) CE, 8 décembre 2000, *Parti nationaliste basque*.

Toutefois, l'évolution n'est pas linéaire et des tendances à la fragmentation des partis se manifestent encore par moments.

Durant les toutes premières années de la Ve République, de 1959 à 1962, les partis ont été relégués au second plan, car la personnalité du général De Gaulle dominait presque entièrement la scène politique. La plupart des partis traditionnels, qu'ils fussent de droite ou de gauche, s'étaient ralliés à lui en attendant la fin de la guerre d'Algérie. Le Parti communiste, quant à lui, se plaçait déjà nettement dans l'opposition, mais il y était tout à fait isolé.

C'est à la suite du référendum d'octobre 1962 sur l'élection du Président de la République au suffrage universel direct que le système de partis a commencé à se restructurer.

Le Parti socialiste désapprouve ce référendum ; il vote la motion de censure dirigée contre le gouvernement Pompidou ; il se trouve ainsi rejeté dans l'opposition, ce qui le conduit à se rapprocher du Parti communiste. Ce rapprochement des deux principaux partis de gauche se concrétise dès l'automne 1962 par des accords de désistements réciproques en faveur du candidat le mieux placé pour le second tour des élections législatives. Dix ans plus tard, en 1972, il aboutira à la signature d'un programme commun de gouvernement, le fameux « programme commun » de l'Union de la gauche.

Quant à la droite parlementaire, durant la période fondatrice, la plupart de ses éléments s'étaient déjà ralliés au général De Gaulle, mais elle n'était pas encore vraiment unie. Il y avait en effet une fraction de la droite parlementaire qui refusait de se fondre dans la majorité gaulliste parce qu'elle n'appréciait ni le style de gouvernement du chef de l'État (jugée trop autoritaire, trop plébiscitaire), ni sa politique étrangère (jugée trop nationaliste, trop neutraliste et trop réservée sur le chapitre de l'intégration européenne). Cette droite non gaulliste était personnifiée par Jean Lecanuet, qui s'est présenté à l'élection présidentielle de 1965 et dont la candidature a contribué à mettre le général De Gaulle en ballottage au premier tour de cette élection.

Mais le départ du général De Gaulle en 1969 a facilité le regroupement des droites parlementaires car ses successeurs, G. Pompidou puis V. Giscard d'Estaing, se sont montrés à certains égards plus conciliants : leur style de gouvernement était moins autoritaire, moins plébiscitaire que celui du général De Gaulle ; leur politique étrangère plus favorable à l'intégration européenne.

Au début des années 70, des regroupements se sont effectués aussi bien à gauche qu'à droite et le système de partis a pris la forme d'un « quadrille bipolaire » selon l'expression du professeur Maurice Duverger.

D'une part, en effet, la scène politique était dominée par quatre grands partis : Le Rassemblement pour la République (RPR), qui incarne la tradition gaulliste et qui, à partir de 1974, sera dirigé par J. Chirac ; l'Union pour la Démocratie française (UDF), proche de V. Giscard d'Estaing, qui incarne la droite libérale, mais qui regroupe elle-même plusieurs composantes (Parti Républicain (PR), Centre des Démocrates sociaux (CDS), Clubs perspectives et réalités) ; le Parti socialiste que F. Mitterrand avait repris en mains en 1970 lors du congrès d'Épinay ; enfin, le Parti communiste.

D'autre part, ces partis s'étaient regroupés en deux camps doté chacun d'un programme de gouvernement : le RPR et l'UDF d'un côté ; le Parti socialiste et le Parti communiste de l'autre.

Trente ans plus tard, après les élections législatives de juin 2002, ces quatre partis sont toujours représentés à l'Assemblée nationale, mais deux d'entre eux dominent presque complètement la scène politique.

Le RPR, qui s'est rebaptisé UMP (Union pour une majorité populaire) regroupe la presque totalité des forces de la droite parlementaire. L'UDF a conservé son autonomie mais elle est affaiblie et marginalisée car certains de ses éléments ont rejoint l'UMP. Celle-ci dispose à elle seule de la majorité absolue des sièges à l'Assemblée nationale. Elle en disposait également au Sénat avant le renouvellement de 2004.

De son côté, le Parti socialiste est devenu le principal et presque le seul parti d'opposition. Le Parti communiste n'est plus que l'ombre de ce qu'il a été. Son candidat aux élections présidentielles de 2002, Robert Hue, n'a même pas recueilli 4 % des suffrages. Aux élections législatives de juin 2002, le Parti communiste a tout juste réussi à conserver suffisamment de sièges pour pouvoir constituer son propre groupe.

À en juger par le rapport des forces sur la scène parlementaire, on peut donc dire qu'une tendance au bipartisme se dessine.

Mais les regroupements qui se sont effectués autour de l'UMP et du Parti socialiste sont encore trop récents pour que l'on puisse affirmer que cette tendance est profonde et durable.

L'avenir dépend d'une part de l'aptitude de l'UMP et du PS à regrouper autour d'eux les électeurs et sympathisants de partis plus petits, qui n'ont pas toujours une représentation parlementaire, et d'autre part de leur cohésion interne. Or, ils sont tous deux affectés par des divisions profondes, qui se sont considérablement aggravées à la suite de l'échec du référendum sur le Traité établissant une constitution pour l'Europe du 29 mai 2005. Cela a été le cas au PS en raison de la campagne menée en faveur du « non » par certains dirigeants, alors que le parti s'était prononcé pour le « oui ». Bien que l'UMP ait été dans sa très grande majorité favorable au « non », les dissensions apparaissent également en raison de la rivalité entre le président du parti, Nicolas Sarkozy, et le Président de la République, contrairement à la pratique constante de la Ve République, où le chef de l'État était toujours le chef réel du parti majoritaire en période de concordance des majorités et du principal parti d'opposition au cours des cohabitations.

Ces dissensions traduisent une transformation des divisions habituelles, dans la mesure où à l'opposition droite — gauche traditionnelle s'ajoute une opposition, qui traverse chacun des blocs, entre deux conceptions de la construction européenne.

Ces dissensions sont évidemment accrues par le souci des divers leaders de se mettre dans les meilleures conditions pour représenter leurs partis respectifs lors de l'élection présidentielle de 2007.

On constate ainsi que l'élection présidentielle au suffrage universel est à la fois facteur de division (avant le début de la campagne) en raison des rivalités entre candidats à la candidature et facteur de regroupement et de bipolarisation, dans la mesure où les forces politiques ne peuvent espérer remporter l'élection qu'en formant des coalitions et où les élections législatives consécutives à une élection présidentielle tendent à en confirmer le résultat.

Sous-section 3
Les principales votations politiques

D'après l'article 3 al. 3 C, le suffrage peut être direct ou indirect. Dans le cadre du présent chapitre, on ne retiendra que les votations au suffrage direct (62), qui sont de plusieurs sortes. Il faut distinguer :

— Celles qui ont trait aux institutions politiques nationales : élection du Président de la République ; élection des députés à l'Assemblée nationale (élections législatives) ; référendums en application de l'article 11 ou de l'article 89.

— Celles qui ont trait aux institutions locales : élection des conseillers municipaux (niveau communal) ; élection des conseillers généraux (niveau départemental) ; élection des conseillers régionaux (niveau régional).

---

(62) La principale élection au suffrage indirect est celle des sénateurs, qui est étudiée *infra*, Chapitre 2, section 3.

— Celles qui ont trait aux institutions communautaires : il s'agit de l'élection des représentants de la France au Parlement européen (voir *supra*, section 1 du présent chapitre).

Du point de vue du droit constitutionnel, ce sont évidemment les votations de la première catégorie qui nous intéressent, bien que les autres aient aussi parfois un enjeu politique important.

§ 1. Les élections législatives

Il s'agit de l'élection des députés à l'Assemblée nationale : l'expression « élections législatives », qui est couramment utilisée, se justifie par le fait que cette assemblée fait partie du Parlement et que, en cas de désaccord avec le Sénat à propos du vote d'une loi, c'est elle qui a normalement le dernier mot (voir *infra*, Chapitre 3).

D'après l'ordre des chapitres de la Constitution, l'Assemblée nationale vient après le Président de la République, qui est également élu au suffrage direct. On traitera néanmoins en premier lieu de l'élection des députés, parce que c'est la forme de consultation populaire la plus ancienne et la plus répandue dans le monde et parce que, même en France aujourd'hui encore, c'est celle qui exerce l'influence la plus directe sur le système des partis.

A La périodicité

Il faut distinguer entre les *élections générales* et *les élections partielles*.

1. Les élections générales

On parle d'élections générales lorsque l'Assemblée nationale est renouvelée dans son intégralité.

D'après l'article 25 de la Constitution, c'est au législateur organique qu'il appartient de fixer *« la durée des pouvoirs de chaque assemblée »* et donc la périodicité des élections générales. Selon la jurisprudence du Conseil constitutionnel, le législateur organique peut donc modifier la durée des pouvoirs d'une assemblée (même pour le mandat en cours) mais à condition que ces modifications n'empêchent pas les électeurs d'exercer leur droit de suffrage selon une « périodicité raisonnable ».

Dans son texte antérieur à la loi organique du 15 mai 2001, l'article LO 121 C. élect. précisait que : *« Les pouvoirs de l'Assemblée nationale expirent le premier mardi d'avril de la cinquième année qui suit son élection* ». D'après l'article LO 122 du même code, les élections générales doivent avoir lieu dans les soixante jours qui précèdent l'expiration des pouvoirs de l'Assemblée nationale. En 2002, les élections législatives auraient donc dû précéder de quelques semaines l'élection présidentielle dont les dates, en vertu de l'article 7 de la Constitution, ne pouvaient être fixées qu'en avril ou mai.

Mais cet ordre a été modifié par la LO du 15 mai 2001. En effet, la réduction à cinq ans du mandat présidentiel, avait été principalement justifiée par le souci de limiter les risques de cohabitation. Or, ce risque persistait si l'élection présidentielle avait lieu après l'élection législative, car les Français allaient se trouver devant l'alternative de choisir un Président en fonction d'une majorité parlementaire qu'ils auraient désignée quelques semaines auparavant ou de créer une nouvelle situation de cohabitation en envoyant à l'Élysée un candidat du camp opposé, soit pour qu'il serve de contrepoids, soit pour que, sans exercer un pouvoir réel important, il assure une fonction de représentation. Au contraire, si l'élection présidentielle avait lieu avant les législatives, on pouvait penser que, comme en 1981 et 1986, les citoyens se prononceraient d'abord pour un Président, avec son programme et qu'ils voteraient ensuite pour lui assurer les moyens de le réaliser grâce à une majorité parlementaire de la même couleur. C'est d'ailleurs effectivement ce qui s'est passé en 2002.

L'inversion du calendrier électoral n'a cependant pas été adoptée dans un consensus général. Elle s'est heurtée à une double opposition :

— Celle des communistes et des verts qui ont une lecture parlementariste de la Constitution et qui, pour cette raison, étaient déjà plutôt hostiles au quinquennat ;

— Celle du RPR et d'une partie de l'UDF, qui sont favorables à la prépondérance présidentielle tout en estimant qu'elle ne saurait dépendre de l'ordre dans lequel se déroulent les élections, car l'on aboutirait ainsi à un système trop rigide où les élections ne pourraient avoir lieu qu'à des dates fixes et où l'existence même du droit de dissolution finirait donc par être remise en cause. Ils craignaient en outre que l'inversion du calendrier dissimulât une manœuvre dirigée contre la candidature de J. Chirac.

Le nouvel article LO 121 dispose que les pouvoirs de l'Assemblée nationale expirent la cinquième année qui suit son élection mais le troisième mardi de juin et non plus le premier mardi d'avril. Il précise que cette modification s'applique à l'Assemblée nationale élue en 1997. Les élections législatives de 2002 ont donc eu lieu en juin, après l'élection présidentielle.

Cette modification n'a pas changé la durée normale des législatures qui est toujours fixée à cinq ans. Mais cette durée est évidemment abrégée lorsque le Président de la République fait usage de son droit de dissolution. Dans ce cas, les élections doivent avoir lieu, vingt jours au moins et quarante jours au plus après la dissolution (art. 12 C).

La dissolution a déjà été prononcée cinq fois depuis les débuts de la Vᵉ République ; la législature actuellement en cours est la douzième. La durée moyenne d'une législature est donc à peu près de quatre ans.

2. Les élections partielles

Elles sont organisées en cours de législature afin de pourvoir un ou plusieurs sièges devenus vacants. L'enjeu politique d'une élection partielle est généralement faible car, sauf cas exceptionnel, la perte d'un ou deux sièges n'est pas susceptible de faire basculer la majorité parlementaire. Ces élections n'en constituent pas moins une épreuve pour les gouvernants, car elles permettent de mesurer l'érosion de leur popularité. Afin d'en limiter la fréquence, les constituants de 1958 ont prévu un système de remplacement automatique par un suppléant, lorsqu'un parlementaire décède en cours de mandat ou lorsqu'il est nommé à des fonctions incompatibles avec ce mandat (voir *infra*, Chapitre 2). Le suppléant ayant été élu en même temps que le parlementaire lui-même, le remplacement s'effectue sans qu'il soit nécessaire de procéder à une élection partielle. Le suppléant termine le mandat de son prédécesseur, c'est-à-dire qu'il doit normalement siéger jusqu'au prochain renouvellement général de l'Assemblée nationale.

Il subsiste cependant quelques cas où une législative partielle doit être organisée : annulation de l'élection par le Conseil constitutionnel (cette annulation vaut aussi bien pour le suppléant que pour la personne élue à titre principal) ; démission (le remplacement par le suppléant ne joue pas dans cette hypothèse, ce qui laisse au parlementaire la possibilité de se représenter immédiatement) ; absence de suppléant (pour cause de décès ou pour une autre raison) ; enfin, démission du suppléant en vue justement de provoquer une élection partielle à laquelle pourra se présenter un personnage politique plus important (il arrive fréquemment que des ministres qui perdent leur portefeuille sollicitent la démission de leur suppléant en poste pour tenter de retrouver leur siège). Dans ce cas, le suppléant ne peut se présenter contre la personne qu'il secondait.

Dans ces différents cas, il doit être procédé à une élection partielle dans un délai de trois mois à compter de la date de la vacance du siège. Toutefois, il n'est procédé à aucune élection partielle dans les douze mois qui précèdent l'expiration des pouvoirs de l'Assemblée nationale (art. LO 178).

Qu'il s'agisse d'élections générales ou d'une élection partielle, quelles conditions faut-il remplir pour pouvoir s'y présenter ?

B Le régime des candidatures

D'après les articles L 44 et 45 C. élect., pour pouvoir être candidat à un siège de député, il faut remplir trois conditions : posséder la nationalité française ; être âgé d'au moins vingt-trois ans (5 ans de plus que la majorité légale) ; avoir satisfait aux obligations imposées par le Code du service national.

Mais si ces conditions sont nécessaires, elles ne sont pas toujours suffisantes. Il faut également ne pas se trouver dans l'un des cas d'inéligibilité prévus par la loi. On peut distinguer plusieurs sortes d'inéligibilités :

a) les cas d'incapacité intellectuelle ou d'incapacité morale (voir *supra*).

b) les cas d'inéligibilité sanctionnant la violation de certaines dispositions relatives au financement des campagnes électorales ou à la transparence financière : par exemple, si, à l'issue d'une campagne électorale, un candidat n'a pas déposé son compte de campagne dans le délai prescrit par la loi, il peut être déclaré inéligible pour une durée d'un an (voir *infra*). Cette inéligibilité n'entraîne d'ailleurs pas la perte du droit de vote, car il s'agit de sanctionner une négligence, plutôt qu'un acte contraire à la probité ou à l'honneur.

Dans ces deux premières catégories de cas, l'inéligibilité est dite « absolue », car elle vaut pour toutes les circonscriptions électorales.

c) les cas d'inéligibilités destinés à prévenir le risque d'un abus d'autorité. Certains fonctionnaires d'autorité sont inéligibles dans toute circonscription comprise dans le ressort territorial où ils ont exercé leur fonctions depuis moins de 6 mois. La liste de ces fonctionnaires est fixée par l'article LO 133 du Code électoral ; elle comprend notamment les préfets, les magistrats des tribunaux, les recteurs d'académie, les commissaires de police, etc. Il s'agit d'éviter que ces fonctionnaires puissent être tentés d'utiliser leurs prérogatives d'autorité en vue de se constituer une clientèle électorale.

À la différence des précédentes, ces inéligibilités sont seulement « relatives », c'est-à-dire qu'elles n'empêchent pas l'agent concerné de faire acte de candidature dans une circonscription qui se trouve en dehors du ressort territorial où il a exercé ses fonctions (63).

Si une personne est inéligible, l'administration ne doit pas accepter d'enregistrer sa candidature. Lorsqu'il y a doute sur ce point, le représentant de l'État, c'est-à-dire le préfet, doit surseoir à l'enregistrement de la candidature et saisir dans les vingt-quatre heures le tribunal administratif ; le tribunal administratif doit statuer dans un délai de trois jours. Le jugement rendu par le tribunal administratif ne peut pas être attaqué selon les voies de recours habituelles. Mais il pourra éventuellement être contesté devant le Conseil constitutionnel, à l'appui d'un recours dirigé contre les résultats de l'élection.

La règle du jeu électoral qui va permettre de départager les candidats est le mode de scrutin.

C Le mode de scrutin

Le mode de scrutin pour l'élection des députés est fixé non par la Constitution ni même par une LO mais par une simple loi ordinaire. Techniquement, il est donc relativement facile de le modifier. Mais depuis les débuts de la Ve République, deux modes de scrutin seulement ont été utilisés.

Par principe, les gaullistes étaient hostiles à la représentation proportionnelle à laquelle ils reprochaient d'empêcher la formation d'une majorité stable et dc favoriser le « régime des partis ». Il n'était donc pas question de conserver, fût-ce même en le réformant, le mode de scrutin hérité de la IVe République. Quelques jours après l'entrée en vigueur de la nouvelle Constitution, le Gouvernement, usant des pouvoirs que lui conférait l'article 92 al. 2 de ladite Constitution, rétablit par voie d'ordonnance le scrutin majoritaire uninominal à deux tours, qui avait été en vigueur durant la majeure partie de la IIIe République. Ce mode de scrutin demeura en application pendant plus de vingt ans (jusqu'aux élections de juin 1981 incluses), bien qu'il ait été légèrement modifié en 1966 (voir *infra*).

À la veille des élections législatives de mars 1986, la majorité socialiste qui était alors au pouvoir, décida de le remplacer par le scrutin de liste départemental à la représentation proportionnelle, sans panachage ni vote préférentiel (loi du 10 juillet 1985). Cette décision s'expliquait à

(63) Il y a cependant une exception sur ce point en ce qui concerne le médiateur : comme le médiateur exerce ses fonctions sur l'ensemble du territoire national, il est inéligible dans toutes les circonscriptions. Il s'agit donc dans ce cas d'une inéligibilité absolue.

la fois par une raison de principe (l'institution de la représentation proportionnelle était l'une des réformes prévues par le *programme commun* de l'Union de la gauche) et par une raison de circonstance : dans la conjoncture politique de l'époque, caractérisée par la percée de l'extrême droite (Front national), on pouvait penser qu'une telle réforme empêcherait la droite parlementaire d'obtenir la majorité absolue des sièges.

Mais lors des élections législatives de mars 1986, l'impact du changement de mode de scrutin fut finalement moins important qu'on avait pu l'espérer (ou le craindre). Bien que le Front national ait enlevé 35 sièges, la droite parlementaire obtint d'une courte tête la majorité absolue. Dès lors, la représentation proportionnelle était virtuellement condamnée car le nouveau gouvernement, dirigé par J. Chirac, la considérait comme contraire à l'esprit des institutions de la Ve République. Un an presque jour pour jour après la promulgation de la loi instituant la représentation proportionnelle, le système antérieur fut donc rétabli (loi du 11 juillet 1986). Revenus au pouvoir en 1988, les socialistes, après maintes hésitations, renoncèrent finalement à changer de nouveau le mode de scrutin, malgré les pressions exercées sur eux par leurs alliés écologistes.

Le mode de scrutin actuellement en vigueur est donc à la fois uninominal et majoritaire.

1. Un scrutin uninominal

Un seul siège est à pourvoir dans chaque circonscription. Les bulletins de vote comportent cependant toujours deux noms car, ainsi qu'il a déjà été signalé, l'article 25 C exige que chaque parlementaire ait un suppléant élu en même temps que lui, qui le remplacera en cas de vacance du siège (64).

Le scrutin uninominal implique évidemment des circonscriptions nombreuses et de faibles dimensions : comme l'Assemblée nationale comprend actuellement 577 députés, il faut diviser le territoire national en 577 circonscriptions alors qu'avec la représentation proportionnelle de liste, on pourrait se contenter d'une centaine de circonscriptions.

D'un point de vue sociologique, l'exiguïté des circonscriptions présente un avantage : elle facilite l'établissement et le maintien de contacts personnels entre l'élu et son électorat. Mais, plus les circonscriptions sont nombreuses, plus le découpage de la carte électorale pose des problèmes délicats. En effet, pour peu qu'il y ait des disparités démo-

(64) Pour favoriser la mixité, certains parlementaires ont proposé que chaque candidat soit obligé de choisir comme suppléant une personne de sexe opposé au sien.

graphiques, la voix d'un électeur pèse d'autant plus lourd que la population de sa circonscription est plus faible, ce qui peut être la source de graves injustices. Les projets de découpage sont généralement préparés par le ministère de l'Intérieur mais leur adoption relève du domaine de la loi. On peut comprendre qu'une majorité parlementaire mette peu d'empressement à corriger les déséquilibres démographiques entre les circonscriptions lorsque ces déséquilibres lui sont plutôt favorables.

Selon le découpage originel effectué en 1958, la population moyenne des circonscriptions était de 93 000 habitants, et les écarts par rapport à cette moyenne demeuraient relativement faibles. Mais, par la suite, les progrès de l'urbanisation avaient été tellement rapides qu'il eût fallu procéder au bout de quelques années à une révision d'ensemble de la carte électorale. Or, une telle révision n'avait jamais eu lieu, et le maintien du *statu quo* aboutissait à des disparités choquantes. Par exemple, lors des élections législatives de 1981, la circonscription de Marvejols (Lozère) comptait 26 231 inscrits et celle de Longjumeau (Essonne) 186 986. Le rétablissement du scrutin majoritaire en 1986 ne pouvait se faire sur la base de ce découpage ancien, et cela pour une double raison.

En premier lieu, la réforme électorale accomplie par la gauche avait fait passer le nombre des députés de 491 à 577 et il eut été politiquement difficile de revenir au chiffre antérieur car de nombreux parlementaires auraient perdu leur siège du fait de cette diminution. En second lieu, dans une décision rendue deux ans auparavant à propos d'une loi intéressant la Nouvelle-Calédonie, le Conseil constitutionnel avait donné quelques directives concernant le découpage des circonscriptions électorales (déc. n° 85-196 du 8 août 1985, *Rec.* p. 63).

La loi du 11 juillet 1986 a réparti les sièges entre les départements proportionnellement à leur population (sous réserve que le nombre de sièges attribués à un département doit être au minimum de 2). Elle a d'autre part, conformément à l'article 38 de la Constitution (voir *infra*, Chapitre 3), habilité le gouvernement à fixer par ordonnance le découpage des circonscriptions à l'intérieur de chaque département dans le respect des principes suivants :

1° Sauf en ce qui concerne les départements dont le territoire comporte des parties insulaires ou enclavées, les circonscriptions doivent être constituées par un territoire *continu*.

2° La délimitation des circonscriptions doit respecter les limites cantonales (sauf dans quelques cas précis énumérés par la loi).

3° Les écarts de population entre les circonscriptions ne sont admissibles que si elles ont pour objet de permettre la prise en considération d'impératifs d'intérêt général ; en aucun cas, la population d'une circonscription ne peut s'écarter *de plus de 20 % de la population moyenne des circonscriptions du département*.

Mais en définitive, le Président de la République ayant refusé de signer l'ordonnance préparée par le gouvernement, le projet de découpage des circonscriptions fut soumis par le Premier ministre au Parlement et fut adopté selon la procédure législative ordinaire. Ces péripéties amenèrent le Conseil constitutionnel à examiner, deux fois au cours de la même année, le problème de la délimitation des circonscriptions électorales : une première fois *in abstracto* pour vérifier si les principes directeurs posés par la loi d'habilitation étaient bien de nature à garantir l'égalité des suffrages (déc. n° 86-208 DC des 1er et 2 juill. 1986, *Rec.* p. 78). Une seconde fois *in concreto* pour contrôler si le découpage finalement adopté n'était pas contraire à la Constitution (déc. n° 86-218 DC du 18 nov. 1986, *Rec.* p. 167). Dans ces deux décisions, le Conseil constitutionnel déclare que *« l'Assemblée nationale désignée au suffrage universel direct, doit être élue sur des bases essentiellement démographiques »*, ce qui signifie que chaque député devrait en principe représenter le même nombre d'électeurs. Ce principe n'est cependant pas absolu. Le législateur peut y déroger, mais seulement dans une mesure limitée, et à condition que ces dérogations puissent être justifiées par des impératifs d'intérêt général (par exemple, la volonté de maintenir des liens étroits entre l'élu d'une circonscription et ses électeurs). Comme il l'a déjà fait à propos de la Nouvelle-Calédonie, (voir *supra*) le Conseil constitutionnel censurerait la délimitation des circonscriptions si les disparités de population étaient *manifestement excessives*, ou si elles étaient inspirées par des motifs *manifestement* étrangers à l'intérêt général.

Le Conseil constitutionnel se borne donc à un contrôle minimum et il n'entend pas substituer son appréciation à celle du législateur. Dans sa décision du 18 novembre 1986, il rappelle qu'il ne lui appartient pas « de rechercher si les circonscriptions ont fait l'objet de la délimitation la plus équitable possible » (65). Et il n'a censuré ni la loi qui habilitait le gouvernement à établir cette délimitation par ordonnance, ni celle

(65) Il ne suffit pas toujours que l'équilibre démographique soit respecté pour que le découpage puisse être considéré comme équitable et parfaitement rationnel. En réunissant arbitrairement plusieurs communes ou quartiers dans une même circonscription, on peut parfois aboutir à créer des majorités artificielles. Aux États-Unis, cette pratique est connue sous le nom de « Gerry-mandering », du nom du gouverneur Gerry qui, en 1812, avait réussi à se découper une circonscription sur mesure pour assurer sa réélection.

qui a repris le projet d'ordonnance que le Président de la République avait refusé de signer.

La loi du 11 juillet 1986 a également posé le principe d'une révision périodique des limites des circonscriptions en fonction de l'évolution démographique. Selon le texte, il doit être procédé à cette révision après le deuxième recensement général de la population qui suit la dernière délimitation (art. L 125 al. 2). Le Conseil constitutionnel estime, quant à lui, qu'une révision est obligatoire après chaque recensement général, pour peu que ce recensement ait fait apparaître une évolution importante (Voir la décision précitée des 1er et 2 juill. 1986). Mais force est de constater que ces principes ne sont guère respectés : bien que les recensements de 1990 et 1999 aient mis en lumière des disparités de représentation relativement importantes, le découpage de 1986 n'a encore jamais été réactualisé. Malheureusement, en l'état actuel de la jurisprudence, il n'existe aucune voie de recours permettant de contraindre le législateur à adopter un nouveau découpage pour remédier à ces disparités. D'une part, il n'existe pas de recours direct, car l'on ne peut déférer au Conseil constitutionnel qu'une loi adoptée par le Parlement, et non un refus de légiférer. D'autre part, la question ne pourrait pas non plus être soulevée par la voie de l'exception car, dans le cadre du contentieux électoral, le Conseil constitutionnel se refuse à contrôler la conformité d'une loi à la constitution (voir *infra*).

Cependant, le Conseil constitutionnel saisit toutes les occasions de rappeler l'existence des disparités et la nécessité d'y remédier (voir notamment ses observations générales sur les élections législatives de 2002, publiées en mai 2003). À la longue, cette insistance se révélera peut-être efficace car l'on sait fort bien que si ses avertissements continuaient à ne pas être entendus, le Conseil constitutionnel pourrait être tenté de faire évoluer sa jurisprudence pour se donner les moyens de sanctionner la carence du législateur dans ce domaine (66).

En septembre 2004, le Premier ministre de l'époque, J.-P. Raffarin a annoncé officiellement que la carte électorale serait modifiée avant les élections législatives de 2007. Cette modification portera vraisemblablement sur les limites de plus de trente circonscriptions, situées dans une vingtaine de départements, et dont la population est trop importante

(66) Par exemple, le Conseil constitutionnel pourrait décider qu'un découpage fortement inégalitaire est de nature à mettre en cause la validité de l'ensemble des opérations électorales, ce qui lui permettrait d'en connaître à titre préventif, dans le prolongement de sa jurisprudence *Delmas* de 1981 (voir *infra*).

ou trop faible, par rapport à la moyenne du département. Mais la loi précisant le nouveau découpage devra être votée au plus tard au printemps 2006, car, d'après l'article 7 de la loi du 11 décembre 1990, « Il ne peut être précédé à aucun redécoupage dans l'année précédant l'échéance normale du renouvellement des assemblées concernées ».

2. Un scrutin majoritaire

Pour être élu au premier tour, le candidat doit, à la fois, obtenir la majorité absolue des suffrages exprimés et réunir sur son nom un nombre de suffrages égal au quart du nombre des électeurs inscrits.

Le second tour de scrutin a lieu le dimanche qui suit le premier tour. La majorité relative suffit alors pour être élu. Toutefois le législateur s'est soucié d'empêcher que le scrutin soit faussé par les transactions qui se déroulent parfois entre les deux tours. Il a voulu notamment couper court à la manœuvre qui consiste, de la part d'un candidat, à se présenter sans espoir d'être élu mais à seule fin de monnayer son désistement au second tour. C'est pour assurer cette « moralisation » du ballottage que l'ordonnance de 1958, décida que nul ne peut être candidat au deuxième tour s'il ne s'est présenté au premier et s'il n'a obtenu au moins 5 % des suffrages exprimés. Mais dans le cadre d'une politique qui visait à instaurer progressivement en France un régime bipartisan, en obligeant les grandes formations à se regrouper et les petites à disparaître, une réforme électorale est intervenue le 29 décembre 1966 : pour pouvoir être candidat au second tour, il fallait avoir recueilli au premier 10 % des voix des électeurs *inscrits*. Cette proportion a été élevée à 12,5 % par la loi du 9 juillet 1976 (67).

Des exceptions ont néanmoins été prévues pour le cas où, à l'issue du premier tour, il ne se trouverait pas au moins deux candidats remplissant cette condition (art. L 162 C. élect.).

Dans le cas où aucun candidat n'a atteint le seuil des 12,5 %, il est prévu que les deux candidats arrivés en tête au premier tour pourront se maintenir au second.

Dans le cas où le seuil de 12,5 % n'a été atteint que par un seul candidat, le candidat ayant obtenu après lui le plus grand nombre de suffrages au premier tour peut se maintenir au second.

(67) Dans le contexte partisan actuel, ce seuil n'est pas toujours suffisamment élevé pour éviter d'assez nombreuses élections triangulaires, comme on a pu le constater en mai-juin 1997. C'est pourquoi il a été parfois envisagé soit de fixer un seuil encore plus élevé, soit de limiter l'accès au second tour aux deux seuls candidats les plus favorisés par les résultats du premier tour, comme c'est déjà le cas pour l'élection présidentielle (voir *infra*).

Malheureusement, ces aménagements ne suffisent pas à garantir que les électeurs auront toujours le choix entre au moins deux candidats au second tour. Il peut en effet se produire que les deux candidats arrivés en tête au premier tour appartiennent à la même coalition, et que l'un deux se retire pour honorer un accord de désistement, alors que les autres candidats ont tous été éliminés parce qu'ils n'avaient pas atteint au premier tour le seuil des 12,5 %. Dans un tel cas de figure, heureusement assez exceptionnel, il n'y a plus qu'un candidat unique au second tour et l'élection devient une simple formalité (68).

Lorsque le seuil est atteint par plus de deux candidats, le second tour risque de prendre la forme d'une compétition triangulaire, voire quadrangulaire. Mais cette hypothèse est relativement rare car, comme il suffit au second tour d'une majorité relative pour être élu, les états-majors politiques s'efforcent d'éviter une division des voix qui ferait le jeu du camp adverse. À droite comme à gauche, on applique les accords de désistement, de sorte que seuls restent en piste les deux candidats le mieux placé dans chaque camp.

Mais ce scénario est parfois perturbé par la percée, au premier tour, d'un candidat appartenant à un formation qui n'est liée par aucun accord de désistement. Par exemple, lors des législatives de 1997, le Front national a maintenu son candidat dans 132 circonscriptions. Ce maintien a entraîné une division des voix de la droite et, d'après certaines statistiques, il aurait coûté au RPR et à l'UDF au moins une trentaine de sièges.

En 2002, les candidats du Front national n'étaient présents au second tour que dans 37 circonscriptions car, au premier tour, il leur avait été beaucoup plus difficile d'atteindre le seuil de 12,5 % des inscrits. D'une part, il y avait davantage de candidats au premier tour qu'en 1997, et les suffrages étaient donc plus éparpillés. D'autre part, la participation était moins forte qu'en 1997 de sorte que pour atteindre ce seuil, il était nécessaire de réunir une proportion plus importante des exprimés. Il y a donc eu beaucoup moins de batailles triangulaires qu'en 1997

(68) En 1988, une élection obtenue dans de telles conditions avait été contestée par des électeurs qui soutenaient que l'absence de toute possibilité de choix au second tour constituait une violation des stipulations de l'article 3 du protocole additionnel nº 1 à la CEDH. Ce texte prévoit en effet l'organisation d'élections « dans des conditions qui assurent la libre expression de l'opinion du peuple sur le choix du corps législatif ». Le Conseil constitutionnel a rejeté ce moyen en affirmant que, « prises dans leur ensemble », les dispositions de la loi électorale n'étaient pas incompatibles avec les stipulations de l'article 3. En d'autres termes, pour qu'il y ait liberté de choix, il suffit que les électeurs aient pu choisir entre plusieurs candidats au premier tour (CC 88-1082, 21 oct. 1988, *Rec.* p. 183).

au second tour et c'est l'un des facteurs qui ont rendu possible la victoire de l'UMP.

D L'organisation et le financement de la campagne

La campagne des élections législatives est ouverte 20 jours avant la date du premier tour de scrutin. Elle se déroule à la fois au niveau national et au niveau local (c'est-à-dire dans le cadre de chaque circonscription).

Au plan national, ce sont les partis politiques qui sont les acteurs de la campagne et ils peuvent y investir des moyens importants car leurs dépenses ne sont pas plafonnées (69). Il y a là d'ailleurs un moyen de tourner les règles relatives aux dépenses faites au niveau local. D'autre part, l'État met à la disposition des partis politiques, pour leurs émissions de propagande, un temps d'antenne sur les ondes des chaînes publiques de radio et de télévision. La durée totale de ce temps d'antenne est en principe de trois heures pour les émissions précédant le premier tour de scrutin, et d'une heure et demie pour les émissions réalisées durant la campagne du second tour. Cette durée est partagée à égalité entre les formations politiques représentées à l'Assemblée nationale appartenant à la majorité et celles appartenant à l'opposition. À l'intérieur de chaque camp, le temps d'antenne est réparti par accord amiable entre les Présidents des groupes parlementaires intéressés. À défaut d'accord amiable, la répartition est effectuée proportionnellement aux effectifs des groupes.

Quant aux partis politiques qui ne sont pas représentés au sein de l'Assemblée nationale sortante, ils ont droit à un temps d'antenne de sept minutes pour le premier tour et de cinq minutes pour le second, à condition qu'ils présentent au moins soixante quinze candidats.

Dans toutes les campagnes électorales, les sondages d'opinion, dont les résultats sont souvent repris par la presse, jouent un rôle important. Même s'ils ont un aspect apparemment objectif, ces sondages sont susceptibles d'influencer le comportement des électeurs et ils peuvent donc être utilisés à des fins de propagande. C'est pourquoi une loi du 19 juillet 1977 a réglementé, en vue de prévenir certaines manipulations, tous les sondages ayant un rapport direct ou indirect avec une élection

---

(69) Toutefois, comme pour toutes les élections, les articles L 50-1 et suivants du Code électoral interdisent le recours à certains moyens de propagande particulièrement coûteux, qui pourraient créer de graves inégalités entre les candidats : numéro d'appel téléphonique ou télématique gratuit, publicité commerciale par voie de presse ou par tout moyen de communication audiovisuelle, affichage en dehors des panneaux officiels. Ces interdictions sont en vigueur pendant les trois mois précédant le premier jour d'une élection et jusqu'à la date du tour de scrutin où l'élection est acquise.

ou même un référendum. En premier lieu, la loi a institué une « commission des sondages », composée de hauts magistrats, qui surveille l'activité des instituts de sondages et qui peut faire publier une mise au point lorsqu'elle estime qu'un sondage n'a pas été réalisé dans de bonnes conditions et qu'il est susceptible d'induire en erreur. En second lieu, la loi de 1977 interdit la publication (mais non la réalisation) de tout sondage ayant trait à l'élection pendant la semaine qui précède chaque tour de scrutin et pendant le déroulement du scrutin.

Mais, à la suite de certaines innovations technologiques, cette seconde règle, qui ne pouvait évidemment s'appliquer qu'aux media français, avait perdu une bonne partie de son utilité : grâce à l'Internet, on peut en effet, sans sortir de chez soi, avoir accès à toutes les informations publiées par certains journaux étrangers de langue française comme *« La gazette de Lausanne »* ou *« La tribune de Genève »* qui ne sont pas liés par la législation française relative à la publication des sondages. Les citoyens internautes étaient donc favorisés par rapport aux autres car ils pouvaient seuls accéder aux résultats des sondages durant la dernière semaine de la campagne (70).

La règle posée en 1977 apparaissait donc à la fois comme obsolète et comme contraire au principe de l'égalité entre les citoyens. Elle a donc été abrogée par une loi du 19 février 2002 : désormais, la publication des sondages est autorisée jusqu'à la fin de la campagne électorale, c'est-à-dire jusqu'au vendredi précédent le scrutin à minuit. Elle demeure cependant interdite la veille du scrutin et le jour même de celui-ci, c'est-à-dire pendant les 48 heures où l'on n'a plus le droit de faire de la propagande électorale.

La campagne des législatives ne se déroule pas seulement au niveau national mais aussi au niveau local, c'est-à-dire dans le cadre de chacune des 577 circonscriptions. L'encadrement financier de la campagne à ce niveau peut être résumé en trois points : le plafonnement des dépenses ; la réglementation des moyens de financement ; l'obligation de tenir un compte de campagne.

1. Le plafonnement des dépenses

Les dépenses électorales, autres que les dépenses de propagande directement prises en charge par l'État, sont plafonnées pour chaque candidat.

(70) En raison de cette rupture d'égalité, les tribunaux judiciaires estimaient que la loi de 1977 était devenue contraire aux stipulations des articles 10 et 14 de la Convention EDH et ils refusaient donc d'appliquer les sanctions prévues en cas de violation (voir Cass., Chambre criminelle, 1er sept. 2001). C'est ce qui a obligé le législateur à restreindre la portée de cette loi.

Le plafond est actuellement fixé à 38 000 euros, cette somme étant majorée de 0,15 euros par habitant de la circonscription (art. L 52-11 C. élect. modifié par l'article 10 de la loi du 29 janvier 1993). La notion de dépenses électorales retenue pour la vérification du respect de ce plafond est très large. Elle comprend toutes les dépenses exposées directement au profit du candidat et avec l'accord (71) de celui-ci, par les personnes physiques qui lui apportent leur soutien, ainsi que par les partis et groupements politiques qui ont été créés en vue de lui apporter leur soutien ou qui lui apportent leur soutien (art. L 52-12 C. élect.). Si le candidat a bénéficié de services ou dons en nature, il doit en estimer la valeur pécuniaire et l'inclure dans ses dépenses.

Toutes les dépenses effectuées pendant la période de référence (c'est-à-dire pendant l'année précédant le premier jour du mois de l'élection et jusqu'à la date où l'élection a été acquise) sont susceptibles d'être considérées comme des dépenses électorales.

2. La réglementation des moyens de financement

En ce qui concerne les recettes, il faut distinguer le financement privé et le financement public.

a) Financement privé (article L 52-8 C. élect.)

Depuis la loi du 19 janvier 1995, les personnes morales n'ont plus le droit de participer, directement ou indirectement, au financement de la campagne électorale d'un candidat (72). Une exception est toutefois prévu pour les partis politiques : un parti politique peut prendre en charge le financement de la campagne de l'un de ses candidats (73).

Quant aux personnes physiques, elles peuvent contribuer au financement de la campagne électorale d'un candidat, mais seulement dans la limite de 4 600 euros, pour l'ensemble des candidats à une même élec-

---

(71) D'après le texte original, il pouvait s'agir d'un accord tacite. Mais les mots « même tacite » ont été supprimées par la loi du 19 janvier 1995.

(72) Pour les élections législatives de 1993, les dons des personnes morales représentaient en moyenne 27 % du total des recettes des candidats (Source : CCFP (1996), p. 9).

(73) Cette exception risque de nuire à la transparence financière des campagnes électorales, car un parti politique peut être créé à seule fin d'aider un ou plusieurs candidats, ce qui permet de tourner la réglementation des recettes d'origine privée. C'est l'une des raisons pour lesquelles, dans son dernier rapport annuel, la CCFP a souhaité que la création des partis politiques soit entourée d'un minimum de formalisme.

tion. Les dons ne peuvent être faits en espèces que si leur montant est inférieur à 150 euros.

b) Le financement public (art. L 167 C. élect.)

Avant l'adoption de la loi de 1988 sur le financement de la vie politique et des campagnes électorales, l'État remboursait déjà aux candidats certaines dépenses limitativement énumérées (coût du papier, impression des bulletins de vote et des affiches, frais d'affichage, etc.).

Depuis la réforme de 1988, l'État se montre un peu plus généreux et, outre le remboursement des dépenses déjà mentionnées, il accorde à chaque candidat pour les autres dépenses un remboursement forfaitaire. Le montant de ce remboursement forfaitaire avait d'abord été fixé au dixième du plafond des dépenses électorales. Mais, pour compenser les effets de l'interdiction du financement par les personnes morales, la loi du 19 janvier 1995 a décidé qu'il serait désormais égal à 50 % de ce plafond. Toutefois, ce remboursement forfaitaire ne peut excéder le montant réel des dépenses engagées par le candidat, ce qui signifie qu'aucun candidat ne peut recevoir plus que ce qu'il a effectivement déboursé.

Pour avoir droit à ces remboursements, il faut avoir obtenu au moins 5 % des suffrages exprimés au premier tour de scrutin. On considère que le financement public doit être réservé aux candidats qui ont un minimum de représentativité politique.

c) L'obligation de tenir un compte de campagne

Chaque candidat est tenu d'établir un compte de campagne retraçant, selon leur origine, l'ensemble des recettes perçues et, selon leur nature, l'ensemble des dépenses effectuées en vue de son élection par lui même ou pour son compte pendant l'année précédant le premier jour du mois de l'élection et jusqu'à la date du tour de scrutin où cette élection a été acquise.

Toutefois, l'obligation d'ouvrir le compte un an à l'avance ne s'impose évidemment que lorsque les élections législatives ont lieu à la date d'échéance normale du mandat. En cas d'élection anticipée, le point de départ de la période de référence est l'événement qui a rendu cette élection nécessaire (dissolution, décès d'un député ou démission).

La collecte des dons en vue d'alimenter la caisse électorale du candidat est subordonnée à des formalités destinées à faciliter le contrôle du respect de la réglementation. Le candidat doit désigner un mandataire financier unique ; ce mandataire doit ouvrir un compte bancaire ou postal unique sur lequel toutes les opérations financières de la campagne seront centralisées ; l'intervention du mandataire est obligatoire pour recueillir les recettes et pour régler la plupart des dépenses relatives à la campagne, etc.

Que le candidat ait été élu ou qu'il ait été battu, le compte de campagne, visé par un expert comptable, devra être transmis à la CNCCFP dans les deux mois suivant la date à laquelle l'élection a été acquise. Le candidat qui n'exécute pas cette obligation peut être déclaré inéligible pendant un an.

Mais la CNCCFP n'a qu'un rôle d'instruction des dossiers. C'est une autorité administrative indépendante mais non une autorité juridictionnelle. Si elle constate une infraction à la réglementation financière des campagnes électorales, elle ne peut de son propre chef infliger aucune sanction. Elle doit simplement transmettre le dossier à l'organe chargé du contentieux électoral, c'est-à-dire au Conseil constitutionnel.

E Le contentieux électoral

Avant l'entrée en vigueur de la Constitution de 1958, les assemblées parlementaires tranchaient elles-mêmes toute contestation relative à la validité de l'élection de leurs membres. Après chaque renouvellement général ou partiel, au cours de la première séance, les députés ou les sénateurs procédaient à la vérification des mandats. L'inconvénient de ce système tenait au fait que, les élus étant à la fois juges et partie, les décisions rendues sur les contestations électorales s'expliquaient souvent par des raisons plus politiques que juridiques.

La Constitution de 1958 a mis fin à ce système. D'après l'article 59 C, c'est désormais le Conseil constitutionnel qui statue, en cas de contestation, sur la régularité de l'élection des députés et des sénateurs.

Les compétences du Conseil en matière de contentieux électoral. — La loi organique relative au Conseil constitutionnel lui attribue en cette matière une large compétence puisque selon l'article 50, il *« examine et tranche définitivement toutes les réclamations »*. Mais l'interprétation donnée par le Conseil de cette disposition est plutôt restrictive.

Il considère en effet que sa compétence se limite au seul examen des élections contestées, ce qui implique qu'il n'est valablement saisi que s'il y a contestation et que celle-ci ne peut en principe être dirigée que contre les résultats ayant abouti à proclamer élu un candidat. Il se refuse donc à examiner les requêtes de candidats auxquels le remboursement de leur cautionnement ou de leurs frais électoraux a été refusé, motif pris de ce qu'ils n'avaient pas obtenu 5 % des suffrages exprimés. Ces candidats contestent le calcul des voix qui leur ont été attribuées.

Le Conseil rejette leur requête comme irrecevable, car elle ne concerne pas directement l'élection d'un parlementaire (CC n° 88-1044, 21 oct. 1988, *Rec.* p. 159).

Cependant, depuis 1981, il accepte de statuer, *à titre préventif* sur les recours dirigés contre certains actes de portée générale comme le décret de convocation des collèges électoraux, parce que ces recours mettent en cause la validité de l'ensemble des opérations électorales, et qu'il vaut mieux, pour des raisons évidentes, que la question soit tranchée avant le scrutin (CC *Delmas* 11 juin 1981 *Rec.* p. 97 ; *RDP* 1981, p. 1347, comm. Favoreu). Mais cette jurisprudence n'a qu'une portée limitée. Elle ne concerne que les actes préparatoires *stricto sensu*, c'est-à-dire ceux qui ont été pris pour organiser le déroulement des élections. Elle ne permet pas par exemple au Conseil constitutionnel de statuer sur la régularité d'un décret de dissolution de l'Assemblée nationale, car ce décret ne peut pas être considéré comme un acte préparatoire bien qu'il ait, avec les élections, un rapport d'antériorité et même de causalité (CC 4 juin 1988, *Minvielle de Guilhem de Lataillade*, *Rec.* p. 79 ; Genevois1988a).

Quant au contentieux des opérations préliminaires, propres à une circonscription déterminée, par exemple le rejet d'une déclaration de candidature, il relève des juridictions administratives (CC 11 oct. 1973, *AJDA* 1974, p. 100). Mais la question peut venir en appel devant le Conseil constitutionnel si le résultat de l'élection est contesté.

La procédure. — Elle est réglée par l'ordonnance du 7 novembre 1958 portant loi organique sur le Conseil constitutionnel.

L'élection d'un député ou d'un sénateur peut être contestée devant le Conseil constitutionnel durant les dix jours qui suivent la proclamation des résultats du scrutin. Le recours est ouvert à toutes les personnes inscrites sur la liste électorale de la circonscription concernée, ainsi qu'aux personnes qui ont fait acte de candidature (art. 33).

La *requête* doit être adressée soit directement au secrétariat général du Conseil constitutionnel, soit au préfet ou au chef du territoire qui en assure la transmission. *Elle ne peut être dirigée que contre le résultat d'une élection.* Toute requête tendant à un objet autre sera rejetée comme irrecevable sans être examinée au fond (sous la seule réserve de la jurisprudence *Delmas* ci-dessus indiquée).

La requête n'a pas d'effet suspensif. La personne dont l'élection est contestée peut donc siéger normalement jusqu'à ce que le Conseil constitutionnel ait statué sur son cas. Et c'est seulement si son élection est validée et à compter de la date de cette validation qu'elle devra se mettre en règle avec la législation relative aux cumuls et aux incompatibilités (voir *infra*, Chapitre 2).

S'il apparaît que la requête est irrecevable ou ne contient que des griefs qui, manifestement, ne sont pas susceptibles d'avoir une influence sur le résultat de l'élection, le Conseil peut, par une décision motivée, la rejeter sans instruction préalable.

L'instruction, quand elle a lieu, est faite par une section du Conseil constitutionnel. Celui-ci forme en son sein trois sections d'instruction composées chacune de trois membres désignés par le sort. Il est procédé à des tirages au sort séparés entre les membres nommés par le Président de la République, ceux nommés par le Président du Sénat et ceux nommés par le Président de l'Assemblée nationale.

Le Président du Conseil constitutionnel confie, dès réception, l'examen de la requête à l'une de ces sections et désigne parmi ses membres un rapporteur principal. Celui-ci est assisté par un rapporteur adjoint choisi parmi les maîtres des requêtes du Conseil d'État et les conseillers référendaires à la Cour des comptes. Les rapporteurs adjoints n'ont pas voix délibérative.

Dès qu'elle a été saisie, la section d'instruction avise la personne dont l'élection est contestée, ainsi que son suppléant s'il y a lieu. Un délai leur est imparti pour prendre connaissance de la requête et des pièces qui la soutiennent et pour produire leurs observations écrites.

Le caractère contradictoire de la procédure est plus accentué que dans les autres contentieux relevant de la compétence du Conseil constitutionnel, car il s'agit incontestablement d'un litige opposant deux parties : un demandeur (le requérant) et un défendeur (la personne dont l'élection est contestée). On constate que « les parties (et plus encore leur conseils) ont pris l'habitude de multiplier les écritures » (CCC n° 4, 1998 p. 26). Il n'est pas rare que quatre ou cinq mémoires soient échangées au cours d'une instruction. Le Conseil sollicite également les observations du ministère de l'intérieur, qui sont communiquées aux deux parties et qui peuvent susciter des observations de leur part.

Jusqu'à une date récente, la procédure était exclusivement écrite et les parties n'avaient donc aucune chance de pouvoir s'expliquer oralement devant la section chargée de l'instruction de l'affaire. Cette règle avait fait l'objet de vives critiques et l'on avait même prétendu qu'elle serait contraire à l'article 6 de la Convention européenne des droits de l'homme (CEDH). Bien qu'il ait estimé que les stipulations de l'article 6 n'étaient pas applicables au contentieux électoral, et que la Cour européenne des droits de l'homme lui ait finalement donné raison sur ce point (74), le Conseil constitutionnel ne semble pas avoir été tout à fait

(74) D'après l'article 6 de la CEDH, toute personne a droit à ce que « sa cause soit entendue publiquement » mais seulement lorsqu'il s'agit d'un conten-

insensible à ces critiques : par une décision en date du 28 juin 1998, il en effet modifié son règlement de procédure pour permettre aux parties de demander à être entendues (*Rec.* 1995, p. 283). Mais ces demandes ne sont pas automatiquement accordées : par exemple, en ce qui concerne l'instruction des requêtes consécutives aux élections législatives de 1997, « le Conseil n'a jamais jugé utile à la solution de l'espèce de procéder aux auditions qui lui étaient demandées » (CCC *ibid.*).

Le Conseil et les sections peuvent ordonner une enquête, se faire communiquer tous documents utiles, commettre un de leurs membres pour procéder sur place à l'instruction. Le rapporteur est commis pour recevoir sous serment les déclarations des témoins. Bref, le Conseil dispose de la plénitude des pouvoirs d'instruction.

Les décisions. — La décision est prise par le Conseil en formation plénière après que l'affaire a été rapportée devant lui. Elle doit être motivée et notifiée aussitôt à l'assemblée intéressée (art. 40 LO).

Aucun délai n'étant prévu par les textes, et l'instruction des affaires étant souvent assez longue, les décisions sont généralement rendus plusieurs mois après la proclamation de l'élection contestée. Par exemple, c'est seulement le 30 janvier 2003 qu'ont été rendues les dernières décisions relatives à la validité des élections législatives de juin 2002.

Lorsqu'il fait droit à la requête, le Conseil peut, selon les cas, soit *annuler* l'élection contestée, auquel cas il devra être procédé à un nouveau scrutin, soit *réformer* la proclamation faite par la Commission de recensement et proclamer le candidat qui a été régulièrement élu (art. 41). On remarquera que, jusqu'à présent, le Conseil constitutionnel n'a jamais fait usage de son pouvoir de réformation. Le Conseil statue sur la régularité de l'élection tant du titulaire que du remplaçant. Il possède la plénitude de juridiction, c'est-à-dire qu'il peut trancher lui-même n'importe quelle question de droit public ou même de droit privé lorsque la validité d'une élection en dépend. Par la voie de l'exception, il peut

---

tieux portant soit sur « des droits et obligations de caractère civil », soit sur « le bien fondé d'une accusation en matière pénale ». En 1988, le Conseil constitutionnel a jugé que le contentieux électoral n'entrait dans aucune de ces deux catégories (CC, 8 nov. 1988, *Rec.* p. 196). La question a rebondi quelques années plus tard à propos du contentieux relatif à la réglementation financière des campagnes électorales. En raison des sanctions qui s'y attachent (inéligibilité, obligation de reversement), on pouvait en effet se demander si ce contentieux ne devait pas être assimilé à un contentieux de nature pénale. Mais, dans un arrêt du 21 octobre 1997 (affaire *Pierre-Bloch c/ France*), la Cour européenne des droits de l'homme a jugé que ni la nature ni le degré de gravité de ces sanctions ne permettaient de les considérer comme de nature pénale. Le contentieux électoral reste donc en dehors du champ d'application de l'article 6 de la CEDH.

même contrôler la conformité de la loi électorale à une Convention internationale mais non sa conformité à la Constitution qui ne peut être vérifiée qu'avant promulgation selon la procédure prévue à l'article 61 al. 2 (CC 21 oct. 1988 Val-d'Oise 5e circonscription, *Rec.* p. 183, Genevois 1988c).

Dans l'ensemble, le Conseil constitutionnel n'a pas fait preuve, en matière de contentieux électoral, d'une très grande sévérité. Pour qu'il annule une élection, il ne suffit pas de prouver que la campagne du candidat proclamé élu a été entachée d'irrégularités. Encore faut-il que ces irrégularités aient été susceptibles de fausser le résultat ce qui, selon la jurisprudence du Conseil constitutionnel doit s'apprécier en tenant compte essentiellement de l'écart des voix et du comportement des autres candidats. Une élection largement acquise a donc de fortes chances d'être validée, quelles qu'aient été les méthodes employées par certains candidats C'est ce qui explique que la proportion des annulations par rapport au nombre des élections contestées soit généralement très faible (à la suite des législatives de 2002, par exemple, sept élections seulement ont été annulées, alors que les résultats de 121 circonscriptions avaient été contestés).

Contentieux électoral et transparence financière. — Depuis quelques années, le Conseil constitutionnel a eu à traiter des contestations d'un type nouveau : celles qui ont trait à l'application de la législation sur la transparence financière et sur le financement des campagnes électorales. Lorsqu'un candidat n'a pas déposé son compte de campagne dans le délai prévu, ou lorsque l'examen de ce compte a révélé des irrégularités, son dossier est transmis au Conseil par la CNCCFP (75). Dans ce cas, le Conseil constitutionnel peut donc être saisi d'office, même si l'élection n'a pas été contestée par un électeur de la circonscription ou par un autre candidat.

La principale sanction encourue pour violation de la réglementation financière est une inéligibilité d'une durée d'un an (76). Si le candidat a été proclamé élu, non seulement il sera déclaré démissionnaire d'office mais encore, comme il est temporairement inéligible, il ne pourra pas se représenter à l'élection partielle organisée pour pourvoir le siège

(75) La violation de certaines dispositions relatives au financement des campagnes électorales étant pénalement sanctionnée, la CNCCFP peut également saisir le parquet lorsqu'elle constate de graves irrégularités (art. L. 52-15 C. élect.), mais en pratique cette possibilité est rarement utilisée.

(76) Depuis la loi du 19 janvier 1995, la période d'inéligibilité commence à courir à compter de la date de la décision du Conseil constitutionnel et non plus, comme auparavant, à la date de l'élection elle-même.

devenu vacant. Mais si, au contraire, il a été battu, la sanction d'inéligibilité prononcée contre lui ne remet évidemment pas en cause l'élection de son concurrent plus heureux. Par ailleurs, le candidat qui n'a pas déposé son compte de campagne, ou celui dont le compte a été rejeté, perd le droit à l'aide de l'État et se voit donc obligé de restituer les sommes éventuellement perçues au titre de cette aide.

Le Conseil constitutionnel, juge de l'élection, n'est pas lié par les conclusions de la CNCCFP. Il doit donc soumettre à un nouvel examen chacun des dossiers qui lui a été transmis par celle-ci.

En ce qui concerne les candidats qui n'ont pas déposé leur compte de campagne dans le délai prévu, la question est vite tranchée : le Conseil constitutionnel les déclare inéligibles sans avoir besoin de se livrer à un examen approfondi. Au contraire lorsqu'il s'agit d'un candidat qui a bien déposé son compte, mais auquel on reproche par exemple d'avoir dépassé le plafond des dépenses autorisé par la loi, l'appréciation risque d'être beaucoup plus délicate car il y a parfois doute sur le point de savoir si telle ou telle dépense peut effectivement lui être imputée, ce qui suppose que ladite dépense ait été engagée en vue de favoriser son élection, et avec son accord. Aux termes de l'article LO 128 du Code électoral, en cas de dépassement du plafond, le candidat *peut* être déclaré inéligible ce qui signifie que la sanction n'est pas tout à fait automatique, le Conseil constitutionnel pouvant s'abstenir de la prononcer si, par exemple, il s'agit d'un dépassement minime ou si le candidat est de bonne foi (77).

Il n'en est pas moins vrai que les infractions à la législation concernant le financement des campagnes électorales sont sanctionnées plus sévèrement, et surtout plus systématiquement, que les autres. Le Conseil constitutionnel ne recherche pas si, dans les circonstances de l'espèce, ces infractions étaient susceptibles de fausser le résultat de l'élection. Il suffit que leur existence soit établie et qu'elles aient un minimum de gravité objective pour que le candidat soit déclaré inéligible et son élection, le cas échéant, annulée. Cette rigueur est attestée par les chiffres relatifs au contentieux des élections de 2002 : alors qu'il n'y a eu que sept élections annulées, 563 candidats ont été frappés d'inéligibilité.

Dans ses observations sur les échéances électorales de 2007, le Conseil constitutionnel a proposé un assouplissement de la législation qui lui permettrait de moduler le remboursement des dépenses de campagne en fonction de la gravité des manquements commis par le candidat.

---

(77) D'après l'article L. 52-15 C. élect., dans le cas ou un dépassement du plafond des dépenses électorales a été constaté par une décision définitive, la CNCCFP fixe une somme égale au montant du dépassement que le candidat est tenu de verser au Trésor public.

F Bilan politique des élections législatives

Douze élections législatives générales ont eu lieu depuis les débuts de la Ve République :

— une en 1958 pour la constitution initiale de l'Assemblée nationale ;

— six au terme normal d'une législature (1967, 1973, 1978, 1986 et 1993 et 2002) ;

— cinq à la suite d'une dissolution (1962, 1968, 1981, 1988 et 1997).

On sait que l'une des préoccupations des auteurs de la Constitution de 1958 était d'éviter que le parlementarisme dégénère en instabilité gouvernementale, comme c'était le cas sous la IVe République. Il semble qu'ils y ont assez bien réussi. Jusqu'à présent en effet, chaque élection générale a permis de dégager une majorité parlementaire suffisamment cohérente pour garantir la stabilité gouvernementale.

Mais, durant les vingt-cinq premières années de la Ve République, c'était toujours la majorité présidentielle qui constituait le fait politique majeur. En choisissant un député, beaucoup d'électeurs obéissaient à un réflexe de loyalisme envers le chef de l'État. La majorité parlementaire n'apparaissait donc pas comme une réalité vraiment autonome. Et les élections législatives n'entraînaient aucun bouleversement de l'échiquier politique, la majorité présidentielle étant toujours plus ou moins bien confirmée. À cet égard, deux changements importants doivent être signalés.

En premier lieu, les élections législatives apparaissent de plus en plus comme une compétition totalement ouverte, c'est-à-dire qu'elles échappent à l'emprise de la majorité présidentielle existante et qu'elles peuvent provoquer à elles seules un changement de cap dans la politique du pays. En moins de douze ans, de 1986 à 1997, elles ont trois fois abouti à la mise en place d'une cohabitation.

La réforme du quinquennat et l'inversion du calendrier électoral ont été adoptées pour tenter de rétablir une relation stable entre la majorité présidentielle et la majorité parlementaire mais le résultat n'est évidemment pas garanti.

En second lieu, l'alternance entre la droite et la gauche, qui avait longtemps paru impossible, est devenu quasiment systématique. Depuis 1981, chaque élection législative a entraîné un renversement de majorité.

Ces deux changements sont la conséquence du comportement nouveau d'une fraction importante des électeurs, qui ne parviennent plus à s'identifier à une famille politique, ni même à un homme providentiel.

§ 2. L'élection présidentielle

Du suffrage indirect au suffrage direct. — D'après le texte original de la Constitution (art. 6), le Président de la République était élu pour sept ans au suffrage indirect. Le collège électoral comprenait les membres du Parlement, des conseils généraux, des assemblées des territoires d'outre-mer et les représentants élus des conseils municipaux et des collectivités administratives des territoires d'outre-mer. En outre, l'article 81 disposait que les États membres de la Communauté participaient à l'élection du Président.

Il n'est pas douteux que ce mode d'élection établi en 1958 répondait à l'intention de soustraire la désignation du Président de la République à l'emprise des partis (voir *infra,* Chapitre 2). En 1962, compte tenu d'une part de la disparition de la Communauté et, d'autre part, de l'évolution du régime dont la pratique politique avait accentué le caractère plébiscitaire, il devenait possible d'envisager l'élection du chef de l'État au suffrage universel direct. Préparé par le Gouvernement, un texte modifiant en ce sens l'article 6 de la Constitution fut soumis à la votation populaire et adopté par le référendum du 28 octobre 1962. Les modalités de l'élection sont réglées par la loi organique du 6 novembre 1962 et par un décret du 14 mars 1964.

A La périodicité

L'élection présidentielle a lieu normalement tous les cinq ans. Sa périodicité est fixée par la Constitution elle-même et non par une simple loi organique comme celle des élections législatives. D'après l'article 7 C, le nouveau Président doit être élu vingt jours au moins et trente-cinq jours au plus avant l'expiration des pouvoirs du Président en exercice.

Mais l'élection peut aussi avoir lieu à l'improviste en cas de décès, de démission, ou d'empêchement définitif du Président en exercice. Aux États-Unis, lorsque l'une de ces éventualités se produit, il n'y a pas vacance de la présidence car le titulaire est automatiquement remplacé par son vice-président, élu en même temps que lui. En France au contraire, comme la Constitution n'a pas prévu de poste de vice-président, le remplacement du Président en exercice donne toujours lieu à une nouvelle élection. Celle-ci doit avoir lieu vingt jours au moins et trente-cinq jours au plus après l'ouverture de la vacance, sauf cas de force majeure constaté par le Conseil constitutionnel. Durant ce délai, les fonctions du Président de la République sont exercées à titre intérimaire par le Président du Sénat ou, en cas d'empêchement de celui-ci, par le Gouvernement.

B Le régime des candidatures

Les conditions minimum requises pour être éligible à la Présidence de la République sont celles que le Code électoral (art. L 44 et s.) a fixées pour tous les mandats électifs, qu'ils soient locaux ou nationaux (78).

Mais, à la différence des élections législatives, on ne peut pas se porter soi-même candidat. Une candidature ne peut être présentée que par au moins 500 citoyens qui doivent eux-mêmes être titulaires de l'un des mandats électifs énumérés par la loi organique relative à l'élection présidentielle. Ces mandats peuvent être regroupés en trois catégories : 1° chef d'un exécutif de niveau communal ou intercommunal (maire, président de l'organe délibérant d'une communauté urbaine, d'une communauté d'agglomération ou d'une communauté de communes) ; 2° membre d'une assemblée délibérante de niveau départemental ou régional (membre d'un conseil général, d'un conseil régional, du Conseil de Paris, de l'Assemblée de Corse, de l'assemblée délibérante d'un territoire d'outre-mer, etc.) ; 3° titulaires d'un mandat électif de niveau national (députés, sénateurs, membres du Conseil supérieur des français de l'étranger, représentants de la France au Parlement européen à condition, dans ce dernier cas, qu'ils aient la nationalité française).

Compte tenu du fait qu'il existe en France plus de 36 000 communes (et donc autant de maires élus) le collège des citoyens qui peuvent parrainer une candidature est relativement nombreux. Mais chacun des membres de ce collège ne peut faire de présentation que pour un seul candidat.

Selon le système originel, la présentation d'une candidature ne nécessitait que 100 signatures. L'expérience des trois premières élections au suffrage direct (celles de 1965, 1969 et 1974) a fait craindre une multiplication des candidatures au premier tour, qui aurait posé de sérieux problèmes pour l'organisation de la campagne (voir *infra*). Aussi, dans sa déclaration du 24 mai 1974, jointe à la proclamation des résultats de l'élection, le Conseil constitutionnel a-t-il proposé d'instituer un filtrage plus sévère. Cette réforme a été réalisée par la loi organique du 18 juin 1976. Non seulement il faut désormais au moins 500 signatures mais une candidature ne peut être retenue que si, parmi les 500 parrains,

(78) Ces conditions ont déjà été étudiées *supra* à propos des élections législatives : être de nationalité française ; avoir vingt-trois ans accomplis ; se trouver dans une situation régulière au regard du Code du service national, etc.

figurent des élus d'au moins trente départements ou territoires d'outre-mer, sans que plus d'un dixième d'entre eux puissent être les élus d'un même département ou territoire d'outre-mer (79).

Pour chaque candidat ayant fait l'objet de présentations, le Conseil constitutionnel vérifie si toutes les conditions dont dépend la validité de la candidature sont remplies. Il doit en outre s'assurer du consentement de la personne présentée. À peine de nullité de sa candidature, celle-ci doit remettre au Conseil constitutionnel (sous pli scellé) une déclaration de situation patrimoniale. La déclaration du candidat élu sera publiée au *JO* en même temps que les résultats de l'élection. Quant aux déclarations émanant des autres candidats, elles ne sont en principe jamais divulguées (80).

Le Conseil constitutionnel établit la liste des candidats, qui doit être publiée au plus tard le seizième jour précédant le premier tour de scrutin. Toute personne ayant fait l'objet d'au moins une présentation, et dont le nom ne figure pas sur cette liste, peut former un recours dans le jour suivant la publication. Ce recours est jugé d'urgence par le Conseil constitutionnel (81).

Depuis la réforme de 1976, les noms des citoyens qui ont parrainé l'un des candidats figurant sur la liste doivent être rendus publics par le Conseil constitutionnel huit jours au moins avant le premier tour de scrutin, dans la limite du nombre requis pour la validité de la candidature (82). Cette publicité facilite évidemment le contrôle des partis politiques sur leurs élus locaux.

Pendant longtemps, on a pensé que la réforme de 1976 suffirait à stabiliser le nombre des candidats. Lors des trois premières élections organisées postérieurement à cette réforme, ce nombre n'avait jamais dépassé 10 (83). Mais en 2002, 16 candidats ont été retenus par le

(79) Pour les présentateurs issus d'un collège électoral qui comprend plusieurs départements ou territoires, le département ou territoire de rattachement est déterminé par la loi : les représentants de la France au Parlement européen sont réputés être les élus d'un même département (évidemment fictif) ; les conseillers régionaux et les conseillers à l'Assemblée de Corse sont réputés être les élus des départements entre lesquels ils sont répartis pour les élections sénatoriales (voir *infra*).

(80) Sur ce point, il semble que la réglementation ait pris un peu de retard par rapport à la pratique politique : en mars 1995, avant même l'ouverture officielle de la campagne, les principaux candidats à l'élection présidentielle ont accepté de répondre aux questions des journalistes concernant l'état de leur situation patrimoniale.

(81) Voir par ex. : CC, 11 avril 1981, *Fouquet, Le Pen et Schern, Rec.* p. 1.

(82) C'est-à-dire dans la limite de 500. Pour les candidats qui ont fait l'objet d'un nombre plus élevé de présentations, le Conseil constitutionnel procède à un tirage au sort.

(83) 12 candidatures en 1974 ; 10 en 1981 ; 9 en 1988 et 1995.

Conseil constitutionnel. Cette augmentation brutale a eu des conséquences importantes sur le déroulement de l'élection. Elle a provoqué un éparpillement des voix au premier tour, surtout dans l'électorat de gauche, entraînant ainsi, au soir du 21 avril, l'élimination de tous les candidats qui pouvaient se réclamer de cette famille politique.

La multiplication des candidatures s'explique par deux raisons. En premier lieu, la longue cohabitation qui a précédé la présidentielle de 2002 avait stimulé la concurrence politique car ni l'un ni l'autre des deux candidats principaux ne pouvait plus apparaître comme porteur de changement (voir *supra*). En second lieu, cette multiplication a été facilitée par le fait que les grands partis n'en percevaient pas les dangers, personne n'imaginant que l'un des deux candidats favoris puisse être éliminé à l'issue du premier tour. Les grands partis ont donc accepté de jouer la carte du pluralisme en venant en aide à de petits candidats qui ne seraient peut-être pas parvenus par leurs propres moyens à réunir les 500 parrainages dont ils avaient besoin (84).

À la différence des États-Unis, où fonctionnent depuis longtemps des systèmes d'élections primaires, les citoyens n'interviennent pas directement dans la désignation des candidats. On dit parfois que des primaires à l'américaine seraient inutiles en France, car ce sont les résultats du premier tour qui permettent de départager les candidats appartenant à une même famille politique. C'est partiellement exact. Toutefois, il est évident qu'un parti politique, ou même une coalition comprenant plusieurs partis, peut avoir intérêt à sélectionner son candidat beaucoup plus tôt, car la division des voix pourrait entraîner l'élimination de tous ses candidats dès le premier tour. De plus, un combat fratricide au premier tour rend plus aléatoire un bon report des voix sur le candidat le mieux placé au second tour, qui a lieu seulement deux semaines plus tard.

C'est pourquoi, à la suite de l'élection présidentielle de 1988 (gagnée par la gauche), l'Union pour la France, qui regroupait les deux principales formations de la droite parlementaire (le RPR et l'UDF), avait décidé de présenter en 1995 un candidat unique qui aurait été désigné par voie d'élection primaire. Mais ce projet soulevait de nombreuses difficultés d'ordre à la fois juridique et politique : était-il compatible avec la Constitution, qui ne prévoit que deux tours de scrutin ? Comment sélectionner les électeurs sympathisants de la droite sans remettre en cause le secret du vote ? Dans quels locaux (publics ou privés ?) les électeurs seraient-

(84) Dans ses observations sur les échéances électorales de 2007, le Conseil constitutionnel a constaté que la législation en vigueur "n'avait pas empêché en 2002 un nombre sans précédent de candidats" et a implicitement préconisé une augmentation du nombre de signatures requises pour la présentation.

ils convoqués ? Les dépenses occasionnées par ces primaires devraient-elles être prises en compte sur les budgets de campagne des candidats ? Pourrait-on empêcher les candidats éliminés à la suite de ces primaires de se présenter tout de même ? etc. En dépit des efforts déployés par le ministre de l'intérieur de l'époque, Charles Pasqua, ces difficultés ne purent être surmontées et le projet d'élection primaire fut finalement abandonné (Esplugas, 1996).

De son côté, le Parti socialiste a organisé une élection primaire, le 3 février 1995, afin de départager ses deux candidats à la candidature, Henri Emmanuelli et Lionel Jospin. Mais il s'agissait d'une élection purement interne à ce parti, le droit de vote étant strictement réservé aux adhérents qui se trouvaient à jour de leurs cotisations. Son organisation posait donc moins de problèmes qu'une primaire citoyenne.

C Le mode de scrutin

Il s'agit d'un scrutin à deux tours. Au premier tour, l'élection ne peut être acquise qu'à la majorité absolue des suffrages exprimés. Si celle-ci n'a pu être obtenue, il est procédé à un second tour le deuxième dimanche suivant. Seuls peuvent s'y présenter les deux candidats qui, le cas échéant après retrait de candidats plus favorisés, se trouvent avoir recueilli le plus grand nombre de suffrages au premier tour. Cette disposition a pour objet d'éviter l'éparpillement des voix au second tour et de conférer à l'élu l'autorité que lui vaudra l'obtention d'un nombre respectable de suffrages. L'allusion au retrait de « candidats plus favorisés » correspond à une hypothèse dont la réalisation n'est pas totalement invraisemblable : au premier tour, un candidat vient en tête, mais il apparaît qu'ayant « fait le plein » des voix de ses partisans, il ne peut guère espérer en recueillir davantage au second tour ; il se retirera donc pour laisser la place à un candidat ayant obtenu moins de suffrages que lui au premier tour, mais qui est susceptible, parce qu'il est moins marqué, d'en rassembler davantage au second tour.

Le fait que pareille hypothèse ait été envisagée par les auteurs de l'article 6 prouve qu'ils n'excluaient pas l'éventualité de l'élection d'un candidat de conciliation. On peut cependant se demander si, dans ce cas, l'élu ne risquerait pas de voir atténuer, par les tractations qui ont accompagné sa candidature, l'autorité que devrait lui valoir sa désignation par le suffrage universel.

Intentionnellement, le décret du 14 mars 1964 ne contenait aucune disposition relative au cas d'une disparition d'un des deux candidats demeurant en lice après le premier tour de scrutin. Les auteurs du texte avaient estimé que, soit le Président en exercice, soit son suppléant, soit le Conseil constitutionnel pourrait, le cas échéant, prendre les mesures nécessaires.

Mais dans une déclaration du 24 mai 1974, le Conseil constitutionnel lui-même a attiré l'attention des pouvoirs publics sur ce point en précisant que le silence du texte risquait « de poser éventuellement un problème d'appréciation particulièrement délicat » ; aussi l'article 7 modifié par la révision du 18 juin 1976 distingue-t-il plusieurs hypothèses :

1° Si, dans les sept jours précédant la date limite de dépôt des présentations de candidatures, une des personnes ayant, moins de trente jours avant cette date, annoncé publiquement sa décision d'être candidate décède ou se trouve empêchée, le Conseil constitutionnel dispose d'une faculté d'appréciation. Il peut décider le report de l'élection, mais il n'est pas tenu de le faire.

2° Si, avant le premier tour, un des candidats décède ou se trouve empêché, le Conseil constitutionnel doit prononcer le report de l'élection.

3° En cas de décès ou d'empêchement de l'un des deux candidats les plus favorisés au premier tour avant les retraits éventuels, ou de l'un des deux candidats restés en présence à la suite de ces retraits, le Conseil constitutionnel doit déclarer qu'il sera procédé de nouveau à l'ensemble des opérations électorales.

Mais, quelle que soit l'hypothèse envisagée, le Conseil constitutionnel ne peut prononcer le report de l'élection qu'à la condition qu'il ait été saisi d'une demande. Il peut être saisi soit dans les conditions prévues par l'article 61 al. 2 pour le contrôle de la constitutionnalité des lois (c'est-à-dire par le Président de la République, le Premier ministre, le Président de l'une ou l'autre assemblée, soixante députés ou soixante sénateurs) soit dans celles fixées par la loi organique pour le parrainage des candidats (c'est-à-dire par 500 notabilités — voir *supra*).

D L'organisation et le financement de la campagne

La campagne en vue du premier tour est ouverte à compter du jour de la publication au *Journal officiel* de la liste des candidats. Elle prend fin le vendredi précédant le scrutin à minuit. La liste des candidats étant normalement publiée le seizième jour précédant le scrutin, qui est également un vendredi, la durée de cette campagne est donc de deux semaines.

Quant à la campagne du second tour, elle est ouverte à compter du vendredi suivant le premier tour, car c'est à cette date que sont publiés au *Journal officiel* les noms des deux candidats restant en piste. Elle ne dure donc officiellement qu'une semaine. Toutefois, en pratique, les noms des deux candidats les mieux placés sont connus dès le soir du premier tour et l'on peut dire que, d'un point de vue politique, la campagne du second tour s'étend sur une douzaine de jours.

Les acteurs principaux de la campagne présidentielle ne sont pas les partis, comme pour les élections législatives, mais les candidats eux-mêmes.

Le principe de l'égalité de traitement des candidats domine d'ailleurs toute l'organisation de cette campagne.

Ce principe signifie d'abord que tous les candidats doivent bénéficier de la part de l'État des mêmes facilités en vue de leur propagande électorale : ces facilités comprennent l'impression de deux affiches, la mise à disposition de panneaux d'affichage, l'impression et l'expédition d'une profession de foi adressée à tous les électeurs, et surtout un temps d'antenne sur les ondes de la radiotélévision nationale.

Mais le principe d'égalité s'applique également aux programmes d'information des grands médias audiovisuels. Dès l'ouverture de la campagne, et jusqu'au tour de scrutin où l'élection est acquise, les chaînes publiques de télévision, de même que les « services de communication audiovisuelle autorisés ou concédés » doivent respecter le principe d'égalité en ce qui concerne « la reproduction ou les commentaires des déclarations et écrits des candidats et la présentation de leur personne » (décret du 11 mars 1964, art. 12).

Le décret du 14 mars 1964 a créé une Commission nationale de contrôle de la campagne électorale (85) qui est chargée de faire respecter d'une manière générale le principe d'égalité entre les candidats. Mais en ce qui concerne plus particulièrement l'information audiovisuelle, c'est le Conseil supérieur de l'audiovisuel (CSA) qui remplit cette mission.

Pour ce qui est de la campagne du premier tour, les candidats étant relativement nombreux et d'un poids politique très variable, l'égalité de traitement appliquée aux programmes audiovisuels d'information a quelque chose d'un peu artificiel et contraignant. Mais elle n'est applicable que durant deux semaines alors que, plusieurs mois avant l'ouverture de la campagne officielle, l'actualité politique est déjà dominée par la perspective de l'élection présidentielle.

---

(85) Cette commission est entièrement composée de hauts magistrats. Elle comprend notamment le vice-président du Conseil d'État, le premier président de la Cour de cassation, et le premier président de la Cour des comptes. Quant au Conseil supérieur de l'audiovisuel, son mode de composition est plus politique : ses membres sont nommés respectivement par le Président de la République, le Président de l'Assemblée nationale et le Président du Sénat.

Quant à la campagne du second tour, comme il n'y a plus que deux candidats en présence et qu'ils ont généralement un poids politique à peu près identique, le respect du principe d'égalité pose moins de problèmes. Depuis 1974, il est de tradition d'organiser un face-à-face entre ces deux candidats. Ce débat, qui est retransmis en direct sur les ondes, marque le point culminant de la campagne : l'expérience montre qu'il bénéficie toujours d'une audience considérable, alors que les autres émissions de propagande électorale sont dans l'ensemble peu suivies. Lorsque la compétition est serrée, comme c'est généralement le cas, il peut avoir un impact décisif.

Cependant, en 2002, la campagne du second tour a été atypique en raison d'une disproportion manifeste entre les forces politiques qui soutenaient les deux candidats. Les grands partis et les principaux journaux soutenaient tous Jacques Chirac. Sur les ondes de la radio et de la télévision, l'égalité de traitement a été respectée dans sa lettre, car les deux candidats ont disposé du même temps de parole mais pas toujours dans son esprit, car le ton des commentaires n'était généralement pas neutre. De plus, le face à face entre les deux candidats n'a pas eu lieu, J. Chirac ayant refusé de débattre avec J.-M. Le Pen et l'audience a donc été moindre que lors des campagnes précédentes.

Financement de la campagne. — Pour l'élection présidentielle comme pour les autres, le législateur s'est efforcé d'assurer une plus grande transparence et d'atténuer l'inégalité entre les candidats résultant de la disparité des moyens financiers dont ils disposent.

Dès l'origine, l'État a pris directement en charge certaines dépenses limitativement énumérées par l'article 17 du décret du 14 mars 1964, et qui concernent la fourniture des bulletins de vote, l'affichage sur les panneaux officiels, l'expédition d'une profession de foi à chaque électeur, ainsi que la diffusion d'émissions de propagande sur les ondes nationales. Mais jusqu'en 1988, il ne contribuait aux autres dépenses de la campagne que d'une manière presque symbolique. Une somme de 250 000 francs était remboursée, à titre forfaitaire, à chaque candidat ayant obtenu au premier tour au moins 5 % des suffrages exprimés. Cette contribution était dérisoire par rapport au montant des dépenses auquel se chiffre habituellement le budget d'une campagne présidentielle. Aucun plafond n'avait d'ailleurs été fixé pour ces dépenses.

Les nouvelles dispositions concernant le financement de la campagne fixées en 1988, puis révisées en janvier 1995 et février 2001 (86), figurent

(86) La loi du 5 février 2001 a converti en euros les montants qui avaient été fixés par celle du 19 janvier 1995 en les arrondissant légèrement. Sur le fond, elle a apporté de légères modifications dont certaines avaient été proposées

dans la loi organique relative à l'élection présidentielle. Sur de nombreux points, celle-ci renvoie à des règles fixées par le Code électoral, qui ont déjà été exposées à propos du financement des campagnes législatives (voir *supra*). Ces règles concernent notamment : l'obligation de tenir un compte de campagne retraçant l'ensemble des recettes perçues et des dépenses effectuées en vue de l'élection ; l'interdiction des dons ou contributions consentis par une personne morale autre qu'un parti politique ; la limitation du montant des dons ou contributions susceptibles d'être consentis par une personne physique en vue d'une élection ; le plafonnement des dépenses électorales ; le principe d'une aide forfaitaire de l'État.

Compte tenu des spécificités de la campagne présidentielle, cet encadrement financier présente néanmoins quelques particularités :

1° En raison du caractère national de la campagne, le plafond des dépenses est évidemment beaucoup plus élevé que pour l'élection d'un député : il est de 13,7 millions d'euros. Ce chiffre est porté à 18,3 millions d'euros pour chacun des deux candidats présents au second tour.

2° Tous les candidats, même s'ils ont obtenu moins de 5 % des suffrages exprimés au premier tour, ont droit à un remboursement forfaitaire égal au vingtième du montant du plafond.

Pour les candidats ayant obtenu au premier tour au moins 5 % des suffrages exprimés, le remboursement peut atteindre la moitié du plafond (87).

Mais, de même que pour les élections législatives, le remboursement forfaitaire ne doit pas excéder le montant des dépenses réelles du candidat telles qu'elles sont retracées dans son compte de campagne.

3° Une partie du remboursement forfaitaire est payée sous forme d'avance, dès la publication de la liste des candidats au premier tour. Le montant de cette avance est de 153 000 euros. Si les dépenses effectuées par le candidat sont inférieures à cette somme, l'excédent devra faire l'objet d'un remboursement.

4° Les personnes physiques peuvent participer au financement de la campagne dans les conditions prévues par l'article L 52-8 du Code électoral (c'est-à-dire dans la limite de 4 600 euros versés à un ou plusieurs candidats pour une même élection) mais la loi du 5 février 2001 précise qu'il leur est interdit d'accorder à un candidat des prêts ou avances remboursables. Cette interdiction a été édictée à la demande du Conseil

---

par le Conseil constitutionnel dans des observations adoptées le 2 juin 2000 (voir *Cahiers du Conseil constitutionnel*, n° 9, p. 23).

(87) En 1995, le montant de ce remboursement forfaitaire avait été fixé au quart du plafond.

constitutionnel qui avait constaté qu'il était pratiquement impossible de vérifier si les prêts ou avances consentis par une personne physique avaient été remboursés.

5° Les comptes de campagne doivent être adressés au Conseil constitutionnel dans les deux mois qui suivent le tour de scrutin où l'élection a été acquise. Le Conseil constitutionnel contrôle la régularité de ces comptes, ce qui implique la faculté de les réformer, c'est-à-dire d'y apporter les rectifications nécessaires au cas où, par exemple, certaines prestations en nature dont le candidat a bénéficié auraient été sous-évaluées (88). Compte tenu de ces rectifications éventuelles, il prend ensuite, pour le compte de chaque candidat, une décision d'acceptation ou de rejet, et ces décisions sont intégralement publiées au *Journal officiel*.

C'est à la suite de l'élection présidentielle de 1995 que ce contrôle des comptes de campagne a fonctionné pour la première fois. Dans ses observations qui ont été publiées en décembre 1995 (*Rec.* p. 139), le Conseil constitutionnel a exposé les principales difficultés auxquelles il s'était heurté. Elles tiennent notamment au fait que, depuis l'intervention des lois organiques des 19 et 20 janvier 1995, les seules dépenses devant figurer au compte sont celles qui ont été engagées avec l'accord du candidat, le texte ne précisant plus qu'il peut s'agir d'un accord seulement « tacite ». Cette modification rédactionnelle a conduit le Conseil à n'ajouter des dépenses au compte d'un candidat *« que s'il ressortait des pièces du dossier éclairées par l'instruction que le candidat soit avait décidé ou approuvé de telles dépenses, soit apparaissait, dans les conditions particulières où se déroule une élection présidentielle, comme ayant manifesté la volonté d'en tirer parti »*. Or, comme le souligne le Conseil lui-même, cette restriction rendait pratiquement impossible un contrôle effectif de l'exhaustivité des dépenses figurant au compte, le déroulement d'une campagne présidentielle donnant toujours lieu à « des initiatives multiples et plus ou moins spontanées » dont on ne peut pas savoir si elles ont été explicitement approuvées par le candidat ou si celui-ci a manifesté « la volonté d'en tirer parti ».

Les candidats qui n'ont pas déposé leur compte dans le délai imparti, ainsi que ceux dont le compte est rejeté, perdent leur droit au remboursement forfaitaire de l'État dont le montant se chiffre parfois à plusieurs millions d'euros, *« sauf décision contraire du Conseil constitutionnel*

---

(88) La loi du 5 février 2001 précise que les agents du fisc sont déliés du secret professionnel à l'égard des membres du Conseil constitutionnel et de ses rapporteurs adjoints à l'occasion des enquêtes qu'ils effectuent pour contrôler les comptes de campagne des candidats à la présidence de la République.

dans les cas où la méconnaissance des dispositions applicables serait non intentionnelle et de portée très réduite » (89). Mais, à la différence des candidats aux élections législatives, ils ne peuvent pas être déclarés inéligibles ou démissionnaires d'office, quelle que soit la gravité de la faute commise.

Les dispositions concernant le plafonnement des dépenses ne sont pas totalement effectives, puisque, comme l'a constaté le Conseil constitutionnel (voir *supra*), la multiplicité d'initiatives auxquelles donnent lieu les campagnes rend pratiquement impossible un contrôle exhaustif des dépenses de propagande directes ou indirectes. Toutefois, l'existence même de cette réglementation paraît de nature à limiter au moins les abus les plus criants.

E Proclamation des résultats et contentieux

Aux termes de l'article 58 C :

« Le Conseil constitutionnel veille à la régularité de l'élection du Président de la République. »

« Il examine les réclamations et proclame les résultats du scrutin ».

Les bulletins sont d'abord dépouillés dans chaque bureau de vote, comme pour les élections législatives ; une première totalisation est faite au niveau de chaque département ou collectivité d'outre-mer ; les procès-verbaux ainsi établis sont ensuite envoyés au Conseil constitutionnel qui effectue le recensement général des votes.

Trois sortes de réclamations sont prévues (art. 28 du décret du 14 mars 1964) :

En premier lieu, tout électeur peut contester la régularité des opérations du bureau de vote où il est inscrit, en faisant porter mention de sa réclamation au procès-verbal.

En second lieu, le préfet (ou le chef de territoire) peut, dans le délai de quarante-huit heures suivant la clôture du scrutin, déférer au Conseil

(89) Cette réserve a été introduite par la loi du 5 février 2001 à la demande du Conseil constitutionnel. Auparavant, le Conseil ne pouvait pas constater un dépassement, si minime fût-il, sans sanctionner lourdement le candidat, qui, même élu, perdait tout droit à remboursement. En 1995, des bruits avaient couru, selon lesquels le candidat Jacques Chirac aurait dépassé le plafond de 120 millions de francs. Ces dépenses ont été finalement évaluées par le Conseil constitutionnel à 119 959 000 francs et l'étroitesse de la marge a pu donner le sentiment qu'elles avaient été minimisées afin d'éviter le franchissement du seuil fatidique.

constitutionnel les opérations d'une circonscription située dans son ressort territorial.

Enfin, dans ce même délai de quarante-huit heures, tout candidat peut déférer au Conseil constitutionnel l'ensemble des opérations électorales.

Avant de proclamer les résultats, le Conseil constitutionnel examine toutes les réclamations qui lui sont parvenues dans le délai, ainsi que les rapports des délégués qu'il a lui-même désignés pour surveiller les opérations de vote. Il annule les opérations qui lui paraissent avoir été entachées d'une irrégularité suffisamment grave pour porter atteinte à la liberté ou à la sincérité du scrutin. Mais jusqu'à présent, ces annulations n'ont jamais concerné qu'un nombre de bulletins beaucoup trop faible pour remettre en cause le résultat d'ensemble.

Il convient d'ailleurs de noter que les délais d'instruction dont dispose le Conseil constitutionnel sont extrêmement brefs car, comme l'indique l'article 58 C, les réclamations doivent être définitivement tranchées avant la proclamation des résultats. Or celle-ci doit intervenir dans les dix jours qui suivent le scrutin lorsqu'il s'agit du tour « décisif », c'est-à-dire celui où l'un des candidats a obtenu la majorité absolue des suffrages exprimés. Et si au premier tour, comme c'est généralement le cas, aucun des candidats n'a obtenu cette majorité, le Conseil constitutionnel doit faire connaître le résultat obtenu par chacun d'eux au plus tard le mercredi suivant à 20 heures, ce qui signifie qu'il ne dispose même pas de trois jours pleins pour examiner les réclamations (art. 27 du décret du 14 mars 1964).

Le Conseil constitutionnel ne se borne pas toujours à proclamer les résultats. À la suite du second tour de 1974, il a joint à cette proclamation une déclaration pour attirer l'attention sur certaines imperfections des mécanismes du scrutin. Ainsi qu'on l'a déjà signalé, cette déclaration est à l'origine des réformes opérées par les lois constitutionnelle et organique du 18 juin 1976.

En 1995 et 2002, compte tenu du délai nécessaire pour contrôler les comptes des candidats, les observations du Conseil constitutionnel n'ont été publiées que plusieurs mois après l'élection.

F Bilan politique de l'élection présidentielle

7 élections présidentielles ont eu lieu depuis la réforme du 6 novembre 1962, qui a institué le suffrage direct. Leur étude permet de dégager quelques tendances générales :

a) La première concerne la pré-campagne, c'est-à-dire celle qui précède la décision par laquelle le Conseil constitutionnel arrête la liste des candidats au premier tour.

Les candidats qui sont déjà à la tête de l'exécutif, c'est-à-dire ceux qui occupent soit le poste de Président de la République, soit celui de Premier ministre ont tendance à différer le plus longtemps possible l'annonce de leur candidature. Ils n'ont pas besoin de l'annoncer pour être présents dans les médias et en évitant de le faire trop tôt, ils parviennent à donner une image plus flatteuse d'eux-mêmes car ils apparaissent comme uniquement soucieux de bien remplir leurs fonctions actuelles.

Au contraire, les candidats qui ne sont pas à la tête de l'exécutif annoncent généralement leur candidature longtemps à l'avance parce que c'est le seul moyen d'attirer sur eux l'attention des media et de susciter dans le public un mouvement pour soutenir cette candidature. Mais le principe de l'égalité de traitement n'est pas applicable aux candidats à la candidature. Les candidats qui ne bénéficient pas du soutien d'un grand parti, et qui peinent à rassembler les 500 parrainages, n'ont donc aucun moyen d'obliger les media à leur accorder un minimum d'attention.

b) La seconde concerne le premier tour. Celui-ci remplit une double fonction : d'une part, il fournit une tribune à des candidats qui ne peuvent pas espérer être élus mais qui souhaitent populariser leurs idées ; d'autre part, il permet aux électeurs de sélectionner les deux candidats qui s'affronteront au second tour, c'est-à-dire qu'il joue un peu le même rôle que les élections primaires aux États-Unis (voir *supra*, Deuxième partie, Chapitre 2).

C'est surtout dans l'électorat de droite que le premier tour a fait fonction d'élection primaire en permettant de départager deux candidats dont chacun bénéficiait, au début de la campagne, d'un soutien important : J. Chaban-Delmas et V. Giscard d'Estaing en 1974 ; V. Giscard d'Estaing et J. Chirac en 1981 ; J. Chirac et R. Barre en 1988 ; J. Chirac et E. Balladur en 1995. L'élection de 1995 comportait toutefois un élément nouveau dans la mesure où les deux candidats de la droite appartenaient au même parti politique (le RPR), alors qu'il y avait eu les fois précédentes un représentant du RPR et un de l'UDF.

À gauche, la compétition du premier tour est généralement moins ouverte car le Parti socialiste est dominant et, en pratique, seul son candidat a des chances sérieuses de figurer au second tour. Il peut cependant échouer. Mais son échec entraîne alors l'élimination de tous les candidats de la gauche, comme en 1969 et en 2002.

c) La troisième concerne le second tour. Il obéit généralement à la logique de la bipolarisation : c'est-à-dire que les électeurs doivent choisir entre un candidat de droite et un candidat de gauche.

Il y a eu exception à cette règle en 1969 et en 2002, aucun candidat de gauche n'ayant pu figurer parmi les deux plus favorisés à l'issue du premier tour, comme on vient de le rappeler.

En 1969, le second tour a opposé un candidat gaulliste, Georges Pompidou, et un candidat centriste, Alain Poher. La gauche est restée en retrait. Elle n'a pas pris nettement position pour l'un ou pour l'autre.

En 2002, le second tour a opposé un candidat de la droite parlementaire, Jacques Chirac, et un candidat de l'extrême droite, J.-M. Le Pen. La gauche, cette fois, s'est rangée derrière J. Chirac qui a été élu avec plus de 82 % des voix, c'est-à-dire un pourcentage que n'avait atteint aucun de ses prédécesseurs, y compris le général De Gaulle.

Il convient de noter que, même lorsque le second tour oppose un candidat de droite à un candidat de gauche, la bipolarisation de l'électorat n'est jamais parfaite.

En 1965, le candidat de l'extrême droite, Jean-Louis Tixier-Vignancourt, a fait voter pour François Mitterrand, par hostilité envers la politique algérienne du général De Gaulle.

En 1981, la rivalité entre J. Chirac et Valéry Giscard d'Estaing a abouti à un mauvais report des voix de droite sur ce dernier, au second tour.

En 1988 et 1995, le candidat de l'extrême droite, J.-M. Le Pen n'a pas donné de consignes de vote au second tour.

d) La quatrième concerne l'influence exercée par l'élection présidentielle sur la vie politique française.

On a déjà signalé qu'en 1958 les gaullistes avaient souhaité réduire l'influence des partis sur la vie politique. En particulier, le mode d'élection du chef de l'État devait être tel qu'il n'apparaisse pas comme l'homme d'un parti. On peut dire aujourd'hui que cet objectif a été au moins partiellement atteint. Sans doute les partis ne sont-ils pas absents de l'élection présidentielle : la sélection des candidats, la collecte des signatures, l'animation et le financement de la campagne reposent encore sur eux, au moins pour une bonne part. Mais le succès d'un candidat dépend au moins autant de sa popularité personnelle, de la qualité de son image médiatique que des partis qui le soutiennent.

Pour obtenir les voix des électeurs hésitants, les principaux candidats, qu'ils soient de droite ou de gauche, sont obligés de se poser en « rassembleur », ce qui les conduit à prendre quelques distances vis-à-vis de leur propre parti (90).

---

(90) Il est d'ailleurs d'usage que, au moment d'entrer en campagne, les candidats à l'élection présidentielle renoncent de façon temporaire ou définitive aux

Durant la campagne présidentielle, les partis politiques ont donc tendance à s'effacer derrière les candidats. Ce phénomène a été particulièrement net en 1995, en ce qui concerne tout au moins les partis de droite : l'UDF n'était représentée par aucun candidat ; quant au RPR, deux candidats en étaient issus, ce qui aboutissait un peu au même résultat, leur rivalité contraignant le parti à observer une certaine neutralité.

Cependant, une fois élu, le président a besoin des partis politiques : s'il veut réaliser son programme, il faut en effet qu'il puisse s'appuyer sur une majorité parlementaire, qui doit être encadrée par un ou plusieurs partis.

Par son existence même, l'élection présidentielle au suffrage universel direct a donc favorisé le regroupement des partis politiques en deux grandes coalitions.

Mais, d'un autre côté, il est certain que l'élection présidentielle provoque des tensions à l'intérieur des partis politiques : longtemps avant l'échéance d'une élection présidentielle, les principaux dirigeants d'un même parti ou d'une même coalition rivalisent, chacun cherchant à se donner une stature présidentielle ; ces rivalités nuisent évidemment à la cohésion interne des partis et elles risquent même parfois de provoquer leur éclatement.

Comme l'écrit P. Pflimlin (1991, p. 225) : « *L'élection présidentielle est devenue l'enjeu exclusif de la compétition entre les partis et les hommes. Pour les partis, la préoccupation essentielle est de trouver en leur sein un "Présidentiable". Leurs membres se disputent férocement cette promesse de promotion, au point que dans le jeu politique la compétition des hommes à l'intérieur de chaque camp retient davantage l'attention que la confrontation entre les camps* ».

§ 3. Le référendum

Au niveau national, il existe plusieurs procédures référendaires, qui diffèrent par leur objet et par les conditions de leur mise en œuvre.

---

fonctions de direction qu'ils exerçaient à l'intérieur de leur parti. De la même manière, en 2002, lorsque Lionel Jospin a annoncé sa candidature, il a pris soin de préciser que son programme présidentielle ne serait pas un programme socialiste, ce qui était une manière de prendre ses distances vis-à-vis de son parti en indiquant qu'il entendait s'adresser à une clientèle politique plus large. La suite des événements a montré qu'il avait eu tort de faire cette déclaration au moment où il l'a faite car c'est probablement ce qui a décidé un certain nombre d'électeurs socialistes à voter pour un autre candidat au premier tour. Mais s'il l'avait faite dans le cadre de la campagne du second tour, personne n'en aurait été choqué et elle aurait pu l'aider à rallier un électorat hésitant.

Mais les principaux problèmes posés par l'organisation d'un référendum sont à peu près les mêmes, quelle que soit la procédure utilisée.

A Les différentes procédures

Les procédures des articles 11 et 89, qui figuraient déjà dans le texte initial de la Constitution, sont toutes deux facultatives. Elles soulignent le rôle central du Président de République, qui peut seul décider de recourir au référendum.

Au contraire, celle de l'article 88-5, beaucoup plus récente, introduit, pour la première fois en droit français un cas de référendum obligatoire, qui devrait s'imposer au chef de l'État comme aux autres pouvoirs publics.

1. La procédure de l'article 89

L'article 89 a déjà été étudié : il a trait à la révision constitutionnelle. Dans le cadre de cette procédure, le référendum n'a qu'un rôle confirmatif, c'est-à-dire qu'il ne peut porter que sur un texte déjà approuvé en termes identiques par les deux assemblées parlementaires. Ce n'est d'ailleurs qu'une possibilité alternative : il n'a pas lieu si le Président de la République décide de soumettre le projet de révision au Parlement réuni en Congrès, ce qui, de loin, est la démarche la plus courante (voir *supra*). Sur les dix-sept réformes constitutionnelles effectuées depuis 1958 dans le cadre de l'article 89, une seule, celle du quinquennat, a été approuvée directement par le peuple (référendum du 24 septembre 2000).

La préférence pour la voie parlementaire s'explique d'abord par le contenu de certains projets, qui ont un caractère plus technique que politique, et qui ne paraissent donc pas susceptibles d'intéresser l'opinion publique. Mais elle s'explique surtout par des raisons de commodité. Si les conditions de majorité (trois cinquièmes des suffrages exprimés) sont réunies, elle ne comporte aucun risque politique, alors que celle du référendum est aléatoire à un double titre puisque l'on ne peut prévoir en général avec certitude ni l'importance de la participation, ni le sens de la réponse.

Le choix de la voie référendaire en 2000 s'explique probablement par le fait que la révision portait sur la durée du mandat présidentiel, c'est-à-dire sur une question qui concerne directement la légitimité populaire du chef de l'État. De plus, comme l'opposition ne pouvait pas se déclarer hostile, la voie référendaire était pour une fois sans risque, au moins en ce qui concerne le sens de la réponse.

Mais dans l'hypothèse d'une proposition de révision constitutionnelle, le référendum est la seule voie susceptible d'être suivie.

2. La procédure de l'article 11

L'article 11 présente des aspects plus novateurs que l'article 89. D'une part, il permet de faire approuver directement par le peuple un projet de loi qui n'a pas été voté par le Parlement, ce qui est contraire à la tradition républicaine française antérieure à 1958. D'autre part, il a étendu le champ du référendum à des questions qui ne sont pas de nature constitutionnelle : en d'autres termes, il a introduit en droit français l'institution du référendum législatif (voir *infra*, Chapitre 3).

Le champ de l'article 11. — Au cours des travaux préparatoires de la Constitution, il avait d'abord été envisagé que tout projet relevant du domaine de la loi puisse être soumis au référendum par le Président de la République (voir *supra*, section 1). Mais, en raison probablement des réticences manifestées par certains ministres du général De Gaulle, qui demeuraient attachés au parlementarisme traditionnel et redoutaient que le référendum tournât au plébiscite bonapartiste, le champ de cette procédure fut en définitive étroitement limité : d'après le texte originel de l'article 11, il comprenait seulement *« tout projet de loi portant sur l'organisation des pouvoirs publics, comportant approbation d'un accord de Communauté* (91) *ou tendant à autoriser la ratification d'un traité qui, sans être contraire à la Constitution, aurait des incidences sur le fonctionnement des institutions »*.

Durant la période fondatrice du régime, l'actualité était encore dominée par des grands problèmes concernant l'organisation des pouvoirs publics (autodétermination de l'Algérie, mode d'élection du Président de la République, etc.) (92). Aussi le général De Gaulle a-t-il abondamment

---

(91) Il s'agissait non de la Communauté européenne, mais de la Communauté franco-africaine prévue par le titre XIII de la Constitution, qui a cessé de fonctionner dès 1960. La loi constitutionnelle du 4 août 1995, qui a abrogé le titre XIII, a également supprimé la référence aux accords de Communauté dans l'article 11.

(92) On n'envisagera pas ici la question de savoir si l'article 11 est applicable en matière constitutionnelle. Cette question est traitée à propos des procédures de révision constitutionnelle (voir *supra*).

utilisé l'article 11 (voir *infra*). Mais, par la suite, les préoccupations politiques majeures ont porté, sauf peut-être en matière européenne, sur des problèmes dits de société (chômage, liberté de l'enseignement, statut des media audiovisuels, peine de mort, etc.), qui ne concernaient pas l'organisation des pouvoirs publics et qui excédaient donc les limites de l'article 11. Un élargissement du champ de référendum apparaissait donc nécessaire pour en éviter le dépérissement.

En 1984 (93), puis de nouveau en 1993 (94), F. Mitterrand avait proposé d'y inclure les « garanties fondamentales des libertés publiques ». Mais, d'après la jurisprudence du Conseil constitutionnel, nombre de ces garanties ont valeur constitutionnelle et non pas seulement législative. Une telle extension pouvait donc être difficilement envisagée sans l'institution d'un contrôle préalable du Conseil constitutionnel, ce que tout le monde n'était pas disposé à accepter (voir *infra*). C'est pourquoi le projet déposé en juin 1995 par J. Chirac, qui est à l'origine de la loi constitutionnelle du 4 août 1995, évitait soigneusement toute allusion aux libertés.

Depuis l'adoption de cette loi constitutionnelle, le champ du référendum comprend également *« les réformes relatives à la politique économique ou sociale de la Nation et aux services publics qui y concourent »*.

Du fait de l'imprécision des termes utilisés, il paraît difficile de mesurer la portée exacte de cette extension, mais on peut affirmer qu'elle est considérable. La plupart des interventions de l'État, (qu'il s'agisse de santé publique, de fiscalité, d'éducation, de lutte contre l'exclusion, etc.) poursuivent des objectifs de caractère social ou économique, et même généralement les deux à la fois. Quant aux libertés publiques, bien qu'elles ne soient pas directement visées, elles seront vraisemblablement affectées par certaines lois référendaires : par exemple, une loi portant sur l'organisation ou le fonctionnement d'un service public pourrait modifier les modalités de l'exercice du droit de grève par les agents de ce service.

La mise en œuvre de la procédure. — À la différence des élections législatives et présidentielles, le référendum n'a pas de périodicité régulière. Il est toujours facultatif, sauf dans le cas prévu à l'article 88-5 (voir *infra*). Quant à la procédure d'initiative, elle combine l'intervention de deux autorités.

---

(93) Projet de loi constitutionnelle du 20 juillet 1984.
(94) Projet de loi constitutionnelle du 10 mars 1993, inspiré des travaux du comité Vedel.

La proposition d'organiser un référendum peut être faite soit par le Gouvernement pendant la durée d'une session parlementaire, soit par les deux assemblées ; mais c'est le Président de la République, et lui seul, qui peut donner suite à la proposition en décidant de soumettre au référendum le texte qui lui a été présenté. Et cette décision fait partie des pouvoirs propres du chef de l'État, c'est-à-dire ceux qui sont dispensés de l'obligation du contreseing (art. 19 C, voir *infra*, Chapitre 2).

Cette procédure appelle quelques remarques :

a) En principe, la proposition initiale peut émaner aussi bien du Parlement que du gouvernement. Mais l'expérience montre que, en France tout au moins, les assemblées parlementaires ne prennent pratiquement jamais l'initiative d'une consultation populaire. Force est en tous cas de constater que tous les référendums organisés jusqu'à présent dans le cadre de l'article 11 avaient pour origine une proposition gouvernementale.

b) Théoriquement, le Président de la République n'est jamais lui-même l'auteur du texte soumis au référendum : il ne peut que donner suite à une proposition émanant du Parlement ou du gouvernement. Mais en pratique, lorsque la majorité présidentielle et la majorité parlementaire sont de la même couleur politique, il peut « inspirer » le gouvernement et obtenir de celui-ci la proposition qui lui convient. Du temps du général De Gaulle, le référendum, était parfois annoncé par le chef de l'État dans une déclaration publique avant même que la proposition gouvernementale lui ait été officiellement transmise.

c) Si la proposition émane du gouvernement, elle ne peut être faite que lorsque le Parlement est en session (95). Cette disposition avait été introduite en 1958 dans l'article 11 à la demande du Comité consultatif constitutionnel, qui redoutait que le référendum serve à dresser le peuple contre le Parlement. Celui-ci pouvait donc toujours débattre de la proposition référendaire. Mais il ne s'agissait que d'une simple faculté.

C'est désormais une obligation : *« Lorsque le référendum est organisé sur proposition du gouvernement, celui-ci fait, devant chaque assemblée, une déclaration qui est suivie d'un débat »* précise le nouvel alinéa 2 de l'article 11 modifié par la loi constitutionnelle du 4 août 1995.

---

(95) Si le gouvernement veut proposer un référendum en dehors de la période de la session ordinaire du Parlement, il peut demander au Président de la République de convoquer une session extraordinaire à cet effet, dans les conditions prévues à l'article 29 C. Voir *infra*, Chapitre 2.

À quel stade de la procédure référendaire ce débat doit-il avoir lieu ? Le texte de l'article 11 ne le précise pas mais, selon le Conseil constitutionnel, « ce n'est qu'après que le Président de la République a décidé, par décret, de soumettre au référendum un projet de loi à la demande du Gouvernement que celui-ci doit faire devant chaque assemblée une déclaration suivie d'un débat » (96).

Les débats consécutifs à la déclaration du gouvernement sur le référendum ne doivent normalement déboucher sur aucun vote. Ceci résulte du silence même de l'article 11 car, selon la jurisprudence du Conseil constitutionnel, les assemblées ne peuvent émettre un vote que dans les cas expressément prévus par la Constitution (CC 59-2 DC, *Rec.* p. 58). Toutefois, à l'Assemblée nationale, les députés hostiles au référendum ont toujours la ressource de déposer une motion de censure contre le Gouvernement, qui (juridiquement tout au moins) est l'auteur de la proposition.

On sait que cette arme a déjà été utilisée en octobre 1962 par l'Assemblée nationale pour tenter de s'opposer à la réforme du mode d'élection du Président de la République mais qu'elle s'est révélée peu efficace, la chute du Gouvernement de G. Pompidou n'ayant pas fait obstacle au déroulement du référendum. Selon certains auteurs, le rapport des forces aurait été modifié en faveur du Parlement par la nouvelle version de l'article 11 car *« en 1962 la motion de censure avait été votée après la décision du chef de l'État de soumettre sa réforme au référendum... au contraire, avec le nouveau texte, le Président de la République n'apparaît pas encore — du moins en principe — dans la procédure il peut encore y renoncer ; on peut d'ailleurs se demander si un gouvernement renversé peut encore soumettre à la décision présidentielle un projet de loi référendaire ; le vote d'une motion de censure serait donc susceptible de bloquer la procédure référendaire »* (Luchaire, 1995, p. 1428).

Mais, ainsi qu'on vient de le voir, selon la jurisprudence du Conseil constitutionnel, le débat doit intervenir après la décision du Président de la République d'organiser un référendum. La censure du Gouvernement, qui n'a pas d'effet rétroactif, n'affecterait donc pas la validité de cette décision et n'empêcherait pas le chef de l'État d'y donner suite.

Le débat parlementaire est réputé éclairer les électeurs sur les enjeux du référendum et constituer le point de départ d'une délibération dans le pays. Mais il ne faut pas en exagérer l'importance car, n'étant même

(96) Déc. du 24 mars 2005, *Hauchemaille et Meyet*, considérant 6.

pas conclu par un vote, ce débat risque de passer relativement inaperçu, comme ce fut le cas en 2005 pour le référendum sur le traité constitutionnel européen.

3. La procédure de l'article 88-5

Aux termes de cet article : « Tout projet de loi autorisant la ratification d'un traité relatif à l'adhésion d'un État à l'Union européenne et aux Communautés européennes est soumis au référendum par le Président de la République ».

Il convient de noter qu'un projet de loi autorisant la ratification d'un tel traité pouvait déjà être soumis au référendum dans le cadre de l'article 11. On admet en effet généralement qu'un traité relatif à l'adhésion d'un État à l'Union européenne ou aux Communautés européennes entre *ipso facto* dans la catégorie de ceux qui sont susceptibles « d'avoir une incidence sur le fonctionnement des institutions. » Mais la voie référendaire est alors facultative, comme dans les autres cas prévus à l'article 11. Elle a été utilisée en 1972 pour le traité relatif à l'adhésion du Royaume-Uni, du Danemark et de l'Irlande. Mais pour les 16 autres États qui ont adhéré par la suite, la loi de ratification a toujours été adoptée par la voie parlementaire.

L'objet de l'article 88-5 est de rendre le référendum obligatoire pour toute adhésion à venir, comme le montre l'emploi de l'indicatif à la forme affirmative (Tout projet *est* soumis) et non à la forme simplement potestative comme dans l'article 11 (Le Président de la République *peut* soumettre). Certains auteurs ont fait néanmoins observer que cette tournure n'était pas toujours interprétée comme traduisant l'existence d'une obligation. Par exemple, malgré les termes de l'article 13 C, F. Mitterrand a refusé de signer certaines ordonnances durant la première cohabitation et le Gouvernement ne disposait d'aucun moyen juridique pour l'y contraindre (voir *infra*). De manière analogue, le Président de la République, pourrait-il à l'avenir, nonobstant l'article 88-5, choisir la voie parlementaire pour la ratification d'un traité d'adhésion à l'Union européenne ? (97) Une telle démarche paraît cependant peu probable car la loi parlementaire pourrait alors être déférée au Conseil constitutionnel qui la jugerait sans doute contraire à l'article 88-5. Le Conseil pourrait en effet difficilement nier que le constituant a voulu rendre le

(97) Voir les remarques de Séverine Brondel, in *AJDA*, 2005, p. 237.

référendum obligatoire pour les nouvelles adhésions, car sinon l'article 88-5 deviendrait manifestement redondant (98).

On peut néanmoins se demander pourquoi le référendum est obligatoire dans ce cas particulier alors qu'il ne l'est pas lorsqu'il s'agit de questions au moins aussi importantes, comme les réformes constitutionnelles touchant à des principes essentiels. L'explication de ce paradoxe réside dans les circonstances particulières qui sont à l'origine de l'adoption de l'article 88-5. Durant le second semestre de 2004, l'annonce de l'ouverture de négociations entre l'Union européenne et la Turquie en vue d'une éventuelle adhésion d'ici une quinzaine d'années avait jeté un grand trouble dans l'opinion française, qui était en majorité hostile à cette adhésion. Bien que les deux choses n'eussent pas de rapport direct, il existait un risque que beaucoup d'électeurs français saisissent l'occasion du référendum sur la ratification du traité établissant une Constitution pour l'Europe pour exprimer par un vote négatif les craintes qu'ils éprouvaient au sujet de la Turquie. Le Président de la République, J. Chirac, espérait les en dissuader en leur donnant l'assurance qu'ils seraient appelés, le moment venu, à se prononcer directement sur l'adhésion de la Turquie : une disposition prévoyant le référendum obligatoire pour toute adhésion à venir fut donc ajoutée au projet de révision constitutionnelle destiné à permettre la ratification du traité établissant une Constitution pour l'Europe.

Cette disposition a donc été adoptée pour des raisons essentiellement conjoncturelles. Mais, par sa portée générale et sa permanence, elle risque de se révéler mal adaptée aux développement futurs de la construction européenne. L'adhésion de la Suisse, de la Norvège, de la Macédoine ou de la Bosnie, sans parler d'Andorre ou de Monaco, laissera probablement assez indifférente l'opinion française et l'organisation systématique de référendums sur de tels sujets pourrait bien accentuer la tendance à l'abstention. Un autre inconvénient de l'article 88-5 est qu'il ne permet l'organisation d'un référendum qu'au stade de la ratification du traité d'adhésion, c'est-à-dire après des années de négociations qui ont pu faire naître des espoirs dans le pays concerné, et donc à un moment où une réponse négative risque de provoquer des complications diplomatiques graves.

Dans le cadre de l'article 88-5, les formalités prévues par l'article 11 ne sont pas applicables : il en résulte, d'une part, que le Président

(98) Néanmoins, le Président pourrait peut-être choisir la voie parlementaire s'il était assuré qu'aucun recours ne sera déposé devant la Conseil constitutionnel.

n'a pas besoin d'attendre une proposition du Gouvernement ou des assemblées (99) et, d'autre part, que le Gouvernement n'est pas tenu de faire, devant chaque assemblée, une déclaration suivie d'un débat.

B L'organisation du référendum

Aussi surprenant que cela puisse paraître, il n'existe pas en France actuellement de dispositions permanentes concernant l'organisation du référendum, et notamment celle de la campagne précédent le scrutin. Selon la jurisprudence du Conseil d'État, en l'absence de dispositions législatives, c'est au pouvoir réglementaire qu'il appartient de fixer les modalités nécessaires à l'organisation du référendum (CE *Meyet*, 10 sept. 1992, *RDP*, 1992, p. 1620). Conformément à cette jurisprudence, à l'occasion de chaque référendum, des dispositions particulières sont prises par décret après consultation du Conseil constitutionnel (100).

En septembre 2000, dans des observations jointes à la proclamation des résultats du référendum sur le quinquennat, le Conseil constitutionnel a déploré ce vide législatif en rappelant que le droit de suffrage constitue un droit civique dont, en vertu de l'article 34 de la Constitution, la loi fixe les règles. Il estime en outre qu'une législation permanente permettrait de simplifier la préparation du scrutin et de limiter le développement du contentieux (101).

Une campagne référendaire ne met pas aux prises des candidats. La plupart des règles applicables aux campagnes électorales (obligation de tenir un compte de campagne, plafonnement des dons, etc.) ne sont donc pas transposables en la matière. Mais il existe au moins un problème commun aux campagnes électorales et aux campagnes référendaires : comment répartir les moyens de propagandes fournis par l'État (panneaux d'affichage, temps d'antenne sur les ondes, etc.) entre les diverses forces politiques qui souhaitent participer à la campagne ?

Dans certains pays, comme la Grande-Bretagne, le Danemark ou le Québec, ces moyens sont répartis de façon égalitaire entre les partisans du oui et ceux du non. Pendant la durée de la campagne, ils sont

(99) Mais son acte n'est pas dispensé pour autant du contreseing, car l'article 88-5 ne fait pas partie des exceptions énumérées par l'article 19.

(100) Cette consultation est imposée par la loi organique du 7 novembre 1958 relative au Conseil constitutionnel qui précise, d'une part, qu'il doit être « avisé sans délai » de toute mesure prise par le gouvernement en ce qui concerne l'organisation du référendum (art. 46) et, d'autre part, qu'il « peut présenter des observations concernant la liste des organisations habilitées à user des moyens officiels de propagande » (art. 47).

(101) Voir ces observations in *CCC*, nº 9-2000, p. 32/33.

regroupés sous l'égide de deux « comités parapluies », qui bénéficient des mêmes crédits et du même temps d'antenne.

En France, ces moyens sont répartis entre les familles politiques en fonction de leur représentativité, qui est appréciée selon un critère alternatif : peuvent participer à la campagne officielle d'une part, les partis ou groupements auxquels au moins cinq députés ou cinq sénateurs ont déclaré se rattacher et, d'autre part, ceux qui ont obtenu, au plan national, au moins 5 % des suffrages exprimés lors de l'élection la plus récente (en 2005, il s'agissait de l'élection des représentants au Parlement européen, qui avait eu lieu l'année précédente).

Chaque organisation habilitée dispose d'un temps d'antenne minimum de 10 minutes sur les ondes de la radio et de la télévision. La durée restante après attribution de cette première dotation est répartie pour moitié proportionnellement aux effectifs ou de députés et de sénateurs rattachés, et pour moitié proportionnellement aux suffrages obtenus lors de l'élection la plus récente.

En pratique ce mode de répartition aboutit à développer davantage les arguments en faveur du « oui » au cours de la campagne officielle, dans la mesure où les partisans du « non » sont généralement soit des personnalités minoritaires au sein d'un grand parti, comme Laurent Fabius en 2005, soit des dirigeants de petits partis peu ou pas représentés au Parlement, et qui souvent n'ont même pas obtenu 5 % des suffrages exprimés lors de l'élection la plus récente. C'est ainsi qu'en 2000 (référendum sur le quinquennat) et en 2005 (référendum sur le traité constitutionnel européen) la campagne officielle était tellement déséquilibrée qu'on a pu parler de « matraquage » en faveur du « oui ». Mais l'expérience montre que ce déséquilibre ne produit pas nécessairement l'effet souhaité par les organisateurs du référendum. En 2000, l'omniprésence des partisans du quinquennat a donné le sentiment que tout était joué d'avance, ce qui explique le taux d'abstention anormalement élevé (près de 70 %) En 2005, le soutien apporté au traité établissant une constitution pour l'Europe par la plupart des dirigeants politiques de la majorité et de l'opposition a favorisé la cristallisation autour du « non » d'un vote protestataire, exprimant un mécontentement diffus.

C Contentieux et proclamation des résultats

D'après l'article 60 C, le Conseil constitutionnel « *veille à la régularité des opérations de référendum prévues aux articles 11 et 89 et au titre*

XV » (102). Et l'article 50 de la loi organique du 7 novembre 1958 précise qu'il *« examine et tranche définitivement toutes les réclamations »*. On verra que Conseil constitutionnel a interprété de façon évolutive les compétences que ces textes lui attribuent.

Les réclamations peuvent être dirigées contre les actes préparatoires au référendum, contre les opérations de vote, ou enfin contre le projet de loi adopté par voie de référendum.

En ce qui concerne les premiers, jusqu'à une date récente, le Conseil constitutionnel se déclarait incompétent pour examiner les réclamations dont ils pouvaient faire l'objet (103), au motif que son intervention à titre consultatif dans l'élaboration de ces décrets lui interdisait d'exercer sur eux un contrôle contentieux (CC 25 oct. 1988, *Diémert et Bannel*, *Rec.* p. 191). Ces réclamations relevaient donc de la compétence du Conseil d'État qui les examinait selon une procédure d'urgence (CE 28 oct. 1988, *Centre national des indépendants et paysans*, *Rec.* p. 385). Mais, en 2000, à l'occasion de la campagne sur le quinquennat, le Conseil constitutionnel a opéré un revirement de jurisprudence : désormais, comme pour les élections législatives, il accepte d'examiner avant le scrutin les requêtes dirigées contre des actes préparatoires au référendum *« dans le cas où l'irrecevabilité opposée à ces requêtes risquerait de compromettre gravement l'efficacité de son contrôle des opérations référendaires, vicierait le déroulement général du vote ou porterait atteinte au fonctionnement normal des pouvoirs publics »* (104).

En 2005, une question extrêmement importante a été soulevée dans le cadre de ce contentieux : les requérants soutenaient que le traité établissant une constitution pour l'Europe, et donc le projet de loi autorisant sa ratification, étaient contraires à la Charte de l'environnement introduite dans la Constitution par la révision du 1er mars 2005. Ils demandaient pour cette raison l'annulation du décret de convocation des électeurs. Il s'agissait en fait de savoir si, par le biais d'un recours dirigé contre un acte préparatoire, le Conseil constitutionnel pouvait

(102) Les référendums prévus au titre XV sont ceux qui concernent l'adhésion d'un État à l'Union européenne (voir *supra*). De cette énumération limitative, il ressort que le Conseil constitutionnel n'est compétent que pour les référendums nationaux et que les référendums locaux ou régionaux relèvent de la compétence de la juridiction administrative.

(103) Ces réclamations émanent le plus souvent d'organisations politiques qui contestent la répartition des moyens de propagande.

(104) En ce qui concerne les requêtes ne correspondant pas à ce critère (c'est-à-dire celles dirigées contre les actes préparatoires les moins importants), le Conseil d'État se déclare toujours compétent pour en connaître.

apprécier la conformité à la Constitution du projet de loi soumis au référendum.

Le Conseil aurait pu aisément décliner sa compétence soit en invoquant l'exception de recours parallèle (la conformité d'un traité à la Constitution peut en effet être vérifiée selon une procédure spéciale, prévue par l'article 54 C) soit en affirmant que l'équilibre des pouvoirs établi par la Constitution ne lui permettait pas d'exercer un contrôle sur un projet de loi destiné à être soumis au référendum. Au lieu de cela, il a rejeté la requête en déclarant « qu'en tout état de cause le traité établissant une Constitution pour l'Europe n'est pas contraire à la Charte de l'environnement » (105). Cette motivation est surprenante car la démarche habituelle d'un juge consiste à régler la question de sa compétence avant de s'interroger sur la pertinence des moyens soulevés. Or il semble que le Conseil fasse ici l'inverse : il affirme de manière péremptoire que le moyen est manifestement infondé pour éluder la question de sa compétence.

On peut penser qu'il ne s'agit pas là d'une maladresse de rédaction mais plutôt d'une ambiguïté volontaire. Le Conseil ne se déclare pas compétent tout en laissant entendre qu'il n'exclut pas un jour de le faire. Peut-être faut-il voir dans cette motivation d'un genre inhabituel une sorte d'avertissement adressé au pouvoir exécutif : si les observations formulées par le Conseil constitutionnel dans le cadre de ses attributions consultatives étaient systématiquement ignorées, il pourrait se résoudre à exercer sur la loi soumise au référendum un contrôle de constitutionnalité par le biais du contentieux des actes préparatoires.

S'agissant du contrôle des opérations de vote, le Conseil constitutionnel dispose de pouvoirs importants. De même que pour les élections présidentielles, il peut désigner des délégués chargés de suivre sur place les opérations. Lorsque ces opérations sont terminées, le Conseil constitutionnel surveille le recensement général, et c'est à lui qu'il appartient de proclamer les résultats définitifs. Mais, avant de proclamer les résultats, il doit vérifier si certaines opérations n'ont pas été entachées d'irrégularités et il peut, le cas échéant, les annuler.

Par une décision en date du 5 octobre 1988, qui s'inspire des règles applicables à l'élection présidentielle, le Conseil constitutionnel a fixé la procédure de réclamation concernant les opérations référendaires (*Rec.* 1988, p. 278). Tout électeur a le droit de contester la régularité du scrutin en faisant porter au procès-verbal des opérations de vote mention

(105) Déc. du 24 mars 2005, *Hauchemaille et Meyet*, considérant 7.

de sa réclamation. Dans ce cas, le procès-verbal est transmis au Conseil constitutionnel par la Commission de recensement. De son côté, le représentant de l'État (Préfet) peut déférer au Conseil constitutionnel les opérations d'une circonscription de vote dans laquelle les conditions et formes légales et réglementaires n'ont pas été observées.

Le Conseil statue sur ces réclamations dans la forme juridictionnelle. Si les irrégularités constatées étaient suffisamment importantes, il pourrait prononcer l'annulation de l'ensemble des opérations.

En ce qui concerne les lois adoptées par la voie référendaire, on a déjà indiqué qu'en 1962, le Conseil constitutionnel avait été saisi par le président du Sénat dans le cadre de la procédure de l'article 61 al. 2, et qu'il s'était déclaré incompétent pour en connaître.

Après avoir observé qu'il ne saurait excéder le cadre de sa compétence telle qu'elle est limitativement prévue par l'article 61 de la Constitution et par la loi organique du 7 novembre 1958, le Conseil constitutionnel déclarait : *« Considérant que, si l'article 61 de la Constitution donne au Conseil constitutionnel mission d'apprécier la conformité à la Constitution des lois organiques et des lois ordinaires qui, respectivement, doivent ou peuvent être soumises à son examen, sans préciser si cette compétence s'étend à l'ensemble des textes de caractère législatif, qu'ils aient été adoptés par le peuple à la suite d'un référendum ou qu'ils aient été votés par le Parlement, ou si, au contraire, elle est limitée seulement à cette dernière catégorie, il résulte de l'esprit de la Constitution qui a fait du Conseil constitutionnel un organe régulateur de l'activité des pouvoirs publics, que les lois que la Constitution a entendu viser dans son article 61 sont uniquement les lois votées par le Parlement et non point celles qui, adoptées par le peuple à la suite d'un référendum, constituent l'expression directe de la souveraineté nationale »*.

L'argumentation est en fait la même que celle qu'avait utilisée le gouvernement pour justifier l'utilisation de l'article 11, et non de l'article 89, aux fins de révision constitutionnelle (voir *supra*). Il y a, d'une part les pouvoirs publics, dont l'activité est subordonnée au respect de la Constitution (et, par conséquent, justiciable du contrôle exercé par le Conseil constitutionnel), d'autre part le peuple qui, dans l'exercice de sa souveraineté, n'est limité par aucune règle ni subordonné à aucun contrôle.

Dire que l'« expression directe de la souveraineté nationale » ne peut être assujettie à aucun contrôle, c'est rabaisser la Constitution au rang d'un recueil de recettes techniques valables seulement pour les activités des représentants. C'est aussi, et plus gravement, confondre les deux qualités du peuple, selon qu'il agit comme souverain ou comme gouvernant. En tant que souverain, il est absolument libre, car c'est la force politique qui s'exprime par sa volonté. Mais comme gouvernant — et c'est le cas dans la démocratie directe — son activité est, au même titre que celle des autres gouvernants, dominée par le statut que la Constitution impose aux agents d'exercice du pouvoir.

Il est vrai que pour justifier son incompétence, le Conseil a fait état de l'ordonnance du 7 novembre 1958 relative à son fonctionnement et dont deux articles (les art. 17 et 23) ne peuvent jouer que s'il s'agit d'une loi votée par le Parlement. Mais le fait que l'ordonnance se soit occupée des lois parlementaires n'exclut pas le contrôle sur les lois référendaires.

Trente ans après la décision de principe du 6 novembre 1962, à l'occasion du référendum sur le traité de Maastricht, le Conseil constitutionnel a maintenu sa jurisprudence, bien qu'avec une motivation légèrement différente : pour justifier son incompétence, il n'invoquait plus « l'esprit de la Constitution qui a fait du Conseil constitutionnel un organe régulateur de l'activité des pouvoirs publics », mais plus simplement « l'équilibre des pouvoirs établi par la Constitution ». Cette nouvelle formulation était sans doute destinée à tenir compte du fait que, depuis la réforme de 1974, le rôle du Conseil constitutionnel s'est élargi : il n'apparaît plus seulement comme « un organe régulateur de l'activité des pouvoirs publics », mais aussi comme un défenseur des droits et libertés (CC 23 septembre 1992, déc. n° 92-313 DC, *RDP* 1992, p. 1618 avec note Luchaire, et voir *infra*, Chapitre 4).

D'un point de vue politique, on peut comprendre que le Conseil constitutionnel ait jugé préférable de décliner sa compétence. Il lui eut été certainement difficile de censurer une loi qui venait d'être approuvée par le peuple, même s'il l'avait fait pour des motifs parfaitement valables en droit. À l'époque, la légitimité du contrôle juridictionnel ne paraissait pas suffisamment forte pour résister à une telle épreuve, et peut-être en serait-il de même aujourd'hui. C'est pourquoi, dans certains pays, les projets sur lesquels le peuple pourrait être appelé à se prononcer sont soumis à un contrôle juridictionnel *préalable*. Tel est le cas, par exemple, en Italie, où la Cour constitutionnelle statue sur la *recevabilité* des demandes de référendum. Si elle conclut à l'irrecevabilité de la demande, le référendum ne peut avoir lieu.

En France, dans les projets de réforme de la Constitution, l'extension du domaine de l'article 11 est parfois liée à l'institution d'un contrôle juridictionnel préventif. Par exemple, dans sa « lettre à tous les Français » (voir la presse du 7 avril 1988) F. Mitterrand déclarait qu'il souhaitait que le peuple puisse « trancher par référendum les problèmes majeurs qui naissent de l'évolution de notre société », mais « sous la garantie que le Conseil constitutionnel émette un avis public sur la conformité de la question référendaire à la Constitution et aux lois fondamentales de la République ».

Au cours des travaux préparatoires de la loi de révision du 4 août 1995, des parlementaires de l'opposition, qui pensaient que l'élargissement du champ de l'article 11 risquait d'entraîner des atteintes à certaines libertés publiques, ont proposé qu'un projet de loi ne puisse être soumis au référendum « qu'après constatation par le Conseil constitutionnel de sa conformité à la Constitution ». Mais leurs amendements ont été repoussés à la demande du Gouvernement, qui estimait qu'un tel contrôle « reviendrait à modifier substantiellement l'équilibre des institutions et des pouvoirs », car il aboutirait « à transférer au Conseil constitutionnel la compétence, reconnue au Président de la République et à lui seul, d'être le garant fondamental de la Constitution » (106).

En réalité, l'une des fins auxquelles a été mis en pratique l'article 11 est de permettre de lever le veto opposé par le Sénat à une révision de la Constitution réalisée par la voie de l'article 89. Dans ces conditions, le contrôle préalable du Conseil constitutionnel, dans la mesure où il s'opposerait à l'utilisation de l'article 11 en matière constitutionnelle, empêcherait le référendum de remplir cette fonction. C'est pourquoi, dans son rapport de 1993, le comité Vedel, tout en proposant ce contrôle préalable, recommandait de modifier l'article 89 pour permettre au Président de la République de soumettre au référendum un projet de révision, qui n'aurait été adopté que par l'une ou l'autre des deux assemblées à la majorité des 3/5. Une telle réforme aurait mis le Président de la République en mesure de faire adopter une révision de la Constitution malgré l'opposition du Sénat.

Néanmoins un contrôle préalable du Conseil constitutionnel est d'ores et déjà possible lorsqu'il s'agit d'un projet de loi portant « sur la ratification d'un traité qui, sans être contraire à la Constitution, aurait des incidences sur le fonctionnement des institutions ».

D'après l'article 54 C modifié par la loi de révision du 25 juin 1992, le Conseil peut être saisi par le Président de la République, le Premier ministre, le Président de l'une ou l'autre assemblée, soixante députés ou soixante sénateurs. C'est dans le cadre de cette procédure qu'il a accepté de contrôler la conformité du traité de Maastricht à la Constitution, bien qu'une ratification par la voie référendaire ait été prévue (déc. n° 92-312 DC du 2 septembre 1992, *Rec.* p. 76). Il a agi de même à propos du traité établissant une constitution pour l'Europe (19 novembre 2004 — n° 2004-505 DC).

(106) *JO*, AN, 12 juillet 1995, p. 917.

La décision précitée du 24 mars 2005 laisse supposer qu'un tel contrôle pourrait peut-être également s'exercer dans le cadre de l'article 60 C, pour toutes les lois adoptées par la voie du référendum et non plus seulement pour celles qui ont trait à la ratification d'un traité. Une telle évolution n'impliquerait pas nécessairement la remise en cause de la jurisprudence de 1962, confirmée en 1992, car le contrôle du Conseil s'exercerait sur un projet de loi non encore approuvé par le peuple et qui ne saurait donc être considéré comme une expression directe de la souveraineté nationale.

D Bilan politique du référendum

Depuis l'entrée en vigueur de la Constitution, huit référendums ont été organisés dans le cadre de l'article 11 et un seul dans le cadre de l'article 89 (107). Mais force est de constater que la pratique est très irrégulière puisque près de la moitié de ces votations ont eu lieu entre 1960 et 1969, sous la présidence du général De Gaulle. Pour celui-ci, le référendum présentait une double utilité : d'une part, il permettait de réaliser de grandes réformes auxquelles la classe politique était plutôt défavorable, comme l'élection présidentielle au suffrage universel direct ; d'autre part, c'était un moyen de s'assurer que le peuple maintenait sa confiance au chef de l'État et de confirmer la légitimité démocratique du pouvoir. Aucun septennat ne devait donc normalement s'achever sans qu'il y ait eu au moins un référendum.

Mais après le départ du général De Gaulle, qui fut d'ailleurs provoqué par l'échec du référendum du 27 avril 1969, ses successeurs n'ont pas pu (ou pas voulu) faire un usage identique de l'article 11. Le souci de ménager le Parlement et les partis politiques, l'épuisement des grands sujets de réforme institutionnelle et aussi, bien entendu, la crainte d'être désavoué par le peuple, les en ont empêchés. Non seulement les référendums se sont faits beaucoup plus rares, mais ils ne comportaient plus

---

(107) Quant à leur objet, les référendums de l'article 11 peuvent être répartis en trois catégories :

— Statut d'un territoire : autodétermination de l'Algérie (8 janvier 1961) ; indépendance de l'Algérie (8 avril 1962) ; statut de la Nouvelle-Calédonie (6 novembre 1988).

— Réforme des institutions politiques : élection du Président de la République au suffrage universel direct (28 octobre 1962) ; régionalisation et rénovation du Sénat (27 avril 1969).

— Ratification d'un traité lié à la construction européenne : élargissement des Communautés européennes (23 avril 1972) ; traité de Maastricht (20 septembre 1992) ; traité établissant une Constitution pour l'Europe (29 mai 2005).

toujours un véritable enjeu politique car, à la différence du général De Gaulle, ni G. Pompidou en 1972, ni F. Mitterrand en 1988 et 1992, ni encore moins Jacques Chirac en 2000 et 2005, n'ont cherché à personnaliser la consultation en engageant leur responsabilité sur le résultat du scrutin. Aussi la participation électorale a-t-elle été dans l'ensemble plutôt décevante (108).

Le retour des référendums de responsabilité de type gaullien paraît d'autant moins probable que le Président, élu désormais pour cinq ans, ne devrait plus avoir besoin, pour confirmer sa légitimité, d'organiser un plébiscite avant le terme normal de son mandat.

La réforme du 4 août 1995 a tenté de redonner vie au référendum en l'appliquant à des sujets qui correspondent mieux aux grands problèmes de la société actuelle. Comme l'a dit le garde des sceaux de l'époque, Jacques Toubon, au cours des travaux préparatoires : *« les grands choix institutionnels ont été faits et l'organisation des pouvoirs publics rencontre un large accord général [...] les questions d'aujourd'hui ne sont pas institutionnelles : elles sont économiques et sociales »* (109). Mais, dix ans après cette réforme, force est de constater que l'extension du domaine du référendum n'a encore donné lieu à aucune application. Et l'on peut d'ailleurs se demander si des problèmes aussi complexes que la réforme de l'éducation nationale ou du système de santé, qui présentent des aspects multiples et contradictoires, se prêtent bien à une votation populaire sous la forme d'une question globale, appelant une réponse par oui ou par non.

Comme l'a bien montré J.-L. Parodi (2001), la rareté des référendums, depuis la fin de « la période fondatrice » s'explique d'ailleurs moins par la difficulté de trouver un sujet approprié que par des raisons de stratégie politique : depuis le début des années soixante-dix, le Président en exercice ne jouit, la plupart du temps, que d'une côte de popularité assez médiocre et s'il prend l'initiative d'un référendum, la simple addition des mécontentements risque d'entraîner une réponse négative. Pour minimiser ce risque, il a donc intérêt à ne soumettre au référendum que des projets qui bénéficient également du soutien des principaux partis de l'opposition. C'est probablement ce qui explique que trois sur

(108) Elle a été de 60,7 % en 1972 (extension de la CEE) et de 37 % seulement en 1988 (statut de la Nouvelle-Calédonie). Elle est remontée à 69,7 % en 1992, mais il s'agissait du traité de Maastricht, dont l'importance avait été mise en lumière par les débats parlementaires auxquels avait donné lieu, quelques semaines auparavant, la réforme de la Constitution. Mais en 2000, lors du référendum sur le quinquennat, elle est tombée à son plus bas historique, 30,2 %. En 2005 (référendum sur le traité établissant une Constitution pour l'Europe), la participation a été du même ordre que pour le traité de Maastricht (69,74 %).

(109) *JO* débats AN, 11 juillet 1995, p. 843.

cinq des référendums organisés depuis 1970 avaient trait à la construction européenne, qui est devenue une sorte de terrain d'entente entre la droite et la gauche parlementaires. Mais les résultats du référendum du 29 mai 2005 ont montré que, même lorsque le projet paraît populaire au départ et qu'il bénéficie du soutien de toutes les grandes formations politiques, un échec demeure possible.

Dans le contexte politique actuel, le référendum est donc pour le chef de l'État une opération tellement risquée qu'il n'y a pas lieu de s'étonner que son usage soit devenu très exceptionnel.

Bibliographie

AA. VV. (1997), « Le cumul des mandats », *RDP*, n° spécial, 6, p. 1545 et s.

AVRIL P. (1995), *Essai sur les partis politiques*, Paris, Payot.

BENESSIANO W. (2005), « Le vote obligatoire », *RFDC*, p. 73 et s.

BHASIN B., DOUBLET Y. M. (1999), « Droit électoral : le contentieux du financement des élections législatives de 1997 », *RFDC* n° 36, p. 775.

BOITARD E. (2000), *Le contentieux électoral dans la jurisprudence du Conseil constitutionnel*, Th. Paris V.

BON P. (1993), « Le contrôle des campagnes électorales en France », *RFDC*, n° 13, p. 59 et s.

BRECHON P.
(1998), *La France aux urnes*, Paris, La Documentation française, 3e éd.
(2001), *Les partis politiques français*, Paris, La Documentation française.

CALVES G. (1998), *L'affirmative action dans la jurisprudence de la Cour suprême des États-Unis*, Paris, LGDJ.

CAMBY J. P.
(1995), *Le financement de la vie politique en France*, Paris, Montchrestien.
(1998), « Le contentieux des élections des députés : éléments pour un bilan », *Cahiers du Conseil Constitutionnel*, n° 5.
(2002), « Le Conseil et les cinq cents : les "parrainages" des candidats à l'élection présidentielle », *RDP* p. 595 et s.
(2004), *Le Conseil constitutionnel, juge électoral*, 3e éd., Paris, Dalloz.

CAUCHOIS H. (2003), *Guide du contentieux électoral*, Paris, Berger-Levrault.

COLLINET F. et DEVYS B. (1993), *Le financement des campagnes électorales et des partis politiques*, Paris, Éditions Juris-service.

Commission nationale des comptes de campagne et des financements politiques (CCFP).
(1995), *Rapport d'activité 1993-94*, *JO*, Paris.
(1996), *Rapport d'activité 1995*, *JO*, Paris.
(1998), *Rapport d'activité 1996-97*, *JO*, Paris.

COTTIN S. (2002), « La réception et le contrôle des présentations de candidature à l'élection du Président de la République », *RDP*, p. 1263 et s.

CUILLANDRE F. (1996), « L'intervention du Conseil constitutionnel à l'occasion de l'élection présidentielle de 1995 », *RDP*, p. 463 et s.

DELPERÉE F. (1998), *Le contentieux électoral*, Paris, PUF.

DESMOULIN G. (1997), « Le contentieux des élections législatives : vers une application de la convention européenne des droits de l'homme ? », *RDP*, p. 143 et s.

DJAGUIDI G. (1996), « Premiers ministres et candidatures présidentielles sous la Vᵉ République », *RDP*, p. 1615 et s.

DUHAMEL O. (1999), *Le pouvoir politique en France*, Paris, Seuil.

DUVAL J.-M. (2001), « La sanction des comportements irréguliers relevés au cours des opérations électorales », *RFDC*, p. 825 et s.

ESPLUGAS P.
(1996), « Élections primaires et élection présidentielle », *RFDC*, p. 21 et s.
(1999), « L'interdiction des partis politiques », *RFDC* nº 36, p. 675.

FATIN-ROUGE STÉFANINI M. (2004), *Le contrôle du référendum par la justice constitutionnelle*, Paris, Economica-PU d'Aix-Marseille.

FAUPIN H. (1998), *Le contrôle du financement de la vie politique, partis et campagnes*, Paris, LGDJ.

GENEVOIS B.
(1988a), « L'étendue de la compétence du juge de l'élection », *RFDA*, p. 702 et s.
(1988b), « Le contrôle du référendum », *RFDA*, p. 887 et s.
(1988c), « Le juge de l'élection, le traité et la loi », *RFDA*, p. 908 et s.
(1991), « Le juge de l'élection et le contrôle des comptes de campagne », *RFDC*, p. 887 et s.

GESLOT C. (1999), *L'article 88-3 de la constitution du 4 octobre 1958*, thèse Besançon.

GHEVONTIAN R. (dir.) (1er mars-30 septembre 2002), « La sincérité du scrutin », *Cahiers du Conseil constitutionnel*, nº 13.

GOUNIN Y. (2005), « Le contentieux des actes préparatoires du référendum du 29 mai 2005 », *AJDA*, p. 1211.

GROSSIEUX P. (2004), « Le parrainage des prétendants à l'élection présidentielle : simple formalité juridique ? », *RFDC*, p. 533 et s.

GUÉNAIRE M.
(1993), *Le nouveau financement des campagnes électorales*, GLN Joly éditions.
(2000), *Le cadre juridique des campagnes électorales : communication, financement, contentieux*, Paris, Le Moniteur.

HAMON F.
(1994), *Le référendum, étude comparative*, Paris, LGDJ.
(1997), *Le référendum*, Paris, La Documentation française.
(2001), « À propos du referendum sur le quinquennat », in F. HAMON et O. PASSELECQ (dir.), *Le referendum en Europe. Bilan et perspectives*, Paris, L'Harmattan.

HAMON F. et WIENER C. (2001), *La justice constitutionnelle en France et aux États-Unis*, Paris, La Documentation française. *Journal Officiel*, (1997), Financement des campagnes électorales et des partis politiques, JO, Paris.

LANCELOT A. (1998), *Les élections nationales sous la Ve République*, Paris, Que sais-je ?, PUF, 3e éd.

LEYRIT C. (1995), *Les partis politiques et l'argent*, Marabout — Le Monde.

LUCHAIRE F.
(1995), « La loi constitutionnelle du 4 août 1995 », *RDP*, p. 1423.
(1996), « Les conséquences de la réforme constitutionnelle du 4 août 1995 », *RDP*, p. 329.

MASCLET J.-C. (1989), *Droit électoral*, Paris, PUF.

MARTIN P. (2002), « Les élections de 2002 constituent-elles un "moment de rupture" dans la vie politique française ? », *RFSP*, nº 52, p. 593-606.

MAUS D. (1996), *Élection présidentielle des 23 avril et 7 mai 1995. Textes et documents*, Paris, La Documentation française.

MÉNY Y.
(1991), *Idéologies, partis politiques et groupes sociaux*, Paris, Presses de la Fondation Nationale des Sciences Politiques.
(1992), *La corruption de la République*, Paris, Fayard.

(1997), *La corruption dans la vie publique*, Paris, La Documentation française.

PARODI J.-L. (2001), « Le référendum en France : analyse stratégique », in F. HAMON et O. PASSELECQ, (dir.), *Le référendum en Europe, Bilan et perspectives*, Paris, L'Harmattan.

PRUNIER G. (2004), « Le statut des partis politiques en Europe », *RDP*, p. 681 et s.

Revue Française de Finances Publiques (1997), « Finances publiques et vie politique », numéro spécial, nº 58.

Revue Politique et Parlementaire, « Confirmation à gauche, les élections de mars 98 », nº 993.

Revue *Pouvoirs*
(1992), « Campagne électorale », nº 63.
(1994), « L'argent des élections », nº 70.
(1996), « Le référendum », nº 77.

ROURE S. (2004), *La notion constitutionnelle d'électeur. Essai d'analyse de la jurisprudence constitutionnelle et électorale*, Th. Montpellier I.

SAVOIE H. et GHEVONTIAN R. (2000) « Le contentieux des actes préparatoires au référendum », *RFDA*, pp. 989-1013.

SCHOETTL J.-E. (2005), « Contentieux des décrets relatifs au référendum du 29 mai 2005 », in *Les petites affiches*, nº 81, 25 avril 2005.

TOLINI N. (2005), *Le financement des partis politiques*, Th. Paris XI.

TORCOL S. (2004), « Le contentieux des élections législatives : réflexions autour d'un contentieux à risques », *RDP*, p. 1211 et s.

WAHL N. et QUERMONNE J.-L. (1995), *La France présidentielle, l'influence du suffrage universel sur la vie politique*, Paris, PFNSP.

Chapitre 2
Les organes

Section 1
Le Président de la République

Le titre II de la Constitution, consacré au Président de la République, vient avant ceux qui traitent des autres organes (Gouvernement, Parlement et Conseil constitutionnel). C'est aussi l'un des plus longs (15 articles).

Dans son discours prononcé le 27 août 1958 devant le Conseil d'État, M. Debré qualifiait le Président de la République de « clef de voûte du système ». Le chef de l'État occupe en effet une place centrale dans les institutions de la Ve République, même si l'étendue de l'influence qu'il exerce sur la conduite des affaires du pays dépend en partie du contexte politique (voir *supra*).

Nous savons déjà que, depuis 1962, le Président de la République est élu directement par les citoyens et que cette élection détermine dans une large mesure la stratégie des partis politiques et de leurs dirigeants.

Il nous reste maintenant à étudier le statut du chef de l'État ainsi que ses pouvoirs.

Sous-section 1
Le statut du Président de la République

La durée des fonctions présidentielles. — Rompant avec la tradition républicaine du septennat, qui remontait à 1873, la loi constitutionnelle du 2 octobre 2000 a fixé à cinq ans la durée du mandat présidentiel. Ce mandat est indéfiniment renouvelable (1).

Dès les débuts de la Ve République, le septennat a été vivement contesté.

Sous les régimes précédents, le chef de l'État, élu par le Parlement réuni en Congrès, avait surtout un rôle de représentation. Il n'avait pas (officiellement tout au moins) de programme politique et il lui était donc relativement facile de s'adapter en cours de mandat à des majorités politiques successives et différentes.

Sous la Ve République, au moins depuis 1962, le Président apparaît au contraire comme l'homme d'une politique : celle qu'il a exposée devant les électeurs durant sa campagne. Et la Constitution, comme on le verra dans la suite du présent chapitre, lui donne des pouvoirs plus importants que ceux de ses prédécesseurs. Compte tenu de ce contexte nouveau, on pouvait évidemment se demander si le septennat n'était pas devenu obsolète car, dans la mesure où le Président participe davantage aux décisions, son autorité s'use plus rapidement. C'était d'ailleurs au moins en partie pour se prémunir contre une telle usure que le général De Gaulle organisait systématiquement, en cours de mandat, des référendums de responsabilité, où il mettait sa démission dans la balance. Mais l'on sait que ses successeurs n'ont pas repris cette pratique.

En 1973, G. Pompidou, successeur immédiat du général De Gaulle à la présidence de la République, avait déjà engagé une procédure de révision tendant à substituer le quinquennat au septennat. Le projet fut adopté en termes identiques par l'Assemblée nationale et le Sénat (comme l'exige l'article 89 C) mais l'opposition qui s'était manifestée durant les débats était trop importante pour que l'on pût espérer aboutir par la voie du Congrès, qui nécessite une majorité des 3/5 par rapport aux suffrages exprimés. Et comme le Président Pompidou ne souhaitait pas organiser un référendum sur cette question, la réforme était demeurée en suspens.

Les résistances au quinquennat étaient particulièrement fortes au sein du parti gaulliste, le RPR, dont beaucoup de membres restaient attachés à l'idée qu'un mandat de sept ans était nécessaire pour que le Président puisse se consacrer à la réalisation d'un grand dessein national. Ils estimaient en outre que le quinquennat risquait d'entraîner une confusion

(1) Bien que, depuis 1873, plusieurs Présidents aient été réélus à l'issue d'un premier septennat, seul F. Mitterrand (1981-1995) a rempli ses fonctions jusqu'à l'échéance normale de son second mandat. Sous la IVe République, le Président n'était rééligible qu'une seule fois. Comme l'article 6 de l'actuelle constitution ne précise rien à ce sujet, on peut en déduire que le Président est indéfiniment rééligible.

entre le rôle du Premier ministre et celui du chef de l'État. Élu pour une durée plus brève, ce dernier devrait en effet resituer son action dans le court ou le moyen terme et s'investir davantage dans la politique quotidienne, qui constitue le lot habituel du Premier ministre.

Les cohabitations qui se sont succédé au cours des années quatre-vingt et quatre-vingt-dix ont suscité un regain d'intérêt pour le quinquennat car l'on pensait que son adoption contribuerait peut-être à rétablir une concordance durable entre les majorités présidentielle et parlementaire. L. Jospin et V. Giscard d'Estaing s'étaient nettement prononcés en faveur du quinquennat. Mais le RPR était toujours réticent et, le 14 juillet 1999, J. Chirac déclarait encore qu'il rejetait le quinquennat « sous toutes ses formes ». Il s'y est cependant rallié dès l'année suivante sans donner d'explications sur les raisons qui l'avaient conduit à changer d'opinion (2) et sans s'engager fortement en faveur de cette réforme, au sujet de laquelle il affectait même une certaine indifférence (3).

La révision fut d'abord soumise au vote de l'Assemblée nationale et du Sénat, conformément à l'article 89 C. Comme elle bénéficiait d'un consensus parlementaire beaucoup plus large qu'en 1973, il eut été facile d'aboutir par la voie du Congrès. Mais, sans doute parce qu'il s'agissait d'une question touchant à la légitimité populaire du Président de la République, J. Chirac préféra la soumettre au référendum. À l'issue d'une campagne assez terne, elle fut approuvée le 24 septembre 2000 à une majorité de 73 % des suffrages exprimés, qui représentait à peine plus de 18 % des électeurs inscrits.

On se demande parfois si la réduction de la durée du mandat pourrait avoir des conséquences quant au rôle du Président, d'une part, quant aux rapports entre l'exécutif et le législatif, d'autre part.

Sur le premier point, il faut noter que les attributions du chef de l'État n'ont absolument pas été modifiées. Et l'on ne peut même pas dire que l'horizon de son action politique sera nécessairement plus limité avec le quinquennat qu'avec le septennat car, plus le mandat est bref, plus son renouvellement apparaît comme une hypothèse raisonnable et presque naturelle. Aux États-Unis, plus de la moitié des Présidents ont accompli deux mandats consécutifs alors que, sous le régime du septennat, un seul Président français avait réussi à le faire.

(2) Selon la plupart des observateurs, ce revirement pourrait s'expliquer par des considérations de stratégie politique : compte tenu de son âge, le Président pouvait espérer être plus facilement réélu dans la perspective d'un mandat limité à cinq ans.

(3) Dans son allocution télévisée du 5 juin 2000, le Président a déclaré : « Si la réponse est oui, c'est bien ; si elle est non, c'est bien ».

Sur le second point, il faut rappeler que ce qui distingue le régime français du régime présidentiel américain, c'est moins la durée des fonctions du chef de l'État que le droit de dissolution et l'existence d'un gouvernement responsable devant le Parlement. Or, il n'est pas envisagé de supprimer ces deux institutions.

L'interruption éventuelle du mandat. — Le septennat présidentiel ne va pas toujours à son terme normal. Il peut être interrompu en cas de décès ou de démission du Président, cela va de soi, mais aussi en cas d'empêchement ou de haute trahison. La Constitution ne définit pas l'empêchement présidentiel mais elle fixe la procédure par laquelle il peut être constaté. Si le Président ne paraît plus en mesure d'exercer ses fonctions, en raison par exemple de son état physique ou mental, le Gouvernement doit saisir le Conseil constitutionnel. Le Conseil constitutionnel, statuant à la majorité absolue de ses membres (4), pourra alors déclarer que le Président est « empêché », soit temporairement, soit définitivement. S'il s'agit d'un empêchement seulement temporaire, les fonctions du Président de la République seront temporairement exercées par le Président du Sénat, mais cet intérim prendra fin dès que le Président de la République se trouvera en état de reprendre ses fonctions. Si le Conseil constitutionnel déclare que l'empêchement est définitif, il y aura également un intérim assuré par le Président du Sénat, mais cet intérim prendra fin rapidement car une élection présidentielle devra avoir lieu vingt jours au moins et trente-cinq jours au plus après la constatation du caractère définitif de l'empêchement (5). Le Président intérimaire exerce les mêmes attributions que le Président élu, à l'exception de celles prévues aux articles 11 (référendum) et 12 (dissolution). Mais il ne peut prendre aucune initiative concernant la révision de la Constitution car il ne peut pas être fait application de l'article 89 durant la vacance de la présidence de la République ou durant la période qui s'écoule entre la déclaration du caractère définitif de l'empêchement du Président de la République et l'élection de son successeur (art. 7 C).

La suppléance. — Il peut également se faire que pour raison de santé ne motivant pas empêchement ou parce qu'il est en voyage à l'étranger,

(4) Il semble donc que, en cas de partage des voix sur cette question, la voix prépondérante du Président du Conseil constitutionnel ne jouerait pas.

Par ailleurs, il est clair que l'absence de définition constitutionnelle de l'empêchement laisse ouverte la possibilité d'un usage politique, par exemple en période de cohabitation, à condition évidemment qu'une collusion entre le Gouvernement et le Conseil constitutionnel soit possible.

(5) Si le Président du Sénat est à son tour empêché, l'intérim est assuré par le Gouvernement.

le Président soit provisoirement dans l'impossibilité d'exercer ses fonctions. La Constitution, qui n'a pas institué de vice-présidence, n'envisage cette hypothèse qu'en ce qui a trait à des fonctions très limitées. Elle décide (art. 21) que le Premier ministre peut suppléer le Président de la République dans la présidence des conseils et comités de la défense nationale et que, au Conseil supérieur de la magistrature, cette même suppléance est assurée par le garde des Sceaux (art. 65). Quant à la suppléance pour la présidence du Conseil des ministres, elle est éventuellement assurée par le Premier ministre mais seulement en vertu d'une délégation expresse, valable pour un conseil et pour un ordre du jour déterminé.

En aucun cas, les autres pouvoirs du Président de la République ne peuvent faire l'objet d'une délégation.

Les obligations liées au mandat. — Les fonctions présidentielles sont incompatibles avec toute autre fonction publique, même élective. Par conséquent, dès son entrée en charge, le Président doit se démettre des mandats dont il est éventuellement investi. Lui sont également interdites les activités professionnelles privées dont on ne concevrait pas qu'elles puissent être exercées parallèlement à la première magistrature de l'État.

De plus, de même d'ailleurs que les membres du Parlement ou du Gouvernement, le Président de la République est directement concerné par la récente législation sur la transparence financière de la vie politique. Ainsi qu'on l'a déjà signalé, lorsqu'il confirme sa candidature, il doit déposer au Conseil constitutionnel une déclaration de l'état de son patrimoine. S'il est élu, cette déclaration est publiée au *Journal officiel*. À l'expiration de son mandat, le Président doit produire une nouvelle déclaration de patrimoine qui est également publiée. Le rapprochement de ces deux déclarations doit en principe permettre à chacun de vérifier que le Président n'a pas profité de ses fonctions pour s'enrichir (6).

Les services de la présidence. — Les crédits budgétaires affectés à la Présidence de la République permettent au chef de l'État de disposer d'environ 800 employés permanents. Parmi eux, on trouve une centaine de conseillers techniques ou chargés de mission dont le rôle consiste à informer le Président, à lui préparer des dossiers, ainsi qu'à maintenir

(6) Il n'existe cependant aucune certitude quant à l'absence d'enrichissement des membres de sa famille, ou quant à la sincérité de ces déclarations. Le système américain paraît à cet égard préférable. Au début de son mandat, le Président confie tous ses biens à un « *blind trust* », qui les gère sans recevoir de lui aucune instruction et sans lui communiquer aucune information.

des contacts avec les plus hauts responsables des ministères et des administrations.

Ces collaborateurs sont généralement répartis en plusieurs grands secteurs d'activité : par exemple les affaires économiques, les affaires diplomatiques, les affaires culturelles, etc. Mais ni la Constitution ni la loi ne fixe le découpage des services de la Présidence de la République. Chaque Président peut donc les organiser comme il l'entend.

La question de la responsabilité politique ou pénale du Président. — En politique, le pouvoir va généralement de pair avec la responsabilité.

Pourtant, malgré l'étendue des pouvoirs qu'elle attribue au chef de l'État, la Constitution définit de façon restrictive le champ de sa responsabilité.

Aux termes de l'article 68 C : « *Le Président de la République n'est responsable des actes accomplis dans l'exercice de ses fonctions qu'en cas de haute trahison. Il ne peut être mis en accusation que par les deux assemblées statuant par un vote identique au scrutin public et à la majorité absolue des membres les composant ; il est jugé par la Haute Cour de justice* ».

Ce texte confère au Président, pour la plupart des actes accomplis dans l'exercice de ses fonctions, une immunité presque totale. Il n'est ni politiquement ni pénalement (7) responsable des actes accomplis dans l'exercice de ses fonctions, hors le cas de haute trahison. Cette irresponsabilité est perpétuelle en ce sens qu'elle continue de produire ses effets après l'expiration du mandat.

En cas de haute trahison, le Président de la République bénéficie d'un privilège de juridiction, c'est-à-dire qu'il ne peut pas être jugé par les tribunaux ordinaires, mais seulement par une juridiction spéciale, la Haute Cour de justice (8). La notion de haute trahison n'est définie ni par la Constitution, ni par la loi, ni même par la jurisprudence car il n'existe aucun précédent en la matière. On admet généralement en

---

(7) Ainsi qu'il a déjà été indiqué, la distinction entre responsabilité politique et responsabilité pénale s'attache moins à la nature des actes qu'à la procédure employée et au type de sanction qui peut être infligé. La responsabilité politique est mise en œuvre par un simple vote émis par les citoyens ou leurs représentants. Elle ne peut aboutir qu'à la destitution du mandat. La responsabilité pénale suppose une procédure comportant une phase de mise en accusation et une phase de jugement. Elle peut aboutir non seulement à la destitution mais aussi au prononcé d'une peine (voir *supra*).

(8) La Haute Cour de justice ne doit pas être confondue avec la Cour de justice de la République, qui n'est compétente qu'à l'égard des membres du Gouvernement (voir *infra*).

doctrine que le Président se rendrait coupable de haute trahison s'il commettait une violation à la fois grave et délibérée de la Constitution, par exemple s'il se saisissait des pouvoirs exceptionnels de l'article 16 en vue de perpétrer un coup d'État.

La procédure applicable en cas de haute trahison est réglée par l'ordonnance du 2 janvier 1959 portant loi organique sur la Haute cour de justice. Les poursuites ne peuvent être déclenchées que par une résolution de mise en accusation qui doit être adoptée en termes identiques par les deux assemblées statuant à la majorité absolue des membres les composant. Contrairement à la procédure pénale de droit commun, ni l'autorité judiciaire, ni la victime ne peut en prendre l'initiative. Seul peut le faire un membre du Parlement en déposant une proposition de résolution. Mais pour que celle-ci soit soumise au vote de l'assemblée dont il fait partie, il faut qu'elle ait déjà recueilli les signatures d'au moins 10 % des membres de cette assemblée.

Si la résolution est adoptée en termes identiques par les deux assemblées, elle doit ensuite être transmise à une commission d'instruction composée de magistrats membres de la Cour de cassation. La tache de cette commission est de vérifier si les faits retenus contre le Président de la République sont bien établis mais non de contrôler s'ils peuvent être qualifiés de haute trahison car, sur ce dernier point, les parlementaires bénéficient d'un pouvoir d'appréciation entièrement discrétionnaire.

Si la commission d'instruction estime que les faits sont bien établis, le Président est alors renvoyé devant la Haute Cour de justice qui est composée de 24 juges : 12 députés élus par l'Assemblée nationale et 12 sénateurs élus par le Sénat.

La Haute Cour de justice prononcera la déchéance du Président si elle le juge coupable de haute trahison. Pourrait-elle prononcer également une peine d'amende ou d'emprisonnement ? Il y a doute sur ce point. On pense généralement qu'elle ne pourrait le faire que si les actes reprochés au Président correspondaient également à l'une des infractions prévues par le code pénal car sinon il y aurait violation du principe de la légalité des infractions, qui a valeur constitutionnelle puisqu'il est énoncé à l'article 8 de la DDHC de 1789.

L'article 68 ne prévoit expressément une dérogation au droit commun qu'en ce qui concerne les actes accomplis par le Président dans l'exercice de ses fonctions. *A contrario*, on pouvait être tenté d'en déduire que, en ce qui concerne les actes étrangers à l'exercice de ses fonctions (9),

(9) Les actes étrangers à l'exercice des fonctions peuvent être de deux sortes : d'une part, les actes accomplis par le Président avant le début de son mandat ; d'autre part, les actes accomplis pendant l'exercice du mandat mais dépourvus de tout lien avec celui-ci.

le Président de la République relevait du droit commun de la responsabilité pénale ou, en d'autres termes, qu'il ne bénéficiait ni d'une immunité ni même d'un privilège de juridiction. Tel était d'ailleurs, au moins jusqu'en 1999, l'opinion de la majorité de la doctrine.

Avant 1999, il n'y avait guère de jurisprudence sur cette question mais les rares décisions en la matière allaient plutôt dans le sens d'une interprétation restrictive de l'article 68, c'est-à-dire de l'idée que l'immunité ne couvrait que les actes accomplis dans l'exercice de la fonction. C'est ainsi qu'en décembre 1974, le Tribunal correctionnel de Paris ne s'était pas déclaré incompétent pour juger V. Giscard d'Estaing, qui avait été élu Président quelques mois auparavant et qui était poursuivi à la suite d'une plainte déposé par l'un de ses concurrents lui reprochant d'avoir fait procéder, durant la campagne, à des affichages illégaux. Le Tribunal a rejeté la plainte sur le fond mais il s'était reconnu compétent pour en connaître après avoir constaté que les faits étaient antérieurs à l'élection et qu'il ne s'agissait donc pas d'un acte accompli dans l'exercice des fonctions présidentielles (10).

Cependant, à l'époque, on avait accordé relativement peu d'attention à cette jurisprudence parce qu'il paraissait peu probable que le chef de l'État pût jamais être impliqué dans une affaire pénale vraiment sérieuse.

Mais vingt-cinq ans plus tard, les autorités judiciaires ne craignant plus de s'attaquer à des dossiers politiquement délicats, certains juges d'instruction envisageaient de convoquer comme témoin, ou de mettre en examen, le Président Jacques Chirac pour des affaires touchant à la gestion de la mairie de Paris. Ces affaires ne pouvaient avoir aucun lien avec les fonctions présidentielles puisqu'elles remontaient à une époque antérieure à l'élection de J. Chirac à la magistrature suprême. Si l'on interprétait l'article 68, comme on l'avait fait en 1974, une convocation pouvait être envisagée.

Mais dans une décision du 22 janvier 1999 relative au traité portant statut de la Cour pénale internationale, le Conseil constitutionnel a pris une position diamétralement opposée à celle qu'avait adoptée en 1974 le Tribunal correctionnel de Paris. Il a déclaré que, pendant la durée de ses fonctions, la responsabilité pénale du Président de la République ne pouvait être mise en cause que devant la Haute Cour de Justice, ce qui excluait toute possibilité de poursuites devant les juridictions répressives de droit commun, *même à raison d'actes dépourvus de tout lien avec l'exercice des fonctions présidentielles*.

En d'autres termes, le Conseil a interprété la deuxième phrase du premier alinéa de l'article 68 C : « *Il ne peut être mis en accusation...* »,

(10) *Dumont c/ Giscard d'Estaing*, 3 déc. 1974, *Gazette du Palais*, 1975, J, p. 315.

comme si elle s'appliquait à toutes poursuites de nature pénale, et pas seulement à celles intentées en cas de haute trahison (11).

La question qui avait été posée au Conseil constitutionnel ne portait pas directement sur l'article 68. Il avait été saisi dans le cadre de l'article 54 de la Constitution et on lui demandait seulement de dire si le traité sur la Cour pénale internationale, que la France n'avait pas encore ratifié, contenait des clauses contraires à la Constitution. Mais ce traité prévoyait la possibilité de poursuivre les responsables de certains crimes devant la Cour pénale internationale en précisant que la qualité de chef d'État ou de chef de Gouvernement ne pourrait pas faire obstacle à de telles poursuites. Avant de ratifier le traité, il fallait donc savoir si ce système n'était pas incompatible avec le statut constitutionnel du chef de l'État français, et c'est ce qui a conduit le Conseil constitutionnel à préciser le champ de l'article 68 (12).

La décision ne pouvait se déduire de la lettre même de l'article 68 et l'interprétation du Conseil constitutionnel semble découler de la nécessité de concilier le principe d'égalité, qui devrait conduire à soumettre le Président de la République au droit commun et donc à autoriser les poursuites pour des faits étrangers à ses fonctions, avec le souci de le protéger contre des poursuites, voire des condamnations, qui l'empêcheraient de remplir son mandat.

L'intérêt de la décision rendue par le Conseil constitutionnel à cette occasion ne se limitait évidemment pas à la question de la ratification du traité sur la Cour pénale internationale. Celle-ci a d'ailleurs été réglée par la révision constitutionnelle du 18 juillet 1999 qui a inséré dans la Constitution un article 53-2 autorisant la République à reconnaître la juridiction de la Cour pénale internationale. Mais, indépendamment de tout traité international, on pouvait se demander si les autorités judiciaires françaises n'étaient pas tenues de respecter l'interprétation que le Conseil constitutionnel avait donnée de l'article 68, et si elles ne devaient pas en conséquence renoncer à mettre en examen le Président de la République ou à le convoquer comme témoin assisté durant l'exercice de son mandat.

---

(11) Cette interprétation paraît contestable car l'article 68 C ne comporte qu'un seul alinéa qui forme un tout, et qui est centré sur la question de la haute trahison. Si les rédacteurs de la Constitution avaient voulu traiter des poursuites susceptibles d'être engagées en dehors du cas de la haute trahison, ils l'auraient probablement fait dans un second alinéa.

(12) La décision a cependant suscité de vives polémiques. On a laissé entendre que le Président du Conseil constitutionnel de l'époque, Roland Dumas, et le Président de la République, Jacques Chirac, tous deux menacés d'être mis en examen, se seraient prêtés mutuellement assistance (Voir l'article de Gérard Courtois, « Échanges de mauvais services », in *Le Monde* du 26 janvier 1999).

D'après l'article 62 C, les décisions du conseil constitutionnel *« s'imposent aux pouvoirs publics ainsi qu'à toutes les autorités administratives et judiciaires »*. On pouvait en déduire que tout juge d'instruction, en sa qualité d'autorité judiciaire, devait respecter le principe posé dans la décision du 22 janvier 1999. Il y avait cependant un doute car l'article 62 ne précise pas si les décisions du Conseil constitutionnel s'imposent chaque fois qu'un juge doit faire application d'un article de la Constitution que le Conseil a déjà interprété, ou seulement lorsque le texte dont le juge fait application est le même que celui à propos duquel le Conseil a dégagé cette interprétation. En d'autres termes : la décision du 22 janvier 1999 avait-elle l'autorité absolue de la chose jugée ou son autorité était-elle seulement relative aux litiges concernant l'application du traité sur la Cour pénale internationale ?

Par le jeu des recours successifs, la question est finalement remontée jusqu'à la cour suprême des juridictions judiciaires, la Cour de cassation qui a rendu, le 10 octobre 2001, un important arrêt de principe qui concerne, d'une part, la portée de l'article 62 C, c'est-à-dire la question de savoir si les décisions du Conseil constitutionnel ont une autorité absolue ou relative et, d'autre part, la question de fond, c'est-à-dire le statut pénal du Président de la République (13).

En ce qui concerne l'autorité des décisions du Conseil constitutionnel, la Cour de cassation a jugé que cette autorité était seulement relative et qu'elle ne s'appliquait donc pas aux procédures engagées contre Jacques Chirac puisque les poursuites étaient fondées sur le Code de procédure pénale français alors que la décision du 22 janvier 1999 avait trait au traité sur la Cour pénale internationale.

En ce qui concerne l'interprétation de l'article 68 de la Constitution, la Cour de cassation a confirmé la doctrine du Conseil constitutionnel sur le point le plus important, c'est-à-dire l'impossibilité, pour les magistrats judiciaires, de mettre en examen ou de citer comme témoin le Président de la République, pendant toute la durée de son mandat, même à raison d'actes complètement étrangers à ses fonctions (14).

Elle s'est cependant démarquée de la position prise par le Conseil constitutionnel sur deux points : d'abord elle estime que la Haute Cour de justice n'est compétente que pour les affaires de haute trahison et non pour les autres affaires pénales auxquelles le Président pourrait

---

(13) Cass. Ass. plénière, 10 oct. 2001, *Breisacher*.

(14) À lire la décision de la Cour, cette impossibilité résulte moins des termes mêmes de l'article 68, comme semble le penser le Conseil constitutionnel, que de l'esprit général des institutions : le Président est investi d'une mission trop importante pour qu'on prenne le risque de l'exposer à des tracas judiciaires pendant l'exercice de son mandat.

avoir été mêlé ; ensuite elle précise que les délais de prescription de l'action publique, qui sont de dix ans pour un crime et de trois ans pour un délit, cessent de courir pendant la durée du mandat présidentiel. De la sorte, le Président ne peut jamais échapper définitivement aux conséquences pénales des actes qu'il a accomplis en dehors de ses fonctions en profitant de sa réélection éventuelle, sauf bien entendu s'il décède en cours de mandat.

Cette jurisprudence du Conseil constitutionnel et de la Cour de cassation a été vivement critiquée : on a dit qu'elle aboutissait à mettre le Président de la République au dessus des lois, à le rendre complètement irresponsable aussi bien sur le plan politique que sur le plan pénal.

Toutefois, en pratique, l'irresponsabilité du Président est plus limitée qu'on ne le dit généralement.

Sur le plan politique, il peut arriver que sa responsabilité soit mise en jeu en dépit des dispositions de l'article 68.

Lorsque le général De Gaulle était Président de la République, il remettait son mandat en jeu chaque fois qu'il organisait un référendum en annonçant à l'avance qu'il démissionnerait au cas où les « non » l'emporteraient. Certes, cette forme de responsabilité n'avait pas été prévue par la Constitution mais elle n'en fonctionnait pas moins. On a pu le constater en avril 1969 car le général De Gaulle s'est effectivement retiré à la suite de l'échec de son dernier référendum. Mais cette responsabilité, dont l'initiative appartient à l'intéressé lui-même, paraît aujourd'hui très problématique, si le recours au référendum devient rare.

Il pourrait également arriver que le Parlement cherche à provoquer la démission du Président de la République par des voies détournées, sans suivre la procédure de la mise en accusation pour haute trahison.

Par exemple, sous la IIIe République, lorsque le Parlement voulait écarter un Président de la République, il refusait systématiquement la confiance à tous les Présidents du Conseil désignés par lui. Au bout de quelques temps, se trouvant dans l'impossibilité de constituer un gouvernement, le Président de la République était contraint à la démission, comme ce fut le cas de Jules Grévy en 1887 et d'Alexandre Millerand en 1920. Il ne paraît pas *a priori* exclu que, sous la Ve République, l'Assemblée nationale adopte un jour la même attitude. Toutefois, dans le cadre de l'actuelle Constitution, le Président est mieux armé pour faire face à une telle situation que ne l'étaient ses prédécesseurs. Il pourrait faire jouer l'arbitrage populaire en prononçant la dissolution de l'Assemblée nationale ou en démissionnant pour se représenter immédiatement. Mais si cet arbitrage lui était défavorable, le Président se retrouverait constitutionnellement désarmé, et il serait sans doute contraint de démissionner.

Une telle éventualité ne s'est encore jamais produite. Jusqu'à présent, même lorsque la majorité parlementaire n'était pas de la même couleur politique que le Président, elle a respecté son statut constitutionnel en s'abstenant d'exercer sur lui des pressions qui auraient pu le conduire à abréger son mandat. Mais rien permet d'affirmer qu'elle ne franchirait pas le pas si l'autorité du Président était ébranlée par une affaire particulièrement grave.

Il n'est pas non plus exclu que les assemblées, prenant au mot le Conseil constitutionnel, mettent le Président de la République en accusation pour haute trahison. Même si la procédure n'aboutissait pas à une condamnation, il est certain que la position du Président de la République serait gravement fragilisée.

Sur le plan pénal, il faut d'abord rappeler que l'irresponsabilité du Président est seulement temporaire. Dès le lendemain du jour où expire son mandat, il retombe sous le régime ordinaire de la responsabilité pénale. L'action de la justice est donc seulement retardée et la jurisprudence précitée de la Cour de cassation évite que l'impunité puisse être acquise par le biais de la prescription.

S'il apparaissait que le Président a commis un crime tellement odieux qu'il est moralement impossible de le laisser à la tête de l'État pour la durée restant à courir jusqu'à la fin de ce mandat, on pourrait peut-être l'écarter en utilisant soit la théorie du délit flagrant, soit la procédure de l'empêchement.

La théorie du délit flagrant est prévue par l'article 26 C qui traite des immunités parlementaires (voir *infra*). En substance, elle signifie que l'immunité ne fait plus obstacle au déclenchement des poursuites, ou à l'arrestation, lorsque l'infraction a été commise dans des conditions telle que sa réalité ne peut être sérieusement contestée par personne. Mais, à la différence de l'article 26, l'article 68 ne prévoit pas une telle exception, tout au moins de façon expresse.

La procédure de l'empêchement est prévue par l'article 7 de la Constitution. Il semble qu'elle ait été conçue en prévision d'un empêchement matériel tenant par exemple à l'état de santé du Président. Mais il n'est pas précisé à l'article 7 que l'empêchement doit être de nature matérielle et il n'est donc pas *a priori* impossible qu'elle soit un jour mise en œuvre pour faire constater par le Conseil constitutionnel l'existence d'un empêchement moral tenant à l'implication du Président dans une affaire pénale.

Le Président français n'est d'ailleurs pas le seul chef d'État républicain à bénéficier d'une protection contre les poursuites pénales. Au Portugal et en Grèce, par exemple, les poursuites sont suspendues pendant toute la durée du mandat, de même qu'en France. En ce qui concerne les États-Unis, certains Présidents, comme Bill Clinton, ont fait l'objet de poursuites pénales en cours de mandat, mais uniquement dans le cadre de la procédure de l'*Impeachment*, qui est l'équivalent de ce qu'on appelle en France la Haute trahison. Et bien qu'il n'y ait pas de jurisprudence sur ce point, la majorité des auteurs américains estime que le Président des États-Unis bénéficie en matière pénale de la même protection que son homologue français, c'est-à-dire qu'aucune action pénale devant les tribunaux ordinaires ne peut être mise en œuvre contre lui aussi longtemps qu'il est l'hôte de la Maison blanche (Hamon, 2002).

Après sa réélection, en juillet 2002, le Président Chirac a constitué une commission de réflexion sur le statut pénal du chef de l'État, dont la présidence était confiée au professeur Pierre Avril. Le rapport de la Commission Avril, publié en 2003, ne remet pas en cause l'essentiel des solutions dégagées par la jurisprudence du Conseil constitutionnel et de la Cour de cassation, c'est-à-dire l'impossibilité de poursuites pénales contre le Président devant les juridictions ordinaires, pendant la durée de son mandat.

Mais, d'une part, il propose d'étendre cette immunité à toutes les actions en justice, y compris les actions civiles. Le Président ne pourrait, « *durant son mandat et devant aucune juridiction ou autorité administrative française, être requis de témoigner non plus que de faire l'objet d'un acte d'information, d'instruction ou de poursuite* » (15).

D'autre part, il propose d'apporter à la procédure de mise en accusation un ensemble de modifications qui lui donnerait un caractère plus nettement politique et moins juridictionnel.

— L'organe de jugement ne serait plus la « Haute Cour de justice », composée de 12 députés et 12 sénateurs élus par leurs pairs, mais le « Parlement réuni en Haute Cour », qui comprendrait tous les membres des deux assemblées, et qui siégerait sous la présidence du Président de l'Assemblée nationale.

— La notion de « Haute trahison » serait remplacée par celle de « manquement » du Président « à ses devoirs manifestement incompatible avec l'exercice du mandat », qui n'est pas mieux définie mais qui n'a pas la même connotation pénale.

(15) À cet égard, le Président français bénéficierait d'une immunité plus étendue que le Président des EUA qui, d'après la jurisprudence de la Cour suprême, n'est pas protégé contre une action en dommages intérêts pendant la durée de son mandat. Voir Hamon, 2002, p. 65.

— Toute résolution de mise en accusation adoptée par l'une des deux assemblées serait immédiatement transmise à l'autre assemblée, qui devrait se prononcer dans les quinze jours.

— L'adoption d'une résolution de mise en accusation par les deux assemblées entraînerait l'empêchement immédiat du Président de la République jusqu'à la décision de la Haute Cour ou jusqu'à l'expiration du délai dont celle-ci dispose pour se prononcer (voir ci-dessous).

— La commission d'instruction chargée de contrôler l'exactitude matérielle des faits retenus par cette résolution serait supprimée. La Haute Cour devrait statuer dans un délai de deux mois.

— La Haute Cour ne pourrait que rejeter l'accusation ou prononcer la déchéance du mandat. La sanction serait donc purement politique. De plus, le Président déchu serait libre de se représenter, le dernier mot revenant ainsi au suffrage universel.

Robert Badinter, ancien Président du Conseil constitutionnel, a vivement critiqué ce projet qui, selon lui, permettrait au Parlement de destituer le Président pour des raisons purement politiques et partisanes (en cas, par exemple, de cohabitation entre un Président de gauche et une majorité de droite dans les deux assemblées). Le Président de la Commission de réflexion, Pierre Avril, a répondu que le Président destitué pourrait se représenter, s'il estimait qu'il l'avait été pour des raisons partisanes. Selon lui, l'éventualité de ce recours au suffrage universel constituerait le meilleur moyen de dissuader les parlementaires de mettre abusivement en cause la responsabilité du Président (16).

Toutefois, peut-être par crainte de relancer les polémiques relatives à la responsabilité présidentielle, le Parlement n'a été jusqu'à présent saisi d'aucun projet de révision constitutionnelle inspiré des propositions de la Commission Avril.

Sous-section 2
Les pouvoirs du Président

On examinera successivement les missions du Président, le détail de ses attributions et son rôle dans des circonstances exceptionnelles.

(16) Voir *Le Monde* des 12 et 22 juillet 2003.

§ 1. Les missions du Président

Elles sont définies par l'article 5 C, qui figure en tête du titre II.

« Le Président de la République veille au respect de la Constitution. Il assure, par son arbitrage, le fonctionnement régulier des pouvoirs publics, ainsi que la continuité de l'État. »

« Il est garant de l'indépendance nationale, de l'intégrité du territoire, et du respect des traités ».

Le Président gardien de la Constitution. — Cette première mission a sans doute aujourd'hui moins d'importance qu'on ne l'avait initialement prévu, en raison du développement du rôle joué par le Conseil constitutionnel (voir *infra*). Mais bien que le Président de la République ne soit pas lui-même juge constitutionnel, il participe à l'organisation et au fonctionnement de la justice constitutionnelle (nomination du Président du Conseil constitutionnel et de trois membres de cet organisme ; saisine du Conseil constitutionnel dans le cadre de l'article 61 al. 2 ou de l'article 54). De plus, pour les questions ne relevant pas de la compétence du Conseil constitutionnel, le Président peut être amené à interpréter lui-même la Constitution (voir *infra*). Ces interprétations s'imposent en fait aux autres pouvoirs publics et elles constituent des précédents. À cette mission se rattachent aussi au moins pour une part les pouvoirs de crise.

Le Président arbitre. — Il s'agit d'une notion assez ambiguë car le mot arbitre peut être pris dans un sens faible ou dans un sens fort. Au sens faible, arbitrer, c'est veiller à la régularité d'une compétition sans y participer soi-même, comme le fait par exemple un arbitre sportif. Au sens fort, c'est user de son autorité pour concilier des intérêts opposés ou même décider souverainement de quelque chose. L'idée d'arbitrage peut donc servir à justifier des conceptions différentes et même opposées du rôle du Président de la République ; si l'on choisit le sens faible, le chef de l'État doit s'abstenir de participer lui même à la décision politique, de même que l'arbitre sportif se tient en dehors de la compétition ; il doit seulement veiller à ce que le Parlement et le Gouvernement respectent bien la lettre et l'esprit de la Constitution ; si l'on privilégie au contraire le sens fort, le Président ne se borne pas à faire respecter la règle du jeu, il fixe lui-même les grandes orientations de la politique nationale et tranche en dernier ressort les affaires importantes.

Le Président garant des grands intérêts nationaux. — Cette mission souligne la spécificité du rôle du Président. Il a des responsabilités particulières en matière de défense nationale et de politique étrangère parce que, dans ces deux domaines, les intérêts supérieurs de la Nation sont en jeu. Il ne s'efface donc jamais complètement derrière le Premier ministre, même en période de cohabitation.

Au total, l'article 5 ne donne qu'une idée très générale et un peu vague du rôle du Président de la République. Mais d'autres dispositions de la Constitution définissent d'une manière beaucoup plus précise ses attributions.

§ 2. Les différentes attributions du Président de la République

Parmi les actes juridiques que peut édicter le Président de la République dans l'exercice de ses fonctions, on distingue deux grandes catégories : ceux qui doivent à peine de nullité être contresignés par le Premier ministre, et ceux qui échappent à cette obligation.

Sous la IIIe et la IVe Républiques, tous les actes accomplis par le Président dans l'exercice de ses fonctions devaient être contresignés par un ministre *sans aucune exception*, afin que le Parlement puisse exercer sur ces actes un contrôle sans mettre en cause la personne du chef de l'État.

Sous la Ve République, la règle subsiste mais elle a perdu son caractère absolu. L'article 19 précise bien que les actes du Président de la République sont contresignés par le Premier ministre et, le cas échéant, par les ministres responsables, mais sous réserve d'exceptions limitativement énumérées.

La liste des actes dispensés du contreseing définit l'étendue de ce qu'on appelle traditionnellement les « pouvoirs propres » du chef de l'État, c'est-à-dire ceux qu'il peut exercer sans l'accord formel du Premier ministre. Toutefois, ces pouvoirs ne peuvent pas toujours être exercés avec une totale liberté, car le Président est dans certains cas soumis à des contraintes politiques ou juridiques ; quant aux autres attributions, il s'agit de « pouvoirs partagés », dont l'usage nécessite au moins l'accord du Premier ministre.

Les actes dispensés du contreseing ou « pouvoirs propres ». — La liste de ces pouvoirs est assez courte. Elle comprend :

— La nomination du Premier ministre (art. 8 al. 1er).

— La dissolution de l'Assemblée nationale (art. 12).

— Les messages adressés par le Président de la République au Parlement (art. 18) (17). Il est précisé que ces messages, qui sont généralement lus à la tribune par le Président de chaque assemblée, ne doivent donner lieu à aucun débat. Hors session, le Parlement est réuni spécialement pour les entendre.

— La décision de soumettre un projet de loi au référendum dans le cadre de l'article 11 C (18). Dans ce cas particulier, il y a bien dispense du contreseing, mais c'est seulement la décision finale qui constitue un pouvoir propre. Le Président ne peut décider seul d'organiser un référendum et la proposition, ainsi qu'il a été dit au chapitre précédent, doit d'abord être faite au Président de la République soit par le Gouvernement, soit par les deux assemblées.

— Les actes par lesquels le Président de la République participe à l'organisation ou au fonctionnement de la justice constitutionnelle : nomination de trois membres du Conseil constitutionnel, désignation du Président du Conseil constitutionnel (art. 56) ; saisine du Conseil constitutionnel en vue de contrôler la conformité à la Constitution d'une loi (art. 61) ou d'un traité (art. 54).

— Les actes pris par le Président de la République en application de l'article 16 de la Constitution (voir *infra*).

Les actes soumis au contreseing ou « pouvoirs partagés ». — Ce sont tous ceux qui s'exercent par des actes pour lesquels l'article 19 ne prévoit pas la dispense du contreseing. Ils comprennent notamment :

— La nomination des ministres (art. 8 al. 2) ainsi que la nomination aux emplois civils et militaires de l'État (art. 13 al. 2).

— Les actes présidentiels qui interviennent dans le cadre de la procédure législative ordinaire (art. 10) : promulgation d'une loi ou renvoi de cette loi au Parlement assorti d'une demande de nouvelle délibération.

— Les actes présidentiels qui interviennent dans le cadre d'une procédure de révision constitutionnelle (art. 89) : dépôt d'un projet de révision

(17) La Constitution ne précise ni l'objet ni la périodicité de ces messages. Mais il est de tradition qu'un Président de la République nouvellement élu adresse un message au Parlement à la fois par courtoisie et pour exposer les grandes lignes de sa politique. Le droit de message peut également être utilisé pour commémorer un événement (message du 25 juin 1986 sur le 100e anniversaire de Robert Schuman), pour attirer l'attention sur un problème grave (message du 27 août 1990 sur la situation au Moyen-Orient) ou pour préciser certaines règles du jeu politique (message du 8 avril 1986 dans lequel F. Mitterrand a exposé sa conception des rapports entre les pouvoirs en période de cohabitation).

(18) En revanche, les référendums organisés dans le cadre de l'article 89 ou de l'article 88-5 ne sont pas dispensés du contreseing (voir *infra*).

constitutionnelle ; éventuellement décision de soumettre la loi de révision soit au référendum, soit au Parlement convoqué en Congrès.

— Les actes adoptés dans le cadre du Conseil des ministres : d'après l'article 13 al. 1 de la Constitution, le Président de la République *« signe les décrets et les ordonnances délibérés en Conseil des ministres »*. Mais comme ces actes ne sont pas dispensés du contreseing, ils doivent être également signés par le Premier ministre. Les décrets adoptés en Conseil des ministres portent généralement sur la nomination des très hauts fonctionnaires (conseillers d'État, préfets, recteurs, etc.). Quant aux ordonnances délibérées en Conseil des ministres, c'est un peu l'équivalent de ce que l'on appelait autrefois les « décrets-lois » : ce sont des actes pris en vertu d'une loi d'habilitation parlementaire qui autorise le Gouvernement à prendre, pendant un délai limité, des mesures qui sont normalement du domaine de la loi.

— Convocation et clôture des sessions extraordinaires du Parlement (art. 30).

— Actes accomplis par le Président dans la conduite des relations avec les puissances étrangères : accréditation des ambassadeurs et des envoyés extraordinaires (art. 14) ; négociation et ratification des traités (art. 52) (19).

— Actes accomplis par le Président en tant que chef des armées (art. 15). Les décisions les plus importantes concernant la défense nationale sont arrêtées en Conseil de défense. Ce Conseil, dont l'article 15 confie la présidence au chef de l'État, comprend en outre le Premier ministre, les ministres de la Défense et des Affaires étrangères, les autres ministres concernés par l'ordre du jour, le secrétaire général de la Défense nationale, les chefs d'État-major et le délégué général pour l'armement.

Toutefois, dans des circonstances graves, les décisions les plus lourdes de conséquences peuvent être prises par le chef de l'État sans consultation préalable d'aucun organisme et sans même le contreseing du Premier ministre : d'après le décret du 12 juin 1996 portant détermination des responsabilités concernant les forces nucléaires, l'engagement desdites forces relève de la compétence exclusive du Président de la République. Sur ce point, le décret de 1996 se borne d'ailleurs à confirmer, en la généralisant, une règle qu'un précédent décret du 14 janvier 1964 avait déjà posée en ce qui concerne l'engagement des « forces aériennes

(19) Le fait que ces actes ne soient pas dispensés du contreseing suffirait à démontrer que, d'un point de vue constitutionnel, contrairement à ce qui est parfois soutenu, la politique extérieure ne peut pas être considérée comme le domaine réservé du Président. Il convient aussi de noter que, d'après l'article 53 de la Constitution, les traités portant sur des matières de nature législative ne peuvent être ratifiés qu'en vertu d'une loi.

stratégiques », qui étaient les seules forces nucléaires existant à l'époque (Chantebout, 1986 ; Camby, 1996) (20).

— Les actes accomplis dans l'exercice du droit de grâce (art. 17).

— Les actes accomplis en tant que garant de l'indépendance de l'autorité judiciaire (art. 65 C) sous réserve de ce qui est prévu par le projet de réforme du statut constitutionnel de l'autorité judiciaire (voir *infra*).

Portée de la distinction. — En pratique, la distinction des pouvoirs propres et des pouvoirs partagés ne revêt pas toujours la même importance.

Quand il y a concordance entre la majorité présidentielle et la majorité parlementaire, selon les usages reconnus de la Ve République, le Gouvernement est chargé de mettre en œuvre les orientations décidées par le chef de l'État. Dans ces conditions, il serait extrêmement délicat pour un Premier ministre de refuser sa signature au Président, à moins qu'il ne lui présente en même temps sa démission. Le contreseing tend alors à devenir une simple formalité et l'influence réelle du Président de la République est sans commune mesure avec l'étendue de ses pouvoirs propres. Le Président peut même s'immiscer dans des attributions qui, selon la Constitution, appartiennent en propre au Gouvernement : par exemple, en ce qui concerne les arbitrages budgétaires entre les différents ministères, J. Chirac affirmait le 14 juillet 2004 qu'il ne pouvait y avoir aucun différend entre lui-même et le ministre des finances (N. Sarkozy) car : « Je décide et il exécute ».

Il en va tout à fait différemment en période de cohabitation : les attributions dispensées du contreseing sont alors les seules que le Président de la République peut exercer de façon totalement discrétionnaire, sans tenir compte de l'avis du Premier ministre et du Gouvernement.

En période de cohabitation, c'est le Premier ministre qui a l'initiative de la plupart des décisions politiques et il est donc souvent conduit à solliciter la signature du Président de la République pour exercer l'un

(20) L'article 19 n'ayant pas prévu d'exception à la règle du contreseing en matière de défense nationale, on peut évidemment se demander si l'engagement des forces nucléaires par le Président de la République sous sa seule responsabilité n'est pas contraire à la lettre même de la Constitution. On justifie généralement cette solution par des raisons d'ordre pratique : pour que la dissuasion nucléaire soit crédible, il faut que les forces sur lesquelles elle s'appuie puissent être mises en œuvre de façon presque instantanée, ce qui implique l'existence d'un décideur unique. Sur le plan juridique, on peut observer que des circonstances suffisamment graves pour justifier l'engagement des forces nucléaires autoriseraient probablement aussi la mise en application de l'article 16, qui a notamment pour effet de suspendre l'obligation de contreseing (voir *infra*).

des « pouvoirs partagés ». La question s'est posée de savoir si le Président était libre de la lui refuser. Est-il tenu par exemple de promulguer toutes les lois définitivement adoptées par le Parlement, de signer tous les projets d'ordonnances ou de décrets qui lui sont présentés en Conseil des ministres, ou encore de convoquer une session extraordinaire du Parlement chaque fois que le Premier ministre lui en fait la demande ?

Le texte même de la Constitution n'est pas très explicite sur ces points. De plus, comme les différends entre le Président de la République et le Premier ministre ne peuvent pas être soumis au Conseil constitutionnel, il n'est pas possible de se référer à une jurisprudence.

Mais il y a des usages bien établis car les deux seuls Présidents qui ont été jusqu'à présent confrontés à une situation de cohabitation, François Mitterrand et Jacques Chirac, ont adopté à peu près la même ligne de conduite. Et comme, selon l'article 5 C, le chef de l'État est chargé de « veiller au respect de la Constitution », de tels précédents bénéficient d'une certaine autorité, surtout dans la mesure où ils sont concordants.

François Mitterrand et Jacques Chirac se sont toujours interdit de refuser leur signature lorsqu'un tel refus aurait abouti à empêcher le Parlement de légiférer. Il en résulte : d'une part, que le Président de la République ne peut pas refuser l'inscription d'un projet de loi à l'ordre du jour du Conseil des ministres, car cela bloquerait le mécanisme de l'initiative législative (21) ; d'autre part, que le Président ne peut pas non plus refuser de promulguer une loi définitivement adoptée par le Parlement si cette loi n'a pas été invalidée par le Conseil constitutionnel. L'inscription des projets de loi à l'ordre du jour du Conseil des ministres et la promulgation des lois définitivement adoptées correspondent donc à une sorte de « service minimum » que le Président doit assurer même en période de cohabitation.

En ce qui concerne les autres pouvoirs partagés, qui ne mettent pas en cause directement l'exercice du pouvoir législatif, ni F. Mitterrand ni J. Chirac n'a pratiqué une obstruction systématique mais ils se sont l'un et l'autre reconnu un certain pouvoir d'appréciation. Il est arrivé par exemple au Président de refuser de signer un projet d'ordonnance que le Gouvernement voulait faire adopter en Conseil des ministres, ou de discuter l'ordre du jour d'une session extraordinaire du Parlement que le Premier ministre lui demandait de convoquer. Il lui est également arrivé de refuser certaines nominations auxquelles voulait procéder le

(21) Ainsi Jacques Chirac a-t-il finalement accepté en 2001 d'inscrire le projet du statut de la Corse à l'ordre du jour d'un Conseil des ministres, bien qu'il considérât ce projet comme politiquement inopportun et même probablement inconstitutionnel. Un projet de loi non délibéré en Conseil des ministres ne pourrait pas être examiné par le Parlement (voir l'article 40 C).

Gouvernement. Grâce aux pouvoirs partagés, le Président de la République peut donc, en période de cohabitation, gêner ou ralentir l'action du Gouvernement.

Les risques d'affrontement entre les deux têtes de l'exécutif sont d'ailleurs limités si, comme cela s'est toujours vérifié jusqu'à présent, le Premier ministre envisage d'être candidat à la Présidence de la République. Le désir d'affirmer ses prérogatives face au chef de l'État est alors balancé par le souci de préserver une fonction qu'il espère exercer.

En période normale, le rôle du Président de la République est déjà fort important, surtout lorsqu'il bénéficie de l'appui de la majorité parlementaire. Mais dans certaines circonstances exceptionnelles, on peut assister à une extension considérable de ses pouvoirs.

§ 3. L'extension des pouvoirs présidentiels en cas de circonstances exceptionnelles (art. 16)

L'origine de l'article 16 est liée aux événements de la Deuxième Guerre mondiale, et plus particulièrement à ceux de juin 1940. Le territoire français métropolitain était alors envahi dans sa majeure partie par les armées allemandes. Il semble que le Président de la République de l'époque, Albert Lebrun, et le Président du Conseil, Paul Reynaud, aient eu un moment des velléités de poursuivre la lutte en se repliant à Londres ou à Alger avec les ministres et les parlementaires qui auraient bien voulu les suivre. Mais ils ne l'ont pas fait et ils ont expliqué par la suite que, s'ils y avaient finalement renoncé, c'était parce que la Constitution de la IIIe République ne leur donnait pas les pouvoirs qui eussent été nécessaires (22).

Le général De Gaulle a créé à Londres un Gouvernement de la France Libre mais il n'avait alors aucun titre constitutionnel pour le faire et c'est pourquoi il lui a été difficile de faire admettre la légitimité de la France Libre par les gouvernements étrangers et par l'opinion française elle même. L'idée qui a inspiré l'article 16 c'est que si la France se retrouvait un jour, comme en juin 1940, dans des circonstances dramatiques (invasion étrangère, guerre civile, attaque nucléaire, etc.), il fallait que le Président de la République — garant de l'indépendance nationale, de l'intégrité du territoire et des traités (art. 5) — dispose de pouvoirs

---

(22) Voir sur ce point les déclarations qu'a faites le général De Gaulle devant le Comité consultatif constitutionnel le 8 août 1958 in *Documents pour servir...*, Vol. II, p. 300.

suffisamment étendus pour faire face à toute éventualité sans qu'on puisse lui reprocher de sortir de la légalité constitutionnelle.

Dans le cadre de l'article 16, le Président de la République exerce la fonction d'un dictateur non pas au sens vulgaire et péjoratif du terme, mais plutôt au sens de l'antiquité romaine. Dans l'antiquité romaine, le dictateur était un magistrat auquel on accordait pendant quelques mois des pouvoirs pratiquement illimités, non pas pour détruire les institutions mais au contraire pour tenter de les sauver.

Comme l'article 16 a été conçu pour faire face à des circonstances exceptionnelles, et que, par définition, ce qui est exceptionnel défie toute tentative de prévision, il est rédigé en des termes très larges qui sont susceptibles de s'adapter à des circonstances extrêmement variées. Il soulève donc de nombreux problèmes d'interprétation et ces problèmes ne pourraient être résolus qu'à l'aide de précédents. Mais il y a encore peu de précédents. Depuis l'entrée en vigueur de la Constitution de 1958, l'article 16 n'a été mis en application qu'une seule fois : en avril 1961, lorsque les généraux qui commandaient le corps expéditionnaire d'Algérie ont cessé d'obéir aux ordres de Paris et ont créé à Alger un gouvernement insurrectionnel pour protester contre les négociations engagées avec les chefs du mouvement nationaliste algérien. Bien que ce putsch se fût effondré au bout de quelques jours, l'article 16 a été maintenu en application pendant plusieurs mois, jusqu'au 29 septembre 1961.

À quelles conditions l'application de l'article 16 est-elle subordonnée ? Quelles sont les conséquences de sa mise en application ?

Les conditions d'application de l'article 16. — Deux conditions sont nécessaires : il faut, d'une part, que les institutions de la République, l'indépendance de la Nation, l'intégrité de son territoire ou l'exécution de ses engagements internationaux soient menacés d'une manière grave et immédiate ; il faut, d'autre part, que le fonctionnement régulier des pouvoirs publics constitutionnels soit interrompu.

Ces deux conditions ne sont pas alternatives mais cumulatives. Elles doivent donc être simultanément vérifiées. Elles ne sont d'ailleurs pas de même nature. La première suppose seulement l'existence d'un trouble potentiel : il faut qu'il y ait une menace grave et immédiate... mais on n'exige pas que cette menace soit en cours de réalisation. Au contraire, la seconde condition suppose l'existence d'un trouble actuel et non pas seulement potentiel : il faut que le fonctionnement régulier des pouvoirs publics constitutionnels ait déjà été affecté, il ne suffit pas qu'une menace pèse sur ce fonctionnement.

En avril 1961, le général De Gaulle, conformément à l'avis du Conseil constitutionnel, a estimé que ces deux conditions étaient réunies. En ce qui concerne la première condition, il n'y avait guère de contestation possible : un pouvoir insurrectionnel s'était établi à Alger, et ce pouvoir se proposait ouvertement de renverser les autorités constitutionnelles ; il y avait donc indiscutablement une menace grave et immédiate sur les institutions de la République. En ce qui concerne la seconde condition, les choses étaient un peu moins nettes : Paris n'avait pas été atteint par la rébellion, et les principaux organes (Président, Gouvernement, Parlement, Conseil constitutionnel) étaient toujours en place. Le général De Gaulle et le Conseil constitutionnel ont néanmoins estimé qu'il y avait bien interruption du fonctionnement régulier des pouvoirs publics parce que, même si ces pouvoirs n'étaient pas matériellement empêchés de prendre des décisions, les départements algériens, qui constituaient encore à cette époque une fraction relativement importante du territoire national, échappaient totalement à leur autorité. De plus, l'un des membres du Gouvernement était retenu prisonnier par les rebelles à Alger.

Pour que le fonctionnement régulier des pouvoirs publics constitutionnels soit considéré comme interrompu (au sens de l'article 16), il n'est donc pas nécessaire que les centres de décision soient paralysés, il suffit qu'une partie relativement importante du territoire ne puisse plus être contrôlée par les autorités légales.

Une chose est de définir, comme nous venons de le faire, les conditions d'application de l'article 16. Autre chose est de déterminer l'autorité compétente pour décider si, dans telles ou telles circonstances, ces conditions sont effectivement réunies. Cette autorité, c'est le Président de la République lui-même. Il peut seul décider la mise en application de l'article 16 et il s'agit là d'un pouvoir propre, qui n'est pas soumis à l'obligation du contreseing (23).

Avant de mettre en application l'article 16, le Président de la République doit néanmoins accomplir certaines formalités.

Il doit d'abord consulter le Premier ministre, les Présidents des deux assemblées parlementaires ainsi que le Conseil constitutionnel. Ce ne sont que de simples avis et juridiquement, le Président de la République reste entièrement maître de sa décision. Mais ces avis ont évidemment un certain poids politique, d'autant plus que celui du Conseil constitutionnel est publié.

---

(23) C'est pourquoi, on peut dire que le Président de la République est souverain au sens de Carl Schmitt, car il décide « sur les circonstances exceptionnelles ». Il décide en effet seul que les circonstances sont exceptionnelles et qu'il lui faut se saisir des pouvoirs de crise ; d'autre part, il décide seul de ce qu'il convient de faire pour faire face à ces circonstances. Voir Schmitt, 1993.

On s'est parfois demandé si l'obligation faite au Président de la République de recueillir ces différents avis n'était pas en contradiction avec l'une des conditions de fond de la mise en application de l'article 16 : l'interruption du fonctionnement régulier des pouvoirs publics constitutionnels. En effet, pour que les avis puissent être recueillis, il faut que les autorités concernées, Premier ministre, Présidents des assemblées, Conseil constitutionnel soient encore saisissables. Mais il n'y a pas vraiment contradiction sur ce point puisque, ainsi que nous l'avons vu, l'interruption du fonctionnement régulier des pouvoirs publics ne suppose pas nécessairement la paralysie des centres de décision. S'il était matériellement impossible de procéder à ces consultations, le Président de la République pourrait d'ailleurs considérer que la force majeure le dispense d'accomplir les formalités prévues par l'article 16.

Après avoir recueilli tous ces avis, le Président de la République, s'il persiste dans son intention de mettre en application l'article 16, doit en informer la Nation par un message.

Conséquences de la mise en application de l'article 16. — Elle entraîne un véritable bouleversement des compétences.

Aux termes de l'article 16, le Président de la République peut prendre toutes *« les mesures exigées par ces circonstances »*, c'est-à-dire par les événements qui justifient d'y recourir. L'expression est impressionnante par sa généralité. Elle autorise le Président de la République à prendre des mesures qui, en temps normal, ne relèvent absolument pas de sa compétence. Elle lui permet de se substituer au Gouvernement, au Parlement ou même à l'autorité judiciaire. Il pourrait fort bien, par exemple, s'il l'estimait nécessaire, limiter la liberté d'expression en instituant pour la presse un régime de censure ; limiter la liberté individuelle en prévoyant des mesures d'internement administratif ou d'assignation à résidence ; suspendre les garanties des fonctionnaires afin de révoquer ou de mettre en disponibilité d'office ceux dont la loyauté ne lui paraîtrait pas suffisamment garantie.

Toutes ces mesures sont prises dans le cadre des pouvoirs propres du Président de la République. Elles ne nécessitent donc pas le contreseing du Premier ministre. Une seule formalité est prévue par l'article 16 : le Conseil constitutionnel doit être consulté au sujet de chacune des décisions du Président. Mais il ne s'agit que d'un simple avis et le Président de la République n'est pas obligé d'en tenir compte. De plus, alors que l'avis donné par le Conseil constitutionnel sur la décision initiale de mettre en application l'article 16 est publié, ce qui lui confère tout de même un certain poids, les avis recueillis sur les mesures que le Président prendra par la suite peuvent fort bien rester secrets, leur publication n'étant prescrite ni par la Constitution, ni par la loi organique relative au Conseil constitutionnel. L'opinion publique ne sera donc pas même informée des réserves éventuellement formulées par le Conseil constitutionnel dans ses avis, et il sera relativement facile au Président de passer outre.

Les pouvoirs dont dispose le Président de la République dans le cadre de l'article 16 sont cependant doublement limités quant à leur objet.

En premier lieu, tant que l'article 16 est en application, le Président de la République ne peut plus faire usage de son droit de dissolution. Il est en effet précisé, au dernier alinéa de l'article 16, que *« l'Assemblée nationale ne peut être dissoute pendant l'exercice des pouvoirs exceptionnels »*. Sur ce point particulier, les pouvoirs du Président de la République sont donc restreints par rapport à ce qu'ils sont en période normale.

En second lieu, aux termes de l'article 16 al. 3, toutes les mesures prises par le Président de la République *« doivent être inspirées par la volonté d'assurer aux pouvoirs publics constitutionnels, dans les moindres délais, les moyens d'accomplir leur mission »*. En principe, les pouvoirs exceptionnels sont donc assujettis à une stricte finalité : ils doivent être utilisés en vue de rétablir le plus rapidement possible l'état de choses antérieur, comme c'était le cas de la dictature romaine. Si cette finalité laisse au Président de la République une marge d'appréciation importante, car il reste libre quant au choix des moyens à utiliser pour revenir à la normale, elle lui interdit, semble-t-il, de modifier la Constitution, tout au moins à titre permanent (24). Une telle modification rendrait en effet impossible le retour à l'ordre constitutionnel préexistant.

La mise en application de l'article 16 soulève différents problèmes qui, malgré le précédent de 1961, n'ont pas encore pu être résolus d'une manière tout à fait satisfaisante :

1° Quelles sont les relations entre le Parlement, le Gouvernement et le Président de la République durant l'exercice des pouvoirs exceptionnels ? L'article 16 précise que : *« Le parlement se réunit de plein droit »*. S'il n'est pas en session normale, le Parlement peut donc se réunir immédiatement, dès l'annonce de la mise en application de l'article 16, sans avoir besoin d'être convoqué par décret du Président de la Républi-

(24) Mais il n'est pas exclu qu'il puisse la modifier à titre temporaire, en déclarant que certaines garanties constitutionnelles sont momentanément suspendues. Ainsi le général De Gaulle a-t-il décidé en 1961 de suspendre l'inamovibilité des magistrats du siège, qui est prévue par l'article 64 de la Constitution.

que. C'est une garantie importante, car si le Président de la République faisait un usage manifestement abusif de l'article 16, le Parlement pourrait le mettre en accusation pour haute trahison (voir *supra*).

Mais, en laissant de côté l'hypothèse de la haute trahison, la question se pose de savoir si le Parlement continue d'exercer la totalité des attributions dont il dispose en période normale : peut-il légiférer ? (voir *infra*, chapitre III, la législation présidentielle). Peut-il renverser le Gouvernement ? (voir *infra*, le contrôle parlementaire en période de crise).

2° De quels recours les citoyens disposent-ils s'ils sont lésés dans leurs intérêts par une décision prise en application de l'article 16 ? Ces décisions doivent-elles être considérées comme caduques dès qu'il a été mis fin à l'application de l'article 16 ? (voir *infra*, Chapitre 3, la législation présidentielle).

3° Si la Constitution indique de façon relativement précise dans quelles circonstances l'article 16 peut être mis en application (voir *supra*), elle ne prescrit pas comment cette application doit prendre fin. Selon une partie de la doctrine, il devrait être mis fin à l'application de l'article 16 dès que les circonstances qui justifiaient d'y recourir ne sont plus réunies. Mais ce n'est pas ce qui a été fait en 1961 : l'article 16 a été maintenu en application pendant 5 mois, jusqu'au 29 septembre 1961, alors que la rébellion militaire avait été matée dès le 25 avril. De plus, certaines mesures prises en application de l'article 16 antérieurement au 29 septembre 1961 ont été maintenues en vigueur par le Président de la République jusqu'en juillet 1962.

Une telle prolongation pouvait peut-être se justifier par des motifs d'opportunité, car la rébellion militaire paraissait encore susceptible de rebondir (25). Mais le fait que la durée de l'application de l'article 16 soit laissée à l'entière discrétion du Président de la République est évidemment dangereux.

C'est pourquoi, dans son rapport de 1993, le comité Vedel a proposé d'ajouter à l'article 16 un alinéa qui préciserait que le Conseil constitutionnel peut être saisi soit par le Président de la République, soit conjointement par le Président de l'Assemblée nationale et le Président du Sénat. Le Conseil constitutionnel pourrait alors constater que les conditions exigées pour l'application de l'article 16 ne sont plus réunies. Quant aux mesures prises par le Président de la République en application

---

(25) Comme l'a écrit à l'époque un commentateur : « ... on ne peut retirer les pompiers dès que le feu semble éteint : il faut les maintenir quelque temps en place pour vérifier que le feu ne risque pas de reprendre et pour anéantir les foyers qui couvent encore sous la cendre, mais pas plus longtemps » (M. Duverger, in *Le Monde* du 5 mai 1961).

de l'article 16, elles pourraient continuer d'être mises en œuvre pendant un délai maximum fixé pour chacune d'elles par le Conseil constitutionnel (26).

Bibliographie

AA VV. (2000) Numéro spécial « quinquennat », *RDP*, n° 4.

AA VV. (2002), « La responsabilité pénale du Président de la République », *RFDC* n° 49.

ALBERTINI P. & SICART I. (2001), *Histoire du septennat, 1873-2000*, Paris, Economica.

ALIOT L. (2003), *L'élection du Président de la cinquième République au suffrage universel*, Paris, F.-X. de Guibert.

BADINTER R. (1999), « La responsabilité du Président de la République sous la Ve République », in *Mélanges Patrice Gélard*, Montchrestien p. 151 et s.

BIGAUT C. (2004), *Le Président de la Ve République*, Paris, La Documentation française.

CAILLE P.-O. (2002), *L'inviolabilité pénale du chef de l'État sous la Ve République*, Th. Lille II.

CAMBY J.-P. (1996), « Un nouveau décret sur l'engagement des forces nucléaires », *RDP*, pp. 1237-1243.

CAMY O. (1996), « Le chef de l'État est-il souverain sous la Ve République ? », *RFDC*, pp. 3-20.

CAPITANT R. (1972), *Démocratie et participation politique*, Paris, Bordas.

CHABAL P. et FRAISSEIX P. (1996), « Déclin et renouveau de la présidence française dans le contexte de l'élection de 1995 », *RFDC*, pp. 35-71.

CHAGNOLLAUD D. (2001), « La Cour de cassation et la responsabilité pénale du Chef de l'État ou les dominos constitutionnels », *RDP*, p. 1613 et s.

(26) Dans le projet de révision de la Constitution qu'il a déposé en mars 1993, le Président Mitterrand n'a pas suivi sur ce point les recommandations du rapport Vedel : il a proposé la suppression pure et simple de l'article 16.

CHANNET A. (2004), *La responsabilité du Président de la République*, Paris, L'Harmattan.

CHANTEBOUT B.
(1986), « La dissuasion nucléaire et le pouvoir présidentiel », *Pouvoirs*, n° 38, p. 21.
(2003) « Le Président de la République Chef des armées », in *L'esprit des institutions, l'équilibre des pouvoirs, Mélanges en l'honneur de Pierre Pactet*, Dalloz p. 569 s.

COHEN S. (1986), « Monarchie nucléaire, dyarchie conventionnelle », *Pouvoirs*, n° 38, p. 13.

COHENDET M.-A.
(1993), *La cohabitation, leçons d'une expérience*, Paris, PUF.
(2002), *Le Président de la République*, Paris, Dalloz.

COMMISSION AVRIL (2003), *Le statut pénal du Président de la République*, Paris, La Documentation française.

CONAC G., LUCHAIRE Fr. (1999), *Le droit constitutionnel de la cohabitation. Bilan juridique d'une expérience politique, 23 mars 1986-8 mai 1988*, Paris, Economica.

DAUGERON B. (2004), « La cohabitation et ses faux-semblants : réflexions sur le présidentialisme minoritaire », *RDP*, p. 67 et s.

DAVID Fr. (2004), « Le Président de la République, garant de la cohésion sociale », *RFDC*, p. 533 et s.

DENQUIN J.-M. (1975), « La durée du mandat présidentiel », *RDP*, p. 1359.

FONTAINE A. (1987), « Diplomatie française : l'épreuve de la cohabitation », *Politique internationale*, n° 35, p. 53.

FRANÇOIS B. (2000), *Quinquennat. Conséquences politiques*, Paris, Economica.

GEORGEL J. (1998), *Marianne et ses amants : (1958-1998) : de Charles le singulier à Jacques le dissolvant*, Paris, Apogée.

GISCARD D'ESTAING V.
(1988), *Le pouvoir et la vie*, Paris, Compagnie douze.
(1991), *L'affrontement*, Paris, Compagnie douze.

GODFRIN Ph. (1969), *La suppléance du Président de la République*, *Dalloz*, Chron. 2, p. 167.

GOUAUD C. (1996), *La cohabitation*, Paris, Ellipses-Marketing.

GUETTIER Chr. (1995), *Le Président de la Ve République*, Paris, Que sais-je ?, PUF.

GUETTIER Chr., LE DIVELLEC A. (2003), *La responsabilité pénale du Président de la République*, Paris, L'Harmattan.

HAMON F. (2002) « À propos du statut pénal du Chef de l'État : convergences et divergences entre le Conseil constitutionnel et la Cour de cassation », *Revue de Science criminelle et de droit pénal comparé*, p. 59-70.

LACROIX B. et LAGROYE J. (1992), *Le Président de la République : Usages et genèses d'une institution*, Paris, Presses de la FNSP.

LE GALL J. (1997), *Les institutions de la Ve République à l'épreuve de l'alternance : la présidence de François Mitterrand*, Paris, LGDJ.

LONG M. (2003), « Le statut pénal du Président de la République », *RFDC*, p. 871.

LUCHAIRE F. et CONAC G. (1987), *La Constitution de la République française*, Paris, Economica.

MASSOT J. (1997), *Alternance et cohabitation*, Paris, La Documentation française.

MERLEY N. (1997), « Le chef de l'État et l'autorité judiciaire sous la cinquième République », *RDP*, p. 701.

Revue *Pouvoirs*
(1979), « Les pouvoirs de crise », n° 10.
(1987), « Le Président », n° 41.

PRÉTOT X. (2001), « Quand la Cour de cassation donne une leçon de droit au Conseil constitutionnel. À propos de la responsabilité pénale du Président de la République », *RDP*, p. 1625 et s.

RDP (2003), Dossier spécial : « Statut pénal du chef de l'État », p. 53 et s.

RICHIR I.
(1998), *Le Président de la République et le Conseil constitutionnel*, Paris, PUF.
(1999), « Le chef de l'État et le juge constitutionnel, gardiens de la Constitution », *RDP*, pp. 1047-1066.

SAINT-BONNET F. (2001), *L'état d'exception*, Paris, PUF.

SCHMITT C. (1993), *Théorie de la Constitution*, Paris, PUF.

SELLIN Th. (2003), *Le domaine réservé du Président de la Ve République, chef des armées (1981-2002)*, Th. Université de Bretagne occidentale.

VANDENDRIESSCHE X. (1996), « L'apport du Président Mitterrand au droit constitutionnel de la Ve République », *RDP*, pp. 637-701.

YOLKA Ph. (1999), « Le pouvoir de nomination du chef de l'État sous la Cinquième République », *RDP*, n° 3, p. 719.

ZARKA J.-C.
(1992), *Fonction présidentielle et problématique majorité présidentielle-majorité parlementaire sous la Cinquième République : 1986-1992*, Paris, LGDJ.
(1994), *Le Président de la Ve République*, Paris, Ellipses.
ZOLLER E. (1992), *Droit des relations extérieures*, Paris, PUF.

Section 2
Le Gouvernement

La Constitution est brève sur le Gouvernement, dont elle traite dans les quatre articles de son titre III. Ils suffisent cependant pour marquer un changement notable par rapport à ce qu'était la situation sous la IVe République (Massot, 1993 ; Fournier, 1987).

§ 1. L'organisation du Gouvernement

A Nomination et révocation des membres du Gouvernement

Les règles relatives à la nomination et à la révocation des membres du Gouvernement sont fixées par l'article 8 C :

« Le Président de la République nomme le Premier ministre. Il met fin à ses fonctions sur la présentation par celui-ci de la démission du Gouvernement ».

« Sur la proposition du Premier ministre, il nomme les autres membres du Gouvernement et met fin à leurs fonctions ».

Confirmation de l'institution du Premier ministre. — L'évolution qui se dessina sous la IIIe République et que la Constitution de 1946 avait sanctionnée est confirmée par les règles de 1958 : le Premier ministre a une existence constitutionnelle et son autorité au sein du cabinet est expressément reconnue. Sans doute, il cesse d'être qualifié de Président du Conseil puisque cette fonction appartient au Président de la République, mais du moins, il n'est pas vis-à-vis des autres ministres, simplement *primus inter pares* : il a des compétences propres.

Nomination des membres du Gouvernement. — Dans la plupart des régimes parlementaires, le Gouvernement émane du Parlement. Il en va autrement sous la Ve République en dehors des périodes de cohabitation. En effet, c'est le Président de la République qui *nomme* le Premier ministre et, sur la proposition de celui-ci, les autres membres du Gouvernement. Sans doute le Président de la République tient compte dans son choix de la situation parlementaire, mais c'est là une question d'opportunité à laquelle il répond librement. Il dispose toujours d'un choix réel car en France, contrairement à ce qui se passe par exemple en Grande-Bretagne, on ne trouve généralement pas, à la tête de la majorité parlementaire, un leader unique et incontesté. On peut d'ailleurs considérer que c'est le Président qui est le véritable chef de la majorité. D'après l'esprit du régime, c'est donc essentiellement du chef de l'État que procède le Gouvernement et le Président n'est donc même pas obligé de choisir son Premier ministre parmi les membres importants de la majorité parlementaire. C'est ainsi que G. Pompidou en avril 1962, R. Barre en août 1976, J.-P. Raffarin en avril 2002, et Dominique de Villepin en juin 2005 ont été nommés à Matignon alors qu'ils n'étaient pas à la tête d'un parti, et que (à l'exception de J.-P. Raffarin) ils n'avaient même jamais été titulaires d'un mandat parlementaire. En Grande-Bretagne, seul le leader du parti majoritaire a vocation à devenir Premier ministre. En France, cette relation est parfois inversée. C'est parce qu'une personnalité a été désignée comme Premier ministre qu'elle fait ensuite figure de leader. Tel a été notamment le cas de G. Pompidou et de R. Barre.

En période de cohabitation, la situation est évidemment différente. Sous peine de provoquer une crise grave, le Président peut être obligé de choisir comme Premier ministre une personnalité qui l'a combattu dans le passé, et qui le combattra sans doute encore dans l'avenir. Mais on ne saurait affirmer pour autant que son rôle dans la formation du Gouvernement est purement formel. En effet, la nomination de chaque membre du Gouvernement nécessite l'accord du Premier ministre et du Président. Il y a donc place pour des négociations, surtout lorsqu'il s'agit de pourvoir les postes ministériels concernant les secteurs d'activité sur lesquels le chef de l'État estime avoir un droit de regard particulier : Affaires étrangères, Défense nationale, etc.

Rôle du Parlement. La querelle de l'art. 49 al. 1. — Le Gouvernement existe juridiquement dès sa nomination sans avoir besoin d'avoir reçu une investiture de l'Assemblée nationale ou d'avoir fait l'objet d'un vote de confiance de sa part.

Cependant comme le Gouvernement a besoin, pour agir, de la confiance de l'Assemblée, il pourrait sembler souhaitable que, dès sa formation, il demande un vote de celle-ci conformément à l'article 49 qui dispose que *« le Premier ministre, après délibération du Conseil des ministres engage devant l'Assemblée nationale la responsabilité du Gouvernement sur son programme »*. Une partie de la doctrine a même soutenu qu'une telle démarche serait juridiquement obligatoire. On peut évidemment invoquer en ce sens la tradition parlementaire française antérieure à 1958 car, sous la IIIe et la IVe Républiques, la formation d'un nouveau Gouvernement devait toujours être sanctionnée par un vote de confiance. Mais l'argument n'est pas convaincant dans la mesure ou précisément, sur bien des points, la Constitution de 1958 marquait une volonté de rupture par rapport à la tradition antérieure. Il est vrai que les termes utilisés dans l'article 49 al. 1 pourraient donner le sentiment d'une obligation puisqu'il est dit que le Premier ministre « engage » la responsabilité du Gouvernement et non pas simplement qu'il « peut l'engager ». Mais le texte ne précise pas à quel moment doit se situer cet engagement. De plus, l'article 49 al. 1 subordonne l'engagement de responsabilité à une délibération du Conseil des ministres. Or, s'il y a lieu de délibérer, c'est que le déclenchement de la procédure n'est jamais complètement automatique.

En sens inverse, on peut invoquer l'esprit du parlementarisme rationalisé, auquel se rattache la Constitution de 1958 : étant présumé avoir la confiance du Parlement, le Gouvernement n'est pas tenu d'en faire la démonstration. La procédure de la question de confiance est donc à son égard facultative.

C'est effectivement dans cet esprit que la Constitution a été appliquée. Le recours à l'article 49 al. 1 a toujours été considéré comme une question d'opportunité politique que le Premier ministre apprécie librement. Aussi la pratique est-elle extrêmement fluctuante. Parmi les gouvernements qui se sont succédé depuis les débuts de la Ve République, certains, comme le gouvernement Villepin, formé en mai 2005, ont sollicité quelques jours plus tard un vote de confiance de l'Assemblée nationale, d'autres, comme le Gouvernement Rocard formé le 10 mai 1988, ont attendu (27) un ou deux ans avant de le faire ; d'autres enfin, comme le Gouvernement Édith Cresson formé le 15 mai 1991, n'ont jamais eu recours à l'article 49 al. 1.

(27) Le Gouvernement Rocard a engagé sa responsabilité devant l'Assemblée nationale le 16 janvier 1991, à propos de la crise du Golfe consécutive à l'invasion du Koweit par l'armée irakienne.

Il convient de noter que, selon la procédure de l'article 49 al. 1, la confiance peut être refusée au Gouvernement à la majorité simple, alors qu'une motion de censure (art. 49 al. 2 et 3) ne peut être adoptée qu'à la majorité absolue des députés composant l'Assemblée nationale. Un gouvernement qui n'est pas très sûr de son soutien parlementaire n'a donc pas intérêt à déclencher l'application de cette procédure.

En vue de renforcer les pouvoirs généraux du Parlement, le Comité Consultatif pour la révision de la Constitution (Comité Vedel) avait d'ailleurs proposé que le Premier ministre soit tenu d'engager la responsabilité du Gouvernement, dans les quinze jours qui suivent sa nomination.

La révocation des ministres. — C'est le Président de la République qui met fin aux fonctions du Premier ministre et des autres membres du Gouvernement (art. 8). Mais juridiquement tout au moins, il ne peut pas le faire de sa propre initiative.

En ce qui concerne le Premier ministre, la liberté du Président de la République est en principe très réduite. En effet, l'article 8 dit qu'il met fin aux fonctions du Premier ministre *« sur la présentation par celui-ci de la démission du Gouvernement »*. Il en résulte que ne peut être remercié qu'un Premier ministre qui a demandé à être relevé de ses fonctions. Par conséquent, le Président de la République ne pourrait révoquer un Premier ministre qui, fort de la confiance de l'Assemblée nationale, entendrait demeurer à la tête du Gouvernement. Devant le Comité constitutionnel, lors de l'élaboration de la Constitution, le général De Gaulle lui-même avait déclaré que le Président de la République ne pouvait pas révoquer le Premier ministre.

Cette interprétation qui résulte des termes non équivoques de l'article 8 pourrait toutefois susciter des difficultés au cas où le Président de la République, exerçant son pouvoir d'arbitrage, se heurterait aux vues du Premier ministre exerçant son pouvoir gouvernemental. Sous la IVe République, le Président du Conseil n'avait à se soucier que de l'éventualité d'un conflit avec le Parlement ; sous la Ve, le Premier ministre doit également envisager celle d'une divergence de vues avec le Président de la République.

Il est vrai que, depuis l'entrée en vigueur de la Constitution et jusqu'en mars 86, l'évolution politique avait donné au Premier ministre une situation telle que cette divergence paraissait inconcevable. Instrument de la politique présidentielle, il était entièrement subordonné au Président. Pour bien marquer cette subordination, le général De Gaulle, dans sa conférence de presse du 31 janvier 1964, a déclaré qu'il lui appartenait de révoquer le Premier ministre : *« le Président de la République,* a-t-il dit, *qui choisit le Premier ministre, qui le nomme ainsi que les autres membres du Gouvernement, qui a la faculté de le changer, soit parce que se trouve accomplie la tâche qu'il lui destinait et qu'il veuille s'en faire une réserve en vue d'une phase ultérieure, soit parce qu'il ne l'approuverait plus...* ».

C'est là, évidemment, la description d'un pouvoir présidentiel qui correspondait à une situation de fait, mais dont on trouverait difficilement l'origine dans l'article 8, d'où il ressort que le Président de la République ne peut mettre fin aux fonctions du Premier ministre que si celui-ci lui remet la démission du Gouvernement. La lettre de la Constitution était d'ailleurs respectée car le Président de la République a toujours obtenu la démission du Premier ministre dont il entendait se séparer. Mais cette démission peut être forcée. Ce fut le cas, en 1972, de celle de J. Chaban-Delmas qui n'eut vraisemblablement pas sollicité un vote de confiance de l'Assemblée nationale s'il avait eu l'intention d'abandonner quelques jours après la direction du Gouvernement. Que cette confiance lui ait été accordée et que, cependant, G. Pompidou l'ait remplacé par P. Messmer montre bien que le Président entendait rester seul maître du choix du chef du Gouvernement. En 1976 J. Chirac a également donné sa démission, mais il a été expressément signifié que cette attitude lui était dictée par sa divergence de vue avec le Président.

Cette faculté de révocation indirecte n'avait été rendue possible que par la coïncidence entre la majorité parlementaire et la majorité présidentielle, et par l'idée, non inscrite dans la Constitution mais très généralement admise, que la tâche du Gouvernement était d'appliquer une politique déterminée par le Président de la République. Elle cesse donc d'exister durant les périodes de cohabitation. Mais la cohabitation n'a pas modifié l'usage qui veut que le Premier ministre vienne offrir la démission du Gouvernement au Président nouvellement élu. Ainsi ont fait J. Chirac en mai 1988, E. Balladur en mai 1995 et L. Jospin en 2002.

Il est également d'usage que le Premier ministre remette la démission du Gouvernement au Président de la République après chaque renouvellement de l'Assemblée nationale, quel qu'ait été le résultat de l'élection.

Quant aux membres du Gouvernement, le Président de la République les révoque à la demande du Premier ministre. Celui-ci tient donc de la Constitution le pouvoir de mettre fin aux fonctions de ses collaborateurs.

B Composition du Gouvernement

La composition du Gouvernement n'est régie par aucune disposition législative ou constitutionnelle. Le nombre et la nature des portefeuilles ministériels, ainsi que les titres conférés aux membres du Gouvernement, sont variables. La pratique permet néanmoins de dégager certains usages ou certaines tendances.

Le nombre des portefeuilles. — Si l'on observe l'évolution de la composition des gouvernements sur une période relativement longue (de la fin du XIXe siècle à nos jours par exemple), on constate une tendance assez nette à l'augmentation du nombre des portefeuilles ministériels. Cette augmentation s'explique principalement par le fait que l'État intervient de plus en plus dans la vie économique et sociale. Des ministères tels que la Défense nationale, les Affaires étrangères, l'Intérieur, la Justice ou même l'Éducation — qu'on appelait autrefois l'Instruction publique — existent depuis très longtemps parce qu'ils correspondent à des fonctions traditionnelles de l'État. Mais à côté de ces grands ministères, on en trouve aujourd'hui bien d'autres qui servent à concevoir et à mettre en œuvre une politique d'intervention dans un secteur économique ou social particulier. Par exemple, le Gouvernement Villepin, formé en juin 2005, comprend un ministre de l'écologie et du développement durable, un ministre à la Cohésion sociale et à la Parité, ainsi qu'un ministre délégué au tourisme. À plus court terme, le nombre des portefeuilles ministériels varie en fonction de facteurs politiques. D'un côté, le caractère composite de certaines majorités parlementaires pousse à l'inflation, car chaque parti, ou chaque courant à l'intérieur d'un parti, insiste pour être représenté au sein du Gouvernement. D'un autre côté, il arrive que le Président de la République, ou le Premier ministre, décide de constituer une équipe plus resserrée, afin de renforcer la cohésion gouvernementale et de montrer à l'opinion publique que l'on entend pratiquer une gestion à la fois efficace et économe.

Depuis les débuts de la Ve République, le nombre des membres du Gouvernement a varié entre un minimum de 25 (Gouvernement Pompidou de décembre 1962) et un maximum de 48 (Gouvernement Rocard de juin 1988). Avec 31 membres, le Gouvernement Villepin formé en juin 2005 se situe donc dans une moyenne plutôt basse.

En dehors de l'influence qu'ils peuvent exercer au sein du Conseil des ministres ou du Conseil de cabinet (voir *infra*), les ministres individuellement considérés n'ont que des compétences administratives. Ils dirigent l'ensemble des services administratifs rattachés à leurs ministères. Ils sont les chefs de leur département ministériel et doivent veiller, à ce titre, à ce que les directives gouvernementales soient appliquées par leurs services. Leurs attributions sont fixées par décret délibéré en Conseil des ministres (*Pouvoirs*, « Le ministre », n° 36, 1986).

La hiérarchie interne. — On distingue traditionnellement les ministres d'État, les ministres ordinaires, les ministres délégués et les secrétaires d'État.

Ministre d'État : c'est un titre simplement honorifique conféré à des personnalités qui incarnent une composante importante de la majorité parlementaire. Ils figurent en tête de la liste des membres du Gouvernement et c'est généralement à l'un deux que l'on confie l'intérim du Premier ministre lorsque celui-ci est absent. Ce titre, qui n'avait plus été utilisé depuis 1995, a été attribué en juin 2005 à N. Sarkozy, qui est président du parti majoritaire (l'UMP) et qui bénéficie à ce titre d'une autorité particulière au sein du Gouvernement.

Ministre ordinaire (ou de plein exercice) : c'est un membre du Gouvernement placé à la tête d'un département ministériel autonome.

Ministre délégué : c'est un ministre délégué auprès d'un autre membre du Gouvernement, parfois auprès du Premier ministre lui-même, et son rôle consiste à mettre en œuvre dans un secteur particulier la politique décidée par ce membre du Gouvernement.

Secrétaire d'État : ils sont généralement dans la même situation que les ministres délégués, c'est-à-dire qu'ils sont rattachés à un autre membre du Gouvernement, mais leur position dans la hiérarchie gouvernementale est moins élevée que celle des ministres délégués. Ils figurent tout à fait à la fin de la liste des membres du Gouvernement et pendant très longtemps, ils ne participaient pas au Conseil des ministres, sauf lorsque l'une des affaires inscrites à l'ordre du jour touchait à leurs attributions. Mais depuis quelques années, tous les membres du Gouvernement participent au Conseil des ministres.

À titre d'exemple, dans le Gouvernement formé par D. de Villepin en juin 2005, on trouve, en plus du Premier ministre, un ministre d'État, 15 ministres de plein exercice, 15 ministres délégués et aucun secrétaire d'État.

§ 2. Le statut des membres du Gouvernement

L'incompatibilité de la fonction de ministre avec d'autres activités. — L'article 23 C dispose que « *les fonctions de membre du Gouvernement sont incompatibles avec l'exercice de tout mandat parlementaire, de toute fonction de représentation professionnelle à caractère national et de tout emploi public ou de toute activité professionnelle* ».

Étant donné la généralité de ses termes, ce texte revient pratiquement à interdire aux ministres toute activité autre que celle exigée par leur fonction gouvernementale, mais on n'examinera ici que son aspect le plus important, c'est-à-dire l'incompatibilité avec le mandat parlementaire.

Signification de l'incompatibilité. — En faveur de l'incompatibilité, on a invoqué des arguments pratiques et des arguments théoriques. Le principal argument pratique est que l'incompatibilité renforce la solidarité ministérielle et la stabilité gouvernementale, parce qu'un ancien ministre parlementaire sait qu'il ne retrouvera pas automatiquement son siège. Les arguments théoriques, d'ailleurs contradictoires, étaient tirés d'interprétations classiques de la séparation des pouvoirs. Ils pouvaient consister dans l'idée que sous la IIIe République, le Parlement exerçait non seulement le pouvoir législatif, mais aussi, à travers ses membres devenus ministres, le pouvoir exécutif. La séparation des pouvoirs exigeait donc que les ministres ne soient pas des parlementaires. Mais, à l'inverse, on soutenait aussi — l'argument avait déjà été utilisé en 1791 — que les ministres parlementaires pourraient exercer sur leurs collègues au Parlement une influence telle que c'est entre leurs mains que seraient concentrés les pouvoirs. C'est donc le Parlement que l'incompatibilité visait, selon cette doctrine, à protéger.

Aucun de ces arguments n'est vraiment convaincant. Les arguments tirés de la séparation des pouvoirs ne tiennent aucun compte du phénomène majoritaire, qui conduit toujours à concentrer les pouvoirs entre les mains de la majorité du moment, qui exerce le pouvoir à la fois à l'Assemblée et au Gouvernement. L'incompatibilité n'y change rien et il n'existe aucune différence entre la situation de l'Angleterre, où l'incompatibilité n'existe pas, et celle de la France.

Les arguments pratiques ne sont pas plus solides. Si l'instabilité gouvernementale a bien disparu, cela tient plus au phénomène majoritaire qu'à l'incompatibilité.

Dans la pratique, la plupart des parlementaires devenus membres du Gouvernement ne se détachent nullement de la circonscription dans laquelle ils ont été élus. Souvent, ils conservent un mandat d'administration locale (maire, conseiller municipal, conseiller général) qui leur permet de rester en contact avec leurs électeurs (28). Ils se représentent

(28) Depuis quelques années, on considère qu'en raison de la charge de travail, un ministre ne saurait exercer efficacement ses fonctions tout en étant chef d'un exécutif local (maire, président de conseil général ou président d'un conseil régional). Faute de pouvoir établir une incompatibilité, ce qui nécessiterait une révision de la Constitution, les Premiers Ministres font pression sur les membres du Gouvernement pour qu'ils renoncent à postuler de telles fonctions et se démettent de celles qu'ils détiennent. Mais des exceptions ont toujours été tolérées.

lors du renouvellement de l'Assemblée, car si l'incompatibilité interdit à un membre du Gouvernement d'exercer un mandat parlementaire, elle ne l'empêche nullement d'être candidat (voir. *infra*). Les liens qui unissent le personnel gouvernemental et le personnel parlementaire demeurent donc assez étroits.

Les ministres choisis en dehors du Parlement sont cependant plus nombreux qu'ils ne l'étaient avant 1958. Mais ce phénomène est en partie lié au rôle que joue le chef de l'État dans la formation du Gouvernement (voir *supra*). Des départements ministériels importants, comme les Relations extérieures ou la Justice, et même le poste de Premier ministre, ont été parfois confiés à des personnalités qui n'avaient pas de représentativité politique, mais qui possédaient des compétences techniques, et auxquelles le chef de l'État accordait sa confiance. Mais si ces personnalités entendent poursuivre une carrière politique, elles finissent généralement, tôt ou tard, par briguer un mandat parlementaire. Tel fut notamment le cas de G. Pompidou et de R. Barre.

La seule véritable conséquence de l'incompatibilité est de provoquer des élections législatives partielles à la suite des remaniements ministériels : le ministre sortant tente, parfois avec succès, de persuader son suppléant de démissionner pour pouvoir se présenter à l'élection qui devra nécessairement avoir lieu. Il est d'ailleurs expressément interdit à ce suppléant de se présenter aux élections législatives suivantes contre la personne qu'il secondait.

L'incompatibilité n'ayant pas produit tout à fait les résultats escomptés, il a été souvent proposé soit de la supprimer, soit d'en assouplir les modalités. L'une des dernières propositions en date est celle du comité Vedel : dans son rapport de février 1993, il propose que cette incompatibilité devienne seulement temporaire ; elle subsisterait aussi longtemps que l'ancien parlementaire fait partie du Gouvernement ; elle serait même renforcée durant cette période car les membres du Gouvernement ne pourraient plus exercer qu'un seul mandat électif d'administration locale ; mais après un délai de 6 mois à compter de la cessation de ses fonctions gouvernementales, l'ancien parlementaire retrouverait automatiquement son mandat.

Modalités d'application de l'article 23. — Les conditions d'application pratique du principe posé par l'article 23 sont énoncées par l'ordonnance portant loi organique du 17 novembre 1958. Ce texte décide notamment que l'incompatibilité ne prend effet qu'un mois après la nomination du parlementaire au Gouvernement. Pendant ce délai, le siège qu'il occupait au Parlement demeure vacant. Ceci peut d'ailleurs poser un problème lorsque l'assise parlementaire du Gouvernement est particulièrement faible. En juin 1988, par exemple, les membres du Gouvernement Rocard II n'ont pu être nommés qu'après que le Président de l'Assemblée nationale ait été élu. S'il en avait été autrement, des voix sans doute décisives auraient manqué au candidat du parti socialiste, L. Fabius. L'ordonnance prévoit aussi (art. 2, 3, 4) les modalités de remplacement du parlementaire dans les fonctions qu'il occupait antérieurement à son entrée au ministère. Enfin, pour amortir les incidences pécuniaires de l'incompatibilité, la personne qui a dû abandonner une fonction ministérielle perçoit pendant six mois, à dater de la cessation de ses fonctions gouvernementales, une indemnité égale au traitement qui lui était alloué en sa qualité de membre du Gouvernement. Cette disposition cesse de s'appliquer lorsque l'intéressé a repris une activité rémunérée (art. 5).

En outre, *le fait d'avoir été membre du Gouvernement interdit, pendant un certain temps, l'exercice de certaines activités.* En effet, l'article 6 de l'ordonnance du 17 novembre 1958 dispose qu'*« aucune personne ayant eu la qualité de membre du Gouvernement ne peut occuper des fonctions incompatibles avec un poste ministériel si elle n'a cessé de faire partie du Gouvernement depuis au moins six mois, à moins qu'il ne s'agisse de fonctions déjà exercées par elle antérieurement à sa nomination en qualité de membre du Gouvernement »*.

Il faut observer enfin que l'article 23 établit une incompatibilité ; il ne crée par une inéligibilité. Par conséquent, il ne s'oppose pas à ce qu'un ministre soit élu député ou sénateur. Il doit seulement dans ce cas opter pour le mandat parlementaire ou pour la fonction ministérielle.

La responsabilité pénale des membres du Gouvernement. — Le champ de la responsabilité pénale des membres du Gouvernement est défini de façon large : d'après l'article 68, ils sont pénalement responsables des actes *« accomplis dans l'exercice de leurs fonctions et qualifiés crimes ou délits au moment où ils ont été commis »*.

Mais, avant la réforme constitutionnelle de juillet 1993, cette responsabilité pénale ne pouvait être mise en œuvre que selon la procédure applicable au Président de la République en cas de haute trahison : mise en accusation par les deux Chambres et jugement éventuel par la Haute Cour (voir *supra*).

Des affaires récentes, et spécialement l'affaire dite « du sang contaminé », ont montré que ce système fonctionnait plutôt mal. Les victimes, c'est-à-dire les personnes qui, au début des années quatre-vingt avaient été contaminées par le virus du sida à la suite d'une transfusion sanguine, ou les familles de ces victimes, auraient voulu poursuivre non seulement les dirigeants du Centre national de transfusion sanguine mais aussi certains membres du Gouvernement de l'époque, auxquels on reprochait de ne pas avoir donné d'instructions pour empêcher l'utilisation des stocks contaminés. Mais, d'une part, les victimes et leurs familles ne pouvaient pas elles-mêmes déclencher les poursuites puisque la mise en accusation était exclusivement réservée aux assemblées parlementaires et, d'autre part, au sein de chaque assemblée, les débats sur la mise en accusation reproduisaient souvent les vieux clivages politiques : en d'autres termes, la mise en accusation était d'autant plus facilement votée que la personne visée n'appartenait pas (ou n'appartenait plus) à la tendance majoritaire au sein de l'Assemblée.

La réforme du 21 juillet 1993 a mis fin à ce système : un titre nouveau (titre X), intitulé « De la responsabilité pénale des membres du Gouvernement », a été inséré dans la Constitution. Il s'agit en réalité d'une responsabilité mi-pénale, mi-politique, qui déroge encore assez profondément au droit commun de la responsabilité pénale, mais dont la mise en œuvre est tout de même moins difficile que dans le système antérieur. Il y a deux différences importantes par rapport à ce système :

a) Le déclenchement des poursuites ne dépend plus des assemblées parlementaires. Toute personne qui se prétend lésée par un crime ou un délit commis par un membre du Gouvernement dans l'exercice de ses fonctions peut porter plainte auprès d'une commission des requêtes composée de magistrats membres de la Cour de cassation, du Conseil d'État et de la Cour des comptes. La commission des requêtes peut être saisie non seulement par une personne privée mais aussi par le procureur général près la Cour de cassation, qui est le plus haut magistrat du parquet.

La commission des requêtes décide soit de classer la plainte, soit d'y donner suite.

b) Si la commission des requêtes décide de donner suite, le dossier est transmis à une commission d'instruction qui, après un nouvel examen, peut ordonner le renvoi de l'affaire devant la juridiction de jugement c'est-à-dire devant la Cour de justice de la République qui comprend 12 parlementaires (élus en leur sein et en nombre égal, par l'Assemblée nationale et par le Sénat après chaque renouvellement général ou partiel de ces assemblées) et 3 magistrats du siège à la Cour de cassation. La présidence de la Cour de justice de la République est assurée par l'un de ces trois magistrats.

La Cour de justice de la République a rendu son premier arrêt le 16 mars 1999 à l'issue du procès des trois anciens ministres qui avaient été mis en examen dans le cadre de l'affaire du sang contaminé : Laurent Fabius, Georgina Dufoix et Edmond Hervé ; les deux premiers ont été relaxés, le troisième a été reconnu coupable tout en étant dispensé de peine. Mais cette première expérience a surtout abouti à mettre en lumière les imperfections du nouveau système.

En premier lieu, la Cour n'est compétente que pour juger les ministres eux-mêmes ; la responsabilité des complices ou co-auteurs des actes qui leur sont reprochés ne peut être mise en œuvre que devant les juridictions répressives de droit commun ; afin de respecter les droits de ces complices ou coauteurs, la Cour a renoncé à les entendre sous serment et elle n'a donc pas pu disposer de tous les témoignages qui eussent été utiles à la manifestation de la vérité.

En second lieu, bien que les victimes puissent être à l'origine des poursuites, il leur est interdit de se porter partie civile devant la Cour ; elles sont donc totalement absentes de la procédure et ne peuvent soulever aucun argument tendant à établir la culpabilité des accusés ; tout au plus peuvent-elles être entendues comme témoins ; on a dit que les victimes étaient en quelque sorte « bâillonnées » et que, de ce fait, la procédure n'était pas vraiment contradictoire, comme elle devrait normalement l'être. Ceci tient à une particularité française de la procédure pénale de droit commun, qui permet de joindre l'action civile à l'action pénale et qui donne à l'accusation une totale indépendance, par rapport à l'autorité qui a décidé le renvoi en jugement, le juge d'instruction. Il est possible que, bien que celui-ci ait considéré les charges comme suffisantes, le procureur estime quant à lui qu'il n'y a pas lieu de requérir. C'est ce qui s'est produit dans l'affaire du sang contaminé (29). Dans un cas semblable, au cours d'un procès ordinaire, la partie civile pourrait se substituer en quelque sorte au procureur et tenter d'établir la culpabilité de l'accusé. C'est ce qui n'est pas possible devant la Cour de Justice de la République.

Enfin, la composition mixte de la Cour ne donne pas suffisamment de garanties quant à l'impartialité des juges : les parlementaires, qui constituent les quatre cinquièmes de l'effectif, peuvent être choisis, selon la majorité siégeant à l'Assemblée nationale ou au Sénat, parmi les amis ou les adversaires politiques des accusés.

Certains auteurs estiment à juste titre que la responsabilité des membres du Gouvernement pour les actes accomplis dans l'exercice de leurs fonctions se prête mal aux catégories du droit pénal. Ils préconisent donc

(29) La même chose s'est produite au cours du second procès jugé par la Cour de justice de la République le 16 mai 2000 : la ministre déléguée à l'éducation, Ségolène Royal, était poursuivie en diffamation pour avoir reproché à des enseignants leur complicité dans les bizutages infligés à certains de leurs élèves. Elle fut acquittée, conformément aux conclusions du ministère public.

la suppression du système mis en place en 1993, et son remplacement par des techniques de contrôle politique, comme les commissions d'enquête parlementaire (Beaud, 1999). Mais c'est précisément la faiblesse du contrôle politique qui est à l'origine de la création de la Cour de justice de la République et il n'y a aucune raison de supposer que l'abrogation de la réforme de 1993 pourrait lui redonner vigueur. Aussi d'autres auteurs proposent-ils de maintenir le principe de la responsabilité pénale en supprimant tout privilège de juridiction : les membres du Gouvernement poursuivis à raison d'actes commis dans l'exercice de leurs fonctions seraient jugés non plus par la Cour de justice de la République mais par la juridiction répressive de droit commun (c'est-à-dire dans la plupart des cas le tribunal correctionnel). Un dispositif de filtrage serait cependant maintenu afin d'éviter des poursuites abusives, le tribunal correctionnel ne pouvant être saisi que par une commission des requêtes comprenant à la fois des magistrats et des parlementaires.

Le régime dérogatoire du Titre X ne s'applique qu'aux actes commis par les membres du Gouvernement dans l'exercice de leurs fonctions. Pour les autres, c'est-à-dire ceux qui sont antérieurs à la prise des fonctions ministérielles, ou qui sont considérées comme dépourvus de liens avec celles-ci, les membres du Gouvernement sont soumis au droit commun de la responsabilité pénale. À la différence du Président de la République (voir *supra*), ils ne bénéficient d'aucune inviolabilité et peuvent donc être mis en examen à n'importe quel moment.

Dans la pratique, la question se pose parfois de savoir si un ministre ou un secrétaire d'État mis en cause dans une affaire judiciaire non liée à l'exercice de ses fonctions ministérielles peut rester membre du Gouvernement. Juridiquement rien ne le lui interdit car, tout comme les simples particuliers, un membre du Gouvernement doit bénéficier de la présomption d'innocence aussi longtemps qu'il n'a pas été condamné. Mais il existe un usage qui veut qu'un ministre mis en examen donne sa démission, pour pouvoir librement préparer sa défense et parce que son maintien en fonction risquerait de gêner le Gouvernement (30).

La situation patrimoniale des membres du Gouvernement. — La lutte contre la corruption implique une certaine surveillance exercée sur les biens personnels des membres du Gouvernement. De même que le Président de la République, ceux-ci doivent donc déposer une déclaration

(30) Ce fut notamment le cas de B. Tapie en mai 1992, d'A. Carignon le 17 juillet 1994, de G. Longuet le 14 octobre 1994 et plus récemment de Dominique Strauss-Kahn.

de situation patrimoniale au moment où ils prennent leurs fonctions et une autre au moment où ils les quittent. Mais à la différence des déclarations faites par le Président de la République, celles des membres du Gouvernement restent confidentielles. Elles sont examinées par la « Commission pour la transparence financière de la vie politique » qui est un organisme spécialisé composé de hauts magistrats. La Commission pour la transparence financière de la vie politique (31) compare les deux déclarations successives et recherche si le patrimoine du ministre concerné a subi des variations importantes durant la période où il était membre du Gouvernement. Cette Commission doit publier tous les trois ans un rapport qui ne peut contenir aucune indication nominative quant à l'état des patrimoines.

§ 3. Les attributions du Gouvernement

La Constitution de 1958 parle tantôt des attributions du Premier ministre, tantôt de celles du Conseil des ministres. Cette distinction n'a juridiquement pas d'importance étant donné que, de toute façon, la plupart des décisions prises par le Premier ministre doivent avoir été délibérées en Conseil des ministres. Elles sont d'ailleurs toutes soumises à l'obligation du contreseing d'un ministre (art. 22 C). Sans doute ce texte dit « le cas échéant ». C'est une expression qui réserve le cas où aucun ministre ne serait compétent pour l'exécution de la décision. L'hypothèse est hautement improbable.

La direction de la politique française. — Dans un régime parlementaire, la question de savoir qui assure la direction de la politique ne soulève normalement pas de difficulté : c'est naturellement le Gouvernement (voir *supra*, Première Partie). Mais, si la Ve République est un bien un régime parlementaire, le Président de la République y joue, au moins en dehors des périodes de cohabitation, un rôle capital et il n'est plus possible de répondre de la même manière.

Les textes semblent préserver les caractères essentiels des régimes parlementaires, puisque, aux termes de l'article 20 : *« Le Gouvernement détermine et conduit la politique de la nation »*, ce qui paraît exclure

(31) Cette commission comprend le vice-président du Conseil d'État, président, le premier président de la Cour de cassation et le premier président de la Cour des comptes (voir art. 3 de la loi du 11 mars 1988 modifié par la loi du 8 février 1995).

la participation *normale* du Président de la République à la politique du pays. Le chef de l'État ne devrait intervenir que dans les cas où l'article 5 de la Constitution l'invite à le faire, c'est-à-dire lorsque l'indépendance de la nation, l'intégrité du territoire ou l'exécution d'un engagement international est en jeu.

Cependant, la distinction purement intellectuelle établie par la Constitution entre la conduite des affaires de la nation qui appartiendrait au Gouvernement et la sauvegarde des intérêts permanents de l'État qui serait du ressort du Président de la République, n'est guère praticable et l'expérience montre qu'elle n'a jamais été strictement appliquée. Lorsque le Président de la République dispose du soutien de la majorité parlementaire, il peut en fait évoquer tous les dossiers.

Quant aux situations de cohabitation, si elles réduisent la capacité d'influence du chef de l'État, elles ne l'empêchent cependant pas d'intervenir parfois dans le règlement d'affaires relativement mineures. En effet, certaines décisions gouvernementales importantes, mais qui ne sont pas tout de même essentielles pour l'avenir du pays, doivent être prises en Conseil des ministres, ce qui les expose à un *veto* présidentiel : on l'a bien vu entre mars 1986 et mai 1988, lorsque F. Mitterrand a refusé d'entériner certains projets de décret ou d'ordonnance (voir *supra*). En revanche les projets de loi, s'ils doivent être délibérés en Conseil des ministres, ne sont pas soumis à la signature du Président. Dans ce domaine, le Gouvernement dispose donc d'une grande liberté à condition, bien entendu qu'il puisse compter sur le soutien de la majorité parlementaire. En définitive, d'un strict point de vue juridique, le Président est mieux armé pour négocier avec le Gouvernement des nominations dans les postes de direction des entreprises publiques, que pour s'opposer à de grandes réformes dont l'initiative appartient au Premier ministre, et dont l'adoption ne relève que de la compétence du Parlement. Telle est la conclusion paradoxale que l'on peut tirer de l'expérience de la cohabitation.

Les moyens. — Pour donner au Gouvernement les moyens de remplir sa fonction, l'article 20 déclare qu'il dispose de *« l'administration et de la force armée »*.

La formule n'est pas plus heureuse en ce qui concerne l'administration qu'à propos de la force armée. Quant à l'administration, c'est la première fois que, dans un texte constitutionnel français, il est dit qu'elle est à la « disposition » du Gouvernement. Le terme dépasse certainement la pensée des auteurs de la Constitution car, juridiquement, l'administration n'est subordonnée qu'à la loi. Il faut donc entendre l'expression « dispose » en ce sens que, dans le cadre des lois, le Gouvernement dirige les services publics selon la politique qu'il a déterminée et qui a été approuvée par le Parlement et utilise le pouvoir hiérarchique à l'effet d'obtenir des agents la discipline qu'elle requiert.

Quant à dire que le Gouvernement dispose de la force armée c'est un principe qui s'entendrait mieux si la Constitution ne décidait en même temps que le Président de la République est le chef des armées (art. 15) et que le Premier ministre est responsable de la Défense nationale (art. 21). Sans doute, techniquement, ce sont là des tâches qui peuvent être distinguées, mais politiquement des conflits de compétence peuvent difficilement être évités.

Les compétences du Conseil des ministres. — Le Conseil des ministres n'est pas seulement la réunion des membres du Gouvernement. C'est l'autorité collégiale à laquelle la Constitution attribue des compétences déterminées.

1° Il y a d'abord les compétences *normales* (voir *infra*, Chapitre III). Elles concernent : *a)* l'autorisation donnée au Premier ministre d'engager la responsabilité du Gouvernement devant l'Assemblée nationale ; *b)* la nomination de certains hauts fonctionnaires ; *c)* la délibération sur les projets de loi dont le Premier ministre a pris l'initiative ; *d)* la déclaration d'urgence dans le vote des lois ; *e)* la décision d'appeler l'Assemblée nationale à voter seule un texte en cas de désaccord avec le Sénat et d'échec des procédures de conciliation prévues par l'art. 45 C ; *f)* la faculté de proposer au Président de la République d'user du référendum ; *g)* le droit d'opposer l'irrecevabilité à une proposition de loi excédant le domaine législatif ou empiétant sur une délégation de pouvoir ; *h)* le droit de décider l'envoi à une commission *ad hoc* d'un projet de loi.

2° Les compétences *exceptionnelles* visent : *a)* le pouvoir de proclamer l'état de siège et la mise en garde (voir *infra*) ; *b)* la décision de mobilisation générale (ordon. 7 janvier 1959) ; *c)* le pouvoir de légiférer par ordonnances (voir *infra*).

Quant aux *réunions* du Conseil des ministres, la Constitution en accorde officiellement la présidence au Président de la République. Ce n'est qu'à titre exceptionnel que le Premier ministre peut le suppléer et cela, en vertu d'une délégation expresse et pour un ordre du jour déterminé (art. 21 al. 4). Les conditions très strictes que la Constitution met à la suppléance du chef de l'État prouvent que, dans l'esprit de ses auteurs, il ne s'agissait pas d'une présidence de pure forme, comme ce fut souvent le cas avant 1958. Les réunions du Conseil des ministres sont hebdomadaires. Il se tient en principe chaque mercredi matin au palais de l'Élysée.

Mais ne serait-ce qu'en raison de son ordre du jour très chargé, le Conseil des ministres se borne le plus souvent à entériner des décisions qui ont été préparées par des formations moins solennelles. Parmi ces formations, il faut mentionner :

Les Conseils de cabinet qui réunissent l'ensemble des membres du Gouvernement sous la présidence du Premier ministre, hors de la présence du chef de l'État. Ils sont rares en période normale, mais relativement fréquents en période de cohabitation.

Les comités interministériels qui se réunissent, sous la présidence du Premier ministre, des ministres et des hauts fonctionnaires, et qui ont un caractère permanent.

Les comités restreints qui sont composés selon le même principe, mais dont la mission est limitée à l'étude d'un dossier particulier et qui n'ont donc pas de caractère permanent.

Au surplus, tous les projets de loi ou de décret intéressant plusieurs départements sont préparés dans des réunions interministérielles réunissant des membres des cabinets et des hauts fonctionnaires.

La prépondérance du Premier ministre. — La prééminence du Premier ministre se manifeste nettement à l'égard des autres membres du Gouvernement. Elle est inscrite dans la Constitution puisque, selon l'article 20, c'est le Premier ministre qui *dirige* l'action du Gouvernement. Cette compétence implique un pouvoir de coordination que le Premier ministre exerce en donnant des instructions aux ministres. Il va de soi que l'étendue de ce pouvoir est fonction tant de la personnalité du Premier ministre que de celle des membres du Gouvernement. Il arrive que certains de ceux-ci montrent quelque réticence à accepter le contrôle de Matignon. Néanmoins la supériorité du Premier ministre est attestée par les moyens techniques que les textes mettent à sa disposition. C'est à lui qu'appartient le pouvoir réglementaire (art. 21 C) ; c'est lui qui dispose de l'Administration et de la force armée (art. 20 al. 2) ; c'est de son autorité que relèvent les administrateurs civils (décret du 26 novembre 1964) ; en matière budgétaire, il intervient pour arbitrer les demandes des différents départements ministériels et préparer le projet de loi de finances (ordon. du 2 janvier 1959, puis Loi organique du 1er août 2001) (32).

(32) Dans la lettre ouverte adressée à ses ministres en mai 1988, quelques jours après la formation de son premier Gouvernement, M. Rocard avait bien souligné cette prééminence : « Dans l'exercice de mes fonctions constitutionnelles, je serai amené non pas, comme le donne à penser une expression usitée mais impropre, à rendre des arbitrages mais bien à prendre des décisions », écrivait-il.

Sans doute les ministres n'en sont pas pour autant réduits au rôle subalterne d'exécutant, mais ils ne disposent plus de cette autonomie dont ils jouissaient sous les régimes antérieurs lorsqu'ils pouvaient se considérer comme les représentants de leur parti au sein du Gouvernement. Aussi bien sont-ils tenus aujourd'hui de communiquer au secrétariat général du Gouvernement copie de tous les arrêtés, instructions ou circulaires émanant de leur département. Cette règle permet au Premier ministre de veiller à l'harmonisation des décisions et, éventuellement, d'obtenir le retrait de celles qui lui paraîtraient inopportunes. Comme, d'autre part, la liste des services rattachés au Premier ministre est considérable (Direction de la documentation, Direction de la fonction publique, Commissariat général du plan de modernisation et de l'équipement, Commissariat à l'énergie atomique, secrétariat de la Défense nationale, Délégation à l'aménagement du territoire, Centre national d'études spatiales, Institut de recherche d'informatique, etc.), il apparaît que le Premier ministre est, en droit comme en fait, la cheville ouvrière du Gouvernement.

Enfin la Constitution attribue au Premier ministre un véritable pouvoir disciplinaire sur les autres membres du Gouvernement. L'article 8 dispose en effet qu'il peut demander au chef de l'État de mettre fin aux fonctions des ministres. Il peut ainsi veiller au respect de la règle de la solidarité, qui interdit à tout membre du Gouvernement de prendre publiquement une position non conforme (33) à la politique de celui-ci.

Bibliographie

AA. VV (1999). Dossier spécial « sang contaminé », *RDP*, n° 2, p. 313.

ARDANT Ph. (1991), *Le Premier ministre en France*, Paris, Montchrestien.

BEAUD O.
(1999), *Le sang contaminé. Essai politique sur la responsabilité des Gouvernants*, Paris, PUF.

(33) Ainsi, le ministre des Finances Alain Madelin a-t-il été contraint de démissionner en août 1995 après avoir fait des déclarations que le Premier ministre Alain Juppé avait jugé contraires aux orientations de la politique économique et sociale du Gouvernement.

(2001), « Pour une autre interprétation de l'article 68 de la Constitution », *RFDA*, p. 1187 et s.

BEAUD O., BLANQUER J.-M. (dir.) (1999), *La responsabilité des gouvernants*, Paris, Descartes & Cie.

BONDUELLE A. (1999), *Le pouvoir d'arbitrage du Premier ministre sous la Ve République*, Paris, LGDJ.

BRANCHET B. (1996), *Contribution à l'étude de la Constitution de 1958. Le contreseing et le régime politique de la Ve République*, Paris, LGDJ.

CABANNES J.

(1990), *Le personnel gouvernemental sous la Cinquième République (1959-1986)*, Paris, LGDJ.

(2003) « Les ministres de la Ve République avant et après 1986, changement ou continuité », in *L'esprit des pouvoirs, l'équilibre des institutions, Mélanges Pactet*, Dalloz.

CAMBY J.-P.

(1996), « La formation du Gouvernement Juppé II », *RDP*, p. 5 et s.

(1997), « Le Gouvernement est-il tenu d'organiser une élection législative partielle dès lors que le calendrier le permet ? », *RDP*, p. 1209.

COHEN S. (1986), « Monarchie nucléaire, dyarchie conventionnelle », *Pouvoirs*, no 38, p. 13.

COHENDET M. A. (1993), *La Cohabitation, Leçons d'une expérience*, Paris, PUF.

DOLEZ B. (1999), « La composition du Gouvernement sous la cinquième République », *RDP*, p. 131.

ÉCOLE NATIONALE D'ADMINISTRATION, (1996), *Le travail gouvernemental (rapports de séminaires)*, 2 vol., Paris, La Documentation française.

FOURNIER J. (1987), *Le travail gouvernemental*, Paris, PFNSP.

LE GALL J. (2000), « La troisième cohabitation : quelle pratique des institutions de la cinquième République ? », *RDP*, p. 101.

GOUAUD C. (1987), « Le Conseil des ministres sous la Ve République », *RDP*, p. 423.

JAN P. (2002), *Le gouvernement de la cinquième République*, Paris, La Documentation française.

JOUANJAN O., WACHSMANN P. (2001), « La Cour de cassation, le Conseil constitutionnel et le statut pénal du chef de l'État », *RFDA*, p. 1169 et s.

MASSOT J. (1993), *Chef de l'État et Chef du Gouvernement : dyarchie et hiérarchie*, Paris, La Documentation française.

MAUS D. et *alia* (2000), *La Cour de justice de la République et après ?*, Doc Fran, Les cahiers constitutionnels de Paris I.

MATHIEU B. (1993), « La responsabilité pénale des ministres devant la Cour de justice de la République », *RFDC*, 1993, n° 15, p. 601.

MATHIEU B., RENOUX T. et ROUX A. (1995), *La Cour de justice de la République*, Paris. Que sais-je ? PUF.

QUERMONNE J.-L., CHAGNOLLAUD D. (1996), *Le gouvernement de la France sous la Ve République*, Paris, Fayard.

Revue *Pouvoirs* :

(1986), « Le ministre », n° 36.

(1994), « Qui gouverne la France ? », n° 68.

(1997), « Le Premier ministre », n° 83.

RIALS S. (1985), *Le Premier ministre*, Paris, Que sais-je ? PUF, 2e éd.

TOULEMONDE G., DESCLODURES H. (2004), « Les décrets relatifs à la composition du Gouvernement. Recherche d'une cohérence », *RDP*, p. 33 et s.

TURPIN D. (1987), « La présidence du Conseil des ministres », *RDP*, p. 873.

Section 3
Le Parlement

Alors que, dans la Constitution de 1946, le Parlement était le premier organe dont le texte s'occupait, la Constitution de 1958 ne pose les règles qui le régissent que dans le titre IV, après celles relatives au Président de la République et au Gouvernement. Ce plan n'est pas fortuit, il traduit la hiérarchie que les auteurs de la Constitution ont entendu établir entre les pouvoirs publics et qui n'assigne au Parlement que la troisième place.

Sous-section 1
Composition du Parlement

Aux termes de l'article 24 « *le Parlement comprend l'Assemblée nationale et le Sénat* ».

§ 1. L'assemblée nationale (Ameller et Bergougnous, 2000)

Composition et durée des pouvoirs. — Le nombre des députés a varié. Sous la septième législature (1981-1986), il était de 491. Il a été porté à 577 par la réforme électorale de juillet 1985 qui a institué la représentation proportionnelle, et qui est entrée en application à l'occasion des élections législatives de mars 1986. Ce chiffre n'a pas été modifié depuis, malgré le rétablissement du scrutin majoritaire (voir *supra*). Les 577 circonscriptions se répartissent de la manière suivante : Départements métropolitains, 555 ; Départements d'outre-mer (Guyane, Guadeloupe, Martinique et Réunion), 15 ; Collectivités territoriales d'outre-mer (Mayotte, Saint-Pierre et Miquelon), 2 ; Territoires d'outre-mer (Nouvelle-Calédonie, Polynésie Française, Walis et Futuna), 5.

L'Assemblée nationale se renouvelle intégralement. Ses pouvoirs expirent le troisième mardi de juin de la cinquième année qui suit son élection (ord. 7 nov. 1958, art. 2 et 3 modifiée par la loi organique du 15 mai 2001). Sauf en cas de dissolution où le délai est abrégé (voir *infra*), les élections générales ont lieu dans les soixante jours qui précèdent l'expiration des pouvoirs de l'Assemblée nationale (art. 4 ord.).

Le mode d'élection des députés à l'Assemblée nationale (voir *supra*).

Les attributions de l'Assemblée nationale. — a) Elles sont d'abord d'ordre *législatif.* L'Assemblée nationale vote la loi et ses membres en ont l'initiative ;

b) en *matière financière*, elle examine et vote le budget et les lois de finances (art. 47 C) mais sous réserve de conditions qui ne lui laissent pas une liberté aussi grande que sous la IVe République ;

c) elle *contrôle l'activité gouvernementale* par la mise en œuvre de la responsabilité ministérielle (art. 49 C) ;

d) en *matière diplomatique*, elle autorise la ratification de certains traités (art. 53) et autorise la déclaration de guerre (art. 35 C) ;

e) en *matière judiciaire*, elle participe à l'élection des membres de la Haute Cour de justice et décide des mises en accusation devant elle (art. 67 C) ;

f) en *matière constitutionnelle*, l'Assemblée nationale participe à l'exercice du pouvoir de révision (art. 89 C ; voir *supra*) ;

g) enfin, elle exerce le droit d'amnistie.

La plupart de ces attributions sont exercées conjointement avec le Sénat, selon des règles qui seront étudiées à propos du fonctionnement des pouvoirs publics.

§ 2. Le Sénat

Aux termes de l'article 24 C : « *Le Sénat est élu au suffrage indirect. Il assure la représentation des collectivités territoriales de la République. Les Français établis hors de France sont représentés au Sénat* ».

L'origine du Sénat républicain remonte à 1875 mais, depuis, son existence a été menacée a deux reprises.

La première assemblée constituante élue après la libération du territoire avait adopté un projet de constitution monocamérale. Mais ce projet, soumis au référendum le 5 mai 1946, a été rejeté par les citoyens et il est probable que l'absence d'une seconde Chambre a contribué à son échec. C'est pourquoi le bicamérisme a été rétabli dans le projet d'octobre 1946 qui devint la Constitution de la IVe République ; la seconde chambre, officiellement désignée sous le nom de Conseil de la République, était en fait l'héritière du Sénat de la IIIe République, dont elle tenta d'ailleurs de se réapproprier le titre (voir *supra*).

La Constitution de 1958 a restitué à la seconde Chambre son titre de Sénat. Mais en 1969, le général De Gaulle, qui s'était vivement opposé au Sénat en 1962 à propos de l'élection du chef de l'État au suffrage universel direct, a soumis au référendum un projet transformant profondément la seconde Chambre qui, selon un dessein présenté dès 1946 dans le discours de Bayeux, devait représenter non plus seulement les collectivités territoriales mais aussi les activités économiques, sociales et culturelles. Il s'agissait en fait de fusionner le Sénat et le Conseil économique et social. Mais ce projet a été également rejeté par les citoyens le 27 avril 1969.

Le Sénat est donc sorti vainqueur de ces deux référendums, les seuls jusqu'en 2005 où le peuple français a refusé ce qui lui était proposé. On en déduit généralement qu'il correspond à une vieille tradition républicaine à laquelle la majorité des Français est attachée.

Mais cet attachement n'exclut pas de vives controverses concernant son mode d'élection, que la « gauche plurielle » a d'ailleurs tenté de réformer en adoptant la loi du 10 juillet 2000. Toutefois, en raison du contrôle exercé par le Conseil constitutionnel, cette réforme n'a atteint que partiellement son objectif (voir *infra*).

Composition et durée des pouvoirs. — De même que celui des députés, le nombre des sénateurs est fixé par une loi organique (art. 25 C) (34). Il est actuellement de 331. Mais pour remédier à des déséquilibres démographiques, la loi organique nº 2003-696 du 30 juillet 2003 a prévu la création de 25 sièges supplémentaires qui seront attribués à des départements métropolitains actuellement sous-représentés. C'est seulement à l'issue du renouvellement de 2010 que tous les nouveaux sièges seront pourvus. Il y aura alors 346 sénateurs (326 pour les départements, 8 pour les territoires d'outre-mer, et 12 pour les français de l'étranger).

La précédente répartition des sièges n'avait jamais été révisée depuis 1976 et ne tenait donc aucun compte des mouvements de population intervenus depuis lors.

Or, dans une décision récente, le Conseil constitutionnel a rappelé que la Constitution impose au législateur de modifier la répartition des sièges de sénateurs pour tenir compte des évolutions de la population des collectivités territoriales dont le Sénat assure la représentation (déc. nº 2000-431 DC du 6 juillet 2000). Il fallait donc soit modifier la répartition des sièges existants, soit augmenter le nombre des sénateurs en attribuant les sièges supplémentaires aux collectivités les plus mal représentées. Le Sénat, qui a pris l'initiative de la réforme, a préféré cette seconde méthode, peut-être parce qu'une nouvelle répartition des sièges existants aurait rendu problématique la réélection de certains de ses membres.

L'augmentation du nombre des sièges réduit les disparités démographiques sans les supprimer totalement. D'une part, le Sénat s'est refusé à réduire la représentation des départements dont la population avait diminué depuis 1976. D'autre part, la clé de répartition des sièges n'assure par une stricte proportionnalité entre le nombre des sénateurs et l'importance de la population du département (35). Mais le Conseil constitutionnel a jugé que les disparités qui subsistent n'étaient pas suffisamment graves pour entacher la réforme d'inconstitutionnalité (déc. nº 2003-475 DC du 24 juillet 2003).

Traditionnellement, les sénateurs étaient élus pour 9 ans, et leur renouvellement s'effectuait par tiers tous les 3 ans. Mais, à la suite du remplacement du septennat présidentiel par le quinquennat (voir *supra*), le novennat des sénateurs paraissait excessivement long, aucune autre

(34) Mais la répartition des sièges entre les départements et territoires est fixée par la loi relative à l'élection des sénateurs, qui est une loi ordinaire et non une loi organique.

(35) Un sénateur par département jusqu'à 150.000 habitants ; un sénateur supplémentaire par tranche de 250.000 habitants ; au-dessus de la dernière tranche entière un sénateur supplémentaire.

assemblée parlementaire en Europe n'ayant un mandat supérieur à 6 ans. C'est pourquoi, rompant avec une tradition qui remontait à 1875, la loi organique de 2003 a fixé à 6 ans le mandat des sénateurs.

Le rythme des renouvellements demeurera triennal mais, désormais, le Sénat se renouvellera par moitié, et non plus par tiers.

Éligibilité et inéligibilités. — Les règles sont les mêmes que pour l'élection à l'Assemblée nationale (voir *supra*), à une réserve près. Nul ne peut être élu au Sénat s'il n'est âgé de 30 ans révolus (art. LO 296 C. élect.). Avant la réforme de 2003, l'âge minimum d'éligibilité était de 35 ans. L'abaissement ne devrait pas se traduire par des changements importants car, en pratique, seules des personnes ayant exercé des mandats locaux, ou ayant acquis une notoriété politique, peuvent espérer être élues au Sénat. Moins de 1 % des sénateurs sont âgés de moins de 40 ans.

Le collège électoral. — Les sénateurs sont élus au suffrage universel indirect, c'est-à-dire par un collège électoral lui-même composé d'élus.

Les 12 sénateurs représentant les Français de l'étranger sont élus par le Conseil supérieur des Français à l'étranger, dont les membres sont eux-mêmes élus au suffrage direct par les français immatriculés dans les consulats.

Tous les autres sont élus dans le cadre d'un département (ou d'un territoire d'outre-mer). Le collège électoral comprend : les députés élus dans le département ; les conseillers généraux du département ; un certain nombre de conseillers régionaux désignés par le Conseil régional de la région dans le ressort de laquelle est situé le département ; et enfin les délégués des conseils municipaux qui sont l'élément principal de ce collège.

Les délégués sénatoriaux. — Étant donné la composition du collège électoral, il est évident que les délégués des municipalités y occupent une place prépondérante. Ils représentent en fait un peu plus de 95 % de l'effectif total. Or, pas plus que ceux qui élisaient les sénateurs de la IIIe République, ils ne sont en nombre proportionnel avec le chiffre de la population de la commune.

Le Code électoral (art. L. 284 et s.) établit en effet un tableau qui avantage les petites communes.

a) Jusqu'à 9 000 habitants, le nombre des délégués va de 1 à 15 suivant le nombre des conseillers municipaux.

b) Dans les communes de 9 000 habitants et plus ainsi que dans les communes de la Seine, tous les conseillers municipaux sont délégués de droit.

c) Enfin dans les communes de plus de 30 000 habitants, les conseils municipaux élisent des délégués supplémentaires à raison de 1 pour 1 000 habitants en sus de 30 000.

L'un des objectifs de la réforme présentée en 2000 par le Gouvernement Jospin était d'imposer une proportionnalité entre la population des communes et le nombre des délégués sénatoriaux : selon le projet de loi déposé par ce Gouvernement en 1999, chaque conseil municipal aurait désigné un délégué par tranche de 300 habitants ou fraction de tranche de 300 habitants. Cette réforme s'est heurtée à l'opposition du Sénat, ce qui n'a pas empêché son adoption par le Parlement, le Gouvernement ayant demandé à l'Assemblée nationale de statuer définitivement, conformément à l'article 45 de la Constitution (voir *infra*, Chapitre 3). Mais des sénateurs ont saisi le Conseil constitutionnel, qui a invalidé les dispositions modifiant la composition du collège électoral au motif que, pour les appliquer, les conseils municipaux des communes importantes eussent été obligés de choisir un grand nombre de délégués en dehors de leur sein et que ces délégués supplémentaires eussent alors constitué *« une part substantielle, voire dans certains départements une part majoritaire du collège des électeurs sénatoriaux »*. Or, selon le Conseil constitutionnel, pour que le Sénat puisse représenter véritablement les collectivités territoriales, comme le prévoit l'article 24 de la Constitution, il faut que ses électeurs soient eux-mêmes pour l'essentiel des membres des assemblées délibérantes de ces collectivités. Le recours à des délégués choisis en dehors de ces assemblées n'est donc admissible qu'à doses homéopathiques, comme dans le système actuel, et à titre de simple correctif pour atténuer les inégalités démographiques mais sans aller jusqu'à les supprimer (déc. nº 2000-431 DC du 5 juillet 2000).

Des suppléants sont également élus à raison de 3 quand le nombre des titulaires est égal ou inférieur à cinq. Ce chiffre est augmenté de 1 par 5 titulaires ou fraction de 5.

Dans les communes de moins de 3 500 habitants, les délégués et les suppléants sont élus individuellement au scrutin majoritaire à deux tours. Dans celles de 3 500 habitants ou plus, ils sont élus au scrutin de liste suivant le système de la représentation proportionnelle avec application de la règle de la plus forte moyenne sans panachage ni vote préférentiel.

Le rôle des suppléants est de remplacer les délégués en cas de refus ou d'empêchement de leur part. S'ils ont été élus individuellement, leur ordre est déterminé par le nombre de voix qu'ils ont obtenues. S'ils sont élus au scrutin de liste, il résulte de leur place sur la liste.

Dans les quatre jours qui suivent les élections, le tableau des électeurs sénatoriaux est rendu public. Un *recours* est ouvert à tous les membres du collège électoral. Il est porté devant le tribunal administratif dont la décision ne peut être contestée que devant le Conseil constitutionnel à l'occasion d'un recours dirigé contre l'élection d'un sénateur.

L'organisation de l'élection. — Les élections sénatoriales ont lieu tous les 3 ans à la fin du mois de septembre. Quant à l'élection des électeurs sénatoriaux, elle doit avoir lieu trois semaines au moins auparavant.

Les candidats sont tenus de faire une *déclaration de candidature* contenant des mentions analogues à celles de la déclaration exigée des candidats à l'Assemblée nationale (voir *supra*). Dans les départements où l'élection a lieu à la représentation proportionnelle, la liste doit comporter autant de noms qu'il y a de sièges à pourvoir.

Les règles relatives au remplaçant, à l'interdiction des candidatures multiples, à l'enregistrement des candidatures et à son contentieux sont les mêmes que celles qui régissent l'élection des députés.

La propagande électorale est prise en charge par l'État en ce qui concerne le prix du papier, de l'impression et de l'envoi des circulaires et bulletins de vote à condition que les candidats aient obtenu 5 % des suffrages en cas de scrutin proportionnel ou 10 % en cas de scrutin majoritaire. La loi prévoit des réunions électorales auxquelles ne peuvent participer que les membres du collège électoral et les candidats.

Jusqu'en 2000, les élections sénatoriales échappaient totalement à l'application des dispositions concernant l'encadrement financier des campagnes électorales car on pensait que le suffrage indirect suffisait à limiter le recours à la propagande et rendait donc inutile l'institution d'un plafond de dépenses. Elles continueront d'y échapper pour l'essentiel. Toutefois, la loi du 10 juillet 2000 précise que l'interdiction des contributions versées par une personne morale autre qu'un parti politique, ou par un État étranger, vaut pour les élections sénatoriales comme pour les autres élections.

Le vote des électeurs sénatoriaux est obligatoire.

Mode de scrutin. — La circonscription de base pour l'élection des sénateurs autres que ceux représentant les Français de l'étranger est le département (ou le territoire d'outre-mer). Mais le mode de scrutin varie en fonction du nombre de sièges de sénateur auquel a droit cette circonscription.

Jusqu'en 2000, l'élection avait lieu au scrutin majoritaire à deux tours dans les départements ayant droit à moins de cinq sièges de sénateurs, à la représentation proportionnelle sans panachage ni vote préférentiel dans ceux ayant droit à cinq sièges ou davantage. Sur 321 sénateurs, 98 seulement, c'est-à-dire moins d'un tiers, étaient élus à la représentation proportionnelle.

La loi du 10 juillet 2000, préparée par le Gouvernement Jospin et vivement combattue par le Sénat, avait décidé que la représentation proportionnelle s'appliquerait dans tous les départements élisant au moins 3 sénateurs, ce qui représentait alors les deux tiers environ des effectifs de la Haute Assemblée. Cette modification a profité à la gauche, qui a gagné une douzaine de sièges lors du renouvellement de septembre 2001.

Le seuil a été de nouveau modifié, à l'initiative du Sénat cette fois, par la loi 2003-697 du 31 juillet 2003. Désormais, la proportionnelle ne s'appliquera que dans les départements élisant au moins 4 sénateurs. Au total, 180 sénateurs seront élus à la représentation proportionnelle et 166 au scrutin majoritaire. Malgré le relèvement du seuil de la proportionnelle, la gauche a encore gagné 14 sièges lors du renouvellement de 2004. Le groupe UMP reste le plus nombreux mais il ne dispose plus de la majorité absolue des sièges.

Lorsque l'élection a lieu à la représentation proportionnelle, la législation sur la parité s'applique selon des modalités très strictes, chaque liste devant être composée alternativement d'un candidat de chaque sexe. Grâce à ce dispositif, à la suite des renouvellements de 2001 et 2004, le nombre de femmes siégeant à la Haute assemblée est passé de 20 à 56 (36). Bien que ce chiffre soit encore très éloigné de la parité, force est de constater que la féminisation a davantage progressé au Sénat (16,9 %) qu'à l'Assemblée nationale (12,5 %).

Lorsque l'élection a lieu au scrutin majoritaire, aucun dispositif n'est prévu pour favoriser la parité.

Des parlementaires de gauche en ont tiré argument pour soutenir que le relèvement du seuil d'application du scrutin proportionnel était contraire au 5e alinéa de l'article 3 C, ce relèvement risquant d'entraîner un recul de la parité. Mais le Conseil constitutionnel a rejeté cet argument en déclarant que les dispositions constitutionnelles sur la parité « *ne sauraient avoir pour effet de priver le législateur de la faculté qu'il*

---

(36) L'augmentation aurait normalement dû être plus importante. Mais, d'une part, il y avait peu de femmes en tête de liste et, d'autre part, pour échapper à ce dispositif, certains sénateurs soumis à renouvellement, qui auraient dû se trouver en troisième position derrière une femme sur la liste de leur parti, se sont présentés sous une étiquette indépendante, ce qui leur permettait de figurer en tête de liste.

tient de l'article 34 de la Constitution de fixer le régime électoral des assemblées parlementaires » (déc. n° 2003-475 DC du 24 juillet 2003).

Contentieux électoral. — Le contentieux des élections sénatoriales est jugé par le Conseil constitutionnel dans les mêmes conditions que celui des élections à l'Assemblée nationale (voir *supra*).

Le particularisme du recrutement sénatorial. Le mode actuel de recrutement des sénateurs se traduit par un double phénomène de surreprésentation au profit des régions faiblement urbanisées.

— En premier lieu, comme on l'a vu, au moins jusqu'à la réforme de 2003, les départements urbains étaient désavantagés par le mode de répartition des sièges.

— En second lieu, à l'intérieur même du cadre départemental, les petites communes sont mieux représentées que les grandes : pour s'en tenir aux cas extrêmes, une commune de 100 habitants aura droit à un délégué sénatorial pour ces 100 habitants alors qu'une commune de plus de 30 000 habitants aura droit approximativement à un délégué sénatorial par tranche de 1 000 habitants.

C'est pourquoi les membres de la Chambre haute sont parfois présentés comme « les élus du seigle et de la châtaigne », selon l'expression du politologue Maurice Duverger. Les défenseurs du Sénat sous sa forme actuelle ne contestent pas l'existence de ces inégalités, mais ils estiment qu'elles se justifient par le caractère particulier de la représentation sénatoriale qui s'appuie sur le nombre des communes et non sur celui des habitants (Cluzel, 1999a, 1999b). Ils ajoutent que le bicamérisme perdrait une partie de son sens si, comme en Italie, le mode de composition de la seconde Chambre était presque identique à celui de la première. Selon eux, la spécificité du recrutement sénatorial remplit une fonction stabilisatrice et le bicamérisme perdrait sa justification si le Sénat était un « clone » de l'Assemblée nationale.

À l'Assemblée nationale, d'une part, les groupes politiques sont assez nettement polarisés, c'est-à-dire qu'on peut presque toujours les rattacher soit à la droite, soit à la gauche ; d'autre part, les effectifs de ces groupes, lors des renouvellements, sont sujets à des variations brutales. Au Sénat, d'une part, cette polarisation est moins nette, beaucoup de sénateurs préférant se situer au centre et, d'autre part, les effectifs des groupes sont beaucoup plus stables. Les renouvellements trisannuels ne se traduisent en effet que par de légers rééquilibrages.

On dit souvent que le Sénat est dans l'ensemble plus à droite que l'Assemblée nationale. C'est exact si l'on compare la composition politique des deux assemblées sur une longue période. On constate alors en effet que la gauche socialo-communiste est parfois majoritaire à l'Assemblée nationale, alors qu'elle ne l'est jamais au Sénat. On constate également que, si beaucoup de sénateurs se définissent comme centristes, la plupart d'entre eux se rattachent au centre droit plutôt qu'au centre gauche. Mais ce n'est pas toujours vrai. Par exemple, sous la dixième législature (1993-1997), la gauche socialo-communiste était paradoxalement mieux représentée au Sénat (90 sièges sur 321, soit environ 28 %) qu'à l'Assemblée nationale (80 sièges sur 577, soit à peine 14 %).

Ce particularisme de la composition politique du Sénat s'explique par une série de facteurs, qui n'opèrent d'ailleurs pas tous dans le même sens : les effets amortisseurs de tout scrutin indirect, la prédominance des petites communes et des départements ruraux, généralement plus conservateurs, la relative stabilité des résultats des élections locales et le décalage entre les élections locales et les élections sénatoriales : une victoire à gauche aux élections locales peut se traduire par des élections sénatoriales favorables à la gauche quelques années plus tard.

En résumé, alors que le mode d'élection de l'Assemblée nationale accentue les effets des mouvements d'opinion, ce qui permet une alternance plus ou moins régulière entre la droite et la gauche, celui du Sénat les amortit.

Attributions. — Faisant partie du Parlement, le Sénat participe à l'exercice de toutes les compétences que la Constitution attribue à celui-ci. Il a donc le pouvoir législatif : ses membres ont *l'initiative* des lois sans les restrictions dont l'entourait la Constitution de 1946 ; il discute et *vote* les lois. Toutefois nous verrons (voir *infra*) que s'il est en désaccord sur un texte avec l'Assemblée nationale, l'article 45 institue une procédure qui peut, éventuellement, aboutir à l'adoption d'une loi qu'il n'aurait pas votée.

L'infériorité du Sénat se traduit aussi en ce que, s'il participe au contrôle parlementaire de l'activité gouvernementale, à la différence de ce qui se produisait sous la IIIe République, il ne peut pas sanctionner son contrôle par la mise en cause de la responsabilité du Gouvernement. Le droit de renverser celui-ci par un vote de censure est expressément réservé à l'Assemblée nationale.

Il existe néanmoins quelques domaines où le bicaméralisme est strictement égalitaire. Ainsi, le renvoi du Président de la République devant la Haute Cour nécessite l'accord de l'Assemblée nationale et du Sénat sur une résolution de mise en accusation. Surtout, les lois constitutionnelles ainsi que certaines lois organiques, dont celles relatives au Sénat (37),

(37) D'après l'article 25 de la Constitution, la loi organique relative au Sénat fixe la durée des pouvoirs de cette assemblée, le nombre de ses membres, leur indemnité, les conditions d'éligibilité, le régime des inéligibilités et des

doivent être adoptées dans les mêmes termes par les deux assemblées. Il est ainsi en mesure de s'opposer aux réformes qui lui déplaisent, notamment à celles qui seraient de nature à réduire son rôle, ou de subordonner son consentement à des réformes qui l'avantagent. C'est ce qu'il a fait notamment lors de la révision préalable à la ratification du traité de Maastricht pour obtenir que la loi organique déterminant les modalités du vote et de l'éligibilité des étrangers aux élections municipales ne puisse être adoptée qu'avec son accord (art. 88-3 C).

En cas de vacance de la Présidence de la République, les fonctions du Président, à l'exception de celles prévues aux articles 11 (référendum) et 12 (dissolution), sont provisoirement exercées par le Président du Sénat.

Pour revaloriser le rôle du Sénat, la loi constitutionnelle du 28 mars 2003 a modifié l'article 39 C en prévoyant que les projets de loi ayant pour principal objet l'organisation des collectivités territoriales ou la représentation des Français établis hors de France, lui seraient désormais soumis en premier.

Le problème de la réforme. — Pour importante qu'elle soit, la réforme de 2003 n'a résolu qu'une partie des problèmes. Elle a réduit les disparités de représentation entre départements, mais non celles entre communes à l'intérieur de chaque département.

Le mode d'élection des sénateurs est toujours considéré comme archaïque par une fraction importante de l'opinion (surtout à gauche). Certains politologues, comme M. Duverger, estiment que le suffrage indirect, sur lequel repose ce mode d'élection, est l'équivalent de ce qu'était autrefois le suffrage censitaire, car il aboutirait à la surreprésentation des tendances conservatrices et à la sous-représentation des tendances révolutionnaires ou réformatrices.

Telle était notamment l'opinion de l'ancien Premier ministre, L. Jospin, qui a déclaré que le Sénat français constituait une anomalie parmi les démocraties et qu'il le percevait comme une « survivance des chambres hautes aristocratiques » (*Le Monde*, 21 avril 1998).

C'est là seulement une façon de parler puisque tous les sénateurs sont élus au suffrage universel indirect. Comparé aux secondes Chambres des autres pays, il présente cependant une particularité : son mode de composition est fondé sur l'assise d'un grand nombre de petites collectivités territoriales alors que, dans la plupart des pays étrangers, la seconde

---

incompatibilités. Par contre, la répartition des sièges de sénateurs entre les départements et le mode de scrutin applicable relèvent du domaine de la loi ordinaire et peuvent donc éventuellement être modifiés sans l'accord du Sénat.

Chambre représente un petit nombre de grandes collectivités territoriales : par exemple, en Allemagne, en Suisse, en Italie, en Espagne, la seconde Chambre ne représente pas les collectivités de base, c'est-à-dire les communes, mais seulement les collectivités de niveau intermédiaire (Länder, cantons, provinces ou régions). Au contraire, le Sénat français représente principalement les collectivités de base puisque 95 % des membres de son collège électoral sont des délégués des conseils municipaux. Or il existe en France un très grand nombre de petites communes et la place qu'elles occupent au sein du collège électoral sénatorial est disproportionnée par rapport à leur poids démographique. Les inégalités de représentation au Sénat sont donc liées à une conception traditionnelle du bicamérisme, qui remonte aux origines de la IIIe République, et selon laquelle la seconde Chambre doit être « le grand conseil des communes de France ». Cette conception est liée à la défiance, traditionnelle en France depuis la Révolution, envers tous les corps intermédiaires et toutes les collectivités susceptibles de remettre en cause le principe de l'unité nationale. À cet égard, les communes apparaissent moins dangereuses que des collectivités plus vastes. D'autre part, une idée a longtemps dominé, selon laquelle ce ne sont pas tant les hommes que les territoires qui sont représentés au Sénat, ce qui justifierait une surreprésentation des communes les moins peuplées. Cette idée est néanmoins aujourd'hui remise en cause, au moins indirectement, par la jurisprudence du Conseil constitutionnel, selon laquelle la répartition des sièges doit être effectuée sur des bases démographiques (voir *supra*).

Toutefois, comme on l'a vu, la réforme du Gouvernement Jospin, qui attribuait à chaque commune un nombre d'électeurs sénatoriaux proportionnel à sa population, a échoué, en raison du contrôle exercé par ce même Conseil constitutionnel.

Si l'on voulait néanmoins supprimer les inégalités de représentation au Sénat, trois solutions pourraient être envisagées :

— Réviser la Constitution pour permettre l'adoption du projet Jospin, comme on l'a fait pour la parité hommes-femmes. Mais il faudrait pour cela obtenir l'accord du Sénat lui-même, sauf à employer la voie de l'article 11.

— Procéder à des regroupements communaux, afin qu'il y ait moins de petites communes. Mais on se heurterait vraisemblablement à la résistance des élus locaux et des populations locales.

— Privilégier la représentation des collectivités intermédiaires (départements, régions) comme à l'étranger, et non plus celle des collectivités de base (communes). Mais compte tenu du fait, déjà signalé, que depuis les débuts de la IIIe République, les délégués des conseils municipaux ont toujours constitué l'élément principal au sein du collège sénatorial, le Conseil constitutionnel pourrait estimer que ce mode de composition correspond à l'un des « principes fondamentaux reconnus par les lois de la République », et qu'une révision constitutionnelle serait donc nécessaire pour s'en écarter.

Sous-section 2
La protection de l'exercice du mandat parlementaire

Le mandat. — Le parlementaire est investi d'un mandat représentatif (voir *supra*). Son indépendance à l'égard des électeurs est théoriquement attestée par l'absence de toute procédure de révocation, soit par les électeurs, soit par le parti, ainsi que par la nullité du mandat impératif expressément édictée par l'article 27 de la Constitution. En fait, et selon l'évolution que nous avons relatée, l'indépendance de l'élu est relative car elle dépend de la rigueur de la discipline dans le parti auquel il appartient.

Le mandat est acquis par l'élection sous réserve de l'annulation par le Conseil constitutionnel. Il prend fin soit à l'expiration des pouvoirs de l'Assemblée (terme légal ou dissolution), soit selon une forme individuelle : décès, démission, déchéance ou nomination à une fonction gouvernementale (voir *supra*). La *démission* doit être acceptée par l'Assemblée à laquelle appartient le parlementaire ; elle peut être tacite lorsque le parlementaire a accepté une fonction incompatible avec son mandat. La *déchéance* est prononcée par le Conseil constitutionnel en conséquence d'une incapacité ou d'une indignité établies par la loi.

La situation du parlementaire se caractérise au point de vue juridique par un certain nombre d'avantages et de charges dont l'objet est de garantir la liberté de l'exercice du mandat en protégeant celui qui en est investi contre les pressions qui pourraient compromettre son indépendance.

§ 1. L'indemnité parlementaire

Le principe en a été admis par l'article 17 de la loi du 30 novembre 1875 ; sa justification réside dans l'exigence démocratique qui veut que chacun, quelle que soit sa situation de fortune, puisse accéder au Parlement. L'indemnité, en assurant une vie décente au parlementaire, doit le mettre à l'abri des corruptions.

Le chiffre de l'indemnité a été fixé par l'ordonnance du 13 décembre 1958 portant loi organique par référence au traitement dans la catégorie dite « hors échelle ». Elle est égale à la moyenne du traitement le plus bas et du traitement le plus élevé de cette catégorie (5231 euros mensuels en 2004). En outre les parlementaires perçoivent une indemnité de résidence, une indemnité de fonction égale au quart de l'indemnité principale, et une indemnité représentative de frais de mandat (6000 € mensuels en 2004).

L'indemnité parlementaire est, en principe, exclusive de toute autre rémunération publique. Des exceptions sont toutefois prévues, notamment en ce qui concerne les parlementaires titulaires d'un autre mandat électoral (maire, conseiller général, député européen, etc.) : le cumul d'indemnités est alors autorisé, mais seulement dans la limite d'une fois et demie l'indemnité parlementaire de base.

L'ordonnance prévoit que le bénéfice de l'indemnité de fonction dépend de la participation du parlementaire aux travaux de l'assemblée à laquelle il appartient. Les conditions d'allocation de cette « prime d'assiduité » sont fixées par le règlement de chaque assemblée. Mais en pratique, les dispositions prévoyant une amputation de l'indemnité en cas d'absences fréquentes ne sont pas appliquées (Camby et Servant, 2004, p. 55).

Les députés bénéficient d'avantages annexes, sous forme d'indemnités leur permettant de rémunérer une « aide dactylographique ». Ils peuvent engager trois collaborateurs choisis par eux, qui ont pour tâche de les assister dans l'exercice de leurs fonctions. Ce personnel est pris en charge par l'Assemblée. Moyennant un abonnement à tarif réduit, les parlementaires ont un droit de circulation sur tous les réseaux. Ils bénéficient de la franchise postale. Ils participent à une caisse de retraite, alimentée par leurs versements et une contribution de l'Assemblée, qui leur verse une pension lorsqu'ils n'exercent plus leur mandat, pension à laquelle ont également droit leur conjoint veuf et leurs enfants mineurs.

Les parlementaires ont longtemps bénéficié d'avantages fiscaux. Leur indemnité était supposée correspondre, pour une part importante, à des frais professionnels et c'est pourquoi elle n'était soumise à l'impôt sur le revenu que dans la proportion des 11/20. Mais ils ont finalement décidé de renoncer à ces avantages, qui avaient beaucoup contribué à entretenir dans l'opinion un certain antiparlementarisme. Toutefois, l'indemnité représentative de frais est toujours défiscalisée.

§ 2. Les incompatibilités et la limitation des cumuls

Sont dites « incompatibles » avec l'exercice du mandat parlementaire les occupations qui, aux termes de la loi, ne peuvent se cumuler avec lui. L'incompatibilité n'empêche pas le candidat d'être élu — en cela, elle se distingue de l'inéligibilité — elle l'oblige seulement à opter entre l'occupation incompatible et le mandat parlementaire.

La raison d'être des incompatibilités est d'empêcher que l'occupation, situation publique ou privée, des parlementaires vienne fausser leur rôle en tant que représentants de la nation.

Le régime des incompatibilités est fixé par les articles LO 137 et s. du Code électoral.

1. — Les mandats de député et de sénateur sont incompatibles entre eux. Les parlementaires ne peuvent faire partie du Conseil économique et social.

2. — Depuis la loi du 5 avril 2000, le mandat de membre du Parlement français est incompatible avec celui de représentant au Parlement européen (art. LO 137-1).

3. — Les fonctions de *membres du Conseil constitutionnel* sont incompatibles avec celles de parlementaire (art. 57 C).

4. — *Toutes les fonctions publiques non électives sont incompatibles* avec le mandat législatif (art. LO 142 C. élect.). Cette règle, traditionnelle en France depuis la Révolution de 1848, s'explique par une réaction contre la présence de nombreux fonctionnaires à la Chambre des députés de la Monarchie de Juillet. Ces députés subissaient des pressions de la part du Gouvernement, qui était maître de leurs carrières.

Cependant, à la différence des *Civil servants* britanniques, les fonctionnaires français ne sont pas obligés de démissionner pour exercer un mandat parlementaire. Ils sont placés dans une position dite de « détachement », qui leur permet de retrouver plus tard leur emploi au cas où ils ne seraient pas réélus.

En pratique, une grande partie des députés (de 30 à 50 % selon les législatures) sont des fonctionnaires détachés, ce qui s'explique aisément. La fonction publique leur a donné le goût de la chose publique, assuré une formation, laissé des facilités pour préparer leurs campagnes électorales et surtout elle fournit au fonctionnaire devenu parlementaire la garantie de retrouver au terme de son mandat un emploi de niveau au moins égal au cas où il ne serait pas réélu.

Par *exception*, sont compatibles avec le mandat législatif : *a)* les fonctions de ministre des cultes dans les départements du Haut-Rhin, du Bas-Rhin et de la Moselle (rétribuées par l'État en vertu du Concordat toujours en vigueur) ; *b)* les fonctions de professeur de l'enseignement supérieur ou de chargé de direction de recherches, dont l'avancement ne dépend pas du Gouvernement ; *c)* les missions temporaires données par le Gouvernement, à condition que leur durée n'excède pas six mois. Il y a là une exception très ancienne puisqu'elle remonte à 1848. Néanmoins elle est susceptible de donner lieu à des abus si la mission du parlementaire est systématiquement renouvelée de six mois en six mois.

L'exception traditionnelle qui permettait la compatibilité entre la fonction de ministre et celle de parlementaire a aujourd'hui disparu (voir *supra*).

L'exercice des fonctions conférées par un *État étranger* ou par une *organisation internationale* et rémunérées sur leurs fonds est également incompatible avec le mandat de député ou de sénateur (art. LO 143 C. élect.).

5. — *Les fonctions privées sont, au contraire, compatibles* en principe avec le mandat. Les incompatibilités ne sont en effet traditionnellement justifiées que par le souci de mettre les parlementaires à l'abri des pressions du Gouvernement, qui ne sont pas à redouter s'agissant de fonctions privées. On estime également que la compatibilité favorise la représentation de toutes les activités professionnelles au Parlement. Cependant certains scandales ayant fait apparaître ce que l'on a appelé la collusion de la politique et de la finance ont provoqué une atténuation du principe. Les lois du 30 octobre 1928 et 6 janvier 1950 avaient établi certaines incompatibilités. Leur nombre a été très sensiblement accru par l'ordonnance du 24 octobre 1958 et la loi de 1972, art. LO 146 du Code électoral.

Elle décide que *sont incompatibles avec le mandat parlementaire les fonctions de :*

a) Président, membre de conseil d'administration, directeur général et directeur général adjoint, exercées dans les entreprises nationales et établissements publics nationaux. Il en est de même de toute fonction exercée de façon permanente en qualité de conseil auprès de ces entreprises ou établissements.

b) Chef d'entreprise, président de conseil d'administration, administrateur délégué, directeur général, directeur général adjoint ou gérant exercées dans :

— Les sociétés, entreprises ou établissements jouissant, sous forme de garantie d'intérêts, de subventions ou sous une forme équivalente, d'avantages assurés par l'État ou par une collectivité publique, sauf dans le cas où ces avantages découlent de l'application automatique d'une réglementation générale.

— Les sociétés ayant exclusivement un objet financier et faisant publiquement appel à l'épargne et au crédit ; il a été jugé par le Conseil constitutionnel, à propos de la société « Bernard Tapie Finance » que cette incompatibilité est d'interprétation stricte. Elle ne s'applique donc pas lorsque l'objet social, tel que défini par les statuts, comprend aussi des activités non financières (déc. n° 89-91 du 6 mars 1990, *JO* 9 mars 1990, p. 2910).

— Les sociétés ou entreprises dont l'activité consiste principalement dans l'exécution de travaux, la prestation de fournitures ou de services pour le compte ou sous le contrôle de l'État, d'une collectivité ou d'un établissement public ou d'une entreprise nationale, ou dont plus de la moitié du capital social est constitué par des participations de sociétés ou entreprises ayant ces mêmes activités. Selon la jurisprudence du Conseil constitutionnel, cette incompatibilité subsiste même lorsqu'il s'agit d'une société ou entreprise sans but lucratif et lorsque les fonctions sont exercées à titre bénévole (déc. n° 89-81 du 7 nov. 1989, *Rec.* p. 94).

— Les sociétés à but lucratif dont l'objet est l'achat ou la vente de terrains destinés à la construction ou qui exercent une activité de promotion immobilière.

Comme les incompatibilités de l'article LO 146 C. élect. ont pour effet de restreindre les possibilités d'exercice d'un mandat électif, elles ne doivent pas être interprétées de manière extensive. Or l'article 146 vise les titulaires de certaines fonctions, mais non les actionnaires. Statuant sur le cas de Marcel Dassault, qui était actionnaire majoritaire de plusieurs sociétés de construction aéronautique travaillant pour le compte de l'État, le Conseil constitutionnel en a déduit que l'incompatibilité ne peut être étendue aux personnes qui, « détenant la propriété d'une partie, quelle qu'en soit l'importance, du capital d'une société », exercent les droits qui sont attachés à cette propriété. Mais l'incompatibilité réapparaîtrait s'il était prouvé que l'actionnaire majoritaire exerce *en fait*, directement ou par personne interposée, la direction de la société (déc. n° 77-51 du 18 oct. 1977, *Rec.* p. 81).

Des exceptions sont prévues à ces incompatibilités pour permettre aux membres des conseils généraux ou municipaux de représenter le département ou la commune dans des organismes d'intérêt régional ou local ou dans des sociétés d'économie mixte. Encore faut-il que les fonctions occupées dans ces conditions par les parlementaires ne soient pas rémunérées (art. LO 148).

c) Il est interdit à tout parlementaire d'accepter, en cours de mandat, une fonction de membre de conseil d'administration ou de membre de conseil de surveillance, ou toute fonction exercée de façon permanente en qualité de conseil dans l'un des établissements, sociétés ou entreprises visés ci-dessus.

d) Quant aux parlementaires exerçant la profession d'*avocat*, il leur est interdit d'accomplir, sauf devant la Haute Cour de justice, aucun acte de leur profession à l'occasion de poursuites exercées devant les juridictions répressives, de plaider ou de consulter pour le compte de l'une des sociétés, entreprises ou établissements visés ci-dessus ou contre l'État, les collectivités et établissements publics.

e) Enfin, il est interdit à tout parlementaire de faire ou de laisser figurer son nom suivi de l'indication de sa qualité dans toute publicité relative à une entreprise financière, industrielle ou commerciale.

La sanction des incompatibilités : la démission d'office. — À la différence de l'inéligibilité, l'incompatibilité n'affecte pas la validité de l'élection. Elle ne produit ses effets qu'une fois l'élection acquise.

Si lors de son élection, un parlementaire se trouve dans un cas d'incompatibilité, il doit dans les trente jours (38) qui suivent son entrée en fonction régulariser sa situation, c'est-à-dire renoncer à son mandat parlementaire ou se démettre de la fonction incompatible avec celui-ci. Toutefois, si l'élection est contestée, le délai de trente jours ne commencera à courir qu'à compter de la décision du Conseil constitutionnel constatant la validité de celle-ci.

Pour veiller au respect des incompatibilités, l'article LO 149, modifié par la loi organique du 19 janvier 1995, a prévu une procédure spéciale.

En premier lieu, dans le délai de trente jours, le parlementaire est tenu de déposer sur le bureau de l'assemblée à laquelle il appartient une déclaration certifiée sur l'honneur exacte et sincère comportant la liste des activités professionnelles ou d'intérêt général, même non rémunérées, qu'il envisage de conserver ou attestant qu'il n'en exerce aucune. En cours de mandat, il doit déclarer, dans les mêmes formes tout élément de nature à modifier sa situation initiale. S'il ne procède pas à cette déclaration (ou s'il remet une déclaration incomplète), il peut être déclaré démissionnaire, sans délai, par le Conseil constitutionnel à la demande du garde des Sceaux ou du bureau de l'assemblée.

En second lieu, s'il y a doute sur la compatibilité des fonctions ou activités exercées ou en cas de contestation à ce sujet, le bureau de l'assemblée, le garde des Sceaux ou l'intéressé lui-même saisit le Conseil constitutionnel qui apprécie souverainement. Si le Conseil constitutionnel

(38) Ce délai a été portée de 15 à 30 jours par la loi organique du 5 avril 2000.

décide qu'il y a incompatibilité, le parlementaire doit régulariser sa situation dans le délai de trente jours. À défaut, le Conseil constitutionnel le déclare démissionnaire d'office.

Il convient de noter que la sanction de la démission d'office n'est pas tout à fait automatique, le Conseil constitutionnel ne pouvant être saisi que par le bureau de l'assemblée, le garde des Sceaux ou l'intéressé lui-même. En pratique, certains cas litigieux peuvent donc échapper au contrôle du Conseil constitutionnel (39).

La démission d'office prononcée pour cause d'incompatibilité n'entraîne pas l'inéligibilité.

Le cumul des mandats. — À la différence des fonctions publiques non électives, les mandats électifs d'administration locale ne sont pas incompatibles avec le mandat parlementaire. Les parlementaires français ont toujours recherché ces mandats, non seulement parce qu'ils leur procurent certains avantages matériels, mais surtout parce qu'ils les aident à s'implanter durablement dans une circonscription. Avant la réforme de 1985, il n'était pas rare qu'un homme politique exerçât, parallèlement à son mandat de député ou de sénateur, plusieurs mandats locaux, et parfois même un mandat de représentant au Parlement européen.

L'avantage d'un tel cumul tient au fait que les parlementaires sont plus proches de leurs électeurs et qu'ils connaissent mieux le terrain, les réalités de la vie locale. Mais il n'en présente pas moins des inconvénients. D'une part, il est considéré comme l'un des facteurs permettant à une classe politique peu nombreuse (et jusqu'à l'intervention de la législation sur la parité presque exclusivement masculine) de monopoliser tous les mandats représentatifs, aussi bien au niveau local qu'au niveau national : les bénéficiaires de ce cumul peuvent en effet jouer d'une position locale pour se faire réélire dans une position nationale (ou l'inverse), ce qui ne favorise évidemment pas la rotation des mandats ; d'autre part, ces fonctions peuvent être très absorbantes surtout lorsqu'il s'agit de la direction d'un exécutif territorial (maire, président d'un

(39) Ainsi B. Tapie, député des Bouches-du-Rhône, avait diffusé auprès des épargnants, à l'occasion de l'introduction en bourse de l'une de ses sociétés, des documents faisant état de sa qualité de parlementaire, ce qui est formellement interdit par l'article L. 150 C. élect. (voir *supra*). Eut-il été saisi par l'une des deux autorités compétentes, le Conseil constitutionnel n'aurait sans doute pas pu éviter de le déclarer démissionnaire d'office. Mais le bureau de l'Assemblée nationale et le garde des Sceaux, estimant que B. Tapie avait peu d'expérience en tant que parlementaire et que sa faute n'était pas intentionnelle, n'ont pas cru devoir saisir le Conseil. La requête déposée directement par un électeur a été jugée irrecevable (déc. n° 89-101 du 1er févr. 1990, *JO* 2 février 1990, p. 1418).

conseil général ou d'un conseil régional). C'est pourquoi le cumul des mandats est généralement considéré comme l'une des causes, voire même la cause principale, de l'absentéisme parlementaire qui sévit en France depuis longtemps.

Sans aller jusqu'à interdire le cumul des mandats, car il paraissait trop profondément ancré dans les mœurs politiques françaises, on a tenté de le limiter (loi organique nº 84-1405 du 30 décembre 1985). La portée de ces limitations a été un peu étendue par la loi organique du 5 avril 2000. Désormais, il est interdit à un député ou un sénateur de cumuler son mandat parlementaire avec plus d'un seul des mandats énumérés ci-après : conseiller général, conseiller régional, conseiller de Paris, conseiller à l'Assemblée de Corse, conseiller municipal d'une commune de plus de 3 500 habitants (art. LO 141 C. élect.).

La sanction de ces règles est organisée selon les mêmes principes que celle des incompatibilités. Deux situations doivent être distinguées : 1) Le parlementaire qui, lors de son élection, détient déjà au moins deux des mandats ou fonctions visés à l'article LO 141, doit régulariser sa situation dans les trente jours qui suivent son entrée en fonction ou, en cas de contestation de l'élection, la décision du Conseil constitutionnel. À défaut, il pourra être déclaré démissionnaire d'office par le Conseil constitutionnel à la demande du bureau de son assemblée ou du garde des Sceaux. 2) Tout parlementaire qui, détenant déjà l'un des mandats ou fonctions énumérés à l'article LO 141, en acquiert un second, dispose d'un délai de trente jours pour régulariser sa situation. À défaut d'option dans ce délai, le mandat ou la fonction acquis à la date la plus récente prend fin de plein droit.

Sur le fond, ce système n'est pas très sévère puisqu'il permet tout de même de cumuler le mandat parlementaire avec au moins un mandat local, quelle que soit l'importance de ce dernier. Les statistiques montrent que le cumul est extrêmement répandu : en 2003, à peine 10 % des députés et 15 % des sénateurs ne détenaient aucun mandat local. Et 60 % environ des députés et des sénateurs étaient chefs d'un exécutif territorial (maire, président d'un conseil général ou président d'un conseil régional). Cette situation est propre à la France : à l'étranger, même quand le cumul du mandat parlementaire avec un mandat local n'est pas formellement interdit, il est relativement rare (Caille, 2000).

Le projet de loi organique déposé en 1998 par le Gouvernement Jospin prévoyait une incompatibilité totale entre le mandat parlementaire et la fonction de chef d'un exécutif territorial. Mais, sur ce point particulier, il s'est heurté à une résistance très ferme du Sénat, la majorité des membres de cette assemblée estimant qu'il serait illogique de leur interdire de diriger l'exécutif d'une collectivité territoriale, alors que, selon l'article 24 de la Constitution, leur rôle consiste précisément à représenter ces collectivités. Comme le régime des incompatibilités relève du domaine de la loi organique, ces mesures ne pouvaient être adoptées qu'avec l'accord du Sénat *pour autant qu'elles concernaient les sénateurs*. Plutôt que d'instituer un régime d'incompatibilités propre aux députés, le Gouvernement a préféré renoncer au moins provisoirement à cette réforme.

La loi organique du 5 avril 2000 a donc dû se borner d'une part, à établir une incompatibilité entre le mandat de membre du Parlement français et celui de représentant au Parlement européen (ce qui ne changeait pas grand chose à la situation existante (40) et, d'autre part, à soumettre à la limitation des cumuls tous les mandats municipaux des communes de plus de 3 500 habitants, alors qu'auparavant seules étaient visées les fonctions de maire des communes de plus de 20 000 habitants.

§ 3. La situation patrimoniale des parlementaires

Les parlementaires sont tenus de déposer une première déclaration de leur situation patrimoniale en début de mandat (dans les quinze jours suivant leur entrée en fonction) et une deuxième en fin de mandat (deux mois au plus tôt et un mois au plus tard avant la date normale d'expiration de ce mandat ou, en cas de dissolution de l'Assemblée nationale ou de cessation du mandat pour une cause autre que le décès, dans les quinze jours qui suivent la fin de ces fonctions). Le manquement à cette obligation est sanctionné par une inéligibilité dont la durée est fixée à un an, et qui entraîne évidemment la démission d'office (41).

De même qu'en ce qui concerne les membres du Gouvernement, ces déclarations doivent rester confidentielles. Elles ne peuvent être communiquées qu'à la demande expresse du déclarant ou sur requête des autorités judiciaires.

La Commission pour la transparence financière de la vie politique effectue le même travail sur les déclarations patrimoniales des parlementaires que sur celles émanant des membres du Gouvernement : elle vérifie si la variation des situations patrimoniales en cours de mandat

(40) À la date de l'entrée en vigueur de la loi, seuls deux membres du Parlement français siégeaient au Parlement de Strasbourg, voir Caille, 2000, p. 1706.

(41) La procédure est fixée par l'article LO 136-1 C. élect. : la Commission pour la transparence financière de la vie politique saisit le bureau de l'assemblée, qui lui-même saisit le Conseil constitutionnel.

ne présente aucune anomalie ; au cas où des anomalies seraient décelées, elle pourrait demander des explications au parlementaire intéressé.

Rappelons que cette Commission doit établir tous les trois ans un rapport qui est publié au *Journal officiel*, mais qui respecte la confidentialité des déclarations puisqu'il ne peut contenir aucune indication nominative quant à l'état des patrimoines.

Ces dispositions sont d'une efficacité discutable dans la lutte contre la corruption, dans la mesure où il n'existe pas de contrôle, ni de sanction véritables. Toutefois, compte tenu du faible pouvoir de décision des parlementaires, considérés individuellement, ils ne semblent pas constituer la cible favorite des corrupteurs.

§ 4. Les immunités parlementaires

Ce sont des privilèges qui, à travers le parlementaire, garantissent le libre exercice du mandat en le protégeant contre les poursuites judiciaires intentées soit par le Gouvernement, soit par les particuliers. Ces immunités sont de deux sortes : l'irresponsabilité et l'inviolabilité.

L'irresponsabilité parlementaire. — « *Aucun membre du Parlement ne peut être poursuivi, recherché, arrêté, détenu ou jugé à l'occasion des opinions ou votes émis par lui dans l'exercice de ses fonctions* » (art. 26 C). « *Les reproductions de discours et les comptes rendus exacts et de bonne foi ne peuvent pas faire l'objet de poursuite contre les journaux ou contre les auteurs des comptes rendus* » (L. 29 juillet 1881, L. 6 janvier 1950, art. 21). Le fondement de cette irresponsabilité est ainsi d'empêcher que le parlementaire ne soit paralysé par la crainte des responsabilités que pourrait lui faire encourir l'exercice de son mandat.

Ce fondement explique *l'étendue de l'irresponsabilité*.

a) d'abord, elle est perpétuelle et survit à l'expiration du mandat ;

b) ensuite, elle couvre tous les actes de la fonction parlementaire (votes, discours, rapports, enquêtes), mais elle ne couvre qu'eux. Le parlementaire retombe sous l'application du droit commun dès que l'acte n'est plus motivé par l'exercice direct de la fonction (par exemple s'il publie des articles calomnieux dans un journal). Le Conseil constitutionnel a jugé que l'irresponsabilité ne pouvait pas non plus être étendue aux actes accomplis par un parlementaire dans le cadre d'une mission temporaire qui lui a été confiée par le Gouvernement. En effet, une telle mission pourrait aussi bien être confiée à une personne non-membre du Parlement, et elle est donc dépourvue de tout lien juridique avec la fonction parlementaire (déc. n° 89-262 DC du 7 nov. 1989, *Rec.* p. 90) ;

c) enfin, elle protège le parlementaire aussi bien contre les poursuites civiles que contre les poursuites pénales.

L'inviolabilité parlementaire. — L'inviolabilité est une protection de la liberté physique et intellectuelle des parlementaires. À défaut de cette protection, ils pourraient soit être physiquement empêchés de délibérer et de voter, par exemple par une arrestation, soit intimidés par la menace de poursuites pénales. Les poursuites contre lesquelles il s'agit de protéger les parlementaires sont celles qui visent les actes étrangers à la fonction, puisque ceux qui s'y rattachent sont couverts par l'irresponsabilité. En outre, ce sont seulement les poursuites répressives pour crime ou délit, mais non les poursuites civiles ou pour contravention, qui ne sont pas jugées suffisamment graves pour gêner le parlementaire dans l'exercice de son mandat.

Si la protection est nécessaire, c'est que les poursuites ou les arrestations pourraient être inspirées par des mobiles politiques. Elle ne doit toutefois pas conduire à mettre les parlementaires à l'abri des poursuites et des arrestations justifiées, ni à leur conférer un privilège exorbitant. Le régime de l'inviolabilité est toujours un compromis entre ces deux objectifs. Il a été sensiblement modifié par la loi constitutionnelle du 4 août 1995, qui a donné à l'article 26 de la Constitution une nouvelle rédaction.

Le système antérieur à 1995 était inspiré de la Constitution de 1875 (voir *supra*, Troisième Partie). Il reposait sur les principes suivants. Tout d'abord la Constitution faisait deux distinctions, dont une seule subsiste. La première, qui a disparu, opposait les périodes de sessions, pendant lesquelles la liberté d'exercer le mandat était strictement garantie, et les périodes hors session. La seconde, celle qui subsiste, concernait uniquement la période hors session, et elle opposait les poursuites, moins menaçantes et contre lesquelles la protection était par conséquent moins nécessaire, et les arrestations. Par ailleurs, la protection était organisée selon un système d'autorisation préalable.

Il en découlait le régime suivant : pendant la durée des sessions, les parlementaires ne pouvaient être arrêtés ou poursuivis qu'avec l'autorisation de l'assemblée dont ils faisaient partie, sauf cas de flagrant délit, parce qu'alors l'arbitraire n'était pas à redouter. Hors session, ils n'étaient pas protégés contre les poursuites, mais seulement contre les arrestations. Les poursuites pouvaient s'exercer sans contrôle et les arrestations nécessitaient l'autorisation du bureau. Enfin, dans tous les cas, l'assemblée pouvait ordonner la suspension des poursuites ou de la détention.

Aux yeux des auteurs de la réforme, ce système présentait trois défauts principaux : alors que l'inviolabilité doit protéger non la personne des parlementaires, mais l'exercice de leur mandat, ce dispositif paraissait les favoriser et leur permettre de se soustraire à l'application normale de la loi pénale ; en deuxième lieu, le débat sur l'autorisation des poursuites portait nécessairement sur les faits reprochés aux parlementaires poursuivis, de sorte qu'il apparaissait comme un préjugement sur la culpabilité ; en troisième lieu, du fait de l'allongement de la session ordinaire, les parlementaires seraient restés presque toute l'année à l'abri des poursuites, sauf autorisation donnée par l'assemblée.

La loi constitutionnelle de 1995 vient donc supprimer toute autorisation préalable pour les poursuites. Celles-ci peuvent désormais être engagées contre les parlementaires comme contre n'importe quelle personne, pourvu qu'elles ne visent pas des actes liés à la fonction, couverts par l'irresponsabilité.

Pour ce qui concerne les arrestations et d'une manière générale, pour toutes les mesures privatives de liberté, comme le contrôle judiciaire, le nouvel article 26 de la Constitution supprime l'autorisation préalable de l'assemblée. Désormais, il suffit d'une autorisation préalable du bureau, qui n'est évidemment pas nécessaire en cas de flagrant délit ou de condamnation définitive.

Il maintient la possibilité pour l'assemblée d'ordonner la suspension de la détention, des mesures privatives de liberté ou des poursuites, mais seulement pour la durée de la session.

Enfin, point important, si le Parlement n'est pas en session, l'assemblée intéressée est réunie de plein droit, c'est-à-dire sans qu'il soit nécessaire de la convoquer, pour requérir le cas échéant la suspension des poursuites.

Ainsi, le nouvel article 26 renverse-t-il en quelque sorte la présomption que les poursuites ou l'arrestation ont été ordonnées avec des intentions malignes, présomption qui justifiait l'exigence de l'autorisation préalable. Désormais, la présomption est que les poursuites ou l'arrestation interviennent dans le cadre d'une action pénale ordinaire, si bien qu'une autorisation préalable n'est pas du tout nécessaire pour les poursuites et que l'autorisation donnée par le bureau pour les arrestations est suffisante. L'assemblée tout entière ne doit se prononcer que s'il y a lieu de renverser cette présomption.

§ 5. Les obligations militaires

Les obligations militaires des parlementaires sont régies par l'ordonnance du 17 novembre 1958 relative au fonctionnement des assemblées parlementaires (art. 10 et 11).

En *temps de paix* les députés et les sénateurs ne peuvent accomplir aucun service militaire pendant les sessions, si ce n'est de leur propre consentement (42). Mais, dans ce dernier cas, ils ne peuvent participer aux délibérations de leur assemblée ou prendre part aux votes, si ce n'est pas délégation.

En cas de mobilisation, les parlementaires demeurent en fonction. Toutefois ceux qui appartiennent à la disponibilité ou à la première réserve sont astreints à suivre intégralement les obligations de leur classe de mobilisation. Les autres peuvent demander à être mobilisés ou contracter un engagement sans être tenus de donner leur démission de député ou de sénateur.

C'est à l'Assemblée qu'il appartient de déterminer les conditions d'exercice de leur mandat par les parlementaires mobilisés.

Sous-section 3
Organisation et fonctionnement des Chambres

Jusqu'en 1958, les assemblées parlementaires françaises jouissaient à cet égard d'une grande liberté. La Constitution étant presque muette sur ce sujet, chaque assemblée fixait elle même par son règlement les règles essentielles de son organisation et de son fonctionnement. Et comme ces règlements ne faisaient l'objet d'aucun contrôle externe, une assemblée pouvait même parfois, par ce biais, tenter de remettre en cause un principe posé la Constitution.

Il en va différemment sous la Ve République car les constituants poursuivaient un objectif de rationalisation du parlementarisme.

En premier lieu, toute une série de matières, qui étaient autrefois régies par les seuls règlements des assemblées, le sont aujourd'hui par la Constitution elle-même ou par une loi organique : il en est ainsi notamment de la durée du mandat du Président de chaque assemblée parlementaire (art. 32 C), du nombre des commissions (art. 43 C), des modalités de vote (art. 27 C), de l'établissement de l'ordre du jour (art. 48 C), du déroulement des débats (art. 42 et 44 C).

---

(42) Du fait de la professionnalisation des armées, le problème d'un service obligatoire ne devrait plus se poser.

En second lieu, avant leur mise en application, les règlements des assemblées sont obligatoirement soumis au Conseil constitutionnel qui contrôle leur conformité à la Constitution (art. 61 al. 1 C). Il ne leur est donc plus possible de se soustraire par ce biais aux contraintes imposées par la Constitution ou une loi organique.

Il ne faudrait cependant pas croire que les assemblées parlementaires sont enfermées dans un carcan rigide. Elles bénéficient toujours, à certains égard, d'une assez large autonomie : elles administrent elles-mêmes leurs services ; elles disposent d'un personnel qui leur est propre ; elles fixent elles-mêmes le montant des crédits qui leur sont alloués chaque année (principe de l'autonomie budgétaire). Par ailleurs, quelques-unes des contraintes que l'on avait imposées aux assemblées parlementaires en 1958 ont été atténuées ou même supprimées par la révision constitutionnelle du 4 août 1995.

§ 1. Les sessions

Les sessions sont les périodes de l'année pendant lesquelles le Parlement peut se réunir et exercer la plénitude de ses attributions.

Dans un but de rationalisation du parlementarisme, afin d'empêcher les assemblées de harceler continuellement le Gouvernement, l'article 28 de la Constitution de 1958 avait prévu à l'origine un régime de sessions courtes.

Il y avait chaque année deux sessions ordinaires de plein droit : la première, qui était principalement consacrée à l'examen et au vote du budget, s'ouvrait le 2 octobre et sa durée était de 80 jours. Elle se terminait donc normalement juste avant les fêtes de Noël. La seconde s'ouvrait le 2 avril et sa durée ne pouvait excéder 90 jours ; elle se terminait donc fin juin ou début juillet (43).

Les deux sessions ordinaires ne représentaient au total qu'une durée maximum de 170 jours, c'est-à-dire un peu moins de la moitié de l'année.

À l'expérience, on a constaté que, compte tenu de la lourdeur du travail législatif, cette durée était presque toujours insuffisante. On était donc obligé de convoquer chaque année au moins une session extraordinaire, ce qui nécessitait l'intervention du Président de la République (voir *infra*). D'autre part, pendant la durée des sessions ordinaires, les séances étaient programmées sur la plupart des jours ouvrables, afin

(43) Si le 2 octobre ou le 2 avril tombait un jour férié, l'ouverture de la session était reportée au premier jour ouvrable qui suivait.

d'utiliser au maximum le temps disponible. Mais les parlementaires tenant à être présents dans leur circonscription, où la plupart d'entre eux détiennent par ailleurs un mandat d'administration locale (voir *supra*), l'assiduité était généralement fort médiocre. Au même titre que le cumul des mandats, le régime des sessions courtes était généralement considéré comme l'une des causes de l'absentéisme parlementaire.

Pour remédier à ces inconvénients, plusieurs propositions qui tendaient, afin de renforcer dans une certaine mesure le Parlement, à instaurer une session parlementaire unique d'une durée relativement longue, avaient été présentées, notamment en 1990 par Laurent Fabius, en sa qualité de Président de l'Assemblée nationale, ou encore en 1993 par le Comité consultatif pour la révision de la Constitution. Après les élections législatives de mars 1993, le nouveau Président de l'Assemblée nationale, Philippe Séguin, s'y était déclaré favorable.

Ces idées ont inspiré la révision constitutionnelle du 4 août 1995 qui a modifié l'article 28 C. Désormais, « *Le Parlement se réunit de plein droit [c'est-à-dire sans qu'il soit besoin de le convoquer] en une session ordinaire qui commence le premier jour ouvrable d'octobre et prend fin le dernier jour ouvrable de juin* ».

La durée totale de la session ordinaire unique est donc approximativement de 270 jours, ce qui représente un gain de 100 jours environ par rapport au système précédent. Toutefois, d'après l'alinéa 2 du nouvel article 28 C : « *Le nombre de jours de séance que chaque assemblée peut tenir au cours de la session ordinaire ne peut excéder 120* ». Cette limitation a été prévue pour répondre aux vœux des députés et des sénateurs, qui souhaitaient pouvoir consacrer à leur circonscription les débuts et les fins de semaine. Il s'agit d'ailleurs d'une limitation indicative et non pas véritablement impérative car, en cas de besoin, la tenue de jours supplémentaires de séance peut toujours être décidée soit par le Premier ministre après consultation du Président de l'assemblée concernée, soit par la majorité des membres de chaque assemblée (art. 28 al. 3 C).

Mais en pratique, dans l'une et l'autre assemblée, le nombre de jours de séance au cours de la session ordinaire est généralement inférieur à 120.

Pendant la durée de la session ordinaire unique, chaque assemblée dispose désormais d'une large autonomie pour organiser son propre travail. Les semaines de séances sont fixées par chaque assemblée (art. 28 al. 2). Quant aux jours et aux horaires des séances, ils sont déterminés par le règlement de chaque assemblée (art. 28 al. 4). Les nouveaux règlements adoptés à la suite de la réforme ont regroupé les jours de séance en milieu de semaine (c'est-à-dire sur les mardi, mercredi et jeudi), sous réserve des jours supplémentaires dont la tenue peut être décidée dans les conditions ci-dessus indiquées (Luchaire, 1996).

L'expérience des dix premières années d'application de la réforme montre que la session continue a favorisé un certain développement du contrôle parlementaire, le temps consacré par chaque assemblée aux questions orales étant un peu plus long qu'auparavant. Parmi ses effets bénéfiques, il faut également noter un allongement du délai moyen entre le dépôt d'un projet de loi et son adoption définitive, ce qui permet un meilleur examen des textes et ce qui explique que le Gouvernement ait moins souvent recours à la procédure d'urgence. En revanche, contrairement à certaines espérances, et bien que les jours de séance aient été regroupés en milieu de semaine, comme le souhaitaient la plupart des parlementaires, il ne semble pas que l'assiduité ait beaucoup augmenté.

Par ailleurs, comme l'a fait observer le Président du Conseil constitutionnel, Pierre Mazeaud, dans ses vœux au Président de la République le 3 janvier 2005, « le fait que les assemblées se réunissent tout au long de l'année pousse à légiférer ». On peut donc se demander si la réforme de 1995 n'a pas contribué au phénomène de l'inflation législative. De plus en plus de lois sont votés chaque année, de plus en plus d'amendements sont déposés et adoptés (Camby et Servant, 2004, p. 14). C'est ce qui explique qu'en dépit de sa durée, la session unique s'avère généralement trop courte pour l'accomplissement du travail parlementaire. En 2002, 24 projets de loi ont dû être adoptés en session extraordinaire, 15 en 2003.

En dehors de la période couverte par la session ordinaire, c'est-à-dire pendant les mois de juillet, août et septembre, une session extraordinaire peut être demandée soit par le Premier ministre, soit par la majorité des membres composant l'Assemblée nationale. Qu'elle émane du Premier ministre ou de la majorité des membres composant l'Assemblée nationale, la demande doit préciser l'ordre du jour de la session extraordinaire projetée, c'est-à-dire les questions dont le Parlement aura à débattre. Mais, d'après l'article 30 de la Constitution, la session extraordinaire doit être ouverte par décret du Président de la République. Or, du général De Gaulle à F. Mitterrand, le Président de la République s'est toujours reconnu un pouvoir d'appréciation quant à l'opportunité de la session extraordinaire, compte tenu de l'ordre du jour envisagé (44).

(44) En mars 1960, le général De Gaulle, Président de la République, a refusé de convoquer une session extraordinaire demandée par 287 députés qui auraient souhaité pouvoir débattre des problèmes agricoles. Il estimait que cette session, qui avait été demandée sous la pression des organisations professionnelles, n'était compatible ni avec l'esprit des institutions, ni avec le fonctionnement régulier des pouvoirs publics auquel doit veiller le chef de l'État (art. 5 C). À l'époque, cette position avait été vivement critiquée par l'opposition au motif, d'une part, qu'elle paraissait contraire à la lettre des articles 29 et 30 et, d'autre part, qu'elle

Si la session extraordinaire a eu lieu à la demande des membres de l'Assemblée nationale, elle est close par décret du Président de la république dès que le Parlement a épuisé l'ordre du jour pour lequel il a été convoqué, et au plus tard douze jours après la date de son ouverture. Seul le Premier ministre peut demander une nouvelle session avant l'expiration du mois qui suit le décret de clôture.

Les dispositions concernant la convocation des sessions extraordinaires n'ont pas été modifiées par la révision constitutionnelle du 4 août 1995. Ainsi qu'on l'a déjà noté, en période de cohabitation, elles constituent l'un des moyens permettant au Président de la république de faire pression sur le Gouvernement (45)

Lorsque l'article 16 est mis en application ou lorsque l'Assemblée nationale est dissoute, une session extraordinaire a lieu de plein droit, c'est-à-dire sans qu'il soit nécessaire de le demander et sans que le Président de la République ait à signer un décret de convocation. Elle s'ouvre immédiatement dans le premier cas, le deuxième jeudi qui suit le jour de l'élection dans le second.

§ 2. Les organes du travail parlementaire

Les Chambres sont des assemblées nombreuses : elles ne peuvent faire œuvre utile qu'à condition de se soumettre à une discipline et d'aborder méthodiquement leur tâche. Discipline et méthode impliquent l'existence d'organismes chargés soit de diriger, soit de préparer le travail parlementaire.

Ces organismes sont le bureau, au sein duquel le rôle essentiel est tenu par le Président, les groupes parlementaires et les commissions.

1. Le bureau

Organisation et rôle du bureau. — Le bureau est une autorité collective, élue par l'assemblée et chargée de la direction des travaux parlemen-

---

s'inspirait d'une conception très restrictive des droits du Parlement. Mais elle semble aujourd'hui admise par les principales familles politiques, F. Mitterrand lui-même s'étant référé au précédent de 1960 durant la première cohabitation. Sur ce point comme sur beaucoup d'autres, la réforme de 1962 instaurant l'élection présidentielle au suffrage direct a facilité l'acceptation d'une conception active de l'arbitrage présidentiel.

(45) En période de cohabitation, le Président Mitterrand n'acceptait de convoquer une session extraordinaire demandée par le Premier ministre que moyennant une négociation concernant l'ordre du jour de cette session (voir *supra*).

taires et de l'organisation matérielle des services de la Chambre. Les fonctions et l'organisation du bureau sont sensiblement les mêmes au Sénat et à l'Assemblée nationale.

Tandis que la Constitution de 1946 lui attribuait un rôle constitutionnel en le chargeant notamment de contrôler l'action du cabinet lorsque la Chambre était en vacances, les constituants de 1958 n'ont pas voulu étendre ses compétences au-delà de ses fonctions techniques. Dans ces conditions, la Constitution pouvait se désintéresser de son mode de désignation qu'elle laisse le soin de fixer au règlement de l'assemblée. Aux termes des articles 9 et 10 de celui-ci, une distinction est faite entre le Président (voir *infra*) et les autres membres du bureau. Ces derniers, c'est-à-dire 6 vice-présidents, 3 questeurs et 12 secrétaires à l'Assemblée nationale et, au Sénat 4 vice-présidents, 8 secrétaires et 3 questeurs, sont élus au début de chaque législature et renouvelés chaque année, à la séance d'ouverture de la première session ordinaire. L'élection a lieu au scrutin plurinominal majoritaire en s'efforçant de reproduire au sein du Bureau la configuration politique de l'Assemblée. Pratiquement, une entente entre les groupes répartit les différents sièges. Au Sénat, les vice-présidents et les questeurs sont élus tous les trois ans après chaque renouvellement partiel.

Les vice-présidents partagent avec le Président la tâche de diriger les débats. Les questeurs dirigent l'administration de l'assemblée (personnel, locaux, matériel). Les secrétaires contrôlent la rédaction des procès-verbaux des séances qui sont établis par les sténographes.

Le bureau est une autorité collégiale qui, outre ses attributions administratives relatives au fonctionnement matériel de la Chambre, exerce certaines compétences politiques : c'est lui notamment qui décide de la recevabilité des propositions de résolution portant mise en accusation devant la Haute Cour de Justice (voir *infra*, Section 4) ; c'est lui également qui apprécie la recevabilité financière des propositions de loi et des amendements (voir *infra*, Chapitre 3).

La présidence des assemblées (Martin, 1996). — Malgré l'effacement relatif du Parlement, la présidence des assemblées demeure une institution importante.

Sous les régimes précédents, les Présidents des deux assemblées étaient soumis chaque année à réélection alors que l'article 32 de l'actuelle Constitution leur assure une certaine permanence : le Président de l'Assemblée nationale est élu pour la durée de la législature (c'est-à-dire pour 5 ans sauf en cas de dissolution) ; celui du Sénat est élu après chaque renouvellement partiel (c'est-à-dire pour 3 ans). L'élection a lieu au scrutin secret. Aux deux premiers tours, un candidat ne peut être élu que s'il obtient la majorité absolue des suffrages exprimés. Au troisième tour, la majorité relative suffit.

En pratique, la présidence du Sénat change moins souvent de titulaire que celle de l'assemblée. En effet, la composition politique de la seconde Chambre étant relativement stable, c'est souvent le même Président qui est réélu à la suite d'un renouvellement partiel. De 1958 à 2005, on compte 12 Présidents de l'Assemblée nationale et seulement 4 Présidents du Sénat.

Paradoxalement, la rationalisation du parlementarisme a mis en valeur le rôle des Présidents en les associant à certaines des procédures qui tendent à imposer aux assemblées le respect de la Constitution.

Par exemple lorsque, au cours de la procédure législative, le Gouvernement oppose l'irrecevabilité à une proposition ou un amendement qui empiéterait sur le domaine réglementaire, le Conseil constitutionnel peut être saisi mais seulement en cas de désaccord entre le Gouvernement et le Président de l'assemblée intéressée (art. 41 C). Il suffit donc de l'accord de celui-ci pour que l'irrecevabilité prenne automatiquement effet.

De même, les Présidents des assemblées peuvent saisir le Conseil constitutionnel dans le cadre de l'article 61 al. 2 (contrôle des lois) ou de l'article 54 (contrôle des engagements internationaux). C'est ainsi sur la saisine du Président du Sénat que le Conseil constitutionnel a rendu le 16 juillet 1971 la décision fondatrice de sa jurisprudence relative aux libertés publiques, décision par laquelle il s'est reconnu compétent pour sanctionner les atteintes aux principes posés la Déclaration de 1789 ou le Préambule de 1946. Mais, sur le plan politique, cette prérogative a perdu une partie de son importance depuis que le Conseil constitutionnel peut également être saisi par soixante députés ou soixante sénateurs (voir *infra*, Chapitre 4).

Les Présidents des assemblées exercent une influence déterminante sur la composition même du Conseil constitutionnel puisque le choix des deux tiers de ses membres relève de leur compétence (art. 56 al. 1 C). Et comme le mode de composition du Conseil constitutionnel a servi de modèle pour d'autres institutions, les Présidents des assemblées désignent également une partie des membres du Conseil supérieur de la magistrature (voir *infra*, Chapitre 4) et de certaines autorités administratives indépendantes, comme le Conseil supérieur de l'audiovisuel.

Par ailleurs, le Président de la République doit obligatoirement recueillir l'avis des Présidents des assemblées parlementaires avant de prendre la décision de dissoudre l'Assemblée nationale (art. 12 C) ou de mettre en application l'article 16. Toutefois, dans un cas comme dans l'autre, leur accord n'est pas nécessaire.

Sous la IVe République, le Président de l'Assemblée nationale était chargé d'assurer l'intérim des fonctions du Président de la République en cas d'empêchement, de décès ou de démission (art. 41) et celle du Président du conseil en cas de dissolution précédée d'une motion de censure (art. 52). La Constitution de 1958 n'a rien prévu quant à l'intérim du Premier ministre, sans doute parce que sa nomination relève des pouvoirs propres du Président de la République, qui pourrait donc facilement le remplacer si besoin était. Quant à l'intérim du Président de la République, il est confié au Président du Sénat et non plus à celui de l'Assemblée nationale, ce qui traduit la méfiance des constituants envers la Chambre basse, soupçonnée de vouloir porter atteinte à l'indépendance de l'exécutif.

Mais la fonction principale du Président d'une assemblée parlementaire est évidemment de veiller au bon fonctionnement de celle-ci. Il joue notamment un rôle important dans la direction des débats. D'après le règlement de l'Assemblée nationale, c'est au Président qu'il appartient : de fixer l'ordre dans lequel les députés inscrits prendront la parole ; de rappeler à l'ordre un orateur qui s'écarte de la question ou qui abuse de son temps de parole ; d'ordonner la clôture d'une phase de la discussion lorsque au moins deux orateurs d'avis contraires sont déjà intervenus etc. Ces quelques exemples montrent que l'exercice du droit de parole des parlementaires peut dépendre, dans une certaine mesure, de l'appréciation du Président. Par souci d'impartialité, les Présidents s'abstiennent généralement de participer aux débats et aux scrutins. Ils ne font partie d'aucune commission parlementaire.

Ce souci d'impartialité n'implique cependant pas une neutralisation politique. À la différence du *speaker* de la Chambre des communes britannique, les Présidents des assemblées françaises sont (surtout en ce qui concerne l'Assemblée nationale) des personnalités très engagées dans le combat politique, qui ont rempli ou qui ont vocation à remplir des fonctions gouvernementales, voire les plus hautes fonctions de l'exécutif. Ainsi Jacques Chaban-Delmas, qui fut le premier Président de l'Assemblée nationale sous la Ve République, a-t-il été par la suite Premier ministre (de 1969 à 1972), puis, en 1974, candidat (malheureux) à la présidence de la République. Laurent Fabius a accompli un parcours inverse : il a été d'abord Premier ministre, de 1984 à 1986, puis, à deux reprises Président de l'Assemblée nationale, de 1988 à 1992 et de 1997 à 2000, avant d'exercer à nouveau des responsabilités ministérielles.

2. Les groupes

Interdiction des groupes d'intérêts. — À la Chambre des députés de la IIIe République, il existait de nombreux organismes qui, sous le nom de

« groupe de défense », réunissaient les députés pour la défense d'intérêts particuliers locaux ou professionnels. Résultat de pressions extérieures, ces groupes compromettaient le libre exercice du mandat parlementaire. Interdits par le règlement de l'Assemblée nationale de la IVe République, ils se reconstituèrent sous le couvert de groupes d'études. Le règlement actuel renouvelle la prohibition en l'étendant à tous les groupes, quel que soit leur nom, qui impliquent l'aliénation de l'indépendance de leurs membres par l'acceptation d'un mandat impératif.

Bien entendu échappent à cette condamnation les groupes constitués pour l'étude d'un problème déterminé, entre parlementaires d'opinions différentes et en dehors de toute ingérence extérieure.

Les groupes politiques. — Ils sont formés par la réunion de parlementaires professant les mêmes opinions politiques, de telle sorte qu'ils constituent approximativement la représentation des partis sur le plan parlementaire. L'appartenance à un groupe conditionne l'exercice de certaines prérogatives. Mais la formation des groupes politiques n'est pas tout à fait libre. Pour éviter leur pullulement (il y en avait 15 à l'Assemblée nationale sous la IVe République) et surtout pour gêner le parti communiste, le règlement adopté en 1959 exigeait qu'ils comptent au moins 30 membres, apparentés non compris. À la suite des élections législatives de juin 1988, le règlement a été modifié afin de permettre aux élus communistes de constituer leur propre groupe, et le nombre minimum de députés requis est désormais de 20. Les apparentés sont des parlementaires qui, n'étant pas membres du parti que représente le groupe, s'associent à lui sur le plan administratif. Les non-inscrits peuvent se rassembler dans une formation administrative pour bénéficier des prérogatives accordées aux groupes, notamment la désignation des membres des commissions.

Dans l'Assemblée nationale élue en 2002 (douzième législature), on compte quatre groupes politiques : Socialistes, 141 membres et 8 apparentés ; Union pour une majorité populaire (UMP), 352 membres et 11 apparentés ; Union pour la démocratie française, 27 et 3 apparentés ; Communiste, Républicains et citoyens, 22 membres. 13 députés ne sont rattachés à aucun groupe.

Au Sénat, un groupe politique doit comprendre au moins 15 membres. Il en existe actuellement cinq. À la suite du renouvellement partiel de septembre 2004, les effectifs se répartissent comme suit : communistes, 23 membres ; Union centriste-UDF, 33 membres ; Rassemblement Démocratique et Social Européen, 15 membres ; socialistes, 96 membres ; UMP 152 membres. 7 sénateurs n'appartiennent à aucun groupe.

Les membres de chaque groupe sont rassemblés dans l'hémicycle de manière à siéger au coude à coude. La place des groupes est fixée par le Président de l'Assemblée en accord avec leurs représentants.

3. Les commissions

Les modifications du système antérieur. — Depuis 1902, date de l'établissement des commissions permanentes, l'importance politique des commissions n'a cessé de s'accroître. Le régime actuel tend à les ramener à un rôle plus technique.

L'article 43 de la Constitution et l'ordonnance du 17 novembre 1958 relative au fonctionnement des assemblées parlementaires modifie très sensiblement les règles anciennes relatives aux commissions parlementaires. Elles demeurent sans doute les organes essentiels du travail parlementaire puisque la règle est maintenue selon laquelle les assemblées ne délibèrent que sur les questions qui ont déjà été étudiées en commission (voir *infra*, Chapitre 3). Mais leur organisation et leur compétence sont modifiées par rapport au système en vigueur sous la IVe République. Enfin, tandis que sous la IIIe et la IVe République la commission saisie pouvait empêcher un projet gouvernemental de venir en discussion devant l'Assemblée en faisant traîner en longueur son examen, le Gouvernement dispose désormais d'un moyen de surmonter cette obstruction. Il peut faire inscrire par priorité la discussion de son projet devant les Chambres et cela, même si la commission saisie n'a pas terminé ses travaux.

D'une part le nombre de commissions est réduit, d'autre part leur influence est atténuée du fait que, désormais, le débat en assemblée ne s'ouvre plus sur le texte de la commission mais sur celui du projet gouvernemental.

Les différentes catégories de commission. — On distingue trois catégories de commissions :

1. — *Les commissions permanentes* auxquelles sont envoyés tous les projets et propositions de loi, sauf lorsque le Gouvernement ou l'assemblée saisie demande la création d'une commission spéciale (art. 43 al. 2 C). Leur nombre est fixé à six dans chaque assemblée (elles étaient 19 à l'Assemblée nationale de la IVe République). L'article 36 du règlement de l'Assemblée nationale les énonce ainsi : Commission des Affaires culturelles, familiales et sociales ; Commission des Affaires étrangères ; Commission de la Défense nationale ; Commission des Finances, de l'Économie générale et du Plan ; Commission des Lois constitutionnelles, de la Législation et de l'Administration générale de la République ; Commission de la Production et des Échanges. Le Sénat comporte le même nombre de commissions dont les compétences sont différemment regroupées (les affaires familiales et sociales sont séparées, alors que la défense et les affaires étrangères sont regroupées).

Cette réduction est importante car elle implique que les commissions étant moins spécialisées ne peuvent plus, comme elles le faisaient antérieurement, « doubler » un département ministériel sur lequel elles exerçaient un contrôle souvent abusif. Toutefois, il semble admis que les commissions se divisent en *groupe d'études*, mais sans pouvoir de décision. Cette division est nécessaire étant donné que les commissions permanentes comptent de 60 à 120 membres.

Le Comité consultatif pour la révision de la Constitution a proposé que le nombre des commissions permanentes dans chaque assemblée soit porté de 6 à 8, et que l'une d'entre elles se consacre au suivi des affaires européennes.

Instruments importants du travail parlementaire, les commissions ont une organisation et des règles de fonctionnement fixées par le règlement de l'assemblée. Elles ont un bureau élu permanent, mais sauf à la commission des finances, le rapporteur est désigné pour chaque affaire. Elles se réunissent dans des locaux qui leur sont propres ; elles peuvent siéger hors session ou durant la session. Les discussions des commissions donnent lieu à la rédaction d'un procès-verbal confidentiel dont seuls peuvent prendre connaissance les membres de l'assemblée.

Les ministres ont accès aux séances des commissions, mais ils ne sont pas tenus de répondre à leur convocation. Ils peuvent également interdire au personnel de leur département de se rendre à de telles convocations. Les commissions ont la faculté d'entendre des personnalités extérieures au Parlement. Cette procédure des *hearings* est fréquemment utilisée.

En principe, les réunions des commissions permanentes sont placées sous le signe de la confidentialité. Mais cette règle comporte des exceptions. D'une part, les réunions de commission donnent souvent lieu à la diffusion d'un communiqué de presse. D'autre part, au début de la neuvième législature, le règlement de l'Assemblée nationale a été modifié, à l'initiative du Président L. Fabius, pour permettre aux commissions de tenir, dans certains cas, des audiences publiques. Cette possibilité nouvelle est réservée aux seules auditions, à l'exclusion de toute délibération à caractère proprement législatif ; elle est décidée, avec l'accord des personnes entendues, par la commission elle-même et organisée par son bureau, lequel peut prévoir par exemple l'accès à la salle de réunion de la presse écrite et audiovisuelle. Le Conseil constitutionnel a déclaré que cette innovation n'était contraire à aucune disposition de la Constitution (déc. n° 88-245 DC du 18 oct. 1988, *Rec.* p. 153).

2. — *Les commissions législatives spéciales.* — Ce sont des commissions spécialement désignées, soit lorsque deux commissions permanentes sont en concurrence pour l'examen d'un texte, soit à la demande du

Gouvernement, auquel cas leur formation est de droit, ou de l'assemblée intéressée, pour l'étude d'un projet ou d'une proposition (art. 43 al. 1). Ainsi les commissions permanentes peuvent être dépossédées de leur compétence au profit d'un organe *ad hoc*. On aurait pu penser que le Gouvernement ne manquerait pas d'utiliser la faculté qui lui est ainsi offerte de faire élire une commission spéciale s'il sait que la commission permanente qui normalement en eût été saisie, est hostile à son projet. En fait, cette faculté n'a été que rarement utilisée (46) et ce sont donc les commissions permanentes qui rapportent la plupart des projets ou propositions de loi.

Modes de désignation. — Les membres des commissions permanentes sont nommés par l'Assemblée au début de la législature et, chaque année, à la deuxième séance de la session d'octobre. Leur *mode de désignation* est laissé à la discrétion de chaque assemblée qui le fixe par une disposition de son règlement. Sous la IVe République, les groupes s'entendaient pour établir une liste de candidats dressée selon les exigences de la représentation proportionnelle ; si, dans les trois jours de son dépôt, elle n'avait pas soulevé l'opposition d'au moins cinquante membres, elle était considérée comme adoptée.

Le nouveau règlement de l'Assemblée nationale (art. 37) donne lieu à une pratique analogue. Les candidats présentés par les groupes sont réputés élus si 30 membres de l'Assemblée ne font pas opposition à la liste de présentation. Des dispositions sont prises pour faire une place aux députés n'appartenant à aucun groupe. Les présidences des commissions sont généralement attribuées à des représentants de la majorité.

Les membres des commissions spéciales sont désignés de la même manière.

3. — *Les commissions d'enquête* (voir *infra*, section suivante).

4. Les Offices et Délégations

Compte tenu du fait que la Constitution limite leur nombre à 6 dans chaque assemblée, les commissions permanentes ne sont pas suffisamment spécialisées pour permettre aux parlementaires de suivre certains problèmes. Pour tenter d'y remédier, le législateur a créé, à mesure que le besoin s'en faisait sentir et souvent à l'initiative des parlementaires eux-mêmes, des organes baptisés « délégations » ou « offices », dont la

(46) De 1958 à 2004, il y a eu 69 commissions spéciales à l'Assemblée nationale et 57 au Sénat (Camby et Servant, 2004, p. 70)

mission évoque celle d'une commission permanente bien qu'ils n'aient pas tout à fait les mêmes attributions.

Certains de ces organes sont communs aux deux assemblées. Tel est notamment le cas : de l'office parlementaire des choix scientifiques et technologiques (loi du 8 juillet 1983) ; de l'Office parlementaire d'évaluation de la législation (loi du 14 juin 1996) ; de l'office parlementaire d'évaluation des politiques publiques (loi du 14 juin 1996). En plus de quelques membres de droit, qui sont généralement des présidents de commissions permanentes, ces offices comprennent des députés et des sénateurs désignés par les groupes politiques de manière à assurer leur représentation proportionnelle.

D'autres sont propres à une assemblée. C'est ainsi qu'il existe à l'Assemblée nationale d'une part, au Sénat d'autre part, une « Délégation pour l'Union européenne » qui participe à l'examen des projets d'actes communautaires dans le cadre de l'article 88-4 C (voir *infra*), et qui publie chaque année un rapport. Leur mode de composition est analogue à celui des commissions permanentes.

Il est intéressant de noter que les délégations ou offices sont toujours créés par une loi ordinaire, non par la loi organique ou le règlement des assemblées. Cette manière de procéder présente un double avantage : d'une part, l'office ou la délégation est doté d'un statut légal qui lui confère une légitimité incontestable d'un point de vue administratif et budgétaire ; d'autre part, sa création échappe généralement au contrôle du Conseil constitutionnel, ce contrôle ne s'exerçant sur les lois ordinaires qu'à titre facultatif et l'opposition n'ayant pas intérêt, dans ce cas particulier, à le déclencher puisqu'il s'agit de renforcer les moyens de travail dont dispose le Parlement. Il arrive cependant que le Conseil constitutionnel ait à se prononcer lorsque la délégation ou l'office ne constitue qu'un élément d'un dispositif législatif plus vaste concernant, par exemple, la communication audiovisuelle ou la réforme de la planification. D'après sa jurisprudence, rien n'interdit au législateur de créer des organes tels que les offices ou délégations, dont le rôle consiste à fournir au Parlement et au Gouvernement des informations et des suggestions, mais à condition que les avis émis par ces organes n'aient jamais force obligatoire (voir par ex. CC 82-142 DC du 27 juillet 1982, *Rec.* p. 52).

Mais le plus souvent, la création des délégations ou offices n'est pas soumise au contrôle du Conseil constitutionnel. Il n'est pas sûr que les attributions de certains d'entre eux, qui impliquent des pouvoirs d'investigation aussi étendus que ceux des commissions permanentes ou des commissions d'enquête (voir par exemple les lois précitées du 14 juin 1996), seraient jugés conformes à la Constitution (voir Avril et Gicquel, 2004, p. 104-107).

Les offices et les délégations ne peuvent pas se substituer aux commissions pour les tâches que la Constitution ou une loi organique réserve à celles-ci, par exemple pour l'examen d'un projet ou d'une proposition de loi. Mais ils contribuent à l'étude de l'ensemble des dossiers ainsi qu'à l'information générale des assemblées et même du public. Leur mission est donc plus technique que politique.

§ 3. La séance

Périodicité et publicité. — Conformément à la tradition parlementaire française, chaque assemblée fixe elle-même les jours et heures de ses séances (voir *supra*). Les conditions dans lesquelles elle le fait ont été précisées par la révision constitutionnelle du 4 août 1995. Auparavant, la Constitution était muette sur les séances et celles-ci étaient fixées librement par le règlement de chaque assemblée. Ceux-ci pouvaient prévoir en outre les conditions dans lesquelles seraient décidées les séances supplémentaires.

En pratique les règlements des deux assemblées prévoyaient chacun trois jours de séance par semaine. Des séances supplémentaires pouvaient être décidées par l'assemblée à la demande de la conférence des présidents (voir *infra*) ou du Premier ministre. Le règlement de l'Assemblée nationale était à cet égard plus favorable au Gouvernement que celui du Sénat, car la tenue d'une séance supplémentaire à l'Assemblée était de droit à la demande du Gouvernement, tandis qu'au Sénat cette demande faisait l'objet d'un vote.

Désormais, c'est la Constitution qui détermine les conditions dans lesquelles sont fixées les séances, de sorte que la liberté de chaque assemblée dans l'élaboration de son règlement se trouve limitée. Le nombre maximum de jours de séances prévu au règlement est de 120 au cours de la session unique. Quant aux jours de séances supplémentaires, ils sont décidés dans les mêmes conditions pour les deux assemblées : par le Premier ministre après consultation du Président de l'assemblée concernée ou par la majorité des membres.

La séance est publique (art. 33 C), encore que le nombre de places de la tribune réservée aux assistants rende cette publicité très restreinte. D'autres tribunes reçoivent les personnes munies d'une carte qui leur est remise par un parlementaire. La véritable publicité est assurée par les comptes rendus de presse et par la retransmission en direct de certaines séances sur une chaîne généraliste (France 3) et sur une chaîne parlementaire spécialisée. Un de ces comptes rendus est officiel : c'est la sténographie de la séance publiée au *Journal officiel*. Les autres émanent des rédacteurs des journaux qui suivent les séances. Il existe enfin un compte rendu analytique qui présente, sur la sténographie de l'*Officiel*, l'avantage de n'être pas retouché. Son service est réservé aux parlementaires et à certains privilégiés.

Par exception au principe de la publicité, les assemblées peuvent, à la demande du Gouvernement, de la conférence des présidents ou de vingt-cinq de leurs membres, se constituer en *comité secret*. La décision est prise à la suite d'un vote sans débat (art. 33 al. 2 C).

L'ordre du jour (Le Mire, 1991). — L'ordre du jour est le programme selon lequel se déroulent les débats. Il est important en ce sens qu'il fixe l'ordre selon lequel les questions sont traitées et la possibilité d'intervention ouverte aux parlementaires. À la différence de ce qui se passait sous la IIIe et la IVe République, où le Gouvernement ne jouissait d'aucune prérogative particulière dans la fixation de l'ordre du jour qui était ainsi à la discrétion des assemblées, la Constitution de 1958 assure la prépondérance de l'exécutif.

En effet, aux termes de l'article 48, *« l'ordre du jour des assemblées comporte, par priorité et dans l'ordre que le Gouvernement a fixé, la discussion des projets de loi déposés par le Gouvernement et des propositions de loi acceptées par lui »*.

Le Gouvernement pouvait ainsi faire en sorte que l'ordre du jour soit entièrement occupé par ses projets et empêcher la discussion des propositions qui ne lui agréaient pas au fond. Il disposait donc de la possibilité de s'octroyer un véritable monopole de l'initiative, analogue à celui que la Charte de 1814 accordait au Roi, de telle manière qu'il devait être considéré comme un organe législatif partiel.

Toutefois, la révision du 4 août 1995 a apporté sur ce point un changement très important, au moins sur le plan des principes. En effet, il a été ajouté à l'article 48 un alinéa qui dispose : *« une séance par mois est réservée par priorité à l'ordre du jour fixé par chaque assemblée »*. Ainsi, désormais, le Gouvernement ne peut juridiquement s'opposer à l'inscription à l'ordre du jour d'une proposition de loi, dont il désapprouverait le contenu. Il perd ainsi le monopole de l'initiative et la qualité d'organe partiel de la législation. Ces séances, que l'on désigne généralement sous le nom de « niches parlementaires », sont parfois à l'origine de l'adoption d'un texte important, comme la loi sur le pacte civil de solidarité (PACS) ou la loi organique relative aux lois de finances (LOLF). Et même lorsqu'il n'y a pas d'aboutissement législatif, la « niche parlementaire » peut permettre à un groupe politique de provoquer un débat sur un sujet très litigieux, comme le vote des étrangers ou l'instauration d'un « service minimum » dans les transports publics en cas de grève.

En pratique, la portée de ce changement est relativement modeste, notamment parce que le Gouvernement est représenté à la conférence des présidents qui fixe l'ordre du jour de toutes les séances, y compris « les niches parlementaires », qu'il y dispose souvent d'une majorité (tout au moins à l'Assemblée nationale) et qu'il est donc en mesure d'exercer toutes sortes de pressions pour écarter des sujets qui l'embarrasseraient vraiment (47). De plus, quel qu'en soit l'objet, les propositions de loi venant en discussion à la faveur des « niches parlementaires » n'ont aucune chance d'être adoptées si elles déplaisent à la majorité gouvernementale.

Cette conférence des présidents est composée du Président et des vice-présidents de l'Assemblée, des présidents des groupes politiques, des présidents des commissions permanentes, du rapporteur général de la Commission des Finances et des présidents des commissions spéciales intéressées. Le Gouvernement peut y déléguer un représentant. Dans les votes émis au sein de la Conférence, les présidents de groupe ont un nombre de voix égal au nombre des membres de leur groupe, défalcation faite de ceux qui participent à la conférence (Règl. Ass. nat., art. 48 al. 4).

Les propositions de la Conférence sont notifiées au Gouvernement et soumises au vote de l'assemblée. Aucun amendement n'est recevable et le vote ne peut porter que sur les affaires inscrites, à raison de la priorité gouvernementale. Seuls peuvent intervenir avant le vote le Gouvernement et, pour une explication de vote, les présidents des commissions et un orateur par groupe.

L'ordre du jour réglé par l'Assemblée ne peut être modifié que pour une inscription prioritaire décidée par le Gouvernement ou par une nouvelle Conférence des présidents.

Compte tenu des responsabilités gouvernementales, il est normal que le Gouvernement ait le privilège de faire venir par priorité ses projets en discussion. Cependant, il ne doit pas abuser de sa prérogative pour exclure les propositions parlementaires. Or, il est arrivé que, l'ordre du jour entièrement consacré aux projets gouvernementaux étant épuisé, la séance ait été levée alors qu'elle avait été courte et qu'il eût été par conséquent possible d'y aborder des propositions de loi rapportées depuis longtemps et qui, faute d'inscription à l'ordre du jour, demeuraient en suspens (Comité Consultatif pour la révision de la Constitution). La

(47) D'après les statistiques de la session 1995-1996. La proportion des propositions de loi dans l'ensemble des textes adaptés a effectivement augmenté mais de façon modérée (Camby, 1996).

réforme du 4 août 1995 donne aux assemblées les moyens de se défendre contre de tels abus.

Le débat. — Il consiste dans la discussion des questions inscrites à l'ordre du jour ; il est animé par les discours à la tribune ou les interventions que les parlementaires effectuent de leur place. En principe, nul ne peut prendre la parole sans avoir été inscrit ou, s'il s'agit d'une brève interruption ou d'une explication de vote, sans l'autorisation du Président et, éventuellement, de l'orateur interrompu. Pourtant les ministres et les présidents de commissions peuvent toujours prendre la parole.

Le débat est ouvert par un exposé du Gouvernement et par la présentation du rapport de la commission saisie au fond. Un parlementaire, auquel il apparaît que le texte est contraire à la Constitution, peut soulever une *exception d'irrecevabilité.* Le bureau de l'assemblée est alors saisi. Un parlementaire peut également déposer une *question préalable* tendant à faire décider qu'il n'y a pas lieu à délibérer. La question est immédiatement mise en débat. Seuls peuvent intervenir l'auteur de la question, un orateur défendant un point de vue différent, un membre du Gouvernement et un représentant de la commission compétente. L'adoption de la question préalable vaut rejet du texte (voir *infra*, Chapitre 3).

Au Sénat, c'est l'ordre d'inscription qui détermine le tour de parole ; à l'Assemblée nationale, le Président jouit d'une plus grande liberté pour déterminer l'ordre des interventions. Pour éviter qu'elles soient trop longues, il peut inviter l'orateur à conclure et interdire la lecture d'un discours. Mirabeau, Jaurès ou Poincaré eussent pu ainsi se voir « coupés ».

En dehors de la procédure de droit commun, il peut y avoir des débats organisés et des débats restreints. Les *débats organisés* (Règl. Ass. nat., art. 55) ont essentiellement pour objet de limiter le temps de parole et le nombre de séances consacrées à la discussion. Les *débats restreints* sont de droit pour les projets gouvernementaux prioritaires. Dans ce cas, seuls peuvent intervenir le Gouvernement, le Président et le rapporteur des commissions saisies, et un représentant de chaque groupe dont le temps de parole est limité à cinq minutes avant le vote de l'ensemble du texte.

Si l'on joint à ces règles de procédure celles qui permettent au Gouvernement d'écarter les amendements indésirables, on constate qu'il jouit d'une incontestable prééminence dans les débats (voir *infra*, Chapitre 3). Ce privilège est diversement apprécié, mais on doit observer qu'il a été rendu indispensable par les pratiques antérieures qui, tout en laissant au Gouvernement la responsabilité des affaires, lui interdisaient d'en conduire la discussion (voir *supra*, Troisième Partie).

Le vote. — Les décisions de l'Assemblée sont prises par un vote qui ne peut avoir lieu que si la majorité absolue du nombre des députés, calculée sur le nombre de sièges effectivement pourvus, est présente dans l'enceinte du Palais. Toutefois, la vérification de ce *quorum* n'est faite que si la demande en est formulée par un président de groupe. Si le *quorum* n'est pas réuni, le scrutin est reporté à la séance suivante et, cette fois, le vote est valable quel que soit le nombre des présents.

Le vote s'accomplit selon des formes diverses.

a) Vote à main levée, ou, modalité de celui-ci, par assis et levés ; rapide, ce mode de votation a l'inconvénient de ne pas laisser de trace.

b) Vote public ordinaire. Il a pour objet de faire connaître l'attitude adoptée par chacun des votants. Autrefois, les bulletins étaient recueillis par des huissiers. Selon une pratique traditionnelle, les absents pouvaient voter par l'intermédiaire d'un collègue, le « boîtier », auquel ils avaient confié la disposition de leurs boîtes à bulletins. Toutefois, depuis une résolution du 26 juillet 1955, l'Assemblée nationale avait décidé que dans les scrutins importants, seuls pourraient voter les députés présents.

La Constitution de 1958 a érigé l'exception en principe : l'article 27 décide que *le droit de vote des membres du Parlement est personnel*.

La délégation n'est autorisée qu'à titre exceptionnel, dans les cas prévus par une loi organique (maladie ou événement familial grave, mission temporaire confiée par le Gouvernement, service militaire, cas de force majeure appréciés par décision des bureaux des assemblées, etc.). Et nul ne peut recevoir délégation de plus d'un mandat. En édictant de telles dispositions, on espérait éviter le renouvellement des pratiques anciennes qui favorisaient l'absentéisme parlementaire.

Mais sur ce point, la pratique n'a pas toujours été conforme à la théorie. À l'Assemblée nationale, le scrutin public ordinaire a lieu par procédé électronique : chaque parlementaire dispose d'une clé qui lui permet, à partir de son pupitre, de faire enregistrer électroniquement la position qu'il adopte sur la question mise aux voix. Pendant longtemps, il était d'usage qu'avant de s'absenter, un député confie sa clé à un collègue appartenant au même groupe politique afin que ce dernier puisse voter à sa place sans avoir besoin d'une délégation en bonne et due forme. Et c'est ainsi que tous les membres d'un groupe étaient parfois réputés avoir pris part à un scrutin public, alors qu'un seul d'entre eux était physiquement présent dans l'hémicycle au moment du vote.

Au Sénat, les modalités du scrutin public ordinaire sont un peu différentes, mais elles ne garantissent pas non plus le respect du principe du vote personnel : chaque président de groupe parlementaire remet aux scrutateurs un paquet de bulletins correspondant aux voix des membres de son groupe, dont la présence dans l'hémicycle n'est pas systématiquement vérifiée.

Les entorses au principe du vote personnel ont été longtemps tolérées par la majeure partie de la classe politique et, ce qui est plus surprenant, par le Conseil constitutionnel lui-même. En décembre 1986, des députés et des sénateurs avaient déféré une loi au Conseil constitutionnel. L'un des principaux moyens développés dans les mémoires de saisine était que, dans certains groupes parlementaires, les présents avaient voté non seulement pour eux-mêmes mais aussi pour leurs collègues absents. Les faits étant établis, le Conseil constitutionnel a néanmoins estimé que, en dépit de cette irrégularité, la loi avait été valablement adoptée (déc. nº 86-225 DC du 23 janvier 1987, *Rec.* p. 13).

D'après cette décision, le procédé consistant à faire voter les absents ne peut entacher la procédure de nullité que lorsque deux conditions sont réunies : il faut, en premier lieu, que les parlementaires absents au moment du scrutin aient déclaré que le vote qu'on leur avait prêté ne correspondait pas à leurs opinions ; il faut, en second lieu que ces rectifications soient suffisamment nombreuses pour remettre en cause le résultat qui avait été acquis en vertu de la règle de majorité applicable au scrutin considéré.

En pratique, ces conditions ne sont pour ainsi dire jamais réunies car il faudrait qu'un nombre relativement élevé de députés ou de sénateurs se révoltent contre la discipline de leur propre groupe parlementaire, ce qui est une hypothèse peu vraisemblable. On peut donc dire que cette jurisprudence du Conseil constitutionnel constituait presque un encouragement à l'absentéisme parlementaire.

Les atteintes au principe du vote personnel ont cependant cessé depuis quelques années, à l'Assemblée nationale tout au moins. En octobre 1993, le nouveau Président de cette assemblée, Philippe Séguin a donné instruction aux services informatiques de n'enregistrer les votes au scrutin public que pendant un délai extrêmement bref, afin que les députés n'aient plus le temps de voter à la fois pour eux-mêmes et pour des collègues absents. Il en résulte que la majorité parlementaire n'est plus à l'abri d'un vote surprise, comme on a pu s'en apercevoir le 9 octobre 1998, lorsque les députés de l'opposition ont profité du fait qu'ils étaient plus nombreux en séance pour faire adopter une exception d'irrecevabilité contre le pacte civil de solidarité (PACS).

Mais contrairement à ce qu'une certaine démagogie antiparlementaire pourrait laisser croire, l'activité d'un député ou d'un sénateur ne peut pas se mesurer uniquement à son temps de présence dans l'hémicycle. En effet, c'est dans les réunions des commissions, et non en séance plénière, que s'accomplit l'essentiel du travail législatif. De plus, compte tenu de la discipline des groupes politiques, les résultats de la presque totalité des scrutins sont prévisibles et le respect formel de la règle du vote personnel ne peut pas y changer grand chose (Thuriot, 2000).

Le vote au scrutin public ordinaire est obligatoire : 1° si les résultats du vote à mains levées ou par assis et levés sont douteux ; 2° à la demande du Gouvernement, du Président de l'Assemblée ou de celui de la commission saisie ; 3° à la demande d'un président de groupe.

c) Le *scrutin public à la tribune* est ainsi appelé parce que, naguère, à l'appel de leur nom, les députés allaient déposer leur bulletin dans l'urne placée sur la tribune. Le vote électronique qui permet de gagner beaucoup de temps, l'a remplacé pour les scrutins publics ordinaires. Mais le scrutin à la tribune demeure obligatoire lorsque la Constitution exige la majorité absolue ou lorsque le Gouvernement engage sa responsabilité. Il présente l'avantage (ou l'inconvénient) de ne pas permettre de faire voter les absents.

d) Le *scrutin secret* est généralement requis pour la désignation des personnes (Président de l'Assemblée, membres de la Haute Cour, membres de la Cour de justice de la République).

Majorité. — Pour qu'un vote soit valide, il faut que la majorité des membres de l'Assemblée soit présente dans l'enceinte (non dans la salle) du Palais. Cette majorité, appelée *quorum*, est constatée par le bureau (voir *supra*). Lorsque le *quorum* existe, le vote est acquis quel que soit le nombre des participants.

En général, la *majorité* requise est la majorité ordinaire obtenue par une seule voix de différence entre les suffrages exprimés. Toutefois, pour les votes particulièrement importants, la Constitution exige une *majorité absolue.* Tel est le cas pour le vote d'une loi organique par l'Assemblée nationale lorsqu'elle est en désaccord avec le Sénat (art. 46 al. 3 C). La majorité absolue est également requise pour l'adoption d'une motion de censure (art. 49 al. 2 C).

Cette majorité est celle « des membres composant l'Assemblée ». Il résulte de la pratique que cette majorité, appelée parfois majorité constitutionnelle, doit être calculée d'après le nombre des députés en fonction, députés en congé ou incarcérés compris, mais les sièges vacants étant exclus.

L'article 68 al. 4 du Règlement de l'Assemblée nationale a supprimé la rectification de vote qui, naguère, permettait à un député de contester le vote qui lui avait été imputé. Procédé utilisé généralement à des fins démagogiques, la rectification, qui n'avait d'ailleurs aucun effet sur les résultats du scrutin, ne méritait pas de survivre à une rationalisation du travail parlementaire. Toutefois, d'après la décision précitée du Conseil constitutionnel, il semble que le droit de rectification subsiste pour les parlementaires qui ont été portés comme ayant émis un vote contraire à leur opinion, alors qu'ils n'avaient pas donné régulièrement délégation.

La discipline. — L'indépendance des assemblées se traduit, entre autres, par le pouvoir disciplinaire qu'elles sont seules habilitées à exercer sur leurs membres. La manifestation de ce pouvoir réside dans les sanctions dont peuvent être frappés les parlementaires pour violation du règlement.

Ces sanctions sont prononcées soit par le Président seul : rappel à l'ordre pur et simple ou avec inscription au procès-verbal, soit par l'Assemblée elle-même sur proposition de son Président : censure simple, censure avec exclusion temporaire. Selon l'importance de la censure prononcée, le député est privé d'une partie plus ou moins grande de son indemnité.

Le « déclin » des Parlements. — La constatation du déclin des assemblées parlementaires est aujourd'hui un thème banal de la littérature politique. Bien que le phénomène ne présente pas partout la même amplitude et les mêmes caractères, il est observé aussi bien dans les pays de vieille tradition parlementaire comme l'Angleterre ou le Canada qu'en Italie, en Belgique ou en France où une conception discutable du parlementarisme avait porté les parlements au pinacle. Mais cette généralité de fait n'en rend pas l'analyse plus aisée. D'abord, parler de déclin suppose un modèle de référence. Si on le choisit à l'époque où certains dénonçaient l'hégémonie des parlements, la situation actuelle apparaîtra comme un retour à la norme. Ensuite, il est difficile d'isoler le « crépuscule » des parlements d'un contexte plus général où se mêlent les jugements portés sur le régime parlementaire au sens technique du terme, sur le système représentatif, voire sur la démocratie. Enfin, il faudrait expliquer comment l'apathie parlementaire peut être conciliée avec l'ardeur des luttes électorales qui demeurent aussi vives qu'autrefois.

Dans l'impossibilité d'analyser ici à fond un problème de cette ampleur, nous nous bornerons à quelques observations simples portant sur les fonctions traditionnelles du Parlement. Il était, par excellence, le pouvoir législatif. Or aujourd'hui, la multiplicité et la technicité des règles qui commandent la vie collective ou bien les rend inaptes à leur formulation sous forme de loi, ou bien exige que le Parlement qui en est saisi les adopte telles que le Gouvernement les propose.

Cette situation est encore aggravée par le transfert à la Communauté européenne d'une partie importante des compétences normatives que la Constitution réservait au Parlement (voir *supra* Deuxième Partie, Chapitre 4 et *infra*, Chapitre 3).

Quant à l'initiative, les syndicats et groupes d'intérêts de tous ordres sont mieux à même que les assemblées de faire connaître et, le cas échéant, imposer les revendications de leurs adhérents. Il s'ensuit que les parlements sont concurrencés dans leur fonction de représentation de l'opinion par des forces pour qui la rue, l'usine ou les champs constituent un terrain de lutte plus propice que l'enceinte des Chambres. À cela s'ajoute le fait que, depuis le début des années 80, les départements et les régions ont été dotés d'exécutifs décentralisés, indépendants vis-à-vis de l'administration étatique : en tant que défenseurs des intérêts locaux, les parlementaires risquent donc d'être supplantés par les présidents des conseils généraux ou régionaux, et c'est d'ailleurs l'une des raisons qui expliquent leur réticence à se défaire de ce type de mandat lorsqu'ils ont la chance d'en détenir un (voir *supra*).

En même temps, le rôle des parlementaires en tant qu'agents d'information de l'opinion est réduit par l'audience des mass media. D'autre part, celles-ci créent les vedettes, si bien que la fonction remplie naguère par les assemblées dans la formation de l'équipe gouvernementale s'en trouve minimisée : pour employer la vilaine terminologie à la mode, la crédibilité et la fiabilité du Gouvernement dépendent moins de l'entente réalisée entre les partis que de l'image que les gouvernés s'en font à partir de ce qu'ils croient en savoir d'après les magazines ou la télévision.

Reste le contrôle de l'activité gouvernementale. Fonction parlementaire par excellence, elle a été compromise par la confusion trop fréquente entre le pouvoir de surveiller le Gouvernement et la faculté de le renverser. Il est hors de doute que, dans les sociétés hautement développées, la vie politique est allergique à l'instabilité gouvernementale. Or, habituée à mettre en cause la responsabilité du ministère, l'opposition se croit brimée ou inutile parce qu'elle n'ose ou ne peut faire tomber le Gouvernement. On dit alors que le système est bloqué ; c'est oublier qu'une opposition qui corrige est globalement plus payante qu'une opposition qui casse tout. Et cette opposition pourrait trouver place dans la majorité elle-même qui, cessant d'être inconditionnelle, restaurerait par là même le prestige du Parlement. Concrétisant son souci de « décrisper » la vie politique, V. Giscard d'Estaing s'est efforcé de revaloriser le contrôle parlementaire en suscitant l'élaboration d'un statut de l'opposition : c'est durant son septennat qu'on été instituées la saisine du Conseil constitutionnel par les parlementaires et la procédure des questions au Gouvernement. Quelques unes des propositions présentées par le Comité consultatif pour la révision de la Constitution vont dans le même sens, notamment en ce qui concerne la création des commissions d'enquête parlementaire, le référendum d'initiative minoritaire, et l'exigence d'une majorité qualifiée pour l'adoption de certaines lois (Comité consultatif, 1993, p. 66).

En plus de leur rôle proprement politique, les parlementaires, et spécialement les députés, sont souvent appelés à conseiller leurs électeurs sur les démarches à entreprendre vis-à-vis des administrations, et même à intervenir en leur faveur. On a pu dire qu'ils faisaient fonction d'« assistante sociale », et il leur est parfois reproché de consacrer trop de temps à des cas individuels, et de perdre de vue les grands problèmes nationaux. Mais la défense des droits individuels des citoyens est une forme de contrôle de l'administration et les Français ne semblent pas prêts de renoncer à cette aide souvent précieuse, qui présente en outre l'avantage d'être entièrement gratuite (Masclet, 1982).

Sous-section 4
Le Conseil économique et social

Comme la Constitution de 1946, celle de 1958 a institué un Conseil économique et social appelé, dans certains cas, à intervenir dans la procédure d'élaboration de la loi (art. 69 et 70 C). Bien qu'il ne fasse pas partie du Parlement, on peut donc le considérer comme un organe auxiliaire de celui-ci.

1° *L'organisation* du Conseil économique et social est fixée par une ordonnance du 29 décembre 1958, modifié par une loi organique du 27 juin 1984.

Le Conseil comprend 230 membres dont : 69 représentants des salariés ; 72 représentants des entreprises publiques et privées ; 3 représentants des professions libérales ; 19 représentants des organisations mutualistes ; 17 représentants des activités sociales et des associations familiales ; 8 représentants des activités économiques et sociales des départements d'outre-mer ; 2 représentants des Français établis hors de France ; 40 personnalités qualifiées dans le domaine économique, social, scientifique ou culturel.

Le mandat des membres du Conseil est de 5 ans, mais leur mode de désignation varie selon la catégorie à laquelle ils appartiennent. Les uns sont choisis par des organisations sociales ou professionnelles, les autres sont nommés par le Gouvernement.

Pour la préparation de ses délibérations, le Conseil est divisé en un certain nombre de sections spécialisées dans l'étude des principaux problèmes intéressant les différentes activités économiques et sociales. La liste, les compétences et la composition des sections sont fixées par un décret en Conseil d'État. L'effectif de chaque section peut être complété par des personnalités extérieures que le Gouvernement appelle à y siéger. Mais les délibérations du Conseil relèvent de la compétence exclusive de l'Assemblée générale, qui est formée par la réunion de tous les conseillers.

2° Quant aux *pouvoirs* du Conseil, ils demeurent tels qu'ils étaient en 1946, c'est-à-dire consultatifs. Le Conseil donne des avis ; il ne prend pas de décision. Il intervient soit à la demande du Gouvernement, soit spontanément.

a) Il *peut être* saisi par le Gouvernement pour donner son avis sur les projets de loi, d'ordonnance ou de décret, ainsi que sur les propositions de loi qui lui sont soumis (art. 69 C).

Le Conseil économique et social peut désigner un de ses membres pour exposer devant les assemblées parlementaires l'avis du Conseil sur les textes dont il est saisi.

b) De sa *propre initiative*, le Conseil peut présenter des observations pour l'exécution des plans et des programmes d'action à caractère économique ou social. Il peut aussi appeler l'attention du Gouvernement sur les réformes qui lui paraissent opportunes dans les questions qui sont de sa compétence (Roche, 1964).

c) D'après l'article 70 C, le Conseil économique et social est obligatoirement consulté sur *« tout plan ou tout projet de loi de programme à caractère économique ou social »*. Dans une décision des 25-26 juin 1986 (n° 86-207 DC, *Rec.* p. 61), le Conseil constitutionnel a précisé cette notion de « loi de programme ». Aux termes de l'article 34 C, il s'agit d'une loi qui définit des objectifs à moyen ou long terme en matière économique et sociale. D'après la jurisprudence récente du Conseil constitutionnel, il n'est plus nécessaire que ces objectifs aient été chiffrés (déc. n° 2005-516 DC du 7 juillet 2005, cons. 2-6).

Bibliographie

AMELLER M. et BERGOUGNOUS G. (2000), *L'Assemblée nationale*, Paris, Que sais-je ?, PUF, 2e éd.

AVRIL P. et GICQUEL J. (2004), *Droit parlementaire*, Paris, Montchrestien, 3e éd.

ASSOCIATION FRANÇAISE DES CONSTITUTIONNALISTES (1997), *Le bicamérisme (journée d'études du 17 mars 1995)*, Paris, Economica.

BAGUENARD J. (1997), *Le Sénat*, Paris, Que sais-je ?, PUF, 2e éd.

BALME R. (1998), « Le parlementarisme rationalisé de la cinquième République à la lumière du choix rationnel », *Revue Française de Science Politique* no 1, p. 147.

BAUFUMÉ B. (1993), *Le droit d'amendement et la Constitution sous la Cinquième République*, Paris, LGDJ.

BERNARD S. (2001), « La commission mixte paritaire », *RFDC*, p. 451 et s.

BINCZAK P. (2001), « Le Conseil constitutionnel et le droit d'amendement : entre errements... et malentendus », *RFDC*, p. 479 et s.

BOUDANT J. (1992), « La crise identitaire du Parlement français », *RDP*, p. 1321 et s.

CAILLE P.-O. (2000), « Le cumul des mandats au regard des expériences étrangères », *RDP*, p. 1702 et s.

CAMBY J.-P.,
(1996), « La session parlementaire continue : un an d'application à l'Assemblée nationale », *RDP*, p. 1535 et s.
(1997), « La limitation du cumul des mandats : lutte contre l'ubiquité ou contre l'hydre de Lerne ? », *RDP*, p. 1545.

CAMBY J.-P. et SERVENT P. (2004), *Le travail parlementaire sous la Ve République*, Paris, Clefs Montchrestien, 4e éd.

CHEVALIER F. (1998), *Le sénateur français, 1875-1995. Essai sur le recrutement et la représentativité des membres de la seconde Chambre*, Paris, LGDJ.

CLUZEL J.,
(1998), *L'indispensable Sénat*, Paris, Economica.
(1999a), *À propos du Sénat et de ceux qui voudraient en finir avec lui*, Paris, Archipel.
(1999b), *Un train de sénateurs peut en cacher un autre : le sénat « bailloné » c'est la France en danger*, Paris, Lafon.

DELCAMP A.
(1991), *Le Sénat et la décentralisation*, Paris, Economica.
(2004), « Le Conseil constitutionnel et le Parlement », *RFDC*, p. 37 et s.

FONDRAZ L. (2000), *Les groupes parlementaires au Sénat sous la Ve République*, Paris, Economica.

FRAISSEIX P.
(1998), « Le Parlement et la Sécurité Sociale, la consolidation de ce couple par la révision constitutionnelle du 22 février 1996 », *RDP*, p. 745.
(1999), « Les parlementaires et la justice : la procédure de suspension de la détention, des mesures privatives ou restrictives de liberté, et de la poursuite », *RFDC*, p. 497.

FUCHS-CESSOT A. (2004), *Le Parlement à l'épreuve de l'Europe et de la Ve République*, Paris, LGDJ.

HUBER J. D. (1996), *Rationalizing Parliament. Legislature institutions and party politics in France*, Cambrige, Cambridge University Press.

JORDA J. (2003), « Les collectivités territoriales outre-mer et la révision de la Constitution » (loi constitutionnelle du 28 mars (2003), *RFDC*, p. 697 et s.

KIMMEL A. (1991), *L'Assemblée nationale sous la Cinquième République*, trad. française, Paris, Presses de la Fondation nationale des sciences politiques.

LAFAILLE Fr. (2003), *Le Président du Sénat depuis 1875*, Paris, L'Harmattan.

LUCHAIRE F. (1996), « Les conséquences de la réforme constitutionnelle du 4 août 1995 », *RDP*, p. 329 et s.

MARTIN A. (1996), *Le Président des assemblées parlementaires sous la Ve République*, Paris, LGDJ.

MASCLET J. C.,
(1982), *Un député pour quoi faire ?*, Paris, PUF
(1986), « La loi sur les cumuls des mandats et fonctions électifs », *AJDA*, p. 214 et s.

MASTIAS J. (1980), *Le Sénat de la Ve République : réforme et renouveau*, Paris, Economica.

MAUS D.
(1996), *Le Parlement sous la Ve République*, Paris, Que sais-je ?, PUF, 3e éd.
(1999), « Le Parlement et la cohabitation », *Pouvoirs*, 91, p. 71 et s.

LE MIRE P. (1991), « L'ordre du jour parlementaire sous la Ve République », *RFDC*, n° 6, p. 195 et s.

NUTTENS J.-D. (2001), *Le Parlement français et l'Europe : l'article 88-4 de la constitution*, Paris, LGDJ.

OLIVA E. (1997), *L'article 41 de la Constitution du 4 octobre 1958. Initiative législative et Constitution*, Paris, Economica, Aix-en-Provence, PUAM.

OLIVIER L. (1998), « La perception du cumul des mandats. Restrictions contextuelles et politiques à un apparent consensus », *Revue Française de Science Politique* n° 6, p. 756.

PONTHOREAU M.-C. (2002), « L'opposition comme garantie constitutionnelle », *RDP*, p. 1127 et s.

Revue Française de Droit Constitutionnel (1998), « Le Parlement de la Cinquième République », n° 33.

Revue *Pouvoirs*
(1985), « L'Assemblée », n° 34.
(1988), « Le Sénat », n° 44.
(1993), « Le Parlement », n° 64.
(2004), « L'opposition », n° 108.

ROBBE F.
(2001), *La Représentation des collectivités territoriales par le Sénat : Étude sur l'article 24 alinéa 3 de la Constitution française du 4 octobre 1958*, Paris, LGDJ.
(2003), « Le Sénat à l'heure des demi-réformes », *RFDC*, p. 725 et s.

ROUVILLOIS F. (1998), « Heurs et malheurs d'un principe : le vote personnel des députés », *RDP*, p. 781.

SÉGUIN P. (1995), *240 dans un fauteuil, la saga des Présidents de l'Assemblée*, Paris, Le Seuil.

THURIOT F. (2000), « Vote personnel : efficacité collective contre légitimité individuelle », *RPP*, p. 41 et s.

SOMMACCO V. (2002), *Le droit d'amendement et le juge constitutionnel en France et en Italie*, Paris, LGDJ.

TAILLEFAIT A. (2001), « La déchéance des parlementaires », *RDP*, p. 157 et s.

THURIOT F. (2000), « Vote personnel : efficacité collective contre légitimité individuelle », *RPP*, p. 41 et s.

TÜRK P. (2005), *Les commissions parlementaires permanentes et le renouveau du Parlement sous la Ve République*, Paris, Dalloz.

VIDELIN J.-C. (1999), « La mission d'information parlementaire », *RFDC*, p. 699.

Section 4
Les rapports entre les pouvoirs

Dans un régime parlementaire, le Parlement contrôle le Gouvernement (voir *supra*, Première Partie). Ce contrôle doit être entendu à la fois dans sens faible et dans sens fort. Le contrôle au sens faible présente un caractère simplement informatif : il s'exerce selon des procédures qui permettent aux parlementaires de demander et d'obtenir des informations concernant l'activité du Gouvernement ou le fonctionnement des services administratifs placés sous l'autorité de celui-ci (Sous-section 1).

Quant au contrôle au sens fort, il présente un caractère sanctionnateur : il s'exerce selon des procédures qui permettent de mettre en jeu la responsabilité du Gouvernement, de le renverser (Sous-section 2).

En période de crise grave, ces procédures ne permettent pas toujours au Parlement d'exercer un contrôle réellement efficace (Sous-section 3).

De son côté, l'exécutif dispose de certains moyens d'action sur le Parlement, le plus important étant sans conteste le droit de dissolution (Sous-section 4).

Sous-section 1
Le contrôle informatif

Il peut s'exercer actuellement selon trois procédures : les questions, les commissions d'enquête et de contrôle, les résolutions visant des propositions d'actes communautaires.

§ 1. Les questions

Une question peut se définir comme une demande d'information adressée par un parlementaire soit au Premier ministre, soit à un autre membre du Gouvernement. Il faut distinguer deux procédures : celle des questions écrites et celle des questions orales.

A Les questions écrites

La faculté de poser des questions écrites est illimitée : tout parlementaire peut poser autant de questions écrites qu'il le souhaite. Ces questions sont publiées dans une édition spéciale du *Journal officiel* et le Gouvernement doit en principe répondre à chaque question dans le délai d'un mois, également par la voie du *Journal officiel.* Mais il est prévu que, avant l'expiration de ce délai, le ministre interrogé peut demander un délai supplémentaire pour préparer la réponse, ou qu'il peut éventuellement indiquer que l'intérêt public lui interdit de répondre (s'il s'agit par exemple d'une question intéressant la défense nationale).

En pratique, les questions écrites sont tellement nombreuses que les services chargés de préparer les réponses sont débordés, ce qui fait que le délai d'un mois est rarement respecté. Durant la session ordinaire 2003-2004, par exemple, les députés ont posé 17 255 questions et 13 093 réponses seulement ont été reçues. L'abondance des questions écrites s'explique par le fait qu'il s'agit d'une prérogative individuelle des parlementaires, et que chaque parlementaire l'utilise pour renseigner ses électeurs sur leurs droits ou leurs obligations vis-à-vis de l'administration. Elles ne doivent contenir aucune indication nominative mais il est toujours possible de les formuler d'une manière tellement pointue qu'elles correspondent exactement à la situation d'une personne déterminée. C'est pourquoi l'on dit parfois que les questions écrites constituent un moyen d'obtenir des consultations juridiques gratuites.

En règle générale, les questions écrites ne présentent généralement guère d'intérêt politique. Mais elles constituent une précieuse source d'informations pour les juristes spécialisés dans certaines matières, notamment en droit fiscal, dans la mesure où elles obligent l'administration à préciser sa doctrine sur tel ou tel point particulier.

Si la réponse tarde à venir, l'auteur de la question peut faire publier un rappel au *Journal officiel*, il peut également demander que sa question écrite soit transformée en question orale. Cette dernière solution ne peut être envisagée qu'à titre exceptionnel.

B Les questions orales

De même que la question écrite, la question orale est une demande d'information adressée par un parlementaire à un membre du Gouvernement, mais, au lieu d'être simplement publiée au *Journal officiel*, la réponse doit être donnée par le représentant du Gouvernement à la tribune de l'assemblée au cours d'une séance publique, ce qui lui donne évidemment un plus grand retentissement. Le droit de poser des questions orales constitue également une prérogative individuelle des parlementaires, mais, comme le temps disponible pour le traitement de ces questions est limité, un filtrage s'avère indispensable : ce filtrage est opéré par les instances de l'assemblée, et plus spécialement pas la conférence des présidents.

Par dérogation à la priorité gouvernementale de l'ordre du jour, les Constituants de 1958 avaient prévu qu'une séance par semaine serait réservée par priorité *« aux questions des membres du Parlement et aux réponses du Gouvernement »*. Mais depuis une vingtaine d'années, en vertu d'un accord amiable entre le Gouvernement et les bureaux des assemblées parlementaires, ces séances de questions étaient devenues plus fréquentes. Aussi le nouvel article 48 al. 2, résultant de la loi constitutionnelle du 4 août 1995, précise-t-il qu'une séance par semaine « au moins » est réservée aux questions, ce qui signifie qu'il peut y en avoir davantage.

En pratique, il y a généralement dans chaque assemblée au moins deux et même parfois trois séances de questions orales par semaine.

Les plus vivantes sont celles organisées selon la procédure dite des « questions au Gouvernement » (48). Elles se déroulent généralement en présence du Premier ministre. Les ministres interrogés ne connaissent les questions qui leur seront posées que deux heures environ avant la séance. Il en résulte, d'une part, que les sujets les plus actuels peuvent être abordés et, d'autre part, que les échanges sont relativement spontanés, le Premier ministre et ses collègues ne disposant que d'un minimum de temps pour préparer leurs réponses.

Le temps disponible pour les questions orales est réparti entre les groupes politiques par la conférence des présidents de façon plus ou moins proportionnelle à leurs effectifs, mais en veillant à ce qu'il n'y ait pas un trop grand déséquilibre entre la majorité et l'opposition. Dans les limites du temps qui lui est imparti, chaque groupe sélectionne lui-même les questions de ses membres.

On distingue traditionnellement les questions orales sans débat et les questions orales avec débat. En ce qui concerne les premières, seul l'auteur de la question et le ministre qui lui répond peuvent prendre la parole. En ce qui concerne les secondes, d'autres orateurs peuvent intervenir. Mais la procédure des questions orales avec débats est de moins en moins pratiquée car on estime qu'elle consomme trop de temps. À l'Assemblée nationale, depuis quelques années, les questions orales avec

(48) À l'Assemblée nationale, depuis l'instauration de la session unique, une heure est consacrée aux « questions au gouvernement » au début des séances des mardi et mercredi après-midi. Au Sénat, deux séances chaque mois sont en principe consacrées aux « questions au gouvernement ».

débat ont pratiquement disparu. Au Sénat, par contre, il y en a encore parfois.

Qu'elles soient écrites ou orales, les questions ne permettent que d'obtenir des informations ponctuelles et généralement superficielles. Si les parlementaires veulent s'informer d'une manière plus approfondie, ils doivent recourir à une autre procédure : celle des commissions d'enquête.

§ 2. Les commissions d'enquête

La possibilité de créer des commissions d'enquête est prévue non par la Constitution elle-même mais par l'article 6 de la loi organique du 17 novembre 1958 relative au fonctionnement des assemblées parlementaires. À l'origine, la loi établissait une distinction entre les commissions d'enquête et les commissions de contrôle ; mais après trente ans de pratique, on s'est aperçu qu'il s'agissait d'une distinction purement formelle, les mêmes règles étant applicables aux deux types de commission : la distinction a donc été supprimée par la loi organique du 20 juillet 1991. Il n'existe plus désormais que des commissions d'enquête.

Une commission d'enquête est une commission créée par l'Assemblée nationale ou le Sénat *« en vue de recueillir des éléments d'information soit sur des faits déterminés, soit sur la gestion des services publics ou des entreprises nationales »*. Cette commission doit ensuite soumettre ses conclusions à l'assemblée qui l'a créée.

À la différence des commissions permanentes, les commissions d'enquête n'interviennent donc pas dans le processus législatif (voir *infra*, Chapitre III). Elles n'ont qu'un rôle d'information.

A La création des commissions d'enquête

Tout parlementaire peut proposer la création d'une commission d'enquête. Cette proposition est renvoyée pour examen à l'une des commissions permanentes. Mais la décision définitive de créer la commission d'enquête ne peut être prise que par l'assemblée en formation plénière, par un vote à la majorité simple.

En vertu de la règle de séparation des pouvoirs, les commissions d'enquête parlementaires ne doivent pas empiéter sur les attributions réservées au pouvoir judiciaire. C'est pourquoi il est interdit de créer une commission d'enquête *« sur des faits ayant donné lieu à des poursuites judiciaires, aussi longtemps que ces poursuites sont en cours. Si une commission a déjà été créée, sa mission prend fin dès l'ouverture d'une information judiciaire relative aux faits sur lesquels elle est chargée d'enquêter »*.

Il suffirait donc à un Gouvernement désireux d'empêcher la formation d'une commission d'enquête ou de mettre fin à sa mission, de déclencher, l'ouverture d'une information judiciaire en donnant des instructions à cet effet au ministère public.

Par contre, rien n'interdit à une assemblée parlementaire de créer une commission d'enquête sur des faits « ayant donné lieu à des poursuites judiciaires », une fois que ces poursuites sont closes.

L'effectif maximum des commissions d'enquête est fixé par le règlement intérieur de chaque assemblée (30 à l'Assemblée nationale, 21 au Sénat). En pratique, une commission d'enquête comprend toujours au moins 12 membres. À l'origine, la loi organique prévoyait que la désignation des membres de la commission d'enquête s'effectuait au scrutin majoritaire, ce qui pouvait permettre d'en éliminer les représentants de l'opposition. Mais la loi organique du 20 juillet 1991 a prévu que, dorénavant, les membres des commissions d'enquête seront désignés *« de façon à assurer une représentation proportionnelle des groupes politiques »*. Les modalités de désignation sont donc aujourd'hui pratiquement les mêmes que pour les commissions permanentes : c'est-à-dire que la composition politique de la commission est la reproduction, en modèle réduit, de celle de l'assemblée qui l'a créée.

La loi organique précise que les commissions d'enquête ont un caractère temporaire, et leur durée est limitée de façon stricte : l'existence de la commission prend fin lorsqu'elle dépose son rapport et, au plus tard, à l'expiration d'un délai de six mois à compter de la date de la résolution qui l'a créée, ce qui revient à dire que les commissaires ne disposent que de peu de temps pour mener à bien les investigations. Et si l'assemblée parlementaire veut constituer une nouvelle commission d'enquête avec le même objet, elle ne peut le faire qu'à l'expiration d'un délai d'un an à compter de la date à laquelle a pris fin la mission de la commission précédente.

Cette réglementation stricte de la durée des commissions d'enquête s'inspire évidemment d'un souci de rationalisation du parlementarisme : on a voulu éviter que les commissions d'enquête puissent se perpétuer car leurs investigations prolongées risqueraient de devenir une gêne sérieuse pour le Gouvernement. Mais compte tenu de la complexité des problèmes sur lesquels portent parfois les enquêtes, le délai de six mois est peut-être un peu court.

B Les modalités de fonctionnement des commissions d'enquête

Les commissions d'enquête disposent de pouvoirs d'investigations relativement importants.

En premier lieu, elles désignent des rapporteurs qui exercent leurs missions « sur pièces et sur place », c'est-à-dire que ces rapporteurs peuvent se rendre dans une administration ou une entreprise publique, interroger les fonctionnaires ou les employés, et se faire communiquer tous les documents de service qu'ils jugent utiles. La communication ne peut leur être refusée que lorsqu'il s'agit de documents qui présentent un caractère secret et qui intéressent la défense nationale, les affaires étrangères ou la sécurité de l'État.

En second lieu, les commissions d'enquête peuvent tenir des auditions auxquelles sont convoqués des témoins ; les témoins cités sont tenus de comparaître, de prêter serment et de répondre aux questions. S'ils refusent, ils peuvent être condamnés à des peines d'amende ou même à de courtes peines d'emprisonnement (bien entendu, ces peines ne peuvent être prononcées que par une juridiction pénale et non par la commission d'enquête elle-même). Selon l'objet de l'enquête, les témoins convoqués peuvent être des personnes privées, des fonctionnaires ou même des ministres. Quand un fonctionnaire est convoqué, le ministre dont il dépend est prévenu, mais il semble qu'il ne puisse pas s'opposer à la comparution.

Les témoins peuvent tout de même refuser de répondre si la question porte sur une information protégée par le secret professionnel ou le secret d'État.

Jusqu'en 1991, les travaux de commissions d'enquête étaient secrets et les auditions auxquelles elles procédaient se déroulaient toujours à huis clos. Mais la loi organique du 20 juillet 1991 rompt avec la règle du secret et pose le principe de la publicité des audiences. Chaque commission organise, comme elle l'entend, la publicité de ses auditions. Désormais, certaines séances d'auditions peuvent être retransmises en direct à la télévision, comme c'est souvent le cas des « hearings » organisés par les commissions du Congrès américain.

Toutefois, exceptionnellement, la commission peut décider d'organiser des auditions en secret : dans ce cas, toute personne qui publierait ou divulguerait des informations sur cette audition pourrait être poursuivie pénalement, sauf si ces informations figurent dans le rapport publié à la fin des travaux de la commission.

C L'aboutissement des travaux des commissions d'enquête

La commission d'enquête ne dispose d'aucun pouvoir de décision. Mais elle adopte un rapport, qui rend compte de ses investigations et qui formule habituellement des conclusions. Ces conclusions reflètent évidemment l'opinion de la majorité des membres de la commission. Les observations des membres appartenant à la minorité sont cependant généralement reproduites dans une annexe.

À l'origine, c'est-à-dire d'après le texte initial de la loi organique relative au fonctionnement des assemblées parlementaires, la publication du rapport était subordonnée à une autorisation préalable donnée par l'assemblée. Depuis 1977, au contraire, la publication du rapport est de droit, sauf si l'assemblée en décide autrement. Mais ce rapport ne donne généralement lieu à aucun débat en séance plénière et ses conclusions sont rarement suivies d'effet sauf lorsqu'elles trouvent un écho auprès de l'opinion publique ou des autorités gouvernementales.

C'est seulement à partir de 1970 que les assemblées parlementaires ont commencé à créer des commissions d'enquête. Des sujets très divers ont été abordés. Certains avaient un objet économique (ex. : *Marché de la viande ovine*, AN, 1990) ou technique (ex. : *Contrôle des fréquences hertziennes*, Sénat, 1985). Quelques-uns avaient un objet plus politique (ex. : *Financement des politiques et des campagnes électorales*, AN 1991). D'autres reflétaient des préoccupations environnementales (ex. : *Présence du loup en France*, AN, 2002 ; *Sécurité du transport maritime des produits dangereux*, AN, 2003).

Pour développer les enquêtes parlementaires et pour leur donner plus de retentissement, le comité Vedel, dans son rapport publié en février 1993, a proposé trois réformes :

1° Prévoir la création d'une commission d'enquête à l'initiative d'une minorité des membres de chaque assemblée, comme cela se pratique notamment en Allemagne.

S'ajoutant à la saisine du Conseil constitutionnel, pour 60 députés ou 60 sénateurs, qui a été institué en 1974 (voir *infra*), cette faculté reconnue à la minorité constituerait un élément nouveau du statut de l'opposition. Il est probable qu'elle donnerait un nouvel essor à la procédure des commissions d'enquête, car la majorité parlementaire, qui est généralement solidaire du Gouvernement, ne pourrait plus bloquer le déclenchement d'une enquête.

2° Supprimer l'interdiction de mener une enquête sur des faits donnant lieu à des poursuites judiciaires, en spécifiant simplement que la commission d'enquête ne pourra pas se prononcer sur les responsabilités personnelles encourues à l'occasion de ces faits.

3° Soumettre les conclusions des commissions d'enquête à un débat en séance publique, en présence du Gouvernement, deux mois au plus tard après le dépôt du rapport.

Les questions et les commissions d'enquête sont des techniques de contrôle parlementaires qui fonctionnent depuis les débuts de la Ve République. Mais on assiste depuis une douzaine d'années à la résurgence d'une autre technique qui avait disparu depuis longtemps : il s'agit des propositions de résolution.

§ 3. Les propositions de résolution

Une résolution est un texte adopté par une assemblée parlementaire en dehors de la procédure législative. Il ne peut donc exprimer que le point de vue de cette assemblée. On distingue deux grandes sortes de résolutions parlementaires.

Certaines ont trait à l'organisation ou au fonctionnement de l'assemblée intéressée : par exemple, lorsqu'une assemblée adopte ou modifie son règlement intérieur, ou lorsqu'elle crée une commission d'enquête, cette décision prend la forme d'une résolution. De telles résolutions ne soulèvent pas de problèmes particuliers car elles ont un objet technique.

Mais une assemblée parlementaire peut également être tentée d'adopter des résolutions comportant une finalité politique, par exemple pour influencer la conduite du Gouvernement. Dans un régime de parlementarisme rationalisé, comme celui qui a été mis en place en 1958, de telles résolutions suscitent une certaine méfiance.

C'est pourquoi elles avaient été interdites en 1959 par une décision du Conseil constitutionnel (A). Cette interdiction est toujours en vigueur. Mais l'article 88-4 de la Constitution, introduit par la loi de révision du 25 juin 1992 préalable à la ratification du traité de Maastricht, a prévu une exception dont la portée se limite aux affaires européennes (B).

A L'interdiction des propositions de résolution en 1959

Sous les IIIe et IVe Républiques, à l'issue d'un débat sur une question orale, une assemblée parlementaire pouvait toujours adopter une résolution exprimant sa position sur la question débattue, sa réaction aux explications fournies par le Gouvernement, ou son vœu quant aux mesures à prendre.

La Constitution de 1958 est muette sur ce point.

Quand en 1959 le Sénat et l'Assemblée nationale ont élaboré chacun leur règlement intérieur, partant du principe que tout ce qui n'est pas défendu est permis, ils ont prévu la possibilité d'adopter de telles propositions de résolution. Mais, d'après l'article 61 al. 1 de la Constitution, avant leur mise en application, les règlements intérieurs des assemblées doivent être soumis au Conseil constitutionnel qui contrôle leur conformité à la Constitution.

À cette époque, le Conseil constitutionnel exerçait un contrôle très strict sur les règlements des assemblées parce qu'il pensait que celles-ci auraient du mal à se plier à la discipline imposée par les nouvelles institutions, et qu'elles tenteraient donc d'y échapper par des biais. Aussi exigeait-il que les règlements des assemblées soient strictement conformes à la Constitution, et non pas seulement compatibles avec elle. En d'autres termes, tout ce que la Constitution n'avait pas expressément permis aux assemblées parlementaire était présumé leur être défendu.

En vertu de ce principe, le Conseil constitutionnel a censuré les dispositions relatives aux propositions de résolution en déclarant que de telles propositions pourraient permettre d'orienter ou de contrôler l'action gouvernementale sans suivre les procédures prévues par la Constitution. Celle-ci a réglementé, dans ses articles 49 et 50, la mise en jeu de la responsabilité gouvernementale, et le Conseil constitutionnel interdit donc aux assemblées parlementaires de chercher à faire pression sur le Gouvernement, ou à le renverser, par d'autres voies (déc. 59-2 DC, *Rec.* 58).

La prohibition des propositions de résolution a été respectée : il en résulte que, d'un point de vue politique, les séances de questions orales présentent beaucoup moins d'intérêt que sous les régimes précédents (voir *supra*). Les débats qui s'engagent à partir d'une question orale restent toujours sans conclusions, puisqu'il est interdit à l'assemblée d'émettre un vote.

Trente trois ans après cette décision historique du Conseil constitutionnel, les propositions de résolution ont fait leur réapparition mais, comme nous allons le voir, elles sont cantonnées dans un domaine bien particulier.

B La résurgence des propositions de résolution dans le cadre des Communautés et de l'Union européennes

Les actes communautaires dérivés (voir *infra*) jouent un rôle de plus en plus important dans notre système juridique, aussi bien dans les matières législatives que dans les matières réglementaires. Comme le rappelait récemment le Conseil d'État, plus de la moitié des règles nouvelles introduites chaque année dans le corpus juridique français sont d'origine Communautaire (Conseil d'État, 1992).

Comme ces actes ne sont pas soumis à ratification, ils ont, dès leur publication au *Journal officiel des Communautés*, devenu le *Journal officiel de l'Union européenne*, une autorité supérieure à celle des lois internes françaises. À ce stade, le Parlement français n'a plus aucun pouvoir de s'y opposer. Pour pallier cette perte importante de pouvoir législatif, l'article 88-4, introduit dans la Constitution par la loi de révision du 25 juin 1992 et dont le domaine a été légèrement étendu par celle du 25 janvier 1999, permet aux assemblées parlementaires d'intervenir en amont, c'est-à-dire avant l'adoption des actes communautaires. Certaines propositions d'actes communautaires doivent en effet être communiquées aux assemblées qui, après les avoir examinées, peuvent adopter à leur sujet des résolutions.

1. La communication des propositions d'actes communautaires

Le Gouvernement doit soumettre à l'Assemblée nationale et au Sénat, dès leur transmission au Conseil de l'Union, « *les projets ou propositions d'actes des Communautés européennes et de l'Union européenne* (49) » s'ils comportent des dispositions de nature législative (c'est-à-dire s'ils portent au moins partiellement sur une matière que la Constitution française réserve à la loi) (50). Il appartient au Gouvernement de faire le tri. En cas de contestation, le Président de l'une ou l'autre assemblée peut lui demander de transmettre la proposition que l'on soupçonne d'empiéter sur le domaine législatif. Mais le Gouvernement n'est jamais obligé de s'exécuter. Et il n'existe aucune procédure qui permettrait de faire trancher un tel litige par le Conseil constitutionnel.

(49) La référence aux actes de l'Union européenne (c'est-à-dire aux actes concernant la justice, les affaires intérieures, ou la politique étrangère et de sécurité) a été introduite par la révision du 25 janvier 1999. La version antérieure ne visait que les propositions d'actes entrant dans le champ du premier pilier de l'Union, c'est-à-dire les affaires communautaires proprement dites (construction du marché intérieur).

(50) Dans sa version issue de la révision du 25 janvier 1999, l'article 88-4 précise que le Gouvernement peut également soumettre aux assemblées « les autres projets ou propositions d'acte ainsi que tout document émanant d'une institution de l'Union européenne ». Il convient de noter que cette disposition n'impose au Gouvernement aucune obligation nouvelle.

Toutefois, avant de décider si une proposition d'acte communautaire comporte ou non des dispositions de nature législative, le Gouvernement consulte le Conseil d'État (voir la circulaire du 22 avril 1993, *JORF* p. 6495).

2. L'examen des propositions par les assemblées parlementaires

Les modalités de cet examen ont été déterminées par le règlement de chaque assemblée.

En ce qui concerne le délai dont dispose l'assemblée saisie pour procéder à cet examen, le règlement du Sénat avait prévu que le Gouvernement pouvait fixer un maximum mais que ce maximum ne devrait jamais être inférieur à un mois. Mais cette limitation a été censurée par le Conseil constitutionnel qui estime que, en cas d'urgence, eu égard aux engagements internationaux de la France, le Gouvernement peut éventuellement obliger les assemblées à se prononcer dans un délai plus court.

Tout député ou tout sénateur peut déposer une proposition de résolution. Celle-ci est alors envoyée à l'une des six commissions permanentes de l'assemblée. Les parlementaires, les autres commissions, ainsi que la délégation pour les Communautés européennes, peuvent présenter des observations ou des amendements. La commission saisie établit ensuite un rapport qui est distribué à tous les parlementaires. Plusieurs possibilités doivent alors être envisagées :

1) Le rapport conclut à l'adoption de la proposition de résolution éventuellement amendée. Cette proposition sera alors considérée comme définitive (c'est-à-dire implicitement adoptée) à moins qu'elle n'ait été inscrite à l'ordre du jour avant l'expiration d'un délai fixé par le règlement de l'assemblée. L'inscription à l'ordre du jour ne peut être décidée que par le Gouvernement, la conférence des présidents ou l'assemblée elle-même. Mais elle peut être demandée par le président de n'importe quel groupe politique.

Si la résolution est inscrite à l'ordre du jour, son adoption ne pourra résulter que d'un vote exprès de l'assemblée.

2) Le rapport conclut au rejet de la proposition de résolution soumise à la commission. Cette proposition ne peut plus alors être adoptée que si ses partisans obtiennent son inscription à l'ordre du jour avant l'expiration d'un certain délai.

3. La spécificité des résolutions de l'article 88-4

Les résolutions prévues par l'article 88-4 relèvent de la compétence de chaque assemblée parlementaire, et non de celle du Parlement. Elles sont donc adoptées indépendamment par l'Assemblée nationale ou le Sénat, qui peuvent fort bien prendre des positions différentes à propos d'une même proposition d'acte communautaire.

En droit, ces résolutions n'ont évidemment qu'une valeur consultative : les recommandations qu'elles contiennent ne s'imposent ni au Gouvernement français ni bien entendu aux organes des Communautés européennes. La perte de pouvoir législatif qu'entraîne l'extension des compétences communautaires n'est donc pas entièrement compensée par l'article 88-4. Il n'en est pas moins vrai que les résolutions adoptées dans le cadre de cet article ont un poids politique non négligeable, et qu'elles peuvent parfois influer sur le résultat de certaines négociations communautaires.

Dans les débats auxquels donnent lieu ces résolutions, des questions de politique interne se mélangent parfois aux questions européennes. C'est ainsi qu'à l'Assemblée nationale, le 22 avril 1998, les membres de l'opposition refusèrent de s'associer à un vote en faveur du passage à l'Euro, craignant qu'une telle résolution puisse être interprétée comme un vote de confiance envers le Gouvernement.

Sous-section 2
La responsabilité ministérielle

La Constitution maintient les deux procédés traditionnels selon lesquels la responsabilité du Gouvernement peut être mise en cause : la question de confiance et la motion de censure (51). Mais elle en aménage la procédure de telle sorte que la stabilité gouvernementale ne soit pas compromise par une possibilité trop aisée de renverser le Gouvernement.

(51) D'après l'article 7 dernier al. C, il ne peut pas être fait application de ces procédures durant la vacance de la Présidence de la République ou durant la période qui s'écoule entre la déclaration du caractère définitif de l'empêchement du Président de la République et l'élection de son successeur. Cette limitation est liée à la règle selon laquelle le Président intérimaire ne peut pas exercer le droit de dissolution : on a voulu éviter que les députés puissent renverser le Gouvernement sans prendre le risque d'être renvoyés devant leurs électeurs.

En ce sens, la Constitution de 1958 innove moins qu'elle ne parachève le mouvement favorable à la stabilité ministérielle qui s'était déjà affirmé sous la IVe République, mais que le Parlement s'était révélé incapable de sanctionner par un texte (voir *supra*, Troisième Partie).

La motion de censure (Detragiache-Dorlencourt, 1974). — Aux termes de l'article 49, l'Assemblée nationale met en cause la responsabilité du Gouvernement par une motion de censure. Mais la procédure n'est pas aussi simple que sous le régime précédent :

— pour être recevable, la motion de censure doit être signée par un dixième au moins des membres de l'Assemblée nationale ;

— le vote sur la motion de censure ne peut avoir lieu que quarante-huit heures après son dépôt ;

— la motion de censure ne peut être adoptée qu'à la majorité absolue des membres composant l'Assemblée ;

— seuls sont recensés les votes favorables à la motion de censure. Cette disposition implique que les abstentions jouent en faveur du Gouvernement puisqu'on ne fait entrer en ligne de compte que les votes hostiles à la confiance. Il en résulte qu'un Gouvernement ne sera pas obligé de démissionner par le seul fait qu'il n'a pas obtenu la majorité des voix. Il n'y est contraint que si la majorité des voix s'est prononcée contre lui. Tout le système repose sur l'idée que le Gouvernement est présumé avoir la confiance de l'Assemblée et que cette présomption ne peut être effacée que par un vote exprès et massif (la majorité des membres de l'Assemblée) de l'opposition ;

— si la motion de censure est rejetée le droit pour ses signataires d'en proposer une nouvelle est strictement limité. Il s'agit évidemment d'éviter au Gouvernement le harcèlement qu'il connaissait sous les IIIe et IVe Républiques. Jusqu'à la réforme constitutionnelle de 1995, ils ne pouvaient déposer une nouvelle motion de censure au cours de la même session. Certes, une autre motion de censure pouvait être déposée par de nouveaux signataires, mais le risque pour le Gouvernement était malgré tout limité par les divisions de l'opposition. Il est rare en effet qu'un groupe de députés de gauche accepte de voter une motion rédigée par un groupe de droite et réciproquement ;

— depuis la loi constitutionnelle du 4 août 1995, qui a institué la session unique, le nombre de motions de censure qui peuvent être signées par un même député au cours de cette session est passé à trois. Mais, rien n'est changé pour les sessions extraordinaires, au cours desquelles chaque député ne peut signer qu'une seule motion. Toutefois, comme auparavant, ces limitations ne sont pas applicables lorsque c'est le Gouvernement qui a pris l'initiative d'engager sa responsabilité sur un texte (art. 49 al. 3) ;

— lorsque l'Assemblée nationale adopte une motion de censure, le Premier ministre est tenu de remettre au Président de la République la démission du Gouvernement.

Sur le plan de la science politique, la question est posée de savoir si, dans une démocratie moderne, la motion de censure constitue un procédé adéquat de contrôle parlementaire. On considère de plus en plus généralement que, pour assurer la stabilité indispensable aux tâches gouvernementales, le Gouvernement, établi au début de la législature avec l'accord de la majorité, doit jouir d'un mandat qui dure aussi longtemps que la législature. Ce qui est nécessaire, c'est que les députés disposent d'un moyen pour contraindre le Gouvernement à demeurer dans la ligne qui était la sienne lors de sa formation. Or, la motion de censure va bien au-delà, son vote implique un renversement de majorité. « Arme suprême », comme l'a qualifiée G. Pompidou, elle ne permet pas de corriger une erreur, elle tue son auteur.

Cette interprétation de l'institution ressort nettement de la déclaration de E. Pisani, alors ministre de la Ve République (*Ass. nat. JO Débats*, 1964, p. 3093) : *« Le caractère même de cette motion, disait-il, le délai de réflexion qui est imposé pour son vote, le fait que seuls ceux qui la soutiennent puissent prendre part à ce vote, le fait que ceux qui la signent ne peuvent le faire qu'une fois au cours d'une session, le fait que son adoption entraîne normalement dissolution de l'Assemblée, démontrent à l'évidence qu'il ne peut s'agir que d'une condamnation générale et sans appel de la politique du Gouvernement par une opposition qui manifeste son intention de se substituer à la majorité précédente et de prendre le pouvoir »*. S'il en est ainsi, ce n'est plus d'un contrôle qu'il s'agit, c'est d'une mise à mort. Nos institutions ne connaissent pas d'armes intermédiaires. C'est là certainement une des causes de l'impuissance du Parlement.

La question de confiance. — C'est par elle que le Gouvernement prend l'initiative d'engager sa responsabilité. À la différence de la Constitution de 1946, la Constitution de 1958 n'emploie pas l'expression « question de confiance » ; elle dit : le Gouvernement engage sa responsabilité. Cette nuance dans la rédaction des textes paraît confirmer l'idée que dans le régime actuel le Gouvernement est présumé avoir la confiance de l'Assemblée.

Cette interprétation est d'ailleurs confirmée par la rédaction du texte. Au lieu de consacrer deux articles respectivement à la question de confiance et à la censure, ainsi que le faisait la Constitution de 1946 (art. 49 et 50), la Constitution actuelle les réunit dans un seul article.

Le Gouvernement n'a donc pas, à proprement parler, à poser la question de confiance ; il faut attendre que la majorité des députés lui signifie expressément qu'il l'a perdue.

Nous conserverons cependant l'expression : question de confiance parce qu'elle évoque bien l'initiative prise par le Gouvernement et aussi parce que, dans une hypothèse au moins, c'est bien d'elle, à défaut du mot, qu'il s'agit.

L'article 49 prévoit en effet, deux cas dans lesquels le Gouvernement engage sa responsabilité :

1. — Il peut d'abord la mettre en cause à propos de sa *politique générale*. « Le Premier ministre, dit l'alinéa 1er, après délibération du Conseil des ministres, engage devant l'Assemblée nationale la responsabilité du Gouvernement sur son programme ou éventuellement sur une déclaration de politique générale ».

Cette hypothèse pourrait se réaliser si le Gouvernement, après avoir été nommé par le Président de la République venait devant l'Assemblée — encore que la Constitution ne lui en fasse pas une obligation — exposer les grandes lignes de son programme. Il pourra arriver également qu'à propos d'un problème particulièrement important, le Premier ministre fasse connaître l'attitude qu'il entend adopter et demande à l'Assemblée de lui témoigner son appui par un vote de confiance.

Dans ce premier cas, aucun mode spécial de recensement des votes, aucune majorité renforcée n'est exigée. Si le Gouvernement n'a pas obtenu la majorité, il devra se retirer. Cette interprétation est commandée par l'article 50 qui distingue expressément deux hypothèses : celle où l'Assemblée a adopté une motion de censure et celle où elle a *désapprouvé* le programme ou une déclaration du Gouvernement.

2. — La seconde hypothèse dans laquelle la Constitution (art. 49 al. 3) envisage la mise en cause, par le Gouvernement lui-même, de sa responsabilité, vise le cas où il l'engage à propos de l'adoption d'un texte. Ce texte sera considéré comme adopté, sauf si une motion de censure, déposée dans les vingt-quatre heures qui suivent, est votée à la majorité absolue des membres composant l'Assemblée.

Pour comprendre la règle ainsi posée, il est utile de connaître la situation à laquelle elle doit faire face. Il arrivait fréquemment naguère que, sans mettre le Gouvernement en minorité, l'Assemblée refusait d'adopter les textes qu'il estimait nécessaire à sa politique ; sans doute, il n'était pas constitutionnellement renversé mais, ne pouvant obtenir les moyens (la loi) de sa politique, il se retirait spontanément. Avec la règle actuelle, la situation est différente : ou bien l'Assemblée prendra ouvertement l'initiative de contraindre le Gouvernement à démissionner et ce sera le vote de censure, ou bien cette offensive n'aura pu réunir la majorité requise pour être efficace et alors, non seulement le Gouvernement restera en place, mais encore le texte qu'il estimait nécessaire sera *présumé adopté*.

Cette procédure est évidemment très favorable à la stabilité gouvernementale, mais on ne doit pas se dissimuler l'inconfort de l'alternative en face de laquelle elle place l'Assemblée nationale : ou bien renverser le Gouvernement pour que le texte qu'il défend ne devienne pas loi, ou bien, pour ne pas ouvrir une crise ministérielle, accepter que ce texte devienne loi, mais sans même pouvoir émettre un vote à son sujet.

D'autre part, sur le plan de la procédure législative, la nouvelle technique ne va pas sans bouleverser la vieille conception française de la loi expression de la volonté générale. C'est en effet une volonté tacite et présumée qui fera, du texte défendu par le Gouvernement, une loi que la représentation nationale n'aura pas votée. La loi sera l'expression de sa résignation plus que de sa volonté.

Il arrive que cette procédure soit utilisée pour empêcher l'opposition de retarder l'adoption d'un texte en déposant des centaines d'amendements dilatoires, comme elle l'a été en 1995 par le Gouvernement Juppé.

Mais, dans la plupart des cas, elle n'est pas tant dirigée contre l'opposition que contre la majorité. En posant la question de confiance sur un texte, le Premier ministre contraint à la discipline les membres de la majorité qui seraient tentés par la dissidence. C'est cette tactique que R. Barre a utilisée contre le RPR en 1979 pour obtenir l'adoption du budget ; c'est également celle dont s'est servi P. Mauroy en avril 1984, pour obliger les députés communistes à prendre position par rapport à la politique du Gouvernement auquel leur parti participait tout en critiquant son action. Quant à J. Chirac, durant la seule année 1986, il a fait application sept fois de l'article 49 al. 3, notamment à propos des projets de loi d'habilitation que son Gouvernement avait déposés.

Mais l'article 49 (3) est aussi évidemment une arme très précieuse pour un Gouvernement qui ne dispose pas d'une majorité absolue à l'Assemblée nationale. Pour ne citer qu'un seul exemple, entre le 15 novembre et le 20 décembre 1990, le Gouvernement Rocard l'a utilisé 8 fois, à propos de trois textes différents.

La démission du Gouvernement renversé. — Aux termes de l'article 50 de la Constitution, *« lorsque l'Assemblée nationale adopte une motion de censure, le Premier ministre doit remettre au Président de la République la démission du Gouvernement »*. Quant au Président de la République, il ne dispose pas d'une faculté de choix : il doit accepter la démission, car l'article 8 ne dit pas qu'il *peut* mettre fin aux fonctions du Premier ministre mais qu'il y *met* fin. Cependant, lorsque le 6 octobre 1962, renversé par un vote de l'Assemblée nationale, G. Pompidou remit la démission du cabinet au général De Gaulle, celui-ci se borna à en prendre acte : il ne l'accepta qu'après le référendum du 28 octobre en demandant d'ailleurs à G. Pompidou de constituer le nouveau Gouvernement.

La question s'est posée de savoir quels étaient, en pareille occurrence, les pouvoirs d'un Gouvernement renversé par l'Assemblée nationale mais dont la démission n'avait pas encore été acceptée par le chef de l'État. Sous les IIIe et IVe Républiques, la notion d'affaires courantes permettait de résoudre le problème. On admettait que le Gouvernement démissionnaire, maintenu provisoirement en place jusqu'à la nomination de son successeur, ne disposait pas de la totalité des compétences gouvernementales mais seulement de celles qui étaient nécessaires à l'expédition des affaires courantes, c'est-à-dire n'impliquaient pas de choix politiques essentiels. Le Conseil d'État se reconnaissait compétent pour apprécier si telle mesure gouvernementale rentrait ou non dans la catégorie des affaires courantes (CE 4 avril 1952, *Synd. régional des quotidiens d'Algérie*, *Rec.* 210).

En octobre 1962 on aurait pu penser que les données du problème étaient différentes puisque, si le Gouvernement avait bien donné sa démission, celle-ci n'avait pas encore été acceptée. Saisi de la question, le Conseil d'État n'a pas tenu compte de cette nuance. Et c'est à juste titre car cela l'eût conduit à admettre que le Président de la République pouvait maintenir au pouvoir un Gouvernement renversé par l'Assemblée nationale, ce qui eût été contraire aux dispositions expresses de la Constitution. La Haute Juridiction a assimilé la situation du Gouvernement démissionnaire en 1962 à celle des Gouvernements de la IIIe ou de la IVe République dont la démission avait été acceptée, mais auquel le chef de l'État demandait d'assurer « l'interrègne » jusqu'à la désignation de leur successeur. Par conséquent, dès le moment où il a été l'objet d'un vote de censure, le cabinet ne dispose plus que de celles des compétences gouvernementales nécessaires pour assurer l'expédition des affaires courantes, et cela, quand bien même sa démission n'aurait pas encore été acceptée par le Président de la République (CE 19 oct. 1962, Brocas, *AJDA*, 1962, p. 626). Sur le fond, le Conseil d'État a d'ailleurs admis que l'activité gouvernementale mise en cause par le recours, à savoir les mesures d'organisation du référendum, rentrait dans la notion d'affaires courantes.

Le Sénat ne peut pas mettre en cause la responsabilité du Gouvernement. — Sous la IVe République, l'infériorité du Conseil de la République se traduisait notamment par son incapacité juridique à censurer le Gouvernement. Avec le nouveau régime, le Sénat regagne quelque autorité en matière de contrôle gouvernemental. Sans doute ne peut-il pas prendre l'initiative d'une motion de censure, et pas davantage ne pourrait-il obliger le Gouvernement à démissionner. Mais en précisant que *« le Premier ministre a la faculté de demander au Sénat l'approbation d'une déclaration de politique générale »*, l'article 49 al. 4 ouvre à la seconde Chambre des perspectives que lui interdisait la Constitution de 1946. Il est concevable, en effet, que, désapprouvé par les sénateurs, le Premier ministre décide de démissionner. Il n'y serait pas tenu, mais s'il le fait, un précédent sera créé. Une telle éventualité semble néanmoins peu probable, car cette procédure est entièrement facultative pour le Gouvernement.

Conclusion sur la responsabilité du Gouvernement. — Bien que les procédures de l'article 49 soient utilisées assez fréquemment, la stabilité gouvernementale ne paraît guère menacée par le Parlement. Depuis 1958, une seule motion de censure a été adoptée : celle votée en octobre 1962 contre le Gouvernement de G. Pompidou, auquel la majorité des députés reprochait d'avoir proposé au Président de la République, le général De Gaulle, une révision de la Constitution par la voie de l'article 11. Et jamais la confiance n'a été refusée à un Gouvernement qui avait lui-même engagé sa responsabilité sur son programme ou sur une déclaration de politique générale.

Cette situation s'explique par le fait que, au moins depuis octobre 1962, le Gouvernement a toujours pu s'appuyer sur une majorité parlementaire qui, même lorsqu'elle n'était pas entièrement docile, savait faire preuve de discipline lors des scrutins décisifs. Sa responsabilité devant le Parlement apparaît donc en un sens comme plus théorique que réelle et en tous cas (sauf en période de cohabitation) comme moins effective que sa responsabilité devant le chef de l'État. Mais en Grande-Bretagne, en Allemagne, ou en Espagne, il est également très rare qu'un vote parlementaire puisse remettre en cause l'existence du Gouvernement.

Il ne faudrait cependant pas en conclure que les procédures de mise en jeu de la responsabilité du Gouvernement ne sont qu'un trompe-l'œil et qu'elles n'exercent aucune influence sur le fonctionnement des institutions.

En premier lieu, l'existence même de ces procédures oblige le Président de la République a nommer un Gouvernement conforme à l'orientation de la majorité parlementaire. À cet égard, la « cohabitation à la française » se distingue de la « cohabitation à l'américaine », le Président des États-Unis n'étant jamais obligé de choisir ses secrétaires d'État au sein du parti qui contrôle le Congrès.

En second lieu, la procédure de l'article 49 al. 3, qui permet au Gouvernement d'engager sa responsabilité devant l'Assemblée nationale sur le vote d'un texte, est pour le Premier ministre une arme précieuse pour maintenir la discipline de sa propre majorité parlementaire. Elle empêche en effet cette majorité de rejeter un projet de loi (ou même de l'amender) sans provoquer une crise grave. Quant au Président des États-Unis, il peut parfois s'opposer à l'adoption d'une loi par le Congrès (veto suspensif), mais il ne dispose d'aucune arme procédurale décisive pour surmonter les réticences du Congrès vis-à-vis de ses propres projets. Sa maîtrise du processus législatif est donc en pratique moins complète que celle du Premier ministre français.

Sous-section 3
Le contrôle parlementaire en période de crise

Lorsque la vie du pays est profondément troublée par un événement d'une gravité exceptionnelle (agression étrangère, insurrection armée, calamités naturelles, etc.), les pouvoirs publics sont souvent obligés de prendre des mesures d'urgence pour faire face à la situation. Comme l'urgence n'est généralement pas compatible avec les délais qu'implique la procédure parlementaire, la plupart de ces mesures doivent être prises par l'exécutif qui bénéficie ainsi, en droit ou en fait, d'une extension importante de ses compétences. Cependant, durant ces périodes de crise, le contrôle du Parlement paraît plus nécessaire que jamais : en effet, d'une part, en raison même de la gravité de la situation, il serait anormal que l'organe dépositaire de la souveraineté nationale ne soit pas au moins associé aux grandes décisions à prendre ; d'autre part, l'extension du rôle de l'exécutif comporte des risques particuliers d'atteintes aux libertés publiques.

Malheureusement, la Constitution ne traite de cette question que d'une manière ponctuelle et incomplète. Les seules dispositions qui s'y rapportent concernent l'article 16, la déclaration de guerre et l'état de siège.

L'article 16. — L'article 16 précise, d'une part, que le Parlement se réunit de plein droit et, d'autre part, que l'Assemblée nationale ne peut pas être dissoute pendant l'exercice des pouvoirs exceptionnels (voir *supra, « l'extension des pouvoirs présidentiels en cas de circonstances exceptionnelles »).* Mais il ne donne aucune indication sur le rôle du Parlement durant cette période. On peut notamment se demander si les procédures de contrôle utilisables sont les mêmes qu'en temps normal.

En septembre 1961, alors que l'article 16 était en application depuis cinq mois déjà (bien que la rébellion militaire qui avait justifié sa mise en application se fût effondrée au bout de quelques jours) une motion de censure fut déposée à l'Assemblée nationale. Était-elle recevable ? Après avoir tenté de soumettre la question au Conseil constitutionnel, qui se déclara incompétent (52), le Président de l'Assemblée nationale, J. Chaban-Delmas, fut contraint de la trancher lui-même (déc. du 19 septembre 1961). Constatant l'absence de dispositions expresses sur cette question, il s'est référé aux interprétations données par le Président de la République qui, d'après l'article 5 C, *« veille au respect de la Constitution ».*

Or, dans un premier temps, dans un message adressé au Parlement le 25 avril 1961, c'est-à-dire avant le terme de la session parlementaire normale, le général De Gaulle avait déclaré que la mise en application de l'article 16 *« ne saurait modifier les activités du Parlement : exercice du pouvoir législatif et contrôle ».* Mais dans un second temps, les assemblées ayant décidé de se réunir de plein droit hors session normale, comme l'article 16 les autorisait à le faire, il s'était montré beaucoup plus restrictif en déclarant qu'il tiendrait *« pour contraire à la Constitution que la réunion annoncée du Parlement ait un aboutissement législatif »* (53).

Du rapprochement de ces deux textes, le Président de l'Assemblée nationale a déduit que *« les rapports du Gouvernement et du Parlement sont régis par des règles différentes suivant que...[l'] on se trouve dans ou en dehors des sessions normales du Parlement ».* La motion de censure est recevable dans le premier cas, mais non dans le second car, à partir du moment où les travaux du Parlement ne peuvent avoir d'aboutissement législatif, le Gouvernement se trouve privé du droit prévu par l'alinéa 3 de l'article 49 de la Constitution, d'engager sa responsabilité sur le vote d'un texte ; il en résulte, selon J. Chaban-Delmas, que, pour assurer l'équilibre fondamental des pouvoirs, l'Assemblée nationale doit être privée du droit de mettre en jeu la responsabilité du Gouvernement dans les conditions prévues par l'alinéa 2 de l'article 49.

---

(52) Déc. du 14 septembre 1961.
(53) Lettre au Premier ministre en date du 31 août 1961.

L'argument invoqué paraît très discutable. On aurait pu soutenir à la rigueur que l'équilibre des pouvoirs implique un certain parallélisme entre la motion de censure et le droit de dissolution, qui constitue pour l'exécutif un moyen de dissuasion. Mais un tel raisonnement aurait conduit à déclarer la motion de censure irrecevable pendant toute la durée de l'application de l'article 16, c'est-à-dire même en période de session normale, ce que le message présidentiel du 25 avril 1961 ne permettait pas de faire. En revanche, on voit mal pourquoi l'impossibilité pour le Gouvernement d'engager sa responsabilité sur le vote d'un texte justifierait qu'on le mette à l'abri d'une motion de censure. D'autant plus que si le Gouvernement veut engager lui-même sa responsabilité, il peut encore faire dans les conditions prévues par l'alinéa premier de l'article 49, c'est-à-dire « sur son programme ou sur une déclaration de politique générale ».

Les règles que l'on peut dégager de ce précédent unique d'avril 1961 reflètent la conception très restrictive des pouvoirs du Parlement qui était à l'époque dominante. On ne saurait donc affirmer qu'elles seraient maintenues si le même problème se posait à nouveau dans un contexte différent.

La guerre. — D'après l'article 35 C : *« La déclaration de guerre est autorisée par le Parlement »*. C'est le seul article de la Constitution qui traite explicitement de la guerre et l'on remarquera qu'il laisse plusieurs questions dans l'ombre : selon quelles procédures le Parlement devrait-il autoriser la déclaration (54) ? Et quelle serait l'autorité compétente pour faire cette déclaration, une fois l'autorisation accordée (55) ?

Mais ces questions ne retiennent plus guère l'attention car, depuis 1945, le droit international (et spécialement la charte des Nations unies) interdit le recours à la guerre. Au demeurant, la stratégie moderne implique des formes variées de recours à la force, très différentes de la guerre classique. Les guerres ne sont donc plus formellement déclarées et, par voie de conséquence, l'article 35 de la Constitution française est frappé d'obsolescence, tout comme les dispositions analogues de

---

(54) D'après le règlement de l'Assemblée nationale, l'autorisation ne peut résulter que d'un vote sur un texte exprès d'initiative gouvernementale ; d'après le règlement du Sénat, elle devrait résulter de l'approbation d'une déclaration de politique générale dans les conditions prévues par le quatrième alinéa de l'article 49.

(55) Du fait que l'article 35 est compris dans le titre consacré aux rapports entre le Parlement et le Gouvernement, on déduit généralement que c'est ce dernier qui peut déclarer la guerre. Mais, compte tenu des articles 5 et 15 de la Constitution, le Président de la République devrait au moins être associé à cette décision.

nombreuses constitutions étrangères. Cela n'a pas empêché un certain nombre d'États d'entreprendre des actions militaires d'une ampleur parfois considérable mais en les présentant toujours comme de simples opérations de police internationale, destinées à maintenir la paix ou à venir en aide à des populations menacées ; le fondement juridique invoqué pour ces actions est tantôt l'exécution d'une résolution adopté par le Conseil de sécurité des Nations unies, tantôt une stipulation d'un traité d'alliance, tantôt encore le droit de légitime défense ; parfois aussi aucun fondement n'est indiqué.

Lorsque la France s'engage dans une action militaire, soit seule (comme elle l'a fait en Afrique à plusieurs reprises), soit en s'associant avec d'autres États (comme elle l'a fait en 1990 pour la première guerre du golfe et en 1999 pour la guerre du Kosovo), l'article 35 est donc considéré comme inapplicable ; la décision est prise conjointement par le Président de la République, en tant que chef des armées (art. 15 C) et par le Premier ministre, en tant que responsable de la défense nationale (art. 21 C). À l'étranger, la situation est à peu près partout identique, c'est-à-dire que la décision initiale d'entreprendre une action militaire ne dépend que de l'exécutif. On peut donc toujours se passer de l'autorisation du Parlement pour recourir à la force armée et c'est bien ce que l'on fait le plus souvent. Mais la question se pose de savoir si celui-ci dispose tout de même des moyens nécessaires pour exercer un contrôle efficace, et notamment pour s'opposer, le cas échéant, à la poursuite d'une action militaire dont il désapprouverait le principe ou les modalités.

C'est pour se doter de tels moyens que le Congrès des États-Unis a adopté en 1973, malgré le veto du Président Nixon, le *War Powers Act* qui s'applique en principe à tout engagement des forces armées américaines à l'extérieur : d'une part, au-delà d'un certain délai, la poursuite de l'engagement nécessite une autorisation expresse du Congrès ; d'autre part, à tout moment, le Congrès peut, par une résolution concordante votée par les deux Chambres, ordonner au Président le retrait des troupes (voir *supra* Deuxième Partie, Chapitre 2, Le système constitutionnel des États-Unis).

En France (de même que dans la plupart des pays européens), il n'existe aucune législation spéciale sur cette question, les mécanismes normaux du régime parlementaire étant considérés comme suffisants. Le Gouvernement peut soumettre à l'Assemblée nationale ou au Sénat une déclaration de politique générale justifiant les opérations engagées, cette déclaration étant ou non assortie d'une demande d'approbation (56).

(56) En 1991 (crise du golfe), le Gouvernement a fait, devant l'Assemblée nationale et devant le Sénat, une déclaration suivie d'un vote, en application des articles 49 al. 1er, et 49 al. 4, de la Constitution. En 1999 (crise du Kosovo), il s'est borné à des déclarations non suivies d'un vote.

S'il ne prend pas l'initiative d'une telle déclaration, les députés ou les sénateurs peuvent lui poser des questions écrites ou orales afin de l'obliger à leur fournir des explications (voir *supra*). Mais, même s'il s'agit d'une question orale, aucun vote ne peut intervenir à l'issue du débat puisque, en vertu d'une jurisprudence du Conseil constitutionnel datant de 1959, les propositions de résolution ayant un objet autre que le fonctionnement interne des assemblées sont en principe interdites. Enfin, si l'Assemblée nationale désapprouve les opérations engagées, elle peut le manifester en adoptant une motion de censure contre le Gouvernement. Mais, dans les conditions du parlementarisme majoritaire tel qu'il a fonctionné jusqu'à présent sous la Ve République, une telle démarche est relativement peu probable.

Force est donc de constater que le Parlement ne joue qu'un rôle très effacé en cas de recours à la force armée, ce qui paraît contraire sinon à la lettre, du moins à l'esprit de l'article 35. Pour réagir contre cet effacement, le Comité consultatif pour la révision de la Constitution a proposé de compléter l'article 35 en y ajoutant l'alinéa suivant : *« Toute intervention des forces armées de la France à l'extérieur du territoire de la République fait l'objet d'une déclaration au plus tard huit jours après son déclenchement. Cette déclaration est suivie d'un débat. Hors session, le Parlement est réuni de plein droit »*. Cette proposition reste très en deçà du « War Powers Act » américain, aucun vote n'étant prévu à l'issue du débat ; toutefois, si elle était adoptée, elle aurait tout de même le mérite de rendre une utilité à l'article 35 qui, du fait de la désuétude des guerres traditionnelles, a perdu tout intérêt pratique.

L'état de siège. — L'état de siège, dont l'origine remonte au XIXe siècle (loi du 9 août 1848, modifiée par la loi du 3 avril 1878) ne peut être déclaré qu'en cas de « péril imminent résultant d'une guerre étrangère ou d'une insurrection à main armée ». Il entraîne le transfert à l'autorité militaire des pouvoirs de maintien de l'ordre normalement dévolus à l'autorité civile. L'autorité militaire est en outre investie de certains pouvoirs dont ne dispose pas, en temps normal, l'autorité civile : perquisitions de jour comme de nuit, interdictions des publications et des réunions jugées de nature à exciter ou entretenir le désordre, etc. Il est déclaré par décret en Conseil des ministres mais, d'après l'article 36 de la Constitution, sa prorogation au-delà de douze jours ne peut être autorisée que par le Parlement.

L'état de siège ne doit pas être confondu avec l'*état d'urgence*, qui peut également être décrété en Conseil des ministres, mais dont la prorogation au-delà de douze jours ne nécessite pas d'autorisation parlementaire car ses conséquences sont moins graves : il entraîne un certain renforcement des pouvoirs de maintien de l'ordre des autorités civiles, mais non le transfert de ces pouvoirs à l'autorité militaire.

Sous-section 4
Les moyens d'action de l'exécutif

Certaines des procédures qui viennent d'être étudiées peuvent être considérées à la fois comme des techniques de contrôle parlementaire et comme des prérogatives gouvernementales.

Ainsi en est-il par exemple de l'article 49 al. 3 qui permet au Gouvernement d'engager sa responsabilité sur un texte. Il s'agit bien d'un moyen de contrôle, car cette procédure permet à l'Assemblée nationale de renverser le Gouvernement. Mais on peut y voir également une prérogative de l'exécutif puisqu'il facilite considérablement l'adoption de certains textes et assure au Gouvernement une maîtrise du processus législatif dont ne bénéficie pas, par exemple, le Président américain.

L'arme principale de l'exécutif demeure néanmoins le droit de dissolution.

Un pouvoir présidentiel : la dissolution. — De 1875 à 1958, la dissolution n'était pas parvenue à s'implanter dans nos institutions. Quand bien même elle était prévue par les textes, elle n'était guère utilisée : sous la IIIe République parce que l'on en contestait le principe, et sous la IVe République parce que son exercice était entouré de conditions telles qu'il était très difficile de la prononcer.

Rompant avec l'attitude pleine de réticence des constituants de 1946 qui avaient admis le droit de dissolution tout en le rendant impraticable (voir *supra*, Troisième Partie), la Constitution pose une règle simple et brutale : le droit de dissolution appartient au Président de la République seul (art. 12) et il l'exerce *sans être soumis à l'obligation du contreseing* (art. 19).

Cette dispense du contreseing a soulevé beaucoup d'émotion dans les milieux politiques et elle n'émeut pas moins les juristes car, en méconnaissant un des principes les mieux assurés du régime parlementaire, elle rend inclassable la formule gouvernementale adoptée en 1958. Même lorsque la dissolution était encore considérée comme une prérogative royale, en Angleterre par exemple, elle était soumise au contreseing.

Depuis les débuts de la Ve République, le droit de dissolution a été utilisée cinq fois : deux fois par le général De Gaulle, en octobre 1962 et mai 1968 ; deux fois par F. Mitterrand, en mai 1981 et mai 1988 ; une fois par J. Chirac en avril 1997.

D'un point de vue politique, on peut distinguer plusieurs types de dissolution : la dissolution *défensive*, la dissolution *offensive*, la dissolution *stratégique*, la dissolution *exutoire* et enfin la dissolution *rupture*.

La première constitue une riposte à la mise en jeu par l'Assemblée nationale de la responsabilité du Gouvernement. La dissolution prononcée en octobre 1962 par le général De Gaulle appartenait à ce premier type. L'Assemblée nationale venait de voter la censure contre le Gouvernement de G. Pompidou et c'était en fait la politique du Président de la République qui était visée : on reprochait au Gouvernement d'avoir proposé un référendum au chef de l'État dans le cadre de l'article 11, mais chacun savait que cette proposition avait été en fait « sollicitée » par le général De Gaulle. La dissolution défensive permet donc de faire arbitrer par le corps électoral un conflit qui oppose l'exécutif au Parlement, ou plus exactement à l'Assemblée nationale. Mais ce cas de figure se présente rarement car, depuis 1962, le Gouvernement a toujours pu s'appuyer sur une majorité parlementaire relativement docile.

La dissolution *offensive* correspond au cas où un Président de la République qui vient d'être élu ou réélu, et qui ne veut pas cohabiter avec une majorité parlementaire hostile, prend les devants et décide de renvoyer les députés devant leurs électeurs avant même qu'ils aient pu mettre en jeu la responsabilité d'un Gouvernement nommé par lui. C'est ce qu'a fait François Mitterrand en mai 1981 et mai 1988. Ce type de dissolution s'accorde bien avec la logique des institutions car un Président nouvellement élu a besoin d'une majorité parlementaire pour mettre en œuvre son programme. De plus il a évidemment intérêt à ce que les élections législatives aient lieu dans la foulée de sa propre élection, car à ce moment sa popularité n'a pas encore été érodée par l'exercice du pouvoir et comme l'opinion attend quelque chose de lui, elle est généralement disposée à lui donner une majorité parlementaire.

Quant à la dissolution *stratégique*, à la différence des deux types précédents, elle n'est pas liée à un conflit ouvert ou latent entre l'exécutif et le Parlement. Le Président dissout, alors que son Gouvernement dispose d'une majorité au Parlement, et parfois même d'une majorité très confortable. Il le fait parce qu'il veut consulter le pays sans organiser un référendum, ou plus simplement parce qu'il cherche à profiter de la conjoncture, c'est-à-dire d'un moment où l'opinion incline en faveur des partis qui le soutiennent. Mais la dissolution *stratégique* ressemble toujours à un pari car même si les sondages sont favorables au départ, on ne peut jamais prévoir avec certitude comment évoluera l'opinion au cours de la campagne. C'est ainsi qu'en mai-juin 1997 la victoire de la majorité présidentielle, que les sondages avaient d'abord laissé prévoir, ne s'est finalement pas produite.

En Grande-Bretagne, la dissolution *stratégique* a toujours été de pratique courante. Il est fréquent que la Chambre des communes soit dissoute un ou deux ans avant la date limite d'expiration de ses pouvoirs et, sauf cas exceptionnel, ces dissolutions ne sont pas liées à un conflit opposant le Premier ministre au Parlement. En France, sous la Ve République, la dissolution *stratégique* est juridiquement possible mais, jusqu'à une date récente, elle ne semblait pas correspondre aux usages du monde politique.

Avant 1997, il n'y avait qu'un seul précédent : la dissolution prononcée par le général De Gaulle en 1968, et encore était-ce un précédent douteux car le mois de mai 1968 avait été marquée par une crise sociale tellement aiguë qu'il eut été probablement impossible d'en sortir sans consulter le peuple. Dans ce cas, plutôt que d'une dissolution stratégique, il vaudrait donc mieux parler d'une dissolution *exutoire* permettant de ramener dans l'espace institutionnel un conflit qui s'était développé dans la rue et que l'on ne parvenait pas à maîtriser sur ce terrain. Les élections anticipées ont eu pour effet de concentrer les feux de l'actualité sur les dirigeants des grands partis politiques, reléguant ainsi au second plan les protagonistes des luttes étudiantes et syndicales.

La dissolution prononcée par J. Chirac en avril 1997 constitue donc une novation. Il n'y avait pas de crise sociale aiguë comme en mai 1968. Il n'y avait pas non plus d'opposition entre la majorité parlementaire et la majorité présidentielle comme en 1962, 1981 et 1988. Et le Président avait d'ailleurs déclaré plusieurs fois depuis 1995 qu'il n'avait pas l'intention de bousculer le calendrier des échéances électorales. Il s'agit donc d'une dissolution « surprise », qui ne peut s'expliquer que par un calcul stratégique. Le fait que cette dissolution « surprise » a abouti à la victoire de l'opposition ne change rien à la nature de l'opération. Il prouve simplement que, dans ce cas particulier, la stratégie du Président reposait sur un calcul erroné ou du moins très risqué.

Sous la Ve République, on peut encore imaginer un cinquième type de dissolution : la dissolution *rupture*, qui mettrait fin à une période de cohabitation. Le Président dissoudrait non pour défendre son Gouvernement mais au contraire pour pouvoir le renvoyer après avoir changé la majorité parlementaire. Ce serait juridiquement possible puisque le droit de dissolution est un pouvoir propre du Président. Sous les deux premières cohabitations, l'échéance de l'élection présidentielle étant très proche, les circonstances ne se prêtaient pas à une dissolution rupture. La cohabitation longue qui s'est ouverte en 1997 aurait pu en fournir l'occasion. Mais en raison peut-être du choc provoqué par sa défaite électorale de 1997, le Président a préféré attendre la fin de la législature. De plus, l'adoption du quinquennat et sa mise en œuvre dès 2002 (voir *supra*) doivent permettre d'éviter un décalage entre les élections à la Présidence de la République et celles à l'Assemblée nationale, rendant ainsi moins probable l'éventualité d'une opposition entre les deux majorités (parlementaire et présidentielle).

L'exercice de la dissolution. — Le Président de la République décide librement de la dissolution, mais :

— il ne peut le faire qu'après consultation du Premier ministre et des Présidents des assemblées ;

— il ne peut pas être fait application de l'article 12 durant la vacance de la Présidence de la République, ce qui revient à dire que le Président intérimaire n'a pas l'usage de la dissolution ;

— les élections générales doivent avoir lieu vingt jours au moins et quarante jours au plus après la dissolution ;

— la nouvelle Assemblée nationale n'a pas à attendre une convocation : elle se réunit de plein droit le deuxième jeudi qui suit son élection. Si cette réunion a lieu en dehors des périodes prévues pour les sessions ordinaires, une session est ouverte de droit pour une durée de quinze jours ;

— enfin la nouvelle Assemblée ne peut pas être dissoute dans l'année qui suit son élection. Cette règle est extrêmement importante car elle signifie que, si le Président de la République perd les élections consécutives à une dissolution, pendant un an la nouvelle majorité parlementaire est inexpugnable. L'équilibre des pouvoirs est donc temporairement modifié aux dépens du chef de l'État.

Bibliographie

ALBERTINI P. (1978), *Le droit de dissolution et les systèmes constitutionnels français*, Paris, PUF.

AMELLER M.

(1964), *Les questions instrument du contrôle parlementaire*, Paris, LGDJ.

(1977), « L'heure des questions au Palais-Bourbon », *Mélanges G. Burdeau*, p. 355 et s.

AVRIL P. (1999), « À propos de la jurisprudence Bérégovoy-Balladur », *RDP*, p. 1596 et s.

BEAUD O. (1999), « À propos de la démission de M. Strauss-Kahn et d'une prétendue "jurisprudence Bérégovoy-Balladur" », *RDP*, p. 1585 et s.

CABANIS A. et MARTIN M. L. (2001), *La dissolution parlementaire à la française*, Paris, Presses de Science Po.

CAMBY J.-P. et SERVENT P. (1997), *Le travail parlementaire sous la Ve République*, Paris, Montchrestien, 3e éd.

CHEVILLEY-HIVER C. (2000), « La mission d'évaluation et de contrôle à l'Assemblée nationale », *RDP*, p. 1679.

CONSEIL D'ÉTAT,

(1992), *Rapport public*, Paris, La Documentation française.

(1996), « Les avis sur les propositions d'actes communautaires », in *Rapport public* « 1996 », La Documentation française.

DETRAGIACHE-DORLENCOURT D. (1974), « Responsabilité devant l'Assemblée ou devant le Président », *RDP*, p. 790 et s.

DUBOURG-LAVROFF, (1992), « Le droit de pétition en France », *RDP*, p. 1733 et s.

GAILLARD M. (1993), « L'application de l'article 88-4 de la Constitution », *RFDC*, pp. 706-740.

HAMONIAUX T. (1994), « L'article 88-4 de la Constitution : Vers le renouveau du Parlement ? », *Les Petites Affiches*, n° 134, pp. 7-17.

LAUVAUX P. (1983), *La dissolution des assemblées parlementaires*, Publication du Centre Belge de Droit Comparé, Economica.

LUCHAIRE F. (1993), « L'Union européenne et la Constitution », *RDP*, p. 301 et s.

MAUS D. (1999), « Le Parlement et la cohabitation », *Pouvoirs*, 91, p. 71 et s.

NUTTENS J.-D. (2001), *Le Parlement français et l'Europe. L'article 88-4 de la Constitution*, Paris, LGDJ.

SAOUDI M. (2001), « Les temps de parole sur les motions de rejet (réflexions sur une réforme récente du Règlement de l'Assemblée Nationale) », *RFDC*, p. 529 et s.

SÉGUR Ph.

(1998), *La responsabilité politique*, Paris, PUF.

(1999), « Qu'est ce que la responsabilité politique ? », *RDP*, n° 6, p. 1599.

(2001), *Gouvernants : quelle responsabilité ?*, Paris, L'Harmattan.

UCHAN O. (1998), *Le Triangle Élysée-Matignon-Palais Bourbon*, Paris, Éllipses.

VALLET E. (2003), « Les commissions d'enquête parlementaire sous la Ve République », *RFDC*, p. 249 et s.

Chapitre 3
Les compétences normatives

Tout ordre juridique présente une structure hiérarchisée. Les normes, c'est-à-dire les prescriptions, les prohibitions, les habilitations ou les permissions sont ordonnées selon leurs valeurs relatives. C'est la Constitution qui établit cette hiérarchie en déterminant les conditions d'édiction et de validité des différents actes créateurs de normes. La hiérarchie des normes a des conséquences très importantes : une norme quelconque n'est valide que si elle est conforme à une norme supérieure et en cas de conflit entre deux normes, le juge doit donner la préférence à celle qui occupe le rang le plus élevé. Par ailleurs, les normes ne peuvent être modifiées que par une norme de niveau égal ou supérieur selon une procédure spécifique.

Au sommet de cette hiérarchie, on trouve les normes dotées d'une valeur supralégislative (Section 1).

En ce qui concerne les normes de niveau inférieur, la Constitution distingue un domaine législatif, en principe réservé au Parlement, et un domaine réglementaire, réservé au gouvernement (Section 2).

La loi est donc normalement élaborée dans le cadre parlementaire (Section 3). Il existe néanmoins des procédures législatives qui se situent en dehors de ce cadre (Section 4).

Section 1
Les normes supralégislatives

Avant 1958, la hiérarchie des normes paraissait relativement simple. La loi, réputée être l'expression de la volonté générale, occupait le sommet de cette hiérarchie. En théorie cependant, les choses étaient un peu plus compliquées car la Constitution et les traités internationaux étaient déjà dotés d'une valeur supralégislative. Mais les tribunaux français s'étaient toujours refusés à sanctionner la supériorité de la Constitution ou des traités par rapport à la loi. En pratique, le législateur parlementaire était donc souverain.

La situation est aujourd'hui différente. Les normes dotées d'une valeur supralégislative sont les mêmes qu'auparavant ; mais désormais leur supériorité par rapport à la loi est effectivement sanctionnée. Par ailleurs, ces normes se sont considérablement développées. Et ceci vaut aussi bien pour les normes constitutionnelles que pour les normes internationales.

§ 1. Les normes constitutionnelles

Depuis 1958, il existe un Conseil constitutionnel qui contrôle la conformité des lois à la Constitution. Le contrôle n'est, il est vrai, que facultatif, du moins pour les lois ordinaires mais, depuis que la saisine du Conseil a été ouverte aux simples parlementaires (1974), il s'exerce d'une manière relativement fréquente. La loi est toujours censée exprimer la volonté générale, mais seulement dans la mesure où elle respecte la Constitution.

Pour appliquer celle-ci, le Conseil constitutionnel doit d'abord s'en faire l'interprète et ce rôle lui a permis de développer considérablement les normes constitutionnelles.

L'ensemble de ces normes est généralement désigné sous le nom de « bloc de constitutionnalité ». Ce bloc comprend non seulement les articles numérotés du texte constitutionnel mais aussi son préambule et les différentes normes auxquelles il renvoie : la Déclaration des droits de l'homme et du citoyen de 1789, le Préambule de la Constitution de 1946 qui lui-même renvoie aux « principes fondamentaux reconnus par les lois de la République » et depuis 2005 la Charte de l'environnement (voir *infra*, Chapitre IV, Section I).

§ 2. Les normes internationales

On distingue deux grandes sortes de normes internationales : celles du droit international général et celles du droit international conventionnel.

A Le droit international général

Il s'agit des normes du droit international qui ne résultent pas d'un traité. Ce sont elles qui sont visées par l'alinéa 14 du Préambule de la Constitution de 1946 : *« La République française, fidèle à ses traditions, se conforme aux règles du droit public international »*.

Elles comprennent essentiellement les coutumes internationales et notamment la règle *pacta sunt servanda*. Par ailleurs, la convention de Vienne sur les traités mentionne également un ensemble de règles non conventionnelles impératives, dites de *jus cogens*, auxquelles les États ne sauraient déroger par traité. On cite par exemple l'interdiction de la torture ou de l'esclavage.

L'existence et la portée de ce *jus cogens* font l'objet de débats au sein de la doctrine du droit international. Mais du point de vue du droit constitutionnel, la question n'est pas de savoir si ces règles sont ou non impératives dans l'ordre international, mais seulement si elles s'imposent en droit interne et, dans l'affirmative, à quel niveau de la hiérarchie elles se situent.

On pourrait penser qu'en raison de la référence du Préambule, les normes du droit international général font partie du bloc de constitutionnalité. Ce serait le cas si le Conseil constitutionnel pouvait déclarer qu'une loi ou un nouvel engagement international contraire à l'une de ces normes, à l'exclusion du droit conventionnel, était de ce fait non conforme à la constitution, mais il n'a jamais statué sur ce point. Dans le seul cas où il s'est référé à une règle de droit international public général, il s'agissait de la règle *pacta sunt servanda* et il s'est borné à déclarer que son rôle était d'examiner la portée des traités soumis à son examen par référence aux conventions déjà incorporées dans le droit français (déc. 308 DC du 9 avril 1992 dite « Maastricht I »).

La formule du préambule a donc seulement, en l'état actuel de la jurisprudence, la fonction de justifier l'interprétation par le Conseil constitutionnel des traités soumis à son examen et la valeur supralégislative que l'article 55 accorde au droit international conventionnel (voir *infra*).

B Le droit international conventionnel

C'est l'ensemble des normes créées par des conventions internationales (traités ou accords internationaux (1)). On les désigne aussi sous le

(1) Selon les règles internes françaises (voir l'article 53 C), les traités sont négociés et *ratifiés* par le Président de la République, alors que les accords sont négociés et *approuvés* par le gouvernement, le Président de la République étant

nom d'engagements internationaux. À la différence des normes du droit international général, ces engagements n'ont pas une valeur universelle : ils ne lient que les seuls États qui ont ratifié ou approuvé le traité ou l'accord concerné. Mais ces règles sont beaucoup plus nombreuses que les précédentes car le développement des rapports internationaux engendre une multitude de traités et d'accords. En France, par exemple, plusieurs centaines de traités ou accords sont conclus chaque année, sans compter le droit communautaire dérivé.

La procédure de conclusion d'un engagement international comporte plusieurs étapes :

En premier lieu, la négociation, durant laquelle les représentants des parties (c'est-à-dire des États qui envisagent de se lier) discutent des termes de l'engagement.

En second lieu, la signature, c'est-à-dire l'acte par lequel les parties fixent définitivement les termes du projet d'engagement. Pour certains accords internationaux, que l'on désigne généralement sous le nom d'accords en forme simplifiée, la procédure se termine là, les parties étant convenues de se lier dès la signature. Mais cette procédure courte n'est généralement utilisée que pour le règlement de questions techniques d'une importance mineure. Dans les autres cas, la signature ne sert qu'à authentifier le projet d'engagement, une troisième étape étant nécessaire pour donner à cet engagement force obligatoire.

Enfin, la ratification (ou approbation) est l'acte par lequel un État confirme sa volonté de conclure l'engagement et accepte les obligations internationales qui en découlent. Cet acte intervient généralement quelques mois après la signature mais le délai est parfois beaucoup plus long : ainsi la Convention européenne des droits de l'homme (CEDH), signée en 1950, n'a-t-elle été ratifiée par la France qu'en 1974. D'après la Constitution française, la ratification ou l'approbation relève de la compétence de l'exécutif mais, dans tous les cas énumérés par l'article 53 C, elle doit être préalablement autorisée par le législateur (2).

---

seulement tenu informé. Les engagements internationaux les plus importants sont généralement conclus sous forme de traité.

(2) La liste de l'article 53 C comprend sept catégories d'engagements internationaux : les traités de paix, les traités de commerce, les traités ou accords relatifs à l'organisation internationale, ceux qui engagent les finances de l'État, ceux qui modifient des dispositions de nature législative, ceux qui sont relatifs à l'état des personnes, ceux qui comportent cession, échange ou adjonction de territoire. À l'exception peut-être des traités d'alliance, tous les engagements internationaux importants correspondent à l'une au moins de ces rubriques et ne peuvent donc être ratifiés ou approuvés qu'en vertu d'une loi.

Cette autorisation est donnée sous la forme d'une loi parlementaire (ou éventuellement référendaire s'il s'agit d'un traité qui, comme le traité établissant une constitution pour l'Europe, est susceptible « d'avoir des incidences sur le fonctionnement des institutions »).

Dans la hiérarchie des normes, les engagements internationaux se situent à un niveau intermédiaire entre la Constitution et la loi.

D'après l'article 55 de la Constitution : *« Les traités ou accords régulièrement ratifiés ou approuvés ont, dès leur publication, une autorité supérieure à celle des lois, sous réserve, pour chaque traité ou accord, de son application par l'autre partie »*. Mais la suprématie ainsi conférée aux engagements internationaux doit s'entendre uniquement par rapport aux lois ordinaires ou organiques et non par rapport aux dispositions de nature constitutionnelle. L'article 54 de la Constitution précise en effet que si le Conseil constitutionnel a déclaré qu'un engagement international comporte une clause contraire à la Constitution, l'autorisation de ratifier ou d'approuver cet engagement ne peut intervenir qu'après révision de la Constitution. On pourrait objecter que le Conseil constitutionnel n'est pas automatiquement saisi chaque fois que la ratification ou l'approbation d'un engagement international est envisagée : il n'est donc pas *a priori* exclu qu'un traité ou accord régulièrement ratifié ou approuvé comporte une clause contraire à la Constitution. Mais, d'après la jurisprudence récente du Conseil d'État, en cas de conflit entre un engagement international régulièrement ratifié ou approuvé et une disposition de nature constitutionnelle, c'est cette dernière qui doit prévaloir (CE, *Sarran et autres*, 30 octobre 1998, *AJDA*, 1998, p. 1039). Et la Cour de cassation a adopté une position identique (C. Cass., *Fraisse*, 2 juin 2000, *RDP*, 2000, p. 1037). Dans l'ordre interne, la Constitution demeure donc la norme suprême, sous réserve de ce qui a été dit concernant le droit international général (3) (Troper, 2000).

Par ailleurs, même en laissant de côté le cas des dispositions de nature constitutionnelle, l'article 55 subordonne la suprématie d'un engagement international sur la loi interne à la condition que cet engagement soit

---

(3) Cependant, le Conseil constitutionnel paraît avoir adopté une position un peu plus nuancée que le Conseil d'État et la Cour de cassation. Dans une décision n° 98-399 DC du 5 mai 1998, dite décision *Reseda*, il a jugé qu'il était possible de déroger à un principe de valeur constitutionnelle « dans la mesure nécessaire à la mise en œuvre d'un engagement international et sous réserve qu'il ne soit pas porté atteinte aux conditions essentielles d'exercice de la souveraineté nationale ». Cette formule suggère l'idée d'une hiérarchie à l'intérieur du bloc de constitutionnalité : seules les dispositions constitutionnelles ayant trait aux conditions essentielles d'exercice de la souveraineté nationale seraient dotées d'une valeur juridique supérieure à celle des engagements internationaux.

effectivement appliqué par l'autre partie (4). Toutefois, malgré les termes très généraux de l'article 55, cette réserve de l'application par l'autre partie ne concerne pas tous les engagements internationaux. Y échappent : d'une part, les traités relatifs au respect des droits de l'homme (il serait en effet choquant qu'un État s'autorise à violer un droit reconnu par une convention internationale pour la simple raison que l'autre partie en a fait autant) ; d'autre part, les traités qui ont institué des procédures spéciales pour contraindre toutes les parties à respecter leurs engagements, comme l'on fait les traités fondateurs des Communautés européennes et de l'Union européenne (dans ce cas, si un État constate qu'un engagement n'est pas appliqué par l'autre partie, il lui appartient de déclencher lesdites procédures).

La suprématie du traité par rapport à la loi ordinaire étant un principe constitutionnel posé par l'article 55, on aurait pu penser que le Conseil constitutionnel se chargerait lui-même de la faire respecter dans le cadre de son contrôle de constitutionnalité *a priori*, c'est-à-dire lorsqu'une loi lui est déférée dans les conditions prévues par l'article 61. Tel n'est pas le cas. Le Conseil s'est en effet toujours refusé à inclure les engagements internationaux dans le « bloc de constitutionnalité » (5). Selon lui, les rapports entre la Constitution et la loi ne sont pas de même nature que ceux entre le traité et la loi. La supériorité de la Constitution est générale et absolue, elle ne souffre aucune exception, alors que celle du traité n'est que temporaire et relative puisqu'elle est en principe subordonnée à la condition de l'application par l'autre partie, la réalisation de cette condition étant elle-même susceptible de varier dans le temps en fonction du comportement adopté par la partie concernée. Les conflits entre la loi et le traité doivent donc être résolus au cas par cas. Or, dans le cadre du contrôle de constitutionnalité, ce ne serait pas possible, car le Conseil constitutionnel doit statuer une fois pour toutes, avant même la promulgation de la loi (CC 15 janvier 1975, 75-54 DC, *Rec.* p. 19).

Après s'être longtemps refusé à le faire, les juridictions judiciaires et administratives acceptent depuis quelques années de contrôler la conformité des lois aux engagements internationaux. Ce contrôle ne

---

(4) Cette condition est souvent désignée sous le nom de condition de réciprocité mais cette terminologie risque d'induire en erreur car la notion de réciprocité est parfois employée dans un sens différent, notamment aux articles 88-2 et 88-3 de la Constitution (voir *infra*).

(5) Il n'y a exception à cette règle que lorsqu'un article de la Constitution renvoie à des règles internationales déterminées, comme c'est le cas de l'article 88-3 qui prévoit l'attribution à certains étrangers du droit de vote et d'éligibilité aux élections municipales « selon les modalités prévues par le traité sur l'Union européenne signé le 7 février 1992 ». Du fait de ce renvoi, les règles visées s'incorporent au bloc de constitutionnalité (CC 20 mai 1998, 98-400 DC).

s'exerce pas par voie d'action, comme le contrôle de constitutionnalité, mais par voie d'exception et généralement à propos d'un cas d'espèces. Lorsqu'au cours d'un procès un plaideur se voit opposer une loi française qui lui paraît contraire à un engagement international, il peut opposer l'exception *d'inconventionnalité* en demandant au tribunal d'écarter ladite loi (Cass. ch. mixte, 24 mai 1975, *Société des cafés Jacques Vabre*, *D.* 1975, 497 ; CE Ass. 20 oct. 1989, *Nicolo*, *Rec.* 190). Quant au Conseil constitutionnel, il exerce parfois aussi ce contrôle, mais seulement dans le cadre du contentieux électoral qui l'amène à trancher des cas d'espèces, comme les juridictions judiciaires ou administratives (CC 21 oct. 1988, *Rec.* p. 183).

Cependant, ainsi qu'on l'a déjà signalé, le Conseil d'État et la Cour de cassation estiment que si l'article 55 impose la prééminence des traités sur la loi ordinaire, les normes constitutionnelles continuent de prévaloir sur le droit international. Il est donc possible d'éviter la soumission d'une loi soit en l'adoptant à nouveau en forme constitutionnelle, soit en déclarant qu'elle énonce en réalité un principe de valeur constitutionnelle.

Il convient de noter que la supériorité du traité par rapport à la loi vaut également pour le droit conventionnel dérivé, c'est-à-dire pour les normes produites par une organisation internationale créée en vertu d'un traité, conformément aux stipulations de ce traité. Dans le cas des Communautés européennes et de l'Union européenne, cette catégorie de normes revêt une importance particulière.

C Le cas particulier des normes d'origine communautaire

1. La notion de droit communautaire dérivé

On sait que les traités fondateurs des Communautés européennes et de l'Union européenne ont institué, dans les domaines correspondant à l'objet de ces traités, une sorte de pouvoir normatif supranational. D'après l'article 249 (ex-article 189) TCE, ce pouvoir s'exerce notamment sous forme de règlements et de directives que l'on désigne globalement sous le nom de « droit communautaire dérivé ». Le règlement est obligatoire dans tous ses éléments et il est directement applicable, sans aucune intervention des instances nationales. La directive lie les États membres quant au résultat à atteindre, tout en laissant aux instances nationales le choix quant à la forme et aux moyens. Toutefois, lorsque la directive a été rédigée avec suffisamment de précision — ce qui est souvent le cas — elle peut, tout comme le règlement, produire un effet direct et immédiat, sans attendre que les instances nationales aient pris les mesures d'application.

L'initiative des projets de règlement ou de directive appartient à la Commission européenne qui n'a pas d'instructions à recevoir de la part des gouvernements des États membres mais qui est théoriquement responsable devant le Parlement européen. Ces projets doivent ensuite être adoptés par le Conseil de l'Union, composé d'un représentant de chacun des gouvernements des États membres et par le Parlement européen, élu au suffrage universel direct par les citoyens des États membres, selon des procédures assez complexes dont l'étude relève du droit communautaire institutionnel. Il convient de noter que, de plus en plus, les décisions au sein du Conseil de l'Union sont prises à la majorité qualifiée (et non plus à l'unanimité comme c'était autrefois le cas), de sorte qu'aucun État ne dispose plus à lui seul d'un pouvoir de blocage. Depuis plusieurs années déjà, le droit communautaire dérivé est devenu l'une des principales sources du droit français (6) et comme l'article 55 de la Constitution lui reconnaît une valeur supralégislative, il en résulte de profondes modifications dans la répartition des compétences. En premier lieu, alors que l'article 3 proclame que la souveraineté nationale appartient au peuple, qui l'exerce par ses représentants et par la voie du référendum, des compétences qualifiées par le Conseil constitutionnel d'essentielles à l'exercice de cette souveraineté, sont exercées non par les représentants du peuple, ni par le peuple lui-même, mais par une autorité *supra* nationale (7). En second lieu, ce sont les gouvernements et non les Parlements nationaux, qui sont représentés au sein du Conseil de l'union et qui par conséquent exercent en commun le pouvoir législatif. Les traités européens organisent donc un double transfert d'une partie des compétences législatives, du Parlement vers le Conseil de l'Union, du Parlement vers le gouvernement.

2. Rappel de quelques étapes de la construction européenne

Depuis 1992, trois traités transférant de nouvelles compétences, ou modifiant le mode d'exercice de compétences déjà transférées, ont été soumis à la ratification des États membres : le traité de Maastricht, signé le 7 février 1992, entré en vigueur en novembre 1993 ; le traité d'Amsterdam, signé le 2 octobre 1997, entré en vigueur le 1er mai 1999 ;

---

(6) Au début des années quatre-vingt-dix, avant même la ratification du traité de Maastricht, l'emprise du droit communautaire dérivé était déjà très forte : selon un rapport du Conseil d'État datant de cette époque, plus d'un sixième des règles juridiques en vigueur et plus de la moitié des règles nouvelles introduites chaque année étaient d'origine communautaire (Conseil d'État, *Rapport public* 1993, La Documentation Française, p. 16).

(7) Voir les décisions du Conseil constitutionnel *Maastricht I*, 12 avril 1992, *Traité d'Amsterdam,* 31 déc. 1997 et *Traité établissant une constitution pour l'Europe*, 19 novembre 2004.

et enfin, le traité établissant une Constitution pour l'Europe, signé le 29 octobre 2004, mais dont le peuple français a rejeté la ratification par référendum le 29 mai 2005.

Saisi pour chacun de ces traités, dans le cadre de l'article 54 C, le Conseil constitutionnel a chaque fois déclaré que leur ratification supposait une révision préalable de la Constitution.

Si trois révisions successives ont été nécessaires, c'est à cause de la méthode employée par le constituant français qui, à la différence de certains constituant étrangers, s'est toujours refusé à adopter une disposition générale couvrant par avance l'ensemble des transferts susceptibles d'être réalisés en relation avec la construction européenne. Il faut donc à chaque fois insérer dans la Constitution des dispositions nouvelles spécifiques au traité dont la ratification est envisagée. Ces dispositions sont regroupées dans un Titre XV, créé en 1992, et qui s'intitule « Des communautés européennes et de l'Union européenne » (voir *supra*, Chapitre 1).

En raison de sa dénomination ambitieuse, on pouvait se demander si le nouveau traité de 2004 ne modifiait pas la nature même des relations entre l'Union et les États membres, dans la mesure où, par son existence même, une Constitution européenne reléguerait les constitutions nationales au second rang. Mais, dans sa décision du 29 novembre 2004, le Conseil constitutionnel a écarté cette interprétation en déclarant que la dénomination du traité était « sans incidence sur l'existence de la Constitution française et sa place au sommet de l'ordre juridique interne » (Cons. 10). Si ce traité nécessite une révision de la Constitution, c'est donc surtout, comme les deux précédents, pour des raisons tenant au transfert ou au mode d'exercice de certaines compétences. Il comporte cependant un élément nouveau car il reconnaît aux parlements nationaux, dans l'ordre communautaire, des droits que le Parlement français ne pourrait exercer que moyennant des modifications des règles constitutionnelles internes qui encadrent son activité, par exemple celui de s'opposer à une révision simplifiée de la constitution européenne.

La loi de révision constitutionnelle du 1er mars 2005 avait donc à la fois un objectif immédiat (lever les obstacles à la ratification du traité) et un objectif différé (permettre au Parlement français d'exercer les pouvoirs nouveaux reconnus par le traité à compter de l'entrée en vigueur de celui-ci). C'est pourquoi elle a introduit dans la Constitution deux versions nouvelles du titre XV, l'une provisoire, dans la mesure où elle ne devait s'appliquer que jusqu'à l'entrée en vigueur du traité, et l'autre définitive mais conditionnelle, dans la mesure où son application était subordonnée à l'adoption définitive du traité.

3. Le titre XV de la Constitution

Le titre XV jusqu'à l'entrée en vigueur du traité. — La version *provisoire* du titre XV, actuellement en vigueur, ne diffère que sur deux points du texte antérieur à la loi constitutionnelle du 1er mars 2005. Elle compte cinq articles, numérotées de 88-1 à 88-5.

L'article 88-1 rappelle que la République française participe « aux Communautés européennes et à l'Union européenne ». Mais il s'efforce en même temps d'exclure une interprétation trop fédéraliste de ces Communautés et de cette Union en précisant qu'elles sont composées d'États (c'est-à-dire d'entités qui conservent encore au moins en principe leur souveraineté, bien qu'elles aient choisi librement d'exercer en commun certaines compétences essentielles). En 2005, cet article a été complété par un second alinéa précisant que la République peut participer à l'Union européenne dans les conditions prévues par le traité établissant une constitution pour l'Europe.

L'article 88-2 précise l'étendue des compétences transférées avant 2005 : il s'agit, d'une part, de celles nécessaires à l'établissement de l'Union économique et monétaire selon les modalités prévues par le traité signé le 7 février 1992 (traité de Maastricht) et, d'autre part, de celles nécessaires à la réalisation dc la libre circulation des personnes selon les modalités prévues par le traité signé le 2 octobre 1997 (traité d'Amsterdam). Dans les deux cas, il est précisé que ces transferts ne peuvent être consentis que « sous réserve de réciprocité ».

L'article 88-3 est destiné à régler un problème particulier lié à la création d'une citoyenneté européenne : toujours sous réserve de réciprocité, il permet d'accorder aux ressortissants de l'Union résidant en France, selon les modalités prévues par le traité de Maastricht, le droit de vote et d'éligibilité aux élections municipales. Il est précisé que ces ressortissants *« ne peuvent exercer les fonctions de maire ou d'adjoint ni participer à la désignation des électeurs sénatoriaux et à l'élection des sénateurs »*. Les modalités d'application de cette disposition doivent être déterminées par une loi organique votée dans les mêmes termes par les deux assemblées (8).

Dans la mesure où le traité de Maastricht conduisait à un transfert aux autorités européennes d'un pouvoir de nature législative, le Parlement français, comme d'ailleurs plusieurs autres parlements européens, a sou-

(8) Voir *supra* la composition du corps électoral.

haité être au moins informé des travaux législatifs européens et pouvoir organiser à leur propos une discussion. C'est pourquoi un article 88-4 a été inséré dans la constitution à l'initiative des sénateurs. Il oblige le gouvernement à soumettre à l'Assemblée nationale et au Sénat, dès leur transmission au Conseil de l'Union européenne, les projets ou propositions d'actes communautaires préparés par la Commission, dans la mesure où ces projets comportent des dispositions ayant au regard de la Constitution française une nature législative. L'Assemblée nationale ou le Sénat peut faire connaître son sentiment sur ces projets ou propositions en adoptant des résolutions. Il s'agit donc d'un contrôle préventif, les résolutions devant normalement être adoptées avant que le Conseil de l'Union européenne se soit prononcé sur le projet ou la proposition concernée. Mais ce contrôle ne confère aux assemblées parlementaires françaises aucun pouvoir véritablement décisionnel : juridiquement, les résolutions adoptées ne sont en effet que de simples avis (voir *supra*).

L'article 88-5, qui constitue le second ajout de la loi de révision constitutionnelle du 1er mars 2005, prévoit que « Tout projet de loi autorisant la ratification d'un traité relatif à l'adhésion d'un État à l'Union européenne et aux Communautés européennes est soumis au référendum par le Président de la République ». Cette disposition n'a pas de lien logique avec le traité établissant une Constitution pour l'Europe, qui porte essentiellement sur les institutions et les politiques de l'Union. Mais, au début de l'année 2005, on craignait que, par une sorte d'amalgame, certaines personnes fussent tentées de voter « non » au référendum sur la ratification de ce traité, pour manifester leur hostilité à l'adhésion éventuelle de la Turquie, avec laquelle l'Union européenne avait accepté d'engager des négociations quelques mois auparavant. En soumettant la ratification de toute adhésion ultérieure à un référendum, on espérait convaincre les électeurs de dissocier les deux choses.

Le titre XV à compter de l'entrée en vigueur du traité. — La version du titre XV qui devait s'appliquer à compter de l'entrée en vigueur du traité diffère de la version actuelle à la fois par la forme et par le fond.

Le contenu des cinq articles ci-dessus analysés est intégralement repris tout en étant présenté sous une forme un peu plus concise car, s'il entre en vigueur, le nouveau traité remplacera tous les engagements antérieurs et il ne sera donc plus nécessaire de se référer aux traités de Maastricht et d'Amsterdam, comme le fait le texte actuel. La numérotation des articles est légèrement modifiée : l'article 88-5, relatif au référendum obligatoire, devient l'article 88-7. À la suite de l'article 88-4 ont été insérées deux nouvelles dispositions qui doivent permettre au Parlement, d'une part, de participer à la mise en œuvre du principe de subsidiarité et, d'autre part, de s'opposer à une révision simplifiée du traité.

a) Le respect du principe de subsidiarité

Ainsi qu'on l'a déjà noté, le principe de subsidiarité signifie que, dans les matières ne relevant pas de sa compétence exclusive, l'Union européenne n'intervient que si et dans la mesure où les objectifs de l'action envisagée ne peuvent pas être réalisés de manière suffisante par les États membres. Ce principe est réaffirmé par le traité établissant une Constitution pour l'Europe, qui précise que les parlements nationaux veillent à son respect (art. I-11.3 et art. III-259).

L'article 88-5 institue deux modalités d'intervention des assemblées parlementaires françaises.

Si l'acte législatif européen considéré comme contraire au principe de subsidiarité est encore à l'état de projet, l'Assemblée nationale ou le Sénat peut émettre un avis motivé qui est transmis, par le Président de l'assemblée concernée, aux présidents des divers organes qui exercent le pouvoir législatif au niveau de l'Union (Parlement européen, Conseil et Commission). De telles résolutions peuvent déjà être adoptées par les assemblées parlementaires françaises dans le cadre de l'article 88-4, qui n'est pas modifié par la version définitive du titre XV. Le seul élément nouveau de cette première modalité d'intervention prévue par l'article 88-5 réside donc dans la transmission directe des résolutions aux organes législatifs de l'Union, qui souligne l'importance attachée au respect du principe de subsidiarité.

Si l'acte législatif dont il s'agit est définitivement adopté, l'article 88-5 permet à l'Assemblée nationale ou au Sénat de former un recours juridictionnel devant la Cour de justice de l'Union européenne (ancienne Cour de justice des Communautés européennes), pour violation du principe de subsidiarité. Il s'agit là d'une procédure entièrement nouvelle car, en l'état actuel des traités européens, seuls la Commission et les gouvernements nationaux peuvent directement agir en justice contre un acte européen (9). Mais c'est toujours le juge européen qui tranche en dernier ressort les litiges concernant le respect du principe de subsidiarité.

(9) Les autres plaideurs ne peuvent contester un acte européen que par la voie du renvoi préjudiciel, qui suppose que cet acte conditionne la solution d'un litige pendant devant une juridiction nationale. Ils peuvent cependant former directement un recours contre les actes dont ils sont les destinataires et centre ceux qui les concernent directement et individuellement (art. 230 CE).

b) L'opposition à la révision simplifiée

D'après l'article IV-444 du traité établissant une Constitution pour l'Europe, certaines règles relatives aux prises de décision au sein du Conseil peuvent être révisées selon une procédure simplifiée, qui ne nécessite pas la ratification par chacun des États membres. Ces révisions simplifiées peuvent favoriser l'essor de la législation européenne en remplaçant, par exemple, dans certains domaines, l'exigence de l'unanimité par celle de la majorité qualifiée ou en substituant la procédure législative ordinaire à une procédure législative spéciale un peu plus contraignante. Elles peuvent donc aboutir à restreindre la compétence des parlements nationaux. C'est pourquoi il est prévu que toute initiative de révision simplifiée prise par le Conseil européen est transmise aux parlements nationaux, l'opposition d'un seul de ceux-ci étant suffisante pour bloquer la procédure.

L'article 85-6 transpose, dans la Constitution française, cette faculté d'opposition. Mais c'est le Parlement considéré dans son ensemble, et non chaque assemblée parlementaire agissant isolément, qui peut l'exercer. L'article 85-6 précise donc que l'opposition à une révision simplifiée ne peut résulter que d'une motion adoptée en termes identiques par les deux assemblées.

L'articulation du droit européen et du droit national ne dépend pas seulement du contrôle exercé par les assemblées parlementaires mais aussi des décisions rendues par les juges nationaux.

4. L'encadrement du droit communautaire par les juges nationaux

Ainsi qu'on l'a déjà indiqué, la primauté du droit international conventionnel par rapport au droit interne est, en règle générale, doublement limitée : par la condition de réciprocité, et par la règle non écrite selon laquelle les nomes de valeur constitutionnelle n'y sont pas soumises. Mais, en ce qui concerne le droit communautaire, originaire ou dérivé, ces limites ont tendance à s'estomper.

a) La condition de réciprocité

Comme le rappellent les articles 88-2 et 88-3, les transferts de compétences de la République française à l'Union européenne ne sont en principe consentis que « sous réserve de réciprocité ». Il ne faut cependant pas se faire d'illusions sur la portée de cette réserve. Contrairement à ce qui est prévu par l'article 55 de la Constitution en ce qui concerne les engagements internationaux ordinaires, les actes communautaires dérivés ont valeur supralégislative indépendamment de la question de savoir s'ils sont effectivement appliqués par les autres États membres : c'est une conséquence du fait que les traités fondateurs des Communautés et de l'Union européenne sont des traités-institutions, qui prévoient des remèdes spéciaux pour contraindre un État membre à respecter ses engagements. La réciprocité mentionnée aux articles 88-2 et 88-3 signifie donc simplement que la France n'a pas renoncé de façon unilatérale à exercer les compétences transférées, les mêmes transferts ayant été acceptés par les autres États membres (Luchaire, 1999). Mais si la règle communautaire est violée dans un autre État membre, la France n'est pas dispensée pour autant de l'appliquer. Elle peut seulement se plaindre à la Commission ou former un recours en manquement devant le juge communautaire.

b) La primauté de la Constitution française

Depuis quelques années, les juridictions françaises affirmaient la primauté des normes constitutionnelles par rapport aux conventions internationales, sans faire aucune distinction entre le droit communautaire, originaire ou dérivé, et les autres engagements internationaux (10). Mais une décision récente du Conseil constitutionnel marque, à cet égard, un tournant important : saisi par des parlementaires d'un recours contre une loi transposant en droit français certaines dispositions d'une directive du Parlement européen et du Conseil, il a déclaré que « *la transposition en droit interne d'une directive communautaire résulte d'une exigence constitutionnelle* (11) *à laquelle il ne pourrait être fait obstacle qu'en raison d'une disposition expresse contraire de la constitution ; qu'en l'absence d'une telle disposition, il n'appartient qu'au juge communautaire, saisi le cas échéant à titre préjudiciel, de contrôler le respect par une directive communautaire tant des compétences définies par les traités que des droits fondamentaux garantis par l'article 6 du traité de l'Union européenne* » (12).

Complétée et précisée par quelques décisions ultérieures, cette jurisprudence maintient le principe de la primauté de la Constitution

(10) C'est d'ailleurs à propos de règles d'origine communautaire qu'ont été rendus les arrêts *Sarran* et *Fraisse*, déjà cités, qui ont posé le principe de le primauté des règles à valeur constitutionnelle.

(11) Selon le Conseil constitutionnel, cette exigence ne découle pas de l'article 55, qui concerne tous les engagements internationaux, mais de l'article 88-1, qui fait spécialement état des engagements correspondant aux traités européens.

(12) Déc. no 2004-496 DC du 10 juin 2004, *Loi pour la confiance dans l'économie numérique*, Cons. 7.

française, tout en limitant les cas dans lesquels le Conseil constitutionnel se charge de le faire respecter. Lorsque la loi critiquée se borne à reproduire les termes d'une directive, le conseil constitutionnel n'acceptera désormais de la censurer qu'à une double condition.

Il faut d'abord que cette loi porte atteinte à une disposition « expresse » de la Constitution : bien que cette expression ne soit pas parfaitement claire, on peut supposer qu'elle exclut les principes constitutionnels non écrits (par exemple les « principes fondamentaux reconnus par les lois de la République ») ainsi que la plupart des règles qui ne découlent pas immédiatement d'un texte écrit mais que l'on peut y rattacher par voie de déduction.

Il faut ensuite que cette disposition soit « spécifique » à la Constitution française ou, du moins, qu'il ne s'agisse pas d'un principe commun à tous les États membres de l'Union. Dans le cas contraire, c'est au juge communautaire, et non au juge constitutionnel français, qu'il appartient de veiller à son respect par le législateur communautaire (13). Par exemple, le principe de laïcité est spécifique à la Constitution française car il y a dans l'Union européenne des États non laïques. En revanche, la libre communication des pensées et des opinions, garantie par l'article 11 de la Déclaration de 1789, ne l'est pas, car cette liberté est également protégée par l'article 11 de la CEDH (14).

Ces deux conditions étant rarement réunies, le Conseil constitutionnel ne devrait plus exercer son contrôle que dans des cas tout à fait exceptionnels. Il en ira de même des juridictions judiciaires et administratives si, comme il paraît probable, leur jurisprudence évolue dans le même sens.

Bien que le principe de la suprématie de la Constitution française soit théoriquement maintenu par les juges nationaux, le droit communautaire apparaît donc de plus en comme un ordre juridique entièrement autonome, dont le développement ne peut être efficacement contrôlé que par les juridictions qu'il a lui-même instituées.

---

(13) D'après l'article 6 TUE, les normes de référence du juge communautaire comprennent les droits fondamentaux, tels qu'ils sont garantis par la CEDH et tels qu'ils résultent des traditions constitutionnelles communes aux États membres.

(14) Déc. 2004-498 DC du 29 juillet 2004, *Loi relative à la bioéthique*, Cons. 6.

Section 2
Les normes législatives et réglementaires

La loi reste la source principale du droit français. Comme l'indique l'article 6 de la DDHC de 1789, elle exprime la volonté générale (15). Sa fonction est donc essentiellement normative et elle ne doit pas s'en écarter (§ 1). Mais elle n'a pas vocation à déterminer toutes les normes car, à côté du domaine réservé à la loi, la Constitution a créé un domaine réglementaire, réservé au Gouvernement (§ 2).

§ 1. La fonction normative de la loi

Ainsi qu'on l'a exposé dans le chapitre préliminaire, un système juridique est un ensemble de normes. Affirmer que la loi est la principale source du droit français revient à dire qu'il appartient au législateur de fixer les plus importantes de ces normes. L'analyse sémantique des textes de valeur constitutionnelle confirme que la loi est presque toujours le sujet d'un verbe ayant un contenu impératif. Elle détermine, fixe ordonne, régit, réglemente, autorise, défend, exclut, etc. (16).

En pratique, cependant, les textes à vocation normative (constitutions, lois, traités, etc.) sont souvent mêlés de dispositions déclaratives qui expriment non des commandements, mais des professions de foi, des intentions, des vœux. Le but de ces dispositions n'est pas de fixer des règles de conduite mais de rassurer, de séduire ou de convaincre. Par exemple, la Charte des droits fondamentaux de l'Union européenne déclare solennellement que celle-ci « place la personne au cœur de son action » et qu'elle « contribue à la préservation et au développement

(15) Toutefois, le Conseil constitutionnel rappelle de temps à autre que, aujourd'hui, si la loi exprime la volonté générale, c'est seulement « dans le cadre tracé par la Constitution ». Cette précision lui permet d'écarter les arguments de ceux qui lui font le reproche de s'opposer à la volonté générale lorsqu'il censure la loi.

(16) En apparence, l'article 3 C, issu de la révision du 8 juillet 1999, fait exception : il y est dit que la loi *favorise* l'égal accès des hommes et des femmes aux mandats électoraux et fonctions électives. Mais pour favoriser cet égal accès, la loi édicte en fait des règles obligatoires concernant la composition des listes électorales ou les aides aux partis politiques.

des valeurs communes dans le respect des cultures et des traditions des peuples d'Europe ».

Dans une constitution nationale, ou dans un traité fondateur comme le traité instituant une Constitution pour l'Europe, de telles proclamations sont parfaitement légitimes car il faut non seulement fixer un cadre juridique mais aussi esquisser un projet commun, une représentation de l'ordre social désirable.

Les lois ordinaires, qui ont un objet moins ambitieux, devraient normalement être rédigées dans un style plus sobre, plus strictement normatif. Mais ce n'est pas toujours le cas. Par exemple, peut-être pour faire oublier l'insuffisance des moyens mis à la disposition de certains services publics, le législateur a souvent tendance à se lancer dans un bavardage sur les missions de ces services, en rappelant des évidences, en multipliant les fausses promesses et les vœux pieux (Ex. : « L'objectif de l'école est la réussite de tous les élèves (...) La formation scolaire, sous l'autorité des enseignants et avec l'appui des parents, permet à chaque élève de réaliser le travail et les efforts nécessaires à la mise en valeur et au développement de ses aptitudes ... » (17).

Non seulement de telles dispositions sont superflues, mais elles risquent de dénaturer la loi qui devient prolixe, confuse et pratiquement illisible, alors qu'elle devrait être précise, claire, et concise.

Comme l'a rappelé Pierre Mazeaud, Président du Conseil constitutionnel, dans ses vœux au Président de la République, le 3 janvier 2005 :

« La loi n'est pas faite pour affirmer des évidences, émettre des vœux ou dessiner l'état idéal du monde » (en espérant sans doute le transformer par la seule grâce du verbe législatif ?).

« Elle est faite pour fixer des obligations et ouvrir des droits ».

Toutefois, jusqu'en 2005, le Conseil constitutionnel s'était abstenu de censurer les dispositions non normatives, que l'on qualifie parfois de « neutrons législatifs ». Il estimait en effet qu'étant dépourvues d'effets juridiques, ces dispositions ne pouvaient être contraires à aucun article

(17) Article 7 de la loi d'orientation et de programme sur l'avenir de l'école adopté par le Parlement en 2005.

de la Constitution. Mais sa jurisprudence a commencé à évoluer lorsqu'il a érigé la clarté de la loi en principe constitutionnel en précisant que son intelligibilité et son accessibilité étaient des objectifs de valeur constitutionnelle (18). Dès lors, dans la mesure où les « neutrons législatifs » compromettent la réalisation de ces objectifs, on pouvait se demander s'ils ne devaient pas eux-mêmes être considérés comme inconstitutionnels.

Parachevant cette évolution, le Conseil constitutionnel a invalidé les dispositions précitées de la loi relative à l'avenir de l'école au motif que, n'ayant pas pour objet d'énoncer de véritables commandements et de créer des obligations claires, ces dispositions étaient « dépourvues de portée normative » (19).

On peut penser que ce dont s'inquiétait la haute juridiction était en réalité moins l'absence de portée normative que le risque d'une interprétation abusive. La portée normative d'un énoncé n'est en effet pas liée à sa forme linguistique et les constitutions ou les codes comprennent bien des dispositions qui paraissent purement descriptives ou très vagues, et qui sont malgré tout interprétées comme ayant la signification d'une norme (20). La question est seulement de savoir à qui reviendra le soin de procéder à cette interprétation. Le Conseil semble craindre que ce soit les tribunaux ordinaires, ce qui exposerait « *les sujets de droit [à] une interprétation contraire à la Constitution ou [au] risque d'arbitraire* » et pourrait « *reporter sur des autorités administratives ou juridictionnelles le soin de fixer des règles dont la détermination n'a été confiée par la Constitution qu'à la loi* (21).

En réalité, même si le texte de la loi est plus précis, il pourra toujours faire l'objet d'une interprétation, mais le Conseil constitutionnel peut espérer en garder le contrôle grâce à la technique de la réserve d'interprétation (voir *infra*, Chapitre IV).

Au demeurant, dans certains cas, prévus par l'article 34 de la Constitution, la loi peut fixer des orientations ou des objectifs qui ont une valeur plus indicative que normative :

(18) Voir notamment la déc. nº 2001-455 DC du 12 janvier 2002 (Cons. 9).
(19) Déc. nº 2005-512 DC du 21 avril 2005.
(20) Par exemple, des dispositions très générales du premier alinéa du Préambule de la Constitution de 1946, le Conseil constitutionnel a tiré le principe du droit à la sauvegarde de la dignité, qui a des conséquences normatives (déc. 343-344 DC du 27 juillet 1994, Cons. 2).
(21) Déc. du 21 avril 2005 précitée.

— Les lois de finances fixent des objectifs qui serviront d'étalon de référence pour mesurer la performance des services publics et, indirectement, l'efficacité de la dépense publique (voir *infra*).

— Les lois de financement de la sécurité sociale fixent des objectifs de dépense qui ne sont pas strictement obligatoires mais qui serviront d'indicatifs pour veiller à l'équilibre financier du système (voir *infra*).

— Les lois de programme déterminent les objectifs de l'action économique et sociale de l'État.

Bien que ces objectifs soient dénués d'effets juridiques, le Conseil constitutionnel les considère comme valides, mais à condition que le texte auquel ils sont rattachés ait bien été adopté selon les formes prévues par la Constitution. Par exemple, le rapport annexé à la loi sur l'école, qui fixait des objectifs quantitatifs et qualitatifs à l'action de l'État en matière éducative, aurait pu être inclus dans une loi de programme mais, d'après l'article 70 C, une telle loi ne peut être adoptée qu'après consultation du Conseil économique et social. Cette consultation n'ayant pas eu lieu, le rapport est invalidé pour « omission d'une formalité substantielle » (22).

Par ailleurs, le législateur ne doit pas non plus se perdre dans les détails en empiétant sur le domaine que la Constitution réserve en principe au pouvoir réglementaire.

§ 2. La séparation du domaine législatif et du domaine réglementaire

Au niveau national, la production de normes générales est depuis longtemps partagée entre le Parlement et le gouvernement. On distingue donc traditionnellement deux grandes sortes d'actes normatifs généraux : la loi, qui est votée par le Parlement ; le règlement, ou décret réglementaire, qui est l'œuvre du gouvernement.

Avant l'entrée en vigueur de la Constitution de 1958, la loi bénéficiait d'une suprématie quasiment absolue.

(22) Déc. précitée, point 14.

Cette suprématie se manifestait d'abord par le fait que son domaine était illimité. Certaines matières étaient réservées à la loi en vertu de la tradition républicaine ; mais aucune matière ne lui était interdite. Pour peu qu'il en ait la volonté et le loisir, le législateur pouvait donc, sur n'importe quel objet, adopter un texte tellement complet qu'il n'y avait pratiquement rien à y ajouter. Le règlement, quant à lui, n'avait qu'un domaine résiduel ; aucune matière ne lui était réservée ; le pouvoir réglementaire ne pouvait intervenir que pour compléter une loi, pour en préciser les modalités d'application. En d'autres termes, il était seulement chargé d'assurer l'exécution des lois. Le règlement ne pouvait donc jamais aller *contra legem*, sauf si le législateur l'avait expressément habilité à le faire.

La suprématie de la loi se manifestait non seulement par le fait que son domaine était illimité mais aussi par la force juridique qu'on lui attribuait. Depuis 1789, elle était considérée comme « l'expression de la volonté générale ». Elle se trouvait donc placée au-dessus de toute contestation. Les tribunaux devaient l'appliquer sans même pouvoir contrôler si elle était conforme aux normes théoriquement supérieures (voir *supra*). Ils se bornaient à contrôler qu'il s'agissait bien d'un texte adopté selon les formes législatives (adoption par le Parlement, promulgation, publication au *JO*).

Quant au règlement, il était doté d'une force juridique bien moindre. Il devait respecter la constitution, la loi et même les *principes généraux du droit*, qui sont des principes élaborés par le juge administratif en s'inspirant de l'esprit général de la législation ou des exigences de la conscience collective. Il pouvait être contesté soit directement, par la voie du recours pour excès de pouvoir, soit à l'occasion d'un procès, par la voie de l'exception d'illégalité. Le jugement de ces contestations relevait de la compétence des juridictions administratives (Conseil d'État et tribunaux administratifs).

Parfois, cependant, le règlement échappait à ces contestations en s'abritant derrière la loi : si par exemple la violation d'un principe constitutionnel ou d'un principe général du droit apparaissait comme la conséquence directe de l'application d'une disposition législative, le juge administratif se refusait à sanctionner cette violation parce qu'il n'aurait pas pu le faire sans s'opposer en même temps au législateur.

Par conséquent, non seulement la loi échappait elle-même à toute contestation mais elle pouvait également « faire écran » entre le règlement et ses juges.

La Constitution de 1958 n'a pas bouleversé totalement ce système mais elle y a apporté plusieurs modifications importantes : la limitation du domaine de la loi (A) ; la création d'un domaine réglementaire propre (B) ; l'institution de procédures destinées à régler les conflits de compétences (C). En pratique, néanmoins, la séparation des deux domaines s'est révélée plutôt poreuse (D).

A La limitation du domaine de la loi

Jusqu'en 1958, le domaine de la loi était illimité et le pouvoir législatif pouvait intervenir dans n'importe quelle matière et aller aussi loin dans le détail qu'il le souhaitait. Désormais, la compétence du législateur parlementaire est devenue une compétence d'attribution, c'est-à-dire qu'elle ne peut en principe s'exercer que dans des matières limitativement énumérées par la Constitution.

Pour s'en rendre compte, il suffit de se reporter à l'article 34 de la Constitution et de lire les deux premières lignes :

« La loi est votée par le Parlement.
« La loi fixe les règles concernant : ... »

Suit une longue liste de matières qui comprend notamment les droits civiques, les libertés publiques, la nationalité, l'état et la capacité des personnes, les régimes matrimoniaux, les crimes et les délits, la procédure pénale, les obligations civiles et commerciales, etc.

À lire l'énumération de l'article 34, il semblerait que les matières législatives se répartissent en deux catégories : tantôt, la loi fixe les règles, c'est-à-dire qu'elle régit la matière dans sa totalité (nationalité, état et capacité des personnes, détermination des crimes et des délits) ; tantôt, au contraire, la loi se borne à déterminer les garanties ou principes qualifiées de fondamentaux en laissant au pouvoir réglementaire le soin de fixer les règles moins importantes (libertés publiques, enseignement, organisation générale de la défense nationale, etc.). Mais en pratique, la distinction entre ces deux catégories de matières est beaucoup moins tranchée qu'on ne pourrait le croire à la lecture de l'article 34 (voir *infra*).

D'après le dernier alinéa de l'article 34, la liste des matières législatives peut être précisée ou complétée par une loi organique. Il serait donc possible d'étendre sur certains points la compétence du législateur sans procéder à une véritable révision constitutionnelle (23).

La liste de l'article 34 ne peut d'ailleurs pas être considérée comme exhaustive : d'autres dispositions de la Constitution prévoient tantôt l'intervention d'une loi organique (voir *infra*), tantôt celle d'une loi ordinaire.

Par exemple, l'article 53 énumère les traités ou accords internationaux qui ne peuvent être ratifiés ou approuvés qu'en vertu d'une loi.

De même les articles 72 à 74-1, donnent compétence au législateur ordinaire ou organique pour fixer certains principes relatifs à l'organisation ou au fonctionnement des collectivités territoriales.

Le domaine de la loi n'est donc plus tout à fait ce qu'il était. Et l'on peut se demander si la loi elle-même a conservé la suprématie juridique qu'elle possédait sous les régimes précédents. Peut-elle toujours être considérée comme « l'expression de la volonté générale » ? Échappe-t-elle encore à ce titre à toute contestation ?

La réponse doit être nuancée.

D'une part, même à l'intérieur du domaine qui est désormais le sien, la loi peut être aujourd'hui soumise à des contrôles qui n'existaient pas sous les régimes précédents et qui eussent même paru sacrilèges : avant promulgation, contrôle de conformité à la Constitution exercé par le Conseil constitutionnel ; après promulgation, contrôle de *conventionnalité* exercé par les juridictions ordinaires (voir *infra*).

Mais, d'autre part, la loi conserve encore quelque chose de son statut antérieur : une fois promulguée, elle échappe à toute contestation quant à sa constitutionnalité, même si elle n'a pas été contrôlée par le Conseil constitutionnel.

Après l'adoption de la Constitution de 1958 certains avaient pu déduire de l'existence d'une liste de *matières énumérées à* l'article 34 l'idée que

---

(23) Une loi organique avait été adoptée en 1988 en application de cet alinéa pour permettre au Parlement d'être mieux informé sur les comptes prévisionnels des régimes de sécurité sociale. Mais elle a été jugée contraire à la Constitution au motif qu'elle concernait la procédure législative et non pas vraiment le domaine de la loi (déc. des 5 et 7 janvier 1988, *Rec.* p. 26). Le problème est aujourd'hui résolu grâce à la révision constitutionnelle du 22 février 1996 qui a créé une nouvelle catégorie de lois : les lois de financement de la sécurité sociale (voir *infra*).

la loi était désormais définie non de manière formelle, mais matérielle. En réalité, cette vue était erronée : comme auparavant la loi est l'acte adopté par le Parlement selon la procédure législative, quelle que soit la matière sur laquelle il porte. Si le Parlement a adopté une loi dans une matière, qui ne figure pas dans la liste de l'article 34 et si elle n'a pas été jugée contraire à la constitution par le Conseil constitutionnel, par exemple parce que celui-ci n'a pas été saisi, ce texte est une loi et il sera soumis au régime juridique de la loi et sa validité ne pourra pas être contestée.

B La création d'un domaine réservé au pouvoir réglementaire

L'étendue du domaine réglementaire. — Aux termes de l'article 37 al. 1er C : *« Les matières autres que celles qui font partie du domaine de la loi ont un caractère réglementaire »*.

Les matières du domaine réglementaire ne sont donc énumérées nulle part. On peut les déterminer *a contrario* à partir de la liste de celles qui constituent le domaine de la loi. On dit quelquefois que le pouvoir réglementaire dispose de la compétence normative de droit commun, alors que le pouvoir législatif n'aurait plus qu'une compétence d'attribution. Mais, bien que cette formule ne soit pas juridiquement inexacte, elle risque d'induire en erreur quant à l'étendue réelle du domaine réglementaire. D'une part, bien que le domaine de la loi soit défini par voie d'énumération limitative, il est tout de même très vaste et comprend en fait les matières les plus importantes. D'autre part, la jurisprudence (celle du Conseil constitutionnel comme celle du Conseil d'État) a adopté une conception plutôt extensive du domaine de la loi.

Les premiers commentateurs de la Constitution de 1958 avaient été tentés de distinguer plusieurs sortes de pouvoirs réglementaires, correspondant aux distinctions opérées par l'article 34 entre différentes catégories de matières :

1) Le pouvoir réglementaire dit « autonome » : c'est celui qui s'exerce dans les matières étrangères au domaine législatif. Ex. : les contraventions et la procédure civile.

2) Le pouvoir réglementaire semi-autonome : c'est celui qui s'exerce dans les matières comme l'organisation de l'enseignement, le droit du travail, le droit de la sécurité sociale, où la compétence du législateur se limite théoriquement à la détermination des principes fondamentaux.

3) Le pouvoir réglementaire subordonné : c'est celui qui s'exerce dans les matières comme la fiscalité, les régimes matrimoniaux, l'état et la capacité des personnes, où la compétence du législateur s'étend à toutes les règles : dans ces matières, le pouvoir réglementaire peut encore intervenir mais seulement pour assurer l'exécution des lois, comme c'était le cas avant l'entrée en vigueur de la Constitution de 1958.

Mais cette distinction est aujourd'hui considérée comme obsolète par la majorité de la doctrine car, dans l'ensemble, la jurisprudence a interprété l'article 34 de manière unitaire. Quelle que soit la matière considérée, la répartition des compétences entre le législateur et le pouvoir réglementaire s'opère presque toujours de la même manière : la *mise en cause* des règles essentielles, c'est-à-dire leur modification même partielle, nécessite l'intervention du premier ; mais la *mise en œuvre* de ces règles, c'est-à-dire la détermination de leur modalités d'application, est réservée au second (Le Mire, 1996).

L'exercice du pouvoir réglementaire. — C'est le Premier ministre qui est titulaire du pouvoir réglementaire (art. 21 C). Il l'exerce sous forme de décrets qui doivent être contresignés, le cas échéant, par les ministres chargés de leur exécution.

D'autres autorités peuvent néanmoins participer, dans d'étroites limites, à l'exercice de ce pouvoir :

1° Les collectivités territoriales : aux termes de l'article 72 al. 4 C, modifié par la loi de révision du 28 mars 2003, les collectivités territoriales de la République (communes, départements, régions, collectivités d'outre-mer) *« s'administrent librement par des conseils élus et disposent d'un pouvoir réglementaire dans le cadre de leurs compétences »*.

Le législateur peut donc confier aux collectivités territoriales certaines compétences réglementaires concernant des matières d'intérêt local. Mais le Conseil constitutionnel estime que lorsqu'un principe important, comme la liberté de l'enseignement, est en cause, les conditions essentielles de son application ne doivent pas dépendre de décisions locales. Ainsi a-t-il annulé une disposition législative qui permettait aux collectivités territoriales de prendre en charge, dans des limites qu'elles auraient elles-mêmes fixées, les dépenses d'investissement des établissements d'enseignement privé (déc. 93-329 DC du 13 janvier 1994, *Rec.* p. 9).

Mais dorénavant, aux termes de l'alinéa 4 de l'article 72 C modifié en 2003, les compétences normatives des collectivités territoriales peuvent être temporairement étendues, à titre expérimental, sur des points précis : « *Dans les conditions prévues par la loi organique, et sauf lorsque sont en cause les conditions essentielles d'exercice d'une liberté publique ou d'un droit constitutionnellement garanti, les collectivités territoriales ou leurs groupements peuvent, lorsque, selon le cas, la loi ou le règlement l'a prévu, déroger à titre expérimental et pour un objet et une durée limités, aux dispositions législatives ou réglementaires qui régissent l'exercice de leur compétence* ».

À ce titre, les collectivités territoriales pourront donc déroger non seulement à des dispositions réglementaires à caractère national mais aussi parfois à des dispositions législatives qui s'imposent au Gouvernement lui-même.

Toutefois, on notera que cette extension est doublement limitée.

D'une part, quant à sont objet, l'expérimentation n'étant possible que lorsque les conditions essentielles d'exercice d'une liberté publique ou d'un droit constitutionnellement garanti ne sont pas en cause. La jurisprudence précitée du Conseil constitutionnel semble donc avoir conservé toute sa valeur car la loi avait été censurée dans la mesure où elle permettait aux collectivités territoriales de porter atteinte aux conditions essentielles d'une liberté publique, la liberté de l'enseignement.

D'autre part, quant à ses conditions de mise en œuvre, l'expérimentation ne pouvant être autorisée qu'au terme d'un processus assez long défini par la loi organique prévue au 4e alinéa de l'article 72 C (LO no 2003-704 du 1er août 2003) : dans un premier temps, l'autorité normalement compétente (c'est-à-dire le législateur ou le pouvoir réglementaire selon le cas) détermine un cadre général qui précise notamment l'objet de l'expérimentation, sa durée, les catégories de collectivités territoriales concernées, etc. ; dans un second temps, les collectivités territoriales qui en ont fait la demande peuvent être autorisées par décret à entreprendre une expérimentation, après que le Gouvernement a vérifié qu'elles remplissaient bien toutes les conditions exigées (voir la loi organique relative à l'expérimentation par les collectivités territoriales).

2o Les autorités administratives indépendantes. Le législateur confie parfois à une autorité administrative indépendante comme le Conseil supérieur de l'audiovisuel, le soin de fixer des normes ayant un objet déterminé (par exemple la déontologie de la publicité télévisée ou l'utilisation des ondes durant une campagne électorale). De telles habilitations pourraient être jugées contraires à la Constitution car, d'après l'article 21 de celle-ci, c'est au Premier ministre qu'appartient le pouvoir réglementaire à l'échelon national, sous réserve des pouvoirs reconnus au Président de la République. Mais, s'agissant d'une liberté telle que la communication audiovisuelle, le recours à une autorité administrative indépendante peut s'avérer utile car, d'une part, la loi ne peut pas descendre dans le détail des règles qui doivent être fréquemment actualisées et, d'autre part, toute réglementation d'origine gouvernementale ferait naître un soupçon de partialité politique. Ainsi le Conseil constitutionnel ne condamne-t-il pas ce procédé, mais il veille à ce que le législateur n'en fasse pas un usage abusif. L'habilitation ne doit concerner que « des mesures à portée limitée tant par leur champ d'application que par leur contenu » (déc. n° 88-248 DC du 17 janv. 1989, *Rec.* p. 18).

La nature des actes du pouvoir réglementaire. — Bien que le pouvoir réglementaire dispose désormais d'un domaine réservé, la nature juridique de ses actes n'a pas changé. Ce sont toujours de simples actes administratifs, qui sont dotés d'une force juridique inférieure à celle de la loi, et qui peuvent être attaqués par la voie du recours pour excès de pouvoir. De même que sous les régimes précédents, le règlement peut donc être annulé par le juge administratif pour violation de la Constitution (et notamment de l'article 34), pour violation de la loi, d'un principe général du droit, ou d'un principe de droit international.

C Le règlement des conflits de compétence

La protection du domaine réglementaire. — La protection du domaine réglementaire contre d'éventuels empiétements du législateur a été aménagée avec soin par la Constitution. Trois procédures peuvent être utilisées à cette fin : celles des articles 41, 61 al. 2 et 37 al. 2. Elles peuvent être mises en œuvre à trois moments différents et ne sont pas exclusives les unes des autres. En d'autres termes, si l'une a été employée sans succès, il n'est pas interdit d'en tenter une autre.

1° La procédure d'irrecevabilité de l'article 41 C (Oliva, 1997)

Selon ce texte : « *S'il apparaît au cours de la procédure législative qu'une proposition ou un amendement n'est pas du domaine de la loi ou est contraire à une délégation accordée en vertu de l'article 38, le Gouvernement peut opposer l'irrecevabilité* ».

« En cas de désaccord entre le gouvernement et le Président de l'assemblée intéressée, le Conseil constitutionnel, à la demande de l'un ou de l'autre, statue dans un délai de huit jours. »
Il arrive en effet que le Gouvernement oppose l'irrecevabilité à un amendement d'origine parlementaire ou (plus rarement) à une proposition de loi. Dans plus de 90 % des cas, l'irrecevabilité est confirmée par le Président de l'assemblée intéressée et il n'y a donc pas lieu de saisir le Conseil constitutionnel comme prévu au second alinéa de l'article 41. De plus, lorsqu'il y a désaccord, le Gouvernement se laisse souvent convaincre de retirer l'exception qu'il avait soulevée (24).

C'est pourquoi les décisions rendues par le Conseil constitutionnel en application de l'article 41 sont peu nombreuses et relativement anciennes (la plus récente remonte à 1979). L'absence ou la rareté du contentieux ne signifie donc pas, comme on le dit parfois, que l'exception d'irrecevabilité est devenue obsolète mais qu'elle ne donne presque jamais lieu à désaccord entre le Gouvernement et le Président de l'assemblée intéressée. En 2005, le Président de l'Assemblée nationale et celui du Conseil constitutionnel se sont d'ailleurs tous deux déclarés favorables à une application plus rigoureuse de ce dispositif.

Bien que la procédure de l'article 41 ait été spécialement conçue pour faire respecter la séparation des matières législatives et des matières réglementaires, elle peut être également utilisée pour empêcher le législateur d'empiéter sur d'autres prérogatives gouvernementales. Par exemple, il arrive que le Gouvernement oppose l'exception d'irrecevabilité à un amendement ou une proposition de loi qui voudrait lui dicter la manière dont il doit exercer son droit d'initiative législative, ou qui tend à modifier le contenu d'un engagement international (voir *infra*).

2° La procédure de contrôle de conformité de l'article 61 al. 2 C

À la différence des deux autres, cette procédure n'a pas été spécialement conçue pour faire respecter la séparation des domaines législatif et réglementaire. Mais elle peut éventuellement être utilisée à cette fin.

En pratique, depuis la réforme de 1974, ce sont presque uniquement des parlementaires de l'opposition qui saisissent le Conseil constitutionnel

(24) D'après Oliva (1997, pp. 167-168), de 1959 à 1997, l'exception d'irrecevabilité a été soulevée 217 fois par le gouvernement, alors que le Conseil constitutionnel n'a rendu que 11 décisions dans le cadre de cette procédure.

dans le cadre de cette procédure. Mais dans une importante décision de principe en date du 30 juillet 1982, le Conseil avait déclaré que les parlementaires n'étaient pas recevables à soulever le moyen tiré de l'empiétement de la loi sur le domaine réglementaire. Il justifiait cette irrecevabilité par l'idée que *« Par les articles 34 et 37 (...) la Constitution n'a pas entendu frapper d'inconstitutionnalité une disposition de nature réglementaire contenue dans une loi, mais a voulu, à côté du domaine réservé à la loi, reconnaître à l'autorité réglementaire un domaine propre et conférer au Gouvernement par la mise en œuvre des pouvoirs spécifiques (...) le pouvoir d'en assurer la protection »*.

En d'autres termes, le Conseil constitutionnel estimait que la séparation des deux domaines ne devait pas être appliquée d'une manière trop rigide. Dans certains cas, il pouvait y avoir intérêt à laisser le législateur empiéter sur le domaine réglementaire pour rendre le droit plus intelligible (en évitant à l'utilisateur la difficulté d'avoir à consulter deux textes de nature différente pour trouver la solution d'un problème) ou pour permettre au Parlement de trancher lui-même une question qui, bien que de nature réglementaire, aurait des implications particulièrement importantes. La limitation du domaine de la loi n'avait donc plus qu'une valeur relative. Elle ne s'appliquait que dans la mesure où le Gouvernement entendait faire respecter son propre domaine.

Vingt-trois ans plus tard, le Conseil constitutionnel a constaté que cet assouplissement avait abouti à vider le domaine réglementaire d'une bonne partie de sa substance. La multiplication des empiétements du législateur sur ce domaine présente le double inconvénient de surcharger l'ordre du jour des assemblées et de noyer l'essentiel dans le détail, ce qui va à l'encontre des objectifs d'intelligibilité et d'accessibilité de la loi. Dans sa décision du 21 avril 2005 sur la loi relative à l'école, le Conseil a donc modifié, sans l'abandonner complètement, sa jurisprudence de 1982. Il n'est pas allé jusqu'à censurer les empiétements de la loi sur le domaine réglementaire, comme il l'a fait pour les « neutrons législatifs ». Mais il a admis que les parlementaires étaient de nouveau recevables à soulever ce moyen. Si le Conseil constate que les dispositions critiquées ont effectivement une nature réglementaire, il prononce leur déclassement. Ces dispositions figureront tout de même dans la loi, mais elles n'auront plus qu'une force juridique réduite : le Gouvernement pourra les modifier par décret sans être obligé de recourir à la procédure spéciale de déclassement de l'article 37 al. 2 (voir *infra*).

Le Premier ministre pourrait également saisir le Conseil constitutionnel, dans le cadre de l'article 61 al. 2, en lui demandant de constater que certaines dispositions de la loi, résultant d'amendements parlementaires, empiètent sur le domaine réglementaire. Le Conseil pourrait alors invalider ces dispositions, au lieu de les déclasser. Mais en pratique le Premier ministre n'use pour ainsi dire jamais de cette faculté. La plupart des empiétements du législateur sur le domaine réglementaire ont d'ailleurs pour origine une initiative gouvernementale.

3° La procédure de déclassement prévue par l'article 37 al. 2 C

Lorsqu'une proposition de loi ou un amendement empiète sur le domaine réglementaire, rien n'oblige le Gouvernement à réagir immédiatement. Même s'il s'abstient de soulever l'exception d'irrecevabilité et laisse promulguer la loi telle que le Parlement l'a votée, il lui sera possible par la suite de regagner le terrain perdu en délégalisant les dispositions qui empiètent sur le domaine réglementaire. La Constitution a prévu à cet effet une procédure spéciale qui peut être déclenchée à tout moment : celle de l'article 37 al. 2.

D'après ce texte, il faut distinguer les lois adoptées avant l'entrée en vigueur de la Constitution de 1958 et celles qui ont été adoptées après cette entrée en vigueur (25).

En ce qui concerne les premières, comme la séparation du domaine législatif et du domaine réglementaire n'existait pas encore à l'époque où elles furent adoptées, il n'y a pas lieu de présumer que cette séparation a été respectée. Le gouvernement peut donc modifier la loi par décret après simple avis du Conseil d'État.

En ce qui concerne les secondes, le gouvernement doit d'abord saisir le Conseil constitutionnel en lui demandant de « délégaliser » les dispositions qu'il entend modifier, c'est-à-dire de constater qu'elles empiètent sur le domaine réglementaire. Si le Conseil constitutionnel déclare que ces dispositions n'empiètent pas sur le domaine réglementaire, elles ne pourront être modifiées que par la loi (26).

---

(25) Il existe en droit allemand une distinction un peu analogue : les lois antérieures à l'entrée en vigueur de la Constitution, dites « lois ante-constitutionnelles », peuvent être contrôlées par n'importe quel tribunal ; les lois postérieures à l'entrée en vigueur de la Constitution, dites « lois post-constitutionnelles », ne peuvent être contrôlées que par la Cour constitutionnelle.

(26) Toutefois, selon la jurisprudence du Conseil constitutionnel, lorsque le gouvernement a été habilité à légiférer par voie d'ordonnances en vertu de l'article 38 C, il peut abroger des dispositions législatives de nature réglementaire sans recourir à la procédure de l'article 37 C, comme aurait pu le faire le législateur lui-même (déc. n° 99-421 DC du 16 décembre 1999).

À la différence des précédentes, cette troisième procédure est couramment utilisée. Elle présente l'avantage de susciter moins de tensions entre le gouvernement et le Parlement, car la saisine du Conseil constitutionnel, qui intervient généralement longtemps après le vote de la loi, passe relativement inaperçue.

Toutefois, à l'avenir, le Gouvernement n'aura plus besoin de recourir à cette procédure pour modifier les dispositions qui auraient déjà été déclassées par le Conseil constitutionnel dans le cadre du contrôle de conformité, en application de la nouvelle jurisprudence d'avril 2005.

La protection du domaine législatif. — Cette protection n'a pas été spécialement aménagée par la Constitution.

Mais, en vertu des principes généraux du contentieux administratif, un décret empiétant sur le domaine de la loi peut être attaquée par la voie du recours pour excès de pouvoir. Et s'il est invoqué au cours d'un procès, on peut lui opposer l'exception d'inconstitutionnalité. Dans les deux cas, ce n'est plus le Conseil constitutionnel qui statuera en dernier ressort, mais le Conseil d'État, juridiction administrative suprême.

De plus, les juridictions pénales sont compétentes pour apprécier la légalité d'un acte administratif « lorsque, de cet examen, dépend la solution du procès pénal qui leur est soumis » (27). Elles peuvent donc à ce titre vérifier si un règlement administratif n'empiète pas sur le domaine réservé à la loi par l'article 34 C. Et comme ces juridictions font partie de l'ordre judiciaire, c'est à la Chambre criminelle de la Cour de cassation que reviendra le dernier mot.

Mais il arrive parfois que la loi elle-même invite le pouvoir réglementaire à empiéter sur le domaine législatif en prévoyant la possibilité pour le gouvernement de déroger à certaines règles qu'elle a fixées ou bien en laissant une marge de manœuvre trop large au pouvoir exécutif. On dit alors que la loi est entachée d'incompétence négative. Le législateur n'a pas épuisé sa compétence, mais s'est en quelque sorte défaussé sur d'autres autorités. Dans ce cas, rien n'empêche 60 députés ou 60 sénateurs de saisir le Conseil constitutionnel dans le cadre de l'article 61 al. 2 en lui demandant de constater que la loi est contraire à l'article 34 de la Constitution. Le Conseil constitutionnel ne refusera

(27) Art. 111-5 du nouveau Code pénal.

pas d'exercer un tel contrôle, car comme il s'agit cette fois de la protection du domaine législatif, et non de celle du domaine réglementaire, les parlementaires sont parfaitement recevables (CC 28 juillet 1993, *Rec.* p. 204). Cette jurisprudence s'applique notamment en matière de droit fiscal et de droit pénal.

Le risque de contrariété de jurisprudence. — Comme la délimitation des domaines respectifs du Parlement et du gouvernement ressortit à trois organes, le Conseil constitutionnel dans certains cas, le Conseil d'État ou la Cour de cassation dans d'autres, il n'est pas sûr que leurs décisions s'accordent pour tracer une frontière unique. Or, comme chacun de ces organes est souverain dans son domaine, on pourrait arriver à ce résultat fâcheux que l'étendue du domaine législatif serait différente selon qu'elle serait appréciée par le Conseil constitutionnel, par le Conseil d'État ou la Cour de cassation. Sans doute, l'article 62 de la Constitution dispose-t-il que les décisions du Conseil constitutionnel s'imposent « à toutes les autorités administratives et juridictionnelles ». Mais le Conseil d'État et la Cour de cassation interprètent restrictivement ce texte en considérant que, s'il oblige les juridictions en ce qui concerne la solution apportée au cas d'espèce par le Conseil constitutionnel, elles ne sont pas liées par la doctrine qui se dégage de sa décision (voir *infra*, Chapitre IV, *L'autorité des décisions du Conseil constitutionnel*).

L'hypothèse de conflits n'est donc pas gratuite. En effet, un même décret peut être soumis à l'appréciation du Conseil constitutionnel (saisi en application de l'article 41 ou de l'article 37 al. 2), du Conseil d'État (saisi par la voie du recours pour excès de pouvoir) et de la Chambre criminelle de la Cour de cassation (devant laquelle est soulevée une exception d'illégalité). Si le Conseil constitutionnel statue avant les autres juridictions, celles-ci devront s'incliner en application de l'article 62 al. 2 de la Constitution qui dispose que les décisions du Conseil s'imposent à toutes les autorités administratives et juridictionnelles. Mais si le Conseil d'État ou la Cour de cassation statuent les premiers, il peut arriver que leurs arrêts soient contredits par la décision du Conseil constitutionnel (voir Cons. constit., 27 nov. 1959, *RDP*, 1960, p. 1011, avec la note Waline).

La même contradiction peut apparaître lorsqu'il s'agit de déterminer la nature et le contenu des règles et des principes fondamentaux réservés à la loi par l'article 34. Sans doute, dans cette hypothèse, les trois juridictions ne connaissent pas du même acte. Seulement, en fait, la délimitation du domaine de la loi revient implicitement à dire ce qui est interdit au règlement et inversement. Cependant comme il s'agit d'actes différents, la décision du Conseil constitutionnel n'a pas l'autorité de chose jugée à l'égard des autres juridictions. Ainsi sur la question, extrêmement importante quant à l'étendue des libertés publiques, de savoir si les contraventions punies d'emprisonnement ont un caractère législatif ou réglementaire, les jurisprudences de la Cour de cassation (26 fév. 1974, *D.* 1974-273, note Vouin) et du Conseil constitutionnel (28 nov. 1973, *AJDA* 1974-229, note Rivero) ont longtemps divergé (28).

Aujourd'hui encore, la règle selon laquelle le silence gardé par l'administration pendant une certaine durée sur une requête qui lui a été adressée vaut décision de rejet, est considérée par le Conseil constitutionnel comme un principe général du droit relevant de la compétence législative (déc. 94-352 du 18 janvier 1995, cons. 9), alors que le Conseil d'État attribue à cette même règle une nature réglementaire en admettant qu'elle puisse être écartée par un décret (CE 27 janvier 1970, *Commune de Bozas*, *Rec.* 139).

Dans l'ensemble, cependant, les divergences sont rares et la proximité (29) entre le Conseil constitutionnel et le Conseil d'État permet généralement de les atténuer, sinon de les résorber complètement (30).

D Une séparation plutôt poreuse

En définitive, la séparation du domaine législatif et du domaine réglementaire n'a pas vraiment bouleversé la hiérarchie des normes, comme on avait pu le croire en 1958.

D'une part, la compétence du législateur est toujours extrêmement vaste et le recours à la loi demeure nécessaire chaque fois que l'on veut entreprendre une grande réforme.

D'autre part, malgré l'existence de procédures destinées à garantir le respect de la séparation (voir *supra*), celle-ci s'est révélée plutôt poreuse.

(28) Depuis l'entrée en vigueur du nouveau Code pénal (1994), cette divergence est devenue sans objet car les contraventions ne peuvent plus être sanctionnées par des peines privatives de liberté.

(29) Cette proximité est à la fois géographique et fonctionnelle : d'une part, les locaux occupés par les deux juridictions, sont situés dans les dépendances d'un même bâtiment (Le Palais-Royal) ; d'autre part, les postes de secrétaire général et de rapporteurs adjoints du Conseil constitutionnel sont souvent occupés par des magistrats détachés du Conseil d'État.

(30) Pour un exemple de ralliement du Conseil constitutionnel à la position du Conseil d'État, voir les conclusions du commissaire du gouvernement Baudouin sous CE 12 décembre 1969, *Conseil national de l'ordre des médecins* (*AJDA* 1970, p. 102).

Elle n'a pas empêché le Parlement et le Gouvernement d'introduire, dans la loi, des dispositions de nature réglementaire lorsqu'ils l'estimaient opportun.

Il est vrai que le Conseil constitutionnel, qui a longtemps toléré ces empiétements, s'est efforcé de les limiter par sa nouvelle jurisprudence du 21 avril 2005. Mais cette jurisprudence risque de n'être qu'à moitié efficace dans la mesure où elle ne peut aboutir qu'à déclasser, sans les invalider, les dispositions de nature réglementaire contenues dans une loi. À cet effet juridique pourrait néanmoins s'ajouter un effet psychologique : les empiétements de la loi sur le domaine réglementaire passaient jusqu'à présent presque totalement inaperçus. Ce ne sera plus le cas car les déclassements opérés par le Conseil constitutionnel leur assureront un minimum de publicité, et cette publicité pourrait avoir un certain effet dissuasif. Mais encore faut-il que le conseil soit saisi. Or les lois dites « consensuelles », c'est-à-dire celles qui sont adoptées d'un commun accord entre la majorité et l'opposition, échappent le plus souvent à son contrôle.

Par ailleurs, les expérimentations autorisées par la réforme de mars 2003 n'ont pas remis en cause le partage des compétences normatives entre le Parlement et le Gouvernement.

Quand l'expérimentation a lieu au niveau national, comme prévu à l'article 37-1, elle ne peut être conduite que par le titulaire normal du pouvoir concerné c'est-à-dire, selon le cas, par le Parlement ou le Gouvernement.

Quand l'expérimentation a lieu au niveau des collectivités territoriales, comme prévu à l'article 72, c'est également le titulaire normal du pouvoir concerné qui est seul compétent pour donner l'autorisation.

Il n'en est pas moins vrai que ces expérimentations risquent de multiplier les conflits entre des normes relevant de différentes catégories : normes à caractère permanent et normes à caractère temporaire ; normes émanant d'une autorité centrale et normes émanant d'une autorité locale.

La clarté et l'intelligibilité de la loi, que le Conseil constitutionnel considère comme des principes ou des objectifs de valeur constitutionnelle (31), n'en seront probablement pas renforcés.

---

(31) Voir la décision précitée du 12 janv. 2002 (cons. 9).

Section 3
L'élaboration de la loi dans le cadre parlementaire

§ 1. Les lois ordinaires

A L'initiative

Aux termes de l'article 39 al. 1 C : *« L'initiative des lois appartient au Premier ministre et aux membres du Parlement »*.

Selon une terminologie bien établie, lorsqu'un texte est dû à l'initiative du Premier ministre, on parle de « projet de loi » ; lorsqu'il est dû à l'initiative d'un parlementaire, on parle de « proposition de loi ».

Le droit d'initiative du Premier ministre (32) s'exerce selon une procédure fixée par l'article 39 al. 2 (33) : le projet est préparé par un ministère ou par les services du Premier ministre ; il est ensuite soumis pour avis au Conseil d'État ; puis le projet, éventuellement amendé pour tenir compte de cet avis, fait l'objet d'une délibération en Conseil des ministres ; après cette délibération, le Premier ministre peut déposer le projet soit sur le bureau de l'Assemblée nationale, soit sur celui du Sénat : il dispose à cet égard d'une faculté de choix, sous réserve de trois exceptions. La première et la deuxième concernent respectivement les projets de loi de finances et les projets de loi de financement de la sécurité sociale, qui doivent obligatoirement être soumis en premier lieu à l'Assemblée nationale, la troisième, les projets de loi ayant pour principal objet l'organisation des collectivités territoriales ou les instances représentatives des Français établis hors de France, qui sont soumis en premier lieu au Sénat.

---

(32) En vertu du principe de la séparation des pouvoirs, l'exercice de ce droit d'initiative relève de la seule appréciation du Premier ministre. Un amendement parlementaire enjoignant au premier ministre de déposer un projet de loi doit donc être considéré comme irrecevable (Oliva, 1997, p. 418 et s.).

(33) Le Gouvernement n'est pas obligé d'amender son projet dans le sens recommandé par le Conseil d'État. Mais le Premier ministre ne peut pas faire entériner par le Conseil des ministres un texte comportant des dispositions substantielles qui n'auraient pas été soumises au Conseil d'État car la délibération du Conseil des ministres ne serait plus alors éclairée par l'avis du Conseil d'État, comme le veut l'article 39 C (CC, déc. 2000-468 DC du 3 avril 2003).

Quant à l'initiative des membres du Parlement, elle n'est pas subordonnée à des formalités particulières : tout député ou tout sénateur peut déposer une proposition de loi sur le bureau de son assemblée. Une proposition de loi peut être signée par un ou plusieurs parlementaires.

Toutefois, en pratique, l'initiative législative des membres du Parlement ne joue qu'un rôle secondaire, presque marginal. La majeure partie des lois promulguées est issue de projets et non de propositions. La prépondérance de l'initiative gouvernementale tient à plusieurs raisons.

En premier lieu, le gouvernement est beaucoup mieux outillé que les parlementaires pour préparer des textes de loi, car il peut utiliser toutes les compétences et toutes les ressources documentaires des administrations. Il dispose, en droit ou en fait, d'un véritable monopole en ce qui concerne l'initiative de certaines catégories de lois : les lois de finances ; les lois de plan ou de programme ; les lois autorisant la ratification ou l'approbation d'un traité ou d'un accord international.

En second lieu, en vertu de l'article 40 de la Constitution, le droit d'initiative des parlementaires est soumis à une restriction extrêmement importante : leurs propositions ne sont pas recevables *« lorsque leur adoption aurait pour conséquence soit une diminution des ressources publiques, soit la création ou l'aggravation d'une charge publique »*.

Cette restriction est évidemment inspirée par la crainte que les parlementaires ne cèdent aux tentations de la démagogie électorale. Mais l'article 40 est rédigé en des termes tellement larges qu'il peut aboutir à faire déclarer irrecevables des propositions qui n'ont rien à voir avec la démagogie électorale, et qui n'ont même pas à proprement parler un objet financier. Par exemple, une proposition tendant à faciliter l'adoption des enfants naturels a été déclarée irrecevable au motif que son adoption pourrait entraîner une diminution de ressources publiques au titre de l'impôt sur les successions ; de même, avant que la peine de mort ait été abolie, on avait pu se demander si une proposition de loi tendant à son abolition n'aurait pas pu être déclarée irrecevable au titre de l'article 40 ; en effet, comme il revient plus cher de garder en prison des criminels que de les exécuter, l'abolition de la peine de mort risquait d'avoir pour conséquence indirecte l'aggravation d'une charge publique.

Dans la pratique, on a mis au point quelques procédés qui permettent de limiter la portée de cette irrecevabilité financière. Par exemple, comme le mot « ressources » figure au pluriel dans le texte de l'article 40, on en déduit que ce qui doit être pris en considération, c'est seulement l'impact global de la proposition sur les ressources publiques : un parlementaire peut donc formuler une proposition dans laquelle la diminution d'une ressource publique est compensée par l'augmentation d'une autre ressource publique ; une telle proposition ne se heurtera pas en principe à l'irrecevabilité financière de l'article 40. Par contre, le mot « charge » figure au singulier dans le texte de l'article 40, de sorte que, à cet égard, les compensations ne jouent pas : même si l'on tente de compenser la création ou l'aggravation d'une charge publique par la suppression ou l'atténuation d'une autre charge publique, l'irrecevabilité doit en principe s'appliquer car c'est l'impact de la proposition sur une charge déterminée qui est pris en considération, et non pas son impact global.

Le contrôle de la recevabilité financière des propositions de loi est organisé par le règlement des assemblées. D'après les règlements de l'Assemblée nationale et du Sénat, elle peut être opposée à tout moment de la procédure législative soit par le gouvernement, soit même par un simple parlementaire. En cas de contestation, c'est le bureau de la Commission des Finances qui statue. Les décisions du bureau de la Commission des Finances sur la recevabilité financière ne peuvent pas être contestées aussi longtemps que la loi n'a pas été définitivement adoptée. Mais une fois que la loi a été définitivement adoptée, si elle est soumise au Conseil constitutionnel dans le cadre de l'article 61 al. 2, l'article 40 pourra être invoqué, à condition toutefois que l'exception d'irrecevabilité financière ait été d'abord soulevée devant le Parlement (voir par exemple déc. n° 2003-476 DC du 24 juillet 2003).

Durant les premières années de la Ve République, beaucoup de propositions de loi ont été écartées en vertu de l'irrecevabilité financière, surtout à l'Assemblée nationale. Aujourd'hui, c'est beaucoup plus rare sans doute parce que les règles de l'article 40 sont maintenant bien connues et que les parlementaires ont appris à en tenir compte lorsqu'ils formulent une proposition de loi.

En troisième lieu, avant la réforme constitutionnelle du 4 août 1995, l'article 48 de la Constitution donnait au gouvernement la maîtrise presque totale de l'ordre du jour des assemblées : cet ordre du jour comportait en effet « par priorité et dans l'ordre que le gouvernement a fixé » la discussion des projets de loi déposés par lui et des propositions de loi qu'il a acceptées. Beaucoup de propositions de loi, qui étaient cependant parfaitement recevables, ne venaient donc jamais en discussion, parce que le gouvernement les considérait comme inopportunes ou parce que l'examen de ses propres projets ne laissait pas suffisamment de temps disponible.

Mais la maîtrise gouvernementale de l'ordre du jour est désormais limitée puisque, d'après le nouvel alinéa 3 de l'article 48, une séance par mois (c'est-à-dire au total au moins 9 séances par an dans chaque assemblée) doit y échapper. On appelle ces séances, qui permettent l'exercice par les députés et les sénateurs, de leur droit d'initiative, des « niches parlementaires ».

Si l'on compare le nombre des projets et des propositions de loi simplement déposés, on peut avoir le sentiment que l'initiative parlementaire est plus importante que l'initiative gouvernementale. Mais si l'on considère les lois finalement adoptées, on s'aperçoit que l'initiative utile, c'est-à-dire celle qui aboutit, est généralement l'initiative gouvernementale. D'après les statistiques de l'année 2000, sur 87 textes de loi adoptés définitivement par le Parlement, 16 (c'est-à-dire environ 18 %) sont issus de propositions d'origine parlementaire, mais ces chiffres ne sont pas totalement significatifs : il arrive en effet qu'une proposition de loi soit déposée par un parlementaire à la demande du gouvernement parce que celui-ci, tout en étant favorable à l'adoption du texte, ne souhaite pas en prendre officiellement l'initiative. La prépondérance de l'initiative gouvernementale n'est d'ailleurs pas propre au système français. Dans les autres démocraties parlementaires, la situation est généralement identique.

B Le droit d'amendement

Les observations précédentes doivent cependant être nuancées car l'initiative législative peut se manifester non seulement sous la forme d'un projet ou d'une proposition de loi, c'est-à-dire d'un texte principal qui forme un tout, mais aussi sous forme d'amendements qui tendent à modifier sur certains points le texte principal. De même que le droit d'initiative à titre principal, le droit d'amendement est reconnu aux membres du Parlement et au gouvernement (art. 44 al. 1er). Mais bien entendu, les amendements d'origine parlementaire sont soumis aux mêmes restrictions que les propositions de loi, c'est-à-dire qu'ils ne sont pas recevables lorsque leur adoption aurait pour conséquence soit une diminution des ressources publiques, soit la création ou l'aggravation d'une charge publique.

En pratique, le droit d'amendement est beaucoup plus utilisé par les parlementaires que par le gouvernement. Le gouvernement exerce généralement son droit d'initiative à titre principal, c'est-à-dire sous forme de projets de loi. Au cours des péripéties de la procédure législative, il peut arriver que le gouvernement propose un amendement à l'un de ses propres projets, mais c'est relativement rare. Quant aux parlementaires, comme leurs propositions de loi n'ont que peu de chances d'aboutir, c'est surtout par le biais d'amendements aux projets gouvernementaux qu'ils peuvent participer à l'initiative de la loi, et les statistiques montrent que de tels amendements sont effectivement très nombreux, mais il faut signaler qu'un grand nombre de ceux qui aboutissent ont été déposés à l'instigation du gouvernement (ou du moins avec son accord).

En dehors de l'irrecevabilité financière prévue par l'article 40 (qui est propre aux amendements d'origine parlementaire), et de l'irrecevabilité de l'article 41, qui tend à protéger le domaine réglementaire, la Constitution n'a fixé aucune règle quant au contenu des amendements. Elle ne précise pas quelle sorte de lien il doit y avoir entre l'amendement et le texte principal, ni quelle peut-être l'ampleur ou l'importance de l'amendement par rapport à celui-ci. Mais ce silence n'avait pas empêché le Conseil constitutionnel de subordonner la recevabilité d'un amendement à deux conditions d'ordre général :

1) En premier lieu, l'amendement ne doit pas porter sur un objet qui serait sans aucun rapport avec celui du texte principal. Par exemple, si le texte principal a pour objet la protection de l'environnement autour des lacs de haute montagne, on ne peut pas y raccrocher un amendement relatif à l'évaluation des biens immobiliers en droit fiscal.

2) En second lieu, l'amendement ne doit pas être d'une ampleur ou d'une importance telle qu'il constituerait à lui seul l'équivalent d'un texte principal, c'est-à-dire d'un texte qui aurait dû normalement être présenté sous la forme d'un projet ou d'une proposition de loi (CC 23 janvier 1987, *Rec.* p. 13).

Cette jurisprudence a été très diversement appréciée. D'un côté, on a reproché au Conseil constitutionnel d'avoir limité le droit d'amendement en créant des conditions de recevabilité *ex nihilo* alors que l'initiative parlementaire est déjà bridée par les articles 40 et 41 C. D'un autre côté on s'est félicité de ce que, grâce à cette jurisprudence, un texte législatif important ne puisse plus être adopté à la sauvette, sans avoir fait l'objet d'un examen approfondi. En effet, comme le droit d'amendement peut s'exercer à tous les stades de la procédure législative, s'il n'y avait pas cette irrecevabilité, le gouvernement pourrait faire passer un projet de loi en le raccrochant sous forme d'amendement à un autre projet qui est sur le point d'aboutir, ce qui permettrait d'éluder toutes les étapes précédentes de la procédure législative.

Les critiques formulées contre la décision de 1987 ont néanmoins conduit le Conseil constitutionnel à assouplir sa jurisprudence en renonçant à la seconde condition. Pour qu'un amendement soit recevable, il suffit désormais que son objet corresponde bien à celui du texte principal (CC, déc. 2001-450 DC du 11 juillet 2001). L'importance et l'ampleur de son contenu ne sont plus pris en considération.

C Les grandes étapes de la procédure

L'examen et le vote du texte par chaque assemblée. — Quand un projet ou une proposition de loi a été déposé sur le bureau d'une assemblée, il est d'abord envoyé pour examen à l'une des six commissions permanentes. À la demande du gouvernement ou de l'assemblée saisie, le texte peut néanmoins être renvoyé à une commission spécialement constituée à cet effet. Mais en pratique cette faculté n'est que rarement utilisée.

Il peut arriver que plusieurs commissions permanentes soient intéressées par le projet ou la proposition. Dans ce cas, une seule commission est désignée à titre principal pour établir un rapport sur le projet, mais les autres commissions intéressées peuvent adopter des avis qui seront distribués à tous les membres de l'assemblée, en même temps que le rapport de la Commission à laquelle le texte a été renvoyé.

La commission désignée à titre principal choisit un rapporteur parmi ses membres. Elle examine le texte. Elle adopte ou rejette les amendements proposés par ses membres.

Lorsque le rapport de la commission est prêt, le projet peut être inscrit à l'ordre du jour d'une séance de l'assemblée (34). L'examen du projet commence par une discussion générale à laquelle prennent part le représentant du gouvernement, le rapporteur de la commission, éventuellement les rapporteurs des commissions saisies pour avis, ainsi que des représentants désignés par les principaux groupes politiques (35). D'autres parlementaires peuvent éventuellement se faire inscrire dans le débat.

La discussion générale ne donne lieu à aucun vote, sauf si le gouvernement ou un parlementaire soulève l'exception d'irrecevabilité, pose la question préalable, ou demande le renvoi en commission.

Exception d'irrecevabilité : motion de procédure tendant à faire reconnaître par l'assemblée que le texte proposé est contraire à la Constitution et qu'il doit donc être immédiatement écarté pour cette raison.

Question préalable : motion de procédure tendant à faire reconnaître par l'assemblée qu'il n'y a pas lieu de délibérer sur le texte non pas parce que ce texte serait inconstitutionnel mais parce que son adoption ne serait pas opportune.

---

(34) Rappelons que, devant l'Assemblée nationale, si le gouvernement engage sa responsabilité sur le vote du projet, celui-ci n'est même pas examiné. Le projet est considéré comme adopté sauf si une motion de censure est votée. Cette procédure (art. 49 al. 3), qui a été étudiée *supra* (Chapitre 2, section 4) n'est pas applicable devant le Sénat. Mais elle peut éventuellement être utilisée à chaque lecture devant l'Assemblée nationale.

(35) On n'exposera ici que la procédure ordinaire. Les règlements des deux assemblées prévoient également des procédures courtes, qui permettent d'adopter un texte sans l'examiner article par article et éventuellement même sans discussion générale. Il s'agit de la procédure d'examen simplifiée (PES) à l'Assemblée nationale et des procédures abrégées au Sénat. Ces procédures ne sont utilisées que pour l'adoption de textes d'une importance mineure, et avec l'accord de tous les groupes politiques.

Renvoi en commission : motion de procédure tendant à faire reconnaître par l'assemblée que le texte n'est pas encore en état d'être débattu et qu'il doit faire l'objet d'un examen supplémentaire par la commission avant de revenir à l'ordre du jour d'une séance plénière.

Afin d'éviter une cascade de motions de procédure, il est prévu que, à propos d'un même texte, on ne peut mettre aux voix lors de la discussion générale qu'une seule exception d'irrecevabilité, une seule question préalable et une seule demande de renvoi en commission. Si l'assemblée vote l'exception d'irrecevabilité, la question préalable ou le renvoi en commission, le débat s'arrête là. Mais c'est très exceptionnel. Depuis 1958, l'Assemblée nationale n'a adopté que deux exceptions d'irrecevabilité (36).

Lorsque la discussion générale est terminée, l'assemblée procède à l'examen du texte article par article. S'il s'agit d'un projet de loi qui vient en première lecture et qui n'a pas encore été examiné par l'autre assemblée, la discussion s'engage sur le texte présenté par le gouvernement, et non sur le texte proposé par la commission. À propos de chaque article, l'assemblée doit examiner en principe tous les amendements proposés, à l'exception de ceux qui ont été déclarés irrecevables.

Toutefois, d'après le second alinéa de l'article 44 C, le Gouvernement peut s'opposer à l'examen de tout amendement qui n'a pas antérieurement été soumis à la commission. Mais il use rarement de cette faculté.

Le vote bloqué. — En principe, chaque amendement proposé doit faire l'objet d'une discussion et d'un vote. Toutefois si le gouvernement veut empêcher l'assemblée de se prononcer sur certains amendements, il peut recourir à une procédure désignée sous le nom de « vote bloqué ». Cette procédure est prévue par l'article 44 al. 3 de la Constitution : *« Si le gouvernement le demande, l'assemblée saisie se prononce par un seul vote sur tout ou partie du texte en discussion en ne retenant que les amendements proposés ou acceptés par le gouvernement »*.

Cette procédure appelle deux remarques :

1) Le vote bloqué est pour le gouvernement une arme très efficace et en même temps très maniable. Il peut être demandé aussi bien devant le Sénat que devant l'Assemblée nationale. Il ne nécessite aucune formalité préalable, alors que la mise en jeu de la responsabilité du gouvernement

(36) La plus récente remonte au 9 octobre 1998 : il s'agissait du Pacte civil de solidarité (PACS) et les députés de l'opposition, plus nombreux en séance que ceux de la majorité, ont fait voter l'irrecevabilité par surprise. Ce vote n'a finalement pas empêché l'adoption du PACS mais la procédure législative a dû être recommencée à zéro avec le dépôt d'une nouvelle proposition de loi.

(art. 49 al. 3) doit obligatoirement être précédée d'une délibération en Conseil des ministres. Enfin, il peut être demandé sur tout ou partie du texte en discussion, c'est-à-dire soit sur l'ensemble du projet de loi, soit sur un seul article, soit sur un sous-ensemble constitué de plusieurs articles.

2) Lorsque le gouvernement demande un vote bloqué, l'assemblée saisie est placée devant une alternative : ou bien elle adopte le texte tel qu'il est proposé par le gouvernement ; ou bien elle le rejette. Mais elle ne peut pas l'adopter en le modifiant par des amendements auxquels le gouvernement n'a pas donné son accord. En d'autres termes, le vote bloqué aboutit à restreindre considérablement le droit d'amendement qui est la principale forme d'initiative législative restant à la disposition des parlementaires. C'est pourquoi ceux-ci protestent souvent contre son utilisation, qu'ils estiment trop fréquente.

Le vote bloqué empêche l'assemblée saisie de se prononcer sur les amendements que le gouvernement n'a pas retenus, mais il ne l'empêche pas et même il ne la dispense pas de discuter séparément chacun de ces amendements. Or l'examen d'un seul amendement nécessite toujours au moins quelques minutes.

L'obstruction législative. — C'est pourquoi depuis quelques années, l'opposition parlementaire, qu'elle soit de gauche ou de droite, utilise parfois le droit d'amendement pour pratiquer ce que l'on appelle aux États-Unis le *« filibustering »* et que l'on peut traduire en français par obstruction législative. Lorsqu'un groupe parlementaire de l'opposition veut manifester son hostilité à l'égard d'un projet de loi dont il sait qu'il ne pourra pas empêcher l'adoption, il fait déposer par ses membres des centaines, voire des milliers d'amendements qui ne tendent pas réellement à l'amélioration du texte, et qui n'ont en réalité qu'un objectif purement dilatoire.

Le « vote bloqué » ne permet pas de parer à ces tentatives d'obstruction puisqu'il ne dispense pas l'assemblée saisie d'examiner successivement chaque amendement proposé. Devant l'Assemblée nationale, le gouvernement peut toujours couper court en appliquant l'article 49 al. 3 : en effet, la mise en jeu de la responsabilité gouvernementale supprime tout débat sur le texte et l'Assemblée nationale n'examine donc dans ce cas aucun amendement. Mais cette procédure n'est pas applicable devant le Sénat.

En 1993, pour surmonter une tentative d'obstruction à l'adoption d'une loi concernant l'aide à l'enseignement privé, les sénateurs de la majorité décidèrent d'écarter par un vote global 2 870 amendements considérés comme contraires à la Constitution, ce qui évitait de les examiner un par un. Dans un mémoire adressé au Conseil constitutionnel, les sénateurs de l'opposition critiquèrent cette démarche en alléguant qu'elle portait gravement atteinte au droit d'amendement. Dans sa décision du 13 janvier 1994, le Conseil constitutionnel a rejeté ce moyen en déclarant que la restriction au droit d'amendement, qui devait être appréciée au « regard du contenu desdits amendements et des conditions générales du débat », n'avait pas « revêtu en l'espèce un caractère substantiel ». Cette motivation très prudente montre que le Conseil constitutionnel entend se réserver une large faculté d'appréciation, et qu'il prend en considération le caractère plus ou moins sérieux et sincère des amendements proposés.

Lorsque le vote article par article est terminé, l'assemblée saisie se prononce par un vote global sur l'ensemble du texte. Mais comme le Parlement comporte deux assemblées, la procédure législative nécessite une navette et généralement plusieurs examens successifs par chacune des deux assemblées.

La navette et la solution des désaccords entre les deux assemblées. — Le premier alinéa de l'article 45 C pose le principe de la navette :

« Tout projet ou proposition de loi est examiné successivement dans les deux assemblées du Parlement en vue de l'adoption d'un texte identique ». Au cours de cette navette, chaque assemblée délibère sur le texte qui lui a été transmis par l'autre assemblée (37) : si elle l'approuve, il n'y a plus de problèmes ; si elle le modifie, le texte est renvoyé devant l'autre assemblée. Et c'est alors que le gouvernement peut intervenir pour tenter d'accélérer les choses.

Lorsque, par suite d'un désaccord entre l'Assemblée nationale et le Sénat, un texte législatif n'a pu être adopté après deux lectures par chaque assemblée, le Premier ministre a la faculté de provoquer la réunion d'un commission mixte paritaire. Mais si le gouvernement souhaite que le texte soit adopté très rapidement, il peut déclarer l'urgence, ce qui permet au Premier ministre de déclencher la même procédure après une seule lecture par chaque assemblée.

La commission mixte paritaire comprend sept députés et sept sénateurs qui ont été spécialement désignés par leurs collègues pour cette occasion :

---

(37) Durant la navette, députés et sénateurs doivent normalement s'abstenir de remettre en discussion les dispositions qui ont déjà été votées dans les mêmes termes au cours des lectures précédentes. Cet usage parlementaire est connu sous le nom de « théorie de l'entonnoir » parce qu'il interdit de remettre en cause les parties du texte sur lesquelles un accord a déjà été obtenu (Camby, 1999).

elle est chargée de proposer un texte sur les dispositions restant en discussion.

La suite de la procédure dépend du résultat de cette tentative de conciliation :

1) Si la commission mixte parvient à adopter un texte, celui ci peut être soumis par le gouvernement aux deux assemblées. Aucun amendement n'est alors recevable, sauf accord du gouvernement (38).

2) Si la commission mixte paritaire ne réussit pas à proposer un texte de transaction, ou si le texte qu'elle propose n'est pas adopté par les deux assemblées, le gouvernement peut, après une nouvelle lecture par l'Assemblée nationale et par le Sénat, demander à l'Assemblée nationale de statuer définitivement. La loi peut alors être définitivement adoptée par l'Assemblée nationale malgré l'opposition du Sénat. À ce stade, l'Assemblée nationale peut reprendre soit le texte qui avait été proposée par la commission mixte paritaire, soit le dernier texte voté par elle, modifié, le cas échéant par un ou plusieurs des amendements adoptés par le Sénat.

Cette procédure appelle quelques observations :

a) D'après l'article 45, aussi longtemps que le gouvernement n'intervient pas, les deux assemblées se trouvent sur un pied d'égalité et la navette peut se poursuivre indéfiniment. Le dernier mot n'appartient donc pas en propre l'Assemblée nationale. Sur ce point, il y a une différence importante par rapport à la IVe République, où l'Assemblée nationale pouvait toujours statuer définitivement à l'expiration d'un certain délai, quelle que fût l'attitude du gouvernement.

b) Le gouvernement peut forcer la résistance du Sénat en s'appuyant sur l'Assemblée nationale, mais il ne pourrait pas faire l'inverse. Seule l'Assemblée élue au suffrage direct peut avoir le dernier mot, parce qu'elle est considérée comme plus représentative de la volonté populaire.

c) La fréquence du recours aux procédures de l'article 45 dépend de la conjoncture politique. Lorsque l'Assemblée nationale et le Sénat ont des colorations politiques nettement différentes, la procédure législative est souvent bloquée par suite d'un désaccord persistant entre les deux assemblées. Pour surmonter ces blocages, le gouvernement, après l'échec des procédures de conciliation, donne habituellement le dernier mot à

---

(38) Selon une jurisprudence récente du Conseil constitutionnel (déc. n° 98-402 DC du 25 juin 1998) les seuls amendements recevables à ce stade de la procédure, même avec l'accord du gouvernement, sont ceux qui sont en relation directe avec une disposition du texte en discussion ou qui sont dictés par la nécessité d'assurer une coordination avec d'autres textes en cours d'examen au Parlement (Camby, 1999).

l'Assemblée nationale. Par exemple, durant la 7e législature, de juin 1981 à mars 1986, il y avait un Président de la République socialiste, une majorité de gauche à l'Assemblée nationale mais le Sénat, quant à lui, avait toujours une majorité de tendance centre-droit : plus de cent lois ont été adoptées par l'Assemblée nationale statuant définitivement à la demande du gouvernement, malgré l'opposition très ferme du Sénat. Tel fut notamment le cas des lois de nationalisation. Au contraire, lorsque ce sont les mêmes familles politiques qui disposent de la majorité à l'Assemblée nationale et au Sénat, quand bien même l'équilibre des forces ne serait pas tout à fait identique dans les deux assemblées, les désaccords se règlent généralement au cours de la navette et le gouvernement n'a que rarement besoin de recourir aux procédures de l'article 45.

Toutefois, il peut arriver que la procédure de l'article 45 soit déclenchée à la suite d'un désaccord *fictif* entre les deux assemblées. Il s'agit alors en fait d'accélérer la procédure législative en supprimant la discussion des articles devant le Sénat pour empêcher l'opposition de livrer une bataille purement dilatoire. C'est dans de telles conditions qu'a été adoptée la loi du 30 décembre 1995 autorisant le gouvernement, par application de l'article 38, à réformer la protection sociale (39).

Globalement, depuis les débuts de la Ve République, les deux tiers des lois environ ont été adoptées dans le cadre de la navette, sans même qu'il soit nécessaire de provoquer l'intervention d'une commission mixte paritaire.

Toutes les prérogatives que la Constitution accorde au gouvernement (mise en jeu de sa responsabilité devant l'Assemblée nationale, vote bloqué, attribution du dernier mot à l'Assemblée nationale, etc.) peuvent évidemment être utilisées conjointement en vue de faciliter l'adoption d'un projet de loi. Ce projet pourra alors être considéré comme « voté

(39) La majorité sénatoriale avait rejeté le projet gouvernemental en votant la question préalable, non parce qu'elle y était hostile, mais pour couper court à une discussion article par article qui, compte tenu des quelques 2 800 amendements déposés par l'opposition, eût été certainement très longue. Au sein de la Commission mixte paritaire, les représentants des sénateurs ont déclaré qu'ils acceptaient le texte voté par l'Assemblée nationale. Aucun amendement n'étant plus recevable sauf accord du gouvernement, ce texte a ensuite été rapidement adopté par les deux assemblées. Saisi par des parlementaires de l'opposition, le Conseil constitutionnel a déclaré que « dans les conditions où elle était intervenue », la question préalable n'avait pas entaché la loi d'inconstitutionnalité (déc. 95-370 DC du 30 déc. 1995, *Rec.* p. 269). Il voulait probablement signifier par là que c'était le nombre excessif d'amendements déposés par l'opposition qui justifiait le recours à un tel procédé. En l'absence de ces conditions, un tel usage de la question préalable aurait sans doute été considéré comme un détournement de procédure aboutissant à priver le Sénat de son pouvoir de délibération.

par le Parlement », alors que l'Assemblée nationale n'en a jamais débattu et que le Sénat l'a rejeté globalement.

Lorsque une loi a été définitivement adoptée par le Parlement, la procédure législative n'est pas vraiment terminée. Pour que la loi puisse entrer en vigueur, il faut encore qu'elle soit promulguée et publiée.

De l'adoption de la loi à sa promulgation. — La promulgation est l'acte par lequel le Président de la République constate que la loi a bien été adoptée selon les formes prévues par la Constitution et donne à toutes les autorités administratives et juridictionnelles l'ordre de d'appliquer ou de faire appliquer cette loi.

Le texte de la loi est publié au *Journal officiel,* précédé de la formule de promulgation. La formule de promulgation comporte deux variantes : la première est utilisée lorsque la loi a été votée dans les mêmes termes par les deux assemblées :

« L'Assemblée nationale et le Sénat ont adopté.

« Le Président de la République promulgue la loi dont la teneur suit... »

Dans le cas où l'accord entre les deux assemblées n'a pas pu se faire, et où l'Assemblée nationale a statué définitivement en application de l'article 45, on utilise la seconde variante :

« L'Assemblée nationale et le Sénat ont délibéré.

« L'Assemblée nationale a adopté.

« Le Président de la République promulgue la loi dont la teneur suit... »

D'après l'article 10 de la Constitution, le Président de la République promulgue « les lois dans les quinze jours qui suivent la transmission au gouvernement de la loi définitivement adoptée ».

La promulgation n'est pas un acte discrétionnaire. Le Président de la République ne doit intervenir que pour s'assurer que la loi a bien été adoptée dans les conditions prévues par la Constitution. D'ailleurs, même en période de cohabitation, si le Président de la République a parfois refusé de signer une ordonnance, il ne s'est jamais reconnu le même pouvoir d'appréciation en ce qui concerne la promulgation de la loi.

Pourtant, la promulgation n'a pas toujours lieu dans le délai de 15 jours prévu à l'article 10.

Avant l'expiration de ce délai, la loi peut être déférée au Conseil constitutionnel dans le cadre de l'article 61 al. 2 par le Président de la République, le Premier ministre, le Président de l'une des deux assemblées, soixante députés ou soixante sénateurs. On n'insistera pas sur cette procédure qui est étudiée de manière approfondie au chapitre suivant. La saisine du Conseil constitutionnel suspend le délai de promulgation pendant un délai maximum d'un mois.

Si la loi est jugée non conforme à la Constitution, elle ne pourra évidemment pas être promulguée.

Si le Conseil constitutionnel n'a pas été saisi ou s'il rend une décision qui autorise la promulgation d'une partie au moins de la loi, le Président de la République peut encore différer la promulgation en demandant au Parlement une nouvelle délibération de la loi ou de certains de ses articles. La faculté de demander une nouvelle délibération est en effet prévue par l'article 10 al. 2 de la Constitution. Mais c'est une attribution présidentielle qui n'est pas dispensée de l'obligation du contreseing. Le Président de la République a donc besoin de l'accord du Premier ministre pour renvoyer une loi au Parlement en vue d'une nouvelle délibération. S'il ne l'obtient pas, il doit promulguer.

La nouvelle délibération peut être demandée pour empêcher l'entrée en vigueur d'une loi qui n'est pas contraire à la Constitution mais dont l'application soulèverait de grosses difficultés pratiques. C'est une hypothèse très exceptionnelle (40).

Dans la majorité des cas, la nouvelle délibération est demandée à la suite d'une décision du Conseil constitutionnel qui a censuré certaines dispositions d'une loi sans les déclarer inséparables des autres. Le Président peut alors renvoyer le projet au Parlement pour qu'il remplace les dispositions censurées, afin que le texte finalement promulgué soit plus complet (41).

La publication. — La promulgation rend la loi parfaite et lui donne sa date, mais pour que le texte soit obligatoire, il faut qu'il soit connu. La *publication* est l'acte matériel par lequel la loi est portée à la connaissance des citoyens ; elle consiste dans l'insertion au *Journal Officiel*. Avant la réforme de l'article 1er du Code civil par l'ordonnance no 2004-164 du 20 février 2004, la loi était obligatoire à Paris un jour franc après sa publication, et en province un jour franc après l'arrivée du *Journal Officiel* au chef-lieu de l'arrondissement. À présent, *« les lois [...] entrent en vigueur à la date qu'[elles] fixent ou, à défaut, le*

(40) Le cas s'est cependant produit en 1983 : une loi prévoyant l'organisation d'une exposition universelle à Paris en 1989 avait été adoptée par le Parlement mais le Gouvernement et la Mairie de Paris étaient en désaccord sur le financement de ce projet. Pour éviter de promulguer la loi, ce qui lui aurait donné force exécutoire, le Président de la République l'a renvoyée au Parlement en demandant une nouvelle délibération qui n'a pas eu lieu. Le projet d'exposition universelle est donc passé aux oubliettes.

(41) C'est ce qui a été fait notamment pour la loi du 11 avril 2003 sur la réforme des scrutins européen et régional.

lendemain de leur publication. » De plus, depuis le 1er juin 2004, le *Journal Officiel* se présente simultanément sur papier, comme auparavant, mais également sous forme électronique.

Il ne suffit cependant pas qu'une loi soit régulièrement promulguée et publiée pour qu'elle puisse effectivement être appliquée. En effet la plupart des lois, même celles à propos desquelles l'article 34 de la Constitution autorise le Parlement à « fixer les règles », ont besoin d'être précisées par des mesures plus concrètes. Ces mesures sont prises par des décrets d'application à défaut desquels la loi ne peut entrer en vigueur. Or, il arrive de plus en plus fréquemment que les ministères intéressés tardent à prendre ces décrets ou même demeurent totalement silencieux. Un exemple typique est celui de la loi Neuwirth sur la contraception. Promulguée le 27 décembre 1967, certains des décrets nécessaires à son application ne sont intervenus que sept ans plus tard. Sans doute le Conseil d'État a-t-il reconnu, en 1962, que l'obligation pour le gouvernement de prendre les mesures nécessaires à l'application des lois présentait un caractère juridique et par conséquent pouvait être sanctionnée par un recours pour excès de pouvoir. Seulement, comme aucun délai n'est prévu, l'exécutif jouit d'une latitude qui lui permet soit de tourner la volonté du législateur, soit, s'il s'agit de lois d'initiative gouvernementale, de satisfaire par elles l'opinion sans les assortir d'aucun effet pratique. Cette attitude est si choquante qu'elle a motivé les critiques de la majorité elle-même (voir le manifeste publié le 12 juill. 1971 par cinq présidents UDR de commissions de l'Assemblée nationale). Le fait que le Conseil d'État puisse condamner l'administration à des dommages-intérêts au cas où elle n'a pas pris les mesures nécessaires dans des « délais raisonnables » n'est qu'un palliatif insuffisant compte tenu de la lenteur avec laquelle statue la juridiction administrative.

La situation s'est cependant améliorée depuis que les lois du 16 juillet 1980 et du 8 février 1995 ont donné au juge administratif le pouvoir d'adresser des injonctions à l'administration en les assortissant d'une astreinte, c'est-à-dire d'une condamnation à payer une somme proportionnelle au nombre de jours de retard. Ce pouvoir peut en effet être utilisé pour contraindre l'administration à prendre les décrets d'application d'une loi (CE 11 mars 1994 *AJDA*, p. 387). Voir aussi *GA*, 14e éd., 2003, p. 658 et s.

Les mesures de suspension de la loi. — Exceptionnellement, les effets de la loi peuvent être suspendus dans deux séries d'hypothèses : soit à la suite de mesure de clémence prises à l'égard des particuliers, soit à raison de la proclamation de l'état de siège.

1° Les mesures de clémence sont la grâce et l'amnistie. Le *droit de grâce* a été attribué personnellement au Président de la République par la Constitution (art. 17). Son effet est de dispenser de l'exécution matérielle de la peine ; mais la condamnation demeure, ainsi que les déchéances qui l'accompagnent. La grâce peut être graduée, ne porter que sur certaines peines ou les atténuer.

C'est au contraire au Parlement qu'il appartient d'accorder *l'amnistie* (art. 34). Elle efface totalement et la peine et la condamnation. L'individu qui en bénéficie se trouve dans la situation où il était avant le délit, car l'amnistie enlève aux faits reprochés leur caractère délictuel.

Lorsque la loi se borne à déterminer une catégorie de condamnés susceptibles d'être amnistiés et laisse à l'exécutif la décision sur les cas individuels, il y a *grâce amnistiante*.

2° L'état de siège est une mesure très grave par laquelle les pouvoirs publics décident de suspendre les effets normaux de la loi pendant une période de tension intérieure ou extérieure grave. L'état de siège est organisé par la loi du 9 août 1849, complétée par la loi du 3 avril 1878. Son effet essentiel est, d'une part, de réduire les libertés individuelles (liberté de réunion, de la presse, etc.), d'autre part, de substituer dans une certaine mesure les autorités militaires aux autorités civiles pour l'exercice des pouvoirs de police et de la répression pénale. Mais l'autorité militaire reste soumise au principe de la légalité ; on compte seulement sur son énergie et sa rapidité pour exercer les pouvoirs qui normalement appartiennent à l'autorité civile. Comme conséquence de la compétence des autorités militaires, les tribunaux militaires sont substitués aux tribunaux civils pour la répression de certaines infractions.

L'état de siège ne peut être déclaré qu'en cas de menace étrangère ou d'insurrection (L. 3 avril 1878). Il est décrété en Conseil des ministres, mais sa prorogation au-delà de douze jours doit être autorisée par le Parlement (art. 36 C).

§ 2. Les procédures législatives spéciales

A La procédure de révision constitutionnelle

Cette procédure, qui est fixée par l'article 89, a déjà été étudiée. On rappellera seulement qu'elle se distingue de la procédure législative ordinaire sur deux points principaux :

a) D'une part, la révision doit nécessairement être votée en termes identiques par l'Assemblée nationale et le Sénat. En cas de désaccord, le gouvernement ne peut pas donner le dernier mot à l'Assemblée nationale, comme il peut le faire dans la procédure législative ordinaire.

b) D'autre part, l'accord des deux assemblées sur un texte identique n'est pas suffisant. La procédure de révision constitutionnelle comporte obligatoirement une seconde étape. Le texte adopté par les deux assemblées doit encore être approuvé par référendum, à moins que le Président de la République ne décide, s'il s'agit à l'origine d'un projet de révision constitutionnelle, de le soumettre au Parlement convoqué en Congrès ; dans ce dernier cas, il doit obtenir au moins les 3/5 des suffrages exprimés.

Il est évident que l'article 89 de la Constitution renforce la position du Sénat. Chaque fois que le gouvernement a besoin de réviser la Constitution, comme ce fut le cas par exemple en 1992 pour permettre la ratification du traité de Maastricht, il lui faut négocier avec le Sénat. En échange de son approbation, ce dernier obtient parfois certaines concessions, comme on aura d'ailleurs l'occasion de le vérifier à propos des lois organiques.

B Les lois organiques

Un certain nombre d'articles de la Constitution prévoient l'intervention d'une loi organique pour régler des questions dont l'objet est quasiment constitutionnel : loi organique sur les modalités de l'élection du Président de la République au suffrage universel (art. 6) ; loi organique sur la composition des assemblées parlementaires (art. 25) ; loi organique sur l'organisation et le fonctionnement du Conseil constitutionnel (art. 63), etc.

Initialement, en 1958, la plupart de ces lois organiques ont été prises sous forme d'ordonnance en vertu des pouvoirs exceptionnels que l'article 92 de la Constitution accordait au gouvernement pour assurer la transition entre la IVe et la Ve République. Mais la procédure normalement applicable aux lois organiques est une procédure parlementaire qui est prévue par l'article 46 de la Constitution, et qui diffère sur plusieurs points de la procédure législative ordinaire.

En ce qui concerne l'ensemble des lois organiques, la procédure de l'article 46 comporte trois différences par rapport à la procédure législative ordinaire :

1) Il faut respecter un délai minimum de 15 jours entre le dépôt du projet ou de la proposition et la délibération de la première assemblée saisie.

2) Faute d'accord entre l'Assemblée nationale et le Sénat, le gouvernement peut donner le dernier mot à l'Assemblée nationale dans les conditions prévues à l'article 45, mais celle-ci ne peut statuer définitivement qu'à la majorité absolue de ses membres (42). Cette exigence exclut, semble-t-il, la possibilité pour le gouvernement d'engager sa responsabilité en application de l'article 49 al. 3 car, dans ce cas, seuls les votes favorables à la motion de censure sont recensés et il est donc impossible de savoir si le projet était approuvé par la majorité absolue des députés.

3) Enfin, avant leur promulgation, les lois organiques sont obligatoirement soumises au contrôle du Conseil constitutionnel, alors que, en ce qui concerne les lois ordinaires, la saisine du Conseil est facultative.

Pour certaines lois organiques, la Constitution a prévu une procédure encore plus contraignante : elles doivent être votées dans les mêmes termes par les deux assemblées, ce qui veut dire que, en cas de désaccord, l'Assemblée nationale ne peut pas statuer définitivement même à la majorité absolue de ses membres. Il s'agit, d'une part, des lois organiques relatives au Sénat et, d'autre part, de la loi organique qui fixe les conditions dans lesquelles les étrangers ressortissant d'un pays de l'Union européenne peuvent bénéficier du droit de vote et d'éligibilité aux élections municipales.

La notion de « loi organique relative au Sénat » a été interprétée de façon plutôt restrictive par le Conseil constitutionnel. Selon sa jurisprudence, pour qu'une loi organique puisse être considérée comme « relative au Sénat » au sens de l'article 46 de la Constitution, il ne suffit pas qu'elle affecte indirectement le Sénat. Par exemple, la loi organique qui fixe le nombre des députés affecte indirectement le Sénat car elle a une incidence sur la composition du collège électoral sénatorial. Mais ce n'est pas pour autant une loi organique relative au Sénat au sens de l'article 46 de la Constitution, et il n'est donc pas indispensable qu'elle soit adoptée dans les mêmes termes par les deux assemblées. Seules sont relatives au Sénat les lois organiques qui concernent directement cette assemblée, c'est-à-dire celles qui fixent le nombre des sénateurs, la durée de leur mandat ou certains points de leur statut.

Quant au droit de vote et d'éligibilité des ressortissants de l'Union européenne aux élections municipales, il s'agit de l'application de l'une des clauses du traité de Maastricht. La ratification de ce traité nécessitait une révision préalable de la Constitution et cette révision a été opérée par la loi constitutionnelle du 25 juin 1992, qui a inséré un nouveau

(42) C'est dans ces conditions qu'a été adoptée en 2001 la loi organique relative à l'inversion du calendrier électoral (voir *supra*).

titre dans la Constitution. Comme le collège électoral des sénateurs est composé dans la proportion des 4/5 par des délégués des conseils municipaux, le Sénat est particulièrement attentif à tout ce qui concerne les élections municipales. En échange de son acceptation de la révision constitutionnelle de juin 1992, il a donc demandé et obtenu que la loi organique relative au droit de vote et d'éligibilité des étrangers ressortissants de l'Union européenne ne puisse pas être adoptée sans son accord.

C Les lois de finances

Les lois de finances sont celles qui déterminent « la nature, le montant et l'affectation des charges et des ressources de l'État ». Ce sont donc les lois qui autorisent l'État à percevoir les impôts et à effectuer des dépenses.

La périodicité des lois de finances est annuelle. Les trois premiers mois de la session parlementaire unique (octobre, novembre et décembre) sont principalement consacrés à l'examen et à l'adoption de la loi de finances. D'après l'article 47 C, « Le Parlement vote les projets de loi de finances dans les conditions prévues par une loi organique ». Ces conditions spécifiques aux lois de finances concernent, d'une part, la procédure qui leur est applicable et, d'autre part, leur mode de présentation.

a) La procédure des lois de finances

Les règles essentielles de cette procédure sont fixées par la Constitution elle-même (art. 47 C) et elles n'ont pratiquement pas varié depuis 1958.

Comme la loi de finances est indispensable au fonctionnement des services publics, l'article 47 de la Constitution a prévu, pour en faciliter l'adoption, des règles qui dérogent à la procédure législative ordinaire et qui obligent les assemblées parlementaires à respecter des délais très stricts.

La loi de finances est d'abord déposée sur le bureau de l'Assemblée nationale qui doit se prononcer en première lecture dans un délai de 40 jours. Si elle ne l'a pas fait, le gouvernement saisit le Sénat qui doit lui-même statuer dans un délai de, 15 jours. En cas de désaccord entre les deux assemblées, pour éviter que la navette se prolonge indéfiniment, le Gouvernement peut utiliser les mêmes procédures que pour les lois ordinaires, c'est-à-dire celles prévues par l'article 45 C. Mais si le Parlement ne s'est pas prononcé définitivement sur la loi de finances dans un délai de 70 jours, les dispositions du projet peuvent être mises en vigueur par ordonnance, ce qui revient à dire que le gouvernement peut alors se passer de l'approbation du Parlement. Toutefois, cette faculté n'est ouverte que lorsque le Parlement ne s'est pas prononcé et non lorsque la loi de finances a été déposée en retard, comme en 1962, ou lorsqu'elle a été annulée par le Conseil constitutionnel, comme en 1979. Dans ces deux cas, le Gouvernement a dû faire voter d'urgence une loi spéciale qui lui permettait de percevoir les impôts existants et d'effectuer les dépenses courantes.

Les lois de finances sont donc adoptées selon une procédure particulièrement rapide et c'est ce qui explique que le Gouvernement ou même des parlementaires soient souvent tentés d'introduire dans une loi de finances des dispositions qui n'ont aucun caractère financier mais qu'ils pourront faire adopter sans débat. De telles dispositions sont habituellement désignées sous le nom de « cavalier budgétaire ». Cette expression imagée repose sur l'idée que la loi de finances peut être comparée à un cheval se déplaçant au galop : les dispositions que l'on y rattache échapperaient ainsi aux lenteurs de la procédure législative ordinaire. Mais la pratique des « cavaliers budgétaires » est aujourd'hui condamnée par le Conseil constitutionnel qui y voit un détournement de procédure. Quand une loi de finances lui est déférée, il s'oppose à la promulgation de celles de ces dispositions qui n'ont pas vraiment un caractère financier.

b) La présentation des lois de finances

Pendant plus de 45 ans, le contenu et la structure des lois de finances ont été déterminés par une loi organique adoptée tout au début de la Ve République (ordonnance no 59-2 du 2 janvier 1959). Dans ce système, le pouvoir de décision du Parlement était en fait limité aux mesures nouvelles par rapport à l'année précédente, qui représentaient à peine 10 % du montant total des crédits. Et ces mesures nouvelles étaient votées par ministère et par titre, le titre étant représentatif de la nature des dépenses (investissement, fonctionnement, transferts) sans que fussent clairement indiquées les missions auxquelles elles devaient concourir. Le contrôle exercé par le Parlement en matière de finances était donc presque purement formel et ne lui permettait guère d'apprécier l'efficacité de la dépense publique.

Ce système a été profondément modifié par une nouvelle loi organique relative aux lois de finances, adoptée le 1er août 2001 et connue sous le nom de LOLF : issue d'une proposition déposée par un parlementaire mais mise au point avec l'aide du ministère des finances, la LOLF se propose d'introduire, dans les finances publiques, des méthodes de gestion par objectifs, en associant le Parlement au contrôle de la réalisation desdits objectifs. Il convient de souligner qu'elle a été adoptée par les deux assemblées à l'unanimité.

La nouvelle architecture des lois de finances s'articule autour des missions de l'État. Chaque mission se subdivise en un certain nombre de programmes. Chaque programme correspond à des objectifs, dont la réalisation peut être mesurée grâce à des indicateurs. Le premier schéma adopté pour la mise en œuvre de la LOLF comporte 34 missions, 132 programmes, 672 objectifs et 1327 indicateurs. À titre d'exemple, il existe une mission Sécurité qui se subdivise en deux programmes : police nationale et gendarmerie nationale. Le programme police nationale comporte 6 objectifs au nombre desquels figurent l'amélioration de la sécurité routière et le renforcement de la police judiciaire qui consiste dans la recherche des auteurs de crimes ou de délits. Parmi les indicateurs correspondant à ces objectifs, on trouve, pour la sécurité routière, le pourcentage de dépistages positifs d'alcoolémie ou de produits stupéfiants et, pour la police judiciaire, le taux d'élucidation des infractions.

Par rapport à l'ancien système, la LOLF présente en principe deux avantages :

— elle laisse aux administrateurs responsables des programmes une grande liberté dans la gestion des crédits afin qu'ils puissent poursuivre la réalisation des objectifs sans être gênés par des règles tatillonnes ;

— elle permet au Parlement, de même qu'aux organismes de contrôle, tels que la Cour des comptes, de mieux contrôler les performances de l'administration et l'efficacité de la dépense publique en vérifiant si les objectifs correspondant aux programmes ont été atteints. Si les indicateurs montrent qu'ils ne l'ont pas été, les parlementaires peuvent demander que soient modifiés le montant des crédits, ou les conditions de leur utilisation.

Le bon fonctionnement de la LOLF dépendra certainement, pour une bonne part, de la qualité du schéma établi pour son application, et notamment de la pertinence des indicateurs. Mais ce schéma n'existe encore qu'à titre de projet car le premier budget présenté dans le cadre de la LOLF sera celui de 2006, préparé en 2005.

À chaque loi de finances correspond une loi de règlement, adoptée à la fin de l'exercice, par laquelle le Parlement valide *a posteriori* les écarts qui ont été constatés par rapport aux autorisations initiales. Cette loi, qui est votée dans les mêmes conditions que la loi de finances, passait jusqu'à présent relativement inaperçue. Mais la LOLF devrait lui donner une importance nouvelle car c'est elle qui permettra d'apprécier dans quelle mesure les objectifs fixés par la loi de finances ont été atteints.

D Les lois de financement de la sécurité sociale

Par son montant le budget de la sécurité sociale est plus important encore que celui de l'État. Mais il est en principe alimenté par des ressources propres, les « cotisations sociales », qui, bien qu'elles constituent des prélèvements obligatoires, ne sont pas considérées comme des « impositions de toute natures » au sens de l'article 34 de la Constitution.

Les « principes fondamentaux de la sécurité sociale » relèvent cependant du domaine de la loi. Le législateur est donc seul compétent pour créer de nouvelles cotisations ou de nouvelles prestations sociales. Mais la fixation des taux de ces cotisations et de ces prestations relève du domaine réglementaire. Jusqu'en 1996, le budget annuel de la sécurité sociale n'était donc ni voté, ni même systématiquement débattu par le Parlement ; un simple document, « le budget social de la Nation », était communiqué au Parlement sous la forme d'annexe générale au projet de loi de finances. Compte tenu de l'importance de ce budget, dont le déficit souvent supérieur à 15 milliards d'euros doit être pris en charge par le budget de l'État, cette situation paraissait anormale. Pour combler cette lacune, la révision constitutionnelle du 22 février 1996, qui modifie les articles 34, 39 et 47 de la Constitution, a créé une nouvelle catégorie de loi : les lois de financement de la sécurité sociale. De même que les « cavaliers budgétaires », les « cavaliers sociaux » sont interdits, c'est-à-dire qu'aucune disposition étrangère au financement de la sécurité sociale ne doit y figurer.

Ces lois sont adoptées chaque année selon une procédure analogue à celle des lois de finances, les délais étant cependant un peu plus courts. D'après l'article 47-1, les dispositions du projet peuvent être mises en vigueur par ordonnances si le Parlement ne s'est pas prononcé dans un délai de 50 jours (au lieu de 70 pour la loi de finances).

À la différence de la loi de finances de l'État, qui vaut autorisation de percevoir les recettes et d'effectuer les dépenses, et qui a donc force obligatoire jusque dans ses moindres détails, la loi de financement de la sécurité sociale se borne à déterminer « les conditions générales de son équilibre financier ». Elle a donc un caractère global et estimatif. Les caisses de sécurité sociale, qui sont des organismes autonomes, conservent un certain pouvoir d'initiative quant au montant de leurs dépenses, mais à condition que cela ne compromette pas leur équilibre financier.

Pour tenter de réduire le déficit du budget de la sécurité sociale, le nouvel alinéa introduit par la révision de 1996 dans l'article 34 invite le législateur à envisager les conditions de l'équilibre financier essentiellement et d'abord sous l'angle des ressources. Ce n'est qu'ensuite, et compte tenu des prévisions de recettes, que les « objectifs de dépenses », c'est-à-dire l'estimation du coût des prestations sociales, doivent être fixés par le législateur.

E Les lois autorisant la ratification d'un traité

D'après l'article 53 de la constitution, *« les traités de paix, les traités de commerce, les traités ou accords relatifs à l'organisation internationale, ceux qui engagent les finances de l'État, ceux qui modifient des dispositions de nature législative, ceux qui sont relatifs à l'état des personnes, ceux qui comportent cession, échange ou adjonction de territoire, ne peuvent être ratifiés ou approuvés qu'en vertu d'une loi ».*

On compte chaque année plusieurs dizaines de lois autorisant la ratification ou l'approbation d'un engagement international. Elles sont adoptées selon la même procédure que les lois ordinaires, sous réserve de deux particularités :

a) En premier lieu, le droit d'amendement, que la Constitution accorde au gouvernement et aux membres du Parlement est, dans ce cas, sans objet. Le texte signé par les représentants des États ne peut plus en effet être modifié. Le Parlement est donc placé devant l'alternative de l'accepter tel quel ou de le refuser. C'est la raison pour laquelle les lois autorisant la ratification ou l'approbation d'une convention internationale sont souvent adoptées par les assemblées parlementaires selon des procédures courtes à l'Assemblée nationale, procédures abrégées au Sénat (43).Ces procédures, qui permettent d'adopter un texte sans le discuter article par article, et éventuellement même sans le soumettre à la discussion générale, ne peuvent être utilisés qu'avec l'accord de tous les groupes politiques.

b) En second lieu, l'intervention du Conseil constitutionnel, qui demeure facultative, peut se produire soit avant la discussion et le vote — si le Conseil est saisi en application de l'article 54 — soit après — si le Conseil est saisi en application de l'article 61 al. 2 (voir *infra*) Dans le premier cas, c'est le traité lui-même qui est soumis à l'examen du Conseil, alors que dans le second, c'est la loi de ratification. Mais il suffit que le traité ne soit pas conforme à la Constitution pour que la loi de ratification soit elle-même considérée comme inconstitutionnelle.

(43) En 2000, sur 37 lois autorisant la ratification d'une convention internationale, 30 ont été adoptées par l'Assemblée nationale selon la procédure d'examen simplifiée (PES).

Section 4
L'élaboration de la loi en dehors du cadre parlementaire

Comme le rappelle l'article 34 de la Constitution, la loi est normalement votée par le Parlement. Néanmoins, en vertu de certaines dispositions particulières de la Constitution, le Parlement peut être temporairement dessaisi de sa compétence en matière législative.

Il peut en être dessaisi au profit du gouvernement, au profit du peuple, ou au profit du Président de la République.

§ 1. La législation gouvernementale : les ordonnances de l'article 38

(Boyer-Mérentier 1996). Sous la IIIe et la IVe République, la Constitution ne prévoyait pas la possibilité pour le Parlement de déléguer même temporairement son pouvoir législatif. L'article 13 de la Constitution de 1946 interdisait même, de la manière la plus formelle, toute délégation du pouvoir législatif. Mais comme il n'y avait pas encore de Conseil constitutionnel, et que le législateur n'était donc soumis à aucun contrôle, le Parlement habilitait de temps à autre le gouvernement à prendre sous forme de règlements des mesures qui auraient dû normalement être prises sous forme de lois. Ces règlements étaient généralement désignés sous le nom de « décrets-lois » (voir *supra*).

L'article 38 de l'actuelle Constitution a régularisé cette pratique (44). Mais le problème ne se pose pas tout à fait dans les mêmes termes que

(44) D'autres dispositions de la Constitution prévoient également la possibilité pour le Gouvernement de prendre des ordonnances dans une matière relevant du domaine de la loi, mais elles ont un objet beaucoup plus limité :

— L'article 92 C prévoyait la possibilité de recourir à cette procédure pour la mise en place des institutions de la Ve République. Il a été abondamment utilisé en 1958 et 1959 pour l'adoption des principales lois organiques, et n'a été formellement abrogé qu'en 1995.

— Les articles 47 et 47-1 permettent de mettre en vigueur les projets de loi de finances et les projets de loi de financement de la sécurité sociale lorsque le Parlement ne s'est pas prononcé dans le délai qui lui est imparti (voir *supra*).

— L'article 74-1, issu de la loi constitutionnelle du 28 mars 2003 relative à l'organisation décentralisée de la République, donne au Gouvernement une habilitation permanente pour étendre le droit applicable en métropole, avec les adaptations nécessaires, aux collectivités d'outre mer autres que les départements et les régions.

sous les régimes précédents car, avant 1958, on ne distinguait pas encore un domaine législatif et un domaine réglementaire. Les habilitations accordées par le Parlement au gouvernement ne pouvaient donc s'analyser que comme des autorisations de modifier par voie réglementaire les textes de forme législative existant dans certaines matières. Sous la Constitution de 1958, au contraire, on distingue un domaine législatif et un domaine réglementaire, qui sont délimités par les articles 34 et 37. Ce que prévoit l'article 38, c'est la possibilité de modifier temporairement cette délimitation au profit du pouvoir réglementaire, c'est-à-dire du gouvernement.

L'article 38 permet en effet au Parlement de voter une loi d'habilitation autorisant le gouvernement à prendre par ordonnances, pendant un délai limité, des mesures qui sont normalement du domaine de la loi.

A Les conditions de l'habilitation

D'après l'article 38 al. 1 : *« Le gouvernement peut, pour l'exécution de son programme, demander au Parlement l'autorisation de prendre par ordonnances, pendant un délai limité, des mesures qui sont normalement du domaine de la loi »*.

De la lettre même de ce texte, il résulte que l'habilitation ne peut être demandée que par le gouvernement. Théoriquement, les parlementaires ne peuvent donc pas en prendre l'initiative mais, en pratique, il arrive qu'ils le fassent en déposant une proposition de loi ou un amendement à un projet gouvernemental. Après avoir longtemps toléré cette pratique, le Conseil constitutionnel l'a formellement condamnée dans sa décision n° 2004-510 DC du 20 janvier 2005 (cons. 27 à 29). La possibilité de demander une habilitation n'est pas subordonnée à des circonstances exceptionnelles : il suffit que le gouvernement ait un programme à réaliser et cette notion de programme est totalement indépendante de celle de l'article 49 al. 1er C qui a trait à l'engagement de responsabilité du Gouvernement « sur son programme ou sur une déclaration de politique générale ». En pratique, le programme au sens de l'article 38 C se confond donc avec la finalité spécifique assignée au projet de loi d'habilitation (par exemple, lutter contre le chômage, renforcer les moyens de maintien de l'ordre, maîtriser les dépenses de santé ou assurer l'exécution d'un engagement international). Si cette finalité doit être clairement indiquée, en revanche le gouvernement n'est pas tenu de révéler la teneur des ordonnances qu'il envisage de prendre pour atteindre l'objectif indiqué. Il arrive cependant que des avant-projets d'ordonnance soient communiqués aux rapporteurs parlementaires.

La loi d'habilitation doit obligatoirement fixer certains délais :

— D'une part, elle doit indiquer le délai pendant lequel le gouvernement sera habilité à prendre des ordonnances. L'article 38 al. 1 précise que ce délai doit être limité mais il ne fixe pas de maximum. On constate une tendance récente à l'allongement de ce délai qui n'était à l'origine que de quelques mois et qui, depuis 2003, est en moyenne de un an, avec des maximums pouvant atteindre vingt-quatre ou trente mois...

— D'autre part, la loi d'habilitation doit également fixer un délai maximum pour le dépôt des projets de ratification des ordonnances qui seront prises par le gouvernement.

Il faut bien comprendre que ces deux délais ont des objets distincts et qu'ils ne coïncident généralement pas. Le premier indique la durée des pouvoirs délégués au gouvernement, la date limite à laquelle pourront être prises les dernières ordonnances ; quant au second, il indique le temps dont disposera ensuite le gouvernement pour préparer les projets de ratification et pour les déposer sur le bureau de l'une des deux assemblées.

La loi d'habilitation est adoptée selon les règles de la procédure législative ordinaire. Elle peut être déférée au Conseil constitutionnel dans le cadre de l'article 61 al. 2. Depuis 1974, les parlementaires de l'opposition saisissent souvent le Conseil constitutionnel lorsqu'une loi d'habilitation a été adoptée. Celui-ci va évidemment vérifier si la loi d'habilitation comporte bien toutes les indications qu'elle doit contenir, notamment les indications de délai. Parfois, en outre, il énonce des directives d'interprétation qui limitent la portée des pouvoirs délégués au gouvernement, en précisant les conditions auxquelles devront satisfaire les ordonnances pour être conformes à la Constitution. Par exemple, à propos de la loi d'habilitation du 11 juillet 1986, qui autorisait le gouvernement à délimiter par ordonnance les circonscriptions électorales, le Conseil constitutionnel a indiqué dans sa décision que cette délimitation devrait reposer sur des bases essentiellement démographiques (voir *supra*).

B Les effets de l'habilitation

Il faut distinguer un effet positif et un effet négatif :

a) Effet positif

Cet effet positif consiste en une extension temporaire de la compétence normative du gouvernement. Pendant le délai fixé par la loi d'habilitation, le gouvernement est autorisé à prendre par ordonnances des mesures qui sont normalement du domaine de la loi, mais seulement évidemment dans les matières visées par la loi d'habilitation et pour poursuivre les objectifs fixés par cette loi (45).

Les ordonnances sont prises en Conseil des ministres après avis du Conseil d'État. Or, d'après l'article 13 al. 1 de la Constitution, les ordonnances délibérées en Conseil des ministres doivent être signées par le Président de la République. Pour chaque ordonnance, il faut donc l'accord du Premier ministre et du Président de la République, ce qui pose souvent des problèmes en période de cohabitation. Durant la première cohabitation, en 1986-1988, le Président Mitterrand a refusé de signer les ordonnances relatives à la privatisation de 65 groupes industriels et financiers, à la délimitation des circonscriptions électorales et à l'aménagement du temps de travail.

Le gouvernement ne dispose d'aucun moyen juridique pour contraindre le Président de la République à signer les ordonnances. En cas de refus de signature, il ne lui reste donc que la possibilité de transformer ses projets d'ordonnances en projets de loi et de les faire adopter par le Parlement, ce qui est évidemment beaucoup plus long.

Les ordonnances entrent en vigueur dès leur publication.

Lorsque les pouvoirs délégués au gouvernement expirent, les ordonnances demeurent en vigueur mais elles ne peuvent plus être modifiées que par une loi parlementaire, sauf pour celles de leurs dispositions qui porteraient en réalité sur une matière du domaine réglementaire...

De plus, d'après l'article 38 al. 2, les ordonnances deviennent caduques (c'est-à-dire qu'elles cessent de produire effet) si le projet de ratification n'est pas déposé avant la date limite fixée par la loi d'habilitation.

Mais en pratique, cette contrainte n'est pas très gênante pour le gouvernement, car la Constitution lui impose seulement de déposer un projet de ratification : il n'est nullement tenu d'obtenir cette ratification, ni même de faire inscrire le projet à l'ordre du jour d'une séance. De nombreuses ordonnances prises en application de l'article 38 n'ont jamais été ratifiées par le Parlement tout au moins de façon expresse. Mais si le projet de ratification a bien été déposé en temps voulu, tout est en ordre, et l'ordonnance demeure en application.

---

(45) Par exemple, selon la jurisprudence du Conseil constitutionnel, si la loi d'habilitation autorise le gouvernement à prendre des ordonnances pour codifier les dispositions législatives existant dans certaines matières, le gouvernement ne pourra pas apporter à ces dispositions des modifications de fond, car une codification doit normalement se faire à droit constant (déc. n° 99-421 DC du 16 décembre 1999).

b) Effet négatif

L'effet négatif consiste en une restriction temporaire de la compétence normative du Parlement.

Pendant toute la durée de l'habilitation, les matières qui ont fait l'objet de cette habilitation sont assimilées à des matières réglementaires. Si une proposition de loi ou un amendement d'origine parlementaire paraît contraire à une délégation accordée en vertu de l'article 38, le gouvernement peut donc opposer l'irrecevabilité comme si cette proposition de loi ou cet amendement empiétait sur le domaine réglementaire (art. 41).

Bien entendu, ce dessaisissement est seulement temporaire. Dès que le délai fixé par la loi d'habilitation expire, la répartition normale des compétences est rétablie. Mais il convient de noter que ce dessaisissement temporaire du Parlement ne se produisait pas sous les régimes antérieurs. Sous les IIIe et IVe Républiques, quand le Parlement avait autorisé le gouvernement à modifier par décret des dispositions législatives, il conservait le droit d'intervenir à n'importe quel moment pour reprendre son autorisation ou pour en restreindre la portée. Sous la Ve République, ce n'est plus possible. La tendance déjà signalée à l'allongement des délais d'habilitation se traduit donc par une restriction des compétences du Parlement.

Mais l'irrecevabilité tenant à l'existence d'une délégation accordée en vertu de l'article 38 n'est opposable qu'aux propositions de lois ou aux amendements d'origine parlementaire. Le gouvernement, quant à lui, peut toujours transformer un projet d'ordonnance en projet de loi et c'est ce qu'il fait par exemple lorsque le Président de la République refuse de signer un projet d'ordonnance.

C Le régime juridique des ordonnances

Les ordonnances de l'article 38 sont des actes pris par le gouvernement dans un domaine qui relève normalement de la compétence du législateur parlementaire. Mais quelle est leur nature juridique ? Faut-il les considérer comme de simples actes administratifs, en les assimilant à des décrets pris dans l'exercice du pouvoir réglementaire ? Ou s'agit-il de véritables lois, comme les actes que le Parlement aurait pu adopter dans les mêmes matières ?

La question n'est pas expressément tranchée par la Constitution mais, d'après la jurisprudence du Conseil d'État et celle du Conseil constitutionnel, la réponse ne fait aucun doute :

Tant qu'une ordonnance n'a pas été ratifiée par le Parlement, elle doit être considérée comme un acte administratif : elle peut donc être attaquée par la voie du recours pour excès de pouvoir ; le recours pour excès de pouvoir est très largement ouvert ; il peut être formé par toute personne physique ou morale dont les intérêts sont affectés par cette ordonnance ; lorsqu'il est saisi d'un recours pour excès de pouvoir contre une ordonnance, le juge administratif peut annuler cette ordonnance après avoir constaté par exemple qu'elle ne respecte pas les limites fixées par la loi d'habilitation, ou qu'elle est contraire à un principe de valeur constitutionnelle, ou encore qu'elle est contraire à un principe général du droit (CE 24 nov. 1961, *Recueil Dalloz* 1962, p. 424). Si le Conseil constitutionnel a donné des directives d'interprétation concernant la loi d'habilitation, le juge administratif pourrait fort bien annuler une ordonnance au motif que le gouvernement n'a pas respecté l'une de ces directives.

Mais à partir du moment où une ordonnance a été ratifiée par le Parlement, elle change complètement de nature. Elle devient une loi et ne peut plus faire l'objet d'un recours pour excès de pouvoir. Si une instance de recours était pendante devant la juridiction administrative au moment où intervient la ratification, cette instance doit être automatiquement interrompue : le juge administratif ne pourra que constater qu'il n'y a plus lieu de statuer.

On distingue la ratification expresse et la ratification implicite. La première est celle qui résulte soit de l'adoption du projet de ratification que le gouvernement a déposé conformément à l'article 38, soit de l'insertion, dans un autre texte de loi, d'une disposition prévoyant expressément la ratification de l'ordonnance dont il s'agit. Quant à la ratification implicite, elle résulte d'une manifestation de volonté clairement exprimée par le législateur : par exemple si le Parlement adopte une loi qui se borne à modifier sur quelques points une ordonnance ou à y apporter des compléments, on considère qu'il a manifesté son intention de ratifier cette ordonnance, même si ce n'était pas écrit noir sur blanc.

La pratique de la ratification des ordonnances est extrêmement fluctuante. Toutefois, depuis quelques années, la proportion d'ordonnances expressément ratifiées a considérablement augmenté, ce qui s'explique sans doute par la volonté d'empêcher la juridiction administrative de statuer sur les recours dont elle a été saisie.

D La pratique des ordonnances

La technique des lois d'habilitation a beaucoup servi sous la Ve République. La plupart des gouvernements, quelle que fut leur orientation politique, y ont eu recours à un moment ou à un autre. Les programmes dont ces lois devaient permettre l'exécution sont tellement divers qu'ils découragent toute tentative de classification : maintien de l'ordre en Algérie ; réforme du statut de certains territoires d'outre-mer ; lutte contre des fléaux sociaux ; application de normes communautaires ; mesures d'ordre économiques et social ; privatisations ; réforme électorale ; codification, etc. Les délégations ainsi consenties sont parfois impressionnantes par leur étendue, surtout lorsqu'il s'agit de transposer des décisions prises par les instances communautaires (46).

Cette technique permet de gagner du temps. Elle est donc fort utile lorsque l'on a besoin de régler un problème urgent, lorsque l'ordre du jour des travaux parlementaires est surchargé, ou lorsque l'on veut éviter l'obstruction qui serait pratiquée par l'opposition si les projets gouvernementaux devaient être discutés dans le détail.

Les statistiques montrent que l'on y recourt de plus en plus fréquemment : de 1960 à 2000, 35 lois d'habilitation ont été adoptées, 24 l'ont été de 2001 à 2004. Parallèlement, on constate un accroissement presque aussi rapide du nombre des ordonnances : si 245 ordonnances ont été prises de 1960 à 2000, 101 l'ont été de 2001 à 2004.

Cette augmentation s'explique par plusieurs raisons.

Le gouvernement trouve là un instrument commode qui lui permet de réaliser des réformes à un rythme beaucoup plus rapide que ce que permettrait la procédure législative ordinaire. Il est aussi en mesure d'éviter les amendements qui pourraient être proposés sur un projet de loi ordinaire par les membres de sa propre majorité et qui seraient de nature à détruire la cohérence du texte. L'article 38 joue ainsi parfois le rôle d'un substitut à l'article 44 sur le vote bloqué. S'étant habituées à être dépossédées d'une partie de leur pouvoir législatif au profit des institutions européennes, les assemblées parlementaires se résignent facilement à déléguer au gouvernement la transposition des directives émanant de ces institutions, car il s'agit d'un travail essentiellement technique, qui ne comporte qu'une faible marge d'initiative.

Par ailleurs, la multiplication des interventions du législateur, dans presque tous les domaines, aboutit à une excessive complexité des textes et l'on estime généralement (à tort ou à raison) que le Gouvernement et l'administration sont mieux outillés que le Parlement pour y remédier. Une proportion relativement importante des lois récentes d'habilitation se donne donc pour objectif la codification ou la simplification du droit.

Quelles qu'en soient les causes, il est certain que le développement de la législation gouvernementale commence à prendre des proportions

(46) Ainsi la loi n° 2001-1 du 3 janvier 2001 habilite-t-elle le gouvernement à transposer par ordonnances plus de cinquante directives ou décisions communautaires.

considérables : environ 55 % des textes adoptés en matière législative en 2004 étaient des ordonnances ! (Sénat, 2005, p. 15).

§ 2. La législation populaire : les lois adoptées par la voie du référendum

Les référendums de l'article 11 constituent l'un des modes d'expression du pouvoir de suffrage. Ils ont déjà été étudiés à ce titre (voir *supra*).

Le domaine des lois référendaires est beaucoup plus limité que celui des ordonnances de l'article 38. Les ordonnances de l'article 38 peuvent porter sur n'importe quelle matière relevant du domaine de la loi. Quant au référendum, il ne peut porter que sur l'un des objets limitativement énumérés par l'article 11 : organisation des pouvoirs publics, réformes relatives à la politique économique ou sociale de la Nation ainsi qu'aux services publics qui y concourent (loi constitutionnelle du 4 août 1995), ratification d'un traité qui, sans être contraire à la Constitution, aurait des incidences sur le fonctionnement des institutions.

Depuis 1958, sept lois seulement ont été adoptées par la voie référendaire.

À la différence des ordonnances de l'article 38, la loi référendaire, quant à sa nature juridique, doit évidemment être considérée comme un acte législatif et non comme un acte administratif. Elle échappe au contrôle de constitutionnalité, le Conseil constitutionnel s'étant déclaré incompétent (voir *supra*). Mais elle est en principe soumise au contrôle de conventionnalité exercé par les juridictions administratives et judiciaires (CE Ass. 30 oct. 1998, *Sarran et autres*, *AJDA* 1998 p. 1039).

Mais du point de vue de la procédure législative, les lois qui ont été adoptées par la voie du référendum ne constituent pas une catégorie particulière. Elles peuvent être modifiées ou abrogées de la même manière que les lois d'origine parlementaire sauf dans la mesure où elles ont été incorporées à la Constitution, comme c'est le cas de la loi de 1962 sur l'élection du Président de la République au suffrage universel direct et de la loi de 2000 sur le quinquennat. Juridiquement, l'adoption d'une loi par la voie référendaire n'entraîne donc pas un dessaisissement durable du Parlement. Théoriquement, ce dernier pourrait modifier ou même abroger une loi référendaire tout de suite après qu'elle ait été adoptée. Mais politiquement, il lui serait sans doute difficile de le faire.

Il arrive qu'une loi référendaire s'apparente par son contenu à une loi d'habilitation, c'est-à-dire qu'elle comprenne une disposition autorisant le gouvernement ou le Président de la République à prendre par ordonnances, pendant un certain délai, des mesures qui seraient normalement du domaine de la loi.

Par exemple, la loi référendaire du 13 avril 1962, dont l'objet principal était d'approuver les accords conduisant à l'indépendance de l'Algérie, comprenait un article 2 qui habilitait le Président de la République à prendre par ordonnances toutes mesures législatives relatives au règlement de cette affaire algérienne. En vertu de cette habilitation, le Président de la République de l'époque, c'est-à-dire le général De Gaulle, a pris diverses mesures et notamment une ordonnance instituant une Cour militaire de justice compétente pour juger les rebelles qui tentaient de s'opposer par la force à l'indépendance de l'Algérie.

La question s'est posée de savoir si les ordonnances prises en vertu de cette loi référendaire devaient être considérées comme des actes législatifs, insusceptibles d'être attaqués par la voie du recours pour excès de pouvoir, ou comme des actes administratifs.

Le Conseil d'État a jugé que ces ordonnances devaient être considérées, quant à leur nature juridique, comme de simples actes administratifs, tout comme les ordonnances prises en vertu d'une loi parlementaire d'habilitation. En conséquence, il a annulé l'ordonnance instituant la Cour militaire de justice en considérant que cette ordonnance portait des atteintes très graves à certains principes généraux du droit pénal (CE 19 oct. 1962, *Canal, Rec.* p. 552).

Bien que, à l'époque, cette annulation ait provoqué une réaction assez vive du chef de l'État, le général De Gaulle, le principe posé par l'arrêt *Canal* demeure acquis : les ordonnances prises en vertu d'une habilitation référendaire sont soumises au même régime juridique que celles prises en vertu d'une habilitation parlementaire.

§ 3. La législation présidentielle : les décisions prises en application de l'article 16

Lorsque les circonstances exceptionnelles qui en commandent l'application sont réunies, cet article permet au Président de la République de prendre « les mesures exigées par ces circonstances » (voir *supra* chapitre 2).

Ces mesures peuvent porter aussi bien sur les matières législatives que sur les matières réglementaires. Leur domaine est donc potentiellement très large.

Du point de vue des compétences normatives, l'article 16 conduit à se poser au moins deux questions :

La première est celle de savoir si le Président de la République dispose alors d'une compétence exclusive pour prendre les mesures exigées par les circonstances, ou si le Parlement, qui se réunit de plein droit, peut légiférer concurremment avec lui. Cette question n'est pas explicitement tranchée par la Constitution. Lors de la crise d'avril 1961, qui constitue l'unique précédent en la matière, il semble que le général De Gaulle ait considéré sa compétence comme exclusive. En effet, dans son message du 25 avril 1961, adressé au Parlement, il a déclaré que la mise en œuvre de l'article 16 ne saurait modifier les activités du Parlement... *« pour autant qu'il ne s'agisse pas de mesures prises ou à prendre en vertu de l'article 16 »*. Durant la mise en œuvre de l'article 16, le Parlement serait donc dessaisi de ses compétences sur tout ce qui touche aux mesures à prendre en vertu de l'article 16, c'est-à-dire en fait sur les questions les plus actuelles et les plus graves.

La seconde question concerne la nature juridique des décisions prises par le Président de la République en vertu de l'article 16. Ces décisions doivent-elles être assimilées à des actes administratifs, comme les ordonnances prises sur habilitation parlementaire ou référendaire, ou à des actes législatifs ? Dans un important arrêt du 2 mars 1962 (CE *Rubin de Servens, Rec.* p. 143), le Conseil d'État a jugé :

1° Que la décision initiale de mettre en application l'article 16 devait être considérée comme un *acte de gouvernement*, c'est-à-dire un acte qui, en raison de son objet particulier, échappe à tout recours juridictionnel, par exception au principe général de la soumission des actes des autorités exécutives au contrôle du juge administratif.

2° Que l'article 16 habilitait le Président de la République à exercer le pouvoir législatif dans les matières relevant du domaine la loi (art. 34), et le pouvoir réglementaire dans celles relevant du domaine réglementaire (art. 37). Ce qui détermine la nature juridique de la décision, ce n'est donc pas son auteur, comme pour les ordonnances de l'article 38, mais l'objet sur lequel elle porte.

Cette jurisprudence *Rubin de Servens* peut inspirer certaines inquiétudes quant à la protection dont bénéficieraient les libertés publiques en période d'application de l'article 16. En effet, comme les principes fondamentaux des libertés publiques font partie du domaine législatif, toute décision du Président de la République portant gravement atteinte à une liberté serait considérée *ipso facto* comme un acte législatif et échapperait pour cette raison au contrôle du juge administratif. Comme elle ne pourrait pas non plus être déférée au Conseil constitutionnel, il en résulte que les décisions prises en vertu de l'article 16 ne sont susceptibles d'aucun recours, sauf lorsqu'elles portent sur un objet de nature réglementaire, c'est-à-dire en fait sur un objet d'importance minime.

Il paraît bien difficile de justifier une telle différence de régime juridique entre les décisions prises dans le cadre de l'article 16 et les ordonnances de l'article 38. L'explication généralement donnée, c'est que, en ce qui concerne l'article 16, le Président de la République tient directement de la Constitution le pouvoir de prendre des mesures dans des matières législatives alors que, en ce qui concerne l'article 38, l'habilitation à prendre des ordonnances doit être accordée au gouvernement par une loi parlementaire et ne résulte donc pas directement de la Constitution. Mais l'argument n'est pas absolument convaincant. Il l'est d'autant moins que les lois parlementaires peuvent aujourd'hui être soumises au Conseil constitutionnel, alors que le Parlement lui aussi tient directement ses pouvoirs de la Constitution.

Bibliographie

AA. VV. (2001), *Droit constitutionnel, droit communautaire : vers un respect constitutionnel réciproque ? Colloque de La Rochelle, 6 et 7 mai 1999*, Paris, Economica, Aix-en-Provence, PUAM.

ABRAHAM R. (1990), *Droit international, droit communautaire et droit français*, Paris, Hachette Éducation.

ALBERTON G. (2005), « De l'indispensable intégration du bloc de conventionnalité au bloc de constitutionnalité ? », *RFDA*, p. 249 et s.

ALLAND D. (1998), « Le droit international "sous" la constitution de la Ve République », *RDP*, p. 1649 et s.

AMSELEK P. (1998), « Le budget de l'État et le Parlement sous la Ve République », *RDP*, p. 1444.

AVRIL P. (1971), « Le vote bloqué », *RDP*, p. 469 et s.

BATAILLER F. (1966), *Le Conseil d'État, juge constitutionnel*, Paris, LGDJ.

BAUFUMÉ B.
(1985), « Le droit Présidentiel de demander une nouvelle délibération de la loi : le précédent du 13 juillet 1983 », *RDP*, p. 1239.
(1993), *Le droit d'amendement et la Constitution*, Paris, LGDJ.

BERLIA G.
(1961), « L'application de l'article 16 », *RDP*, p. 1029.

(1962), « Le contrôle du recours à l'article 16 et de son application », *RDP*, p. 288.

BOYER-MÉRENTIER C. (1996), *Les ordonnances de l'article 38 de la constitution du 4 octobre 1958*, Paris, Economica, Aix-en Provence, PUAM.

BROUILLET A. (1973), *Le droit d'amendement dans la constitution de la Ve République*, Paris, PUF.

Cahiers du Conseil constitutionnel (1er, 2e et 3e trimestre 1999), Dossier « La constitution, le traité et la loi », no 7.

CAMBY J.-P.

(1998), « Quarante ans de lois organiques », *RDP* p. 1686 et s.

(1999), « L'article 45 et le droit d'amendement après réunion de la commission mixte paritaire : une audace salutaire de la part du Conseil constitutionnel », *RDP*, p. 19 et s.

CAR J.-C. (1999), *Les lois organiques de l'article 46 de la Constitution du 4 octobre 1958*, Paris, Économica, Aix-en-Provence, PUAM.

CARRÉ DE MALBERG R. (1931), *La loi, expression de la volonté générale*, Paris, Économica, réédition 1984.

CHALTIEL Fl. (2000), *La souveraineté de l'État et l'Union européenne, l'exemple français. Recherches sur la souveraineté de l'État membre*, Paris, LGDJ.

CONSEIL D'ÉTAT (1993), « Considérations générales sur le droit communautaire » in *Rapport public 1992*, Paris, La Documentation française.

CROUZATIER-DURAND Fl. (2003), « Réflexions sur le concept d'expérimentation législative (à propos de la loi constitutionnelle du 28 mars 2003 relative à l'organisation décentralisée de la République) », *RFDC*, p. 675 et s.

DE WITTE B. (1991), « Droit communautaire et valeurs constitutionnelles nationales », *Droits*, no 14, p. 87 s.

DELVOLVÉ P., LESGUILLONS H. (1964), *Le contrôle parlementaire sur la politique économique et budgétaire*, Paris, PUF.

DRAGO R. (dir.) (2004), *La confection de la loi*, Paris, PUF.

DUBOUIS L. (1999), « Les trois logiques de la jurisprudence Sarran », *RFDA*, p. 57 s.

DUHEILLET DE LAMOTHE O. (2004), « Le Conseil constitutionnel et le droit européen », *RFDC*, p. 23 et s.

HÉBRARD P. (1969), « L'article 38 de la Constitution de 1958 », *RDP*, p. 259 s.

FACULTÉ DE DROIT D'AIX-MARSEILLE, (1981), *Vingt ans d'application de la constitution de 1958. Le domaine de la loi et du règlement*, Paris, Economica.

FATIN-ROUGE M. (2004), *Le contrôle du référendum par la justice constitutionnelle*, Aix-en-Provence, Presses universitaires d'Aix-Marseille, Paris, Économica.

FAVOREU L. (1974), « La délégalisation des textes de forme législative par le conseil constitutionnel », *Mélanges Waline*, Paris, LGDJ, t. II, p. 429 s.

FOUCHER B. (1981), « Le dernier mot à l'Assemblée nationale », *RDP*, p. 1192 s.

FRANCK C. (1974), *Les fonctions juridictionnelles du Conseil constitutionnel et du Conseil d'État dans l'ordre constitutionnel*, Paris, LGDJ.

GAÏA P. (1991), *Le Conseil constitutionnel et l'insertion des engagements internationaux dans l'ordre juridique interne*, Paris, Économica, Aix-en-Provence, PUAM.

GAUDEMET Y. (2003), « Sur quelques abus de la législation déléguée », in *L'esprit des institutions, l'équilibre des pouvoirs, Mélanges Pactet*, Dalloz, p. 617-628.

GOHIN O. (1999), « La Constitution française et le droit d'origine externe », *RFDA*, p. 77.

GUETTIER C. (1998), « Le contrôle juridictionnel des actes du Président de la République », *RDP*, p. 1719 et s.

HAMON Fr. (1994), *L'article 16 de la Constitution de 1958*, Paris, La Documentation française.

HEURTIN J.-P. (1999), *L'espace public parlementaire*, Paris, PUF.

LE MIRE P. (1996), *La loi et le règlement*, Paris, La Documentation française.

LEBEN C. (1991), « De la nature juridique des communautés européennes », *Droits*, n° 14, p. 61 s.

LUCHAIRE F.
(1999), « La réserve constitutionnelle de réciprocité », *RDP*, p. 37 et s.
(2004), « Le Conseil constitutionnel devant la Constitution pour l'Europe », *RFDC*, p. 465 et s.

MATHIEU B. (2004), *La loi*, 2e éd., Paris, Dalloz.

MATHIEU B. et VERPEAUX M. (1999), « À propos de l'arrêt du Conseil d'État *Sarran et autres* : le point de vue du constitutionnaliste », *RFDA*, p. 67.

MAUCOUR-ISABELLE A. (2005), *Rénovation des pouvoirs budgétaires du Parlement sous la Ve République*, Paris, Dalloz.

MOUGUÉ C. (1998), « Le contrôle juridictionnel des ordonnances », *RFDA*, p. 942 et s.

OLIVA E. (1997), *L'article 41 de la Constitution du 4 octobre 1958 : initiative législative et constitution*, Paris, Économica-PUAM.

PHILIP L.

(1996a), « La révision constitutionnelle du 22 février 1996 », *RFDC*, p. 451 et s.

(1996b), *L'exercice du pouvoir financier du parlement : théorie, pratique et évolution. Journée d'études du 22 mars 1996*, Paris, Économica, Aix-en-Provence, PUAM.

PIERRE M. (1981), *L'article 45 de la Constitution du 4 octobre 1958*, Paris, LGDJ.

PIMONT Y. (1970), « La question préalable », *RDP*, p. 351 et s.

POULET-GIBOT LECLERC N. (1992), *La place de la loi dans l'ordre juridique interne*, Paris, PUF.

RDP (2004), « Point de vue : Conseil constitutionnel et ordre juridique communautaire », p. 869 et s.

RFDA (2005), n° 1 et 2, Dossier : « Les rapports entre l'ordre juridique interne et l'ordre juridique européen. »

RIDEAU J. (2002), *Droit institutionnel de l'Union et des Communautés européennes*, Paris, LGDJ, 4e éd.

SÉNAT. SERVICE DES ÉTUDES JURIDIQUES (2005), *Les ordonnances de l'article 38 de la Constitution, Document de travail.*

TOURARD H. (2000), *L'internationalisation des constitutions nationales*, Paris, LGDJ.

TRINKA H. (1967), « La commission mixte paritaire », *RDP*, p. 739 et s.

TROPER M. (dir.) (2000), « Souveraineté de l'État et hiérarchie des normes dans la jurisprudence constitutionnelle », *Cahiers du Conseil constitutionnel*, n° 9, mars-septembre.

UNIVERSITÉ DE DROIT, D'ÉCONOMIE ET DES SCIENCES (AIX-MARSEILLE). FACULTÉ DE DROIT ET DE SCIENCE POLITIQUE (1981), *Le domaine de la loi et du règlement*, 2e éd., Paris, Économica, Aix-en-Provence, PUAM.

VOISSET M. (1969), *L'article 16 de la Constitution du 4 octobre 1958*, Paris, LGDJ.

WACHSMANN P. (1998), « L'article 55 de la constitution et les conventions internationales relatives aux droits de l'Homme », *RDP*, p. 1671 et s.

Chapitre 4
Justice et Constitution

Si l'on se réfère à la définition que l'article 16 de la Déclaration des droits de l'homme donne de la Constitution comme une séparation des pouvoirs, c'est-à-dire comme une répartition des compétences, une Constitution ne peut éviter d'organiser l'exercice de la fonction législative et de la fonction exécutive. Elle pourrait en revanche ne contenir aucune règle ou aucun principe sur la fonction juridictionnelle. Les lois constitutionnelles de 1875 sont ainsi complètement muettes à ce sujet (à l'exception de quelques dispositions concernant la mise en accusation du Président de la République).

Cependant dans la mesure où les constitutions modernes déterminent immédiatement ou médiatement l'ensemble de la production normative, elles ne pourraient rester silencieuses sur la fonction juridictionnelle qu'à condition d'admettre une thèse qui ne trouve aujourd'hui plus beaucoup de défenseurs : que cette fonction n'est pas créatrice de droit. Or, il est certain que les juges produisent des normes. D'une part, ils produisent des sentences qui sont des normes au moins pour les parties au litige qu'il s'agit de trancher. D'autre part, ils interprètent les textes qu'ils sont censés appliquer et contribuent ainsi à déterminer le contenu de normes de niveau très élevé, des normes législatives ou constitutionnelles. La Constitution doit d'abord déterminer les juridictions compétentes pour trancher certains litiges nés de l'application de la Constitution elle-même. Mais elle doit aussi déterminer les principes fondamentaux de l'organisation de certaines juridictions, au moins celles dont l'activité paraît importante pour la protection des libertés.

Deux groupes d'autorités sont ainsi organisés en totalité ou en partie par la Constitution de 1958 : le Conseil constitutionnel et les juridictions judiciaires.

Section 1
Le Conseil constitutionnel

Avant la Ve République, il n'avait jamais existé en France de juridiction constitutionnelle digne de ce nom. Le rôle d'une telle juridiction consiste à donner des interprétations de la Constitution qui s'imposent aux autres pouvoirs constitués, et notamment au Parlement. Or, la tradition républicaine française antérieure à 1958 reposait sur l'idée de souveraineté parlementaire.

La création du Conseil constitutionnel en 1958 manifestait précisément la volonté de rompre avec cette tradition.

Mais les pères de la Constitution de 1958 avaient une conception relativement étriquée du rôle dévolu au Conseil constitutionnel. Ils n'avaient pas l'ambition d'en faire une Cour constitutionnelle au sens plein du terme, c'est-à-dire une juridiction chargée de veiller au respect des droits et libertés, comme la Cour suprême des États-Unis ou le Tribunal constitutionnel allemand. Le Conseil constitutionnel devait être, selon l'expression de M. Debré, « une arme contre la déviation du régime parlementaire » (1) : il s'agissait en fait d'empêcher l'Assemblée nationale et le Sénat d'empiéter sur les prérogatives gouvernementales.

Mais les institutions évoluent selon leur propre logique, qui peut les conduire à assumer un rôle plus vaste que celui que leurs fondateurs avaient en tête. C'est ce qui s'est produit pour le Conseil constitutionnel. Bien que ni sa composition ni même ses attributions n'aient été profondément modifiées depuis 1958, la place qu'il occupe aujourd'hui dans les institutions et dans la vie politique est beaucoup plus importante que ce qui avait été envisagé au départ.

Sous-section 1
Composition et organisation du Conseil constitutionnel

Le Conseil constitutionnel comprend deux catégories de membres : les membres nommés et les membres de droit. Son Président, qui joue

(1) Discours prononcé devant l'assemblée générale du Conseil d'État (27 août 1958).

un rôle important, est nommé par le chef de l'État. Et tous ses membres sont en principe soumis à une obligation de réserve relativement stricte.

Les membres nommés. — Ils sont au nombre de neuf : trois sont nommés par le Président de la République ; trois par le Président de l'Assemblée nationale ; trois par celui du Sénat. On l'a vu, les nominations faites par le chef de l'État ne sont pas soumises à la règle du contreseing.

Le mandat des membres nommés est de 9 ans. Il n'est pas renouvelable.

De même que le Sénat avant la réforme de 2003, le Conseil constitutionnel se renouvelle par tiers tous les trois ans, de sorte que sa composition évolue assez rapidement sans jamais être soumise à un bouleversement total. Chaque renouvellement triennal donne lieu à une nomination par le Président de la République, une par le Président de l'Assemblée nationale et une par le Président du Sénat (2).

Il peut arriver qu'un membre du Conseil constitutionnel ne termine pas son mandat, pour cause de décès, de démission, de survenance d'une incompatibilité, etc. Un remplaçant doit alors être nommé par l'autorité dont relève le siège devenu vacant, mais cette nomination ne vaut pas pour un mandat complet : le remplaçant achève le mandat de la personne qu'il a remplacée et il est soumis à renouvellement à la date à laquelle cette personne aurait dû elle même y être soumise. Deux possibilités doivent alors être envisagées :

Si le remplaçant a siégé trois ans ou davantage, il ne peut pas être nommé une nouvelle fois.

S'il a siégé moins de trois ans, il peut être renommé pour un mandat complet, c'est-à-dire pour neuf ans. L'autorité dont relève le siège n'est jamais tenue de nommer une seconde fois le remplaçant mais, lorsque c'est possible, elle le fait fréquemment. Cette dérogation à la règle selon laquelle le mandat n'est pas renouvelable se justifie par l'idée que, pour pouvoir participer utilement aux travaux du Conseil constitutionnel, il faut y siéger pendant une période relativement longue, c'est-à-dire pendant au moins trois ans.

Le choix des membres nommés est absolument discrétionnaire.

Comme il était prévu en 1958 que le Conseil constitutionnel devait être surtout « une arme contre la déviation du régime parlementaire », c'est-à-dire un arbitre des conflits entre le Parlement et le gouvernement, des qualifications juridiques générales ne paraissaient pas absolument indispensables. Mais aujourd'hui, en raison du développement du

(2) Le dernier renouvellement a eu lieu en février 2004.

contrôle de constitutionnalité des lois, le Conseil est amené à rendre des décisions qui ont des répercussions profondes sur toutes les branches du droit.

Cependant, les textes n'ont pas été modifiés de sorte que, contrairement aux autres constitutions européennes, la Constitution française n'exige pas que les membres du Conseil constitutionnel possèdent des compétences juridiques. En pratique, les personnalités nommées ont été pour partie des juristes qualifiés, professeurs de droit, magistrats, avocats, ou hauts fonctionnaires, pour partie des politiques. On tente parfois de justifier cette composition par une conscience plus aiguë qu'auraient les politiques des conséquences des décisions du Conseil. Cependant, l'idée qu'il y aurait au sein du conseil un équilibre entre les juristes et les politiques doit être nuancée. Il arrive en effet que les politiques aient des compétences juridiques, parfois mêmes des compétences très élevées, comme dans le cas du Président Robert Badinter, et que les juristes soient choisis en raison de leurs idées politiques réelles ou supposées. Par ailleurs certaines personnalités, comme Alain Lancelot, ancien directeur de l'Institut d'Études Politiques, ou Dominique Schnapper, sociologue, n'entrent dans aucune des deux catégories.

Les membres du Conseil constitutionnel sont soumis à des incompatibilités dont le champ a été considérablement étendu par la loi organique du 19 janvier 1995. Ces incompatibilités visent, d'une part, certains mandats politiques et, d'autre part, certaines activités professionnelles.

En ce qui concerne les mandats politiques, les fonctions de membre du Conseil constitutionnel sont incompatibles avec celles de membre du gouvernement ou de membre du Conseil économique et social, ainsi qu'avec *« l'exercice de tout mandat électoral »* (3). Un membre du Conseil constitutionnel ne peut donc exercer ni un mandat électif national, comme celui de député ou de sénateur, ni même un mandat électif local, comme celui de conseiller municipal ou de conseiller général. Avant la réforme opérée par la loi du 19 janvier 1995, les membres du Conseil constitutionnel pouvaient encore exercer des mandats électifs locaux. Mais comme le Conseil constitutionnel est lui-même juge de la validité de l'élection des parlementaires, on a voulu éviter que ses membres puissent être impliqués, à titre personnel, dans des contentieux électoraux, ce qui risquait évidemment de nuire à son autorité.

En ce qui concerne les activités professionnelles, les membres du Conseil constitutionnel sont soumis aux mêmes incompatibilités que les membres du Parlement, ce qui signifie qu'ils peuvent être professeurs d'université et même avocats.

(3) Tels sont les termes employés à l'article 4 de la LO relative au Conseil constitutionnel. L'expression « mandat électif » serait sans doute plus appropriée.

Pendant toute la durée de leur mandat, les membres du Conseil constitutionnel bénéficient de solides garanties d'indépendance. Ils sont inamovibles, c'est-à-dire qu'ils ne peuvent être révoqués, pas même par les autorités qui les ont nommés. Ils peuvent cependant être déclarés démissionnaires d'office par le Conseil constitutionnel lui-même mais seulement dans trois cas : acceptation d'un mandat ou d'une fonction incompatible avec le statut ; incapacité physique permanente ; perte des droits civils et politiques. Aucune de ces trois éventualités ne s'est encore jamais produite, mais un membre peut être poussé à la démission, comme il est arrivé pour le Président du Conseil constitutionnel, Roland Dumas, qui faisait l'objet de poursuites judiciaires.

Les membres de droit. — Tout ancien Président de la République est de droit membre à vie du Conseil constitutionnel.

Pendant longtemps, cette institution des membres de droit, dont on ne retrouve d'ailleurs l'équivalent dans aucun pays étranger, n'a pas joué un grand rôle. Les deux anciens Présidents de la IVe République, V. Auriol et R. Coty, n'ont siégé au Conseil que d'une manière tout à fait épisodique. Et jusqu'en 2004, aucun des trois anciens Présidents de la Ve République qui aurait pu le faire (le général De Gaulle, V. Giscard d'Estaing et F. Mitterrand) n'y avait siégé.

Les membres de droit sont soumis aux mêmes incompatibilités que les membres nommés et l'on a pu se demander si cela n'empêcherait pas un ancien Président de la République de briguer un mandat parlementaire.

La question se posa en 1984 lorsque V. Giscard d'Estaing, ancien Président de la République, fut élu député à l'occasion d'une élection législative partielle. Saisi d'un recours tendant à l'annulation de cette élection, le Conseil constitutionnel l'a rejeté en déclarant : *primo*, que V. Giscard d'Estaing était éligible car une inéligibilité ne peut résulter que d'une disposition législative expresse. Or, si la Constitution confère aux anciens Présidents de la République la qualité de membre à vie du Conseil constitutionnel, elle ne leur interdit pas pour autant d'être candidat à un mandat électif. *Secundo*, que l'élection de V. Giscard d'Estaing en tant que député faisait obstacle à ce qu'il siégeât au sein du Conseil (déc. n° 84-983 du 7 nov. 1984, *Rec.* p. 117). Toutefois, dans le cas d'un membre de droit, la survenance d'une incompatibilité n'a qu'un effet temporaire. Elle suspend l'exercice du mandat, mais elle n'y met pas définitivement fin, comme dans le cas d'un membre nommé.

C'est ainsi qu'à la suite de sa défaite électorale de mars 2004, qui lui avait fait perdre la présidence du Conseil général d'Auvergne, V. Giscard d'Estaing a décidé de siéger au Conseil constitutionnel. De ce fait, l'institution des membres de droit, qui n'avait pratiquement jamais fonctionné, connaît un regain d'actualité mais elle ne fait pas l'unanimité. Selon Avril et Gicquel (2005, p. 82) : « À l'expérience, il serait opportun de supprimer la catégorie des membres de droit, conformément à la proposition formulée en 1993 par le comité Vedel pour la révision de la Constitution, en arguant notamment de la novation opérée par la révision constitutionnelle de 1962 dans la condition du chef de l'État. Dans le souci de lui assurer une compensation, il serait expédient, à l'exemple de la Constitution italienne (art. 59) d'envisager de le nommer sénateur à vie à l'expiration de son mandat ».

Cette méfiance à l'égard des membres de droit se rattache à la question plus générale du respect de l'obligation de réserve qui, ainsi qu'on le verra, se pose également pour certains membres nommés (voir *infra*).

La présidence du Conseil constitutionnel. — Le Président du Conseil constitutionnel est nommé par le Président de la République (art. 56, al. 3, C). Ce choix, qui relève d'une décision personnelle puisqu'il s'agit là encore d'un acte dispensé du contreseing, est important. Non seulement le Président du Conseil constitutionnel a un rôle de représentation mais il dispose d'un pouvoir général d'organisation des travaux. C'est lui, par exemple, qui désigne les rapporteurs des différentes affaires soumises au Conseil. C'est lui qui nomme le secrétaire général du Conseil constitutionnel et qui dirige l'ensemble des services. Par ailleurs, le Président du Conseil constitutionnel a voix prépondérante en cas de partage (art. 56, al. 3, C). Le secret des délibérations ne permet pas de savoir exactement quelles sont les décisions qui ont donné lieu à un partage des voix. Mais on sait qu'il y en a de temps en temps.

Depuis 1958, huit Présidents se sont succédé à la tête du Conseil constitutionnel : deux ont été nommés par le général De Gaulle (Léon Noël et Gaston Palewski) ; un par Georges Pompidou (Roger Frey) ; trois par François Mitterrand (Daniel Mayer, Robert Badinter et Roland Dumas) et deux par Jacques Chirac (Yves Guéna et Pierre Mazeaud). On peut dire que le choix du chef de l'État s'est toujours porté sur une personnalité qui était proche de lui politiquement et même, au moins dans la plupart des cas, personnellement.

La durée des fonctions du Président du Conseil constitutionnel n'est pas précisée par les textes. Elle n'est pas non plus expressément fixée par la décision de nomination. Mais il a toujours été implicitement admis que le Président était nommé en tant que tel jusqu'à l'expiration de son mandat de membre du Conseil constitutionnel. Jusqu'au 1er mars 2000, la nomination en qualité de Président avait toujours coïncidé avec la nomination en tant que membre. La durée des fonctions du Président était donc normalement de neuf ans. Mais le 1er mars 2000, à la suite de la démission forcée de Roland Dumas, qui faisait l'objet de poursuites judiciaires, le Président de la République a choisi comme Président une personnalité qui siégeait déjà au Conseil depuis plus de quatre ans : Yves Guéna. La présidence de celui-ci s'est donc achevée en 2004 en même temps que son mandat de membre du Conseil constitutionnel. Pierre Mazeaud, qui lui a succédé, avait été nommé au Conseil en 1998, et sa présidence ne durera donc que trois ans.

Dans certaines circonstances, le chef de l'État peut avoir intérêt à provoquer la démission du Président en exercice, afin de lui désigner comme successeur un nouveau membre qui demeurera en fonctions plus longtemps. C'est ainsi que le premier Président nommé par F. Mitterrand, Daniel Mayer, l'avait été en 1983 et aurait dû normalement rester en place jusqu'en 1992. Mais en 1986, lors du premier renouvellement triennal suivant sa nomination, Daniel Mayer à renoncé à la présidence, où il fut remplacé par R. Badinter, dont le mandat ne s'est achevé qu'en 1995. Dans sa lettre publique de démission, adressée au Président de la République, Daniel Mayer a révélé qu'il honorait ainsi un engagement secret conclu entre lui-même et le chef de l'État trois ans auparavant, lors de sa propre nomination. Certains constitutionnalistes ont qualifié cet engagement de « fraude à la Constitution » en estimant qu'il avait pour objet et pour effet de modifier le calendrier normal du renouvellement du Président du conseil constitutionnel (voir à ce sujet la controverse entre les Professeurs Duverger et Luchaire, *Le Monde*, 22 et 26 février 1986).

Pour éviter de telles controverses, certains constitutionnalistes ont proposé que le Président du Conseil constitutionnel soit élu par ses collègues, comme c'est le cas par exemple en Italie, et que la durée de son mandat soit fixée par un texte. Une telle réforme nécessiterait une révision de la Constitution.

Par ailleurs, la question se pose de savoir si le Président de la République pourrait, à un moment quelconque, mettre fin aux fonctions du Président du Conseil constitutionnel, sans le priver de sa qualité de membre du conseil, mais en désignant l'un de ses collègues pour le remplacer. C'est encore l'affaire *Dumas* qui a conduit à envisager cette possibilité. Mais une telle solution se heurte à l'idée que le Conseil constitutionnel est une cour indépendante ce qui paraît incompatible avec le principe selon lequel le pouvoir de nomination impliquerait celui de mettre fin aux fonctions.

L'obligation de réserve. — Bien qu'il statue en droit, le Conseil constitutionnel est souvent amené à trancher des questions qui suscitent des controverses politiques, et à propos desquelles s'affrontent la majorité et l'opposition. Si ses membres apparaissent comme trop politiquement engagés, on risque de douter de l'impartialité de ses décisions. C'est pourquoi une obligation de réserve leur est imposée.

D'après l'article 2 du décret du 13 novembre 1959 fixant les obligations des membres du Conseil constitutionnel, il leur est interdit *« de prendre aucune position publique ou de consulter sur des questions ayant fait ou étant susceptibles de faire l'objet de décisions de la part du Conseil »*.

Mais en 2005, durant la campagne précédant le référendum sur la Constitution européenne, cette interdiction a été interprétée d'une manière assez souple, afin de permettre à deux membres du Conseil, V. Giscard d'Estaing et Simone Veil, de s'engager dans cette campagne.

Avant de venir siéger au Conseil constitutionnel, V. Giscard d'Estaing avait participé, en qualité de Président de la Convention européenne de Bruxelles, à l'élaboration du traité établissant une Constitution pour l'Europe. Aussi, pour éviter tout soupçon de partialité, s'est-il abstenu de siéger toutes les fois que le Conseil s'est prononcé sur une question ayant un rapport direct ou indirect avec ce traité. Mais il a activement milité pour le oui au référendum du 29 mai 2005 tout en continuant de participer aux autres activités du Conseil.

De manière analogue, S. Veil, membre nommé, a décidé de suspendre ses fonctions de membre du Conseil jusqu'à la proclamation des résultats du référendum afin de pouvoir également militer pour le oui.

Ces engagements politiques ont suscité d'assez vives protestations. D'une part, la définition précitée de l'obligation de réserve semble interdire les prises de position publiques sur toute question dont le Conseil a été appelé ou peut être appelé à connaître, même si la personne concernée s'abstient de participer à la décision. D'autre part, l'article 4 du décret du 13 novembre 1959 ne prévoit la possibilité d'un congé que pour solliciter un mandat électif. Mais le Conseil dispose à cet égard d'un pouvoir d'interprétation souverain car lui seul peut apprécier si l'un de ses membres a manqué à l'une de ses obligations, le juge administratif se déclarant incompétent en la matière (CE 6 mai 2005, *M. René Georges Hoffer*, *AJDA*, 2005, p. 979).

Sous-section 2
Les compétences du Conseil constitutionnel

Ces compétences sont diverses et variées. Toutefois, ce serait une erreur de croire que le Conseil constitutionnel peut connaître de n'importe quel litige portant sur l'application ou l'interprétation de la Constitution. Pour nombreuses qu'elles soient, les attributions du Conseil sont énumérées de façon limitative, et la plupart d'entre elles correspondent à des hypothèses très spécifiques. On ne trouve nulle part, dans la Constitution française, une clause de compétence très générale analogue à celle de l'article 93 al. 1 de la Loi fondamentale allemande qui permet au Tribunal constitutionnel de statuer « en cas de litiges portant sur les droits et obligations d'un organe fédéral ». En d'autres termes, le Conseil constitutionnel français n'a qu'une compétence d'attribution et certains problèmes lui échappent pour la simple raison que ni la Constitution, ni la loi organique n'ont prévu la possibilité de le saisir (4).

Ceci dit, les compétences du Conseil constitutionnel peuvent être regroupées autour de quelques grands thèmes :

1° Les compétences liées à *l'exercice du suffrage*. Le Conseil constitutionnel statue, en cas de contestation, sur la régularité de l'élection des députés et des sénateurs. Il intervient, à différentes étapes, dans le déroulement de l'élection présidentielle. Il veille à la régularité des opérations de référendum « prévues aux articles 11 et 89 de la Constitution et au titre XV de la Constitution » (5) et en proclame les résultats.

2° Les compétences relatives au *statut des titulaires de certains mandats électifs*. Par exemple, en ce qui concerne le statut des parlementaires, le Conseil constitutionnel peut être saisi en vue de constater l'existence d'une incompatibilité. De même, en ce qui concerne le mandat présiden-

(4) Tel est notamment le cas de la plupart des conflits qui risquent de surgir entre le Président de la République et le Premier ministre en période de cohabitation (signature des ordonnances, etc.). De même, le problème de la recevabilité d'une motion de censure en période d'application de l'article 16 ne relève pas de la juridiction du Conseil constitutionnel.

(5) Cette précision a été ajoutée à l'article 60 C par la loi constitutionnelle du 28 mars 2003 pour bien marquer que la compétence du Conseil constitutionnel est limitée aux opérations de référendum de niveau national. Les référendums organisés dans le cadre d'une collectivité territoriale en application de l'article 72-1 C relèvent de la compétence des juridictions administratives. La référence au titre XV a été introduite en 2005 : il s'agit des référendums prévus par l'actuel article 88-5, qui deviendrait 88-7 à compter de l'entrée en vigueur du traité établissant une constitution pour l'Europe.

tiel, c'est le Conseil constitutionnel qui constate, sur saisine du Gouvernement, l'empêchement temporaire ou définitif du chef de l'État (art. 7 C).

3º Les compétences liées à l'exercice des *pouvoirs exceptionnels de l'article 16*. Le Conseil constitutionnel doit d'abord être consulté sur la réunion des conditions auxquelles est subordonnée la mise en application de l'article 16 ; il doit ensuite être consulté sur chacune des mesures prises par le Président de la République en application de l'article 16.

À la différence des autres, les attributions de ce troisième groupe ne sont pas juridictionnelles mais consultatives, c'est-à-dire que dans le cadre de l'article 16, le Conseil constitutionnel ne rend pas des décisions, mais seulement des avis, qui ne lient pas le Président de la République.

4º Les compétences relatives au *contrôle de la constitutionnalité de certains textes*. Ce sont les plus importantes. Mais, selon la nature des normes concernées, le contrôle de constitutionnalité est tantôt obligatoire, tantôt facultatif.

A Le contrôle obligatoire

D'après l'article 61 al. 1 de la Constitution, le contrôle obligatoire concerne, d'une part, les lois organiques et, d'autre part, les règlements des assemblées parlementaires.

a) Les lois organiques

Ce sont des lois dont l'intervention est prévue par la Constitution, pour fixer les modalités d'application de certains de ses articles. Les pères de la Constitution redoutaient que, par le biais des lois organiques, le Parlement puisse modifier l'équilibre des pouvoirs. C'est pourquoi il est prévu qu'avant leur promulgation, les lois organiques sont obligatoirement soumises au Conseil constitutionnel.

Selon la jurisprudence du Conseil, cette saisine automatique est exclusive de toute autre procédure. Elle fait donc obstacle à ce que le Conseil constitutionnel puisse être saisi par des députés ou des sénateurs sur le fondement du deuxième alinéa de l'article 61 C (déc. nº 92-305 DC du 21 février 1992). Les parlementaires qui contestent la constitutionnalité d'une loi organique ne peuvent donc soumettre leurs arguments au Conseil constitutionnel, sinon de manière officieuse.

b) Le règlement des assemblées parlementaires

Il ne s'agit pas d'une loi mais d'une simple résolution par laquelle une assemblée parlementaire détermine les modalités de son organisation et de son fonctionnement. L'expérience de la IIIe et de la IVe République avait montré que, par le biais de son règlement, une assemblée parlementaire pouvait parfois s'octroyer des pouvoirs que la Constitution ne lui avait pas accordés. C'est pour éviter une telle dérive que les règlements des assemblées sont désormais obligatoirement soumis, avant leur mise en application, au contrôle du Conseil constitutionnel.

C'est dans le cadre de ce contrôle qu'en 1959, le Conseil constitutionnel a interdit le vote de propositions de résolution à l'issue d'un débat sur une question orale (déc. n° 59-2 DC des 17, 18 et 24 juin 1959, *Rec.* p. 58).

Dans ces deux cas, comme l'intervention du Conseil constitutionnel est obligatoire, il n'y a pas de lettre de saisine indiquant les griefs qui peuvent être soulevés contre la loi organique ou contre le règlement de l'assemblée. Le Conseil constitutionnel recherche lui-même les moyens d'inconstitutionnalité, avant de statuer sur ces moyens. En d'autres termes, il remplit à la fois la fonction de procureur et celle de juge.

B Le contrôle facultatif

Lorsqu'il ne s'agit ni d'une loi organique, ni du règlement d'une assemblée parlementaire, l'intervention du Conseil constitutionnel est facultative : pour qu'il puisse contrôler la constitutionnalité de la norme, il faut que certaines autorités aient pris l'initiative de le saisir. Selon les cas, l'objectif poursuivi par les auteurs de la saisine peut être la défense du domaine réglementaire, le contrôle de la constitutionnalité d'une loi ordinaire ou le contrôle de la constitutionnalité d'un engagement international.

a) La défense du domaine réglementaire

On sait que la Constitution distingue un domaine réservé à la loi et un domaine réservé au règlement (voir *supra*). Le Conseil constitutionnel peut être saisi pour sanctionner les empiétements du législateur sur le domaine réglementaire. Son intervention est tantôt préventive, tantôt corrective.

Elle est préventive lorsque le Conseil est saisi en application de l'article 41 car il s'agit alors d'empêcher l'adoption d'un texte de forme législative qui empiéterait sur le domaine réglementaire.

S'il apparaît au cours de la procédure législative qu'une proposition ou un amendement n'est pas du domaine de la loi ou est contraire à une délégation législative accordée au gouvernement, celui-ci peut opposer l'irrecevabilité. Si le Président de l'Assemblée intéressée n'est pas d'accord avec lui, c'est le Conseil constitutionnel qui tranchera le différend, saisi par l'une ou l'autre des autorités qui sont en conflit.

Elle est corrective dans le cas prévu à l'article 37 al. 2. Le Conseil est invité par le gouvernement à se prononcer sur un texte de loi déjà promulgué. Si le Conseil déclare que ce texte a un caractère réglementaire (c'est-à-dire qu'il empiète sur le domaine réservé au gouvernement) ce dernier pourra alors le modifier par décret, bien qu'il s'agisse d'un texte de forme législative.

Dans cette première hypothèse, le Conseil n'a pas pour mission de faire respecter la Constitution dans son ensemble mais seulement la séparation du domaine législatif et du domaine réglementaire. Il en va tout autrement lorsqu'il est saisi en application de l'article 61 al. 2.

b) Le contrôle de conformité des lois ordinaires

D'après l'article 61 al. 2 C, les lois peuvent être déférées au Conseil constitutionnel par le Président de la République, le Premier ministre, le Président de l'Assemblée nationale, le Président du Sénat, soixante députés ou soixante sénateurs.

Le texte originel de l'article 61 al. 2 ne prévoyait pas la possibilité d'une saisine par de simples parlementaires. Cette possibilité a été introduite par la loi constitutionnelle du 29 octobre 1974. L'élargissement de la saisine a d'ailleurs eu de très importantes conséquences (voir *infra*).

La saisine doit intervenir après l'adoption définitive de la loi par le Parlement, mais avant sa promulgation. Elle suspend le délai de promulgation, qui est de 15 jours à compter de la date de la transmission au Gouvernement de la loi définitivement adoptée (6). À compter de la date à laquelle il a été saisi, le Conseil constitutionnel dispose d'un délai d'un mois pour étudier le dossier et rendre sa décision. Toutefois, si le gouvernement a déclaré l'urgence, ce délai est ramené à huit jours. Le Conseil constitutionnel est donc toujours obligé de statuer assez rapidement, beaucoup plus rapidement en tous cas que ne le font la plupart des juridictions.

Lorsque ce sont des parlementaires qui saisissent le Conseil constitutionnel, ils peuvent le faire par des lettres individuelles ou collectives :

---

(6) Aucun délai minimal n'étant prévu, le Président de la République pourrait, pour empêcher une saisine, promulguer la loi immédiatement après sa transmission au Gouvernement. Mais, selon l'usage, il évite de le faire lorsqu'il sait qu'une saisine est en préparation. Toutefois, en 1997, à la suite d'un malentendu, la loi portant réforme du service national a été promulguée alors qu'une saisine était en préparation (Voir *Le Monde* des 9 et 10 novembre 1997).

l'essentiel est que la ou les lettres de saisine portent la signature d'au moins 60 députés ou 60 sénateurs, et qu'elles visent toutes les mêmes dispositions de la loi. Il n'est pas indispensable que les saisines soient motivées, mais en pratique elles sont généralement accompagnées d'un mémoire qui développe certains griefs d'inconstitutionnalité. Dans sa décision, le Conseil constitutionnel reprend et analyse d'une manière approfondie chacun des moyens qui ont été soulevés. Les décisions sont donc souvent assez longues et d'une lecture parfois difficile, car elles se fondent sur une argumentation juridique très serrée. En réalité, elles ne paraissent longues que si on les compare aux arrêts de la Cour de cassation ou du Conseil d'État, mais elles sont beaucoup plus brèves que celles de la plupart des cours constitutionnelles étrangères.

Malgré l'évolution de certaines pratiques procédurales (voir *infra*), la mission du Conseil constitutionnel, telle qu'il la conçoit, consiste moins à trancher un litige entre des parties qu'à examiner la conformité à la Constitution des textes qui lui sont déférés. En d'autres termes, une fois qu'il a été saisi, la suite de la procédure ne dépend plus vraiment de la volonté des saisissants. Cette indépendance se manifeste de deux manières.

D'une part, « hormis les cas d'erreur matérielle, de fraude ou de vice du consentement », les saisissants n'ont pas droit au remords, c'est-à-dire que des lettres individuelles ou collectives de retrait ne sauraient faire obstacle à la mise en œuvre du contrôle (7).

D'autre part, bien que les saisines soient presque toujours abondamment motivées, le Conseil constitutionnel se réserve la possibilité de statuer *ultra petita*, c'est-à-dire qu'il peut annuler des dispositions visées par les saisines en retenant des moyens non soulevés par celles-ci, mais qui lui paraissent suffisamment importants pour être soulevés d'office. Il peut annuler de la même manière des dispositions qui n'étaient même pas visées par les saisines, car il se considère toujours comme saisi de l'ensemble de la loi (8).

---

(7) Il ne s'agit pas d'une hypothèse d'école : en décembre 1996, en première lecture d'une loi de finances rectificative, le gouvernement avait fait adopter un amendement (dit « amendement Malraux ») qui prévoyait l'attribution de la carte d'ancien combattant aux volontaires français des brigades internationales de la guerre d'Espagne. Cet amendement avait été vigoureusement contesté par des parlementaires de la majorité qui saisirent le Conseil constitutionnel puis tentèrent de retirer leur saisine à la suite d'une intervention du Président de la République. Le Conseil constitutionnel a jugé qu'un tel retrait était impossible (déc. 96-386 DC du 30 décembre 1996).

(8) Ainsi a-t-il annulé, pour violation du principe d'égalité entre les citoyens, une disposition qui prévoyait que, dans les villes ayant une population supérieure à 3 500 habitants, les listes de candidats aux élections municipales ne pourraient pas comporter « plus de 75 % de personnes du même sexe », alors qu'aucun

Dès qu'il a reçu le ou les mémoire(s) de saisine, le Conseil constitutionnel les communique au Secrétariat général du gouvernement. Ce dernier adresse au Conseil constitutionnel un mémoire en réplique dans lequel il prend généralement la défense de la loi attaquée en réfutant les moyens développés dans les lettres de saisine. L'intervention de cet organisme se justifie par le fait que la plupart des lois déférées au Conseil constitutionnel sont d'initiative gouvernementale. Il est donc tout à fait logique que le gouvernement puisse, par l'intermédiaire de son Secrétariat général, prendre la défense de la loi (9).

Les observations du Secrétariat général du gouvernement sont immédiatement communiquées aux auteurs de la saisine, qui ont ainsi la faculté de présenter un mémoire en réplique (10).

Bien qu'il ne s'agisse pas à proprement parler d'un litige entre deux parties, le débat qui s'instaure entre les saisissants et le secrétariat général du gouvernement se déroule donc selon les règles de la procédure contradictoire, c'est-à-dire que tout moyen soulevé par les premiers doit être communiqué au second, et réciproquement.

Ce souci du contradictoire, qui s'affirme de plus en plus nettement depuis quelques années, confère à la procédure suivie par le Conseil constitutionnel un certain caractère juridictionnel. Mais cette procédure présente toujours des aspects spécifiques, qui suscitent parfois la critique.

En premier lieu, à la différence du contentieux électoral (voir *supra*), le contentieux de la conformité des lois à la Constitution exclut le ministère d'avocat et ne comporte pas d'audience publique permettant aux parties de présenter des observations orales. Cette spécificité tient au fait que ni les saisissants (qui jouent le rôle de demandeur), ni le secrétariat général du gouvernement (qui joue le rôle de défendeur), ne sont censés poursuivre ou défendre un intérêt personnel. En d'autres termes, il s'agit d'un contentieux purement « objectif », par opposition

---

grief d'inconstitutionnalité n'avait été soulevé contre cette disposition (déc. du 18 novembre 1983).

(9) Cette pratique, dont l'origine est aussi ancienne que le Conseil constitutionnel, est habituellement justifiée par l'idée qu'une véritable juridiction doit statuer contradictoirement, ce qui implique qu'un point de vue autre que celui des saisissants doit être présenté. Mais, d'une part, cette pratique se heurte à l'idée qu'il n'y a pas de parties au contentieux constitutionnel. D'autre part, le gouvernement n'ayant pas le monopole de l'initiative des lois, le même raisonnement devrait logiquement conduire à demander un mémoire en défense au parlementaire auteur d'une proposition ou d'un amendement. Tel n'est pas le cas.

(10) Depuis une quinzaine d'années, les mémoires de saisine sont généralement publiées au *JO* à la suite de la décision du Conseil constitutionnel. Il en est de même depuis peu des observations présentées par le Secrétariat général du gouvernement.

au contentieux électoral, qui présente une dimension subjective, dans la mesure où la décision du juge risque d'affecter les droits et les obligations d'une personne déterminée (voir *supra*). Mais si de nouveaux modes de saisine permettant la contestation d'une loi à l'occasion d'un litige particulier étaient un jour introduits en France (voir *infra* : *la réforme du contentieux constitutionnel*), le contentieux de la conformité des lois prendrait un aspect plus subjectif et la procédure devrait sans doute être aménagée au moins pour permettre l'intervention des avocats.

En second lieu, on peut se demander si l'intervention du secrétariat général du gouvernement est toujours suffisante pour assurer convenablement la défense de la loi attaquée. Celle-ci est en principe l'œuvre du Parlement, et non du gouvernement. Les parlementaires qui ont opiné en faveur de la loi attaquée peuvent donc légitimement être tentés d'en prendre eux aussi la défense, et pourtant le droit d'intervenir dans la procédure ne leur est pas officiellement reconnu. C'est à certains égards regrettable car, même lorsque la loi provient d'une initiative gouvernementale, elle a généralement été modifiée par des amendements d'origine parlementaire, et rien ne garantit que le Secrétariat général du gouvernement prendra la défense de ces amendements. En 1986, Robert Badinter, qui venait alors d'être nommé Président du Conseil constitutionnel avait proposé que le conseiller chargé de l'instruction de l'affaire « prenne l'attache » des parlementaires qui avaient rapporté le texte devant chaque assemblée. Mais les Présidents des deux assemblées ont rejeté cette proposition car ils ne voulaient pas que le débat parlementaire puisse se prolonger devant le Conseil constitutionnel après l'adoption de la loi (11).

Enfin, on s'étonne parfois que, à la différence des arrêts de la Cour suprême des États-Unis et de ceux du Tribunal constitutionnel allemand, les décisions du Conseil constitutionnel français ne soient jamais accompagnées d'opinions dissidentes (celle d'un juge qui désapprouve le sens de la décision et propose une autre solution) ou concurrentes (celle d'un

---

(11) Rien n'interdit cependant à des parlementaires d'adresser des observations au Conseil pour prendre la défense d'une loi qu'ils ont votée, comme l'ont fait les membres du groupe socialiste en 1982 à propos de l'affaire des nationalisations. Mais il ne peut s'agir que d'une démarche informelle et ces observations ne seront pas visées dans la décision du Conseil.

Dans le langage des « initiés », ces interventions officieuses, qui ne sont d'ailleurs pas seulement le fait de parlementaires, sont désignées sous le nom de « petites portes ». Bien que le Conseil Constitutionnel n'en mentionne jamais l'existence dans ses décisions, elles influencent parfois sa jurisprudence. C'est ainsi qu'en 1990, il a soulevé un moyen d'office à la suite d'une intervention qu'avait faite M. Waechter au nom du mouvement des verts (DC 90-277 du 25 juill. 1990, *Rec.* p. 70. Voir *Pouvoirs*, n° 56 p. 204).

juge qui approuve le sens de la décision tout en la justifiant par d'autres motifs). De telles opinions sont souvent considérées comme un facteur d'enrichissement de la jurisprudence constitutionnelle, car elles soulignent la complexité des problèmes et laissent entrevoir les revirements ou les évolutions possibles. Mais à cet égard la situation des membres du Conseil constitutionnel ne diffère pas de celle des autres magistrats français, la règle du secret des délibérés interdisant toujours à un juge minoritaire de se désolidariser de ce qui a été décidé par la majorité. En France et dans la plupart des pays latins (à l'exception toutefois de l'Espagne) on craint que la publication d'opinions dissidentes ou concurrentes nuise à l'autorité de la justice en attirant l'attention sur les divisions qui existent en son sein. En ce qui concerne plus particulièrement le Conseil constitutionnel, qui examine souvent des textes politiquement controversés, permettre la publication d'opinions dissidentes ou concurrentes aboutirait sans doute à rendre plus difficile la conciliation des différents points de vue, certains membres pouvant être tentés de cultiver leur singularité plutôt que de rechercher des compromis (12).

En d'autres termes, au moins depuis la Révolution, la conception française de la décision juridictionnelle repose sur cette fiction qu'elle exprime non pas un rapport de forces ou un compromis mais la « vérité » du texte. Or une vérité ne peut pas dépendre d'un vote et ne saurait souffrir d'opinions dissidentes ou même concurrentes. Pourtant des voix se font entendre en faveur de l'introduction de telles pratiques : l'un des arguments invoqués est que le texte même des décisions du Conseil constitutionnel fait déjà souvent apparaître un balancement entre des principes opposés. Celui que l'on fait prévaloir est ainsi doté d'une suprématie seulement relative, liée au contexte d'une loi particulière. Dans ces conditions ne vaudrait-il pas mieux reconnaître franchement qu'il n'existe pas de vérité jurisprudentielle absolue et qu'une appréciation différente aurait pu éventuellement l'emporter ?

S'il n'existe pas d'opinions concurrentes ou dissidentes, du moins connaît-on, depuis juin 1995, les noms des conseillers qui ont participé à la délibération (13).

---

(12) Cette question n'est d'ailleurs pas sans incidence sur l'organisation interne des juridictions constitutionnelles. Là où, comme aux États-Unis, la publication des opinions dissidentes ou concurrentes est permise, chaque juge dispose généralement d'un ou plusieurs assistants, qui peuvent l'aider à concevoir et à rédiger sa propre opinion. En France, au contraire, les assistants juridiques travaillant pour le Conseil constitutionnel sont en « pool », c'est-à-dire qu'ils reçoivent leurs instructions du président ou du secrétaire général.

(13) Avant juin 1995, ces noms n'étaient indiqués que lorsqu'il s'agissait d'un contentieux électoral ou « assimilé », c'est-à-dire un contentieux relatif à la situation personnelle des parlementaires.

À l'issue de cette délibération, le Conseil constitutionnel peut décider qu'une partie seulement de la loi attaquée est contraire à la Constitution. Cette partie ne pourra évidemment pas être promulguée. Mais que vont devenir les autres dispositions de la loi attaquée ? Le sort de ces dispositions dépend d'une appréciation qui est faite par le Conseil constitutionnel.

Ou bien le Conseil constitutionnel estime que les dispositions déclarées inconstitutionnelles sont inséparables de l'ensemble de la loi : dans ce cas, aucune partie du texte législatif ne pourra être promulgué.

Ou bien il estime que les dispositions déclarées inconstitutionnelles sont séparables du restant de la loi : dans ce cas, la partie du texte législatif qui n'a pas été déclarée inconstitutionnelle devra être promulguée, à moins que le Président de la République décide de renvoyer l'ensemble du texte au Parlement en vue d'une nouvelle délibération (voir *supra*).

c) Le cas des lois référendaires

L'article 61 ne faisant aucune distinction entre les lois selon leur mode d'élaboration, on aurait pu penser que le Conseil était également compétent pour connaître de la régularité de celles qui ont été adoptées par référendum. Tel n'a cependant pas été son avis. Saisi par le Président du Sénat d'une demande de déclarer non conforme à la Constitution la loi relative à l'élection du Président de la République adoptée par le référendum du 28 octobre 1962, il s'est déclaré incompétent (déc. 62-20 DC du 6 nov. 1962, *Rec.* p. 27, voir *supra*, les motifs de cette décision). Cette jurisprudence a été confirmée par la décision du 20 septembre 1992, dite Maastricht III, relative à une loi autorisant la ratification d'un traité. Seules les lois parlementaires peuvent donc faire l'objet d'un contrôle de conformité à la Constitution. Mais une évolution jurisprudentielle paraît aujourd'hui possible. En 2005, le Conseil a été saisi, avant le scrutin, dans le cadre de l'article 60 C, de plusieurs requêtes mettant en cause la conformité à la Constitution du traité établissant une Constitution pour l'Europe. Il les a toutes rejetées mais sans indiquer clairement si c'était pour cause d'incompétence ou pour des raisons de fond (voir *supra*).

d) Les lois constitutionnelles

Dans sa décision n° 2003-469 DC du 26 mars 2003, le Conseil constitutionnel a jugé que l'article 61 al. 2 de la Constitution visait exclusivement les lois ordinaires, et non les lois de révision adoptées dans le cadre de l'article 89. Il s'est donc déclaré incompétent pour contrôler les lois de révision, même lorsqu'elles ont été adoptées par la voie du Congrès, et non par celle du référendum.

Cependant, ces lois de révision sont en principe soumises à certaines limites que le Conseil constitutionnel avait lui-même rappelées dans sa décision du 2 septembre 1992, dite « Maastricht II » et qui concernent, d'une part, la période au cours de laquelle elles peuvent être adoptées (art. 7 et 16 C) et, d'autre part, l'interdiction de porter atteinte « à la forme républicaine du Gouvernement » (art. 89 C). Au surplus, elles peuvent fort bien être entachées d'un vice de procédure, comme c'est souvent le cas des lois ordinaires. Mais le respect de ces limites ne repose que sur l'autocontrôle du législateur constituant.

Si le Conseil constitutionnel s'est déclaré incompétent, c'est peut-être parce qu'il n'a pas voulu prendre position dans les controverses sur la portée de la condition relative à la « forme républicaine du Gouvernement » : s'agit-il simplement d'empêcher le rétablissement de la monarchie héréditaire ou bien cette condition interdit-elle également de porter atteinte aux « principes fondamentaux reconnus par les lois de la République » (voir *infra*), c'est-à-dire à la forme particulière que revêt le gouvernement républicain dans la tradition française ?

L'argumentation des auteurs de la saisine, qui critiquaient la réforme relative à l'organisation décentralisée de la République, portait précisément sur ce point.

Les cours constitutionnelles de certains États étrangers ont admis l'idée que certaines normes constitutionnelles étaient intangibles et qu'il leur appartenait de contrôler les amendements à la Constitution. Le juge constitutionnel français a refusé de s'engager dans cette voie et de reconnaître même le principe d'un tel contrôle. Accepter d'examiner au fond les lois de révision constitutionnelle aurait en effet été admettre qu'il y a dans la Constitution des principes auxquels le pouvoir constituant ne peut porter atteinte, donc que ce pouvoir constituant n'est pas souverain. Or, non seulement une telle thèse aurait créé un paradoxe — comment une norme exprimée dans la Constitution pourrait-elle être supérieure à la Constitution et s'imposer au pouvoir constituant ? — mais elle aurait heurté plusieurs présupposés du droit constitutionnel français : qu'il n'y a de droit que le droit positif — s'il y avait des principes hors d'atteinte du constituant comme du législateur, il ne pourrait s'agir de principes positifs —, que les décisions du juge constitutionnel ne heurtent pas la volonté du souverain et peuvent toujours être surmontées par le souverain lui-même, que les principes fondamentaux reconnus par les lois de la République ont seulement valeur constitutionnelle.

e) Les engagements internationaux

D'après l'article 54 de la Constitution, un engagement international qui n'a pas encore été ratifié ou approuvé peut être déféré au Conseil constitutionnel par le Président de la République, le Premier ministre, le Président de l'une ou l'autre assemblée, ou encore (depuis la révision du 25 juin 1992) par soixante députés ou soixante sénateurs. Si le Conseil constitutionnel déclare que cet engagement comporte une clause contraire à la Constitution, l'autorisation de le ratifier ou de l'approuver ne pourra intervenir qu'après la révision de la Constitution.

Cette procédure permet de faire contrôler la constitutionnalité d'un engagement international avant que la loi qui en autorise la ratification soit examinée par le Parlement, ou même avant qu'elle soit soumise au référendum si le Président de la République décide d'utiliser la voie de l'article 11 (14). S'il n'a pas été fait application de l'article 54 et si la ratification a lieu par la voie parlementaire, la loi de ratification pourra encore être déférée au Conseil constitutionnel après qu'elle a été adoptée par le Parlement, dans le cadre de la procédure de l'article 61 al. 2 (CC, 17 juillet 1980, p. 36).

Bien que des dizaines de traités ou accords internationaux soient ratifiés ou approuvés chaque année, la procédure de l'article 54 n'est que rarement mise en œuvre : pas plus de 9 saisines des débuts de la Ve République à la fin du premier semestre 2005. Mais quelques-unes des décisions rendues ont eu des conséquences extrêmement importantes. C'est à la suite de la décision du 9 avril 1992 relative au traité de Maastricht qu'a été créé un titre spécial de la Constitution consacré aux Communautés européennes et à l'Union européenne. Et ce titre a été ensuite modifié et développé pour tenir compte, dans un premier temps, de la décision relative au traité d'Amsterdam (31 décembre 1997) et, dans un second temps, de celle relative au traité établissant une Constitution pour l'Europe (19 novembre 2004).

Dans un domaine tout à fait différent, la décision du 25 janvier 1999 concernant le traité relatif à la Cour pénale internationale, a eu un impact considérable car elle a permis au Conseil constitutionnel de préciser les conditions dans lesquelles peut être mise en jeu la responsabilité pénale du chef de l'État (voir *supra*).

Du point de vue de la procédure, le contentieux des traités se distingue de celui des lois par le fait que le Conseil est habituellement saisi non par des parlementaires mais par le Président de la République agissant seul ou conjointement avec le Premier ministre. Or, les saisines du Président de la République et du Premier ministre ne sont pas motivées, de sorte que le Conseil doit rechercher lui-même tous les moyens d'inconstitutionnalité susceptibles d'être soulevés contre le traité, un peu comme il le fait pour les lois organiques et les règlements des assemblées.

(14) Voir déc. n° 92-312 DC du 2 septembre 1992, *Rec.* p. 76.

La procédure de l'article 54 n'est applicable qu'aux engagements internationaux au sens strict du terme, c'est-à-dire les traités ou accords soumis à ratification ou approbation. En revanche, les actes internationaux dérivés, les règlements ou les directives adoptés par les instances de la Communauté européenne en application des traités déjà en vigueur, ne sont pas soumis à ratification et ne sont donc pas considérés comme des engagements internationaux. Il en résulte une situation assez paradoxale : en application de l'article 88-4 C, les assemblées parlementaires peuvent adopter des résolutions concernant un projet d'acte communautaire dérivé (voir *supra*) ; mais si des députés ou des sénateurs estiment qu'un projet d'acte communautaire dérivé est contraire à la Constitution, ils ne peuvent pas saisir le Conseil constitutionnel, alors qu'il pourraient le faire s'il s'agissait d'un nouveau traité (15).

f) Les « lois du pays » de la Nouvelle-Calédonie

En règle générale, les actes des assemblées délibérantes des collectivités territoriales ne sont pas soumis au contrôle du Conseil constitutionnel : en effet, la France étant un État unitaire, ces collectivités ne disposent d'aucune compétence législative et les délibérations de leurs organes ne sont donc que de simples actes administratifs, dont le contentieux relève exclusivement des juridictions administratives.

Mais, ainsi qu'on l'a déjà signalé (*supra*, Chapitre 1), à la suite de la révision constitutionnelle du 20 juillet 1998, la Nouvelle-Calédonie a été dotée d'un statut spécial dont les règles ont été fixées par une loi organique (16), et qui déroge assez profondément au principe de l'unité de la République. Le Congrès (organe délibérant de la Nouvelle-Calédonie) peut adopter des actes législatifs (les « lois du pays ») dans un certain nombre de matières qui, d'après l'article 34 de la Constitution, relèvent normalement de la compétence du Parlement de la République. Parmi ces matières, énumérées à l'article 99 de la loi organique, figurent notamment : les règles relatives à l'assiette et au recouvrement des impôts, droits et taxes perçus au profit de la Nouvelle-Calédonie ; les principes fondamentaux du droit du travail, du droit syndical et du droit

---

(15) En 1996, MM. Mazeaud et Pandraud, députés RPR, ont déposé une proposition de révision constitutionnelle prévoyant la possibilité de déférer un projet d'acte communautaire au Conseil constitutionnel, dans les mêmes conditions que celles prévues par l'article 54 C pour les engagements internationaux. Mais il paraît peu probable qu'une telle proposition soit adoptée car elle compliquerait le fonctionnement des institutions communautaires. Voir Passelecq, 1993, pp. 675-701.

(16) Loi organique n° 99-209 du 19 mars 1999.

de la sécurité sociale ; les règles relatives à l'accès au travail des étrangers ; les règles concernant l'état et la capacité des personnes, etc.

Ces « lois du pays » peuvent être déférées au Conseil constitutionnel selon une procédure de saisine facultative, qui s'inspire de celle prévue pour les lois de la République par le second alinéa de l'article 61 de la Constitution, mais qui présente certaines particularités.

L'auteur de la saisine peut être : le haut-commissaire (qui est nommé par décret du Président de la République et qui représente les intérêts de l'État) ; le gouvernement de la Nouvelle-Calédonie ; le président du Congrès ; le président de l'une des assemblées de province de la Nouvelle-Calédonie ; ou enfin dix-huit membres au moins du congrès (sur un total de cinquante-quatre). Mais une « loi du pays » ne peut pas être déférée au Conseil constitutionnel tout de suite après son adoption : dans une première étape, elle doit être soumise à une nouvelle délibération du Congrès, à la demande du haut commissaire, du gouvernement, du président du Congrès, du président d'une assemblée de province ou de onze membres du Congrès. La saisine du Conseil constitutionnel doit intervenir dans les dix jours suivant la nouvelle délibération, c'est-à-dire avant que la « loi du pays » soit promulguée par le haut-commissaire. Elle doit contenir un exposé « des moyens de droit et de fait qui la fondent », alors que les saisines intervenant dans le cadre de l'article 61 de la Constitution ne sont pas nécessairement motivées. Le Conseil constitutionnel se prononce dans les trois mois de sa saisine. Il dispose donc d'un délai trois fois plus long que lorsqu'il s'agit d'une loi nationale.

Le Conseil constitutionnel pourra s'opposer à la promulgation des dispositions contraires à la Constitution ou à la loi organique (17). Il devra faire respecter, d'une part, les compétences de l'État et, d'autre part, celle des organes de la Nouvelle-Calédonie autres que le Congrès (notamment celles des provinces) (18).

De même que les lois nationales, les « lois du pays », après leur promulgation, ne sont plus susceptibles d'aucun recours. Mais elles n'ont force de loi que dans le domaine défini à l'article 99. Les dispositions intervenues en dehors de ce domaine peuvent être « délégalisées » par

(17) De même que pour les lois nationales, le Conseil constitutionnel doit préciser si la disposition inconstitutionnelle est inséparable de l'ensemble du texte. S'il ne précise pas qu'elle est inséparable, le restant du texte doit être promulgué. Toutefois, dans les dix jours suivant la publication de la décision du Conseil, le gouvernement de la Nouvelle-Calédonie peut demander au Congrès une nouvelle délibération de la disposition annulée afin d'en assurer la conformité à la Constitution.

(18) D'après l'article 20 de la loi organique, les provinces ont une compétence résiduelle : elles sont compétentes dans toutes les matières que la loi organique n'a as dévolues à l'État, à la Nouvelle-Calédonie ou aux communes.

décision du Conseil d'État. Elles sont alors considérées comme étant de nature réglementaire, ce qui signifie qu'elles peuvent être modifiées par décret.

g) Les actes des collectivités d'outre-mer autres que la Nouvelle-Calédonie

La loi constitutionnelle du 28 mars 2003 sur l'organisation décentralisée de la République permet aux assemblées délibérantes des collectivités d'outre-mer, dans les conditions fixées par la loi organique relative à leur statut, d'exercer certaines compétences dans des matières qui relèvent normalement du domaine de la loi (voir *supra*).

Quant à leur nature juridique, les actes pris par la collectivité d'outre-mer dans ces matières sont considérés comme des actes administratifs, soumis au contrôle juridictionnel du Conseil d'État.

Toutefois, si la loi organique fixant le statut d'une collectivité d'outre-mer l'a prévu, le Conseil constitutionnel peut, sur saisine notamment des autorités de la collectivité, constater qu'une loi nationale promulguée postérieurement à l'entrée en vigueur du statut est intervenue dans le domaine de compétence de cette collectivité.

L'assemblée délibérante de la collectivité peut alors modifier la loi (art. 74 C).

Il y a là un mécanisme de délégalisation assez semblable à celui de l'article 37 al. 2 C qui permet au gouvernement de modifier, par décret, certaines lois intervenues dans des matières relevant du domaine réglementaire.

Bien que les conditions de saisine du Conseil constitutionnel aient été assouplies en 1974 (pour le contrôle des lois) et en 1992 (pour le contrôle des engagements internationaux), ses compétences n'ont pas été modifiées depuis 1958. Et pourtant son rôle s'est considérablement développé.

Sous-section 3
Le développement du rôle du Conseil constitutionnel

Ainsi qu'on vient de le voir, les missions du Conseil constitutionnel ne se limitent pas au contrôle de constitutionnalité des lois. Mais ce sont certainement les décisions rendues dans le cadre de ce contrôle qui ont le plus grand impact politique.

Durant les quinze premières années de la Ve République, c'est-à-dire jusqu'à la révision du 29 octobre 1974, le contrôle de constitutionnalité n'était en fait que rarement pratiqué. En ce qui concerne les lois ordinaires, seuls pouvaient saisir le Conseil constitutionnel le Président de la République, le Premier ministre et les Présidents des deux assemblées. Mais, en règle générale, ces quatre autorités étaient favorables aux lois adoptées par le Parlement et, sauf cas assez rare, elles préféraient s'abstenir de saisir le Conseil constitutionnel.

Le caractère très restrictif de la saisine faisait donc obstacle au développement d'un véritable contrôle de la constitutionnalité des lois.

À la suite de la révision de 1974, le Conseil constitutionnel est devenu un pouvoir véritable, qui peut s'opposer à la mise en œuvre d'une politique, et avec lequel l'exécutif est obligé de compter, même lorsqu'il s'appuie sur une majorité parlementaire importante. On peut distinguer trois facteurs principaux qui expliquent cette montée en puissance : l'assouplissement de la saisine (A), mais aussi la richesse des normes de référence utilisées par le Conseil (B), et enfin la gradation savante de ses verdicts (C). Ces facteurs ont permis au Conseil constitutionnel d'élaborer une jurisprudence dont l'impact est considérable (D).

A L'assouplissement de la saisine

Depuis la réforme de 1974, le contrôle de constitutionnalité peut être déclenché par 60 députés ou 60 sénateurs. Les parlementaires de l'opposition font souvent usage de cette faculté. La réforme a d'ailleurs été présentée par le Président de la République de l'époque, V. Giscard d'Estaing, comme un élément essentiel du statut de l'opposition. Or, à la différence du Président de la République, du Premier ministre et des Présidents des assemblées, l'opposition est, presque par définition, plutôt hostile à la plupart des lois adoptées par la majorité parlementaire : elle a donc d'excellentes raisons de déclencher le contrôle de constitutionnalité.

L'élargissement de la saisine a eu sur l'activité du Conseil constitutionnel des incidences à la fois quantitatives et qualitatives.

En premier lieu, les décisions portant sur la conformité d'une loi ordinaire à la Constitution sont beaucoup plus nombreuses qu'autrefois. En quinze ans, de 1959 à 1974, le Conseil n'en avait rendu que 9 au total ; la moyenne était donc inférieure à une décision par an ; pour la période suivante, du 1er janvier 1975 au 31 mars 2005, on en compte 325, donc une moyenne supérieure à 10 décisions par an.

En second lieu, les affaires dont s'occupe le Conseil sont désormais beaucoup plus variées. Jusqu'en 1974, sa jurisprudence portait essentiellement sur des questions techniques comme les domaines respectifs de la loi et du règlement ou les incompatibilités parlementaires. Pour importantes qu'elles fussent, ces questions laissaient le grand public assez indifférent et les décisions du Conseil ne retenaient l'attention que d'un petit nombre de spécialistes. Or, l'ouverture de la saisine aux simples parlementaires l'a conduit à se prononcer sur des lois relatives à l'interruption volontaire de la grossesse, à la répression des actes de violence, aux droits des travailleurs dans l'entreprise, aux vérifications d'identité, à la maîtrise de l'immigration, à la liberté de la presse, à la liberté de l'enseignement, etc. De même que la Cour suprême des États-Unis ou le Tribunal constitutionnel allemand, le Conseil constitutionnel a désormais un rôle à jouer dans la solution de nombreux problèmes de société, et ses décisions font parfois les grands titres des journaux.

B La richesse des normes de référence

Puisque le Conseil constitutionnel contrôle la conformité des lois à la Constitution, c'est évidemment celle-ci qui constitue la norme de référence. Mais qu'est-ce au juste que la Constitution ? La question n'est pas aussi naïve qu'on pourrait le croire. On pourrait en effet hésiter entre une conception étroite et une conception large.

D'après la conception étroite, la Constitution se réduit au texte fondateur de la Vᵉ République, en tenant compte seulement des modifications qui y ont été apportées par les révisions successives. Elle se compose d'un bref Préambule et d'environ 90 articles. Elle définit le statut et les compétences des pouvoirs publics, mais elle ne contient que très peu de règles relatives aux droits et libertés.

D'après la conception large, la Constitution comprend également les textes auxquels, selon l'alinéa premier du Préambule, le peuple français réaffirme solennellement son attachement, c'est-à-dire la Déclaration de 1789, le Préambule de 1946 et la Charte de l'environnement de 2004. Dans une importante décision du 16 juillet 1971 (*Rec.* p. 29), qui est donc un peu antérieure à l'élargissement de la saisine, le Conseil constitutionnel s'est rallié à cette conception large.

Le « bloc de constitutionnalité » — c'est-à-dire l'ensemble des normes dont il assure la protection et dont le respect s'impose au législateur et aux traités — ne se limite donc pas au texte fondateur de la Vᵉ République. Ce bloc comprend également :

— La Déclaration des droits de l'homme et du citoyen de 1789 qui énonce des principes traditionnels tels que la liberté individuelle, l'égalité devant la loi, la non-rétroactivité des sanctions pénales, et le caractère inviolable et sacré du droit de propriété.

— Le Préambule de la Constitution de 1946, qui est d'une inspiration beaucoup plus moderne et qui consacre en tant que « principes particulièrement nécessaires à notre temps » un certain nombre de droits économiques et sociaux, comme le droit de grève ou le droit syndical.

— Les principes fondamentaux reconnus par les lois de la République (PFRLR). Ils sont rattachés au bloc de constitutionnalité d'une manière indirecte car le Préambule de la Constitution de 1958 ne les mentionne pas expressément. Mais il se réfère au Préambule de 1946 qui « réaffirme solennellement... les principes fondamentaux reconnus par les lois de la République », en leur reconnaissant une valeur équivalente à celle des droits et libertés consacrés par la Déclaration de 1789. Les PFRLR doivent être recherchés dans la législation en vigueur avant la chute du régime républicain survenue en juillet 1940. La plupart n'ont été reconnus que sous la IIIe République, mais quelques-uns ont une origine plus ancienne, comme le principe de la séparation des autorités administratives et judiciaires qui date de la période révolutionnaire, ou celui de la liberté de l'enseignement, proclamé dès 1848. Comment établit-on l'existence d'un PFRLR ? Ces principes ayant été consacrés à l'origine par des lois ordinaires, et non par des lois constitutionnelles, il n'existe aucun critère formel qui permette de les identifier. C'est donc le point de vue matériel qui est déterminant : les PFRLR sont des principes indissociables de la tradition républicaine française, cette indissociabilité devant être attestée par le fait que le législateur de la IIIe République y était toujours demeuré fidèle (19).

Le Conseil constitutionnel (ou accessoirement le Conseil d'État (20)) peut ainsi créer, en s'inspirant de lois toujours en vigueur mais dont l'origine remonte à plus d'un demi siècle, de nouveaux principes constitutionnels dont il imposera le respect au législateur d'aujourd'hui. La liste s'allonge au fil de sa jurisprudence. D'ores et déjà, elle comprend notamment : la liberté d'association, qui implique l'interdiction d'un contrôle administratif préalable à l'enregistrement de la déclaration ; la

(19) Voir déc. n° 88-244 DC du 20 juillet 1988, *Rec.* p. 119.

(20) À la différence du Conseil constitutionnel, le Conseil d'État ne peut pas censurer une loi au motif qu'elle porterait atteinte à un PFRLR. Mais il peut par exemple énoncer un PFRLR lorsqu'il doit interpréter une convention internationale. Ainsi a-t-il récemment jugé que l'accord de coopération franco-malien du 9 mars 1962 devait être interprété conformément au PFRLR « selon lequel l'État doit refuser l'extradition d'un étranger lorsqu'elle est demandée dans un but politique » (CE *Koné*, 3 juill. 1996, *AJDA* p. 805).

liberté de l'enseignement ; l'indépendance des professeurs d'université et le droit pour ceux-ci de bénéficier au sein des instances universitaires d'une représentation qui leur est propre ; l'indépendance des juridictions administratives ; le respect des droits de la défense devant les juridictions répressives, etc.

À la différence de la Déclaration de 1789 et du Préambule de 1946, *la Charte de l'environnement* est largement postérieure à l'adoption de la Constitution de 1958. Elle a été votée par le Parlement en 2004, à l'initiative du Président de la République, J. Chirac, dont la protection de l'environnement est depuis longtemps l'un des thèmes favoris. Mais elle a été rattachée au bloc de constitutionnalité de la même manière que la Déclaration de 1789 et le Préambule de 1946, c'est-à-dire par le biais de l'alinéa premier du Préambule qui, depuis la loi constitutionnelle du 1er mars 2005, s'y réfère expressément. Tout en affirmant le droit de chacun à vivre « dans un environnement sain et équilibré », cette charte met principalement l'accent sur les devoirs, sans doute pour mieux faire comprendre que l'environnement est fragile et que sa protection nécessite une discipline individuelle et collective relativement stricte : devoir de prendre part à la préservation et à l'amélioration de l'environnement ; de prévenir les atteintes qu'on est susceptible de lui porter, de contribuer à la réparation des dommages qu'on lui a causés etc. La disposition la plus importante (et la plus controversée) est celle qui oblige les autorités publiques à prendre des mesures pour prévenir un dommage susceptible d'affecter de manière grave et irréversible l'environnement, même si la réalisation de ce dommage est incertaine en l'état actuel des connaissances scientifiques (principe de précaution). La Charte pourrait donc inciter le juge constitutionnel à contrôler la proportionnalité entre les gains que l'on peut attendre d'une innovation, sur le plan économique ou scientifique, et les risques que comporte cette innovation pour l'environnement. Elle devrait également contribuer à l'essor du droit de la responsabilité en permettant à la victime d'un dommage de demander réparation pour non-accomplissement de l'une des obligations prescrites.

— Les objectifs (ou principes) de valeur constitutionnelle : ce ne sont pas vraiment des normes mais plutôt des finalités assez générales. Le Conseil constitutionnel s'y réfère tantôt pour limiter un droit de valeur constitutionnelle expressément reconnu par la Constitution : par exemple le droit de grève ou le droit de libre communication des idées doivent être conciliés avec la sauvegarde du maintien de l'ordre public, qui est un objectif de valeur constitutionnelle (21), et tantôt au contraire pour

(21) Pour le droit de grève : déc. 105 DC du 25 juill. 1979, *Rec.* p. 33. Pour la liberté de communication : déc. 248 DC du 17 janv. 1789, *Rec.* p. 18.

justifier la protection renforcée accordée à certains droits : par exemple, le pluralisme des quotidiens d'information politique et générale est également un objectif de valeur constitutionnelle, dont le législateur ne peut pas se désintéresser (22).

— Bien qu'elles aient une valeur inférieure à celle de la Constitution proprement dite, les lois organiques font également partie du bloc de constitutionnalité au sens large, car le Conseil constitutionnel les utilise également comme normes de référence pour le contrôle des lois ordinaires. Mais tel n'est pas le cas, en revanche, du règlement des assemblées parlementaires.

La tendance à l'élargissement de la notion de constitution connaît cependant une limite. Bien que, d'après l'article 55 de la Constitution, les traités ou accords régulièrement ratifiés ou approuvés aient, dès leur publication, une autorité supérieure à celle des lois, le Conseil a refusé de les intégrer dans le bloc de constitutionnalité (déc. nº 74-54 DC du 15 janv. 1975, *Rec.* p. 19). Quelle que soit leur importance d'un point de vue politique — on pense notamment au traité fondateur de la Communauté européenne et à la Convention européenne des droits de l'Homme — les engagements internationaux ne constituent donc pas des normes de référence pour le Conseil constitutionnel. Toutefois, en ce qui concerne les Communautés européennes, la jurisprudence du Conseil constitutionnel est susceptible d'évoluer dans un proche avenir. En effet, depuis que la loi du 25 juin 1992 a introduit dans la Constitution un titre intitulé « Des Communautés européennes et de l'Union européenne », le droit européen ne peut plus être considéré comme tout à fait extérieur à la Constitution ; il semble que quelques-uns au moins de ces principes fondamentaux pourraient être incorporés dans le bloc de constitutionnalité, notamment en ce qui concerne le droit d'asile (art. 53-1 C) et certains droits prévus par le traité de Maastricht (art. 88-3 C).

D'ores et déjà, le principe posé par l'article 55 n'est pas dépourvu de toute sanction. En effet, depuis quelques années, les juridictions judiciaires ou administratives contrôlent, par la voie de l'exception, la conformité des lois aux engagements internationaux (voir *supra*).

C La gradation savante des verdicts

— Dans le cadre de l'article 61 al. 2, le Conseil doit répondre à la question de savoir si la loi qui lui est déférée est ou non conforme à

(22) déc. 181 DC des 10 et 11 oct. 1984, *Rec.* p. 73 ; déc. 210 DC du 29 juillet 1986, *Rec.* p. 110.

la Constitution. Mais sa réponse comporte parfois des nuances. On distinguera quatre types de réponses qui peuvent être caractérisées de la manière suivante : oui pur et simple ; oui sous réserves ; non mais ; non pur et simple.

1) Oui pur et simple : après avoir examiné et rejeté les moyens soulevés dans les saisines ou les moyens qu'il a soulevés d'office, le Conseil déclare sans autre commentaire que la loi contestée est conforme à la Constitution.

2) Oui sous réserves : le Conseil déclare également que la loi est conforme à la Constitution, mais sous des réserves d'interprétation formulées dans les considérants de sa décision. En d'autres termes, il indique aux autorités chargées d'appliquer la loi le sens exact qu'il convient de lui donner ; il exclut certaines interprétations possibles car elles rendraient la loi contraire à la Constitution.

On peut distinguer plusieurs sortes de réserves d'interprétation : les réserves *neutralisantes* rendent une disposition inopérante en lui refusant toute portée juridique (23) ; les réserves *constructives* modifient le contenu apparent d'une disposition soit pour restreindre son champ d'application (24), soit pour compléter son dispositif d'application (25) ; enfin, les réserves *directives* sont celles qui contiennent des instructions relativement détaillées quant à la manière dont une disposition devra être appliquée (26).

3) Non mais : le Conseil déclare la loi contraire à la Constitution, mais il indique au législateur dans ses considérants comment il doit

(23) Par exemple, une disposition ne permettant la modification d'une loi de plan qu'après deux années d'exécution a été considérée comme dépourvue de toute portée juridique car « le législateur ne peut pas lui même se lier » (déc. nº 82-142 DC du 27 juil. 1982, *Rec.* p. 53).

(24) Par exemple, la loi relative à la maîtrise de l'immigration interdisait la délivrance d'une carte de résident « à tout étranger qui vit en état de polygamie ». Le Conseil a jugé cette disposition conforme à la Constitution mais en précisant qu'elle « devait être entendue comme n'étant applicable qu'aux étrangers qui vivent *en France* en état de polygamie » (déc. nº 325 DC des 12 et 13 août 1993, *Rec.* p. 224, cons. 32).

(25) Par exemple, cette même loi exigeait pour l'ouverture du droit au regroupement familial une durée de séjour préalable et régulier en France de deux années. Cette disposition a été jugée conforme à la Constitution mais sous réserve que la demande de regroupement puisse être formulée avant l'expiration du délai « pour que ce droit soit effectivement susceptible d'être ouvert à son terme » (*ibid.* cons. 71).

(26) Voir par exemple la décision 207 DC des 25 et 26 juin 1986 qui fixe tout un ensemble de règles auxquelles le gouvernement doit se conformer lorsqu'il s'agit de privatiser une entreprise publique (*Rec.* p. 61).

« refaire sa copie », c'est-à-dire comment l'on doit s'y prendre pour atteindre les mêmes objectifs par des voies constitutionnelles.

Par exemple, dans sa décision du 16 janvier 1982, le Conseil a déclaré contraire à la Constitution une loi prévoyant la nationalisation d'un grand nombre d'entreprises, au motif principal que les modalités d'indemnisation prévues pour les actionnaires ne pouvaient pas être considérées comme « justes » au sens de l'article 17 de la Déclaration des droits de l'homme et du citoyen de 1789. Mais il exposait longuement dans les considérants de cette même décision sur quelles bases ces indemnités auraient dû être calculées, de sorte que la loi de nationalisation a pu être rapidement adoptée dans une nouvelle version, qui a été jugée cette fois parfaitement conforme à la Constitution.

4) Non pur et simple : le Conseil constitutionnel déclare que la loi est contraire à la Constitution sans ajouter d'autres commentaires, sans suggérer des modifications qui permettraient de remédier à ce vice d'inconstitutionnalité.

Quand le contrôle s'exerce sur une loi comportant de nombreuses dispositions, ces quatre types de sentences peuvent fort bien se combiner : certaines dispositions font l'objet d'une déclaration de constitutionnalité pur et simple ; d'autres d'une déclaration de constitutionnalité sous réserves, etc. Grâce à cette gradation savante des verdicts, le Conseil constitutionnel n'exerce plus seulement un pouvoir d'empêchement : il participe d'une certaine manière à l'élaboration de la norme législative, car il en fixe l'interprétation ou en suggère le contenu.

D L'impact de la jurisprudence du Conseil constitutionnel

La jurisprudence du Conseil constitutionnel touche pratiquement à toutes les branches du droit et l'autorité dont bénéficient ses décisions lui confère un pouvoir qui suscite parfois des critiques et nourrit la crainte d'un gouvernement des juges. Toutefois, à certains égards, le contentieux constitutionnel est encore beaucoup moins développé en France que dans certains pays étrangers et le problème de sa réforme reste posé.

L'étendue de la jurisprudence du Conseil constitutionnel. — La jurisprudence du Conseil constitutionnel porte sur des sujets tellement divers et variés qu'il serait impossible d'en donner en quelques lignes une idée complète. Mais l'on peut dire qu'elle concerne à la fois la hiérarchie des normes, l'équilibre des pouvoirs et la garantie des droits fondamentaux.

Par son existence même, le Conseil constitutionnel a rendu plus effective la hiérarchie des normes, surtout depuis la réforme d'octobre 1974 qui a permis à soixante députés ou soixante sénateurs de le saisir. Avant cette réforme, et même avant l'entrée en vigueur de la Constitution de 1958, la Constitution était déjà en principe supérieure à la loi mais cette supériorité n'était pas vraiment sanctionnée dans la mesure où la loi votée par le Parlement n'était soumise à aucun contrôle. Il suffisait donc à un parti ou à une coalition d'être politiquement majoritaire au Parlement (ou même seulement à l'Assemblée nationale) pour modifier *de facto* la Constitution sans la soumettre à une révision formelle. Ce n'est plus possible désormais. La hiérarchie des normes ne concerne d'ailleurs pas seulement les rapports entre la Constitution et la loi. En partie sous l'influence du Conseil constitutionnel, les juridictions administratives et judiciaires se sont résolues depuis quelques années à contrôler si le législateur respecte bien l'autorité supérieure des « traités ou accords régulièrement ratifiés ou approuvés », comme l'article 55 de la Constitution lui en fait obligation (voir *supra*, Chapitre 3).

L'équilibre des pouvoirs est l'une des principales raisons qui ont été avancées en 1958 pour justifier la création du Conseil constitutionnel. Dans l'esprit des auteurs de la Constitution, il s'agissait essentiellement de faire respecter les droits de l'exécutif vis-à vis du Parlement (existence d'un domaine réglementaire, limitation des moyens de mise en œuvre de la responsabilité du gouvernement, etc.). Mais par le contrôle qu'il exerce sur la procédure législative, le Conseil constitutionnel a également contribué à fixer les règles concernant par exemple le bicamérisme, ou le statut de l'opposition (27).

C'est d'ailleurs généralement sur recours des parlementaires de l'opposition que le Conseil constitutionnel exerce ce qui constitue sans doute aujourd'hui sa mission la plus importante, c'est-à-dire le contrôle du respect des droits et libertés fondamentaux. À cet égard, les principes découlant de sa jurisprudence intéressent pratiquement toutes les disciplines juridiques, y compris celles que l'on rattache traditionnellement au droit privé, comme le droit du travail, le droit pénal ou le droit des affaires.

Théoriquement, le Conseil constitutionnel se borne à faire respecter des droits ou libertés préexistants à sa jurisprudence, et dont l'origine se situe soit dans la Déclaration de 1789 ou le Préambule de 1946, soit dans les « principes fondamentaux reconnus par les lois de la République ».

---

(27) Voir par exemple *supra* les décisions relatives au droit d'amendement.

Mais encore faut-il concilier ces droits et libertés dont les implications sont souvent contradictoires, et les adapter à l'évolution de l'environnement social, économique ou technologique. À cet égard, le rôle du Conseil constitutionnel est double. D'une part, il vérifie si un droit ou un objectif de valeur constitutionnelle n'a pas été trop sacrifié à un autre, par exemple la garantie du pluralisme de la presse écrite à la liberté d'entreprise, la dignité de la personne humaine à l'intérêt de la recherche biologique, le principe d'égalité à la libre administration des collectivités locales, ou encore le droit de grève au maintien de l'ordre public. D'autre part il s'assure, le cas échéant, que les garanties antérieurement accordées pour l'exercice d'un droit ou d'une liberté ont été remplacées par des garanties équivalentes : il y a donc là une sorte « d'effet cliquet » qui n'interdit pas les réformes, mais qui limite tout de même les oscillations du balancier législatif, le législateur d'aujourd'hui ne pouvant pas anéantir purement et simplement un système de protection élaboré par celui d'hier (28).

Enfin, le Conseil constitutionnel étant chargé de veiller au respect du principe d'égalité devant la loi, il doit s'assurer que les différences de traitement résultant d'une disposition législative se justifient bien par des différences de situation et cette mission le conduit parfois à prendre position sur des questions complexes et controversées. Ainsi a-t-il jugé qu'en raison de la nature des sources de production de l'énergie électrique utilisées en France, une taxe sur les activités polluantes ne pouvait pas s'appliquer à l'électricité (déc. n° 2000-441 DC du 28 décembre 2000). Cette appréciation est tellement voisine d'un jugement en opportunité qu'on pourrait soutenir qu'elle présente un caractère politique.

Il convient également de noter que, depuis quelques années, le Conseil veille à la qualité technique de la production législative : des textes sont invalidés non pour atteinte à une règle précise posée par la Constitution mais pour manquement soit au principe de clarté de la loi (que le Conseil constitutionnel rattache à l'article 34 de la Constitution), soit aux objectifs d'intelligibilité et d'accessibilité de la loi (qu'il rattache à certains articles de la DDHC de 1789).

---

(28) En 1984, par exemple, le Conseil a censuré l'abrogation de certaines dispositions de la loi du 12 septembre 1968 relative à l'enseignement supérieur au motif que les garanties accordées aux enseignants par les dispositions abrogées n'étaient pas remplacées dans la loi nouvelle par des garanties équivalentes (déc. n° 83-165 DC du 20 janvier 1984, *Rec.* p. 30). Mais cet « effet cliquet » ne se manifeste pas dans tous les domaines. En ce qui concerne l'égal accès des femmes et des hommes aux mandats électoraux et fonctions électives (art. 3 al. 5 C), le Conseil constitutionnel a jugé que le législateur était libre de modifier le régime électoral des assemblées parlementaires même si la modification envisagée avait pour effet de réduire les garanties prévues pour favoriser cet égal accès (déc. n° 2003-475 DC du 24 juillet 2003, *Rec.* p. 397).

L'autorité des décisions du Conseil constitutionnel. — Aux termes de l'article 62 C :

« Une disposition déclarée inconstitutionnelle ne peut être promulguée ni mise en application.

« Les décisions du Conseil constitutionnel ne sont susceptibles d'aucun recours. Elles s'imposent aux pouvoirs publics et à toutes les autorités administratives et juridictionnelles ».

Cet article appelle plusieurs remarques :

1) Le premier alinéa distingue le cas des textes législatifs (lois ordinaires ou lois organiques) qui n'entrent en vigueur qu'après avoir été promulgués par le Président de la République, et celui des règlements des assemblées parlementaires, qui ne sont pas soumis à promulgation et peuvent donc directement être mis en application par l'assemblée concernée. Dans les deux cas, l'alinéa premier s'oppose à ce qu'une disposition déclarée inconstitutionnelle par le Conseil puisse entrer en vigueur.

2) Le principe posé par la première phrase du second alinéa est absolu dans l'ordre interne : le Conseil constitutionnel étant une juridiction souveraine, il n'existe aucune voie de recours (appel ou cassation) contre ses décisions (29). Dès qu'elles ont été rendues, celles-ci bénéficient donc de l'autorité de la chose jugée.

Cette autorité de chose jugée ne fait pas obstacle à ce qu'une décision du Conseil constitutionnel puisse être remise en cause devant une juridiction internationale, et notamment devant la Cour européenne des droits de l'homme. On sait que cette Cour peut être saisie, après épuisement des voies de recours internes, par toute personne qui prétend avoir subi, du fait d'un acte des autorités publiques françaises, une atteinte à l'un des droits reconnus par la Convention européenne des droits de l'homme. La Cour européenne peut ainsi être conduite à porter une appréciation sur la jurisprudence ou même sur le fonctionnement interne du Conseil constitutionnel. Elle ne peut pas directement casser ou réformer une décision rendue par celui-ci. Sans doute, l'État français est-il tenu du point de vue du droit international d'exécuter les arrêts de la Cour, — à défaut il ne peut d'ailleurs être condamné qu'à des sanctions pécuniaires —, mais du point de vue du droit constitutionnel, c'est-à-dire du droit interne, les normes constitutionnelles sont suprêmes (30).

---

(29) Cependant, en matière de contentieux électoral, un recours tendant uniquement à la rectification d'une erreur matérielle peut être porté devant le Conseil constitutionnel lui-même (voir *Salvan*, 23 octobre 1987, *Rec.* p. 55).

(30) Voir les *Cahiers du Conseil constitutionnel*, n° 9, 2000, pp. 93 s et *supra*, chapitre 2.

En pratique, cependant, pour des raisons politiques, les juridictions françaises, y compris le Conseil constitutionnel, conforment leurs jurisprudences à celle des juridictions internationales (31).

3) La dernière phrase du second alinéa permet au Conseil constitutionnel de faire sentir son influence même dans la phase postérieure à la promulgation de la loi. En effet, l'autorité de chose jugée s'attache non seulement au dispositif de ses décisions (la loi est ou n'est pas conforme à la Constitution) mais aussi à leurs motifs, dans la mesure où ils constituent le « soutien nécessaire » du dispositif. Il en résulte que lorsque le Conseil constitutionnel déclare une loi conforme à la Constitution sous certaines réserves d'interprétation, comme il le fait fréquemment, ces réserves s'imposent à toutes les autorités chargées d'appliquer la loi, c'est-à-dire à l'administration ainsi qu'aux juridictions administratives ou judiciaires.

Ce principe pourrait sembler un peu théorique dans la mesure où le Conseil constitutionnel ne peut être saisi qu'avant la promulgation de la loi : il n'a donc pas la possibilité d'annuler les décisions juridictionnelles qui ne respecteraient pas ses réserves d'interprétation, comme peut le faire par exemple la Cour allemande grâce à la procédure du recours constitutionnel (voir *supra*). Mais en pratique les juridictions judiciaires et administratives tiennent effectivement compte de ses réserves. Si elles ne le faisaient pas, le Conseil constitutionnel ne serait d'ailleurs pas dépourvu de tout moyen de rétorsion : il pourrait annuler systématiquement toutes les lois qui lui paraissent potentiellement inconstitutionnelles au lieu d'autoriser leur promulgation en les encadrant par des réserves d'interprétation. En acceptant de coopérer avec le Conseil constitutionnel, les juridictions administratives et judiciaires le dispensent de recourir à de tels procédés, ce qui facilite l'exercice du pouvoir législatif.

Le Conseil constitutionnel estime cependant « que l'autorité qui s'attache à ses décisions en vertu de l'article 62 de la Constitution ne lui est pas opposable de la même manière qu'aux pouvoirs publics, aux administrations et aux juridictions ordinaires. Il reste maître de sa jurisprudence et sa lecture de la Constitution doit pouvoir évoluer au fil du temps » (32). En d'autres termes, à l'occasion d'une loi nouvelle qui complète ou modifie un texte ancien, ou qui en étend la portée, il peut lui arriver de déclarer non conforme à la Constitution une disposition qu'il avait jugée conforme à l'époque où ce texte ancien avait été adopté,

---

(31) La procédure suivie par le Conseil constitutionnel en matière de contentieux électoral a été contestée dans l'affaire Jean-Pierre Bloch, mais la requête a finalement été rejetée sur le fond par la Cour européenne des droits de l'homme (voir *supra, le contentieux électoral*, in Chapitre I, section II).

(32) Conseil constitutionnel, bilan du premier semestre 1999.

comme il l'a fait dans sa décision nº 99-410 DC du 15 mars 1999 relative à la Nouvelle-Calédonie (voir *infra*).

4) Quels sont exactement les litiges par rapport auxquels une décision du Conseil constitutionnel possède l'autorité de la chose jugée ? On admet généralement qu'elle a autorité relativement à tous les litiges concernant le texte à propos duquel elle été rendue, qu'il s'agisse d'une loi ou d'un traité. En d'autres termes, si le Conseil constitutionnel a dégagé une interprétation de la Constitution à propos d'une loi dont il était saisi dans le cadre du second alinéa de l'article 61 C, tous les tribunaux qui auront par la suite à faire application de cette loi devront normalement tenir compte de cette interprétation.

En revanche, il ne semble pas qu'une telle interprétation s'impose relativement à n'importe quel litige, même lorsque celui-ci n'a rien à voir avec le texte à propos duquel le Conseil constitutionnel avait statué. Par exemple, dans une décision du 22 janvier 1999, le Conseil constitutionnel a interprété les dispositions de l'article 68 C concernant les conditions de mise en jeu de la responsabilité pénale du Président de la République. Cette décision avait été rendue à propos du traité sur la Cour pénale internationale. Or, à peu près au même moment, les autorités judiciaires ont été saisies de plaintes dirigées contre le Président de la République, Jacques Chirac, concernant des faits qui s'étaient produits avant son élection. D'après la décision du Conseil constitutionnel du 22 janvier 1999 sur la Cour pénale internationale, elles auraient dû se déclarer incompétentes, l'article 68 C interdisant les poursuites pendant la durée du mandat, sauf devant la Haute Cour de justice. Mais, dans son arrêt *Breisacher* du 10 octobre 2001, la Cour de cassation a relevé que l'affaire dont elle était saisie ne concernait pas le traité sur la Cour pénale internationale, car il s'agissait d'appliquer le Code de procédure pénale français. Elle en a déduit que la décision du Conseil constitutionnel n'avait, dans ce cas, qu'une simple autorité morale, et non l'autorité de la chose jugée (Hamon, 2002).

La crainte d'un gouvernement des juges. — Le Conseil constitutionnel a été souvent critiqué par les gouvernants en place, qu'ils fussent de droite ou de gauche. On l'a comparé à une troisième Chambre. On lui reproche parfois de chercher à instaurer un « gouvernement des juges » (Troper, 2001).

En 1993, par exemple, à la suite d'une décision relative aux modalités d'octroi du droit d'asile, le sénateur Étienne Dailly — qui fut d'ailleurs plus tard nommé au Conseil constitutionnel — avait proposé de réviser la Constitution pour exclure le Préambule de 1946 des normes de référence utilisées par le Conseil. Cette proposition ne fut pas retenue. Mais le

Premier ministre de l'époque, Édouard Balladur a déclaré, devant le Parlement réuni en Congrès à Versailles, que le Conseil constitutionnel exerçait le contrôle de conformité « au regard de principes généraux parfois plus philosophiques et politiques que juridiques ».

Il y avait assurément une part de vérité dans ce jugement : les principes figurant dans la Déclaration de 1789 ou le Préambule de 1946 ne sont évidemment pas dépourvus d'ambiguïtés et laissent un très large pouvoir d'appréciation, dont disposent d'ailleurs toutes les juridictions constitutionnelles.

Pourtant, si le Conseil constitutionnel exerce incontestablement un rôle politique important, on ne peut parler de gouvernement des juges que si des juges exercent l'essentiel du pouvoir, ce qui n'est évidemment pas le cas. Si par contre cette expression signifie seulement que des juges sont associés au gouvernement, alors il faut reconnaître que le Conseil constitutionnel gouverne effectivement.

On constate d'ailleurs qu'il fait de son pouvoir un usage modéré et qu'il n'a jamais bloqué le processus des alternances politiques : il ne s'est en effet pratiquement jamais opposé au principe même d'une grande réforme, comme les lois de nationalisation de 1981, les privatisations de 1986, ou le PACS. Il s'est borné à en préciser certaines modalités d'application. Et il lui arrive de rappeler qu'il ne détient pas « un pouvoir général d'appréciation et de décision identique à celui du Parlement » (déc. 74-54 DC du 15 janv. 1975), ce qui revient à dire qu'il s'interdit au moins en principe, de remettre en cause les choix politiques effectués par la majorité parlementaire.

De toutes manières, même lorsque le Conseil constitutionnel rend un verdict du type « non pur et simple », ce n'est pas nécessairement lui qui aura le dernier mot. Le gouvernement et sa majorité parlementaire peuvent encore essayer d'atteindre leurs objectifs en modifiant la norme de référence sur laquelle il s'appuie. Une fois la Constitution révisée, la loi pourra être adoptée. Telle a d'ailleurs été la démarche suivie en 1993 par E. Balladur à propos de la réforme du droit d'asile : cette réforme, qui s'était d'abord heurtée à une décision du Conseil, a pu finalement être réalisée après l'insertion d'une nouvelle disposition dans la Constitution (art. 53-1).

Il convient d'ajouter que, par comparaison avec la Cour suprême des États-Unis et avec les Cours constitutionnelles allemande, italienne ou espagnole, le Conseil constitutionnel joue un rôle encore très limité. Il ne peut être saisi qu'avant la promulgation de la loi. Cette saisine n'étant pas automatique, une proportion fort importante de la législation échappe définitivement à son contrôle, soit parce qu'elle est antérieure au grand tournant de la jurisprudence en 1971, soit parce que, pour une raison ou pour une autre, le Conseil constitutionnel, qui aurait pu être saisi, ne l'a en fait pas été. Selon les années, la proportion des textes soumis à son contrôle par rapport au nombre total des lois adoptées par le Parlement varie entre 15 et 30 %.

La conformité à la Constitution d'une loi déjà promulguée peut cependant être vérifiée « à l'occasion de l'examen des dispositions législatives nouvelles qui la modifient, la complètent ou affectent son domaine » (33). Mais cette hypothèse est relativement rare : il faut, d'une part, que le Parlement légifère à nouveau sur le même sujet et, d'autre part, que le Conseil constitutionnel soit saisi. Et comme très peu d'annulations ont jusqu'à présent été prononcées dans de telles conditions, on ne sait pas encore exactement quelle est la portée de cette jurisprudence : les dispositions déjà promulguées sont-elles pour l'avenir privées d'effet ? ou bien l'annulation s'oppose-t-elle seulement à leur extension au cas prévu par la loi nouvelle ?

On peut donc se demander si la procédure de la saisine parlementaire n'est pas insuffisante.

La réforme du contentieux constitutionnel. — (« L'exception inconstitutionnalité », *RFDC*, n° 4, 1990).

Du fait que le contrôle est facultatif et qu'il s'exerce uniquement *a priori*, de nombreux manquements à la Constitution ne peuvent pas être sanctionnés. Les tribunaux sont parfois obligés d'appliquer des lois dont ils savent pertinemment qu'elles violent un droit fondamental, et qu'elles n'auraient sans doute pas pu être promulguées si le Conseil constitutionnel avait été saisi. Cette situation est évidemment contraire au principe de *l'État de droit*. La manière la plus simple d'y remédier serait d'introduire, sous une forme ou sous une autre, la procédure de l'exception d'inconstitutionnalité, qui existe aux États-Unis et dans plusieurs pays européens. En France même, lorsqu'un plaideur éprouve un doute quant à la conformité d'une loi à un traité, il peut aujourd'hui soulever l'excep-

(33) Voir par exemple la décision n° 99-410 DC du 15 mars 1999, relative à la loi organique concernant la Nouvelle-Calédonie : cette loi organique étendait au Congrès et aux assemblées de province de la Nouvelle-Calédonie certaines incapacités électorales prévues par la loi du 25 juin 1985 relative au redressement et à la liquidation judiciaire des entreprises, qui n'avait pas été soumise au Conseil avant sa promulgation ; le Conseil a saisi cette occasion pour exercer son contrôle sur lesdites incapacités ; il a déclaré contraire à la Constitution la disposition selon laquelle un jugement prononçant une faillite personnelle ou une interdiction de diriger ou d'administrer une entreprise entraînait *automatiquement* l'interdiction d'exercer une fonction publique élective pendant cinq ans. Selon le Conseil, le principe de la nécessité des peines, posé par l'article 8 de la Déclaration de 1789, implique que l'interdiction d'exercer une fonction publique élective ne peut être appliquée que si le juge l'a expressément prononcée, en tenant compte des circonstances propres à l'espèce.

tion d'inconventionnalité, et l'on ne voit pas pourquoi les droits inscrits dans la Constitution ne seraient pas protégés de la même manière. On fait parfois valoir qu'ils le sont malgré tout puisque les conventions internationales protègent les mêmes droits que la Constitution française. Ce n'est cependant pas tout à fait exact, d'abord parce qu'il y a certaines différences — c'est ainsi que le principe de laïcité est garanti par la Constitution française mais non par les conventions internationales —, ensuite parce que des textes semblables peuvent donner lieu à des interprétations très différentes et qu'il n'existe aucune procédure permettant d'harmoniser celles qui sont données par les juridictions nationales ordinaires, le Conseil constitutionnel et les juridictions internationales.

C'est pourquoi, en mars 1990, le Président de la République a fait déposer à l'Assemblée nationale un projet de révision de la Constitution qui prévoyait l'adjonction à l'article 61 d'un alinéa nouveau ainsi rédigé : « *Les dispositions de loi qui concernent les droits fondamentaux reconnus à toute personne par la Constitution peuvent être soumises au Conseil constitutionnel par voie d'exception à l'occasion d'une instance en cours devant une juridiction.* »

Selon ce projet, l'exception d'inconstitutionnalité pouvait être soulevée par tout plaideur devant n'importe quelle juridiction judiciaire ou administrative à l'exception de la Cour d'assises. La juridiction devait alors surseoir à statuer jusqu'à ce que le Conseil constitutionnel se soit prononcé. Toutefois, afin d'éviter la multiplication d'exceptions purement dilatoires et l'encombrement du Conseil constitutionnel, un double filtrage était prévu : si l'exception n'était pas fondée sur un moyen sérieux, elle pouvait être écartée sans renvoi au Conseil constitutionnel d'abord par le tribunal devant lequel elle avait été soulevée, et ensuite par la Cour Suprême de l'Ordre auquel appartient ce tribunal, c'est-à-dire, selon les cas, par le Conseil d'État ou la Cour de cassation.

Ce projet a échoué en raison de l'opposition du Sénat. Cette opposition, qui n'était d'ailleurs pas franchement déclarée, s'explique sans doute par l'attachement à la tradition française de la souveraineté parlementaire. Enfin, le Sénat aurait voulu profiter de la réforme constitutionnelle pour renforcer ses propres prérogatives et pour limiter (dans la perspective d'une nouvelle cohabitation) celles du chef de l'État. Mais les amendements qu'il adopta à cet effet ne furent pas acceptés par l'Assemblée nationale.

Dans son rapport de 1993, le Comité consultatif pour la révision de la Constitution a repris le projet de 1990 sans pratiquement le modifier. Mais ni le Parlement ni le gouvernement n'ont souhaité inclure l'exception d'inconstitutionnalité dans les lois de révision qui ont été adoptées depuis le dépôt de ce rapport.

Section 2
L'autorité judiciaire

Certains des principes relatifs à l'organisation et au fonctionnement des juridictions ordinaires sont de nature constitutionnelle, qu'ils aient été énoncés dans le texte de la Constitution ou que le Conseil constitutionnel ait proclamé qu'il s'agit de principes fondamentaux reconnus par les lois de la République. Cependant, seuls un petit nombre de principes jugés essentiels possèdent cette valeur constitutionnelle et la Constitution actuelle, contrairement à beaucoup d'autres, ne contient aucune règle relative à l'organisation de la Cour de cassation, ou du Conseil d'État et très peu de principes de procédure. La raison se trouve dans la conception française de l'autorité judiciaire — le titre VIII de la Constitution qui lui est consacré est d'ailleurs intitulé « autorité » et non « pouvoir judiciaire » et ne comporte que deux articles — qui représentent un compromis entre plusieurs idées différentes.

Tout d'abord la fonction juridictionnelle est perçue comme une fonction de stricte application des lois (voir *supra* Première Partie). Si le législateur doit selon cette conception s'abstenir de s'immiscer dans les procès, c'est à lui qu'il appartient d'organiser le service de la justice, comme il organise les autres services publics. C'est pourquoi la plupart des règles relatives aux juridictions sont énoncées sous forme de lois ou de lois organiques. La Constitution se limite à un petit nombre de principes fondamentaux que le législateur doit respecter. Il s'agit avant tout de principes de procédure pénale, énoncés à l'article 66 de la Constitution (*« Nul ne peut être arbitrairement détenu. L'autorité judiciaire, gardienne de la liberté individuelle, assure le respect de ce principe dans les conditions prévues par la loi »*), dans la Déclaration des droits de l'homme ou résultant de la jurisprudence du Conseil constitutionnel.

Mais cette idée doit se concilier avec la séparation des pouvoirs qui, même entendue dans son sens négatif (voir *supra*) interdit au pouvoir législatif ou au pouvoir exécutif d'exercer aussi la fonction juridictionnelle, donc de faire pression sur les juges. Le principe de séparation des pouvoirs implique donc celui de l'indépendance de la magistrature. Celle-ci serait compromise si les carrières des magistrats dépendaient du pouvoir exécutif comme celles des autres fonctionnaires ou même si les règles relatives à ces carrières pouvaient être modifiées en forme de loi par la majorité du moment. C'est donc la Constitution elle-même qui les énonce.

Enfin, on estime que de même que le pouvoir exécutif ne saurait s'immiscer dans les procès, les tribunaux ne doivent pas intervenir dans l'exercice du pouvoir exécutif ou de l'administration. Or, on considère en France depuis la Révolution que juger l'administration c'est administrer. Les procès auxquels l'administration est partie sont donc soustraits à leur compétence et relèvent de juridictions spéciales, dites « juridictions administratives », qui forment un ordre juridictionnel distinct, placé sous l'autorité du Conseil d'État comme les juridictions dites judiciaires sont placées sous celle de la Cour de cassation. La séparation des juridictions administratives et judiciaires a été instituée par la loi, mais le Conseil constitutionnel a jugé que le principe selon lequel le contentieux des décisions prises par le pouvoir exécutif et ses agents, dans l'exercice de leurs prérogatives de puissance publique, relève de la compétence de la juridiction administrative, fait partie des « principes fondamentaux reconnus par les lois de la République », qui sont dotés d'une valeur constitutionnelle (déc. 224-DC du 23 janvier 1987, Cons. 15).

On envisagera ici principalement le statut des magistrats judiciaires car la Constitution y a consacré un titre spécial.

L'autorité judiciaire comprend deux sortes de magistrats : d'une part, les magistrats du siège qui rendent les jugements ou les arrêts, et qui détiennent donc le pouvoir de décision au sein de l'ordre judiciaire ; d'autre part, les magistrats du parquet qui représentent auprès des tribunaux l'intérêt collectif de la société, et dont le rôle consiste notamment à prendre des réquisitions en matière pénale. Ils ne participent pas au jugement des affaires, et la décision judiciaire appartient exclusivement aux magistrats du siège.

D'un point de vue constitutionnel, c'est surtout l'indépendance des magistrats du siège qu'il convient de garantir, car c'est d'eux que dépend en dernier ressort la liberté des personnes.

L'article 64 de la Constitution précise que les magistrats du siège sont inamovibles, ce qui signifie qu'ils ne peuvent pas être déplacés sans leur consentement, même si c'est en avancement. Il y a déjà là une garantie relativement importante : un magistrat du siège ne peut pas faire l'objet d'une mutation d'office qui serait destinée à l'empêcher de participer au jugement d'une affaire.

Mais l'inamovibilité n'est pas une garantie suffisante pour assurer l'indépendance des magistrats. En effet ceux-ci, comme les autres fonctionnaires, ont vocation à faire une carrière, c'est-à-dire à occuper des postes de plus en plus élevés à l'intérieur de la hiérarchie judiciaire. Le risque existe donc que le pouvoir politique tente de faire pression sur les magistrats, et en particulier sur les magistrats du siège, en leur promettant des promotions intéressantes et rapides.

D'après l'article 64 de la Constitution, le Président de la République « est garant de l'indépendance de l'autorité judiciaire » et il est « assisté par le Conseil supérieur de la magistrature ».

Mais compte tenu des pratiques politiques de la Ve République, il n'est pas certain que cette garantie présidentielle soit toujours efficace. Les pressions susceptibles d'être exercées sur les magistrats judiciaires peuvent en effet provenir du gouvernement. Or, sauf peut-être durant les périodes de cohabitation, le Président de la République apparaît en fait, sinon en droit, comme le véritable chef du gouvernement. On peut donc se demander s'il n'est pas lui même trop profondément engagé dans la vie politique pour jouer un rôle d'arbitre entre l'autorité judiciaire et les autres pouvoirs de l'État.

Quant au Conseil supérieur de la magistrature, qui doit l'assister, le texte initial de la Constitution de 1958 l'avait placé sous la dépendance quasiment complète du chef de l'État. Le Président de la République en nommait les membres et le présidait. Le rôle du CSM consistait essentiellement à donner des avis pour toutes les mesures importantes concernant la gestion de la carrière des magistrats. Mais, dans la plupart des cas, ces avis n'étaient que consultatifs et la décision définitive appartenait au Président de la République.

Au total, le Président de la République avait donc une emprise très forte sur la carrière des magistrats, et notamment sur celle des magistrats du siège.

Mais depuis une dizaine d'années, à la suite de quelques grandes affaires judiciaires dans lesquelles étaient impliquées des personnalités politiques (financement occulte des campagnes électorales, délits d'initiés, ingérence, scandale du sang contaminé etc.), les relations entre l'autorité judiciaire et les milieux gouvernementaux se sont considérablement détériorées : certains dirigeants politiques, voire certains membres du gouvernement en place, reprochaient à des magistrats de les harceler pour tenter de les déstabiliser ; de leur côté, les magistrats accusaient le pouvoir politique de ne pas respecter leur indépendance et d'exercer sur eux des pressions en vue de s'opposer à certaines investigations.

Pour le pouvoir politique, la meilleure manière de se défendre contre de telles accusations était de se déclarer prêt à renforcer les garanties d'indépendance des magistrats : c'est précisément ce qu'a fait le Président Mitterrand dans sa lettre du 30 novembre 1992 qui fixait la mission du Comité consultatif pour la révision de la Constitution, généralement désigné sous le nom de comité Vedel. Il demandait au Comité consultatif de faire des propositions pour modifier la composition du Conseil supérieur de la magistrature et pour renforcer ses pouvoirs.

Les propositions du Comité consultatif sont à l'origine de la réforme constitutionnelle du 27 juillet 1993.

La présidence du Conseil supérieur de la magistrature reste assurée par le Président de la République, et c'est toujours le garde des Sceaux, ministre de la Justice, qui en est le Vice-Président. Mais la composition du Conseil a été modifiée. Désormais il comprend deux formations distinctes, l'une pour les magistrats du siège et l'autre pour les magistrats du parquet. Chacune de ses formations comprend douze membres : 6 magistrats désignés par leurs collègues ; 1 conseiller d'État, désigné par le Conseil d'État ; 3 personnalités n'appartenant ni au Parlement ni à l'ordre judiciaire, respectivement désignées par le Président de la République, le Président de l'Assemblée nationale et le Président du Sénat.

Ainsi composé, le nouveau CSM est évidemment moins monolithique que le précédent. Mais, tout en réduisant l'influence du chef de l'État, on a voulu limiter l'emprise du corporatisme. C'est pourquoi il y a, au sein de chaque formation, parité entre les représentants de la profession, qui sont désignés par les magistrats eux-mêmes, et les personnalités extérieures à celle-ci, qui sont désignées de différentes manières.

D'autre part, les pouvoirs du Conseil supérieur ont été considérablement renforcés surtout en ce qui concerne les magistrats du siège. Pour ces derniers, il dispose désormais d'un véritable pouvoir de décision : les nominations, les promotions doivent être faites tantôt sur sa proposition, tantôt sur son avis conforme, ce qui signifie que son accord est toujours indispensable. Pour les magistrats du parquet, en revanche, son rôle demeure relativement limité : il ne donne que des avis sur les nominations ou les promotions et, lorsqu'il s'agit d'un emploi auquel il est pourvu en Conseil des ministres, il n'est même pas consulté.

De même que le pouvoir de nomination, le pouvoir disciplinaire ne s'exerce pas de la même manière selon qu'il s'agit des magistrats du siège ou du parquet. À l'égard des premiers, le pouvoir disciplinaire est juridictionnalisé c'est-à-dire que les sanctions ne peuvent être prononcées que par la formation compétente du Conseil supérieur de la magistrature. En ce qui concerne les seconds, le pouvoir disciplinaire reste entre les mains du garde des Sceaux (ministre de la Justice) et la formation compétente du Conseil supérieur de la magistrature n'a qu'un rôle consultatif.

Dans son rapport annuel publié en 1996, le Conseil supérieur de la magistrature a constaté que, dans un nombre de cas relativement important, le pouvoir exécutif était passé outre à ses avis négatifs concernant les propositions de nomination dans des emplois de chef du parquet (34).

---

(34) Sur 498 avis rendus entre le 1er juillet 1995 et le 31 décembre 1996, le nombre des avis défavorables a été de 15 (soit 3,01 %). Dans 7 cas sur 15 (soit 46 %), il a été passé outre à l'avis défavorable.

Il regrette que la nomination des magistrats du parquet n'obéisse pas aux mêmes règles que celle des magistrats du siège car « ces particularités nourrissent, à l'intérieur même du corps judiciaire mais aussi dans l'opinion publique, un soupçon sur l'indépendance des magistrats concernés vis-à-vis du pouvoir politique et sur leur liberté d'action... » (35).

Il existe en France une revendication déjà ancienne de donner aux magistrats du parquet des garanties équivalentes à celles dont bénéficient les magistrats du siège. Elle repose sur des arguments théoriques et pratiques. Sur le plan théorique, on fait valoir que les magistrats du parquet font partie de la magistrature, qu'ils reçoivent la même formation que leurs collègues du siège et que, au cours de leur carrière, tous les magistrats peuvent occuper indifféremment des fonctions du parquet et des fonctions du siège. Ils devraient donc bénéficier des mêmes garanties d'indépendance. Sur le plan pratique, la subordination dans laquelle ils étaient placés vis-à-vis du ministre de la Justice apparaît comme étant de nature à empêcher l'action publique de s'exercer de la même façon à l'égard de tous. Le droit français consacre en effet le principe de l'opportunité des poursuites. Les membres du parquet, avant de poursuivre une infraction dont ils ont connaissance doivent décider s'il est opportun de le faire et ils disposent pour cela d'un pouvoir discrétionnaire. On pouvait toujours soupçonner que, dans des affaires mettant en cause des personnalités politiques, le ministre ne donne des instructions pour poursuivre les adversaires du gouvernement ou protéger ses amis. On réclamait donc que le « cordon ombilical » avec le ministre soit coupé, comme il l'est dans d'autres pays, en Italie par exemple, et que, non seulement le ministre ne puisse leur donner des instructions, mais qu'il ne puisse ni les sanctionner, ni leur accorder des promotions. S'il pouvait les punir ou les récompenser, le ministre pourrait toujours s'assurer de leur obéissance à des instructions orales et informelles.

À l'inverse, on pouvait estimer que la fonction exercée par les membres du parquet n'est pas de nature juridictionnelle, car ils ne tranchent pas des litiges, mais qu'elle est administrative ou exécutive, car mettre en mouvement l'action publique c'est demander au nom de l'État qu'une juridiction applique la loi. Le caractère exécutif de la fonction ressort d'ailleurs nettement du principe de l'opportunité des poursuites. Une autorité juridictionnelle n'est jamais censée statuer en opportunité, mais toujours dans le strict respect de la loi. Or, avec le principe de l'opportunité des poursuites, il peut arriver qu'une infraction ait été commise, que son auteur soit connu, que le sens de la loi pénale ne fasse l'objet d'aucune discussion et que néanmoins le parquet décide que cette loi

(35) CSM (1996) p. 47.

ne doit pas être appliquée pour des raisons d'opportunité, qui ne sont au demeurant même pas rendues publiques. C'est la raison pour laquelle, dit-on, cette décision relève d'une « politique pénale ». Or, la détermination d'une politique, surtout lorsqu'elle consiste à refuser l'application de la loi, ne peut relever que d'une autorité elle-même politique. L'indépendance du parquet conduirait non seulement à affaiblir le principe de légalité mais aussi à porter atteinte à l'égalité devant la loi, puisque les politiques suivies par les procureurs pourraient être différentes, selon l'idéologie de leurs auteurs, de sorte qu'un type particulier d'infraction pourrait être poursuivi dans une région et non dans la région voisine.

L'exemple de l'Italie, ajoute-t-on, ne peut pas être invoqué, car la Constitution y proclame le principe inverse de l'opportunité des poursuites, le principe de légalité. En d'autres termes, les magistrats du parquet ont le devoir de poursuivre toutes les infractions dont ils ont connaissance (art. 112). Mais si le principe de légalité n'est pas introduit en France — et pour des raisons matérielles, il n'est pas réellement possible de poursuivre toutes les infractions —, alors il faut maintenir le lien entre le ministre et le parquet.

Entre ces deux thèses, on recherche depuis plusieurs années un compromis. La réforme du Conseil supérieur de la magistrature de 1993, qui ne lui accorde à l'égard des magistrats du parquet qu'un rôle consultatif, a paru insuffisante aux tenants de la première thèse. Par ailleurs, les ministres de la justice successifs se sont toujours défendus d'exercer le pouvoir hiérarchique de manière partisane et ont tenté d'établir des distinctions entre les interventions qu'ils s'autorisaient et celles qu'ils s'interdisaient. Ainsi, ils pouvaient se reconnaître le droit d'ordonner des poursuites au moyen d'un acte, qui ne serait pas secret, mais versé au dossier, mais non de les interdire. Mais on pouvait objecter que le ministre pourrait encore poursuivre ses adversaires politiques. Dans d'autres cas, ils ont affirmé donner des instructions générales, mais non des instructions individuelles négatives ou positives. Mais on pouvait évidemment les soupçonner de continuer à donner des instructions individuelles orales et secrètes et d'user ensuite de leur pouvoir pour favoriser l'avancement des magistrats les plus dociles.

C'est pourquoi, dans une allocution prononcée le 12 décembre 1996, le Président de la République, Jacques Chirac, sensible aux inquiétudes formulées dans le rapport du CSM s'est déclaré favorable à une réforme qui renforcerait l'indépendance du parquet. Quelques mois plus tard, dans son discours à l'Assemblée nationale du 19 juin 1997, le Premier ministre, Lionel Jospin, a adopté sur ce problème une position à peu près identique. La suppression de la traditionnelle subordination du parquet vis-à-vis du garde des Sceaux était donc en principe souhaitée tant par la droite que par la gauche et c'est pourquoi, moins de 6 ans après la précédente réforme, une nouvelle procédure de révision du titre VIII a été engagée.

Afin d'éviter que l'indépendance accrue des magistrats dégénère en corporatisme, la composition du Conseil supérieur de la magistrature devait être profondément remaniée : le nombre des magistrats désignés par leurs collègues serait ramené de 12 à 10 (5 appartenant au siège et 5 appartenant au parquet) ; le nombre des personnalités extérieures serait porté de 8 à 11 (1 conseiller d'État désigné par le Conseil d'État ; 4 personnalités désignées conjointement par le vice-Président du Conseil d'État, le premier Président de la Cour de cassation et le premier Président de la Cour des comptes ; les six autres étant désignées comme les membres du Conseil constitutionnel, c'est-à-dire à raison de deux par le Président de la République, deux par le Président de l'Assemblée nationale et deux par celui du Sénat). Les dix personnalités autres que le conseiller d'État ne devaient appartenir ni au Parlement, ni à l'ordre des juridictions judiciaires ou administratives.

Le Conseil comprendrait toujours deux formations distinctes compétentes l'une à l'égard des magistrats du siège, et l'autre à l'égard de ceux du parquet : en plus du chef de l'État, qui en est le Président, et du garde des Sceaux, qui en est le Vice-Président, chacune de ces formations comprendrait : quatre magistrats du siège et un du parquet (ou l'inverse) ; le conseiller d'État ; six des dix autres personnalités extérieures. La parité entre les représentants des magistrats et les personnalités extérieures serait donc rompue, les secondes étant désormais plus nombreuses que les premiers.

Selon ce projet, les magistrats du parquet devaient bénéficier à l'avenir, vis-à-vis du garde des Sceaux, de garanties d'indépendance presque équivalentes à celle des magistrats du siège : ils ne pourraient être nommés qu'après avis conforme de la section du Conseil supérieur de la magistrature compétente à leur égard ; et c'est cette même section qui exerce sur eux le pouvoir disciplinaire. Toutefois, en pratique, au moins en ce qui concerne les nominations, le rôle du garde des Sceaux devait demeurer très important car il aurait conservé le pouvoir de proposition.

Il était prévu que le Conseil supérieur se réunirait en formation plénière pour répondre aux demandes d'avis formulées par le Président de la République. À plusieurs reprises, le précédent Conseil supérieur avait déjà émis des avis de façon spontanée. En reconnaissant formellement sa compétence consultative, on voulait en fait la limiter, en précisant qu'elle ne devait s'exercer que sur la demande du chef de l'État.

Pour compléter cette réforme constitutionnelle, le gouvernement avait déposé un projet de loi relatif à l'action publique (36) qui partageait la responsabilité de la politique pénale entre le ministre de la Justice et les membres du Ministère public, selon des modalités d'ailleurs assez mal définies. C'était le ministre qui définissait les « orientations générales de la politique pénale » ; mais, dans le ressort de chaque cour d'appel, le procureur général pouvait « adapter » ces orientations en fonction des circonstances locales.

En ce qui concerne les affaires individuelles, toujours selon le projet, le ministre ne pouvait donner d'instructions aux magistrats du Ministère public ; il ne pouvait donc pas s'opposer à des poursuites ; en cas d'absence de poursuites, s'il estimait que l'intérêt général commandait de telles poursuites, le projet lui reconnaissait cependant le droit de mettre lui-même en mouvement l'action publique.

En pratique, même si cette loi était adoptée, il serait sans doute toujours difficile de vérifier l'absence d'instructions ministérielles concernant les affaires individuelles, car de telles instructions peuvent être données d'une manière tout à fait informelle, sans qu'il en subsiste aucune trace écrite.

En 1999, le nouveau projet de révision du titre VIII a bien été approuvé en termes identiques par l'Assemblée nationale et le Sénat, et il devait être soumis au Congrès du Parlement pour adoption définitive le 25 janvier 2000. Mais les ultimes pointages laissaient prévoir que la majorité des trois cinquièmes exigée par l'article 89 ne serait pas atteinte, ce qui aurait entraîné l'échec de la réforme. L'opposition à ce projet, particulièrement forte chez les parlementaires de droite, s'explique par la crainte que, du fait de l'indépendance du parquet, le gouvernement ne soit plus en mesure de définir et de faire respecter une politique pénale. C'est pourquoi le Président de la République a finalement décidé d'annuler la convocation du Congrès du Parlement.

La réforme tendant à renforcer les garanties d'indépendance des membres du parquet a donc été au moins provisoirement abandonnée.

Les juridictions administratives. — Ainsi qu'on l'a déjà indiqué, il existe en France deux ordres de juridictions totalement distincts : les juridictions judiciaires, coiffées par la Cour de cassation, qui sont compétentes pour juger les litiges entres personnes privées ainsi que les affaires pénales ; les juridictions administratives, coiffées par le Conseil d'État, qui sont compétentes pour juger les litiges de nature non pénale qui opposent un particulier à l'État ou à une autre personne publique. Tout

(36) Ass. Nat. n° 957, onzième législature, 3 juin 1998.

ce qui vient d'être dit ne concerne que les magistrats de l'ordre judiciaire. La Constitution de 1958 ne s'est préoccupée que de l'indépendance de ceux-ci, car ils sont les seuls qui puissent prononcer des peines privatives de liberté.

Toutefois, les juridictions administratives ont également un rôle important à jouer en ce qui concerne la protection des libertés publiques : sur recours pour excès de pouvoir, elles peuvent annuler les actes administratifs qui portent une atteinte non justifiée à un droit ou à une liberté. C'est pourquoi, bien que le principe de l'indépendance des membres des juridictions administratives ne soit pas inscrit noir sur blanc dans la Constitution, le Conseil constitutionnel lui a reconnu une valeur constitutionnelle : il s'agit de l'un des « principes fondamentaux reconnus par les lois de la République » (déc. 119-DC du 22 juillet 1980, Cons. 6).

Bibliographie

Sur le Conseil constitutionnel

AGUILA Y. (1995), « L'interprétation constitutionnelle », *RFDC*, n° 21, p. 9.

ASSOCIATION DU CORPS PRÉFECTORAL ET DES HAUTS FONCTIONNAIRES DU MINISTÈRE DE L'INTÉRIEUR (1998), *Le Conseil Constitutionnel*, Paris, La Documentation française.

AVRIL P., GICQUEL G. (2005), *Le Conseil constitutionnel*, Paris, Montchrestien, 5e éd.

BACQUET-BRÉHANT V. (2005), *L'article 62, alinéa 2 de la Constitution du 4 octobre 1958. Contribution à l'étude de l'autorité des décisions du Conseil constitutionnel*, Paris, LGDJ.

CAMBY J.-P.
(1996), *Le Conseil constitutionnel, juge électoral*, Paris, Sirey.
(1997), « La saisine du Conseil constitutionnel ou l'impossible retrait », *RDP* p. 5.
(1999), « La nomination des membres du Conseil constitutionnel ou la liberté absolue de choisir », *RDP*, p. 1573.
(1999), « Une loi promulguée, frappée d'"inconstitutionnalité" », *RDP*, pp. 653-660.
(2000), « L'article 37 alinéa 2 de la Constitution n'est pas un pouvoir discrétionnaire du Premier Ministre », *RDP*, p. 1.

(2003), « Supra-constitutionnalité : La fin d'un mythe », *RDP* nº 3, p. 671.
(2004), *Le Conseil constitutionnel, juge électoral*, Paris, Dalloz, 3ᵉ éd.

CAMBY J.-P., COTTIN S. (1999), *La procédure devant le Conseil constitutionnel*, Paris, La Documentation française.

CHAMPEIL-DESPLATS V. (2001), *Les principes fondamentaux reconnus par les lois de la République. Principes constitutionnels et justification dans le discours juridique*, Paris, Economica.

DE MONTALIVET P. (2004), *Les objectifs de valeur constitutionnelle*, Th. Paris II.

DELPÉRÉE Fr. (dir.) (1991), *Le recours des particuliers devant le juge constitutionnel. Journée d'études du 9 février 1990*, Louvain, Bruxelles, Bruylant, Paris, Economica.

DI MANNO Th.
(1994), *Le Conseil constitutionnel et les moyens et conclusions soulevés d'office*, Paris, Economica, Aix-en-Provence, PUAM.
(1997), *Le juge constitutionnel et la technique des décisions « interprétatives » en France et en Italie*, Paris, Economica.

DOKHAN D. (2001), *Les limites du contrôle de la constitutionnalité des actes législatifs*, Paris, LGDJ.

DRAGO G.
(1991), *L'exécution des décisions du Conseil constitutionnel. L'effectivité du contrôle de constitutionnalité des lois*, Paris, Economica.
(1998), *Contentieux constitutionnel français*, Paris, PUF.

DUBOURG-LAVROFF S., PANTÉLIS A. (1994), *Les décisions essentielles du Conseil constitutionnel : des origines à nos jours*, Paris, L'Harmattan.

FAURE B. (1995), « Les objectifs de valeur constitutionnelle », *RFDC*, pp. 47-77.

FAVOREU L., PHILIP L.,
(2003), *Les grandes décisions du Conseil constitutionnel*, Paris, Dalloz, 12ᵉ éd.
(2005), *Le Conseil constitutionnel*, Paris, Que sais-je ?, PUF, 7ᵉ éd.

FRANCK C. (2001), *Droit constitutionnel*, PUF, 9ᵉ éd., coll. Les grandes décisions de la jurisprudence.

GAIA P. (1996), « Les interactions entre la jurisprudence de la Cour Européenne des Droits de l'Homme et celle du Conseil Constitutionnel », *RFDC*, nº 28, p. 748-768.

GENEVOIS B. (1988), *La jurisprudence du Conseil constitutionnel*, Paris, éd. STH.

GOESEL-LE BIHAN V. (2001), « Le contrôle exercé par le Conseil constitutionnel : défense et illustration d'une théorie générale », *RFDC*, p. 67 et s.

HAMON F. (2002), « À propos du statut pénal du Chef de l'État : convergences et divergences entre le Conseil constitutionnel et la Cour de cassation », *Revue de science criminelle et de droit pénal comparé*, p. 59-70.

HAMON F., WIENER C.,
(1999), *La loi sous surveillance*, Paris, Odile Jacob.
(2001), *La justice constitutionnelle France-États-Unis*, Paris, La Documentation française.

Les Cahiers du Conseil constitutionnel, Revue semestrielle (depuis 1996), Dalloz.

HOURQUEBIE F. (2004), *Sur l'émergence du contre-pouvoir juridictionnel sous la Ve République*, Bruxelles, Bruylant.

JAN P.
(1999), *La saisine du Conseil constitutionnel*, Paris, LGDJ.
(2001 a), *Le procès constitutionnel*, Paris, LGDJ.
(2001 b), « L'accès au juge constitutionnel français : modalités et procédures », *RDP*, p. 447 et s.

LUCHAIRE F.
(1997), « Le contrôle du Conseil constitutionnel sur les lois de finances », *RDP*, p. 289.
(1998), « Le Conseil constitutionnel et les lois de validation », *RDP*, p. 23.
(2002), *Le Conseil constitutionnel*, Paris, Economica, 3 vol.

MARTENS P. (2003), « Sur le juge constitutionnel », *RFDC*, p. 3 et s.

MATHIEU B., VERPEAUX M. (2002), *Contentieux constitutionnel des droits fondamentaux*, Paris, LGDJ.

MEINDL Th. (1997), « Le contrôle de constitutionnalité des actes de droit communautaire dérivé en France. La possibilité d'une jurisprudence Solange II », *RDP*, 6, p. 1665 et s.

MEUNIER J. (1994), *Le pouvoir du Conseil constitutionnel ; Essai d'analyse stratégique*, Paris-Bruxelles, LGDJ-Bruylant.

MONTEBOURG A. (2000), *La machine à trahir*, Paris, Denoël.

MOUZET P. (2002), « Sur les revirements du Conseil constitutionnel », *RDP*, p. 1639 et s.

OULD BOUBOUTT A. S. (1987), *L'apport du Conseil constitutionnel au droit administratif*, Paris, Economica, Aix-en-Provence, PUAM.

PFERSMANN O. (dir.) (1er octobre 2000-28 février 2001), « L'accès des personnes à la justice constitutionnelle », *Cahiers du Conseil constitutionnel*, nº 10.

RENOUX T. et DE VILLIERS M. (2000), *Code constitutionnel 2001*, Paris, Litec.

Revue *Pouvoirs*,
(1986), nº 13, « Le Conseil constitutionnel ».
(1995), nº 74, « Les juges ».
(2003), nº 105, « Le Conseil constitutionnel ».

PASSELECQ O. *(alii.)* (1993), « Les constitutions nationales face au droit européen », *RFDC*, nº 28, p. 675/701.

ROBERT J. (2000), *La garde de la République*, Paris, Plon.

ROUSSEAU D.
(1997), *Sur le Conseil constitutionnel : la doctrine Badinter et la démocratie*, Paris, Descartes et compagnie.
(2000) (dir.), « Contributions au débat sur les opinions dissidentes dans les juridictions constitutionnelles », *Les cahiers du Conseil constitutionnel*, nº 8, octobre-février.
(2001), *Droit du contentieux constitutionnel*, Paris, Montchrestien, 6e éd.
(2004), *Le Conseil constitutionnel en questions*, Paris, L'Harmattan.

ROUSSILLON H. (2004), *Le Conseil constitutionnel*, Paris, Dalloz, 5e éd.

STECKEL M.-C. (2002), *Le Conseil constitutionnel et l'alternance*, Paris, LGDJ.

TROPER M. (2001), « Le bon usage des spectres. Du gouvernement des juges au gouvernement par les juges », *Mélanges Conac*, Paris, Economica.

TURPIN D.
(1994), *Contentieux constitutionnel*, Paris, PUF.
(2000), *Le Conseil constitutionnel : son rôle, sa jurisprudence*, Paris, Hachette éducation, 2e éd.

VIALA A. (1999), *Les réserves d'interprétation dans la jurisprudence du Conseil constitutionnel*, Paris, LGDJ.

YENG SENG W. (2005), « Le contrôle des lois promulguées dans la jurisprudence du Conseil constitutionnel, un mystère en voie de dissipation », *RFDC*, p. 35 et s.

Sur l'autorité judiciaire

AVRIL P. (2003), « À propos de la réforme avortée du Conseil supérieur de la magistrature », in *L'esprit des institutions, l'équilibre des pouvoirs, Mélanges Pactet*, Paris, Dalloz, p. 473-582.

BEAUD O. (2002), « L'émergence d'un pouvoir judiciaire sous la Ve République », *Esprit*, p. 108.

CONSEIL SUPÉRIEUR DE LA MAGISTRATURE
(1997), *Rapport annuel 1996*, éd. du JO.
(1998), *Rapport annuel 1997-1998*, éd. du JO.

GRAFFIN Th. (2001), « Le statut des magistrats devant le Conseil constitutionnel : une défense discutable de l'unité du corps judiciaire au profit d'une exigence forte d'indépendance des magistrats », *RDP*, p. 831 et s.

RENOUX Th.
(1984), *Le Conseil constitutionnel et l'autorité judiciaire. L'élaboration d'un droit constitutionnel juridictionnel*, Paris, Economica, Aix-en-Provence, PUAM.
(1999), « Le pouvoir judiciaire en France et Europe continentale : approche comparative », *RDP*, nº 4, p. 965.
(dir.) (1er octobre 2002 — 28 février 2003), « La justice dans la Constitution », *Cahiers du Conseil constitutionnel*, nº 14.

SALAS D. (2000), *Le tiers pouvoir. Vers une autre justice*, Paris, Hachette.

SOULEZ-LARIVIÈRE D. (1997), *Grand soir pour la justice*, Paris, Seuil.

TRUCHE P. (1997), *Rapport de la Commission de réflexion sur la justice*, Paris, La Documentation française.

Index

(Les chiffres en gras indiquent les pages où le sujet est traité à titre principal).

L

M

N

O

P

Q

R

S

Table des matières

PREMIÈRE PARTIE

THÉORIE GÉNÉRALE DE L'ÉTAT

DEUXIÈME PARTIE

LES RÉGIMES POLITIQUES CONTEMPORAINS

TROISIÈME PARTIE

APERÇU SOMMAIRE D'HISTOIRE CONSTITUTIONNELLE DE LA FRANCE

QUATRIÈME PARTIE

LES INSTITUTIONS DE LA Ve RÉPUBLIQUE

Traitement informatique, impression, façonnage par

IMPRIMERIE
FRANCE QUERCY
CAHORS

113, rue André-Breton
BP 49 - 46001 Cahors

Dépôt légal : septembre 2005
Numéro d'impression : 51905 L

L.G.D.J.-E.J.A.
N° éditeur : 4059

Imprimé en France